U0710140

理學叢書

二程集

上册

〔宋〕程顥 程頤著
王孝魚 點校

圖書在版編目(CIP)數據

二程集/(宋)程顥、程頤著;王孝魚點校. —北京:中華書局,1981.7(2024.7 重印)
(理學叢書)
ISBN 978-7-101-04060-9

Ⅰ.二… Ⅱ.①程…②程…③王… Ⅲ.①程顥(1032~1085)-文集②程頤(1033~1107)-文集③理學-中國-北宋-文集 Ⅳ.B244.61

中國版本圖書館 CIP 數據核字(2004)第 006463 號

封面設計:周　玉
責任印製:管　斌

理學叢書
二　程　集
(全二册)
〔宋〕程顥　程頤 著
王孝魚 點校
*
中華書局出版發行
(北京市豐臺區太平橋西里 38 號　100073)
http://www.zhbc.com.cn
E-mail:zhbc@zhbc.com.cn
三河市宏盛印務有限公司印刷
*
850×1168 毫米 1/32 · 41⅛印張 · 4 插頁 · 875 千字
1981 年 7 月第 1 版　2004 年 2 月第 2 版
2024 年 7 月第 16 次印刷
印數:40601-41600 册　定價:138.00 元

ISBN 978-7-101-04060-9

理學叢書出版緣起

理學也稱道學、性理之學或義理之學，興起於北宋。主要代表人物有程顥、程頤，相與論學的有張載、邵雍，後人又溯及二程的本師周敦頤，合稱「北宋五子」。南宋朱熹繼承和發展了二程學說，並汲取周、張、邵學説的部分内容，加以綜合，熔鑄成龐大的體系，建立了理學中居主流地位的學派；與此同時，也有以陸九淵爲代表的理學别派與之對峙。南宋末，朱學確立了主導地位。元代理學北傳，流播地區更廣。明代，程朱理學仍是正統官學，但陳獻章由宗朱轉而宗陸，王陽明繼之鼓吹心學，形成了理學中另一占主流地位的學派。清初理學盛極而衰，雖仍有勢力，但頹勢已難挽回，一世學風逐漸轉變爲以乾嘉樸學爲主流。理學從産生到式微，經歷約七個世紀。而它在思想界影響的廣泛深入，超過兩漢經學、魏晉玄學、南北朝隋唐的佛學。

理學繼承古代儒學，融會佛老，探討了宇宙本原、認識真理的方法途徑、世界的規律性和人類本性等哲學問題，提出了比較完整的哲學體系，並涉及道德、教育、宗教、政治等諸多領域，繼承改造了許多舊有的哲學範疇和命題，也提出了不少新的範疇和命題，進行了細緻的推究。「牛毛繭絲，無不辨晰」（黄宗羲明儒學案凡例）、雖有煩瑣的一面，也有精密的一面。就理論思維的精密程度而論，確有度越前代之處。在我國哲學思想發展史上起過重大的作用，在國際上也有影響。作爲民族哲學遺産的一部分，我們没有理由無視它的歷史存在。

建國以來，學術界對理學的研究取得了很大成績。但在一段時間内，由於「左」的思想影響，妨礙了對理學進行實事求是、全面系統的研究，有關古籍、資料的整理也未能很好地開展。近幾年情況有了很大變化，有關的論文、專著多起來了，有關的學術討論會也不斷召開。爲配合研究需要，國務院古籍整理出版規劃小組制訂的一九八二至一九九〇年的古籍整理出版規劃中列入了理學叢書，並開列了選目。這套叢書將由中華書局陸續出版。

理學著作極爲繁富，有大量經注、語録、講義和文集。私人撰述之外，又有官修的讀物如性理大全、性理精義。也有較通俗的以至訓蒙的作品，使理學得以向下層傳播。本叢書只收其中較有代表性的著作。凡收入的書，一般只做點校，個别重要而難懂的可加注釋，或選擇較有參考價值的舊注本進行點校。

熱切期望學術界關心和大力支持這項工作。

中華書局編輯部一九八三年五月

出版説明

本書是程顥、程頤全部著作的滙集。

程顥（公元一〇三二——一〇八五年）字伯淳，理學家稱明道先生，程頤（公元一〇三三——一一〇七年）字正叔，理學家稱伊川先生，兩人是兄弟。二程在政治上追隨司馬光，反對王安石的新政。在學術思想上，他們是所謂「理學」（亦稱道學）的奠基人，兩人的觀點基本上是一致的。二程學説的核心是一套封建的倫理道德學説，其哲學基礎是客觀唯心主義。他們的學説後來被朱熹所繼承和發展。理學在宋代曾由於封建統治階級内部的矛盾而被當作「僞學」加以嚴禁，但却被後來的歷代封建統治者所接受和利用，被抬高到正統學術的地位，統治中國思想界達數百年之久。對於唯心主義，特别是歷史上那些有代表性的、産生過很大影響的唯心主義，不應當簡單地當作純粹的謬誤而加以抛棄，而應當用馬克思主義觀點認真地研究、分析和批判，以豐富我們的思想。

本書包括遺書、外書、文集、易傳、經説、粹言六種，其中程頤的著作居多。遺書是二程的弟子們記下的二程語録，後來由朱熹加以綜合編定。外書是遺書的補編或續編。所以叫做外書，據朱熹説，是由於材料的來源比較雜，材料的可靠性也較差的緣故。文集是二程的詩文雜著。經説是二程對一部分儒家經典的解説和發揮。以上四種，在宋代均單獨刊行，也曾有人把它們合在一起刊行，稱程氏四書。易傳是程頤對易經的注釋。粹言是二程弟子楊時(字龜山)「變語録而文之」，即用比較文雅的語言將二程(主要是程頤)的語録加以改寫而成，後來又由張栻重新編次。這兩種在宋元時也都單獨刊行，明清兩代，人們才把它們和前四種合併刊行，稱爲二程全書。

二程著作，宋以來單行與合刻的版本很多。就二程全書而論，以清同治十年涂宗瀛刻本較善，我們就採用它爲底本，校以清康熙吕留良刻本(簡稱吕本)、明萬曆徐必達刻本(簡稱徐本)。其中易傳又用古逸叢書覆元至正本(簡稱覆元本)、易傳中的上下篇義又用北京圖書館所藏殘宋本(簡稱宋本)校過。凡有所改動的地方，都作了校勘符號並寫了校記。有參考價值的異文也予列出。避諱字及部分異體字就直接改正，不再注明。書名，改稱二程集。涂刻本原有的重校二程全書凡例，因有參考價值，仍予保留。

本書由王孝魚同志點校，又請張岱年同志覆閲了一遍，最後由我們定稿。

中華書局編輯部

一九八〇年一月

重校二程全書凡例

一　遺書、外書、經説、文集，在宋時版行，號程氏四書。明弘治閒沁水李瀚序行本，統編爲六十五卷，不免稍失舊觀。石門吕氏取前四書并易傳、粹言刊行，題曰二程全書，析之則各分卷數，合之則裒成巨帙，乃今日坊肆通行之本也。

一　元至治閒，臨川譚善心校刻遺書、外書、文集，標題編次一遵朱子之舊，蓋原出宋建寧本也。譚跋謂經説七卷，尚當嗣刻，以傳永久。今譚刻經説不可見。吕刻除易傳、粹言外，一以弘治本爲底本，其中剜改字句，偶亦參用譚刻。惜校勘欠精，於弘治本譌脱之處，未能援據譚刻一一正之，文集卷數篇目，亦與譚刻後先互異。證以朱子語類、黄氏日抄所引，譚刻較合。今遺書、外書、文集悉依譚刻校訂，期復朱子之舊。經説參用弘治本，其弘治本所無者，易傳校以嘉靖建寧本，粹言校以正誼堂張氏本，有疑蓋闕，不敢私竊竄易一字。

一　易傳自明永樂修大全後，輒合朱子本義爲一，别本單行者少。王稱東都事略載是書作六卷，宋史藝文志作九卷，别出易繫辭解一卷，文獻通考合併之爲十卷，諸家著録，分卷各殊。其實易傳原書，本不及繫辭以下。今本易傳四卷，從吕刻也。

一　經説宋刻，原止七卷。陳振孫書録解題稱：河南經説凡繫辭一，書一，詩二，春秋一，論語一，改定大學一，皆伊川先生解經語也。繫辭解及詩、書解、論語解，并非專門譔著，春秋傳亦未成之書，改定大學兼載明道先生本以互證異同。明人刊經説，併詩解二卷爲一卷，而別增孟子解一卷，中庸解一卷，共爲八卷。然經義考引鄭紹宗之言，謂孟子解乃後人纂集遺書、外書而成；中庸解出吕大臨，朱子辨證甚晰。今以宋刻七卷之本無從購覓，姑仍吕刻。

一　正誼堂刊本二程粹言卷首，題將樂楊時編輯，吕刻則云楊時訂定，張栻編次。或有疑栻所編伊川粹言出依託者。今考卷首栻序稱是書成於龜山，知非截然兩書。序又稱明道先生亦時有言行録于其閒，則所記實不盡伊川語也。今一以吕刻爲凖。

一　當時門人記録，各述所聞，有同是一事而前後數見者，亦有語意小異者，亦有與論、孟集注、近思録諸書所引字句未盡合者，悉仍其舊。至原注考異之處，或云一本作某字，或云一本有無某字，或云某疑當作某字，謹依舊本録入，閒有所疑，竊加注一二，以備參考。

一　近年長沙小嫏嬛山館翻雕吕本二程全書，譌脱雖多，尚不至公然删改，永寧程湛等所刊二程全書，率憑臆删節。如遺書第六、第七等卷，朱子編訂時，於卷首注云：「此卷閒有不可曉處，今悉存之，不敢删去。」蓋其慎也。永寧本竟將此注刊去，任意删節原文多條。其他謬誤，難以枚舉。今校勘是書，於長沙、永寧兩刻，悉無取焉，懼譌以傳譌也。

一　譚跋遺文遺事目録後云：「且爲竊考程氏世系，譜於文集十二卷之首，以便觀覽。」今取諸本互校一通，涇縣朱孝廉宗湛、獨山莫孝廉友芝所藏譚刻，均無世系，吕刻亦僅載題目，惟涇縣胡茂才拔祥所藏弘治本有之，殊多闕略，今不著。

河南程氏遺書二十五卷，附録一卷，外書一十二卷，文集一十二卷，遺文一卷，附録一卷，周易傳四卷，經説八卷，粹言二卷，石門呂氏彙刊爲二程全書，盛行於世。洪君琴西汝奎蚤讀是書，嘗取元、明以來舊本，參稽異同，以訂石門呂本，譌者正之，脱者補之，疑者闕之，兩通者仍之，謀付梓，未果。余友涂朗軒宗瀛亦潛心是書者，見之，以爲善本，力任剞劂，復集二三同志相與校勘，八閲月工竣，版藏金陵書局，用公同好。余老矣，猶及見此書重刊行世，不可謂非餘年幸事也。時同治十年，歲次辛未秋八月，霍山後學吴廷棟謹識于白門寓齋。

目録

河南程氏遺書

卷第一　二先生語一

端伯傳師説 李籲字端伯，洛人。伊川先生曰：「語録，只有李籲得其意，不拘言語，無錯編者。」故今以爲首篇。……一

拾遺……一一

卷第二上　二先生語二上

元豐己未呂與叔東見二先生語 呂大臨字與叔，藍田人，學於横渠張先生之門，先生卒，乃入洛。己未，元豐二年，然亦有己未後事。……一三

卷第二下　二先生語二下

附東見録後 別本云亦與叔所記，故附其後。……四九

卷第三　二先生語三

謝顯道記憶平日語 謝良佐字顯道，上蔡人，元豐中從學。謝嘗言：「昔在二先生之門，學者皆有語録，惟

良佐未嘗録。」然則此書蓋追記云。……五九
拾遺……六七
卷第四　二先生語四
游定夫所録　游酢字定夫，建州人，元豐中從學。……六九
卷第五　二先生語五
此四篇本無篇名，不知何人所記，以其不分二先生語，故附於此。……七六
卷第六　二先生語六
同上篇。此與下一篇，間有疑誤不可曉處，今悉存之，不敢删去，以俟知者。……八〇
卷第七　二先生語七
同上篇。……九六
卷第八　二先生語八
本自爲一篇，專説論、孟，似諸别録，然不與諸篇相雜，故附於此。……一〇一
卷第九　二先生語九
少日所聞諸師友説　元本在端伯傳師説之後，不知何人所記，以其不分二先生語，故附於此。……一〇五
卷第十　二先生語十
洛陽議論　熙寧十年，横渠先生過洛，與二先生議論。此最在諸録之前，以雜有横渠議論，故附於此。

蘇昞季明録 關中人，張氏門人也。……一一〇

卷第十一 明道先生語一

師訓

劉絢質夫録 緱氏人。……一一七

卷第十二 明道先生語二

戌冬見伯淳先生洛中所聞 元豐五年壬戌。

劉絢質夫録……一三五

卷第十三 明道先生語三

亥八月見先生於洛所聞 元豐六年癸亥。

劉絢質夫録……一三八

卷第十四 明道先生語四

亥九月過汝所聞 時先生監汝州酒稅。

劉絢質夫録……一四〇

卷第十五 伊川先生語一 或云明道先生語。

入關語録 關中學者所記。按集，先生元豐庚申、元祐辛未，皆嘗至關中。但辛未年呂與叔已卒，此篇尚有與叔名字，疑庚申年也。……一四三

卷第十六　伊川先生語二

己巳冬所聞　不知何人所記。己巳，元祐四年也。本在少日所聞諸師友説後。……一七三

卷第十七　伊川先生語三

本無篇名，不知何人所記。或曰永嘉周行己恭叔，或云永嘉劉安節元承，或云關中學者所記，皆不能明也。故存其篇而闕其目。按元祐三年劉質夫卒，此篇有質夫名字，則三年前語也。……一七四

卷第十八　伊川先生語四

劉元承手編　劉安節字元承，永嘉人。所記有元祐五年遭喪後、紹聖四年遷謫前事。延平陳淵幾叟得之於元承之子，有題誌在後。……一八二

卷第十九　伊川先生語五

楊遵道録　楊迪字遵道，延平人，文靖公之長子也。所記有元符末歸自涪陵後事。……二四七

卷第二十　伊川先生語六

周伯忱録　周孚先字伯忱，毗陵人，建中靖國初從學。……二六六

卷第二十一上　伊川先生語七上

師説

門人張繹録　張繹字思叔，壽安人。……二六七

卷第二十一下　伊川先生語七下

附師說後　胡文定公家本，除複重，得此數章，以其辭意類師說，故以附其後。……二七三
卷第二十二上　伊川先生語八上
伊川雜録
唐棣彥思　毗陵人。……二七七
卷第二十二下　伊川先生語八下
附雜録後　延平陳氏本，自爲一篇，無名氏，間與雜録相出入，故以附之。……二九八
卷第二十三　伊川先生語九
鮑若雨録　永嘉人，字汝霖，一云商霖。……三〇五
卷第二十四　伊川先生語十
鄒德久本　毗陵鄒柄，道鄉公之子，未嘗親見先生，不知其所傳授。舊附東見録後。……三一一
卷第二十五　伊川先生語十一
暢潛道録　暢大隱字潛道，名見東見録。此篇見晁氏客語中，不云何人之言，亦不云何人所記，獨聞見於延平羅氏別録，則注云暢本，然則潛道所記與！胡氏本亦有之，而題其上云：「張杲暘叔所傳，識者疑其間多非先生語。」今考之信然，故附於此。……三一六

右程氏遺書二十五篇，二先生門人記其所見聞答問之書也。始，諸公各自爲書，先生没而其傳寖廣，然散出並行，無所統一，傳者頗以己意私竊竄易，歷時既久，殆無全篇。熹家有先人舊藏數篇，皆著當時記録主名，語意相承，首尾通貫，蓋未更後人之手，故其書最爲精善。後益以類訪求，得凡二十五篇，因稍以所聞歲月先後，第爲此書，篇目皆因其舊，而又别爲之録如此，以見分别次序之所以然者。然嘗竊聞之：伊川先生無恙時，門人尹焞得朱光庭所鈔先生語，奉而質諸先生，先生曰：「某在，何必讀此書。若不得某之心，所記者徒彼意耳。」尹公自是不敢復讀。夫以二先生倡明道學於孔孟既没、千載不傳之後，可謂盛矣。而當時從游之士，蓋亦莫非天下之英材，其於先生之嘉言善行，又皆耳聞目見而手記之，宜其親切不差，可以行遠，而先生之戒，猶且丁寧若是。豈不以學者未知心傳之要，而滯於言語之閒，或者失之毫釐，則其謬將有不可勝言者乎？又況後此且數十年，區區掇拾於殘編墜簡之餘，傳誦道説，玉石不分，而謂真足以盡得其精微嚴密之旨，其亦誤矣。雖然，先生之學，其大要則可知已。讀是書者，誠能主敬以立其本，窮理以進其知，使本立而知益明，知精而本益固，則日用之閒，且將有以得乎先生之心，而於疑信之傳，可坐判矣。此外，諸家所鈔尚衆，率皆割裂補綴，非復本篇，異時得其所自來，當復出之，以附今録，無則亦將去其重複，别爲外書，以待後之君子云爾。

明道先生行狀 見伊川先生文集。……三二八
門人朋友敍述並序 劉立之 朱光庭 邢恕 范祖禹……三二八
書行狀後 游酢……三三四
哀詞 吕大臨……三三七
明道先生墓表 見伊川先生文集。……三三八
伊川先生年譜……三三八
祭文 張繹……三四六
奏狀 胡安國……三四八

右附録一卷，明道先生行狀之屬凡八篇，伊川先生祭文一篇，奏狀一篇，皆其本文，無可議者。獨伊川行事本末，當時無所論著，熹嘗竊取實録所書，文集、內、外書所載，與凡他書之可證者，次其後先，以爲年譜，既不敢以意形容，又不能保無謬誤，故於每事之下，各系其所從得者，今亦輒取以著於篇，合爲一卷，以附於二十五篇之後。嗚呼！學者察言以求其心，考跡以觀其用，而有以自得之，則斯道之傳也，其庶幾乎！乾道四年，歲在著雍困敦夏四月壬子，新安朱熹謹記。

河南程氏外書

卷第一

朱公掞録拾遺　朱光庭字公掞，從二先生學，元祐中爲給諫。此篇本與師訓、入關等篇相雜，疑朱公自記所聞，又抄諸人所記以附其後，今不可考，特拾其遺如此云。……三五一

卷第二

朱公掞問學拾遺　本别爲一篇，而多與前篇重複，今已删去。……三六〇

卷第三

陳氏本拾遺　延平陳淵，字幾叟，楊文靖公門人。……三六六

卷第四

程氏學拾遺　李參録。參，端伯之弟，學於伊川先生。此書十卷，其五卷乃劉質夫春秋解，其五卷雜有端伯、質夫入關諸篇。……三七二

卷第五

馮氏本拾遺　汝州馮理，字聖先，學於伊川先生，自號東臯子。其子忠恕，字貫道，學於尹氏，編此，雜有入關等篇。……三七四

卷第六

羅氏本拾遺　延平羅從彥，字仲素，楊文靖公門人。……三七七

卷第七

胡氏本拾遺　胡文定公家本，又有別本，文其言而每章冠以「子曰」字者，今亦取其不見於諸篇者附于此。……三九二

卷第八

游氏本拾遺　游定夫察院家本。……三九八

卷第九

春秋録拾遺　吳人王蘋信伯，學於伊川先生，集録諸言春秋者爲此篇。……四〇一

卷第十

大全集拾遺　建陽印本。……四〇三

卷第十一

時氏本拾遺　時紫芝所集，號程子微言，凡二十五卷，多改易本語者。……四一〇

卷第十二

傳聞雜記

王氏塵史　呂氏家塾記　發明義理　酬酢事變　范公日記　朱公手帖

邵氏聞見録　上蔡語録　龜山語録　庭聞蒿録　侯子雅言　涪陵記善録　和靖語録

震澤語録　晁景迂集　晁氏客語　呂氏童蒙訓　呂氏雜志　汪端明記　孔文仲疏……四二〇

右程氏外書十二篇，熹所序次，可繕寫。始熹序次程氏遺書二十五篇，皆諸門人當時記録之全

書，足以正俗本紛更之繆，而於二先生之語，則不能無所遺也，於是取諸集録，參伍相除，得此十有二篇，以爲外書。夫先生之言，非有精粗之異，而兩書皆非一手所記，其淺深工拙，又未可以一概論。其曰外書云者，特以取之之雜，或不能審其所自來，其視前書，學者尤當精擇而審取之耳。乾道癸巳六月乙亥，新安朱熹謹書。

河南程氏文集

卷第一　明道先生文一

表疏……四四七
上殿劄子……四四七
請修學校尊師儒取士劄子……四四八
論王霸劄子……四五〇
論十事劄子……四五二
論養賢劄子……四五五
乞留張載狀……四五六
諫新法疏……四五六

再上疏……四五七
辭京西提刑奏狀……四五八
謝澶州簽判表……四五九

卷第二　明道先生文二

書　記 程文附……四六〇
答橫渠張子厚先生書 胡本篇首「承教諭以昨所論外物」下，無「此賢」至「左右」二十六字，却有「顥則以爲」四字，篇末無「心之精微」以下五十字。……四六〇
晉城縣令題名記……四六一
南廟試佚道使民賦……四六二
南廟試九叙惟歌論……四六三
南廟試策五道……四六五

卷第三　明道先生文三

銘　詩……四七三
顏樂亭銘……四七三
遊鄠縣山詩十二首 有序……四七三
白雲道中（四七三）　馬上偶成（四七四）　遊紫閣山（四七四）　獼猴（四七四）　高觀

谷（四七四）　草堂（四七四）　長嘯巖中得冰以石敲餐甚佳（四七五）　遊重雲（四七五）
長嘯洞北回望大頂如列屏障比到山前却不見蓋爲仙掌所蔽（四七五）　凌霄三
峯（四七五）　雲際山（四七五）　下山偶成（四七六）
是遊也得小松黄楊各四本植於公署之西窗戲作五絶呈邑令張寺丞……四七六
偶成……四七六
郊行即事……四七六
下白徑嶺先寄孔周翰郎中……四七七
春日江上……四七七
題淮南寺……四七七
桃花菊……四七七
早寒……四七八
新晴野步二首……四七八
中秋月……四七八
盆荷二首……四七九
象戲……四七九
九日訪張子直承出看花戲書學舍五首……四七九

戲題……四八〇
贈王求甫鐵如意……四八〇
和家君早寒之什……四八〇
和詠草……四八〇
和邵堯夫打乖吟二首……四八一
和堯夫首尾吟……四八一
和堯夫西街之什二首……四八一
遊月陂……四八二
秋日偶成二首……四八二
代少卿和王宣徽遊崇福宮……四八二
和王安之五首……四八三
小園（四八三）　野軒（四八三）　汙亭（四八三）　藥軒（四八三）　晚暉亭（四八四）
和花庵……四八四
子直示以新詩一軸偶爲四韻奉謝……四八四
和諸公梅臺……四八四
後一日再和……四八五

送吕晦叔赴河陽……四八五
贈司馬君實……四八五
哭張子厚先生……四八五
陪陸子履遊白石萬固……四八五
陳公廙園修禊事席上賦……四八六
春雪……四八六
晚春……四八七
西湖……四八七
環翠亭……四八八
酬韓持國資政湖上獨酌見贈……四八八

卷第四　明道先生文四

行狀　墓誌　祭文……四八九
故户部侍郎致仕彭公行狀……四八九
程邵公墓誌……四九四
程殿丞墓誌銘……四九五
李寺丞墓誌銘……四九七

程郎中墓誌……四九九
澶娘墓誌銘……五〇一
邵堯夫先生墓誌銘……五〇三
華陰侯先生墓誌銘……五〇四
祭彭侍郎文……五〇七
祭富韓公文……五〇八
右明道先生文四卷元無序引。

卷第五　伊川先生文一

上書……五一〇
上仁宗皇帝書胡本脱二句，云：「非不憂慮天下也，以陛下憂慮天下之心。」……五一〇
代彭思永上英宗皇帝論濮王典禮疏……五一五
爲家君應詔上英宗皇帝書……五一八
爲家君上神宗皇帝論薄葬書……五二七
代呂公著應詔上神宗皇帝書……五二九
代富弼上神宗皇帝論永昭陵疏胡本「不遵聖訓」，遵誤作尊。……五三二

卷第六　伊川先生文二

表疏……五三五
辭免西京國子監教授表……五三五
再辭免表……五三五
辭免館職狀……五三六
乞再上殿論經筵事劄子　此篇胡本誤在辭免崇政殿説書表後。……五三六
論經筵第一劄子……五三七
第二……五三八
第三……五三九
辭免崇政殿説書表　此篇胡本誤在辭免館職狀後。……五四〇
再辭免狀　此篇胡本誤在論經筵三劄後。……五四〇
乞六參日上殿劄子……五四一
上太皇太后書　此篇胡本誤在別卷。……五四一
辭免判登聞鼓院奏狀　此篇胡本誤在論開樂御宴奏狀後。……五四六
再辭免狀……五四七
論冬至稱賀劄子　此篇胡本誤在乞就寬涼處講讀奏狀後。……五四七
又上太皇太后疏　此篇胡本誤在別卷。……五四八

乞就寬涼處講讀奏狀此篇胡本誤在乞六參日上殿劄子後。……五四九
又上太皇太后書此篇胡本誤在別卷。……五四九
論開樂御宴奏狀此篇胡本誤在論冬至稱賀劄子後。……五五二
乞歸田里第一狀此後胡本並同。……五五三
第二狀……五五四
第三狀……五五四
乞致仕第一狀……五五五
第二狀……五五五
辭免服除直秘閣判西京國子監狀……五五六
再辭免表……五五七
謝管勾崇福宮狀……五五八
中河南府乞尋醫狀……五五九
辭免再除直秘閣判監狀……五五九
再辭免狀……五六〇
謝復官表……五六一

卷第七　伊川先生文三

學制……五六二
三學看詳文……五六二
論改學制事目……五六三
回禮部取問狀……五六四
論禮部看詳狀……五六八
修立孔氏條制……五七六

卷第八　伊川先生文四

雜著……五七七
顏子所好何學論……五七七
養魚記……五七八
爲家君作試漢州學策問三首……五七九
爲家君書家藏太宗皇帝寶字後……五八一
易傳序……五八二
春秋傳序　此上二篇，胡本誤改字，各見本篇。……五八三
禊飲詩序……五八四
論漢文殺薄昭事……五八四

與人論立賑濟法事……五八五
記蜀守……五八六
雍行録 胡本無。……五八七
雜説三 胡本無。……五八八
四箴 有序……五八八
視箴(五八八) 聽箴(五八九) 言箴(五八九) 動箴(五八九)
印銘……五八九
聞舅氏侯無可應辟南征詩……五九〇
謝王佺期寄丹詩……五九〇
遊嵩山詩……五九〇

卷第九 伊川先生文五

書啟……五九一
爲家君上宰相書……五九一
謝吕晦叔待制書……五九三
爲家君請宇文中允典漢州學書……五九三
再書……五九五

答横渠先生書……五九六
再答……五九六
上富鄭公書胡本無「鍼能」至「之休」二十二字。……五九七
答富公小簡……五九八
上河東帥書……五九九
答人示奏草書……五九九
答朱長文書……六〇〇
上文潞公求龍門庵地小簡……六〇一
上韓持國資政書……六〇二
上孫叔曼侍郎書……六〇三
答楊時慰書胡本無。……六〇三
謝韓康公啟……六〇四
又謝簡……六〇四
答吕進伯簡三……六〇四
與吕大臨論中書胡本去注文「子居，和叔之子」六字，却於本文「子居」上加一「邢」字。……六〇五
答楊時論西銘書……六〇九

代人上宰相論鄭白渠書……六一〇
上謝帥師直書 胡本篇首無「某皇恐」至「閣下」十四字，篇末無「匪惟」以下二十四字。……六一一
與金堂謝君書 胡本無。……六一三
答周孚先問 胡本無。……六一三
答張閎中書……六一五
答楊時書 胡本無。……六一五
答楊迪書……六一六
答門人書……六一六
答鮑若雨書并答問 胡本無。……六一七
定親書……六一九
又書 胡本無。……六一九
答求婚書……六一九

卷第十　伊川先生文六

禮……六二〇
婚禮……六二〇
納采（六二〇）　問名（六二〇）　納吉（六二〇）　納徵（六二一）　請期（六二一）　成

婚（六二三） 奠菜（六二三）
葬說 并圖 ……六二三
葬法決疑 ……六二四
記葬用柏棺事 ……六二六
作主式 ……六二七
祭禮 胡本無。……六二八
四時祭（六二八） 始祖（六二八） 先祖（六二九） 禰（六二九）

卷第十一 伊川先生文七

行狀 墓誌 祭文 ……六三〇
明道先生行狀 ……六三〇
明道先生門人朋友敍述序 ……六三九
明道先生墓表 ……六三九
孝女程氏墓誌 ……六四〇
爲家君祭司馬温公文 ……六四一
爲家君祭韓康公文 ……六四二
爲家君祭吕申公文 ……六四二

爲家君祭李屯田九縣君文……六四三
祭劉質夫文……六四三
祭李端伯文……六四三
祭楊應之文……六四四
祭朱公掞文……六四四

卷第十二　伊川先生文八

墓誌　家傳　祭文……六四五
書先公自撰墓誌後……六四五
先公太中家傳……六四六
上谷郡君家傳　胡本「絮羹」下無「皆」字。……六五三
叔父朝奉墓誌銘……六五六
家世舊事……六五七
改葬告少監文　胡本「姪」作「猶子」。祭四十一郎文同。……六六一
祭席仁叟文……六六一
祭張子直文……六六二
祭四十一郎文……六六二

祭李邦直文……六六三
祭李通直文……六六三

右伊川先生文八卷。政和二年壬辰七月，孤端中序曰：道之在天下，民日用之，聖人慮後世不足以知之，載之六經，丁寧教告，纖悉具備；宜若人人見而知之，然自秦、漢以下，泯没無傳。惟伊川先生以出類之才，獨立乎百世之後，天下學士大夫翕然宗師之，聖人之道蔽曀千四百年，至先生而復明。昔之論者，謂孟子之功可同於禹，以其辨異端，闢邪説也。當是時，去聖人未遠，異端之害教也未深。豈若後世沉深固結，雖豪傑之士，亦無以自脱？先生獨能如醉之醒，如夢之覺，其功豈不優於孟子哉？元祐初，大臣以先生道義薦諸朝，召爲崇政講官，哲宗信而敬之。既而同朝之士有以文章重於時者，忌先生名出己右，與其黨類，巧爲謗詆。遂以罷去。其後朝命屢加，終不復起，居於洛陽，天下尊仰之。紹聖治元祐諸臣罪，先生坐嘗爲所薦，責涪州。今上嗣聖，得歸，遂居伊川，後七年而終。先生既没，昔之門人高弟皆已先亡，無有能形容其德美者。然先生嘗謂門人張繹曰：「我昔狀明道先生之行，我之道蓋與明道同。異時欲知我者，求之於此文可也。」不肖孤既無以嗣聞斯道，姑用記其言，且又使姪昺編次其遺文，俾後之學者觀其經術之通明，論議之純一，謀慮之宏深，出處之完潔，雖於先生之道未能備見其純全，亦將庶幾焉。

先生有易傳六卷，繫辭説、書説、詩説、春秋傳、改正大學、論、孟説各一卷，别行。

遺文

放蝎頌 闕文。……六六四
酌貪泉詩 闕文。……六六四
書縣廳壁……六六四
易上下篇義……六六四
易序……六六七
禮序……六六八
禘説……六六九
書銘……六七〇
與方元寀手帖……六七一
謝執政書……六七一
謝傅耆伯壽手謁……六七一
答晁以道書 闕文。……六七三
與橫渠簡 闕文。……六七三
答謝良佐書 闕文。……六七三
寄范淳夫書 闕文。……六七三
傳聞續記 凡十一條。……六七三

右程子遺文遺事一卷，善心所蒐輯，可繕寫。始慮世傳胡氏本猶未盡善，而朱子改本惜不可見也。貞白虞叔世聯葭莩，尺牘往還，商略考訂，推本朱子之意，以復于舊。然如定性書、富、謝二書所删字，終不可考，則固未敢自信，而亦未能自慊也。一日，以書來，蓋從今内翰吴先生得家藏別本，乃與臆見脗合，而凡删字皆在，且又益以數篇焉。遂與一二同志三復校正，用鋟諸梓，以與學者共之。其朱子與劉、張二公辨論所及者，悉附注于目録之下；其餘脱誤錯簡，文字同異，不復具列，且爲竊考程氏世系，譜于十二卷之首，以便觀覽。此外有經説七卷，尚當嗣刻，以傳永久云。至治三年秋九月丙午，臨川後學譚善心謹書。

附録　晦菴辯論胡本錯誤書……六七六

周易程氏傳

易傳序……六八九
易序……六九〇
上下篇義……六九二
卷第一　周易上經上……六九五
乾（六九五）　坤（七〇六）　屯（七一三）　蒙（七一八）　需（七二三）　訟（七二七）　師（七三二）

比（七三七）　小畜（七四三）　履（七四九）　泰（七五三）　否（七五八）　同人（七六三）
大有（七六七）
卷第二　周易上經下……七七三
謙（七七三）　豫（七七八）　隨（七八三）　蠱（七八八）　臨（七九三）　觀（七九七）　噬嗑（八〇二）
賁（八〇七）　剥（八一二）　復（八一七）　无妄（八二二）　大畜（八二七）　頤（八三二）　大
過（八三八）　習坎（八四三）　離（八四九）
卷第三　周易下經上……八五四
咸（八五四）　恆（八六〇）　遯（八六五）　大壯（八六九）　晉（八七三）　明夷（八七八）　家
人（八八四）　睽（八八八）　蹇（八九四）　解（九〇〇）　損（九〇六）　益（九一二）　夬（九一八）
姤（九二三）　萃（九二八）　升（九三五）
卷第四　周易下經下……九四〇
困（九四〇）　井（九四六）　革（九五一）　鼎（九五六）　震（九六二）　艮（九六七）　漸（九七二）
歸妹（九七七）　豐（九八三）　旅（九八九）　巽（九九三）　兑（九九七）　涣（一〇〇一）　節（一〇〇五）
中孚（一〇〇九）　小過（一〇一三）　既濟（一〇一七）　未濟（一〇二二）

河南程氏經説

卷第一　伊川先生

易説……一〇二七

繫辭……一〇二七

卷第二　伊川先生

書解……一〇三二

堯典……一〇三三

舜典……一〇四〇

改正武成……一〇四四

卷第三　伊川先生

詩解……一〇四六

國風……一〇四六

關雎(一〇四六)　漢廣(一〇四八)　汝墳(一〇四八)　麟之趾(一〇四九)　江有汜(一〇四九)

谷風(一〇五〇)　簡兮(一〇五一)　北風(一〇五一)　君子偕老(一〇五二)　定之方中(一〇五二)

蝃蝀(一〇五三)　相鼠(一〇五三)　干旄(一〇五四)　淇澳(一〇五四)　考槃(一〇五五)

碩人(一〇五五)　君子陽陽(一〇五五)　揚之水(一〇五六)　中谷有蓷(一〇五六)　丘中有麻(一〇五六)　緇衣(一〇五七)　子衿(一〇五七)　東方之日(一〇五八)　東方未明(一〇五八)　盧令(一〇五八)　園有桃(一〇五九)　無衣(一〇五九)　葛生(一〇五九)　采苓(一〇六〇)　蒹葭(一〇六〇)　終南(一〇六〇)　晨風(一〇六一)　無衣(一〇六一)　墓門(一〇六二)　防有鵲巢(一〇六三)　匪風(一〇六三)　蜉蝣(一〇六三)　候人(一〇六三)　下泉(一〇六四)　七月(一〇六四)　鴟鴞(一〇六六)　東山(一〇六六)　破斧(一〇六七)　伐柯(一〇六八)　九罭(一〇六八)　狼跋(一〇六九)

小雅……一〇七〇

鹿鳴(一〇七〇)　四牡(一〇七〇)　皇皇者華(一〇七一)　常棣(一〇七一)　伐木(一〇七三)　天保(一〇七三)　采薇(一〇七四)　出車(一〇七五)　魚麗(一〇七五)　南山有臺(一〇七六)　湛露(一〇七六)　采芑(一〇七七)　車攻(一〇七七)　吉日(一〇七八)　庭燎(一〇七八)　白駒(一〇七九)　白華(一〇八〇)

大雅……一〇八一

旱麓(一〇八一)　皇矣(一〇八二)

卷第四　伊川先生

春秋傳……一〇八六

隱公……一〇八六
元年(一〇八六) 二年(一〇八九) 三年(一〇九一) 四年(一〇九二) 五年(一〇九三) 六年(一〇九四) 七年(一〇九五) 八年(一〇九七) 九年(一〇九八) 十年(一〇九八) 十一年(一〇九九)
桓公……一一〇〇
元年(一一〇〇) 二年(一一〇一) 三年(一一〇三) 四年(一一〇三) 五年(一一〇四) 六年(一一〇五) 七年(一一〇六) 八年(一一〇六) 九年(一一〇七) 十年(一一〇七) 十一年(一一〇七) 十四年(一一〇七) 十五年(一一〇八) 十六年(一一〇八)
莊公……一一〇八
五年(一一〇八) 六年(一一〇九) 九年(一一〇九) 十年(一一〇九) 十六年(一一〇九) 十九年(一一一〇) 二十二年(一一一〇) 二十三年(一一一〇) 二十七年(一一一〇) 三十一年(一一一〇)
閔公……一一一一
二年(一一一一)
僖公……一一一一
元年(一一一一) 二年(一一一一) 四年(一一一二) 五年(一一一二) 九年(一一一三) 十

七年(一一三)　十八年(一一三)　二十一年(一一三)　二十二年(一一三)　二十三年(一一三)　二十七年(一一三)　二十九年(一一三)　三十三年(一一三)
文公……………………………………………………一一三
二年(一一三)　三年(一一三)　四年(一一四)　五年(一一四)　七年(一一四)　九年(一一五)　十年(一一五)　十二年(一一五)　十四年(一一五)　十五年(一一五)　十七年(一一五)
宣公……………………………………………………一一六
元年(一一六)　十年(一一六)　十一年(一一六)　十二年(一一七)　十七年(一一七)
成公……………………………………………………一一七
二年(一一七)　三年(一一七)　四年(一一七)　五年(一一七)　七年(一一八)　八年(一一八)　九年(一一八)　十三年(一一八)　十五年(一一九)　十六年(一一九)　十七年(一二〇)
襄公……………………………………………………一二〇
二年(一二〇)　三年(一二〇)　五年(一二〇)　十年(一二〇)　十一年(一二一)　十八年(一二一)　二十五年(一二一)　三十年(一二一)　三十一年(一二一)
昭公……………………………………………………一二三

元年(一一二三)　四年(一一二三)　十二年(一一二三)　十三年(一一二三)　十九年(一一二三)
定公……一一二三
三年(一一二三)　四年(一一二三)　十年(一一二三)
哀公……一一二四
六年(一一二四)　八年(一一二四)
春秋傳序……一一二四
卷第五　二先生
禮記……一一二六
明道先生改正大學……一一二六
伊川先生改正大學……一一二九
卷第六　伊川先生
論語解……一一三三
學而……一一三三
爲政……一一三四
八佾……一一三五
里仁……一一三七

公冶長……一一三八
雍也……一一四〇
述而……一一四三
泰伯……一一四七
子罕……一一五〇
卷第七　伊川先生
孟子解……一一五一
卷第八
中庸解……一一五三

河南程氏粹言

序……一一六七
卷第一
論道篇……一一六九
論學篇……一一八三

論書篇……………………………………一二〇〇
論政篇……………………………………一二一〇
論事篇……………………………………一二二〇

卷第二

天地篇……………………………………一二二四
聖賢篇……………………………………一二二八
君臣篇……………………………………一二四三
心性篇……………………………………一二五三
人物篇……………………………………一二六三

河南程氏遺書卷第一

二先生語一

端伯傳師説

伯淳先生嘗語韓持國曰：「如説妄説幻爲不好底性，則請别尋一箇好底性來，換了此不好底性著。道卽性也。若道外尋性，性外尋道，便不是。聖賢論天德，蓋謂自家元是天然完全自足之物，若無所污壞，卽當直而行之；若小有污壞，卽敬以治之，使復如舊。所以能使如舊者，蓋爲自家本質元是完足之物。若合修治而修治之，是義也；若不消修治而不修治，亦是義也；故常簡易明白而易行。禪學者總是强生事。至如山河大地之説，是他山河大地，又干你何事？至如孔子，道如日星之明，猶患門人未能盡曉，故曰『予欲無言』。如顏子，則便默識，其他未免疑問，故曰『小子何述』，又曰『天何言哉？四時行焉，百物生焉』，可謂明白矣。若能於此言上看得破，便信是會禪，也非是未尋得，蓋實是無去處説，此理本無二故也。」

王彦霖問立德進德先後。曰：「此有二，有立而後進，有進而至於立。立而後進，則是卓然一作立。定後有所進，立則是『三十而立』，進則是『吾見其進也』。有進而至於立，則進而至於立道處也，此進是『可與適道』者也，立是『可與立』者也。」

王彦霖以爲：人之爲善，須是他自肯爲時，方有所得，亦難强。曰：「此言雖是，人須是自爲善，然又不可爲如此却都不管他，蓋有教焉。『修道之謂教』，豈可不修！」

王彦霖問：「道者一心也，有曰『仁者不憂』，有曰『知者不惑』，有曰『勇者不懼』，何也？」曰：「此只是名其德爾，其理一也。得此道而不憂者，仁者之事也；因其不憂，故曰此仁也。知、勇亦然。不成却以不憂謂之知，不惑謂之仁也？凡名其德，千百皆然，但此三者，達道之大也。」

蘇季明嘗以治經爲傳道居業之實，居常講習，只是空言無益，質之兩先生。伯淳先生曰：「『修辭立其誠』，不可不子細理會。言能修省言辭，便是要立誠。若只是修飾言辭爲心，只是爲僞也。若修其言辭，正爲立己之誠意，乃是體當自家敬以直內、義以方外之實事。道之浩浩，何處下手？惟立誠才一作方。有可居之處，有可居之處則可以修業也。『終日乾乾』，大小大事，却只是『忠信所以進德』爲實下手處，『修辭立其誠』爲實修業處。」正叔先生曰：「治經，實學也。『譬諸草木，區以別矣。』道之在經，大小遠近，高下精粗，森列於其中。譬諸日月在上，有人不見者，一人指之，不如衆人指之自見也。如中庸一卷書，自至理便推之於事。如國家有九經，及歷代聖人之迹，莫非實學也。如登九層之臺，自下而上者爲是。人患居常講習空言無實者，蓋不自得也。爲學，治經最好。苟不自得，則盡治五經，亦是空言。今有人心得識達，所得多矣。有雖好讀書，却患在空虚者，未免此弊。」

天地生一世人，自足了一世事。但恨人不能盡用天下之才，此其不能大治。

天地生物，各無不足之理。常思天下，君臣、父子、兄弟、夫婦，有多少不盡分處。

先生常論克己復禮。韓持國曰：「道上更有甚克，莫錯否？」曰：「如公之言，只是説道也。克己復禮，乃所以爲道也，更無别處。克己復禮之爲道，亦何傷乎公之所謂道也！如公之言，即是一人自指其前一物，曰此道也。他本無可克者。若知道與己未嘗相離，則若不克己復禮，何以體道？道在己，不是與己各爲一物，可跳身而入者也。克己復禮，非道而何？至如公言，克不是道，亦是道也。實未嘗離得，故曰『可離非道也』，理甚分明。」又曰：「道無真無假。」曰：「既無真，又無假，却是都無物也。到底須是是者爲真，不是者爲假，便是道，大小大分明。」

古人見道分明，故曰：「吾斯之未能信」，「從事於斯」，「無是餒也」，「立之斯立」。

佛學一作氏。只是以生死恐動人。可怪二千年來，無一人覺此，是被他恐動也。聖賢以生死爲本分事，無可懼，故不論死生。佛之學爲怕死生，故只管説不休。下俗之人固多懼，易以利動。至如禪學者，雖自曰異此，然要之只是此箇意見，皆利心也。籲曰：「此學，不知是本來以公心求之，後有此蔽，或本只以利心上得之？」曰：「本是利心上得來，故學者亦以利心信之。莊生云『不怛化』者，意亦如此也。如楊、墨之害，在今世則已無之。如道家之説，其害終小。惟佛學，今則人人談之，瀰漫滔天，其害無涯。舊嘗問學佛者，『傳燈録幾人？』云『千七百人』。某曰：『敢道此千七百人無一人達者。果有一人見得聖人「朝聞道夕死可矣」與曾子易簀之理，臨死須尋一尺布帛裹頭而死，必不肯削髮胡服而終。是誠無一人達者。』禪者曰：『此迹也，何不論其心？』曰：『心迹一也，豈有迹非而心是者也？正如兩脚方行，指其心曰：「我本不欲行，他兩脚自行。」豈有此理？蓋上下、本末、内外，都是一理也，方是道。莊子曰「遊方之內」、「遊方之外」者，方何嘗有內外？如此，則是道有隔斷，內面是一處，外面又別是一處，豈有此理？』學禪者曰：『草木鳥獸之生，亦皆是幻。』曰：『子以爲生息於春夏，及至秋冬便却變壞，便以爲幻，故亦以人生爲幻，何不付與他。物生死成壞，自有此理，何者爲幻？』」

天地之閒，非獨人爲至靈，自家心便是草木鳥獸之心也，但人受天地之中以生爾。一本此下云：「人與物，但氣有偏正耳。獨陰不成，獨陽不生。得陰陽之偏者爲鳥獸草木夷狄，受正氣者人也。」

後漢人之名節，成於風俗，未必自得也。然一變可以至道。

先王之世，以道治天下；後世只是以法把持天下。

語仁而曰「可謂仁之方也已」者，何也？蓋若便以爲仁，則反使不識仁，只以所言爲仁也。故但曰仁之方，則使自得之以爲仁也。

「忠信所以進德」，「終日乾乾」，君子當終日對越在天也。蓋上天之載，無聲無臭，其體則謂之易，其理則謂之道，其用則謂之神，其命於人則謂之性，率性則謂之道，修道則謂之教。孟子去其中又發揮出浩然之氣，可謂盡矣。一作性。故說神「如在其上，如在其左右」，大小大事而只曰「誠之不可揜如此夫」。徹上徹下，不過如此。形而上爲道，形而下爲器，須著如此說。器亦道，道亦器，但得道在，不繫今與後，己與人。

富貴驕人，固不善；學問驕人，害亦不細。

義理與客氣常相勝，又看消長分數多少，爲君子小人之別。義理所得漸多，則自然知得，客氣消散得漸少，消盡者是大賢。

「興於詩，立於禮」，自然見有著力處；至「成於樂」，自然見無所用力。一本云：「『興於詩』，便須見有著力處；『立於禮』，便須見有得力處；『成於樂』，便須見有無所用力處。」

若不能存養，只是說話。

韓愈亦近世豪傑之士。如原道中言語雖有病，然自孟子而後，能將許大見識尋求者，才見此人。至如斷曰：「孟氏醇乎醇。」又曰：「荀與楊擇焉而不精，語焉而不詳。」若不是佗見得，豈千餘年後便能斷得如此分明也？如楊子看老子，則謂「言道德則有取，至如搥提仁義，絕滅禮學，則無取」。若以老子「剖斗折衡，聖人不死，大盜不止」，爲救時反本之言，爲可取，却尚可恕。如老子言「失道而後德，失德而後仁，失仁而後義，失義而後禮」，則自不識道，已不成言語，却言其「言道德則有取」，蓋自是楊子已不見道，豈得如愈也？

「予天民之先覺者」，謂我乃天生此民中盡得民道而先覺者也。既爲先覺之民，豈可不覺未覺者？及彼之覺，亦非分我之所有以予之，皆彼自有此義理，我但能覺之而已。

聖賢千言萬語，只是欲人將已放之心，約之使反，復入身來，自能尋向上去，下學而上達也。

先生嘗語王介甫曰：「公之談道，正如說十三級塔上相輪，對望而談曰，相輪者如此如此，極是分明。如某則戇直，不能如此，直入塔中，上尋相輪，辛勤登攀，邐迤而上，直至十三級時，雖猶未見相輪，能如公之言，然某却實在塔中，去相輪漸近，要之須可以至也。至相輪中坐時，依舊見公對塔談說此相輪如此如此。」介甫只是説道，云我知有箇道，如此如此。只佗説道時，已與道離。佗不知道，只説道時，便不是道也。有道者亦一作言。自分明，只作尋常本分事説了。孟子言堯、舜性之，舜由仁義行，豈不是尋常説話？至於易，只道箇「立人之道曰仁與義」，則和性字由字，也不消道，自已分明。陰陽、剛柔、仁義，只是此一箇道理。

嘉禮不野合，野合則秕稗也。故生不野合，則死不墓祭。蓋燕饗祭祀，乃宮室中事。後世習俗廢禮，有踏青，藉草飲食，故墓亦有祭。如禮望墓爲壇，並墓人爲墓祭之尸，亦有時爲之，非經禮也。後世在上者未能制禮，則隨俗未免墓祭。既有墓祭，則祠堂之類，亦且爲之可也。

禮經中既不説墓祭，卽是無墓祭之文也。張橫渠於墓祭合一，分食而祭之，故告墓之文有曰「奔走荆棘，殽亂桮盤之列」之語，此亦未盡也。如獻尸則可合而爲一，鬼神如何可合而爲一？

墓人墓祭則爲尸，舊説爲祭后土則爲尸者，非也。蓋古人祭社之外，更無所在有祭后土之禮。如今城隍神之類，皆不當祭。

家祭，凡拜皆當以兩拜爲禮。今人事生，以四拜爲再拜之禮者，蓋中間有問安之事故也。事死如事生，誠意則當如此。至如死而問安，却是瀆神。若祭祀有祝、有告、謝神等事，則自當有四拜六拜之禮。

古人祭祀用尸，極有深意，不可不深思。蓋人之魂氣既散，孝子求神而祭，無尸則不饗，無主則不依。故易於渙、萃，皆言「王假有廟」，即渙散之時事也。魂氣必求其類而依之。人與人既爲類，骨肉又爲一家之類。己與尸各既已潔齊，至誠相通，以此求神，宜其饗之。後世不知此，一本有道字。直以尊卑之勢，遂不肯行爾。古人爲尸者，亦自處如何，三代之末，已是不得已而廢。

「宗子繼別爲宗」，言別，則非一也。如別子五人，五人各爲大宗。所謂「兄弟宗之」者，謂別子之子、繼禰者之兄弟宗其小宗子也。

凡人家法，須令每有族人遠來，則爲一會以合族，雖無事，亦當每月一爲之。古人有花樹韋家宗會法，可取也。然族人每有吉凶嫁娶之類，更須相與爲禮，使骨肉之意常相通。骨肉日疏者，只爲不相見，情不相接爾。

世人多慎於擇壻，而忽於擇婦。其實壻易見，婦難知，所繫甚重，豈可忽哉！

籲問：「每常遇事，即能知操存之意，無事時，如何存養得熟？」曰：「古之人，耳之於樂，目之於禮，左右起居，盤盂几杖，有銘有戒，動息皆有所養。今皆廢此，獨有理義之養心耳。但存此涵養意，久則自熟矣。敬以直内是涵養意。言不莊不敬，則鄙詐之心生矣；貌不莊不敬，則怠慢之心生矣。」

漢儒如毛萇、董仲舒，最得聖賢之意，然見道不甚分明。下此，即至楊雄，規模窄狹。道即性也。言性已錯，更何所得？

漢策賢良，猶是人舉之。如公孫弘者，猶强起之，乃就對。至如後世賢良，乃自求舉耳。若果有曰「我心只望廷對，欲直言天下事」，則亦可尚矣。若志在富貴，則得志便驕縱，失志則便放曠與悲愁而已。

周官醫以十全爲上，非爲十人皆愈爲上。若十人不幸皆死病，則奈何？但知可治不可治者十人皆中，卽爲上。

有人勞正叔先生曰：「先生謹於禮四五十年，應甚勞苦。」先生曰：「吾日履安地，何勞何苦？佗人日踐危地，此乃勞苦也。」

憂子弟之輕俊者，只教以經學念書，不得令作文字。子弟凡百玩好皆奪志。至於書札，於儒者事最近，然一向好著，亦自喪志。如王、虞、顏、柳輩，誠爲好人則有之。曾見有善書者知道否？平生精力一用於此，非惟徒廢時日，於道便有妨處，足知喪志也。

王弼注易，元不見道，但却以老、莊之意解說而已。

呂與叔嘗言，患思慮多，不能驅除。曰：「此正如破屋中禦寇，東面一人來未逐得，西面又一人至矣，左右前後，驅逐不暇。蓋其四面空疏，盜固易入，無緣作得主定。又如虛器入水，水自然入。若以一器實之以水，置之水中，水何能入來？蓋中有主則實，實則外患不能入，自然無事。」

孔子曰：「其如示諸斯乎。」指其掌。中庸便曰：「明乎郊社之禮、禘嘗之義，治國其如示諸掌乎！」蓋人有疑孔子之語，中庸又直指郊禘之義以發之。曾子曰：「夫子之道，忠恕而已矣。」中庸以曾子之言雖是如此，又恐人尚疑忠恕未可便爲道，故曰：「忠恕違道不遠，施諸己而不願，亦勿施於人。」此又掠下教人。

堯夫嘗言：「能物物，則我爲物之人也；不能物物，則我爲物之物也。」亦不消如此。人自人，物自物，道理甚分明。

伯淳近與吴師禮談介甫之學錯處，謂師禮曰：「爲我盡達諸介甫，我亦未敢自以爲是。如有説，願往復。此天下公理，無彼我。果能明辨，不有益於介甫，則必有益於我。」

人以料事爲明，便駸駸入逆詐億不信去也。

射中鵠，舞中節，御中度，皆誠也。古人教人以射御象勺，所養之意如此。

凡物之名字，自與音義氣理相通。除其他有體質可以指論而得名者之外，如天之所以爲天，天未名時，本亦無名，只是蒼蒼然也，何以便有此名？蓋出自然之理，音聲發於其氣，遂有此名此字。如今之聽聲之精者，便知人性，善卜者知人姓名，理由此也。

籲言：「趙澤嘗云：『臨政是事〔一〕不合著心，惟恕上合著心』，是否？」曰：「彼謂著心勉而行恕則可，謂著心求恕則不可。蓋恕，自有之理，舉斯心加諸彼而已，不待求而後得。然此人之論，有心爲恕，終必恕矣。」

誠者合内外之道，不誠無物。

持國曰：「凡人志能使氣者，能定其志，則氣爲吾使，志壹則動氣矣。」先生曰：「誠然矣，志壹則動

〔一〕吕本此句無「是」字，作「臨政事不合著心」，義似較長。

氣。然亦不可不思氣壹則動志。非獨趨蹶，藥也，酒也，亦是也。然志動氣者多，氣動志者少。雖氣亦能動志，然亦在持其志而已。」

持國曰：「道家有三住，心住則氣住，氣住則神住，此所謂存三守一。」伯淳先生曰：「此三者，人終食之頃未有不離者，其要只在收放心。」

持國常患在下者多欺。伯淳先生曰：「欺有三：有爲利而欺，則固可罪；有畏罪而欺者，在所恕；事有類欺者，在所察。」

人於外物奉身者，事事要好，只有自家一箇身與心，却不要好。苟得外面物好時，却不知道自家身與心却已先不好了也。

先生曰：「范景仁論性曰：『豈有生爲此，死又却爲彼』，儘似見得，後却云『自有鬼神』，又却迷也。」

少年時見物大，食物美。後不能然者，物自爾也，乃人與氣有盛衰爾。

「生之謂性」，性卽氣，氣卽性，生之謂也。人生氣稟，理有善惡，然不是性中元有此兩物相對而生也。有自幼而善，有自幼而惡，后稷之克岐克嶷，子越椒始生，人知其必滅若敖氏之類。是氣稟有然也。善固性也，然惡亦不可不謂之性也。蓋「生之謂性」、「人生而靜」以上不容說，才說性時，便已不是性也。凡人說性，只是說「繼之者善」也，孟子言人性善是也。夫所謂「繼之者善」也者，猶水流而就下也。皆水也，有流而至海，終無所污，此何煩人力之爲也？有流而未遠，固已漸濁；有出而甚遠，方有所濁。有濁之多者，有濁之少者。清濁雖不同，然不可以濁者不爲水也。如此，則人不可以不加澄治之功。故用力敏勇則疾清，用力緩怠則遲清，及其清也，則却只是元初水也。亦不是將清來換却濁，亦不是取出濁來置在一隅也。水之清，則性善之謂也。故不是善與惡在性中爲兩物相對，各自出來。此理，天命也。順而循之，則道也。循此而修之，各得其分，則教也。自天命以至於教，我無加損焉，此舜有天下而不與焉者也。

邢和叔言："吾曹常須愛養精力，精力稍不足則倦，所以臨事皆勉强而無誠意。接賓客語言尚可見，況臨大事乎？"

嘗與趙汝霖論爲政，切忌臨事著心。曰："此誠是也，然唯恕上合著心。"

拾遺

浩然之氣，天地之正氣，大則無所不在，剛則無所屈，以直道順理而養，則充塞於天地之間。"配義與道"，氣皆主於義而無不在道，一置私意則餒矣。"是集義所生"，事事有理而在義也，非自外襲而取之也。告子外之者，蓋不知義也。楊遵道所録伊川語中，辨此一段非明道語。

壹與一字同。一動氣則動志，一動志則動氣，爲養氣者而言也。若成德者，志已堅定，則氣不能動志。

北宫黝之勇，在於必爲；孟施舍之勇，能於無懼。子夏，篤志力行者也；曾子，明理守約者也。

「必有事」者，主養氣而言，故必主於敬。「勿正」，勿作爲也。「心勿忘」，必有事也。「助長」，乃正也。

「北方之强」，血氣也；「南方之强」，乃理强，故聖人貴之。

人患乎懾怯者，蓋氣不充，不素養故也。

忿懥，怒也。治怒爲難，治懼亦難。克己可以治怒，明理可以治懼。

侯世與云：「某年十五六時，明道先生與某講孟子，至『勿正心，勿忘勿助長』處，云：『二哥以必有事焉而勿正爲一句，心勿忘勿助長爲一句，亦得。』因舉禪語爲況云：『事則不無，擬心則差。』某當時言下有省。」

河南程氏遺書卷第二上

二先生語二上

元豐己未呂與叔東見二先生語

古不必驗，今之所患，止患不得爲，不患不能爲。正

「居處恭，執事敬，與人忠」，此是徹上徹下語，聖人元無二語。明

一人之心卽天地之心，心一作體。一物之理卽萬物之理，一日之運卽一歲之運。正

志道懇切，固是誠意；若迫切不中理，則反爲不誠。蓋實理中自有緩急，不容如是之迫，觀天地之化乃可知。正

聖人用意深處，全在繫辭，詩、書乃格言。明

古之學者，皆有傳授。如聖人作經，本欲明道。今人若不先明義理，不可治經，蓋不得傳授之意云爾。如繫辭本欲明易，若不先求卦義，則看繫辭不得。

觀易須看時，然後觀逐爻之才。一爻之閒，常包涵數意，聖人常取其重者爲之辭。亦有易中言之已多，取其未嘗言者，亦不必重事。又有且言其時，不及其爻之才，皆臨時參考。須先看卦，乃看得繫辭。

有德者，得天理而用之，既有諸己，所用莫非中理。知巧之士，雖不自得，然才知稍高，亦能窺測見其一二，得而用之，乃自謂泄天機。若平心用之，亦莫不中理，但不有諸己，須用知巧，亦有元本無有字。反失之，如蘇、張之類。

教人之術，若童牛之牿，當其未能觸時，已先制之，善之大者。其次，則豶豕之牙。豕之有牙，既已難制，以百方制之，終不能使之改，惟豶其勢，則性自調伏，雖有牙亦不能爲害。如有不率教之人，却須置其檟楚，別以道格其心，則不須檟楚，將自化矣。

事君須體納約自牖之意。人君有過，以理開諭之，既不肯聽，雖當救止，於此終不能回，却須求人君開納處進説。牖乃開明處。如漢祖欲廢太子，叔孫通言嫡庶根本，彼皆知之，既不肯聽矣，縱使能言，無以易此。惟張良知四皓素爲漢祖所敬，招之使事太子，漢祖知人心歸太子，乃無廢立意。及左師觸龍事，亦相類。

天下善惡皆天理，謂之惡者非本惡，但或過或不及便如此，如楊、墨之類。明

仁、義、禮、智、信五者，性也。仁者，全體；四者，四支。仁，體也。義，宜也。禮，別也。智，知也。信，實也。

學者全體此心，學雖未盡，若事物之來，不可不應，但隨分限應之，雖不中，不遠矣。

學者須敬守此心，不可急迫，當栽培深厚，涵泳於其間，然後可以自得。但急迫求之，只是私己，終不足以達道。

學者全要識時。若不識時，不足以言學。顏子陋巷自樂，以有孔子在焉。若孟子之時，世既無人，安可不以道自任？

訂頑一篇，意極完備，乃仁之體也。學者其體此意，令有諸己，其地位已高。到此地位，自別有見處，不可窮高極遠，恐於道無補也。明

醫書言手足痿痺爲不仁，此言最善名狀。仁者，以天地萬物爲一體，莫非己也。認得爲己，何所不至？若不有諸己，自不與己相干。如手足不仁，氣已不貫，皆不屬己。故「博施濟衆」，乃聖〔一〕之功用。仁至難言，故止曰「己欲立而立人，己欲達而達人，能近取譬，可謂仁之方也已。」欲令如是觀仁，可以得仁之體。明

「博施濟衆」，云「必也聖乎」者，非謂仁不足以及此，言「博施濟衆」者乃功用也。明

嘗喻以心知天，猶居京師往長安，但知出西門便可到長安。此猶是言作兩處。若要誠實，只在京師，便是到長安，更不可別求長安。只心便是天，盡之便知性，知性便知天，一作性便是天。當處便認取，更不可外求。

「窮理盡性以至於命」，三事一時並了，元無次序，不可將窮理作知之事。若實窮得理，即性命亦可了。明

學者識得仁體，實有諸己，只要義理栽培。如求經義，皆栽培之意。

〔一〕徐本「聖」作「聖人」。

世間有鬼神馮依言語者，蓋屢見之。未可全不信，此亦有理。「莫見乎隱，莫顯乎微」而已。嘗以所求語劉絢，其後以其思索相示，但言與不是，元未嘗告之。近來求得稍親。

昔受學於周茂叔，每令尋顏子、仲尼樂處，所樂何事。

真知與常知異。常見一田夫，曾被虎傷，有人説虎傷人，衆莫不驚，獨田夫色動異於衆。若虎能傷人，雖三尺童子莫不知之，然未嘗真知。真知須如田夫乃是。故人知不善而猶爲不善，是亦未嘗真知。若真知，決不爲矣。

蒲人要盟事，知者所不爲，況聖人乎？果要之，止不之衛可也。盟而背之，若再遇蒲人，其將何辭以對？

嘗言鄭戩作縣，定民陳氏爲里正。既暮，有姓陳人乞分居，戩立笞之，曰：「安有朝定里正，而夕乞分居？」既而察之，乞分居者，非定里正也。今夫赤子未能言，其志意嗜欲人所未知，其母必不能知之，然不至誤認其意者，何也？誠心愛敬而已。若使愛敬其民如其赤子，何錯繆之有？故心誠求之，雖不中，不遠矣。

欲知得與不得，於心氣上驗之。思慮有得，中心悦豫。沛然有裕者，實得也。思慮有得，心氣勞耗者，實未得也，强揣度耳。嘗有人言「比因學道，思慮心虛」。曰：「人之血氣，固有虛實，疾病之來，聖賢所不免，然未聞自古聖賢因學而致心疾者。」

學者須先識仁。仁者，渾然與物同體。義、禮、知、信皆仁也。識得此理，以誠敬存之而已，不須防檢，不須窮索。若心懈則有防，心苟不懈，何防之有？理有未得，故須窮索。存久自明，安待窮索？此道與物無對，大不足以名之，天地之用皆我之用。孟子言「萬物皆備於我」，須反身而誠，乃爲大樂。若反身未誠，則猶是二物有對，以己合彼，終未有之，一本下更有「未有之」三字。又安得樂？訂頑意思，乃備言此體。以此意存之，更有何事？「必有事焉而勿正，心勿忘，勿助長」，未嘗致纖毫之力，此其存之之道。若存得，便合有得。蓋良知良能元不喪失，以昔日習心未除，却須存習此心，久則可奪舊習。此理至約，惟患不能守。既能體之而樂，亦不患不能守也。明

事有善有惡，皆天理也。天理中物，須有美惡，蓋物之不齊，物之情也。但當察之，不可自入於惡，流於一物。明

昔見上稱介甫之學，對曰：「王安石之學不是。」上愕然問曰：「何故？」對曰：「臣不敢遠引，止以近事明之。臣嘗讀詩，言周公之德云：『公孫碩膚，赤舄几几。』周公盛德，形容如是之盛。如王安石，其身猶不能自治，何足以及此！」明○一本此下云：「又嘗稱介甫，顥對曰：『王安石博學多聞則有之，守約則未也。』」

聖人卽天地也。天地中何物不有？天地豈嘗有心揀別善惡，一切涵容覆載，但處之有道爾。若善者親之，不善者遠之，則物不與者多矣，安得爲天地？故聖人之志，止欲「老者安之，朋友信之，少者懷之」。

死生存亡皆知所從來，胸中瑩然無疑，止此理爾。孔子言「未知生，焉知死」，蓋略言之。死之事卽生是也，更無別理。明

言體天地之化，已剩一體字，只此便是天地之化，不可對此箇別有天地。明

胡安定在湖州置治道齋，學者有欲明治道者，講之於中。如治兵、治民、水利、算數之類。嘗言劉彝善治水利，後累[一]爲政，皆興水利有功。

「睟面盎背」，皆積盛致然；「四體不言而喻」，惟有德者能之。

大學乃孔氏遺書，須從此學則不差。明

孔子之列國，答聘而已，若有用我者則從之。

居今之時，不安今之法令，非義也。若論爲治，不爲則已，如復爲之，須於今之法度内處得其當，方爲合義。若須更改而後爲，則何義之有？

孟子言「養心莫善於寡欲」，欲寡則心自誠。荀子言「養心莫善於誠」，既誠矣，又何養？此已不識誠，又不知所以養。

賢者惟知義而已，命在其中。中人以下，乃以命處義。如言「求之有道，得之有命」，是求無益於得，知命之不可求，故自處以不求。若賢者則求之以道，得之以義，不必言命。

克己則私心去，自然能復禮，雖不學文，而禮意已得。明

今之監司，多不與州縣一體。監司專欲伺察，州縣專欲掩蔽。不若推誠心與之共治，有所不逮，可教者教之，可督者督之，至於不聽，擇其甚者去一二，使足以警衆可也。

[一]呂本、徐本「累」作「果」，兩通。

詩、書載道之文，春秋聖人之用。一本此下云：「五經之有春秋，猶法律之有斷例也。律令惟言其法，至於斷例則始見其法之用也。」詩、書如藥方，春秋如用藥治疾，聖人之用全在此書，所謂「不如載之行事深切著明」者也。有重疊言者，如征伐盟會之類。蓋欲成書，勢須如此，不可事事各求異義。但一字有異，或上下文異，則義須別。

君實修資治通鑑，至唐事。正叔問曰：「敢與太宗、肅宗正簒名乎？」曰：「然。」又曰：「敢辯魏徵之罪乎？」曰：「何罪？」「魏徵事皇太子，太子死，遂忘戴天之讎而反事之，此王法所當誅。後世特以其後來立朝風節而掩其罪。有善有惡，安得相掩？」曰：「管仲不死子糾之難而事桓公，孔子稱其能不死，曰：『豈若匹夫匹婦之爲諒也，自經於溝瀆而莫之知也！』與徵何異？」曰：「管仲之事與徵異。齊侯死，公子皆出。小白長而當立，子糾少亦欲立。管仲奉子糾奔魯，小白入齊，既立，仲納子糾以抗小白。以少犯長，又所不當立，義已不順。既而小白殺子糾，管仲以所事言之則可死，以義言之則未可死。故春秋書『齊小白入於齊』，以國繫齊，明當立也；又書『公伐齊納糾』，二傳無子字。糾去子，明不當立也；至『齊人取子糾殺之』，此復繫子者，罪齊大夫既盟而殺之也。與徵之事全異。」

知、仁、勇三者，天下之達德，所以行之者一。一則誠也。止是誠實此三者，三者之外，更別無誠。

孟子才高，學之無可依據。學者當學顏子，入聖人爲近，有用力處。明

「若季氏則吾不能，以季、孟之閒待之。」季氏强臣，君待之之禮極隆，然非所以待孔子。季、孟之

閒，則待之之禮爲至矣。然復曰「吾老矣，不能用也」，此孔子不繫待之輕重，特以不用而去。

談經論道則有之，少有及治體者。「如有用我者」，正心以正身，正身以正家，正家以正朝廷百官，至於天下，此其序也。其閒則又繫用之淺深，臨時裁酌而應之，難執一意。

天地之道，常垂象以示人，故曰「貞觀」；日月常明而不息，故曰「貞明」。

學者不必遠求，近取諸身，只明人理，敬而已矣，便是約處。易之乾卦言聖人之學，坤卦言賢人之學，惟言「敬以直內，義以方外，敬義立而德不孤」。至於聖人，亦止如是，更無別途。穿鑿繫累，自非道理。故有道有理，天人一也，更不分別。浩然之氣，乃吾氣也，養而不害，則塞乎天地；一爲私心所蔽，則欿然而餒，却甚小也。「思無邪」，「無不敬」，只此二句，循而行之，安得有差？有差者，皆由不敬不正也。明

良能良知，皆無所由，乃出於天，不繫於人。

德性謂天賦天資，才之美者也。

凡立言欲涵蓄意思，不使知德者厭，無德者惑。

且省外事，但明乎善，惟進誠心，其文章雖不中不遠矣。所守不約，泛濫無功。明

學者須學文，知道者進德而已。有德則「不習無不利」，「未有學養子而後嫁」，蓋先得是道矣。學文之功，學得一事是一事，二事是二事，觸類至於百千，至於窮盡，亦只是學，不是德。有德者不如是。故此言可爲知道者言，不可爲學者言。如心得之，則「施於四體，四體不言而喻」。譬如學書，若未得者，

須心手相須而學；苟得矣，下筆便能書，不必積學。

有有德之言，有造道之言，有述事之言。有德者，止言己分事。造道之言，如顔子言孔子，孟子言堯、舜。止是造道之深，所見如是。

所見所期，不可不遠且大，然行之亦須量力有漸。志大心勞，力小任重，恐終敗事。

某接人多矣，不雜者三人：張子厚、邵堯夫、司馬君實。

聖不可知，謂聖之至妙，人所不能測。

立宗非朝廷之所禁，但患人自不能行之。

立清虚一大爲萬物之源，恐未安，須兼清濁虚實乃可言神。道體物不遺，不應有方所。

教人未見意趣，必不樂學。欲且教之歌舞，如古詩三百篇，皆古人作之。如關雎之類，正家之始，故用之鄉人，用之邦國，日使人聞之。此等詩，其言簡奥，今人未易曉。别欲作詩，略言教童子灑掃應對事長之節，令朝夕歌之，似當有助。

「致知在格物」。格，至也，窮理而至於物，則物理盡。

今之學者，惟有義理以養其心。若威儀辭讓以養其體，文章物采以養其目，聲音以養其耳，舞蹈以養其血脉，皆所未備。

孟子之於道，若温淳淵懿，未有如顔子者，於聖人幾矣，後世謂之亞聖，容有取焉。如「盍各言爾志」，子路、顔子、孔子皆一意，但有小大之差，皆與物共者也。顔子不自私己，故無伐善；知同於人，故無施勞。若聖人，則如天地，如「老者安之」之類。孟字疑誤。

大學「在明明德」，先明此道；「在新民」者，使人用此道以自新；「在止於至善」者，見知所止。得而後動，與慮而後動異。得在己，如自使手舉物，無不從。慮則未在己，如手中持物以取物，知其不利。

聖人於文章，不講而學。蓋講者有可否之疑，須問辨而後明。學者有所不知，問而知之，則可否自決，不待講論。如孔子之盛德，惟官名禮文有所未知，故問於郯子、老子，既知則遂行而已，更不須講。

正叔言：「不當以體會爲非心，以體會爲非心，故有心小性大之説。聖人之神，與天一有地字。爲一，安得有二？至於不勉而中，不思而得，莫不在此。此心卽與天地無異，不可小了佗，不可一作若或。將心滯在知識上，故反以心爲小。」時本注云：「橫渠云：『心禦見聞，不弘於性。』」

鼓舞萬物，不與聖人同憂，此天與人異處。聖人有不能爲天之所爲處。

行禮不可全泥古，須當視時之風氣自不同，故所處不得不與古異。如今人面貌，自與古人不同。若全用古物，亦不相稱。雖聖人作，須有損益。

交神明之意，當在事生之後，則可以盡孝愛而得其饗。全用古事，恐神不享。

訂頑之言，極純無雜，秦、漢以來學者所未到。

君與夫人當異廟，故自無配。明

禘，王者之大祭；祫，諸侯之大祭。明

伯淳言：「學者須守下學上達之語，乃學之要。」

嫂叔無服，先王之權。後聖有作，雖復制服可矣。

師不立服，不可立也，當以情之厚薄，事之大小處之。如顏閔於孔子，雖斬衰三年可也，其成己之功，與君父竝。其次各有淺深，稱其情而已。下至曲藝，莫不有師，豈可一概制服？

子厚以禮教學者，最善，使學者先有所據守。

斟酌去取古今，恐未易言，須尺度權衡在胸中無疑，乃可處之無差。

學禮者考文，必求先王之意，得意乃可以沿革。

凡學之雜者，終只是未有所止，內不自足也。譬之一物，懸在空中，苟無所倚著，則不之東則之西，故須著摸佗別道理，只爲自家不內足也。譬之家藏良金，不索外求，貧者見人說金，須借他底看。

朋友講習，更莫如相觀而善工夫多。

昨日之會，大率談禪，使人情思不樂，歸而悵恨者久之。此說天下已成風，其何能救！古亦有釋氏，盛時尚只是崇設像教，其害至小。今日之風，便先言性命道德，先驅了知者，才愈高明，則陷溺愈深。在某，則才卑德薄，無可奈何佗。然據今日次第，便有數孟子，亦無如之何。只看孟子時，楊、墨之害能有甚？況之今日，殊不足言。此事蓋亦繫時之污隆。清談盛而晉室衰。然清談爲害，却只是閒言談，又豈若今日之害道？今雖故人有一初本無一字。爲此學而陷溺其中者，則既不可回。今初本無今字。只有望於諸君爾。直須置而不論，更休曰且待嘗試。若嘗試，則已化而自爲之矣。要之，決無取。初本無此上二十九字。其術，初本作佛學。大概且是絶倫類，初本卷末注云：「『昨日之會，大率談禪』章內，一本云云，上下皆同，版本已定，不可增益，今附於此。異時有別鋟版者，則當以此爲正。」今從之。世上不容有此理。又其言待要出世，出那裏去？又其迹須要出家，然則家者，不過君臣、父子、夫婦、兄弟，處此等事，皆以爲寄寓，故其爲忠孝仁義者，皆以爲不得已爾。又要得脱世網，至愚迷者也。畢竟學之者，不過至似佛。佛者一黠胡爾，佗本是箇自私獨善，枯槁山林，自適而已。若只如是，亦不過世上少這一箇人。又却要周遍，謂既得本，則不患不周遍。要之，決無此理。一本此下云：「然爲其學者，詰之，理雖有屈時，又却亂説，卒不可憑，考之。」今日所患者，患在引取了中人以上者，其力有以自立，故不可回。若只中人以下，自不至此，亦有甚執持？今彼言世網者，只爲些秉彝又殄滅不得，故當忠孝仁義之際，皆處於不得已，直欲和這些秉彝都消殺得盡，然後以爲至道也。然而畢竟消殺不得。如人之有耳目口鼻，既有此氣，則須有此識；所見者色，所聞者聲，所食者味。人之有喜怒哀樂者，亦其性之自然，今强曰必盡絶，爲得天真，是所謂喪天真也。持國之爲此學者三十年矣，其所得者，儘説得知有這道理，然至於「反身而誠」，却竟無得處。佗有一箇覺之理，可以「敬以直内」矣，然無「義以方外」。其直内者，要之其本亦不是。譬之贊易，前後貫穿，都説得是有此道理，然須「默而成之，不言而信，存乎德行」一再有德行字。處，是所謂自得也。談禪者雖説得，蓋未之有得。其徒亦有肯道佛卒不可以治天下國家者，然又須道得本則可以周遍。

有問：「若使天下盡爲佛，可乎？」其徒言：「爲其道則可，其迹則不可。」伯淳言：「若盡爲佛，則是無倫類，天下却都没人去(裏)〔理〕〔一〕，然自亦以天下國家爲不足治，要逃世網，其説至於不可窮處，佗又有一箇鬼神爲説。」

「立人之道曰仁與義。」據今日，合人道廢則是。今尚不廢者，猶只是有那些秉彝，卒殄滅不得。以此思之，天壤閒可謂孤立，其將誰告耶？

今日卓然不爲此學者，惟范景仁與君實爾，然其所執理，有出於禪學之下者。一日做身主不得，爲人驅過去裏。

君實嘗患思慮紛亂，有時中夜而作，達旦不寐，可謂良自苦。人都〔二〕來多少血氣？若此，則幾何而不摧殘以盡也。其後告人曰：「近得一術，常以中爲念。」則又是爲中所亂。中又何形？如何念得佗？只是於名言之中，揀得一箇好字。與其爲中所亂，却不如與一串數珠。及與佗數珠，佗又不受。殊不知中之無益於治心，不如數珠之愈也。夜以安身，睡則合眼，不知苦苦思量箇甚，只是不與心爲主，三更常有人喚習〔三〕也。諸本無此八字。

學者於釋氏之説，直須如淫聲美色以遠之，不爾，則駸駸然入於其中矣。顔淵問爲邦，孔子既告之以五帝、三王之事，而復戒以「放鄭聲，遠佞人」，曰「鄭聲淫，佞人殆」。彼佞人者，是佗一邊佞耳，然而於

〔一〕呂本、徐本「裏」作「理」，兹依改。
〔二〕「都」字疑當作「那」，形似而誤。
〔三〕「習」字疑當作「醒」。

己則危，只是能使人移，故危也。至於禹之言曰：「何畏乎巧言令色？」巧言令色直消言畏，只是須著如此戒慎，猶恐不免。釋氏之學，更不消言，常戒到自家自信後，便不能亂得。

以書傳道，與口相傳，煞不相干。相見而言，因事發明，則并意思一時傳了；書雖言多，其實不盡。

觀秦中氣豔衰，邊事所困，累歲不稔。昨來餽邊喪亡，今日事未可知，大有可憂者；以至士人相繼淪喪，爲足妝點關中者，則遂化去。吁！可怪也。凡言王氣者，實有此理。生一物須有此氣，不論美惡，須有許大氣豔，故生是人。至如闕里，有許多氣豔，故此道之流，以至今日。昔橫渠說出此道理，至此幾乎衰矣。只介父一箇，氣豔大小大。

伯淳嘗與子厚在興國寺曾講論終日，而曰：「不知舊日曾有甚人於此處講此事。」

與叔所問，今日宜不在有疑。今尚差池者，蓋爲昔亦有雜學。故今日疑所進有相似處，則遂疑養氣爲有助。便休信此說。蓋爲前日思慮紛擾，今要虛靜，故以爲有助。前日思慮紛擾，又非義理，又非事故，如是則只是狂妄人耳。懲此以爲病，故要得虛靜。其極，欲得如槁木死灰，又却不是。蓋人活物也，又安得爲槁木死灰？既活，則須有動作，須有思慮。必欲爲槁木死灰，除是死也。忠信所以進德者何也？閑邪則誠自存，誠存斯爲忠信也。如何是閑邪？非禮而勿視聽言動，邪斯閑矣。以此言之，又幾時要身如枯木，心如死灰？又如絶四後，畢竟如何，又幾時須如枯木死灰？敬以直內，則須君則是君，臣則是臣，凡事如此，大小大直截也。

有言養氣可以爲養心之助。曰：「敬則只是敬，敬字上更添不得。譬之敬父矣，又豈須得道更將敬兄助之？又如今端坐附火，是敬於向火矣，又豈須道更將敬於水以助之？猶之有人曾到東京，又曾到西京，又曾到長安，若一處上心來，則他處不容參然在心，心裏著兩件物不得。」

飲酒不可使醉，不及亂者，不獨不可亂志，只血氣亦不可使亂，但使浹洽而已可也。

邢和叔後來亦染禪學，其爲人明辯有才，後更曉練世事，其於學，亦日月至焉者也。尹子曰：「明辯有才而復染禪學，何所不爲也。」

伯淳自謂：只得佗人待做惡人，敬而遠之。嘗有一朝士久不見，謂伯淳曰：「以伯淳如此聰明，因何許多時終不肯回頭來？」伯淳答以「蓋恐回頭後錯也」。

巽之凡相見須窒礙，蓋有先定之意。和叔一作與叔。據理却合滯礙，而不然者，只是佗至誠便相信心直篤信。

理則須窮，性則須盡，命則不可言窮與盡，只是至於命也。橫渠昔嘗譬命是源，窮理與盡性如穿渠引源。然則渠與源是兩物，後來此議必改來。

今語道，則須待要寂滅湛靜，形便如槁木，心便如死灰。豈有直做牆壁木石而謂之道？所貴乎「智周天地萬物而不遺」，又幾時要如死灰？所貴乎「動容周旋中禮」，又幾時要如槁木？論心術，無如孟子，也只謂「必有事焉」。一本有而勿正心字。今既如槁木死灰，則却於何處有事？

君實之能忠孝誠實，只是天資，學則元不知學。堯夫之坦夷，無思慮紛擾之患，亦只是天資自美爾，皆非學之功也。

持國嘗論克己復禮，以謂克却不是道。伯淳言：「克便是克之道。」持國又言：「道則不須克。」伯淳言：「道則不消克，却不是持國事。在聖人，則無事可克；今日持國，須克得己便然後復禮。」游酢、楊時是學得靈利高才也。楊時於新學極精，今日一有所問，能盡知其短而持之。介父之學，大抵支離。伯淳嘗與楊時讀了數篇，其後盡能推類以通之。

有問：詩三百，非一人之作，難以一法推之。伯淳曰：「不然。三百，三千中所擇，不特合於雅、頌之音，亦是擇其合於教化者取之。篇中亦有次第淺深者，亦有元無次序者。」

新政之改，亦是吾黨争之有太過，成就今日之事，塗炭天下，亦須兩分其罪可也。當時天下，岌岌乎殆哉！介父欲去數矣。其時介父直以數事上前卜去就，若青苗之議不行，則決其去。伯淳於上前，與孫莘老同得上意，要了當此事。大抵上意不欲抑介父，要得人擔當了，而介父之意尚亦無必。伯淳嘗言：「管仲猶能言『出令當如流水，以順人心』。今參政須要做不順人心事，何故？」介父之意只恐始爲人所沮，其後行不得。伯淳却道：「但做順人心事，人誰不願從也？」介父道：「此則感賢誠意。」却爲天祺其日於中書大悖，緣是介父大怒，遂以死力争於上前，上爲之一以聽用，從此黨分矣。莘老受約束而不肯行，遂坐貶。而伯淳遂待罪，既而除以京西提刑，伯淳復求對，遂見上。上言：「有甚文字？」伯淳云：「今咫尺天顔，尚不能少回天意，文字更復何用？」欲去，而上問者數四。伯淳每以陛下不宜輕用兵爲言，朝廷羣臣無能任陛下事者。以今日之患觀之，猶是自家不善從容。至如青苗，且放過，又且何妨？

伯淳當言職，苦不曾使文字，大綱只是於上前說了，其他些小文字，只是備禮而已。大抵自仁祖朝優容諫臣，當言職者，必以詆訐而去爲賢，習以成風，惟恐人言不稱職以去，爲落便宜。昨來諸君，蓋未免此。苟如是爲，則是爲己，尚有私意在，却不在朝廷，不干事理。

今日朝廷所以特惡忌伯淳者，以其可理會事，只是理會學，這裏動，則於佗輩有一作是。所不便也，故特惡之深。

以吾自處，猶是自家當初學未至，意未誠，其德尚薄，無以感動佗天意，此自思則如此。然據今日許大氣豔，當時欲一二人動之，誠如河濱之人捧土以塞孟津，復可笑也。據當時事勢，又至於今日，豈不是命！

只著一箇私意，便是餒，便是缺了佗浩然之氣處。「誠者物之終始，不誠無物。」這裏缺了佗，則便這裏没這物。浩然之氣又不待外至，是集義所生者。這一箇道理，不爲堯存，不爲桀亡。只是人不到佗這裏，知此便是明善。

「生生之謂易」，是天之所以爲道也。天只是以生爲道，繼此生理者，即是善也。善便有一箇元底意思。「元者善之長」，萬物皆有春意，便是「繼之者善也」。「成之者性也」，成却待佗萬物自成其一作甚。性須得。

告子云「生之謂性」則可。凡天地所生之物，須是謂之性。皆謂之性則可，於中却須分別牛之性、馬之性。是他便只道一般，如釋氏說蠢動含靈，皆有佛性，如此則不可。「天命之謂性，率性之謂道」

者，天降是於下，萬物流形，各正性命者，是所謂性也。循其性一作各正性命。而不失，是所謂道也。此亦通人物而言。循性者，馬則爲馬之性，又不做牛底性；牛則爲牛之性，又不爲馬底性。此所謂率性也。人在天地之閒，與萬物同流，天幾時分別出是人是物？「修道之謂教」，此則專在人事，以失其本性，故修而求復之，則入於學。若元不失，則何修之有？是由仁義行也。則是性已失，故修之。「成性存存，道義之門」，亦是萬物各有成性存存，亦是生生不已之意。天只是以生爲道。

萬物皆只是一箇天理，己何與焉？至如言「天討有罪，五刑五用哉！天命有德，五服五章哉！」此都只是天理自然當如此。人幾時與？與則便是私意。有善有惡。善則理當喜，如五服自有一箇次第以章顯之。惡則理當惡，一作怒。彼自絶於理，故五刑五用，曷嘗容心喜怒於其閒哉？舜舉十六相，堯豈不知？只以佗善未著，故不自舉。舜誅四凶，堯豈不察？只爲佗惡未著，那誅得佗？舉與誅，曷嘗有毫髮厠於其閒哉？只有一箇義理，義之與比。

人能放這一箇身公共放在天地萬物中一般看，則有甚妨礙？雖萬身，曾何傷？乃知釋氏苦根塵者，皆是自私者也。

要修持佗這天理，則在德，須有不言而信者。言難爲形狀。養之則須直不愧屋漏與愼獨，這是箇持養底氣象也。

知止則自定，萬物撓不動，非是別將箇定來助知止也。

詩、書中凡有箇主宰底意思者，皆言帝；有一箇包涵徧覆底意思，則言天；有一箇公共無私底意思，則言王。上下千百歲中，若合符契。

如天理底意思，誠只是誠此者也，敬只是敬此者也，非是別有一箇誠，更有一箇敬也。

天理云者，這一箇道理，更有甚窮已？不爲堯存，不爲桀亡。人得之者，故大行不加，窮居不損。這上頭來，更怎生說得存亡加減？是佗元無少欠，百理具備。胡本此下云：「得這箇天理，是謂大人。以其道變通無窮，故謂之聖。不疾而速，不行而至，須默而識之處，故謂之神。」

「天地設位，而易行乎其中矣」，「乾坤毀，則無以見易」。「易不可見，則乾坤或幾乎息矣」。易是箇甚？易又不只是這一部書，是易之道也。不要將易又是一箇事，即事一作唯，一作只是。盡天理，便是易也。

天地之化，既是二物，必動已不齊。譬之兩扇磨行，便其齒齊，不得齒齊。既動，則物之出者，何可得齊？轉則齒更不復得齊。從此參差萬變，巧曆不能窮也。

天地之間，有者只是有。譬之人之知識聞見，經歷數十年，一日念之，了然胸中，這一箇道理在那裏放著來。

養心者，且須是教他寡欲，又差有功。

中心斯須不和不樂，則鄙詐之心入之矣。此與「敬以直內」同理。謂敬爲和樂則不可，然敬須和樂，只是中心沒事也。

大凡利害禍福，亦須致命。須得致之爲言，直如人以力自致之謂也。得之不得，命固已定，君子須知佗命方得。「不知命無以爲君子。」蓋命苟不知，無所不至。故君子於困窮之時，須致命便遂得志。其得禍得福，皆已自致，只要申其志而已。

「求之有道，得之有命」，是求無益於得，言求得不濟事。元本無不字。此言猶只爲中人言之，若爲中人以上而言，却只道求之有道，非道則不求，更不消言命也。

堯夫豪傑之士，根本不帖帖地。伯淳嘗戲以亂世之姦雄中，道學之有所得者，然無禮不恭極甚。又嘗戒以不仁，已猶不認，以爲人不曾來學。伯淳言：「堯夫自是悠悠。」自言須如我與李之才方得道。

「天民之先覺」，譬之皆睡，佗人未覺來，以我先覺。故搖擺其未覺者亦使之覺，及其覺也，元無少欠。蓋亦未嘗有所增加也，適一般爾。「天民」云者，蓋是全盡得天生斯民底事業。「天之生斯民也，將以道覺斯民。」蓋言天生此民，將以此道覺此民，則元無少欠，亦無增加，未嘗不足。「達可行於天下」者，謂其全盡天之生民之理，其術亦足以治天下國家故也。

「可欲之謂善」，便與「元者善之長」同理。

禮樂不可斯須去身。

「不能反躬，天理滅矣。」天理云者，百理具備，元無少欠，故「反身而誠」，只是言得已上，更不可道甚道。元本道字屬下文。

命之曰易，便有理。一本無此七字，但云：「道理皆自然。」若安排定，則更有甚理？天地陰陽之變，便如二扇磨，升降盈虧剛柔，初未嘗停息，陽常盈，陰常虧，故便不齊。譬如磨既行，齒都不齊，既不齊，便生出萬變。故物之不齊，物之情也。而莊周强要齊物，然而物終不齊也。堯夫有言：「泥空終是著，齊物到頭争。」此其肅如秋，其和如春。如秋，便是「義以方外」也。如春，觀萬物皆有春意。堯夫有詩云：「拍拍滿懷都是春。」又曰：「芙蓉月向懷中照，楊柳風來面上吹。」不止風月，言皆有理。又曰：「卷舒萬古興亡手，出入幾重雲水身。」若莊周，大抵寓言，要入佗放蕩之場。堯夫却皆有理，萬事皆出於理，自以爲皆有理，故要得縱心妄行總不妨。一本此下云：「堯夫詩云：『聖人喫緊些兒事。』其言太急迫。此道理平鋪地放著裏，何必如此。」

觀天理，亦須放開意思，開闊得心胸，便可見，打揲了習心兩漏三漏子。今如此混然説做一體，猶二本，那堪更二本三本！今雖知「可欲之爲善」，亦須實有諸己，便可言誠，誠便合内外之道。今看得不一，只是心生。除了身只是理，便説合天人。合天人，已是爲不知者引而致之。天人無閒。夫不充塞則不能化育，言贊化育，已是離人而言之。

須是大其心，使開闊。譬如爲九層之臺，須大做脚始得。

元亨者，只是始而亨者也，此通人物而言。通，元本作詠字。謂始初發生，大概一例亨通也。及到利貞，便是「各正性命」後，屬人而言也。利貞者分在性與情，只性爲本，情是性之動處，情又幾時惡。「故者以利爲本」，只是順利處爲性，若情則須是正也。

醫家以不認痛癢謂之不仁，人以不知覺不認義理爲不仁，譬最近。

所以謂萬物一體者，皆有此理，只爲從那裏來。「生生之謂易」，生則一時生，皆完此理。人則能推，物則氣昏，推不得，不可道他物不與有也。人只爲自私，將自家軀殼上頭起意，故看得道理小了佗底。放這身來，都在萬物中一例看，大小大快活。釋氏以不知此，去佗身上起意思，奈何那身不得，故却厭惡；要得去盡根塵，爲心源不定，故要得如枯木死灰。然没此理，要有此理，除是死也。釋氏其實是愛身，放不得，故説許多。譬如負販之蟲，已載不起，猶自更取物在身。又如抱石沉河，以其重愈沉，終不道放下石頭，惟嫌重也。

孟子論四端處，則欲擴而充之；説約處，則博學詳説而反説約。此内外交相養之道也。

「萬物皆備於我」，不獨人爾，物皆然。都自這裏出去，只是物不能推，人則能推之。雖能推之，幾時添得一分？不能推之，幾時減得一分？百理具在，平鋪放著。幾時道堯盡君道，添得些君道多；舜盡子道，添得些孝道多？元來依舊。

横渠教人，本只是謂世學膠固，故説一箇清虚一大，只圖得人稍損得没去就道理來，然而人又更别處走。今日且只道敬。

聖人之德行，固不可得而名狀。若顔子底一箇氣象，吾曹亦心知之，欲學聖人，且須學顔子。後來曾子、子夏，煞學得到上面也。

今學者敬而不見得，元本有未字。又不安者，只是心生，亦是太以敬來做事得重，此「恭而無禮則勞」也。恭者私爲恭之恭也，禮者非體一作禮。之禮，是自然底道理也。只恭而不爲自然底道理，故不自在也。須是恭而安。今容貌必端，言語必正者，非是道獨善其身，要人道如何，只是天理合如此，本無私意，只是箇循理而已。

堯夫解「他山之石可以攻玉」，玉者溫潤之物，若將兩塊玉來相磨，必磨不成，須是得佗箇粗礪底物方磨得出。譬如君子與小人處，爲小人侵陵，則修省畏避，動心忍性，增益預防，如此便道理出來。

公掞昨在洛有書室，兩旁各一牖，牖各三十六隔，一書天道之要，一書仁義之道，中以一牓，書「毋不敬，思無邪」。中處之，此意亦好。

古人雖胎教與保傅之教，猶勝今日庠序鄉黨之教。古人自幼學，耳目游處，所見皆善，至長而不見異物，故易以成就。今人自少所見皆不善，才能言便習穢惡，日日消鑠，更有甚天理？須人理皆盡，然尚以些秉彝消鑠盡不得，故且恁過，一日之中，起多少巧僞，萌多少機穽。據此箇薰蒸，以氣動氣，宜乎聖賢之不生，和氣之不兆也。尋常閒或有些時和歲豐，亦出於幸也。不然，何以古者或同時或同家並生聖人，及至後世，乃數千歲寂寥？

人多言天地外，不知天地如何說內外，外面畢竟是箇甚？若言著外，則須似有箇規模。

凡言充塞云者，却似箇有規模底體面，將這氣充實之。然此只是指而示之近耳。氣則只是氣，更說甚充塞？如化育則只是化育，更說甚贊？贊與充塞，又早却是別一件事也。

理之盛衰之說，與釋氏初劫之言，如何到佗說便亂道，又却窺測得些？彼其言成住壞空，曰成壞則可，住與空則非也。如小兒既生，亦日日長行，元不曾住。是佗本理只是一箇消長盈虧耳，更沒別事。

極爲天地中，是也，然論地中儘有說。據測景，以三萬里爲中，若有窮然。有至一邊已及一萬五千里，而天地之運蓋如初也。然則中者，亦時中耳。地形有高下，無適而不爲中，故其中不可定下。譬如楊氏爲我，墨氏兼愛，子莫於此二者以執其中，則中者適未足爲中也。故曰：「執中無權，猶執一也。」若是因地形高下，無適而不爲中，則天地之化不可窮也。若定下不易之中，則須有左有右，有前有後，四隅既定，則各有遠近之限，便至百千萬億，亦猶是有數。蓋有數則終有盡處，不知如何爲盡也。

日之形，人莫不見，似輪似餅。其形若有限，則其光亦須有限。若只在三萬里中升降出没，則須有光所不到處，又安有此理？今天之蒼蒼，豈是天之形？視下也亦須如是。日固陽精也，然不如舊說，周回而行，中心是須彌山，日無適而不爲精也。地既無適而不爲中，則日無適而不爲精也。氣行滿天地之中，然氣須有精處，故其見如輪如餅。譬之鋪一溜柴薪，從頭爇著，火到處，其光皆一般，非是有一塊物推著行將去。氣行到寅，則寅上有光；行到卯，則卯上有光。氣充塞，無所不到。若這上頭得箇意思，便知得生物之理。

觀書者，亦須要知得隨文害義。如書曰：「湯既勝夏，欲遷其社，不可。」既處湯爲聖人，聖人不容有妄舉。若湯始欲遷社，衆議以爲不可而不遷，則是湯先有妄舉也。不可者，湯不可之也。湯以爲國既亡，則社自當遷；以爲遷之不若不遷之愈，故但屋之。屋之，則與遷之無以異。既爲亡國之社，則自王城至國都皆有之，使爲戒也。故春秋書「亳社災」，然則魯有亳社，屋之，故有火災。此制，計之必始於湯也。

長安西風而雨，終未曉此理。須是自東自北而風則雨，自南自西則不雨。何者？自東自北皆屬陽，坎卦本陽。陽唱而陰和，故雨；自西自南陰也，陰唱則陽不和。蝃蝀之詩曰：「朝隮于西，崇朝其雨。」是陽來唱也，故雨；「蝃蝀在東」，則是陰先唱也；「莫之敢指」者，非謂手指莫敢指陳也，猶言不可道也。易言「密雲不雨，自我西郊」，言自西則是陰先唱也，故雲雖密而不雨。今西風而雨，恐是山勢使然。

學者用了許多工夫，下頭須落道了，是人異教。只爲自家這下元未曾得箇安泊處，那下説得成熟？世人所惑者鬼神轉化，佗總有説，又費力説道理，又打入箇無底之壑，故一生出不得。今日須是自家這下照得理分明，則不走作。形而下形而上者，亦須更分明須得。雖則心有一作存。默識，有難名狀處，然須説盡心知性知天，亦須於此留意。此章一無「落道了是」四字。

學則與佗「窮理盡性以至於命」，則不失。異教之書，「雖小道必有可觀者焉」。然其流必乖，故不可以一事遂都取之。若楊、墨亦同是堯、舜，同非桀、紂。是非則可也，其就上所説，則是成就他説也。非桀是堯，是吾依本分事，就上過説，則是佗私意説箇。要之，只有箇理。

講學本不消得理會，然每與剔撥出，只是如今雜亂膠固，須著説破。

孟子論王道便實。「徒善不足爲政，徒法不能自行」，便先從養生一作道。上説將去。既庶既富，然後以「飽食煖衣而無教」爲不可，故教之也。孟子而後，却只有原道一篇，其間語固多病，然要之大意儘近理。若西銘，則是原道之宗祖也。原道却只説到道，元未到得西銘意思。據子厚之文，醇然無出此文也，自孟子後，蓋未見此書。

聖人之教，以所貴率人，釋氏以所賤率人。初本無此十六字。卷末注云：「又『學佛者難吾言』章，一本章首有云云，下同，餘見『昨日之會』章。」學佛者難〔一〕吾言，謂「人皆可以爲堯、舜，則無僕隸」。正叔言：「人皆可以爲堯、舜，

〔一〕呂本「難」字下，旁注「去聲」二字。

聖人所願也；其不爲堯、舜，是所可賤也，故以爲僕隸。」

游酢、楊時先知學禪，已知向裏没安泊處，故來此，却恐不變也。暢大隱許多時學，乃方學禪，是於此蓋未有所得也。呂進伯可愛，老而好學，理會直是到底。天祺自然有德氣，似箇貴人氣象，只是却有氣短處，規規太以事爲重，傷於周至，却是氣局小。景庸則只是才敏。須是天祺與景庸相濟，乃爲得中也。

子厚則高才，其學更先從雜博中過來。

理則天下只是一箇理，故推至四海而準，須是質諸天地，考諸三王不易之理。故敬則只是敬此者也，仁是仁此者也，信是信此者也。又曰：「顛沛造次必於是。」又言「吾斯之未能信」，只是道得如此，更難爲名狀。

今異教之害，道家之説則更没可闢，唯釋氏之説衍蔓迷溺至深。今日今日一作自。是釋氏盛而道家蕭索。方其盛時，天下之士往往自一作又。從其學，自難與之力爭。惟當自明吾理，吾理自立，則彼不必與爭。然在今日，釋氏却未消理會，大患者却是介甫之學。譬之盧從史在潞州，知朝廷將討之，當時便使一處逐其節度使。朝廷之議，要討逐節度者，而李文饒之意，要先討潞州，則不必治彼而自敗矣。如今日，却要先整頓介甫之學，壞了後生學者。

異教之説，其盛如此，其久又如是，亦須是有命，然吾輩不謂之命也。

人之於患難，只有一箇處置，盡人謀之後，却須泰然處之。有人遇一事，則心心念念不肯舍，畢竟何益？若不會處置了放下，便是無義無命也。

「道之不明也，賢者過之，不肖者不及也。」賢者則只過當，不肖又却都休。

冬至一陽生，却須斗寒，正如欲曉而反暗也。陰陽之際，亦不可截然不相接，厮侵過便是道理。天地之間，如是者極多。艮之爲義，終萬物，始萬物，此理最妙，須玩索這箇理。

古言乾、坤退處不用之地，而用六子。若人，則便分君道無爲，臣道有爲。若天，則誰與佗安排？佗如是，須有道理。故如八卦之義，須要玩索。

早梅冬至已前發，方一陽未生，然則發生者何也？其榮其枯，此萬物一箇陰陽升降大節也。然逐枝自有一箇榮枯，分限不齊，此各有一乾、坤也。各自有箇消長，只是箇消息。惟其消息，此所以不窮。至如松柏，亦不是不彫，只是後彫，彫得不覺，怎少得消息？方夏生長時，却有夏枯者，則冬寒之際有發生之物，何足怪也！

物理最好玩。

陰陽於天地間，雖無截然爲陰爲陽之理，須去參錯，然一箇升降生殺之分，不可無也。動植之分，有得天氣多者，有得地氣多者，「本乎天者親上，本乎地者親下」。然要之，雖木植亦兼有五行之性在其中，只是偏得土之氣，故重濁也。

伯淳言：「西銘某得此意，只是須得佗子厚有如此筆力，佗人無緣做得。孟子以後，未有人及此。得此文字，省多少言語。且教佗人讀書，要之仁孝之理備於此，須臾而不於此，則便不仁不孝也。」

詩前序必是當時人所傳，國史明乎得失之迹者是也。不得此，則何緣知得此篇是甚意思？大序則是仲尼所作，其餘則未必然。要之，皆得大意，只是後之觀詩者亦添入。

詩有六體，須篇篇求之，或有兼備者，或有偏得一二者。今之解詩者，風則分付與國風矣，雅則分付與大、小雅矣，頌卽分付與頌矣。詩中且没却這三般體，如何看得詩？風之爲言，便有風動之意；興便有一興喻之意；比則直比之而已，蛾眉瓠犀是也；賦則賦陳其事，如「齊侯之子，衞侯之妻」是也；雅則正言其事；頌則稱美之言也，如「于嗟乎騶虞」之類是也。

關雎之詩，如言「樂得淑女，以配君子；憂在進賢，不淫其色」，非后妃之事，明知此意是作詩者之意也。如此類推之。

詩言后妃夫人者，非必謂文王之妻也，特陳后妃夫人之事，如斯而已。然其後亦有當時詩附入之者，汝墳是也。且二南之詩，必是周公所作，佗人恐不及此。以其爲教於衽席之上，閨門之內，上下貴賤之所同也。故用之鄉人邦國而謂之國風也。化天下只是一箇風，至如鹿鳴之詩數篇，如燕羣臣、遣戍役、勞還(率)〔卒〕〔一〕之類，皆是爲國之常政，其詩亦恐是周公所作，如後人之爲樂章是也。

論語中言「唐棣之華」者，因權而言逸詩也。孔子删詩，豈只取合於雅頌之音而已，亦是謂合此義理也。如皇矣、烝民、文王、大明之類，其義理，非人人學至於此，安能及此？作詩者又非一人，上下數千年若合符節，只爲合這一箇理，若不合義理，孔子必不取也。

〔一〕呂本「率」作「卒」，兹依改。

夫子言「興於詩」，觀其言，是興起人善意，汪洋浩大，皆是此意。如言「秉心塞淵，騋牝三千」。須是塞淵，然後騋牝三千。塞淵有義理。又如駉之詩，坰牧是賤事，其中却言「思無邪」。詩三百，一言以蔽之者在此一句。坰牧而必要思無邪者，蓋爲非此則不能坰牧。又如考槃之詩，解者謂賢人永誓不復告君，不復見君，又自誓不詐而實如此也，據此安得有賢者氣象？孟子之於齊，是甚君臣，然其去，未嘗不遲遲顧戀。今此君才不用，便躁忿如此，是不可磯也。乃知此詩，解者之誤。此詩是賢者退而窮處，心不忘君，怨慕之深者也。君臣猶父子，安得不怨？故直至於寤寐弗忘，永陳其不得見君與告君，又陳其此誠之不詐也。此章注「塞淵有義理」，一作「塞淵於義理」。

堯與舜更無優劣，及至湯、武便別。孟子言性之反之，自古無人如此說，只孟子分別出來，便知得堯、舜是生而知之，湯、武是學而能之。文王之德則似堯、舜，禹之德則似湯、武，要之皆是聖人。

詩云：「上天之載，無聲無臭，儀刑文王，萬邦作孚。」上天又無聲臭之可聞，只看文王便萬邦取信也。又曰：「維天之命，於穆不已。」蓋曰天之所以爲天也。「文王之德之純」，蓋曰文王之所以爲文也。然則文王之德，直是似天。「昊天曰明，及爾出王；昊天曰旦，及爾游衍」，只爲常是這箇道理。此箇一作理。亦須待佗心熟，便自然別。

「樂則生，生則烏可已也」，須是熟方能如此。「苟爲不熟，不如稊稗」。

「是集義所生，非義襲而取之也。」須集義，這上頭莫非義也。

仁義禮智根於心，其生色言四者，本於心而生色也。「睟於面，盎於背，施於四體，四體不言而喻」，孟子非自及此，焉能道得到此？

今志於義理而心不安樂者，何也？此則正是剩一箇助之長。雖則心操之則存，舍之則亡，然而持之太甚，便是必有事焉而正之也。亦須且恁去如此者，只是德孤。「德不孤，必有鄰」，到德盛後，自無窒礙，左右逢其原也。

中庸言「禮儀三百，威儀三千」，方是說「優優大哉」。又却非如異教之說，須得如枯木死灰以爲得也。

得此義理在此，甚事不盡？更有甚事出得？視世之功名事業，真譬如閑。視世之仁義者，甚煦煦孑孑，如匹夫匹婦之爲諒也。自視一作是。天來大事，處以此理，又曾何足論？若知得這箇義理，便有進處。若不知得，則何緣仰高鑽堅，在前在後也？竭吾才，則又見其卓爾。

德者得也，須是實到這裏須得。

言「反身而誠，樂莫大焉」，却是著人上說。

邵堯夫於物理上儘說得，亦大段漏洩佗天機。

人於天理昏者，是只爲嗜欲亂著佗。莊子言「其嗜欲深者，其天機淺」，此言却最是。

這箇義理，仁者又看做仁了也，知者又看做知了也，百姓又日用而不知，此所以「君子之道鮮矣」。此箇亦不少，亦不剩，只是人看他不見。

今天下之士人，在朝者又不能言，退者遂忘之，又不肯言，此非朝廷吉祥。雖未見從，又不曾有大橫見加，便豈可自絶也？君臣，父子也，父子之義不可絶。豈有身爲侍從，尚食其禄，視其危亡，曾不論列，君臣之義，固如此乎？

「寂然不動，感而遂通」者，天理具備，元無欠少，不爲堯存，不爲桀亡。父子君臣，常理不易，何曾動來？因不動，故言「寂然」；雖不動，感便通，感非自外也。

若不一本，則安得「先天而天不違，後天而奉天時？」

所務於窮理者，非道須盡窮了天下萬物之理，又不道是窮得一理便到，只是要積累多後，自然見去。

天地安有内外？言天地之外，便是不識天地也。人之在天地，如魚在水，不知有水，直待出水，方知動不得。

禮一失則爲夷狄，再失則爲禽獸。聖人初恐人入於禽獸也，故於春秋之法極謹嚴。元本無故字。中國而用夷狄禮，則便夷狄之。韓愈言「春秋謹嚴」，深得其旨。韓愈道佗不知又不得。其言曰：「易奇而法，詩正而葩，春秋謹嚴，左氏浮夸。」其名理皆善。

當春秋、戰國之際，天下小國介於大國，奔命不暇，然足以自維持數百年。此勢卻似稻塍，各有界分約束。後世遂有土崩之勢，道壞便一時壞，元本無此一壞字。陳涉一叛，天下遂不支梧。今日堂堂天下，只西方一敗，朝廷遂震，何也？蓋天下之勢，正如稻塍，各有限隔，則卒不能壞。今天下却似一箇萬頃陂，要起卒起不得，及一起則汹湧，遂奈何不得。以祖宗德澤仁厚，涵養百餘年間，一時柔了人心，雖有豪傑，無箇端倪起得，便只要安靜，不宜使搖動。雖夷狄亦散兵却鬬，恃一本無恃字。此中國之福也。一本此字下有非字。

賈誼有五餌之說，當時笑其迂疏，今日朝廷正使著，故得許多時寧息。

天地動靜之理，天圜則須轉，地方則須安靜。南北之位，豈可不定下？所以定南北者，在坎離也。坎離又不是人安排得來，莫非自然也。

論語爲書，傳道立言，深得聖人之學者矣。如鄉黨形容聖人，不知者豈能及是？

「不愧屋漏」，便是箇持養氣象。

孔、孟之分，只是要別箇聖人賢人。如孟子若爲孔子事業，則儘做得，只是難似聖人。譬如翦綵以爲花，花則無不似處，只是無他造化功。「綏斯來，動斯和」，此是不可及處。

只是這箇理，以上却難言也。如言「吾斯之未能信」，皆是古人此理已明故也。

敬而無失，便是「喜怒哀樂未發之謂中」也。敬不可謂之中，但敬而無失，即所以中也。

微仲之學雜，其愷悌嚴重寬大處多，惟心艱於取人，自以才高故爾。語近學，則不過人於禪談；不常議論，則以苟爲有詰難，亦不克易其言，不必信心，自以才高也。

和叔常言「及相見則不復有疑，既相別則不能無疑」，然亦未知果能終不疑。不知佗既已不疑，而終復有疑，何故？伯淳言：「何不問他？疑甚不如劇論。」

和叔任道擔當，其風力甚勁，然深潛縝密，有所不逮於與叔。蔡州謝良佐雖時學中因議州舉學試得失，便不復計較。建州游酢，非昔日之游酢也，固是穎，然資質温厚。南劍州楊時雖不逮酢，然煞穎悟。林大節雖差魯，然所問便能躬行。劉質夫久於其事，自小來便在此。李端伯相聚雖不久，未見佗操履，然才識穎悟，自是不能已也。

介父當初，只是要行己志，恐天下有異同，故只去上心上把得定，佗人不能摇，以是拒絶言路，進用柔佞之人，使之奉行新法。今則是佗已去，不知今日卻留下害事。

昨春邊事權罷，是皆李舜舉之力也。今不幸適喪此人，亦深足憐也。此等事皆是重不幸。

李憲本意，佗只是要固蘭會，恐覆其功，必不肯主這下事。元豐四年取興、靈事。

新進游、楊輩數人入太學，不惟議論須異，且動作亦必有異，故爲學中以異類待之，又皆學春秋，愈駭俗矣。

堯夫之學，先從理上推意，言象數言天下之理，須出於四者，推到理處，曰：處曰添二字。「我得此大者，則萬事由我，無有不定。」然未必有術，要之亦難以治天下國家。其爲人則直是無禮不恭，惟是侮玩，雖天理一作地。亦爲之侮玩。如無名公傳言「問諸天地，天地不對，弄丸餘暇，時往時來」之類。

堯夫詩「雪月風花未品題」，佗便把這些事，便與堯、舜、三代一般。此等語，自孟子後，無人曾敢如此言來，直是無端。又如言文字呈上，堯夫皆不恭之甚。「須信畫前元有易，自從删後更無詩」，這箇意思，古元未有人道來。

「行己須行誠盡處」，正叔謂：「意則善矣，然言誠盡，則誠之爲道，非能盡也。」堯夫戲謂：「且就平側。」

司馬子微嘗作坐忘論，是所謂坐馳也。微一作綦。

伯淳昔在長安倉中閑坐，後見長廊柱，以意數之，已尚不疑，再數之不合，不免令人一一聲言而數之，乃與初數者無差，則知越著心把捉越不定。

呂與叔以氣不足而養之，此猶只是自養求無疾，如道家修養亦何傷，若須要存想飛昇，此則不可。

徐禧奴才也，善兵者有二萬人未必死，彼雖十萬人，亦未必能勝二萬人。古者以少擊衆而取勝者多，蓋兵多亦不足恃。昔者袁紹以十萬阻官渡，而曹操只以萬卒取之；王莽百萬之衆，而光武昆陽之衆有八千，仍有在城中者，然則只是數千人取之；苻堅下淮百萬，而謝玄才二萬人，一麾而亂。以此觀之，兵衆則易老，適足以資敵人，一敗不支，則自相蹂踐。至如聞風聲鶴唳，皆以爲晉軍之至，則是自相殘也。譬之一人軀幹極大，一人輕捷，兩人相當，則擁腫者遲鈍，爲輕捷者出入左右之，則必困矣。自古師旅勝敗，不能無之。然今日邊事，至號疏曠前古未之聞也。其源在不任將帥，將帥不慎任人。閫外之事，將軍處之，一一中覆，皆受廟算，上下相徇，安得不如此？元豐五年永樂城事。

楊定鬼神之説，只是道人心有感通。如有人平生不識一字，一日病作，却念得一部杜甫詩，却有此理。天地間事，只是一箇有，一箇無，既有卽有，無卽無。如杜甫詩者，是世界上實有杜甫詩，故人之心病及至精一有箇道理，自相感通。以至人心在此，託夢在彼，亦有是理，只是心之感通也。死者託夢，亦容有此理。有人過江，其妻墮水，意其爲必死矣，故過金山寺爲作佛事。方追薦次，忽其婢子通傳墮水之妻，意度在某處作甚事，是誠死也。及三二日，有漁人撐舟，以其妻還之，乃未嘗死也，蓋旋於急流中救活之。然則其婢子之通傳是何也？亦是心相感通。既説心有感通，更説甚生死古今之别？

天祺自然有德氣，望之有貴人之象，只是氣局小，太規規於事爲重也。昔在司竹，常愛用一卒長，及將代，自見其人盜筍皮，遂治之無少貸。罪已正，待之復如初，略不介意，人觀其德量如此。

正叔謂子厚：「越獄，以謂卿監已上不追攝之者，以其貴朝廷。有旨追攝，可也；又請枷項，非也。不已太辱矣？貴貴，以其近於君。」子厚謂：「若終不伏，則將奈何？」正叔謂：「寧使公事勘不成則休，朝廷大義不可虧也。」子厚以爲然。

俗人酷畏鬼神，久亦不復敬畏。

冬至一陽生，而每遇至後則倍寒，何也？陰陽消長之際，無截然斷絶之理，故相攙掩過。如天將曉，復至陰黑，亦是理也。大抵終始萬物，莫盛乎艮，此儘神妙，須儘研窮此理。

今尺長於古尺。欲尺度權衡之正，須起於律。律取黄鍾，黄鍾之聲，亦不難定。世自有知音者，將上下聲考之，須一作既。得其正，便將黍以實其管，看管實幾粒，然後推而定法可也。古法：律管當實千二百粒黍，今羊頭山黍不相應，則將數等驗之，看如何大小者，方應其數，然後爲正。昔胡先生定樂，取羊頭山黍，用三等篩子篩之，取中等者用之，此特未爲定也。此尺是器上所定，更有因人而制。如言深衣之袂一尺二寸，若古人身材只用一尺二寸，豈可運肘？即知因人身而定。

既是爲人後者，便須將所後者呼之以爲父，以爲母。不如是，則不正也，却當甚爲人後？後之立疑義者，只見禮不杖期内，有爲人後者爲其父母報，便道須是稱親。禮文蓋言出爲人後，則本父母反呼之以爲叔爲伯也，故須著道爲其父母以别之，非謂却將本父母亦稱父母也。

哲廟取孟后詔云：「孟元孫女。」后孟在女也，而以孟元孫女詔者，伊川云：「自古天子不娶小國，蓋孟元將校，曾隨文潞公貝州獲功，官至團練使，而在是時止是小使臣耳。」此一段非元豐時事，疑後人記。

河南程氏遺書卷第二下

二先生語二下

附東見録後

今許大西事，無一人敢議者。自古舉事，不能無可否是非，亦須有議論。如苻堅壽春之役，其朝廷宗室，固多有言者，以至宮女有張夫人者，猶上書諫。西晉平吴，當取也，主之者惟張華一人而已。然當時雖羊叔子建議，而朝廷亦不能無言。又如唐師取蔡州，此則在中國容其數十年恣睢，然當時以爲不宜取者，固無義理，然亦是有議論。今則廟堂之上無一人言者，幾何不一言而喪邦也！元豐四年，用种諤、沈括之謀伐西夏。

今日西師，正惟事本不正，更説甚去就！君子於任事之際，須成敗之由一作責。在己，則自當生死以之。今致其身，使禍福死生利害由人處之，是不可也。如昨軍興事務繁夥，是亦學也；但恐只了佗紛紛底，則又何益？如從軍者之行，必竟是爲利禄，爲功名。由今之舉，便使得人一城一國，又是甚功名？君子恥之。今日從宦，苟有軍事，不能免此，是復蹈前事也。然則既如此，曷爲而不已也？

胎息之説，謂之愈疾則可，謂之道，則與聖人之學不干事，聖人未嘗説著。若言神住則氣住，則是浮屠入定之法。雖謂養氣猶是第二節事，亦須以心爲主，其心欲慈惠安一作虚。靜，故於道爲有助，亦不然。孟子説浩然之氣，又不如此。今若言存心養氣，只是專爲此氣，又所爲者小。舍大務小，舍本趨末，又濟甚事！今言有助於道者，只爲奈何心不下，故要得寂湛而已，又不似釋氏攝心之術。論學若如是，則大段雜也。亦不須得道，只閉目静坐爲可以養心。「坐如尸，立如齊」，只是要養其志，豈只待爲養這些氣來，又不如是也。

浮屠之術，最善化誘，故人多向之。然其術所以化衆人也，故人亦有向有不向者。如介甫之學，佗便只是去人主心術處加功，故今日靡然而同，無有異者，所謂一正君而國定也。此學極有害。以介甫才辯，遽施之學者，誰能出其右？始則且以利而從其説，久而遂安其學。今天下之新法害事處，但只消一日除了便没事。其學化革了人心，爲害最甚，其如之何！故天下只是一箇風，風如是，則靡然無不向也。

今日西事要已，亦有甚難？前事亦何足恥？只朝廷推一寬大天地之量，許之自新，莫須相從。然此恐未易。朝廷之意，今日不得已，須著如此。但夏人更重有所要，以堅吾約，則邊患未已也。一本通下章爲一段。

范希文前日西舉，以虚聲而走敵人。今日又不知誰能爲希文者。

關中學者，以今日觀之，師死而遂倍之，却未見其人，只是更不復講。

餽運之術，雖自古亦無不煩民、不動摇而足者。然於古則有兵車，其中載糗糧，百人破二十五人。然古者行兵在中國，又不遠敵，若是深入遠處，則决無省力。且如秦運海隅之粟以饋邊，率三十鍾而致一石，是二百倍以來。今日師行，一兵行，一夫饋，只可供七日，其餘日必俱乏食也。且計之，須三夫而助一兵，仍須十五日便回，一日不回，則一日乏食。以此校之，無善術。故兵也者，古人必不得已而後用者，知此耳。

目畏尖物，此事不得放過，便與克下。室中率置尖物，須以理勝佗，尖必不刺人也，何畏之有！

横渠墓祭爲一位，恐難推同几之義。同几唯設一位祭之，謂夫婦同牢而祭也。呂氏定一歲疏數之節，有所不及，恐未合人情。一本作呂氏歲時失之疏。雨露既濡，霜露既降，皆有所感。若四時之祭有所未及，則不得契感之意。一本作疏則不契感之情。今祭祀，其敬齊禮文之類，尚皆可緩，且是要大者先正始得。今程氏之家祭，只是男女異位，及大有害義者，稍變得一二，佗所未遑也。吾曹所急正在此。凡祭祀，須是及祖。知母而不知父，狗彘是也。知父而不知祖，飛鳥是也。人須去上面立一等，求所以自異始得。

自古治亂相承，亦常事。君子多而小人少，則治；小人多而君子少，則亂。然在古，亦須朝廷之中君子小人雜進，不似今日剪截得直是齊整，不惟不得進用，更直憔悴善類，略去近道，則須憔悴舊日交遊。只改節者，便於世事差遂。此道理，不知爲甚？正叔近病，人有言之，曰：「在佗人則有追駁斥放，正叔無此等事，故只有病耳。」

介甫今日亦不必誅殺，人人靡然自從，蓋只消除盡在朝異己者。在古，雖大惡在上，一面誅殺，亦斷不得人議論，今便都無異者。

卜筮之能應，祭祀之能享，亦只是一箇理。蓍龜雖無情，然所以爲卦，而卦有吉凶，莫非有此理。以其有是理也，故以是問一作心向。焉，其應也如響。若以私心及錯卦象而問之，便不應，蓋没此理。今日之理與前日已定之理，只是一箇理，故應也。至如祭祀之享亦同。鬼神之理在彼，我以此理向之，故享也。不容有二三，只是一理也。如處藥治病，亦只是一箇理。此藥治箇如何氣，有此病服之卽應，若理不契，則藥不應。

古之言鬼神，不過著於祭祀，亦只是言如聞歎息之聲，亦不曾道聞如何言語，亦不曾道見如何形狀。如漢武帝之見李夫人，只爲道士先説與在甚處，使端目其地，故想出也。然武帝作詩，亦曰「是耶非耶」。嘗問好談鬼神者，皆所未曾聞見，皆是見説，燭理不明，便傳以爲信也。假使實所聞見，亦未足信，或是心病，或是目病。如孔子言人之所信者目，目亦有不足信者耶。此言極善。

今日雜信鬼怪異説者，只是不先燭理。若於事上一一理會，則有甚盡期，須只於學上理會。

師巫在此，降言在彼，只是抛得遠，決無此理。又言留下藥，尤知其不然。生氣盡則死，死則謂之鬼可也。但不知世俗所謂鬼神何也？聰明如邵堯夫，猶不免致疑，在此嘗言，有人家若虚空中聞人馬之聲。某謂：「既是人馬，須有鞍韉之類皆全，這箇是何處得來？」堯夫言：「天地之間，亦有一般不有不無底物。」某謂：「如此説，則須有不有不無底人馬，凡百皆爾，深不然也。」

風肅然起於人心恐怖。要之，風是天地間氣，非土偶人所能爲也。漢時神君，今日二郎廟，皆有之。

人心作主不定，正如一箇翻車，流轉動摇，無須臾停，所感萬端。又如懸鏡空中，無物不入其中，有甚定形？不學則却都不察，及有所學，便覺察得是爲害。著一箇意思，則與人成就得箇甚好見識？一作「無意於學，則皆不之察，暨用心自觀，卽覺其爲害。存此紛雜，竟與人成何見識！」心若不做一箇主，怎生奈何？張天祺昔常言，「自約數年，自上著牀，便不得思量事」。不思量事後，須强把佗這心來制縛，亦須寄寓在一箇形象，皆非自然。君實自謂「吾得術矣，只管念箇中字」，此則又爲中繫縛。且中字亦何形象？若愚夫不思慮，冥然無知，此又過與不及之分也。有人胸中常若有兩人焉，欲爲善，如有惡以爲之間；欲爲不善，又若有羞惡之心者。本無二人，此正交戰之驗也。持其志，便氣不能亂，此大可驗。要之，聖賢必不害心疾，其佗疾却未可知。佗藏府，只爲元不曾養，養之卻在修養家。一作「持其志，使氣不能亂，此大可驗。要之，聖賢必不病心疾，佗藏府有患，則不嘗專志於養焉」。

仁祖時，北使進言，「高麗自來臣屬北朝，近來職貢全缺，殊失臣禮，今欲加兵。又聞臣屬南朝，今來報知」。仁祖不答，及將去也，召而前，語之曰：「適議高麗事，朕思之，只是王子罪，不干百姓事。今既加兵，王子未必能誅得，且是屠戮百姓。」北使遂屈無答，不覺汗流浹背，俯伏於地，歸而寢兵。佗都不言彼兵事勢，只看這一箇天地之量，亦至誠有以格佗也。

人心緣境，出入無時，人亦不覺。

人夢不惟聞見思想，亦有五藏所感者。

天下之或寒或燠，只緣佗地形高下。如屋陰則寒，屋陽則燠，不可言於此所寒，於此所熱。且以尺五之表定日中一萬五千里，就外觀未必然。

人有壽考者，其氣血脈息自深，便有一般深根固蔕底道理。一作氣象。人脈起於陽明，周旋而下，至於兩氣口，自然勻長，故於此視脈。又一道自頭而下，至足大衝，亦如氣口。此等事最切於身，然而人安然恬於不知。至如人爲人問「你身上有幾條骨頭，血脈如何行動，腹中有多少藏府」，皆冥然莫曉。今人於家裏有多少家活屋舍，被人問著，己不能知，却知爲不智，於此不知，曾不介意，只道是皮包裹，不到少欠，大小大不察。近取諸身，一身之上，百理具備，甚物是没底？背在上故爲陽，胸在下故爲陰，至如男女之生，已有此象。天有五行，人有五藏。心，火也，著些天地間風氣乘之，便須發燥。肝，木也，著些天地間風氣乘之，便須發怒。推之五藏皆然。孟子將四端便爲四體，仁便是一箇木氣象，惻隱之心便是一箇生物春底氣象，羞惡之心便是一箇秋底氣象，只有一箇去就斷割底氣象，便是義也。推之四端皆然。此箇事，又著箇甚安排得也？此箇道理，雖牛馬血氣之類亦然，都恁備具，只是流形不同，各隨形氣，後便昏了佗氣。如其子愛其母，母愛其子，亦有木底氣象，又豈無羞惡之心？如避害就利，別所愛惡，一一理完。更如獼猴尤似人，故於獸中最爲智巧，童昏之人見解不及者多矣。然而唯人氣最清，可以輔相裁成，「天地設位，聖人成能」，直行乎天地之中，所以爲三才。天地本一物，地亦天也。只是人爲天地心，是心之動，則分了天爲上，地爲下，兼三才而兩之，故六也。

天地之氣，遠近異像，則知愈遠則愈異。至如人形有異，曾何足論！如史册有鬼國狗國，百種怪異，固亦有之，要之這箇理則一般。其必一作有。異者，譬如海中之蟲魚鳥獸，不啻百千萬億，卒無有同於陸上之物。雖極其異，要之只是水族而已。

天地之中，理必相直，則四邊當有空闕處。空闕處如何，地之下豈無天？今所謂地者，特於一作爲。天中一物爾。如雲氣之聚，以其久而不散也，故爲對。凡地動者，只是氣動。凡所指地者，一作損缺處。只是土，土亦一物爾，不可言地。更須要知坤元承天，是地之道也。

古者百畝，今四十一畝餘。若以土地計之，所收似不足以供九人之食。曰：「百畝九人固不足，通天下計之則亦可。家有九人，只十六已別受田，其餘皆老少也，故可供。有不足者，又有補助之政，又有鄉黨賙捄之義，故亦可足。」

後世雖有作者，虞帝不可及也。猶之田也，其初開荒蒔種甚盛，以次遂漸薄，虞帝當其盛時故也。其間有如夏衰，殷衰，周衰，有盛則有衰，又是其間之盛衰，推之後世皆若是也。如一樹，方其榮時，亦有發生，亦有彫謝。桑榆既衰矣，亦有發生，亦有彫謝。又如一歲之中，四時之氣已有盛衰，一時之中又有盛衰，推之至如一辰，須有辰初、辰正、辰末之差也。今言天下之盛衰，又且只據書傳所有，聞見所及。天地之廣，其氣不齊，又安可計？譬之一國有幾家，一家有幾人，人之盛衰休戚未有齊者。姓之所以蕃庶者，由受姓之祖，其流之盛也。

內則謂請靧請浴之類，雖古人謹禮，恐不如是之煩。

古人乘車，車中不內顧，不親指，不遠視，行則鳴環佩，在車則聞和鸞，式則視馬尾，自然有箇君子大人氣象。自五胡亂華以來，惟知鞍馬爲便利，雖萬乘之尊，猶執鞭上馬。執鞭非貴人事。

使人謂之啞御史猶可，且只是格君心。

正叔嘗爲葬説，有五事：相地，須使異日決不爲路，不置城郭，不爲溝渠，不爲貴人所奪，不致耕犁所及，此大要也。其穴之次，設如尊穴南向北首，陪葬者前爲兩列，亦須北首，各於其穴安夫婦之位。坐於堂上，則男東而女西，卧於室中，則男外而女内也。推此爲法觀之。葬，須爲坎室爲安。若直下便以土實之，則許大一塊虚土，壓底四向，流水必趨土虚處，大不便也。且棺椁雖堅，恐不能勝許多土頭，有失比化者無使土親膚之義。

心所感通者，只是理也。知天下事有卽有，無卽無，無古今前後。至如夢寐皆無形，只是有此理。若言涉於形聲之類，則是氣也。物生則氣聚，死則散而歸盡。有聲則須是口，既觸則須是身。其質既壞，又安得有此？乃知無此理，便不可信。

草木，土在下，因升降而食土氣；動物却土在中，脾在内也。非土則無由生。

禮言「惟天地之祭爲越紼而行事」，此事難行。既言越紼，則是猶在殯宮，於時無由致得齋，又安能脱喪服衣祭服？此皆難行。縱天地之祀爲不可廢，只一作則。消使冢宰攝爾。昔者英宗初卽位，有人以此問，先生答曰：「古人居喪，百事皆此有闕字。如常，特於祭祀廢之，則不若無廢爲愈也。」子厚正之曰：「父在爲母喪，則不敢見其父，不敢以非禮見也。今天子爲父之喪，以此見上帝，是以非禮見上帝也，故不如無祭。」

「萬物皆備於我」，此通人物而言。禽獸與人絶相似，只是不能推。然禽獸之性却自然，不待學，不待教，如營巢養子之類是也。人雖是靈，却椓喪處極多，只有一件，嬰兒飲乳是自然，非學也，其佗皆誘之也。欲得人家嬰兒善，且自小不要引佗，留佗真性，待他自然，亦須完得些本性須別也。

勿謂小兒無記性，所歷事皆能不忘。故善養子者，當其嬰孩，鞠之使得所養，全其和氣，乃至長而性美，教之示以好惡有常。至如養犬者，不欲其升堂，則時其升堂而扑之。若既扑其升堂，又復食之於堂，則使孰從？雖日撻而求其不升，不可得也。養異類且爾，況人乎？故養正者，聖人也。

極，須爲天下之中。天地之中，理必相直。今人所定天體，只是且以眼定，視所極處不見，遂以爲盡。然向曾有於海上見南極下有大星十，則今所見天體蓋未定。雖似不可窮，然以土圭之法驗之，日月升降不過三萬里中。故以尺五之表測之，每一寸當一千里。然而中國只到鄯善、莎車，已是一萬五千里。若就彼觀日，尚只是三萬里中也。天下之或寒或煖，只緣地形高下。如屋陰則寒，屋陽則燠，不可言於此所寒矣，屋之西北又益寒。伯淳在澤州，嘗三次食韭黃，始食懷州韭，次食澤州，又次食并州，則知數百里間氣候争三月矣。若都以此差之，則須争半歲。如是，則有在此冬至，在彼夏至者。雖然，又没此事，只是一般爲冬爲夏而已。

貴姓子弟於飲食玩好之物之類，直是一生將身伏事不懈，如管城之陳醋瓶，洛中之史畫匣是也。更有甚事？伯淳與君實嘗同觀史畫，猶能題品奈煩。伯淳問君實：「能如此與佗畫否？」君實曰：「自家一箇身，猶不能事持得，更有甚工夫到此？」

電者陰陽相軋，雷者陰陽相擊也。軋者如石相磨而火光出者，電便有雷擊者是一作甚。也。或傳京師少聞雷，恐是地有高下也。

神農作本草，古傳一日食藥七十死，非也。若小毒，亦不當嘗；若大毒，一嘗而死矣，安得生？其所以得知者，自然視色嗅味，知得是甚氣，作此藥，便可攻此病。須是學至此，則知自至此。

或以謂原壤之爲人，敢慢聖人，及母死而歌，疑是莊周，非也。只是一箇鄉里粗鄙人，不識義理，觀夫子責之辭，可以見其爲人也。一本此下云：「若是莊周，夫子亦不敢叩之責之，適足以啓其不遜爾，彼亦必須有答。」

古人適異方死，不必歸葬故里，如季子是也。其言骨肉歸於土，若夫魂氣，則無不之也。然觀季子所處，要之非知禮者也。

古人之法，必犯大惡則焚其屍。今風俗之弊，遂以爲禮，雖孝子慈孫，亦不以爲異。更是公方明立條貫，元不爲禁：如言軍人出戍，許令燒焚，將骨殖歸；又言郊壇須三里外方得燒人，則是别有焚屍之法。此事只是習慣，便不以爲事。今有狂夫醉人，妄以其先人棺櫬一彈，則便以爲深讎巨怨，及親拽其親而納之火中，則略不以爲怪，可不哀哉！

英宗欲改葬西陵，當是時，潞公對以禍福，遂止。其語雖若詭對，要之却濟事。

父子異宫者，爲命士以上，愈貴則愈嚴。故父子異宫，猶今有逐位，非如異居也。

河南程氏遺書卷第三

二先生語三

謝顯道記憶平日語

「鳶飛戾天，魚躍于淵，言其上下察也。」此一段子思喫緊爲人處，與「必有事焉而勿正心」之意同，活潑潑地。會得時，活潑潑地；不會得時，只是弄精神。

切脈最可體仁。鄭轂云：「嘗見顯道先生問此語，云：『是某與明道切脈時，坐間有此語。』」

觀鷄雛。此可觀仁。

漢成帝夢上帝敗我濯龍淵，打不過。

問鬼神有無。曰：「待説與賢道没時，古人却因甚如此道？待説與賢道有時，又却恐賢問某尋。」

射法具而不滿者，無志者也。

尸居却龍見，淵默却雷聲。

須是合内外之道，一天人，齊上下，下學而上達，極高明而道中庸。

既得後，便須放開，不然，却只是守。

詩可以興。某自再見茂叔後，吟風弄月以歸，有「吾與點也」之意。

古人互相點檢，如今之學射者亦然。

鐵劍利而倡優拙。此重則彼輕。

自「舜發於畎畝之中」，至「孫叔敖舉於海」，若要熟，也須從這裏過。

萃、渙皆「享於帝，立廟」，因其精神之聚而形於此，爲其渙散，故立此以收之。

「隘與不恭，君子不由」，非是瑕疵夷、惠之語，其弊至此。

趙普除節度使權，便是烏重胤之策，以兵付逐州刺史。

以記誦博識爲玩物喪志。時以經語録作一册。○鄭轂云：「嘗見顯道先生云：『某從洛中學時，録古人善行別作一册，洛中見之，云是玩物喪志，蓋言心中不宜容絲髮事。』」

張子厚、邵堯夫，善自開大者也。

彈琴，心不在便不成聲，所以謂琴者禁也，禁人之邪心。

舞蹈本要長袖，欲以舒其性情。某嘗觀舞正樂，其袖往必反，有盈而反之意。今之舞者，反收拾袖子結在一處。

周茂叔窗前草不除去，問之，云：「與自家意思一般。」子厚觀驢鳴，亦謂如此。

張子厚聞生皇子，喜甚；見餓莩者，食便不美。

某寫字時甚敬，非是要字好，只此是學。

一日游許之西湖，在石壇上坐，少頃腳踏處便溼，舉起云：「便是天地升降道理。」

一日見火邊燒湯瓶，指之曰：「此便是陰陽消長之義。」

「鳶飛戾天」，向上更有天在；「魚躍于淵」，向下更有地在。此兩句去作人材上說更好。○鄭轂云：「嘗問此二句，顥道先生云：『非是極其上下而言，蓋真箇見得如此。正是子思喫緊道與人處。若從此解悟，便可入堯、舜氣象。』」

因論口將言而囁嚅。云：「若合開口時，要他頭，也須開口，如荊軻於樊於期。須是『聽其言也厲』。」

舜由仁義行，非行仁義也。

與善人處，壞了人；須是與不善人處，方成就得人。他山之石可以攻玉。善下一有柔字。

又言：「不哭底孩兒，誰抱不得？」

須是就事上學。「蠱，振民育德。」然有所知後，方能如此。「何必讀書，然後爲學？」

「士不可以不弘毅，任重而道遠。」重擔子須是硬脊梁漢方擔得。

詩、書只說帝與天。

有人疑伊尹出處合於孔子可以仕則仕、可以止則止，不得爲聖之時，何也？曰：「終是任底意思在。」

一行豈所以名聖人？至於聖，則自不可見。何嘗道聖人孝，聖人廉？

太山爲高矣，然太山頂上已不屬太山。雖堯、舜之事，亦只是如太虛中一點浮雲過目。

執事須是敬，又不可矜持太過。

孟子知言，正如人在堂上，方能辨堂下人曲直。若自下去堂下，則却辨不得。

勿忘勿助長之間，正當處也。

顏子合下完具只是小，要漸漸恢廓。孟子合下大，只是未粹，索學以充之。恢一作開。

學者要學得不錯，須是學顏子。有準的。

參也，竟以魯得之。

「默而識之，不言而信，存乎德行。」

「毛猶有倫」，入毫釐絲忽終不盡。

滿腔子是惻隱之心。

衆人安則不恭，恭則不安。

邢恕日三點檢，謂亦可哀也，何時不點檢！

「君子以言有物而行有恒。」

學射者互相點檢病痛，「朋友攸攝，攝以威儀」。

有甚你管得我？有甚我管得你？教人致却太平後，某願爲太平之民。

右明道先生語

三王不足四，無四三王之理。如忠質文之所尚，子丑寅之所建，歲三月爲一時之理。秦强以亥爲正，畢竟不能行。孔子知是理，故其志不欲爲一王之法，欲爲百王之通法，如語顏淵爲邦是也，其法度又一寓之春秋。已後別有說。

西北東南，人材不同。

以律管定尺，乃是以天地之氣爲準，非秬黍之比也。秬黍積數，在先王時，惟此爲適與度量合，故可用，今時則不同。

物之可卜者，惟龜與羊髀骨可用，蓋其坼可驗吉凶。

李觀謂若教管仲身長在宮内，何妨更六人。此語不然。管仲時，桓公之心特未蠹也。若已蠹，雖管仲可奈何？未有心蠹尚能用管仲之理。

孟子言性，當隨文看。不以告子「生之謂性」爲不然者，此亦性也，彼命受生之後謂之性爾，故不同。繼之以「犬之性猶牛之性，牛之性猶人之性與？」然不害爲一。若乃孟子之言善者，乃極本窮源之性。

日月之形，如人有身須有目，目必面前，故太陽無北觀者。

仁則一，不仁則二。

仁道難名，惟公近之，非以公便爲仁。

禪家之言性，猶太陽之下置器，其間方圓小大不同，特欲傾此於彼爾。然在太陽幾時動？又其學善遁，若人語以此理，必曰「我無修無證」。

先生少時，多與禪客語，欲觀其所學淺深，後來更不問。蓋察言不如觀貌，言猶可以所聞强勉，至於貌則不可强。

氣，形而下者。

語學者以所見未到之理，不惟所聞不深徹，久將理低看了。

性不可以內外言。

神是極妙之語。

神一本無。與性元不相離，則其死也，何合之有？如禪家謂別有一物常在，偷胎奪陰之說，則無是理。

魂謂精魂，其死也魂氣歸於天，消散之意。

某欲以金作器比性成形。先生謂「金可以比氣，不可以比性」。

唐人伎藝，亦有精絕過今人處。

日月謂一日一箇亦得，謂通古今只一箇亦得。

易言天亦不同。如「天道虧盈而益謙」，此通上下理亦如此，天道之運亦如此。如言「天且弗違，況於人乎？況於鬼神乎？」此直謂形而上者言，以鬼神爲天地矣。

莊生形容道體之語，儘有好處。老氏「谷神不死」一章最佳。

禪家出世之說，如閉目不見鼻，然鼻自在。

聖人不記事，所以常記得。今人忘事，以其記事。不能記事，處事不精，皆出於養之不完固。

陳恒弒其君，夫子請討，當時夫子已去位矣。曾爲大夫。

人固可以前知，然其理須是用則知，不用則不知。知不如不知之愈，蓋用便近二，所以釋子謂又不是野狐精也。

二三立，則一之名亡矣。

「感而遂通天下之故」，以其寂然不動，小則事物之至，大則無時而不感。

人之稟賦有無可奈何者，聖人所以戒忿疾於頑。

釋氏處死生之際，不動者有二：有英明不以爲事者，亦有昏愚爲人所誤，以前路自有去處者。

心一作必。欲窮四方上下所至，且以無窮，置却則得。若要真得，一作識。須是體合。

有剪桐之戲，則隨事箴規；違養生之戒，則卽時諫止。

未有不能體道而能無思者，故坐忘卽是坐馳，有忘之心乃思也。

許渤與其子隔一窗而寢，乃不聞其子讀書與不讀書。先生謂：「此人持敬如此。」曷嘗有如此聖人。

伯淳在澶州日修橋，少一長梁，曾博求之民間。後因出入，見林木之佳者，必起計度之心，因語以戒學者，「心不可有一事」。

閱機事之久，機心必生。蓋方其閱時，心必喜，既喜，則如種下種子。

見一學者忙迫，先生問其故。曰：「欲了幾處人事。」曰：「某非不欲周旋人事者，曷嘗似賢急迫？」

忘物與累物之弊等。

疑病者，未有事至時，先有疑端在心；周羅事者，先有周事之端在心，皆病也。

較事大小，其弊爲枉尺直尋之病。一作論。

忘敬而後「無一作毋。不敬」。

聖人之心，未嘗有在，亦無不在，蓋其道合內外，體萬物。

事神易，爲尸難。苟孝子有思親之心，以至誠持之，皆可以盡其道。惟尸象神，其所以祖考來格者以此。後世巫覡，立尸之遺意，但其流入於妄僞，豈有通幽明之理！

死者不可謂有知，不可謂無知。

嘗問先生：「其有知之原，當俱稟得」。先生謂：「不曾稟得，何處交割得來？」又語及太虛，曰：「亦無太虛。」遂指虛曰：「皆是理，安得謂之虛？天下無實於理者。」

罪己責躬不可無，然亦不當長留在心胸爲悔。

有恐懼心，亦是燭理不明，亦是氣不足。須知「義理之悦我心，猶芻豢之悦我口」，玩理以養心如此。蓋人有小稱意事，猶喜悦，有淪肌浹骨如春和意思，何況義一作見。理？然窮理亦當知用心緩急，但苦勞而不知悦處，豈能養心？

入道莫如敬，未有能致知而不在敬者。今人主心不定，視心如寇賊而不可制，不是事累心，乃是心累事。當知天下無一物是合少得者，不可惡也。

或謂許大太虛。先生謂：「此語便不是，這裏論甚大與小？」

大抵人有身，便有自私之理，宜其與道難一。

人之於儀形，有是持養者，有是修飾者。

人之於性，猶器之受光於日，日本不動之物。

須是識在所行之先，譬如行路，須得光照。

伯有爲厲之事，别是一理。

「一陰一陽之謂道」，道非陰陽也，所以一陰一陽道也，如一闔一闢謂之變。

右伊川先生語

拾遺

許渤初起，問人天氣寒温，加減衣服，一加減定，即終日不换。

許渤在潤州，與范文正、胡宿、周茂叔游。

古人立尸之意甚高。

「萬取千焉，千取百焉。」齊語謂某處取某處遠近。

「夫天未欲平治天下也，如欲平治天下，當今之世，舍我其誰？」此是有所受命之語。若孔子謂「天之將喪斯文也，後死者不得與於斯文也；天之未喪斯文也，匡人其如予何！」喪乃我喪，未喪乃我未喪，我自做著天裏，聖人之言，氣象自别。

張横渠謂范文正才氣老成。笑指揮趙俞。

古人求法器。

禮樂只在進反之間，便得性情之正。

孟子答公孫丑問「何謂浩然之氣」曰：「難言也。」只這裏便見得是孟子實有浩然之氣。若他人便亂說道是如何，是如何。

子路亦百世之師。「人告之以有過則喜。」

右明道先生語

先生在經筵日，有二同列論武侯事業，謂：「戰伐所喪亦多，非『殺一不辜而得天下不爲』之事。」先生謂：「二公語過矣。『殺一不辜而得天下不爲』，謂殺不辜以私己。武侯以天子之命討天下之賊，何害？」

漢儒近似者三人：董仲舒、大毛公、楊雄。

右伊川先生語

河南程氏遺書卷第四　　二先生語四

游定夫所録

善言治天下者，不患法度之不立，而患人材之不成。善修身一作善言人材。者，不患器質之不美，而患師學之不明。人材不成，雖有良法美意，孰與行之？師學不明，雖有受道之質，孰與成之？

行之失，莫甚於惡，則亦改之而已矣。事之失，莫甚於亂，則亦治之而已矣。苟非自暴自棄者，孰不可與爲君子？

人有習他經，既而舍之，習戴記。問其故，曰：「決科之利也。」先生曰：「汝之是心，已不可入於堯、舜之道矣。夫子貢之高識，曷嘗規規於貨利哉？特於豐約之間，不能無留情耳。且貧富有命，彼乃留情於其間，多見其不信道也。故聖人謂之『不受命』。有志於道者，要當去此心而後可語也。」一本云：「明道知扶溝縣事，伊川侍行，謝顯道將歸應舉。伊川曰：『何不止試於太學？』顯道對曰：『蔡人鮮習禮記，決科之利也。』先生云云，顯道乃止。是歲登第。」注云：「尹子言其詳如此。」

先生不好佛語。或曰：「佛之道是也，其迹非也。」曰：「所謂迹者，果不出於道乎？然吾所攻，其迹耳；其道，則吾不知也。使其道不合於先王，固不願學也。如其合於先王，則求之六經足矣，奚必佛？」

漢儒之中，吾必以楊子爲賢。然於出處之際，不能無過也。其言曰：「明哲煌煌，旁燭無疆；孫于不虞，以保天命。」「孫于不虞」則有之，「旁燭無疆」則未也。光武之興，使雄不死，能免誅乎？觀於朱泚之事可見矣。古之所謂言遜者，迫不得已，如劇秦美新之類，非得已者乎？

天下之習，皆緣世變。秦以棄儒術而亡不旋踵，故漢興，頗知尊顯經術，而天下厭之，故有東晉之放曠。

人有語導氣者，問先生曰：「君亦有術乎？」曰：「吾嘗夏葛而冬裘，飢食而渴飲，節嗜欲，定心氣，如斯而已矣。」

世有以讀書爲文爲藝者。曰：「爲文謂之藝，猶之可也。讀書謂之藝，則求諸書者淺矣。」

萬物本乎天，人本乎祖，故冬至祭天而祖配之。以冬至者，氣至之始故也。萬物成形於地，而人成形於父，故以季秋享帝而父配之。以季秋者，物成之時故也。

世之信道篤而不惑異端者，洛之堯夫、秦之子厚而已。

孟子之時，去先王爲未遠，其學比後世爲尤詳，又載籍未經秦火，然而班爵祿之制，已不聞其詳。今之禮書，皆掇拾於煨燼之餘，而多出於漢儒一時之傅會，奈何欲盡信而句爲之解乎？然則其事固不可一一追復矣。明道

人必有仁義之心，然後仁與義之氣睟然達於外，故「不得於心，勿求於氣」可也。明道

君子之教人，或引之，或拒之，各因其所虧者，成之而已。孟子之不受曹交，以交未嘗知道固在我

而不在人也，故使「歸而求之」。

孟子論三代之學，其名與王制所記不同，恐漢儒所記未必是也。

「象憂亦憂，象喜亦喜」，蓋天理人情，於是爲至。舜之於象，周公之於管叔，其用心一也。夫管叔未嘗有惡也，使周公逆知其將畔，果何心哉？惟其管叔之畔，非周公所能知也，則其過有所不免矣。故孟子曰：「周公之過，不亦宜乎？」

孟子言舜完廩浚井之説，恐未必有此事，論其理而已。堯在上而使百官事舜於畎畝之中，豈容象得以殺兄，而使二嫂治其棲乎？學孟子者，以意逆志可也。

或謂佛之理比孔子爲徑。曰：「天下果有徑理，則仲尼豈欲使學者迂遠而難至乎？故外仲尼之道而由徑，則是冒險阻、犯荆棘而已。」侍講

窮經，將以致用也。如「誦詩三百，授之以政不達，使於四方，不能專對，雖多亦奚以爲？」今世之號爲窮經者，果能達於政事專對之間乎？則其所謂窮經者，章句之末耳，此學者之大患也。

問：「『我於辭命則不能』，恐非孟子語。蓋自謂不能辭命，則以善言德行自居矣，恐君子或不然。」曰：「然。孔子兼之，而自謂不能者，使學者務本而已。」明道

孟子曰：「事親若曾子可也。」吾以謂事君若周公可也。蓋子之事父，臣之事君，聞有自知其不足者矣，未聞其爲有餘也。周公之功固大矣，然臣子之分所當爲也，安得獨用天子之禮乎？其因襲之弊，遂使季氏僭八佾，三家僭雍徹，故仲尼論而非之，以謂「周公其衰矣」。侍講

師保之任，古人難之。故召公不説者，不敢安於保也；周公作書以勉之，以爲在昔人君所以致治者，皆賴其臣，而使召公謀所以裕己也。

「復子明辟」，如稱告嗣天子王矣。

工尹商陽自謂「朝不坐宴，不與殺三人，足以反命」，慢君莫甚焉，安在爲有禮？夫君子立乎人之本朝，則當引其君於道，志於仁而後已。彼商陽者士卒耳，惟當致力於君命，而乃行私情於其間，孔子蓋不與也。所謂「殺人之中又有禮焉」者，疑記者謬。

盟可用也，要之則不可。故孔子與蒲人盟而適衞者，特行其本情耳。蓋與之盟與未嘗盟同，故孔子適衞無疑。使要盟而可用，則一作與。賣國背君亦可要矣。

不知天，則於人之愚智賢否有所不能知，雖知之有所不盡，故「思知人不可以不知天」。不知人，則所親者或非其人，所由者或非其道，而辱身危親者有之，故「思事親不可不知人」。故堯之親九族，亦明俊德之人爲先，蓋有天下者，以知人爲難，以親賢爲急。

二南之詩，蓋聖人取之以爲天下國家之法，使邦家鄉人皆得歌詠之也。有天下國家者，未有不自齊家始。先言后妃，次言夫人，又次言大夫妻。而古之人有能修之身以化在位者，文王是也，故繼之以文王之詩。關雎詩所謂「窈窕淑女」，即后妃也，故序以爲配君子。所謂「樂而不淫，哀而不傷」，蓋關雎之義如此，非謂后妃之心爲然也。

安定之門人往往知稽古愛民矣，則於爲政也何有？

古者鄉田同井，而民之出入相友，故無争鬭之獄。今之郡邑之訟，往往出於愚民，以戾氣相搆，善爲政者勿聽焉可也。又時取强暴而好譏侮者痛懲之，則柔良者安，鬭訟可息矣。昭遠本連上一段。

君子之遇事，無巨細，一於敬而已。簡細故以自崇，非敬也；飾私智以爲奇，非敬也。要之，無敢慢而已。語曰：「居處恭，執事敬，雖之夷狄，不可棄也。」然則「執事敬」者，固爲仁之端也。推是心而成之，則「篤恭而天下平」矣。

士之所難者，在有諸己而已。能有諸己，則「居之安，資之深」，而美且大可以馴致矣。徒知可欲之善，而若存若亡而已，則能不受變於俗者鮮矣。

馮道更相數主，皆其讎也，安定以爲當五代之季，生民不至於肝腦塗地者，道有力焉，雖事讎無傷也。荀彧佐曹操誅伐，而卒死於操，君實以爲東漢之衰，彧與攸視天下無足與安劉氏者，惟操爲可依，故俯首從之，方是時，未知操有他志也。君子曰：「在道爲不忠，在彧爲不智。如以爲事固有輕重之權，吾方以天下爲心，未暇恤人議己也，則枉己者未有能直人者也。」

世之議子雲者，多疑其投閣之事。以法言觀之，蓋未必有。又天禄閣世傳以爲高百尺，宜不可投。然子雲之罪，特不在此，黽勉於莽、賢之間，畏死而不敢去，是安得爲大丈夫哉？

公山弗擾以費叛，不以召叛人逆黨而召孔子，則其志欲遷善悔過，而未知其術耳。使孔子而不欲往，是沮人爲善也，何足以爲孔子？

道之外無物，物之外無道，是天地之間無適而非道也。即父子而父子在所親，即君臣而君臣在所嚴，一作敬。以至爲夫婦、爲長幼、爲朋友，無所爲而非道，此道所以不可須臾離也。然則毀人倫、去四大者，其分於道也遠矣。故「君子之於天下也，無適也，無莫也，義之與比」。若有適有莫，則於道爲有間，非天地之全也。彼釋氏之學，於「敬以直內」則有之矣，「義以方外」則未之有也，故滯固者入於枯槁，疏通者歸於肆恣，一作放肆。此佛之教所以爲隘也。吾道則不然，率性而已。斯理也，聖人於易備言之。

乾，聖人之分也，可欲之善屬焉。坤，學者之分也，有諸己之信屬焉。

仲尼言仁，未嘗兼義，獨於易曰：「立人之道曰仁與義。」而孟子言仁必以義配。蓋仁者體也，義者用也，知義之爲用而不外焉者，可與語道矣。世之所論於義者多外之，不然則混而無別，非知仁義之說者也。

門人有曰：「吾與人居，視其有過而不告，則於心有所不安，告之而人不受，則奈何？」曰：「與之處而不告其過，非忠也。要使誠意之交通在於未言之前，則言出而人信矣。」

「剛毅木訥」，質之近乎仁也；「力行」，學之近乎仁也。若夫至仁，則天地爲一身，而天地之間，品物萬形爲四肢百體。夫人豈有視四肢百體而不愛者哉？聖人，仁之至也，獨能體是心而已，曷嘗支離多端而求之自外乎？故「能近取譬」者，仲尼所以示子貢以爲仁之方也。醫書有以手足風頑謂之四體不仁，爲其疾痛不以累其心故也。夫手足在我，而疾痛不與知焉，非不仁而何？世之忍心無恩者，其自棄亦若是而已。

一物不該，非中也；一事不爲，非中也；一息不存，非中也。何哉？爲其偏而已矣。故曰：「道也者，不可須臾離也，可離非道也。」修此道者，「戒慎乎其所不睹，恐懼乎其所不聞」而已。由是而不息焉，則「上天之載，無聲無臭」，可以馴致也。

君子之於中庸也，無適而不中，則其心與中庸無異體矣。小人之於中庸，無所忌憚，則與戒慎恐懼者異矣，是其所以反中庸也。

責善之道，要使誠有餘而言不足，則於人有益，而在我者無自辱矣。

河南程氏遺書卷第五

二先生語五

理與心一，而人不能會之爲一。

仲尼，元氣也；顔子，春生也；孟子，并秋殺盡見。仲尼，無所不包；顔子示「不違如愚」之學於後世，有自然之和氣，不言而化者也；孟子則露其才，蓋亦時然一作焉。而已。仲尼，天地也；顔子，和風慶雲也；孟子，泰山巖巖之氣象也。觀其言，皆可以見之矣。仲尼無迹，顔子微有迹，孟子其迹著。

人心常要活，則周流無窮，而不滯於一隅。

老子曰「無爲」，又曰「無爲而無不爲」。當有爲而以無爲爲之，是乃有爲爲也。聖人作易，未嘗言無爲，惟曰「無思也，無爲也」，此戒夫作爲也；然下即曰「寂然不動，感而遂通天下之故」，是動靜之理，未嘗爲一偏之說矣。

語聖則不異，事功則有異，「夫子賢於堯、舜」，語事功也。

孔子言語，句句是自然；孟子言語，句句是實事。一作事實。

論學便要明理，論治便須一作要。識體。

蹇便是處蹇之道，困便是處困之道，道無時不可行。

孟子有功於道，爲萬世之師，其才雄，只見雄才，便是不及孔子處。人須當學顔子，便入聖人氣象。

父子君臣，天下之定理，無所逃於天地之間。安得天分不有私心，則一本無天分不則字。行一不義，殺一不辜，有所不爲。有分毫私，便不是王者事。

訂頑立心，便達得天德。

孔子儘是明快人，顔子儘豈弟，孟子儘雄辯。

孔子爲中都宰，「知其不可而爲之」，不仁；不知而爲之，不知。豈有聖人不盡仁知？

責上責下而中自恕己，豈可任職分？一本無任字，職分兩字側注。

萬物無一物失所，便是天理時中。一本無時中字。

「公孫碩膚，赤舄几几。」

爲君盡君道，爲臣盡臣道，過此則無理。

「坤作成物」，是積學處；「乾知大始」，是成德處。

孔子請討田恒，當時得行，便有舉義爲周之意。

九二「利見大人」，九五「利見大人」。聖人固有在上者，在下者。

雖公天下事，若用私意爲之，便是私。

「唯上智與下愚不移」，移則不可知。上之爲聖，下之爲狂，在人一心念不念爲進退耳。

「居處恭，執事敬，與人忠」，充此便睟面盎背，有諸中必形諸外，觀其氣象便見得。

天命不已，文王純於天道亦不已。純則無二無雜，不已則無間斷先後。

不能動人，只是誠不至；於事厭倦，皆是無誠處。

氣直養而無害，便塞乎天地之間，有少私意，卽是氣虧。無不義便是集義，有私意便是餒。

心具天德，心有不盡處，便是天德處未能盡，何緣知性知天？盡己心，則能盡人盡物，與天地參，贊化育。贊一本無贊字。則直養之而已。

「鼓萬物而不與聖人同憂」，天理鼓動萬物如此。聖人循天理而欲萬物同之，所以有憂患。

章，外見之物。「含章可貞」，「來章有慶」，須要反己。

敬義夾持，直上達天德自此。

舞射便見人誠。古之教人，莫非使之成己，自洒埽應對上，便可到聖人事。

「樂莫大焉」，「樂亦在其中」，「不改其樂」，須知所樂者何事。

乾坤古無此二字，作易者特立此二字以明難明之道，「乾坤毁則無以見易」，須以意明之。以此形容天地間事。

易，聖人所以立道，窮神則無易矣。

孔子爲宰則爲宰，爲陪臣則爲陪臣，皆能發明大道。孟子必得賓師之位，然後能明其道。猶之有許大形象，然後爲太山；許多水，然後爲海。以此未及孔子。

夷、惠有異於聖人大成處，然行一不義，雖得天下不爲，與孔子同者，以其誠一也。

顏子作得禹、稷、湯、武事功，若德則別論。

詩言天命，書言天。存心則上帝臨女。

文章成功，有形象可見，只是極致事業，然所以成此事功者，即是聖也。

萬物之始，皆氣化；既形，然後以形相禪，有形化；形化長，則氣化漸消。

中庸言「無聲無臭」，勝如釋氏言「非黃非白」。一本作黄白大小。

心有所存，眸子先發見。

張兄言氣，自是張兄作用，立標以明道。張兄一作橫渠，後同。

乾是聖人道理，坤是賢人道理。

易之有象，猶人之守禮法。

待物生，以時雨潤之，使之自化。

恭而安。張兄十五年學。

河南程氏遺書卷第六

二先生語六

此卷間有不可曉處，今悉存之，不敢删去。

質夫沛然。　擇之茫然，未知所得。　季明安。

兄[一]厚臨終過西郊，一作洛。　却相疑，平生不相疑。

叔[二]不排釋、老。

惟善變通，便是聖人。

聖人於天下事，自不合與，只順得一作佗。　天理，茂對時，育萬物。

堯、舜、共、鯀、皐陶，一作夔。　時與孔子異。

正名養老。　荀文若利。　魏鄭公正當辨。

學原於思。

仁，人此；義，宜此。　事親仁之實，從兄義之實，須去一道中別出。

孔子言仁，只説「出門如見大賓，使民如承大祭」。看其氣象，便須心廣體胖，動容周旋中禮，自然一

[一]呂本「兄」字下旁注「指明道」三字，如此則下「厚」字應非人名。

[二]呂本「叔」字下旁注「指伊川」三字。

無自然字。惟慎獨便是守之之法。聖人修己以敬，以安百姓，篤恭而天下平。惟上下一於恭敬，則天地自位，萬物自育，氣無不和，四靈何有不至？此體信達順之道，聰明睿智皆由是出。以此事天饗帝，故中庸言鬼神之德盛，而終之以微之顯，誠之不可揜如此。一本「聖人修己」以下別爲一章。

「博施濟衆」，非聖不能，何曾干仁事？故特曰：夫仁者達人立人，取譬，可謂仁之方而已，使人求之，自反便見得也。雖然，聖人未有不盡仁，然教人不得如此指殺。一本此下云：「繞塔說相輪，不如便入塔登之，始登時雖不見，及上到頂，則相輪爲我有。」

四體不仁。

鬼是往而不反之義。

天人本無二，不必言合。

儼然，卽之温，言厲。佗人温則不厲，儼然則不温，惟孔子全之。

大圭黄鍾，全沖和氣。

李宏中力田養親。

節嗜慾，定心氣。卽是天氣下降，地氣上騰。心氣定，便和無疾。

看一部華嚴經，不如看一艮卦。經只言一止觀。

論性，不論氣，不備；論氣，不論性，不明。一本此下云：「二之則不是。」

人自孩提，聖人之質已完，只先於偏勝處發。或仁，或義，或孝，或弟。

覺悟便是信。

自「幼子常視無誑」以上，便是教以聖人事。

人之知思，因神以發。

成己須是仁，推成己之道成物便是智。

怒驚皆是主心不定。不遷怒。

非禮不視聽言動，積習儘有功，禮在何處？

去氣偏處發，便是致曲；去性上修，便是直養。然同歸於誠。一，此章連「人自孩提」章下爲一章。

「不有躬，無攸利。」不立己，後雖向好事，猶爲化物，不得以天下萬物撓己，己立後，自能了當得天下萬物。

地不改闢，民不改聚，只修治便了。

飢食渴飲，冬裘夏葛，若致一作置。些私吝心吝心，一作意。在，便是廢天職。

忠信進德，修辭立其誠，所以居業修立在人。

日月，陰陽發見盛處。

月受日光，父子。龍敏。撾鼓。

鼓動萬物，聖人之神知則不可名。

凡物參和交感則生，不和分散則死。

凡有氣莫非天，凡有形莫非地。

氣有偏勝處。勝一作盛。

二氣五行剛柔萬殊，聖人所由惟一理，人須要復其初。

元氣會則生聖賢。理自生。

天只主施，成之者地也。

須要有所止。止於仁，止於孝，止於大分。

有形總是氣，無形只是一作有。道。

咸六四言「貞吉悔亡」，言感之不可以心也。不得只恁地看過，更留心。

存養熟後，泰然行將去，便有進。

艮卦只明使萬物各有止，止分便定。「艮其背，不獲其身，不見其人。」

曾子疾病，只要以正，不慮死，與武王「殺一不辜，行一不義，得天下不爲」同心。

百官萬務、金革百萬之衆，飲水曲肱，樂在其中。萬變皆在人，其實無一事。

蜀山人不起念十年，便能前知。

只是一箇誠。天地萬物鬼神本無二。

清明在躬，志氣如神。貫熟。○一作久且熟。

觀天地生物氣象。周茂叔看。

「在帝左右」，帝指何帝？

卜筮在精誠，疑則不應。一本注云：「疑心微生，便是不應。楊子江依憑事是此理。」

懈意一生，便是自棄自暴。意，一作怠。

「勿忘勿助長，必有事焉」，只中道上行。

忠信而入，忠信而出。油火上竿禁蜈蚣。

涵養著樂一作落。處，一作意。養心便到清明高遠。

天下之悦不可極，惟朋友講習，雖過悦無害。兑澤有相滋益處。一本注云：「兑澤有自相滋益之意。」

凝然不動，便是聖人。

多驚多怒多憂，只去一事所偏處自克，克得一件，其餘自正。一作止。

人少長須激昂自進，中年已後，自至成德者事，一作漸至德成。方可自安。

「致知在格物」，物來則知起。物各付物，不役其知，則意誠不動。意誠自定則心正，始學之事也。

齋戒以神明其德。

明德新民，豈分人我？是成德者事。

天無形，地有形。一作體。

虚心實腹。

静後，見萬物自然皆有春意。

天之生物無窮，物之所成却有別。

致曲不要說來大。

和平依磬聲，玉磬聲之最和平者養心。

羊頭山老子說一稃二米秬黍，則是天地氣和，十分豐熟。山上便有，山下亦或有之。

八十四聲，清者極吹盡清，濁者極吹盡濁，就其中以中聲上生下生。以，一作考。

霜露，星之氣，異乎雨雪。

「密雲不雨」，尚往則氣散。先陰變風，氣隨風散。

苔木氣爲水土始發。始，一作所。

草類竹節可見。黃鍾牛鳴。

意言象數，邵堯夫胎息氣。此三字，一本在「牛鳴」下。

周茂叔窮禪客。

明善在明，守善在誠。

復卦非天地之心，「復則見天地之心」。聖人無復，故未嘗見其心。無，一作未嘗。

管攝天下人心，收宗族，厚風俗，使人不忘本，須是明譜系世族與立宗子法。一年有一年工夫。

忿欲忍與不忍，便見有德無德。

周南、召南如乾、坤。

今之祭祀無樂，今之樂又不可用，然又却不見得緩急之節。

叔一生不曾看莊、列，非禮勿動勿視，出於天與，從幼小有如是才識。

夷、惠，其道隘與不恭，乃心無罪。無，一作何。

孔子所遇而安，無所擇。自子路觀孔子，孔子爲不恭。自孔子觀吾輩，吾輩便隘。惟其與萬物同流，便能與天地同流。

去健羨，毋意，義之與比。親於其身爲不善，直是不入。

山林之士，只是意欲不出。

重，主道也。士大夫得有一作設。重，應當有主。既埋重，不可一日無主，故設苴；及其已作主，即不用苴。

有廟即當有主。

技擊不足以當節制，節制不足以當仁義。使人人有子弟衞父兄之心，則制梃以撻秦、楚之兵矣。

不應爲，總是罪過。

詩興起人志意。

小人小丈夫，不合小了，他本不是惡。

語默猶晝夜，晝夜猶生死，生死猶古今。消息。

慎終追遠。不止爲喪祭。

鉛鐵性殊，點化爲金，則不辨鉛鐵之性。

民須仁之，物則愛之。

聖人緣人情以制禮，事則以義制之。

息，止也，生也。止則便生，不止則不生。艮，始終萬物。

不常其德，則所勝來復；正常其理，則所勝同化。素問。

曾點、漆雕已見大意，故聖人與之。

顏子所言不及孔子。「無伐善，無施勞」，是他顏子性分上事。孔子言「安之，信之，懷之」，是天理上事。

大抵有題目事易合。

心風人力倍平常。將死者識能預知，只是他不著別事雜亂，兼無昏氣。人須致一如此。

孔子之時，事雖有不可爲，孔子任道，豈有不可爲？魯君、齊君，孔、孟豈不知其不足與有爲？

人雖睡著，其識知自完，只是人與喚覺，便是他自然理會得。

誠則自然無累，不誠便有累。

貧子寶珠。

君實篤厚，晦叔謹嚴，堯夫放曠。

根本須是先培壅，然後可立趨向也。趨向既正，一作立。所造有淺深，則由勉與不勉也。正人多昏其心，聖賢則去其昏。

以富貴爲賢者不欲，却反人情。

聞見如登九層之臺。

中説有後人綴緝之。

觀兩漢已前文章，凡爲文者皆似。

楊子之學實，韓子之學華，華則涉道淺。

祭而立尸，只是古人質。

顔子簞瓢，非樂也，忘也。

孟子知言，則便是知道。

夷、惠聖人，傳者之誤。「不念舊惡」，此清者之量。「思與鄉人處」，此孟子拔本塞源。

庾公之斯，取其不背學而已。

楊、墨，皆學仁義而流者也。墨子似子張，楊子似子夏。

伊尹不可一本無可字。言蔽，亦是聖之時。伯夷不蔽於爲己，只是隘。

孔子免匡人之圍，亦苟脱也。

四端不言信，信本無在。在易則是至理，在孟子則是氣。

子產語子太叔，因其才而教之。

序卦非易之蘊，此不合道。韓康伯注。

「仰之彌高」，見其高而未能至也。「鑽之彌堅」，測其堅而未能達也。此顏子知聖人之學而善形容者也。

義之精者，須是自求得之，如此則善求義也。

讀論語、孟子而不知道，所謂「雖多亦奚以爲」。

湯既勝夏，欲遷其社，不可。聖人所欲不踰矩，既欲遷社，而又以爲不可，欲遷是，則不可爲非矣；不可是，則欲遷爲非矣。然則聖人亦有過乎？曰非也。聖人無過。夫亡國之社遷之，禮也，湯存之以爲後世戒，故曰欲遷則不可也。記曰：喪國之社屋之，不受天陽也。又曰：亳社北牖，使陰明也。春秋書「亳社災」，然則皆自湯之不遷始也。

五畝之宅，田二畝半，郭二畝半，耕則居田，休則居郭。三易，再易，不易。三易三百畝，三歲一耕。再易二百畝，二歲一耕。不易歲，歲耕之。此地之肥瘠不同也。

古者百步爲畝，百畝當今之四十一畝也。古以今之四十一畝之田，八口之家可以無飢；今以古之二百五十畝，猶不足，農之勤惰相懸乃如此。

古之時，民居少，人各就高而居，中國雖有水，亦未爲害也。及堯之時，人漸多，漸就平廣而居，水泛濫，乃始爲害。當是時，龍門未闢，伊闕未析，砥柱未鑿，堯乃因水之泛濫而治之，以爲天下後世無窮之利。非堯時水特爲害也，蓋已久矣。上世人少，就高而居則不爲害；後世人多，就下而處則爲害也。

四凶之才皆可用。堯之時聖人在上，皆以其才任大位，而不敢露其不善之心。堯非不知其不善也，伏則聖人亦不得而誅之。及堯舉舜於匹夫之中而禪之位，則是四人者始懷憤怨不平之心而顯其惡，故舜得以因其迹而誅竄之也。

人無父母，生日當倍悲痛，更安忍置酒張樂以爲樂？若具慶者可矣。

今人以影祭，或畫工所傳，一髭髮不當，則所祭已是別人，大不便。

今之稅實輕於什一，但斂之無法與不均耳。

有一物而可以相離者，如形無影不害其成形，水無波不害其爲水。有兩物而必相須者，如心無目則不能視，目無心則不能見。

古者八十絲爲一升，斬衰三升，則是二百四十絲，於今之布爲已細。緦麻十五升，則是千有二百絲，今蓋無有矣。

「古之學者爲己，今之學者爲人」；古之仕者爲人，今之仕者爲己；古之强有力者將以行禮，今之强有力者將以爲亂。

方今有古之所無者二，兵與釋、老也。

言而不行，是欺也。君子欺乎哉？不欺也。

汎乎其思，不若約之可守也。思則來，舍則去，思之不熟也。

二經簡編，後分者不是。

詩大率後人追作，馬遷非。

聖人於憂勞中，其心則安静，安静中却是〔一〕有至憂。

聖人之言遠如天，賢者小如地。

天之付與之謂命，稟之在我之謂性，見於事業一作物。之謂理。

「事君有犯無隱，事親有隱無犯」，有時而可分。

治必有爲治之因，亂必有爲亂之因。

受命之符不足怪。

射則觀其至誠而已。

學行之上也，名譽以崇之，皆楊子之失。

「由之瑟奚爲於丘之門」，言其聲之不和，與己不同。

「視其所以」，觀人之大概；「察其所安」，心之所安也。

子絶四：毋自任私意，毋必爲，毋固執，毋有己。

「居是邦也，不非其大夫」，此理最好。

「出入」，可也；出須是同歸。

〔一〕吕本、徐本無「是」字。

「博施濟衆」，仁者無窮意。

「知和而和」，執辭時不完。

「無欲速」，心速；「七年」，理速。

養親之心則無極，外事極時須爲之極，莫若極貴貴之義，莫若極尊賢之宜。

發於外者謂之恭，有諸中者謂之敬。

誠然後能敬，未及誠時，却須敬而後能誠。

無妄之謂誠，不欺其次矣。一本云：「李邦直云：『不欺之謂誠。』便以不欺爲誠。徐仲車云：『不息之謂誠。』中庸言至誠無息，非以無息解誠也。或以問先生，先生曰云云。」

贊馬遷、巷伯之倫，此班固微詞。

石奢不當死，然縱法當固辭乞罪，不罪他時，可以堅請出踐更錢，此最義。一作最没義。

易爻應則有時而應，又遠近相取〔一〕而悔吝生。

王通家人卦是。易傳言明内齊外，非取象意，疑此是字上脱一不字也。

詩序必是同時一作國史。所作，然亦有後人添者。如白華只是刺幽王，其下更解不行；緜蠻序「不肯飲食教載之」，只見詩中云「飲之食之，教之誨之，命彼後車，謂之載之」，便云教載，絶不成言語也。又如「高子曰：靈星之尸也」，分明是高子言，更何疑？

〔一〕呂本、徐本「取」作「感」。

文王望至治之道而未之見，若曰民雖使至治，止由之而已，安知聖人？二南以天子在上，諸侯善化及民，安得謂之至？其有不合周公之心固無此。設若有不合者，周公之心必如是勤勞。

「五世」，依約。君子小人在上爲政，其流澤三四世不已，五世而後斬。當時門人只知闢楊、墨爲孟子之功，故孟子發此一說，以推尊孔子之道，言「予未得爲孔子徒也」。孔子流澤至此未五世，其澤尚在於人，予則私善於人而已。

邪說則終不能勝正道，人有秉彝，然亦惡亂人之心。

無恥之恥。注是。

行之不著，如此人多。若至論，雖孔門中亦有由而不知者，又更有不知則不能由。

「送死」，天下之至重。人心苟能竭力盡此一事，則可以當天下之大事。「養生」，人之常，此相對而言。若舜、曾子養生，其心如此，又安得不能當大事？人未有自致，必也親喪乎！

王者之詩亡、雅亡，政教號令不及於天下。

「仁言」，爲政者道其所爲；「仁聲」，民所稱道。

「不得於言，勿求於心，不可。」養氣以心爲主，若言失中，心不動亦不妨。

「一言而可以折獄者，其由也與！」言由之見信如此，刑法國人尚取一作可。信，其他可知。

若臧武仲之知，又公綽之不欲，卞莊子之勇，冉求之藝，合此四人之偏，文之以禮樂，方成聖人，則盡之矣。

「先進於禮樂」，質也；「後進於禮樂」，文也。「文質彬彬，然後君子」，其下則史，孔子從之，矯枉欲救文之弊。然而「吾從周」，此上疑當作尚。文一事，又有不從處，「乘商之輅」。

中庸首先言本人之情性，次言學，次便言三王酌損以成王道，餘外更無意。三王下到今，更無聖人，若有時，須當作四王。王者制作時，用先代之宜世者。今也法當用周禮，自漢以來用。

有愛人之心，然而使民亦有不時處，此則至淺。言當時治千乘之國若如此時，亦可以治矣。聖人之言，雖至近，上下皆通。此三句若推其極，堯、舜之治亦不過此。若常人之言近時，便卽是淺近去。

齊經管仲霸政之後，風俗尚權詐，急衣食。魯之風俗不如此，又仲尼居之。當時風俗亦甚美，到漢尚言齊、魯之學天性。此只説風俗，若謂聖賢，則周公自不之魯，太公亦未可知。又謂齊經田恒弑君，無君臣上下之分，也不然。

「色難」形下面「有事服勞」而言，服勞更淺。若謂諭父母於道，能養志使父母説，却與此辭不相合。然推其極時，養志如曾子、大舜可也，曾元是曾子之子，尚不能。

在邦而已心無怨，孔子發明仲弓，使知仁字。然舜在家亦怨，周公狼跋亦怨。又引文中子。

「不有祝鮀之佞與宋朝之美」，才辯。難免世之害矣。

當孔子時，傳易者支離，故言「五十以學易」。言學者謙辭。學易可以無大過差。易之書惟孔子能正之，使無過差。

「詩、書」，統言；「執禮」，人所執守。

賢者能遠照，故能避一世事，其次避地，不居亂邦。

不愧屋漏，則心安而體舒。

子曰：「君子博學於文，約之以禮，亦可以弗畔矣夫！」此非自得也，勉而能守也。「多聞，擇其善者而從之，多見而識之，知之次也」，以勉中人之學也。

經所以載道也，器所以適用也。學經而不知道，治器而不適用，奚益哉？一本云：「經者載道之器，須明其用。如誦詩須達於從政，能專對也。」

今之學者，歧而爲三：能文者謂之文士，談經者泥爲講師，惟知道者乃儒學也。

夫內之得有淺深，外之來有輕重。內重則可以勝外之輕，得深則可以見誘之小。

河南程氏遺書卷第七　二先生語七

此卷亦有不可曉處，今悉存之，不敢刪去。

與人爲善。

始初便去性分上立。晦叔

獵，自謂今無此好。周茂叔曰：「何言之易也！但此心潛隱未發，一日萌動，復如前矣。」後十二年，因見，果知未。一本注云：「明道年十六七時，好田獵，十二年暮歸，在田野間見田獵者，不覺有喜心。」

周公不作膳夫庖人匠人事，只會兼衆有司之所能。

有田卽有民，有民卽有兵，鄉遂皆起兵。

禪學只到止處，無用處，無禮義。

槁秫、大羹、鸞刀，須用誠相副。

介甫致一。

堯、舜知他幾千年，其心至今在。

心要在腔子裏。

體道，少能體卽賢，盡能體卽聖。

孔子門人善形容聖人。

堯夫道雖偏駁，然卷舒作用極熟，又一作可。能謹細行。

「虛而不屈，動而愈出。」

只外面有些罅隙，便走了。

只學顏子不貳過。

「忠恕違道不遠」，「可謂仁之方」，「力行近乎仁」，「求仁莫近焉」。仁道難言，故止曰近，不遠而已。苟以力行便爲仁，則失之矣。「施諸己而不願，亦勿施於人」，「夫子之道忠恕」，非曾子不能知道之要，舍此則不可言。

聖人之明猶日月，不可過也，過則不明。

愚者指東爲東，指西爲西，隨衆所見而已。知者知東不必爲東，西不必爲西。唯聖人明於定分，須以東爲東，以西爲西。

邵堯夫猶空中樓閣。

兵法遠交近攻，須是審行此道。知崇禮卑之意。

只是論得規矩準繩，巧則在人。

莊子有大底意思，無禮無本。

體須要大。

外面事不患不知，只患不見自己。

「雍也仁而不佞。」晦叔

人當審己如何，不必恤浮議。志在浮議，則心不在内，不可私。一本無私字，别有「應卒處事」四字。

三命是律，星辰是厤。

静坐獨處不難，居廣居、應天下爲難。

保民而王。今之城郭，不爲保民。

行兵須不失家計。游兵夾持。○夾一作挾。

事，往往急便壞了。

與奪翕張，固有此理，老子説著便不是。

誠神不可語。

見之非易，見不可及。

孔子弟子少有會問者，只顔子能問，又却終日如愚。

只理會生是如何。

静中便有動，動中自有静。

灑埽應對，與佛家默然處合。

喪事，人所不勉處；酒，人所困處；孔子於中間處之得宜。

玩心神明，上下同流。

敬下驢不起。世人所謂高者却是小，陳先生大分守不足。○足一作定。

堯、舜極聖，生朱、均。瞽、鯀極愚，生舜、禹。無所不用其極。

開物成務，有濟時一作世。之才。

禹不矜不伐，至柔也，然乃見剛。

以誠意氣楪子，何不可？若有爲果子，係在他上，便不是。信得及便是也。氣，一作幾。

九德最好。

不學，便老而衰。

應卒處事。

不見其大，便大。

職事不可以巧免。

雍置帥〔一〕，內郡養耕，外郡禦守。

兵能聚散爲上。

把得地一作性。分定，做事直是不得放過。

韓信多多益辦，只是分數明。

〔一〕呂本、徐本「帥」作「師」。

微仲焚禁山契書。

義勇也是拘束太急，便性軼輕劣。大凡長育人材，且須緩緩。

兵陣須先立定家計，然後以遊騎旋，旋量力分外面與敵人合，此便是合內外之道。若遊騎太遠，則却歸不得。至如聽金鼓聲，亦不忘却自家如何，如苻堅養民，一敗便不可支持，無本故也。

坐井觀天，非天小，只被自家入井中，被井筒拘束了。然井何罪？亦何可廢？但出井中，便見天大。已見天如此大，不爲井所拘，却入井中也不害。

致知，但知止於至善、爲人子止於孝、爲人父止於慈之類，不須外面，只務觀物理，汎然正如遊騎無所歸也。

卽目所學便持。吾斯之未能信，道著信，便是止也。

晉書謂吾家書籍當盡與之。豈止與之，當再拜而獻之。

病昏不爲他物所奪，只有正氣，然猶有力，知識遠過於人，況吾合天地之道，安有不可？

須是無終食之間違仁，卽道日益明矣。陳本有此兩段。

不偏之謂中，不易之謂庸。中者天下之正道，庸者天下之定理。

河南程氏遺書卷第八

二先生語八

「傳不習乎」，不習而傳與人。

「學則不固」，連上說。

「有馬者借人乘之。」吾力猶能補史之闕文。當史之職而能闕疑以待後人，是猶有馬者借人乘之也。

能言不怍者難。

「君子義以爲質」四句，只是一事，以義爲本。

可使之往，不可陷以罔。

「君子矜而不爭」，矜尚之矜。

南宫适以禹、稷比孔子，故夫子不答也。

「果哉，末之難矣」，果敢之果，不知更有難事，他所未曉，輕議聖人。孔子擊磬，何嘗無心，荷蕢於此知之。

辟世辟言辟色，非有優劣，只說大小次第。

靈公問陳，孔子遂行，言語不相投。

「不占而已」，有吉凶便占，無常之人更不待占。

「踐迹」如言循途守轍。善人雖不循守舊迹，亦不能入聖人之室。

三代直道而行，毁譽公。

「論篤是與」，言篤實時與君子與色莊。

「魯、衞之政兄弟也」，言相近也。

「知及」，「仁守」，「莊涖」，「動禮」，爲政始末。

「民之於仁也，甚於水火」，不肯爲仁，如蹈水火。

「致遠恐泥」，不可行遠。

先傳後倦，君子教人有序。先傳以小者近者，而後教以大者遠者，非是先傳以近小，而後不教以遠大也。

「吾其爲東周乎！」東遷以後，諸侯大夫强僭，聖人豈爲是乎？匏瓜「繫而不食」，匏瓜無所爲之物，繫而不動。

子樂，弟子各盡其誠實，不少加飾，故孔子知由之不得其死。

「性相近也」，生質之性。

「小知」「大受」，不可以小知君子，而可以當大事。

「天下有道，丘不與易也」，「其誰以易之？」誰肯以夫子之道易己所爲？

佛肸召，欲往而不往者何也？聖人示之以迹，子路不諭九夷浮海之類。示之，一作示人。

堯曰：予小子履。少湯字。

周公謂魯公三句，反覆説，不獨不施〔一〕其親，又當使大臣不怨，至公不可忘私，又當全故舊。

「大德」「小德」，如大節小節。

「雖有周親，不如仁人」，至親不如仁賢。

「因不失其親」，信本不及義，恭本不及禮，然信近於義者，以言可復也，恭近於禮者，以遠恥辱也，因恭信不失其所以，一無以字。親近於禮義，故亦可宗也。如言禮義不可得見，得見恭信者斯可矣。

子張、子夏論交，子夏、子張告人各有所以，初學與成德者事不同。

「貧與賤，不以其道得之，不去也」，不以其道得去貧賤，如患得之。

「卿以下必有圭田」，祭祀之田也，禄外之田也。

「餘夫二十五畝」，一夫上父母下妻子，以五口至八口爲率，受田百畝，如有弟，是餘夫也，俟其成家別受田也。

「廛而不征」，市宅之地已有廛税，更不征其物。

「法而不廛」，税有常法，不以廛故而厚其税。

「廛無夫里之布」，廛自有税，更無此二布。

〔一〕呂本、徐本「施」作「弛」。

「國有道不變塞」，所守不變，所行不塞。

「廣居」，「正位」，「大道」，所居者廣，所位者正，所道者大，天下至中至大之所。

「配義與道」，浩氣已成，合道與義。道，本也。義，用也。本，一作體。

「集義所生者」，集衆義而生浩然之氣，非義外襲我而取之也。

河南程氏遺書卷第九

二先生語九

少日所聞諸師友説

仁者公也，人一作仁。此者也；義者宜也，權量輕重之極；禮者別也，定分。知者知也，信者有此者也。萬物皆有性，一作信。此五常性也。若夫惻隱之類，皆情也，凡動者謂之情。性者自然完具，信只是有此，因不信然後見，故四端不言信。

先生曰：「孔子曰：『仁者己欲立而立人，己欲達而達人，能近取譬，可謂仁之方也已。』嘗謂孔子之語仁以教人者，唯此爲盡，要之不出於公也。」

孟子曰「天民」者，達可行於天下而後行之者也；「大人」者，正己而物正者也。曰「天民」者，能盡天民之道者也，踐形者是也，如伊尹可當之矣。民之名則似不得位者，必達可行於天下而後行之者也。大人者，則如乾之九二，「利見大人」，「天下文明」者也。天民大人，亦繫乎時與不時爾。

「君子不重則不威，學則不固」，言君子不重則不威嚴，而學則亦不能堅固也。

信非義也，以其言可復，故曰近義。恭非禮也，以其遠恥辱，故曰近禮。因其事而不失其所親，亦可宗也，況於盡禮義者乎？

「思無邪」，誠也。

「十有五而志於學，三十而立，四十而不惑」，明善之徹矣。聖人不言誠之一節者，言不惑則自誠矣。「五十而知天命」，思而知之也。「六十而耳順」，耳者在人之最末者也。至耳而順，則是不思而得也。然猶滯於迹焉，至於「七十從心所欲不踰矩」，則聖人之道終矣。此教之序也。

對孟懿子問孝，告衆人者也。對孟武伯者，以武伯多可憂之事也。子游能養，而或失於敬；子夏能直義，而或少温潤之色；各因其人材高下與其所失而教之也。

「默而識之」，乃所謂學也，惟顔子能之。故孔子曰：「吾與回言終日，不違如愚。」「退而省其私」者，言顔子退而省其在己者，亦足以發此，故仲尼知其不愚，可謂善學者也。

「夷狄之有君，不如諸夏之亡也」，此孔子言當時天下大亂，無君之甚；若曰夷狄猶有君，不若是諸夏之亡君也。

「君子無所争，必也射乎！故曰揖讓而升，下而飲，其争也君子」，言不争也；若曰其争也，是君子乎！

「子曰禘自既灌而往者，吾不欲觀之矣。」禘者，魯僭天子之大祭也。灌者，祭之始也。以其僭上之祭，故聖人自灌以往，不欲觀之矣。「或問禘之説，子曰不知也」者，不欲斥言也。「知其説者之於天下也，其如視諸斯乎！指其掌」，此聖人言知此理者，其於治天下，如指其掌，甚易明也，蓋名分正則天下定矣。

子貢之器，如宗廟之中可觀之貴器，故曰「瑚璉也」。

或問辯。曰：「或曰：『雍也仁而不佞。』子曰：『焉用佞？禦人以口給，屢憎於人，不知其仁，焉用佞？』苟仁矣，則口無擇言，言滿天下無口過，佞何害哉？若不知其仁，則佞焉用也？」

子曰：「由也好勇過我，無所取材。」材與裁同，言由但好勇過孔子，而不能裁度適於義也。

子路曰：「願車馬、衣輕裘與朋友共，敝之而無憾。」此勇於義者。觀其志，豈可以勢利拘之哉？蓋亞於浴沂者也。顏淵「願無伐善，無施勞」，此仁矣，然尚未免於有爲，蓋滯迹於此，不得不爾也。子曰：「老者安之，朋友信之，少者懷之。」此聖人之事也。顏子，大賢之事也。子路，有志者之事也。

子曰：「中人以上可以語上也；中人以下不可以語上也。」此謂才也。然則中人以下者終於此而已乎？曰：亦有可進之道也。

子曰：「齊一變至於魯，魯一變至於道。」言魯國雖衰，而君臣父子之大倫猶在，愈於齊國，故可一變而至於道。

子曰：「志於道。」凡物皆有理，精微要妙無窮，當志之爾。德者得也，在己者可以據。「依於仁」者，凡所行必依著於仁，兼内外而言之也。

「子在齊聞韶，三月不知肉味，曰：『不圖爲樂之至於斯也。』」曰：聖人不凝滯於物，安有聞韶雖美，直至三月不知肉味者乎？三月字誤，當作音字。此聖人聞韶音之美，當食不知肉味，乃歎曰：「不圖爲樂之至於斯也。」門人因以記之。

「子所雅言，詩、書、執禮，皆雅言也。」雅，雅素之雅；禮，當時所執行而非書也。詩、書、執禮，皆孔子素所常言也。

人有斗筲之量者，有鍾鼎之量者，有江河之量者，有天地之量者。斗筲之量者，固不足算；若鍾鼎江河者，亦已大矣，然滿則溢也；唯天地之量，無得而損益，苟非聖人，孰能當之！

子曰：「吾未見剛者。」或曰：「申根。」子曰：「根也慾，焉得剛？」凡人有慾則不剛。至大至剛之氣，在養之可以至焉。

孟子曰：「我知言。」孟子不欲自言，我知道耳。

孟子常自尊其道而人不尊，孔子益自卑而人益尊之，聖賢固有間矣。

董仲舒謂「正其義不謀其利，明其道不計其功」；孫思邈曰：「膽欲大而心欲小，智欲圓而行欲方。」可以法矣。今人皆反之者也。「如臨深淵，如履薄冰」，謂小心也。「赳赳武夫，公侯干城」，謂大膽也。「不爲利回，不爲義疚」，行之方也。「見幾而作，不俟終日」，知之圓也。此言極有理。

舍己從人，最爲難事。己者我之所有，雖痛舍之，猶懼守己者固而從人者輕也。

「參也魯。」然顏子没後，終得聖人之道者，曾子也。觀其啓手足之時之言，可以見矣。所傳者子思、孟子，皆其學也。

「毋意」者，不妄意也。「毋我」者，循理不守己也。

子曰：「先進於禮樂，野人也。」言其質勝文也；「後進於禮樂，君子也」，言其文質彬彬也；「如用之，則吾從先進」，言若用於時，救文之弊，則吾從先進，小過之義也。「麻冕禮也，今也純儉，吾從衆；奢則不孫，儉則固，與其不孫也，寧固」，此之謂也，不必惑從周之說。

子曰：「賜不受命而貨殖焉。」命謂爵命也，言不受爵命而貨殖者，以見其私於利之深，而足以明顏子屢空之賢也。

子曰：「論篤是與，君子者乎？色莊者乎？」不可以言取人，今以其論篤而與之，是謂君子者乎？徒能色莊者乎？

仲弓之仁，安己而敬人，故曰：「雍也可使南面。」對樊遲之問，亦是仁之目也，然樊遲失於粗俗，聖人勉使爲仁，曰：「雖之夷狄，不可棄也。」司馬牛多言而躁，故但告以「其言也訒」。

「克伐怨欲不行焉，可以爲仁矣。」若無克伐怨欲，固爲仁已，唯顏子而上乃能之。如有而不行焉，則亦可以爲難，而未足以爲仁也。孔子蓋欲憲疑而再問之，而憲未之能問也。

管仲之仁，仁之功也。

河南程氏遺書卷第十

二先生語十

蘇昞季明錄

洛陽議論

子厚謂程卿："夙興幹事，良由人氣清則勤，閑不得。"正叔謂："不可，若此，則是專爲氣所使。"子厚謂："此則自然也。"伯淳言："雖自然，且欲凡事皆不恤以恬養則好。"子厚謂："此則在學者也。"

伯淳謂："天下之士，亦有其志在朝廷而才不足，才可以爲而誠不足。今日正須才與至誠合一，方能有濟。"子厚謂："才與誠，須二物只是一物。"伯淳言："才而不誠，猶不是也。若非至誠，雖有忠義功業，亦出於事爲，浮氣幾何時而不盡也！"一本無"只是一物"四字。

伯淳道："君實之語，自謂如人參甘草，病未甚時可用也，病甚則非所能及。觀其自處，必是有救之之術。"

正叔謂："某接人，治一作談。經論道者亦甚多，肯言及治體者，誠未有如子厚。"

二程謂："地形不必謂寬平可以畫方，只可用算法折計地畝以授民。"子厚謂："必先正經界，經界不正，則法終不定。地有坳垤處不管，只觀四標竿中間地，雖不平饒，與民無害。就一夫之間，所争亦不多。又側峻處，田亦不甚美。又經界必須正南北，假使地形有寬狹尖斜，經界則不避山河之曲，其田則就得井處爲井，不能就成處，或五七，或三四，或一夫，其實田數則在。又或就不成一夫處，亦可計百畝之數而授之，無不可行者。如此，則經界隨山隨河，皆不害於畫之也。苟如此畫定，雖便使暴君汙吏，亦數百年壞不得。經界之壞，亦非專在秦時，其來亦遠，漸有壞矣。」正叔云：「至如魯，二吾猶不足，如何得至十一也？」子厚言：「百畝而徹，言徹取之徹則無義，是透徹之徹。透徹而耕，則功力均，且相驅率，無一家得惰者。及已收穫，則計畝數裒分之，以裒分之數，取十一之數，亦可。」或謂：「井議不可輕示人，恐致笑及有議論。」子厚謂：「有笑有議論，則方有益也。」「若有人聞其說，取之以爲己功。」先生云：「如有能者，則己願受一廛而爲氓，亦幸也。」伯淳言：「井田今取民田使貧富均，則願者衆，不願者寡。」正叔言：「亦未可言民情怨怒，止論可不可爾。」「須使上下都無怨怒，方可行。」正叔言：「議法既大備，却在所以行之之道。」子厚言：「豈敢！某止欲成書，庶有取之者。」正叔言：「不行於當時，行於後世，一也。」子厚曰：「徒善不足以爲政，徒法不能以自行。須是行之之道。又雖有仁心仁聞，而政不行者，不由先王之道也。須是法先王。」正叔言：「孟子於此善爲言。只極目力，焉能盡方圓平直？須是要規矩。」

二程問：「官户占田過制者如何？」「如文曾有田極多，只消與五十里采地儘多。」又問「其他如何？」「今之公卿，非如古之公卿。舊有田多者，與之采地多。概與之，則無以別有田者無田者。」

正叔說：「堯夫對上之詞，言陛下富國强兵後待做甚？以爲非是。此言安足諭人主？如周禮，豈不是富國之術存焉？」子厚言：「堯夫抑上富强之說，正猶爲漢武帝言神仙之學，長年不足惜，言豈可入？聖賢之曉人，不如此之拙。如梁惠王問何以利國，則說利不可言之理，極言之以至不奪不饜。」

正叔言："人志於王道，是天下之公議，反以爲私説，何也？"子厚言："只爲心不大，心大則做得大。"正叔言："只是做一喜好之事爲之，不知只是合做。"

伯淳言："邵堯夫病革，且言試與觀化一遭。"子厚言："觀化他人便觀得自家，自家又如何觀得化？嘗觀堯夫詩意，纔做得識道理，却於儒術未見所得。"

正叔言："蜥蜴含水，隨雨雹起。"子厚言："未必然。雹儘有大者，豈盡蜥蜴所致也？今以蜥蜴求雨，枉求他，他又何道致雨？"正叔言："伯淳守官南方，長吏使往茅山請龍，辭之，謂祈請鬼神，當使信嚮者則有應，今先懷不信，便非義理。既到茅山巖，勑使人於水中捕得二龍，持之歸，並無他異，復爲小兒玩之致死。此只爲魚蝦之類，但形狀差異，如龍之狀爾。此蟲，廣南亦有之，其形狀同，只齧人有害，不如茅山不害人也。"有害，一作有毒。

正叔言："永叔詩：『笑殺潁陰常處士，十年騎馬聽朝雞。』夙興趨朝，非可笑之事，不必如此説。"又言："常秩晚爲利昏，元來便有在，此鄉黨莫之尊也。"

正叔言："今責罪官吏，殊無養士君子廉恥之道。必斷言徒流杖數，贖之以銅，便非養士君子之意。如古人責其罪，皆不深指斥其惡，如責以不廉，則曰俎豆不脩。"

有人言："今日士大夫未見賢者。"正叔言："不可謂士大夫有不賢者，便爲朝廷之官人不用賢也。"

彭汝礪懇辭臺職。正叔言："報上之效已了邪？上冒天下議論，顯拔致此，曾此爲報上之意已足？"

正叔言："禮院者，天下之事無不關。此但得其人，則事儘可以考古立法；苟非其人，只是從俗而已。」

正叔言：「昏禮結髮無義，欲去久矣，不能言。結髮爲夫婦者，只是指其少小也。如言結髮事君，李廣言結髮事匈奴，只言初上頭時也，豈謂合髻子？」子厚云：「絶非禮義，便當去之。古人凡禮，講修已定，家家行之，皆得如此。今無定制，每家各定，此所謂家殊俗也。至如朝廷之禮，皆不中節。」

正叔論安南事：「當初邊上不便，令逐近點集，應急救援。其時，雖將帥革兵冒涉炎瘴，朝廷以赤子爲憂，亦有所不恤也。其時不救應，放令縱恣，戳殺至數萬。今既後時，又不候至秋涼迄冬，一直趨寇，亦可以前食嶺北，食積於嶺南搬運。今乃正於七月過嶺，以瘴死者自數分。及過境，又糧不繼，深至賊巢，以栰渡五百人過江，且斫且焚，破其竹寨幾重，不能得，復棹其空栰，續以救兵，反爲賊兵會合禽殺，吾衆無救，或死或逃，遂不成功。所爭者二十五里耳。欲再往，又無舟可渡，無糧以戍。此謬算，未之有也。猶得賊辭差順，遂得有詞，且承當了。若使其言猶未順，如何處之？運糧者死八萬，戰兵瘴死十一萬，餘得二萬八千人生還，尚多病者，又先爲賊戮數萬，都不下三十萬口。其昏謬無謀，如此甚也。」

有人言：「郭璞以鳩鬭占吉凶。」子厚言：「此爲他誠實信之，所以就而占得吉凶。」正叔言：「但有意向此，便可以兆也，非鳩可以占吉凶耳。」

正叔言：「郭逵新貴時，衆論喧然，未知其人如何。後聞人言，欲買韓王宅，更不問可知也。如韓王者，當代功臣，一宅己致而欲有之，大煞不識好惡。」子厚言：「昔年有人欲爲范希文買緑野堂，希文不肯，識道理自不然。在唐如晉公者，是可尊也。一旦取其物而有之，如何得安？在他人猶可，如王維莊之類。獨有晉公則不可，寧使耕壞，及他有力者致之，己則不可取。」

正叔言：「管轄人亦須有法，徒嚴不濟事。今帥千人，能使千人依時及節得飯喫，只如此者能有幾人？嘗謂軍中夜驚，亞夫堅臥不起，不起善矣，然猶夜驚何也？亦是未盡善。」

正叔謂：「今唱名，何不使伊儒冠徐步進見？何用二人把見趨走，得不使殿上大臣有愧色？」子厚言：「只先出榜，使之見其先後，何用旋開卷呼名？」

正叔言：「某見居位者百事不理會，只恁箇大肚皮。於子厚，却願奈煩處之。」

子厚言：「關中學者，用禮漸成俗。」正叔言：「自是關中人剛勁敢爲。」子厚言：「亦是自家規矩太寬。」

正叔言：「某家治喪，不用浮圖。在洛，亦有一二人家化之，自不用釋氏。道場之用螺鈸，蓋胡人之樂也，今用之死者之側，是以其樂臨死者也。天竺之人重僧，見僧必飯之，因使作樂於前。今乃以爲之於死者之前，至如慶禱，亦雜用之，是甚義理？如此事，被他欺謾千百年，無一人理會者。」

正叔謂：「何以謂之君子？何以謂之小人？君子則所見者大，小人則所見者小且近。君子之志所慮者，豈止其一身？直慮及天下千萬世。小人之慮，一朝之忿，曾不遑恤其身。」

伯淳謂：「才與誠一物，則周天下之治。」子厚因謂：「此何事於仁，必也聖乎？」

呂進伯老而好學，理會直是到底。正叔謂：「老喜學者尤可愛。人少壯則自當勉，至於老矣，志力須倦，又慮學之不能及，又年數之不多。不曰『朝聞道夕死可矣』乎？學不多，年數之不足，不猶愈於終不聞乎？」

子厚言：「十詩之作，止是欲驗天心於語默間耳。」正叔謂：「若有他言語，又烏得已也？」子厚言：「十篇次敍，固自有先後。」

正叔言：「成周恐只是統名，雒邑是都也。成周猶今言西京也，雒邑猶今言河南府。孔安國以成周爲下邑，非也。豈有以師保治於下邑？白馬寺之所，恐是遷頑民之處。洛州有言中州、南州之名，恐是作邑分爲九州後始言，成周，恐是舊城壞而復城之，或是其始爲邑，不爲城牆，故後始城。」

二程解「窮理盡性以至於命」：「只窮理便是至於命。」子厚謂：「亦是失於太快，此義儘有次序。須是窮理，便能盡得己之性，則推類又盡人之性；既盡得人之性，須是并萬物之性一齊盡得，如此然後至於天道也。其間煞有事，豈有當下理會了？學者須是窮理爲先，如此則方有學。今言知命與至於命，儘有近遠，豈可以知便謂之至也？」

正叔謂：「洛俗恐難化於秦人。」子厚謂：「秦俗之化，亦先自和叔有力焉，亦是士人敦厚，東方亦恐難肯向風。」

正叔辨周都言：「穀、洛鬬，毀王宮，今穀、洛相合處在七里店南，既言毀王宮，則周室亦恐不遠於今之宮闕也。」

子厚謂：「昔嘗謂伯淳優於正叔，今見之果然；其救世之志甚誠切，亦於今日天下之事儘記得熟。」

子厚言：「今日之往來，俱無益，不如閒居，與學者講論，資養後生，却成得事。」正叔言：「何必然？

義當來則來，當往則往爾。」

二程言：「人不易知。」子厚言：「人誠知之爲艱，然至於伎術能否，人情善惡，便可知。惟以一作似。秦武陽殺人於市，見秦始皇懼，此則不可知。」

河南程氏遺書卷第十一

明道先生語一

劉絢質夫錄

師訓

「毋不敬，儼若思，安定辭，安民哉」，君德也。君德卽天德也。

「思無邪。」

「敬以直內，義以方外，敬義立而德不孤。」德不孤，與物同故不孤也。

「夫子之道，忠恕而已矣。」

「聖人以此齊戒，以神明其德夫！」

「天命之謂性，率性之謂道，修道之謂教。」

孟子曰：「我善養吾浩然之氣。其爲氣也，至大至剛，以直養而無害，則塞乎天地之間。其爲氣也，配義與道，無是餒也。是集義所生者，非義襲而取之也。」

天位乎上，地位乎下，人位乎中。無人則無以見天地。書曰：「惟天地萬物父母，惟人萬物之靈。」易曰：「天地設位，而易行乎其中；乾坤毀，則無以見易。易不可見，則乾坤或幾乎息矣。」

道，一本也。或謂以心包誠，不若以誠包心；以至誠參天地，不若以至誠體人物，是二本也。知不二本，便是篤恭而天下平之道。

「形而上者謂之道，形而下者謂之器。」若如或者以清虛一大爲天道，則一作此。乃以器言而非道也。

「範圍天地之化而不過」者，模範出一天地爾，非在外也。如此曲成萬物，豈有遺哉？

「天地設位而易行其中」，何不言人行其中？蓋人亦物也。若言神行乎其中，則人只於鬼神上求矣。若言理言誠亦可也，而特言易者，欲使人默識而自得之也。

繫辭曰：「形而上者謂之道，形而下者謂之器。」又曰：「立天之道曰陰與陽，立地之道曰柔與剛，立人之道曰仁與義。」又曰：「一陰一陽之謂道。」陰陽亦形而下者也，而曰道者，惟此語截得上下最分明，元來只此是道，要在人默而識之也。

「立天之道曰陰與陽，立地之道曰柔與剛，立人之道曰仁與義，兼三才一之也。而兩之。」不兩則無用。

「天地設位而易行乎其中」，只是敬也。敬則無間斷，體物而不可遺者，誠敬而已矣，不誠則無物也。詩曰：「維天之命，於穆不已，於乎不顯，文王之德之純」，「純亦不已」，純則無間斷。

「毋不敬，儼若思，安定辭，安民哉」，君道也。君道卽天道也。「出門如見大賓，使民如承大祭」，此仲弓之問仁而仲尼所以告之者，以仲弓爲可以事斯語也。「雍也可使南面」，有君之德也。「毋不敬」，可以對越上帝。

「祭如在，祭神如神在。」

「敬以直內，義以方外」，合內外之道也。釋氏，內外之道不備者也。

克勤小物最難。

自下而達上者，惟「造次必於是，顛沛必於是。」

「鼓萬物而不與聖人同憂。」聖人，人也，故不能無憂；天則不爲堯存，不爲桀亡者也。

減恆，體用也。體用無先後。

「易窮則變，變則通，通則久。」

天則不言而信，神則不怒而威。

顏子默識，曾子篤信，得聖人之道者，二人也。曾子曰：「吾得正而斃焉，斯已矣。」

天地之正氣，恭作肅，肅便雍也。

理則極高明，行之只是中庸也。

中庸言誠便是神。

天人無間斷。

耳目能視聽而不能遠者，氣有限耳，心則無遠近也。

學在誠知誠養。

學要信與熟。

「正己而物正」，大人之事，學須如此。

敬勝百邪。

「萬物皆備於我矣，反身而誠，樂莫大焉。」欲當大任，須是篤實。

「大人者，與天地合其德，與日月合其明」，非在外也。

「失之毫釐，繆以千里」，深可戒慎。

「平康正直。」

「己欲立而立人，己欲達而達人，能近取譬者，可謂仁之方也已。」博施而能濟衆，固仁也；而仁不足以盡之，故曰：「必也聖乎！」

孟子曰：「仁也者人也，合而言之道也。」中庸所謂「率性之謂道」是也。仁者，人此者也。「敬以直內，義以方外」，仁也。若以敬直內，則便不直矣。行仁義豈有直乎？「必有事焉而勿正」則直也。夫能「敬以直內，義以方外」，則與物同矣。故曰：「敬義立而德不孤。」是以仁者無對，放之東海而準，放之西海而準，放之南海而準，放之北海而準。醫家言四體不仁，最能體仁之名也。一本醫字下，別爲一章。「天地之大德曰生」，「天地絪緼，萬物化醇」，「生之謂性」，告子此言是，而謂犬之性猶牛之性，牛之性猶人之性，則非也。萬物之生意最可觀，此元者善之長也，斯所謂仁也。人與天地一物也，而人特自小之，何耶？

人賢不肖，國家治亂，不可以言命。

至誠可以贊化育者，可以回造化。

「惟神也，故不疾而速，不行而至。」神無速，亦無至，須如此言者，不如是不足以形容故也。

天地萬物之理，無獨必有對，皆自然而然，非有安排也。每中夜以思，不知手之舞之，足之蹈之也。

老子之言，竊弄闔闢者也。

冬寒夏暑，陰陽也；所以運動變化者，神也。神無方，故易無體。若如或者別立一天，謂人不可以包天，則有方矣，是二本也。

「窮神知化」，化之妙者神也。

「窮理盡性以至於命」，一物也。

天地只是設位，易行乎其中者神也。

氣外無神，神外無氣。或者謂清者神，則濁者非神乎？

大抵學不言而自得者，乃自得也；有安排布置者，皆非自得也。

言有無，則多有字；言無無，則多無字。有無與動靜同。如冬至之前天地閉，可謂靜矣；而日月星辰亦自運行而不息，謂之無動可乎？但人不識有無動靜爾。

正名，聲氣名理，形名理。名實相須，一事苟，則其餘皆苟矣。

忠信者以人言之，要之則實理也。

「天下雷行，物與无妄」，天下雷行，付與无妄，天性豈有妄耶？聖人「以茂對時育萬物」，各使得其性也。无妄則一毫不可加，安可往也，往則妄矣。无妄，震下乾上，動以天，安有妄乎？動以人，則有妄矣。

「犯而不校」，校則私，非樂天者也。犯有當報者，則是循理而已。

「意」者任意，「必」者必行，「固」者固執，「我」者私己。

「綏之斯來，動之斯和」，聖人之神化，上下與天地同流者也。

禮云：「後世雖有作者，虞帝弗可及已。」如鳳凰來儀、百獸率舞之事，三代以降無此也。

泰誓、武成稱一月者，商正已絶，周正未建，故只言一月。

中之理至矣。獨陰不生，獨陽不生，偏則爲禽獸，爲夷狄，中則爲人。中則不偏，常則不易，惟中不足以盡之，故曰中庸。

陰陽盈縮不齊，不能無差，故厤家有歲差法。

日月薄蝕而旋復者，不能奪其常也。

古今異宜，不惟人有所不便，至於風氣亦自别也。日月星辰皆氣也，亦自别。

時者聖人所不能違，然人之智愚，世之治亂，聖人必示可易之道，豈徒爲教哉？蓋亦有其理故也。

學要在自得。古人教人，唯指其非，故曰：「舉一隅不以三隅反，則不復也。」言三隅，舉其近。若夫「告諸往而知來者」，則其知已遠矣。佛氏言印證者，豈自得也？其自得者，雖甚人言，亦不動。待人之言爲是，何自得之有？

「行夏之時，乘殷之輅，服周之冕」，與從周之文不悖。從先進則爲時之弊言之，彼各有當也。

「臧武仲之知，公綽之不欲，卞莊子之勇，冉求之藝」，備此數者，而「文之以禮樂，亦可以爲成人矣」。又曰：「今之成人者何必然？見利思義，見危授命，久要不忘平生之言，亦可以爲成人矣」者，只是言忠信也。忠信者實也，禮樂者文也。語成人之名，自非聖人，誰能當之？孟子曰：「唯聖人然後可以踐形。」如此，方足以稱成人之名。

「詩曰：『天生蒸民，有物有則，民之秉彝，好是懿德。』故有物必有則，民之秉彝也，故好是懿德。」萬物皆有理，順之則易，逆之則難，各循其理，何勞於己力哉？

人心莫不有知，惟蔽於人欲，則亡天德一作理。也。

皆實理也，人知而信者爲難。孔子曰：「朝聞道，夕死可矣。」死生亦大矣，非誠知道，則豈以夕死爲可乎？

萬物莫不有對，一陰一陽，一善一惡，陽長則陰消，善增則惡減。斯理也，推之其遠乎？人只要知此耳。

「言寡尤，行寡悔，禄在其中矣」，此孔子所以告子張者也。若顔、閔則無此問，孔子告之亦不如此。或疑如此亦有不得禄者。孔子蓋曰：「耕也，餒在其中矣。」唯理可爲者，爲之而已矣。

孔子聞衞亂，曰：「柴也其來乎！由也其死矣。」二者蓋皆適於義。孔悝受命立輒，若納蒯聵則失職，與輒拒父則不義；如輒避位，則拒蒯聵可也；如輒拒父，則奉身而退可也。故子路欲勸孔悝無與於此，忠於所事也。而孔悝既被脅矣，此子路不得不死耳。然燔臺之事，則過於勇暴也。公子郢志可嘉，然當立而不立，以致衞亂，亦聖人所當罪也，而春秋不書，事可疑耳。

「事君數，斯辱矣。朋友數，斯疏矣。」數者，煩數也。

以己及物，仁也。推己及物，恕也。違道不遠是也。忠恕一以貫之。忠者天理，恕者人道。忠者無妄，恕者所以行乎忠也。忠者體，恕者用，大本達道也。此與「違道不遠」異者，動以天爾。

「必有事焉而勿正，事者事事之事。心勿忘勿助長」，養氣之道當如此。

志動氣者十九，氣動志者十一。

「祖考來格」者，惟至誠爲有感必通。

「動容周旋中禮」者，盛德之至；「君子行法以俟命」，「朝聞道夕死」之意也。

大凡出義則入利，出利則入義。天下之事，惟義利而已。

湯、武反之身之者，學而復者也。

「視其所以，以，用也，所爲也。觀其所由，由，所從之道也。察其所安。」志意所安也，所存也。

北宮黝要之以必爲，孟施舍推之以不懼，北宮黝或未能無懼。故黝不如施舍之守約也。子夏信道，曾子明理，故二子各有所似。

公孫丑謂夫子加齊之卿相，得行道焉，如此則能無畏懼而動心乎？故孟子曰：「否，我四十不動心。」

人心不得有所繫。

「剛」者强而不屈，「毅」者有所發，「木」者質樸，「訥」者遲鈍。

禮者，理也，文也。理者，實也，本也。文者，華也，末也。理是一物，文是一物。文過則奢，實過則儉。奢自文所生，儉自實所出。故林放問禮之本，子曰：「禮，與其奢也寧儉。」言儉近本也。此與形影類矣。推此理，則甚有事也。

以物待物，不以己待物，則無我也。聖人制行不以己，言則是矣，而理似未盡於此言。夫天之生物也，有長有短，有大有小。君子得其大矣，一作者。安可使小者亦大乎？天理如此，豈可逆哉？以天下之大，萬物之多，用一心而處之，必得其要，斯可矣。然則古人處事，豈不優乎！

志可克氣，氣勝一有志字。則憒亂矣。今之人以恐懼而勝氣者多矣，而以義理勝氣者鮮也。

「樂天知命」，通上下之言也。聖人樂天，則不須言知命。知命者，知有命而信之者爾，「不知命無以爲君子」是矣。命者所以輔義，一循於義，則何庸斷之以命哉？若夫聖人之知天命，則異於此。

「仁者不憂」，樂天者也。

「孝弟也者，其爲仁之本與！」言爲仁之本，非仁之本也。

「仁者不憂，知者不惑，勇者不懼」，德之序也。「知者不惑，仁者不憂，勇者不懼」，學之序也。知以知之，仁以守之，勇以行之。

言天之自然者，謂之天道。言天之付與萬物者，謂之天命。

「德性」者，言性之可貴，與言性善，其實一也。「性之德」者，言性之所有；如卦之德，乃卦之韞也。

「肫肫其仁」，蓋言厚也。

自明而誠，雖多由致曲，然亦有自大體中便誠者，雖亦是自明而誠，謂之致曲則不可。

「體羣臣」者，體察也，心誠求之，則無不察矣，忠厚之至也。故曰：「忠信重祿，所以勸士。」言盡其忠信而厚其祿食，此所以勸士也。

「敬鬼神而遠之」，所以不黷也，知之事也。「先難後獲」，先事後得之義也，仁之事也。若「知者利仁」，乃先得後事之義也。

「人心惟危」，人欲也。「道心惟微」，天理也。「惟精惟一」，所以至之。「允執厥中」，所以行之。用也。

「仁者其言也訒」，難其出也。

治道在於立志，責任求賢。

知仁勇三者天下之達德，學之要也。

操約者，敬而已矣。

顔子不動聲氣，孟子則動聲氣矣。

无妄，震下乾上。聖人之動以天，賢人之動以人。若顔子之有不善，豈如衆人哉？惟只在於此間爾，蓋猶有己焉。至於無我，則聖人也。顔子切於聖人，未達一息爾。「不遷怒，不貳過，無伐善，無施勞」，「三月不違仁」者，此意也。

子曰：「語之而不惰者，其回也與！」顔子之不惰者，敬也。

誠者天之道，敬者人事之本。敬者用也。敬則誠。

「敬以直内」，則「義以方外」。「義以爲質」，則「禮以行之，孫以出之，信以成之」。孫，順也，不止於言。

聖人言忠信者多矣，人道只在忠信。不誠則無物，且「出入無時，莫知其鄉」者，人心也。若無忠信，豈復有物乎？

「和順於道德而理於義」者，體用也。

學者須識聖賢之體。聖人，化工也。賢人，巧也。

有有德之言，有造道之言。孟子言己志者，有德之言也；言聖人之事，造道之言也。

學至於樂則成矣。篤信好學，未知自得之爲樂。造道者也。好之者，如游佗人園圃；樂之者，則己物爾。

然人只能信道，亦是人之難能也。

三代之治，順理者也。兩漢以下，皆把持天下者也。

服牛乘馬，皆因其性而爲之。胡不乘牛而服馬乎？理之所不可。

祭者所以盡誠。或者以禮爲一事，人器與鬼器等，則非所以盡誠而失其本矣。

禮者因人情者也，人情之所宜則義也。三年之服，禮之至，義之盡也。

致知養氣。

克己最難。中庸曰：「天下國家可均也，爵禄可辭也，白刃可蹈也，中庸不可能也。」

「生生之謂易」，生生之用則神也。

子貢之知，亞於顏子，知至而未至之也。

「先甲三日」，以窮其所以然而處其事；「後甲三日」，以究其將然而爲之防。甲者，事之始也。庚者，有所革也。自甲乙至於戊己，春夏生物之氣已備。庚者，秋冬成物之氣也，故有所革。別一般氣。

隨之上六，才與位皆陰，柔隨之極也，故曰：「拘繫之，乃從維之，又從而維之。王用亨于岐山。」唯太王之事，民心固結而不可解者也，其佗皆不可如是之固也。

學之興起，莫先於詩。詩有美刺，歌誦之以知善惡治亂廢興。禮者所以立也，「不學禮無以立」。樂者所以成德，樂則生矣，生則惡可已也？惡可已，則不知手之舞之，足之蹈之也。若夫樂則安，安則久，久則天，天則神，天則不言而信，神則不怒而威。至於如此，則又非手舞足蹈之事也。

緑衣，衛莊姜傷己無德以致之，行有不得者，反求諸己而已矣。故曰：「緑兮絲兮，女所治兮，我思古人，俾無訧兮。絺兮綌兮，凄其以風，我思古人，實獲我心。」絲之緑，由女之染治以成，言有所自也。絺綌所以來風也。

螽斯惟言不妬忌，若芣苢則更和平。婦人樂有子，謂妾御皆無所恐懼，而樂有子矣。

居仁由義，守禮寡欲。

「君子上達，小人下達。」下學而上達，意在言表也。

有實則有名，名實一物也。若夫好名者，則徇名爲虛矣。如「君子疾没世而名不稱」，謂無善可稱耳，非徇名也。

「萬物皆備於我矣，反身而誠，樂莫大焉。」不誠則逆於物而不順也。

乾，陽一有物字。也，不動則不剛；「其靜也專，專一。其動也直」，直遂。不專一則不能直遂。坤，陰一有物字。也，不靜則不柔；不柔，一作躁。「其靜也翕，翕聚。其動也闢」，發散。不翕聚則不能發散。

「致知在格物。」格，至也。或以格爲止物，是二本矣。

人須知自慊之道。

「乾元者，始而亨者也。利貞者，性情也。」性情猶言資質體段。亨毒化育皆利也。不有其功，常久而不已者，貞也。詩曰：「維天之命，於穆不已」者，貞也。

天地日月一般。月受日光而日不爲之虧，然月之光乃日之光也。地氣不上騰，則天氣不下降。天氣降而至於地，地中生物者，皆天氣也。惟無成而代有終者，地之道也。

識變知化爲難。古今風氣不同，故器用亦異宜。是以聖人通其變，使民不倦，各隨其時而已矣。後世雖有作者，虞帝爲不可及已。蓋當是時，風氣未開，而虞帝之德又如此，故後世莫可及也。若三代之治，後世決可復。不以三代爲治者，終苟道也。

動乎血氣者，其怒必遷。若鑑之照物，妍媸在彼，隨物以應之，怒不在此，何遷之有？

聖人之言，沖一作中。和之氣也，貫徹上下。

人須學顏子。有顏子之德，則孟子之事功自有。一作立。孟子者，禹、稷之事功也。

中庸之言，放之則彌六合，卷之則退藏於密。

孔子謂顏淵曰：「用之則行，舍之則藏，惟我與爾有是夫！」君子所性，雖大行不加焉，雖窮居不損焉，不爲堯存，不爲桀亡者也。用之則行，舍之則藏，皆不累於己爾。

「回也非助我者也，於吾言無所不說」，與聖人同爾。

人須知自慊之道。自慊者，無不足也。若有所不足，則張子厚所謂「有外之心，不足以合天心」者也。

「文王陟降，在帝左右，不識不知，順帝之則。」不作聰明，順天理也。

「狼跋其胡，載疐其尾，公孫碩膚，赤舄几几。」取狼爲興者，狼前後停，與周公之德終始一也。稱公孫云者，言其積德之厚：「赤舄几几」，盛德之容也。

「詩者，志之所之也。在心爲志，發言爲詩。情動於中而形於言，言之不足，故嗟歎之，嗟歎之不足，故咏歌之，咏歌之不足，不知手之舞之足之蹈之也。」有節故有餘，止乎禮義者節也。

月不受日光故食。不受日光者，月正相當，陰盛亢陽也。鼓者所以助陽。然則日月之眚，皆可鼓也。

月不下日，與日正相對，故食。

季冬行春令，命之曰逆者，子尅母也。

太玄中首中：陽氣潛萌於黃宮，信無不在乎中。養首一：藏心於淵，美厥靈根。測曰：藏心於淵，神不外也。楊子雲之學，蓋嘗至此地位也。

顏子短命之類，以一人言之，謂之不幸可也；以大目觀之，天地之間無損益，無進退。譬如一家之事，有子五人焉，三人富貴而二人貧賤，以二人言之則不足，以父母一家言之則有餘矣。若孔子之至德，又處盛位，則是化工之全爾。以孔、顏言之，於一人有所不足，以堯、舜、禹、湯、文、武、周公羣聖人言之，則天地之間亦富有餘一作亦云富有。也。「惠迪吉，從逆凶」，常行之理也。

視聽思慮動作皆天也，人但於其中要識得真與妄爾。

東周之亂，無君臣上下，故孔子曰：「如有用我者，吾其爲東周乎？」言不爲東周也。

「素履」者，雅素之履也。初九剛陽，素履已定，但行其志爾，故曰「獨行願」也。

「視履考祥」，居履之終，反觀吉凶之祥，周至則善吉也，故曰「其旋元吉」。

「比之無首凶」，比之始不善則凶。

「豶豕之牙吉」，不去其牙而豶其勢，則自善矣。治民者不止其争而教之讓之，類是也。

「介于石」，理素定也。理素定，故見幾而作，何俟終日哉？

豫者備豫也，逸豫也。事豫故逸樂，其義一也。

謙者治盈之道，故曰：「裒多益寡，稱物平施。」

凡爲人言者，理勝則事明，氣勝則招怫。一本作氣忿則招怫。

感慨殺身者易，從容就義者爲難。

「成性存存，道義之門」，道無體，義有方也。

「中者，天下之大本。」天地之間，亭亭當當，直上直下之正理，出則不是，唯敬而無失最盡。

孟子謂「必有事焉，而勿正，心勿忘，勿助長。」正是著意，忘則無物。

天者理也，神者妙萬物而爲言者也。帝者以主宰事而名。

易要玩索，「齋戒以神明其德夫」。

學只要鞭辟一作約。近裏，著己而已，故「切問而近思」，則「仁在其中矣」。「言忠信，行篤敬，雖蠻貊之邦行矣。言不忠信，行不篤敬，雖州里行乎哉！立則見其參於前也，在輿則見其倚於衡也，夫然後行。」只此是學質美者，明得盡，查滓便渾化，却與天地同體。其次惟莊敬持養，及其至則一也。

人最可畏者是便做，要在燭理。一本此下云：「子路有聞，未之能行，惟恐有聞。」

宰予晝寢，以其質惡，因是而言。

顔子屢空，空中一作心。受道。子貢不受天命而貨殖，億則屢中，役一作億。聰明億度而知，此子貢始時事，至於言「夫子之言性與天道不可得而聞」，乃後來事。其言如此，則必不至於不受命而貨殖也。

「天生德於予」，及「文王既没，文不在兹乎」，此聖人極斷置以理。

「文不在兹」，言文未嘗亡。倡道在孔子，聖人以爲己任。

「詩、書、執禮皆雅言。」雅素所言也，至於性與天道，則子貢亦不可得而聞，蓋要在默而識之也。

君子坦蕩蕩，心廣體胖。

盡己之謂忠，以實之謂信。發己自盡爲忠，循物無違謂信，表裏之義也。

理義，體用也。理義之説我心。

居之以正，行之以和。

「艮其止，止其所也。」各止其所，父子止於恩，君臣止於義之謂。「艮其背」，止於所不見也。

至誠可以贊天地之化育，則可以與天地參。贊者，參贊之義，「先天而天弗違，後天而奉天時」之謂也，非謂贊助。只有一箇誠，何助之有？

知至則便意誠，若有知而不誠者，皆知未至爾。知至而至之者，知至而往至之，乃吉之先見，故曰「可與幾」也。知終而終之，則「可與存義」也。「知至至之」主知，「知終終之」主終。

「忠信所以進德，修辭立其誠所以居業」者，乾道也。「敬以直内，義以方外」者，坤道也。

「修辭立其誠」，文質之義。

「天下皆憂，吾獨得不憂；天下皆疑，吾獨得不疑」；與「樂天知命吾何憂，窮理盡性吾何疑」，皆心也。自分「心」「迹」以下一段皆非。

息訓爲生者，蓋息則生矣。一事息，則一事生，中無間斷。碩果不食，則便爲復也。「寒往則暑來，暑往則寒來，寒暑相推而歲成焉。」

「日新之謂盛德，生生之謂易，陰陽不測之謂神。」要思而得之。

爲政須要有綱紀文章，先有司、鄉官讀法、平價、謹權量，皆不可闕也。人各親其親，然後能不獨親其親。仲弓曰：「焉知賢才而舉之？」子曰：「舉爾所知，爾所不知，人其舍諸？」便見仲弓與聖人用心之大小。推此義，則一心可以喪邦，一心可以興邦，只在公私之間爾。

子夏問政，子曰：「無欲速，無見小利。」子夏之病，常在近小。子張問政，子曰：「居之無倦，行之以忠。」子張常過高而未仁，故以切己之事答之。

「其爲氣也，配義與道。」道有沖漠之氣象。

「聖人以此洗心退藏於密」，「聖人以此齊戒，以神明其德夫！」

河南程氏遺書卷第十二

明道先生語二

戌冬見伯淳先生洛中所聞

劉絢質夫錄

「純亦不已」，天德也；「造次必於是，顛沛必於是」，「三月不違仁」之氣象也；又其次，則「日月至焉」者矣。

「一陰一陽之謂道」，自然之道也。「繼之者善也」，有道則有用，「元者善之長」也。「成之者」却只是性，「各正性命」者也。故曰：「仁者見之謂之仁，知者見之謂之知，百姓日用而不知，故君子之道鮮矣。」如此，則亦無始，亦無終，亦無因甚有，亦無因甚無，亦無有處有，亦無無處無。

「民受天地之中以生」，「天命之謂性」也。「人之生也直」，意亦如此。若以生爲生養之生，却是「修道之謂教」也。至下文始自云：「不能者敗以取禍」，則乃是教也。

且喚做中，若以四方之中爲中，則四邊無中乎？若以中外之中爲中，則外面無中乎？如「生生之謂易，天地設位而易行乎其中」，豈可只以今之易書爲易乎？中者，且謂之中，不可捉一箇中來爲中。

顏子在陋巷，「人不堪其憂，回也不改其樂」。簞瓢陋巷非可樂，蓋自有其樂耳。「其」字當玩味，自有深意。

大學之道，「在明明德」，明此理也；「在止於至善」，反己守約是也。

楊子出處，使人難説，孟子必不肯爲楊子事。

孔子「與點」，蓋與聖人之志同，便是堯、舜氣象也，誠「異三子者之撰」，特行有不揜焉者，真所謂狂矣。子路等所見者小。子路只爲不達「爲國以禮」道理，所以爲夫子笑；若知「爲國以禮」之道，便却是這氣象也。

人之學，當以大人爲標垜，然上面更有化爾。人當學顏子之學。一作事。

「窮理盡性」矣，曰「以至於命」，則全無著力處。如「成於樂」，「樂則生矣」之意同。

子貢曰：「夫子之文章，可得而聞也，夫子之言性與天道，不可得而聞也。」子貢蓋於是始有所得而歎之。以子貢之才，從夫子如此之久，方歎「不可得而聞」，亦可謂之鈍矣。觀其孔子没，築室於場，六年然後歸，則子貢之志亦可見矣。他人如子貢之才，六年中待作多少事，豈肯如此？

「生生之謂易，天地設位而易行乎其中，乾坤毁則無以見易，易不可見，乾坤或幾乎息矣。」易畢竟是甚？又指而言曰：「聖人以此洗心退藏於密」，聖人示人之意至此深且明矣，終無人理會。易也，此也，密也，是甚物？人能至此深思，當自得之。

「喜怒哀樂之未發，謂之中；發而皆中節，謂之和。中也者，天下之大本也；和也者，天下之達道也。致中和，天地位焉，萬物育焉。」致與位字，非聖人不能言，子思蓋特傳之耳。

顏子曰：「仰之彌高，鑽之彌堅」，則是深知道之無窮也；「瞻之在前，忽焉在後」，他人見孔子甚遠，顏子瞻之，只在前後，但只未在中間爾。若孔子，乃在其中焉，此未達一間者也。

「成性存存」，便是「道義之門」。

凡人才學，便須知著力處；既學，便須知得力處。

河南程氏遺書卷第十三

明道先生語三

亥八月見先生於洛所聞

劉絢質夫録

「公族有罪，磬于甸人，如其倫之喪，無服」，明無罪者有服也。

楊、墨之害，甚於申、韓；佛、老一無老字。之害，甚於楊、墨。楊氏爲我，疑於仁。墨氏兼愛，疑於義。申、韓則淺陋易見。故孟子只闢楊、墨，爲其惑世之甚也。佛、老一作氏字。其言近理，又非楊、墨之比，此所以害尤甚。楊、墨之害，亦經孟子闢之，所以廓如也。

禮云「惟祭天地社稷爲越紼而行事」，似亦太早。雖不以卑廢尊，若既葬而行之，宜亦可也。蓋未葬時，哀戚方甚，人有所不能祭爾。

「艮其止，止其所也。」八元有善而舉之，四凶有罪而誅之，各止其所也。釋氏只曰止，安知止乎？吳本罪作惡，誅作去。

釋氏無實。

釋氏説道，譬之以管窺天，只務直上去，惟見一偏，不見四旁，故皆不能處事。聖人之道，則如在平野之中，四方莫不見也。

釋氏本怖死生，爲利豈是公道？唯務上達而無下學，然則其上達處，豈有是也？元不相連屬，但有間斷，非道也。孟子曰：「盡其心者，知其性也。」彼所謂「識心見性」是也。若「存心養性」一段事則無矣。彼固曰出家獨善，便於道體自不足。一作已非矣。或曰：「釋氏地獄之類，皆是爲下根之人設此，怖令爲善。」先生曰：「至誠貫天地，人尚有不化，豈有立僞教而人可化乎？」

曾子易簀之意，心是理，理是心，聲爲律，身爲度也。

灑埽應對便是形而上者，理無大小故也。故君子只在慎獨。

知之明，信之篤，行之果，知仁勇也。若孔子所謂成人，亦不出此三者。臧武仲知也，孟公綽仁也，卞莊子勇也。

河南程氏遺書卷第十四

明道先生語四

亥九月過汝所聞

劉絢質夫錄

絢問：「先生相別，求所以教。」曰：「人之相愛者，相告戒，必曰凡事當善處。然只在仗忠信，只不忠信，便是不善處也。」

有人治園圃役知力甚勞。先生曰：「蠱之象，『君子以振民育德』。君子之事，惟有此二者，餘無他爲。二者，爲己爲人之道也。」爲己爲人，吳本作治己治人。

「博學而篤志，切問而近思」，何以言「仁在其中矣？」學者要思得之，了此，便是徹上徹下之道。

曾子曰：「士不可以不弘毅，任重而道遠。」先生曰：「弘而不毅，則難立；毅而不弘，則無以居之。」西銘言弘之道。

讀書要玩味。

中庸始言一理，中散爲萬事，末復合爲一理。

中庸曰：「大哉聖人之道！洋洋乎，發育萬物，峻極于天。優優大哉！禮儀三百，威儀三千，待其人而後行。故曰：苟不至德，至道不凝焉。」皆是一貫。

持國曰：「若有人便明得了者，伯淳信乎？」曰：「若有人，則豈不信？蓋必有生知者，然未之見也。凡云爲學者，皆爲此以下論。孟子曰：『盡其心者知其性也，知性則知天矣；存其心，養其性，所以事天。』便是至言。」

佛氏不識陰陽晝夜死生古今，安得謂形而上者與聖人同乎？

佛言前後際斷，純亦不已是也，彼安知此哉？子在川上，曰：「逝者如斯夫！不舍晝夜。」自漢以來儒者，皆不識此義，此見聖人之心純亦不已也。詩曰：「維天之命，於穆不已。」蓋曰天之所以爲天也。「於乎不顯，文王之德之純」，蓋曰文王之所以爲文也。純亦不已，此乃天德也。有天德便可語王道，其要只在愼獨。

學要在敬也、誠也，中間便一作更。有箇仁，「博學而篤志，切問而近思，仁在其中矣」之意。敬主事。

人之學不進，只是不勇。

或問：「繫辭自天道言，中庸自人事言，似不同。」曰：「同。繫辭雖始從天地陰陽鬼神言之，然卒曰：『默而成之，不言而信，存乎德行。』中庸亦曰：『鬼神之爲德，其盛矣乎！視之而不見，聽之而不聞，體物而不可遺，使天下之人齊明盛服以承祭祀。洋洋乎如在其上，如在其左右。詩曰：「神之格思，不可度思，矧可射思。」夫微之顯，誠之不可揜，如此夫！』是豈不同？」

人多言廣心浩大，然未見其人也。

「樂則行之，憂則違之」，樂與憂皆道也，非己之私也。

聖人致公，心盡天地萬物之理，各當其分。佛氏總爲一己之私，是安得同乎？聖人循理，故平直而易行。異端造作，大小大費力，非自然也，故失之遠。

易中只是言反復往來上下。

伊尹曰：「天之生斯民也，使先知覺後知，使先覺覺後覺。予天民之先覺者也，予將以斯道覺斯民也。」釋氏之云覺，甚底是覺斯道？甚底是覺斯民？

河南程氏遺書卷第十五

伊川先生語一

入關語録或云：明道先生語。

志，氣之帥，不可小觀。

知知，仁守，勇決。

涵養吾一。

主一無適，敬以直内，便有浩然之氣。浩然須要實識得他剛大直，不習無不利。

敬即便是禮，無己可克。

大而化，則己與理一，一則一無此字。無己。

致知則有知，有知則能擇。

安有識得易後，不知退藏於密？密是甚？

六經之言，在涵畜中默識心通。精義爲本。

道無精粗，言無高下。

物則一作卽。事也，凡事上窮極其理，則無不通。

有主則虛，無主則實，必有所事。

知不專爲藏往，易言知來藏往，主蓍卦而言。

物形便有大小精粗，神則無精粗。神則是神，不必言作用。三十輻共一轂，則爲車。若無轂輻，何以見車之用？

人患事繫累，思慮蔽固，只是不得其要。要在明善，明善在乎格物窮理。窮至於物理，則漸久後天下之物皆能窮，只是一理。

人多思慮不能自寧，只是做他心主不定。要作得心主定，惟是止於事，爲人君止於仁之類。如舜之誅四凶，四凶已一作他。作惡，舜從而誅之，舜何與焉？人不止於事，只是攬他事，不能使物各付物。物各付物，則是役物。爲物所役，則是役於物。有物必有則，須是止於事。

視聽言動，非理不爲，即是禮，禮即是理也。不是天理，便是私欲。人雖有意於爲善，亦是非禮。無人欲即皆天理。

公則一，私則萬殊。至當歸一，精義無二。人心不同如面，只是私心。

人不能祛思慮，只是吝，吝故無浩然之氣。

「所過者化」，身之所經歷處；「所存者神」，存主處便是神。如「立之斯立，道之斯行，綏之斯來，動之斯和」，固非小補，伯者是小補而已。

孔子教人常俯就，不俯就則門人不親。孟子教人常高致，不高致則門人一作道。不尊。

古之學者，優柔厭飫，有先後次序。今之學者，却只做一場話説，務高而已。常愛杜元凱語：「若江海之浸，膏澤之潤，涣然冰釋，怡然理順。」然後爲得也。今之學者，往往以游、夏爲小，不足學。然游、夏一言一事，却總是實。如子路、公西赤言志如此，聖人許之，亦以此自是實事。後之學者好高，如人游心於千里之外，然自身却只在此。

人皆稱柳下惠爲聖人，只是因循前人之語，非自見。假如人言孔子爲聖人，也須直待己實見聖處，方可信。

合而聽之則聖，公則自同。若有私心便不同，同即是天心。

曾子傳聖人學，其德後來不可測，安知其不至聖人？如言「吾得正而斃」，且休理會文字，只看他氣象極好，被他所見處大。後人雖有好言語，只被氣象卑，終不類道。

聞之知之，得之有之。耳剽臆度。

「養心莫善於寡欲」，不欲則不惑。所欲不必沈溺，只有所向便是欲。

人惡多事，或人憫一作欲簡。之。世事雖多，盡是人事。人事不教人做，更責誰何？

要息思慮，便是不息思慮。

聖人盡道，以其身所行率天下，是欲天下皆至於聖人。佛以其所賤者教天下，是誤天下也。人愈才明，往往所陷溺愈深。

「小德川流，大德敦化」，只是言孔子川流是日用處，大德是存主處。「敦」如俗言敦禮義敦本之意。

或曰：「正叔所定婚儀，復有壻往謝之禮，何謂也？」曰：「如此乃是與時稱。今將一古鼎古敦音隊。用之，自是人情不稱，兼亦與天地風氣不宜。禮，時爲大，須當損益。夏、商、周所因損益可知，則能繼周者亦必有所損益。如云『行夏之時，乘殷之輅，服周之冕，樂則韶舞』，是夏時之類可從則從之。蓋古人今人，自是年之壽夭、形之大小不同。古之被衣冠者，魁偉質厚，氣象自別。若使今人衣古冠冕，情性自不相稱。蓋自是氣有淳漓。正如春氣盛時，生得物如何，春氣衰時，生得物如何，必然別。今之始開荒田，初歲種之，可得數倍，及其久，則一歲薄於一歲，此乃常理。觀三代之時，生多少聖人，後世至今，何故寂寥未聞，蓋氣自是有盛則必有衰，衰則終必復盛。若冬不春，夜不晝，則氣化息矣。聖人主化，如禹之治水，順則當順之，治則須治之。古之伏羲，豈不能垂衣裳，必待堯、舜然後垂衣裳？據如此事，只是一箇聖人都做得了，然必須數世然後成，亦因時而已。所謂『溥博淵泉而時出之』也，須是先有溥博淵泉也，方始能時出。自無溥博淵泉，豈能時出之？大抵氣化在天在人一般，聖人其中，只有功用。放勳曰：『勞之來之，匡之直之，輔之翼之。』正須如此。徇流俗非隨時，知事可正，嚴毅獨立，乃是隨時也。舉禮文，却只是一時事。要所補大，可以風後世，却只是明道。孟子言『五百年必有王者興，其間必有名世者』，大數則是，然不消催促他。」

冠禮廢，則天下無成人。或人欲如魯公十二而冠，此不可。冠所以責成人，十二年非可責之時。既冠矣，且不責以成人事，則終其身不以成人望他也，徒行此節文何益？雖天子諸侯，亦必二十而冠。

「信而後諫」，唯能信便發得人志。

龍女衣冠不可定。龍，獸也。衣冠人所被，豈有禽獸可以被人衣冠？若以爲一龍，不當立數十廟；若以爲數十龍，不當同爲善濟夫人也。大抵決塞，莫非天地之祐、社稷之福、謀臣之功、兵卒之力。不知在此，彼龍何能爲？

人苟有「朝聞道夕死可矣」之志，則不肯一日安其所不安也。何止一日？須臾不能。如曾子易簀，須要如此乃安。人不能若此者，只爲不見實理。實理者，實見得是，實見得非。凡實理，得之於心自別。若耳聞口道者，心實不見。若見得，必不肯安於所不安。人之一身，儘有所不肯爲，及至他事又不然。若士者，雖殺一作教。之使爲穿窬，必不爲，其他事未必然。至如執卷者，莫不知說禮義。又如王公大人皆能言軒冕外物，及其臨利害，則不知就義理，却就富貴。如此者，只是說得，不實見。及其蹈水火，則人皆避之，是實見得。須是有「見不善如探湯」之心，則自然別。昔若經傷於虎者，他人語虎，則雖三尺童子，皆知虎之可畏，終不似曾經傷者，神色懾懼，至誠畏之，是實見得也。得之於心，是謂有德，不待勉强，然學者則須勉强。古人有捐軀隕命者，若不實見得，則烏能如此？須是實見得生不重於義，一作義重於生。生不安於死也。故有殺身成仁者，只是成就一箇是而已。

學者患心慮紛亂，不能寧静，此則天下公病。學者只要立箇心，此上頭儘有商量。

得之於心，謂之有德，自然「睟然見於面，盎於背，施於四體，四體不言而喻」，豈待勉强也？

葬埋所慮者，水與蟲耳。晉郭文舉爲王導所致，及其病，乞還山，欲枕石而死，貴人留之曰：「深山爲虎狼食，不其酷哉？」曰：「深山爲虎狼食，貴人爲螻蟻食，一也。」故葬者鮮不被蟲者，雖極深，亦有土蟲。故思木之不壞者，得柏心爲久，後又見松脂錮之又益久，故用松脂塗棺。

語高則旨遠，言約則義微。大率六經之言涵蓄，無有精粗。欲言精微，言多則愈粗。

凡物有本末，不可分本末爲兩段事。灑埽應對是其然，必有所以然。

浩然之氣，既言氣，則已是大段有形體之物。如言志，有甚迹，然亦儘有形象。浩然之氣是集義所生者，既生得此氣，語其體則與道合，語其用則莫不是義。譬之以金爲器，及其器成，方命得此是金器。

若謂既返之氣復將爲方伸之氣，必資於此，則殊與天地之化不相似。天地之化，自然生生不窮，更何復資於既斃之形，既返之氣，以爲造化？近取諸身，其開闔往來，見之鼻息，然不必須一本無此四字，有豈字。假吸復入以爲呼。氣則自然生。人氣之生，生一作人之氣生。於真元。天之氣，亦自然生生不窮。至如海水，因陽盛而涸，及陰盛而生，亦不是將一作必是。已涸之氣却生水。自然能生，往來屈伸只是理也。盛則便有衰，晝則便有夜，往則便有來。天地中如洪鑪，何物不銷鑠了？

「範圍天地之化。」天本廓然無窮，但人以目力所及，見其寒暑之序、日月之行，立此規模，以窺測他。天地之化，不是天地之化其體有如城郭之類，都盛其氣。假使言日升降於三萬里，不可道三萬里外更無物。又如言天地升降於八萬里中，不可道八萬里外天地盡。學者要默體天地之化。如此言之，甚與天地不相似，其卒必有窒礙。有人言無西海，便使無西海，亦須是有山。無陰陽處，便無日月。

閑邪則誠自存，不是外面捉一箇誠將來存著。今人外面役役於不善，於不善中尋箇善來存著，如此則豈有入善之理？只是閑邪，則誠自存。故孟子言性善，皆由內出。只爲誠便存，閑邪更著甚工夫？但惟是動容貌、整思一作心。慮，則自然生敬，敬只是主一也。主一，則既不之東，又不之西，如是則只是中。既不之此，又不之彼，如是則只是內。存此，則自然天理明。學者須是將一本無此字。敬以直內，涵養此意，直內是本。

天地之化，雖廓然無窮，然而陰陽之度、日月寒暑晝夜之變，莫不有常，此道之所以爲中庸。道則自然生萬物。今夫春生夏長了一番，皆是道之生，後來生長，不可道却將既生之氣，後來却要生長。道則自然生生不息。

釋氏之學，更不消對聖人之學比較，要之必不同，便可置之。今窮其說，未必能窮得他，比至窮得，自家已化而爲釋氏矣。今且以迹上觀之。佛逃父出家，便絕人倫，只爲自家獨處於山林，人鄉裏豈容有此物？大率以所賤所輕施於人，此不惟非聖人之心，亦不可爲君子之心。釋氏自己不爲君臣父子夫婦之道，而謂他人不能如是，容人爲之而已不爲，別做一等人，若以此率人，是絕類也。至如言理性，亦只是爲死生，其情本怖死愛生，是利也。

「敬以直內」，有主於內則虛，自然無非僻之心。如是，則安得不虛？「必有事焉」，須把敬來做件事著。此道最是簡，最是易，又省工夫。爲此語，雖近似常人所論，然持之一本有久字。必別。

天子七廟，亦恐只是一日行禮。考之古，則戊辰同祀文、武；考之今，則宗廟之祀亦是一日。

祭無大小，其所以交於神明、接鬼神之義一也。必齊，不齊則何以交神明？

厤象之法，大抵主於日，日一事正，則其他皆可推。洛下閎作厤，言數百年後當差一日，其差理必然。何承天以其差，遂立歲差法。其法，以所差分數，攤在所厤之年，看一歲差著幾分，其差後亦不定。獨邵堯夫立差法，冠絕古今，却於日月交感之際，以陰陽虧盈求之，遂不差。大抵陰常虧，陽常盈，故只於這一作張。裏差了。厤上若是通理，所通爲多。堯夫之學，大抵似楊雄，然亦不盡如之。常窮味有二萬八千六百，此非人所合和，是自然也；色有二萬八千六百，又非人所染畫得，亦是自然也；獨聲之數只得一半數不行，蓋聲陽也，只是於日出地上數得，到日入地下，遂數不行，此皆有理。譬之有形斯有影，不可謂今日之影，却收以爲來日之影。據皇極經世，色味皆一萬七千二十四，疑此記者之誤。

君子宜獲祐，然而有貧悴短夭，以至無繼者，天意如何？氣鍾於賢者，固有所不周也。

閑邪則固一有主字。一矣，然一作能。主一則不消言閑邪。有以一爲難見，不可下工夫。如何一作行。一者，無他，只是整齊一作莊整。嚴肅，則心便一，一則自是無非僻之奸。此意但涵養久之，則天理自然明。

「必有事焉」，有事於此一作敬。也。「勿正」者，若思此而曰善，然後爲之，是正也。「勿忘」，則是必有事也。「勿助長」，則是勿正也。後言之漸重，須默識取主一之意。

修養之所以引年，國祚之所以祈天永命，常人之至於聖賢，皆工夫到這裏，則有此應。

宗子法壞，則人不自知來處，以至流轉四方，往往親未絕，不相識。今且試以一二巨公之家行之，其術要得拘守得須是。且如唐時立廟院，仍不得分割了祖業，使一人主之。

釋氏尊宿者，自言覺悟，是既已達道，又却須要印證，則是未知也；得他人道是，然後無疑，則是信人言語，不可言自信。若果自信，則雖甚人言語，亦不聽。

學者之流必談禪者，只是爲無處撈摸，故須入此。

「大德敦化」，於化育處敦本也；「小德川流」，日用處也。此言仲尼與天地同德。

有言：「未感時，知心何所寓？」曰：「『操則存，舍則亡，出入無時，莫知其鄉』，更怎生尋所寓？只是有操而已。操之之道，敬以直內也。」

「剛毅木訥」，何求而曰一作以。近仁？只爲輕浮巧利，於仁甚遠，故以此爲近仁。此正與「巧言令色」相反。

有土地，要之耕而種粟以養人，乃宜。今以種果實，只做果子喫了，種糯，使之化爲水飲之，皆不濟事，不穩當。

顏、孟之於聖人，其知之深淺同，只是顏子尤温淳淵懿，於道得之更淵一作深。粹，近聖人氣象。

率氣者在志，養志者在直內。

「率性之謂道」，率，循也。若言道不消先立下名義，則茫茫地何處下手？何處著心？

文字上一有雖字。無閒暇，終是一無二字。少工夫。然思慮則儘不廢。於外事雖奔迫，然思慮儘悠悠。

釋氏之學，又不可道他不知，亦儘極一作及。乎高深，然要之卒歸乎自私自利之規模。何以言之？天地之間，有生便有死，有樂便有哀。釋氏所在便須覓一箇纖一作綴。姦打訛處，言免死生，齊煩惱，卒歸乎自私。老氏之學，更挾些權詐，若言與之乃意在取之，張之乃意在翕之，又大意在愚其民而自智，然則秦之愚黔首，其術蓋亦出於此。

天地之間，只有一箇感與應而已，更有甚事？

老子言甚雜，如陰符經却不雜，然皆窺測天道之未盡者也。

人於天地間，並無窒礙處，大小大快活。

生知者，只是他生自知義理，不待學而知。縱使孔子是生知，亦何害於學？如問禮於老聃，訪官名於郯子，何害於孔子？禮文官名，既欲知舊物，又不可鑿空撰得出，須是問他先知者始得。

蕭何大營宮室，其心便不好，只是要得斂怨自安。謝安之營宮室，却是隨時之宜，以東晉之微，寓於江表，其氣奄奄欲盡，且以慰安人心。

高祖其勢可以守關，不放入項王，然而須放他入來者，有三事：一是有未坑二十萬秦子弟在外，恐內有父兄爲變；二是漢王父母妻子在楚；三是有懷王。

聖人之道，更無精粗，從灑埽應對至精義入神，通貫只一理。雖灑埽應對，只看所以然者如何。

切要之道，無如「敬以直內」。

立人達人，爲仁之方，强恕，求仁莫近，言得不濟事，亦須實見得近處，其理固不出乎公平。公平固在，用意更有淺深，只要自家各自體認得。

沖漠無朕，萬象森然已具，未應不是先，已應不是後。如百尺之木，自根本至枝葉，皆是一貫，不可道上面一段事，無形無兆，却待人旋安排引入來，教入塗轍。既是塗轍，却只是一箇塗轍。

「安安」，下字爲義。安，其所安也；安安，是義也。

「原始反終，故知死生之説」，但窮得，則自知死生之説，不須將死生便做一箇道理求。

「道二，仁與不仁而已」，自然理如此。道無無對，有陰則有陽，有善則有惡，有是則有非，無一亦無三。故易曰：「三人行則損一人，一人行則得其友，只是二也。」

曾子言夫子之道忠恕，果可以一貫，若使他人言之，便未足信，或未盡忠恕之道，曾子言之，必是盡仍是。一作得也。又於中庸特舉此二義，言「忠恕違道不遠」，恐人不喻，故指而示之近，欲以喻人，又如禘嘗之義，如視諸掌，中庸亦指而示之近，皆是恐人不喻，故特語之詳。然則中庸之書，決是傳聖人之學不雜，子思恐傳授漸失，故著此一卷書。

忠恕所以公平，造德則自忠恕，其致則公平。

仁之道，要之只消道一公字。公只是仁之理，不可將公便喚做仁。一本有將字。公而以人體之，故爲仁。只爲公，則物我兼照，故仁，所以能恕，所以能愛，恕則仁之施，愛則仁之用也。

「出門如見大賓，使民如承大祭」，只是敬也。敬則是不私之説也。才不敬，便私欲萬端害於仁。

聖人之言依本分，至大至妙事，語之若尋常，此所以味長。釋氏之説，纔見得些，便驚天動地，言語走作，却是味短。只爲乍見，不似聖人見慣。如中庸言道，只消道「無聲無臭」四字，總括了多少釋氏言，非黄非白，非鹹非苦，費多少言語。

「寂然不動」，萬物森然已具在；「感而遂通」，感則只是自内感。不是外面將一件物來感於此也。

有人旁邊作事，己不見，而只聞人説善言者，爲敬其心也，故視而不見，聽而不聞，主於一也。主於内則外不入，敬便心虚故也。必有事焉，不忘，不要施之重，便不好。敬其心，乃至不接視聽，此學者之事也。始學，豈可不自此去？至聖人，則自是「從心所欲不踰矩」。

孔子自十五至七十，進德直有許多節次。聖人未必然，然亦是一作且。爲學者立下一法，盈科而後進，須是成章乃達。

自古元不曾有人解仁字之義，須於道中與他分别出五常，若只是兼體，却只有四也。且譬一身：仁，頭也；其他四端，手足也。至如易，雖言「元者善之長」，然亦須通四德以言之，至如八卦，易之大義在乎此，亦無人曾解來。乾健坤順之類，亦不曾果然體認得。

登山難爲言，以言聖人之道大。觀瀾必照，因又言其道之無窮。瀾，水之動處，苟非源之無窮，則無以爲瀾；非日月之明無窮，則無以容光必照。其下又言其篤實而有光輝也。一作篤實而不窮。成章者，篤實而有光輝也。今以瓦礫積之，雖如山嶽，亦無由有光輝。若使積珠玉，小積則有小光輝，大積則有大光輝。

「天下之言性，則故而已矣」，則語助也，故者本如是者也，今言天下萬物之性，必求其故者，只是欲順而不害之也，故曰「以利爲本」，本欲利之也。此章皆爲知而發，行其所無事，是不鑿也；日至可坐而致，亦只是不鑿也。

不席地而倚卓，不手飯而匕筯，此聖人必隨時，若未有當，且作之矣。

昔謂異教中疑有達者，或是無歸，且安於此。再嘗考之，卒不達，若達則於其前日所處，不能一朝居也。觀曾子臨死易簀之意，便知其不達。「朝聞道，夕死可矣」，豈能安其所未安？如毁其人形，絶其倫類，無君臣父子之道，若達則不安也。只夷言左衽，尚可言隨其國俗，至如人道，豈容有異？

受祥肉〔一〕彈琴，恐不是聖人舉動。使其哀未忘，則子於是日哭，則不歌，不飲酒食肉以全哀，況彈琴可乎？使其哀已忘，則何必彈琴？

學者爲氣所勝、習所奪，只可責志。

釋氏之説，若欲窮其説而去取之，則其説未能窮，固已化而爲佛矣。只且於迹上考之。其設教如是，則其心果如何，固難爲取其心不取其迹，有是心則有是迹。王通言心迹之判，便是亂説，不若且於迹上斷定，不與聖人合。其言有合處，則吾道固已有；有不合者，固所不取。如是立定，却省易。一作力。

儒者其卒必一作多。人異教，其志非願也，其勢自然如此。蓋智窮力屈，欲休來，又知得未安穩，休不得，故見人有一道理，其勢須從之。譬之行一大道，坦然無阻，則更不由徑，只爲前面逢著山，逢著

〔一〕呂本、徐本「肉」作「内」。

水，行不得，有窒礙，則見一邪徑，欣然從之。儒者之所以必有窒礙者，何也？只爲不致知。知至至之，則自無事可奪。今夫有人處於異鄉，元無安處，則言某處安，某處不安，須就安處。若己有家，人言他人家爲安，己必不肯就彼。故儒者而卒歸異教者，只爲於己道實無所得，雖曰聞道，終不曾實有之。

佛、莊之説，大抵略見道體，乍見不似聖人慣見，故其説走作。

時所以有古今風氣人物之異者，何也？氣有淳漓，自然之理。有盛則必有衰，有終則必有始，有晝則必有夜。譬之一片地，始開荒田，則其收穀倍，及其久也，一歲薄於一歲，氣亦盛衰故也。至如東西漢，人才文章已來皆別，所尚異也。尚所以異，亦由心所爲。心所以然者，只爲生得來如此。至如春夏秋冬，所生之物各異，其栽培澆灌之宜，亦須各以其時，不可一也，須隨時。只如均是春生之物，春初生得又別，春中又別，春盡時所生又別。禮之隨時處宜，只是正得當時事。所謂時者，必明道以貽後人。

有謂因苦學而至失心者。學本是治心，豈有反爲心害？某氣本不盛，然而能不病、無倦怠者，只是一箇愼生不恣意，其於外事，思慮儘悠悠。

「合而言之道也」，仁固是道，道却是總名。

「大而化之」，只是謂理與己一。其未化者，如人操尺度量物，用之尚不免有差，若至於化者，則己便是尺度，尺度便是己。顏子正在此，若化則便是仲尼也。「在前」是不及，「在後」是過之。此過不及甚微，惟顏子自知，他人不與。「卓爾」是聖人立處，顏子見之，但未至爾。

格物窮理，非是要盡窮天下之物，但於一事上窮盡，其他可以類推。至如言孝，其所以爲孝者如何，窮理一無此二字。如一事上窮不得，且別窮一事，或先其易者，或先其難者，各隨人深淺，如千蹊萬徑，皆可適國，但得一道入得便可。所以能窮者，只爲萬物皆是一理，至如一物一事，雖小，皆有是理。

敬則自虛靜，不可把虛靜喚做敬。居敬則自然行簡，若居簡而行簡，却是不簡，只是所居者已剩一簡字。

「退藏於密」，密是用之源，聖人之妙處。

聖人之道，如河圖、洛書，其始止於畫上便出義。後之人既重卦，又繫辭，求之未必得其理。至如春秋，是其所是，非其所非，不過只是當年數人而已。學者不觀他書，只觀春秋，亦可盡道。

物理須是要窮。若言天地之所以高深，鬼神之所以幽顯。若只言天只是高，地只是深，只是已辭，更有甚？

敬則無己可克，一有「學者之」字。始則須絕四。一有去字。

人之身有形體，未必能爲主。若有人爲繫虜將去，隨其所處，已有不得與也。唯心則三軍之衆不可奪也。若并心做主不得，則更有甚？

夷、惠之行，未必如此。且如孔子言「不念舊惡，怨是用希」，則伯夷之度量可知。若使伯夷之清既如此，又使念舊惡，則除是抱石沈河。孟子所言，只是推而言之，未必至如此。然聖人於道，防其始，不得不如是之嚴。如此而防，猶有流者。夷、惠之行不已，其流必至於孟子所論。夷是聖人極清處，惠聖人極和處，聖人則兼之而時出之。清和何止於偏？其流則必有害。墨子之道，雖有尚同兼愛之説，然觀其書，亦不至於視鄰之子猶兄之子，蓋其流必至於此。至如言伊尹，始在畎畝，五就湯，五就桀，三聘翻然而從，豈不是時？然後來見其以天下自任，故以爲聖人之任。

聲數。

由經窮理。

「不勉而中，不思而得」，與勉而中，思而得，何止有差等，直是相去懸絶。「不勉而中」即常中，「不思而得」即常得，所謂從容中道者，指他人所見而言之。若不勉不思者，自在道上行，又何必言中？不中，不勉，不思，亦有大小深淺。至於曲藝，亦有不勉不思者。所謂日月至焉，與久而不息者，所見規模雖略相似，其意味氣象迥別，須潛心默識，玩索久之，庶幾自得。學者不學聖人則已，欲學之，須熟玩味一無味字。聖人之一無之字。氣象，不可只於名上理會。如此，只是講論文字。

「贊天地之化育」，自人而言之，從盡其性至盡物之性，然後可以贊天地之化育，可以與天地參矣。言人盡性所造如此。若只是至誠，更不須論。所謂「人者天地之心」，及「天聰明自我民聰明」，止謂只是一理，而天人所爲，各自有分。

浩然之氣，所養各有漸，所以至於充塞天地，必積而後至。行不慊於心，止是防患之術，須是集義乃能生。

「不可一朝居」者，孟子之時，大倫亂，若君聽於臣，父聽於子，動則弒君弒父，須著變，是不可一朝居也。然魯有三桓，無以異齊，何以魯一變至於道？魯只是不修周公之法，齊既壞太公之法，後來立法，已是苟且，及其末世，并其法又壞，亂甚於魯，故其弑亦先於魯。孔子之仕於魯，所一作欲。以爲之兆，得可爲處便爲。如陳恒弑其君，孔子請討，一事正則百事自已不得，傳言以魯之衆加齊之半，此非孔子請討之計。一作意。如此，則孔子只待去角力，借使言行，亦上有天子，下有方伯，須謀而後行。

禮，「我戰則克，祭則受福」，蓋得其道，此語至常淺，孔子固能如此，但觀其氣象，不似聖人之言。

嘗觀自三代而後，本朝有超越古今者五事：如百年無内亂；四聖百年；受命之日，市不易肆；百年未嘗誅殺大臣；至誠以待夷狄。此皆大抵以忠厚廉恥爲之綱紀，故能如此，蓋睿主開基，規模自別。

大綱不正，萬目卽紊。唐之治道，付之尚書省，近似六官，但法不具也。後世無如宇文周，其官名法度，小有可觀。隋文之法，雖小有善處，然皆出於臆斷，惟能如此，故維持得數十年。

「隕石於宋」，自空凝結而隕；「六鷁退飛」，倒逆飛也。倒逆飛，必有氣驅之也。如此等，皆是異事也，故書之。大抵春秋所書災異，皆天人響應，有致之之道。如石隕於宋而言「隕石」，夷伯之廟震，而言「震夷伯之廟」，此天應之也。但人以淺狹之見，以爲無應，其實皆應之。然漢儒言災異，皆牽合不足信，儒者見此，因盡廢之。

麟乃和氣所致，然春秋之時有者，何以爲應天之氣？豈可如此閒別？聖人之生，亦天地交感，五行之秀，乃生聖人。當戰國之際，生孔子何足怪，況生麟？聖人爲其出非其時，故有感，如聖人生不得其時。

孔子感麟而作春秋，或謂不然，如何？曰：春秋不害感麟而作，然麟不出，春秋豈不作？孔子之意，蓋亦有素，因此一事乃作，故其書之成，復以此終。大抵須有發端處，如畫八卦，因見河圖、洛書。果無河圖、洛書，八卦亦須作。

「一陰一陽之謂道」，此理固深，説則無可説。所以陰陽者道，既曰氣，則便是一作有。二。言開闔，已一作便。是感，既二則便有感。所以開闔者道，開闔便是陰陽。老氏言虚而生氣，非也。陰陽開闔，本無先後，不可道今日有陰，明日有陽。如人有形影，蓋形影一時，不可言今日有形，明日有影，有便齊有。

「寂然不動，感而遂通」，此已言人分上事，若論道，則萬理皆具，更不説感與未感。

中和，若只於人分上言之，則喜怒哀樂未發既發之謂也。若致中和，則是達天理，便見得天尊地卑，萬物化育之道，只是致知也。

「素隱行怪」，是過者也；「半塗而廢」，是不及也；「不見知不悔」，是中者也。

中者，只是不偏，偏則不是中。庸只是常。猶言中者是大中也，庸者是定理也。定理者，天下不易之理也，是經也。孟子只言反經，中在其間。

中庸之書，是孔門傳授，成於子思。孟子其書，雖是雜記，更不分精粗，一衮説了。今之語道，多説高便遺却卑，説本便遺却末。

「小人之中庸，小人而無忌憚也」，小人更有甚中庸？脱一反字。小人不主於義理，則無忌憚，無忌憚所以反中庸也。亦有其心畏謹而不中，亦是反中庸。語惡有淺深則可，謂之中庸則不可。

「知天命」，是達天理也。「必受命」，是得其應也。命者是天之所賦與，如命令之命。天之報應，皆如影響，得其報者是常理也；不得其報者，非常理也。然而細推之，則須有報應，但人以狹淺之見求之，便謂差互。天命不可易也，然有可易者，惟有德者能之。如修養之引年，世祚之祈天永命，常人之至於聖賢，皆此道也。

夢說之事，是傅說之感高宗，高宗感傅說。高宗只思得聖賢之人，須是聖賢之人，方始應其感。若傅說非聖賢，自不相感。如今人卜筮，蓍在手，事在未來，吉凶在書策，其卒三者必合矣。使書策之言不合於理，則自不驗。

隕石無種，種於氣。麟亦無種，亦氣化。厥初生民亦如是。至如海濱露出沙灘，便有百蟲禽獸草木無種而生，此猶是人所見。若海中島嶼稍大，人不及者，安知其無種之人不生於其閒？若已有人類，則必無氣化之人。

匹夫至誠感天地，固有此理。如鄒衍之說太甚，只是盛夏感而寒慄則有之，理外之事則無，如變夏爲冬降霜雪，則無此理。

「配義與道」，即是體用。道是體，義是用，配者合也。氣儘是有形體，故言合。氣者是積義所生者，却言配義，如以金爲器，既成則目爲金器可也。

天地之間皆有對，有陰則有陽，有善則有惡。君子小人之氣常停，不可都生君子，但六分君子則治，六分小人則亂，七分君子則大治，七分小人則大亂。如是，則一無此三字，作雖字。堯、舜之世不能無小人。蓋堯、舜之世，只是以禮樂法度驅而之善，盡其道而已。然言比屋可封者，以其有教，雖欲爲惡，不能成其惡。雖堯、舜之世，然於其家乖戾之氣亦生朱、均，在朝則有四凶，久而不去。

離了陰陽更無道，所以陰陽者是道也。陰陽，氣也。氣是形而下者，道是形而上者。形而上者則是密也。

絪緼，陰陽之感。

志，氣之帥。若論浩然之氣，則何者爲志？志爲之主，乃能生浩然之氣。志至焉，氣次焉，自有先後。

醫者不詣理，則處方論藥不盡其性，只知逐物所治，不知合和之後，其性又如何？假如訶子黃、白礬白，合之而成黑，黑見則黄白皆亡。又如一二合而爲三，三見則一二亡，離而爲一二則三亡。既成三，又求一與二；既成黑，又求黄與白，則是不知物性。一作理。古之人窮盡物理，則食其味，嗅其臭，辨其色，知其某物合某則成何性。天有五氣，故凡生物，莫不具有五性，居其一而有其四。至如草木也，其黄者得土之性多，其白者得金之性多。

宗子法廢，後世譜牒，尚有遺風。譜牒又廢，人家不知來處，無百年之家，骨肉無統，雖至親，恩亦薄。

古人爲學易，自八歲入小學，十五入大學，舞勺舞象，有絃歌以養其耳，舞干羽以養其氣血，有禮義以養其心，又且急則佩韋，緩則佩弦，出入閭巷，耳目視聽及政事之施，如是，則非僻之心無自而入。今之學者，只有義理以養其心。

河北只見鯀隄，無禹隄。鯀堙洪水，故無功，禹則導之而已。

五祀恐非先王之典，皆後世巫祝之一作誣祀，無之字，誣又作淫。言，報則遺其重者，井人所重，行宁廊也，其功幾何？

雖庶人，必祭及高祖。比至天子諸侯，止有疏數耳。

凡物之散，其氣遂盡，無復歸本原之理。天地間如洪鑪，雖生物銷鑠亦盡，況既散之氣，豈有復在？天地造化又焉用此既散之氣？其造化者，自是生氣。至如海水潮，日出則水涸，是潮退也，其涸者已無也，月出則潮水生也，非却是將已涸之水爲潮，此是氣之終始。開闔便是易，「一闔一闢謂之變」。

傳録言語，得其言，未得其心，必有害。雖孔門亦有是患。如言昭公知禮，巫馬期告，時孔子正可一作合。不答其問，必更有語言，具巫馬期欲反命之意，孔子方言「苟有過，人必知之」。蓋孔子答，巫馬期亦知之，陳司敗亦知之矣。又如言伯夷、柳下惠皆古聖人也，若不言清和，便以夷、惠爲聖人，豈不有害？又如孟子言「放勳曰」，只當言「堯曰」，傳者乘放勳爲堯號，乃稱「放勳曰」。又如言「聞斯行之」，若不因公西赤有問，及仲由爲比，便信此一句，豈不有害？又如孟子、齊王「欲養弟子以萬鍾」，此事欲國人矜式，孟子何不可處？但時子以利誘孟子，孟子故曰「如使予欲富，辭十萬而受萬，是爲欲富乎？」若觀其文，只似孟子不肯爲國人矜式，須知不可以利誘之意。舜不告而娶，須識得舜意。若使舜便不告而娶，固不可以其父頑，過時不爲娶，堯去治之，堯命瞽使舜娶，舜雖不告，堯固告之矣。堯之告之也，以君治之而已。今之官府，治人之私者亦多，然而象欲以殺舜爲事，堯奚爲不治？蓋象之殺舜，無可見之迹，發人隱慝而治之，非堯也。

學春秋亦善，一句是一事，是非便見於此，此亦窮理之要。然他經豈不可以窮？但他經論其義，春秋因其行事，是非較著，故窮理爲要。嘗語學者，且先讀論語、孟子，更讀一經，然後看春秋。先識得箇義理，方可看春秋。春秋以何爲準？無如中庸。欲知中庸，無如權，須是時而爲中。若以手足胼胝，閉户不出，二者之間取中，便不是中。若當手足胼胝，則於此爲中；當閉户不出，則於此爲中。權之爲言，秤錘之義也。何物爲權？義也。然也只是説得到義，義以上更難説，在人自看如何。

格物亦須積累涵養。如始學詩者，其始未必善，到悠久須差精。人則只是舊人，其見則別。

知至則當至之，知終則當遂一無遂字。之，須以知爲本。知之深，則行之必至，無有知之而不能行者。知而不能行，只是知得淺。飢而不食烏喙，人不蹈水火，只是知。人爲不善，只爲不知。知至而至之，知幾之事，故可與幾。知終而終之，故可與存義。知至是致知，博學、明辨、審問、慎思，皆致知，知至之事，篤行便是終之。如始條理，終條理，因其始條理，故能終條理，猶知至即能終之。

春秋，傳爲案，經爲斷。

古之學者，先由經以識義理。蓋始學時，盡是傳授。後之學者，却先須識義理，方始看得經。如易，繫辭所以解易，今人須看了易，方始看得繫辭。一本云：「古之人得其師傳，故因經以明道。後世失其師傳，故非明道，不能以知經。」

「至大至剛以直」，不言至直，此是文勢。如「治世之音安以樂」，「怨以怒」，「粗以厲」，「噍以殺」，皆此類。

解義理，若一向靠書册，何由得居之安，資之深？不惟自失，兼亦誤人。

治道亦有從本而言，亦有從事而言。從本而言，惟從格君心之非、正心以正朝廷，正朝廷以正百官。若從事而言，不救則已，若須救之，必須變。大變則大益，小變則小益。

學者好語高，正如貧人說金，說黃色，說堅軟，道他不是又不可，只是好笑。不曾見富人說金如此。

仲尼於論語中未嘗說神字，只於易中，不得已言數處而已。

有主則虛，無主則實，必有所事。

以物待物，不可以己待物。

古所謂支子不祭者，惟使宗子立廟，主之而已。支子雖不得祭，至於齊戒，致其誠意，則與主祭者不異。可與，則以身執事；不可與，則以物助，但不別立廟爲位行事而已。後世如欲立宗子，當從此義。雖不祭，情亦可安。若不立宗子，徒欲廢祭，適足長惰慢之志，不若使之祭，猶愈於已也。

真元之氣，氣之所由生，不與外氣相雜，但以外氣涵養而已。若魚在水，魚之性命非是水爲之，但必以水涵養，魚乃得生爾。人居天地氣中，與魚在水無異。至於飲食之養，皆是外氣涵養之道。出入之息者，闔闢之機而已。所出之息，非所入之氣，但真元自能生氣，所入之氣，止當闢時，隨之而入，非假此氣以助真元也。

古者八歲入小學，十五入大學，擇其才可教者聚之，不肖者復之田畝。蓋士農不易業，既入學則不治農，然後士農判。在學之養，若士大夫之子則不慮無養，雖庶人之子，既入學則亦必有養。古之士者，自十五入學，至四十方仕，中間自有二十五年學，又無利可趨，則所志可知，須去趨善，便自此成德。後之人，自童稚間，已有汲汲趨利之意，何由得向善？故古人必使四十而仕，然後志定。只營衣食却無害，惟利禄之誘最害人。人有養便方定志於學。

做官奪人志。

星辰。若以日月之次爲辰，則辰上恐不容二十八舍。若謂五星，則不可稱辰。或恐只是言北辰。皆星也，何貴乎北辰？北辰自是不動。只不動，便是爲氣之主，故爲星之最尊者。主，一作宗。

先王之樂，必須律以考其聲。今律既不可求，人耳又不可全信，正惟此爲難。求中聲，須得律。律不得，則中聲無由見。律者自然之數。至如今之度量權衡，亦非正也。今之法且以爲準則可，非如古法也。此等物，雖出於自然，一有「之數」字。亦須人爲之。但古人爲之，得其自然，至於一作如。規矩，則極盡天下之方圓。

律厤之法，今亦粗存，但人用之小耳。律之遺，則如三命是也。其法只用五行支幹納音之類。

厤之遺，則是星算人生數，一作處。然皆有此理，苟無此理，却推不行。

素問之書，必出於戰國之末，觀其氣象知之，天之氣運只如此，但繫看者如何。設如定四方，分五行，各配與一方，是一般絡角而看之，又一般分而爲二十四，又一般規模大則大，規模小則小，然善言亦多。如言「善言天者必有驗於人，善言古者必有驗於今，善觀人者必有見於己。」

近取諸身，百理皆具。屈伸往來之義，只於鼻息之間見之。屈伸往來只是理，不必將既屈之氣，復爲方伸之氣。生生之理，自然不息。如復言七日來復，其間元不斷續，陽已復生，物極必返，其理須如此。有生便有死，有始便有終。

「守身爲大」，其事固有大者，正惟養疾亦是守身之一，齊戰疾，聖人之所慎。

自天子至於庶人，五服未嘗有異，皆至高祖。服既如是，祭祀亦須如是。其疏數之節，未有可考，但其理必如此。七廟五廟，亦只是祭及高祖。大夫士雖或三廟二廟一廟，或祭寢廟，則雖異亦不害祭及高祖，若止祭禰，只爲知母而不知父，禽獸道也。祭禰而不及一有高字。祖，非人道也。

天子曰禘，諸侯曰祫，其理皆是合祭之義。禘從帝，禘其祖之所自出之帝，以所出之帝爲東向之尊，其餘合食於其前，是爲禘也。諸侯無所出之帝，只是於太祖廟，一有以字。羣廟之主合食，是爲祫。魯所以有禘者，只爲得用天子禮樂，故於春秋之中，不見言祫，只言禘，言大事者即是祫。言「大事於太廟，躋僖公」，即是合食閔、僖二公之義。若時祭一有卽字。當言有事。吉禘於莊公，只是禘祭，言吉者以其行之太早也。四時之祭，有禘之名，只是禮文交錯。

郊祀配天，宗祀配上帝，天與上帝一也。在郊言天，以其冬至生物之始，故祭於圜丘，而配以祖，陶匏稿鞂，埽地而祭。宗祀言上帝，以季秋成物之時，故祭於明堂，而配以父，其禮必以宗廟之禮享之。此義甚彰灼。但孝經之文，有可疑處。周公祭祀，當推成王爲主人，則當推武王以配上帝，不當言文王配。若文王配，則周公自當祭祀矣。周公必不如此。

仁義禮智信，於性上要言此五事，須要分別出。若仁則固一，一所以爲仁。惻隱則屬愛，乃情也，非性也。恕者入仁之門，而恕非仁也。因其惻隱之心，知其有仁。惟四者有端而信無端。只有不信，更無一作便有。信。如東西南北已有定體，更不可言信。若以東爲西，以南爲北，則是有不信。如東卽東，西卽西，則無一有不字。信。

説書必非古意，轉使人薄。學者須是潛心積慮，優游涵養，使之自得。今一日説盡，只是教得薄。至如漢時説下帷講誦，猶未必説書。

聖狂，聖不必是睿聖，狂不必是狂狷。只是智通者便言聖，如聖義忠和，豈必是聖人？

尸如配位時，男，男尸，女，女尸。祭事主嚴，雖同時共室，亦無嫌，與喪祭執事不嫌同義。執事且爾，況今日事之，便如國之先君與夫人，如合祭之時，考妣當各異位。蓋人情亦無舅婦同坐之禮，如特祭其廟之時，則不害夫婦並祭。

學者先務，固在心志。有謂欲屏去聞見知思，則是「絶聖棄智」。有欲屏去思慮，患其紛亂，則是須坐禪入定。如明鑑在此，萬物畢照，是鑑之常，難爲使之不照。人心不能不交感萬物，亦難爲使之不思慮。若欲免此，一本無此四字。唯是心一作在人。有主。如何爲主？敬而已矣。有主則虛，虛謂邪不能入。無主則實，實謂物來奪之。今夫瓶甖，有水實內，則雖江海之浸，無所能入，安得不虛？無水於內，則停注之水，不可勝注，安得不實？大凡人心，不可二用，用於一事，則他事更不能入者，事爲之主也。事爲之主，尚無思慮紛擾之患，若主於敬，又焉有此患乎？所謂敬者，主一之謂敬。所謂一者，無適之謂一。且欲涵泳主一之義，一則無二三矣。一作不一則二三矣。言敬，無如聖人之言。一無「聖人之言」四字。易所謂「敬以直內，義以方外」，須是直內，乃是主一之義。至於不敢欺、不敢慢、尚不愧於屋漏，皆是敬之事也。但存此涵養，久之自然天理明。

閑邪存誠，閑邪則誠自存。如人有室，垣牆不修，不能防寇，寇從東來，逐之則復有自西入；逐得一人，一人復至。不如修其垣牆，則寇自不至，故欲閑邪也。

學禪者常謂天下之忙者，無如市井之人。答以市井之人雖日營利，然猶有休息之時。至忙者無如禪客。何以言之？禪者之行住坐卧，無不在道。存無不在道之心，此便是常忙。

論語有二處「堯、舜其猶病諸？」「博施濟衆」，豈非聖人之所欲？然五十乃衣帛，七十乃食肉，聖人之心，非不欲少者亦衣帛食肉，然所養有所不贍，此病其施之不博也。聖人所治，不過九州四海，然九州四海之外，聖人亦非不欲兼濟，然所治有所不及，此病不能濟衆也。推此以求，「修己以安百姓」，則爲病可知。苟以爲吾治已足，則便不是聖人。修己以安百姓，須有所施爲，乃能安人。此則自我所生，學至堯、舜，則自有堯、舜之事。言孝者必言曾子，不可謂曾子之孝已甚。

「集義所生，非義襲而取之也。」「集義」是積義，「所生」如集大成。若累土爲山，須是積土乃成山，非是山已成形，乃名爲義。一作山，一作土。浩然之氣難識，須要認得。當行不慊於心之時，自然有此氣象。然亦未盡，須是見「至大」、「至剛」、「以直」之三德，方始見浩然之氣。若要見時，且看取地道。坤六二，「直方大，不習無不利。」方便是剛，大便是大，直便是直。於坤不言剛而言方者，言剛則害於地道，故下一作不。復云：「至柔而動也剛。」以其先言柔而後云剛，無害。大，只是對小而言是大也。剛，只是對柔而言是剛也。直，只是對曲而言是直也。如此，自然不習無不利。坤之六二，只爲已是地道，又是二，又是六，地道之精純者。至如六五便不同。欲得學，且只看取地道。坤雖是學者之事，然亦有聖人之道。乾九二是聖人之事，坤六二是學者之事。聖賢之道，其發無二，但至一作只。有深淺大小。

嚴威儼恪，非敬之道，但致敬須自此入。

「止於至善」，「不明乎善」，此言善者，義理之精微，無可得名，且以至善目之。「繼之者善」，此言善，却言得輕，但謂繼斯道者莫非善也，不可謂惡。

「舜孳孳爲善」，若未接物，如何爲善？只是主於敬，便是爲善也。以此觀之，聖人之道，不是但嘿然無言。一作爲。

顔子擇中庸，得善拳拳，中庸如何擇？如博學之，又審問之，又明辨之，所以能擇中庸也。雖然，學問明辨，亦何所據，乃識中庸？此則存乎致知。致知者，此則在學者自加功也。大凡於道，擇之則在乎智，守之則在乎仁，斷之則在乎勇。人之於道，只是患在不能守，不能斷。

「必有事焉」，謂必有所事，是敬也。勿正，正之爲言輕，勿忘是敬也。正之之甚，遂至於助長。

編闢整續終自正。和叔未知終自得否？

墨子之書，未至大有兼愛之意，及孟子之時，其流浸遠，乃至若是之差。楊子爲我亦是義，墨子兼愛則是仁，惟差之毫釐，繆以千里，直至無父無君，如此之甚。

世人之學，博聞强識者豈少？其終無有不入禪學者。就其間特立不惑，無如子厚、堯夫，然其說之流，恐未免此敝。

楊子似出於子張，墨子似出於子夏，其中更有過不及，豈是師、商不學於聖人之門？一本張作夏，夏作張。

約。敬是。

與叔、季明以知思聞見爲患，某甚喜此論，邂逅却正語及至要處。世之學者，大敝正在此，若得他折難堅叩，方能終其說，直須要明辨。

康仲一作拯。問：「人之學非願有差，只爲不知之故，遂流於不同，不知如何持守？」先生言：「且未說到持守。持守甚事？須先在致知。致知，盡知也。窮理格物，便是致知。」

「禮，孰爲大？時爲大」，亦須隨時。當隨則隨，當治則治。當其時作其事，便是能隨時。「隨時之義大矣哉！」尋常人言隨時，爲且和同，只是流徇〔一〕耳，不可謂和，和則已是和於義。故學者患在不能

〔一〕「流徇」疑當作「徇流」。本卷第一四六頁第十二行有「徇流俗非隨時」之語，或疑當作「徇流俗」三字。

識時，時出之，亦須有溥博淵泉，方能出之。今之人自是與古之人別，其風氣使之，至如壽考形貌皆異。古人皆不減百餘歲，今豈有此人？觀古人形象被冠冕之類，今人豈有此等人？故籩豆簠簋，自是不可施於今人，自時不相稱，時不同也。時上儘窮得理。孟子言：「五百年必有王者興，其間必有名世者，以其時考之則可矣。」他嘿識得此體用，大約是如此，豈可催促得他？堯之於民，匡直輔翼，聖賢於此間，見些功用。舉此數端可以常久者，示人。殷因於夏，周因於殷，損益可知。嘿觀得者，須知三王之禮與物不必同。自畫卦垂衣裳，至周文方備，只爲時也。若不是隨時，則一聖人出，百事皆做了，後來者没事。又非聖人智慮所不及，只是時不可也。

只歸之一作篤。自然，則無可觀，更無可玩索。或作賾。

「雲從龍，風從虎」，龍，陰物也，出來則溼氣烝然自出，如溼物在日中，氣亦自出。雖木石之微，感陰氣尚亦有氣，則龍之興雲不足怪。虎行處則風自生。龍只是獸，茅山華陽洞曾跳出，其狀殊可愛，亦有時乾處能行，其行步如虎。茅山者則不嚙人，北五臺者則傷人。又有曾於鐵狗廟下穿得一龍卵，後寄於金山寺，龍能壅水上寺門，取卵不得。龍所以知者，許大物亦自靈也。龍以卵生者，亦非神。更一等龍，必須胎生。

極，無適而不爲中。

河南程氏遺書卷第十六

伊川先生語二

己巳冬所聞

問：「孔子稱伯夷、叔齊曰：『不念舊惡，怨是用希。』何也？」曰：「以夷、齊之隘，若念舊惡，將不能處世矣。」

問：「子貢曰：『博施於民而能濟衆，可謂仁乎？』子曰：『何事於仁？必也聖乎！』仁聖何以相別？」曰：「此子貢未識仁，故測度而設問也。惟聖人爲能盡仁，然仁在事，不可以爲聖。」又問：「『堯、舜其猶病諸，』果乎？」曰：「誠然也。聖人惟恐所及不遠不廣。四海之治也，孰若兼四海之外亦治乎？是嘗以爲病也。博施濟衆事大，故仁不足以名之。」

趙景平問：「『子罕言利與命與仁』，所謂利者何利？」曰：「不獨財利之利，凡有利心，便不可。如作一事，須尋自家穩便處，皆利心也。聖人以義爲利，義安處便爲利。如釋氏之學，皆本於利，故便不是。」

趙景平問：「『未見蹈仁而死者』，何謂蹈仁而死？」曰：「赴水火而死者有矣，殺身成仁者，未之有也。」

河南程氏遺書卷第十七

伊川先生語三

三王之法，各是一王之法，故三代損益文質，隨時之宜。若孔子所立之法，乃通萬世不易之法。孔子於他處亦不見說，獨答顏回云：「行夏之時，乘殷之輅，服周之冕，樂則韶舞。」此是於四代中舉這一箇法式，其詳細雖不可見，而孔子但示其大法，使後人就上修之，二千年來，亦無一人識者。

義之精者，須是自求得之，如此則善求義也。

善讀中庸者，只得此一卷書，終身用不盡也。

睽之上九，離也。離之爲德，在諸卦莫不以爲明，獨於睽便變爲惡。以陽在上則爲亢，以剛在上則爲很〔一〕，以明在上變而爲察，以很以察，所以爲睽之極也，故曰：「見豕負塗，載鬼一車。」皆自任己察之所致。然往而遇雨則吉，遇雨者，睽解也。睽解有二義：一是物極則必反，故睽極則必通，若睽極不通，却終於睽而已；二是所以能解睽者，却是用明之功也。

大抵卦爻始立，義既具，即聖人別起義以錯綜之。如春秋以前，既已立例，到近後來，書得全別，一般事便書得別有意思，若依前例觀之，殊失之也。

先生嘗說：「某於易傳，今却已自成書，但逐旋修改，期以七十，其書可出。韓退之稱『聰明不及於前

〔一〕呂本「很」作「狠」，下「很」字同。

時，道德日負於初心』，然某於易傳，後來所改者無幾，不知如何？故且更期之以十年之功，看如何。春秋之書，待劉絢文字到，却用功亦不多也。今人解詩，全無意思，此却待出些文字。中庸書却已成。今農夫祁寒暑雨，深耕易耨，播種五穀，吾得而食之。今百工技藝作爲器用，吾得而用之。甲胄之士披堅執銳以守土宇，吾得而安之。却如此閒過了日月，卽是天地間一蠹也。功澤又不及民，別事又做不得，惟有補緝聖人遺書，庶幾有補爾。」陳長方見尹子於姑蘇，問中庸解。尹子云：「先生自以爲不滿意，焚之矣。」

「致知在格物」，格物之理，不若察之於身，其得尤切。

酒者，古人養老祭祀之所用，今官有榷酤，民有買撲，無故輒令人聚飲，亦大爲民食之蠹也。損民食，惰民業，招刑聚寇，皆出於此。如損節得酒課，民食亦爲小充。分明民食，却釀爲水後，令人飲之，又不當飢飽。若未能絕得買撲，若且只諸縣都鄙爲之，亦利不細。

人要明理，若止一物上明之，亦未濟事，須是集衆理，然後脫然自有悟處。然於物上理會也得，不理會也得。且須於學上格物，不可不詣理也。

常見伯淳所在臨政，便上下響應，到了人衆後便成風，成風則有所鼓動。天地間，只是一箇風以動之也。

大凡儒者，未敢望深造於道，且只得所存正，分別善惡，識廉恥。如此等人多，亦須漸好。

或問：「古之道如是之明，後世之道如是不明，其故何也？」曰：「此無他，知道者多卽道明，知者少卽道不明也。知者多少，亦由乎教也。以魯國言之，止及今之一大州，然一時間所出大賢十餘人，豈不是有教以致然也？蓋是聖人既出，故有許多賢者。以後世天下之大，經二千年間，求如一顔、閔者，不可得也。」

大抵儒者潛心正道，不容有差，其始甚微，其終則不可救。如「師也過，商也不及。」於聖人中道，師只是過於厚些，商只是不及些，然而厚則漸至於兼愛，不及則便至於爲我，其過不及同出於儒者，其末遂至楊、墨。至如楊、墨，亦未至於無父無君，孟子推之，便至於此。蓋其差必至於是也。

孟子辨舜、蹠之分，只在義利之間。言間者，謂相去不甚遠，所爭毫末爾。義與利，只是箇公與私也。纔出義，便以利言也。只那計較，便是爲有利害。若無利害，何用計較？利害者，天下之常情也。人皆知趨利而避害，聖人則更不論利害，惟看義當爲與不當爲，便是命在其中也。

傳經爲難。如聖人之後纔百年，傳之已差。聖人之學，若非子思、孟子，則幾乎息矣。道何嘗息？只是人不由之。道非亡也，幽、厲不由也。

人或勸先生以加禮近貴。先生曰：「何不見責以盡禮，而責之以加禮？禮盡則已，豈有加也？」

聖人之語，因人而變化；語雖有淺近處，即却無包含不盡處。如樊遲於聖門，最是學之淺者，及其問仁，曰「愛人」，問知，曰「知人」，且看此語有甚包含不盡處？他人之語，語近則遺遠，語遠則不知近，惟聖人之言，則遠近皆盡。

今之爲學者，如登山麓，方其迤邐，莫不闊步，及到峻處，便逡巡。一本云：「或以峻而遂止，或以難而稍緩。苟能遇難而益堅，聞過則改，何遠弗至也？」

先代帝王陵寢下，多有閒田。推其後，每處只消與田十頃，與一閒官世守之。至如唐狄仁傑、顏杲卿之後，朝廷與官一人，死則却絶，不若亦如此處之，亦與田五七頃。

後世骨肉之間，多至仇怨忿争，其實爲争財。使之均布，立之宗法，官爲法則無所争。

後世人理全廢，小失則入於夷狄，大失則入於禽獸。人理，一作禮。

大凡禮，必須有義。禮之所尊，尊其義也。失其義，陳其數，祝史之事也。

「益長裕而不設」，謂固有此理而就上充長之，「設」是撰造也，撰造則爲僞也。

人或以禮官爲閒官。某謂：禮官之責最大，朝廷一有違禮，皆禮官任其責，豈得爲閒官？

學莫大於致知，養心莫大於禮義。古人所養處多，若聲音以養其耳，舞蹈以養其血脈。今人都無，只有箇義理之養，人又不知求。

陳平雖不知道，亦知學。如對文帝以宰相之職，非知學，安能如此？

曹參去齊，以獄市爲託。後之爲政者，留意於獄者則有之矣，未聞有治市者。

或謂：人莫不知和柔寬緩，然臨事則反至於暴厲。曰：「只是志不勝氣，氣反動其心也。」

學者所貴聞道，執經而問，但廣聞見而已。然求學者，不必在同人中；非同人，又却無學者。

孟子言「聖而不可知之謂神」，非是聖上别有一等神人，神即聖而不可知。又曰：「謂聖之至妙，人所不能測。」

儒行之篇，此書全無義理，如後世遊説之士所爲誇大之説。觀孔子平日語言，有如是者否？

陳司敗問昭公知禮乎？孔子對曰：「知禮。」彼國人來問君知禮否，不成說不知禮也？如陳司敗數昭公失禮之事而問之，則有所不答，顧左右而言他。及巫馬期來告，正合不答，然孔子答之者，以陳司敗必俟其反命，故須至〔一〕答也。

或問：「如何學可謂之有得？」曰：「大凡學問，聞之知之，皆不爲得。得者，須默識心通。學者欲有所得，須是篤，誠意燭理。上知，則穎悟自別；其次，須以義理涵養而得之。

古有教，今無教。以其無教，直壞得人質如此不美。今人比之古人，如將一至惡物，比一至美物。

造道深後，雖聞常人語，言淺近事，莫非義理。

古者家有塾，黨有庠，故人未有不入學者。三老坐於里門，出入察其長幼揖讓之序。如今所傳之詩，人人諷誦，莫非止於禮義之言。今人雖白首，未嘗知有詩，至於里俗之言，盡不可聞，皆繫其習也。以古所習，安得不善？以今所習，安得不惡？

唐太宗，後人只知是英主，元不曾有人識其惡，至如殺兄取位。若以功業言，不過只做得箇功臣，豈可奪元良之位？至如肅宗即位靈武，分明是篡也。

革言水火相息，息止息也。既有止息之理，亦有生息之理。睽卦不見四德，蓋不容著四德。繇言「小事吉」者，止是方睽之時，猶足以致小事之吉。不成終睽而已？須有濟睽之道。一本，睽卦以下，別爲一章。

〔一〕「至」疑當作「置」。

文中子言「古之學者聚道」，不知道如何聚得？

凡爲政，須立善法，後人有所變易，則無可奈何。雖周公，亦知立法而已，後人變之，則無可奈何也。

臨言「八月有凶」，謂至八月是遯也。當其剛浸長之時，便戒以陰長之意。

「紀侯大去其國」，大名責在紀也，非齊之罪也。齊侯、陳侯、鄭伯遇於垂，方謀伐之，紀侯遂去其國。齊師未加而已去，故非齊之罪也。

春秋之文，莫不一一意在示人，如土功之事，無小大莫不書之，其意止欲人君重民之力也。

書大雩，雩及上帝，以見魯不當爲，與書郊者同義。

書公伐齊納糾，糾不當立，故不言子糾。若書子糾，則正了他當得立也。

凡易卦，有就卦才而得其義者，亦有舉兩體便得其義者。隨「剛來而下柔，動而説隨」，此是就卦才而得隨之義。「澤中有雷隨」，此是就象上得隨之義也。

宗子之法不立，則朝廷無世臣。宗法須是一二巨公之家立法。宗法立，則人人各知來處。

宗子者，謂宗主祭祀也。

禮，長子不得爲人後，若無兄弟，又繼祖之宗絕，亦當繼祖。禮雖不言，可以義起。

凡大宗與小宗，皆不在廟數。

收族之義，止爲相與爲服，祭祀相及。

所謂宗者，以己之旁親兄弟來宗於己，所以得宗之名，非己宗於人也。

凡小宗以五世爲法，親盡則族散。若高祖之子尚存，欲祭其父，則見爲宗子者。雖是六世七世，亦一作必。須計會今日之宗子，然後祭其父。宗子有君道。

祭祀須別男女之分。生既不可雜坐，祭豈可雜坐？

祭，非主則無依，非尸則無享。

今行冠禮，若制古服而冠，冠了又不常著，却是僞也，必須用時之服。

喪須三年而祔，若卒哭而祔，則三年却都無事。禮卒哭猶存朝夕哭，若無主在寢，一作祭於殯。哭於何處？

物有自得天理者，如蜂蟻知衞其君，豺獺知祭。禮亦出於人情而已。

祭先之禮，不可得而推者，無可奈何；其可知者，無遠近多少，須〔一〕當盡祭之。祖又豈可不報？又豈可厭多？蓋根本在彼，雖遠，豈得無報？

宗子雖七十，無無主婦，此謂承祭祀也。然亦不當道七十，只道雖老無無主婦便得。

禮云：「宗子如一作不。爲殤。」宗子有君之道，豈有殤之理？

「喜怒哀樂未發謂之中」，只是言一箇中一作本。體。既是喜怒哀樂未發，那裏有箇甚麽？只可謂之中。如乾體便是健，及分在諸處，不可皆名健，然在其中矣。天下事事物物皆有中。「發而皆中節謂之

〔一〕呂本、徐本「須」作「猶」。

和」，非是謂之和便不中也，言和則中在其中矣。中便是含喜怒哀樂在其中矣。

如眼前諸人，要特立獨行，煞不難得，只是要一箇知見難。人只被這箇知見不通透。人謂要力行，亦只是淺近語。人既能一作有。知見，豈有不能行？一切事皆所當爲，不必待著意做。纔著意做，便是有箇私心。這一點意氣，能得幾時了？

今人欲致知，須要格物。物不必謂事物然後謂之物也，自一身之中，至萬物之理，但理會得多，相次自然豁然有覺處。

楊子拔一毛不爲，墨子又摩頂放踵爲之，此皆是不得中。至如子莫執中，欲執此二者之中，不知怎麼執得？識得則事事物物上皆天然有箇中在那上，不待人安排也。安排著，則不中矣。

知之必好之，好之必求之，求之必得之。古人此箇學是終身事，果能顛沛造次必於是，豈有不得道理？

「立則見其參於前」，所見者何事？

顏淵問仁，而孔子告之以禮，仁與禮果異乎？

説先於樂者，樂由説而後得，然非樂則亦未足以語君子。

河南程氏遺書卷第十八　伊川先生語四

劉元承手編

問仁。曰：「此在諸公自思之，將聖賢所言仁處，類聚觀之，體認出來。孟子曰：『惻隱之心，仁也。』後人遂以愛爲仁。惻隱固是愛也。愛自是情，仁自是性，豈可專以愛爲仁？孟子言惻隱爲仁，蓋爲前已言『惻隱之心，仁之端也』，既曰仁之端，則不可便謂之仁。退之言『博愛之謂仁』，非也。仁者固博愛，然便以博愛爲仁，則不可。」

又問：「仁與聖何以異？」曰：「人只見孔子言：『何事於仁？必也聖乎！』便謂仁小而聖大。殊不知此言是孔子見子貢問博施濟衆，問得來事大，故曰：『何止於仁？必也聖乎！』蓋仁可以通上下言之，聖則其極也。聖人，人倫之至。倫，理也。既通人理之極，更不可以有加。若今人或一事是仁，亦可謂之仁，至於盡仁道，亦謂之仁，此通上下言之也。如曰：『若聖與仁，則吾豈敢？』此又却仁與聖俱大也。大抵盡仁道者，即是聖人，非聖人則不能盡得仁道。」問曰：「人有言：『盡人道謂之仁，盡天道謂之聖。』此語何如？」曰：「此語固無病，然措意未是。安有知人道而不知天道者乎？道一也，豈人道自是人道，天道自是天道？中庸言：『盡己之性，則能盡人之性；能盡人之性，則能盡物之性；能盡物之性，則可以贊天地之化育。』此言可見矣。楊子曰：『通天地人曰儒，通天地而不通人曰伎。』此亦不知道之言。豈有通天地而不通人者哉？如止云通天之文與地之理，雖不能此，何害於儒？天地人只一道也。纔通其一，則餘皆通。如後人解易，言乾天道也，坤地道也，便是亂說。論其體，則天尊地卑；如論其道，豈有異哉？」

問：「『孝弟爲仁之本』，此是由孝弟可以至仁否？」曰：「非也。謂行仁自孝弟始。蓋孝弟是仁之一事，謂之行仁之本則可，謂之是仁之本則不可。蓋仁是性一作本。也，孝弟是用也。性中只有仁義禮智四者，幾曾有孝弟來？趙本作幾曾有許多般數來？仁主於愛，愛莫大於愛親。故曰：『孝弟也者，其爲仁之本歟！』」

孔子未嘗許人以仁。或曰：「稱管仲『如其仁』，何也？」曰：「此聖人闡幽明微之道。只爲子路以子糾之死，管仲不死爲未仁，此甚小却管仲，故孔子言其有仁之功。此聖人言語抑揚處，當自理會得。」

問「克伐怨欲不行，可以爲仁。」曰：「人無克伐怨欲四者，便是仁也。只爲原憲著一箇『不行』，不免有此心，但不行也，故孔子謂『可以爲難』。此孔子著意告原憲處，欲他有所啓發。他承當不得，不能再發問也。孔門如子貢者，便能曉得聖人意。且如曰：『女以予爲多學而識之歟？』對曰：『然。』便復問曰：『非歟？』孔子告之曰：『非也。予一以貫之。』原憲則不能也。」

問：「仁與心何異？」曰：「心是所主處，仁是就事言。」曰：「若是，則仁是心之用否？」曰：「固是。若說仁者心之用，則不可。心譬如身，四端如四支。四支固是身所用，只可謂身之四支。如〔一〕四端固具於

〔一〕呂本、徐本無「如」字。

心，然亦未可便謂之心之用。」或曰：「譬如五穀之種，必待陽氣而生。」曰：「非是。陽氣發處，却是情也。心譬如穀種，生之性便是仁也。」

問：「四端不及信，何也？」曰：「性中只有四端，却無信。爲有不信，故有信字。且如今東者自東，西者自西，何用信字？只爲有不信，故有信字。」又問：「莫在四端之間？」曰：「不如此說。若如此說時，只說一箇義字亦得。」

問：「忠恕可貫道否？」曰：「忠恕固可以貫道，但子思恐人難曉，故復於中庸降一等言之，曰『忠恕違道不遠』。忠恕只是體用，須要理會得。」又問：「恕字，學者可用功否？」曰：「恕字甚大，然恕不可獨用，須得忠以爲體。不忠，何以能恕？看忠恕兩字，自見相爲用處。孔子曰：『君子之道四，丘未能一焉。』恕字甚難。孔子曰：『有一言可以終身行之者，其恕乎！』」

問：「人有以『君子敬而無失與人』爲一句，是否？」曰：「不可。敬是持己，恭是接人。與人恭而有禮，言接人當如此也。近世淺薄，以相懽狎爲相與，以無圭角爲相懽愛，如此者安能久？若要久，須是恭敬。君臣朋友，皆當以敬爲主也。比之上六曰：『比之无首凶。』象曰：『比之无首，无所終也。』比之有首，尚懼无終。既无首，安得有終？故曰『无所終也』。比之道，須當有首。」或曰：「君子淡以成，小人甘以壞。」曰：「是也。豈有甘而不壞者？」

問：「『出門如見大賓，使民如承大祭。』方其未出門、未使民時，如何？」曰：「此『儼若思』之時也。當出門時，其敬如此，未出門時可知也。且見乎外者，出乎中者也。使民出門者，事也。非因是事上方有此敬，蓋素敬也。如人接物以誠，人皆曰誠人，蓋是素來誠，非因接物而始有此誠也。儼然正其衣冠，尊其瞻視，其中自有箇敬處。雖曰無狀，敬自可見。」

問：「人有專務敬以直內，不務方外，何如？」曰：「有諸中者，必形諸外。惟恐不直內，內直則外必方。」

敬是閑邪之道。閑邪存其誠，雖是兩事，然亦只是一事。閑邪則誠自存矣。天下有一箇善，一箇惡。去善卽是惡，去惡卽是善。譬如門，不出便入，豈出入外更別有一事也？

義還因事而見否？曰：「非也。性中自有。」或曰：「無狀可見。」曰：「說有便是見，但人自不見，昭昭然在天地之中也。且如性，何須待有物方指爲性？性自在也。賢所言見者事，某所言見者理。」如日不見而彰是也。

人多說某不教人習舉業，某何嘗不教人習舉業也？人若不習舉業而望及第，却是責天理而不修人事。但舉業，既可以及第卽已，若更去上面盡力求必得之道，是惑也。

人注擬差遣，欲就主簿者。問其故，則曰責輕於尉。某曰：「却是尉責輕。尉只是捕盜，不能使民不爲盜。簿佐令以治一邑，使民不爲盜，簿之責也，豈得爲輕？」或問：「簿佐令者也，簿所欲爲，令或不從，奈何？」曰：「當以誠意動之。今令與簿不和，只是爭私意。令是邑之長，若能以事父兄之道事之，過則歸己，善則惟恐不歸於令，積此誠意，豈有不動得人？」問：「授司理，如何？」曰：「甚善。若能充其職，可使一郡無冤民也。」「幙官言事不合，如之何？」曰：「必不得已，有去而已。須權量事之大小，事大於去，則當去；事小於去，亦不須去也。事大於爭，則當爭；事小於爭，則不須爭也。今人只被以官爲業，如何去得？」

人有實無學而氣蓋人者，其氣一作稟。有剛柔也。故强猛者當抑之，畏縮者當充養之。古人佩韋弦之戒，正爲此耳。然剛者易抑，如子路，初雖聖人亦被他陵，後來既知學，便却移其剛來克己甚易。畏縮者氣本柔，須索勉强也。

藻鑑人物，自是人才有通悟處，學不得也。張子厚善鑑裁，其弟天祺學之，便錯。

問：「學何以有至覺悟處？」曰：「莫先致知。能致知，則思一日愈明一日，久而後有覺也。學而無覺，則何益矣？又奚學爲？『思曰睿，睿作聖。』纔思便睿，以至作聖，亦是一箇思。故曰：『勉强學問，則聞見博而智益明。』」又問：「莫致知與力行兼否？」曰：「爲常人言纔知得非禮不可爲，須用勉强，至於知穿窬不可爲，則不待勉强，是知亦有深淺也。古人言樂循理之謂君子，若勉强，只是知循理，非是樂也。纔到樂時，便是循理爲樂，不循理爲不樂，何苦而不循理，自不須勉强也。若夫聖人不勉而中，不思而得，此又上一等事。」

問：「張旭學草書，見擔夫與公主爭道，及公孫大娘舞劍，而後悟筆法，莫是心常思念至此而感發否？」曰：「然。須是思方有感悟處，若不思，怎生得如此？然可惜張旭留心於書，若移此心於道，何所不至？」

「思曰睿」，思慮久後，睿自然生。若於一事上思未得，且別換一事思之，不可專守著這一事。蓋人之知識，於這裏蔽著，雖强思亦不通也。一本此下云：「或問思一事，或泛及佗事，莫是心不專否？曰：『心若專，怎生解及別事？』」

與學者語，正如扶醉人，東邊扶起却倒向西邊，西邊扶起却倒向東邊，終不能得佗卓立中途。

古之學者一，今之學者三，異端不與焉。一曰文章之學，二曰訓詁之學，三曰儒者之學。欲趨道，舍儒者之學不可。

今之學者有三弊：一溺於文章，二牽於訓詁，三惑於異端。苟無此三者，則將何歸？必趨於道矣。

或曰：「人問某以學者當先識道之大本，道之大本如何求？某告之以君臣父子夫婦兄弟朋友，於此五者上行樂處便是。」曰：「此固是。然怎生地樂？勉强樂不得，須是知得了，方能樂得。故人力行，先須要知。非特行難，知亦難也。書曰：『知之非艱，行之惟艱。』此固是也，然知之亦自艱。譬如人欲往京師，必知是出那門，行那路，然後可往。如不知，雖有欲往之心，其將何之？自古非無美材能力行者，然鮮能明道，以此見知之亦難也。」

問：「忠信進德之事，固可勉强，然致知甚難。」曰：「子以誠敬爲可勉强，且恁地說。到底，須是知了方行得。若不知，只是覷却堯學他行事。無堯許多聰明睿知，怎生得如他動容周旋中禮？有諸中，必形諸外。德容安可妄學？如子所言，是篤信而固守之，非固有之也。且如中庸九經，修身也，尊賢也，親親也。堯典『克明峻德，以親九族』。親親本合在尊賢上，何故却在下？須是知所以親親之道方得。未致知，便欲誠意，是躐等也。學者固當勉强，然不致知，怎生行得？勉强行者，安能持久？除非燭理明，自然樂循理。性本善，循理而行是須理事，本亦不難，但爲人不知，旋安排著，便道難也。知有多少般數，煞有深淺。向親見一人，曾爲虎所傷，因言及虎，神色便變。傍有數人，見佗説虎，非不知虎之猛可畏，然不如佗説了有畏懼之色，蓋真知虎者也。學者深知亦如此。且如膾炙，貴公子與野人莫不皆知其美，然貴人聞著便有欲嗜膾炙之色，野人則不然。學者須是真知，纔知得是，便泰然行將去也。某年二十時，解釋經義，與今無異，然思今日，覺得意味與少時自別。」

信有二般：有信人者，有自信者。如七十子於仲尼，得佗言語[一]，便終身守之，然未必知道這箇怎生是，怎生非也。此信於人者也。學者須要自信，既自信，怎生奪亦不得。

或問：「進修之術何先？」曰：「莫先於正心誠意。誠意在致知，『致知在格物』。格，至也，如『祖考來格』之格。凡一物上有一理，須是窮致其理。窮理亦多端：或讀書，講明義理；或論古今人物，別其是非；或應接事物而處其當，皆窮理也。」或問：「格物須物物格之，還只格一物而萬理皆知？」曰：「怎生便會該通？若只格一物便通衆理，雖顔子亦不敢如此道。須是今日格一件，明日又格一件，積習既多，然後脱然自有貫通處。」

涵養須用敬，進學則在致知。

問：「人有志於學，然智識蔽固，力量不至，則如之何？」曰：「只是致知。若致知，則智識當自漸明，不曾見人有一件事終思不到也。智識明，則力量自進。」問曰：「何以致知？」曰：「在明理。或多識前言

[一]呂本、徐本「語」作「説」。

往行，識之多則理明，然人全在勉强也。」

士之於學也，猶農夫之耕。農夫不耕則無所食，無所食則不得生。士之於學也，其可一日舍哉？

學者言入乎耳，必須著乎心，見乎行事。如只聽佗人言，却似説他人事，己無所與也。

問：「學者須志於大，如何？」曰：「志無大小。且莫説道，將第一等讓與別人，且做第二等。才如此説，便是自棄，雖與不能居仁由義者差等不同，其自小一也。言學便以道爲志，言人便以聖爲志。自謂不能者，自賊者也；謂其君不能者，賊其君者也。」

或問：「人有恥不能之心，如何？」曰：「人恥其不能而爲之，可也。恥其不能而揜藏之，不可也。」問：「技藝之事，恥己之不能，如何？」曰：「技藝不能，安足恥？爲士者，當知道。己不知道，可恥也。爲士者當博學，己不博學，一本無「知道」已下至此十九字，但云：「博學守約已不能之則。」可恥也。恥之如何，亦曰勉之而已，又安可嫉人之能而諱己之不能也？」

學欲速不得，然亦不可怠。纔有欲速之心，便不是學。學是至廣大的事，豈可以迫切之心爲之？

問：「敬還用意否？」曰：「其始安得不用意？若能一無此字。不用意，却是都無事了。」又問：「敬莫是靜否？」曰：「纔説靜，便入於釋氏之説也。不用靜字，只用敬字。纔説著靜字，便是忘也。孟子曰：『必有事焉而勿正，心勿忘，勿助長也。』必有事焉，便是心勿忘；勿正，便是勿助長。」

問：「至誠可以蹈水火，有此理否？」曰：「有之。」曰：「列子言商丘開之事，有乎？」曰：「此是聖人之道不明後，莊、列之徒各以私智探測至理而言也。」曰：「巫師亦能如此，誠邪？欺邪？」曰：「此輩往往有術，常懷一箇欺人之心，更那裏得誠來？」

或問：「獨處一室，或行闇中，多有驚懼，何也？」曰：「只是燭理不明。若能燭理，則知所懼者妄，又何懼焉？有人雖知此，然不免懼心者，只是氣不充。須是涵養久，則氣充，自然物動不得。然有懼心，亦是敬不足。」

問：「世言鬼神之事，雖知其無，然不能無疑懼，何也？」曰：「此只是自疑爾。」曰：「如何可以曉悟其理？」曰：「理會得精氣爲物、遊魂爲變，與原始要終之說，便能知也。須是於原字上用工夫。」或曰：「遊魂爲變，是變化之變否？」曰：「既是變，則存者亡，堅者腐，更無物也。鬼神之道，只恁說與賢，雖會得亦信不過，須是自得也。」或曰：「何以得無恐懼？」曰：「須是氣定，自然不惑。氣未充，要强不得。」因說與長老游山事。

人語言緊急，莫是氣不定否？曰：「此亦當習。習到言語自然緩時，便是氣質變也。學至氣質變，方是有功。人只是一箇習。今觀儒臣自有一般氣象，武臣自有一般氣象，貴戚自有一般氣象。不成生來便如此？只是習也。某舊嘗進說於主上及太母，欲令上於一日之中親賢士大夫之時多，親宦官宮人之時少，所以涵養氣質，薰陶德性。」

或問：「人或倦怠，豈志不立乎？」曰：「若是氣，體勞後須倦。若是志，怎生倦得？人只爲氣勝志，故多爲氣所使。如人少而勇，老而怯，少而廉，老而貪，此爲氣所使者也。若是志勝氣時，志既一定，更不可易。如曾子易簀之際，其氣之微可知，只爲他志已定，故雖死生許大事，亦動他不得。蓋有一絲髮氣在，則志猶在也。」

問：「人之燕居，形體怠惰，心不慢，可否？」曰：「安有箕踞而心不慢者？昔呂與叔六月中來緱氏，閒居中，某嘗窺之，必見其儼然危坐，可謂敦篤矣。學者須恭敬，但不可令拘迫，拘迫則難久矣。」尹子曰：「嘗親聞此，乃謂劉質夫也。」

昔呂與叔嘗問爲思慮紛擾，某答以但爲心無主，若主於敬，則自然不紛擾。譬如以一壺水投於水中，壺中既實，雖江湖之水，不能入矣。曰：「若思慮果出於正，亦無害否？」曰：「且如在宗廟則主敬，朝廷主莊，軍旅主嚴，此是也；如發不以時，紛然無度，雖正亦邪。」

問：「游宣德云：『人能戒慎恐懼於不覩不聞之時，則無聲無臭之道可以馴致。』此說如何？」曰：「馴致漸進也，然此亦大綱說，固是自小以致大，自修身可以至於盡性至命；然其間有多少般數，其所以至之之道當如何？荀子曰：『始乎爲士，終乎爲聖人。』今人學者須讀書，纔讀書便望爲聖賢，然中間至之之方，更有多少。荀子雖能如此說，却以禮義爲僞，性爲不善，佗自情性尚理會不得，怎生到得聖人？大抵以堯所行者欲力行之，以多聞多見取之，其所學者皆外也。」

問：「人有日誦萬言，或妙絶技藝，此可學否？」曰：「不可。大凡所受之才，雖加勉强，止可少進，而鈍者不可使利也。惟理可進。除是積學既久，能變得氣質，則愚必明，柔必强。蓋大賢以下即論才，大賢以上更不論才。聖人與天地合德，日月合明。六尺之軀，能有多少技藝？人有身，須用才；聖人忘己，更不論才也。」

問：「人於議論，多欲己直，無含容之氣，是氣不平否？」曰：「固是氣不平，亦是量狹。人量隨識長，亦有人識高而量不長者，是識實未至也。大凡別事人都强得，惟識量不可强。今人有斗筲之量，有釜斛之量，有鍾鼎之量，有江河之量。江河之量亦大矣，然有涯，有涯亦有時而滿，惟天地之量則無滿。故聖人者，天地之量也。聖人之量，道也。常人之有量者，天資也。天資有量者，須有限。大抵六尺之軀，力量只如此，雖欲不滿，不可得。且如人有得一薦而滿者，有得一官而滿者，有改京官而滿者，有入兩府而滿者，滿雖有先後，然卒不免。譬如器盛物，初滿時尚可以蔽護，更滿則必出。此天資之量，非知道者也。昔王隨甚有器量，仁廟賜飛白書曰：『王隨德行，李淑文章。』當時以德行稱，名望甚重；及爲相，有一人求作三路轉運使，王薄之，出鄙言，當時人皆驚怪。到這裏，位高後便動了，人之量只如此。古人亦有如此者多。如鄧艾位三公，年七十，處得甚好，及因下蜀有功，便動了，言姜維云云。謝安聞謝玄破苻堅，對客圍棋，報至不喜，及歸折屐齒，强終不得也。更如人大醉後益恭謹者，只益恭便是動了，雖與放肆者不同，其爲酒所動一也。又如貴公子位益高，益卑謙，只卑謙便是動了，雖與驕傲者不同，其爲位所動一也。然惟知道者，量自然宏大，不勉强而成。今人有所見卑下者，無佗，亦是識量不足也。」

人纔有意於爲公，便是私心。昔有人典選，其子弟係磨勘，皆不爲理，此乃是私心。人多言古時用直不避嫌得，後世用此不得。自是無人，豈是無時？因言少師典舉、明道薦才事。

聖人作事甚宏裕。今人不知義理者，更不須說，纔知義理便迫窄。若聖人，則綽綽有餘裕。

問：「觀物察己，還因見物，反求諸身否？」曰：「不必如此說。物我一理，纔明彼即曉此，合內外之道也。語其大，至天地之高厚；語其小，至一物之所以然，學者皆當理會。」又問：「致知，先求之四端，如何？」曰：「求之性情，固是切於身，然一草一木皆有理，須是察。」

觀物理以察己，既能燭理，則無往而不識。

天下物皆可以理照，有物必有則，一物須有一理。

窮理盡性至命，只是一事。纔窮理便盡性，纔盡性便至命。

聲色臭味四字，虛實一般。凡物有形必有此四者，意言象數亦然。

爲人處世間，得見事無可疑處，多少快活。

問：「學者不必同，如仁義忠信之類，只於一字上求之，可否？」曰：「且如六經，則各自有箇蹊轍，及其造道，一也。仁義忠信只是一體事，若於一事上得之，其佗皆通也。然仁是本。」

問：「人之學，有覺其難而有退志，則如之何？」曰：「有兩般：有思慮苦而志氣倦怠者，有憚其難而止者。向嘗爲之說：今人之學，如登山麓，方其易處，莫不闊步，及到難處便止，人情是如此。山高難登，是有定形，實難登也；聖人之道，不可形象，非實難然也，人弗爲耳。顏子言『仰之彌高，鑽之彌堅』，此非是言聖人高遠實不可及，堅固實不可入也，此只是譬喻，却無事，大意却是在『瞻之在前，忽焉在後』上。」又問：「人少有得而遂安者，如何？」曰：「此實無所得也。譬如以管窺天，乍見星斗粲爛，便謂有所見，喜不自勝，此終無所得。若有大志者，不以管見爲得也。」

問：「家貧親老，應舉求仕，不免有得失之累，何修可以免此？」曰：「此只是志不勝氣。若志勝，自無此累。家貧親老，須用祿仕，然得之不得爲有命。」曰：「在己固可，爲親奈何？」曰：「爲己爲親，也只是一事。若不得，其如命何！孔子曰：『不知命無以爲君子。』人苟不知命，見患難必避，遇得喪必動，見利必趨，其何以爲君子！然聖人言命，蓋爲中人以上者設，非爲上知者言也。中人以上，於得喪之際，不能不惑，故有命之說，然後能安。若上智之人，更不言命，惟安於義；借使求則得之，然非義則不求，此樂天者之事也。上智之人安於義，中人以上安於命，乃若聞命而不能安之者，又其每下者也。」孟子曰：「求之有道，得之有命。」求之雖[一]有道，奈何得之須有命！

問：「前世所謂隱者，或守一節，或惇一行，然不知有知道否？」曰：「若知道，則不肯守一節一行也。如此等人，鮮明理，多取古人一節事專行之。孟子曰：『服堯之服，行堯之行。』古人有殺一不義，雖得天下不爲，則我亦殺一不義，雖得天下不爲。古人有高尚隱逸，不肯就仕，則我亦高尚隱逸不仕。如此等，則放傚前人所爲耳，於道鮮自得也。是以東漢尚名節，有雖殺身不悔者，只爲不知道也。」

問：「方外之士有人來看他，能先知者，有諸？」因問王子真事。陳本注云：「伊川一日入嵩山，王佺已候於松下。問何以知之？曰：去年已有消息來矣。蓋先生前一年嘗欲往，以事而止。」曰：「有之。向見嵩山董五經能如此。」問：「何以能爾？」曰：「只是心靜，靜而後能照。」又問：「聖人肯爲否？」曰：「何必聖賢？使釋氏稍近道理者，便不肯爲。釋氏常言菴中坐，却見菴外事，莫是野狐精。釋子猶不肯爲，況聖人乎？」

[一]呂本「雖」作「須」。

問：「神仙之説有諸？」曰：「不知如何。若説白日飛昇之類則無，若言居山林間，保形鍊氣以延年益壽，則有之。譬如一爐火，置之風中則易過，置之密室則難過，有此理也。」又問：「楊子言：『聖人不師仙，厥術異也。』聖人能爲此等事否？」曰：「此是天地間一賊，若非竊造化之機，安能延年？使聖人肯爲，周、孔爲之久矣。」

問：「惡外物，如何？」曰：「是不知道者也。物安可惡？釋氏之學便如此。釋氏要屏事不問。這事是合有邪？合無邪？若是合有，又安可屏？若是合無，自然無了，更屏什麽？彼方外者苟且務静，乃遠迹山林之間，蓋非明理者也。世方以爲高，惑矣。」

釋氏有出家出世之説。家本不可出，却爲他不父其父，不母其母，自逃去固可也。至於世，則怎生出得？既道出世，除是不戴皇天，不履后土始得，然又却渴飲而飢食，戴天而履地。

問：「某嘗讀華嚴經，第一真空絶相觀，第二事理無礙觀，第三事事無礙觀，譬如鏡燈之類，包含萬象，無有窮盡。此理如何？」曰：「只爲釋氏要周遮，一言以蔽之，不過曰萬理歸於一理也。」又問：「未知所以破佗處。」曰：「亦未得道他不是。百家諸子箇箇談仁談義，只爲他歸宿處不是，只是箇自私。爲輪回生死，却爲釋氏之辭善遁，纔窮著他，便道我不爲這箇，到了寫在册子上，怎生遁得？且指他淺近處，只燒一文香，便道我有無窮福利，懷却這箇心，怎生事神明？」

釋氏言成住壞空，便是不知道。只有成壞，無住空。且如草木初生既成，生盡便枯壞也。他以謂如木之生，生長既足却自住，然後却漸漸毁壞。天下之物，無有住者。嬰兒一生，長一日便是減一日，何嘗得住？然而氣體日漸長大，長的自長，減的自減，自不相干也。

問釋氏理障之說。曰：「釋氏有此說，謂既明此理，而又執持是理，故爲障。此錯看了理字也。天下只有一箇理，既明此理，夫復何障？若以理爲障，則是己與理爲二。」

今之學禪者，平居高談性命之際，至於世事，往往直有都不曉者，此只是實無所得也。

問：「釋氏有一宿覺言下覺之說，如何？」曰：「何必浮圖，孟子嘗言覺字矣。曰『以先知覺後知，以先覺覺後覺』，知是知此事，覺是覺此理。古人云：『共君一夜話，勝讀十年書。』若於言下卽悟，何啻讀十年書？」

問：「明道先生云：『昔之惑人也，乘其迷暗；今之入人也，因其高明。』既曰高明，又何惑乎？」曰：「今之學釋氏者，往往皆高明之人，所謂『知者過之』也。然所謂高明，非中庸所謂『極高明』。如『知者過之』，若是聖人之知，豈更有過？」

問：「世之學者多入於禪，何也？」曰：「今人不學則已，如學焉，未有不歸於禪也。却爲佗求道未有所得，思索既窮，乍見寬廣處，其心便安於此。」曰：「是可反否？」曰：「深固者難反。」

問：「西銘何如？」曰：「此橫渠文之粹者也。」曰：「充得盡時如何？」曰：「聖人也。」「橫渠能充盡否？」曰：「言有多端，有有德之言，有造道之言。有德之言說自己事，如聖人言聖人事也。造道之言則知足以知此，如賢人說聖人事也。橫渠道儘高，言儘醇，自孟子後儒者，都無佗見識。」

問：「橫渠之書，有迫切處否？」曰：「子厚謹嚴，纔謹嚴，便有迫切氣象，無寬舒之氣。孟子却寬舒，只是中間有些英氣，纔有英氣，便有圭角。英氣甚害事。如顏子便渾厚不同。顏子去聖人，只毫髮之間。孟子大賢，亞聖之次也。」或問：「英氣於甚處見？」曰：「但以孔子之言比之，便見。如冰與水精非不光，比之玉，自是有温潤含蓄氣象，無許多光耀也。」

問：「邵堯夫能推數，見物壽長短始終，有此理否？」曰：「固有之。」又問：「或言人壽但得一百二十數，是否？」曰：「固是，此亦是大綱數，不必如此。馬牛得六十，按皇極經世，當作三十。猫犬得十二，燕雀得六年之類，蓋亦有過不及。」又問：「還察形色？還以生下日數推考？」曰：「形色亦可察，須精方驗。」

邵堯夫數法出於李挺之，至堯夫推數方及理。

邵堯夫臨終時，只是諧謔，須臾而去。以聖人觀之，則亦未是，蓋猶有意也。比之常人，甚懸絶矣。他疾甚革，某往視之，因警之曰：「堯夫平生所學，今日無事否？」他氣微不能答。次日見之，却有聲如絲髮來大，答云：「你道生薑樹上生，我亦只得依你說。」是時，諸公都在廳上議後事，各欲遷葬城中。堯夫已自爲塋。佗在房間便聞得，令人唤大郎來云：「不得遷葬。」衆議始定。又諸公恐喧他，盡出外說話，佗皆聞得。一人云：「有新報云云，堯夫問有甚事？曰有某事。堯夫曰：「我將爲收却幽州也。」以他人觀之，便以爲怪，此只是心虛而明，故聽得。問曰：「堯夫未病時不如此，何也？」曰：「此只是病後氣將絶，心無念慮，不昏，便如此。」又問：「釋氏臨終，亦先知死，何也？」曰：「只是一箇不動心。釋氏平生只學這箇事，將這箇做一件大事。學者不必學他，但燭理明，自能之。只如邵堯夫事，佗自如此，亦豈嘗學也？孔子曰：『未知生，焉知死？』人多言孔子不告子路，此乃深告之也。又曰：『原始要終，故知死生之說。』人能原始，知得生理，一作所以生。便能要終，知得死理。一作所以死。若不明得，便雖千萬般安排著，亦不濟事。」

張子厚罷禮官，歸過洛陽相見。某問云：「在禮院，有甚職事？」曰：「多爲禮房檢正所奪，只定得數箇謚，并龍女衣冠。」問：「如何定龍女衣冠？」曰：「請依品秩。」曰：「若使某當是事，必不如此處置。」曰：「如之何？」曰：「某當辨云，大河之塞，天地之靈，宗廟之祐，社稷之福，與吏士之力，不當歸功水獸。龍，獸也，不可衣人衣冠。」子厚以爲然。

問：「荆公可謂得君乎？」曰：「後世謂之得君可也，然荆公之智識，亦自能知得。如表云：『忠不足以信上，故事必待於自明；智不足以破姦，故人與之爲敵。』智不破姦，此則未然。若君臣深相知，何待事事使之辨明也？舉此一事便可見。」曰：「荆公『勿使上知』之語，信乎？」曰：「須看他當時因甚事說此話。且如作此事當如何，更須詳審，未要令上知之。又如說一事，未甚切當，更須如何商量體察，今且勿令上知。若此類，不成是欺君也？凡事未見始末，更切子細，反復推究方可。」

人之有寤寐，猶天之有晝夜。陰陽動靜，開闔之理也。如寤寐，須順陰陽始得。問：「人之寐何也？」曰：「人寐時，血氣皆聚於內，如血歸肝之類。」今人不睡者多損肝。

問：「魂魄何也？」曰：「魂只是陽，魄只是陰。魂氣歸於天，體魄歸於地是也。如道家三魂七魄之說，妄爾。」

或曰：「傳記有言，太古之時，人有牛首蛇身者，莫無此理否？」曰：「固是。既謂之人，安有此等事？但有人形似鳥喙，或牛首者耳。荀子中自說。」問：「太古之時，人還與物同生否？」曰：「同。」「莫是純氣爲人，繁氣爲蝨否？」曰：「然。人乃五行之秀氣，此是天地清明純粹氣所生也。」或曰：「人初生時，還以氣化否？」曰：「此必燭理，當徐論之。且如海上忽露出一沙島，便有草木生。有土而生草木，不足怪。既有草木，自然禽獸生焉。」或曰：「先生語録中云：『焉知海島上無氣化之人？』如何？」曰：「是。近人處固無，須是極遠處有，亦不可知。」曰：「今天下未有無父母之人。古有氣化，今無氣化，何也？」曰：「有兩般。有全是氣化而生者，若腐草爲螢是也。既是氣化，到合化時自化。有氣化生之後而種生者。且如人身上著新衣服，過幾日，便有蟣蝨生其間，此氣化也。氣既化後，更不化，便以種生去。此理甚明。」或問：「宋齊丘化書云：『有無情而化爲有情者，有有情而化爲無情者。無情而化爲有情者，若楓樹化爲老人是也。有情而化爲無情者，如望夫化爲石是也。』此語如何？」曰：「莫無此理。楓木爲老人，形如老人也，豈便變爲老人？川中有蟬化爲花，蚯蚓化爲百合，如石蟹、石燕、石人之類有之。固有此理。某在南中時，聞有採石人，因採石石陷，遂在石中，幸不死，飢甚，只取石膏食之。不知幾年後，因別人復來採石，見此人在石中，引之出，漸覺身硬，纔出，風便化爲石。此無可怪，蓋有此理也。若望夫石，只是臨江山有石如人形者。今天下凡江邊有石立者，皆呼爲望夫石。」如呼馬鞍牛頭之類，天下同之。

問：「上古人多壽，後世不及古，何也？莫是氣否？」曰：「氣便是命也。」曰：「今人不若古人壽，是盛衰之理歟？」曰：「盛衰之運，卒難理會。且以歷代言之，二帝、三王爲盛，後世爲衰。一代言之，文、武、成、康爲盛，幽、厲、平、桓爲衰。以一君言之，開元爲盛，天寶爲衰。以一歲，則春夏爲盛，秋冬爲衰。以一月，則上旬爲盛，下旬爲衰。以一日，則寅卯爲盛，戌亥爲衰。一時亦然。如人生百年，五十以前爲盛，五十以後爲衰。然有衰而復盛者，有衰而不復反者。若舉大運而言，則三王不如五帝之盛，兩漢不如三王之盛，又其下不如漢之盛。至其中間，又有多少盛衰。如三代衰而漢盛，漢衰而魏盛，此是衰而復盛之理。譬如月既晦則再生，四時往復來也。若論天地之大運，舉其大體而言，則有日衰削之理。如人生百年，雖赤子才生一日，便是減一日也。形體日自長，而數日自減，不相害也。」

天下有多少才，只爲道不明於天下，故不得有所成就。且古者「興於詩，立於禮，成於樂」，如今人怎生會得？古人於詩，如今人歌曲一般，雖閭里童稚，皆習聞其説而曉其義，故能興起於詩。後世，老師宿儒尚不能曉其義，怎生責得學者？是不得興於詩也。古禮既廢，人倫不明，以至治家皆無法度，是不得立於禮也。古人有歌咏以養其性情，聲音以養其耳，舞蹈以養其血脈。今皆無之，是不得成於樂也。古之成材也易，今之成材也難。

今習俗如此不美，然人却不至大故薄惡者，只是爲善在人心者不可忘也。魏鄭公言：「使民澆漓，不復返朴，今當爲鬼爲魅。」此言甚是。只爲秉彝在人，雖俗甚惡，亦滅不得。

蘇季明問：「中之道與喜怒哀樂未發謂之中，同否？」曰：「非也。喜怒哀樂未發是言在中之義，只一箇中字，但用不同。」或曰：「喜怒哀樂未發之前求中，可否？」曰：「不可。既思於喜怒哀樂未發之前求之，又却是思也。既思卽是已發。思與喜怒哀樂一般。纔發便謂之和，不可謂之中也。」又問：「呂學士言：『當求於喜怒哀樂未發之前。』信斯言也，恐無著摸，如之何而可？」曰：「看此語如何地下。若言存養於喜怒哀樂未發之時，則可；若言求中於喜怒哀樂未發之前，則不可。」又問：「學者於喜怒哀樂發時固當勉强裁抑，於未發之前當如何用功？」曰：「於喜怒哀樂未發之前，更怎生求？只平日涵養便是。涵養久，則喜怒哀樂發自中節。」或曰：「有未發之中，有既發之中。」曰：「非也。既發時，便是和矣。發而中節，固是得中，時中之類。只爲將中和來分說，便是和也。」

季明問：「先生說喜怒哀樂未發謂之中是在中之義，不識何意？」曰：「只喜怒哀樂不發，便是中也。」曰：「中莫無形體，只是箇言道之題目否？」曰：「非也。中有甚形體？然既謂之中，也須有箇形象。」曰：「當中之時，耳無聞，目無見否？」曰：「雖耳無聞，目無見，然見聞之理在始得。」曰：「中是有時而中否？」曰：「何時而不中？以事言之，則有時而中。以道言之，何時而不中？」曰：「固是所爲皆中，然而觀於四者未發之時，靜時自有一般氣象，及至接事時又自別，何也？」曰：「善觀者不如此，却於喜怒哀樂已發之際觀之。賢且說靜時如何？」曰：「謂之無物則不可，然自有知覺處。」曰：「既有知覺，却是動也，怎生言靜？人說『復其見天地之心』，皆以謂至靜能見天地之心，非也。復之卦下面一畫，便是動也，安得謂之靜？自古儒者皆言靜見天地之心，唯某言動而見天地之心。」或曰：「莫是於動上求靜否？」曰：「固是，然最難。釋氏多言定，聖人便言止。且如物之好，須道是好；物之惡，須道是惡。物自好惡，關我這裏甚事？若說道我只是定，更無所爲，然物之好惡，亦自在裏。故聖人只言止。所謂止，如人君止於仁，人臣止於敬之類是也。易之艮言止之義曰：『艮其止，止其所也。』言隨其所止而止之，人多不能止。蓋人萬物皆備，遇事時各因其心之所重者，更互而出，纔見得這事重，便有這事出。若能物各付物，便自不出來也。」或曰：「先生於喜怒哀樂未發之前下動字，下靜字？」曰：「謂之靜則可，然靜中須有物始得，這裏便一作最。是難處。學者莫若且先理會得敬，能敬則自知此矣。」或曰：「敬何以用功？」曰：「莫若主一。」季明曰：「昞嘗患思慮不定，或思一事未了，佗事如麻又生，如何？」曰：「不可。此不誠之本也。須是習。習能專一時便好。不拘思慮與應事，皆要求一。」或曰：「當靜坐時，物之過乎前者，還見不見？」曰：「看事如何？若是大事，如祭祀，前旒蔽明，黈纊充耳，凡物之過者，不見不聞也。若無事時，目須見，耳須聞。」或曰：「當敬時，雖見聞，莫過焉而不留否？」曰：「不說道非禮勿視勿聽？勿者禁止之辭，纔說弗字便不得也。」問：「雜說中以赤子之心爲已發，是否？」曰：「已發而去道未遠也。」曰：「大人不失赤子之心，若何？」曰：「取其純一近道也。」曰：「赤子之心與聖人之心若何？」曰：「聖人之心，如鏡，如止水。」

問：「日中所不欲爲之事，夜多見於夢，此何故也？」曰：「只是心不定。今人所夢見事，豈特一日之閒所有之事，亦有數十年前之事。夢見之者，只爲心中舊有此事，平日忽有事與此事相感，或氣相感，然後發出來。故雖白日所憎惡者，亦有時見於夢也。譬如水爲風激而成浪，風既息，浪猶洶湧未已也。若存養久底人，自不如此，聖賢則無這箇夢。只有朕兆，便形於夢也。人有氣清無夢者，亦有氣昏無夢者。聖人無夢，氣清也。若人困甚時，更無夢，只是昏氣蔽隔，夢不得也。若孔子夢周公之事，與常人夢別。人於夢寐閒，亦可以卜自家所學之淺深，如夢寐顛倒，即是心志不定，操存不固。」如揚子江宿浪。

問：「人心所繫著之事，則夜見於夢。所著事善，夜夢見之者，莫不害否？」曰：「雖是善事，心亦是動。凡事有朕兆入夢者，却無害，捨此皆是妄動。」或曰：「孔子嘗夢見周公，當如何？」曰：「此聖人存誠處也。聖人欲行周公之道，故雖一夢寐，不忘周公。及既衰，知道之不可行，故不復夢見。然所謂夢見周公，豈是夜夜與周公語也？人心須要定，使他思時方思乃是。今人都由心。」曰：「心誰使之？」曰：「以心使心則可，人心自由便放去也。」

「政也者蒲盧也」，言化之易也。螟蛉與果蠃，自是二物，但氣類相似，然祝之久，便能肖。政之化人，宜甚於蒲盧矣。然蒲盧二物，形質不同，尚祝之可化。人與聖人，形質無異，豈學之不可至耶？

「誠者自成」，如至誠事親則成人子，至誠事君則成人臣。「不誠無物，誠者物之終始」，猶俗說徹頭徹尾不誠，更有甚物也。「其次致曲」，曲，偏曲之謂，非大道也。「曲能有誠」，就一事中用志不分，亦能有誠。且如技藝上可見，養由基射之類是也。「誠則形」，誠後便有物。如「立則見其參於前，在輿則見其倚於衡」，「如有所立卓爾」，皆若有物，方見。其[一]無形，是見何物也？「形則著」，又著見也。「著則明」，是有光輝之時也。「明則動」，誠能動人也。君子所過者化，豈非動乎？或曰：「變與化何別？」曰：「變如物方變而未化，化則更無舊迹，自然之謂也。莊子言變大於化，非也。」

問：「命與遇何異？」張橫渠云：「行同報異，猶難語命，語遇可也。」先生曰：「人遇不遇，卽是命也。」曰：「長平之戰，四十萬人死，豈命一乎？」曰：「是亦命也。只遇著白起，便是命當如此。又況趙卒皆一國之人。使是五湖四海之人，同時而死，亦是常事。」又問：「或當刑而王，或爲相而餓死，或先貴後賤，或先賤後貴，此之類皆命乎？」曰：「莫非命也。既曰命，便有此不同，不足怪也。」

[一]徐本「其」作「如」。

問：「人之形體有限量，心有限量否？」曰：「論心之形，則安得無限量？」又問：「心之妙用有限量否？」曰：「自是人有限量。以有限之形，有限之氣，苟不通一作用。之以道，安得無限量？孟子曰：『盡其心，知其性。』心卽性也。在天爲命，在人爲性，論其所主爲心，其實只是一箇道。苟能通之以道，又豈有限量？天下更無性外之物。若云有限量，除是性外有物始得。」

問：「心有善惡否？」曰：「在天爲命，在義爲理，在人爲性，主於身爲心，其實一也。心本善，發於思慮，則有善有不善。若既發，則可謂之情，不可謂之心。譬如水，只謂之水，至於流而爲派，或行於東，或行於西，却謂之流也。」在義爲理，疑是在物爲理。

問：「喜怒出於性否？」曰：「固是。纔有生識，便有性，有性便有情。無性安得情？」又問：「喜怒出於外，如何？」曰：「非出於外，感於外而發於中也。」問：「性之有喜怒，猶水之有波否？」曰：「然。湛然平靜如鏡者，水之性也。及遇沙石，或地勢不平，便有湍激；或風行其上，便爲波濤洶湧。此豈水之性也哉？人性中只有四端，又豈有許多不善底事？然無水安得波浪，無性安得情也？」

問：「人性本明，因何有蔽？」曰：「此須索理會也。孟子言人性善是也。雖荀、楊亦不知性。孟子所以獨出諸儒者，以能明性也。性無不善，而有不善者才也。性卽是理，理則自堯、舜至於塗人，一也。才禀於氣，氣有清濁。禀其清者爲賢，禀其濁者爲愚。」又問：「愚可變否？」曰：「可。孔子謂上智與下愚不移，然亦有可移之理，惟自暴自棄者則不移也。」曰：「下愚所以自暴棄者，才乎？」曰：「固是也，然却道佗不可移不得。性只一般，豈不可移？却被他自暴自棄，不肯去學，故移不得。使肯學時，亦有可移之理。」

凡解文字，但易其心，自見理。理只是人理，甚分明，如一條平坦底道路。詩曰：「周道如砥，其直如矢。」此之謂也。且如隨卦言「君子嚮晦入宴息」，解者多作遵養時晦之晦。或問：「作甚晦字？」曰：「此只是隨時之大者，嚮晦則宴息也，更別有甚義？」或曰：「聖人之言，恐不可以淺近看佗。」曰：「聖人之言，自有近處，自有深遠處。如近處，怎生强要鑿教深遠得？楊子曰：『聖人之言遠如天，賢人之言近如地。』某與改之曰：『聖人之言，其遠如天，其近如地。』」

學者不泥文義者，又全背却遠去；理會文義者，又滯泥不通。如子濯孺子爲將之事，孟子只取其不背師之意，人須就上面理會事君之道如何也。又如萬章問舜完廩浚井事，孟子只答佗大意，人須要理會浚井如何出得來，完廩又怎生下得來，若此之學，徒費心力。

問：「聖人之經旨，如何能窮得？」曰：「以理義去推索可也。學者先須讀論、孟。窮得論、孟，自有箇要約處，以此觀他經，甚省力。論、孟如丈尺權衡相似，以此去量度事物，自然見得長短輕重。某嘗語學者，必先看論語、孟子。今人雖善問，未必如當時人。借使問如當時人，聖人所答，不過如此。今人看論、孟之書，亦如見孔、孟何異？」

孟子養氣一篇，諸君宜潛心玩索。須是實識得方可。勿忘勿助長，只是養氣之法，如不識，怎生養？有物始言養，無物又養箇甚麽？浩然之氣，須見是一箇物。如顏子言「如有所立卓爾」，孟子言「躍如也」。卓爾躍如，分明見得方可。

「不得於言，勿求於心，不可」，此觀人之法。心之精微，言有不得者，不可便謂不知，此告子淺近處。

「持其志，無暴其氣」，內外交相養也。

「配義與道」，謂以義理養成此氣，合義與道。方其未養，則氣自是氣，義自是義。及其養成浩然之氣，則氣與義合矣。本不可言合，爲未養時言也。如言道，則是一箇道都了。若以人而言，則人自是人，道自是道，須是以人行道始得。言義又言道，道，體也，義，用也，就事上便言義。

北宮黝之勇必行，孟施舍無懼。子夏之勇本不可知，却因北宮黝而可見。子夏是篤信聖人而力行，曾子是明理。

問：「必有事焉，當用敬否？」曰：「敬只是涵養一事。必有事焉，須當集義。只知用敬，不知集義，却是都無事也。」又問：「義莫是中理否？」曰：「中理在事，義在心內。苟不主義，浩然之氣從何而生？理只是發而見於外者。且如恭敬，幣之未將也恭敬，雖因幣帛威儀而後發見於外，然須心有此恭敬，然後著見。若心無恭敬，何以能爾？所謂德者得也，須是得於己，然後謂之德也。」幣之未將之時，已有恭敬，非因幣帛而後有恭敬也。問：「敬義何別？」曰：「敬只是持己之道，義便知有是有非。順理而行，是爲義也。若只守一箇敬，不知集義，却是都無事也。且如欲爲孝，不成只守著一箇孝字？須是知所以爲孝之道，所以侍奉當如何，溫凊當如何，然後能盡孝道也。」又問：「義只在事上，如何？」曰：「內外一理，豈特事上求合義也？」

問：「人敬以直内，氣便能充塞天地否？」曰：「氣須是養，集義所生。積集既久，方能生浩然氣象。人但看所養如何，養得一分，便有一分；養得二分，便有二分。只將敬，安能便到充塞天地處？且氣自是氣，體所充，自是一件事，敬自是敬，怎生便合得？如曰『其爲氣，配義與道』，若説氣與義時自別，怎生便能使氣與義合？」

「『性相近也，習相遠也』，性一也，何以言相近？」曰：「此只是言性一作氣。質之性。如俗言性急性緩之類，性安有緩急？此言性者，生之謂性也。」又問：「上智下愚不移是性否？」曰：「此是才。須理會得性與才所以分處。」又問：「中人以上可以語上，中人以下不可以語上，是才否？」曰：「固是，然此只是大綱説，言中人以上可以與之説近上話，中人以下不可以與説近上話也。」「生之謂性〔一〕。」「凡言性處，須看他立意如何。且如言人性善，性之本也；生之謂性，論其所稟也。孔子言性相近，若論其本，豈可言相近？只論其所稟也。告子所云固是，爲孟子問佗，他説，便不是也。」

「乃若其情，則可以爲善。若夫爲不善，非才之罪。」此言人陷溺其心者，非關才事。才猶言材料，曲可以爲輪，直可以爲梁棟。若是毁鑿壞了，豈關才事？下面不是説人皆有四者之心？或曰：「人才有美惡，豈可言非才之罪？」曰：「才有美惡者，是舉天下之言也。若説一人之才，如因富歲而賴，因凶歲而暴，豈才質之本然邪？」

問：「『舍則亡』，心有亡，何也？」曰：「否。此只是説心無形體，纔主著事時，先生以目視地。便在這裏，

〔一〕「生之謂性」上疑當有「又問」二字。

纔過了便不見。如『出入無時，莫知其鄉』，此句亦須要人理會。心豈有出入？亦以操舍而言也。『放心』，謂心本善，而流於不善，是放也。」

問：「盡己之謂忠，莫是盡誠否？」「既盡己，安有不誠〔一〕？盡己則無所不盡。如孟子所謂盡心。」曰：「盡心莫是我有惻隱羞惡如此之心，能盡得，便能知性否？」曰：「何必如此數，只是盡心便了。纔數著，便不盡。如數一百，少却一便爲不盡也。大抵稟於天曰性，而所主在心。纔盡心卽是知性，知性卽是知天矣。」羅本以爲呂與叔問。

問：「出辭氣，莫是於言語上用工夫否？」曰：「須是養乎中，自然言語順理。今人熟底事，說得便分明；若是生事，便說得蹇澁。須是涵養久，便得自然。若是愼言語不妄發，此却可著力。」

孔子教人，「不憤不啟，不悱不發」。蓋不待憤悱而發，則知之不固；待憤悱而後發，則沛然矣。學者須是深思之。思而不得，然後爲佗說，便好。初學者，須是且爲佗說，不然，非獨佗不曉，亦止人好問之心也。

孔子既知宋桓魋不能害己，又却微服過宋。舜既見象之將殺己，而又象憂亦憂，象喜亦喜。國祚長短，自有命數，人君何用汲汲求治？禹、稷救飢溺者，過門不入，非不知飢溺而死者自有命，又却救之如此其急。數者之事，何故如此？須思量到「道並行而不相悖」處可也。今且說聖人非不知命，然於人事不得不盡，此說未是。

〔一〕「既盡己，安有不誠」句上，疑當有「曰」字。此答辭。

問：「聖人與天道何異？」曰：「無異。」「聖人可殺否？」曰：「聖人智足以周身，安可殺也？只如今有智慮人，已害他不得，况於聖人？」曰：「昔瞽瞍使舜完廩浚井，舜知其欲殺己而逃之乎？」曰：「本無此事，此是萬章所傳聞，孟子更不能理會這下事，只且說舜心也。如下文言『琴朕，干戈朕，二嫂使治朕棲』，堯爲天子，安有是事？」

問：「『加我數年，五十以學易，可以無大過矣。』不知聖人何以因學易後始能無過？」曰：「先儒謂孔子學易後可以無大過，此大段失却文意。聖人何嘗有過？如待學易後無大過，却是未學易前，嘗有大過也。此聖人如未嘗學易，何以知其可以無過？蓋孔子時學易者支離，易道不明。仲尼既修佗經，惟易未嘗發明，故謂弟子曰：『加我數年，五十以學易。』期之五十，然後贊易，則學易者可以無大過差，若所謂贊易道而黜八索是也。」前此學易者甚衆，其說多過。聖人使弟子俟其贊而後學之，其過鮮也。

問：「博我以文，約我以禮。」曰：「此是顏子稱聖人最切當處。聖人教人，只是如此，既博之以文，而後約之以禮，所謂『博學而詳說之，將以反說約也』。博與約相對。聖人教人，只此兩字。博是博學多識，多聞多見之謂。約只是使之知要也。」又問：「『君子博學於文，約之以禮，亦可以弗畔矣夫！』與此同乎？」曰：「這箇只是淺近說，言多聞見而約束以禮，雖未能知道，庶幾可以弗畔於道。此言善人君子多識前言往行而能不犯非禮者爾，非顏子所以學於孔子之謂也。」又問：「此莫是小成否？」曰：「亦未是小成，去知道甚遠。如曰：『多聞，擇其善者而從之，多見而識之，知之次也。』聞見與知之甚異，此只是聞之者也。」又曰：「聖人之道，知之莫甚難？」曰：「聖人之道，安可以難易言？聖人未嘗言易，以驕人之志;亦未嘗言難,以阻人之進。仲尼但曰:『未之思也,夫何遠之有?』此言極有涵畜意思。孟子言『夫道若大路然,豈難知哉?』只下這一箇豈字,便露筋骨,聖人之言不如此。如下面説人『病不求耳,子歸而求之有餘師』,這數句却説得好。孔、孟言有異處,亦須自識得。」

或問:「『子畏於匡,顔淵後。子曰:「吾以女爲死矣。」曰:「子在,回何敢死?」』然設使孔子遇難,顔淵有可死之理否?」曰:「無可死之理,除非是鬭死,然鬭死非顔子之事。若云遇害,又不當言敢不敢也。」又問:「使孔子遇害,顔子死之否乎?」曰:「豈特顔子之於孔子也?若二人同行遇難,固可相死也。」又問:「親在則如之何?」曰:「且譬如二人捕虎,一人力盡,一人須當同去用力。如執干戈衞社稷,到急處,便遁逃去之,言我有親,是大不義也。當此時,豈問有親無親?但當預先謂吾有親,不可行則止。豈到臨時却自規避也?且如常人爲不可獨行也,須結伴而出。至于親在,爲親圖養,須出去,亦須結伴同去,便有患難相死之道。昔有二人,同在嵩山,同出就店飲酒。一人大醉,臥在地上,夜深歸不得,一人又無力扶持,尋常曠野中有虎豹盜賊,此人遂只在傍,直守到曉。不成不顧了自歸也?此義理所當然者也。禮言親在不許友以死者,此言亦在人用得。蓋有親在可許友以死者,有親不在不可許友以死者。可許友以死,如二人同行之類是也。不可許友以死,如戰國游俠,爲親不在,乃爲人復讐,甚非理也。」

問:「『不遷怒,不貳過』,何也?語録有怒甲不遷乙之説,是否?」曰:「是。」曰:「若此則甚易,何待顔氏而後能?」曰:「只被説得粗了,諸君便道易,此莫是最難。須是理會得,因何不遷怒?如舜之誅四凶,怒在四凶,舜何與焉?蓋因是人有可怒之事而怒之,聖人之心本無怒也。譬如明鏡,好物來時,便見是好，惡物來時，便見是惡，鏡何嘗有好惡也？世之人固有怒於室而色於市。且如怒一人，對那人說話，能無怒色否？有能怒一人而不怒別人者，能忍得如此，已是煞知義理。若聖人，因物而未嘗有怒，此莫是甚難。君子役物，小人役於物。今人見有可喜可怒之事，自家著一分陪奉他，此亦勞矣。聖人心如止水。」

問：「顏子勇乎？」曰：「孰勇於顏子？觀其言曰：『舜何人也，予何人也，有爲者亦若是。』孰勇於顏子？如『有若無，實若虛，犯而不校』之類，抑可謂大勇者矣。」

曾子傳聖人道，一作學。只是一箇誠篤。語曰：「參也魯。」如聖人之門，子游、子夏之言語，子貢、子張之才辨聰明者甚多，卒傳聖人之道者，乃質魯之人。人只要一箇誠實。聖人說忠信處甚多。曾子，孔子在時甚少，後來所學不可測，且易簀之事，非大賢以上作不得。曾子之後有子思，便可見。

曾子執親之喪，水漿不入口者七日，不合禮，何也？曰：「曾子者，過於厚者也。聖人大中之道，賢者必俯而就，不肖者必跂而及。若曾子之過，過於厚者也。若衆人，必當就禮法。自大賢以上，則看佗如何，不可以禮法拘也。且守社稷者，國君之職也，太王則委而去之。守宗廟者，天子之職也，堯、舜則以天下與人。如三聖賢則無害，佗人便不可。然聖人所以教人之道，大抵使之循禮法而已。」

「金聲而玉振之」，此孟子爲學者言終始之義也。樂之作，始以金奏，而以玉聲終之。詩曰「依我磬聲」是也。始於致知，智之事也。行所知而至其極，聖之事也。易曰「知至至之，知終終之」，是也。

「惟聖人然後踐形」，言聖人盡得人道也。人得天地之正氣而生，與萬物不同。既爲人，須盡得人理。衆人有之而不知，賢人踐之而未盡，能踐形者，唯聖人也。

「佚道使民」，謂本欲佚之也，故雖「勞而不怨」。「生道殺民」，謂本欲生之也。且如救水火，是求所以生之也，或有焚溺而死者，却「雖死不怨」。

「仁言」，謂以仁厚之言加於民。「仁聲」如「仁聞」，謂風聲足以感動人也，此尤見仁德之昭著也。

問「行之而不著，習矣而不察。」曰：「此言大道如此，而人由之不知也。『行之而不著』，謂人行之而不明曉也。『習矣而不察』，謂人習之而不省察也。」曰：「先生有言，雖孔門弟子亦有此病，何也？」曰：「在衆人習而不察者，只是饑食渴飲之類，由之而不自知也。如孔門弟子，却是聞聖人之化，入於善而不自知也。衆者，言衆多也。」

問：「『可以取，可以無取』，天下有兩可之事乎？」曰：「有之。如朋友之饋，是可取也，然己自可足，是不可取也，纔取之，便傷廉矣。」曰：「取傷廉，固不可，然與傷惠何害？」曰：「是有害於惠也。可以與，然却可以不與。若與之時，財或不贍，却於合當與者無可與之。且博施濟衆，固聖人所欲，然却五十者方衣帛，七十者方食肉，如使四十者衣帛，五十者食肉，豈不更好？然力不可以給，合當衣帛食肉者便不足也。此所以傷惠。」

問「人有不爲，然後可以有爲。」曰：「此只是有所擇之人能擇其可爲不可爲也。纔有所不爲，便可以有爲也。若無所不爲，豈能有爲邪？」

問：「『非禮之禮，非義之義』，何謂也？」曰：「恭本爲禮，過恭是非禮之禮也。以物與人爲義，過與是非義之義也。」曰：「此事何止大人不爲？」曰：「過恭過與是細人之事，猶言婦人之仁也，只爲佗小了。大人豈肯如此？」

問：「『天民』、『天吏』、『大人』，何以別？」曰：「順天行道者，天民也。順天爲政者，天吏也。大人者，又在二者之上。孟子曰：『充實而有光輝之謂大。』聖人豈不爲天民天吏？如文王、伊尹是也。『大而化之之謂聖，聖而不可知之之謂神。』非是聖人上別有一等神人，但聖人有不可知處便是神也。化與變化之化同。若到聖人，更無差等也。」或曰：「堯、舜、禹、湯、文、武如何？」曰：「孔子嘗論堯、舜矣。如曰：『惟天爲大，惟堯則之。』如此等事甚大，惟堯、舜可稱也。若湯、武，雖是事不同，不知是聖人不是聖人。」或曰：「可以湯、武之心求之否？」曰：「觀其心，如『行一不義，殺一不辜，雖得天下不爲』，此等事，大賢以上人方一作皆。爲得。若非聖人，亦是亞聖一等人也。若文王，則分明是大聖人也。禹又分明如湯、武，觀舜稱其不矜不伐，與孔子言『無閒然』之事，又却別有一箇氣象。大抵生而知之，與學而知之，及其成功一也。」

蘇季明問：「舜『執其兩端』，注以爲『過不及之兩端』，是乎？」曰：「是。」曰：「既過不及，又何執乎？」曰：「執猶今之所謂執持使不得行也。舜執持過不及，使民不得行，而用其中使民行之也。」又問：「此執與湯執中如何？」曰：「執只是一箇執。舜執兩端，是執持而不用。湯執中而不失，將以用之也。若子莫執中，却是子莫見楊、墨過不及，遂於過不及二者之閒執之，却不知有當摩頂放踵利天下時，有當拔一毛利天下不爲時。執中而不通變，與執一無異。」

季明問：「『君子時中』，莫是隨時否？」曰：「是也。中字最難識，須是默識心通。且試言一廳則中央爲中，一家則廳中非中而堂爲中，言一國則堂非中而國之中爲中，推此類可見矣。且如初寒時，則薄裘爲中；如在盛寒而用初寒之裘，則非中也。更如三過其門不入，在禹、稷之世爲中，若居陋巷，則不中矣。居陋巷，在顏子之時爲中，若三過其門不入，則非中也。」或曰：「男女不授受之類皆然。」曰：「是也。男女不授受中也，在喪祭則不如此矣。」

問：「堯、舜、湯、武事迹雖不同，其心德有間否？」曰：「無間。」曰：「孟子言：『堯、舜性之，湯、武身之。』湯、武豈不性之邪？」曰：「堯、舜生知，湯、武學而知之，及其成功一也。身之，言履之也。反之，言歸於正也。」

或問：「『夫子賢於堯、舜』，信諸？」曰：「堯、舜豈可賢也？但門人推尊夫子之道，以謂仲尼垂法萬世，故云爾。然三子之論聖人，皆非善稱聖人者。如顏子，便不如此道，但言『仰之彌高，鑽之彌堅』而已。後來惟曾子善形容聖人氣象，曰：『子温而厲，威而不猛，恭而安。』又鄉黨一篇，形容得聖人動容注措甚好，使學者宛如見聖人。」

觀水有術，必觀其瀾，瀾湍急處，於此便見源之無窮。今人以波對瀾，非也。下文「日月有明，容光必照」，以言其容光無不照，故知日月之明無窮也。

問：「孟子曰：『人之所以異於禽獸者幾希。庶民去之，君子存之。』且人與禽獸甚懸絶矣，孟子言此者，莫是只在『去之』、『存之』上有不同處？」曰：「固是。人只有箇天理，却不能存得，更做甚人也？泰山孫明復有詩云：『人亦天地一物耳，飢食渴飲無休時。若非道義充其腹，何異鳥獸安鬚眉？』上面説人與萬物皆生於天地意思，下面二句如此。」或曰：「退之雜説有云：『人有貌如牛首蛇形鳥喙而心不同焉，可謂之非人乎？即有顔如渥丹者，其貌則人，其心則禽獸，又惡可謂之人也？』此意如何？」曰：「某不盡記其文，然人只要存一箇天理。」

問：「守身如何？」曰：「守身，守之本。既不能守身，更説甚道義？」曰：「人説命者，多不守身，何也？」曰：「便是不知命。孟子曰：『知命者不立巖牆之下。』」或曰：「不説命者又不敢有爲。」曰：「非特不敢爲，又有多少畏恐，然二者皆不知命也。」

莫之爲而爲，莫之致而致，便是天理。司馬遷以私意妄窺天道，而論伯夷曰：「天道無親，常與善人。若伯夷者，可謂善人非邪？」天道甚大，安可以一人之故，妄意窺測？如曰顔何爲而殀？跖何爲而壽？皆指一人計較天理，非知天也。

問：「『桎梏而死者，非正命也』，然亦是命否？」曰：「聖人只教人順受其正，不説命。」或曰：「桎梏死者非命乎？」曰：「孟子自説了『莫非命也』，然聖人却不説是命。」

「故者以利爲本」，故是本如此也，纔不利便害性，利只是順。天下只是一箇利，孟子與周易所言一般。只爲後人趨著利便有弊，故孟子拔本塞源，不肯言利。其不信孟子者，却道不合非利，李（遘）〔覯〕〔一〕是也。其信者，又直道不得近利。人無利，直是生不得，安得無利？且譬如倚子，人坐此便安，

〔一〕呂本「遘」作「覯」，兹依改。

是利也。如求安不已，又要褥子，以求温暖，無所不爲，然後奪之於君，奪之於父，此是趨利之弊也。利只是一箇利，只爲人用得別。

博弈小數，不專心致志，猶不可得，況學道而悠悠，安可得也？仲尼言：「吾嘗終日不食，終夜不寢，以思，無益，不如學也。」又曰：「朝聞道，夕死可矣。」不知聖人有甚事來，迫切了底死地如此。文意不難會，須是求其所以如此何故，始得。聖人固是生知，猶如此說，所以教人也。「學如不及，猶恐失之」，纔說姑待來日，便不可也。

「子之燕居，申申夭夭」，如何？曰：「申申是和樂中有中正氣象，夭夭是舒泰氣象，此皆弟子善形容聖人處也。爲申申字說不盡，故更著夭夭字。今人不怠惰放肆，必太嚴厲，嚴厲時則著此四字不得，放肆時亦著此四字不得。除非是聖人，便自有中和之氣。

問：「『務民之義，敬鬼神而遠之』，何以爲知？」曰：「只此兩句，說知亦盡。且人多敬鬼神者，只是惑，遠者又不能敬，能敬能遠，可謂知矣。」又問：「莫是知鬼神之道，然後能敬能遠否？」曰：「亦未說到如此深遠處，且大綱說，當敬不惑也。」問：「今人奉佛，莫是惑否？」曰：「是也。敬佛者必惑，不敬者只是孟浪不信。」又問：「佛當敬否？」曰：「佛亦是胡人之賢智者，安可慢也？至如陰陽卜筮擇日之事，今人信者必惑，不信者亦是孟浪不信。如出行忌太白之類，太白在西，不可西行，有人在東方居，不成都不得西行？又却初行日忌，次日便不忌，次日不成不衝太白也？如使太白爲一人爲之，則鬼神亦勞矣。如行遇風雨之類，則凡在行者皆遇之也。大抵人多記其偶中耳。」

問：「伯夷不念舊惡，何也？」曰：「此清者之量。伯夷之清，若推其所爲，須不容於世，必負石赴河乃已，然却爲他不念舊惡，氣象甚宏裕，此聖人深知伯夷處。」問：「伯夷叩馬諫武王，義不食周粟，有諸？」曰：「叩馬則不可知。非武王誠有之也，只此便是佗隘處。君尊臣卑，天下之常理也。伯夷知守常理，而不知聖人之變，故隘。不食周粟，只是不食其祿，非餓而不食也。至如史記所載諫詞，皆非也。武王伐商即位，已十一一作三。年矣，安得父死不葬之語？」

問：「『伐國不問仁人』，如何？」曰：「不知怎生地伐國？如武王伐紂，都是仁人，如柳下惠之時則不可。當時諸侯，以土地之故，糜爛其民，皆不義之伐，宜仁人不忍言也。」

問：「宋襄公不鼓不成列，如何？」曰：「此愚也。既與他戰，又却不鼓不成列，必待佗成列，圖箇甚？」

問：「羊祜、陸抗之事如何？」曰：「如送絹償禾之事，甚好；至抗飲祜藥，則不可。羊祜雖不是酖人底人，然兩軍相向，其所餉藥，自不當飲。」

問：「用兵，掩其不備、出其不意之事，使王者之師，當如此否？」曰：「固是。用兵須要勝，不成要敗？既要勝，須求所以勝之之道。但湯、武之兵，自不煩如此，『罔有敵于我師』，自可見，然湯亦嘗升自陑，陑亦間道。且如兩軍相向，必擇地可攻處攻之，右實則攻左，左實則攻右，不成道我不用計也？且如漢、楚既約分鴻溝，乃復還襲之，此則不可。如韓信囊沙壅水之類，何害？他師衆非我敵，決水，使他一半不得渡，自合如此，有甚不得處？」又問：「間諜之事如何？」曰：「這箇不可也。」

問：「冉子爲子華請粟，而與之少；原思爲之宰，則與之多。其意如何？」曰：「原思爲宰，宰必受祿，禄自有常數，故不得而辭。子華使於齊，師使弟子，不當有所請，冉子請之，自不是，故聖人與之少。佗理會不得，又請益，再與之亦少，聖人寬容，不欲直拒佗，冉子終不喻也。」

問：「子使漆雕開仕，對曰：『吾斯之未能信。』漆雕開未可仕，孔子使之仕，何也？」曰：「據佗說這一句言語，自是仕有餘，兼孔子道可以仕，必是實也。如由也志欲爲千乘之國，孔子止曰『可使治其賦』，求也欲爲小邦，孔子止曰『可使爲之宰』之類，由、求之徒，豈止如此？聖人如此言，便是優爲之也。」

問：「『丘也幸，苟有過，人必知之』，注言『諱君之惡』，是否？」曰：「是。」「何以歸過於己？」曰：「非是歸過於己。此事却是陳司敗欲使巫馬期以娶同姓之事去問是知禮不知禮，却須要回報言語也。聖人只有一箇不言而已。若說道我爲諱君之惡，不可也。又不成却以娶同姓爲禮，亦不可也。只可道：『丘也幸，苟有過，人必知之。』」

問：「『行不由徑』，徑是小路否？」曰：「只是不正當處，如履田疇之類，不必不由小路。昔有一人因送葬回，不覺被僕者引自他道歸，行數里，方覺不是，却須要回就大路上，若此非中理。若使小路便於往來，由之何害？」

問：「古者何以不修墓？」曰：「所以不修墓者，欲初爲墓時，必使至堅固，故須必誠必敬。若不誠敬，安能至久？」曰：「孔子爲墓，何以速崩如此邪？」曰：「非孔子也。孔子先反修虞事，使弟子治之，弟子誠敬不至，纔雨而墓崩，其爲之不堅固可知。然修之亦何害？聖人言不修者，所以深責弟子也。」

問：「『先進於禮樂，野人也；後進於禮樂，君子也。』孔子何以不從君子而從野人？」曰：「請諸君細思之。」曰：「先儒有變文從質之説，是否？」曰：「固是。然君子野人者，據當時謂之君子野人也。當時謂之野人，是言文質相稱者也。當時謂之君子，則過乎文者也。是以不從後進而從先進也。蓋當時文弊已甚，故仲尼欲救之云爾。」

「我不欲人之加諸我也，吾亦欲無加諸人。」中庸曰「施諸己而不願，亦勿施於人」，正解此兩句。然此兩句甚難行，故孔子曰：「賜也，非爾所及也。」

問：「『質直而好義，察言而觀色，慮以下人』，何以爲達？」曰：「此正是達也。只好義與下人，已是達了。人所以不下人者，只爲不達。達則只是明達。『察言而觀色』，非明達而何？」又問：「子張之問達，如何？」曰：「子張之意，以人知爲達，纔達則人自知矣，此更不須理會。子張之意，專在人知，故孔子痛抑之，又曰『夫聞也者，色取仁而行違，居之不疑』也。學者須是務實，不要近名，方是。有意近名，則大本已失，更學何事？爲名而學，則是僞也。今之學者，大抵爲名。爲名與爲利，清濁雖不同，然其利心則一也。今市井閭巷之人，却不爲名。爲名而學者，志於名而足矣，然其心猶恐人之不知。韓退之直是會道言語，曰『内不足者急於人知，沛然有餘，厥聞四馳。』大抵爲名者，只是内不足；内足者，自是無意於名。如孔子言『疾没世而名不稱』，此一句人多錯理會。此只是言君子惟患無善之可稱，當汲汲爲善，非是使人求名也。」

問：「『在邦無怨，在家無怨』，不知怨在己，在人？」曰：「在己。」曰：「既在己，舜何以有怨？」曰：「怨只是一箇怨，但其用處不同。舜自是怨。如舜不怨，却不是也。學須是通，不得如此執泥。如言『仁者不憂』，又却言『作易者其有憂患』，須要知用處各別也。天下只有一箇憂字，一箇怨字。既有此二字，聖人安得無之？如王通之言甚好，但爲後人附會亂却。如魏徵問：『聖人有憂乎？』曰：『天下皆憂，吾獨得不憂？』問疑。曰：『天下皆疑，吾獨得不疑？』謂董常曰：『樂天知命，吾何憂？窮理盡性，吾何疑？』如此自不相害，說得極好，至下面數句言心迹之判，便不是，此皆後人附會，適所以爲贅也。」

問：「『民可使由之，不可使知之』，是聖人不使之知耶？是民自不可知也？」曰：「聖人非不欲民知之也。蓋聖人設教，非不欲家喻户曉，比屋皆可封也。蓋聖人但能使天下由之耳，安能使人人盡知之？此是聖人不能，故曰：『不可使知之。』若曰聖人不使民知，豈聖人之心？是後世朝三暮四之術也。某嘗與謝景温說此一句，他爭道朝三暮四之術亦不可無，聖人亦時有之，此大故無義理。說聖人順人情處亦有之，豈有爲朝三暮四之術哉？」謝景温，一作趙景平。

問爲政遲速。曰：「仲尼嘗言之矣：『苟有用我者，期月而已可也，三年有成。』仲尼言有成者，蓋欲立致治之功業，如堯、舜之時，夫是之謂有成。此聖人之事，佗人不可及。某嘗言後世之論治者，皆不中理。漢公孫丞相言：『三年而化，臣弘尚竊遲之。』唐李石謂『十年責治太迫。』此二者，皆率爾而言。聖人之言自有次序，所謂『期月而已可也』者，謂紀綱布也；『三年有成』，治功成也。聖人之事，後世雖不敢望如此，然二帝之治，惟聖人能之；三王以下事業，大賢可爲也。」又問：「孔子言用我者，三年有成，言王者，則曰『必世而後仁』，何也？」曰：「所謂仁者，風移俗易，民歸於仁。天下變化之時，此非積久，何以能致？其曰『必世』，理之然也。『有成』者，謂法度紀綱有成而化行也。如欲民仁，非必世安可？」

問：「『大則不驕，化則不吝』，此語何如？」曰：「若以『大而化之』解此，則未是；然『大則不驕』此句，却有意思，只爲小便驕也。『化則不吝』，化煞高，『不吝』未足以言之。驕與吝兩字正相對，驕是氣盈，吝是氣歉。」曰：「吝何如則是？」曰：「吝是吝嗇也，且於嗇上看，便見得吝嗇止是一事。且人若吝時，於財上亦不足，於事上亦不足，凡百事皆不足，必有歉歉之色也。」曰：「『有周公之才之美，使驕且吝，其餘不足觀也已』，此莫是甚言驕吝之不可否？」曰：「是也。若言周公之德，則不可下驕吝字。此言雖才如周公，驕吝亦不可也。」

仲尼當周衰，轍環天下，顏子何以不仕？曰：「此仲尼之任也。使孔子得行其道，顏子不仕可矣。然孔子既當此任，則顏子足可閉户爲學也。」

孟子有功於聖門不可言。如仲尼只說一箇仁義〔一〕，「立人之道曰仁與義。」孟子開口便說仁義；仲尼只說一箇志，孟子便說許多養氣出來；只此二字，其功甚多。

未知道者如醉人：方其醉時，無所不至；及其醒也，莫不愧恥。人之未知學者，自視以爲無缺，及既知學，反思前日所爲，則駭且懼矣。

聖人六經，皆不得已而作；如耒耜陶冶，一不制，則生人之用熄。後世之言，無之不爲缺，有之徒爲贅，雖多何益也？聖人言雖約，無有包含不盡處。

言貴簡，言愈多，於道未必明。杜元凱却有此語云：「言高則旨遠，辭約則義微。」大率言語須是含

〔一〕呂本、徐本「義」作「字」，句作「只說一箇仁字」，義較長。

蓄而有餘意，所謂「書不盡言，言不盡意」也。

中庸之書，其味無窮，極索玩味。

問：「坎之六四，『樽酒簋貳用缶，納約自牖』，何義也？」曰：「坎，險之時也，此是聖人論大臣處險難之法。『樽酒簋貳用缶』，謂當險難之時，更用甚得？無非是用至誠也。『納約自牖』，言欲納約於君，當自明處。牖者，開明之處也。欲開悟於君，若於君所蔽處，何由入得？如漢高帝欲易太子，他人皆爭以嫡庶之分。夫嫡庶之分，高祖豈不知得分明？直知不是了犯之。此正是高祖所蔽處，更豈能曉之？獨留侯招致四皓，此正高祖所明處。蓋高祖自匹夫有天下，皆豪傑之力，故憚之。留侯以四皓輔太子，高祖知天下豪傑歸心於惠帝，故更不易也。昔秦伐魏，欲以長安君爲質，太后不可。左師觸龍請見，云云，遂以長安君爲質焉。夫太后只知愛子，更不察利害，故左師以愛子之利害開悟之也。」

易八卦之位，元不曾有人說。先儒以爲乾位西北，坤位西南，言乾、坤任六子，而自處於無爲之地，此大故無義理。風雷山澤之類，便是天地之用。豈天地外別有六子，如人生六子，則有各任以事，而父母自閑？風雷之類於天地閒，如人身之有耳目手足，便是人之用也。豈可謂手足耳目皆用，而身無爲乎？因見賣兔者，曰：「聖人見河圖、洛書而畫八卦。然何必圖、書，只看此兔，亦可作八卦，數便此中可起。古聖人只取神物之至著者耳。只如樹木，亦可見數。兔何以無尾，有血無脂？只是爲陰物。大抵陽物尾長，陽盛者尾愈長。如雉是盛陽之物，故尾極長，又其身文明。今之行車者，多植尾於車上，以候雨晴，如天將雨，則尾先垂向下，纔晴便直立。」

或問：「劉牧言上經言形器以上事，下經言形器以下事。」曰：「非也。上經言雲雷屯，雲雷豈無形耶？」曰：「牧又謂上經是天地生萬物，下經是男女生萬物。」曰：「天地中只是一箇生。人之生於男女，即是天地之生，安得爲異？」曰：「牧又謂乾、坤與坎、離男女同生。」曰：「非也。譬如父母生男女，豈男女與父母同生？既有乾、坤，方三索而得六子。若曰乾、坤生時，六子生理同有，則有此理。謂乾、坤、坎、離同生，豈有此事？既是同生，則何言六子耶？」

或曰：「凡物之生，各隨氣勝處化。」曰：「何以見？」曰：「如木之生，根既長大，根却無處去。」曰：「克也。」曰：「既克，則是土化爲木矣。」曰：「不是化，只是克。五行，只古人說迭王字說盡了，只是箇盛衰自然之理也。人多言五行無土不得，木得土方能生火，火得土方能生金，故土寄王於四時。某以爲不然。木生火，火生土，土生金，金生水，水生木，只是迭盛也。」

問：「劉牧以坎、離得正性，艮、巽得偏性，如何？」曰：「非也。佗據方位如此說。如居中位便言得中氣，其餘豈不得中氣也？」或曰：「五行是一氣。」曰：「人以爲一物，某道是五物。既謂之五行，豈不是五物也？五物備然後能生。且如五常，誰不知是一箇道？既謂之五常，安得混而爲一也？」

問：「劉牧以下經四卦相交，如何？」曰：「怎生地交？若論相交，豈特四卦，如屯、蒙、師、比皆是相交。一顛一倒。卦之序皆有義理，有相反者，有相生者，爻變則義變也。」下來却以〔一〕義起，然亦是以爻也，爻變則

〔一〕呂本、徐本「以」作「似」，義較長。

義變。「劉牧言〔一〕兩卦相比，上經二陰二陽相交，下經四陰四陽相交，是否？」曰：「八卦已相交了，及重卦，只取二象相交爲義，豈又於卦畫相交也？易須是默識心通，只如此窮文義，徒費力。」

問：「『莫見乎隱，莫顯乎微』，何也？」曰：「人只以耳目所見聞者爲顯見，所不見聞者爲隱微，然不知理却甚顯也。且如昔人彈琴，見螳螂捕蟬，而聞者以爲有殺聲。殺在心，而人聞其琴而知之，豈非顯乎？人有不善，自謂人不知之，然天地之理甚著，不可欺也。」曰：「如楊震四知，然否？」曰：「亦是。然而若說人與我，固分得；若說天地，只是一箇知也。且如水旱，亦有所致，如暴虐之政所感，此人所共見者，固是也。然人有不善之心積之多者，亦足以動天地之氣。如疾疫之氣亦如此。不可道事至目前可見，然後爲見也。更如堯、舜之民，何故仁壽？桀、紂之民，何故鄙夭？纔仁便壽，纔鄙便夭。壽夭乃是善惡之氣所致。仁則善氣也，所感者亦善。善氣所生，安得不壽？鄙則惡氣也，所感者亦惡。惡氣所生，安得不夭？」

問：「天地明察，神明彰矣。」曰：「事天地之義，事天地之誠，既明察昭著，則神明自彰矣。」問：「神明感格否？」曰：「感格固在其中矣。孝弟之至，通於神明。神明孝弟，不是兩般事，只孝弟便是神明之理。」又問：「王祥孝感事，是通神明否？」曰：「此亦是通神明一事。此感格便是王祥誠中來，非王祥孝於此而物來於彼也。」

問：「行狀云：『盡性至命，必本於孝弟。』不識孝弟何以能盡性至命也？」曰：「後人便將性命別作一

〔一〕「劉牧言」上疑當有「問」字。

般事說了；性命孝弟只是一統底事，就孝弟中便可盡性至命。至如洒埽應對與盡性至命，亦是一統底事，無有本末，無有精粗，却被後來人言性命者別作一般高遠說。故舉孝弟，是於人切近者言之。然今時非無孝弟之人，而不能盡性至命者，由之而不知也。」

問：「窮神知化，由通於禮樂，何也？」曰：「此句須自家體認。一作玩索。人往往見禮壞樂崩，便謂禮樂亡，然不知禮樂未嘗亡也。如國家一日存時，尚有一日之禮樂，蓋由有上下尊卑之分也。除是禮樂亡盡，然後國家始亡。雖盜賊至爲不道者，然亦有禮樂。蓋必有總屬，必相聽順，乃能爲盜，不然則叛亂無統，不能一日相聚而爲盜也。禮樂無處無之，學者要須識得。」問：「『明則有禮樂，幽則有鬼神』，何也？」曰：「鬼神只是一箇造化。『天尊地卑，乾、坤定矣，鼓之以雷霆，潤之以風雨』，是也。」

「禮云禮云[一]，玉帛云乎哉？樂云樂云，鍾鼓云乎哉？」「此固有禮樂，不在玉帛鍾鼓。先儒解者，多引『安上治民莫善於禮，移風易俗莫善於樂』。此固是禮樂之大用也，然推本而言，禮只是一箇序，樂只是一箇和。只此兩字，含畜多少義理。」又問：「禮莫是天地之序？樂莫是天地之和？」曰：「固是。天下無一物無禮樂。且置兩隻（倚）〔椅〕[二]子，纔不正便是無序，無序便乖，乖便不和。」又問：「如此，則禮樂却只是一事。」曰：「不然。如天地陰陽，其勢高下甚相背，然必相須而爲用也。有陰便有陽，有陽便有陰。有一便有二，纔有一二，便有一二之間，便是三，已往更無窮。老子亦曰：『三生萬物。』此是生生之

[一]「禮云禮云」上疑落一「問」字，否則下文「又問」二字無着落。

[二]呂本、徐本「倚」作「椅」，茲依改。

謂易，理自然如此。『維天之命，於穆不已』，自是理自相續不已，非是人爲之。如使可爲，雖使百萬般安排，也須有息時。只爲無爲，故不息。中庸言：『不見而彰，不動而變，無爲而成，天地之道可一言而盡也。』使釋氏千章萬句，説得許大無限説話，亦不能逃此三句。只爲聖人説得要，故包含無盡。釋氏空周遮説爾，只是許多。」

問：「『及其至也，聖人有所不能』，不知聖人亦何有不能、不知也？」曰：「天下之理，聖人豈有不盡者？蓋於事有所不徧知，不徧能也。至纖悉委曲處，如農圃百工之事，孔子亦豈能知哉？」或曰：「至之言極也，何以言事？」曰：「固是。極至之至，如至微至細。上文言『夫婦之愚，可以與知』。愚，無知者也，猶且能知，乃若細微之事，豈可責聖人盡能？聖人固有所不能也。」

「君子之道費而隱」，費，日用處。

「時措之宜」，言隨時之義，若「溥博淵泉而時出之」。

「王天下有三重」，言三王所重之事。上焉者，三王以上，三皇已遠之事，故無證。下焉者，非三王之道，如諸侯霸者之事，故民不尊。

「思曰睿，睿作聖。」致思如掘井，初有渾水，久後稍引動得清者出來。人思慮，始皆溷濁，久自明快。

問：「召公何以疑周公？」曰：「召公何嘗疑周公？」曰：「書稱『召公不説』，何也？」「請觀〔一〕君奭一篇，

〔一〕「請觀」上疑當有一「曰」字。

周公曾道召公疑他來否？古今人不知書之甚。書中分明說『召公爲保，周公爲師，相成王爲左右，召公不說，周公作君奭』，此已上是孔子說也。且召公初升爲太保，與周公並列，其心不安，故不說爾。但看此一篇，盡是周公留召公之意，豈有召公之賢而不知周公者乎？詩中言周大夫刺朝廷之不知。豈特周大夫？當時之人，雖甚愚者，亦知周公刺朝廷之不知者，爲成王爾。成王煞是中才，如天大雷電以風，而啟金縢之書。成王無事而啟金縢之書作甚？蓋二公道之如此，欲成王悟周公爾。近人亦錯看却其詩，云『荀子書猶非孟子，召公心未說周公』，甚非也。」

又問：「金縢之書，非周公欲以悟成王乎？何既禱之後，藏其文於金縢也？」曰：「近世祝文，或焚或埋。必是古人未有焚埋之禮，欲敬其事，故藏之金縢也。」「然則周公不知命乎？」曰：「周公誠心，只是欲代其兄，豈更問命耶？」

或問：「人有謂周公營洛，則成王既遷矣。或言平王東遷，非也。周公雖聖，其能逆知數百載下有犬戎之禍乎？是說然否？」曰：「詩中自言王居鎬京，將不能以自樂，何更疑也？周公只是爲犬戎與鎬京相逼，知其後必有患，故營洛也。」

問：「高宗得傅說於夢，文王得太公於卜。古之聖賢相遇多矣，何不盡形於夢卜乎？」曰：「此是得賢之一事，豈必盡然？蓋高宗至誠，思得賢相，寤寐不忘，故朕兆先見於夢。如常人夢寐間事有先見者多矣，亦不足怪。至於卜筮亦然。今有人懷誠心求卜，有禱輒應，此理之常然。」又問：「高宗夢往求傅說耶？傅說來入高宗夢耶？」曰：「高宗只是思得賢人，如有賢人，自然應他感。亦非此往，亦非彼來。譬如懸鏡於此，有物必照，非鏡往照物，亦非物來入鏡也。大抵人心虛明，善則必先知之，不善必先知之。有所感必有所應，自然之理也。」又問：「或言高宗於傅說，文王於太公，蓋已素知之矣，恐羣臣未信，故託夢卜以神之。」曰：「此僞也，聖人豈僞乎？」

問：「舜能化瞽、象，使不格姦，何爲不能化商均？」曰：「所謂『不格姦』者，但能使之不害己與不至大惡也。若商均則不然。舜以天下授人，欲得如己者。商均非能如己爾，亦未嘗有大惡。大抵五帝官天下，故擇一人賢於天下者而授之。三王家天下，遂以與子。論其至理，治天下者，當得天下最賢者一人，加諸衆人之上，則是至公之法。後世既難得人而爭奪興，故以與子。與子雖是私，亦天下之公法，但守法者有私心耳。」

問：「四凶堯不誅，而舜誅之，何也？」曰：「四凶皆大才也，在堯之時，未嘗爲惡，堯安得而誅之？及舉舜加其上，然後始有不平之心而肆其惡，故舜誅之耳。」曰：「堯不知四凶乎？」曰：「惟堯知之。」「知其惡而不去，何也？」曰：「在堯之時，非特不爲惡，亦賴以爲用。」

「納於大麓。」麓，足也，百物所聚，故麓有大録萬幾之意。若司馬遷謂納舜于山麓，豈有試人而納於山麓耶？此只是歷試舜也。

放勳非堯號，蓋史稱堯之道也，謂三皇而上，以神道設教，不言而化，至堯方見於事功也。後人以放勳爲堯號，故記孟子者，遂以「堯曰」爲「放勳曰」也。若以堯號放勳，則皋陶當號允迪，禹曰文命，下言「敷於四海」有甚義？

問：「詩如何學？」曰：「只在大序中求。詩之大序，分明是聖人作此以教學者，後人往往不知是聖人作。自仲尼後，一作漢以來。更無人理會得詩。如言『后妃之德』，皆以爲文王之后妃。文王，諸侯也，豈有后妃？又如『樂得淑女以配君子，憂在進賢，不淫其色』，以爲后妃之德如此。配惟后妃可稱，后妃自是配了，更何別求淑女以爲配？淫其色，乃男子事，后妃怎生會淫其色？此不難曉。但將大序看數遍，則可見矣。」或曰：「關雎是后妃之德當如此否？樂得淑女之類，是作關雎詩人之意否？」曰：「是也。大序言：『是以關雎樂得淑女以配君子，憂在進賢，不淫其色，哀窈窕，思賢才，而無傷善之心焉。』是關雎之義也。只著箇是以字，便自有意思。」曰：「如言『又當輔佐君子，則可以歸安父母』，言『能逮下』之類，皆爲其德當如此否？」曰：「是也。」問：「詩小序何人作？」曰：「但看大序卽可見矣。」曰：「莫是國史作否？」曰：「序中分明言『國史明乎得失之迹』，蓋國史得詩於採詩之官，故知其得失之迹。如非國史，則何以知其所美所刺之人？使當時無小序，雖聖人亦辨不得。」曰：「聖人刪詩時，曾刪改小序否？」曰：「有害義理處，也須刪改。今之詩序，却煞錯亂，有後人附之者。」曰：「關雎之詩，是何人所作？」曰：「周公作。周公作此以風教天下，故曰『用之鄉人焉，用之邦國焉，上以風化下，下以風刺上』，蓋自天子至於庶人，正家之道當如此也。二南之詩，多是周公所作。如小雅六月所序之詩，亦是周公作。」「後人〔一〕多言二南爲文王之詩，蓋其中有文王事也。」曰：「非也。附文王詩於中者，猶言古人有行之者，文王是也。」

問：「『關雎樂而不淫，哀而不傷』，何謂也？」曰：「大凡樂必失之淫，哀必失之傷，淫傷則入於邪矣。

〔一〕「後人」句上疑當有「曰」字。

若關雎，則止乎禮義。故如哀窈窕，思賢才，言哀之則思之甚切，以常人言之，直入於邪始得，然關雎却止乎禮義，故不至乎傷，則其思也，其亦異乎常人之思也矣。」

唐棣乃今郁李，看此，便可以見詩人與兄弟之意。

「執柯伐柯，其則不遠」，人猶以爲遠。君子之道，本諸身，發諸心，豈遠乎哉？

問：「周禮有復讐事，何也？」曰：「此非治世事，然人情有不免者。如親被人殺，其子見之，不及告官，遂逐殺之，此復讐而義者，可以無罪。其親既被人殺，不自訴官，而他自謀殺之，此則正其專殺之罪可也。」問：「避讐之法如何？」曰：「此因赦罪而獲免，便使避之也。」

問：「周禮之書有訛缺否？」曰：「甚多。周公致治之大法，亦在其中，須知道者觀之，可決是非也。」又問：「司盟有詛萬民之不信者，治世亦有此乎？」曰：「盛治之世，固無此事。然人情亦有此事，爲政者因人情而用之。」

問：「嚴父配天，稱『周公其人』，何不稱武王？」曰：「大抵周家制作，皆周公爲之，故言禮者必歸之周公焉。」

「趙盾弑君之事，聖人不書趙穿，何也？」曰：「此春秋大義也。趙穿手弑其君，人誰不知？若盾之罪，非春秋書之，更無人知也。仲尼曰：『惜哉！越境乃免。』此語要人會得。若出境而反，又不討賊也，則不免；除出境遂不反，乃可免也。」

「紀侯大去其國」，如「梁亡」，「鄭棄其師」，「齊師殲于遂」，「郭亡」之類。郭事實不明，如上四者，是一類事也。國君守社稷雖死守之可也。齊侯、衞侯方遇於垂，紀侯遂去其國，豈齊之罪哉？故聖人不言齊滅之者，罪紀侯輕去社稷也。紀侯大名也。

問王通。曰：「隱德君子也。當時有些言語，後來被人傅會，不可謂全書。若論其粹處，殆非荀、楊所及也。若續經之類，皆非其作。」

楊雄去就不足觀。如言「明哲煌煌，旁燭無疆」，此甚悔恨，不能先知。「遜于不虞，以保天命」，則是只欲全身也。若聖人先知，必不至於此，必不可奈何，天命亦何足保耶？」問：「太玄之作如何？」曰：「是亦贅矣。必欲撰玄，不如明易。邵堯夫之數，似玄而不同。數只是一般，一作數無窮。但看人如何用之。雖作十玄亦可，況一玄乎？」

荀卿才高，其過多。楊雄才短，其過少。韓子稱其「大醇」，非也。若二子，可謂大駁矣。然韓子責人甚恕。

韓退之頌伯夷，甚好，然只説得伯夷介處。要知伯夷之心，須是聖人。語曰：「不念舊惡，怨是用希。」此甚説得伯夷心也。

問：「退之讀墨篇如何？」曰：「此篇意亦甚好，但言不謹嚴，便有不是處。且孟子言墨子愛其兄之子猶鄰之子，墨子書中何嘗有如此等言？但孟子拔本塞源，知其流必至於此。大凡儒者學道，差之毫釐，繆以千里。楊朱本是學義，墨子本是學仁，但所學者稍偏，故其流遂至於無父無君，孟子欲正其本，故推至此。退之樂取人善之心，可謂忠恕，然持教不知謹嚴，故失之。至若言孔子尚同兼愛，與墨子同，則甚不可也。後之學者，又不及楊、墨。楊、墨本學仁義，後人乃不學仁義。但楊、墨之過，被孟子指出，後人無人指出，故不見其過也。」

韓退之作羑里操云：「臣罪當誅兮，天王聖明。」道得文王心出來，此文王至德處也。

退之晚年爲文，所得處甚多。學本是修德，有德然後有言，退之却倒學了。因學文日求所未至，遂有所得。如曰：「軻之死不得其傳。」似此言語，非是蹈襲前人，又非鑿空撰得出，必有所見。若無所見，不知言所傳者何事？原性等文皆少時作。

退之正在好名中。

退之言「漢儒補綴，千瘡百孔。」漢儒所壞者不少，安能補也？

凡讀史，不徒要記事跡，須要識治亂安危興廢存亡之理。且如讀高帝一紀，便須識得漢家四百年終始治亂當如何，是亦學也。

問：「漢儒至有白首不能通一經者，何也？」曰：「漢之經術安用？只是以章句訓詁爲事。且如解堯典二字，至三萬餘言，是不知要也。東漢則又不足道也。東漢士人尚名節，只爲不明理。若使明理，却皆是大賢也。自漢以來，惟有三人近儒者氣象：大毛公、董仲舒、楊雄。本朝經術最盛，只近二三十年來議論專一，使人更不致思。」

問：「陳平當王諸呂時，何不極諫？」曰：「王陵争之不從，乃引去。如陳平復諍，未必不激呂氏之怒矣。且高祖與羣臣，只是以力相勝，力强者居上，非至誠樂願爲之臣也。如王諸呂時，責他死節，他豈肯死？」

周勃入北軍，問曰：「爲劉氏左袒，爲呂氏右袒。」既知爲劉氏，又何必問？若不知而問，設或右袒，當如之何？已爲將，乃問士卒，豈不謬哉？當誅諸呂時，非陳平爲之謀，亦不克成。及迎文帝至霸橋，曰「願請閒」，此豈請閒時邪？至於罷相就國，每河東守行縣至絳，必令家人被甲執兵而見，此欲何爲？可謂至無能之人矣。

王介甫詠張良詩，最好，曰：「漢業存亡俯仰中，留侯當此每從容。」人言高祖用張良，非也。張良用高祖爾。秦滅韓，張良爲韓報仇，故送高祖入關。既滅秦矣，故辭去。及高祖興義師，誅項王，則高祖之勢可以平天下，故張良助之。良豈願爲高祖臣哉？無其勢也。及天下既平，乃從赤松子遊，是不願爲其臣可知矣。張良才識儘高，若鴻溝既分，而勸漢王背約追之，則無行也。或問：「張良欲以鐵椎擊殺秦王，其計不已疎乎？」曰：「欲報君仇之急，使當時若得以鐵椎擊殺之，亦足矣，何暇自爲謀耶？」

「王通言：『諸葛無死，禮樂其有興』，信乎？」曰：「諸葛近王佐才，禮樂興不興則未可知。」問曰：「亮果王佐才，何爲僻守一蜀，而不能有爲於天下？」曰：「孔明固言，明年欲取魏，幾年定天下，其不及而死，則命也。某嘗謂孫覺曰：『諸葛武侯有儒者氣象。』孫覺曰：『不然。聖賢行一不義，殺一不辜，雖得天下不爲。武侯區區保完一國，不知殺了多少人耶？』某謂之曰：『行一不義，殺一不辜，以利一己，則不可。若以天下之力，誅天下之賊，殺戮雖多，亦何害？陳恒弒君，孔子請討。孔子豈保得討陳恒時不殺一人邪？蓋誅天下之賊，則有所不得顧爾。』」曰：「三國之興，孰爲正？」曰：「蜀志在興復漢室，則正也。」

漢文帝殺薄昭，李德裕以爲殺之不當，温公以爲殺之當，説皆未是。據史，不見他所以殺之之故，須是權事勢輕重論之。不知當時薄昭有罪，漢使人治之，因殺漢使也；還是薄昭與漢使飲酒，因忿怒而致殺之也？漢文帝殺薄昭，而太后不安，奈何？既殺之，太后不食而死，奈何？若漢治其罪而殺漢使，太后雖不食，不可免也。須權佗那箇輕，那箇重，然後論他殺得當與不當也。論事須著用權。古今多錯用權字，纔説權，便是變詐或權術。不知權只是經所不及者，權量輕重，使之合義，纔合義，便是經也。今人説權不是經，便是經也。權只是稱錘，稱量輕重。孔子曰：「可與立，未可與權。」

問：「第五倫視其子之疾，與兄子之疾不同，自謂之私，如何？」曰：「不特安寢與不安寢，只不起與十起，便是私也。父子之愛本是公，才著些心做，便是私也。」又問：「視己子與兄子有間否？」曰：「聖人立法曰：『兄弟之子猶子也。』是欲視之猶子也。」又問：「天性自有輕重，疑若有間然。」曰：「只爲今人以私心看了。孔子曰：『父子之道天性也。』此只就孝上説，故言父子天性。若君臣兄弟賓主朋友之類，亦豈不是天性？只爲今人小看，却不推其本所由來故爾。己之子與兄之子，所爭幾何？是同出於父者也。只爲兄弟異形，故以兄弟爲手足。人多以異形故，親己之子，異於兄弟之子，甚不是也。」又問：「孔子以公冶長不及南容，故以兄之子妻南容，以己之子妻公冶長，何也？」曰：「此亦以己之私心看聖人也。凡人避嫌者，皆内不足也。聖人自是至公，何更避嫌？凡嫁女，各量其才而求配。或兄之子不甚美，必擇其相稱者爲之配；己之子美，必擇其才美者爲之配。豈更避嫌耶？若孔子事，或是年不相若，或時有先後，皆不可知。以孔子爲避嫌，則大不是。如避嫌事，雖賢者且不爲，況聖人乎？」

素問書出於戰國之末，氣象可見。若是三皇五帝典墳，文章自別。其氣運處絕淺近，如將二十四氣移換名目，便做千百樣亦得。

陰符經，非商末則周末人爲之。若是先王之時，聖道既明，人不敢爲異說。及周室下衰，道不明於天下，才智之士甚衆，既不知道所趨向，故各自以私智窺測天地，盜竊天地之機，分明是大盜，故用此以簧鼓天下。故云：「天有五賊，見之者昌」云云，豈非盜天地乎？

問：「老子書若何？」曰：「老子書，其言自不相入處，如冰炭。其初意欲談道之極玄妙處，後來却入做權詐者上去。如「將欲取之必固與之」之類。然老子之後有申、韓，看申、韓與老子道甚懸絕，然其原乃自老子來。蘇秦、張儀則更是取道遠。初秦、儀學於鬼谷，其術先揣摩其如何，然後捭闔，捭闔既動，然後用鉤鉗，鉤其端然後鉗制之。其學既成，辭鬼谷去，鬼谷試之，爲張儀說所動。如人菴中說令出之。然其學甚不近道，人不甚惑之，孟子時已有置而不足論也。」

問：「世傳成王幼，周公攝政，荀卿亦曰：『履天下之籍，聽天下之斷。』周公果踐天子之位，行天子之事乎？」曰：「非也。周公位冢宰，百官總己以聽之而已，安得踐天子之位？」又問：「君薨，百官聽於冢宰者三年爾，周公至於七年，何也？」曰：「三年，謂嗣王居憂之時也。七年，爲成王幼故也。」又問：「賜周公以天子之禮樂，當否？」曰：「始亂周公之法度者，是賜也。人臣安得用天子之禮樂哉？成王之賜，伯禽之受，皆不能無過。一作罪。記曰：『魯郊非禮也，其周公之衰乎！』聖人嘗譏之矣。說者乃云：周公有人臣不能爲之功業，因賜以人臣所不得用之禮樂，則安也。人臣豈有不能爲之功業哉？借使功業有大於周公，亦是人臣所當爲爾。人臣而不當爲，其誰爲之？豈不見孟子言『事親若曾子可也』，曾子之孝亦大矣，孟子纔言可也。蓋曰：子之事父，其孝雖過於曾子，畢竟是以父母之身做出來，豈是分外事？若曾子者，僅可以免責爾。臣之於君，猶子之於父也。臣之能立功業者，以君之人民也，以君之勢位也。假如功業大於周公，亦是以君之人民勢位做出來，而謂人臣所不能爲可乎？使人臣恃功而懷怏怏之心者，必此言矣。若唐高祖賜平陽公主葬以鼓吹則可；蓋征戰之事實，非婦人之所能爲也，故賜以婦人所不得用之禮樂。若太宗却不知此。太宗佐父平天下，論其功不過做得一功臣，豈可奪元良之位？太子之與功臣，自不相干。唐之紀綱，自太宗亂之。終唐之世無三綱者，自太宗始也。李光弼、郭子儀之徒，議者謂有人臣不能爲之功，非也。」

秦以暴虐、焚詩、書而亡。漢興，鑑其弊，必尚寬德崇經術之士，故儒者多。儒者多，雖未知聖人之學，然宗經師古，識義理者衆，故王莽之亂，多守節之士。世祖繼起，不得不褒尚名節，故東漢之士多名節。知名節而不知節之以禮，遂至於苦節，故當時名節之士，有視死如歸者。苦節既極，故魏、晉之士變而爲曠蕩，尚浮虛而亡禮法。禮法既亡，與夷狄無異，故五胡亂華。夷狄之亂已甚，必有英雄出而平之，故隋、唐混一天下。隋不可謂有天下，第能驅除爾。唐有天下，如貞觀、開元間，雖號治平，然亦有夷狄之風，三綱不正，無父子君臣夫婦，其原始於太宗也。故其後世子弟，皆不可使。玄宗纔使肅宗，便篡。肅宗纔使永王璘，便反。君不君，臣不臣，故藩鎮不賓，權臣跋扈，陵夷有五代之亂。漢之治過於唐，漢大綱正，唐萬目舉。本朝大綱甚正，然萬目亦未盡舉。因問「十世可知」，遂推此數端。

「洪水滔天」，堯時亦無許多大洪水，宜更思之。漢武帝問禹、湯水旱，厥咎何由，公孫弘對，堯遭洪水，使禹治之，不聞禹之有水也，更不答其所由，公孫弘大是姦人。

問：「東海殺孝婦而旱，豈國人冤之所致邪？」曰：「國人冤固是，然一人之意，自足以感動得天地，不可道殺孝婦不能致旱也。」或曰：「殺姑而雨，是衆人怨釋否？」曰：「固是衆人冤釋，然孝婦冤亦釋也。其人雖亡，然冤之之意自在，不可道殺姑不能釋婦冤而致雨也。」

問：「人有不善，霹靂震死，莫是人懷不善之心，聞霹靂震懼而死否？」曰：「不然，是雷震之也。」「如是雷震之，還有使之者否？」曰：「不然。人之作惡，有惡氣，與天地之惡氣相擊搏，遂以震死。霹靂，天地之怒氣也。如人之怒，固自有正，然怒時必爲之作惡，是怒亦惡氣也。怒氣與惡氣相感故爾。且如今人種蕎麥，自有畦隴，霜降時殺麥，或隔一畦麥有不殺者，豈是此處無霜，蓋氣就相合處去也。」曰：「雷所擊處必有火，何也？」曰：「雷自有火。如鑽木取火，如使木中有火，豈不燒了木？蓋是動極則陽生，自然之理。不必木，只如兩石相戛，亦有火出。惟鐵無火，然戛之久必熱，此亦是陽生也。」

鑽木取火，人謂火生於木，非也。兩木相戛，用力極則陽生。今以石相軋，便有火出。非特木也，蓋天地間無一物無陰陽。

雨木冰，上温而下冷。隕霜不殺草，上冷而下温。

天火曰災，人火曰火，人火爲害者亦曰災。

問：「日月有定形，還自氣散，別自聚否？」曰：「此理甚難曉。究其極，則此二說歸於一也。」問：「月有定魄，而日遠於月，月受日光，以人所見爲有盈虧，然否？」曰：「日月一也，豈有日高於月之理？月若無盈虧，何以成歲？蓋月一分光則是魄虧一分也。」

霜與露不同。霜，金氣，星月之氣。露亦星月之氣。看感得甚氣即爲露，甚氣即爲霜。如言露結爲霜，非也。

雹是陰陽相搏之氣，乃是沴氣。聖人在上無雹，雖有不爲災。雖不爲災，沴氣自在。

問：「『鳳鳥不至，河不出圖』，不知符瑞之事果有之否？」曰：「有之。國家將興，必有禎祥。人有喜事，氣見面目。聖人不貴祥瑞者，蓋因災異而修德則無損，因祥瑞而自恃則有害也。」問：「五代多祥瑞，何也？」曰：「亦有此理。譬如盛冬時發出一朶花，相似和氣致祥，乖氣致異，此常理也，然出不以時，則是異也。如麟是太平和氣所生，然後世有以麟駕車者，却是怪也。譬如水中物生於陸、陸中物生於水，豈非異乎？」又問：「漢文多災異，漢宣多祥瑞，何也？」曰：「且譬如小人多行不義，人却不說，至君子未有一事，便生議論，此是一理也。至白者易汙，此是一理也。詩中，幽王大惡爲小惡，宣王小惡爲大惡，此是一理也。」又問：「日食有常數，何治世少而亂世多，豈人事乎？」曰：「理會此到極處，煞燭理明也。天人之際甚微，宜更思索。」曰：「莫是天數人事看那邊勝否？」曰：「似之，然未易言也。」又問：「魚躍于王舟，火覆於王屋，流爲烏，有之否？」曰：「魚與火則不可知，若兆眹之先，應亦有之。」

問：「十月何以謂之陽月？」曰：「十月謂之陽月者，陽盡，恐疑於無陽也，故謂之陽月也。然何時無陽？如日有光之類。蓋陰陽之氣有常存而不移者，有消長而無窮者。」

問：「作文害道否？」曰：「害也。凡爲文，不專意則不工，若專意則志局於此，又安能與天地同其大也？書曰『玩物喪志』，爲文亦玩物也。呂與叔有詩云：『學如元凱方成癖，文似相如始類俳；獨立孔門無一事，只輸一作惟傳。顔氏得心齋。』此詩甚好。古之學者，惟務養情性，其佗則不學。今爲文者，專務章句，悅人耳目。既務悅人，非俳優而何？」曰：「古者學爲文否？」曰：「人見六經，便以謂〔一〕聖人亦作文，不知聖人亦一作只。攄發胸中所蘊，自成文耳。一作章。所謂『有德者必有言』也。」曰：「游、夏稱文學，何也？」曰：「游、夏亦何嘗秉筆學爲詞章也？且如『觀乎天文以察時變，觀乎人文以化成天下』，此豈詞章之文也？」

或問：「詩可學否？」曰：「既學時，須是用功，方合詩人格。既用功，甚妨事。古人詩云『吟成五箇字，用破一生心』，又謂『可惜一生心，用在五字上』。此言甚當。」先生嘗說：「王子真曾寄藥來，某無以答他，某素不作詩，亦非是禁止不作，但不欲爲此閑言語。且如今言能詩無如杜甫，如云『穿花蛺蝶深深見，點水蜻蜓欵欵飛』，如此閑言語，道出做甚？某所以不常作詩。今寄謝王子真詩云：『至誠通化藥通神，遠寄衰翁濟病身。我亦有丹君信否？用時還解壽斯民。』子真所學，只是獨善，雖至誠潔行，然大抵只是爲長生久視之術，止濟一身，因有是句。」

問：「先生曾定六禮，今已成未？」曰：「舊日作此，已及七分，後來被召入朝，既在朝廷，則當行之朝廷，不當爲私書，既而遭憂，又疾病數年，今始無事，更一二年可成也。」曰：「聞有五經解，已成否？」曰：

〔一〕呂本、徐本「謂」作「爲」。

「惟易須親撰，諸經則關中諸公分去，以某說撰成之。禮之名數，陝西諸公刪定，已送與呂與叔，與叔今死矣，不知其書安在也？然所定只禮之名數，若禮之文，亦非親作不可也。禮記之文，亦刪定未了，蓋其中有聖人格言，亦有俗儒乖謬之說。乖謬之說，本不能混格言，只爲學者不能辨別，如珠玉之在泥沙。泥沙豈能混珠玉？只爲無人識，則不知孰爲泥沙，孰爲珠玉也。聖人文章，自然與學爲文者不同。如繫辭之文，後人決學不得，譬之化工生物。且如生出一枝花，或有翦裁爲之者，或有繪畫爲之者，看時雖似相類，然終不若化工所生，自有一般生意。」

冠昏喪祭，禮之大者，今人都不以爲事。某舊曾修六禮，冠、昏、喪、祭、鄉、相見。將就後，被召遂罷，今更一二年可成。家間多戀河北舊俗，未能遽更易，然大率漸使知義理，一二年書成，可皆如法。禮從宜，事從俗，有大故害義理者，須當去。每月朔必薦新，如仲春薦含桃之類。四時祭用仲月。用仲，見〔一〕物成也。古者天子諸侯於孟月者，爲首時也。時祭之外，更有三祭：冬至祭始祖，厥初生民之祖。立春祭先祖，季秋祭禰。他則不祭。冬至，陽之始也。立春者，生物之始一作初。也。季秋者，成物之始一作時。也。祭始祖，無主用祝，以妣配於廟中，正位享之。祭只一位者，夫婦同享也。祭先祖，亦無主。先祖者，自始祖而下，高祖而上，非一人也，故設二位。祖妣異坐，一云二位。異所者，舅婦不同享也。常祭止於高祖而下。自父而推，至於三而止者，緣人情也。旁親有後者自爲祭，無後者祭之別位。爲叔伯父之後也。如殤，亦各祭。凡配，止以正妻一人，如諸侯用元妃是也。或奉祀之人是再娶所生者，即以所生母配。如葬，亦惟元妃同穴。後世或再娶皆同穴而葬，甚瀆禮經，但於左右

〔一〕呂本、徐本「見」作「月」，屬上爲句。

祔葬可也。忌日，必遷主，出祭於正寢，今正廳正堂也。蓋廟中尊者所據，又同室難以獨享也。於正寢，可以盡思慕之意。家必有廟，古者庶人祭於寢，士大夫祭於廟。庶人無廟，可立影堂。廟中異位，祖居中，左右以昭穆次序，皆夫婦自相配爲位，舅婦不同坐也。廟必有主。既祧，當埋於所葬處，如奉祀人之高祖而上，卽當祧也。其大略如此。且如豺獺皆知報本，今士大夫家多忽此，厚於奉養而薄於祖先，甚不可也。凡事死之禮，當厚於奉生者。至於嘗新必薦，享後方食〔一〕，薦數則瀆，必因告朔而薦乃合宜。人家能存得此等事數件，雖幼者漸可使知禮義。凡物，知母而不知父，走獸是也；知父而不知祖，飛鳥是也。惟人則能知祖，若不嚴於祭祀，殆與鳥獸無異矣。

問：「祭酒用幾奠？」曰：「家中尋常用三奠，祭法中却用九奠。」以禮有九獻，樂有九奏也。又問：「既奠之酒，何以置之？」曰：「古者灌以降神，故以茅縮酌，謂求神於陰陽有無之間，故酒必灌於地。若謂奠酒，則安置在此。今人以澆在地上，甚非也。既獻，則徹去可也。」傾在他器。

或問：「今拜埽之禮何據？」曰：「此禮古無，但緣習俗，然不害義理。古人直是誠質，專一也。葬只是藏體魄，而神則必歸於廟，既葬則設木主，既除几筵則木主安於廟，故古人惟專精祀於廟。今亦用拜埽之禮，但簡於四時之祭也。」

「木主必以栗，何也？」曰：「周用栗，土所産之木，取其堅也。今用栗，從周制也。若四方無栗，亦不必用，但取其木之堅者可也。」

凡祭必致齊。齊之日，思其居處，思其笑語，此孝子平日思親之心，非齊也。齊不容有思，有思則

〔一〕呂本、徐本「食」作「可」。

非齊。「齊三日，必見其所爲齊者」，此非聖人之語。齊者湛然純一，方能與鬼神接，然能事鬼神，已是上一等人。

古者男爲男尸，女爲女尸。自周以來，女無可以爲尸者，故無女尸。後世遂無尸，能爲尸者亦非尋常人。

今無宗子法，故朝廷無世臣。若立宗子法，則人知尊祖重本。人既重本，則朝廷之勢自尊。古者子弟從父兄，今父兄從子弟，子弟爲强。由不知本也。且如漢高祖欲下沛時，只是以帛書與沛父老，其父老便能率子弟從之。又如相如使蜀，亦移書責父老，然後子弟皆聽其命而從之。只有一箇尊卑上下之分，然後順從而不亂也。若無法以聯屬之，安可？且立宗子法，亦是天理。譬如木，必從根直上一榦，如大宗。亦必有旁枝。又如水，雖遠，必有正源，亦必有分派處，自然之勢也。然又有旁枝達而爲榦者。故曰：古者天子建國，諸侯奪宗云。

凡言宗者，以祭祀爲主，言人宗於此而祭祀也。「別子爲祖」，上不敢宗諸侯，故不祭，下亦無人宗之，此無宗亦莫之宗也。別子之嫡子，即繼祖爲大宗，此有大宗無小宗也。別子之諸子，祭其別子，別子雖是祖，然是諸子之禰。繼禰者爲小宗，此有小宗而無大宗也。有小宗而無大宗，此句極難理會。蓋本是大宗之祖，別子之諸子稱之，却是禰也。

今人多不知兄弟之愛。且如閭閻小人，得一食，必先以食父母，夫何故？以父母之口重於己之口也。得一衣，必先以衣父母，夫何故？以父母之體重於己之體也。至於犬馬亦然。待父母之犬馬，必異乎己之犬馬也。獨愛父母之子，却輕於己之子，甚者至若仇敵，舉世皆如此，惑之甚矣。

伯叔父之兄弟，伯是長，叔是少，今人乃呼伯父叔父爲伯叔，大無義理。呼爲伯父叔父者，言事之之禮與父同也。

或曰：「事兄盡禮，不得兄之懽心，奈何？」曰：「但當起敬起孝，盡至誠，不求伸己可也。」曰：「接弟之道如何？」曰：「盡友愛之道而已。」

問：「妻可出乎？」曰：「妻不賢，出之何害？如子思亦嘗出妻。今世俗乃以出妻爲醜行，遂不敢爲，古人不如此。妻有不善，便當出也。只爲今人將此作一件大事，隱忍不敢發，或有隱惡，爲其陰持之，以至縱恣，養成不善，豈不害事？人修身刑家最急，纔修身便到刑家上也。」又問：「古人出妻，有以對姑叱狗，藜蒸不熟者，亦無甚惡而遽出之，何也？」曰：「此古人忠厚之道也。古之人絶交不出惡聲，君子不忍以大惡出其妻，而以微罪去之，以此見其忠厚之至也。且如叱狗於親前者，亦有甚大故不是處，只爲他平日有故，因此一事出之爾。」或曰：「彼以此細故見逐，安能無辭？兼他人不知是與不是，則如之何？」曰：「彼必自知其罪。但自己理直可矣，何必更求他人知？然有識者，當自知之也。如必待彰暴其妻之不善，使他人知之，是亦淺丈夫而已。君子不如此。大凡人説話，多欲令彼曲我直。若君子，自有一箇含容意思。」或曰：「古語有之：『出妻令其可嫁，絶友令其可交。』乃此意否？」曰：「是也。」

問：「士未仕而昏，用命服，禮乎？」曰：「昏姻重禮。重其禮者，當盛其服。況古亦有是，士乘墨車之類。今律亦許假借。」曰：「無此服而服之，恐僞。」曰：「不然。今之命服，乃古之下士之服。古者有其德則仕，士未仕者也，服之其宜也。若農商則不可，非其類也。」或曰：「不必用可否？」曰：「不得不可以爲悦，今得用而用之，何害？過期非也。」

昏禮不用樂，幽陰之義，此説非是。昏禮豈是幽陰？但古人重此大禮，嚴肅其事，不用樂也。昏禮不賀，人之序也，此説却是。婦質明而見舅姑，成婦也；三日而後宴樂，禮畢也；宴不以夜，禮也。

問：「臣拜君，必於堂下，子拜父母，如之何？」對曰：「君臣以義合，有貴賤，故拜於堂下。父子主恩，有尊卑，無貴賤，故拜於堂上。若婦於舅姑，亦是義合，有貴賤，故拜於堂下，禮也。」

問：「嫂叔古無服，今有之，何也？」曰：「禮記曰：『推而遠之也。』此説不是。嫂與叔，且遠嫌，姑與嫂，何嫌之有？古之所以無服者，只爲無屬。其夫屬乎父道者，妻皆母道也。其夫屬乎子道者，妻皆婦道也。今上有父有母，下有子有婦。叔父伯父，父之屬也，故叔母伯母之服，與叔父伯父同。兄弟之子，子之屬也，故兄弟之子之婦服，與兄弟之子同。若兄弟，則己之屬也，難以妻道屬其妻，此古者所以無服。以義理推不行也。今之有服亦是。豈有同居之親而無服者？」又問：「既是同居之親，古却無服，豈有兄弟之妻死，而己恝然無事乎？」曰：「古者雖無服，若哀戚之心自在。且如鄰里之喪，尚舂不相不巷歌，匍匐救之，況至親乎？」

服有正，有義，有從，有報。古者婦喪舅姑以期，今以三年，於義亦可，但名未正，此可[一]謂之從服。從夫也。蓋與夫同奉几筵，而已不可獨無服。報服，若姑之子爲舅之子服是也。異姓之服，只推得一重。若爲母

[一]吕本、徐本「可」作「亦」。

而推，則及舅而止。若爲姑而推，則可以及其子。故舅之子無服，却爲既與姑之子爲服，姑之子須當報之也，故姑之子，舅之子，其服同。

八歲爲下殤，十四爲中殤，十九爲上殤，七歲以下爲無服之殤。無服之殤，更不祭。下殤之祭，父母主之，終父母之身。中殤之祭，兄弟主之，終兄弟之身。上殤之祭，兄弟之子主之，終兄弟之子之身。若成人而無後者，兄弟之孫主之，亦終其身。凡此，皆以義起也。

問：「女既嫁而爲父母服三年，可乎？」曰：「不可。既歸夫家，事佗舅姑，安得伸己之私？」

問：「人子事親學醫，如何？」曰：「最是大事。今有璞玉於此，必使玉人彫琢之。蓋百工之事，不可使一人兼之，故使玉人彫琢之也。若更有珍寶物，須是自看，却必不肯任其自爲也。今人視父母疾，乃一任醫者之手，豈不害事？必須識醫藥之道理，别病是如何，藥當如何，故可任醫者也。」或曰：「己未能盡醫者之術，或偏見不到，適足害事，奈何？」曰：「且如識圖畫人，未必畫得如畫工，然他却識别得工拙。如自己曾學，令醫者説道理，便自見得，或己有所見，亦可説與他商量。」陳本止此，以下八段，别本所增。

上古之時，自伏羲、堯、舜，歷夏、商以至於周，或文或質，因襲損益，其變既極，其法既詳，於是孔子參酌其宜，以爲百王法度之中制，此其所以春秋作也。孫明復主以無王而作，亦非是。但顔淵問爲邦，聖人對之以「行夏之時，乘殷之輅，服周之冕，樂則韶舞」，則是大抵聖人以道不得用，故考古驗今，參取百王之中制，斷之以義也。

禘者，魯僭天子之大祭也。灌者，祭之始也。以其僭上之祭，故自灌以往，不欲觀之。

凡觀書，不可以相類泥其義，不爾則字字相梗，當觀其文勢上下之意。如「充實之謂美」與詩之美不同。

學者後來多耽莊子。若謹禮者不透，則是佗須看莊子，爲佗極有膠固纏縛，則須求一放曠之説以自適。譬之有人於此，久困纏縛，則須覓一箇出身處。如東漢之末尚節行，尚節行太甚，須有東晉放曠，其勢必然。

冬至書雲，亦有此理，如周禮觀祲之義。古太史既有此職，必有此事。又如太史書，不知周公一一曾與不曾看過，但甚害義理，則必去之矣。如今靈臺之書，須十去八九，乃可行也。今厤法甚好，其佗禁忌之書，如葬埋昏嫁之類，極有害。

論語問同而答異者至多，或因人材性，或觀人之所問意思而言及所到地位。

「極高明，道中庸」，所以爲民極，極之爲物，中而能高者也。

「君子不成章不達」，易曰：「美在其中，暢於四支。」成章之謂也。

予官吉之永豐簿，沿檄至臨川，見劉元承之子縣丞諴，問其父所録伊川先生語，蒙示以元承手編，伏讀歎仰，因乞傳以歸。建炎元年十月晦日，庵山陳淵謹書。

河南程氏遺書卷第十九

伊川先生語五

楊遵道録

問：「格物是外物，是性分中物？」曰：「不拘。凡眼前無非是物，物物皆有理。如火之所以熱，水之所以寒，至於君臣父子閒皆是理。」又問：「只窮一物，見此一物，還便見得諸理否？」曰：「須是偏求。雖顔子亦只能聞一知十，若到後來達理了，雖億萬亦可通。」又問：「如荆公窮物，一部字解，多是推五行生成。如今窮理，亦只如此著工夫，如何？」曰：「荆公舊年説話煞得，後來却自以爲不是，晚年盡支離了。」

問：「古之學者爲己。不知初設心時，是要爲己，是要爲人？」曰：「須先爲己，方能及人。初學只是爲己。鄭宏中云：『學者先須要仁。』仁所以愛人，正是顛倒説却。」

問：「日新有進意，抑只是無敝意？」曰：「有進意。學者求有益，須是日新。」「新民」，以明德新民。

問：「『有所忿懥、恐懼、憂患，心不得其正。』是要無此數者，心乃正乎？」曰：「非是謂無，只是不以此動一本作累。其心。學者未到不動處，須是執持其志。」

「師出以律，否臧凶。」律有二義：有出師不以義者，有行師而無號令節制者，皆失律也。師出當以律，不然，雖臧亦凶。今人用師，惟務勝而已。

「弟子輿尸，貞凶。」帥師以長子，今以弟子衆主之，亦是失律，故雖貞亦凶也。

「豶豕之牙。」豕牙最能噬害人，只制其牙，如何制得？今人爲惡，却只就他惡禁之，便無由禁止，此見聖人機會處。

「喪羊于易。」羊羣行而觸物。大壯衆陽並進，六五以陰居位，惟和易然後可以喪羊。易非難易之易，乃和易樂易之易。

易有百餘家，難爲徧觀。如素未讀，不曉文義，且須看王弼、胡先生、荆公三家。理會得文義，且要熟讀，然後却有用心處。

讀易須先識卦體。如乾有元亨利貞四德，缺却一箇，便不是乾，須要認得。

「反復道也」，言終日乾乾往來，皆由於道也。三位在二體之中，可進而上，可退而下，故言反復。

「知至至之」，如今學者且先知有至處，便從此至之，是「可與幾也」。非知幾者，安能先識至處？「知終終之」，知學之終處而終之，然後「可與守義」。王荆公云：「九三知九五之位可至而至之。」大煞害事。使人臣常懷此心，大亂之道，亦自不識湯、武。「知至至之」，只是至其道也。

荆公言，用九只在上九一爻，非也。六爻皆用九，故曰：「見羣龍无首吉。」用九便是行健處。「天德不可爲首」，言乾以至剛健，又安可更爲物先？爲物先則有禍，所謂「不敢爲天下先」。乾順時而動，不過處，便是不爲首，六爻皆同。

問：「胡先生解九四作太子，恐不是卦義。」先生云：「亦不妨，只看如何用。當儲貳，則做儲貳。使九四近君，便作儲貳亦不害，但不要拘一。若執一事，則三百八十四爻只作得三百八十四件事便休也。」

看易，且要知時。凡六爻，人人有用。聖人自有聖人用，賢人自有賢人用，衆人自有衆人用，學者自有學者用；君有君用，臣有臣用，無所不通。因問：「坤卦是臣之事，人君有用處否？」先生曰：「是何無用？如『厚德載物』，人君安可不用？」

陰爲小人，利爲不善，不可一概論。夫陰助陽以成物者君子也，其害陽者小人也。夫利和義者善也，其害義者不善也。

「利貞者性情也」，言利貞便是乾之性情。因問：「利與『以利爲本』之利同否？」先生曰：「凡字只有一箇，用有不同，只看如何用。凡順理無害處便是利，君子未嘗不欲利。然孟子言『何必曰利』者，蓋只以利爲心則有害。如『上下交征利而國危』，便是有害。『未有仁而遺其親，未有義而後其君。』不遺其親，不後其君，便是利。仁義未嘗不利。」

謝師直爲長安漕，明道爲鄠縣簿，論易及春秋。明道云：「運使，春秋猶有所長，易則全理會不得。」師直一日說與先生。先生答曰：「據某所見，二公皆深知易者。」師直曰：「何故？」先生曰：「以運使能屈節問一主簿，以一主簿敢言運使不知易，非深知易道者不能。」

「雲行雨施」，是乾之亨處。

乾六爻，如欲見聖人曾履處，當以舜可見：在側陋便是潛，陶漁時便是見，升聞時便是乾乾，納于大麓時便是躍。

介甫以武王觀兵爲九四，大無義理，兼觀兵之説亦自無此事。如今日天命絶，則今日便是獨夫，豈容更留之三年？今日天命未絶，便是君也，爲人臣子，豈可以兵脅其君？安有此義？又紂鷙很〔一〕若此，太史公謂有七十萬衆，未知是否；然書亦自云，紂之衆若林。三年之中，豈肯容武王如此便休得也？只是太誓一篇前序云：「十有一年」，後面正經便説「惟十有三年」，先儒誤妄，遂轉爲觀兵之説。先王無觀兵之事，不是前序一字錯却，便是後面正經三字錯却。

先儒以六爲老陰，八爲少陰，固不是。介甫以爲進君子而退小人，則是聖人旋安排義理也。此且定陰陽之數，豈便説得義理？九六只是取純陰純陽。惟六爲純陰，只取河圖數見之，過六則一陽生，至八便不是純陰。

或以小畜爲臣畜君，以大畜爲君畜臣。先生云：「不必如此。大畜只是所畜者大，小畜只是所畜者小，不必指定一件事。便是君畜臣，臣畜君，皆是這箇道理，隨大小用。」

陳瑩中答吴國華書，天在山中，説云：「便是芥子納須彌之義。」先生謂正南北説，却須彌無體，芥子無量。

〔一〕吕本、徐本「很」作「狠」。

問：「瑩中嘗愛文中子『或問學易，子曰：終日乾乾可也。』此語最盡。文王所以聖，亦只是箇不已。」先生曰：「凡說經義，如只管節節推上去，可知是盡。夫終日乾乾，未盡得易。據此一句，只做得九三使。若謂乾乾是不已，不已又是道，漸漸推去，則自然是盡，只是理不如此。」

「子在川上，曰逝者如斯夫」，言道之體一作往。如此，這裏須是自見得。張繹曰：「此便是無窮。」先生曰：「固是道無窮，然怎生一箇無窮便了得他？」一作便道了却他。

問：「括囊事還做得在位使否？」先生曰：「六四位是在上，然坤之六四却是重陰，故云『賢人隱』，便做不得在位。」又問：「恐後人緣此，謂有朝隱者。」先生曰：「安有此理？向林希嘗有此說，謂楊雄爲祿隱。楊雄後人只爲見他著書，便須要做他是，怎生做得是？」因問：「如劇秦文，莫不當作？」先生云：「或云非是美之，乃譏之也。然王莽將來族誅之，亦未足道，又何足譏？譏之濟得甚事？或云且以免死，然已自不知明哲煌煌之義，何足以保身？作太玄本要明易，却尤晦如易，其實無益，真屋下架屋，牀上疊牀。他只是於易中得一數爲之，於麻法雖有合，只是無益。今更於易中推出來，做一百般太玄亦得，要尤難明亦得，只是不濟事。」

「大明終始。」人能大明乾之終始，便知六位時成，却時乘六龍以當天事。

「先迷後得」是一句，「主利」是一句，蓋坤道惟是主利，文言「後得主而有常」處，脫却一利字。

介甫解「直方大」云：「因物之性而生之，直也；成物之形而不可易，方也。」人見似好，只是不識理。如此，是物先有箇性，坤因而生之，是甚義理？全不識也。

「至大」，「至剛」，「以直」，此三者不可闕一，闕一便不是浩然之氣。如坤所謂「直方大」是也。但坤卦不可言剛，言剛則害坤體。然孔子於文言又曰：「坤至柔而動也剛。」方卽剛也。因問：「見李籲録明道語中，却與先生說别。解『至剛處』云：『剛則不屈』，則是於至剛已帶却直意。又曰：『以直道順理而養之』，則是以直字連下句，在學者著工夫處說却。」先生曰：「先兄無此言，便不講論到此。舊嘗令學者不要如此編録，纔聽得，轉動便别。舊曾看，只有李籲一本無錯編者。他人多只依說時，不敢改動，或脱忘一兩字，便大别。李籲却得其意，不拘言語，往往録得都是。不知尚有此語。只『剛則不屈』，亦未穩當。」

孔子教人，各因其材，有以政事入者，有以言語入者，有以德行入者。

性出於天，才出於氣，氣清則才清，氣濁則才濁。譬猶木焉，曲直者性也，可以爲棟梁、可以爲榱桷者才也。才則有善與不善，性則無不善。「惟上智與下愚不移」，非謂不可移也，而有不移之理。所以不移者，只有兩般：爲自暴自棄，不肯學也。使其肯學，不自暴自棄，安不可移哉？

楊雄、韓愈說性，正說著才也。

韓退之說：叔向之母聞楊食我之生，知其必滅宗。此無足怪，其始便稟得惡氣，便有滅宗之理，所以聞其聲而知之也。使其能學，以勝其氣，復其性，可無此患。

「性相近也」，此言所稟之性，不是言性之本。孟子所言，便正言性之本。

問：「先生云：性無不善，才有善不善，楊雄、韓愈皆說著才。然觀孟子意，却似才亦無有不善，及言所以不善處，只是云：『舍則失之。』不肯言初稟時有不善之才。如云：『非天之降才爾殊。』是不善不在才，但以遇凶歲陷溺之耳。又觀『牛山之木，人見其濯濯也，以爲未嘗有材焉，此豈山之性？』是山之性未嘗無材，只爲斧斤牛羊害之耳。又云：『人見其禽獸也，以爲未嘗有才焉，是豈人之情也哉？』所以無才者，只爲『旦晝之所爲有梏亡之耳』。又云：『乃若其情則可以爲善矣，乃所謂善；若夫爲不善，非才之罪也。』則是以情觀之，而才未嘗不善。觀此數處，切疑才是一箇爲善之資，譬如作一器械，須是有器械材料，方可爲也。如云：『惻隱之心仁也。』云云。故曰：『求則得之，舍則失之，或相倍蓰而無算者，不能盡其才也。』則四端者便是爲善之才，所以不善者，以不能盡此四端之才也。觀孟子意，似言性情才三者皆無不善，亦不肯於所稟處說不善。今謂才有善不善，何也？或云：善之地便是性，欲爲善便是情，能爲善便是才，如何？」先生云：「上智下愚便是才，以堯爲君而有象，以瞽瞍爲父而有舜，亦是才。然孟子只云『非才之罪』者，蓋公都子正問性善，孟子且答他正意，不暇一一辨之，又恐失其本意。如萬章問象殺舜事，夫堯已妻之二女，迭爲賓主，當是時，已自近君，豈復有完廩浚井之事？象欲使二嫂治棲，當是時，堯在上，象還自度得道殺却舜後，取其二女，堯便了得否？必無此事。然孟子未暇與辨，且答這下意。」

生而知之，學而知之，亦是才。問：「生而知之要學否？」先生曰：「生而知之固不待學，然聖人必須學。」

先生每與司馬君實說話，不曾放過；如范堯夫，十件事只爭得三四件便已。先生曰：「君實只爲能受盡言，儘人忤逆終不怒，便是好處。」

君實嘗問先生云：「欲除一人給事中，誰可爲者？願爲光說一人。」先生曰：「相公何爲若此言也？如當初泛論人才却可，今既如此，某雖有其人，何可言？」君實曰：「出於公口，入於光耳，又何害？」先生終不言。一本云：「先生曰：『某斷不說。』」

「先進」、「後進」，如今人說前輩後輩。「先進於禮樂」，謂舊時前輩之人於禮樂，在今觀之以爲朴野。「後進於禮樂」，謂今晚進之人於禮樂，在今觀之以爲君子。君子者，文質彬彬之名。蓋周末文盛，故以前人爲野，而自以當時爲君子，不知其過於文也。故孔子曰：「則吾從先進。」

孔子弟子善問，直窮到底。如問「鄉人皆好之何如？」曰「未可也」，便又問「鄉人皆惡之何如？」又說「足食足兵，民信之矣」，便問「必不得已而去，於斯三者何先？」纔說「去兵」，便問「不得已而去，於斯二者何先？」自非聖人不能答，便云「去食，自古皆有死，民無信不立」。不是孔子弟子不能如此問，不是聖人不能如此答。

禮記儒行、經解，全不是。因舉呂與叔解亦云：「儒行夸大之語，非孔子之言，然亦不害義理。」先生曰：「煞害義理。恰限易，便只『潔靜精微』了却；詩，便只『溫柔敦厚』了却，皆不是也。」

祭法如夏后氏郊鯀一片，皆未可據。

問：「聖人有爲貧而仕者否？」曰：「孔子爲乘田委吏是也。」又問：「或云乘田委吏非爲貧，爲之兆也。」先生曰：「乘田委吏却不是爲兆，爲魯司寇便是爲兆。」一本此下有十六字云：「有人云：『先生除國子監之命不受，是固也。』」先生因言：「近煞有人以此相勉，某答云：待飢餓不能出門户時，當別相度。」

荀、楊性已不識，更説甚道？

鄧文孚問：「孟子還可爲聖人否？」曰：「未敢便道他是聖人，然學已到至處。」又問：「孟子書中有不是處否？」曰：「只是門人録時，錯一兩字。如『説大人則藐之』，夫君子毋不敬，如有心去藐他人，便不是也。更説夷、惠處云『皆古聖人』，須錯字。若以夷、惠爲聖之清、聖之和則可，便以爲聖人則不可。看孟子意，必不以夷、惠爲聖人。如伊尹又別，初在畎畝，湯使人問之，曰『我何以湯之聘幣爲哉？』是不肯仕也。及湯盡禮，然後翻然而從之，亦是聖之時。如五就湯，五就桀，自是後來事。蓋已出了，則當以湯之心爲心，所以五就桀，不得不如此。」

荆公嘗與明道論事不合，因謂明道曰：「公之學如上壁。」言難行也。明道曰：「參政之學如捉風。」及後來逐不附己者，獨不怨明道，且曰：「此人雖未知道，亦忠信人也。」

張戩嘗於政事堂與介甫争辨事，因舉經語引證。介甫乃曰：「安石却不會讀書，賢却會讀書。」戩不能答。先生因云：「却不向道，只這箇便是不會讀書。」

佛家有印證之説，極好笑。豈有我曉得這箇道理後，因他人道是了方是，他人道不是便不是？又五祖令六祖三更時來傳法，如期去便傳得，安有此理？

謝良佐與張繹説：「某到山林中静處，便有喜意，覺著此不是。」先生曰：「人每至神廟佛殿處便敬，何也？只是每常不敬，見彼乃敬。若還常敬，則到佛殿廟宇，亦只如此。不知在鬧處時，此物安在？直到静處乃覺。」繹言：「伊云，只有這些子已覺。」先生曰：「這回比舊時煞長進。這些子已覺固是，若謂只有這些子，却未敢信。」胡本注云：「朱子權親見謝先生云：『某未嘗如此說。』恐傳録之誤也。」

「屢空」兼兩意。惟其能虛中，所以能屢空。貨殖便生計較，纔計較便是不受命，不受命者，不能順受正命也。吕與叔解作如貨殖。先生云：「傳記中言子貢貨殖處亦多，此子貢始時事。」

萬物皆有良能，如每常禽鳥中，做得窠子，極有巧妙處，是他良能，不待學也。人初生，只有喫乳一事不是學，其他皆是學，人只爲智多害之也。

「人心」，私欲也；「道心」，正心也。「危」言不安，「微」言精微。惟其如此，所以要精一。「惟精惟一」者，專要精一之也。精之一之，始能「允執厥中」。中是極至處。或云：介甫說以一守，以中行，只爲要事事分作兩處。

詩小序便是當時國史作。如當時不作，雖孔子亦不能知，況子夏乎？如大序，則非聖人不能作。

「用之鄉人焉，用之邦國焉。」如二南之詩及大雅、小雅，是當時通上下皆用底詩，蓋是修身治家底事。

「關雎樂得淑女以配君子」，淑女卽后妃也，故言配荇菜以興后妃之柔順。「左右流之」，左右者隨水之貌。「左右采之」者，順水而采之。「左右芼之」者，順水而芼之。皆是言荇菜柔順之貌，以興后妃之德。「琴瑟友之，鍾鼓樂之」，言后妃之配君子，和樂如此也。

「憂在進賢，不淫其色，哀窈窕，思賢才，而無傷善之心焉」，自是關雎之義如此，非謂后妃也。此一行甚分明，人自錯解却。

口目耳鼻四支之欲，性也，然有分焉，不可謂我須要得，是有命也。仁義禮智，天道在人，賦於命有厚薄，是命也，然有性焉，可以學，故君子不謂命。

「則以學文」，便是讀書。人生便知有父子兄弟，須是先盡得孝弟，然後讀書，非謂已前不可讀書。

禮勝則離，故「禮之用和爲貴，先王之道斯爲美，小大由之」。樂勝則流，故「有所不行，知和而和，不以禮節之，亦不可行」。禮以和爲貴，故先王之道以此爲美，而小大由之。然却有所不行者，以「知和而和，不以禮節之」，故亦不可行也。

「望道而未之見」，言文王視民如傷，以紂在上，望天下有道而未之見。「湯執中，武王不泄邇」，非謂武王不能執中，湯却泄邇，蓋各因一件事言之。人謂各舉其最盛者非也，聖人亦無不盛。

魯得用天子禮樂，使周公在，必不肯受，故孔子曰：「周公之衰乎！」孔子以此爲周公之衰，是成王之失也。介甫謂周公有人臣不能爲之功，故得用人臣所不得用之禮，非也。臣子身上，没分外過當底事。凡言舜言曾子爲孝，不可謂曾子、舜過於孝也。

「克明峻德」，只是説能明峻德之人。「凡爲天下國家有九經」，曰修身也，尊賢也，親親也。蓋先尊賢，然後能親親。夫親親固所當先，然不先尊賢，則不能知親親之道。禮記言「克明峻德，顧諟天之明命，皆自明也」者，皆由於明也。

「平章百姓」，百姓只是民。凡言百姓處皆只是民，百官族姓已前無此說。

陳平只是幸而成功，當時順却諸呂，亦只是畏死。漢之君臣，當恁時，豈有樸實頭爲社稷者？使後來少主在，事變却時，他也則隨却。如令周勃先入北軍，陳平亦不是推功讓能底人，只是占便宜，令周勃先試難也。其謀甚拙，其後成功亦幸。如人臣之義，當以王陵爲正。

周勃當時初入北軍，亦甚拙，何事令左袒則甚？忽然當時皆右袒，後還如何？當時已料得必左袒，又何必更號令？如未料得，豈不生變？只合驅之以義，管它從與不從。

韓信初亡，蕭何追之，高祖如失左右手，却兩日不追，及蕭何反，問之曰：「何亡也？」曰：「臣非亡，乃追亡者也。」當時高祖豈不知此二人，乃肯放與項羽，兩日不追邪？乃是蕭何與高帝二人商量做來，欲致韓信之死爾。當時史官已被高祖瞞過，後人又被史官瞞。

惜乎，韓信與項羽，諸葛亮與司馬仲達，不曾合戰。更得這兩箇戰得幾陣，不妨有可觀。

先生每讀史到一半，便掩卷思量，料其成敗，然後却看有不合處，又更精思，其間多有幸而成，不幸而敗。今人只見成者便以爲是，敗者便以爲非，不知成者煞有不是，敗者煞有是底。

讀史須見聖賢所存治亂之機，賢人君子出處進退，便是格物。今人只將他見成底事便做是使，不知煞有誤人處。

先生在講筵，嘗典錢使。諸公因問，必是俸給大段不足，後乃知到任不曾請俸。諸公遂牒户部，問不支俸錢。户部索前任麻子。先生云：「某起自草萊，無前任麻子。」舊例，初入京官時，用下狀出給料錢麻，其意謂朝廷起我，便當廩人繼粟，庖人繼肉也。遂令户部自爲出券麻。户部只欲與折支，諸公又理會，館閣尚請見錢，豈有經筵官只請折支？又檢例，已無崇政殿説書多時，户部遂定，已前未請者只與折支，自後來爲始，支見錢。先生後自涪陵歸，復官半年，不曾請俸。糧料院吏人忽來索請券狀子。先生云：「自來不會寫狀子。」受事人不去，只令子弟録與受官月日。

先生在經筵時，與趙侍郎、范純甫同在後省行，見曉示，至節令，命婦進表，賀太皇及太后太妃。趙、范更問備辦，因問先生。先生云：「某家無命婦。」二公愕然，問何不敘封？先生曰：「某當時起自草萊，三辭然後受命，豈有今日乃爲妻求封之理？」其夫人至今無封號。問：「今人陳乞恩例，義當然否？」「人皆以爲本分者不一作不以。爲害。」先生曰：「只爲而今士大夫道得箇乞字慣却，動不動又是乞也。」因問：「陳乞封父祖，如何？」先生曰：「此事體又別。」再三請益，但云：「其説甚長，待別時説。」

范堯夫爲蜀漕，成都帥死，堯夫權府。是時，先生隨侍過成都，堯夫出送，先生已行二里，急遣人追及之，回至門頭僧寺相見。堯夫因問：「先生在此，有何所聞？」先生曰：「聞公嘗言：『當使三軍之士知事帥君如事父母。』不知有此語否？」堯夫愕然，疑其言非是。先生曰：「公果有此語，一國之福也。」堯夫方喜。先生却云：「恐公未能使人如此。」堯夫再三問之。先生曰：「只如前日公權府，前帥方死，便使他臣子張樂大排，此事當時莫可罷？」堯夫云：「便是純仁當時不就席，只令通判伴坐。」先生曰：「此尤不是。」堯夫驚愕，即應聲曰：「悔當初只合打散便是。」先生曰：「又更不是。夫小人心中，只得些物事時便喜，不得便不足。他既不得物事，却歸去思量，因甚不得此物，元來是爲帥君。小人須是切己，乃知思量。若只與他物事，他自歸去，豈更知有思量？」堯夫乃嗟歎曰：「今日不出，安得聞此言？」

先生云：「韓持國服義最不可得。一日某與持國、范夷叟泛舟于潁昌西湖，須臾客將云：『有一官員上書，謁見大資。』某將謂有甚急切公事，乃是求知己。某云：『大資居位，却不求人，乃使人倒來求己，是甚道理？』夷叟云：『只爲正叔一作姨夫。太執，求薦章，常事也。』某云：『不然。只爲曾有不求者不與，來求者與之，遂致人如此。』持國便服。」

先生初受命，便在假，欲迤邐尋醫，既而供職。門人尹焞深難之，謂供職非是。先生曰：「新君卽位，首蒙大恩，自二千里放回，亦無道理不受。某在先朝，則知某者也。當時執政大臣皆相知，故不當如此受。今則皆無相知，朝廷之意只是憐其貧，不使飢餓於我土地。某須領他朝廷厚意，與受一月料錢，然官則某必做不得。既已受他誥，却不供職，是與不受同。且略與供職數日，承順他朝廷善意了，然後惟吾所欲。」

先生因言：「今日供職，只第一件便做他底不得。吏人押申轉運司狀，某不曾簽。國子監自繫臺省，臺省繫朝廷官。外司有事，合行申狀，豈有臺省倒申外司之理？只爲從前人只計較利害，不計較事體，直得恁地。須看聖人欲正名處，見得道名不正時，便至禮樂不興，自然住不得。夫禮樂，豈玉帛之交錯，鍾鼓之鏗鏘哉？今日第一件便如此。人不知，一似好做作只這些子。某便做他官不得，若久做他底時，須一一與理會。」

謝某曾問：「涪州之行，知其由來，乃族子與故人耳。」族子謂程公孫，故人謂邢恕。先生答云：「族子至愚，不足責。故人至一作情。厚，不敢疑。孟子既知一作繫之。天，安用尤臧氏？」因問：「邢七雖爲惡，然必不到更傾先生也。」先生曰：「然。邢七亦有書到某云：『屢於權宰處言之。』不知身爲言官，却說此話。未知傾與不傾，只合救與不救，便在其間。」又問：「邢七久從先生，想都無知識，後來極狼狽。」先生曰：「謂之全無知則不可，只是義理不能勝利欲之心，便至如此也。」

先生云：「某自十七八讀論語，當時已曉文義，讀之愈久，但覺意味深長。論語，有讀了後全無事者，有讀了後其中得一兩句喜者，有讀了後知好之者，有讀了後不知手之舞之足之蹈之者。」

今人不會讀書。如「誦詩三百，授之以政，不達；使於四方，不能專對；雖多，亦奚以爲？」須是未讀詩時，授以政不達，使四方不能專對；既讀詩後，便達於政，能專對四方，始是讀詩。「人而不爲周南、召南，其猶正牆面而立。」須是未讀周南、召南，一似面牆；到讀了後，便不面牆，方是有驗。大抵讀書，只此便是法。如讀論語，舊時未讀是這箇人，及讀了後又只是這箇人，便是不曾讀也。

大率上一爻皆是師保之任，足以當此爻〔一〕也。

若要不學佛，須是見得他小，便自然不學。

文中子本是一隱君子，世人往往得其議論，附會成書。其閒極有格言，荀、楊道不到處。又有一件事，半截好，半截不好。如魏徵問：「聖人有憂乎？」曰：「天下皆憂，吾獨得不憂？」問疑，曰：「天下皆疑，

〔一〕呂本、徐本「爻」上有「一」字。

吾獨得不疑？」徽退，謂董常曰：「樂天知命吾何憂？窮理盡性吾何疑？」此言極好。下半截却云：「徽所問者迹也，吾告汝者心也，心迹之判久矣。」便亂道。

文中子言：「封禪之費，非古也，其秦、漢之侈心乎！」此言極好。古者封禪，非謂誇治平，乃依本分祭天地，後世便把來做一件矜誇底事。如周頌告成功，乃是陳先王功德，非謂誇自己功德。

文中子續經甚謬，恐無此。如續書始於漢，自漢已來制詔，又何足記？續詩之備六代，如晉、宋、後魏、北齊、後周、隋之詩，又何足采？

韓退之言「孟子醇乎醇」，此言極好，非見得孟子意，亦道不到。其言「荀、楊大醇小疵」，則非也。荀子極偏駁，只一句「性惡」，大本已失。楊子雖少過，然已自不識性，更説甚道？

韓退之言「博愛之謂仁，行而宜之之謂義，由是而之焉之謂道，足乎己無待於外之謂德」，此言却好。只云「仁與義爲定名，道與德爲虛位」，便亂說。只如原道一篇極好。退之每有一兩處，直是搏得親切，直似知道，然却只是博也。

問：「文中子謂『諸葛亮無死，禮樂其有興乎！』諸葛亮可以當此否？」先生曰：「禮樂則未敢望他，只是諸葛已近王佐。」又問：「如取劉璋事，如何？」先生曰：「只有這一事大不是，便是計較利害。當時只爲不得此，則無以爲資。然豈有人特地出迎他，却於坐上執之？大段害事，只是箇爲利。君子則不然，只一箇義不可便休，豈可苟爲？」又問：「如湯兼弱攻昧，如何？」先生曰：「弱者兼之，非謂并兼取他，只爲助他，與之相兼也。昧者乃攻，亂者乃取，亡者乃侮。」

張良亦是箇儒者，進退閒極有道理。人道漢高祖能用張良，却不知是張良能用高祖。良計謀不妄發，發必中。如後來立太子事，皆是能使高祖必從，使之左便左，使之右便右，豈不是良用高祖乎？良本不事高祖，常言爲韓王送沛公。觀良心，只是爲天下，且與成就却事。後來與赤松子遊，只是箇不肯事高祖如此。

五德之運，却有這道理。凡事皆有此五般，自小至大，不可勝數。一日言之，便自有一日陰陽；一時言之，便自有一時陰陽；一歲言之，便自有一歲陰陽；一紀言之，便自有一紀陰陽；氣運不息，如王者一代，又是一箇大陰陽也。唐是土德，便少河患；本朝火德，多水一作火。災。蓋亦有此理，只是須於這上有道理。如關朗卜百年事最好，其閒須言如此處之則吉，不如此處之則凶，每事如此，蓋雖是天命，可以人奪也。如仙家養形，以奪既衰之年；聖人有道，以延已衰之命，只爲有這道理。

或云：「尋常觀人出辭氣，便可知人。」先生曰：「亦安可盡？昔橫渠嘗以此觀人，未嘗不中，然某不與他如此。後來其弟戩亦學他如此，觀人皆不中，此安可學？」

觀素問文字氣象，只是戰國時人作。謂之三墳書，則非也，道理却總是。想當時亦須有來歷，其閒只是氣運使不得。錯不錯未説，就使其法不錯，亦用不得。除是堯、舜時，十日一風，五日一雨，始用得。且如説潦旱，今年氣運當潦，然有河北潦，江南旱時，此且做各有方氣不同，又却有一州一縣之中潦旱不同者，怎生定得？

學佛者多要忘是非，是非安可忘得？自有許多道理，何事忘爲？夫事外無心，心外無事。世人只被爲物所役，便覺苦事多。若物各付物，便役物也。世人只爲一齊在那昏惑迷暗海中，拘滯執泥坑裏，便事事轉動不得，没著身處。

莊子齊物。夫物本齊，安俟汝齊？凡物如此多般，若要齊時，别去甚處下脚手？不過得推一箇理一也。物未嘗不齊，只是你自家不齊，不干物不齊也。

先生在經筵，聞禁中下後苑作坊取金水桶貳隻，因見潞公問之。潞公言："無。"彦博曾入禁中，見只是朱紅，無金爲者。"某遂令取文字示潞公，潞公始驚怪。某當時便令問，欲理會，却聞得長樂宫遂已。當時恐是皇帝閤中，某須理會。

先生舊在講筵，説論語"南容三復白圭"處，内臣貼却容字，因問之。内臣云："是上舊名。"先生講罷，因説："適來臣講書，見内臣貼却容字。夫人主處天下之尊，居億兆之上，只嫌怕人尊奉過當，便生驕心，皆是左右近習之人養成之也。嘗覩仁宗時，宫嬪謂正月爲初月，蒸餅爲炊餅，皆此類。請自後，只諱正名，不諱嫌名及舊名。"纔説了，次日孫莘老講論語，讀子畏於匡爲正。先生云："且著箇地名也得。子畏於正，是甚義理？"又講"君祭先飯"處，因説："古人飲食必祭，食穀必思始耕者，食菜必思始圃者，先王無德不報如此。夫爲人臣者，居其位，食其禄，必思何所得爵禄來處，乃得於君也。必思所以報其君，凡勤勤盡忠者，爲報君也。如人主所以有崇高之位者，蓋得之於天，與天下之人共戴也，必思所以報民。古之人君視民如傷，若保赤子，皆是報民也。"每講一處，有以開導人主之心處便説。始初内臣宫嬪門皆攜筆在後抄録，後來見説著佞人之類，皆惡之。吕微仲使人言："今後且刻可傷觸人。"范堯夫云：「但不道著名字，儘說不妨。」又講君祭以下，莆田本添。

或問：「橫渠言聖人無知，因問有知。」先生曰：「纔說無知，便不堪是聖人。當人不問時，只與木石同也？」

先生云：「呂與叔守橫渠學甚固，每橫渠無說處皆相從，纔有說了，便不肯回。」

蘇昞録橫渠語云：「和叔言香聲。橫渠云：『香與聲猶是有形，隨風往來，可以斷續，猶爲粗耳。不如清水。今以清冷水置之銀器中，隔外便見水珠，曾何漏隙之可通？此至清之神也。』先生云：『此亦見不盡，却不說此是水之清，銀之清。若云是水，因甚置甆椀中不如此？』」

河南程氏遺書卷第二十

伊川先生語六

周伯忱録

問：「左氏言子路助衛輒，觀其學已升堂，肯如是否？」曰：「子路非助輒，只爲孔悝陷於不義，欲救之耳。蓋蒯聵不用君父之命而入立，强盟孔悝，孔悝不合從之故也。」曰：「子路當時可以免難否？」曰：「不可免。」

問：「左傳可信否？」曰：「不可全信，信其可信者耳。某年二十時，看春秋，黄贅隅問某如何看？答之曰：『有兩句法云：以傳考經之事迹，以經别傳之真僞。』」又問：「公、穀如何？」曰：「又次於左氏。」「左氏即是丘明否？」曰：「傳中無丘明字，不可考。」

問：「『此之謂自慊』與『吾何慊乎哉』之慊，同否？」曰：「慊字則一也。不足謂之慊，動於中亦謂之慊，看用處如何。」

河南程氏遺書卷第二十一上

伊川先生語七上

門人張繹錄

師說

宣仁山陵，程子往赴，呂汲公爲使。時朝廷以館職授子，子固辭。公謂子曰：「仲尼亦不如是。」程子對曰：「公何言哉？某何人，而敢比仲尼？雖然，某學仲尼者，於仲尼之道，固不敢異。公以謂仲尼不如是，何也？」公曰：「陳恒弑其君，請討之，魯不用則亦已矣。」子未及對，會殿帥苗公至，子辟之幕府，見公壻王讜。讜曰：「先生不亦甚乎？欲朝廷如何處先生也？」子曰：「且如朝廷議北郊，所議不合禮，取笑天下。後世豈不曰有一程某，亦嘗學禮，何爲而不問也？」讜曰：「北郊如何？」曰：「此朝廷事，朝廷不問而子問之，非可言之所也。」其後有問：「汲公所言陳恒之事，是歟？」曰：「於傳，仲尼是時已不爲大夫，公誤言也。」

呂汲公以百縑遺子，子辭之。時子族兄子公孫在旁，謂子曰：「勿爲已甚，姑受之。」子曰：「公之所以遺某者，以某貧也。公位宰相，能進天下之賢，隨才而任之，則天下受其賜也。何獨某貧也？天下貧者亦衆矣，公帛固多，恐公不能周也。」

殿帥苗公問程子曰：「朝廷處先生，如何則可？」程子對曰：「且如山陵事。苟得專處，雖永安尉可也。」

程子曰：「古之學者易，今之學者難。古人自八歲入小學，十五入大學，有文采以養其目，聲音以養其耳，威儀以養其四體，歌舞以養其血氣，義理以養其心。今則俱亡矣，惟義理以養其心爾，可不勉哉！」

范公堯夫攝帥成都，程子將告歸，別焉。公曰：「願少留，某將別。」子曰：「既別矣，何必復勞輿衛？」遂行。公使人要於路曰：「願一見也。」既見，曰：「先生何以教我？」子曰：「公嘗言爲將帥當使士卒視己如父母，然後可用，然乎？」公曰：「如何？」子曰：「公言是也。然公爲政不若是，何也？」公曰：「可得聞歟？」子曰：「舊帥新亡，而公張樂大饗將校於府門，是教之視帥如父母乎？」曰：「亦疑其不可，故使屬官攝主之也。」子曰：「是尤不可也。公與舊帥同僚也，失同僚之義，其過小；屬官於主帥，其義重。」曰：「廢饗而頒之酒食，如何？」曰：「無頒也。武夫視酒食爲重事，弗頒，則必思其所以而知事帥之義，乃因事而教也。」公曰：「若從先生言而不來，則不聞此矣。」其喜聞義如此。

程子在講筵，執政有欲用之爲諫官者。子聞，以書謝曰：「公知射乎？有人執弓於此，發而多中，人皆以爲善射矣。一日，使羿立於其傍，道之以彀率之法。不從，羿且怒而去矣。從之，則戾其故習而失多中之功。一作巧。故不若處羿於無事之地，則羿得盡其言，而用舍羿不恤也。某才非羿也，然聞羿之道矣，慮其害公之多中也。」

謝湜自蜀之京師，過洛而見程子。子曰：「爾將何之？」曰：「將試教官。」子弗答。湜曰：「何如？」子曰：「吾嘗買婢，欲試之，其母怒而弗許，曰：『吾女非可試者也。』今爾求爲人師而試之，必爲此媪笑也。」湜遂不行。一本云：湜不能用。又云：謝湜求見者三，不許，因陳經正以請，先生曰：「聞其來問易，遂爲説以獻貴人。」注云：獻蔡卞，如用説桎梏之類。

謝愔見程子，子留語，因請曰：「今日將沐。」子曰：「豈無他日？」曰：「今日吉也。」子曰：「豈爲士而惑此也邪？」曰：「愔固無疑矣。在己庸何恤？第云不利父母。」子曰：「有人呼於市者曰：『毁瓦畫墁則利父母也，否則不利於父母。』子亦將毁瓦畫墁乎？」曰：「此狂人之言也，何可信？」「然則子所信者，亦狂言爾。」

先生謂繹曰：「吾受氣甚薄，三十而浸盛，四十五十而後完。今生七十二年矣，校其筋骨，於盛年無損也。」又曰：「人待老而求保生，是猶貧而後蓄積，雖勤亦無補矣。」繹曰：「先生豈以受氣之薄而後爲保生邪？」夫子默然曰：「吾以忘生徇欲爲深恥。」

程子與客語爲政。程子曰：「甚矣，小人之無行也！牛壯食其力，老則屠之。」客曰：「不得不然也。牛老不可用，屠之猶得半牛之價，復稱貸以買壯者，不爾則廢耕矣。且安得芻粟養無用之牛乎？」子曰：「爾之言，知計利而不知義者也。爲政之本，莫大於使民興行，民俗善而衣食不足者，未之有也。水旱螟蝗之災，皆不善之致也。」

邵堯夫謂程子曰：「子雖聰明，然天下之事亦衆矣，子能盡知邪？」子曰：「天下之事，某所不知者固多。然堯夫所謂不知者何事？」是時適雷起，堯夫曰：「子知雷起處乎？」子曰：「某知之，堯夫不知也。」堯夫愕然曰：「何謂也？」子曰：「既知之，安用數推也？以其不知，故待推而後知。」堯夫曰：「子以爲起於何處？」子曰：「起於起處。」堯夫瞿然稱善。

張子厚罷太常禮院歸關中，過洛而見程子。子曰：「比太常禮院所議，可得聞乎？」子厚曰：「大事皆爲禮房檢正所奪，所議惟小事爾。」子曰：「小事謂何？」子厚曰：「如定謚及龍女衣冠。」子曰：「龍女衣冠如何？」子厚曰：「當依夫人品秩，蓋龍女本封善濟夫人。」子曰：「某則不然。既曰龍，則不當被人衣冠。矧大河之塞，本上天降祐，宗廟之靈，朝廷之德，而吏士之勞也。龍何功之有？又聞龍有五十三廟，皆曰三娘子，一龍邪？五十三龍邪？一龍則不當有五十三廟，五十三龍則不應盡爲三娘子也。」子厚默然。

韓持國帥許，程子往見，謂公曰：「適市中聚浮圖，何也？」公曰：「爲民祈福也。」子曰：「福斯民者，不在公乎？」

韓公持國使掾爲亭，成而蓮已生其前，蓋掾盆植而置之。公甚喜。程子曰：「斯可惡也。使之爲亭，而更爲此以說公，非端人也。」公曰：「奈何人見之則喜！」

韓公持國與范公彝叟、程子爲泛舟之遊。典謁白有士人堅欲見公。程子曰：「是必有故，亟見之。」頃之，遽還。程子問：「客何爲者？」曰：「上書。」子曰：「言何事？」曰：「求薦爾。」子曰：「如斯人者，公缺一字。無薦，夫爲國薦賢，自當求人，豈可使人求也？」公曰：「子不亦甚乎？」范公亦以子爲不通。子曰：「大抵今之大臣，好人求己，故人求之。如不好，人豈欲求怒邪？」韓公遂以爲然。

韓持國罷門下侍郎，出帥南陽，已出國門，程子往見之。子時在講筵，公驚曰：「子來見我乎？子亦危矣。」程子曰：「只知履安地，不知其危。」坐頃之，公不言。子曰：「公有不豫色，何也？」公曰：「在維固無足道，所慮者貽兄姊之憂耳。」子曰：「領帥南陽，兄姊何所憂？」公悟曰：「正爲定力不固耳。」

謝公師直與程子論易，程子未之許也。公曰：「昔與伯淳，亦謂景温於春秋則可，易則未也。」程子曰：「以某觀之，二公皆深於易者也。」公曰：「何謂也？」子曰：「以監司論學，而主簿敢以爲非，爲監司者不怒，爲主簿者敢言，非深於易而何？」

張閎中以書問易傳不傳，及曰「易之義本起於數」。程子答曰：「易傳未傳，自量精力未衰，尚冀有少進爾。然亦不必直待身後，覺老耄則傳矣。書雖未出，學未嘗不傳也。第患無受之者爾。來書云：『易之義本起於數。』謂義起於數則非也。有理而後有象，有象而後有數。易因象以明理，由象以知數，得其義則象數在其中矣。必欲窮象之隱微，盡數之毫忽，乃尋流逐末，術家之所尚，非儒者之所務也，管輅、郭璞之學是也。」又曰：「理無形也，故因象以明理。理見乎辭矣，則可由辭以觀象。故曰『得其義則象數在其中矣。』」

子言范公堯夫之寬大也，「昔余過成都，公時攝帥，有言公於朝者，朝廷遣中使降香峨眉，實察之也。公一日訪予款語，予問曰：『聞中使在此，公何暇也？』公曰：『不爾則拘束。』已而中使果怒，以鞭傷傳言者耳。屬官喜謂公曰：『此一事足以塞其謗，請聞於朝。』公既不折言者之爲非，又不奏中使之過也。其有量如此。」

程子過成都，時轉運判官韓宗道議減役，至三大户亦減一人焉。子曰：「只聞有三大户，不聞兩也。」宗道曰：「三亦可，兩亦可，三之名不從天降地出也。」子曰：「乃從天降地出也。古者朝有三公，國有三老，『三人占則從二人之言』，『三人行，則必得我師焉』。若止兩大户，則一人以爲是，一人以爲非，何從而決？三則從二人之言矣。雖然，近年諸縣有使之分治者，亦失此意也。」

繹曰：「鄒浩以極諫得罪，世疑其賣直也。」先生曰：「君子之於人也，當於有過中求無過，不當於無過中求有過。」

程子之盩厔，時樞密趙公瞻持喪居邑中，杜門謝客，使侯鷺語子以釋氏之學。子曰：「禍莫大於無類。釋氏使人無類，可乎？」鷺以告趙公。公曰：「天下知道者少，不知道者衆，自相生養，何患乎無類也？若天下盡爲君子，則君子將誰使？」侯子以告。程子曰：「豈不欲人人盡爲君子哉？病不能耳，非利其爲使也。若然，則人類之存，不賴於聖賢，而賴於下愚也。」趙公聞之，笑曰：「程子未知佛道弘大耳。」程子曰：「釋氏之道誠弘大，吾聞傳者以佛逃父入山，終能成佛。若儒者之道，則當逃父時已誅之矣，豈能俟其成佛也？」

韓公持國與程子語，歎曰：「今日又暮矣。」程子對曰：「此常理從來如是，何歎爲？」公曰：「老者行去矣。」曰：「公勿去可也。」公曰：「如何能勿去？」子曰：「不能則去可也。」

河南程氏遺書卷第二十一下

伊川先生語七下

附師説後

幽王失道，始則萬物不得其性，而後恩衰於諸侯以及其九族，其甚也，至於視民如禽獸。魚藻之什，其序如此。

孔子之時，諸侯甚强大，然皆周所封建也。周之典禮雖甚廢壞，然未泯絶也。故齊、晉之霸，非挾尊王之義，則不能自立。至孟子時則異矣。天下之大國七，非周所命者四，先王之政絶而澤竭矣。夫王者，天下之義主也。民以爲王，則謂之天王天子；民不以爲王，則獨夫而已矣。二周之君，雖無大惡見絶於天下，然獨夫也。故孟子勉齊、梁以王者，與孔子之所以告諸侯不同。君子之救世，時行而已矣。

不動心有二：有造道而不動者，有以義制心而不動者。此義也，此不義也，義吾所當取，不義吾所當捨，此以義制心者也。義在我，由而行之，從容自中，非有所制也，此不動之異。

凡有血氣之類，皆具五常，但不知充而已矣。

勇者所以敵彼者也，苟爲造道而心不動焉，則所以敵物者，不賴勇而裕如矣。

理也，性也，命也，三者未嘗有異。窮理則盡性，盡性則知天命矣。天命猶天道也，以其用而言之則謂之命，命者造化之謂也。

書言天叙，天秩。天有是理，聖人循而行之，所謂道也。聖人本天，釋氏本心。

忠者，無妄之謂也。忠，天道也。恕，人事也。忠爲體，恕爲用。「忠恕違道不遠」，非一以貫之之忠恕也。

真近誠，誠者無妄之謂。

氣有善不善，性則無不善也。人之所以不知善者，氣昏而塞之耳。孟子所以養氣者，養之至則清明純全，而昏塞之患去矣。或曰養心，或曰養氣，何也？曰：「養心則勿害而已，養氣則在有所帥也。」

賤妾得進御於君，是其僭恣可行，而分限得踰之時也。乃能謹於「抱衾與裯」，而知「命之不猶」，則教化至矣。

心生道也，有是心，斯具是形以生。惻隱之心，人之生道也，雖桀、跖不能無是以生，但戕賊之以滅天耳。始則不知愛物，俄而至於忍，安之以至於殺，充之以至於好殺，豈人理也哉？

有欲亂之人，而無與亂者，則雖有强力，弗能爲也。今有劫人以殺人者，則先治劫者，而殺者次之。將以垂訓於後世，則先殺者而後劫者。春秋書「鄭公子歸生弒其君夷」是也。

諸葛瑾使蜀，其弟亮，與瑾非公會不覿。亮之處瑾爲得矣。使吳之知瑾，如備之遇亮，復何嫌而不得悉兄弟之懽也！

春秋喪昏無譏，蓋日月自見，不必譏也。唯哀姜以禫中納幣，則重疊譏之：曰「逆婦」，曰「夫人至」，恐後世不以爲非也。他皆曰「逆女」，此獨云「婦」，而又不曰「夫人」，蓋已納幣則爲婦，違禮而昏則不可謂之夫人。

「貞而不諒」，猶大信不約也。

智出於人之性。人之爲智，或入於巧僞，而老、莊之徒遂欲棄智，是豈性之罪也哉？善乎孟子之言：「所惡於智者，爲其鑿也。」

孔子之時，道雖不明，而異端之害未甚，故其論伯夷也以德。孟子之時，道益不明，異端之害滋深，故其論伯夷也以學。道未盡乎聖人，則推而行之，必有害矣。故孟子推其學術而言之也。夫闢邪說以明先王之道，非拔本塞源不能也。

青蠅詩言樊、棘、榛，言二人、四國。自樊而觀之，則樊爲近而棘、榛爲遠；自二人而觀之，則二人爲小而四國爲大。讒人之情，常欲汙白以爲黑也，而其言不可以直達，故必營營往來，或自近而至於遠，或自小而至於大，然後其說得行矣。

文王之德，正與天合，「明明於下」者，乃「赫赫於上」者也。

孟子曰：「强恕而行，求仁莫近焉。」有忠矣，而行之以恕，則以無我爲體，以恕爲用。所謂「强恕而行」者，知以己之所好惡處人而已，未至於無我也。故「己欲立而立人，己欲達而達人」，所以「爲仁之方」也。

富文忠公辭疾歸第，以其俸券還府，府受之。先生曰：「受其納券者固無足議，然納者亦未爲得也。留之而無請可矣。」

名分正則天下定。

「人心惟危，道心惟微。」心，道之所在；微，道之體也。心與道，渾然一也。對放其良心者言之，則謂之道心；放其良心則危矣。「惟精惟一」，所以行道也。

伊川先生病革，門人郭忠孝往視之，子瞑目而卧。忠孝曰：「夫子平生所學，正要此時用。」子曰：「道著用便不是。」忠孝未出寢門而子卒。一本作或人仍載尹子之言曰：「非忠孝也。忠孝自黨事起，不與先生往來，先生卒，亦不致奠。」

河南程氏遺書卷第二十二上

伊川先生語八上

宜興唐棣彦思編

伊川雜録

棣初見先生，問「初學如何？」曰：「入德之門，無如大學。今之學者，賴有此一篇書存，其他莫如論、孟。」

先生曰：「古人有聲音以養其耳，采色以養其目，舞蹈以養其血脈，威儀以養其四體。今之人只有理義以養心，又不知求。」

又問：「如何是格物？」先生曰：「格，至也，言窮至物理也。」又問：「如何可以格物？」曰：「但立誠意去格物，其遲速卻在人明暗也。明者格物速，暗者格物遲。」

先生曰：「孔子弟子，顏子而下，有子貢。」伯温問：「子貢，後人多以貨殖短之。」曰：「子貢之貨殖，非若後世之豐財，但此心未去耳。」周恭先字伯温。

潘子文問「由之瑟奚爲於丘之門」，如何？曰：「此爲子路於聖人之門有不和處。」伯温問：「子路既於聖人之門有不和處，何故學能至於升堂？」曰：「子路未見聖人時，乃暴悍之人，雖學至於升堂，終有不和處。」潘旻字子文。

先生曰："古人有言曰：『共君一夜話，勝讀十年書。』若一日有所得，何止勝讀十年書也？嘗見李初平問周茂叔云：『某欲讀書，如何？』茂叔曰：『公老矣，無及也。待某只說與公。』初平遂聽說話，二年乃覺悟。"

先生語子良曰："納拜之禮，不可容易。非己所尊敬，有德義服人者不可。余平生只拜二人，其一呂申公，其一張景觀奉議也。昔有數人同坐，說一人短，其間有二人不說。問其故，其一曰：『某曾拜他。』其一曰：『某曾受他拜。』王拱辰君貺初見周茂叔，爲與茂叔世契，便受拜。及坐上，大風起，說大畜卦，一作說風天小畜卦。君貺乃起曰：『某適來，不知受御公拜，今某御當納拜。』茂叔走避。君貺此一事亦過人。"謝用休問："當受拜，不當受拜？"曰："分已定，不受乃是。"謝天申字用休，溫州人。

先生曰："曾見韓持國說，有一僧，甚有所得，遂招來相見，語甚可愛。一日謁之，其僧出，暫憩其室，見一老行，遂問其徒曰：『爲誰？』曰：『乃僧之父，今則師孫也。』因問：『僧如何待之？』曰：『待之甚厚。凡晚參時，必曰此人老也，休來。』以此遂更不見之，父子之分，尚已顛倒矣。"

先生曰："祭祀之禮，難盡如古制，但以義起之可也。"富公問配享，先生曰："合葬用元妃，配享用宗子之所出。"又問："祭用三獻，何如？"曰："公是上公之家，三獻太薄。古之樂九變，乃是九獻。"曰："兄弟可爲昭穆否？"曰："國家弟繼兄，則是繼位，故可爲昭穆，士大夫則不可。"

棣問："禮記言：『有忿懥、憂患、恐懼、好樂，則心不得其正。』如何得無此數端？"曰："非言無，只言有此數端則不能以正心矣。"又問："聖人之言可踐否？"曰："苟不可踐，何足以垂教萬世？"

伯温問：「學者如何可以有所得？」曰：「但將聖人言語玩味久，則自有所得。當深求於論語，將諸弟子問處便作己問，將聖人答處便作今日耳聞，自然有得。孔、孟復生，不過以此教人耳。若能於論、孟中深求玩味，將來涵養成甚生氣質！」

又問：「顏子如何學孔子到此深邃？」曰：「顏子所以大過人者，只是得一善則拳拳服膺，與能屢空耳。」棣問：「去驕吝，可以爲屢空否？」曰：「然。驕吝最是不善之總名。驕，只爲有己。吝，如不能改過，亦是吝。」

伯温又問：「心術最難，如何執持？」曰：「敬。」

棣問：「看春秋如何看？」先生曰：「某年二十時看春秋，黄贅隅問某如何看？某答曰：『以傳考經之事迹，以經別傳之真僞。』」

先生曰：「史記載宰予被殺，孔子羞之。嘗疑田氏不敗，無緣被殺。若爲齊君而死，是乃忠義。孔子何羞之有？及觀左氏，乃是闞止爲陳恒所殺，亦字子我，謬誤如此。」

用休問：「夫子賢於堯、舜，如何？」子曰：「此是説功。堯、舜治天下，孔子又推堯、舜之道而垂教萬世。門人推尊，不得不然。」伯温又問：「堯、舜、非孔子，其道能傳後世否？」曰：「無孔子，有甚憑據處？」

子文問：「『師也過，商也不及』，如論交，可見否？」曰：「氣象間亦可見。」又曰：「子夏、子張皆論交，子張所言是成人之交，子夏是小子之交。」又問：「『主忠信，毋友不如己者』，如何？」曰：「毋友不忠信之人。」

棣問：「使孔、孟同時，將與孔子並駕其說於天下邪？將學孔子邪？」曰：「安能並駕？雖顏子亦未達一間耳。顏、孟雖無大優劣，觀其立言，孟子終未及顏子。昔孫莘老嘗問顏、孟優劣，答之曰：『不必問，但看其立言如何。凡學者讀其言便可以知其人，若不知其人，是不知言也。』」

又問：「大學知本，止說『聽訟吾猶人也，必也使無訟乎？無情者不得盡其辭，大畏民志』，何也？」曰：「且舉此一事，其他皆要知本，聽訟則必使無訟是本也。」

李嘉仲問：「『裁成天地之道，輔相天地之宜』，如何？」曰：「天地之道，不能自成，須聖人裁成輔相之。如歲有四時，聖人春則教民播種，秋則教民收獲，是裁成也；教民鋤耘灌溉，是輔相也。」又問：「『以左右民』如何？」「古之盛時，未嘗不教民，故立之君師，設官以治之。周公師保萬民，與此〔一〕卦言『左右民』，皆是也。後世未嘗教民，任其自生自育，只治其鬭而已。」李處遯字嘉仲。

張思叔問：「『賢賢易色』如何？」曰：「見賢卽變易顏色，愈加恭敬。」

棣問：「春秋書王如何？」曰：「聖人以王道作經，故書王。」范文甫問：「杜預以謂周王，如何？」曰：「聖人假周王以見意。」棣又問：「漢儒以謂王加正月上，是正朔出於天子，如何？」曰：「此乃自然之理。不書春王正月，將如何書？此漢儒之惑也。」

先生將傷寒藥與兵士，因曰：「在墳所與莊上，常合藥與人。有時自笑，以此濟人，何其狹也！然只做得這箇事。」

〔一〕呂本、徐本「此」作「泰」，語較明。

思叔告先生曰：「前日見教授夏侯旄，甚歎服。」曰：「前時來相見，問後極説與他來。既問，却不管他好惡，須與盡説與之。學之久，染習深，不是盡説，力抵〔一〕介甫，無緣得他覺悟。亦曾説介甫不知事君道理，觀他意思，只是要『樂子之無知』。如上表言：『秋水既至，因知海若之無窮；大明既升，豈宜爝火之不息？』皆是意思常要己在人主上。自古主聖臣賢，乃常理，何至如此！又觀其説魯用天子禮樂云：『周公有人臣所不能爲之功，故得用人臣所不得用之禮樂。』此乃大段不知事君。大凡人臣身上，豈有過分之事？凡有所爲，皆是臣職所當爲之事也。介甫平居事親最孝，觀其言如此，其事親之際，想亦洋洋自得，以爲孝有餘也。臣子身上皆無過分事，惟是孟子知之，如説曾子，只言『事親若曾子可矣』。不言有餘，只言可矣。唐子方作一事，後無聞焉，亦自以爲報君足矣，當時所爲，蓋不誠意。」嘉仲曰：「陳瓘亦可謂難得矣。」先生曰：「陳瓘却未見其已。」夏侯旄字節夫。

伯温問：「西狩獲麟已後，又有二年經，不知如何？」曰：「是孔門弟子所續。當時以謂必能盡得聖人作經之意，及再三考究，極有失作經意處。」

亨仲問：「表記言『仁右也，道左也；仁者人也，道者義也』，如何？」曰：「本不可如此分別，然亦有些子意思。」又問：「莫是有輕重否？」曰：「却是有陰陽也。此却是儒者説話。如經解，只是弄文墨之士爲之。」

又問：「如臧武仲之知，公綽之不欲，卞莊子之勇，冉求之藝，文之以禮樂，亦可以爲成人矣。」曰：

〔一〕吕本、徐本「抵」作「詆」。

「須是合四人之能，又文之以禮樂，亦可以爲成人矣。然而論大成，則不止此；如今之成人，則又其次也。」

又問：「介甫言『堯行天道以治人，舜行人道以事天』，如何？」曰：「介甫自不識道字。道未始有天人之別，但在天則爲天道，在地則爲地道，在人則爲人道。如言堯典，於舜、丹朱、共工、驩兜之事皆論之，未及乎升黜之政；至舜典，然後禪舜以位，四罪而天下服之類，皆堯所以在天下，舜所以治，是何義理？四凶在堯時，亦皆高才，職事皆修，堯如何誅之？然堯已知其惡，非堯亦不能知也。及堯一旦舉舜於側微，使四凶北面而臣之，四凶不能堪，遂逆命，鯀功又不成，故舜然後遠放之。如呂刑言『遏絶苗民』，亦只是舜，孔安國誤以爲堯。」章內「皆堯所以在天下」句，疑有脱誤。

又問：「伯夷、叔齊逃，是否？」曰：「讓不立則可，何必逃父邪？叔齊承父命，尤不可逃也。」又問：「中子之立，是否？」曰：「安得是？只合招叔一作夷。齊歸立則善。」伯温曰：「孔子稱之曰仁，何也？」曰：「如讓國亦是清節，故稱之曰仁，如與季札是也。札讓不立，又不爲立賢而去，卒有殺僚之亂，故聖人於其來聘，書曰：『吴子使札來聘。』去其公子，言其不得爲公子也。」

嘉仲問：「否之匪人。」曰：「泰之時，天地交泰而萬物生，凡生於天地之閒者，皆人道也。至否之時，天地不交，萬物不生，無人道矣，故曰『否之匪人』。」

亨仲問：「『自反而縮』，如何？」曰：「縮只是直。」又問曰：「北宫黝似子夏，孟施舍似曾子，如何？」曰：「北宫黝之養勇也，必爲而已，未若舍之能無懼也。無懼則能守約也。子夏之學雖博，然不若曾子之守禮爲約，故以黝爲似子夏，舍似曾子也。」

棣問：「『考仲子之宮』，非與？」曰：「聖人之意又在下句，見其『初獻六羽』也。言初獻，則見前此八羽也。春秋之書，百王不易之法。三王以後，相因既備，周道衰，而聖人慮後世聖人不作，大道遂墜，故作此一書。此義，門人皆不得聞，惟顔子得聞，嘗語之曰：『行夏之時，乘殷之輅，服周之冕，樂則韶舞』是也。此書乃文質之中，寛猛之宜，是非之公也。」

范季平問：「『博學而篤志，切問而近思，仁在其中』，如何？」曰：「仁卽道也，百善之首也。苟能學道，則仁在其中矣。」亨仲問：「如何是近思？」曰：「以類而推。」

亨仲問：「『吾與女弗如也』之與，比『吾與點也』之與，如何？」曰：「與字則一般，用處不同。孔子以爲『吾與女弗如』者〔一〕，勉進學者之言。使子貢喻聖人之言，則知勉進己也；不喻其言，則以爲聖人尚不可及，不能勉進，則謬矣。」

棣問：「紀裂繻爲君逆女，如何？」曰：「逆夫人是國之重事，使卿逆亦無妨。先儒説親逆甚可笑。且如秦君娶於楚，豈可越國親迎耶？所謂親迎者，迎於館耳。文王迎於渭，亦不是出疆遠迎，周國自在渭傍。先儒以此，遂泥於親迎之説，直至謂天子須親迎。況文王親迎之時，乃爲公子，未爲君也。」

貴一問：「齊王謂時子欲養弟子以萬鍾，而使國人有所矜式，孟子何故拒之？」曰：「王之意非尊孟子，乃欲賂之爾，故拒之。」

用休問：「『温故而知新』，如何『可以爲師』？」曰：「不然。只此一事可師。如此等處，學者極要理會

〔一〕吕本「者」作「也」。

得。若只指認温故知新便可爲人師，則窄狹却氣象也。凡看文字，非只是要理會語言，要識得聖賢氣象。如孔子曰：『盍各言爾志。』而由曰：『願車馬，衣輕裘，與朋友共，敝之而無憾。』顔子曰：『願無伐善，無施勞。』孔子曰：『老者安之，朋友信之，少者懷之。』觀此數句，便見聖賢氣象大段不同。若讀此不見得聖賢氣象，他處也難見。學者須要理會得聖賢氣象。」

嘉仲問：「韶盡美矣，又盡善也。」先生曰：「非是言武王之樂未盡善，言當時傳舜之樂則盡善盡美，傳武王之樂則未盡善耳。」

先生曰：「『子在齊聞韶，三月不知肉味』，非是三月，本是音字。『文勝質則史』，史乃周官府史胥徒之史。史，管文籍之官，故曰：『史掌官書以贊治』，文雖多而不知其意，文勝正如此也。」

又曰：「學者須要知言。」

同〔一〕伯温問：「『回也三月不違仁』，如何？」曰：「不違處，只是無纖毫私意。一作欲，下同。有少私意，便是不仁。」又問：「『博施濟衆』，何故仁不足以盡之？」曰：「既謂之博施濟衆，則無盡也。堯之治，非不欲四海之外皆被其澤，遠近有閒，勢或不能及。以此觀之，能博施濟衆，則是聖也。」又問：「孔子稱管仲『如其仁』，何也？」曰：「但稱其有仁之功也。管仲其初事子糾，所事非正。春秋書『公伐齊納糾』，稱糾而不稱子糾，不當立者也。不當立而事之，失於初也。及其敗也，可以死，亦可以無死。與人同事而死

〔一〕吕本「同」作「周」。

之，理也。知始事之爲非而改之，義也。召忽之死，正也。管仲之不死，權其宜可以無死也。故仲尼稱之曰：『如其仁』，謂其有仁之功也。使管仲所事子糾正而不死，後雖有大功，聖人豈復稱之耶？若以爲聖人不觀其死不死之是非，而止稱其後來之是非，則甚害義理也。」又問：「如何是仁？」曰：「只是一箇公字。學者問仁，則常教他將公字思量。」

又問：「鄭人來渝平。」曰：「更成也。國君而輕變其平，反復可罪。」又問：「終隱之世，何以不相侵伐？」曰：「不相侵伐固足稱，然輕欲變平，是甚國君之道？」

又問：「宋穆公立與夷，是否？」曰：「大不是。左氏之言甚非。穆公却是知人，但不立公子馮，是其知人處。若以其子享之爲知人，則非也。後來卒致宋亂，宣公行私惠之過也。」一作罪。

先生曰：「凡看語、孟，且須熟玩味，將聖人之言語切己，不可只作一場話說。人只看得此二書切己，終身儘多也。」

棣問：「『退而省其私，亦足以發』，如何？」曰：「孔子退省其中心，亦足以開發也。」又問：「豈非顏子見聖人之道無疑歟？」曰：「然也。孔子曰：『一以貫之。』曾子便理會得，遂曰『唯』，其他門人便須辯問也。」

又問：「祭如在，祭神如神在。」曰：「『祭如在』，言祭祖宗。『祭神如神在』，則言祭神也。祭先，主於孝。祭神，主於恭敬。」

又問：「祭起於聖人制作以教人否？」曰：「非也。祭先本天性，如豺有祭，獺有祭，鷹有祭，皆是天性，豈有人而不如物〔一〕乎？聖人因而裁成禮法以教人耳。」又問：「今人不祭高祖，如何？」曰：「高祖自有服，不祭甚非。某家却祭高祖。」又問：「天子七廟，諸侯五，大夫三，士二，如何？」曰：「此亦只是禮家如此說。」又問：「今士庶家不可立廟，當如何也？」「庶人〔二〕祭於寢，今之正廳是也。凡禮，以義起之可也。如富家及士，置一影堂亦可，但祭時不可用影。」又問：「用主如何？」曰：「白屋之家不可用，只用牌子可矣。如某家主式，是殺諸侯之制也。大凡影不可用祭，若用影祭，須無一毫差方可，若多一莖鬚，便是別人。」

棣又問：「克己復禮，如何是仁？」曰：「非禮處便是私意。既是私意，如何得仁？凡人須是克盡己私後，只有禮，始是仁處。」

謝用休問「入太廟，每事問。」曰：「雖知亦問，敬謹之至。」又問：「旅祭之名如何？」曰：「古之祭名皆有義，如旅亦不可得而知。」

棣問：「如儀禮中禮制，可考而信否？」曰：「信其可信。如言昏禮云，問名、納吉、納幣，皆須卜，豈有問名了而又卜？苟卜不吉，事可已邪？若此等處難信也。」「又嘗疑卜郊亦非，不知果如何？」曰：「春秋却有卜郊，但卜上辛不吉，則當卜中辛，中辛又不吉，則當便用下辛，不可更卜也。如魯郊三卜，四卜，五卜，而至不郊，非禮。」又問：「三年一郊，與古制如何？」曰：「古者一年之間，祭天甚多，春則因民播種

〔一〕呂本「物」作「鳥」。
〔二〕「庶人」句上疑當有「曰」字。

而祈穀，夏則恐旱暵而大雩，以至秋則明堂，冬則圓丘，皆人君爲民之心也。凡人子不可一日不見父母，國君不可一歲不祭天，豈有三年一親郊之理？」

用休問北郊之禮。曰：「北郊不可廢。元祐時朝廷議行，只爲五月間天子不可服大裘，皆以爲難行。不知郊天郊地，禮制自不同。天是資始，故凡用物皆尚純，藉用藁秸，器用陶匏，服用大裘，是也。地則資生，安可亦用大裘？當時諸公知大裘不可服，不知別用一服。向日宣仁山陵，呂汲公作大使，某與坐說話次，呂相責云：『先生不可如此。聖人當時不曾如此，今先生教朝廷怎生則是？』答曰：『相公見聖人不如此處怎生？聖人固不可跂及，然學聖人者，不可輕易看了聖人。只如今朝廷，一北郊禮不能行得，又無一人道西京有程某，復問一句也。』呂公及其壻王某等便問：『北郊之禮當如何？』答曰：『朝廷不曾來問，今日豈當對諸公說邪？』是時蘇子瞻便據『昊天有成命』之詩，謂郊祀同。文潞公便謂譬如祭父母，作一處何害？曰：『此詩冬至夏至皆歌，豈不可邪？郊天地又與共祭父母不同也。此是報本之祭，須各以類祭，豈得同時邪？』」

又問六天之說。曰：「此起於讖書，鄭玄之徒從而廣之，甚可笑也。帝者，氣之主也。東則謂之青帝，南則謂之赤帝，西則謂之白帝，北則謂之黑帝，中則謂之黃帝。豈有上帝而別有五帝之理？此因周禮言祀昊天上帝，而後又言祀五帝亦如之，故諸儒附此說。」又問：「周禮之說果如何？」曰：「周禮中說祭祀，更不可考證。六天之說，正與今人說六子是乾、坤退居不用之時同也。不知乾、坤外，甚底是六子？譬如人之四肢，只是一體耳。學者大惑也。」

又問：「郊天冬至當卜邪？」曰：「冬至祭天，夏至祭地，此何待卜邪？」又曰：「天與上帝之說如何？」曰：「以形體言之謂之天，以主宰言之謂之帝，以功用言之謂之鬼神，以妙用言之謂之神，以性情言之謂之乾。」

又問：「易言『知鬼神之情狀』，果有情狀否？」曰：「有之。」又問：「既有情狀，必有鬼神矣。」曰：「易說鬼神，便是造化也。」又問：「如[一]名山大川能興雲致雨，何也？」曰：「氣之蒸成耳。」又問：「既有祭，則莫須有神否？」曰：「只氣便是神也。今人不知此理，纔有水旱，便去廟中祈禱。不知雨露是甚物，從何處出，復於廟中求耶？名山大川能興雲致雨，却都不說著，却只於山川外木土人身上討雨露，木土人身上有雨露耶？」又問：「莫是人自興妖？」曰：「只妖亦無，皆人心興之也。世人只因祈禱而有雨，遂指爲靈驗耳。豈知適然？某嘗至泗州，恰值大聖見。及問人曰：『如何形狀？』一人曰如此，一人曰如彼，只此可驗其妄。興妖之人皆若此也。昔有朱定，亦嘗來問學，但非信道篤者，曾在泗州守官，值城中火，定遂使兵士舁僧伽避火。某後語定曰：『何不舁僧伽在火中？若爲火所焚，卽是無靈驗，遂可解天下之惑。若火遂滅，因使天下人尊敬可也。此時不做事，待何時邪？』惜乎定識不至此。」

貴一問：「日月有明，容光必照。」曰：「日月之明有本，故凡容光必照；君子之道有本，故無不及也。」

用休問「老者安之，少者懷之，朋友信之。」曰：「此數句最好。先觀子路、顏淵之言，後觀聖人之言，分明聖人是天地氣象。」

[一]呂本、徐本均無「如」字。

孟敦夫問：「莊子齊物論如何？」曰：「莊子之意欲齊物理耶？物理從來齊，何待莊子而後齊？若齊物形，物形從來不齊，如何齊得？此意是莊子見道淺，不奈胸中所得何，遂著此論也。」

伯温問：「祭用祝文否？」曰：「某家自來相承不用，今待用也。」又問：「有五祀否？」曰：「否。祭此全無義理。釋氏與道家説鬼神甚可笑。道家狂妄尤甚，以至説人身上耳目口鼻皆有神。」

同〔一〕伯温見，問：「『至大』、『至剛』、『以直』，以此三者養氣否？」曰：「不然。是氣之體如此。」又問：「養氣以義否？」曰：「然。」又問：「『配義與道』，如何？」曰：「配道言其體，配義言其用。」又問：「『我知言，我善養吾浩然之氣』，如何？」曰：「知言然後可以養氣，蓋不知言無以知道也。此是答公孫丑『夫子烏乎長』之問，不欲言我知道，故以知言養氣答之。」又問：「『夜氣』如何？」曰：「此只是言休息時氣清耳。至平旦之氣，未與事接，亦清。只如小兒讀書，早晨便記得也。」又問：「孔子言血氣，如何？」曰：「此只是大凡言血氣，如禮記説『南方之强』是也。南方人柔弱，所謂强者，是義理之强，故君子居之。北方人强悍，所謂强者，是血氣之强，故小人居之。凡人血氣，須要理義勝之。」又問：「『吾不復夢見周公』，如何？」曰：「孔子初欲行周公之道，至於夢寐不忘；及晚年不遇，哲人將萎之時，自謂不復夢見周公矣。」因此説夢便可致思，思聖人與衆人之夢如何？夢是何物？「高宗〔二〕夢得説，如何？」曰：「此是誠意所感，故形於夢。」

〔一〕吕本「同」作「周」。

〔二〕「高宗」句上疑當有「又問」二字。

又問：「金縢，周公欲代武王死，如何？」曰：「此只是周公之意。」又問：「有此理否？」曰：「不問有此理無此理，只是周公人臣之意，其辭則不可信，只是本有此事，後人自作文足此一篇。此事與舜喜象意一般，須詳看舜、周公用心處。尚書文顛倒處多，如金縢尤不可信。」

高宗好賢之意，與易姤卦同。九五「以杞包瓜，含章，有隕自天。」杞生於最高處，瓜美物生低處，以杞包瓜，則至尊逮下之意也。既能如此，自然有賢者出，故有隕自天也。後人遂有天祐生賢佐之說。

棣問：「福善禍淫如何？」曰：「此自然之理，善則有福，淫則有禍。」又問：「天道如何？」曰：「只是理，理便是天道也。且如說皇天震怒，終不是有人在上震怒？只是理如此。」又問：「今人善惡之報如何？」曰：「幸不幸也。」

「知者樂水，仁者樂山」，言其體動靜如此。知者樂，所一作凡。運用處皆樂；仁者壽，以靜而壽。仁可兼知，而知不可兼仁。如人之身，統而言之，則只謂之身；別而言之，則有四支。

世間術數多，惟地理之書最無義理。祖父葬時，亦用地理人，尊長皆信，惟先兄與某不然。後來只用昭穆法。或問：「憑何文字擇地？」曰：「只昭穆兩字一作眼。便是書[一]也。但風順[二]地厚處足矣。某用昭穆法葬一穴，既而尊長召地理人到葬處，曰：「此是商音絕處，何故如此下穴？」某應之曰：「固知是絕處，且試看如何。」某家至今，人已數倍之矣。

[一]呂本、徐本「書」上有「地理」二字。
[二]呂本、徐本「順」作「調」。

在講筵時，曾説與温公云：「更得范純夫在筵中尤好。」温公彼時一言亦失，却道他見修史自有門路。某應之曰：「不問有無門路，但筵中須得他。」温公問何故，某曰：「自度少温潤之氣，純夫色温而氣和，尤可以開陳是非，道人主之意。」後來遂除侍講。

用休問：「井田今可行否？」曰：「豈有古可行而今不可行者？或謂今人多地少，不然。譬諸草木，山上著得許多，便生許多。天地生物常相稱，豈有人多地少之理？」

嘉仲問：「封建可行否？」曰：「封建之法，本出於不得已。柳子厚有論，亦窺測得分數。秦法固不善，亦有不可變者，罷侯置守是也。」

伯温問：「夢帝與我九齡。」曰：「與齡之説不可信。安有壽數而與人移易之理？」棣問：「孔子夢坐奠於兩楹之間，如何？」曰：「於理有之。」

陳貴一問：「人之壽數可以力移否？」曰：「蓋有之。」棣問：「如今人有養形者，是否？」曰：「然，但甚難。世間有三件事至難，可以奪造化之力：爲國而至於祈天永命，養形而至於長生，學而至於聖人。此三事，功夫一般分明，人力可以勝造化，自是人不爲耳。故關朗有『周能過厤，秦止二世』之説，誠有此理。」

棣問：「孔、孟言性不同，如何？」曰：「孟子言性之善，是性之本；孔子言性相近，謂其稟受處不相遠也。人性皆善，所以善者，於四端之情可見，故孟子曰：『是豈人之情也哉？』至於不能順其情而悖天理，則流而至於惡，故曰：『乃若其情，則可以爲善矣。』若，順也。」又問：「才出於氣否？」曰：「氣清則才善，氣濁則才惡。稟得至清之氣生者爲聖人，稟得至濁之氣生者爲愚[一]人。如韓愈所言、公都子所問之人是也。然此論生知之聖人。若夫學而知之，氣無清濁，皆可至於善而復性之本。所謂『堯、舜性之』，是生知也；『湯、武反之』，是學而知之也。孔子所言上知下愚不移，亦無不移之理，所以不移，只有二，自暴自棄是也。」又問：「如何是才？」曰：「如材植是也。譬如木，曲直者性也；可以爲輪轅，可以爲梁棟，可以爲榱桷者才也。今人説有才，乃是言才之美者也。才乃人之資質，循性修之，雖至惡可勝而爲善。」又問：「性如何？」曰：「性卽理也，所謂理，性是也。天下之理，原其所自，未有不善。喜怒哀樂未發，何嘗不善？發而中節，則無往而不善。凡言善惡，皆先善而後惡；言吉凶，皆先吉而後凶；言是非，皆先是而後非。」又問：「佛説性如何？」曰：「佛亦是説本善，只不合將才做緣習。」又問：「説生死如何？」曰：「譬如水漚，亦有些意思。」又問：「佛言生死輪回，果否？」曰：「此事説有説無皆難，須自見得。聖人只一句盡斷了，故對子路曰：『未知生，焉知死？』佛亦是西方賢者，方外山林之士，但爲愛脅持人説利害，其實爲利耳。其學譬如以管窺天，謂他不見天不得，只是不廣大。」

問：「喪止於三年，何義？」曰：「歲一周則天道一變，人心亦隨以變。惟人子孝於親，至此猶未忘，故必至於再變；猶未忘，又繼之以一時。」

伯温問：「『盡其心則知其性，知其性則知天矣』，如何？」曰：「盡其心者，我自盡其心；能盡心，則自然知性知天矣。如言『窮理盡性以至於命』，以序言之，不得不然，其實，只能窮理，便盡性至命也。」又

〔一〕呂本、徐本「愚」作「惡」。

問事天。曰：「奉順之一本無之字。而已。」

富公嘗語先生曰：「先生最天下閑人。」曰：「某做不得天下閑人。相公將誰作天下最忙人？」曰：「先生試爲我言之。」曰：「禪伯是也。」曰：「禪伯行住坐卧無不在道，何謂最忙？」曰：「相公所言乃忙也。今市井賈販人，至夜亦息。若禪伯之心，何時休息？」

先生嘗與一官員一僧同會。一官員說條貫，既退，先生問僧曰：「曉之否邪？」僧曰：「吾釋子不知條貫。」曰：「賢將竟一作作。三界外事邪？天下豈有二理？」

貴一問：「『興於詩』如何？」曰：「古人自小諷誦，如今人謳唱，自然善心生而興起。今人不同，雖老師宿儒，不知詩也。『人而不爲周南、召南』，此乃爲伯魚而言，蓋恐其未能盡治家之道爾。欲治國治天下，須先從修身齊家來。不然，則猶『正牆面而立。』」

或問：「『伯夷、叔齊不念舊惡』，如何？」曰：「觀其清處，其衣冠不正，便望望然去之，可謂隘矣，疑若有惡矣，然却能不念舊惡，故孔子特發明其情。武王伐紂，伯夷只知君臣之分不可，不知武王順天命誅獨夫也。」問：「武王果殺紂否？」曰：「武王不曾殺紂，人只見洪範有『殺紂字爾。武王伐紂而紂自殺，亦須言殺紂也。向使紂曾殺帝乙，則武王却須殺紂也。石曼卿有詩，言伯夷『耻居湯、武干戈地，來死唐、虞揖讓墟』，亦有是理。首陽乃在河中府虞鄉也。」問：「不食周粟如何？」曰：「不食祿耳。」

用休問：「陳文子之清，令尹子文之忠，使聖人爲之，則是仁否？」曰：「不然。聖人爲之，亦只是清忠。」

鄉黨分明畫出一箇聖人出。「降一等」是自堂而出降階，當此時，放氣不屏，故「逞顏色」。「復其位」，復班位之序。「過位」是過君之虛位。「享禮有容色」，此享燕賓客之時，有容色者，蓋一在於莊，則情不通也。「私覿」則又和悅矣。皆孔子爲大夫出入起居之節。「緇衣羔裘，素衣麑裘，黃衣狐裘」，各有用。不必云緇衣是朝服，素衣是喪服，黃衣是蜡服。麑是鹿兒。「齊必有明衣布」，欲其潔。明衣如今涼衫之類。緇衣明衣，皆惡其文之著而爲之也。「非帷裳必殺之」，帷裳固不殺矣，其他衣裳亦殺也。「吉月必朝服而朝」者，子在魯致仕時月朔朝也。「鄉人儺」，古人以驅厲氣，亦有此理，天地有厲氣，而至誠作威嚴以驅之。式凶服，負版，蓋在車中。

居敬則自然簡。「居簡而行簡」，則似乎簡矣，然乃所以不簡。蓋先有心於簡，則多却一簡矣。居敬則心中無物，是乃簡也。

「仁者先難而後獲」，何如？曰：「有爲而作，皆先獲也，如利仁是也。古人惟知爲仁而已，今人皆先獲也。」

又問：「『述而不作』，如何？」曰：「此聖人不得位，止能述而已。」

公山弗擾、佛肸召，子欲往者，聖人以天下無不可與有爲之人，亦無不可改過之人，故欲往。然終不往者，知其必不能改也。子路遂引「親於其身爲不善」爲問，孔子以堅白匏瓜爲對。「繫而不食」者，匏瓜繫而不爲用之物，「不食」，不用之義也。匏瓜亦不食之物，故因此取義也。

唐棣之華乃千葉郁李，本不偏反，喻如兄弟，今乃偏反，則喻兄弟相失也。兄弟相失，豈不爾思，但居處相遠耳。孔子曰:「未之思也,夫何遠之有?」蓋言權實不相遠耳。權之爲義,猶稱錘也。能用權乃知道,亦不可言權便是道也。自漢以下,更無人識權字。

「我不欲人之加諸我,吾亦欲無加諸人」,正中庸所謂「施諸己而不願,亦勿施於人」。

「蓋有不知而作之者」,凡人作事皆不知,惟聖人作事無有不知。

或問:「善人之爲邦,如何可勝殘去殺?」曰:「只是能使人不爲不善。善人,『不踐迹亦不入於室』之人也。『不踐迹』是不踐己前爲惡之迹,然未入道也。」

又問:「『王者必世而後仁』,何如?」曰:「三十曰壯,有室之時,父子相繼爲一世。王者之效則速矣。」又問:「善人教民七年,亦可以卽戎矣。」曰:「教民戰至七年,則可以卽戎矣。凡看文字,如七年一世百年之事,皆當思其如何作爲,乃有益。」

問小畜。曰:「小畜是所畜小,及所畜雖大而少,皆小畜也。不必專言君畜臣,臣畜君。」

問「大德不踰閑,小德出入可也。」曰:「大德是大處,小德是小處,出入如可以取可以無取之類是也。」又問:「『言不必信,行不必果』,是出入之事否?」曰:「亦是也,然不信乃所以爲信,不果乃所以爲果。」

范文甫將赴河清尉,問:「到官三日,例須謁廟,如何?」曰:「正者謁之,如社稷及先聖是也。其他古先賢哲,亦當謁之。」又問:「城隍當謁否?」曰:「城隍不典。土地之神,社稷而已。何得更有土地邪?」又問:「只恐駭衆爾。」曰:「唐狄仁傑廢江、浙閒淫祠千七百處,所存惟吳太伯、伍子胥二廟爾。今人做不得，以謂時不同，是誠不然，只是無狄仁傑耳。當時子胥廟存之亦無謂。」

暢中伯問：「密雲不雨，自我西郊。」曰：「西郊陰所，凡雨須陽倡乃成，陰倡則不成矣。今雲過西則雨，過東則否，是其義也。所謂『尚往』者，陰自西而往，不待陽矣。」

凡看文字，先須曉其文義，然後可求其意，未有文義不曉而見意者也。學者看一部論語，見聖人所以與弟子許多議論而無所得，是不易得也。讀書雖多，亦奚以爲？

子文問：「民可使由之，不可使知之。」曰：「不可使知之者，非民不足與知也，不能使之知爾。」

或問：「諸葛孔明亦無足取。大凡殺一不辜而得天下，則君子不爲，亮殺戮甚多也。」先生曰：「不然。所謂殺一不辜，非此之謂。亮以天子之命，誅天下之賊，雖多何害？」

同[一]伯温見先生，先生曰：「從來覺有所得否？學者要自得。六經浩渺，乍來難盡曉，且見得路逕後，各自立得一箇門庭，歸而求之可矣。」伯温問：「如何可以自得？」曰：「思。『思曰睿，睿作聖』，須是於思慮間得之，大抵只是一箇明理。」棣問：「學者見得這道理後，篤信力行時，亦有見否？」曰：「見亦不一，果有所見後，和信也不要矣。」又問：「莫是既見道理，皆是當然否？」曰：「然。凡理之所在，東便是東，西便是西，何待信？凡言信，只是爲彼不信，故見此是信爾。孟子於四端不言信，亦可見矣。」

伯温又問：「孟子言心、性、天，只是一理否？」曰：「然。自理言之謂之天，自稟受言之謂之性，自存

[一]呂本「同」作「周」。

諸人言之謂之心。」又問：「凡運用處是心否？」曰：「是意也。」棣問：「意是心之所發否？」曰：「有心而後有意。」又問：「孟子言心『出入無時』，如何？」曰：「心本無出入，孟子只是據操舍言之。」伯温又問：「人有逐物，是心逐之否？」曰：「心則無出入矣，逐物是欲。」

河南程氏遺書卷第二十二下　伊川先生語八下

附雜録後

問：「鄭伯以璧假許田，左氏以謂易祊田，黎淳以隱十一年入許之事破左氏，謂許田是許之田，如何？」曰：「左氏説是也。既是許之田，如何却假之於魯？十一年雖入許，許未嘗滅，許叔已奉祀也。」

問：「桓四年無秋冬，如何？」曰：「聖人作經備四時也。如桓不道，背逆天理，故不書秋冬。春秋只有兩處如此，皆言其無天理也。」

用休問哀公問社於宰我之事。曰：「社字本是主字，文誤也。宰我不合道『使民戰慄』，故仲尼有後來言語。」

先生曰：「誠不以富，亦祇以異」，本不在「是惑也」之後，乃在「齊景公有馬千駟」之上，文誤也。

問：「『揖讓而升，下而飲』，是下堂飲否？」曰：「古之制罰爵皆在堂下。」又問：「唯不勝下飲否？」曰：「恐皆下堂，但勝者飲不勝者也。」

思叔問：「荀彧如何？」曰：「彧才高識不足。」孟純問：「何顒嘗稱其有王佐才。」曰：「不是王佐才。」

嘉仲問：「如霍光、蕭、曹之徒如何？」曰：「此可爲漢時王佐才。」棣問：「史稱董仲舒是王佐才，如何？」曰：

仲舒是言其學術。若論至王佐才，須是伊、周，其次莫如張良、諸葛亮、陸宣公。」

問：「『夏，逆婦姜於齊』，何故，便書婦？」曰：「此是文公在喪服將滿之時納幣，故聖人於其逆時，便成之爲婦，罪其居喪而取也。春秋微顯闡幽，乃在如此處。凡事分明可見者，聖人更不微文以見意，只直書而已。如桓三年及宣元年逆女，皆分明在喪服中成昏，故只書逆女也。文公則但在喪服納幣，至逆女却在四年，聖人欲顯其居喪納幣之罪，故書『婦姜』，便成之爲婦也。其意言雖至四年方逆女，其實與喪昏同也。」

先生曰：「周公之於兄，舜之於弟，皆一類，觀其用心爲如何哉？推此心以待人，亦只如此，然有差等矣。」

問：「春秋書日食，如何？」曰：「日食有定數，聖人必書者，蓋欲人君因此恐懼修省，如治世而有此變，則不能爲災，亂世則爲災矣。人氣血盛，雖遇寒暑邪穢，不能爲害；其氣血衰，則爲害必矣。」

問：「熒惑退舍，果然否？」曰：「觀宋景公，不能至是。」問：「反風如何？」曰：「亦未必然。成王一中才之主，聖人爲之臣，尚幾不能保。金縢書，成王亦安知？只是二公知之，因此以示王。弭變，非有動天之德，不能至也。」

問：「四岳一人否？」曰：「然。以二十二人數考之，固然。觀對堯言衆則曰僉，四岳則曰岳，亦可見也。」

晉侯之執曹伯，是否？曰：「曹伯有弒逆之罪，即執之是也。晉與之同盟而後執之，故書『曹伯』而不去其爵。晉侯不奪爵，未至於奪爵也。『歸自京師』，則言若無罪，而歸罪天王不能行爵賞也。凡言『歸』者，易辭；『歸之』者，强歸之辭。」

問：「龍能有能無，如何？」曰：「安能無？但能隱見耳。所以能隱見者，爲能屈伸爾。非特龍，凡小物甚有能屈伸者。」

問：「書『至』，如何？」曰：「告廟而書，亦有不緣告廟而書者。」又問「還復。」曰：「還只是歸復，如今所謂倒迴。」又問「隱皆不書至。」曰：「告廟之禮不行。」

先生指庭下羣雀示諸弟子曰：「地上元有物，則羣雀集而食之。人故與之，則不即來食，須是久乃集，蓋人有意在爾。若負粟者過，適遺下，則便集而食矣。」

問：「禘於太廟用『致』，夫人是哀姜否？」曰：「文姜也。文姜與桓公如齊，終啓弑桓之惡，其罪大矣，故聖人於其遜於齊，致於廟，皆止曰夫人，而去其姜氏，以見大義與國人已絕矣。然弑桓之惡，文姜實不知，但緣文姜而啓爾，莊公母子之情則不絕，故書夫人焉。文姜遜齊，止稱夫人；此禘致於廟，亦只稱夫人，則是文姜明矣。此最是聖人用法致嚴處，可以見大義，又以見子母之義。本朝太祖皇帝立法，極合春秋之意[一]，法中有夫因婦而被殺者，以婦爲首，正與此合。」

問：「禘是如何？」曰：「禘是天子之祭，五年一禘，祭其祖之所自出也。」又問祫。曰：「祫，合祭也，諸侯亦祭祫。只是祠禴嘗烝之祭，爲廟禮煩，故每年於四祭中，三祭合食於祖廟，惟春則徧祭諸廟也。」

[一]吕本、徐本「意」作「義」。

問：「祧廟如何？」曰：「祖有功，宗有德，文、武之廟永不祧也。所祧者，文、武以下廟。」曰：「兄弟相繼，如何？」曰：「此皆自立廟。然如吳太伯兄弟四人相繼，若上更有二廟不祧，則遂不祭祖矣。故廟雖多，亦不妨祧，只祧得服絕者，以義起之可也。如本朝太祖、太宗皆萬世不祧之廟，河東、閩、浙諸處皆太宗取之，無可祧之理。」

問：「孀婦於理似不可取，如何？」曰：「然。凡取，以配身也。若取失節者以配身，是己失節也。」又問：「或有孤孀貧窮無託者，可再嫁否？」曰：「只是後世怕寒餓死，故有是說。然餓死事極小，失節事極大。」

或問：「漢高祖可比太祖否？」曰：「漢高祖安能比太祖？太祖仁愛，能保全諸節度使，極有術。天下既定，皆召歸京師，節度使竭土地而還，所畜不貲，多財，亦可患也。太祖逐人賜地一方，蓋第，所費皆數萬。又嘗賜宴，酒酣，乃宣各人子弟一人扶歸。太祖送至殿門，謂其子弟曰：『汝父各許朝廷十萬緡矣。』諸節度使醒，問所以歸，不失禮於上前否？子弟各以緡事對。翌日，各以表進如數。此皆英雄御臣之術。」

宣仁山陵時，會呂汲公於陵下。公曰：「國家養兵乃良策，凡四方有警，百姓皆不知。」先生曰：「相公豈不見景德中事耶？驅良民刺面，以至及士人。蓋有限之兵，忽損三五千人，將何自而補？要知兵須是出於民可也。」

太祖初有天下，士卒人許賞二百緡。及卽位，以無錢久不賜，士卒至有題詩於後苑。太祖一日遊後苑見詩，乃曰好詩，遂索筆和之。以故，每於郊時，各賜賞給，至今因以爲例，不能去。或問：「今欲新兵不給郊賞，數十年後可革否？」曰：「新兵本無此望，不與可也，不數十年可革。」

思叔問：「孟子言『善推其所爲』，是歟？」曰：「聖人則不待推。」

霍光廢昌邑，其始乃光之罪。當時不合立之，只被見是武帝孫，擔當不過，須立之也。此又與伊尹立太甲不同也。伊尹知太甲必能思庸，故放之桐三年。當時湯既崩，太丁未立而死，外丙方二歲，仲壬方四歲，故須立太甲也。太甲又有思庸之資，若無是質，伊尹亦不立也。史記以孟子二年四年之言，遂言湯崩六年之後，太甲方立。不知年只是歲字。頃呂望之曾問及此，亦曾說與他。後來又看禮，見王巡狩，問百年者，益知書傳亦稱歲爲年。二年四年之說，縱別無可證，理亦必然。且看尚書，分明說成湯既没，太甲元年。又看王徂桐宮，居憂三年，終能思庸，伊尹以冕服奉嗣王。可知凡文字理是後，不必引證。

問：「東向西向，以南方爲上；南向北向，以西方爲上；如何？」曰：「此言坐位，非祭祀昭穆之位。昭穆之位，太祖面東，左昭右穆，自内以及外。古之坐位，皆以右爲尊。范文甫問：『韓信得廣武君，使東向坐，而西面師事之，是否？』」曰：「今則以左爲尊，是或一道也。」

問：「『僑如以夫人姜氏至』，書『以』，如何？」曰：「當然。此却言公子能主其事，以夫人至也。如書『公與夫人如齊』，只書『與』而不書『及』，却有意，蓋言『及』則主在公也，言『與』則公不能制明矣。」

孔子願乘桴浮於海，居九夷，皆以天下無一賢君，道不行，故言及此爾。子路不知其意，便謂聖人行矣。「無所取材」，言其不能斟酌也。

問：「『肆大眚』，如何？」曰：「大眚而肆之，其失可知。書言眚災肆赦者，言眚則肆之，眚是自作之罪也；災則赦之，災是過失之事故也。凡赦何嘗及得善人？諸葛亮在蜀，十年不赦，審此爾。」

兵强弱亦有時。往時陳、許號勁兵，今陳、許最近畿，亦不聞勁。今河東最盛。

學者不可不通世務。天下事譬如一家，非我爲則彼爲，非甲爲則乙爲。

子路「片言可以折獄」，故魯願與小邾、射盟，而射止願得季路一言，乃其證也。

曰「予欲無言」，蓋爲子貢多言，故告之以此。

問「務民之義。」曰：「如項梁立義帝，謂從民望者是也。」

棣問：「『天王使宰咺來歸惠公、仲子之賵』，如何？」答曰：「書天王者，以春秋之始，周方書此一件事，且存天王之號以正名分，非謂此事當理而書也，故書宰之名以示貶。仲子是惠公再娶之夫人，諸侯無再娶理，故只書惠公、仲子，不稱夫人也。」又問：「左氏以爲未薨，預凶事，非禮也。」曰：「不然，豈有此理？夫人子氏自是隱公之妻，不干仲子事。」

又問：「再娶皆不合禮否？」曰：「大夫以上無再娶禮。凡人爲夫婦時，豈有一人先死，一人再娶，一人再嫁之約？只約終身夫婦也。但自大夫以下，有不得已再娶者，蓋緣奉公姑，或主內事爾。如大夫以上，至諸侯天子，自有嬪妃可以供祀禮，所以不許再娶也。」

春秋書盟，如何？先王之時有盟否？或疑周官司盟者。曰：「先王之時所以有盟者，亦因民而爲之，未可非司盟也。但春秋時信義皆亡，日以盟詛爲事，上不遵周王之命，春秋書，皆貶也。唯胥命之事稍爲近正，故終齊、衞二君之世不相侵伐，亦可喜也。」

「紀子伯莒子盟于密」，此是伯上脱一字也，必是三人同盟。若不是脱字，别無義理。

「齊高固來逆叔姬，」公、穀有子字，如何？」曰：「子者言是公女，其他則姊妹之類也。」

又問：「『丁丑，夫人姜氏入』，何故獨書曰『入』？」曰：「此娶仇女，故書『入』，言宗廟不受也。」

又問「公子結媵陳人之婦于鄄，遂及齊侯、宋公盟。」曰：「此是本去媵婦，却遂及諸侯盟，聖人罪之之意，在遂事也。」

又問：「『祭公來，遂逆王后于紀』，如何？」曰：「此祭公受命逆后，却因過魯，遂行朝會之禮，聖人深罪之，故先書其來，使若以朝魯爲主，而逆后爲遂也。」曰：「或説逆王后，亦使魯爲主，如何？」曰：「築王姬之館，單伯送王姬之類，皆是魯爲主。蓋只是王姬下嫁，則同姓諸侯爲主，如逆王后，無使諸侯爲主之理。」

問：「獨宋共姬書首尾最詳，何故？」曰：「賢伯姬，故詳録之。昔胡先生常説伯姬是婦人中伯夷，爲其不下堂而死也。」曰：「如成八年、九年、十年，三書來媵，皆以伯姬之故書否？」曰：「然。」「媵之禮如何？」曰：「古有之。」

又問：「漢儒談春秋災異，如何？」曰：「自漢以來，無人知此。董仲舒説天人相與之際，亦略見些模樣，只被漢儒推得太過。亦何必説某事有某應？」

河南程氏遺書卷第二十三

伊川先生語九

鮑若雨録

今語小人曰不違道，則曰不違道，然卒違道；語君子曰不違道，則曰不違道，終不肯違道。譬如牲牢之味，君子曾嘗之，說與君子，君子須增愛；說與小人，小人非不道好，只是無增愛心，其實只是未知味。「守死善道」，人非不知，終不肯爲者，只是知之淺，信之未篤。

志不可不篤，亦不可助長。志不篤則忘廢。助長，於文義上也且有益，若於道理上助長，反不得。杜預云：「優而柔之，使自求之；厭而飫之，使自趣之；若江海之浸，膏澤之潤，渙然冰釋，怡然理順，然後爲得也。」此數句煞好。

論語是孔門高弟所撰，觀其立言，直是得見聖人處。如「閔子侍側，誾誾如也；子路行行如也，冉有、子貢侃侃如也，子樂。」不得聖人處，怎生知得子樂？誾誾、行行、侃侃，亦是門人旁觀見得。如「子温而厲，威而不猛，恭而安」，皆是善觀聖人者。

夫子刪詩，贊易，敍書，皆是載聖人之道，然未見聖人之用，故作春秋。春秋，聖人之用也。如曰：「知我者，其惟春秋乎！罪我者，其惟春秋乎！」便是聖人用處。

人謂盡己之謂忠，盡物之謂恕。盡己之謂忠固是，盡物之謂恕則未盡。推己之謂恕，盡物之謂信。

問：「武未盡善處，如何？」曰：「説者以征誅不及揖讓，征誅固不及揖讓，然未盡善處，不獨在此，其聲音節奏亦有未盡善者。樂記曰：『有司失其傳也。』若非有司失其傳，則武王之志荒矣。孔子『自衛反魯，然後樂正，雅、頌各得其所』，是知既正之後，不能無錯亂者。」

小人之怒在己，君子之怒在物。小人之怒，出於心，作於氣，形於身，以及於物，以至無所不怒，是所謂遷也。若君子之怒，如舜之去四凶。

問：「『吾道一以貫之』，而曰『忠恕而已矣』，則所謂一者，便是仁否？」曰：「固是。只這一字，須是子細體認。一還多在忠上？多在恕上？」曰：「多在恕上。」曰：「不然。多在忠上。纔忠便是一，恕即忠之用也。」

又問：「令尹子文忠矣，孔子不許其仁，何也？」曰：「此只是忠，不可謂之仁。若比干之忠，見得時便是仁也。」

螟蛉蜾蠃，本非同類，爲其氣同，故祝則肖之。又況人與聖人同類者？大抵須是自强不息，將來涵養成就到聖人田地，自然氣貌改變。

問：「『有殺身以成仁，無求生以害仁。』竊謂苟所利者大，一身何足惜也？」曰：「但看生與仁孰重。夫子曰：『朝聞道，夕死可矣。』人莫重於生，至於捨得死，道須大段好如生也。」曰：「既死矣，敢問好處如何？」曰：「聖人只賭〔一〕一箇是。」

問：「夫子曰：『吾不復夢見周公』，聖人固嘗夢見周公乎？」曰：「不曾。孔子昔嘗寤寐閒思周公，後不復思爾。若謂夢見周公，大段害事，卽不是聖人也。」又曰：「聖人果無夢乎？」曰：「有。夫衆人日有所思，夜則成夢，設或不思而夢，亦是舊習氣類相應。若是聖人，夢又別。如高宗夢傅說，真箇有傅說在傅巖也。」

問：「富貴、貧賤、壽夭，固有分定，君子先盡其在我者，則富貴、貧賤、壽夭，可以命言；若在我者未盡，則貧賤而夭，理所當然，富貴而壽，是爲徼倖，不可謂之命。」曰：「雖不可謂之命，然富貴、貧賤、壽夭，是亦前定。孟子曰：『求則得之，舍則失之，是求有益於得也，求在我者也；求之有道，得之有命，是求無益於得也，求在外者也。』故君子以義安命，小人以命安義。」

中庸之說，其本至於「無聲無臭」，其用至於「禮儀三百，威儀三千」。自「禮儀三百，威儀三千」，復歸於「無聲無臭」，此言聖人心要處。與佛家之言相反，儘教說無形迹，無色，其實不過無聲無臭，必竟有甚見處？大抵語論閒不難見。如人論黃金曰黃色，此人必是不識金。若是識金者，更不言，設或言時，別自有道理。張子厚嘗謂佛如大富貧子。橫渠論此一事甚當。

聖人與理爲一，故無過，無不及，中而已矣。其他皆以心處這箇道理，故賢者常失之過，不肖者常失之不及。

〔一〕呂本、徐本「賭」作「睹」，義似較長。

陳恒弑其君，孔子沐浴而朝，請討之。左氏載孔子之言，謂「陳恒弑其君，民之不與者半，以魯之衆加齊之半，可克也。」恁地是聖人以力角勝，都不問義理也。孔子請伐齊，以弑君之事討之。當時哀公能從其請，孔子必有處置，須使顔回使周，子路使晉，天下大計可立而遂。孔子臨老，有此一件事好做，奈何哀公不從其請，可惜。

問：「横渠言『由明以至誠，由誠以至明』，此言恐過當。」曰：「『由明以至誠』，此句却是。『由誠以至明』，則不然，誠卽明也。孟子曰：『我知言，我善養吾浩然之氣。』只『我知言』一句已盡。横渠之言不能無失，類若此。若西銘一篇，誰説得到此？今以管窺天，固是見北斗，别處雖不得見，然見北斗，不可謂不是也。」

問：「孔子對冉求曰：『其事也，非政。』政與事何異？」曰：「閔子騫不肯爲大夫，曾晳不肯爲陪臣，皆知得此道理。若季路、冉求，未能知此。夫政出於國君。冉求爲季氏家臣，只是家事，安得爲政？當時季氏專政，孔子因以明之。」或問：「季路、冉求稍明聖人之道，何不知此？」曰：「當時陪臣執國命，目見耳聞，習熟爲常，都不知有君，此言不足怪。季氏問季路、冉求，可謂大臣與？孔子曰：『所謂大臣者，以道事君，不可則止。今由與求也，可謂具臣矣。』『然則從之者與？』曰：『弑父與君，亦不從也。』除却弑父與君，皆爲之。」

「期月而已，三年有成」，何也？曰：「公孫弘謂『三年有成，臣切遲之。』唐文宗時，李石責以宰相之職，謂『臣猶以爲太速』。二者皆不是。須是知得遲速之理。昔嘗對哲宗説此事曰：『陛下若問如何措置，三年有成，臣即陳三年有成之事；若問如何措置，期月而已，臣即陳期月之事。當時朝廷無一人問著，只李邦直但云稱職稱職，亦不曾問著一句。」

春秋書隕石隕霜，何故不言石隕霜隕？此便見得天人一處。昔嘗對哲宗説：「天人之間甚可畏，作善則千里之外應之，作惡則千里之外違之。昔子陵與漢光武同寢，太史奏客星侵帝座甚急。子陵匹夫，天應如此，況一人之尊，舉措用心，可不戒慎！」

「暴其民甚，則身弑國亡；不甚，則身危國削，名之曰幽、厲，雖孝子慈孫，百世不能改也。」漢之君，都爲美謚，何似休因問：「桀、紂是謚否？」曰：「不是。天下自謂之桀、紂。」

「王天下有三重」，三重即三王之禮。三王雖隨時損益，各立一箇大本，無過不及，此與春秋正相合。

先生前日教某思「君子和而不同」。某思之數日，便覺胸次廣濶，其意味有不可以言述。竊有一喻，願留嚴聽。今有人焉，久寓遠方，一日歸故鄉，至中途，適遇族兄者，俱抵旅舍，異居而食，相視如途人。彼豈知爲族弟，此亦豈知爲族之兄邪？或告曰：彼之子，公之族兄某人也；彼之子，公之族弟某人也。既而懽然相從，無有二心。向之心與今之心，豈或異哉？知與不知而已。今學者苟知大本，則視天下猶一家，亦自然之理也。先生曰：「此乃善喻也。」

先生教某思孝弟爲仁之本。某竊謂：人之初生，受天地之中，稟五行之秀，方其稟受之初，仁固已存乎其中。及其既生也，幼而無不知愛其親，長而無不知敬其兄，而仁之用於是見乎外。當是時，唯知愛敬而已，固未始有事物之累。及夫情欲竇於中，事物誘於外，事物之心日厚，愛敬之心日薄，本心失而仁隨喪矣。故聖人教之曰：「君子務本，本立而道生。孝弟也者，其爲仁之本與！」蓋謂修爲其仁者，必本於孝弟故也。先生曰：「能如此尋究，甚好。夫子曰：『敬親者不敢慢於人，愛親者不敢惡於人。』不敢慢於人，不敢惡於人，便是孝弟。盡得仁，斯盡得孝弟；盡得孝弟，便是仁。」又問：「爲仁先從愛物上推來，如何？」曰：「不敬其親而敬他人者，謂之悖禮，不愛其親而愛他人者，謂之悖德，故君子『親親而仁民，仁民而愛物』。能親親，豈不仁民？能仁民，豈不愛物？若以愛物之心推而親親，却是墨子也。」因問：「舜與曾子之孝，優劣如何？」曰：「家語載耘瓜事，雖不可信，却有義理。曾子耘瓜，誤斬其根。曾皙建大杖以擊其背，曾子仆地，不知人事，良久而蘇，欣然起，進曰：『大人用力教參，得無疾乎？』乃退，援琴而歌，使知體康。孔子聞而怒。曾子至孝如此，亦有這些失處。若是舜，百事從父母，只殺他不得。」又問：「如申生待烹之事，如何？」曰：「此只是恭也。若舜，須逃也。」

問：「先生曰：『盡其道謂之孝弟。』夫以一身推之，則身者資父母血氣以生者也。盡其道者則能敬其身，敬其身者則能敬其父母矣。不盡其道則不敬其身，不敬其身則不敬父母，其斯之謂歟？」曰：「今士大夫受職於君，尚期盡其職事，又況親受身於父母，安可不盡其道？」

夫民，合而聽之則聖，散而聽之則愚。合而聽之，則大同之中，有箇秉彝在前，是是非非，無不當理，故聖。散而聽之，則各任私意，是非顛倒，故愚。蓋公義在，私欲必不能勝也。

河南程氏遺書卷第二十四

伊川先生語十

鄒德久本

「天下雷行，物與无妄」，先天後天皆合於天理者也，人欲則僞矣。

修身，當學大學之序。大學，聖人之完書也，其閒先後失序者，已正之矣。

詩言后妃之德，非指人而言，或謂太姒，大失之矣。周公作樂章，欲一作歌之。以感化天下，其後繼以文王詩者，言古之人有行之者，文王是也。周南天子之事，故繫之周。周，王室也。召南諸侯之事，故繫之召。召，諸侯長也。曰公者，後人誤加之也。夫婦道一，關雎雖后妃之事，亦可歌於下。至若鹿鳴以下，則各主其事，皇華遣使臣之類是也。頌有二：或美盛德，則燕饗通用之；或告成功，則祭祀專用之。

詩有六義：曰風者，謂風動之也；曰賦者，謂鋪陳其事也；曰比者，直比之，「温其如玉」之類是也；曰興者，因物而興起，「關關雎鳩」、「瞻彼淇、澳」之類是也；曰雅者，雅言正道，「天生蒸民，有物有則」之類是也；曰頌者，稱頌德美，「有匪君子，終不可諼兮」之類是也。

國風、大、小雅、三頌，詩之名也。六義，詩之義也。篇之中有備六義者，有數義者。一本章首云：「能治亂絲者，可以治詩。」

四始，猶四端也。

十五國風，各有次序，看詩可見。

詩大序，孔子所爲，其文似繫辭，其義非子夏所能言也。小序，國史所爲，非後世所能知也。

人心私欲，故危殆。道心天理，故精微。滅私欲則天理明矣。

太誓書曰：「一月。」曰：「商厤已絶，周厤未建，故用人正，今之正月也。不書商厤，以見紂自絶於天矣。聖人一言一動，無不合於天理如此。」

看書，須要見二帝、三王之道。如二典，卽求堯所以治民，舜所以事君。

「五年須暇」者，聖人討伐，必不太早，自當緩之，非再駕之謂也。此周公所知，無顯迹可推也。

犬、牛、人，知所去就，其性本同，但限以形，故不可更。如隙中日光，方圓不移，其光一也。惟所稟各異，故生之謂性，告子以爲一，孟子以爲非也。

庾公之斯遇子濯孺子，虛發四矢，甚無謂也。國之安危在此舉，則殺之可也；舍之而無害於國，權輕重可也。何用虛發四矢乎？

「堯、舜性之」，生知也。「湯、武身之」，學而知之也。

「仁之於父子，至知之於賢者」，謂之命者，以其稟受有厚薄清濁故也。然其性善，可學而盡，故謂之性焉。稟氣有清濁，故其材質有厚薄。稟於天謂性，感爲情，動爲心，質幹爲才。

「生之謂性」，與「天命之謂性」，同乎？性字不可一概論。「生之謂性」，止訓所禀受也。「天命之謂性」，此言性之理也。今人言天性柔緩，天性剛急，俗言天成，皆生來如此，此訓所禀受也。若性之理也則無不善，曰天者，自然之理也。

「天下言性，則故而已」者，言性當推其元本，推其元本，無傷其性也。

伊尹受湯委寄，必期天下安治而已。太甲如不終惠，可廢也。孟子言貴戚之卿與此同。然則始何不擇賢？蓋外丙二歲，仲壬四歲，惟太甲長耳。使太甲有下愚之質，初不立也。苟無三人，必得於宗室；宗室無人，必擇於湯之近戚；近戚無人，必擇於天下之賢者而與之，伊尹不自爲也。劉備託孔明以嗣子，「不可，使自爲之」，非權數之言，其利害昭然也。立者非其人，則劉氏必爲曹氏屠戮，寧使孔明爲之也。霍光廢昌邑，不待放，知其下愚不移也。始之不擇，則光之罪大矣。若伊尹與光是太甲、昌邑所用之臣，而不受先王之委寄，諫不用，去之可也，放廢之事，不可爲也，義理自昭然。

先生始看史傳，及半，則掩卷而深思之，度其後之成敗，爲之規畫，然後復取觀焉。然成敗有幸不幸，不可以一概看。

看史必觀治亂之由，及聖賢修己處事之美。

孔明有王佐之心，道則未盡。王者如天地之無私心焉，行一不義而得天下不爲。孔明必求有成，而取劉璋。聖人寧無成耳，此不可爲也。若劉表子琮，將爲曹公所并，取而與劉氏可也。

孔明不死，三年可以取魏，且宣王有英氣，久不得伸，必沮死不久也。

孔明庶幾禮樂。

孔明營五丈原，宣王言「無能爲」，此僞言安一軍耳，兵自高地來可勝。先生嘗自觀五丈原，非非，一作日言。此地不可據，英雄欺人，不可盡信。

荀爽從董卓辟，遜迹避禍，君子亦有之，然聖人明哲保身，亦不至轉身不得處。如楊子投閣，失之也。荀爽自度其材，能與漢室乎，起而圖之可也。知不足而强圖之，非也。

西漢儒者有風度，惟董仲舒、毛萇、楊雄。萇解經雖未必皆當，然味其言，大概然耳。

東漢趙苞爲邊郡守，虜奪其母，招以城降，苞遽戰而殺其母，非也。以君城降而求生其母，固不可。然亦當求所以生母之方，奈何遽戰乎？不得已，身降之可也。王陵母在楚，而使楚質以招陵，陵降可也。徐庶得之矣。

義訓宜，禮訓別，智訓知，仁當何訓？說者謂訓覺，訓人，皆非也。當合孔、孟言仁處，大概研窮之，二三歲得之，未晚也。

先生云：「吾四十歲以前讀誦，五十以前研究其義，六十以前反覆紬繹，六十以後著書。」著書不得已。

人思如湧泉，浚之愈新。

釋道所見偏，非不窮深極微也，至窮神知化，則不得與矣。

先生在經筵時，上服藥，即日就醫官問動止。天子方幼，建言選宮人四十以上者侍左右，所以遠紛華、養心性。

盡己爲忠，盡物爲信。極言之，則盡己者盡己之性也，盡物者盡物之性也。信者，無僞而已，於天性有所損益，則爲僞矣。易无妄曰：「天下雷行，物與无妄」，動以天理故也。其大略如此，更須研究之，則自有得處。

韓文不可漫觀，晚年所見尤高。

在天曰命，在人曰性。貴賤壽夭命也，仁義禮智亦命也。

動物有知，植物無知，其性自異，但賦形於天地，其理則一。

四端不言信者，既有誠心爲四端，則信在其中矣。

充實而有光輝，所謂修身見於世也。

昏禮執鴈者，取其不再偶爾，非隨陽之物。

亞夫夜半軍擾，直至帳下，堅卧不動，安在其持重也。

聖人無優劣，有則非聖人也。

主一者謂之敬。一者謂之誠。主則有意在。

荀氏八龍，豈盡賢者？但得一二賢子弟相薰習皆然耳。

犬吠屠人，世傳有物隨之，非也，此正如海上鷗爾。

河南程氏遺書卷第二十五

伊川先生語十一

暢潛道録胡氏注云：「識者疑其閒多非先生語。」

大學曰：「物有本末，事有終始，知所先後，則近道矣。」人之學莫大於知本末終始。致知在格物，則所謂本也，始也；治天下國家，則所謂末也，終也。治天下國家，必本諸身，其身不正而能治天下國家者無之。格猶窮也，物猶理也，猶曰窮其理而已也。窮其理，然後足以致之，不窮則不能致也。格物者適道之始，欲思格物，則固已近道矣。是何也？以收其心而不放也。

知者吾之所固有，然不致則不能得之，而致知必有道，故曰「致知在格物」。

大學論意誠以下，皆窮其意而明之，獨格物則曰「物格而後知至」，蓋可以意得而不可以言傳也。自格物而充之，然後可以至聖人。不知格物而先欲意誠心正身修者，未有能中於理者。

「致知在格物」，非由外鑠我也，我固有之也。因物有遷，迷而不知，則天理滅矣，故聖人欲格之。

隨事觀理，而天下之理得矣。天下之理得，然後可以至於聖人。君子之學，將以反躬而已矣。反躬在致知，致知在格物。

學莫貴於自得，得非外也，故曰自得。

學莫大於平心，平莫大於正，正莫大於誠。

君子之學，在於意必固我既亡之後，而復於喜怒哀樂未發之前，則學之至也。

心至重，鷄犬至輕。鷄犬放則知求之，心放則不知求，豈愛其至輕而忘其至重哉？弗思而已矣。

今世之人，樂其所不當樂，不樂其所當樂；慕其所不當慕，不慕其所當慕；皆由不思輕重之分也。

顏淵歎孔子曰：「仰之彌高，鑽之彌堅，瞻之在前，忽焉在後，夫子循循然善誘人，博我以文，約我以禮，欲罷不能，既竭吾才，如有所立卓爾，雖欲從之，末由也已。」此顏子所以善學孔子而深知孔子者也。

有學不至而言至者，循其言亦可以入道。荀子曰：「真積力久則入。」杜預曰：「優而柔之，使自求之；厭而飫之，使自趨之。」管子曰：「思之思之，又重思之，思之而不通，鬼神將通之，非鬼神之力也，精神之極也。」此三者，循其言皆可以入道，而荀子、管子、杜預初不能及此。

自其外者學之，而得於內者，謂之明。自其內者得之，而兼於外者，謂之誠。誠與明一也。

聞見之知，非德性之知。物交物則知之，非內也，今之所謂博物多能者是也。德性之知，不假聞見。

君子不以天下爲重而身爲輕，亦不以身爲重而天下爲輕。凡盡其所當爲者，如「可以仕則仕」，「入則孝」之類是也，此孔子之道也。蔽焉而有執者，楊、墨之道也。

能盡飲食言語之道，則可以盡去就之道；能盡去就之道，則可以盡死生之道。飲食言語，去就死生，小大之勢一也。故君子之學，自微而顯，自小而章。易曰：「閑邪存其誠。」閑邪則誠自存，而閑其邪者，乃在於言語飲食進退與人交接之際而已矣。

人皆可以至聖人，而君子之學必至於聖人而後已。不至於聖人而後已者，皆自棄也。孝其所當孝，弟其所當弟，自是而推之，則亦聖人而已矣。

多權者害誠，好功者害義，取名者賊心。

君貴明，不貴察；臣貴正，不貴權。

稱性之善謂之道，道與性一也。以性之善如此，故謂之性善。性之本謂之命，性之自然者謂之天，自性之有形者謂之心，自性之有動者謂之情，凡此數者皆一也。聖人因事以制名，故不同若此。而後之學者，隨文析義，求奇異之説，而去聖人之意遠矣。

自性而行，皆善也。聖人因其善也，則爲仁義禮智信以名之；以其施之不同也，故爲五者以别之。合而言之皆道，别而言之亦皆道也。舍此而行，是悖其性也，是悖其道也。而世人皆言性也，道也，與五者異，其亦弗學歟！其亦未體其性也歟！其亦不知道之所存歟！

道孰爲大？性爲大。千里之遠，數千歲之日，其所動静起居，隨若亡矣。然時而思之，則千里之遠在於目前，數千歲之久無異數日之近，人之性則亦大矣。噫！人之自小者，亦可哀也已。人之性一也，而世之人皆曰吾何能爲聖人，是不自信也。其亦不察乎！

自得者所守固，而自信者所行不疑。

學貴信，信在誠。誠則信矣，信則誠矣。不信不立，不誠不行。

或問：「周公勳業，人不可爲也已。」曰：「不然。聖人之所爲，人所當爲也。盡其所當爲，則吾之勳業，亦周公之勳業也。凡人之弗能爲者，聖人弗爲。」

君子之學，要其所歸而已矣。

民可明也，不可愚也；民可教也，不可威也；民可順也，不可强也；民可使也，不可欺也。

孔子曰：「根也慾，焉得剛？」甚矣慾之害人也。人之爲不善，欲誘之也。誘之而弗知，則至於天理滅而不知反。故目則欲色，耳則欲聲，以至鼻則欲香，口則欲味，體則欲安，此皆有以使之也。然則何以窒其欲？曰思而已矣。學莫貴於思，唯思爲能窒欲。曾子之三省，窒欲之道也。

好勝者滅理，肆欲者亂常。

可以仕則仕，可以止則止，可以久則久，可以速則速，此皆時也，未嘗不合中，故曰「君子而時中」。「喜怒哀樂之未發謂之中。」中也者，言寂然不動者也。故曰「天下之大本」。「發而皆中節謂之和。」和也者，言感而遂通者也，故曰「天下之達道」。

學也者，使人求於內也。不求於內而求於外，非聖人之學也。何謂不求於內而求於外？以文爲主者是也。學也者，使人求於本也。不求於本而求於末，非聖人之學也。何謂不求於本而求於末？考詳略，採同異者是也。是二者皆無益於身，君子弗學。

墨子之德至矣，而君子弗學也，以其舍正道而之他也。相如、太史遷之才至矣，而君子弗貴也，以所謂學者非學也。

莊子，叛聖人者也，而世之人皆曰矯時之弊。矯時之弊，固若是乎？伯夷、柳下惠，矯時之弊者也，其有異於聖人乎？抑無異乎？莊周、老聃，其與伯夷、柳下惠類乎？不類乎？子夏曰：「雖小道，必有可觀者焉，致遠恐泥。」子曰：「攻乎異端，斯害也已。」此言異端有可取，而非道之正也。

君子以識爲本，行次之。今有人焉，力能行之，而識不足以知之，則有異端者出，彼將流宕而不知反。內不知好惡，外不知是非，雖有尾生之信，曾參之孝，吾弗貴矣。

學莫貴於知言，道莫貴於識時，事莫貴於知要。所聞者所見者外也，不可以動吾心。

孟子曰：「其爲氣也，至大至剛，以直養而無害。」此蓋言浩然之氣至大至剛且直也，能養之則無害矣。

伊尹之耕於有莘，傅說之築於傅巖，天下之事，非一一而學之，天下之賢才，非一一而知之，明其在己而已矣。

君子不欲才過德，不欲名過實，不欲文過質。才過德者不祥，名過實者有殃，文過質者莫之與長。

或問：「顏子在陋巷而不改其樂，與貧賤而在陋巷者，何以異乎？」曰：「貧賤而在陋巷者，處富貴則失乎本心。顏子在陋巷猶是，處富貴猶是。」

通乎晝夜之道，而知晝夜，死生之道也。

知生之道，則知死之道；盡事人之道，則盡事鬼之道。死生人鬼，一而二，二而一者也。

孔子曰：「有德者必有言。」何也？和順積於中，英華發於外也。故言則成文，動則成章。

學不貴博，貴於正而已矣。言不貴多，貴於當而已矣。政不貴詳，貴於順而已矣。

意必固我既亡之後，必有事焉，此學者所宜盡心也。夜氣之所存者良知也，良能也，苟擴而充之，化旦晝之所害爲夜氣之所存，然後可以至於聖人。

孟子曰：「盡其心者知其性也，知其性則知天矣。」心也，性也，天也，非有異也。

人皆有是道，唯君子爲能體而用之。不能體而用之者，皆自棄也。故孟子曰：「苟能充之，足以保四海；苟不充之，不足以事父母。」夫充與不充，皆在我而已。

德盛者，物不能擾而形不能病。形不能病，以物不能擾也。故善學者，臨死生而色不變，疾痛慘切而心不動，由養之有素也，非一朝一夕之力也。

心之躁者，不熱而煩，不寒而慄，無所惡而怒，無所悅而喜，無所取而起。君子莫大於正其氣，欲正其氣，莫若正其志。其志既正，則雖熱不煩，雖寒不慄，無所怒，無所喜，無所取，去就猶是，死生猶是，夫是之謂不動心。

志順者氣不逆，氣順志將自正。志順而氣正，浩然之氣也。然則養浩然之氣也，乃在於持其志無暴其氣耳。

中庸曰：「道不可須臾離也，可離非道也。」又曰：「道不遠人。」此特聖人爲始學者言之耳。論其極，豈有可離與不可離而遠與近之說哉？

學爲易，知之爲難。知之非難也，體而得之爲難。

「致曲」者，就其曲而致之也。

人人有貴於己者，此其所以人皆可以爲堯、舜。

學者當以論語、孟子爲本。論語、孟子既治，則六經可不治而明矣。讀書者，當觀聖人所以作經之意，與聖人所以用心，與聖人所以至聖人，而吾之所以未至者，所以未得者，句句而求之，晝誦而味之，中夜而思之，平其心，易其氣，闕其疑，則聖人之意見矣。

人之生也，小則好馳騁弋獵，大則好建立功名，此皆血氣之盛使之然耳。故其衰也，則有不足之色；其病也，則有可憐之言。夫人之性至大矣，而爲形氣之所役使而不自知，哀哉！

吾未見嗇於財而能爲善者也，吾未見不誠而能爲善者也。

君子之學也，「使先知覺後知，使先覺覺後覺」，而老子以爲「非以明民，將以愚之」，其亦自賊其性歟〔一〕！

有求爲聖人之志，然後可與共學；學而善思，然後可與適道；思而有所得，則可與立；立而化之，則可與權。

「非禮勿視，非禮勿聽，非禮勿言，非禮勿動」，視聽言動一於禮之謂仁，仁之與禮非有異也。孔子告仲弓曰：「出門如見大賓，使民如承大祭，己所不欲，勿施於人。」夫君子能如是用心，能如是存心，則惡有不仁者乎？而其本可以一言而蔽之曰「思無邪」。

〔一〕呂本、徐本「歟」作「矣」。

無好學之志，則雖有聖人復出，亦無益矣。然聖人在上而民多善者，以涵泳其教化深且遠也，習聞之久也。

禮記除中庸、大學，唯樂記爲最近道，學者深思自求之。禮記之表記，其亦近道矣乎！其言正。

學者必求其師。記問文章不足以爲人師，以所學者外也。故求師不可不愼。所謂師者何也？曰理也，義也。

「少成若天性，習慣成自然。」雖聖人復出，不易此言。孔子曰：「性相近也，習相遠也，唯上智與下愚不移。」下愚非性也，不能盡其才也。

君子所以異於禽獸者，以有仁義之性也。苟縱其心而不知反，則亦禽獸而已。

形易則性易，性非易也，氣使之然也。

「禮儀三百，威儀三千」，非絕民之欲而强人以不能也，所以防其欲，戒其侈，而使之入道也。

「多識於鳥獸草木之名」，所以明理也。

至顯者莫如事，至微者莫如理，而事理一致，微顯一源。古之君子所謂善學者，以其能通於此而已。

君子之學貴乎一，一則明，明則有功。

德盛者言傳，文盛者言亦傳。

名數之學，君子學之而不以爲本也。言語有序，君子知之而不以爲始也。

孔子之道，發而爲行，如鄉黨之所載者，自誠而明也。由鄉黨之所載而學之，以至於孔子者，自明而誠也。及其至焉，一也。

「聞善言則拜」，禹所以爲聖人也。「以能問不能，以多問寡」，顏子所以爲大賢也。後之學者有一善而自足，哀哉！

爲學之道，必本於思，思則得之，不思則不得也。故書曰：「思曰睿，睿作聖。」思所以睿，睿所以聖也。

學以知爲本，取友次之，行次之，言次之。

信不足以盡誠，猶愛不足以盡仁。

董仲舒曰：「正其誼，不謀其利；明其道，不計其功。」此董子所以度越諸子。

堯、舜之爲善，與桀、跖之爲惡，其自信一也。

老子曰：「失道而後德，失德而後仁，失仁而後義，失義而後禮。」則道德仁義禮，分而爲五也。

聖人無優劣。堯、舜之讓，禹之功，湯、武之征伐，伯夷之清，柳下惠之和，伊尹之任，周公在上而道行，孔子在下而道不行，其道一也。

不深思則不能造於道，不深思而得者，其得易失。然而學者有無思無慮而得者，何也？曰：以無思無慮而得者，乃所以深思而得之也。以無思無慮爲不思而自以爲得者，未之有也。

原始則足以知其終，反終則足以知其始，死生之說，如是而已矣。故以春爲始而原之，其必有冬；以冬爲終而反之，其必有春。死生者，其與是類也。

「其次致曲」者，學而後知之也，而其成也，與生而知之者不異焉。故君子莫大於學，莫害於畫，莫病於自足，莫罪於自棄。學而不止，此湯、武所以聖也。

「古之學者爲己」，其終至於成物。今之學者爲物，其終至於喪己。

「杞柳」，荀子之說也。「湍水」，楊子之說也。

聖人所知，宜無不至也；聖人所行，宜無不盡也；然而書稱堯、舜，不曰刑必當罪，賞必當功，而曰：「罪疑惟輕，功疑惟重，與其殺不辜，寧失不經。」異乎後世刻核之論矣。

自夸者近刑，自喜者不進，自大者去道遠。

君子之學必日新，日新者日進也。不日新者必日退，未有不進而不退者。唯聖人之道無所進退，以其所造者極也。

事上之道莫若忠，待下之道莫若恕。

中庸之書，學者之至也，而其始則曰：「戒慎乎其所不睹，恐懼乎其所不聞。」蓋言學者始於誠也。

楊子，無自得者也，故其言蔓衍而不斷，優游而不決。其論性則曰：「人之性也善惡混，修其善則爲善人，修其惡則爲惡人。」荀子，悖聖人者也，故列孟子於十二子，而謂人之性惡。性果惡邪？聖人何能反其性以至於斯耶？

聖人之言遠如天，賢人之言近如地。其遠也若不可得而及，其近也亦可得而行。楊子曰：「聖人之言遠如天，賢人之言近如地。」非也。

或問賈誼。曰：「誼之言曰：『非有孔子、墨翟之賢』，孔與墨一言之，其識末矣，其亦不善學矣。」必井田，必封建，必肉刑，非聖人之道也。善治者，放井田而行之而民不病，放封建而使之而民不勞，放肉刑而用之而民不怨。故善學者，得聖人之意而不取其迹也。迹也者，聖人因一時之利而制之也。

夫人幼而學之，將欲成之也；既成矣，將以行之也。學而不能成其學，成而不能行其學，則烏足貴哉？

待人有道，不疑而已。使夫人有心害我邪？雖疑不足以化其心。使夫人無心害我邪？疑則己德內損，人怨外生。故不疑則兩得之矣，疑則兩失之矣，而未有多疑能爲君子者也。

昔者聖人「立人之道曰仁曰義」。孔子曰：「仁者人也，親親爲大；義者宜也，尊賢爲大。」唯能親親，故「老吾老以及人之老，幼吾幼以及人之幼」；唯能尊賢，故「賢者在位，能者在職」。唯仁與義，盡人之道；盡人之道，則謂之聖人。

學者不可以不誠，不誠無以爲善，不誠無以爲君子。修學不以誠，則學雜；爲事不以誠，則事敗；自謀不以誠，則是欺其心而自棄其忠〔一〕；與人不以誠，則是喪其德而增人之怨。今小道異端，亦必誠而後得，而況欲爲君子者乎？故曰：學者不可以不誠。雖然，誠者在知道本而誠之耳。

古者卜筮，將以決疑也。今之卜筮則不然，計其命之窮通，校其身之達否而已矣。噫！亦惑矣。

〔一〕呂本、徐本「忠」作「志」。

不思故有惑，不求故無得，不問故不知。

世之服食欲壽者，其亦大愚矣。夫命者，受之於天，不可增損加益，而欲服食而壽，悲哉！見攝生者而問長生，謂之大愚。見卜者而問吉凶，謂之大惑。

或問性。曰：「順之則吉，逆之則凶。」

孔子沒，曾子之道日益光大。孔子沒，傳孔子之道者，曾子而已。曾子傳之子思，子思傳之孟子，孟子死，不得其傳，至孟子而聖人之道益尊。

孟子曰：「可以仕則仕，可以止則止，可以久則久，可以速則速，孔子也。孔子，聖之時者也。」故知易者，莫若孟子。孟子曰：「王者之迹熄而詩亡，詩亡然後春秋作。春秋無義戰，彼善於此則有之矣。」征者上伐下也，敵國不相征也。故知春秋者，莫若孟子。

禮之本，出於民之情，聖人因而道之耳。禮之器，出於民之俗，聖人因而節文之耳。聖人復出，必因今之衣服器用而爲之節文。其所謂貴本而親用者，亦在時王斟酌損益之耳。

附録

明道先生行狀見伊川先生文集。

門人朋友敍述並序序見伊川先生文集。

河閒劉立之曰：先生幼集有而字。有奇一作異。質，明慧驚人，年數歲，卽有成人之度。嘗賦酌貪泉，詩曰：「中心如自固，外物豈能遷？」當世先達許其志操。及長，豪勇自奮，不溺於流俗。從汝南周茂叔問學，窮性命之理，率性會道，體道成德，出處孔、孟，從容不勉。踰冠，應書京師，聲望藹然，老儒宿學，皆自以爲不及，莫不造門願交。

釋褐，主永興軍鄠縣簿。永興帥府，其出守皆禁密大臣，待先生莫不盡禮。爲令晉城，其俗朴陋，民不知學，中閒幾百年，無登科者。先生擇其秀異，爲置學舍糧具，聚而教之。朝夕督厲，誘進學者，風靡日盛。熙寧元豐閒，應書者至數百，登科者十餘人。先生爲政，集無爲政二字。條教精密，而主之以誠心。晉城之民，被服先生之化，暴桀子弟至有恥不犯。迄先生去，三年閒，編户數萬衆，罪入極典者纔一人，然鄉閭猶以不遵教令集無令字。爲深恥。熙寧七年，立之得官晉城，距先生去已十餘年，見民有聚口衆而不析異者。問其所以，云守程公之化集有者字。也。其誠心感人如此。

薦爲御史，神宗召對，問所以爲御史。對曰：「使臣拾遺補闕，裨贊朝廷，則可；使臣掇拾臣下短長，以沽直名，則不能。」神宗歎賞，以爲得御史體。神宗厲精求治，王荆公執政，議法改令。言者攻之甚力，至有發憤肆罵，無所不至者。先生獨以至誠，開納君相。疏入輒削藁，不以示子姪。常曰：「揚己矜衆，吾所不爲。」嘗被旨赴中堂議事，荆公方怒言者，厲色待之。先生徐曰：「天下之事，非一家私議，願公平氣以聽。」荆公爲之愧屈善談。

太中公得請領崇福，先生求折資監當以便養。歸洛，從容親庭，日以讀書勸學爲事。先生經術通明，義理精微，樂告不倦。士大夫從之講學者，日夕盈門，虚往實歸，人得所欲。

先生在御史，有南士游執政門者，方自南還，未至（集無未至二字。）而附會之説先布都下，且其人素議虧闕，先生奏言其行。後先生被命判武學，其人已位通顯，懼先生復進，乃抗章言，先生新法之初，（集作行。）首爲異論。先生笑曰：「是豈誣我邪？」復以便親乞汝州監局。先生高才遠業，淪屈卑冗，人爲先生歎息，而先生處之恪勤匪懈，曰：「執事安得不謹！」

今皇帝卽位，以宗正丞召。朝廷方且用之，未赴闕，得疾以終。先生有天下重望，士民以其出處，卜時隆污。聞訃之日，識與不識，莫不隕涕。

自孟軻没，聖學失傳，學者穿鑿妄作，不知入德。先生傑然自立於千載之後，芟闢榛穢，開示本原，聖人之庭户曉然可入，學士大夫始知所向。然高才世希，（集作希世。）能（集作得。）造其藩閫（集作閫。）者蓋（集無蓋字。）鮮，況堂奥乎？

先生德性充完，粹和之氣盎於面背，樂易多恕，終日怡悦。立之從先生三十年，未嘗見其一有有字。忿厲之容。接人温然，無賢不肖，皆使之集無之字。款曲自盡。聞人一善，咨嗟奬勞，惟恐其不篤。人有不及，開導誘掖，惟恐其不至。故雖桀傲不恭，見先生，莫不感悦而化服。風格高邁，不事標飾，而自有畦畛。望其容色，聽其言教，則放心邪氣不復萌於胸中。

太中公告老而歸，家素清窶，僦居洛城。先生以禄養，族大食衆，菽粟僅足，而老幼各盡其歡。中外幼孤窮無託者，皆收養之，撫育誨導，期於成人。嫁女娶婦，皆先孤遺而後及己子。食無重肉，衣無兼副。女長過期，至無貲以遣。

先生達於從政，以仁愛爲本，故所至，民戴之如父母。立之嘗問先生以臨民，曰："使民集作人。各得輸其情。"集有又嘗二字。問御吏，曰："正己以集無以字。格物。"雖愚不肖，佩服先生之訓，不敢忘怠。集作忽。

先生抱經濟大器，有開物成務之才，雖不用於時，然至誠在天下，惟恐一物不得其所，見民疾苦，如在諸己。聞朝廷興作小失，則憂形顔色。嘗論所以致君堯、舜，措俗成、康之意，其言感激動人。千五百年，一生斯人，時命不會如此，美志不行，利澤不施，惜哉！

立之家集無家字。與先生有累世之舊，先人高爽有奇操，集無此上五字。與先生集有情字。好尤密。先人早世，立之方數歲，先生兄弟取以歸，教養視子姪，卒立其門户。末世俗薄，朋友道衰，聞先生之風，宜有愧恥。集無此上四十三字。

立之從先生最久，聞先生教最多，得先生行事爲最集無此最字。詳。先生終，繫官朔陲，不得與於行服之列，哭泣之哀，承訃悲號，摧裂肝膈。集無此上二十七字。先生大節高誼，天下莫不聞，至於集作乎。委曲纖細，集作悉。一言一行，足以垂法來世，而人所不及知者，大懼堙没不傳，以爲門人羞，輒書所知，以備採摭。

沛國朱光庭曰：嗚呼！道之不明不行也久矣。自子思筆之於書，其後孟軻倡之。軻死而不得其傳，退之之言信矣。大抵先生之學，以誠爲本。仰觀乎天，清明穹窿，日月之運行，陰陽之變化，所以然者，誠而已。俯察乎地，廣博持載，山川之融結，草木之蕃殖，所以然者，誠而已。人居天地之中，參合無閒，純亦不已者，其在兹乎！蓋誠者天德也。聖人自誠而明，其静也淵停，其動也神速，天地之所以位，萬物之所以育，何莫由斯道也？

先生得聖人之誠者也。自始學至於成德，雖天資穎徹，絶出等夷，然卓約之見，一主於誠。故推而事親則誠孝，事君則誠忠，友於兄弟則綽綽有裕，信於朋友則久要不忘，修身慎行則不愧於集無於字。屋漏，臨政愛民則如保乎集無乎字。赤子。非得夫聖人之誠，孰能與於斯？才周萬物而不自以爲高，學際三才而不自以爲足，行貫神明而不自以爲異，識照古今而不自以爲得。至於六經之奥義，百家之異説，研窮搜抉，判然胸中。天下之事雖萬變交於前，而燭之不失毫釐，權之不失輕重。凡貧賤富貴死生，皆不足以動其心，真可謂大丈夫者。集有與字。非所得之深，所養之厚，能至於是歟？

嗚呼！天之生斯人，使之平治天下，功德豈小補哉？方當聖政日新，賢者彙進，殆將以斯道覺斯民，而天奪之速，可謂不幸之甚矣。孔子曰：「朝聞道，夕死可矣。」自孟軻以來，千有餘歲，先王大道得先生而後傳。其補助天地之功，可謂盛矣。雖不得高位以澤天下，然而以斯道倡之於人，亦已較著，其聞見而知之，尚能似之，先生爲不亡矣。

河閒邢氏恕曰：先生德性絶人，外和内剛，眉目清峻，語聲鏗然。恕早從先生之弟學，初見先生於磁州。其氣貌，清明夷粹；其接人，和以有容；其斷義，剛而不犯；其思索，集有微字。妙造精義；其言近，而測之益遠。恕蓋始恍然自失，而知天下有成德君子，所謂完人者，若先生是已。

先生爲澶州幕官，歲餘罷歸。恕後過澶州，問村民，莫不稱先生，咨嗟歎息。蓋先生之從政，其視民如子，憂公如家。其誠心感人，雖爲郡僚佐，又止歲餘而去，至使田父野人皆知其姓名，又稱歎其賢。使先生爲一郡，又如何哉？使先生行乎天下，又如何哉？

既不用於朝廷，而以奉親之故，禄仕於筦庫以爲養。居洛幾十年，玩心於道德性命之際，有以自養其渾浩沖融，而集無而字。必合集作由。乎規矩準繩。蓋真顔氏之流，黄憲、劉迅之徒不足道也。洛實别都，乃士人之區藪。在仕者皆慕化之，從之質疑解惑；閭里士大夫皆高仰之，樂從之游；學士皆宗師之，講道勸義；行李之往來過洛者，苟知名有識，必造其門，虚而往，實而歸，莫不心醉斂袵而誠服。於是先生身益退，位益卑，而名益高於天下。

今皇帝卽位，太皇太后同聽斷，凡集無凡字。政事之利者存，害者去，復起司馬公君實以爲門下侍郎，用呂公晦叔爲尚書左丞，而先生亦以宗正丞召。執政日須其來，將大集作白。用之。訃至京師，諸公人人歎嗟，爲朝廷惜；士大夫下至布衣諸生聞之，莫不相弔，以爲哲人云亡也。

嗚呼！惟先生以直道言事不合，去國十有七年。今太母制政下令，不出房闥，天下固已晏然。方大講求政事之得失，救偏矯枉，資人材以成治功之時，如先生之材，大小左右內外，用之無不宜。蓋其所知，上極堯、舜、三代帝王之治，其所以包涵博大，悠遠纖悉，上下與天地同流，其化之如時雨者，先生固已默而識之；至於興造禮樂，制度文爲，下至行師用兵，戰陣之法，無所不講，皆造其極；外之夷狄情狀，山川道路之險易，邊鄙防戍城寨斥堠控帶之要，靡不究知；其吏事操決文法簿書，又皆精密詳練。若先生，可謂通儒全才矣。而所有不試其萬一，又不究於高年，此有志之士所以慟哭而流涕也。

成都范祖禹曰：先生爲人，清明端潔，內直外方。其學，本於誠意正心，以聖賢之道〔一〕可以必至，勇於力行，不爲空文。其在朝廷，與道行止，主於忠信，不崇虛名。其爲政，視民如子，慘怛教愛，出於至誠，建利除害，所欲必得。故先生所至，民賴之如父母，去久集無久字。而思之不忘。先生嘗言，縣之政可達於天下，一邑者天下之式也。

先生以親老，求爲閒官，居洛陽殆十餘集無餘字。年，與弟伊川先生講學於家，化行鄉黨。家貧，疏食或不繼，而事親務養其志，賙贍族人必盡其力。士之從學者不絕於館，有不遠千里而至者。先生於經，

〔一〕呂本、徐本「道」作「學」。

不務解析爲枝詞，要其用在己而明於知天。其教人曰：「非孔子之道，不可學也。」蓋自孟子没而中庸之學不傳，後世之士不循其本而用心於末，故不可與入堯、舜之道。先生以獨智自得，去聖人千有餘歲，發其關鍵，直睹堂奥，一天地之理，盡事物之變。故其貌肅而氣和，志定而言厲，望之可畏，即之可親，叩之者無窮，從容以應之，其出愈新，真學者之師也。成就人才，於時爲多。雖久去朝廷，而人常以其出處爲時之通塞。既除宗正丞，天下日望先生入朝，以爲且大用。及聞其亡，上自公卿，下至閭巷士民，莫不哀之，曰時不幸也，其命矣夫！

書行狀後

游　酢

先生道德之高致，經綸之遠圖，進退之大節，伊川季先生與門人高第既論其實矣，酢復何言？謹拾其遺事，備採録云。

先生生而有妙質，聞道甚早。年逾冠，明誠夫子張子厚友而師之。子厚少時自喜其才，謂提騎卒數萬，可横行匈奴，視叛羌爲易與耳，故從之游者，多能道邊事；既而得聞先生論議，乃歸謝其徒，盡棄其舊學，以從事於道。其視先生雖外兄弟之子，而虚心求益之意，懇懇如不及，逮先生之官，猶以書抵扈，以定性未能不動致問。先生爲破其疑，使内外動静，道通爲一，讀其書可考而知也。其後子厚學成德尊，識者謂與孟子比，然猶秘其學，不多爲人講之。其意若曰：「雖復多聞，不務畜德，徒善口耳而已。」故不屑與之言。先生謂之曰：「道之不明於天下久矣，人善其所習，自謂至足，必欲如孔門不憤不啟，不悱不發，則師資勢隔，而先王之道或幾乎熄矣。趣今之時，且當隨其資而誘之，雖識有明暗，志有淺深，亦各有得焉，而堯、舜之道庶可馴致。」子厚用其言，故關中學者躬行之多，與洛人並。推其所自，先生發之也。擢爲御史，睿眷甚渥，亟承德音，所獻納必據經術，事常辨於早而戒於漸。一日，神宗縱言及於辭命。先生曰：「人主之學，唯當務爲急，辭命非所先也。」神宗爲之動顔。會同天節宮嬪争獻奇巧，爲天子壽。先生既言於朝，又顧謂執政戒之。執政曰：「宮嬪實爲，非上意也，庸何傷？」先生曰：「作淫巧以蕩上心，所傷多矣，公之言非是。」執政辭遂屈。是時有同在臺列者，志未必同，然心慕其爲人，嘗語人曰：「他人之賢者，猶可得而議也。乃若伯淳，則如美玉然，反復視之，表裏洞徹，莫見疵瑕。」

先生平生與人交，無隱情，雖僮僕必託以忠信，故人亦不忍欺之。嘗自澶淵遣奴持金詣京師貿用物，計金之數可當二百千。奴無父母妻子，同列聞之，莫不駭且誚。既而奴持物如期而歸，衆始歎服。蓋誠心發於中，暢於四支，見之者信慕，事之者革心，大抵類此。

先生少長親闈，視之如傷，又氣象清越，灑然如在塵外，宜不能勞苦；及遇事，則每與賤者同起居飲食，人不堪其難，而先生處之裕如也。嘗董役，雖祁寒烈日，不擁裘，不御蓋，時所巡行，衆莫測其至；故人自致力，常先期畢事。異時夫伍，中夜多譁，一夫或怖，萬夫競起，姦人乘虚爲盜者，不可勝數；先生以師律處之，遂訖去無譁者。及役罷夫散，部伍猶肅整如常。

初至鄠，有監酒税者，以賄播聞，然怙力文身，自號能殺人，衆皆憚之，雖監司州將未敢發。先生至，將與之同事。其人心不自安，輒爲言曰：「外人謂某自盜官錢，新主簿將發之。某勢窮，必殺人。」言未訖，先生笑曰：「人之爲言，一至於此！足下食君之禄，詎肯爲盜？萬一有之，將救死不暇，安能殺人？」其人默不敢言，後亦私償其所盜，卒以善去。州從事有既孤而遭祖母喪者，身爲嫡孫，未果承重。先生爲推典法意，告之甚悉，其人從之，至今遂爲定令，而天下搢紳始習爲常。蓋先生御小人使不麗於法，助君子使必成其美，又大抵類此。

先生雖不用，而未嘗一日忘朝廷。然久幽之操，確乎如石，胸中之氣沖如也。所至，士大夫多棄官從之學，朝見而夕歸，飫其和，茹其實，既久而不能去。其徒有貧者，以單衣御冬，累年而志不變，身不屈。蓋先生之教，要出於爲己。而士之游其門者，所學皆心到自得，無求於外，以故甚貧者忘飢寒，已仕者忘爵禄，魯重者敏，謹細者裕，强者無拂理，懦者有立志，可以修身，可以齊家，可以治國平天下。非若世之士，妄意空無，追詠昔人之糟粕，而身不與焉，及措之事業，則倀然無據而已也。

方朝廷圖任真儒，以惠天下，天下有識者謂先生行且大用矣。不幸而先生卒。嗚呼！道之行與廢，果非人力所能爲也，悲夫！哭而爲之贊曰：天地之心，其太一之體歟！天地之化，其太和之運歟！確然高明，萬物覆焉；隤然博厚，萬物載焉；非以其一歟！陽自此舒，陰自此凝；消息滿虚，莫見其形；非以其和歟！夫子之德，其融心滌慮，默契於此歟！不然，何穆穆不已，渾渾無涯，而能言之士，莫足以頌其美歟！嗟乎！孰謂此道未施，此民未覺，而先覺者逝歟！百世之下，有想見夫子而不可得者，亦能觀諸天地之際歟！

哀詞

呂大臨

嗚呼！去聖遠矣，斯文喪矣。先王之流風善政，泯没而不可見；明師賢弟子傳授之學，斷絶而不得聞。以章句訓詁爲能窮遺經，以儀章度數爲能盡儒術；使聖人之道玩於腐儒諷誦之餘，隱於百姓日用之末；反求諸己，則罔然無得；施之於天下，則若不可行；異端争衡，猶不與此。

先生負特立之才，知大學之要；博文强識，躬行力究；察倫明物，極其所止；涣然心釋，洞見道體。其造於約也，雖事變之感不一，知應以是心而不窮；雖天下之理至衆，知反之吾身而自足。其致於一也，異端並立而不能移，聖人復起而不與易。其養之成也，和氣充浹，見於聲容，然望之崇深，不可慢也；遇事優爲，從容不迫，然誠心懇惻，弗之措也。其自任之重也，寧學聖人而未至，不欲以一善成名；寧以一物不被澤爲己病，不欲以一時之利爲己功。其自信之篤也，吾志可行，不苟潔其去就；吾義所安，雖小官有所不屑。

夫位天地，育萬物者，道也；傳斯道者，斯文也；振已墜之文，達未行之道者，先生也。使學不卒傳，志不卒行，至於此極者，天也。先生之德，可形容者，猶可道也；其獨智自得，合乎天，契乎先聖者，不可得而道也。元豐八年六月，明道先生卒。門人學者皆以所自得者名先生之德，先生之德未易名也，亦各伸其志爾。汲郡呂大臨書。

明道先生墓表見伊川先生文集。

伊川先生年譜〔一〕

先生名頤，字正叔，明道先生之弟也。明道生於明道元年壬申，伊川生於明道二年癸酉。幼有高識，非禮不動。見語錄。年十四五，與明道同受學於春陵周茂叔先生。見哲宗、徽宗實錄。皇祐二年，年十八，上書闕下，勸仁宗以王道爲心，生靈爲念，黜世俗之論，期非常之功，且乞召對，面陳所學。不報，閒游太學。時海陵胡翼之先生方主教導，嘗以顏子所好何學論試諸生。得先生所試，大驚，即延見，處以學職。見文集。呂希哲原明與先生鄰齋，首以師禮事焉。既而四方之士，從游者日益衆。見呂氏童蒙訓。舉進士，嘉祐四年廷試報罷，遂不復試。太中公屢當得任子恩，輒推與族人。見涪陵記善錄。治平、熙寧閒，近臣屢薦，自以爲學不足，不願仕也。見文集。又按呂申公家傳云：「公判太學，命衆博士即先生之居，敦請爲太學正。先生固辭，公即命駕過之。」又雜記：「治平三年九月，公知蔡州，將行，言曰：『伏見南省進士程頤，年三十四，有特立之操，出羣之姿。嘉祐四年，已與殿試，自後絶意進取，往來太學，諸生願得以爲師。臣方領國子監，親往敦請，卒不能屈。臣嘗與之語，洞明經術，通古今治亂之要，實有經世濟物之才，非同拘士曲儒，徒有偏長。使在朝廷，必爲國器。伏望特以不次旌用。』」明道行狀云：「神宗嘗使推擇人材，先生所薦數十人，以父表弟張載暨弟頤爲稱首。」

元豐八年，哲宗嗣位。門下侍郎司馬公光，尚書左丞呂公公著，及西京留守韓公絳，上其行義於

〔一〕徐本題下有「晦翁」二字。按年譜爲朱熹作，律以上下諸篇文例，當題「朱熹」二字爲宜。

朝。見哲宗、徽宗實録。按：温公集與吕申公同薦劄子曰：「臣等竊見河南處士程頤，力學好古，安貧守節，言必忠信，動遵禮義，年逾五十，不求仕進，真儒者之高蹈，聖世之逸民。伏望特加召命，擢以不次，足以矜式士類，裨益風化。」又按：胡文定公文集云：「是時諫官朱光庭又言，頤道德純備，學問淵博，材資勁正，有中立不倚之風；識慮明徹，至知幾其神之妙；言行相顧而無擇，仁義在躬而不矜。若用斯人，俾當勸講，必能輔養聖德，啓道天聰，一正君心，爲天下福。」又謂「頤究先王之藴，達當世之務，乃天民之先覺，聖代之真儒。俾之日侍經筵，足以發揚聖訓；兼掌學校，足以丕變斯文。」又論「祖宗時起陳摶、种放，高風素節，聞於天下。揆頤之賢，摶、放未必能過之。頤之道，則有摶、放所不及知者。觀其所學，真得聖人之傳，致思力行，非一日之積，有經天緯地之才，有制禮作樂之具。乞訪問其至言正論，所以平治天下之道。」又謂「頤，以言乎道，則貫徹三才而無一毫之或間；以言乎德，則并包衆美而無一善之或遺；以言乎學，則博通古今而無一物之不知；以言乎才，則開物成務而無一理之不總。是以聖人之道，至此而傳。況當天子進學之初，若俾真儒得專經席，豈不盛哉！」十一月丁巳，授汝州團練推官，西京國子監教授。見實録。先生再辭，尋召赴闕。

元祐元年三月，至京師。王巖叟奏云：「伏見程頤，學極聖人之精微，行全君子之純粹，早與其兄顥，俱以德名顯於時。陛下復起頤而用之，頤趣召以來，待詔闕下，四方俊乂，莫不翹首向風，以觀朝廷所以待之者如何，處之者當否，而將議焉。則陛下此舉，繫天下之心。臣願陛下加所以待之之禮，擇所以處之之方，而使高賢得爲陛下盡其用，則所得不獨頤一人而已，四海潛光隱德之士，皆將相招而爲朝廷出矣。」除宣德郎，秘書省校書郎。先生辭曰：「祖宗〔一〕時，布衣被召，自有故事。今臣未得入見，未敢祇命。」王巖叟奏云：「臣伏聞聖恩特除程頤京官，仍與校書郎，足以見陛下優禮高賢，而使天下之人歸心於盛德也。然臣區區之誠，尚有以爲陛下言者。願陛下一召見之，試以一言，問爲國之要，陛下至明，遂可自觀其人。臣以頤抱道養德之日久，而潛神積慮之功深，靜而閲天下之義理者多，必有嘉言以新聖聽，此臣所以區區而進頤。然非爲頤也，欲成陛下之美耳。陛下一

〔一〕吕本、徐本「祖宗」作「神宗」。

見而後命之以官，則頤當之而無愧，陛下與之而不悔，授受之閒，兩得之矣。」於是召對。太皇太后面喻，將以爲崇政殿説書。先生辭不獲，始受西監之命。且上奏，論經筵三事：其一，以上富於春秋，輔養爲急，宜選賢德，以備講官，因使陪侍宿直，陳説道義，所以涵養氣質，薫陶德性。其二，請上左右内侍宮人，皆選老成厚重之人，不使侈靡之物、淺俗之言，接於耳目，仍置經筵祗應内臣十人，使伺上在宮中動息，以語講官，其或小有違失，得以隨事規諫。其三，請令講官坐講，以養人主尊儒重道之心，寅畏祗懼之德。而曰：「若言可行，敢不就職？如不可用，願聽其辭。」劄子三道，見文集。又按劉忠肅公文集有章疏論先生辭卑居尊，未被命而先論事爲非是，蓋不知先生出處語默之際，其義固已精矣。既而命下，以通直郎充崇政殿説書。見實録。先生再辭而後受命。

四月，例以暑熱罷講。先生奏言：「輔導少主，不宜疏略如此。乞令講官以六參日上殿問起居，因得從容納誨，以輔上德。」見文集。五月，差同孫覺、顧臨及國子監長貳，看詳國子監條制。見實録。先生所定，大概以爲學校禮義相先之地，而月使之爭，殊非教養之道，請改試爲課，有所未至，則學官召而教之，更不考定高下；制尊賢堂，以延天下道德之士；鐫解額，以去利誘；省繁文，以專委任；勵行檢，以厚風教；及置待賓吏師齋，立觀光法，如是者亦數十條。見文集。舊實録云：「禮部尚書胡宗愈謂先帝聚士以學，教人以經，三舍科條固已精密，宜一切仍舊，因是深詆先生謂不宜使在朝廷。」

六月，上疏太皇太后，言今日至大至急，爲宗社生靈長久之計，惟是輔養上德；而輔養之道，非徒涉書史，覽古今而已，要使跬步不離正人，乃可以涵養薫陶，成就聖德。今閒日一講，解釋數行，爲益既少。又自四月罷講，直至中秋，不接儒臣，殆非古人旦夕承弼之意。請俟初秋，卽令講官輪日入侍，陳説義理；仍選臣僚家十一二歲子弟三人，侍上習業。且以邇英迫隘暑熱，恐於上體非宜，而講日宰臣史官皆入，使上不得舒泰悦懌；請自今，一月再講於崇政殿，然後宰臣史官入侍，餘日講於延和殿，則後楹垂簾，而太皇太后時一臨之。不惟省察主上進業，其於后德，未必無補，且使講官欲有所言，易以上達，所繫尤大。又講讀官例兼他職，請亦罷之，使得積誠意以感上心。皆不報。

八月，差兼判登聞鼓院。先生引前説，且言入談道德，出領訴訟，非用人之體，再辭不受。見文集。楊時曰：「事道與禄仕不同。常夷甫以布衣入朝，神宗欲優其禄，令兼數局，如鼓院染院之類，夷甫一切受之。及伊川先生爲講官，朝廷亦欲使兼他職，則固辭。蓋前日所以不仕者爲道也，則今日之仕，須其官足以行道乃可受，不然是苟禄也。然後世道學不明，君子辭受取舍，人鮮知之。故常公之受，人不以爲非，而先生之辭，人亦不以爲是也。」

二年，又上疏論延和講讀垂簾事，且乞時召講官至簾前，問上進學次第。又奏邇英暑熱，乞就崇政、延和殿，或他寬涼處講讀。給事中顧臨以殿上講讀爲不可，有旨修展邇英閣。先生復上疏，以爲修展邇英，則臣所請遂矣。然祖宗以來，並是殿上坐講，自仁宗始就邇英，而講官立侍，蓋從一時之便耳，非若臨之意也。今臨之意，不過以尊君爲説，而不知尊君之道。若以其言爲是，則誤主上知見。臣職當輔導，不得不辨。

先生在經筵，每當進講，必宿齋豫戒，潛思存誠，冀以感動上意；見文集。而其爲説，常於文義之外，反復推明，歸之人主。一日當講「顏子不改其樂」章。門人或疑此章非有人君事也，將何以爲説，及講，既畢文義，乃復言曰：「陋巷之士，仁義在躬，忘其貧賤。人主崇高，奉養備極，苟不知學，安能不爲富貴所移？且顏子，王佐之才也，而簞食瓢飲；季氏，魯國之蠹也，而富於周公。魯君用捨如此，非後世之監乎？」聞者歎服，見胡氏論語詳説。而哲宗亦嘗首肯之。見文集。不知者或誚其委曲已甚。先生曰：「不於此盡心竭力，而於何所乎？」上或服藥，即日就醫官問起居，見語録。然入侍之際，容貌極莊。時文潞公以太師平章重事，或侍立終日不懈，上雖喻以少休，不去也。人或以問先生曰：「君之嚴，視潞公之恭，孰爲得失？」先生曰：「潞公四朝大臣，事幼主，不得不恭。吾以布衣職輔導，亦不敢不自重也。」見邵氏見聞録。嘗聞上在宮中起行漱水，必避螻蟻。因請之曰：「有是乎？」上曰：「然，誠恐傷之爾。」先生曰：「願陛下推此心以及四海，則天下幸甚。」見語録。

一日，講罷未退，上忽起憑檻，戲折柳枝。先生進曰：「方春發生，不可無故摧折。」上不悦。見馬永卿所編劉諫議語録。且云：「温公聞之亦不悦。」或云：「恐無此事。」所講書有容字，中人以黄覆之，曰：「上藩邸嫌名也。」先生講罷，進言曰：「人主之勢，不患不尊，患臣下尊之過甚而驕心生爾。此皆近習輩養成之，不可以不戒。請自今舊名嫌名皆勿復避。」見語録。時神宗之喪未除，而百官以冬至表賀。先生言節序變遷，時思方切，請改賀爲慰。及除喪，有司又將以開樂致宴。先生又奏請罷宴曰：「除喪而用吉禮，則因事用樂可矣。今特設宴，是喜之也。」見文集。嘗聞後苑以金製水桶，問之，曰：「崇慶宮物也。」先生曰：「若上所御，則吾不敢不諫。」在職累月，不言禄，吏亦弗致，既而諸公知之，俾户部特給焉。又不爲妻求邑封。或問之，先生曰：「某起於草萊，三辭不獲而後受命。今日乃爲妻求封乎？」見語録。經筵承受張茂則嘗招諸講官啜茶觀畫。先生曰："吾平生不啜茶，亦不識畫。"竟不往。見龜山語録。或云："恐無此事。"文潞公嘗與呂、范諸公入侍經筵，聞先生講說，退相與歎曰："真侍講也。"一時人士歸其門者甚盛，而先生亦以天下自任，論議褒貶，無所顧避。由是，同朝之士有以文章名世者，疾之如讎，與其黨類巧爲謗詆。見龜山語録、王公繫年録、呂申公家傳及先生之子端中所撰集序。又按：蘇軾奏狀亦自云："臣素疾程某之姦，未嘗假以辭色。"又按：侍御史呂陶言："明堂降赦，臣僚稱賀訖，而兩省官欲往奠司馬光。是時，程頤言曰：'子於是日哭則不歌，豈可賀赦才了，却往弔喪？'坐客有難之曰：'子於是日哭則不歌，即不言歌則不哭。今已賀赦了，却往弔喪，於禮無害。'蘇軾遂以鄙語戲程頤，衆皆大笑。結怨之端，蓋自此始。"又語録云："國忌行香，伊川令供素饌。子瞻詰之曰：'正叔不好佛，胡爲食素？'先生曰：'禮，居喪不飲酒，不食肉。忌日，喪之餘也。'子瞻令具肉食，曰：'爲劉氏者左袒。'於是范醇夫輩食素，秦、黄輩食肉。"又鮮于綽傳信録云："舊例，行香齋筵，兩制以上及臺諫官並設蔬饌，然以粗糲，遂輪爲食會，皆用肉食矣。元祐初，崇政殿說書程正叔以食肉爲非是，議爲素食，衆多不從。一日，門人范醇夫當排食，遂具蔬饌。內翰蘇子瞻因以鄙語戲正叔。正叔門人朱公掞輩銜之，遂立敵矣。是後蔬饌亦不行。"又語録云："時呂申公爲相，凡事有疑，必質於伊川。進退人才，二蘇疑伊川有力，故極詆之。"又曰："朝廷欲以游酢爲某官，蘇右丞沮止，毁及伊川。宰相蘇子容曰：'公未可如此，頌觀過其門者，無不肅也。'"又按：劉諫議盡言集亦有異論，劉非蘇黨，蓋不相知耳。

一日赴講，會上瘡疹，不坐已累日。先生退詣宰臣，問上不御殿，知否？曰："不知。"先生曰："二聖臨朝，上不御殿，太皇太后不當獨坐。且人主有疾，而大臣不知，可乎？"翌日，宰臣以先生言，奏請問疾，由是大臣亦多不悅。而諫議大夫孔文仲因奏先生汙下憸巧，素無鄉行，經筵陳說，僭横忘分，遍謁貴臣，歷造臺諫，騰口間亂，以償恩讎，致市井目爲五鬼之魁，請放還田里，以示典刑。

八月，差管勾西京國子監。見舊實録。又文仲傳載呂申公之言曰："文仲爲蘇軾所誘脅，其論事皆用軾意。"又呂申公家傳亦載其與呂大防、劉摯、王存同駁文仲所論朱光庭事，語甚激切。且云："文仲本以伉直稱，然惷不曉事，爲浮薄輩所使，以害忠良，晚乃自知爲小人所紿，憤鬱嘔血而死。」按：舊録固多妄，然此類亦不爲無據，新録皆删之，失其實矣。又范太史家傳云：「元祐九年，奏曰：『臣伏見元祐之初，陛下召程頤對便殿，自布衣除崇政殿説書，天下之士，皆謂得人，實爲希闊之美事。而纔及歲餘，卽以人言罷之。頤之經術行誼，天下共知。司馬光、吕公著皆與頤相知二十餘年，然後舉之。此二人者，非爲欺罔以誤聖聰也。頤在經筵，切於皇帝陛下進學，故其講説語常繁多，草茅之人，一旦入朝，與人相接，不爲關防，未習朝廷事體，而言者謂頤大佞大邪，貪黷請求，奔走交結，又謂頤欲以故舊傾大臣，以意氣役臺諫，其言皆誣罔非實也。蓋當時臺諫官王巖叟、朱光庭、賈易皆素推服頤之經行，故不知者指以爲頤黨。陛下慎擇經筵之官，如頤之賢，乃足以輔導聖學。至如臣輩，叨備講職，實非敢望頤也。臣久欲爲頤一言，懷之累年，猶豫不果。使頤受誣罔之謗於公正之朝，臣每思之，不無愧也。今臣已乞去職，若復召頤勸講，必有補於聖明，臣雖終老在外，無所憾矣。』」先生既就職，再上奏乞歸田里曰：「臣本布衣，因説書得朝官。今以罪罷，則所授官不當得。」三年又請，皆不報，乃乞致仕至再，又不報。五年正月，丁太中公憂去官。

七年服除，除直秘閣，判西京國子監。王公繫年録云：「元祐七年三月四日，延和奏事，三省進呈，程頤服除，欲與館職判檢院。簾中以其不靖，令只與西監，遂除直秘閣，判西京國子監。初頤在經筵，歸其門者甚盛；而蘇軾在翰林，亦多附之者，遂有洛黨蜀黨之論。二黨道不同，互相非毁，頤竟爲蜀黨所擠。今又適軾弟轍執政，纔進稟，便云：但恐不肯靖。簾中入其説，故頤不復得召。」先生再辭，極論儒者進退之道。見文集。而監察御史董敦逸奏，以爲有怨望輕躁語。五月，改授管勾崇福宫。見舊録。未拜，以疾尋醫。

元祐九年，哲宗初親政，申秘閣西監之命。先生再辭不就。見文集。紹聖間，以黨論放歸田里。

四年十一月，送涪州編管。見實録。門人謝良佐曰：「是行也，良佐知之，乃族子公孫與邢恕之爲爾。」先生曰：「族子至愚不足責，故人情厚不敢疑。孟子既知天，焉用尤臧氏？」見語録。

元符二年正月，易傳成而序之。三年正月，徽宗即位。移峽州。四月，以赦復宣德郎，任便居住，制見曲阜集。還洛。記善録云：「先生歸自涪州，氣貌容色髭髮，皆勝平昔。」十月，復通直郎，權判西京國子監。先生既受命，即謁告，欲遷延爲尋醫計，既而供職。門人尹焞深疑之。先生曰：「上初即位，首被大恩，不如是，則何以仰承德意？然吾之不能仕，蓋已決矣。受一月之俸焉，然後唯吾所欲爾。」見文集、語録。又劉忠肅公家私記云：「此除乃李邦直、范彝叟之意。」建中靖國二年五月，追所復官，依舊致仕。前此未嘗致仕，而云依舊致仕，疑西監供職不久，即嘗致仕也。未詳。

崇寧二年四月，言者論其本因姦黨論薦得官，雖嘗明正罪罰，而敘復過優；已追所復官，又云敘復過優，亦未詳。今復著書，非毁朝政。於是有旨追毁出身以來文字，其所著書，令監司覺察。語録云：「范致虚言程某以邪説詖行，惑亂衆聽，而尹焞、張繹爲之羽翼。事下河南府體究，盡逐學徒，復隸黨籍。」先生於是遷居龍門之南，止四方學者曰：「尊所聞，行所知可矣，不必及吾門也。」見語録。

五年，復宣義郎，致仕。見實録。時易傳成書已久，學者莫得傳授，或以爲請。先生曰：「自量精力未衰，尚覬有少進耳。」其後寢疾，始以授尹焞、張繹。尹焞曰：「先生踐履盡易，其作傳只是因而寫成，熟讀玩味，即可見矣。」又云：「先生平生用意，惟在易傳，求先生之學者，觀此足矣。語録之類，出於學者所記，所見有淺深，故所記有工拙，蓋未能無失也。」見語録。

大觀元年九月庚午，卒於家，年七十有五。見實録。於疾革，門人進曰：「先生平日所學，正今日要用。」先生力疾微視曰：「道著用便不是。」其人未出寢門而先生没。見語録。一作門人郭忠孝。尹子云：「非也。忠孝自黨事起，不與先生往來，及卒，亦不致奠。」

初，明道先生嘗謂先生曰：「異日能使人尊嚴師道者，吾弟也。若接引後學，隨人材而成就之，則予不得讓焉。」見語錄。侯仲良曰：「朱公掞見明道於汝州，踰月而歸，語人曰：『光庭在春風中坐了一月。』游定夫、楊中立來見伊川。一日先生坐而瞑目，二子立侍，不敢去。久之，先生乃顧曰：『二子猶在此乎？日暮矣，姑就舍。』二子者退，則門外雪深尺餘矣。其嚴厲如此。晚年接學者，乃更平易，蓋其學已到至處，但於聖人氣象差少從容爾。明道則已從容，惜其早死，不及用也。使及用於元祐間，則不至有今日事矣。」先生既沒，昔之門人高第，多已先亡，無有能形容其德美者。然先生嘗謂張繹曰：「我昔狀明道先生之行，我之道蓋與明道同。異時欲知我者，求之於此文可也。」見集序。尹焞曰：「先生之學，本於至誠，其見於言動事爲之間，處中有常，疏通簡易，不爲矯異，不爲狷介，寬猛合宜，莊重有體。或説匍匐以弔喪，誦孝經以追薦，皆無此事。衣雖紬素，冠襟必整；食雖簡儉，蔬飯必潔。太中年老，左右致養無違，以家事自任，悉力營辦，細事必親，贍給内外親族八十餘口。」又曰：「先生於書，無所不讀，於事無所不能。」謝良佐曰：「伊川才大，以之處大事，必不動聲色，指顧而集矣。」或曰：「人謂伊川守正則盡，通變不足，子之言若是，何也？」謝子曰：「陝右錢以鐵，舊矣，有議更以銅者，已而會所鑄子不踰母，謂無利也，遂止。伊川聞之曰：『此乃國家之大利也。利多費省，私鑄者衆；費多利少，盜鑄者息。民不敢盜鑄，則權歸公上，非國家之大利乎？』又有議增解鹽之直者。伊川曰：『價平則鹽易泄，人人得食，無積而不售者，歲入必倍矣；增價則反是。』已而果然。司馬公既相，薦伊川而起之。伊川曰：『將累人矣。使韓、富當國時，吾猶可以有行也。及司馬公大變熙、豐，復祖宗之舊，伊川曰：『役法當討論，未可輕改也。』公不然之，既而數年紛紛不能定。由是觀之，亦可以見其梗概矣。」

祭文

張繹

嗚呼！利害生於身，禮義根於心。伊此心喪於利害，而禮義以爲虛也，故先生踽踽獨行斯世，一作於世。而衆乃以爲迂也。惟尚德者以爲卓絶之行，而忠信者以爲孚也；立義者以爲不可犯，而達權者以爲不可拘也。在吾先生，曾何有意？心與道合，一作道會。泯然無際。無欲可以繫羈兮，自克者知其難也；不立意以爲言兮，知言者識其要也。德輶如毛，毛猶有倫；無聲無臭，夫何可親？嗚呼！先生之道，不可得而名也；一作某等不得而名也。伊言者反以爲病兮，此心終不得而形也。惟泰山惟，一作維。以爲高兮，日月以爲明也；春風以爲和兮，嚴霜以爲清也。

在昔諸儒，各行其志；或得於數，或觀於禮；學者趣之，一作趨之。世濟其美。獨吾先生，淡乎無味；得味之真，死其乃已。

自某之見，一作某等受教。七年於茲；含孕化育，以蕃以滋。天地其容我兮，父母其生之；君親其臨我兮，夫子其成之。欲報之心，何日忘之？先生有言，一本上有昔字。見於文字者有七分之心，繪於丹青者有七分之儀。七分之儀，固不可益；七分之心，猶或可推。而今而後，將築室於伊、雒之濱，望先生之墓，以畢吾此生也。一無吾字。

嗚呼！夫子没而微言絶，則固不可得而聞也。一本上有某等字。然天不言而四時行，地不言而百物生。惟與二三子，一本無此五字，有「益當」字。洗心去智，格物去意，期默契斯道，在先生爲未亡也。嗚呼！二三子之志，一作某等之志。不待物而後見；先生之行，不待誄而後徵；然而山頽梁壞，何以寄情？凄風一奠，敬祖〔一〕於庭；百年之恨，併此以傾。

尹子曰：先生之葬，洛人畏入黨，無敢送者，故祭文惟張繹、范域、孟厚及焞四人。乙夜，有素衣

〔一〕呂本、徐本「祖」作「祀」。

白馬至者，視之，邵溥也，乃附名焉。蓋溥亦有所畏而薄暮出城，是以後。又按，語録云：先生以易傳授門人曰：「只説得七分，學者更須自體究。」故祭文有七分之語云。

奏狀節略

胡安國

伏見元祐之初，宰臣司馬光、吕公著秉政當國，急於得人，首薦河南處士程頤，乞加召命，擢以不次，遂起韋布，超居講筵。自司勸講，不爲辯辭，解釋文義，所以積其誠意，感通聖心者，固不可得而聞也。及當官而行，舉動必由乎禮；奉身而去，進退必合乎義。其修身行法，規矩凖繩，獨出諸儒之表，門人高第，莫獲繼焉。雖崇、寧間曲加防禁，學者向之，私相傳習，不可遏也。其後頤之門人，如楊時、劉安節、許景衡、馬伸、吴給等，稍稍進用，於是士大夫争相淬厲。而其間志於利禄者，託其説以自售，學者莫能别其真僞，而河、洛之學幾絶矣。

壬子年，臣嘗至行闕，有仲并者言伊川之學，近日盛行。臣語之曰：「伊川之學，不絶如綫，可謂孤立，而以爲盛行，何也？豈以其説滿門，人人傳寫，耳納口出，而以爲盛乎？」自是服儒冠者，以伊川門人妄自標榜，無以屈服士人之心，故衆論洶洶，深加詆誚。夫有爲伊、洛之學者，皆欲屏絶其徒，而乃上及於伊川，臣竊以爲過矣。

夫聖人之道，所以垂訓萬世，無非中庸，非有甚高難行之説，此誠不可易之至論也。然中庸之義，不明久矣。自頤兄弟始發明之，然後其義可思而得。不然，則或謂高明所以處己，中庸所以接物，本末上下，析爲二途，而其義愈不明矣。士大夫之學，宜以孔、孟爲師，庶幾言行相稱，可濟時用。此亦不可易之至論也。然孔、孟之道不傳久矣，自頤兄弟始發明之，而後其道可學而至也。不然，則或以六經、語、孟之書資口耳，取世資，而干利禄，愈不得其門而入矣。今欲使學者蹈中庸，師孔、孟，而禁使不得從頤之學，是入室而不由户也。不亦誤乎？

夫頤之文，於易，則因理以明象，而知體用之一原；於春秋，則見諸行事，而知聖人之大用；於諸經、語、孟，則發其微旨，而知求仁之方，入德之序。然則狂言怪語，淫説鄙喻，豈其文也哉？頤之行，其行己接物，則忠誠動於州里；其事親從兄，則孝弟顯於家庭；其辭受取舍，非其道義，則一介不以取與諸人，雖禄之千鍾，有必不顧也。其餘則亦與人同爾，然則幅巾大袖，高視闊步，豈其行也哉？

昔者伯夷、柳下惠之賢，微仲尼，則西山之餓夫、東國之黜臣爾。本朝自嘉祐以來，西都有邵雍、程顥及弟頤，關中有張載。此四人者，皆道學德行，名於當世；會王安石當路，重以蔡京得政，曲加排抑，故有西山、東國之阨。其道不行，深可惜也。

今雍所著有皇極經世書，載有正蒙書，頤有易、春秋傳；顥雖未及著述，而門弟子質疑請益答問之語，存於世者甚多，又有書疏銘詩，並行於世，而傳者多失其真。臣愚伏望陛下，特降指揮，下禮官討論故事，以此四人加之封號，載在祀典，以見聖世雖當禁暴誅亂、奉詞伐罪之時，猶有崇儒重道、尊德樂義之意；仍詔館閣裒集四人之遺書，委官校正，取旨施行，便於學者傳習。羽翼六經，以推尊仲尼、孟子之道，使邪説者不得乘閒而作，而天下之道術定，豈曰小補之哉？

河南程氏外書卷第一

朱公掞録拾遺

性靜者可以爲學。淳

學在知其所有，又養其所有。淳

實是實非能辨，則循實是，天下之事歸於一是，是乃理也，循此理乃可進學至形而上者也。正

「學如不及，猶恐失之」，不得放過也。正

忠信爲基本，所以進德也；辭修誠意立，所以居業也：此乃乾道，由此二句可至聖人也。淳

得意則可以忘言，然無言又不見其意。正

心得之，然後可以爲己物。淳

「君子敬以直内，義以方外」，爲學本。

默而識之，吾不得而見之矣，得見善問者斯可矣。

治其器必求其用，學道者當如何爾。

學始於不欺闇室。

學者多蔽於解釋注疏，不須用功深。

大率把捉不定，皆是不仁。

去不仁則仁存。

仁載此四事，由行而宜之謂義，履此之謂禮，知此之謂智，誠此之謂信。

神也者，妙萬物而爲言，若上竿弄瓶，至於斲輪，誠至則不可得而知。上竿初習數尺，而後至於百尺，習化其高，矧聖人誠至之事，豈可得而知？淳

人必以忠信爲本，「無友不如己者」，無忠信者也。「子以四教：文、行、忠、信。」忠信禮之本，人無忠信，則不可以爲學。

士大夫必建家廟，廟必東向，其位取地潔不喧處。設席坐位皆如事生，以太祖面東，左昭右穆而已。男女異位，蓋舅婦生無共坐也。姑婦之位亦同。太祖之設，其主皆刻木牌，取生前行第或銜位而已。婦各從夫。每月告朔，茶酒。四時：春以寒食，夏以端午，秋以重陽，冬以長至，此時祭也。每祭訖，則藏主於北壁夾室。拜墳則十月一日拜之，感霜露也。寒食則又從常禮。祭之飲食，則稱家有無。祭器坐席，皆不可雜用。廟門，非祭則嚴扃之，童孩奴妾皆不可使褻而近也。

仁者在己，何憂之有？凡不在己，逐物在外，皆憂也。「樂天知命故不憂」，此之謂也。若顏子簞瓢，在他人則憂，而顏子獨樂者，仁而已。

作詩者未必皆聖賢，當時所取者，取其意思止於禮義而已。其言未必盡善，如比君以碩鼠狡童之

類。

詩有取其意思可取者，如無衣之詩。亦有時而迫切取興，有一事含數件事者，如「瞻彼日月，悠悠我思」。

詖辭偏蔽，淫辭陷溺深，邪辭信其説至於耽惑，遁辭生於不正，窮著便遁，如墨者夷之之辭，此四者楊、墨兼有。

「不以文害辭。」文，文字之文，舉一字則是文，成句是辭。詩爲解一字不行，却遷就他説，如「有周不顯」，自是作文當如此。

「子見南子，子路不説」，以孔子本以見衞君行道，反以非禮見迫。孔子歎「予所否者天厭之」，天喪予之意。否，否泰之否，天厭吾道也。

性與天道，此子貢初時未達，此後能達之，故發此歎辭，非謂孔子不言。其意義淵奧如此，人豈易到？

曰：「山梁雌雉，時哉時哉！色斯舉矣，翔而後集。」子路聞之，竦然共立後，三嗅而作。文如此順，恐後人編簡脱錯。嗅字又不知古作甚字，又近唄字。薄寬切。

「日知其所亡，月無忘其所能」，今人不爲也。

信之不篤，執德無由弘。

「立則見其參於前也，在輿則見其倚於衡也」，然後可以祈益。

無衣，若以王道出軍行師，我則修我戈矛，與子同仇。

七月，幽風大意，憂思深遠，有終久底意，不惟幽國當如此。又成王中變，自然發起周公言終久意思。「一之日，二之日」，語辭如此。今人尚道甚時如何，又如何，不可謂變月言日。「女心傷悲」：采蘩女功之時，悲則思慮意，當女功事，思慮一家之所須，君子之奉，殆及君子同享。此不須執辭，此是終久底意思。

鴟鴞，惡鳥。謂之「既取我子，無毀我室」，言惜巢之甚。在鳥如此，在人則是不壞王室。不必以子爲管、蔡，鴟鴞是管、蔡。此一篇闕文難解。

出車「喓喓草蟲」，意是南征西夷怨，薄伐西戎時如此。

采薇「彼爾」，戍役。戍役維何，維常之華，言與將帥相承副如常棣之華。路，路車也。君子，將帥也。「君子所依，小人所腓」，喻君子之憑依士衆，小人則腓也。易「咸其腓」，腓脚肚動貌。「作止」，「柔止」，喻時。

皇華，送之以禮樂，君不能自行，故遣使以諭誠意於四方。若無忠信，安得誠意？言此詩是如此，不必詩中求。

九罭遵渚不宜剌朝廷。言公之不歸，於女信安乎？得無以我公歸乎？

詩若還以樂天知命處之，則一時都無事。其中也有君子情意不到處。

詩可以怨，譏刺總是。

小弁與舜之怨别。舜是自怨，小弁直怨我罪伊何。

大要則止乎禮義，其情則是國人之情。

考槃，觀其名早已可見君子之心，處之已安，知天下決然不可復爲。雖然如此退處，至於其心，寤寐閒永思念，不得復告於君，畎畝不忘君之意。

候人言不稱其君臣相遇。「薈兮蔚兮」，草木蓁茂貌。山有薈蔚之草木，便朝隮而采之；室有婉孌之少女，人便斯飢而思之。薈蔚言其材，婉孌言其德。

白華，自是漚之爲菅；白茅，自是爲束，各自爲用。如后妾各自有職分，之子却遠此義理，雲結爲雨露，所以均被菅茅。王之遇妃妾，貴賤亦當均被，我天運艱難，故「之子不猶」。「碩人」，幽王也。「樵彼桑薪」，薪之善者也。申后宜待之以禮，今反薄。鼓「聲聞於外」，我之誠意反不能感動於君，此有鶖得所之不若也。鴛鴦戢翼，其常如此。扁石，登高以升車，今舍此履卑，如舍申適褒。

丘中有麻，大都言丘，言阿，言山，多喻朝廷。丘中是物所生聚處，麻是亦生其間。不謂丘中更豐美，但言丘中有麻。麻能衣人，有用底物，喻賢者有益於人。言朝廷當有賢者，今彼留乃小人，賢者却咨嗟不見用。「將其來施施」，思其來，當有賢者以施惠澤也。「麥」，人所賴以食，亦喻賢者，却反在鄉國，故思其來食。「李」徒能悦人口，而不足以濟人，如小人在位，徒能悦人，而無實效及於民。又「貽我佩玖」，止以其玩好而不切於用，賢者則如麻麥之衣食人。

丘中有麻，不是所宜有處。一本無不字。

「碩人頎頎」、「碩人敖敖」，疑頎頎敖敖兩句先言莊公。衣褧衣，非婦人服。「説於農郊」，言其勤政，已下始言莊姜翟茀以朝，勸勉莊公，使「大夫夙退，無使君勞」。不説使驕上僭，却言其勤政，見莊姜賢處，含怒不妒爭意。「施罛濊濊，鱣鮪發發」，言罛非取魚之意，不能得大魚，興莊姜不見答，徒有「葭菼揭揭」，似「庶姜孽孽」。驕且上僭，故「庶士有朅」，言國人閔而憂之也。罛，小器也。鱣鮪，大魚也。葭菼，冗雜貌。罛中又隱無子意。

「自牧歸荑」，卑以自牧之意。荑，柔順意。自牧歸順，信美且異，此非是女能如此美，乃賢美人貽之。如此深美之，所以切責之。序言衞君無道，夫人無德。

式微。「式」，辭。微衞君之「故」，故字，以其職而言，以其爲方伯連帥，故暴露於中野。微衞君之「躬」，指其人也。又切指其人者，以仁人君子望之。「泥中」，泥塗之中也。大率詩意貴優柔不迫切，此乃治詩之法。以爲君若不在此，我胡爲在此，斥黎君也。乃是脅君以歸，又迫切時幾乎罵。

旄丘，地名，前高後下。「誕之節兮」，言葛節短也。延蔓相屬，叔伯何故却不相救卹？何字之一作文。意，黎在衞之西，狄在衞之北。我黎之臣子非無車，但汝不與我同故也。

中谷有蓷，蓷茺萑，當在水，不當在谷中，是失所意。「修」字非修長之修，疑同周禮脩脯之脩，過於乾底意。暵，暴也。其乾猶未甚，但遇爾艱難，我便不善。去濕則其性之濕都無，言其恩意已絕。「啜其泣矣，何嗟及矣」，嗟時也。

「三英粲兮」，粲然光明貌，英乃若五紽類，自是衣服禮數制度，非三德也。

芄蘭蔓生草，柔弱不能自立，須依附方成枝葉，興惠公柔弱童子，佩成人之服，雖佩人君成人之服，其才能却不我知。「垂帶悸兮」，臨朝悸悸然執心不定。「甲」，長也，才能却不能君長我庶民。兔爰，兔奔走意。詩序閔周，由桓王失信，故諸侯背叛，構怨連禍，而使王師傷敗，却周人受其禍難。羅本以罝兔，今却雉離〔一〕于羅，如諸侯不軌，周人受害。

「雄雉于飛，泄泄其羽」，雙飛之意。此男怨之辭，言雄雉尚得其配匹，己反不如，我之懷思，自罹此阻隔。次章女怨。「下上其音」，相應和之辭。「日月」取其迭往迭來之意，又日月陰陽相配而不相見，又旦暮所見，動人情思，總意包其間。「百爾君子」責爲政者，汝豈不知德行？戰國間惟是報怨，不然貪人土地，未嘗有以義興師動衆。言汝但「不忮不求」，何所用而不臧？忮，報怨也。求，貪土地也。若以義發師，婦人何怨之有？婦人猶勉之，正也。若謂夫從役，婦便怨，成何義理？

狡童、褰裳，此兩篇都只一意，别無異義，然謂君爲狡童，於義有害。離騷之中，憂君之心則至，然謂之不合道者，後面比君爲禽。又況目之曰狡童，言「不與我」，即是鄭國人臣罪當誅。天王聖明，文王之心以紂爲聖明，何可比君爲禽？又況目之狡童？但作詩者未必皆聖人，孔子各有所取，此則取其不能與賢人圖事。

清人一篇，却是詠歌其事，含情意在其間。「消」、「彭」、「軸」莫也是地名？「左旋右抽，中軍作好」，不必言射，猶言高克之進不以禮。

〔一〕徐本「離」作「罹」，二字古通用。

摽有梅，汲汲惟恐不及時。

有女同車，前說忽不娶齊女，後言齊女，却失却本意。忽不娶齊，謂齊大非偶，却不因色。此則是設辭，下言「彼美」結。他詩中似如此者亦多。

丰，以諸事豐備。此詩主意，言男則須言女。是俟我於巷，非不下我，又俟我於堂，非不有禮。「將」，迎，不可訓作送，但女家因事不得將迎也。「衣錦」、「裳錦」，卽是丈夫，若婦人則惟欲其顯，安有惡其文之著？古之錦疑今之綾，是褧錦相副之物，如男女相配。「叔兮伯兮」，故「駕予與行」，都主男女怨思失期意。

東門之楊言婚自昏時，今則「明星煌煌」而不至。楊，最得陽氣之先者，言人反不及時。

凡說婚姻男女多言東，東取生育之意。人君多言南，凶喪多言北。又有各就其國所有而言者，如周詩多言南。

「羔裘豹袪」不是相稱，猶君臣民須一體，今反不相卹，民則惟惠之懷，言「豈無他人，惟子之故」。

汾沮洳。「沮洳」，水浸下濕之地，雖有生物，衆人亦棄之不采，而君去采之，言其儉嗇太過。衆人棄之如此，彼其之子反美愛之無度。「公路」「公行」，非公道如此，非衆人所共取卽非公道。公族，公類。公路，衆人所共由之路。

伐檀。檀，材可適用者。言君子雖不得進，亦自致身於清潔之地。檀美材，須是作梁棟用，至於輪輻，非檀可爲。

東門之墠。除地曰墠。「茹藘」可以染色。言以禮則坦平如墠，以色則艱阻如阪，所以致民如此者，正謂其室家則邇，其人甚遠。大抵丰、東門之楊盡是已許昏後，以禮不足，不能成昏，至於過時後，上又不能使人殺禮，故使人至淫奔。婦人脯脩棗栗若以禮時，則是踐履此室家之道。豈不思欲得以禮如此，但「子不我卽」，故待禮不得也。

葛屨，儉嗇便機巧計較所得也。「糾糾」，牢固意，言牢做葛屨，亦以履霜。「摻摻」，貴者，言衣服亦分貴賤。禮：諸母不漱裳。「䙅之襋之」，補綻意。「提提」，據字義勞意。「宛然左辟」，右插衣，古者短右袂，謂便於事。此皆賤者之事，却佩象揥貴者之服，此等總生於褊心。

無衣，武公始并晉國而能請命於天子之使，故美其可美也。當時使來到國，故請之。七與六，衣中一箇數目，無以六爲節。此惟美其能請命一事。以篡國殺君不以爲羞，至於衣服僭侈何難，然其心不安，至於請命然後安，此意思却可取。又聖人不獨取其如此，亦以見當時之善，雖大惡有如此詩亦可取。魯風詩非無大惡，然聖人録其頌，不録其風，此則爲君諱也；觀其頌之善止於此，其他則可知。

「揚之水，白石鑿鑿。」同介甫說：「素衣朱襮」，見其美於外，如桓叔在下，反見其德澤於民，使晉人從之。

采苓。苓是甘草，喻譏最好，若首陽之上却無。

河南程氏外書卷第二

朱公掞問學拾遺

「在邦無怨，在家無怨」，在理可使無怨，於事亦難，天地之大也，人猶有所憾。伯淳

子貢問爲仁，孔子告以爲仁之資，非極力言仁也。正叔

「知及之，仁不能守之」，無得也。有始有卒，先後之序也。

凡下學人事，便是上達天理。正叔

「毋意」，毋私意也。毋必爲，毋固滯，毋彼我，乃曾子所言也。伯淳

「人無遠慮，必有近憂」，思慮當在事外。正叔

忠者天下大公之道，恕所以行之也。忠言其體，天道也；恕言其用，人道也。正叔

其言之不怍，所爲言之不愧。伯淳

「畏天命」，則可以不失付畀之重。「畏大人」，如此尊嚴而亦自可畏。「畏聖人之言」，則可以進德

伯淳

周，至也。君子周至而不阿比。正叔

「動容貌」，舉一身而言也。動容周旋中禮，斯遠暴慢矣。正顏色則不妄，斯近信矣。出辭氣，正由中出，斯遠鄙倍矣。正身而不外求，故曰「籩豆之事，則有司存」。伯淳

「尊五美，屏四惡」，爲政在己。伯淳

「聞道」，知所以爲人也。「夕死可矣」，是不虛生也。伯淳

性與天道，非自得之則不知，故曰「不可得而聞」。伯淳

如「形而上者謂之道」，不可移「謂」字在「之」字下，此孔子文章。伯淳

「弘」，寬廣也。「毅」，奮然也。弘而不毅，則無規矩；毅而不弘，則隘陋。伯淳

君子以矜莊自持，不與人爭。正叔

九思各專其一。伯淳

「何莫由斯道也？」可離非道。伯淳

「吾斯之未能信」，不先自信，何以治人？伯淳

「里仁爲美」，里人之所止。伯淳

見賢便思齊，有爲者亦若是。見不賢而內自省，蓋莫不在己。伯淳

生理本直。罔，不直也，亦生者，幸而免也。伯淳

知之者，在彼而我知之也。好之者，雖篤而未能有之。至於樂之，則爲己之所有。正叔

民亦人也，「務人之義」乃知也。鬼神不敬則是不知，不遠則至於瀆，敬而遠之所以爲知。伯淳

「先難」，克己也。伯淳

聖乃仁之成德。謂仁爲聖，譬猶雕木爲龍。木乃仁也，龍乃聖也，指木爲龍可乎？故博施濟衆乃聖之事，舉仁而言之，則能近取譬是也。伯淳

「能近取譬」，反身之謂也。伯淳

「以能問於不能，以多問於寡，有若無，實若虛，犯而不校」，顔子當之。正叔

彼之事是，則吾當師之；彼之事非是，則吾又何校焉，是以君子未嘗校也。伯淳

司馬牛問仁。子曰：「仁者其言也訒。」司馬牛多言，故及此。然聖人之言，亦止此爲是。正叔

貧不怨則諂，諂尤甚於怨，蓋守不固而有所爲也。伯淳

君子爲善，只有上達；小人爲不善，只有下達。伯淳

「古之學者爲己」，爲己，在己也。伯淳

「不怨天，不尤人」，在理當如此。伯淳

樂取於人爲善，便是與人爲善，與人爲善乃公也。正叔

知性善以忠信爲本，此先立其大者。伯淳

公孫丑問孟子，加齊之卿相，恐有所不勝而動心。北宫黝之勇氣，亦不知守也。孟施舍之勇，知守氣而不知守約也。曾子之所謂勇，乃守約，守約乃義也，與孟子之勇同。伯淳

告子「不得於言，勿求於心」，蓋不知義在內也。志帥氣也。持定其志，無暴亂其氣，兩事也。志專

一則動氣，氣專一則動志，然志動氣爲多。且若志專在淫辟，豈不動氣？氣專在喜怒，豈不動志？故「蹶者趨者反動其心」。志者，心之所之也。伯淳

自曾子守義，皆說篤實自內正本之學，則觀人可以知言。蔽、陷、遁、窮，皆離本也。宰我、子貢善爲說辭，冉牛、閔子、顏淵善言德行，孔子兼之。蓋有德者必有言，而曰「我於辭命不能」者，不尚言也。易所謂「尚口乃窮」也。伯淳

宰我、子貢、有若其智足以知聖人，汙曲亦不至阿其所好。以孔子之道彌綸天壤，固賢於堯、舜，而觀生民以來，有如夫子者乎？然而未爲盡論，但不至阿其所好也。伯淳

「所存者神」，在己也；「所過者化」，及物也。伯淳

「驩虞」，有所造爲而然，豈能久也？耕田鑿井，帝力何有於我哉？如天之自然，乃王者之政。伯淳

色形，所有也。聖人人倫之至，故可以踐形。伯淳

「盎於背」，厚也。正叔

「此亦妄人也」，是以義斷。在聖人如天地涵容，但哀矜而已。子厚

自反而忠，而橫逆者猶若是，君子曰又何難焉。此一事已處了，若聖人哀矜，又別一事。正叔

「不下帶」，言近也。正叔

「不祥」，凶也。君子好成物，故吉。小人好敗物，故凶。正叔

日月之明，但容光者無不照。正叔

保民如赤子，此所以爲大人，謂不失嬰兒之心，不若保民如赤子爲大。

「湯、武反之也」，「湯、武身之也」。身，踐履也。反，復也。復則至聖人之地。伯淳

羞惡則有所不爲。知所止，乃義之端。伯淳

「舜明於庶物，察於人倫」，然後由仁義行。正叔

仁推之及人，若「老吾老以及人之老」，於民則可，於物則不可。統而言之則皆仁，分而言之則有序。正叔

坤六二文言云云，坤道也。誠爲統體，敬爲用。敬則内自直。誠合内外之道，則萬物流形，故義以方外。

聖人齋戒，敬也，以神明其德。惡人齋戒，亦敬也，故可以事上帝。

先見則吉可知，不見故致凶。伯淳

「幽贊於神明而生蓍」，用蓍以求卦，非謂有蓍而後畫卦。伯淳

祇與底通，使底至也，無至於悔。伯淳

「巽以行權」，義理所順處所以行權。伯淳

「安安」，安於理之所安者。伯淳

聖人無過。湯、武反之也，其始未必無過。所謂如日月之食，乃君子之過。

人心，人欲；道心，天理。正叔

大學之道，在明其明德，明德乃止於至善也。知既至，自然意誠。顔子有不善未嘗不知，知之至也；知之至，故未嘗復行。他人復行，知之不至也。正叔

「致知在格物。」格，至也。物，事也。事皆有理，至其理，乃格物也。然致知在所養，養知莫過於寡欲二字。正叔

君子所不可及者，其惟人之所不見乎！詩曰：「相在爾室，尚不愧於屋漏。」君子慎獨。伯淳

敬則自然「儼若思，安定辭」，其德可以安民。伯淳

有餘便是過。慥，篤實貌。

正其理則萬事一，一以貫之也。正叔

「君子而時中」，無時不中。伯淳

荀子曰：「養心莫善於誠。」周茂叔謂：「荀子元不識誠。」伯淳曰：「既誠矣，心焉用養邪？荀子不知誠。」

河南程氏外書卷第三

陳氏本拾遺

「朝聞道，夕死可矣」，死得是也。

「三月不違仁」，言其久；過此，則「從心不踰矩」，聖人也。聖人則渾然無間斷，故不言三月。此孔子所以惜其未止也。

聖人，天地之用也。

「養心莫善於寡欲。」多欲皆自外來，公欲亦寡矣。

「興於詩」者，吟咏性情，涵暢道德之中而歆動之，有「吾與點」之氣象。

「老者安之，朋友信之，少者懷之」，乃天道也。

由孟子可以觀易。

「復其見天地之心。」一言以蔽之，天地以生物爲心。

聖人無一事不順天時，故「至日閉關」。

人之一肢病，不知痛癢，謂之不仁。人之不仁，亦猶是也。蓋不知仁道之在己也。知仁道之在己而由之，乃仁也。

「克」者，勝也。難勝莫如「己」，勝己之私則能有諸己，是反身而誠者也。凡言仁者，能有諸己也。一作凡言克者，未能有諸己也。必誠之在己，然後爲「克己」。「禮」亦理也，有諸己則無不中於理。君子愼獨，「敬以直內，義以方外」，所以爲「克己復禮」也。克己復禮則事事皆仁，故曰「天下歸仁」。人之視最先，「非禮」而視，則所謂開目便錯了。次「聽」，次「言」，次「動」，有先後之序。人能克己，一作充仁。則心廣體胖，仰不愧，俯不怍，其樂可知，有息則餒矣。

「一言可以興邦」，公也。「一言可以喪邦」，私也。公生明。

「極高明而道中庸」，非二事。中庸，天理也。天理固高明，不極乎高明，不足以道中庸。中庸乃高明之極。伯淳

君子有義有命。「求則得之，舍則失之，是求有益於得也，求在我者也」，此言義也。「求之有道，得之有命，是求無益於得也，求在外者也」，此言命也。至於聖人，則惟有義而無命。「行一不義，殺一不辜，而得天下，不爲也」，此言義不言命也。

「人心惟危」，人欲也。「道心惟微」，天理也。

爲惡之人未嘗知有思，有思則爲善矣。思至於再則已審，三則惑矣。

「艮其背」，止欲於無見。若欲見於彼而止之，所施各異。若「艮其止，止其所也」，止各當其所也。

聖人所以應萬變而不窮一作勞。者，事各止當其所也。若鑑在此，而物之妍媸自見於彼也。聖人不與

焉，時止則止，時行則行。時行對時止而言，亦止其所也。

「艮，思不出其位」，乃止其所也。「動静不失其時」，皆止其所也。「艮其背」，乃止也。背無欲無思也，故可止。

「加我數年，五十以學易」，時年未五十也。孔子未發明易道之時，如八索之類，不能無謬亂；既贊易道，黜八索，則易之道可以無過謬。言「學」與「大」，皆謙也。

子貢善形容孔子德美，「温」以接物，「良」乃善心，「恭」則不侮，「儉」則無欲，「讓」則不好勝，至於是邦，宜必聞政。

孔子，生而知之者也，自十五以下，事皆學而知之者，所以教人也。三十有所立，四十能不惑，五十知天命而未至命，六十聞一以知百，耳順心通也。凡人聞一言則滯於一言，一事則滯於一事，不能貫通。耳順者，聞言則喻，無所不通。七十從心，然後至於命。

「願無伐善」，則不私矣；「無施勞」，則仁矣。顔子之志，則可謂大而無以加矣。然以孔子之言觀之，則顔子之言出於有心也。至於「老者安之，朋友信之，少者懷之」，猶天地之化，付與萬物，而己不勞焉，此聖人之所爲也。今夫羈靮以御馬，而不以制牛；人皆知羈靮之制在乎人，而不知羈靮之生由於馬。聖人之化，亦猶是也。

孔子之見南子，禮當見之也。南子之欲見孔子，亦其善心也，聖人豈得而拒之？子路不悦，故夫子陳之曰：「予所否塞者天厭之。」言使我至此者天命也。

孔子曰：「二三子以我爲隱乎？吾無隱乎爾。」無知之謂也。聖人之教人，俯就之若此，猶恐衆人以爲高遠而不親也。聖人之言，必降而自卑，不如此則人不親。賢人之言，必引而自高，不如此則道不尊。觀孔子、孟子則可見矣。

「叩其兩端」者，如「樊遲問仁，子曰愛人；問知，子曰知人」。舉其近者，衆人之所知，極其遠者，雖聖人亦如是矣。其與人莫不皆然，終始兩端，皆竭盡矣。

聖人愈自卑而道已高，賢人不高則道不尊，聖賢之分也。「不爲酒困」是也。

子路、冉有、公西華皆欲得國而治之，故孔子不取。曾皙狂者也，未必能爲聖人之事，而能知孔子之志，故曰「浴乎沂，風乎舞雩，詠而歸」，言樂而得其所也。孔子之志在於「老者安之，朋友信之，少者懷之」，使萬物莫不遂其性，曾點知之，故孔子喟然歎曰：「吾與點也。」

仲尼「三年有成」，因周之舊。

喜怒在事，則理之當喜怒也；不在血氣，則「不遷」。

於義理無害，雖貧亦樂，有害則慊慊一有則字。不樂。

桀溺言：天下衰亂，無道者滔滔皆是也，孔子雖欲行其教，而誰可以化而易之？孔子言：如使天下有道，我則無所治，不與易之也；今所以周流四方，爲時無道故也。聖人不敢有忘天下之心，知其不可而猶爲之，故其言如此。

二帝、三王之道，後世無以加焉；孔子之所常言，故弟子聚而記之。夫子得邦家，亦猶是也。堯曰篇。

語之而敬，故「不惰」，言其好學也。

「瞻之在前」，過者；「忽然在後」，不及也；「如有所立卓爾」，聖人之中也。

「子在，回何敢死？」死當爲，先死非回之所當爲。所當爲者，上告天子，下告方伯，以討其罪爾。

擧前代之善者，準此以損益之，此成法也。鄭聲使人淫溺，佞人使人危殆，放遠之，然後可守成法。

「不踰閑」者，不踰矩也。「小德」，出入於法度之中。大德如孔子。小德如顏子，有一不善，是亦出入也。

聖人之教，未嘗私厚其子。學詩學禮，止可告之若此，學必待其自肯。

孔子與惡人言，故以遜辭免禍。「言不必信，行不必果，惟義所在」，此之謂也。然而孔子未嘗不欲仕，但仕於陽虎之時則不可。「吾將仕矣」，未爲非信也。

公山召我，「而豈徒哉？」是孔子意：他雖叛而召我，其心不徒然，往而教之遷善，使不叛則已，此則於義直有可往之理，而孔子亦有實知其不能改而不往者。佛肸召亦然。

「禘自既灌而往」，皆不足觀，從首至末皆非也。知孔子不欲觀之說，則於天下知萬事各正其名，則其治如「示諸掌」。

「獲罪於天」，時無所祈禱，何爲媚奧？何爲媚竈？奧，尊者所居，喻貴臣。竈，一家所切，喻當權。

孔門弟子，自孔子没後，各自離散，只有曾子便別。如子夏、子張欲以所事孔子事有若，獨曾子便道不可。自子貢以上，必皆不肯。某自涪陵歸，見門人皆已支離，不知他日身後又何如也。但得箇信時，便自有長進處。孔子弟子甚多，亦不能皆合於孔子。如子路言「子之迂也」，又曰「末之也已」，及其退思，終合於孔子，只爲他信，便自然思量到也。此一段，莆田本。

「皆不及門」，今不在焉。

「德不孤，必有鄰」，一德立而百善從之。

「唐棣之華，偏其反而。豈不爾思？室是遠而。」只取不遠之意。

「山梁雌雉，時哉！時哉！」此聖人嘆雉在山梁得其時，而民不得其時也。子路不察，乃「共之」，「三嗅而作」，使子路知我意不在是也。

「毋意」，毋非禁止之辭。聖人絶此四者，何用禁止？「毋意」與「毋我」相近，「毋固」與「毋必」相近，須要分別不同。意與志別，志是所存處，意是發動處。如「先意承志」，自別也。意發而當，即是理也，非意也；發而不當，是私意也。又問：「聖人莫是任理而不任意否？」曰：「是。」

河南程氏外書卷第四

程氏學拾遺

李參錄

「格物」者，格、至也，物者、凡遇事皆物也，欲以窮至物理也。窮至物理無他，唯思而已矣。「思曰睿，睿作聖」，聖人亦自思而得，況於事物乎？

「惟聖人可以踐形」者，人生稟五行之秀氣，頭圓足方以肖天地，則形色天性也，惟聖人爲能盡人之道，故可以踐形。人道者，君臣、父子、兄弟、夫婦之類皆是也。

「唯仁者能好人，能惡人。」仁者用心以公，故能好惡人。公最近仁。人循私欲則不忠，公理則忠矣。以公理施於人，所以恕也。

「天下之言性也，則故而已矣，故者以利爲本。」故者，舊也，言凡性之初，未嘗不以順利爲主。謂之利者，唯不害之謂也。一篇之義，皆欲順利之而已。

「文王望道而未之見」，謂望天下有治道太平而未得見也。「武王不泄邇，不忘遠」者，謂遠邇之人之事也。

「人心之所同然者何也？謂理也，義也。」何謂理？何謂義？學者當深思。

漢之儒者，所以從學者數百人，非惟風俗，亦皆篤行君子也。晉人高尚，不足道矣。

質夫曰：「盡心知性，佛亦有至此者。存心養性，佛本不至此。」先生曰：「盡心知性，不假存養，其惟聖人乎！」

質夫云：「頻復不已，遂至迷復。」

河南程氏外書卷第五

馮氏本拾遺

春秋書災異，蓋非偶然。不云霜隕，而云隕霜；不云夷伯之廟震，而云震夷伯之廟；分明是有意於人也。天人之理，自有相合。人事勝，則天不爲災；人事不勝，則天爲災。人事常隨天理，天變非應人事。如祁寒暑雨，天之常理，然人氣壯，則不爲疾；氣羸弱，則必有疾。非天固欲爲害，人事德不勝也。如漢儒之學，皆牽合附會，不可信。

自孔子贊易之後，更無人會讀易。先儒不見於書者，有則不可知；見於書者，皆未盡。如王輔嗣、韓康伯，只以莊、老解之，是何道理？某於易傳，殺曾下工夫。如學者見問，儘有可商量，書則未欲出之也。

今時人看易，皆不識得易是何物，只就上穿鑿。若念得不熟與，就上添一德亦不覺多，就上減一德亦不覺少。譬如不識此兀子，若減一隻脚亦不知是少，添一隻脚亦不知是多。若識，則自添減不得也。

庶母亦當爲主，但不可入廟，子當祀於私室。主之制度則一，蓋有法象，不可增損，增損則不成矣。

「祭如在」，言祭自己祖先。「祭神如神在」，言其他所祭者，如天地山川皆是也。「非其鬼」，言己不當祭者。既知其非，然且爲之，是「無勇」也。無勇雖因上文，然不止於此一事。

論語、孟子，只剩讀著便自意足，學者須是玩味。若以語言解著，意便不足。某始作此二書文字，既而思之，又似剩。只有些先儒錯會處，却待與整理過。

某嘗謂世間有三事，工夫一般。國家之祈天永命，道家之長生久視，儒者之入於聖人，理道皆一。

釋氏之學，正似用管窺天，一直便見，道他不是不得，只是却不見全體。

不信神怪事，亦不得便放猛，須是知道理。若是只放猛，不知道理，撞出來後，如何處置？

月令儘是一部好書，未易破他。柳子厚破得他不是。若春行賞，秋行刑，只是舉大綱如此。如云「湯執中」，「文王視民如傷」，「武王不泄邇、不忘遠」，不成聖人各只有一事可稱也？且據一處言之耳。又如「冬日則飲湯，夏日則飲水」，不成冬日不得飲水，夏日不得飲湯也？

四時改火，不得不然。蓋水之爲患常少，火之爲患常多。龍見而雩可見。寒食禁火，只是將出新火，必盡熄天下之火然後出之也。世間風俗，蓋訛謬之甚耳。四時取火，用木各異，必據時之所宜，不必盡考也。

儒者只合言人事，不得〔一〕言有數，直到不得已處，然後歸之於命可也。

〔一〕徐本、呂本「得」作「合」。

顏子有不善未嘗不知，知之未嘗復行。如顏子地位，豈有不善？所謂不善者，只是微有差失，纔差失便能知之，知之便更不萌作。顏子大率與聖人皆同，只這便有分別。若無，則便是聖人。曾子三省，只是緊約束，顏子便能三月之久。到這些地位，工夫尤難，直是峻絶，又大段著力不得。

合葬須以元妃，配享須以宗子之嫡母，此不易之道。

河南程氏外書卷第六

羅氏本拾遺

凡看書，各有門庭。詩、易、春秋不可逐句看，尚書、論語可以逐句看。

「赤舄几几」，只是形容周公一箇氣象，乃孟子所謂「睟面盎背，四體不言而喻」之意。「雍雍在宫，肅肅在廟」，亦只是形容文王氣象。大抵古人形容聖人，多此類。如「倬彼雲漢，爲章于天」，亦是形容聖人也。

「不識不知」，言文王化其民，日用不知，皆由天理也。

「與子游聞之」，當作「於子游聞之」。若兩人同聞，安得一箇知，一箇不知？

「利」字不聯「牝馬」爲義。如云「利牝馬之貞」，則坤便只有三德。

陰必從陽，然後「乃終有慶」也。

「黄」，中色；「裳」，宜在下；則「元吉」。

他卦皆有悔凶咎，惟謙未嘗有；他卦有待而亨，惟謙則便亨。

謙，君子所以有終，故不言吉。裒取其多而增益其寡，天理也。六二鳴謙，處中得正而有德者，故鳴謙者，乃「中心得也」。上六鳴謙，乃有求者也，有求之小，止於征國邑而已，故曰「志未得也」。

蹇「以反身修德」，故往者在外也，在外必蹇；來者在內也，在內則有譽。「無尤」，「來連」，「朋來」，「來碩」，皆反身修德之謂也。「蹇蹇」，不暴進，內顧之象也。暴進出外則無事矣。連音平。連則無窮也。朋來則衆來，言朋來未免於有思也。至於來碩，則來處於大人之事也，故曰「從貴」。

闔闢便是易，一闔一闢謂之變。

堯之親九族，以明俊德之人爲先。蓋有天下國家者，以知人爲難，以親賢爲急。

善學者，要不爲文字所梏。故文義雖解錯，而道理可通行者不害也。

論語，曾子、有子弟子論譔。所以知者，唯曾子、有子不名。伊川

「學而時習之」，「鷹乃學習」之義。「子路有聞，未之能行，唯恐有聞。」說在心，樂主發散在外。伊川

孝弟本其所以生，乃爲仁之本。孝弟有不中理，或至於犯上，然亦鮮矣。孟子曰：「孰不爲事？事親，事之本也。孰不爲守？守身，守之本也。」不失其身而事親，乃誠孝也。推此，亦可以知爲仁之本。明道

「敬事而信」以下事，論其所存，未及治具，故不及禮樂刑政。伊川

「行有餘力」者，當先立其本也。有本而後學文，然有本則文自至矣。明道

「致身」猶言致力，乃委質也。明道

人安重則學堅固。伊川

「禮之用和爲貴」，有不可行者，偏也。伊川

貧而能樂，富而能好禮，隨貧富所治當如此。子貢引切磋琢磨，蓋治之之謂也。若貧而言好禮，則至於卑，富而言樂，則至於驕。然貧而樂，非好禮不能；富而好禮，非樂不能。明道

「爲政以德」，然後無爲。伊川

回於孔子之道無所不説，故「如愚」。退而省其所自得，亦足以開發矣，故曰「不愚」。

「視其所以」，所爲也；「觀其所由」，所從也；「察其所安」，所處也。察其所處，則見其心之所存。在己者能知言窮理，則能以此察人如聖人也。明道

「君子不器」，無所不施也。若一才一藝，則器也。伊川

子貢問君子，孔子告以「先行其言而後從之」，而「可以爲君子」，因子貢多言而發也。伊川

「先行其言而後從之」，謂觀人者彼能先行其言，吾然後信之。伊川

「周」謂周旋，「不比」謂不相私比也。伊川

「學而不思」則無得，故「罔」。「思而不學」則不進，故「殆」。博學之，審問之，愼思之，明辨之，篤行之，五者廢其一，非學也。伊川

「尤」，罪自外至也；「悔」，理自内出也。修天爵則人爵至，「禄在其中」矣。子張學干禄，故告之以此，使定其心而不爲利禄動。若顔、閔則不然矣。君子謀道不謀食，學也禄在其中矣。然學不必得禄，

猶耕之不必得食，亦有餒在其中矣。君子知其如此，故憂道不憂貧，此所以告干祿也。伊川

奢自文生，文過則爲奢，不足則爲儉。文者稱實而爲飾，文對實已爲兩物，奢又文之過，則去本遠矣。儉乃文不足，此所以爲禮之本。伊川

仁者如射，射而不中，不怨勝己者，反求諸己而已，豈有争也？故曰「其争也君子」。伊川

「下而飲」，非謂下堂而飲，離去射位而飲也。若下堂而飲，則辱之甚，無此。伊川

「素」喻質，「繪」喻禮。凡繪，先施素地而加采，如有美質而更文之以禮。伊川

灌以降神，禘之始也。「既灌而往者」，自始以至終，皆無足觀，言魯祭之非禮也。「不知」者，蓋爲魯諱。

如自此事而正之，其於天下，如指掌之易。伊川

「爲力」猶言爲功。射有五善，爲功不一，故曰「不同科」。所謂五善者，觀德行，别邪正，辨威儀云云。伊川

「事君盡禮」，在他人言之，必曰小人以爲諂也，聖人道弘，故止曰「人以爲諂也」。伊川

「樂得淑女以配君子，不淫其色」，是「樂而不淫」。「哀窈窕，思賢才，求之不得，展轉反側」，是「哀而不傷」。明道

「成事不説」至「既往不咎」者，大概相似。重言之，所以深責之也。如今人嗟惜一事，未嘗不再三言之也。伊川

成湯放桀，惟有慙德，武王亦然，故未盡善。堯、舜、湯、武，其揆一也。征伐非其所欲，所遇之時然

耳。伊川

「里」，居也，擇仁而處之爲美。明道

「知者利仁」，知者以仁爲利而行之。至若欲有名而爲之之類，皆是以爲利也。知者知仁爲美，擇而行之，是「利仁」也。心有其仁，故曰利。伊川

「君子懷德」，惟善之所在；「小人懷土」，惟事之所在。「君子懷刑」，惟法之所在；「小人懷惠」，惟利之所在。伊川

子貢問「賜也何如？」賜自矜其長，而孔子以瑚璉之器答者，但瑚璉可施禮容於宗廟，如子貢之才可使於四方，可使與賓客言而已。伊川

子貢常方人，故孔子答以「不暇」，而又問「與回也孰愈」，所以抑其方人也。未能自信，不可以治人，孔子所以説漆雕開之對。明道

「聞一知十」，「聞一知二」，舉多少而言也。「曰吾與女弗如也」，使子貢喻其言，知其在勉；不喻，則亦可使慕之，皆有教也。

「不欲人之加諸我」者，「施諸己而不願」者也。「無加諸人」者，「己所不欲，勿施於人」者也。此「無伐善，無施勞」者能之，故非子貢所及。伊川

「夫子言性與天道，不可得而聞」，唯子貢親達其理，故能爲是歎美之辭，言衆人不得聞也。伊川

「蔡」與采同。大夫有采地，而爲山節藻棁之事，不知也。山節藻棁，諸侯之事也。伊川

「三月不違仁」，言其久也，然非成德之事。

「祝鮀之佞」，所謂巧言；「宋朝之美」，所謂令色。當衰世，非此難免。伊川

「上知」，高遠之事，非中人以下所可告，蓋踰涯分也。伊川

民之所宜者務之，所欲與之聚，所惡勿施爾也。人之所以近鬼神而褻之者，蓋惑也，故有非鬼而祭之、淫祀以求福，知者則敬而遠之。明道

知如水之流，仁如山之安。動靜，仁知之體也，動則自樂，靜則自壽。非體仁知之深者，不能如此形容之。伊川

觚之爲器，不得其法制，則非觚矣。舉一器而天下之物莫不皆然，天下之事亦猶是也。伊川

宰我言：如井中有人，仁者當下而從之否？子曰：君子可使之往，不可陷以非其所履；可欺以其方，難罔以非其道。明道

博學於文，而不約之以禮，必至於汗漫。所謂約之以禮者，能守禮而由於規矩者也。未及知之也，止可以不畔道而已。「多聞擇其善者而從之，多見而識之，知之次也」，與此相近。顏淵曰：「博我以文，約我以禮，欲罷不能。」是已知之而進不止者也。明道

中庸之德，不可須臾離，民鮮有久行其道者也。伊川

聖則無大小，至於仁，兼上下大小而言之。博施濟衆亦仁也，愛人亦仁也。「堯、舜其猶病諸」者，猶難之也。博則廣而無極，衆則多而無窮，聖人必欲使天下無一人之惡，無一物不得其所，然亦不能，

故曰「病諸」。「修己以安百姓」，亦猶是也。伊川

人於文采，皆不曰吾猶人也，皆曰勝於人爾。至於躬行君子，則吾未見其人也。伊川

泰伯知王季之賢，必能開基成王業，故爲天下而三讓之，言其公也。明道

泰伯三以天下讓者，立文王則道被天下，故泰伯以天下之故而讓之也。不必革命，使紂賢，文王爲三公矣。伊川

凡人有所計校者，皆私意也。孟子曰：「惟仁者爲能以大事小。」仁者欲人之善而矜人之惡，不計校小大强弱而事之，故能保天下。犯而不校，亦樂天順理者也。伊川

人而不仁，君子當教養之。不盡教養，而惟疾之甚，必至於亂。明道

爲學三年，而不至於善，是不善學也。明道

亂，治也。師摯始治關雎之樂，其聲洋洋乎盈耳哉，美之也。明道

「洋洋盈耳」，美也。孔子反魯，樂正，雅、頌各得其所。其後自太師而下，入河蹈海，由樂正，魯不用，而放棄之也。伊川

「禹，吾無閒然矣」，言德純完，無可非閒。明道

「子罕言利」，非使人去利而就害也，蓋人不當以利爲心。易曰：「利者義之和。」以義而致利斯可矣。罕言仁者，以其道大故也。論語一部，言仁豈少哉？蓋仁者大事，門人一一紀録，盡平生所言如此，亦不爲多也。伊川

「吾有知乎哉？無知也」者，盡以告人，他無知也。與「吾無隱乎爾」同。伊川

「叩」，就也。「兩端」猶曰兩頭，謂始終告鄙夫也。伊川

「鳳鳥不至，河不出圖，吾已矣夫」者，嗜欲將至，有開必先也。伊川

「可與共學」，所以求之也。「可與適道」，知其所往也。「可與立」者，篤志固執而不變也。「權」與權衡之權同，稱物而知其輕重者也。人無權衡，則不能知輕重。聖人則不以權衡而知輕重矣，聖人則是權衡也。伊川

寢食不當言語，時必齊如也，臨祭則敬也。明道

「色斯舉矣」，不至悔吝；「翔而後集」，審擇其處。明道

山梁雌雉得其時，遂其性；而人逢亂世，反不得其所。子路不達，故共具之。孔子俾子路復審言詳意，故三嗅而起，庶子路知之也。伊川

「先進」猶言前輩也，「後進」猶言後輩也。「先進之於禮樂」，有其誠意而質也，故曰「野人」。「後進之於禮樂」，習其容止而文者也，故曰「君子」。孔子患時之文弊，而欲救之以質，故曰「如用之，則吾從先進」，取其誠意之多也。明道

「先進於禮樂，野人也」，謂其質朴。「後進於禮樂，君子也」，謂其得宜。周末文弊，當時之人自謂得宜，而以古人爲質朴，故孔子欲從古人，古人非質朴也。伊川

「從我於陳、蔡者，皆不及門」，言此時皆無及孔子之門者，思其人，故數顏子以下十人有德行者、政

事者、言語者、文學者，皆從於陳、蔡者也。明道

四科，乃從夫子於陳、蔡者爾。門人之賢者，固不止此，曾子傳道而不與焉，故知十哲，世俗之論也。明道

閔子之於父母昆弟，盡其道而處之，故人無非間之言。伊川

「過猶不及」，如琴張、曾晳之狂，皆過也，然而行不掩焉，是無實也。明道

才高者過，過則一出一入；卑者不及，則怠惰廢弛。明道

師、商過不及，其弊爲楊、墨。楊出於義，墨出於仁。仁義雖天下之美，然如此者，失之毫釐，謬以千里。伊川

曾子少孔子，始也魯，觀其後明道，豈魯也哉？明道

善人，非豪傑特立之士不能自達者也，苟不履聖賢之迹，則亦不入其奥，故爲邦必至於百年，乃可以勝殘去殺也。孟子以樂正子爲善人信人。有諸己之謂信，能充實之，可以至於聖賢，然其始必循轍迹而後能入也。論篤，言之篤厚者也，取於人者，惟言之篤厚者是與。君子者乎？色莊者乎？未可知也。不可以論篤遂與之，必觀其行事乃可也。明道

「一日克己復禮，天下歸仁」者，言一旦能克己復禮，則天下稱其仁，非一日之間也。伊川

子路之言信，故「片言可以折獄」。伊川

「宿」謂預也，非一宿之宿也。伊川

子張少仁，無誠心愛民，則必倦而不盡心者也，故孔子因問而告之。伊川

「先之勞之」者，昔周公師保萬民，易曰：「以左右民。」師保左右，先之也。勞，勉也，又勞勉之。伊川

子路問政，孔子既告之矣，及請益，則曰「無倦」而已，未嘗復有所告，姑使深思之也。明道

凡有物有形則有名，有名則有理。如以大爲小，以高爲下，則言不順，至於民無所措手足也。伊川

「苟有用我者，期月而已可也，三年有成」，如何？曰：「昔在經筵時嘗說，因言陛下若以期月之事問臣，臣便以期月之事對，若以三年之事問臣，臣便以三年之事對。期月而已者，整頓大綱也。若夫有成，則在三年也。然期月三年之說，今世又不同，須從頭整理可也。漢公孫弘言三年而化，臣竊遲之。李石對唐文宗以謂陛下責治太急，皆率爾之言，本不知期月三年之事」。伊川

三十年爲一世，三十壯有室也。「必世而後仁」，化浹也。伊川

冉子謂季氏之所行爲政，孔子抑之曰：「其事也。」言季氏之家事而已，謂之政者僭也。如國有政，吾雖不用，猶當與聞之也。伊川

「言不必信，行不必果，唯義所在」，大人之事。「言必信，行必果，硜硜然」，小人之事。小人對大人爲小，非爲惡之小人也，故亦可以爲士。明道

「剛」者堅之體，發而有勇曰「毅」，「木」者質朴，「訥」者遲鈍。此四者比之巧言令色則近於仁，亦猶不得中行而與狂狷也。伊川

「切切」如體之相磨，「偲偲」則以意。此言告子路，故曰「切切，偲偲，怡怡如也」。明道

「善人教民七年，亦可以卽戎」，聖人度其時可矣，如小國五年，大國七年云。伊川

原憲，孔子高弟，問有所未盡。蓋克伐怨欲四者無，然後可以爲仁，有而不行，未至於無，故止告之以爲難。伊川

「邦有道，穀，邦無道，穀，耻也」，此汎舉也。「直哉史魚」，不若「君子哉蘧伯玉」。然則「危言危行」，「危行言遜」，乃孔子事也。危猶獨也，與衆異不安之謂。邦無道，行雖危而言不可不遜也。明道

「直哉史魚」，不若「君子哉蘧伯玉」。「卷而懷之」，乃「危行言遜」也。「危行」者，嚴厲其行而不苟，言則當遜。伊川

「晉文公譎而不正，齊桓公正而不譎」，此爲作春秋而言也。晉文公實有勤王之心，而不知召王之爲不順，故譎掩其正。齊桓公伐楚，責包茅，雖其心未必尊王，而其事則正，故正掩其譎。孔子言之以爲戒。正者正行其事耳，非大正也，亦猶管仲之仁，止以事功而言也。伊川

桓公殺公子糾，管仲不死而從之。殺兄之人，固可從乎？曰：「桓公、子糾，襄公之二弟也，桓公兄而子糾弟也。襄公死，則桓公當立，此以春秋知之也。春秋書桓公，則曰齊小白，言當有齊國也；於子糾，則止曰糾，不言齊，以不當有齊也，不言子，非君嗣子也。公、穀並注四處皆書納糾，左傳獨言子糾，誤也。然書齊人取子糾殺之者，齊大夫嘗與魯盟于蔇，既欲納糾以爲君，又殺之，故書子，是二罪也。管仲始事糾，不正也，終從於正，義也。召忽不負所事，亦義也。如魏徵、王珪不死建成之難，而從太

宗，可謂害於義矣。伊川

「君子固窮」者，固守其窮也。伊川

「知及之，仁不能守之」，此言中人以下也。若夫真知，未有不能行者。伊川

民於爲仁，甚於畏水火，水火猶有蹈而死者，言民之不爲仁也。伊川

爲仁在己，無所與讓也。明道

諒與信異，自大體是信，亮必爲也。明道

諒固執也，與亮同，古字通用。孟子曰：「君子不亮，烏乎執？」伊川

「性相近」，對「習相遠」而言，相近猶相似也。上智下愚才也，性則皆善。自暴自棄然後不可移，不然則可移。伊川

「吾其爲東周乎？」若用孔子，必行王道。東周衰亂，所不肯爲也，亦非革命之謂也。明道

「恭則不侮」，蓋一恭則仁道盡矣；又寬以得衆，信爲人所任，敏而有功，惠以使人，行五者於天下，其仁可知矣。明道

佛肸召子，必不徒然，其往義也，然終不往者，度其不足與有爲也。

六言六蔽，正與「恭而無禮則勞」，「寬而栗，剛而無虐」之義〔一〕。蓋好仁而不好學，乃所以愚，非能仁而愚，徒好而不知學乃愚。明道

〔一〕「義」字下疑當有「同」字，或「合」字。

二南人倫之本，王化之基，苟不爲之，則無所自入。古之學者必「興於詩」。「不學詩無以言」，故猶「正牆面而立」。明道

孟子曰：「教亦多術矣，予不屑之教誨也，是亦教誨之而已矣。」孔子不見孺悲，所以深教之也。明道

「君子不施其親。」施，與也，言其不私其親暱也。伊川

與人交際之道，則子張爲廣，聖人亦未嘗拒人也。明道

「日知其所亡，月無忘其所能」，此可以爲人師法矣，非謂此可以爲人師道。

學不博則不能守約，志不篤則不能力行，切問近思在己者，則仁在其中矣。明道

「望之儼然」，秉天陽高明氣象。「即之也温」，中心和易而接物也温，備人道也。「聽其言也厲」，則如東西南北正定，地道也，蓋非禮勿言也。君子之道，三才備矣。明道

「大德不踰閑」，指君臣父子之大義。小德如援溺之事，更推廣之。伊川

學既優則可以仕，仕既優則可以學。優裕，優閑，一也。伊川

子張既除喪而見，予之琴，和[一]之而和，彈之而成聲，作而曰：先王制禮，不敢不至焉。推此言之，子張過於薄，故「難與並爲仁矣」。明道

子貢言性與天道，以夫子聰明而言；「綏之斯來，動之斯和」，以夫子德性而言。伊川

[一]徐本、呂本「和」作「扣」。

「因民之所利而利之」，若耕稼陶漁，皆因其順利而道之。明道

知言之善惡是非，乃可以知人，孟子所謂「知言」是也。必有諸己，然後知言，知之則能格物而窮理。伊川

今之城郭，不爲保民。明道

君子道弘，故可大受，而不可小了知測。此孟子所以四十不動心，小人反是。明道

有若等自能知夫子之道，假使汙下，必不爲阿好而言，謂其論可信也。伊川

惻惻然隱，如物之隱應也，此仁之端緒。赤子入井，其顙有泚，推之可見。伊川

墨子愛其兄之子猶鄰之子，墨子書中未嘗有如此等言，但孟子拔本塞源，知其流必至於是，故直之也。伊川

「廣居」，「正位」，「大道」，一也。不處小節，卽是廣居。

事親若曾子而曰可者，非謂曾子未盡善也。人子事親，豈有大過曾子？孟子之心，皆可見矣。明道

「君仁莫不仁，君義莫不義。」天下之治亂係乎人君仁不仁耳。離是而非，則生於其心，必害於其政，豈待乎作之於外哉？昔者孟子三見齊王而不言事，門人疑之。孟子曰：「我先攻其邪心，心既正，然後天下之事可從而理也。」夫政事之失，用人之非，知者能更之，直者能諫之。然非心存焉，則一事之失，救而正之，後之失者，將不勝救矣。格其非心，使無不正，非大人其孰能之？伊川

君子小人澤及五世者，善惡皆及後世也。伊川

「可以仕則仕，可以止則止，可以久則久，可以速則速」，此皆時也，未嘗不合中，故曰「君子而時中」。伊川

孔子於儒悲，所謂不屑之教誨者也。伊川

命皆一也。莫之致而至者，正命也。桎梏而死者，君子不謂命。伊川

恕者入仁之門。伊川

仁，理也。人，物也。以仁合在人身言之，乃是人之道也。伊川

「充實而有光輝」，所謂修身見於世也。伊川

「帶」蓋指其近處，「下」猶舍也，離也。古人於一帶，必皆有意義。「不下帶而道存」，猶云只此便有至理存焉。此一段伊川語，得之馬時仲〔一〕。

「經德不回」，乃教上等人。禍福之說，使中人以下知所畏懼修省，亦自然之理耳，若釋氏怖死以學道，則立心不正矣。明道

〔一〕徐本、吕本「仲」作「伸」。按：伊川弟子馬伸字時中。此本「仲」字，當爲「中」之誤。徐本、吕本作「伸」，非是。

河南程氏外書卷第七

胡氏本拾遺

明道曰：「維天之命，於穆不已，不其忠乎！天地變化草木蕃，不其恕乎」

伊川曰：「維天之命，於穆不已，忠也；乾道變化，各正性命，恕也。」

心敬則內自直。

匹夫悍卒見難而能死者，有之矣；惟情慾之牽，妻孥之愛，斷而不惑者鮮矣。

思慮，不得至於苦。

合天人，通義命，此大賢以上事。

人之多聞識，却似藥物，須要博識，是所切用也。

爲天下，安可求近效？才計較著利害，便不是。

程子與侯仲良語及牛、李事，因言温公在朝，欲盡去元豐間人。程子曰：「作新人才難，變化人才易。今諸人之才皆可用，且人豈肯甘爲小人，在君相變化如何耳。若宰相用之爲君子，孰不爲君子？此等事教他們自做，未必不勝如吾曹。」仲良曰：「若然，則無紹聖間事也。」尹子親注云：「此一段可疑。」

世事與我了不相關。明道

勇一也，而用不同，有勇於氣者，有勇於義者。君子勇於義，小人勇於氣。

伊川在經筵，已聞上盥漱噴水避蟻。他日，先生進曰：「願陛下推此心以及天下。」

程子葬父，使周恭叔主客。客欲酒，恭叔以告，先生曰：「勿陷人於惡。」

風竹便是感應無心。如人怒我，勿留胸中，須如風動竹。

或謂伊川曰：「先生於上前委曲已甚，不亦過乎？」曰：「不於此致力盡心，而於何所？」

聖人之責人也常緩，便見只欲事正，無顯人過惡之意。

聖人，凡一言便全體用。

聖人，責己感也處多，責人應也處少。

有人疑，祖殺其父則告之，其罪如何？律：孫告祖當死，此不可告，明矣。然則父殺其子如何？律：徒一年，以理考之，當徒二年。雖是子，亦天子之民也，不當殺而專殺之，是違制也，違制徒二年。

吾嘗見一貴人，吾進退以禮，而彼巍巍，其自視也惟恐不中節，豈不勞哉？

「君子而時中」，謂卽時而中。如禹、稷當顏子之時，不爲顏子所爲，非中也。顏子亦然。

自信，則無所疑而不動心。公孫丑不知孟子，故問不動心有道。如數子者，皆中有主，便心不動。

性無不善，其所以不善者才也。受於天之謂性，稟於氣之謂才，才之善不善由氣之有偏正也。乃若其情，則無不善矣。今夫木之曲直，其性也；或可以爲車，或可以爲輪，其才也。然而才之不善，亦可以變之，在養其氣以復其善爾。故能持其志，養其氣，亦可以爲善。故孟子曰：「人皆可以爲堯、舜。」惟自棄自暴，則不可以爲善。

凡聲皆陽聲，大鳴則大震，小鳴則小震。

或問：「維摩詰云：『火中生蓮花』，是可謂希有。在欲而行禪，希有亦如是，此豈非儒者事？」子曰：「此所以與儒者異也。人倫者，天理也。彼將其妻子當作何等物看，望望然以爲累者，文王不如是也。有生者，必有死；有始者，必有終；此所以爲常也。爲釋氏者，以成壞爲無常，是獨不知無常乃所以爲常也。今夫人生百年者常也，一有百年而不死者，非所謂常也。釋氏推其私智所及而言之，至以天地爲妄，何其陋也！張子厚尤所切齒者此耳。」

問：「張子曰：『陰陽之精，互藏其宅』，然乎？」曰：「此言甚有味，由人如何看。水離物不得，故水有離之象。火能入物，故火有坎之象。」

作易，自天地幽明至於昆蟲草木微物無不合。

春秋有三傳及三本正經，共是六本。書子糾事，五處皆言糾，獨左氏言子糾。且糾與小白皆公子，非當立，而小白長則當立也。今糾爭立，故皆不言子，及殺之，然後言子糾，蓋謂既已立之矣，故須以未踰年君稱之。以此校之，則管仲之去糾事小白，皆非正，去就輕也。非如建成既爲太子，而秦王奪之，魏徵去建成而事秦王，不義之大也。

「學而時習之。」所以學者，將以行之也；時習之，則所學者在我，故說習如禽之習飛。

「孝弟也者，其爲仁之本與！」非謂孝弟即是仁之本，蓋謂爲仁之本當以孝弟，猶忠恕之爲道也。

飾過則失實，故寧儉，喪主於哀戚。

「我不欲人之加諸我也，吾亦欲無加諸人」，恕也，近於仁，故曰：「賜也，非爾所及也。」然未至於仁也，以其有欲字爾。

邦無道，則能沉晦以免禍，一作患。故曰「不可及也」。亦有不當「愚」者，比干是也。

「仁之方」，方，術也。

「三月不違仁」，三月言其久，天道小變之節，蓋言顏子經天道之變，而爲仁如此，其能久於仁也。

鮮于侁問伊川曰：「顏子何以能不改其樂？」正叔曰：「顏子所樂者何事？」侁對曰：「樂道而已。」伊川曰：「使顏子而樂道，不爲顏子矣。」侁未達，以告鄒浩。浩曰：「夫人所造如是之深，吾今日始識伊川面。」胡文定公集記此事云：安國嘗見鄒至完，論近世人物，因問程明道如何？至完曰：「此人得志，使萬物各得其所。」又問伊川如何？曰：「却不得比明道。」又問何以不得比？曰：「爲有不通處。」又問侍郎，先生言伊川不通處，必有言行可證，願聞之。至完色動，徐曰：「有一二事，恐門人或失其傳。」後來在長沙，再論河南二先生學術。至完却曰：「伊川見處極高。」因問何以言之？曰：「昔鮮于侁曾問：『顏子在陋巷，不改其樂，不知所樂者何事？』伊川却問曰：『尋常說顏子所樂者何？』侁曰：『不過是說顏子所樂者道。』伊川曰：『若說有道可樂，便不是顏子。』以此見伊川見處極高。」又曰：「浩昔在潁昌，有趙均國者，自洛中來。浩問：『曾見先生，有何語？』均國曰：『先生語學者曰：「除却神祠廟宇，人始知爲善。古人觀象作服，便是爲善之具。」』」又震澤語録云：伊川問學者，顏子所樂者何事？或曰：「樂道。」伊川曰：「若説顔子樂道，孤負顔子。」鄒至完曰：「吾雖未識伊川面，已識伊川心。何其所造之深也」

樂山樂水，氣類相合。

「文莫吾猶人也」，文皆欲勝人，至躬行則未嘗得也。

古之學者，必先學詩。學詩則誦讀，其善惡是非勸戒，有以起發其意，故曰興。人無禮以爲規矩，則身無所處，故曰立。此禮之文也。中心斯須不和不樂，則鄙詐之心入之。不和樂則無所自得，故曰成。此樂之本也。古者玉不去身，無故不徹琴瑟。自成童入學，四十而出仕，所以教養之者備矣。理義以養其心，禮樂一作舞蹈。以養其血氣，故其才高者爲聖賢，下者亦爲吉士，由養之至也。

所謂利者一而已。財利之利與利害之利，實無二義，以其可利，故謂之利。聖人於利，不能全不較論，但不至妨義耳。乃若惟利是辨，則忘義矣，故罕言。

「色斯舉矣」，知幾莫如聖人。「翔而後集」，不止擇君，凡事必詳審也。

兼四人之所長，而又「文之以禮樂，亦可以爲成人矣」，成人之難也。武仲之智非正也。若文之以禮樂，則無不正者。今之成人者，「見利思義，見危授命」，謂忠也；「久要不忘平生之言」，信也。有忠信而不及禮樂，亦可以爲成人，又其次也。

伊川先生將屬纊時，顧謂端中曰：「立子。」蓋指其適子端彦也，語絶而没。既除喪，明道之長孫昂，自以當立，侯師聖不可。昂曰：「明道不得入廟耶？」師聖曰：「我不敢容私。明道先太中而卒，繼太中主祭者伊川也。今繼伊川，非端彦而何？」議始定。或謂師聖曰：「明道既死，其長子不當立乎？」曰：「立廟自伊川始。又明道長子死已久。況古者有諸侯奪宗、庶姓奪嫡之説，可以義起矣。況立廟自伊川始乎？」尹子親注云：此一段差誤。

學者必知所以入德。不知所以入德，未見其能進也。故孟子曰：「不明乎善，不誠其身。」易曰：「知至至之。」

別本拾遺

明道見神宗論人材。上曰：「朕未之見也。」明道曰：「陛下奈何輕天下士？」上聳然曰：「朕不敢！朕不敢！」此段見行狀，無「上曰朕未之見也」一句。

子曰：「游酢得西銘誦之，卽渙然不逆於心，曰：『此中庸之理也，能求於語言之外者也。』」此一條已見於大全集，然頗有缺誤，故復出此。

崇寧黨禁方嚴，子徙居龍門之南，止南方學者曰：「苟能尊所聞，力行所知，則可矣，不必及門也。」

或問乎范祖禹曰：「或謂夫子有言曰：『人有篤學力行而不知道者，信乎？』」祖禹曰：「吾嘗聞之夫子，有所指而言之也。」時范公在温公通鑑局中。

河南程氏外書卷第八

游氏本拾遺

問文中子：「圓者動，方者静。」先生曰：「此正倒説了。静體圓，動體方。」

問：「管仲設使當時有必死之理，管仲還肯死否？」曰：「董仲舒道得好，惟仁人正其義不謀其利，明其道不計其功。」

問知崇禮卑。曰：「崇的便是知，卑的便是禮。」

問：「充塞乎天地之間，莫是用於天地間無窒礙處否？」曰：「此語固好，然孟子却是説氣之體。」

問寢不尸。曰：「毋不敬。」

因論持其志。先生曰：「只這箇也是私。然學者不恁地不得。」

古者大享，夫人有見賓之禮。南子雖妾，靈公既以夫人處之，使孔子見，於是時豈得不見？

「天且不違，況於鬼神乎？」鬼神言其功用，天言其主宰。

「天下雷行物與无妄」，先天後天，皆合乎天理也，人欲則僞矣。

「古人善推其所爲而已矣」，此特告齊王〔一〕云爾，聖人則不待推。

仲尼聖人，其道大，當定、哀之時，人莫不尊之。後弟子各以其所學行，異端遂起，至孟子時，不得不辨也。

「歲寒然後知松柏之後彫」，只取堅不變之義。

「鼓萬物而不與聖人同憂」，聖人有爲之功，天地不宰之功。

孔子之時，周室雖微，天下諸侯尚知尊周爲義，故春秋之法，以尊周爲本。至孟子時，七國爭雄，而天下不知有周，然而生民塗炭，諸侯是時能行王道則可以王矣，蓋王者天下之義主也，故孟子所以勸齊之可以王者此也。

初見先生，次日先生復禮，因問安下飯食穩便。因謂君子食無求飽，居無求安，顏子簞瓢陋巷不改其樂，簞瓢陋巷何足樂？蓋別有所樂以勝之耳。伊川

問：「佛戒殺生之說如何？」曰：「儒者有兩說。一說，天生禽獸，本爲人食，此說不是。豈有人爲蟣蝨而生耶？一說，禽獸待人而生，殺之則不仁，此說亦不然。大抵力能勝之者皆可食，但君子有不忍之心爾。故曰：『見其生不忍見其死，聞其聲不忍食其肉，是以君子遠庖厨也。』舊先兄嘗見一蝎不忍殺，放去。頌中有二句云：『殺之則傷仁，放之則害義。』」伊川

「敬以直內，義以方外」，與「德不孤」，一也。爲善者以類應，有朋自遠方來，充之至於塞乎天地，皆不孤也。

〔一〕徐本「王」作「宜」。

伯夷，孟子言其迹得聖人之清，孔子言清而有量，故曰：「不念舊惡，怨是用希。」又曰：「求仁而得仁，又何怨？」若曰餓于首陽之下，但不食周粟，貧且餓爾，非謂不食周粟，至于采薇而食之，如史遷之說也。

樂隨風氣，至韶則極備。若堯之洪水方割，四凶未去，和有未至也。至舜以聖繼聖，治之極，和之至，故韶爲備。

舜巡狩，每五載一方。

仁在己，讓不可也。若善名在外，則不可不讓。

管仲不死，觀其九合諸侯，不以兵車，乃知其仁也。若無此，則貪生惜死，雖匹夫匹婦之諒亦無也。

河南程氏外書卷第九

春秋録拾遺

詩、書、易言聖人之道備矣，何以復作春秋？蓋春秋聖人之用也。詩、書、易如律，春秋如斷案；詩、書、易如藥方，春秋如治法。

始隱，周之衰也；終麟，感之始也。世衰道不行，有述作之意舊矣，但因麟而發耳。麟不出，春秋亦須作也。

元年，標始年耳，猶人家長子呼大郎。先儒穿鑿，不可用。

或言絶筆後，王者可革命，大非也。孔子時，唯可尊周；孟子時，方可革命。時變然也。前一日不可，後一日不可。

范文甫問趙盾弑其君夷皋，又問許世子弑其君買，皆從傳説。

春秋書戰，以戰之者爲客，受戰者爲主，以此見聖人深意。蓋彼無義來戰，則必上告於天子，次告於方伯，近赴於鄰國，不如是而與之戰者，是以聖人深責之也。若不得已而與之戰者則異文以示意，來戰于乾時是也。

公羊說春秋，書弟謂母弟，此大害義。禽獸則知母而不知父，人必知本，豈論同母與不同母乎？桓、宣與聞乎弑，然聖人如其意而書即位，與僖、文等，同辭則其惡自見，乃所以深責之也。定公至六月方即位，又以見季氏制之也。

始隱，孫明復之說是也。孫大概唯解春秋之法，不見聖人所寓微意。若如是看，有何意味乎？

蒯聵得罪於父，不得復立；輒亦不得背其父而不與其國，委於所可立，使不失先君之社稷，而身從父，則義矣。

春秋大抵重嫡妾之分，及用兵土功。嘗因說伐顓臾事，對上言春秋重兵，如來戰于郎，潞公甚喜。

河南程氏外書卷第十

大全集拾遺

聖人未嘗無喜也，「象喜亦喜」；聖人未嘗無怒也，「一怒而安天下之民」；聖人未嘗無哀也，「哀此煢獨」；聖人未嘗無懼也，「臨事而懼」；聖人未嘗無愛也，「仁民而愛物」；聖人未嘗無欲也，「我欲仁，斯仁至矣」。但中其節，則謂之和。

荀卿才高學陋，以禮爲僞，以性爲惡，不見聖賢，雖曰尊子弓，然而時相去甚遠。聖人之道，至卿不傳。

楊子雲仕莽賊，謂之「旁燭無疆」，可乎？隱可也，仕不可也。

劉子之學甚支離，只立名做法語，便不是了。

游酢於西銘，讀之已能不逆於心，言語之外，別立得這箇義理，便道中庸矣。道，一作到。

向日與向火意思別，火只是一箇酷烈底性，日則自然一般生底氣，便與人氣接。

問星辰。曰：「星是二十八宿，辰是日月五星。」

井泉之異，全由地脈一溜之别。伯淳在扶溝，扶溝水皆鹹，惟僧舍井小甘，不欲令婦女往汲之，乃禁之。既禁之，又一縣無水。乃相一端鑿一井，其味適別，地脈是一溜也。又如在襄城，寺中水鹹，寺外卽甘。一日觀其牆下有地皮一旋裂，於是試令近牆鑿井，遂亦甘，只是要相地脈如何。

冬桃，今視之似先春，其實晚桃也，直到如今方發。

南京三十六岡改葬，只是臺中人爲之，要得自振其術以營利也。

有人葬埋，至有毀伐其親之屍以祈福利，然偶獲禍。其事雖未必然，然據理，安得不招此禍？

冬至與諸友賀，先生不出，云有司法服，慰乃出。

子夏易雖非卜商作，必非杜子夏所能爲，必得於師傳也。

易因爻象論變化，因變化論神，因神論人，因人論德行，大體通論易道，而終於「默而成之，不言而信，存乎德行」。

復者反本也，本有而去之，今來復，乃見天地之心也，乃天理也，此賢人之事也。

「惟聖罔念作狂」，如周官六德之聖，通明之謂也。

徽柔懿恭，四事也。徽懿皆美也。懿，美中似有寬裕意，研其意味乃得之。若淵亦深也，淵則深中有奥意。

周禮不全是周公之禮法，亦有後世隨時添入者，亦有漢儒撰入者。如呂刑、文侯之命，通謂之周書。

學者有所得，不必在談經論道間，當於行事動容周旋中禮得之。

學者不學聖人則已，欲學之，須是熟玩聖人氣象，不可止於名上理會。如是，只是講論文字。

易學，後來曾子、子夏學得煞到上面也。

君實近年病漸較嘫放得下也。

致知在格物，格、至也，窮理而至於物，則物理盡。

先生曰：「司馬遷爲近古，書中多有前人格言。如作紀本尚書，但其間有曉不得書意，有錯用却處。」嘉仲問：「項籍作紀，如何？」曰：「紀只是有天下方可作。」又問：「班固嘗議遷之失，如何？」曰：「後人議前人固甚易。」

天下寧無魏公之忠亮，而不可無君臣之義。昔事建成而今事太宗，可乎？

薛公言黥布出上策，則關東非漢有，非也。使出上策，亦敗。

趙襄子姊爲代國夫人，襄子既殺代王，將奪其國，夫人距戰，是也。身爲代國夫人，社稷無主，獨當其任，義不可棄社稷以與弟，則戰而殺之，非姊殺弟也，代國夫人殺賊也。

陳寔見張讓，是故舊，見之可也，不然則非矣。此所謂太丘道廣。

唐之有天下數百年，自是無綱紀。太宗、肅宗皆篡也，更有甚君臣父子？其妻則取之不正。又妻殺其夫，篡其位，無不至也。若太宗，言以功取天下，此尤不可，最啟僭奪之端。其惡大，是殺兄篡位，又取元吉之妻。後世以爲聖明之主，不可會也。太宗與建成，史所書却是也。肅宗則分明是乘危而篡。若是，則今後父有事，安敢使其子？

新書且未説義中否，且如與小人説能，亦有主〔一〕言，然只是一箇氣象。今日新書讀之，便有一箇

〔一〕徐本、吕本「主」作「至」。

支離氣象。疑有誤字。

觀太學諸生數千人，今日之學，要之亦無有自信者。如游酢、楊時等二三人游其間，諸人遂爲之聳動，敬而遠之。

先生自少時未嘗乘轎。頃在蜀，與二使者游二峽，使者相强乘轎，不可。詰其故，語之曰：「某不忍乘，分明以人代畜。若疾病及泥濘，則不得已也。」二使者亦將不乘，某語之曰：「使者安可不乘？既至，留題壁間，先生曰：「毋書某名。」詰其故，曰：「以使者與一閒人遊，若錚客。」當時竟不乘轎，亦不留名。

村酒肆，要之蠹米麥，聚閒人，妨農工，致詞訟，藏賊盜，州縣極有害。

正叔謂子厚在禮院所定龍女衣冠，使依封號夫人品秩爲準。正叔語其非，此事合理會。夫大河之塞，莫非上天降鑒之靈，官吏勤職，士卒效命。彼龍，水獸也，何力焉？今最宜與他正人畜分，不宜使畜産而用人之衣服。

汝之多瘻，以地氣壅滯。嘗有人以器雜貯州中諸處，水例皆重濁，至有水脚如膠者，食之安得無瘻？治之之術，於中開鑿數道溝渠，洩地之氣，然後少可也。

介甫言律是八分書，是他見得。又有學律者，言今之人析言破律。正叔謂律便是此律否？但恐非也。學者以傳世已來，未之或能改也。惟近年改了一字。舊言指斥乘與言理惡者死，今改曰情理，亦非也。今有人極一場凶惡，無禮於上，猶不當死，須是反逆得死也邪？

酒是麴蘗爲之，以亂其氣。人苟持其志，則不到於亂。乃知飲酒須德持之，未有害也。志之爲力極可怪。

石炭穴中遺火，則連蔓火不絕，故有數百千年。今火山蓋爲山中時有火光，必是此箇火時發於山間也。

昔聶覺倡不信鬼神之説，故身殺湫魚。其同行者有不食魚而病死者，有食魚亦不病不死者，只是其心打得過。或食而病，或不食而病。要之，山中陰森之氣，心懷憂思，以致動其氣血也。如太一湫魚，自唐以來，自不敢取，今當不可容，然亦只如此者，蓋自相食及亦有死傷也。若晉祠之魚則極多，必是吞魚之魚不衆也。伯淳嘗到其水濱，魚可俯拾，然衆人不取，以神爲畏，而特不殘及於此魚也。

今人家買乳婢，亦多有不得已者。或不能自乳，須著使人。然食己子而殺人之子，不是道理。必不得已，用二乳而食二子，我之子。又足備他虞，或乳母病且死，則不能爲害。或以勢要二人，又不更爲己子而殺人子，要之只是有所費。若不幸致誤其子，害孰大焉？

今人居覆載中，却不知天地在照臨之內，却不理會得日月，此冥然而行者也。

凡人有斗筲之量，有鍾鼎之量，有釜斛之量。江海亦大矣，然尚有限。惟聖人之量與天地並，故至多不盈，至少不虛。凡人爲器量所拘，到滿後自然形見。本朝向敏中號有度量，至作相，却與張齊賢爭取一妻，爲其有十萬囊槖故也。王隨亦有德行，仁宗嘗稱王隨德行，李淑文章。至作相，蕭端公欲得作三路運使，及退，隨語堂中人曰：「何不以溺自照面，看做得三路運使無？」皆量所動也。今人何嘗不動？只得綾寫一卷與便動，又干他身分甚事？

程、蘇之姓傳於天下者不蕃，至如張、王、李、趙，雖其出不一，要之其姓蕃衍，此亦受姓之祖，其流之盛，固有定分也。

日再中，只是新垣平詐言也，史册實之，後世遂以爲誠然。如丁謂天書之類，當時人却未必全信，却是後世觀史者已信矣。

太行山千里一塊，石更無間，故於石上起峰。

天下獨高處，無如河東上黨者，言上與天爲黨也。澤州北望有桑林村，蓋湯自爲犧牲處。湯十一遷，所居皆言亳，却似今言京師之比。

佛畢竟不知性命。世之人相詆曰爾安知性命，是果報知之。

問：「古人所謂衣冠不正，無容止爲身之恥。今學佛者反以爲幻妄，此誠爲理否？」曰：「只如一株樹，春華秋枯，乃是常理，若是常華，則無此理，却是妄也。今佛氏以死爲無常，有死則有常，無死却是無常。」

周茂叔謂一部法華經只消一箇艮卦可了。

要之，釋氏之學，他只是一箇自私姦黠，閉眉合眼，林間石上自適而已。

明言吾理，使學者曉然審其是非，始得。

釋氏之説，其歸欺詐。今在法欺詐，雖赦不原，爲其罪重也。及至釋氏，自古至今，欺詐天下，人莫不溺其説，而不自覺也，豈不謂之大惑耶？原釋祖只是一箇黠胡，亦能窺測，因緣轉化。其始亦只似譬喻，其徒識卑，看得入於形器，故後來只去就上結果，其説始以世界爲幻妄，而謂有天宫，後亦以天爲幻，卒歸之無。佛有髮，而僧復毁形；佛有妻子舍之，而僧絶其類。若使人盡爲此，則老者何養？幼者何長？以至剪帛爲衲，夜食欲省，舉事皆反常，不近人情。至如夜食後睡，要敗陽氣，其意尤不美，直如此宗何不下。

大宗小宗圖子，六七年前被人將出，後來京師印却便是這本。

河南程氏外書卷第十一

時氏本拾遺

或問：「老子言『天地不仁，聖人不仁』，如何？」曰：「謂『天地不仁，以萬物爲芻狗』，是也。謂『聖人不仁，以百姓爲芻狗』，非也。聖人豈有不仁？所患者不仁也。天地何意於仁？鼓舞萬物而不與聖人同憂，聖人則仁，此其爲能弘道也。」

或問：「記曰：康誥曰：『如保赤子。』心誠求之，雖不中不遠矣，未有學養子而後嫁者也。」先生曰：「今母保養赤子，其始何嘗學來？當保養之時，自然中所欲。若推此心保民，設不中其所欲，亦不遠。因說昔楊軾爲宣州簽判，一日差王某爲杖直。當日晚，有同姓名者來陳狀，乞分產。軾疑其杖直，便決替了。赤子不能言，尚能中其欲。民能言，却不知其情。大抵只是少察。」

學者今日無可添，唯有可減，減盡便無事。

大學「舉而不能先，命也」，命當作怠，字之誤也。

窮理，盡性，至命，一事也。纔窮理便盡性，盡性便至命。因指柱曰：「此木可以爲柱，理也；其曲直者，性也；其所以曲直者，命也。理，性，命，一而已。」

或問忠恕之別。曰：「猶形影也，無忠則不能爲恕矣。」

尹子曰：「伊川先生嘗言，中庸乃孔門傳授心法。」

郭忠孝議易傳序曰：「易即道也，又何從道？」或以問伊川，伊川曰：「人隨時變易爲何？爲從道也。」

范文甫問四象，子曰：「左右前後。」楊中立問四象，子言四方。

雋不疑説春秋則非，處事應機則不異於古人。董仲舒論事先引春秋，論事則是，引春秋則非。

王道與儒道同，皆通貫天地，學純則純王純儒也。

或問劉蕡，曰：「浚恒之凶，始求深也。」曰：「然則宜如何？」曰：「尺蠖之屈，以求伸也。疎遠小臣，一旦欲以新間舊，難矣。」

或問：「貞觀之治，不幾三代之盛乎？」曰：「關雎、麟趾之意安在？」

德至於無我者，雖善言美行，無非所過之化也。

教人者，養其善心而惡自消。治民者，導之敬讓而爭自息。

天地之化，一息不留，疑其速也，然寒暑之變甚漸。

世之人務窮天地萬物之理，不知反之一身，五臟六腑毛髮筋骨之所存，鮮或知之。善學者，取諸身而已。自一身以觀天地。

李朴字先之。請教。先生曰：「當養浩然之氣。」又問。曰：「觀張子厚所作西銘，能養浩然之氣者也。」

子謂尹焞魯，張繹俊。俊，恐他日過之；魯者終有守也。

尹子、張子見。先生曰：「二子於某言如何？」尹子對曰：「聞先生之言，言下領意，焞不如繹。能終守先生之學，繹亦不如焞。」先生欣然曰：「各中其病。」

王信伯問學於伊川曰：「願聞一言。」先生曰：「勿信吾言，但信取理。」

先生過成都，坐於所館之堂讀易。有造桶者前視之，指未濟卦問。先生曰：「何也？」曰：「三陽皆失位。」先生異之，問其姓與居，則失之矣。易傳曰：「聞之成都隱者。」西室所聞云：田夫釋耒者，誤。

朝廷議授游定夫以正言，蘇右丞沮止，毀及伊川。宰相蘇子容曰：「公未可如此。頌觀過其門者無不肅也。」

朱公掞以諫官召過洛，見伊川，顯道在坐，公掞不語。伊川指顯道謂之曰：「此人爲切問近思之學。」

張思叔請問，其論或太高。伊川不答，良久曰：「累高必自下。」

尹子問范淳夫之爲人，子曰：「其人如玉。」

有死而復蘇者，故禮三日而斂。然趙簡子七日猶蘇，雖蛆食其舌鼻猶不害。唯伏地甚者，遂致并腹腫背冷。故未三日而斂，皆有殺之之理。

知德斯知言，故言使不動。孟子知武王，故不信漂杵之說。

學者要先會疑。

邵堯夫詩曰：「梧桐月向懷中照，楊柳風來面上吹。」明道曰：「真風流人豪也。」

伊川曰：「邵堯夫在急流中，被渠安然取十年快樂。」

石曼卿詩云：「樂意相關禽對語，生香不斷樹交花。」明道曰：「此語形容得浩然之氣。」龜山語録：潘千之云：「張師雍曾問伊川云：『昔明道嘗與學者論浩然之氣，因舉古詩云云如何？』伊川沈吟，看著師雍曰：『好。』」

或問：「孝，天之經，何也？」曰：「本乎天者親上，輕清者是也。本乎地者親下，重濁者是也。天地之常，莫不反本。人之孝，亦反本之謂也。」

元經，天子之史也，書帝正月，非也。

章氏之子與明道之子，王氏壻也。明道子死，章納其婦。先生曰：「豈有生爲親友，死娶其婦者？」他日，王氏來餽送，一皆謝遣。章來欲見其子，先生曰：「母子無絶道，然君乃其父之罪人也。」

范堯夫經筵坐睡。先生語人曰：「堯夫胸中無事如此。」有朝士入朝，倒執手板。先生曰：「此人胸中不是無事。」

陳經正問曰：「據貴一所見，盈天地間皆我之性，更不復知我身之爲我。」伊川笑曰：「他人食飽，公無餒乎？」

不能克己，則爲楊氏爲我；不能復禮，則爲墨氏兼愛。故曰：「親親而仁民，仁民而愛物。」此之謂也。

或問涵養。曰：「若造得到，更說甚涵養？」

易无妄曰：「天下雷行物與无妄。」動以天理故也。其大略如此，又須研究之，則自有得處。

三代忠質文，其因時之尚然也。夏近古，人多忠誠，故爲忠。忠弊，故捄之以質；質弊，故捄之以文；非道有弊也。後世不守，故浸而成弊，雖不可以一二事觀之，大概可知。如堯、舜、禹之相繼，其文章氣象亦自小異也。

心定者其言重以舒，不定者其言輕以疾。

立宗必有奪宗法，如卑幼爲大臣。以今之法，自合立廟，不可使從宗子以祭。

楊子曰：「觀乎天地，則見聖人。」伊川曰：「不然。觀乎聖人，則見天地。」

朱公掞爲御史，端笏正立，嚴毅不可犯，班列肅然。蘇子瞻語人曰：「何時打破這敬字？」

尹子曰：「馮理自號東皐居士，曰：『二十年聞先生教誨，今有一奇特事。』先生曰：『何如？』理曰：『夜間宴坐，室中有光。』先生曰：『頤亦有奇特事。』理請聞之，先生曰：『每食必飽。』」

崇寧初，范致虛言：「程頤以邪說詖行，惑亂衆聽，尹焞、張繹爲之羽翼。」遂下河南府體究。學者往別，因言世故，先生曰：「三代之治，不可復也。有賢君作，能致小康，則有之。」

尹子曰：「邵堯夫家以墓誌屬明道，許之，太中、伊川不欲，因步月於庭。明道曰：『顥已得堯夫墓誌矣。堯夫之學，可謂安且成。』太中乃許。」

呂與叔作橫渠行狀，有「見二程盡棄其學」之語。尹子言之，先生曰：「表叔平生議論，謂頤兄弟有同處則可，若謂學於頤兄弟則無是事。頃年屬與叔刪去，不謂尚存斯言，幾於無忌憚。」按行狀今有兩本。一本云：「盡棄其學而學焉。」一本云：「於是盡棄異學，淳如也。」恐是後來所改。

西室所聞云：「聖人氣數順，無横逆死。學入聖域，其數亦隨氣斡轉。」先生曰：「學而至聖，爲奪造化者，以此。」

又問聰明如何磨去？曰：「使之則有，不使則亡。」一作無。

崇寧間，言者范致虚攻先生爲元祐邪說，朝廷下河南府盡逐學徒。後數月，馬伸時舉及門求見，先生辭之。伸欲先棄官而來，先生曰：「近日盡逐學徒，恐非公仕進所利，公能棄官，則官不必棄也。」建炎間，伸爲御史論事，公論與之。

范淳夫之女讀孟子「出入無時，莫知其鄉，惟心之謂與」，語人曰：「孟子不識心，心豈有出入？」先生聞之曰：「此女雖不識孟子，却能識心。」後嫁耿氏而卒。

或謂孔子尊周，孟子欲齊王行王政，何也？先生曰：「譬如一樹，有可栽培之理則栽培之，不然須別種。賢聖何心，視天命之改與未改爾。」

有患心疾，見物皆獅子。伊川教之以見卽直前捕執之，無物也，久之疑疾遂愈。

或問：「世傳有人化虎，理有之乎？」曰：「有之。昔在涪，見村民爪甲漸變如虎，毛班班然通身。夜開關延虎，食其牢中之豕，化雖未成，而氣類相感，其情已通矣。」

温公薨，朝廷命伊川先生主其喪事。是日也，祀明堂禮成，而二蘇往哭温公，道遇朱公掞，問之。

公掞曰：「往哭溫公，而程先生以爲慶弔不同日。」二蘇悵然而反，曰：「鏖糟陂裏叔孫通也。」言其山野。自是時時謔伊川。他日國忌，禱於相國寺，伊川令供素饌。子瞻詰之曰：「正叔不好佛，胡爲食素？」正叔曰：「禮，居喪不飲酒食肉。忌日，喪之餘也。」子瞻令具肉食，曰：「爲劉氏者左袒。」於是范淳夫輩食素，秦、黃輩食肉。呂申公爲相，凡事有疑，必質於伊川。進退人才，二蘇疑伊川有力，故極口詆之云。

伊川主溫公喪事，子瞻周視無闕禮，乃曰：「正叔喪禮何其熟也？」又曰：「軾聞居喪未葬讀喪禮。太中康寧，何爲讀喪禮乎？」伊川不答。鄒至完聞之曰：「伊川之母先亡，獨不可以治喪禮乎？」

范淳夫嘗與伊川論唐事，及爲唐鑑，盡用先生之論。先生謂門人曰：「淳夫乃能相信如此。」

或謂科舉事業奪人之功，是不然。且一月之中，以十日爲舉業，餘日足可爲學。然人不志此，必志於彼。故科舉之事，不患妨功，惟患奪志。

或謂漢史天子建中和之極，學者甚病中與極之語。曰：「此亦有理。中和猶木材也，極猶屋之極。有中和斯有極，如有木材斯可建屋之極。學者須識此氣象。」此一段，溫州傳録。

程氏自先生兄弟，所葬以昭穆定穴，不用墓師，以五色帛埋旬日，視色明暗，卜地氣善否。

官婢行酒，暢大隱力拒之，先生聞而不善之也。暢字濬道。

明道先生每與門人講論，有不合者，則曰「更有商量」，伊川則直曰不然。

謝顯道崇寧間上殿不稱旨，先生聞之喜；已而就監門之職。陳貴一問：「謝顯道如何人？」先生曰：「由、求之徒。」或云建中間。

尹子曰：「先生謂侯師聖議論，只好隔壁聽。」

尹子曰：「先生年七十四，得風痺疾，服大承氣湯則小愈。是年九月，服之輒利。醫者語家人曰：『侍講病不比常時。』時大觀元年九月也。十六日入視，先生以白夾被被體，坐竹牀，舉手相揖。焞喜，以爲疾去。先生曰：『疾去而氣復者安候也，頤愈覺羸劣。』焞既還，十七日有叩門者，報先生傾殂。

司馬温公辭副樞，名冠一時，天下無賢不肖，浩然歸重。呂申公亦以論新法不合，罷歸。熙寧末，申公起知河陽，明道以詩送行，復爲詩與温公，蓋恐其以不出爲高也。及申公自河陽乞在京宫祠，神宗大喜，召登樞府。人以二公出處爲優劣。二先生曰：「呂公世臣，不得不歸見上。司馬公諍臣，不得不退處。」

酉室所聞云：「顔子得淳和之氣，何故夭？」曰：「衰周天地和氣有限，養得仲尼已是多也。」聖賢以和氣生，須和氣養。常人之生，亦藉外養也。

問：「踧踖如也，與與如也。」曰：「恭而安。與與，容與之貌，有雍容氣象。」又王信伯語云：問踧踖如也。曰：「恭而安。」王信伯問伊川，又曰：「與與容與之貌。」又問：「孔子言舜之韶盡善，武王之武未盡善，何也？」曰：「此聖人之心有所未足。」

伊川以易傳示門人曰：「只説得七分，後人更須自體究。」

釋氏談道，非不上下一貫，觀其用處，便作兩截。

問：「呂與叔云：『不倚之謂中』，先生謂近之，而詞未瑩，如何？」曰：「無倚著處。」

陳經邦問：「詩説言唐、魏已變先代之風，又言先聖流風遺俗盡，故次以陳，兩意似不異，何以分先後？」先生曰：「聖人之都，風化所厚；聖人之國，典法所存。唐、魏，聖人之都，其風雖變，而典法尚在。陳，舜之後，聖人之國，亦被夷狄之風，則典法隨而亡矣。三代之後，有志之士，欲復先王之治而不能者，皆由典法不備。故典法尚存，有人舉而行之，無難矣。」

張思叔作商税院題名記，先生以爲得體。李邦直卒，委思叔作祭文，多溢美。先生顧思叔曰：「商税院題名記，是公所爲乎？」思叔唯唯。他日別製祭文用之，曰：「世推文章，位登丞輔；編簡見其才華，廊廟存其步武。」

范温譏張思叔曰：「買取錦屏三畝地，蒲輪未至且躬耕。」先生聞之曰：「於張繹有何加損也？」

范淳夫之葬，先生爲之經理，掘地深數丈，不置一物，葬之日，招左近父老犒以酒食示之。其後發冢者相繼，而淳夫墓獨完。

横渠學堂雙牖，右書訂頑，左書砭愚。伊川曰：「是起爭端。」改之曰東銘、西銘。

内直則其氣浩然，養之至則爲大人。

孟子知言，即知道也。詖淫邪遁是觀人之言而知之，亦可以考其書，然本意唯爲觀人之言也。

或問：「旱乾水溢，則變置社稷。社稷土地之神，如何變置？」曰：「勾龍配食於社，棄配食於稷。諸侯之國，亦各以其有功水土者爲配。旱乾水溢，則變置所配之人。」曰：「所配者果能致力於水旱乎？」曰：「古之人作事，唯實而已。始以其有功水土，故祀之；今以其水旱，故易之。」

精一便是執中底道理。

或問：「孔子何譏大閱？」曰：「講武必於農隙。魯之八月，夏之六月也。盛夏閱兵，妨農害人，其失甚矣。有警而爲之，則無及也；無事而爲之，則妄動也。」

子言左傳非丘明作。「虞不臘矣」，并「庶長」，皆秦官秦語。

子謂「事親舍藥物可也」，是非君子之言。

河南程氏外書卷第十二

傳聞雜記

「可以死，可以無死，死傷勇。」夫人之於死也，何以知可不可哉？蓋視義爲去就耳。予嘗曰：「死生之際，惟義所在，則義所以對死者也。」程伯淳聞而謂予曰：「義無對。」

御史俸薄，故臺中有「聚廳向火，分廳喫飯」之語。熙寧初，程伯淳入臺爲裏行，則反之，遂聚廳喫食，分廳向火。伯淳爲予言。

右二事見王氏塵史王得臣字彥輔。

程正叔先生曰：「樞密院乃虚設，大事三省同議，其他乃有司之事，兵部尚書之職。然藝祖用此以分宰相之權。神宗改官制，亦循此意。」

治平中，見正叔先生云：「今之守令，唯制民之産一事不得爲，其他在法度中，甚有可爲者，患人不爲耳。」

右二事見呂氏家塾記呂希哲字原明。

二程之學，以聖人爲必可學而至，而已必欲學而至於聖人。

温公薨，門人或欲遺表中入規諫語。程正叔云：「是公平生未嘗欺人，可死後欺君乎？」

右二事見呂氏發明義理同上。

程正叔言：同姓相見，當致親親之意，而不可叙齒以拜，蓋昭穆高下，未可知也。

右一事見呂氏酬酢事變同上。

元祐二年正月二十五日戊寅，内侍至資善傳旨，權罷講一日。二十七日庚辰，資善吏報馮[一]宗道云：「上前日微傷食物，曾取動藥，恐未能久坐，令講讀少進説。」是日，正叔略講畢，奏云：「臣等前日臨赴講筵，忽傳聖旨權罷講。臣等甚驚，聖躬别無事否？」上曰：「别無事。」自初御邇英至是，始發德音。

二月十五日戊戌，正叔講「一言可終身行之，其恕乎！」因言人君當推己欲惡，知小民飢寒稼穡艱難。明宗年六十餘卽位，猶書田家詩二首於殿壁，其詩云云，進説甚多。

三月二十六日戊寅，正叔獨奏，乞自四月就寬涼處講讀。二十八日，移講讀就延和。

四月六日丁亥，講讀依舊邇英閣。顧子敦封駮，以爲延和執政，得一賜坐啜茶，已爲至榮，豈可使講讀小臣坐殿上，違咸造勿褻之義？持國、微仲進呈，令修邇英閣，多置軒窗。已得旨，而呂公方入，令修延義閣。簾内云：此待别有壁畫，未知何所也。

十五日丙申，邇英進講，文公以下預焉。邇英新修展，御坐比舊近後數尺，門南北皆朱漆釣牕，前

[一]徐本、呂本「馮」作「馬」。孰是待考。

簾設青幕障日，殊寬涼矣。

右范太史日記范祖禹字淳夫。

先生離京，曾面言，令光庭説與淳夫，爲資善堂見畜小魚，恐近冬難畜，託淳夫取來，投之河中。數次朝中不遇，故因循至此，專奉手啟，幸便爲之。

右朱給事與范太史帖朱光庭字公掞。

元符末，徽宗即位，皇太后垂簾聽政，有旨，復哲宗元祐皇后孟氏位號。時有論其不可者曰：「上於元祐后，叔嫂也，叔無復嫂之禮。」伊川先生謂邵伯温曰：「元祐后之賢固也，論者之言，亦未爲無理。」伯温曰：「子甚宜其妻，父母不悦，出。子不宜其妻，父母曰是善事我，子行夫婦之禮焉。太后，於哲廟，母也；於元祐后，姑也。母之命，姑之命，何爲不可，非上以叔復嫂也。」先生喜曰：「子之言得之矣。」

元豐八年，神宗升遐，遺詔至洛。程宗丞伯淳爲汝州酒官，以檄來舉哀府治，既罷，謂留守韓康公之子宗師兵部曰：「顥以言新法不便，忤大臣，同列皆謫官，顥獨除監司，顥不敢當。念先帝見知之恩，終無以報。」已而泣。兵部問：「今日朝廷之事如何？」宗丞曰：「司馬君實、吕晦叔作相矣。」兵部曰：「二公果作相，當如何？」宗丞曰：「當與元豐大臣同。若先分黨與，他日可憂。」兵部曰：「何憂？」宗丞曰：「元豐大臣皆嗜利者，若使自變其已甚害民之法則善矣。不然，衣冠之禍未艾也。君實忠直，難與議。晦叔解事，恐力不足耳。」既而皆驗。宗丞論此時，范醇夫、朱公掞、杜孝錫、伯温同聞之。

荆公置條例司，用程伯淳爲屬。一日盛暑，荆公與伯淳對語，公子雱因首跣足，攜婦人冠以出，問荆公曰：「所言何事？」荆公曰：「新法數爲人沮，與程君議。」雱箕踞以坐，大言曰：「梟韓琦、富弼之首於市，則新法行矣。」荆公遽曰：「兒誤矣。」伯淳正色曰：「方與參政論國事，子弟不可預，姑退。」雱不樂去。伯淳自此與荆公不合。

元祐初，文潞公以太師平章軍國重事，召程正叔爲崇政殿説書。正叔以師道自居，侍上講，色甚莊，以諷諫，上畏之。潞公對上甚恭，進士唱名，侍立終日。上屢曰：「太師少休。」頓首謝立不去，時年八十矣。或謂正叔曰：「君之倨視潞公之恭，議者以爲未盡。」正叔曰：「潞公三朝大臣，事幼主，不得不恭。吾以布衣爲上師傅，其敢不自重？吾與潞公所以不同也。」識者服其言。

伯淳先生嘗曰：「熙寧初，王介甫行新法，並用君子小人。君子正直不合，介甫以爲俗學，不通世務，斥去。小人苟容諂佞，介甫以爲有才，知變通，適用之。君子如司馬君實不拜副樞以去，范堯夫辭修注得罪，張天祺以御史面折介甫被責。介甫性很愎，衆人以爲不可，則執之愈堅。君子既去，所用小人争爲刻薄，故害天下益深。使衆君子未與之敵，俟其勢久自緩，委曲平章，尚有聽從之理，則小人無隙可乘，其害不至如此之甚也。」

伊川先生貶涪州，渡漢江，中流船幾覆。舟中人皆號哭，伊川獨正襟安坐如常。已而及岸，同舟有老父問曰：「當船危時，君正坐色甚莊，何也？」伊川曰：「心存誠敬耳。」老父曰：「心存誠敬固善，然不若無心。」伊川欲與之言，而老父徑去。

宗丞先生謂伯温曰：「人之爲學，忌先立標準，若循循不已，自有所至矣。」先人敝廬，廳後無門，由旁舍委曲以出。先人既没，伯温鑿壁爲門。侍講先生見之曰：「先生規畫必有理，不可改作。」伯温亟塞之。伯温初入仕，侍講曰：「凡所部公吏，雖有罪，亦當立案而後決，或出於私怒，比具案，怒亦散，不至倉卒傷人。每決人未經杖責者，宜慎之，恐其或有立也。」

右七事見邵氏聞見録邵伯温字子文，康節先生之子。

孔子曰：「天之將喪斯文也，後死者不得與於斯文也。天之未喪斯文也，匡人其如予何！」於「天之將喪斯文」下，便言「後死者不得與於斯文」，則是文之興喪在孔子，與天爲一矣。蓋聖人德盛，與天爲一，出此等語，自不覺耳。孟子地位未能到此，故曰：「天未欲平治天下也，如欲平治天下，當今之世，舍我其誰？」聽天所命，未能合一。明道云。

或問明道先生，如何斯可謂之恕？先生曰：「充擴得去則爲恕。」「心如何是充擴得去底氣象？」曰：「天地變化草木蕃。」「充擴不去時如何？」曰：「天地閉，賢人隱。」

敢問何謂浩然之氣。孟子曰：「難言也。」明道先生云：「只他道箇難言也，便知這漢肚裏有爾許大事。若是不理會得底，便撑拄胡説將去。」

横渠嘗言：「吾十五年學箇恭而安不成。」明道曰：「可知是學不成，有多少病在。」

明道嘗曰：「吾學雖有所受，天理二字却是自家體貼出來。」

陝西曾有議欲罷鑄銅錢者，以謂官中費一貫鑄得一貫爲無利。伊川曰：「此便是公家之利。利多費省，私鑄者衆；費多利薄，盜鑄者息。盜鑄者息，權歸公上，非利而何？」又曾有議解鹽鈔欲高其價者，增六千爲八千。伊川曰：「若增鈔價，賣數須減。鹽出既衆，低價易之，人人食鹽，鹽不停積，歲入必敷。」已而增鈔價，歲額果虧，減之而歲入溢。温公初起時，欲用伊川。伊川曰：「帶累人去裏。使韓、富在時，吾猶可以成事。」後來温公欲變法，伊川使人語之曰：「切未可動著役法，動著卽三五年不能得定疊去。」未幾變之，果紛紛不能定。

温公作中庸解，不曉處闕之，或語明道。明道曰：「闕甚處？」曰：「如强哉矯之類。」明道笑曰：「由自得裏，將謂從天命之謂性處便闕却？」

明道嘗論呂微仲曰：「宰相，呂微仲須做，只是這漢俗。」

明道先生善言詩，佗又渾不曾章解句釋，但優游玩味，吟哦上下，便使人有得處。「瞻彼日月，悠悠我思；道之云遠，曷云能來？」思之切矣。終曰：「百爾君子，不知德行；不忮不求，何用不臧！」歸於正也。

「孟子曰：『養心莫善於寡欲。』此一句如何？」謝子曰：「吾昔亦曾問伊川先生，曰：『此一句淺近，不如「理義之悦我心，猶芻豢之悦我口」，最親切有滋味。然須是體察得理義之悦我心，真箇猶芻豢始得。』」明道先生曰：「『操則存，舍則亡，出入無時』，非聖人之言也，心安得有出入乎？」

問莊周與佛如何？伊川曰：「周安得比他佛？佛說直有高妙處，莊周氣象大，故淺近。如人睡初覺時，乍見上下東西，指天說地，怎消得恁地？只是家常茶飯，誇逞箇甚底？」

吾曾歷舉佛說與吾儒同處問伊川先生，曰：「恁地同處雖多，只是本領不是，一齊差却。」

謝子與伊川別一年，往見之。伊川曰：「相別又一年，做得甚工夫？」謝曰：「也只去箇矜字。」曰：「何故？」曰：「子細檢點得來，病痛盡在這裏。若按伏得這箇罪過，方有向進處。」伊川點頭，因語在坐同志者曰：「此人爲學，切問近思者也。」

問有鬼神否？明道先生曰：「待向你道無來，你怎生信得及？待向你道有來，你且去尋討看。」

謝子曰：「吾嘗習忘以養生。」明道曰：「施之養生則可，於道則有害。習忘可以養生者，以其不留情也。學道則異於是。必有事焉而勿正，何謂乎？且出入起居，寧無事者？正心待之，則先事而迎。忘則涉乎去念，助則近於留情。故聖人心如鑑，孟子所以異於釋氏，此也。」

苗履見伊川，語及一武帥。苗曰：「此人舊日宣力至多，今官高而自愛，不肯向前。」伊川曰：「何自待之輕乎？位愈高則當愈思所以報國者。饑則爲用，飽則揚去，是以鷹犬自期也。」

二十年前往見伊川，一本作伯淳。伊川曰：「近日事如何？」某對曰：「天下何思何慮？」伊川曰：「是則是有此理，賢却發得太早在。」伊川直是會鍛鍊得人，說了又道，恰好著工夫也。

明道初見謝，語人曰：「此秀才展拓得開，將來可望。」

每進語相契，伯淳必曰：「更須勉力。」

昔伯淳教誨，只管著他言語。伯淳曰：「與賢說話，却似扶醉漢，救得一邊，倒了一邊，只怕人執著一邊。」

明道先生坐如泥塑人，接人則渾是一團和氣。

正叔視伯淳墳，嘗侍行，問佛儒之辨。正叔指墳圍曰：「吾儒從裏面做，豈有不見？佛氏只從牆外見了，却不肯入來做，不可謂佛氏無見處。」

學者先學文，鮮有能至道。至如博觀泛覽，亦自爲害。故明道先生教余嘗曰：「賢讀書，慎不要尋行數墨。」

謝子見河南夫子，辭而歸，尹子送焉，問曰：「何以教我？」謝子曰：「吾徒朝夕從先生，見行則學，聞言則識。譬如有人服烏頭者，方其服也，顏色悦懌，筋力强盛，一旦烏頭力去，將如之何？」尹子反以告夫子，夫子曰：「可謂益友矣。」

昔録五經語作一册，伯淳見，謂曰：「玩物喪志。」

明道見謝子記問甚博，曰：「賢却記得許多。」謝子不覺身汗面赤。先生曰：「只此便是惻隱之心。」惻然有隱于心。

伯淳謂正叔曰：「異日能尊師道，是二哥。若接引後學，隨人才成就之，則不敢讓。」

伯淳常談詩，並不下一字訓詁，有時只轉却一兩字，點平聲。掇地念過，便教人省悟。又曰：「古人所以貴親炙之也。」

邢七云：「一日三點檢。」伯淳曰：「可哀也哉！其餘時多會甚事？蓋倣三省之説錯了，可見不曾用功。」又多逐人面上説一般話，伯淳責之。邢曰：「無可說。」伯淳曰：「無可説，便不得不說？」

張横渠著正蒙時，處處置筆硯，得意卽書。伯淳云：「子厚却如此不熟。」

或舉伯淳語云：「人有四百四病，皆不由自家，則是心須教由自家。」

伊川與君實語，終日無一句相合；明道與語，直是道得下。

堯夫易數甚精。自來推長麻者，至久必差，惟堯夫不然，指一二近事，當面可驗。明道云：「待要傳與某兄弟，某兄弟那得工夫？要學，須是二十年工夫。」明道聞說甚熟，一日因監試無事，以其說推算之，皆合，出謂堯夫曰：「堯夫之數，只是加一倍法，以此知太玄都不濟事。」堯夫驚撫其背，曰：「大哥你恁聰明！」伊川謂堯夫：「知易數爲知天？知易理爲知天？」堯夫云：「須還知易理爲知天。」因說今年雷起甚處。伊川云：「堯夫怎知某便知？」又問甚處起？伊川云：「起處起。」堯夫愕然。他日，伊川問明道曰：「加倍之數如何？」曰：「都忘之矣。」因歎其心無偏繫如此。

舉明道云：「忠恕兩字，要除一箇除不得。」

明道語云：「病卧於牀，委之庸醫，比於不慈不孝。事親者，亦不可不知醫。」

伯淳先生云：「別人喫飯從脊皮上過，我喫飯從肚裏去。」

范夷叟欲同二程去看劚地黃。明道率先生，先生以前輩爲辭。明道云：「又何妨？一般是人。」

右三十七條見上蔡語録。謝良佐字顯道，二先生門人。

明道云：「必有關雎、麟趾之意，然後可行周公法度。」

先生曰：「明道嘗言：學者不可以不看詩，看詩便使人長一格價。」

明道在潁昌，先生尋醫，調官京師，因往潁昌從學。明道甚喜，每言曰：「楊君最會得容易。」及歸，送之出門，謂坐客曰：「吾道南矣。」先是，建安林志寧，出入潞公門下求教。潞公云：「某此中無相益。有二程先生者，可往從之。」因使人送明道處。志寧乃語定夫及先生，先生謂不可不一見也，於是同行。時謝顯道亦在。謝爲人誠實，但聰悟不及先生，故明道每言楊君聰明，謝君如水投石，然亦未嘗不稱其善。伊川自涪歸，見學者凋落，多從佛學，獨先生與謝丈不變，因歎曰：「學者皆流於夷狄矣，唯有楊、謝二君長進。」

明道先生作縣，凡坐處皆書「視民如傷」四字。常曰：「顥常愧此四字。」

伊川二十四五時，呂原明首師事之。

右四條見龜山語録楊時字中立，二先生門人也。

扶溝地卑，歲有水旱，明道先生經畫溝洫之法以治之，未及興工而先生去官。先生曰：「以扶溝之地盡爲溝洫，必數年乃成。吾爲經畫十里之間，以開其端。後之人知其利，必有繼之者矣。夫爲令之職，必使境内之民，凶年饑歲免於死亡，飽食逸居有禮義之訓，然後爲盡。故吾於扶溝，興設學校，聚邑人子弟教之，亦幾成而廢。夫百里之施至狹也，而道之興廢繫焉。是數事者，皆未及成，豈不有命與？然知而不爲，而責命之興廢，則非矣。此吾所以不敢不盡心也。」

右一事見庭聞藁録楊公之子迥所記。

朱公掞來見明道於汝，歸謂人曰：「光庭在春風中坐了一箇月。」游、楊初見伊川，伊川瞑目而坐，二子侍立。既覺，顧謂曰：「賢輩尚在此乎？日既晚，且休矣。」及出門，門外之雪深一尺。

伊川先生在經筵，每進講，必博引廣喻以曉悟人主。講退，范堯夫曰：「先生怎生記得許多？」先生曰：「只爲不記，故有許多。若還記，却無許多也。」

明道先生謂謝子雖少魯，直是誠篤理會事，有不透，其顙有泚，其憤悱如此。

右三事見侯子雅言侯仲良字師聖，二先生之内弟。

和靖嘗以易傳序請問曰：「『至微者理也，至著者象也，體用一原，顯微無間』，莫太泄露天機否？」伊川曰：「如此分明說破，猶自人不解悟。」祁寬録云：「伊川曰：『汝看得如此甚善。』」呂堅中録云：「伊川曰：『亦不得已言之耳。』」

和靖嘗請曰：「某今日解得心廣體胖之義。」伊川正色曰：「如何？」和靖曰：「莫只是樂否？」伊川曰：「樂亦没處著。」

和靖偶學虞書。伊川曰：「賢那得許多工夫？」

思叔詬詈僕夫，伊川曰：「何不動心忍性？」思叔慙謝。

暇日静坐，和靖、孟敦夫、名厚，潁川人。張思叔侍。伊川指面前水盆語曰：「清静中一物不可著，才著物便摇動。」

一日置酒，伊川曰：「飲酒不妨，但不可過。惟酒無量，不及亂。聖人豈有作亂者事？但恐亂其氣血致疾，或語言錯顛，容貌傾側，皆亂也。」

伊川歸自涪州，氣貌容色髭髮皆勝平昔。門人問何以得此？先生曰：「學之力也。大凡學者，學處患難貧賤，若富貴榮達，卽不須學也。」

鮑若雨、劉安世、劉安節數人自太學謁告來洛，見伊川，問：「堯、舜之道，孝弟而已矣。堯、舜之道，何故止於孝弟？」伊川曰：「曾見尹焞否？」曰：「未也。」請往問之。諸公遂來見和靖，以此爲問。和靖曰：「堯、舜之道，止於孝弟。孝弟非堯、舜不能盡。自冬温夏凊，昏定晨省，以至聽於無聲，視於無形，又如事父孝故事天明，事母孝故事地察，天地明察，神明彰矣，直至通於神明，光於四海，非堯、舜大聖人，不能盡此。」復以此語白伊川，伊川曰：「極是。縱使某説，亦不過此。」

右八事涪陵記善録馮忠恕所記尹公語。尹名焞，字彦明，伊川先生門人。

游定夫酢問伊川曰：「戒慎乎其所不睹，恐懼乎其所不聞，便可馴致於無聲無臭否？」伊川曰：「固是。」後謝顯道良佐問伊川，如定夫之問。伊川曰：「雖即有此理，然其間有多少般數。」謝曰：「既云可馴致，更有何般數？」伊川曰：「如荀子謂始乎爲士，終乎爲聖人，此語有何不可，亦是馴致之道，然他却以性爲惡，桀、紂性也，堯、舜僞也，似此馴致，便不錯了？」

楊子安侍郎學禪，不信伊川，每力攻其徒，又使其親戚王元致問難於和靖先生曰：「六經蓋藥也，無病安所用乎？」先生曰：「固是。只爲開眼即是病。」王屈服以歸。伊川自涪陵歸，過襄陽，子安在焉。子安問易從甚處起？時方揮扇，伊川以扇柄畫地一下，曰：「從這裏起。」子安無語。後至洛中，子安舉以告和靖先生且曰：「某當時悔不更問，此畫從甚處起？」和靖以告伊川。伊川曰：「待他問時，只與嘿然得似箇子安更喜懽也。」先生舉示子安，子安由此遂服。

伊川與和靖論義命。和靖曰：「命爲中人以下説，若聖人只有箇義。」伊川曰：「何謂也？」和靖曰：

「行一不義、殺一不辜而得天下，皆不爲也，奚以命爲？」伊川大賞之。又論動靜之際，聞寺僧撞鐘。和靖曰：「說著靜，便多一箇靜字。說動亦然。」伊川頷之。和靖每曰：「動靜只是一理，陰陽死生亦然。」

謝顯道習舉業，已知名，往扶溝見明道先生受學，志甚篤。明道一日謂之曰：「爾輩在此相從，只是學某言語，故其學心口不相應。盍若行之？」請問焉。曰：「且靜坐。」伊川每見人靜坐，便歎其善學。

先生曰：「伊川常愛衣皂，或磚褐紬襖，其袖亦如常人。所戴紗巾，背後望之如鐘形，其製乃似今道士謂之仙桃巾者，然不曾傳得樣。不知今人謂之習伊川學者，大袖方頂何謂？」先生在洛中，常裹昌黎巾。

先生嘗問伊川：「鳶飛戾天，魚躍于淵，莫是上下一理否？」伊川曰：「到這裏只得點頭。」

郭忠孝每見伊川問論語，伊川皆不答。一日，伊川語之曰：「子從事於此多少時，所問皆大。且須切問而近思！」

先生曰：「張思叔一日於伊川坐上理會盡心、知性、知天事天。伊川曰：『釋氏只令人到知天處休了，更無存心養性事天也。』思叔曰：『知天便了，莫更省事否？』伊川曰：『子何似顏子？顏子猶視聽言動，不敢非禮，乃所以事天也。子何似顏子？』」

先生嘗問於伊川：「如何是道？」伊川曰：「行處是。」

先生曰：「有人問明道先生：『如何是道？』明道先生曰：『於君臣父子兄弟朋友夫婦上求。』」

昔劉質夫作春秋傳，未成。每有人問伊川，必對曰：「已令劉絢作之，自不須某費工夫也。」劉傳既成，來呈伊川，門人請觀。伊川曰：「却須著某親作。」竟不以劉傳示人。伊川没後，方得見今世傳解至閔公者。昔又有蜀人謝湜提學字持正，解春秋成，來呈伊川。伊川曰：「更二十年後，子方可作。」謝久從伊川學，其傳竟不曾敢出。

張思叔三十歲方見伊川，後伊川一年卒。初以文聞於鄉曲，自見伊川後，作文字甚少。伊川每云：「張繹朴茂。」

先生曰：「初見伊川時，教某看敬字，某請益。伊川曰：『主一則是敬。』當時雖領此語，然不若近時看得更親切。」寬問：「如何是主一，願先生善喻」。先生曰：「敬有甚形影？只收斂身心便是主一。且如人到神祠中致敬時，其心收斂，更著不得毫髮事，非主一而何？」又曰：「昔有趙承議從伊川學，其人性不甚利，伊川亦令看敬字。趙請益，伊川整衣冠、齊容貌而已。趙舉示先生，先生於趙言下有箇省覺處。」

謝收問學於伊川，答曰：「學之大無如仁。汝謂仁是如何？」謝久之無入處，一日再問曰：「愛人是仁否？」伊川曰：「愛人乃仁之端，非仁也。」謝收去，先生曰：「某謂仁者公而已。」伊川曰：「何謂也？」先生曰：「能好人，能惡人。」伊川曰：「善涵養。」

先生曰：「司馬温公平生用心甚苦，每患無著心處，明道、伊川常歎其未止。一日，温公謂明道：『某近日有箇著心處，甚安』，明道曰：『何謂也？』温公曰：『只有一箇中字，著心於中，甚覺安樂。』明道舉似伊川。伊川曰：『司馬端明，却只是揀得一箇好字，却不如只教他常把一串念珠，却似省力。試說與時，他必不受也。』又曰：『著心！只那著的是何？』」

謝顯道久住太學，告行於伊川云：「將還蔡州取解，且欲改經禮記。」伊川問其故。對曰：「太學多士所萃，未易得之，不若鄉中可必取也。」伊川曰：「不意子不受命如此！子貢不受命而貨殖，蓋如是也。」顯道復還，次年獲國學解。

韓持國與伊川善。韓在潁昌，欲屈致伊川、明道，預戒諸子姪，使治一室，至於修治窗户，皆使親爲之，其誠敬如此。二先生到，暇日與持國同游西湖，命諸子侍行。行次，有言貌不莊敬者，伊川回視，厲聲叱之曰：「汝輩從長者行，敢笑語如此，韓氏孝謹之風衰矣。」持國遂皆逐去之。先生聞於持國之子彬叔，名宗質。

王介甫爲舍人時，有雜説行於時，其粹處有曰：「莫大之惡，成於斯須不忍。」又曰：「道義重，不輕王公；志意足，不驕富貴。」有何不可？伊川嘗曰：「若使介甫只做到給事中，誰看得破？」

伊川歸自涪陵，謝顯道自蔡州來洛中，再親炙焉。久之，伊川謂先生及張思叔繹曰：「可去同見謝良佐問之，此回見吾，有何所得。」尹、張如所戒，謝曰：「此來方會得先生説話也。」張以告伊川，伊川然之。

周恭叔行己。自太學早年登科，未三十，見伊川，持身嚴苦，塊坐一室，未嘗窺牖。幼議母黨之女，登科後其女雙瞽，遂娶焉，愛過常人。伊川曰：「某未三十時，亦做不得此事。然其進鋭者其退速。」每歎惜之。周以官事求來洛中，監水南糴場，以就伊川。會伊川有涪陵行。後數年，周以酒席有所屬意，既而密告人曰：「勿令尹彦明知。」又曰：「知又何妨，此不害義理。」伊川歸洛，先生以是告之。伊川曰：「此禽獸不若也，豈得不害義理？」又曰：「以父母遺體偶倡賤，其可乎？」

温州鮑若雨商霖與鄉人十輩，久從伊川。一日，伊川遣之見先生。鮑來見，且問：「堯、舜之道孝弟而已矣，如何？」先生曰：「賢濾，只爲將堯、舜做天道，孝弟做人道，便見得堯、舜道大，孝弟不能盡也。孟子下箇而已字，豈欺我哉？孝經：『事父孝，故事天明；事母孝，故事地察。』只爲天地父母只一箇道理。」諸公尚疑焉，先生曰：「曲禮視於無形，聽於無聲，亦是此意也。」諸公釋然，歸以告伊川。伊川曰：「教某說，不過如是。」次日，先生見伊川，伊川曰：「諸人謂子斬學，不以教渠，果否？」先生曰：「某以諸公遠來依先生之門受學，某豈敢輒爲他說。萬一有少差，便不誤他一生？」伊川頷之。

王介甫與曾子固鞏善，役法之變，皆曾參酌之，晚年亦相睽。伊川常言：「今日之禍，亦是元祐做成。以子瞻定役法，凡曰元豐者，皆用意更改。當時若使子固定，必無損益者，又是他黨中，自可杜絕後人議也。因其睽，必能變之，況又元經他手，當知所裁度也。此坐元祐術故也。」伊川每曰：「青苗決不可行，舊役法大弊，須量宜損益。」此段可疑。

伊川論國朝名相，必曰李文靖。

伊川與韓持國善，嘗約候，韓年八十一往見之。□□問，正月一日，因弟子賀正，乃曰：「某今年有一債未還，春中須當暫往潁昌見韓持國。」蓋韓八十也。春中往造焉，久留潁昌，韓早晚伴食，體貌加敬。一日，韓密謂子彬叔曰：「先生遠來，無以爲意。我有黃金藥楪一，重二十兩，似可爲先生壽，然未敢遽言。我當以他事使子侍食，因從容道吾意。」彬叔侍食，如所戒，試啟之。先生曰：「某與乃翁道義交，故不遠而來，奚以是爲？」詰朝遂歸。韓謂彬叔曰：「我不敢面言，正謂此爾。」再三謝過而別。

王子真佺期來洛中，居於劉壽臣園亭中。一日，出謂園丁曰：「或人來尋，慎勿言我所向。」是日，富韓公來見焉，不遇而還。子真晚歸。又一日，忽戒灑埽，又於劉丐茶二杯，炷香以待。是日，伊川來，欵語終日，蓋初未嘗夙告也。劉詰之。子真曰：「正叔欲來，信息甚大。」又嵩山前有董五經，隱者也。伊川聞其名，謂其爲窮經之士，特往造焉。董平日未嘗出菴，是日不值。還至中途，遇一老人負茶果以歸，且曰：「君非程先生乎？」伊川異之。曰：「先生欲來，信息甚大，某特入城置少茶果，將以奉待也。」伊川以其誠意，復與之同至其舍，語甚欵，亦無大過人者，但久不與物接，心靜而明也。先生問於伊川，伊川曰：「靜則自明也。」

先生嘗問伊川春秋解，伊川每曰：「已令劉絢去編集，俟其來。」一日，劉集成，呈於伊川，先生復請之。伊川曰：「當須自做也。」自涪陵歸，方下筆，竟不能成書，劉集終亦不出。

孟敦夫厚來伊川，又從王氏，而舉業特精，獨處一室，糞穢不治。嘗獻書於伊川，伊川曰：「孟厚初時說得也似，其後須没事生事。」一日，語之曰：「子胡不見尹焞、張繹？朋友間最好講學。」然三公皆同齒也。敦夫來見先生曰：「先生令某來見二公，若彥明則某所願見，如思叔莫不消見否？」先生曰：「只不消見思叔之心，便是不消見某之心也。」伊川嘗謂學者曰：「孟厚不治一室，竟亦何益？學不在此，假使埽灑得潔淨，莫更快人意否？」

寬因問伊川謂永叔如何？先生曰：「前輩不言人短，每見人論前輩，則曰汝輩且取他長處。」

橫渠昔在京師，坐虎皮，說周易，聽從甚衆。一夕，二程先生至，論易。次日，橫渠撤去虎皮，曰：

「吾平日爲諸公説者，皆亂道。有二程近到，深明易道，吾所弗及，汝輩可師之。」逐日虎皮出，是日更不出虎皮也。橫渠乃歸陝西。

先生曰：「昔與范元長同見伊川，偶有幹，先起下階。伊川謂范曰：『君看尹彥明，他時必有用於世。』」

明道説：仁宗一日問：「折米折幾分？」曰：「折六分。」怪其太甚也，有旨，只令折五分。次供進偶覺，藏府曰：「習使然也。」却令如舊。又禁中進膳，飯中有砂石，含以密示嬪御曰：「切勿語人，朕曾食之，此死罪也。」又一日思生荔枝，有司言已供盡。近侍曰：「市有鬻者，請買之。」上曰：「不可令買之，來歲必增上供之數，流禍百姓無窮。」又一日，夜中甚饑，思燒羊頭。近侍乞宣取，上曰：「不可。今次取之，後必常備。日殺三羊，暴殄無窮。」竟夕不食。

先生曰：「楊中立答伊川論西銘書云云，尾説渠判然無疑。伊川曰：『楊時也未判然。』」

先生曰：「某纔十七八歲，見蘇季明教授。時某亦習舉業，蘇曰：「子修舉業，得狀元及第便是了也。」先生曰：「不敢望此。」蘇曰：「子謂狀元及第便是了否？唯復這學更有裏？」先生疑之，日去見蘇，乃指先生見伊川。後半年，方得大學、西銘看。

先生與思叔共學之久，一日，伊川問二子：「尋常見處同否？爲我言之。」先生曰：「某不逮思叔。如凡有請問未達，必三四請益，尚有未得處，久之乃得。如思叔，則先生才説，便點頭會意，往往造妙。只是某雖愚鈍，自保守得。若思叔，則某未敢保他。」伊川笑曰：「也是，也是。」自後每同請益退，伊川必謂諸郎曰：「張秀才如此不待，尹秀才肯待。」

南方學者從伊川既久，有歸者。或問曰：「學者久從學於門，誰最是有得者？」伊川曰：「豈便敢道他有得處，且只是指與得箇歧徑，令他尋將去不錯了，已是忒大噭。若夫自得，尤難其人。謂之得者，便是己有也，豈不難哉？若論隨力量而有見處，則不無其人也。」

司馬温公修通鑑，伊川一日問：「修至何代？」温公曰：「唐初也。」伊川曰：「太宗、肅宗端的如何？」温公曰：「皆簒也。」伊川曰：「此復何疑？」伊川曰：「魏徵如何？」温公曰：「管仲，孔子與之。某於魏徵亦然。」伊川曰：「管仲知非而反正，忍死以成功業，此聖人所取其反正也。魏徵只是事讐，何所取耶？」然温公竟如舊説。管仲雖初有過，善補者也。魏徵初實無過者也，功業雖多，何足法乎？

與叔問伊川曰：「某見孟子亦有疑處。舜爲法於後世，我猶未免爲鄉人。憂之如何？如舜而已。」伊川曰：「聖人憂則有之，疑則無。夫何故？人所當憂，不得不憂。如孔子『是吾憂也』，若疑則無之矣。」

先生曰：「近有人説伊川自比孔、孟。」先生曰：「某不識明道，每見伊川説學問，『某豈敢比先兄』，由是推之，決無此語也。」

先生曰：「悟則句句皆是這箇道理，道理已明後，無不是此事也。如孔子謂『六十而耳順』，聞無不通，然後可至不踰矩也。」明道作洛河竹木務時，過一寺門，牆上有人題「要不悶，守本分」。時田明之隨行，明道每過，必曰好語。一日明之問之，明道曰：「只被人不守本分也。」後先生聞此語，復問伊川。伊川曰：「只爲人不能盡分。」先生謂寬曰：「看伊川此語，豈不是悟則句句是？凡一言一句便推到極處，看盡分字是大小氣象。」又謂寬曰：「才説盡分，便不消説悶也。」

先生曰：「伊川易序既成，其中有曰：『體用一源，顯微無間。』」先生告伊川曰：「似太泄漏天機。」伊川曰：「汝看得如此甚善。」伊川作詩序二篇，昔人傳之不真。先生一日請問：「曾作否？」伊川曰：「有之，但不欲示人。」再三請，乃得之，曰：「爲子出此二篇。」今傳之者是也。

先生一日看大學有所得，欲舉似伊川。伊川問之，先生曰：「心廣體胖只是自樂。」伊川曰：「到這裏，和樂字也著不得。」

右四十一條見祁寬所記尹和靖語。寬字居之。

先生云：初見伊川先生，一日有江南人鮑某守官西京，見伊川問仁曰：「仁者愛人便是仁乎？」伊川曰：「愛人，仁之事耳。」先生時侍坐，歸，因取論語中説仁事致思，久之忽有所得，遂見伊川請益曰：「某以仁惟公可盡之。」伊川沈思久之，曰：「思而至此，學者所難及也。天心所以至仁者，惟公爾。人能至公，便是仁。」

伊川使人抄范純夫唐鑑。先生問曰：「此書如何？」伊川曰：「足以垂世。」唐鑑議論，多與伊川同。如中宗在房陵事之類。

伊川自涪陵歸，易傳已成，未嘗示人。門弟子請益，有及易書者，方命小奴取書篋以出，身自發之，以示門弟子，非所請不敢多閱。一日出易傳序示門弟子，先生受之歸，伏讀數日後，見伊川。伊川問所見。先生曰：「某固欲有所問，然不敢發。」伊川曰：「何事也？」先生曰：「至微者理也，至著者象也。『體用一源，顯微無間』，似太露天機也。」伊川歎美曰：「近日學者何嘗及此？某亦不得已而言焉耳。」

明道嘗謂人曰：「天下事只是感與應耳。」先生初聞之，以問，伊川曰：「此事甚大，人當自識之。」先生曰：「『綏之斯來，動之斯和』，是亦感與應乎？」曰：「然。」

門弟子請問易傳事，雖有一字之疑，伊川必再三喻之，蓋其潛心甚久，未嘗容易下一字也。

先生又云：「見王信伯云：昔時問鼓萬物而不與聖人同憂之意於張思叔，思叔對曰：『堯、舜其猶病諸！』後因侍伊川，伊川問：『鼓萬物而不與聖人同憂，如何說？』則對以思叔之語。伊川曰：『不然。天地以無心，故不憂。聖人致有爲之事，故憂。』」

游定夫問伊川：「戒慎乎其所不睹，恐懼乎其所不聞，及其至也，至於無聲無臭乎？」伊川曰：「馴此可以至矣。」後先生與周恭叔以此語問伊川。伊川曰：「然其間亦豈無事？」恭叔請問，伊川曰：「如荀子云：『學者始乎爲士，終乎爲聖人』，可以明之。」

昔嘗請益於伊川曰：「某謂動靜一理。」伊川曰：「試喻之。」適聞寺鐘聲，某曰：「譬如此寺鐘，方其未撞時，聲固在也。」伊川喜曰：「且更涵養。」

有人說無心。伊川曰：「無心便不是，只當云無私心。」

游定夫忽自太學歸蔡，過扶溝見伊川。伊川問：「試有期，何以歸也？」定夫曰：「某讀禮太學，以是應試者多，而鄉舉者實少。」伊川笑之。定夫請問，伊川曰：「是未知學也。豈無義無命乎？」定夫即復歸太學，是歲登第。定夫字誤，當作顯道。

昔見伊川問易，乾、坤二卦斯可矣。伊川曰：「聖人設六十四卦，三百八十四爻，後世尚不能了。乾、坤二卦，豈能盡也？」既坐，伊川復曰：「子以爲何人分上事？」對曰：「聖人分上事。」曰：「若聖人分上事，則乾、坤二卦亦不須，況六十四乎？」

伊川所戴帽，桶八寸，簷七分四直。

鮑若雨與同志數人見伊川，問：「堯、舜之道，孝弟而已矣。恐孝弟不足以盡堯、舜之道。」伊川令與和靖商量。諸人見和靖，和靖對曰：「此何所疑？孝以事親，弟以事長。能盡孝弟之道者，惟堯、舜能之。」諸人未喻。和靖曰：「且如孝子視於無形，聽於無聲，孝弟之至，通於神明。且道此箇道理如何？」鮑復見伊川，伊川曰：「某亦不過如此說。」鮑又曰：「尹秀才直是秘此道，不肯容易說。」伊川後問之，和靖曰：「此道衆所公共，某何敢秘其說？但恐一語有差，則有累學者。」伊川曰：「某思慮不及。」張思叔與和靖侍伊川，伊川問曰：「賢輩尋常商量事，有疑處否？」對曰：「張某所說，某不疑；某所說，張某不疑。張某聰明，道頭知尾。某必待再三問然後曉。然但恐張某守不定如某。」伊川喜。

右十四條見呂堅中所記尹和靖語。堅中字景實。

問：「將孔、孟之言切要處思索如何？」曰：「須是熟看語、孟，玩味咀嚼。伊川云『若熟看語錄〔一〕，亦自得』者此也。當時門人有問：『且將語、孟緊要處看如何？』伊川曰：『固是好，若有得，終不浹洽。蓋吾

〔一〕「語錄」當作「語孟」。

道非如釋氏，一見了便從空寂去。』」

問：「伊川說：『人之生也直，是天命之謂性。』謝顯道云：『順理之謂直。竊謂順理是率性之事，天命之性無待於順理也。』二說異同？」曰：「伊川說上一截，顯道說下一截。」

先生曰：「明道猶有謔語，若伊川則全無。」問：「如何謔語？」曰：「明道聞司馬溫公解中庸，至人莫不飲食，鮮能知味，有疑遂止，笑曰：『我將謂從天命之謂性便疑了。』伊川直是謹嚴，坐間無問尊卑長幼，莫不肅然。」

一日，偶見秦少游，問：「『天若知也和天瘦』是公詞否？」少游意伊川稱賞之，拱手遜謝。伊川云：「上穹尊嚴，安得易而侮之？」少游面色騂然。

先生曰：「伊川年四十以後，記性愈進。今人年長則健忘，豈可不知其故哉？」

伊川涪陵之行，過灧澦，波濤洶湧，舟中之人皆驚愕失措，獨伊川凝然不動。岸上有樵者，厲聲問曰：「舍去如斯，達去如斯。」欲答之而舟已行。

右五條見震澤語錄王蘋信伯門人信州周憲所記。

說之見伊川先生論曾子易簀事。先生曰：「是禮也。君子所以貴乎禮者，爲其以之而生，以之而死，如此其明也。」說之曰：「是禮，古人孰不然？蓋曾子獨有傳焉爾。後世之士自賤其身而絕於禮，此事始廢。或者似有得於此，而蔽於浮屠老子虛誕之說，乃不謂之禮而謂之達，安知吾道之所以貴哉？」先生曰：「然。」

右一事見晁詹事文集說之以道。

神宗問明道以張載、邢恕之學，奏云：「張載臣所畏，邢恕從臣游。」

伊川謂明道曰：「吾兄弟近日說話太多。」明道曰：「使見呂晦叔，則不得不少；見司馬君實，則不得不多。」

張子正蒙云：「冰之融釋，海不得而與焉。」伊川改「與」爲「有」。

游定夫問伊川「陰陽不測之謂神。」伊川曰：「賢是疑了問？是揀難底問？」

元祐中，客有見伊川者，几案間無他書，惟印行唐鑑一部。先生曰：「近方見此書，三代以後，無此議論。」

右五條見晁氏客語不知何人所録。

正獻公既薦常秩，後差改節，嘗對伯淳有悔薦之意。伯淳曰：「願侍郎寧百受人欺，不可使好賢之心少替。」公敬納焉。

伊川嘗言：「今僧家讀一卷經，便要一卷經中道理受用。儒者讀書，却只閑了，都無用處。」

伊川先生言：「人有三不幸：年少登高科，一不幸；席父兄之勢爲美官，二不幸；有高才能文章，三不幸也。」

明道先生嘗至禪寺，方飯，見趨進揖遜之盛，歎曰：「三代威儀，盡在是矣。」

右四條見呂氏童蒙訓呂本中字居仁，原明侍講之孫。

有言鬼物於伊川先生者。先生云：「君曾親見邪？」伊川以爲若是人傳，必不足信；若是親見，容是眼病。

尹彦明與思叔同時師事伊川先生。思叔以高識，彦明以篤行，俱爲先生所稱。先生没，思叔亦病死。彦明窮居教學，未嘗少自貶屈，常以先生教人，專以「敬以直内」爲本，彦明獨能力行之。彦明嘗言：先生教人，只是專令用敬以直内，若用此理，則百事不敢輕爲，不敢妄作，不愧屋漏矣。習之既久，自然有所得也。因説往年先生歸自涪陵，日日見之。一日，因讀易至「敬以直内」處，因問先生，「不習無不利」時，則更無睹，當更無計較也耶？先生深以爲然。且曰：「不易見得如此，且更涵養，不要輕説。」

晁以道常説：頃嘗以書問伊川先生云：「某平生所願學者，康節先生也。康節先生没，不可見，康節之友惟先生在，願因先生問康節之學。」伊川答書云：「某與堯夫同里巷居三十年餘，世間事無所不論，惟未嘗一字及數耳。」

崇寧初，家叔舜從，以黨人子弟補外官，知河南府鞏縣，請見伊川先生，問「當今新法初行，當如何做？」先生云：「只有義命兩字。當行不當行者義也，得失禍福命也。君子所處，只説義如何耳。」以道見伊川先生，論難反復。以道曰：「如此，是先生亦欲人同己也。」先生不答。門人云：「先生所欲同者，非同己也，正欲道之同耳。」

崇寧元年，叔父舜從至洛中，請見伊川先生，先生召食，食五品，亦甚豐潔。坐間問事甚衆，先生一一酬答。臨行，又請教，語甚詳，既而微笑云：「只被公家學佛。」

伊川先生甚愛表記中說「君子莊敬日强，安肆日偷」，蓋常人之情才放肆則日就曠蕩，自檢束則日就規矩。

右八事呂氏雜志同上。

伊川先生自涪州順流而歸，峽江峻急，風作浪湧，舟人皆失色，而先生端坐不動。岸旁有問者云：「達後如此？舍後如此？」先生意其非凡人也，欲起揖之，而舟去遠矣。親見呂舍人十一丈說。按此段已見邵氏聞見録及震澤語録，恐當以邵氏所記爲正。

伊川先生自涪州歸，過襄州，楊畏爲守，待之甚厚。先生曰：「某罪戾之餘，安敢當此？」畏曰：「今時事已變。」先生曰：「時事雖變，某安敢變？」此乃劉子駒處見其祖所録，今省記此。

右二事汪端明記

左諫議大夫孔文仲言：謹按通直郎崇政殿說書程頤，人物纖汙，天資憸巧。貪黷請求，元無鄉曲之行；奔走交結，常在公卿之門；不獨交口褒美，又至連章論奏；一見而除朝籍，再見而升經筵。臣頃任起居舍人，屢侍講席，觀頤陳說，凡經義所在，全無發明，必因藉一事，汎濫援引，借無根之語，以摇撼聖聽，推難考之迹，以眩惑淵慮。上德未有嗜好，而常啟以無近酒色；上意未有信向，而常開以勿用小人。豈惟勸導以所不爲，實亦矯欺以所無有。每至講罷，必曲爲卑佞附合之語。借如曰：「雖使孔子復生，爲陛下陳說，不過如此。」又如曰：「伏望陛下燕閒之餘，深思臣之說，無忘臣之論。」又如曰：「臣不敢子細敷奏，慮煩聖聽，恐有所疑，伏乞非時，特賜宣問，容臣一一開陳。」當陛下三年不言之際，頤無日無此語以感切上聽，陛下亦必黽勉爲之應答。又如陛下因咳嗽罷講，及御邇英，學士以下侍講讀者六七人，頤官最小，乃越次獨候問聖體，横僭過甚，並無職分，如唐之王伾、王叔文、李訓、鄭注是也。

右孔文仲章疏按文仲所言，雖極其誣詆，然所載經筵進説，尤見先生所以愛君之心，有門弟子所不及聞者，故今特附于此。呂申公家傳云：「文仲本以伉直稱，然惷不曉事，爲浮薄輩所使，以害善良，晚乃自知爲小人所紿，憤鬱嘔血而死。」然則此疏，不掩防微納忠之善言，乃其伉直所發，而凡醜詆無根之語，則爲浮薄輩所使，而晚乃悔之者也。

河南程氏文集卷第一

明道先生文一

表疏

上殿劄子〔一〕

臣伏謂：君道之大，在乎稽古正學，明善惡之歸，辨忠邪之分，曉然趨道之正；故在乎君志先定，君志定而天下之治成矣。所謂定志者，一心誠意，擇善而固執之也。夫義理不先盡，則多聽而易惑；志意不先定，則守善而或移。惟在以聖人之訓爲必當從，先王之治爲必可法，不爲後世駁雜之政所牽制，一作滯。不爲流俗因循之論所遷惑，自知極於明，信道極於篤，一本此句在上句上。任賢勿貳，去邪勿疑，必期致世如三代之隆而後已也。

然天下之事，患常生於忽微，而志亦戒乎漸習。是故古之人君，雖出入從容閒燕，必有誦訓箴諫之臣，左右前後無非正人，所以成其德業。伏願陛下：禮命老成賢儒，不必勞以職事，俾日親便座，講論道義，以輔養聖德；又擇天下賢俊，使得陪侍法從，朝夕延見，開陳善道，講磨治體，以廣聞聽。如是，則聖智益明，王猷允塞矣。

〔一〕呂本題目作「論君道」。

今四海靡靡，日入偷薄，末俗嘵嘵，無復廉耻，蓋亦朝廷尊德樂道一作義。之風未孚，而篤誠忠厚之教尚鬱也。惟陛下稽聖人之訓，法先王之治，一一作正。心誠意，體乾剛健而力行之，則天下幸甚！

請修學校尊師儒取士劄子

臣伏謂：治天下以正風俗、得賢才爲本。宋興百餘年，而教化未大醇，人情未盡美，士人微謙退之節，鄉閭無廉耻之行，刑雖繁而奸不止，官雖冗而材不足者，此蓋學校之不修，師儒之不尊，無以風勸養勵之使然耳。竊以去聖久遠，師道不立，儒者之學幾於廢熄，惟朝廷崇尚教育之，則不日而復。古者一道德以同俗，苟師學不正，則道德何從而一？方今人執私見，家爲異説，支離經訓，無復統一，道之不明不行，乃在於此。

臣謂：宜先禮命近侍賢儒，各以類舉，及百執事方岳州縣之吏，悉心推訪，凡有明先王之道，德業充備，足爲師表者，其次有篤志好學、材良行修者，皆以名聞。其高蹈一作尚。之士，朝廷當厚禮延聘，其餘命州縣敦遣，萃於京師，館之寬閑之宇，豐其廩餼，卹其家之有無，以大臣之賢典領其事，俾羣儒朝夕相與講明正學。其道必本於人倫，明乎物理；其教自小學灑掃應對以往，修其孝悌忠信，周旋禮樂；其所以誘掖激厲漸摩成就之道，皆有節序，其要在於擇善修身，至於化成天下，自鄉人而可至於聖人之道。其學行皆中於是者爲成德。

又其次取材識明達、可進於善者，使日受其業，稍久則舉其賢傑以備高任。擇其學業大明、德義可尊者，爲太學之師，次以分教天下之學，始自藩府，至于列郡。擇士之願學、民之俊秀者入學，皆優其廩給而蠲其身役。凡其有父母骨肉之養者，亦通其優游往來，以察其行。其大不率教者，斥之從役。

漸自太學及州郡之學，擇其道業之成、可爲人師者，使教於縣之學，如州郡之制。異日則十室之鄉，達於黨遂皆當修其庠序之制，爲之立師，學者以次而察焉。縣令每歲與學之師，以鄉飲之禮會其鄉老。學者衆推經明行修、材能可任之士，升於州之學，以觀其實。學荒行虧者，罷歸而罪其吏與師；其升於州而當者，復其家之役。郡守又歲與學之師，行鄉飲酒之禮，大會郡士，以經義、性行、材能三物賓興其士於太學，太學又聚而教之；其學不明、行不修與材之下者，罷歸以爲郡守學師之罪。升於太學者，亦聽其以時還鄉里，復來於學。

太學歲論其賢者能者於朝，謂之選士，朝廷問之經以考其言，試之職以觀其材，然後辨論其等差而命之秩。凡處郡縣之學與太學者，皆滿三歲，然後得充薦；其自州郡升於太學者，一歲而後薦；其有學行超卓、衆所信服者，雖不處於學，或處學而未久，亦得備數論薦。

凡選士之法，皆以性行端潔，居家孝悌，有廉恥禮遜，通明學業，曉達治道者。在州縣之學，則先使其鄉里長老，次及學衆推之。在太學者，先使其同黨，次及博士推之。其學之師與州縣之長，無或專其私，苟不以實，其懷姦罔上者，師長皆除其仕籍，終身不齒，失者亦奪官二等，勿以赦及去職論。州縣之長，蒞事未滿半歲者，皆不薦士；師皆取學者成否之分數爲之賞罰。

凡公卿大夫之子弟皆入學，在京師者入太學，在外者各入其所在州之學，謂之國子。其有當補蔭者，並如舊制，惟不選於學者，不授以職。每歲，諸路別言一路國子之秀者升於太學，其升而不當者，罪其監司與州郡之師。太學歲論國子之有學行材能者於朝，其在學賓興考試之法，皆如選士。

國子自入學，中外通及七年，或太學五年。年及三十以上，所學不成者，辨而爲二等。上者聽授以筦庫之任，自非其後學業修進，中於論選，則不復使親民政。其下者罷歸之。雖歲滿願留學者，亦聽。其在外學七歲而不中升選者，皆論致太學而考察之，爲二等之法。國子之大不率教者，亦斥罷之。凡有職任之人，其學業材行應薦者，諸路及近侍以聞，處之太學，其論試亦如選士之法，取其賢能而進用之。凡國子之有官者，中選則增其秩。

臣謂既一以道德仁義教養之，又專以行實材學升進，去其聲律小碎、糊名謄録、一切無義理之弊，不數年閒，學者靡然丕變矣。豈惟得士浸廣，天下風俗將日入醇正，王化之本也。臣謂帝王之道，莫尚於此，願陛下特留宸意，爲萬世行之。〔一〕

論王霸劄子〔二〕

臣伏謂：得天理之正，極人倫之至者，堯、舜之道也；用其私心，依仁義之偏者，霸者之事也。王道如砥，本乎人情，出乎禮義，若履大路而行，無復回曲。霸者崎嶇反側於曲徑之中，而卒不可與入堯、舜

〔一〕徐本、呂本全文後有注：「熙寧元年上，時爲監察御史裏行。」

〔二〕呂本題目作「論王霸之辨」。

之道。故誠心而王則王矣，假之而霸則霸矣，二者其道不同，在審其初而已。易所謂「差若毫釐，繆以千里」者，其初不可不審也。故治天下者，必先立其志，正志先立，則邪說不能移，異端不能惑，故力進於道而莫之禦也。苟以霸者之心而求王道之成，是衒石以爲玉也。故仲尼之徒無道桓、文之事，而曾西恥比管仲者，義所不由也，況下於霸者哉？

陛下躬堯、舜之資，處堯、舜之位，必以堯、舜之心自任，然後爲能充其道。漢、唐之君，有可稱者，論其人則非先王之學，考其時則皆駁雜之政，乃以一曲之見，幸致小康，其創法垂統，非可繼於後世者，皆不足爲也。然欲行仁政而不素講其具，使其道大明而後行，則或出或入，終莫有所至也。

夫事有大小，有先後。察其小，忽其大，先其所後，後其所先，皆不可以適治。且志不可慢，時不可失。惟陛下稽先聖之言，察人事之理，知堯、舜之道備於己，反身而誠之，推之以及四海，擇同心一德之臣，與之共成天下之務，書所謂「尹躬暨湯，咸有一德」，又曰「一哉王心」，言致一而後可以有爲也。古者三公不必備，惟其人，誠以謂不得其人而居之，則不若闕之之愈也。蓋小人之事，君子所不能同，豈聖賢之事，而庸人可參之哉？欲爲聖賢之事，而使庸人參之，則其命亂矣。既任君子之謀，而又入小人之議，則聰明不專而志意惑矣。今將救千古深錮之弊，爲生民長久之計，非夫極聽覽之明，盡正邪之辨，致一而不二，其能勝之乎？

或謂：人君舉動，不可不慎，易於更張，則爲害大矣。臣獨以爲不然。所謂更張者，顧理所當耳。其動皆稽古質義而行，則爲慎莫大焉，豈若因循苟簡，卒致敗亂者哉？自古以來，何嘗有師聖人之言，

法先王之治，將大有爲而返成禍患者乎？願陛下奮天錫之勇智，體乾剛而獨斷，霈然不疑，則萬世幸甚！〔一〕

論十事劄子

師傅　六官　經界　鄉黨　貢士　兵役　民食　四民　山澤　分數

臣竊謂：聖人創法，皆本諸人情，極乎物理，雖二帝、三王不無隨時因革，踵一作稱。事增損之制；然至乎爲治之大原，牧民之要道，則前聖後聖，豈不同條而共貫哉？蓋無古今，無治亂，如生民之理有窮，則聖王之法可改。後世能盡其道則大治，或用其偏則小康，此歷代彰灼著明之效也。苟或徒知泥古，而不能施之於今，姑欲循名而遂廢其實，此則陋儒之見，何足以論治道哉！然儻謂今人之情皆已異於古，先王之迹不可復於今，趣便目前，不務高遠，則亦恐非大有爲之論，而未足以濟當今之極弊也。謂如衣服飲食宫室器用之類，苟便於今而有法度者，豈亦遽當改革哉？惟其天理之不可易，人所賴以生，非有古今之異，聖人之所必爲者，固可概舉。然行之有先後，用之有緩速，若夫裁成運動，周旋曲當，則在朝廷講求設施如何耳。

古者自天子達於庶人，必須師友以成就其德業，故舜、禹、文、武之聖，亦皆有所從學。今師傅之職不修，友臣之義未著，所以尊德樂善之風未成於天下，此非有古今之異者也。

〔一〕徐本、吕本全文後有注：「熙寧二年上，時爲監察御史裏行。」

王者必奉天建官，故天地四時之職，歷二帝、三王未之或改，所以百度修而萬化理也。至唐，猶僅存其略。當其治時，尚得綱紀小正。今官秩淆亂，職業廢弛，太平之治所以未至，此亦非有古今之異也。

天生蒸民，立之君使司牧之，必制其恒產，使之厚生，則經界不可不正，井地不可不均，此爲治之大本也。唐尚能有口分授田之制，今則蕩然無法，富者跨州縣而莫之止，貧者流離餓殍而莫之恤。幸民雖多，而衣食不足者，蓋無紀極。生齒日益繁，而不爲之制，則衣食日蹙，轉死日多，此乃治亂之機也，豈可不漸圖其制之之道哉？此亦非有古今之異者也。

古者政教始乎鄉里，其法起於比閭族黨、州鄉酇遂，以相聯屬統治，故民相安而親睦，刑法鮮犯，廉恥易格，此亦人情之所自然，行之則效，亦非有古今之異者也。

庠序之教，先王所以明人倫，化成天下；今師學廢而道德不一，鄉射亡而禮義不興，貢士不本於鄉里而行實不修，秀民不養於學校而人材多廢，此較然之事，亦非有古今之異者也。

古者府史胥徒受祿公上，而兵農未始判也。今驕兵耗匱，國力亦已極矣。臣謂禁衞之外，不漸歸之於農，則將貽深慮；府史胥徒之役，毒遍天下，不更其制，則未免大患；此亦至明之理，非有古今之異者也。

古者民必有九年之食，無三年之食者，以爲國非其國。臣觀天下耕之者少，食之者衆，地力不盡，人功不勤，雖富室强宗，鮮有餘積，況其貧弱者乎？或一州一縣有年歲之凶，卽盜賊縱横，飢羸滿路。

如不幸有方三二千里之災，或連年之歉，則未知朝廷以何道處之，則其患不可勝言矣。豈可曰昔何久不至是，因以幸爲可恃也哉？固宜漸從古制，均田務農，公私交爲儲粟之法，以爲之備。此亦無古今之異者也。

古者四民各有常職，而農者十居八九，故衣食易給，而民無所苦困。今京師浮民，數逾百萬，游手不可貲度；觀其窮蹙辛苦，孤貧疾病，變詐巧僞，以自求生，而常不足以生。日益歲滋，久將若何！事已窮極，非聖人能變而通之，則無以免患。豈可謂無可奈何而已哉？此在酌古變今，均多恤寡，漸爲之業，以救之耳。此亦非有古今之異者也。

聖人奉天理物之道，在乎六府；六府之任，治於五官；山虞澤衡，各有常禁，故萬物阜豐，而財用不乏。今五官不修，六府不治，用之無節，取之不時。豈惟物失其性，材木所資，天下皆已童赭，斧斤焚蕩，尚且侵尋不禁，而川澤漁獵之繁，暴殄天物，亦已耗竭，則將若之何！此乃窮弊之極矣。惟修虞衡之職，使將養之，則有變通長久之勢，此亦非有古今之異者也。

古者冠婚喪祭，車服器用，等差分別，莫敢踰僭，故財用易給，而民有恒心。今禮制未修，奢靡相尚，卿大夫之家莫能中禮，而商販之類或踰王公，禮制不足以檢飭人情，名數不足以旌別貴賤，既無定分，則奸詐攘奪，人人求厭其欲而後已，豈有止息者哉？此爭亂之道也。則先王之法，豈得不講求而損益之哉？此亦非有古今之異者也。

此十者特其端緒耳，臣特論其大端，以爲三代之法有必可施行之驗。如其綱條度數、施爲注措之道，則審行之，必也稽之經訓而合，施之人情而宜，此曉然之定理，豈徒若迂疎無用之說哉？惟聖明裁擇！

論養賢劄子

臣竊以議當代者，皆知得賢則天下治，而未知所以致賢之道也。是雖衆論紛然，未極其要，朝廷亦以行之爲艱而不爲也。三代養賢，必本於學，而德化行焉，治道出焉。本朝踵循唐舊，而館閣清選，止爲文字之職，名實未正，欲招賢養材以輔時贊化，將何從而致之也？臣歷觀古先哲王所以虛己求治，何嘗不盡天下之才以成己之德也！故曰：「大舜有大焉，善與人同，樂取於人以爲善。」今天下之大，豈爲乏賢？而朝廷無養賢之地，以容徐察其器識高下而進退之也。

臣今欲乞朝廷設延英院以待四方之賢，凡公論推薦及巖穴之賢，必招致優禮，視品給俸，而不可遽進以官，止以應詔命名；凡有政治則委之詳定，凡有典禮則委之討論，經畫得以奏陳而治亂得以講究也。俾羣居切磨，日盡其材，行其志，使政府及近侍之臣，互與相接，陛下時賜召對，詔以治道，可觀其材識器能也。察以累歲，人品益分，然後使賢者就位，能者任職，或委付郡縣，或師表士儒，其德業尤異，漸進以帥臣職司之任，爲輔弼，爲公卿，無施之不稱也。若是，則引彙並進，野無遺賢，陛下尊賢待士之心，可謂無負於天下矣。取進止。

乞留張載狀〔一〕

臣伏聞差著作佐郎張載往明州推勘苗振公事。竊謂載經術德義，久爲士人師法，近侍之臣以其學行論薦，故得召對，蒙陛下親加延問，屢形天奬，中外翕然知陛下崇尚儒學，優禮賢俊，爲善之人，孰不知勸？今朝廷必欲究觀其學業，詳試其器能，則事固有繫教化之本原于政治之大體者；儻使之講求議論，則足以盡其所至。

夫推按詔一作訟。獄，非謂儒者之不當爲，臣今所論者，朝廷待士之道爾。蓋試之以治獄，雖足以見其鉤深鍊覈之能，攻擿斷擊之用，正可試諸能吏，非所以盡儒者之事業。徒使四方之人謂朝廷以儒術賢業進之，而以獄吏之事試之，則抱道修潔之士，益難自進矣。於朝廷尊賢取士之體，將有所失。況苗振罪犯明白，情狀已具，得一公平幹敏之人，便足了事。伏乞朝廷別賜選差，貴全事體，謹具狀奏聞。〔二〕

諫新法疏熙寧三年三月四日。

臣近累上言，乞罷預俵青苗錢利息及汰去提舉官事，朝夕以覬，未蒙施行。臣竊謂：明者見於未

〔一〕吕本題目作「論遣張載按獄」。
〔二〕徐本、吕本全文後有注：「熙寧二年閏十一月上，時爲監察御史裏行。」

形，智者防於未亂。況今日事理顯白易知，若不因機亟決，持之愈堅，必貽後悔。悔而後改，則爲害已多。蓋安危之本在乎人情，治亂之機繫乎事始；衆心睽乖則有言不信，萬邦協和則所爲必成；固不可以威力取强，語言必勝。而近日所聞，尤爲未便。伏見制置條例司疏駁大臣之奏，舉劾不奉行之官，徒使中外物情，愈致驚駭，是乃舉一偏而盡沮公議，因小事而先失一作動。衆心。權其輕重，未見其可。

臣竊謂：陛下固已燭見事體，究知是非，在聖心非吝改張，由柄臣尚持固必，是致輿情大鬱，衆論益讙，若欲遂行，必難終濟。伏望陛下奮神明之威斷，審成敗之先機。與其遂一失而廢百爲，孰若沛大恩而新衆志？外汰使人之擾，亟推去息之仁。況糶糴之法兼行，則儲蓄之資自廣；在朝廷未失於舉措，使議論何名而沸騰？伏乞檢會臣所上言，早賜施行，則天下幸甚！〔一〕

再上疏熙寧三年四月十七日。

臣聞：天下之理，本諸簡易，而行之以順道，則事無不成。故曰：「智者若禹之行水，行其所無事也。」舍而至於險阻，則不足以言智矣。蓋自古興治，雖有專任獨決，能就事功者；未聞輔弼大臣人各有心，睽戾不一致，國政異出，名分不正，中外人情交謂不可，而能有爲者也。況於措置失宜，沮廢公議，

〔一〕徐本、呂本全文後有注：「時爲監察御史裏行。上語及程顥疏，安石曰：『顥至中書，臣略諭以方鎮沮毀朝廷法令，朝廷申明使知法意，不得謂之疏駁大臣章奏。顥乃言，大臣論列，事當包含。此言尤爲害理。若不申明法意，使中外具知，則是縱使邪説誣民而令詔令本意更不明於天下。如此則異議何由帖息？』」

一二小臣實與大計，用賤陵貴，以邪妨正者乎？

凡此皆天下之理不宜有成，而智者之所不行也。設令由此僥倖，事小有成，而興利之臣日進，尚德之風浸衰，尤非朝廷之福。矧復天時未順，地震連年，四方人心日益摇動，此皆陛下所當仰測天意，俯察人事者也。臣奉職不肖，議論無補，望允前奏，早賜降責。時權監察御史裏行。由是罷爲權發遣京西路，同提點刑獄。

辭京西提刑奏狀

臣伏蒙聖恩，差權發遣京西路提點刑獄。已瀝懇誠，不敢祗受，願從竄謫，日冀允俞。不避煩瀆，輒再陳請。

臣出自冗散，過蒙陛下拔擢，寘在言責。伏自供職已來，每有論列，惟知以憂國愛君爲心，不敢以揚己矜衆爲事。陛下亮其愚直，每加優容，故常指陳安危，辨析邪正。知人主不當自聖，則未嘗爲諂諛之言；知人臣義無私交，則不忍爲阿黨之計。明則陛下，幽則鬼神，臣之微誠，實仰臨照。

然臣學術寡陋，智識闊疎，徒有捧土之心，曾微回天之力。近以力陳時政之失，併論大臣之非，不能裨補聖明，是臣曠廢職業。既已抗章自劾，屏居俟命。豈意刑書未正，而恩典過頒。使臣粗知廉隅，必不敢蒙恥顧[一]就。如其見利忘義，靦面受之，陛下有臣如此，亦將安用？況臺諫之任，朝廷綱紀所

[一]徐本、呂本「顧」作「願」。

憑，使不以言之是非，皆得進職而去，臣恐綱紀自此弛廢。臣雖無狀，敢以死請。

伏望陛下開白日之照，厲嚴霜之刑，投諸荒陬，實所甘分。臣無任瀝血祈天之至！〔一〕

謝澶州簽判表

論議無補，職業不修；國有典刑，罪在誅戮；曲蒙弘貸，仰荷鴻私；期於糜捐，莫可報謝。中謝。

臣性質朴魯，學術空虛，志意粗修，智識無取；陛下講圖大政，博謀羣材，過聽侍臣之言，猥加風憲之任。臣既遭遇明聖，亦思誓竭疲駑，惟知直道以事君，豈忍曲學而阿世！屢進闊疏之論，愧非擊搏之才，徒嘗刳瀝肺肝，曾無裨補毫髮。既不能繩愆糾繆，固不願沽直買名。豈敢冒寵以居？惟是奉身而退。自劾之章繼上，闔門之請采堅。天意未回，憲章尚屈；更奉發中之詔，俾分提憲之權。不惟沮諍論之風，亦懼廢賞刑之實；力形奏述，恭俟誅夷。

此蓋伏遇皇帝陛下極天清明，普日臨照，洞正邪之心迹，辨真僞於幽微，察臣忠誠，恕臣狂直，不忍寘諸重辟，投之遠荒，解其察視之官，處以便安之地。生成之賜，義固等於乾坤；涵容之恩，重益逾於山嶽。臣敢不日新素學，力蹈所知，秉心不回，信道愈篤？顧徇小夫之志，不爲儒者之羞；或能自進於尋常，庶可仰酬於萬一！

〔一〕徐本、呂本全文後有注：「熙寧三年四月上。上謂王安石曰：『人情如此紛紛，奈何？』安石曰：『陳襄、程顥專黨呂公著，都無助陛下爲治之實。今當邪説紛紛之時，乃用襄知制誥，顥提點刑獄，人稱其平正。此輩小人，若附公著，得行其志，則天下之利皆歸之；既不得志，又不失陛下奬用，何爲肯退聽而不爲善？』乃以爲僉書鎮寧軍節度判官事。」

河南程氏文集卷第二

明道先生文二

書記程文附

答橫渠張子厚先生書〔一〕

承教，諭以定性未能不動，猶累於外物，此賢者慮之熟矣，尚何俟小子之言！然嘗思之矣，敢貢其說於左右。

所謂定者，動亦定，靜亦定，無將迎，無內外。苟以外物爲外，牽己而從之，是以己性爲有內外也。且以性爲隨物於外，則當其在外時，何者爲在內？是有意於絶外誘，而不知性之無內外也。既以內外爲二本，則又烏可遽語定哉？

夫天地之常，以其心普萬物而無心；聖人之常，以其情順萬事而無情。故君子之學，莫若廓然而大公，物來而順應。易曰：「貞吉悔亡。憧憧往來，朋從爾思。」苟規規於外誘之除，將見滅於東而生於西也。非惟日之不足，顧其端無窮，不可得而除也。

人之情各有所蔽，故不能適道，大率患在於自私而用智。自私則不能以有爲爲應迹，一作物。用智

〔一〕呂本題目作「答橫渠先生定性書」。

則不能以明覺爲自然。今以惡外物之心，而求照無物之地，是反鑑而索照也。易曰：「艮其背，不獲其身，行其庭，不見其人。」孟氏亦曰：「所惡於智者，爲其鑿也。」與其非外而是內，不若內外之兩忘也。兩忘則澄然無事矣。無事則定，定則明，明則尚何應物之爲累哉？

聖人之喜，以物之當喜；聖人之怒，以物之當怒。是聖人之喜怒，不繫於心而繫於物也。是則聖人豈不應於物哉？烏得以從外者爲非，而更求在內者爲是也？今以自私用智之喜怒，而視聖人喜怒之正爲如何哉？夫人之情，易發而難制者，惟怒爲甚。第能於怒時遽忘其怒，而觀理之是非，亦可見外誘之不足惡，而於道亦思過半矣。

心之精微，口不能宣；加之素拙於文辭，又吏事匆匆，未能精慮，當否佇報，然舉大要，亦當近之矣。道近求遠，古人所非，惟聰明裁之！

晉城縣令題名記

古者諸侯之國，各有史記，一無記字。故其善惡皆見於後世。自秦罷侯置守令，則史亦從而廢矣。其後自非傑然有功德者，或記之循吏，與夫凶忍殘殺之極者，以酷見傳，其餘則泯然無聞矣。如漢、唐之有天下，皆數百年，其閒郡縣之政，可書者宜亦多矣，然其見書者，率纔數十人。使賢者之政不幸而無傳，其不肖者復幸而得蓋其惡，斯一作其。與古史之意一作事。異矣。

夫圖治於長久者，雖聖知爲之，且不能倉卒苟簡而就，蓋必本之人情而爲之法度，然後可使去惡而從善。則其紀綱條教，必審定而後下；其民之服循漸漬，亦必待久乃淳固而不變。今之爲吏，三歲而代者固已遲之矣。使皆知禮義者，能自始至，即皇皇然圖所施設，亦教令未熟，民情未孚，而更書已至矣。儻後之人所志不同，復有甚者，欲新己之政，則盡其法而去之，其迹固無餘矣。而況因循不職者乎？噫！以易息之政，而復無以託其傳，則宜其去皆未幾，而善惡無聞焉。

故欲聞古史之善而不可得，則因謂今有題前政之名氏以爲記者，尚爲近古。而斯邑無之，乃考之案牒，訪之吏民，纔得自李君而降二十一人，第其歲月先後而記之，俾民觀其名而不忘其政，後之人得從而質其是非以爲師戒云耳。來者請嗣書其次。

南廟試佚道使民賦民得終佚，勞固無怨。

人情莫不樂利，聖政爲能使民；以佚道而敦敕，俾當時之服循。教本於農，雖極勤勞之事；功收於後，自無怨讟之因。

厥惟生民，各有常職；勞而獲養，則樂服其事；勤而無利，則重煩其力。惟王謹以政令，驅之稼穡。且爲生之本，宜教使以良勤；則從上也輕，蓋豐餘之自得。蠢爾農俗，陶乎教風；知所勞者爲乎己，圖所利者存乎終；莫不勉勉以從令，于于而勸功。志在便人，役以農疇之務；時雖畢力，樂於歲事之豐。雖復教令時頒，科條日出，嚴刑以董其或惰，加賦以戒其不一；然而俗樂趨勸，時無怨疾。擇可勞而勞也，敢憚初勤？因所利而利焉，自全終佚。

大抵善治俗者，率俗以敦本；善使民者，順民而不勞；道皆出於優佚，令無勤於繹騷。不奪其時，導以厚生之利；將求其欲，豈聞力穡之逃！勿謂民之冥而無知，勿謂農之勞而不務。趨其利則雖勞而樂，害其事則雖冥而懼。志取豐益，業其安固；便爾農於墾殖，縱極勤劬；異有國之力征，自膺饒裕。得非納於豐富之道，教以便安之途。在服勞而雖至，顧有憾以曾無。體兑象之悦民，下安其教；同周詩之戒事，衆樂而趨。异夫！雖上之行，抑民所願；或躬籍以爲率，或名官而申勸；是皆俾民有樂佚之道焉，雖勞何怨！

南廟試九敘惟歌論

論曰：民受天地之中而生者也。水火金木土穀，民所賴而生者也；樹之君，使修舉其所賴而養之者也。修之有道，行之有節；上焉天順之，下焉民樂之；正德焉，利用焉，厚生焉，此其所以秉統持正而制天下之命者也。在書禹之謨曰：「九功惟敘，九敘惟歌」，其指言乎是也。舜、禹明其道，聖也，後世不及焉；功也，萬世所利焉。宜其事有次敘，而民歌樂之也。

噫！舜之君，禹之臣，其歌之之民，日聞其道，日被其澤，其見而知之，或言或歌可矣。今去聖久遠，踰數千祀，然可覆而舉之者，何也？得非一於道乎？道之大原在於經，經爲道，其發明天地之秘，形容聖人之心，一也。然當推本夫明其次，著其跡者言之。在洪範之九章，一曰五行，次二曰五事，統之以大中，終之以福極，聖人之道，其見於是乎！

蓋五行者天之道也，五事者人之道也。修人事而致天道，此王者所以治也。五事修，五行敍，則其生材也美焉，阜焉，民居其中，享其利而安焉，豈非皇極之道用而致乎？五材之生，天也，非人也。五事之修，人也，非天也。雖然，五事正，則五材自然得其性矣。是則天之道，亦王者之所爲也。王者既修五事而致五材，則又舉正德之教而率之，明利用之源而阜之，開厚生之道而養之，五行協於上，六府利於下，三事舉於中。修焉，其功之敍也；和焉，其德之行也。如是，則民浩浩然，于于然，驩娛於下而歌頌其政矣。

或曰：子之言五行然矣，然六府之兼乎穀，何也？答曰：五行，氣也；五材，形也。君之所致者氣也，民之所用者形也。五氣既敍，五材既豐，民並用焉。然穀者，民之所生也，不可一日無之，此六府所以兼穀也。要其本，則五氣之生而已，夫何惑焉？

竊原春秋之文，求聖人之志，火之書者十一，大水之書者七，不雨之書者九，大旱之書者二，無麥苗、大無麥禾之書者各一。蓋言五行失其序，則六府失其宜。物失其宜，則尚何次敍之有乎？民失其所，則尚何歌詠之有乎？可以見聖人之心，重時政而謹民事，勤勤乎如是也。

由是言之，則舜之德其至也。地平天成矣，萬世永賴矣，其民陶其教，遂其生，九功之德皆歌之矣。戒之用休，董之用威，勸之以九歌，俾勿壞，其終之之道也，道是而已矣。

或問行於後者當何如？曰：五事本也，謹而明之；六府外也，時而治之。教之以德，節之以政。古之五正各司其方，可復也。周之六官各主其事，可用也。此其略也，其道則具於經矣。推而明之，勤而修之，是亦舜之政也。夫何遠哉？顧力行何如爾。謹論。此篇「經爲道」、「道是而已矣」兩處疑有脱誤。

南廟試策五道

第一道

問：禮曰：「凡養老，五帝憲，三王有乞言。」厚人倫之義也。是以鰥寡孤獨皆有養。後世則不然，教化之不明，衣食之不足，黎民老而不得其養，饑寒轉死于溝壑者，往往而是。今將考古養老之禮而行之，惟帝堯而上，不可聞已，虞、夏、商、周之時，其所養何老？所處何學？所衣何服？所食何禮？一歲凡幾行之？宜誦所聞，悉著于篇。

對：王者高拱於穆清之上，而化行於裨海之外，何修何飾而致哉？以純王之心，行純王之政爾。純王之心，純王之政，此疑缺字。老吾老以及人之老，幼吾幼以及人之幼，此純王之心也。使老者得其養，幼者得其所，此純王之政也。尚慮其未也，則又尊國老而躬事之，優庶老而時養之。風行海流，民陶其化，孰有怠於親而慢於長者哉？虞、夏、商、周之盛王，由是道也。人倫以正，風俗以厚，鰥寡孤獨無不得其養焉。後世禮廢法壞，教化不明，播棄其老，饑寒轉死者往往而是。嗚呼！率是而行，而欲王道之成，猶却行而求及前，抑有甚焉爾。今朝廷清明，政教修舉，方欲稽講墜典，以風天下。明執事欲將明上意，故訪諸生以古之道，俾講求其説，敢不道其所聞，以裨一二哉？

蓋古者擇三公之有年德者，天子以父事之，謂之三老；孤卿之有年德者，天子以兄事之，謂之五更；

皆一人爾。大夫士之以年致仕者，亦皆養之於其鄉里之庠序焉。所處：則有虞氏，國老養於上庠，庶老養於下庠；夏后氏，國老養於東序，庶老養於西序；商人，國老養於右學，庶老養於左學；周人，國老養於東膠，庶老養於虞庠是也。所服：則深燕縞玄之衣，四代所服也。所食：則饗燕食之禮，三代之制也，周人修而兼用之。一歲所行之數：則禮所謂春饗孤子，秋饗耆老，與夫釋菜釋奠之禮，亦其時乎！此古之略也。若夫潤飾之，則在乎時矣。謹對。

第二道

問：昔者孔子傷時王之無政而作春秋，所以褒善貶惡，爲後王法也。自去聖既遠，諸儒異論，聖人之法得之者寡。至唐陸淳學于啖、趙，號爲達者，其存書有纂例、微旨、義統，今之學者莫不觀焉。若夫諸儒之所失，與陸氏之所得，學者必有所取舍也。試爲條其大要，庶以質其是非。

對：春秋何爲而作哉？其王道之不行乎！孟子有言曰：「春秋，天子之事」是也。去聖踰遠，諸儒紛紜，家執異論，人爲殊說，互相彈射，甚於仇讎。開元秘書言春秋者，蓋七百餘家矣。然聖人之法，得者至寡，至於棄經任傳，雜以符緯，膠固不通，使聖人之心鬱而不顯。吁！可痛也。獨唐陸淳得啖先生、趙夫子而師之，講求其學，積三十年，始大光瑩，絶出於諸家外；雖未能盡聖作之藴，然其攘異端，開正途，功亦大矣。惜夫其書之粹者，在乎集傳，而世微其傳矣。今所存者，請概言其一二，亦可以觀其道之所至焉。

春秋之法，大者在乎侵伐戰取，圍入執殺，盟會如聘，禘郊蒸嘗，歸復入納，災異賦役焉。然諸家之論，前矛後盾，未見其能一也。其閒書侵者三十七，伐者二百四十三；書圍者四十四，入者二十七。聖人之意，其詳且備也如是。豈苟然哉？蓋誅其禍亂之道耳。彼豈有是哉？先儒徒隨事而傳之，三傳往往從而美之者有矣。未有一言發明聖人誅之之心者也。獨陸君用啖氏之説曰：春秋紀師，何無曲直之辭？曰一之也。不一則禍亂之門闢矣。若夫其差者甚者，則在乎其文矣。此則見聖人絶惡之源，原情之法，此表裏之論也。其餘若盟若會，其法皆用是也。

禘郊之議，詭譎殊狀：左氏之文，略而不解；公、穀之論，泥而失真；何、杜之流，汎汎其閒耳。陸氏之學，獨能斥先鄭之失，明諸侯之僭，謂禘爲王者之祭，明郊非周公之志，皆足以見其所存之博大，得聖師救亂明上下之心也。

餘若書鄭伯之克，謂克下之辭，明君臣之義，異乎所謂「如二君」與「能殺者」屑屑之論矣。書次于郎，則言非有俟而次，則己〔一〕將爲賊爾，防兵亂之源，殊乎所謂過信次止者，區區之談矣。發言侵伐之例，則曰無名行師與稱罪致討之異，遠乎闊略之言，賊害之語矣。且取邑之條，則云力得之，不是其專奪，異乎不用師徒，不宜取之淺矣。其餘稱將稱師，紀名紀氏之類，亦皆度越於諸家遠甚。旨義之衆，莫可歷數。要其歸，以聖人之道公，不以己得他見而立異，故其所造也遠，而所得也深。噫！聖門之學，吾不得而見焉，幸得見其幾者矣。則子厚之願掃其門，宜乎！對問之下，不能詳悉，故

〔一〕徐本、呂本「己」作「意」。

獻其略。謹對。

第三道

問：官之有屬，猶身之有臂，臂之有指也。自建官以來，未有無屬焉者也。舉今之官，則治其小者有屬，治其大者無屬。外郡縣，內羣有司，此治其小者。內公府，外刺部，此治其大者。治其小，且有屬；治其大，乃無屬；何其重輕勞佚之不侔哉？豈因其故常而恬莫之舉歟？抑舉之未見其益歟？刺部之屬，向嘗增之，直與其長等爾，非所謂屬也。公府之屬，今或存之，直他官而已，非所謂屬也。請悉陳前古治大有屬之法，可施於今者，皆何名？何選？何職？古何以有，而今何以無？古何以可，而今何以不可？詳之于說，以究當今之便。

對：竊觀治天下之道，如構室焉，其大者棟也，梁也。棟梁豈能獨立哉？其所與相助而承上者，榱桷也。置官亦如是矣。古之三公之府，諸侯郡國各有其屬，以成其政，後世改易不常。今則外之一郡一邑，內之一官一局，各有屬焉。至於公府機務之煩，外臺刺舉之重，則反無之。此誠小大重輕之貿焉，非必謂無益而莫之爲也，直因循故常未之更爾。

嚮者漕計之司，嘗爲之置副矣，副則職亞其長者也。其下亦嘗創賓從之名者矣，是亦其屬也，第旋去之耳。近世宰相之官，兼門下之目，則府以其省名矣。今其屬者，乃省官爾，非丞相之屬。

策謂前古治大有屬之法可施於今者，則周冢宰之職有小宰焉，小宰之下皆其屬也，其餘五官亦各有屬焉，然其爵位有尊卑之差矣。外則牧伯之國，今刺舉之任也，其屬則其臣爾。漢之三公，府則有長史司直焉，東曹西曹之掾焉；內則御史，外則刺部，亦各自用其吏爲掾屬。其選之之道，則周六官以下，其屬皆命於天子；牧伯之臣，則其卿而下，其君選於其國爾。漢之三公，開府辟召；唐之藩鎮，亦自薦延。其位其職，則繫其長之所任而分治之耳。

今公府任其小事者非無也，直無若三公之孤，六卿之丞，共其事者爾。其治文書掌勞役者備矣，其職亦幾矣。苟欲愼其選，淸其流，而易其官之名，則可矣。若欲夫預聞政事，則賢明之佐，謨謀於廟堂之上，又何細吏之閒焉？若夫刺舉之屬，則在選任之爾。謹對。

第四道

問：今天下費益廣，財益匱，食加冗，農加困，貨愈龍，文愈密，而旱乾水溢，無歲無之；又未嘗得淸源端本之術，少紓其弊。雖有智者，或任非其責，噤不出一語。嗚呼！忍而視斯民之殘也！今欲使財無匱，農無困，文無密，以拯斯民之殘，敢問何策之爲先？何脩而後可？勿疎勿泛，以直所論。

對：天下大器，羣生重畜，惟君上所制養焉。今土地之廣，人民之衆，較之近代，未爲甚盛也。然近歲費益廣，財益匱，食加冗，農加困，貨愈龍，文愈密者，何也？殆基本似有所未立，法度似有所未舉爾。三代之制，今不能收功於旦夕也。試取其切近於體務者言之。

今財之匱，食之冗，農之困，貨愈龍，文愈密者，弊雖煩，而其原一而已。其始在費益廣也。費益廣，則取於民者衆，實於府者鮮，財不得不匱，農不得不困矣。彼食冗者，亦費之一端爾。費既廣，財既匱，農既困，則貨不得不籠。貨之籠，則文不得不密矣。

所謂費益廣者，不曰待哺之兵衆乎？夷狄之遺重乎？游食之徒煩乎？無用之供厚乎？爲今之計，兵之衆，豈能遽去之哉？在汰其冗而擇其精。戎狄之遺，豈能遽絶之哉？在備於我而圖其後。游食之徒煩，則在禁其末而驅之農。無用之供厚，則在絶其源而損其數。然其所以制之者，有其道也。

夫水利之興，屯田之制，府兵之復，義倉之設，皆濟時之大利。顧搢紳議之熟矣，惟不以爲舊説之迂而忽之，則財以豐，食以足，貨利可寬，文法可損矣。雖旱乾水溢之變，繫乎歲數之常，亦吾有備焉爾。謹對。

第五道

問：子曰：「苟有用我者，三年有成」，何其效之疾歟？又曰：「善人爲邦百年，亦可以勝殘去殺矣」，何其效之遲歟？又曰：「如有王者，必世而後仁」，必世云者，較諸善人則已疾，合諸聖人則已遲。三者之效，不能齊一。然則聖何道而疾？善何術而遲？王何務而必世？願以前代已然之迹，質於此三者。

對：聖人之道，無所苟而已矣。以聖人之才，施於天下，其易矣，猶必曰三年而有成也。然方之善人之效，則聖人之治，其疾也遠矣。仲尼曰：「善人爲邦百年，亦可以勝殘去殺矣。」夫善人者，所謂「不踐跡亦不入於室」者也。既不循前人之弊而守之，又不得聖人之道而行之，宜其緩且久也。有人焉，相繼而往，則百年而後可至治矣。所謂「王者必世而後仁」，則蒙謂作禮樂之時爾。夫民之情，不可暴而使也，不可猝而化也，三年而成，大法定矣。漸之仁，摩之義，浹於肌膚，淪於骨髓，然後禮樂可得而興也。蓋禮樂者，雖上之所以教民也，然其原則本於民，而成於上爾。則聖人之效所以疾，善人之效所以遲與！

夫王者之仁，其道可見矣，復請以前代已然之迹而明之。孟子曰：「小國七年，大國五年，可爲政於天下」，此聖人之效也。若仲由謂三年使知方，伯禽之三年報政，雖不能若聖人之道醇且具也，然亦承聖師之教，奉周公之訓〔一〕，其庶乎其次也。若漢之業創乎高祖，循〔二〕乎呂、惠，文帝守之以淳儉，孝景紹之以恭默。當時漢之興，幾百年矣，其風俗寬厚，幾致措刑，亦勝殘去殺之效乎！周承文王之業，歷武王之治，至成王之世，而周公作禮樂焉，此必世後仁之效乎！謹對。

〔一〕徐本、呂本「訓」作「政」。
〔二〕徐本、呂本「循」作「因循」。

河南程氏文集卷第三

明道先生文三

銘　詩

顏樂亭銘爲孔周翰作。

天之生民，是爲一作惟。物則；非學非師，孰覺孰識？聖賢之分，古難其明；有孔之遇，有顏之一作其。生。聖以道化，賢以學行，萬世心目，破昏爲醒。周爰闕里，惟顏舊止；巷汙以榛，井堙而圮。鄉閭蚩蚩，弗視弗履；有卓其誰，師門之嗣。追古念今，有惻其心；良價善諭，發帑出金。巷治以闢，井渫而深；清泉澤物，佳木成陰。載基載落，亭曰顏樂；昔人有心，予忖予度。千載之上，顏惟一作爲。孔學；百世之下，顏居孔作。盛德彌光，風流日長；道之無疆，古今所常。水不忍廢，地不忍荒。嗚呼正學，其何可忘！

遊鄠縣山詩十二首有序

僕自幼時，已聞秦山多奇占，有扈者尤復秀出，常恨遊賞無便。嘉祐二年，始應舉得官，遂請于天官氏，願主簿書於是邑，謂厭飫雲山，以償素志。今到官幾二年矣，中閒被符移奔走外幹者三居其二，其一則簿書期會，倉廥出入，固無暇息。惟白雲特在山面，最爲近邑，常乘閒兩至，其餘佳處，都未得往。變化初心，辜負泉石。五年二月初吉，聞貳車晁公來遊諸山。先是，晁公見約同往，會探吏失期。二日早，晁公以書見命，始知車騎已留草堂，走白邑大夫張君。時民産有在山麓者，以罪没官，府符方命量其租入之數，因請以往。鞭馬至山，而晁公已由高觀登紫閣，還憇下院，見待已久。遂奉陪西遊，經李氏五花莊，息駕池上，夜宿白雲精舍。詰旦，晁公西首，僕復並山，東遊紫閣，登南山，望仙掌，回抵高觀谷，探石穴，窺石潭，因周視所定田，徜徉於花林水竹閒。夜止草堂。是晚，雨氣自西山來，始慮不得徧詣諸境，一霎遂霽。明旦，入太平谷，憇息於重雲下院。自入太平谷，山水益奇絶，殆非人境。石道甚巇，下視可悸，往往步亂石閒。入長嘯洞，過虎溪西南，下至重雲，轉西閣，訪鳳池，觀雲頂、凌霄、羅漢三峯；登東嶺，望大頂積雪；復東北來雲際下深澗，白石磷磷於水閒，水聲清泠可愛，坐石掬水，戀戀不能去者久之，遂宿大定寺。凌晨，登上方，候日初上，西望欒山，北眺大頂，千峯萬巒，目極無際。下山緣東澗，渡横橋，復憇於重雲下院。出谷遊太平宫故基而歸。馬上率爾口語，往往成詩章。自入山至歸，凡四日，得長短詠共十二篇，姑存之，以誌遊覽之次第云。

白雲道中

吏身拘絆同疏屬，俗眼塵昏甚瞽矇。孤負終南好泉石，一年一度到山中。

馬上偶成

身勞無補公家事，心冗空令學業衰。世路嶮巇功業遠，未能歸去不男兒。

遊紫閣山

仙掌遠相招，縈紆度石橋。暝雲生澗底，寒雨下山腰。樹色千層亂，天形一罅遥。吏紛難久駐，回首羨漁樵。

彌猴山僧云：「晏元獻公來，彌猴滿山。」

聞説彌猴性頗靈，相車來便滿山迎。鞭羸到此何曾見，始覺毛蟲更世情。

高觀谷

轟雷疊鼓響前峯，來自彤雲翠靄中。洞螯積陰成氣象，鬼神憑暗弄威風。噴崖雨露千尋溼，落石珠璣萬顆紅。縱有虬龍難駐足，還應不是旱時功。

草堂寺在竹林之心，其竹蓋將十頃。

參差臺殿緑雲中，四面篔簹一徑通。曾讀華陽真誥上，神仙居在碧琳宮。

長嘯巖中得冰，以石敲餐甚佳

車倦人煩渴思長，巖中冰片玉成方。老仙笑我塵勞久，乞與雲膏洗俗腸。

遊重雲

久厭塵籠萬慮昏，喜尋泉石暫清神。目勞足倦深山裏，猶勝低眉對俗人。

長嘯洞北，回望大頂，如列屏障。比到山前，却不見，蓋爲仙掌所蔽

行盡重雲幾曲山，回頭方見碧峯寒。天將仙掌都遮斷，元恐塵中俗眼看。

凌霄三峯

長嘯巖東古寺前，三峯相倚勢相連。偶逢雲静得見日，若有路通須近天。陰吹響雷生谷底，老松如箸見崖顛。結根不得居平地，猶與蓮花遠比肩。

雲際山

南藥東邊白閣西，登臨身共白雲齊。上方頂上朝來望，陡覺羣峯四面低。

下山偶成

襟裾三日絶塵埃，欲上籃輿首重迴。不是吾儒本經濟，等閑争肯出山來？

是遊也，得小松黄楊各四本，植於公署之西窗，戲作五絶，呈邑令張寺丞興宗

中春時節百花明，何必繁絃列管聲。借問近郊行樂地，潢一作璜。溪山水照人清。
心閑不爲管絃樂，道勝豈因名利榮？莫謂冗官難自適，暇時還得肆遊行。
功名未是關心事，富貴由來自有天。任是榷酤虧課利，不過抽得俸中錢。
有生得遇唐、虞聖，爲政仍逢守令賢。縱得無能閒主簿，嬉遊不負豔陽天。
獄訟已聞冤滯雪，田農還喜土膏匀。只應野叟猶相笑，不與溪山作主人。

偶成時作鄠縣主簿。

雲淡風輕近午天，望花隨柳過前川。旁人不識予心樂，將謂偷閑學少年。

郊行即事

芳原綠野恣行時，春入遥山碧四圍。興逐亂紅穿柳巷，困臨流水坐苔磯。莫辭盞酒十分醉，祇恐風花一片飛。況是清明好天氣，不妨游衍莫忘歸。

下白徑嶺，先寄孔周翰郎中

驟經微雨過芳郊，轉覺長河氣象豪。歸騎已登吴坂峻，飛雲猶認華山高。門前歧路通西國，城上樓臺壓巨濤。欲問甘棠舊風化，主人邀客醉春一作香。醪。

春日江上

新蒲嫩柳滿汀洲，春入漁舟一棹浮。雲幕倒遮天外日，風帘輕颺竹間樓。望窮遠岫微茫見，興逐歸槎汗漫遊。不畏蛟螭起波浪，却憐清泚向東流。

題淮南寺

南去北來休便休，白蘋吹盡楚江秋。道人不是悲秋客，一任晚山相對愁。

桃花菊

仙人紺髮粉紅腮，近自武陵源上來。此花近歲方有。不似常花羞晚發，故將春色待秋開。存留金蕊天偏與，漏泄春香衆始猜。兼得佳名共堅節，曉霜還獨對樓臺。

早寒

一夜威霜特地嚴，朝來寒氣入書簾。乍須火暖親爐獸，初覺冰澌結硯蟾。敗葉卷風輕簌簌，遠峯經曉静尖尖。出門未要貂狐煥，且着輕裘次第添。

新晴野步二首

青帝方成萬物春，如何淫雨害芳晨？乞求共指雲開日，悔恨輕嫌陌上塵。消盡風威猶料峭，放開山色已嶙峋。燕遊莫道王孫樂，亦有羲皇更上人。

陰曀消除六幕寬，嬉遊何事我心閑。鳥聲人意融和候，草色花芳杳靄閒。水底斷霞光出岸，雲頭斜日影銜山。緣情若論詩家興，却恐騷人合厚顔。

中秋月

雲静好風微〔一〕，清光溢四垂。金行方盛日，陰魄正中時。髣髴窺瑶闕，分明露桂枝。遴英同醉賞，誰復嘆官羈？

〔一〕徐本、吕本「微」作「吹」。

盆荷二首

庭下竹青青，盆一作圓。荷水面平。誰言無遠趣？自覺有餘清。影倒假山翠，波光朝日明。漣漪尤緑淨，涼吹夜來生。

衡茅岑寂掩柴關，庭下蕭疏竹數竿。狹地難容大池沼，淺盆聊作小波瀾。澄澄皓月供宵影，瑟瑟涼風助曉寒。不校蹄涔與滄海，未知清興有誰安？

象戲

大都博奕皆戲劇，象戲翻能學用兵。車馬尚存周戰法，偏裨兼備漢官名。中軍八面將軍重，河外尖斜步卒輕。卻凭紋楸聊自笑，雄如劉、項亦閑爭。

九日訪張子直，承出看花，戲書學舍五首

平昔邀相見，過門又不逢。貪隨看花伴，應笑我龍鍾。

須知春色醲於酒，醉得遊人意自狂。直使華顛老公子，看花争入少年場。

貪花自是少年事，泥酒定嫌醒者非。顧我疎慵老山野，却騎歸馬背斜暉。

下馬問老僕，言公賞花去。只在近園中，叢深不知處。

桃李飄零杏子青，滿城車馬響春霆。就中得意張公子，十日花前醉不醒。

戲題

曾是去年賞春日，春光過了只〔一〕逡巡。却是去年春自去，我心依舊去年春。

贈王求一作永。甫鐵如意

妖言莫信傳張惡，虛氣休將碎唾壺。借問閑窗静抓背，何如争勝擊珊瑚？

和家君早寒之什

滿地清霜結曉寒，平明飛霰灑柴關。乍憑酒力温肌骨，陡覺風威著面顔。閭里相呼泥北户，牛羊收牧下前山。急須趁日藏薪炭，凍後高枝不易攀。

和詠草

漸覺東皇意思匀，陳根初動夜來新。忽驚平地有輕緑，已蓋六街無舊塵。莫爲枯榮吟野草，恐當作火。且憐愁醉梶舊作枕。香輪。詩人空怨王孫遠，極目萋萋又一春。

〔一〕徐本、吕本「只」作「又」。

和邵堯夫打乖吟二首

打乖非是要安身，道大方能混世塵。陋巷一生顏氏樂，清風千古伯夷貧。客求墨妙多擕卷，天爲詩豪剩借春。儘把笑談親俗子，德容猶足畏鄉人。

聖賢事業本經綸，肯爲巢、由繼後塵？三幣未回伊尹志，萬鍾難换子輿貧。且因經世藏千古，已占西軒度十春。時止時行皆有命，先生不是打乖人。

和堯夫首尾吟

先生非是愛吟詩，爲要形容至樂時。醉裏乾坤都寓物，閑來風月更輸誰？死生有命人何與，消長隨時我不悲。直到希夷無事處，先生非是愛吟詩。

和堯夫西街之什二首

先生相與賞西街，小子親擕几杖來。行次每容參劇論，坐隅還許侍餘杯。檻前流水心同樂，林外青山眼重開。時泰身閑難兩得，直須乘興數追陪。

先生高蹈隱西街，風月猶牽賦詠才。暫到隣家賞池館，便將佳句寫瓊瑰。壯圖已讓心先快，劇韻仍降字占挼。只有一條誇大甚，水邊曾未兩三杯。

遊月陂

月陂堤上四徘徊，北有中天百尺臺。萬物已隨秋氣改，一樽聊爲晚涼開。水心雲影閑相照，林下泉聲静自來。世事無端何足計，但逢佳日約重陪。

秋日偶成二首

寥寥天氣已高秋，更倚凌虚百尺樓。世上利名羣蠛蠓，古來興廢幾浮漚。退安陋巷顏回樂，不見長安李白愁。兩事到頭須有得，我心處處自優游。

閑來無一作何。事不從容，一作疎慵。睡覺東窗日已紅。萬物静觀皆自得，四時佳興與人同。道通天地有形外，思入風雲變態中。富貴不淫貧賤樂，男兒到此是豪雄。

代少卿和王宣徽遊崇福宫

睿祖開真宇，祥光下紫微。威容凝粹穆，仙仗儼周圍。嗣聖嚴追奉，神遊遂此歸。冕旒臨祕殿，天日照西畿。朱鳳銜星蓋，青童護玉衣。鶴笙鳴遠吹，珠蕊弄晴暉。瑶草春常在，瓊霜曉未晞。木文靈象出，太一醴泉飛。醮夕思飆馭，香晨望絳闈。衰遲愧宫職，蕭灑自忘機。

和王安之五首

小園

閑坊西曲奉常家，景物天然占一窊。恰似庾園基址小，全勝渼潤路途賒。知君陋巷心猶樂，比我僑居事已誇。且喜杖藜相過易，隔牆無用小〔一〕游車。白樂天有詩戲盧中丞，渼潤山居去城之遠。

野軒

誰憐大第多奇景？自愛貧家有古風。會向紅塵生野思，始知泉石在胸中。

汙亭

强潔猶來真有爲，好高安得是無心？汙亭妙旨君須會，物我何爭事莫侵。

藥軒

囊中數味應千種，砌下栽苗過百名。好是微風入庭户，清香交送滿檐楹。

〔一〕徐本、吕本「小」作「少」，義較長。

晚暉亭

亭下花光春正好，亭頭山色晚尤佳。欲知剩占清一作春。風處，思順街東第一家。

和花庵

得意卽爲適，種花非貴多。一區才丈席，滿目自雲蘿。靜聽禽聲樂，閑招月色過。期公在康濟，終奈此情何！

子直示以新詩一軸，偶爲四韻奉謝

治劇君能佚，閑居〔一〕我更慵。自惟降藻麗，不解繼春容。寡和知高唱，深情見古風。靜吟梁甫意，真似卧隆中。

和諸公梅臺

急須乘興賞春英，莫待空枝謾寄聲。淑景煖風前日事，淡雲微雨此時情。

〔一〕徐本、呂本「閑居」作「居閑」。

後一日再和

常勸嬉遊須及辰，莫辭巾屨染埃塵。祇應風雨梅臺上，已減前時一半春。

送呂晦叔赴河陽

曉日都門颭旆旌，晚風鐃吹入三城。知君再爲蒼生起，不是尋常刺史行。

贈司馬君實

二龍閑卧洛波清，今日都門獨餞行。願得賢人均出處，始知深意在蒼生。

哭張子厚先生

歎息斯文約共脩，如何夫子便長休！東山無復蒼生望，西土誰共後學求？千古聲名聯棣萼，二年零落去山丘。寢門慟哭知何限，豈獨交親念舊游？

陪陸子履遊白石、萬固

條山蒼蒼河流黄，中蒲形勢天下彊。帝得賢侯殿一方，四年不更慰民望。元豐戊午季春月，上心閔雨愁黎蒼。使車四出走羣望，我亦奉命來陝〔一〕疆。精誠感格天意順，詔書纔下雨已雱。病麥還青禾出土，野農鼓舞歌君王。故人相見不道舊，爲雨懽喜殊未央。聖主寬憂小臣樂，自可放蕩舒胸腸。白石、萬固皆勝地，主人爲我攜壺觴。況逢佳日俗所尚，車馬未曉填康莊。扶提十里雜老幼，迤邐千騎明戈槍。初聽鳴鐃入青靄，漸見朱旆輝朝陽。遨頭自是謝康樂，後乘獨慚元漫郎。侯來雖知有賓客，衆喜更爲將豐穰。臨溪坐石遍巖谷，幽處往往聞絲簧。山光似迎好客動，日景定爲遊人長。乘高望遠興不盡，戀戀不知歧路忙。人生汩没苦百態，得此樂事真難常。我辭佳境已惆悵，侯亦那得久此鄉？他時會合重相語，孤負泉石何能忘？

陳公廙園脩禊事，席上賦

盛集蘭亭舊，風流洛社今。坐中無俗客，水曲有清音。香篆來還去，花枝泛復沉。未須愁日暮，天際是輕陰。

春　雪

二月將臨尾，羣陰久退潛。只知桃李豔，何復雪霜嫌？密霰仍先集，飄霙忽散霑。帶風成料峭，和雨作廉纖。江、漢初彌望，珠璣亦閒兼。片痕才著瓦，斜勢漸穿簾。鳥化遼城鶴，途鋪越女縑。落英時

〔一〕徐本、吕本「陝」作「侯」。

鬭舞，飛絮或同黏。直把瓊瑶比，誰疑鵠鷺撏？透肌錐共利，灑面刃爭銛。寒怯開闈賞，光凝伴月覘。價增樵市炭，興入酒家帘。駐足銀妝屐，昂頭玉裹髯。如何欺煦律，重復困窮閻？薪乏經朝備，衣因恃暖拈。擷芳遊女恨，憂歲老農占。惜竹頻敲葉，愁花旋覆苫。失權悲太皞，助虐有飛廉。驟降初疑勇，旋消亦訝謙。朔雲雖借便，水后可無厭。縱任陰靈巧，難令木氣殲。寒威徒自奮，春氣亦時添。積勢方平壠，澌流已墜簷。暗空猶沓沓，近地即佔佔。遠水難遮面，高峯不裹尖。著牆聊畫粉，蓋地豈成鹽？紈扇驚塵曀，崑岡認火炎。端來荐融釋，空復助洳漸。積潤終滋嫩，驚雷亦震淹。東君莫惆悵，杲日待重瞻。

晚　春

人生百年永，光景我逾半。中閒幾悲歡，況復多聚散。青陽變晚春，弱條成老榦。不爲時節驚，把酒欲誰勸？

西　湖

溴水橋邊鴨子陂，樓臺只在郡城西。煙波乍見心先快，島嶼將尋路欲迷。盡日無風橫舴艋，有時經雨飲虹霓。如何咫尺塵埃地，能使遊人意不齊？

環翠亭

城居不見萬山重，因起高亭破遠空。虛曠直疑天宇外，周旋如在畫屏中。凝嵐散靄層層出，削玉排青面面同。暫得登臨已忘去，四時佳致屬賢公。

酬韓持國資政湖上獨酌見贈

對花酌酒公能樂，飯糗羹藜我自貧。若語至誠無內外，却應分別更迷真。韓維湖上獨酌呈范彝叟朝散、程伯淳奉議詩云：「曲肱飲水程夫子，宴坐焚香范使君。愧我未能忘外樂，綠尊紅芰對西曛。」

河南程氏文集卷第四

明道先生文四

行狀　墓誌　祭文

故户部侍郎致仕彭公行狀

公諱思永，字季長。其先京兆人，唐之中世有爲吉州刺史者，因家焉，今爲廬陵人。尚書治經術，以能詩名於世，慷慨有大節，仕不得志，未老以東宮官退居臨湘，公其次子也。

公性淳粹明重，材質瑰秀。孩提時卽異於常兒，未嘗爲戲弄之事，數歲已自知爲學。尚書每撫其背曰：「興吾家者，必是兒也。」未冠，居尚書喪，以孝聞。家貧無以葬，晝夜號泣，營治歲終，卒能襄事，扶喪數千里歸廬陵，知者無不咨嘆。終喪，益自奮勵力學，有文稱。

天聖五年，舉進士擢第，授南康軍判官。詩臣言其材，遂監泰州角斜鹽場。當路益知其賢，交薦之。秩滿，遷大理寺丞，監洪州鹽務，移知廣州南海縣。以母喪去職。服除，知洪州分寧縣。一邑素號難治，前令比以罪去，民化公之誠，相戒以毋犯法，至於無訟。

既又通判睦州。會海水大上，夜敗台州城，郡人多死。詔監司擇良吏往撫之，公遂行。將至，吏民皆號訴於道。公悉心救養，不憚勞苦，至忘寢食，盡葬溺死者，爲文以祭之，問疾苦，賑飢乏，去盜賊，撫羸弱。其始至也，城無完舍，公周行相視，爲之規畫，朝夕暴露，未嘗憩息。民貧不能營葺者，命工伐木以助之。數月而公私之舍畢復，人安其居。公視故城庳壞，僅有髣髴，思爲遠圖，召寮屬而謂之曰：「郡瀕海而無城，此水所以爲害也。當與諸君圖之。」程役勸功，民忘其勞，城成，遂爲永利。天子嘉之，錫書獎異。後去台還睦，二州之民，喜躍啼戀者交於道。

未幾，就移知潮州。潮民歲苦修堤之役，吏緣爲姦，貧者尤被其害。公爲之法，役均而費省，民大悦。代還，知常州。時爲都官員外郎，尋召爲侍御史。極論內降授官賞之弊，以謂斜封非公朝之事，仁宗深然之。皇祐祀明堂前一日，有傳赦語，百官皆得遷秩者。公方從駕宿景靈宮，亟上言，不宜濫恩，以益僥倖。既肆赦，果然。

時張堯佐以妃族進，王守忠以親侍帷幄被寵。參知政事闕員，堯佐朝暮待命，守忠亦求爲節度使，物議讙動。公帥同列言之，皆曰宜待命行。公曰：「宜以先事得罪，命出而不可救，則爲朝廷失矣。」遂獨抗疏極言，至曰：「陛下行此覃恩，無意孤寒，獨爲堯佐、守忠故取悦衆人耳。」且言妃族秉政，內臣用事，皆非國家之福。疏入，仁宗震怒，人皆爲公危之。公曰：「苟二人之命不行，雖赴鼎鑊無恨。」於是御史中丞郭勸，諫官吴奎，皆爲上言其忠，當蒙聽納，不宜加罪。仁宗怒解，而堯佐、守忠之望遂格。

公猶以汎恩罷臺職，以司封員外郎出守宣州。前守以贓敗，郡政隳弛，歲復大歉。公至，修紀綱、撫凋瘵，奏發官庾以活饑莩，卒無流亡。體量安撫使上公治狀，爲諸路一作州。之最。

儂智高連陷州郡，嶺表用兵，餉饋仰於荆、湖。除北路轉運使至部，奏黜守令之殘暴疲懦者各一人，而八州知勸。下溪蠻酋彭仕羲恃險而驕，將帥羣蠻爲亂，先移文罵辰州守將，將不能制，請公誅之。公行部至辰，仕羲畏公，即遣親信持書迎謁，禮甚謹。公推誠待之，諭以禍福，皆悚懼感服，請自悛革，邊患遂息。

時大農以利誘諸路使，以羨餘爲獻。公曰：「裒民取賞，吾不忍爲。」遂無所獻。南寇平，公以勞進工部郎中，召爲度支判官，升刑部。歲餘，出爲益州路轉運使。始直史館，賜三品服。入辭，仁宗諭之曰：「益部遠方，以卿安撫，吾無憂矣。」至蜀，會成都闕守，詔公權領府事。前政多務姑息，寖失法度，至有吏盜官錢千緡，付獄已三歲，猶縱其出入自若者。公命窮治之，一日而獄具。蜀人以交子貿易，皆藏於腰間，盜善以小刃取之於稠人中如己物，民病苦之。公得其狀，即捕獲一人，使疏其黨類，得十餘輩，悉黥隸諸軍，盜者遂絕。二罪而人知畏法，蜀乃大治。

歲有中貴人祠峨嵋，常留成都中數十日，誅取珍貨奇玩，例至數百萬錢，一出於民間。公命三省其二，使者恨怒而去，公不之顧。任中遷兵部郎中，召還爲户部副使。歲餘，以天章閣待制，充陝西都轉運使。河朔謀帥，以公鎮高陽，仍進秩諫議大夫。英宗嗣位，恩升給事中。時狃於承平，治兵者鮮明紀律，而三關爲甚。公爲帥，方重嚴正，犯者頗以軍法從事，驕兵大戢。河北舊以桑麻爲産籍之高下，民懼不敢藝植，故益貧。公奏更其法，自是絲績之利，歲歲增益。在鎮二年，邊圉帖寧，人民浹和。

公惡邊臣之邀功啟事者，屢加裁正，遂與大臣持議不合。由是以病請解兵任，求爲江南官，徙知江寧府。潮與江寧舊多火災，迄公去未嘗作，人以爲德政之感。

留金陵歲餘，復召權御史中丞。時追崇濮園〔一〕大號，復有稱親之議，諫官御史以典禮未正，相繼論列者六七人，皆以罪去。公始拜中司，力陳其不可，且請召還言事者。上未之察，更爲疏極論其事，言益切至。英宗深加聽納，事幾施行，而大臣持之甚力，故不果。公因求解憲職，以章言者五，進見而面陳者，多至不記。會英宗不豫，公方憂懼，不復自言。

今天子踐祚，正拜御史中丞，請裁損山陵〔二〕用度，務從儉約，以稱先志，上嘉納之。會御史蔣之奇奏發大臣陰事，其說蓋盛於都下，而之奇欲扳公爲助，乃曰「公嘗言之。」公亦謂帷箔之私，非外人所知，誠難究詰，然亦有以取之，故謗言一興，而人以爲信；且其首爲濮園議，違典禮以犯衆怒，不宜更在政府。而執政以之奇所論，冥昧不可質，迫公言其所從來。三問而公奏益急，且曰：「風聞者以廣聰明也。今必問其所從來，因而罪之，則後無聞矣。寧甘重謫，不敢廢國家開言路之法。」因極陳大臣朋黨專恣，非朝廷計。翌日，降授給事中，知黄州，道徙太平州。郊祀推恩，復工部侍郎，知亳州。未滿歲，移揚州。熙寧三年，上書告老，遷户部侍郎，致仕。朝廷憐之，故詔辭甚美，所以寵耀其終始焉。

公晚樂歷陽風土，遂徙居之。將歸，十一月過金陵，二十六日，以疾終，享年七十有一。金陵之人奔走供事，往來哭於道路，其得人心如此。公任官四十五年，累階至某，勳某，爵某，食邑若干。

公精慎，長於政事。遇繁劇，他人若不可堪，而公處之裕然，故世稱有大體精吏治者，必歸之公。

〔一〕徐本、呂本「園」作「王」。

〔二〕徐本「山陵」作「出入」。

其事業磊落，見於時者爲不少矣，然其德性之美，心術之醇，世尤尊之，蓋資禀有過於人者也。故其仁厚誠恕，出於自然。

年八九歲時，尚書爲岳州從事，公晨起將就學舍，得金釵於門外，公默坐其處，以伺訪者。有一吏徘徊久之，問故，果墜釵者也。公詰其狀，驗之信，則出付之。吏謝以數百金，公笑不受曰：「我若欲之，取釵不過於數百金邪？」吏嘆駭而去。

始就舉時，貧無餘貲，惟持金釧數隻，棲於旅舍。同舉者過之，衆請出釧爲翫。客有墜其一於袖間者，公視之不言。衆莫知也，皆驚求之。公曰：「數止此耳，非有失也。」將去，袖釧者揖而舉手，釧墜於地，衆服公之量。

撫宗族有恩意，外姻〔一〕孤女，收視之如己子，爲擇善士而嫁之。守常一〔二〕，不妄遷習。與朋友交，盡信義，始卒無移改。廉潔純儉，本之天性。居母喪，貧甚，鄉人爭饋之，皆謝去，風俗爲之化。後居顯仕，自奉養不改其素。平生無聲色奇巧之翫。其氣宇高爽，議論清澹，而端莊恭謹，動必由禮，未嘗有惰慢之色，戲侮之言，見者皆知畏重。然襟度夷曠，不可澄撓，與人處，雖終歲莫見其喜怒之變。遇事明白，不事襮飾，接人無貴賤高下，一以忠信，動無疑忌，即之温然，有大雅之德。

爲政本仁惠，吏民愛之如父母，惟不喜矯情悦衆，揚己取譽。常曰：「牢寵之事，吾所不爲。」居憲

〔一〕徐本、呂本「姻」作「甥」。

〔二〕「守常一」，疑「一」上落一「主」字。

府，多所論奏，未嘗以語人。或疵其少言，惟謝之，終不自辨。每謂人曰：「吾不爲他學，但幼卽學平心以待物耳。」又嘗教其子弟曰：「吾數歲時，冬處被中，則知思天下之寒者矣。」蓋源流如此，宜其仁恕之善，見於天下，自朝廷至於庶〔一〕人，推其誠長者。

至其持守剛勁，不可毫髮遷奪，喜善嫉惡，勇於斷決，不爲勢利誘，不以威武移。潮州州宅，舊傳多怪，前後守臣無寧處者，公迄去，未嘗問其有無。其達理守正若此，凜乎其丈夫也。故歷事三朝，人主信之。

公娶晏氏，故相元憲公之姪，而刑部侍郎諱容之子也，封延安郡君，有賢行，爲宗黨所尊。二男：長曰衛，前趙州軍事判官，孝謹和厚，以親老不忍去左右，解官歸侍者十年矣；次曰衎，俊敏有高才，方舉進士而卒。五女子：長適知鄂州嘉魚縣胡從，次適宜春李伯英，次卽顥之室，又次適太常博士田祐，次適著作佐郎齊域，而歸李氏、齊氏者皆早世。孫四人：曰該，曰諮，並試將作監主簿，詢、訢尚幼。孫女五人，俱未嫁。

公終之明年，嗣子將以某月某日，奉公之喪，葬於和州歷陽縣某鄉某里某地。前期，得公之官次行事於其家，若公之道德，則顥所親炙而知者，謹加編録，請求誌於盛德君子，以圖不朽。謹狀。

程邵公墓誌

〔一〕徐本、呂本「庶」作「士」。

邵公，廣平程顥之次子也，生於治平始元仲秋之四日，死於熙寧首祺仲夏之十四日，越三日，藏一作葬。之於伊陽縣神陰鄉祖塋之東。邵公，其幼名也；端慤，其名也。

生而有奇質，未滿歲而温粹端重之態，完然可愛，聰明日發，而方厚淳美之氣益備。其始言也，或授之以詩，率未三四過，即已成誦矣，久亦不復忘去。雖警悟俊穎，若照徹內外，而出之從容，故敏於見知，而安於言動。坐立必莊謹，不妄瞻視，未嘗有戲慢之色。孝友信讓之性，蓋出於自然。與人言則温然，及其有所不爲，則確乎其守也。大凡其心有所許，後雖以百事誘迫，終不復移矣。日視羣兒，相與狎弄歡笑跳梁於前，泊乎如不聞知，雖有喜相侵暴者，亦莫之敢侮。蓋厥生五年，而人不見其有喜怒好欲。是豈特異於常兒哉？皆老於學者之所難能也，而吾兒之資乃成於生之初。嗚呼！使其降年之永，則吾不知其所至也。吾弟頤亦以斯文爲己任，嘗意是兒當世吾兄弟之學。今則已矣，則吾之慟，亦不特以父子之親也。

夫動靜者陰陽之本，況五氣交運，則益參差不齊矣。賦生之類，宜其雜揉者衆，而精一者間或值焉。以其間值之難，則其數或不能長，亦宜矣。吾兒其得氣之精一而數之局者歟？天理然矣，吾何言哉！以其葬日之迫，刊刻之不暇也，惟砂書於塼，以誌其壙。

程殿丞墓誌銘

程氏居永寧之博野；土風渾厚，世以忠廉孝謹聞。少師貴重於朝，始賜第京師，爲開封人。世風不衰，子孫多好善。如吾叔父，可謂能守其家法者矣。叔諱瑜，字叔寶：少師諱羽、清河太君張氏、襄陵太君賈氏之曾孫，尚書虞部員外郎諱希振、高密縣君崔氏之孫，贈大理寺丞諱道、天水趙氏、長壽縣太君任氏之子。

少以族兄廣平文簡公廕，試將作監主簿。未冠，爲荆南監利尉，即以幹敏稱。再調永州零陵簿，益以才著。時谿蠻嘯動，焚劫縣邑，道州寧遠最當賊衝，部使者命公攝令事。至止之日，邑無城壁，府無兵械，公經營創治，夜以繼日。完集未幾，蠻寇大至，設長圍以逼城。公激勵士卒，躬冒矢石，捍守累日，以奇兵由水中旁出賊後，合戰甚苦，賊乃敗去。既而同守者皆論功丐賞，公曰：「城守吾事也。城獲完，足矣，尚當以爲利乎？」卒不自言。

代還，得爲汝州龍興令。計省言其材，遂監解州鹽池，歲課羨溢。改大理寺丞，簽書磁州判官公事。太守武人，不知爲政，公從容開贊，一郡大治。事雖出公，而人莫窺其跡，謙晦不伐，率皆此類。以年勞，升太子贊善大夫，賜五品服。就移知邛州依政縣。時長壽太君春秋高，公懼有遠行之勞，即上書願就監臨，以便奉養。改舒州皖口監轄，乃以考課遷殿中丞。還朝，知濮州雷澤縣。未行，暴疾，終于京師，實嘉祐七年三月十八日也。

公姿儀偉秀，風度平雅，端莊謹厚，不妄言笑，進退動止，皆有法度，衣冠整理，望之肅然。三歲而孤，長壽太君教養嚴至，恂恂奉事，恪恭朝夕，未嘗少懈。善與人交，久而益篤。嗚呼！行足以勵俗，才足以有爲，不幸短命，未究所施，歿之年方四十三矣。

公娶張氏，封福昌縣君，和慈孝睦，族人推其賢。三子：曰預，以疾廢；曰顗，曰顥，皆爲儒學。三女：長適前常州軍事推官王師古，仲適襄陵賈芮，季適汝南周純明。

熙寧二年八月丙申，公之從兄司農，葬公於河南府伊陽縣神陰鄉先塋之次。顥以父命，得預役事，又掇公之官世行業而爲之誌，既又繫之以銘曰：

謹於奉親，勤於事君，端於立身，無愧乎古人。山可夷，谷可堙，斯言不泯。

李寺丞墓誌銘

予友李君仲通，諱敏之，世居北燕；高祖避亂南徙，今爲濮人。丞相文定公迪，乃其世父也。曾祖令珣，祖護，皆以丞相故贈太師尚書。令考遜，用子貴，贈吏部尚書。

仲通生而有賢資，端厚仁恕，見於孩提之時。舉動齊整，不妄言笑，燕居終日，泊然而無惰容，望之者皆知其君子人矣。與人言，無隱情，惟聞人之過則未嘗復出於口。安靖寡欲，居貧守約，裕如也。好古力學，博觀羣書，尤精於春秋、詩、易。其後所得，殊爲高深。方勇厲自進，不幸短命，惜夫未見其止也！死之年纔三十矣。

仲通之德，蓋完於天成，孝友之性，尤爲絶異。侍太夫人疾，衣不解帶者累月，及居喪，哀毁過甚。中外數百口，上愛下信，人無閒言。羣從聚居，臧獲使令者衆，雖馭之過嚴，不能使之無犯。惟偶爲仲通所責，則其人必慚恨累日，痛自飭勵。及仲通之亡，濮之人無賢不肖，皆失聲痛惜，或爲隕涕。非至誠及物，其能有是乎？

仲通外甚和易，遇物如恐傷之，雖家人未始見其喜怒。及其出辭氣，當事爲，則莊厲果斷，不可以非義回屈。始用蔭補郊社齋郎，調虔州瑞金縣主簿。會劇賊戴小八攻害數邑，朝廷患之，命御史督視。仲通時承尉乏，與其令謀曰：「劉右鵲、石門羅姓者，皆健賊，詔捕之累年矣。小八不能連二盜以自張，吾知其無能爲也。當説使自効，則賊爲不足破矣。」乃遣人諭二盜。皆曰：「我服李君仁信久矣，願爲之死。然召我亦有以爲信乎？」仲通卽以其符諾與之，且約曰：「某日當以甲二百來見我於邑中。」衆皆恐懼，仲通曰：「彼欲爲惡，雖不召將至。且吾信於邑人，彼亦吾人也，何憚乎？」乃將二盜，與之周旋，卒得其死力，遂斬小八，盡平其黨。朝廷嘉之，遷衛尉寺丞，仍升一任。御史用間者言，將誅劉、羅二黨。仲通以爲失信不義，抗論甚力，久始見從。仲通又自言於朝，請因其立功，縻以冗職，可絶後患。書奏不報。其羅姓者，果復爲害。

仲通宰江寧之上元，有古循吏之風。邑之舊田税不均，貧弱受其弊，仲通爲法以平之。豪猾惡其害己，共爲謗語，借勢於上官以摇其事。人皆爲仲通危，仲通堅處不變，未滿歲而所均者萬七一作二。千室。事業雖百未一施，概是二節，則高明之見，剛勇之氣，發於事者，亦可知已。

嗚呼！人非有古今之殊，特患夫忽近而慕遠耳。如吾仲通之材之美，古獨可以多乎哉？向若天假之年，成就其所學，自當無愧於古人，況使得與古之人並，而親炙於聖人之時乎？則吾知其果不後曾、閔之列矣。

仲通以治平三年五月終於家，熙寧七年二月庚寅葬於濮州鄄城縣遺直鄉之先塋。夫人王氏祔焉。夫人，太子中舍杲之女，賢慧靖淑，雅有法度，及寡居，益自晦重，素衣一食以終身焉，蓋後仲通六年而亡。仲通嘗生二女，皆夭，卒無子，以兄之子孝和爲嗣。

仲通平生相知之深者莫如予，故將葬，其家以誌文來屬，其可辭乎？銘曰：

二氣交運兮，五行順施；剛柔雜揉兮，美惡不齊；稟生之類兮，偏駁其宜；有鍾粹美一作純粹。兮，會元之期。聖雖可學一作學作。兮，所貴者資；便儇皎厲兮，去道遠而；展矣仲通兮，賦材特奇；進復甚勇兮，其造可知。德何完兮命何虧？秀而不實聖所悲。孰能使我無愧辭，後欲有考觀銘詩。

程郎中墓誌

公諱璠，字仲韞，姓程氏，世居中山之博野。宋興，先少師以勳德顯重，賜第京師，始爲開封人。少師諱羽，其媲曰清河太君張氏，襄陵太君賈氏，是生虞部府君諱希振，娶博陵崔氏，封高密縣君，是生尚書府君諱遹。公卽尚書之仲子，母曰孝感太君，長安太君，皆張氏。

公生數歲而孤，教養於伯兄。十六，以族兄廣平文簡公廕，試將作監主簿。始冠，爲常州户曹掾。時朝廷遣使安撫二浙，表言公才，就除明州司法。力抗暴守，數活疑獄。當途者交薦之，遂改京官，知壽州安豐。邑富，多强猾，小民困於侵漁，爲令者常苦其難制。公至未幾，皆斂手莫敢犯，盜賊亦越逸他境。增治芍陂，以廣灌溉，人賴其賜，道路謡頌，聞于京師。大豪陳順謀去其母，給之醉，宿旁舍，因誣以爲嫁，使其黨證之。公察其情，即命捕置，果已亡去。權至能使，監司移其獄，公拒弗與，根索益急。順乃持金謁審官吏，謀去公以緩其事。吏即爲謾奏，移公興元府西縣。公具得行賂狀。人或勸公辨之朝，公曰：「吾豈與吏辨者乎？」曹吏以謬誤自陳，得改洪州之豐城。江水嘗環城，人大饑。邑豪吴氏以貲得官，藏粟閉糴。公召諭之，不從，謂曰：「民餓且死，令亦不敢自保禄位，當杖爾以取之。」吴氏大懼，哀祈請命。於是富人争出粟，民用以濟。

以謀葬其先世，求知河南伊闕縣。秩滿，簽書河東節度判官公事。丁長安太君憂，服除，知永安縣，兼陵臺令。奉陵寢皆中貴人，前令多務姑息，往往侵暴邑人。公待之有方，皆斂戢就法度。內韓贄守洛，醜公正直，誣以非罪，洛人不直其事，讙聞道路，而公卒不自辨。還朝，通判和州。

先是，蔡州妖尼惠普，以左道惑衆，數年之閒，四方響動，奔走奉事，唯恐不至。其後姦跡暴露，有司猶薄其罪，但坐杖背，羈置歷陽。時朝廷當有赦，惠普即詐疾以俟，卒得免杖，人皆神之，謂果不可得而刑也。居和未久，崇奉者稍稍自遠而至，郡守禮之甚謹。公始戾止，會守以謫去，權領郡事。一日捽至庭下，布獄械於前，使具道所以罔人之狀。故其姦謀詭説，皆掀揭呈露，乃正其罪而刑之。有識之士以謂微公之斷，不能解天下之惑。有李洞元者，爲神怪之説，妄言受知昭陵，嘗以金字書賜之，江、淮之閒，從者如市，公亦按置於法。由是遠近悚服。

復通判隰州。歲大饑，力爲賑助，所存活者甚衆。熙寧乙卯夏四月，代還。甲申，以疾終于河南，享年五十七。

公資質瑰壯，明辨剛決，接人誠厚，動有恩意，輕財好義，中懷豁如。材長於治民，嚴而有愛，敏而不苛，區繁劇，常有餘裕。其所斷獄，人自以爲不冤，故前所沿去，久而人思之。識用高爽，有大過人者。凡是山川道途，人物名氏，目所一見，耳所暫聞，閱年雖多，不復忘廢。豐城大邑，公爲之三年，識其民且半，其餘政事條理，從可知矣。

官自衛尉寺丞，九遷爲比部郎中，以年勞賜五品服。始娶倪氏，事姑不謹，公以義罷遣。繼以曹氏，魏襄悼公利用之孫，封仁壽縣君。二子：曰顧，曰頵，皆太廟齋郎。四女：長適國子博士張昭立，次早亡，其二未嫁。

公平生不惑流俗邪妄之説，常曰：「吾死，慎勿爲浮屠事及用陰陽拘忌之術。」公歿，家人奉以從事。熙寧十年仲秋丙申，公兄司農葬公河南府伊陽縣神陰鄉，祔于先塋，且命顥論公之官世才行以誌其墓。

澶娘墓誌銘

澶娘，廣平程顥之幼女也，其父佐澶淵軍而生，故命之曰澶。其第，四十七。生於熙寧四年季秋之丁未，死於十年季夏之壬午。其質端而厚，其氣温而良，其舉動知思，安靜沉遠，殆如老成，衆皆意其福且壽。事固有莫可計者，命矣夫！

始病痘瘡，工藥之過劑。一作劇。善醫者論之曰：「痘瘡之初，誠欲利者也，然當視其氣之彊弱，爲藥之可否；疾之重輕，爲劑之大小。今概以大藥下之，宜其死也。」噫！是亦命歟？人理之未至，吾容當責命於天，言之以爲世戒云耳。悲夫！

瀍娘既死七十五日，而葬於河南伊陽縣神陰鄉先塋之東，與其姊嬌兒同兆。一作穴。銘曰：

合而生，非來；盡而死，非往。然而精氣本於天，形魄歸於地，謂之往亦可矣。

邵堯夫先生墓誌銘

熙寧丁巳孟秋癸丑，堯夫先生疾終于家。洛之人弔哭者，相屬於途，其尤親且舊者，又聚謀其所以葬。先生之子泣以告曰：「昔先人有言，誌於墓者，必以屬吾伯淳。」噫！先生知我者，以是命我，我何可辭？

謹按：邵本姬姓，系出召公，故世爲燕人。大王父令進，以軍職逮事藝祖，始家衡漳。祖德新，父古，皆隱德不仕。母李氏，其繼楊氏。先生之幼，從父徙共城，晚遷河南，葬其親於伊川，遂爲河南人。先生生於祥符辛亥，至是蓋六十七年矣。雍，先生之名，而堯夫其字也。娶王氏。伯温、仲良，其二子也。

先生之官，初舉遺逸，試將作監主簿，後又以爲潁州團練推官，辭疾不赴。

先生始學於百原，堅苦刻厲，冬不爐，夏不扇，夜不就席者數年，衛人賢之。先生嘆曰：「昔人尚友於古，而吾未嘗及四方，遽可已乎？」於是走吳適楚，過一作寓。齊、魯，客梁、晉。久之而歸，曰「道其在是矣」，蓋始有定居之意。

先生少時，自雄其材，慷慨有大志。既學，力慕高遠，謂先王之事爲可必致。及其學益老，德益卲，玩心高明，觀於天地之運化，陰陽之消長，以達乎萬物之變，然後頹然其順，浩然其歸。在洛幾三十年，始至，蓬蓽環堵，不蔽風雨，躬爨以養其父母，居之裕如。講學於家，未嘗强以語人，而就問者日衆。鄉里化之，遠近尊之，士人之道洛者，有不之公府，而必之先生之廬。

先生德氣粹然，望之可知其賢，然不事表暴，不設防畛，正而不諒，通而不汙，清明坦夷，洞徹中外，接人無貴賤親疎之間，羣居燕飲，笑語終日，不取甚異於人，顧吾所樂何如耳。病畏寒暑，常以春秋時行遊城中，士大夫家聽其車音，倒屣迎致，雖兒童奴隸，皆知懽喜尊奉。其與人言，必依於孝弟忠信，樂道人之善，而未嘗及其惡，故賢者悦其德，不賢者服其化，所以厚風俗、成人材者，先生之功一有爲字。多矣。

昔七十子學於仲尼，其傳可見者，惟曾子所以告子思，而子思所以授孟子者耳。其餘門人，各以其材之所宜一有者字。爲學，雖同尊聖人，所因而入者，門户則衆矣。況後此千餘歲，師道不立，學者莫知其從來。獨先生之學爲有傳也。先生得之於李挺之，挺之得之於穆伯長，推其源流，遠有端緒。今穆、李之言及其行事，概可見矣。而先生淳一不雜，汪洋浩大，乃其所自得者多矣。然而名其學者，豈所謂門户之衆，各有所因而入者歟？語成德者，昔難其居。若先生之道，就所至而論之，可謂安且成矣。

先生有書六十二卷，命曰皇極經世；古律詩二千篇，題曰擊壤集。先生之葬，附于先塋，實其終之年孟冬丁酉也。銘曰：

嗚呼先生，志豪力雄；闊步長趨，凌高厲空；探幽索隱，曲暢旁通。在古或難，先生從容；有問有觀，以飫以豐。天不慭遺，哲人之凶；鳴皐在南，伊流在東；有寧一宮，先生所終。

華陰侯先生墓誌銘

先生姓侯氏，名可，字無可。其先太原人，宦學四方，因徙家華陰。少時倜儻不羈，以氣節自喜。既壯，盡易前好，篤志爲學。祁寒酷暑，未嘗廢業，博極羣書，聲聞四馳，就學者日衆，雖邊隅遠人，皆願受業。諸侯交以書幣迎致，有善其禮命者，亦時往應之。故自陝而西，多宗先生之學。

元昊盜邊，時名卿賢儒，結轍西使，服先生之名，莫不願見。親老而家益貧，思得禄養，勉就科舉。再試春官，卒無所遇。因喟然太息曰：「丈夫之事，止於是乎？」會蠻酋儂智高攻陷二廣，孫威敏公奉命出征，習先生之賢，請干其軍事。先生奮然從之，振旅奏功。

初命武爵，言事者以爲非宜，遂改文資，調知巴州化成縣。巴俗尚鬼而廢醫，惟巫言是用，雖父母之疾，皆棄去弗視。先生誨以義理，嚴其禁戒，或親至病家，爲視醫藥，所活既衆，人亦知化。巴人娶婦，必責財於女氏，貧人至有老不得嫁者。先生爲立制度，稱其家之有無，與之約曰：「踰是者有誅。」未閱歲，邑無過時之女，遂變其俗。巴山土薄民貧，絲帛之賦反倍他所，日益凋弊。先生抗議計司，爭之數十，卒得均之。旁郡境多虎暴，農者不敢朝暮耕，商旅俟衆而後行。先生日夜治器械，發徒衆，親執弓矢，與之從事，迹而追之，遠或數百里，所殺不可勝數，後皆避人遠去，不復爲害。

再調耀州華原主簿。有富人不占地籍，惟以利誘貧民而質其田券，多至萬畝，歲責其入。先生晨馳至其家，發櫝出券，召其主而歸之，失業者復安其生。郡胥趙至誠，貪狡凶暴，持郡吏短長而爲姦利，前後爲守者莫能去，一郡患之。先生暴其罪，荷校置于獄。自守而下，畏恐生禍，交爲之請。先生不顧，卒言於帥府而誅之，聞者快服。

用薦者，監慶州折博務。歲滿，授儀州軍事判官。計省第折博之最，就改大理評事。部使者丐留，遂復簽書本官事。韓忠獻公鎮長安，薦知涇陽縣。至則鑿小鄭一作鄭。泉以廣灌溉，議復鄭白舊利。未幾，召至闕下，得對便殿。始命計工興役，旋復專總其事。邀功害能之人，疾其不自己出，渠功有緒而讒毁交至，以微文細故爲先生罪，遂罷其役，美利不究，論者惜之。元豐己未季夏，先生以疾終於家，享年七十有三。

先生純誠孝友，剛正明決，非其義一毫不以屈於人，視貪邪姦佞若寇賊仇怨，顯攻面數，意其人改而後已。雖甚貴勢，視之藐然。遇人之善，友之助之，欲其成達，不啻如在己也。博物强記，貫涉萬類，若禮之制度，樂之形聲，詩之比興，易之象數，天文地理，陰陽氣運，醫藥算數之學，無不究其淵源。先生發强壯厲，勇於有爲，而平易仁恕，中懷洞然。至於輕財樂義，安貧守約，急人之急，憂人之憂，謀其道不謀其利，忠於君不顧其身，古人所難能者，先生安而行之，蓋出於自然，非勉强所及。

少與中顔爲友，易衣互出，而謀食以養，一家如一。顔病，先生徒步千里，爲之求醫。歸而顔死矣，其目不瞑。人曰：「其待侯君乎？」未斂而先生至，撫之而瞑。顔謀葬其先世而未能，顔死無子，又不克葬，先生辛勤百圖，不足則賣衣以益之，卒襄其事。時方天寒，先生與其子單服以居。適有饋白金者，先生顧顏之孤妹爲憂，未遑卹己，遂以嫁之。近世朋友道薄，臨患難鮮不愛其力，聞先生之風，可以激頹波而起廢疾。

先生家無甑石之儲，而人有不得其所者，必以先生爲歸。非力能也，誠使然也。一日自遠歸，家人方以窶告。友人郭行者詣門曰：「吾父病亟，醫須百千乃爲治，賣吾廬而不售。」先生憫然，計囊中裝適當其數，盡以與之。嘗隨計詣京師，里中出金賻行，比還，悉散其所餘，曰：「此金，鄉里所以資應詔也，不可以爲他利，當與同舉者共之。」且行，聞鄉人有病於逆旅者，先生曰：「吾歸則彼死矣。」遂留不去。病者瘉，貧無以爲車乘。先生曰：「子行則未能，留則將困。」因推其馬與之，躧步而歸。其克己濟物，若是者多矣。

少喜穰苴孫武之學，兵家事無所不通。尤詳於西北形勢，談其山川道路、郡縣部族，纖細備具，聽之者宛如在目前。一無此字。熙河未開之時，一作前。韓忠獻公請先生謀渭源之地。先生馳至境上，召其酋豪六百人，諭以朝廷恩德，爲明利害，皆感悟喜躍，翌日，詣軍門輸土納一作聽。命，願爲藩籬。一塵不驚，而開地八千頃，因城熟羊以撫之。忠獻公上其功，朝廷賞以減考績之年。治平中，虜嘗寇邊，主將出兵禦戰，轉運使以爲妄舉，互言於朝。時虜去未遠，遣先生按視其迹，受命卽行，人皆爲之寒心。先生以數十騎馳涉虜境，日暮猝與虜遇，乃分其騎爲三四，令之曰：「高爾旗幟，旋山徐行。」虜循環間見，疑以爲大兵誘己，終不敢擊。秦州舊苦蕃酋反覆，縶其親愛而質之，多至七百人，久者已數十歲，公家之費不貲，雜羌離怨益甚。其後釋而歸之，戎人感一作悦。服，乃先生發其謀也。

平生以勸學新民爲己任。主華學之教育者幾二十年。官之所至，必爲之治學舍，興絃誦，其所以成就材德，可勝道哉？先生之文，尤長於詩，晚益玩心於天人性命之學，其自樂者深矣。病革，命其子曰：「吾死，慎勿爲浮屠事。焚楮貨，徼福覬利，非吾志也。」嗚呼！死而不忘於正，可謂至矣。

大王父諱元，王父諱鬲，當五代之亂，皆隱德弗耀。父諱道濟，潤州丹徒令，贈尚書比部員外郎。母刁氏，追封福昌縣太君。妻一作其媲。劉氏，早卒，封延長縣君。繼以其妹，封永壽縣君。二子：曰孚、曰淳。三孫，尚幼。先生之官，自評事四遷爲殿中丞，階宣奉郎，勳騎都尉，服賜五品。既終之明年仲春八日，葬於華陰縣保德鄉先塋之次，舉前夫人祔焉。

顥先生女兄之子也，知先生之道爲詳，故得論載行治之美，以詔後人。銘曰：

南山崇崇，其下也先生之宮；惟其清風，與山無窮。

祭彭侍郎文

悠悠彼蒼，顧佑有常；如何不淑，殲時之良？胡不憖遺，以慰士大夫之望？嗚呼！哀哉！昔我稱齒，爲公所器；教之誨之，實妻以子。二姓之歡，疇可倫擬？逾二十年，顧愛終始。我謫河北，公薨建康，義不得往，神魂飛翔。望南風一作浦。之蕭條，想丹旐之悠揚。淚如流水，不到公之堂；號聲動天，不徹公之喪。

惟公德尊本朝，行高當世；爲四國之矜式，被三朝之注倚；風誼傳於後人，事業存乎國史；磊落明白，掀揭天地。縱緜百世之長，公爲不亡。雖竭無能之鄙辭，何足以增盛德之輝光？惟寓愚之誠兮，因遠致乎肴觴。公其來饗兮，慰余之悲傷！長言恩禮之厚兮，知何時之可忘？嗚呼！哀哉！伏惟尚饗！

祭富韓公文

維元豐六年，歲次癸亥，十一月壬寅朔，十九日庚申，奉議郎監汝州鹽酒稅，輕車都尉，賜緋魚袋程顥，謹遣外甥張敷，以清酌庶羞之奠，敢昭告于太尉文忠公之靈。

嗚呼！粤稽古昔，得全實難；惟夔、契出乎唐、虞之際，而姬、吕位乎文、武之閒。其餘雖有鉅賢碩輔，僅或濟一時之險艱；真儒大聖，多處非其位而孤騫。孰如我公，道行乎重熙累洽之運，而身享乎尊富安榮之完；事繫天下之重，位極人臣之班？生逢四世，皆上聖之主；時歷七紀，膺太平之安。勳業揭乎日月，聞望塞乎天淵，優游里第者猶十有三年。於人之職，可謂無負；在天之理，亦爲曲全。然而捐館之日，遠近聞之，孰不齎咨而涕漣？尚以公之没也，爲有憾焉。

嗚呼！世之常態，苟於自便；終始之節，艱於永肩；屏伏者以憂責不及而怠懈，休老者以血氣既衰而志遷。惟公年彌高而志愈厲，身久退而誠益堅，惟是愛君憂國之道，極晝夜之拳拳。迨乎瞑目之旦，屬纊之前，萬物已莫累乎心胸，而朝廷之念獨有進乎昔日之當權。宜乎易名之謚典，號爲摭實；祭册之聖詔，極於哀憐。則士大夫以公之没爲憾者，蓋非偶然。

頤愚不肖，辱公禮遇；顧相期於義理，非見私於趨附。公薨於洛，賤居在汝；官守有制，欲往無路；斂不望棺，葬不臨墓；引領西風，悲慟何數！誠寓鄙文，祭陳菲具；恭崇道周，後期無所。嗚呼！哀哉！伏惟尚饗！

河南程氏文集卷第五

伊川先生文一

上書

上仁宗皇帝書皇祐二年。

草莽賤臣程頤，謹昧死再拜上書皇帝闕下。臣伏觀前古：聖明之主，無不好聞直諫，博采芻蕘，故視益明而聽益聰，紀綱正而天下治；昏亂之主，無不惡聞過失，忽棄正言，故視益蔽而聽益塞，紀綱廢而天下亂：治亂之因，未有不由是也。伏惟陛下：德侔天地，明並日月，寬慈仁聖，自古無比，曷嘗害一忠臣，戮一正士。羣臣雖有以言事得罪者，旋復拔擢，過其分際，此千載一遇，言事之秋也。桀、紂暴亂，殘賊忠良，然而義士不顧死以盡其節。明聖在上，其仁如天，布衣之士雖非當言責也，苟有可以裨聖治，何忍默默而不言哉？今臣竭其愚忠，非有斧鉞之虞也。所慮進言者至衆，豈盡有取，狂愚必多，而陛下因謂賤士之言無適用者。臣雖披心腹，瀝肝膽，不見省覽，祇成徒爲，此臣之所懼也。儻或陛下少留聖慮，則非臣之幸，實天下之幸。臣請自陳所學，然後以臣之學議天下之事。

臣所學者，天下大中之道也。聖人性之爲聖人，賢者由之爲賢者，堯、舜用之爲堯、舜，仲尼述之爲仲尼。其爲道也至大，其行之也至易，三代以上，莫不由之。自秦而下，衰而不振；魏、晉之屬，去之遠甚；漢、唐小康，行之不醇。自古學之者衆矣，而考其得者蓋寡焉。

道必充於己，而後施以及人；是故道非大成，不苟於用。然亦有不私其身，應時而作者也。出處無常，惟義所在。所謂道非大成，不苟於用，顏回、曾參之徒是也。天之大命在夫子矣，故彼得自善其身，非至聖人則不出也。在於平世，無所用者亦然。所謂不私其身，應時而作者，諸葛亮及臣是也。亮感先主三顧之義，閔生民塗炭之苦，思致天下於三代，義不得自安而作也。如臣者，生逢聖明之主，而天下有危亂之虞，義豈可苟善其身，而不以一言悟陛下哉？故曰出處無常，惟義所在。

臣請議天下之事。不識陛下以今天下爲安乎？危乎？治乎？亂乎？烏可知危亂而不思救之之道！如曰安且治矣，則臣請明其未然。方今之勢，誠何異於抱火厝之積薪之下而寢其上，火未及然，因謂之安者乎？書曰：「民惟邦本，本固邦寧。」竊惟固本之道，在於安民；安民之道，在於足衣食。今天下民力匱竭，衣食不足，春耕而播，延息以待，一歲失望，便須流亡。以此而言，本未得爲固也。臣料陛下仁慈，愛民如子，必不忍使之困苦，一至於是。臣竊疑左右前後壅蔽陛下聰明，使陛下不得而知。今國家財用，常多不足，不足則責於三司，三司責諸路轉運。轉運何所出？誅剝於民爾。或四方有事，則多非時配卒，毒害尤深。急令誅求，竭民膏血，往往破產亡業，骨肉離散。衆人觀之，猶可傷痛；陛下爲民父母，豈不憫哉？

民無儲備，官廩復空。臣觀京師緣邊以至天下，率無二年之備。卒有連歲凶災，如明道中，不知國家何以待之？坐食之卒，計踰百萬，既無以供費，將重斂於民，而民已散矣。强敵乘隙於外，姦雄生心於內，則土崩瓦解之勢，深可虞也。太寧之世，聖人猶不忘爲備，必有九年之蓄，以待凶歲。況今百姓困苦，愁怨之氣上衝於天，災沴凶荒，是所召也。陛下能保其必無乎？中民之家有十金之産，子孫不能守，則人皆謂之不孝。陛下承祖宗基業，而前有土崩瓦解之勢，可不懼哉？

戎狄强盛，自古無比。幸而目前尚守盟誓，果能以金帛厭其欲乎？能必料其常爲今日之計乎？則夫沿邊豈宜無備？益以兵則用不足，省其戍則力弗支，皆非長久之策也。前者昊賊叛逆，西垂用兵，數年之閒，天下大困。蓋内外經制，多失其宜，陝西之民，苦毒尤甚。及多逃散，重以軍法禁之，以至人心大怨，皆有思寇之言。悖逆之深，不敢以聞聖聽，顧恐陛下亦頗知之。故曰：「無恒産而有恒心者，惟士爲能。」彼庶民者，飢寒既切於内，父子不相保，尚能顧忠義哉？非民無良，政使然也。當時秦中，寇盜屢起，儻稽撲滅，必多響應，幸而尋時盡能誅翦。尚賴社稷之福，西虜亦疲，彼知未可遠圖，遂且詭辭稱順。向若更相牽制，未得休兵，内釁將生，言之可駭。今天下勢敝，不比景祐以前。復有如曩時之役，臣愚竊恐不能堪矣。況爲患者，豈止西戎？臣每思之，神魂飛越。不知朝廷議者以爲如何，亦嘗置之慮乎？其謂制之無術乎？

臣竊謂今天下猶無事，人命未甚危，陛下宜早警惕於衷，思行王道。不然，臣恐歲月易失，因循不思，事勢觀之，理無常爾。雖我太祖之有天下，救五代之亂，不戮一人，自古無之，非漢、唐可比，固知趙氏之祀安於泰山。然而損陛下之聖明，陷斯民於荼毒，深可痛也。臣料羣臣，必未嘗有爲陛下陳王道者，以陛下聖明，豈有言而不行者乎？

竊惟王道之本，仁也。臣觀陛下之仁，堯、舜之仁也。然而天下未治者，誠由有仁心而無仁政爾。故孟子曰：「今有仁心仁聞，而民不被其澤，不可法於後世者，不行先王之道也。」陛下精心庶政，常懼一夫不獲其所，未嘗以一喜怒殺一無辜；官吏有犯入人罪者，則終身棄之。是陛下愛人之深也。然而凶年飢歲，老弱轉死於溝壑，壯者散而之四方，爲盜賊，犯刑戮者，幾千萬人矣。豈陛下愛人之心哉？必謂歲使之然，非政之罪歟？則何異於刺人而殺之，曰「非我也，兵也」？三代之民，無是病也。豈三代之政不可行於今邪？州縣之吏有陷人於辟者，陛下必深惡之，然而民不知義，復迫困窮，放辟邪侈而入於罪者，非陛下陷之乎？必謂其自然，則教化，聖人之妄言邪？

天下之治，由得賢也。天下不治，由失賢也。世不乏賢，顧求之之道如何爾。今夫求賢，本爲治也。治天下之道，莫非五帝、三王、周公、孔子治天下之道也。求乎明於五帝、三王、周公、孔子治天下之道者，各以其所得大小而用之。有宰相事業者，使爲宰相；有卿大夫事業者，使爲卿大夫；有爲郡之術者，使爲刺史；有治縣之政者，使爲縣令。各得其任，則無職不舉，然而天下弗治者，未之有也。

國家取士，雖以數科，然而賢良方正，歲止一二人而已，又所得不過博聞强記之士爾；明經之屬，唯專念誦，不曉義理，尤無用者也。最貴盛者，唯進士科，以詞賦聲律爲工。詞賦之中，非有治天下之道也；人學之以取科第，積日累久，至於卿相。帝王之道，教化之本，豈嘗知之？居其位，責其事業，則未嘗學之。譬如胡人操舟，越客爲御，求其善也，不亦難乎？往者丁度建言，「祖宗以來，得人不少」，愚瞽之甚，議者至今切齒。使墨論墨，固以墨爲善矣。

今天下未治，誠由有君而無臣也。豈世無人？求之失其道爾。苟欲取士必得，豈無術哉？王道之不行二千年矣。後之愚者，皆云時異事變，不可復行，此則無知之深也。然而人主往往惑於其言。今有人得物於道，示玉工，曰玉也；示衆人，曰石也。則將〔一〕以玉工爲是乎？以衆人爲然乎？必以玉工爲是矣。何則？識與不識也。聖人垂教，思以治後世，而愚者謂不可行於今。則將守聖人之道乎？從衆人之言乎？謂衆人以王道可行，其猶詰瞽者以五色之鮮，詢聾者以八音之美，其曰不然，宜也。彼非憎五色而惡八音，聞見限也。

臣觀陛下之心，非不憂慮天下也。以陛下憂慮天下之心行王道，豈難乎哉？孟子曰：「以齊王，猶反手也。」又曰：「師文王，大國五年，小國七年，必爲政於天下矣。」以諸侯之位，一國之地，五年可以王天下。況陛下居天子之尊，令行四海，如風之動，苟行王政，奚啻反手之易哉？昔者大禹治水，八年於外，三過其門而不入，思以利天下，雖勞苦不避也。今陛下行王政，非有苦身體勞思慮之難也，何憚而不爲哉？孝經曰：「立身行道，揚名於後世，以顯父母，孝之終也。」匹夫猶當行道以顯父母，況陛下貴爲天子，豈不發憤求治，思齊堯、舜，納民仁壽，上光祖考，垂休無窮？凡所謂孝，無大於此者也。

臣以謂：治今天下，猶理亂絲，非持其端，條而舉之，不可得而治也。故臣前所陳，不及歷指政治之闕，但明有危亂之虞，救之當以王道也。然而行王之道，非可一二而言，願得一面天顔，罄陳所學。如或有取，陛下其置之左右，使盡其誠；苟實可用，陛下其大用之；若行而不效，當服罔上之誅，亦不虛受

〔一〕徐本「將」作「當」。

陛下爵禄也。

陛下問羣臣，羣臣必謂寒賤之士，未可使近上側。自臣思之，以爲不然。臣高祖羽，太祖朝年六十餘，爲縣令，一言遭遇，聖祖特加拔擢，攀附太宗，終於兵部侍郎。顧遇之厚，羣臣無比，備存家牒，不敢繁述。臣曾祖希振，既以父任，後祖遹復被推恩。國家録先世之勳臣，父珣又蒙延賞，今爲國子博士。非有横草之功，食君禄四世，一百年矣。臣料天下受國恩之厚，無如臣家者。臣自識事以來，思爲國家盡死，未得其路爾。則臣進見，宜無疑也。或者更爲强詞，言其不可，此乃自負陰私，懼防詆訐者也。

伏望陛下出於聖斷，勿徇衆言，以王道爲心，以生民爲念，黜世俗之論，期非常之功。昔漢武笑齊宣不行孟子之説，自致不王，而不用仲舒之策；隋文笑漢武不用仲舒之策，不至於道，而不聽王通之言。二主之昏，料陛下亦嘗笑之矣。臣雖不敢望三子之賢，然臣之所學，三子之道也。陛下勿使後之視今，猶今之視昔，則天下不勝幸甚！望陛下特留意焉。臣愚無任踰越狂狷恐懼之極，臣頤昧死頓首謹言。

代彭思永上英宗皇帝論濮王典禮疏〔一〕治平二年四月。

臣思永言：伏見近日以濮王稱親事，言事之臣章奏交上，中外論議沸騰。此蓋執政大臣違亂典禮，左右之臣不能開陳理道，而致陛下聖心疑惑，大義未明。臣待罪憲府，不得不爲陛下明辨其事。竊以濮王之生陛下，而仁宗皇帝以陛下爲嗣，承祖宗大統，則仁廟，陛下之皇考；陛下，仁廟之適子，濮王，陛

〔一〕呂本題目作「代彭中丞上英宗皇帝論濮王稱親疏」。

下所生之父，於屬爲伯；陛下，濮王出繼之子，於屬爲姪。此天地大義，生人大倫，如乾坤定位，不可得而變易者也。固非人意所能推移，苟亂大倫，人理滅矣。陛下仁廟之子，則曰父，曰考，曰親，乃仁廟也。若更稱濮王爲親，是有二親。則是非之理昭然自明，不待辯論而後見也。

然而聖意必欲稱之者，豈非陛下大孝之心，義雖出繼，情厚本宗，以濮王實生聖躬，曰伯則無以異於諸父，稱王則不殊於臣列，思有以尊大，使絶其等倫？如此而已，此豈陛下之私心哉？蓋大義所當，典禮之正，天下之公論。而執政大臣不能將順陛下大孝之心，不知尊崇之道，乃以非禮不正之號上累濮王，致陛下於有過之地，失天下之心，貽亂倫之咎。言事之臣又不能詳據典禮，開明大義，雖知稱親之非，而不知爲陛下推所生之至恩，明尊崇之正禮，使濮王與諸父夷等，無有殊别。此陛下之心所以難安而重違也。

臣以爲所生之義，至尊至大。雖當專意於正統，豈得盡絶於私恩？故所繼主於大義，所生存乎至情。至誠一心，盡父子之道，大義也；不忘本宗，盡其恩義，至情也。先王制禮，本緣人情。既明大義以正統緒，復存至情以盡人心。是故在喪服恩義，别其所生，蓋明至重，與伯叔不同也。此乃人情之順，義理之正，行於父母之前，亦無嫌閒。至於名稱，統緒所繫，若其無别，斯亂大倫。

今濮王陛下之所生，義極尊重，無以復加，以親爲稱，有損無益。何哉？親與父同，而所以不稱父者，陛下以身繼大統，仁廟父也，在於人倫，不可有貳，故避父而稱親。則是陛下明知稱父爲決不可也。既避父而稱親，則是親與父異。此乃姦人以邪説惑陛下，言親義非一，不止謂父。臣以謂取父義，則與稱父正同，決然不可；不取父義，則其稱甚輕。今宗室疎遠卑幼，悉稱皇親，加於所生，深恐非當。孝者以誠爲本，乃以疑似無正定之名，黷於所尊，體屬不恭，義有大害。稱之於仁廟，乃有嚮背之嫌；去之於濮王，不損所生之重；絶無小益，徒亂大倫。

臣料陛下之意，不必須要稱親，止謂不加殊名，無以別於臣列。臣以爲不然。推所生之義，則不臣自明；盡致恭之禮，則其尊可見。況當揆量事體，別立殊稱，要在得盡尊崇，不愆禮典。言者皆欲以高官大國加於濮王，此甚非知禮之言也。先朝之封，豈陛下之敢易？爵秩之命，豈陛下之敢加？臣以爲當以濮王之子襲爵奉祀，尊稱濮王爲濮國太王，如此則夐然殊號，絶異等倫。凡百禮數，必皆稱情，請舉一以爲率。借如既置嗣襲，必伸祭告，當曰姪嗣皇帝名，敢昭告于皇伯父濮國太王。自然在濮國極尊崇之道，於仁廟〔一〕無嫌貳之失，天理人心，誠爲允合。不獨正今日之事，可以爲萬世之法。復恐議者以太宇爲疑，此則不然。蓋繫於濮國下，自於大統無嫌。

今親之稱，大義未安。言事者論列不已，前者既去，後者復然，雖使臺臣不言，百官在位亦必繼進，理不可奪，勢不可遏，事體如此，終難固持。仁宗皇帝在位日久，海寓億兆涵被仁恩。陛下嗣位之初，功德未及天下，而天下傾心愛戴者，以陛下仁廟之子也。今復聞以濮王爲親，含生之類，發憤痛心。蓋天下不知陛下孝事仁皇之心，格於天地，尊愛濮王之意，非肯以不義加之；但見誤致名稱，所以深懷疑慮，謂濮王既復稱親，則仁廟不言自絶，羣情洶懼，異論喧嚣。夫王者之孝，在乎得四海之歡心，胡爲以

〔一〕徐本、呂本「仁廟」作「仁皇」。

不正無益之稱，使億兆之口指斥謗讟，致濮王之靈不安於上？臣料陛下仁孝，豈忍如斯。皆由左右之臣不能爲陛下開明此理在於神道，不遠人情。故先聖謂事死如事生，事亡如事存。設如仁皇在位，濮王居藩，陛下既爲冢嗣，復以親稱濮王，則仁皇豈不震怒？濮王豈不惻懼？是則君臣兄弟立致釁隙，其視陛下當如何也？神靈如在，亦豈不然？以此觀之，陛下雖加名稱，濮王安肯當受？

伏願陛下深思此理，去稱親之文，以明示天下，則祖宗濮王之靈交歡於上，皆當垂祐陛下，享福無窮，率土之心，翕然慰悦，天下化德，人倫自正，大孝之名光於萬世矣。夫姦邪之人，希恩固寵，自爲身謀，害義傷孝，以陷陛下。今既公論如此，不無徊徨，百計搜求，務爲巧飾，欺罔聖聽，枝梧言者，徼冀得已，尚圖自安，正言未省，而巧辯已至，使陛下之心無由而悟。伏乞將臣此章，省覽數遍，裁自宸衷，無使姦人與議。其措心用意，排拒人言，隱迹藏形，陰贊陛下者，皆姦人也。幸陛下察而辨之，勿用其説，則自然聖心開悟，至理明白，天下不勝大願。

爲家君應詔上英宗皇帝書〔一〕治平二年。

臣珦言：伏覩八月八日詔敕，以比年以來，水潦爲沴，八月庚寅大雨，應中外臣僚並許上實封言時政闕失及當世利病。此蓋皇帝陛下承祖宗大業，嚴恭天命，祗畏警懼之深也。天下士民欽聞德音，苟有知見，孰不願披忠瀝懇，上達天聽？臣雖至愚，官爲省郎，職分郡寄，敢不竭其區區之誠，以應明詔。

〔一〕吕本題目作「爲太中上神宗皇帝應詔書」。

惟陛下寬其狂易之誅，賜之省覽，則天下幸甚！

臣聞水旱之沴，由陰陽之不和；陰陽不和，繫政事之所致。是以自昔明王，或遇災變，則必警懼以省躬之過，思政之闕，廣延衆論，求所以當天心，致和氣，故能消弭變異，長保隆平。昔在商王中宗之時，有桑穀之祥；高宗之時，有雊雉之異；二王以爲懼而修政行德，遂致王道復興，皆爲商宗，百世之下頌其聖明。今陛下嗣位之初，比年陰沴，聖心警畏，下明詔以求政之闕，誠聖明之爲也。然臣觀近古以來，引咎之詔，自新之言，亦世有之。其如人君不由於至誠，天下徒以爲虚語，豈復有如商之二宗興王道於既衰者乎？臣願陛下因此天戒，奮興善治，思商宗之休實，鑒後代之虚飾，不獨消復災沴於今日，將永保丕基於無窮。

伏觀詔旨：「時政闕失，當世利病，可以佐元元者，悉心以陳，毋有所諱。」臣竊惟天下之勢所甚急者，在安危治亂之機；若夫指一政之闕失，陳一事之利病，徒爲小補，不足以救當世之弊，而副陛下勤求之意也。所謂安危治亂之機，臣請條其大端。

所謂安且治者：朝廷有綱紀權持，總攝百職庶務，天下之治，如網之有綱，裘之有領，舉之而有條，委之而不紊也；郡縣之官，得人而職修，惠養有道，朝廷政化宣達于下也；百姓安業，衣食足而有恒心，知孝悌忠信之教，率之易從，勞之不怨，心附於上，固而不可摇也；化行政肅，無姦宄盜賊之患，設有之，不足爲慮，蓋有殲滅之備，而無響應之虞也；民心和而陰陽順，無水旱蟲螟之災，雖有之，不能爲害，蓋倉廩實而府庫充，官用給於上，民食足於下也；武備修而威靈振，蠻夷戎狄無敢不服，雖有之，不足爲憂，蓋甲兵利而儲備豐，將善謀而士素練也。

此六者，所謂安且治者。今之事，一皆反是。朝廷紀綱汗漫離散，莫可總攝，本原如此，治將安出？郡縣之官，選不以道，更易之數，雖時謂才者，尚莫能稱其職，況庸常者乎？循常苟安，狃以成俗，舉世以爲當然。政治廢亂，生民困苦，朝廷雖有惠澤，孰能宣布以達于下？所與共理者如此，天下斯可知矣。百姓窮蹙，日以加甚，而重斂繁賦，消削之不息；天下戶口雖衆，而自足者益寡。司牧者治其事爾，非有師保左右之也，其善惡勤惰，趨利避害，或昧而反之，一從其自然，而困之陷之之道又非一塗。人用無聊，苟度歲月，驅之於治則難格，率之於惡則易揺。民惟邦本，本根如是，邦國奈何？民無生業，極困則慮生；不漸善教，思利而志動；乘閒隙則萌姦宄，逼凍餒則爲盜賊。今茲幸無大故，尚爾苟安，設或遇大饑饉，有大勞役，姦雄一呼，所在必應。以今無事之時，尚恐力不能制，況勞擾多事之際乎？天下安危，實繫於此。保民之道，以食爲本。今自京師至于天下，計平時之用，率無三年之蓄，民閒空匱，則又甚焉。以萬室之邑觀之，有厚蓄者百無二三，困衣食者十居六七，統而較之，天下虛竭可知矣。豐年樂歲，飢寒見於道路，一穀不稔，便致流轉，卒有方數千里連數年之水旱，不知可以待之？姦盜蜂起於內，夷狄乘隙於外，雖欲爲之，未如何矣。戎狄强盛，古未有比，歲輸金帛以修好，而好不可恃；窮天下之力以養兵，而兵不足用。尚幸二虜無謀，厭小欲而忘大利，故我得以紓朝夕之急。若其連衡而來，則必興數十萬之衆，宿於邊境，饋餉不繼，財用不充，將何以濟乎？驕惰之兵，縱無奔潰之患；曠日持久，終有窮極之虞。又況征斂興發，而民人轉亡；饑饉愁怨，而姦雄競起。事至於此，興衰可知。以今觀之，天下之勢，安乎？危乎？

凡此數端，皆有危亡之虞，而未至於是者，不識朝廷制置能使之然邪？抑亦天幸而偶然邪？幸然之事，其可常乎？先皇帝至仁格天地，保持之以至於今，歷時既已久，言者既已多，朝廷遂以爲果不足憂也，可以常然，姑維持之而已，雖聞至深至切之言，不爲動也。嗚呼！貽天下之患，必由於是乎！今天下尚無事，朝廷宜急思所以救時之道。不然，臣恐因循歲月，前之所陳者一事至，則爲之晚矣。中人之家，有百金之産，子孫保守，不敢不念。陛下承祖宗大業，可不懼乎？

今言當世之務者，必曰所先者：寬賦役也，勸農桑也，實倉廩也，備災害也，修武備也，明教化也。此誠要務，然猶未知其本也。臣以爲所尤先者有三焉，請爲陛下陳之。一曰立志，二曰責任，三曰求賢。今雖納嘉謀，陳善算，非君志先立，其能聽而用之乎？君欲用之，非責任宰輔，其孰承而行之乎？君相協心，非賢者任職，其能施於天下乎？三者本也，制於事者用也。有其本，不患無其用。

三者之中，復以立志爲本，君志立而天下治矣。所謂立志者，至誠一心，以道自任，以聖人之訓爲可必信，先王之治爲可必行，不狃滯於近規，不遷惑於衆口，必期致天下如三代之世，此之謂也。夫以一夫之身，立志不篤，則不能自修，況天下之大，非體乾剛健，其能治乎？自昔人君，孰不欲天下之治？然而或欲爲而不知所措，或始鋭而不克其終，或安於積久之弊而不能改爲，或惑於衆多之論而莫知適用。此皆上志不立故也。

臣觀朝廷，每有善政，鮮克堅守，或行之而天下不從，請舉近年一二事以明之。朝廷以今之任人未嘗選擇，一用薦舉之定式，患所舉不得其人也，故詔以飭之，非不丁寧，然而當其任者如弗聞也。陛下以爲自後所舉果得其人乎？曾少異於舊乎？又以守令數易之害治也，詔廉察之官，舉其有善政者俾之再任，于今未聞有應詔者。豈天下守令無一人有善政邪？苟誠無之，朝廷負生民，不已甚乎？且以爲善而行之，何不使天下奉承以見其效？若曰：「非不欲必行也，奈天下不從何？」如此則是政令不行矣，將如天下何？此亦在陛下而已。苟陛下之志先立，奮其英斷以必行之，雖彊大諸侯，跋扈藩鎮，亦將震懾，莫敢違也，況郡縣之吏乎？故臣願陛下以立志爲先，如臣前所陳，法先王之治，稽經典之訓，篤信而力行之，救天下深沈固結之弊，爲生民長久治安之計，勿以變舊爲難，勿以衆口爲惑，則三代之治可望於今日也。

若曰人君所爲，不可以易，易而或失，其害則大。臣以爲不然。稽古而行，非爲易也。歷觀前史，自古以來，豈有法先王，稽訓典，將大有爲而致敗亂者乎？惟動不師古，苟安襲弊，卒至危亡者則多矣。事據昭然，無可疑也。願陛下不以臣之疏賤而易其言，則天下幸甚！

所謂責任者：夫以海宇之廣，億兆之衆，一人不可以獨治，必賴輔弼之賢，然後能成天下之務。自古聖王，未有不以求任輔相爲先者也。在商王高宗之初，未得其人，則恭默不言，蓋事無當先者也。及其得說而命之，則曰濟川作舟楫，歲旱作霖雨，和羹惟鹽梅，其相須倚賴之如是。此聖人任輔相之道也。

夫圖任之道，以慎擇爲本。擇之慎，故知之明；知之明，故信之篤；信之篤，故任之專；任之專，故禮之厚而責之重。擇之慎，則必得其賢；知之明，則仰成而不疑；信之篤，則人致其誠；任之專，則得盡其才；禮之厚，則體貌尊而其勢重；責之重，則其自任切而功有成。是故推誠任之，待以師傅之禮，坐而論道，責之以天下治，陰陽和；故當之者，自知禮尊而任專，責深而勢重，則挺然以天下爲己任，故能稱其職也。雖有姦諛巧佞，知其交深而不可閒，勢重而不可搖，亦將息其邪謀，歸附於正矣。

後之任相者異於是。其始也不慎擇，擇之不慎，故知之不明；知之不明，故信之不篤；信之不篤，故任之不專；任之不專，故禮之不厚，而責之亦不重矣。擇不慎，則不得其人；知不明，則用之猶豫；信不篤，則人懷疑慮；任不專，則不得盡其能；禮不厚，則其勢輕而易搖；責不重，則不稱其職。是故任之不盡其誠，待之不以其禮，僕僕趨走，若吏史然，文案紛冗，下行有司之事。當之者自知交不深而其勢輕，動懷顧慮，不肯自盡，上懼君心之疑，下虞羣議之奪，故蓄縮不敢有爲，苟循常以圖自安爾。君子弗願處也。姦邪之人亦知其易搖，日伺閒隙。如是其能自任以天下之重乎？

若曰非任之艱，知之惟艱，且何以知其賢而任之？或失其人，治亂其繫。此人君所以難之也。臣以爲知人誠難，亦繫取之之道如何爾。皋陶爲帝舜謨曰：「在知人。」禹吁而難之，及其陳九德，載采采，則曰底可績，蓋詢行考實，人焉廋哉？歷觀前史，自古以來，豈有履道之士，孝聞於家，行著於鄉，德推於朝廷，節見於事爲，其言合聖人之道，其施蹈經典之訓，及用之於朝，反致敗亂者乎？用是而求，其有差乎？

若乃人君以爲賢，而用之卒敗厥事者，古亦多矣。稽迹其由，蓋取之不以其道也。大率以言事合於己心，則謂之才而用之，曾不循核本末，稽考名實，如前之云。傷明害政，不亦宜乎？四海之大，未始乏賢，誠能廣聰明，揚側陋，至誠降禮，求之以道，雖臯、夔、伊、周之比，亦可必有，賢德志道之士，皆可得而用也。

願陛下如臣前所陳，既堅求治之志，則以責任宰輔爲先，待之盡其禮，任之盡其誠，責之盡其職。不患其不爲，患其不能爲；不患其不能爲，患其不得爲。蓋不爲者可責之必爲，不能者可勉求而能，惟不得爲則已矣。所謂不得爲者，君臣之志不通，懷顧慮而不肯自盡，此由失待任之道也。今執政大臣皆先朝之選，天下重望，在陛下責任之而已。臣願陛下召延宰執，從容訪問今天下之事，爲安爲危，爲治爲亂，當維持以度歲月乎？當有爲以救其弊乎？如曰當爲，則願示之以必爲之意，詢之以所爲之政，審慮之，力行之，時不可後，事不可緩也。

如曰非不爲也，患不能也。則天下之廣，豈無賢德可以禮問？朝廷之上，豈無英髦可以討論？有先王之政可以考觀，有經典之訓可以取則，道豈遠哉？病不求爾。在君相協心勸求，力爲之而已。

如曰無妄爲也，姑守常而已，則在陛下深思而明辨之。唐文宗之時，大權漸奪，天下將亂，而牛僧孺欺以爲治矣。史册書之，可爲明鑒。今陛下聖明，執政忠良，無是事也。願陛下不以臣之疏賤而易其言，則天下幸甚！

所謂求賢者：夫古之聖王所以能致天下之治，無佗術也。朝廷至於天下，公卿大夫，百職羣僚，皆稱其任而已。何以得稱其任？賢者在位，能者在職而已。何以得賢能而任之？求之有道而已。雖天下常用易得之物，未有不求而得者也。金生於山，木生於林，非匠者採伐，不登於用。況賢能之士，傑出羣類，非若山林之物廣生而無極也，非人君搜擇之有道，其可得而用乎？自昔邦家張官置吏，未嘗不取士也，顧取之之道如何爾。

今取士之弊，議者亦多矣。臣不暇條析，而言大概。投名自薦，記誦聲律，非求賢之道爾。求不以道，則得非其賢，閒或得才，適由偶幸，非知其才而取之也。朝廷選任，盡自其中，曾不虞賢俊之棄遺于下也。果天下無遺賢邪？抑雖有之，吾姑守法於上，不足以爲意邪？將科舉所得之賢，已足致治而不乏邪？臣以爲治天下今日之弊，蓋由此也。以今選舉之科，用今進任之法，而欲得天下之賢，興天下之治，其猶北轅適越，不亦遠乎？

臣願陛下如臣前所陳，既立求治之志，又思責任之道，則以求賢爲先。苟不先得賢，雖陛下焦心勞思，將安所施？誠得天下之賢，置之朝廷，則端拱無爲而天下治矣。此所謂勞於求賢，逸於得人也。歷觀前史，自古以來，稱治之君，有不以求賢爲事者乎？有規規守常，以資任人，而能致大治者乎？有國家之興，不由得人者乎？由此言之，用賢之驗，不其甚明？

若曰非不欲賢也，病求之之難也。臣以爲不然。夫以人主之勢，心之所嚮，天下風靡景從。設若珍禽異獸瓌寶奇玩之物，雖遐方殊域之所有，深山大海之所生，志所欲者，無不可致。蓋上心所好，奉之以天下之力也。若使存好賢之心如是，則何巖穴之幽不可求？何山林之深不可致？所患好之不篤爾。

夫人君用賢，亦賴公卿大臣推援薦達之力。今朝廷未嘗求賢，公卿大臣亦不以求賢取士爲意。相先引彙，世所罕聞；訪道求師，貴達所恥。大率以爲任己可也，士將安補？今世無賢，求之何益？夫以周公之聖，其自任足矣，尚汲汲求賢以自輔也。以其聖且好賢，知人之明，宜天下之賢皆爲之用，莫有遺也，尚乃日不暇食，恐失天下之士。後之人其才不及周公，而自謂足矣，不求賢以自輔也。以其不求，且知之不明，宜賢者在下之多也，乃曰天下無賢矣。噫！何其用心〔一〕與周公異也！欲其助皇明燭幽隱，不可得也。

然亦繫上之所爲而已。陛下誠能專心致志，孜孜不倦，以求賢爲事，常恐天下有遺棄之才，朝廷之上，推賢援能者登進之，蔽賢自任者疏遠之，自然天下嚮風。自上及下，孰不以相先爲善行，薦達爲急務？搜羅〔二〕既廣，雖小才片善，無所隱晦。如此則士益貴而守益堅，廉恥格而風教厚矣。天下之賢，其有遺乎？既得天下之賢，則天下之治不足道也。

今世人情淺近，積慣成俗，朝廷進人，苟循常法。則雖千百而取，羣伍而用，庸惡混雜，曾不以爲非。設或拔一賢，進一善，出於不次，則求摭小差，衆議囂沸。如真廟擢种放，先朝用范仲淹是也。設非君心篤信，寧免疑惑，反自以爲過。此所以非常之舉，曠久不行也。伏見近日陛下不由言薦，擢范純仁置之言路，在今世爲非常之舉。純仁名臣之子，有才名，在位多言其能，陛下擢之，當也。然臣願陛

〔一〕徐本、呂本「心」作「意」。
〔二〕徐本、呂本「羅」作「拔」。

下自信勿疑。純仁果賢，則陛下知人之明也。如用之而無顯效，則亦曰吾勞心任人，雖未得其效，亦無愧於天下矣。設或大敗厥職，則亦曰吾知之失也，當益務選擇，期於得人爾。蓋拔十得五，才不可勝用；求賢而失，尚愈於不求。誠持是心，何患不得賢也！方陛下用純仁，識者皆喜，臣獨憂之。何者？陛下始奮英斷拔一人，誠恐或有差失，遂抑聖心，以爲專守常規，可以無過，不復以簡擢爲意，則天下將何望焉？此在陛下自信勿疑而已。願陛下不以臣之疏賤而易其言，則天下幸甚。

臣前所陳三者，治天下之本也。臣非不知有興利除害之方，安國養民之術，邊境備禦之策，教化根本之論，可以爲陛下陳之。顧三者不先，徒虛言爾。三者既行，不患爲之無術也。願陛下以社稷爲心，以生民爲念，鑒苟安之弊，思永世之策，賜之省覽，察其深誠，萬一有毫髮之補於聖朝，臣雖被妄言之誅，無所悔恨。昔賈誼爲漢文言治亂，漢文不能用，百世之下爲譏病〔一〕。願陛下勿使後之視今，猶今之視昔，則天下不勝幸甚。狂瞽之言，惟聖明裁恕。干冒宸嚴，臣無任兢皇戰汗，激切屏營之至。

爲家君上神宗皇帝論薄葬書〔二〕治平四年。

具位臣程珦皇恐昧死，再拜上書皇帝陛下。臣聞孝莫大於安親，忠莫先於愛主，人倫之本，無越於斯。人無知愚，靡不知忠孝之爲美也，然而不得其道則反害之。故自古爲君者，莫不欲孝其親，而多獲

〔一〕徐本無「病」字。

〔二〕呂本題目作「代太中上皇帝書」。

不孝之譏；爲臣者莫不欲忠其君，而常負不忠之罪。何則？有其心，行之不得其道也。伏惟陛下以至德承洪業，以大孝奉先帝，聖心切至，天下共知。然臣以疏賤，復敢區區冒萬死以進其説者，願陛下以至孝之心盡至孝之道，鑑歷古之失，爲先帝深慮，則天下臣子之心無不慰安。

所謂歷古之失，臣觀秦、漢而下，爲帝王者，居天下之尊，有四海之富，其生也奉養之如之何，其亡也安厝之如之何，然而鮮克保完其陵墓者，其故何哉？獨魏文帝、唐太宗所傳嗣君，能盡孝道，爲之遠慮，至今安全，事迹昭然，存諸簡策。嗚呼！二嗣君不苟爲崇侈以徇己意，乃以安親爲心，可謂至孝矣。漢武之葬，霍光秉政，暗於大體，奢侈過度，至使陵中不復容物，赤眉之亂，遂見發掘。識者謂赤眉之暴，無異光自爲之，爲其不能深慮以致後害也。二君從儉，後世不謂其不孝；霍光厚葬，千古不免爲罪人。自古以來，觀此明鑑而不能行之者，無佗，衆議難違，人情所迫爾。苟若務合常情，遂亡遠慮，是乃厚於人情而薄於先君也，不亦惑乎！

魏文帝所作終制，及唐虞世南所上封事，皆足取法。其指陳深切，非所忍言，願陛下取而觀之，可以見明君賢臣所慮深遠。古人有言曰：死者無終極，國家有廢興。自昔人臣當大事之際，乃以興廢之言爲忌諱，莫敢議及，如此苟循人情，辜負往者，不忠之大者也。

臣竊慮陛下追念先帝，聖情罔極，必欲崇厚陵寢，以盡孝心。臣愚以爲：違先帝之儉德，損陛下之孝道，無益於實，有累於後，非所宜也。伏願陛下損抑至情，深爲遠慮，承奉遺詔，嚴飭有司，凡百規模，盡依魏文之制，明器所須，皆以瓦木爲之，金銀銅鐵珍寶奇異之物無得入壙，然後昭示遐邇，刊之金石，如是則陛下之孝顯於無窮，陛下之明高於曠古。至於紈帛易朽之物，亦能爲患於數百年之後，漢薄后陵是也。

或曰：山陵崇大，雖使無藏，安能信於後世？臣以爲不然。天下既知之，後世必知之。臣嘗遊秦中，歷觀漢、唐諸陵，無有完者，惟昭陵不犯。陵旁居人尚能道當日儉素之事，此所以歷數百年，屢經寇亂而獨全也。夫臣之於君，猶子之於父，豈有陛下欲厚其親，而臣反欲薄於其君乎？誠以厚於先帝，無厚於此者也。遺轡墜履，尚當保而藏之，不敢不恭，況於園陵，得不窮深極遠以慮之乎？

陛下嗣位方初，羣臣畏威，臣苟不言，必慮無敢言者。陛下以臣言爲妄而罪之，則臣死且不悔；以臣言爲是而從之，則可以爲先帝之福，大陛下之孝，安天下之心，垂萬世之法，所補豈不厚哉？臣哀誠內激，言意狂率，願陛下詳覽而深察之，天下不勝大願。臣無任踰越狂狷恐懼之極，臣昧死頓首謹言。

代呂公著應詔上神宗皇帝書〔一〕熙寧八年十月。

伏覩今月十三日詔勑，以彗出東方，許中外臣僚直言朝廷闕失。臣自言事得罪，久去朝廷，無所補報，退就閑冗。尚敢區區以言自進者，誠見陛下寅畏天命，有恐懼脩省之意。草萊之人，尚思效其忠懇。況臣世荷國恩，久忝近侍，雖罪釁之餘，敢不竭其愚誠，以應明詔？

〔一〕呂本題目作「代呂晦叔應詔書」。

臣伏觀前史所載，彗之爲變多矣，鮮有無其應者，蓋上天之意，非徒然也。今陛下既有警畏之心，當思消弭之道。且以今日之變，孰從而來？書曰：「天視自我民視，天聽自我民聽。」豈非政之所致歟？如曰非政之由，則經爲誣矣，臣復何言？詔之所求，亦爲虚設。若以爲政之所致，則改以一作而。順天，在陛下而已。晏子所謂「可祝而來，亦可禳而去」也。傳曰：「天之有彗，以除穢也。」又曰：「所以除舊布新。」臣願陛下祗若天戒，思當除者何事，而當新者何道。如曰舊政既善，無所可除，則天爲誣矣，臣復何言？若以爲當求自新，則在陛下思之而已。

自非大無道之世，何嘗不遇災而懼？然而能自新者蓋寡，大率蔽於所欲，惑於所任，明不足以自辨也。視是而爲非，以邪而爲正，敗亡至而不寤，天亦不能戒也。豈其惡存而好亡，憎治而喜亂哉？亦惑而不能辨爾。臣以爲辨之非艱，顧不得其道也。誠能省己之存心，考己之任人，察己之爲政，思己之自處，然後質之人言，何惑之不可辨哉？能辨其惑，則知所以應天自新之道矣。臣請爲陛下辨之。

所謂省己之存心者：人君因億兆以爲尊，其撫之治之之道，當盡其至誠惻怛之心，視之如傷，動敢不慎？兢兢然惟懼一政之不順於天，一事之不合於理。如此，王者之公心也。若乃恃所據之勢，肆求欲之心，以嚴法令舉條綱爲可喜，以富國家强兵甲爲自得，鋭於作爲，快於自任，貪惑至於如此，迷錯豈能自知？若是者，以天下徇其私欲者也。勤身勞力，適足以致負一作貪。敗，夙興夜寐，適足以招後悔。以是而致善治者，未之聞也。顧陛下内省於心，有近於是者乎？苟有之，則天之所戒也，當改而自新者也。

所謂考己之任人者：夫王者之取人，以天下之公而不以己，求其見正而不求其從欲，逆心者求諸道，異志者察其非，尚孜孜焉懼或失也。此王者任人之公也。若乃喜同而惡異，偏信而害明，謂彼所言者吾之所大欲也，悦而望之，信而惑之，至於甚惡而不察，悠欺而不悟。推是而往，鹿可以爲馬矣。顧陛下考己之任人，有近於是者乎？苟有之，則天之所戒也，當改而自新者也。

方陛下思治之初，未有所偏主，好惡取舍一以公議，天下謂之賢，陛下從而賢之者衆矣，進之於朝者有〔一〕矣。及乎既有爲也，皆以不合而去之，更用後來之人，皆昔未嘗以爲賢者也，然後議論無違。始之所賢者皆愚，始之未嘗賢者皆賢，此爲天下之公乎？己意之私乎？自論議無違之後，逆耳怫心之言亦罕聞矣。夫以居至尊之位，負出世之資，而不聞怫逆之言，可懼之大者也。知人之難，雖至明不能無失。然至於朝合則爲不世之賢，暮隙則有一作爲。無窮之罪，顛錯亦已甚矣。在任人之道當改亦明矣。

所謂察己之爲政者：爲政之道，以順民心爲本，以厚民生爲本，以安而不擾爲本。陛下以今日之事，方於卽位之初，民心爲歡悦乎？爲愁怨乎？民生爲阜足乎？爲窮蹙乎？政事爲安之乎？爲擾之乎？億兆之口非不能言也，顧恐察之不審爾。苟有不察，則天之所戒也，當改而自新者也。

所謂思己之自處者：聖人謂「亡者保其存者也，亂者有其治者也」，陛下必不以斯言爲妄。自古以來，何嘗有以危亡爲憂而至危亡者乎？惟其自謂治安而危亡卒至者則多矣。不識陛下平日自處，以天下爲如何，聖心所自知也。苟有憂危恐懼之心，常慮所任者非其人，所由者非其道，唯恐不聞天下之

〔一〕徐本、吕本「者有」二字作「亦多」。

言，如此則聖王保天下之心也，上帝其鑒之矣。或以爲已安且治，所任者當矣，所爲者至矣，天下之言不足恤矣，如此則天之所戒也，當改而自新者也。

所謂質之人言者，當有其方。欲詢之於衆人乎？衆人之言可使同也。欲訪之下民乎？下民之言亦可爲也。察之以一人之心，而蔽之以衆人之智，其可勝乎？是不足以辨惑，而足以固其蔽爾。臣以爲在外一二老臣，事先朝數十年，久當大任，天下共知其非欺妄人也，知其非覆敗邦家者也，臣願陛下禮而問之，宜可信也。及天下所謂賢人君子，陛下聞之於有爲之前，而不在今日利害之間者，亦可訪也。以是數者參考之，則所當改者何事，所當新者何道，固可見矣。

天下之人，一聞詔音，莫不鼓舞相慶，謂陛下必能上應天心，召迎和氣。臣以爲唯至誠可以動天，在陛下誠意而已。昔在商王中宗之時有桑穀之祥，高宗之時有雊雉之異，二王以爲懼而修政，遂致王道復興，皆爲商宗，百世之下頌其聖明。近世以來，引咎之詔，自新之言，亦常有之，倘人君不由於至誠，則天下徒以爲虛語，其能感天心弭災變乎？臣願陛下因此天戒，奮然改爲，思商宗之休實，鑑後代之虛飾，不獨消復災沴於今日，將永保丕基於無窮，天下幸甚！

代富弼上神宗皇帝論永昭陵疏〔一〕元豐三年。

臣弼伏覩太皇太后山陵有期，老臣之心有所甚切，不忍不言，昧死以聞，惟陛下深思而力行之，不

〔一〕呂本題目作「代富弼上神宗皇帝疏稿」。

勝大願！往者營奉昭陵時，英宗皇帝方不豫，未能聽事，朝廷罔然不知其制，失於迫卒，不復深慮博訪，凡百規畫，一出匠者之拙謀，中人之私意，以巨木架石爲之屋，計不百年，必當損墜。壙中又爲鐵罩，重且萬斤，以木爲骨，大止數寸，不過二三十年，決須摧毁。梓宫之厚度不盈尺，異日以億萬鈞之石，自高而墜，其將奈何！思之及此，骨寒膽喪。臣始則不知其詳，後則無以爲計。士民之間有知之者，無不痛心飲恨，況老臣之心乎？況陛下之心乎？

其後厚陵始爲石藏，議者竊意主事大臣已悟昭陵之事，獨陛下未知之爾。今也不幸，太皇太后奄棄天下之養，因此事會，當爲之謀。竊以周公制合葬之禮，仲尼善魯人之祔。歷代諸陵，雖不盡用，亦多行之。太祖皇帝神謀聖慮，超越萬古，昭憲太后亦合安陵。夫以周公之制，仲尼之訓，歷代之舊，藝祖之法，循而行之，可無疑也。老臣願陛下思安親之道，爲後日之慮，決於聖心，勿循浮議，奉太皇太后合祔昭陵，因得徹去鐵罩，用厚陵石藏之制，仍更别加裁處，使異日雖木壞石墜，不能爲害，救仁皇必至之禍，成陛下莫大之孝。復何難哉？在陛下斷之而已。

既合禮典，又順人情，雖無知之人必不敢以爲非是。但恐有以陰陽拘忌之説上惑聖聽者，在陛下睿斷，不難辨也。不遵聖訓，不度事宜，而規規於拘忌者，爲賢乎？爲愚乎？且陰陽之説，設爲可信，吉凶之應，貴賤當同。今天下臣庶之家，夫婦莫不同穴，未聞以爲忌也。獨國家忌之，有何義理？唐中宗庸昏之主，尚能守禮法，盡孝心，責嚴善思愚惑之論，卒祔乾陵。其後高宗子孫歷世延永，是合葬非不利也。老臣位至三公，年將八十，復何求哉？所保者名節而已，肯以不是事勸陛下取譏於後世乎？

復恐陛下謂臣心雖忠切，而識慮愚暗，不能曉達事理。臣誠至愚，然臣所言者，欲陛下守經典之訓，遵藝祖之規，使仁宗皇帝得安全之道，於太皇太后極崇奉之意，豈獨老臣之心哉？天下之心莫不然也。陛下不信，試以臣之所陳，訪於羣臣，必無以爲非者。若以臣言爲非，則是使仁宗遺骨聖體碎於巨石之下而不恤，乃爲是也。凡有血氣之類，孰肯爲此意乎？

臣事仁宗皇帝三十餘年，位至宰相，聾瞽之蔽，不能早知而救之於始，已爲大罪。今遇可爲之時，若更惜情顧己，不能極言，天地神靈，必加誅殛死，何面目見仁宗於地下？且陛下不知則已，今既聞之，在常人之情，無可忍而不爲之理，況陛下至仁大孝乎？惟陛下深思而力行之，則天下不勝大願。

富公見託爲此奏，頤以拙於文辭，辭之再三，其意甚切，義不可拒。數日之閒，遂生顧慮，不克上。惜乎其不果於義也，遂爲忠孝罪人！

河南程氏文集卷第六

伊川先生文二

表疏

辭免西京國子監教授表元豐八年十一月。

臣頤言：今月日，準汝州牒，送到官誥一道，伏蒙聖恩，授臣汝州團練推官，充西京國子監教授者。臣愚陋小儒，晦處草野，忽承明命，不任震驚。中謝。伏念臣：才識迂疏，學術膚淺，自治不足，焉能教人？豈敢貪冒寵榮，致朝廷於過舉？所降誥命，不敢當受，謹奉表辭免以聞。

再辭免表

臣頤言：今月日，準汝州牒，備到尚書禮部符，奉聖旨，不許辭免恩命者。中謝。伏以皇帝陛下嗣位之初，方圖大治，首拔一人於畎畝之中，宜得英異之才，寘之於位，則天下聳動，知朝廷急賢，不特濟一時之用，足以爲後世之光。今乃取庸常之人，命之以官，則天下何望？後世何觀？朝廷之舉也何爲？臣之受也何義？臣雖至愚，敢貪寵禄，以速戾厥躬？是以罔虞刑威，而必盡其辭也。臣願陛下擴知臣之明以照四方，充取臣之心以求真賢，求之以其方，待之以其道，雖聖賢亦將爲陛下出。況如臣者，何足道哉？冒犯天嚴，臣無任戰恐激切屏營之至。

辭免館職狀元祐元年閏二月二十四日。

伏蒙聖恩，授臣宣德郎，秘書省校書郎，聞命震驚，不知所措。臣昨蒙恩，授西京國子監教授，方再具辭免，奉聖旨，令乘遞馬赴闕。祇命而來，未獲進見，遽然有此除授。伏念臣草萊之人，既蒙賜召，禮合見君，先受恩命，義理未安。況祖宗朝布衣被召者，故事具存。伏望聖慈，令臣入見。所降誥命，不敢當受。伏候敕旨。

乞再上殿論經筵事劄子

新授汝州團練推官，西京國子監教授臣程頤。右臣昨日上殿，辭免前降恩命。面奉德音，除臣崇政殿說書。臣雖瀝懇辭避，不蒙俞允。臣輒有愚誠，昧死上聞天聽。

竊以知人則哲，帝堯所難。雖陛下聖鑒之明，然臣方獲進對於頃刻之間，陛下見其何者，遽加擢任？今取臣於畎畝之中，驟置經筵，蓋非常之舉，朝廷責其報效，天下之所觀矚。苟或不當，則失望於今而貽譏於後，可不慎哉？

臣亦未敢必辭，只乞再令臣上殿，進劄子三道，言經筵事。所言而是，則陛下用臣爲不誤，臣之受命爲無愧；所言而非，是其才不足用也，固可聽其辭避。如此，則朝廷無舉動之過，愚臣得去就之宜。伏望聖慈特賜俞允，臣無任……。

貼　黄

臣不候命下，便有奏陳，蓋欲朝廷審處於未授之前，免煩回改成命。

貼　黄

如以臣昨日已上殿，只乞指揮許臣實封劄子進呈，逐一分明貼黄，亦與口陳無異。

論經筵第一劄子

臣伏觀自古人君守成而致盛治者，莫如周成王。成王之所以成德，由周公之輔養。昔者周公輔成王，幼而習之，所見必正事，所聞必正言，左右前後皆正人，故習與智長，化與心成。今士大夫家善教子弟者，亦必延名德端方之士，與之居處，使之薰染成性。故曰「少成若天性，習慣如自然。」

伏以皇帝陛下春秋之富，雖睿聖之資得於天禀，而輔養之道不可不至。所謂輔養之道，非謂告詔以言，過而後諫也，在涵養薰陶而已。大率一日之中，親賢士大夫之時多，親寺人宫女之時少，則自然氣質變化，德器成就。欲乞朝廷慎選賢德之士，以侍勸講，講讀既罷，常留二人直日，夜則一人直宿，以備訪問。皇帝習讀之暇，游息之閒，時於内殿召見，從容宴語。不獨漸磨道義，至於人情物態，稼穡艱難，積久自然通達。比之常在深宫之中，爲益豈不甚大？

竊聞間日一開經筵，講讀數行，羣官列侍，儼然而退，情意略不相接。如此而責輔養之功，不亦難乎？今主上沖幼，太皇太后慈愛，亦未敢便乞頻出。但時見講官，久則自然接熟。大抵與近習處久熟則生褻慢，與賢士大夫處久熟則生愛敬，此所以養成聖德，爲宗社生靈之福。天下之事，無急於此。取進止。

貼黄

臣竊料衆人之意，必以爲皇帝尚幼，未煩如此，此乃淺近之見。夫幼而習之，爲功則易；發然後禁，禮經所非。古人所以自能食能言而教者，蓋爲此也。

第二

臣聞三代之時，人君必有師傅保之官：師，道之教訓；傅，傅其德義；保，保其身體。後世作事無本，知求治而不知正君，知規過而不知養德，傅德義之道固已疏矣，保身體之法復無聞焉。伏惟太皇太后陛下，聰明睿哲，超越前[一]古，皇帝陛下春秋之富，輔養之道，當法先王。臣以爲：傅德義者，在乎防見聞之非，節嗜好之過；保身體者，在乎適起居之宜，存畏慎之心。臣欲乞皇帝左右扶侍祗應宮人內臣，並選年四十五已上，厚重小心之人；服用器玩皆須質朴，一應華巧奢麗之物，不得至於上前；要在侈靡之物不接於目，淺俗之言不入於耳。及乞擇內臣十人，充經筵祗應，以伺候皇帝起

[一]徐本、呂本「前」作「千」。

居，凡動息必使經筵官知之，有翦桐之戲則隨事箴規，違持養之方則應時諫止。調護聖躬，莫過於此。取進止。

貼黄

今不設保傅之官，傅德義保身體之責皆在經筵，皇帝在宫中語言動作衣服飲食，皆當使經筵官知之。

第三

臣竊以人主居崇高之位，持威福之柄，百官畏懼，莫敢仰視，萬方承奉，所欲隨得。苟非知道畏義，所養如此，其惑可知。中常之君，無不驕肆；英明之主，自然滿假。此自古同患，治亂所繫也。故周公告成王，稱前王之德，以寅畏祗懼爲首。從古以來，未有不尊賢畏相而能成其聖者也。皇帝陛下未親庶政，方專問學。臣以爲輔養聖德，莫先寅恭，動容周旋，當主於此，歲月積習，自成聖性。臣竊聞經筵臣寮侍者皆坐，而講者獨立，於禮爲悖。欲乞今後，特令坐講，不惟義理爲順，所以養主上尊儒重道之心。取進止。

貼黄

竊聞講官在御案旁，以手指書，所以不坐；欲乞别一人指書，講官稍遠御案坐講。

貼黄

臣竊意朝廷循沿舊體，只以經筵爲一美事。臣以爲，天下重任，唯宰相與經筵：天下治亂繫宰相，君德成就責經筵。由此言之，安得不以爲重？

辭免崇政殿説書表

臣頤言：準閤門告報，伏蒙聖恩，除臣通直郎，充崇政殿説書者。臣昨上殿，面奉德音，已嘗瀝懇辭避；及繼有陳奏，愚誠已竭，天聽不回。中謝。

竊以儒者得以經術進説於人主之前，言信則志行。自昔抱道之士，孰不願之？顧恨弗獲。臣何人哉？有此遭遇。然臣竊觀前古君臣道合，靡不由至誠感動，信以發志。今臣道未行於家室，善未信於鄉黨，何足以感動人主之心乎？苟不度其誠之未至，而欲善辭説於進對之間，爲一時之觀則可矣。必欲通於神明，光於四海，久誠而無斁，臣知其不可也。臣是以欲進而思義，喜時而愧己，冒犯天威，而盡其區區之説。

伏以皇帝陛下春秋之富，方賴左右前後之人輔養聖性。勸講之職，任莫重焉。竊惟海宇之廣，賢俊至多。臣願朝廷博謀羣臣，旁加收擇，期得出類之賢，寘諸左右，輔成聖德，爲廟社生靈之福。如臣之愚，實懼不足以當重任。所有誥命，不敢當受。謹奉表辭免以聞。

再辭免狀

臣蒙恩授通直郎，崇政殿説書，尋具表辭免。準尚書省劄子，奉聖旨，不許辭免者。

臣聞古之人見行可而後仕。臣雖至愚，讀書爲儒，敢不先民是憲？臣近進劄子三道，未聞進止，伏望聖慈，更賜省覽。如小有可用，則臣受命，不敢復辭；或狂妄無取，則乞許臣辭避。所貴朝廷無取人之失，小臣盡進退之道。臣山野之人，不能文飾，傾竭悃誠，願賜開納。伏候勑旨。

乞六參日上殿劄子元祐元年四月。

臣竊以朝廷置勸講之官，輔導人主，豈止講明經義？所以薰陶性質。古所謂承弼厥辟，出入起居者焉，宜朝夕納誨，以輔上德。自來暑熱罷講，直至中秋，方御經筵。數月之閒，講讀官無由進見。夫以文、武之齊聖，而欲旦夕承弼。今乃數月不接儒臣，甚非先王輔導養德之意。方主上春秋之富，輔養之道，豈可疏略如此？臣欲乞未御講筵，每遇六參日，宰臣奏事退，許講讀官上殿問聖體。數日一對儒臣，不惟有益人主，在勸講之禮亦當然。伏望聖慈，特賜俞允。

上太皇太后書元祐元年。

六月日，具位臣程頤，昧死再拜上書太皇太后陛下。

臣愚鄙之人，自少不喜進取，以讀書求道爲事，于兹幾三十年矣。當英祖朝暨神宗之初，屢爲當塗者稱薦。臣於斯時，自顧學之不足，不願仕也。及皇帝陛下嗣位，太皇太后陛下臨朝，求賢願治，大臣上體聖意，搜揚巖穴，首及微賤，蒙恩除西京學官。臣於斯時，未有意於仕也。辭避方再，而遽有召命。臣門下學者，促臣行者半，勸臣勿行者半。促臣行者則曰：「君命召，禮不俟駕。」勸臣勿行者則曰：「古之儒者，召之則不往。」臣以爲召而不往，惟子思、孟軻則可。蓋二人者，處賓師之位，不往所以規其君也。己之微賤，食土之毛而爲王民，召而不至，邦有常憲，是以奔走應命。到闕，蒙恩授館職，方以義辭，遂蒙召對。臣於斯時，尚未有意於仕也。進至簾前，咫尺天光，未嘗敢以一言及朝政。陛下視臣，豈求進者哉？既而親奉德音，擢至經筵，事出望外，惘然驚惕。臣竊內思，儒者得以道學輔人主，蓋非常之遇，使臣自擇所處，亦無過於此矣。臣於斯時，雖以不才而辭，然許國之心，實已萌矣。尚慮陛下貪賢樂善，果於取人，知之或未審也，故又進其狂言，以覬詳察。如小有可用，則敢不就職？或狂妄無取，則乞聽辭避。章再上，再命祗受，是陛下不以爲妄也，臣於是受命。供職而來，夙夜畢精竭慮，惟欲主上德如堯、舜，異日天下享堯、舜之治，廟社固無窮之基，乃臣之心也。臣本山野之人，稟性朴直，言辭鄙拙，則有之矣；至於愛君之心，事君之禮，告君之道，敢有不盡？上賴聖明，可以昭鑒。臣自惟至愚，蒙陛下特達之知，遭遇如此，願効區區之誠，庶幾毫髮之補。惟陛下留意省覽，不勝幸甚。

伏以太皇太后陛下，心存至公，躬行大道，開納忠言，委用耆德，不止維持大業，且欲興致太平，前代英主所不及也。但能日慎一日，天下之事不足慮也。臣以爲今日至大至急，爲宗社生靈久長之計，惟是輔養上德而已。歷觀前古，輔養幼主之道，莫備於周公。周公之爲，萬世之法也。臣願陛下擴高世之見，以聖人之言爲可必信，先王之道爲可必行，勿狃滯於近規，勿遷惑於衆口。古人所謂周公，豈欺我哉？周公作立政之書，舉言常伯，至於綴衣虎賁，以爲知恤兹者鮮。一篇之中，丁寧重複，惟在此一事而已。又曰「僕臣正，厥后克正」；又曰「后德惟臣，不德惟臣」；又曰「侍御僕從，罔匪正人，以旦夕承弼厥辟，出入起居，罔有不欽」。是古人之意，人主跬步不可離正人也。蓋所以涵養氣質，薰陶德性，故能習與智長，化與心成。後世不復知此，以爲人主就學，所以涉書史，覽古今也。不知涉書史，覽古今，乃一端爾。若止於如是，則能文宫人可以備勸講；知書内侍可以充輔導，何用置官設職，精求賢德哉？大抵人主受天之命，稟賦自殊。歷考前史，帝王才質，鮮不過人。然而完德有道之君至少，其故何哉？皆輔養不得其道，而位勢使之然也。

伏惟皇帝陛下，天資粹美，德性仁厚，必爲有宋令主，但恨輔養之道有未至爾。臣供職以來，六侍講筵，但見諸臣拱手默坐，當講者立案傍，解釋數行而退。如此，雖彌年積歲，所益幾何？與周公輔養成王之道，殊不同矣。或以爲主上方幼，且當如此。此不知本之論也。古人生子，能食能言而教之小學之法，以豫爲先。人之幼也，知思未有所主，便當以格言至論日陳於前。雖未曉知，且當薰聒，使盈耳充腹，久自安習，若固有之，雖以他言惑之，不能入也。若爲之不豫，及乎稍長，私意一作思慮。偏好生於内，衆口辯言鑠於外，欲其純完，不可得也。故所急在先入，豈有太早者乎？

或又以爲主上天資至美，自無違道，不須過慮。此尤非至論。夫聖莫聖於舜，而禹、皋陶未嘗忘規戒，至曰「無若丹朱好慢遊，作傲虐。」且舜之不爲慢遊傲虐，雖至愚亦當知之，豈禹而不知乎？蓋處崇高之位，儆戒之道不得不如是也。且人心豈有常哉？以唐太宗之英睿，躬歷艱難，力平禍亂，年亦長矣，始惡隋煬侈麗，毁其層觀廣殿，不六七年，復欲治乾陽殿。是人心果可常乎？所以聖賢，雖明盛之際，不廢規戒，爲慮豈不深遠也哉？況沖幼之君，閑邪拂違之道，可少懈乎？

伏自四月末閒，以暑熱罷講，比至中秋，蓋踰三月。古人欲旦夕承弼，出入起居。而今乃三月不一見儒臣，何其與古人之意異也？今士大夫家子弟，亦不肯使經時累月不親儒士。初秋漸涼，臣欲乞於内殿，或後苑清涼處，召見當日講官，俾陳説道義。縱然未有深益，亦使天下知太皇太后用意如此。又一人獨對，與衆見不同，自然情意易通，不三五次，便當習熟。若不如此漸致，待其自然，是輔導官都不爲力，將安用之？將來伏假既開，且乞依舊輪次直日，所貴常得一員獨對。

開發之道，蓋自有方，朋習之益，最爲至切。故周公輔成王，使伯禽與之處。聖人所爲，必無不當。真廟使蔡伯希侍仁宗，乃師古也。臣欲乞擇臣寮家子弟，十歲已上，十二已下，端謹穎悟者三人，侍上左右。上所讀之書，亦使讀之，辨色則入，昏而罷歸。常令二人入侍，一人更休。每人擇有年宮人，内臣二人，隨逐看承，不得暫離。常情笑語，亦勿禁止，唯須言語必正，舉動必莊。仍使日至資善堂，呈所習業。講官常加教勸，使知嚴憚。年纔十三，便令罷去，歲月之閒，自覺其益。

自來，宰臣十日一至經筵，亦止於默坐而已。又聞日講讀，則史官一人立侍。史官之職，言動必書，施於視政時〔一〕則可。經筵講疑一作肄。之所，乃燕處也。主上方問學之初，宜心泰體舒，乃能悅懌。今則前對大臣，動虞有失，旁立史官，言出輒書。使上欲游其志，得乎？欲發於言，敢乎？深妨問

〔一〕徐本、吕本「時」上有「之」字。

學，不得不改。欲乞特降指揮，宰臣一月兩次，與文彥博同赴經筵。遇宰臣赴日，即乞就崇政殿講説，因令史官入侍。崇政殿説書之職，置來已久，乃是講説之所。漢、唐命儒士講論，亦多在殿上，蓋故事也。邇英迫狹，講讀官内臣近三十人在其中。四月間尚未甚熱，而講官已流汗。況主上氣體嫩弱，豈得爲便？春夏之際，人氣烝薄，深可慮也。祖宗之時，偶然在彼，執爲典故，殊無義理。欲乞今後，只於延和殿講讀。後楹垂簾，簾前置御座。太皇太后每遇政事稀簡，聖體康和時，至簾下觀講官進説。不惟省察主上進業，於陛下聖聰，未必無補。兼講官輔導之間，事意不少，有當奏禀，便得上聞。亦不可煩勞聖躬，限以日數，但旬月之間意適則往可也。

今講讀官共五人，四人皆兼要職，獨臣不領别官，近復差修國子監太學條制，是亦兼他職也。乃無一人專職輔導者，執政之意可見也。蓋惜人才，不欲使之閑爾。又以爲雖兼他職，不妨講讀，此尤不思之甚也。不敢言告君之道，只以告衆人言之。夫告於人者，非積其誠意，不能感而入也。故聖人以蒲盧喻政，謂以誠化之也。今夫鐘，怒而擊之則武，悲而擊之則哀，誠意之感而入也。告於人亦如是。古人所以齋戒而告君者，何謂也？臣前後兩得進講，未嘗敢不宿齋豫戒，潛思存誠，覬感動於上心。若使營營於職事，紛紛其思慮，待至上前，然後善其辭説，徒以頰舌感人，不亦淺乎？此理，非知學者不能曉也。道衰學廢，世俗何嘗聞此？雖聞之，必以爲迂誕。陛下高識遠見，當蒙鑒知。以朝廷之大，人主之重，置二三臣專職輔導，極非過當。今諸臣所兼皆要官，若未能遽罷，且乞免臣修國子監條制，俾臣夙夜精思竭誠，專在輔導。不惟事理當然，且使天下知朝廷以爲重事，不以爲閑所也。

陛下擢臣於草野之中，蓋以其讀聖人書，聞聖人道。臣敢不以其所學，上報聖明？竊以聖人之學，不傳久矣。臣幸得之於遺經，不自度量，以身任道。天下駭笑者雖多，而近年信從者亦衆。方將區區駕其說以示學者，覬能傳於後世。不虞天幸之至，得備講說於人主之側，使臣得以聖人之學，上沃聖聰，則聖人之道有可行之望，豈特臣之幸哉？如陛下未以臣言爲信，何不一賜訪問？臣當陳聖學之端緒，發至道之淵微。陛下聖鑒高明，必蒙照納。如其妄僞，願從誅殛。臣愚，不任懇悃惶懼待罪之至。

辭免判登聞鼓院奏狀元祐元年八月。

臣今月二十二日，準尚書省黄牒，奉勑差臣兼權判登聞鼓院。臣不敢避斧鉞之誅，傾瀝悃誠，上煩天聽。竊以勸講之官，體宜專任。臣昨於六月中所進文字，論之甚詳，不敢重疊敍陳。伏望聖慈將臣前來文字，再賜省覽，惟求義理之當，不以臣微賤而廢其言。前件勑命不敢當受，伏乞特降睿旨，許令辭免。冒瀆宸嚴，臣無任……。

貼　黄

自來鼓院官出入以時，若使兼領，遇講說日，或有急訴訟，必須留滯。伏望聖慈，特賜詳察。

再辭免狀

臣準尚書省劄子，以臣辭免兼權判登聞鼓院，奉聖旨不許辭免者。微賤小官，冒瀆天威，甘從顯戮。既荷朝廷寬大之賜，敢復盡其區區之誠。如陛下擢臣草野之中，置之勸講之列，天下聳然知陛下崇儒重道，留意大本。豈特一時之美事？足一作將。爲後世之盛談。今復命臣兼判鼓院，使臣入則侍人主而談道德，出則坐司局而領訴訟。臣愚竊謂，失朝廷用人之體。況臣稟性朴愚，唯知爲學，今時之務，皆所未諳，使臨事局，必致廢闕。若得專心致志，窮研聖學，以備顧問，臣愚不勝至願。伏望聖慈矜察，特許辭免。伏候勑旨。

論冬至稱賀劄子元祐元年。

臣伏聞冬至日，百官拜表稱賀。臣以爲：節序變遷，時思方切，若受表賀，大失居喪之禮；萬方後世，輕笑朝廷，無以風化天下。臣欲乞特降中旨，改賀作慰。臣備員勸講，職在以經術輔導人主，見此違經失禮，不敢不言。取進止。

貼　黄

臣竊慮聖意，以去年冬至及今歲旦已受賀表，不欲改更，此甚不然。後是可以蓋前非，改過不吝，成湯所以稱聖也。

又上太皇太后疏元祐二年春。

臣頤傾竭愚誠，冒聞天聽，狂妄之誅，非所敢避。伏念臣草萊賤士，蒙陛下拔擢，置之勸講之列，夙夜畢精竭慮，思所以補報萬一。昨於去年六月中，嘗有奏陳，言輔導人主之事，已踰半年，不蒙施行一事。臣愚竊思，所言甚多，如皆不可用，其狂妄亦甚矣。雖朝廷寬大，不欲以言罪人，然主上春秋方富，宜親道德之士，豈可以狂妄之人，置之左右？臣彷徨疑慮，不能自已。況臣所言，非出己意，皆先王之法，祖宗之舊，不應無一事合聖心者。臣竊疑文字煩多，陛下不能詳覽；或雖蒙覽，而未察愚意。臣不敢一一再言，止取一事最切者，復爲陛下陳之。

臣前上言，乞於延和殿講讀，太皇太后每遇政事稀簡，聖體康和時，至簾下觀講官進說，不惟省察主上進業，於陛下聖聰，未必無補；兼講官輔導之間，事意不少有當奏稟，便得上聞，臣今思之，太皇太后雙日垂簾聽政，隻日若更親臨講讀，亦恐煩勞聖躬。欲乞只就垂簾日聽政罷，聖體不倦時，召當日講官至簾前，問當主上進業次第，講說所至，如何開益。使天下知陛下於輔養人主之道，用意如此。延對儒臣，自古以爲美事。陛下試從臣言，後當知其不謬。此一時之事，且非定制。如其無益，罷之何晚？自來經筵，賜坐啜茶，蓋人主崇儒重道之體。今太皇太后省察主上進業，雖或使之講說，亦無此禮。臣所以再言此一事者，蓋輔導之間，有當奏知之事，無由上達。若得時至簾前，可以陳説，所繫甚大。

陛下必謂主上幼沖，間日講讀足矣，更無他事。此甚不然。蓋從前不曾有爲陛下極陳輔養少主之道者，故陛下未深思爾。願陛下聖明，不以臣之微賤而忽其言。察臣區區之心，豈有他哉？惟欲有補於人主爾。臣披瀝肝膽，言盡於此。伏望聖慈采納，天下幸甚！

乞就寬凉處講讀奏狀元祐二年三月二十六日。

臣伏見邇英閣講讀，入夏漸熱。去年四月後，侵晨講讀，亦甚有暑氣，恐於聖體非宜。欲乞特降聖旨，移就一寬凉處，貴得穩便。謹錄奏聞，伏候敕旨。

貼　黄

雖祖宗以來只在邇英，緣主上聖體少嫩，尤須過意慎護。祖宗法度，固有不可改者；至於講讀處所，卽無不可從便之理。

貼　黄

如別無穩便，只乞就崇政或延和殿，隻日講讀，與雙日垂簾自不相妨。

又上太皇太后書元祐二年四月。

月日，具位臣程頤，昧死再拜上書太皇太后陛下。

臣近言，邇英講讀漸熱，乞移就寬凉處。貼黄稱，如別無穩便處所，只乞就崇政或延和殿。竊聞給事中顧臨有言，以延和講讀爲不可。臣本謂邇英熱，恐於聖體非宜。今聞修展邇英，苟得寬涼，則臣志願遂矣。於臨之言，在臣自可不恤。然有所甚害，不得不爲陛下辨之。若臨之言止於移惑太皇太后聖意，臣官非諫諍，不辨尚可也。今以臨言爲是，則誤主上知見，臣職當輔導，安得不辨？

臣竊謂自古國家所患，無大於在位者不知學。在位者不知學，則人主不得聞大道，朝廷不能致善治。不聞道，則淺俗之論易入，道義之言難進。人君功德高下，一繫於此。臣非敢以諛言悦陛下。竊聞陛下博覽前史，請陛下歷觀簡策，前世母后臨朝，有不壞紀綱者乎？有以至公爲心，孜孜求治爲英主之事，如陛下者乎？此陛下所自知也。陛下有簡策所無之盛德，則天下亦望陛下爲簡策所無之功業，不止維持歲月，俟人主長大而已。蓋望陛下致海内於治安，詒孫謀於久大。詒謀致治之道，當使聖德日躋，善治日新。進德在於求道，圖治莫如稽古。道必詢於有道之士，古必訪諸稽古之人。若夫世俗淺士，以守道爲迂，以稽古爲泥，適足以惑亂人主之聽。

近年以來，士風益衰，志趣汙下，議論鄙淺，高識遠見之士益少，習以成風矣。此風不革，臣以爲非興隆之象，乃陵替之勢也。大率淺俗之人，以順從爲愛君，以卑折爲尊主，以隨俗爲知變，以習非爲守常，此今日之大患也。苟如是者衆，則人君雖有高世之見，豈能獨任哉？臣不知進道德之言，足以增益聖德者有幾，而損陛下之遠圖，移陛下之善意則有矣。如顧臨之言是也。

臣料臨之意，不過謂講官不可坐於殿上，以尊君爲説爾。夫殿上講説，義理之至當，古者所常行也。臣不暇遠引，只以本朝故事言之。太祖皇帝召王昭素講易，真宗令崔頤正講尚書，邢昺講春秋，皆在殿上。當時仍是坐講。立講之儀，只始於明肅太后之意。此乃祖宗尊儒重道之盛美。豈獨子孫當以爲法，萬世帝王所當法也，而臨以爲非。臨謂講官不可坐殿上，則昭素布衣之士，其不可更甚矣。邇英講讀，只自仁宗時，亦從便爾，非是避殿上也。若避殿上，則不應置崇政説書之職。雖以殿名設職，不必須在本殿説書，然亦必不肯於不可講説之處置説書官也。臣每進講，未嘗不規勸主上以祖宗美事爲法。如臨之意，則是禁止主上不得復爲優禮昭素之事，及有崇政設職之意。祖宗美事，而使主上獨不得爲，若主上信以爲然，所損豈不甚大？殿上説書，亦是常事。人主崇儒之道，甚有重於此者。臣今口未敢言，然中心惟欲輔養主上重道之心，如前代明王，光耀史册，不止此一事而已。臨之見與臣之心，何其異也！且講經與飲宴孰重？真宗、仁宗時皆宴講讀官於崇政殿。從來侍宴皆在殿上，而講經獨不得在殿上，臣未諭其義也。臨之意必曰：「彼一時之事爾，日常則不可。」夫於義苟當，日常何害？義或不可，一時亦不可也。

臣始言之，執政大臣未以爲非也，及臨一言，則是而從之。以臣度之，以臨之言爲是者，亦或有之。若謂四五大臣皆以爲是，則必不然。蓋非難知之事，不應四五人所見皆如是也。特以陛下信臨之言，而又迫於尊君之意，故不敢言爾，恐非以道事君之義。今世俗之人，能爲尊君之言，而不知尊君之道。人君唯道德益高則益尊，若位勢則崇高極矣，尊嚴至矣，不可復加也。過禮則非禮，强尊則不尊。漢明帝於桓榮親自執業，可謂謙屈矣。周宣帝稱天，自比上帝，羣臣齋戒清身數日方得朝見，可謂自尊矣。然以理觀之，漢明帝賢明之君，百世所尊也；周宣帝昏亂之主，百世所賤也。如臨之見，則必以桓榮爲不能尊君，以周宣之臣爲能尊君矣。不知道之人益進，不合理之言日聞，雖人主聖明，習熟見聞，亦恐不能無損爾。後世功業益卑，先王粹美之道不復見於世者，正由淺俗之論易信而得行爾。

夫先王之道，雖未能盡行，然稽古之心，不可無也。猶學者於聖賢之事雖未能盡行，然希慕之心，不可無也。此乃進學求益之道。今臨之意，則以古先之事爲不足法，今日之事足矣，不可更有進也。此乃塞進善之門，絶稽古之路。方主上春秋之富，進德之際，而其所獻納如是。使勸講之官稍思職業，敢不辨乎？若陛下以臣言爲非，則狂妄之誅，不敢避也。萬一以臣言爲是，則願陛下明示好古求道之意，使朝廷在位皆知之。雖鄙陋之人，見陛下聖慮高明，不喜淺近，亦將勉思義理，不敢任其卑俗之見，懼獲鄙於聖鑒矣。誠如是，則將見道學日明，至言日進，弊風日革。爲益孰大於此？臣職當辨明，義不敢默。臣無任懇切惶懼待罪之至。

論開樂御宴奏狀元祐二年夏。

臣伏覩有司排備，開樂御宴。臣備員勸講，職在以經義輔導人主，事有害義，不敢不言。夫居喪用喪禮，除喪用吉禮，因事而行，乃常道也。今若爲開樂張宴，則是特爲一喜慶之事。失禮意，害人情，無大於此。雖曰故事，祖宗亦不盡行，或以故而罷，或因事而行。臣愚竊恐祖宗之意，亦疑未安故也。

自古太平日久，則禮樂純備，蓋講求損益而漸至爾。雖祖宗故事，固有不可改者，有當隨事損益者。若以爲皆不可改，則是昔所未遑，今不得復作；前所未安，後不得復正。朝廷之事，更無損益之理，得爲是乎？況先朝美事，亦何嘗必行？臣前日所言殿上講説是也。故事未安，則守而不改，臣前日所言冬至受表賀是也。

臣前後累進狂言，未嘗得蒙采用，而言之不已者，蓋職之所當，不敢曠廢。伏望聖慈特賜聽納，自中降旨，罷開樂宴。直候因事而用，於義爲安，冒瀆天威，臣無任……。

乞歸田里第一狀元祐二年十一月初六日。

臣昨任崇政殿説書，忽奉勑差權同管勾西京國子監。傳聞有言事官言臣罪狀。臣既知是責命，禮當奔走就職。今已到任訖，方敢傾瀝懇誠，仰干天聽。

竊念臣本草萊之人，因二三大臣論薦，遂蒙朝廷擢任，以寘之經筵，故〔一〕授以朝階。今既有罪，不使勸講，則所受之官，理當還奪。雖朝廷務存寬厚，在臣義所難處。伏望聖慈許臣納官歸田里，以安愚分。冒瀆宸嚴，臣無任……。

貼黄

若臣元是朝官，朝廷用爲説書，雖罷説書，却以朝官去，乃其分也。臣本無官，只因説書授以朝官。既罷説書，獨取朝官而去，極無義理。

〔一〕徐本、吕本無「故」字。

第二狀十二月十八日。

臣今月十四日準河南府送到尚書省劄子一道，以臣乞歸田里，奉聖旨不允所乞者。聞命惶懼，不知所安。須至再竭悃誠，上煩天聽。

臣昨自崇政殿説書受勑權同管勾西京國子監。傳聞因諫官有言。臣雖不知所言何事，必是罪惡有實。竊念臣畎畝之人，因司馬光、吕公著、韓絳等以行義稱薦，蒙朝廷授官。今既有罪惡，是無行義，自當追奪，以正誤朝廷之罪。尚叨禄位，有何義理？臣愚竊意朝廷顧惜事體，以嘗旌用，不欲放棄。臣竊以爲不然。始聞其善而用之，陛下急賢之心也；後見其惡而去之，至公之道也。伏望聖慈，俯鑒丹誠，許歸田里。

第三狀元祐三年春。

臣竊以見善而用，見不善而退，人主黜陟之至公；道合則從，不合則去，儒者進退之大節。黜陟失當，則亂所由生；進退忘義，則道所由廢。

愚臣無狀，蒙陛下擢自衡茅，寘之勸講，旋以人言，至於黜逐。朝廷信其惡矣，愚臣道不用矣。信其惡而使之在官，恐非黜陟之當。道不用而徒茲苟禄，殊乖進退之義。臣是以不敢遑寧，繼上封章，願歸田里。待命三月，未奉一作聞。俞音。在臣義既當去，敢不固請？與其至於瀆而加罪，曷若因其請而使去。

臣非不知享禄勝於躬耕，貧匱不如温足。顧以讀書爲儒，粗知廉恥，不敢枉道以求苟安。伏望聖慈，矜察至誠，俾完素守。苟遂丘園之請，敢忘天地之恩？罔避誅夷，必期俞允。

乞致仕第一狀

臣伏自到任，三具奏陳，乞歸田里。待命又已三月，未得指揮。在臣所以求去之義，前後陳述盡矣。不敢重疊，煩瀆聖聽。竊以朝廷特起臣於畎畝之中，寘之經筵，使輔導人主，非常之舉也。既以罪去，若包羞苟得，不顧去就之義，實懼萬世之下，非笑聖朝之舉。臣是以屢冒天威，必期得請。自古爲臣陳力，不能則致其仕，禮也。竊恐朝廷顧惜事體，既已招來，不欲放棄。臣更不敢乞歸田里，只乞令臣致仕。伏望聖慈，察其懇誠，特賜俞允。

第二狀

臣自到任，三請歸田，一乞致仕。至今未得指揮，須至再竭懇誠，仰冀省察。方皇帝陛下嗣位之初，太皇太后臨朝之始，一新政事，首及人才，擢臣草野之中，處以勸講之職。觀陛下好賢之心，可謂至矣。惟陛下用人之意，不其深乎！歷觀簡策，自古母后臨朝，未有能爲如此之事者。豈止聳動一時？足以輝光千古。臣既遭遇如此，宜有令德重望，爲朝廷光。而乃德義不修，誠意不至，上不能取信人主，下不能鎮服浮議，遂致詆毁潛加，罪釁陰積，招延未幾，斥逐隨至，使陛下高古之盛美，翻爲天下所譏議。古之君子，用之則其君尊榮。今臣之進，乃爲聖明之累，則臣之罪大矣。尚以何義，復齒仕列？臣是以累上封章，願歸田里。臣若得去，則天下後世當謂：陛下前日招延，雖不得獲上有道、明哲保身之士，猶不失行己有恥、進退顧義之人。則朝廷之舉，未爲大過；二三大臣之薦，未爲甚欺。故臣之累請，不止自爲，亦所以爲朝廷也。

不知臣者，不以臣爲忿躁，必以臣爲沽激。臣豈然哉？臣身傳至學，心存事道，不得行於時，尚當行於己，不見信於今，尚期信於後，安肯失禮害義，以自毁於後世乎？蓋質之聖賢，考之經義，爲當然爾。況去就之義，豈獨臣知之？學道者所共知也。願陛下遍詢輔臣，臣之請爲義乎？爲非義乎？如以爲非義，是臣所學偏謬，不敢避愚妄煩瀆之罪。如以爲義，則乞從臣之請。或朝廷顧惜事體，不欲使歸田里，只乞令臣致仕。

辭免服除直秘閣判西京國子監狀元祐七年四月。

臣今月一日，準河南府差人送到官誥一道。伏蒙聖恩，授臣左通直郎、直秘閣、權判西京國子監者。臣昨被責命，出爲外官，夙夜靡遑，惟是内省。始蒙招致之禮，旋爲黜逐之人，將胡顔以立朝？當自劾而引去。至于五請而未聽，豈可力辯以求伸？遂且從容，以須替罷。未及任滿，遽丁家艱，思無忝於所生，惟堅持於素節。未終喪制，已降除書，上體眷恩，内深愧懼。

伏念臣志存守道，識昧隨時，俗所忌憎，動招謗毁。昨蒙擢任，既以人言被黜，爲朝廷羞矣。今復授以職任，適足重爲朝廷羞，無所益於明時，徒取笑於後世。伏望聖慈矜察愚誠，追寢恩命。臣昨因丁憂既已去官，今來所降誥命，不敢祗受，已於河南府寄納。伏乞朝廷檢會臣前來五次奏陳，特賜指揮，許歸田里。

再辭免表

臣頤言：昨蒙聖恩，授臣左通直郎、直秘閣、權判西京國子監，尋具狀辭免。今月十九日，河南府送到尚書省劄子，奉聖旨不許辭免者。斥逐之人，分當遠引；甄收之命，義實難安。中謝。

伏念臣力學有年，以身任道，唯知耕養以求志，不希聞達以干時。皇帝陛下詔起臣於草野之中，面授臣以講說之職。臣竊思之，得以講學侍人主，苟能致人主得堯、舜、禹、湯、文、武之道，則天下享唐、虞、夏、商、周之治。儒者逢時，孰過於此？臣是以慨然有許國之心。在職歲餘，夙夜畢精竭慮。蓋非徒爲辯辭解釋文義，唯欲積其誠意，感通聖心，傒交發志之孚，方進沃心之論；實覬不傳之學復明於今日，作聖之效遠繼於先王。自二年春後來，臣每進說，陛下常首肯應臣。臣知陛下聖資樂學，誠自以謂千載之遇也。

而不思道大則難容，跡孤者易蹶。人朝見嫉，世俗之常態；名高毀甚，史册之明言。如臣至愚，豈免衆口？不能取信於上，而欲爲繼古之事，成希世之功，人皆知其難也。臣何狂簡，敢爾覬幸？宜其獲罪明時，見嗤公論。志既乖於事道，義當致於爲臣。屢懇請而未從，俄遭憂而罷去。銜恤既終於喪制，退身當遂於初心。豈捨王哉？忠戀之誠雖至，不得已也，去就之義當然。自惟衰邁之軀，得就安閑之地。聞今傳後，更有望於殘年，行道致君，甘息心於聖世。豈期矜貸，尚俾甄升？恩雖甚隆，義則難處。前日朝廷不知其不肖，使之勸學人主。不用則亦已矣。若復無恥以苟禄位，孟子所謂「是爲龍斷也」。儒者進退，當如是乎？臣非苟自重，實懼上累聖明，使天下後世謂朝廷特起之士乃貪利苟得之人，甚可羞也。臣猶羞之，況朝廷乎？在臣無可受之理，敢冒萬死，上還恩命。伏乞檢會臣前後累奏，特賜指揮。

貼　黄

臣家傳忠孝，世受國恩，擢自草萊，久侍經閣。豈無愛君報國之心？義迫當去，無路自效。惟今日冒死，爲陛下陳儒者進退之道，爲臣去就之義，覬望有補，乃區區上報之心也。

貼　黄

臣求去與辭官前後七章，陳説進退之義，既已詳明，言亦盡於此矣。皆據經義，非出私意。伏望聖明，特賜省察。

謝管勾崇福宫狀元祐七年五月。

臣昨蒙聖恩，除臣左通直郎、直秘閣、權判西京國子監。兩具表狀辭免，乞歸田里。今月十日，準勑特授左通直郎、管勾西京嵩山崇福宫者。誤蒙甄録，再露封章。不敢遜言，惟盡敬主之意；深陳古義，蓋存報國之心。天聽至高，言已盡而誠孚未格，君威難犯，慮其瀆而憂懼交深。非特畏於刑章，實頤存於國體。幸蒙寬貸，豈敢頻煩？臣更不敢固違朝命，所降勑牒，臣已領訖。伏爲見患腰跨，拜受未得，候痊損日，謝恩就職次。

申河南府乞尋醫狀元祐七年八月。

頤昨準勑授左通直郎、管勾嵩山崇福宮。尋具奏聞，爲患腰跨，拜受未得，候痊損日，謝恩就職次。今來已滿百日，未得痊安。竊懼久稽朝命，欲乞尋醫，謹具申西京留府，伏乞依條施行。

辭免再除直秘閣判監狀元祐九年春。

臣今月十四日，準河南府送到官誥一道，尚書省劄子一道。伏蒙聖恩，授臣依前左通直郎、直秘閣、權判西京國子監，專主教導者。祇荷睿恩，不任惶懼。

恭以皇帝陛下親政之初，萬邦黎獻，至于海隅蒼生夷狄蠻貊之人，莫不仰首以觀，傾耳而聽。今聽政未及兩月，而念及勸學舊臣，收録於退藏之中。茲見陛下聖明，崇儒重道，事無不察，足以聳動天下。然而處得其道，用當其人，乃允公論，爲盛美之事，不然則四方傳議，反累聖政。

伏念臣去年丁憂服闋之初，已蒙朝廷授此職任。臣以於義未安，兩具奏辭免，陳儒者進退之義，已極詳明。但恐微賤之言，繫常程文字，即以付外，不曾得經聖覽。既而改命祠宮，遂以尋醫得去。方安愚分，忽被誤恩。雖仰荷於甄收，敢自渝其節守！伏望聖慈，曲憐舊物，深鑒丹誠，將臣前來辭免表狀，特賜省覽，則知臣所以辭者，蓋守古義，非出私意。所降誥命，不敢祇受，已於河南府寄納。冒瀆宸嚴，臣無任……。

再辭免狀

臣昨蒙聖恩，授臣依前左通直郎、直秘閣、權判西京國子監。尋具狀辭免。今月十七日，河南府送到尚書省劄子一道，奉聖旨不許辭免者。聞命惶懼，不知所措。臣聞「邦有道，危言危行；邦無道，危行言孫。」今主上親政之初，臣未極其言，而遽爲孫言，則不敬莫大乎是。臣是以不避斧鉞之誅，而必盡其辭也。

臣昨被恩命，即具奏陳，乞將臣丁憂服闋之初，辭免表狀，特賜省覽，則知臣所以辭者，蓋守古義，非出私意。今奉聖旨，不許辭免。臣誠至愚，不喻朝廷之意。不知以臣前日所陳進退之義爲是乎？爲非乎？若以爲是，則受爲非義。臣四十年學聖人之道，敢以非義而受，致朝廷於過舉乎？若以臣前日所陳爲非是，臣狂妄不知義理，狂妄不知義理之人，使去宜也，豈可處教導之職？不知使臣以何義受之？

臣竊思之：豈非朝廷以臣微賤，去就不足爲輕重，故忽棄其言，陛下不經省覽，而輔臣莫以告也？臣誠微賤，然臣之言，本諸聖賢之言；臣之進退，守儒者進退之道。雖朝廷不見省察，臣恐天下後世有誦其言，思其義，而以進退儒者之道議朝廷也。故臣區區愛君之意，不能自已，尚冀微誠，感悟聖心。謹昧死以聞，不敢受命，再瀆宸嚴。臣無任……。

謝復官表元符三年十月。

臣頤言：今月二十日，準河南府送到官誥一道。伏蒙聖恩，授臣通直郎、權判西京國子監者。始竄遐荒，分甘終廢；豈期洪造，復畀舊官？仰荷恩私，伏增愧懼。中謝。竊念臣天資愚暗，自致放投；既仰荷於寬恩，如安居於樂土；忽遇非常之宥，繼蒙牽復之恩。茲蓋伏遇皇帝陛下道大兼容，明無不照；念先帝經筵之舊，推至仁愛物之心。臣敢不益善其身，勵精所學，期有傳於後世，以上報於深恩！

河南程氏文集卷第七

伊川先生文三

學制

三學看詳文元祐元年五月。

一、三學制。看詳舊制，公私試，試上舍，補内舍，蓋無虚月，皆糊名考校，排定高下，煩勞費用，不可勝言，於學者都無所益。學校，禮義相先之地，而月使之争，殊非教養之道。今立法改試爲課，更不考定高下，只輪番請召學生，當面下點抹，教其未至。所貴有益學者，不失庠序之體。舊制考察行藝，以不犯罰爲行，試在高等爲藝，有注官、免省試、免解三等旌擢。今不用舊考察法，只於内舍推擇才學行藝爲衆所稱者，升爲上舍。上舍學行才器堪爲時用者，長貳狀其行能，聞于朝廷。

一、三學制。看詳太學舊制，博士二人，同講一經，論語、孟子又置學諭分講。聖人之道雖一，而治經家法各有不同。二人同講一經，則學者所從不一。今立法，置博士十人，六人分講六經，餘四人分講論語、孟子。講大經終者，卻講小經。諸經輪互講説，有專經者，亦許通那。

一、律學制。看詳律學之設，蓋欲居官者知爲政之方。其未出官及未有官人，且當專意經術，並令入太學，乃學古入官之義。今立法，到吏部人方許入律學。

一、武學制。看詳所治經書，有三略、六韜、尉繚子，鄙淺無取。今減去，卻添入孝經、論語、孟子、左氏傳言兵事。

一、三學制。看詳舊來條制，有期親尊長服，不許應舉。後來改法，雖祖父母喪，亦許應舉。夫尊祖之義，人道之本。若許居喪進取，深害義理。今立法，學生遭祖父母喪，給長假，行服。貢舉條貫，乞朝廷指揮修改。

論改學制事目

一、舊來博士，只是講說考校，不治學事，所以別置正録十員。今已立法，博士分治學事，及增置職事人。其正録並合減罷。所減罷官，乞與比類差遣，俸給如舊，及依元條年限改官。

一、舊制八十齋，每齋三十人，學生以二千四百人爲額；每齋五閒，容三十人，極甚迫窄，至兩人共一臥榻，暑月難處，遂更互請假出外。學者失所如此，而願留者，止爲解額優寬而已。今欲以七閒爲一齋，容三十人，除學官職事人及諸般占使外，可爲五十齋，所容千五百人。在朝廷廣教之意，雖爲未足，而齋舍未能遽增，所容止可如此。若朝廷選通儒爲教導之官，去利誘，來實學之士，人數雖減，成才必多。

一、國學解額，嘉祐以前一百人，自元豐後欲得舉人入學，遂設利誘之法，改作太學解額五百人；又患來者遽去，復立一年之限，以拘留之。近日朝廷知其非便，已改去逐次科場一年之限。然而人數歲歲增添，以外處解名比之，五百人額當有萬餘人奔湊。使萬餘人捨父母之養，忘骨肉之愛，往來道路，旅寓他土，人心日偷，士風日薄，所費財幾何？所破産幾何？少年子弟遠父兄而放蕩者幾何？父母骨肉離別悲念以至失所者幾何？以萬餘人聚之京師，弊害不可勝言。今欲量留一百人解額，以待在學者取應，餘四百人分在州郡解額窄處，自然士人各安鄉土，養其孝愛之心，息其奔趨流浪之志，風俗亦當稍厚。況人於鄉里，行迹易知，冒濫之弊，因而少革。

一、近年編修敕條，並立看詳，要見刪改因依。今來國子監敕令，是有司所行條貫，已立看詳外，有三學制，皆是庠序之事，與他處條貫體面不同。今來條立所存，舊文甚少，觀文可見義理，乞更不立看詳。

回禮部取問狀

準尚書禮部帖子，仰國子監修太學條制手分，依下項所問事理，具印狀送尚書禮部。

一、本部看詳創法，有司推行之際，須有條目事實，方可經久施行。今來尊賢立堂，待賓吏師立齋，並繫創立，即未見得，祭酒司業以下如何延請尊禮？學録以下如何供億？條目合有幾？其人在學若干歲月？朝廷如何進用？又待賓吏師二齋，不言無人即虛，若無其人，未委合與不合亦虛？

勘會學制，尊賢堂以延天下道德之士，學者所矜式者，長貳以下尊禮之。學録一人，專主供億，無其人則虛之。所謂道德之士，不必遠引古者，以近時言之。如胡太常瑗、張著作載、邵推官雍之輩，所居之鄉，學者不遠千里而至，願一識其面，一聞其言，以爲模楷。有如此之人至于京師，則長貳造門求見，道學者願得矜式之意，延請居于堂中，或一至，或時來，或淹留旬時，不可必其久速也。不獨學者得以矜式而已，又以見長貳之爲教，不敢足諸己，既上求古之人，復博采今之士，取善服義，如恐不及，乃爲教之大本，化人之要道。如此待之，卽是尊禮。所謂供億，只是灑掃堂室，供給飲膳，學錄專主，所貴整肅，不須更立條目。待賓吏師體皆相類，無人則虛，理自當爾。只於一處立文，自可見矣。

一、看詳文稱朝廷廣教之意，不當有限，只於齋舍立定可容人數，每齋改爲七間，繫減二十四齋，止容一千六百餘人，卽是立限，比舊更窄。又條稱三舍，每齋七楹，其看詳文卻稱七間爲一齋，有此閒架不同。又稱舊制每齋五間，至兩人共一卧榻，暑月難處，未見得：今來各展兩間，設與不設三十卧榻。其太學見今屋宇，若依新立條貫，一齋七間，修截得若干齋舍，有無妨闕？又條稱若學行著聞，及曾得解人，並免試便入內舍，如何容著？

勘會看詳文，稱朝廷廣教之意，不當有限，蓋謂不當立定二千四百人之限。若逐齋人數，自是據地位所容，難爲强使之多。齋舍多少，則繫朝廷處之。雖使未及，徐圖之可也。蓋無立定限數之意。若不恤齋舍寬窄，苟欲人數之多，使學者不安其居，乃是徒爲美觀，不務實事，非聖朝立事之意。所稱每齋七楹，則是七間，別無閒架不同。見今學舍，除學官職事人及諸般占使外，可爲五十餘齋，每齋置三十卧榻，並是量度丈尺，算計可容。舊來常是二人，或有三人共一榻，不惟暑月難處，兼褻瀆至甚。其學行著聞，及曾得解人免試入學，逐齋人數自定，卽無容著不得之理。

一、舊制考行藝，以不犯罰爲行，試在高等爲藝。今來看詳文稱不用舊考察法，只於內舍推擇才學行藝爲衆所稱者，升爲上舍，上舍學行才器堪爲時用者，長貳狀其行能，聞於朝廷，未見得：長貳如何推擇？及狀其行能，其條目事實，各合如何聞于朝廷？如何推恩？又既不用舊法考察，若曾犯罰，及課曾在退等，合與不合推擇？如推擇有不當，及生員在齋供課代筆，竊用佗人文字，如何防察？勘會舊考察法，專據文簿，計校等差，所以今來立法，只委長貳，以公議推擇。凡所推擇，一繫長貳鑒裁。長貳公明與否，則繫朝廷所任用。在朝廷豈可不信所任用，而專考驗於案籍？自古推賢進善，未聞如此。今但取學行才器堪爲時用者，聞于朝廷。所推恩數，自繫朝廷裁處，有司不當立法。所狀行能，各隨人之所有，難爲更立條目。既推學行才器之人，推擇不當，自有論如律之文，更不須繁文勘會。犯罰退等之類，其在齋供課，明有長諭察視，不得交互課卷之文。兼供課與舊來公私試不同，別無陞黜，自少代筆竊用之事，有則自當罰格。若更苛細，曲爲防閑，甚失庠序之體。

一、舉人及仕宦家子弟，鬬毆使酒等，本監採察，牒開封府或本貫施行。本部看詳條稱仕宦家子弟，據文即雖作工商諸色在公之人，其家各曾仕宦，及見仕宦，亦是仕宦家子弟，如何卻令國子監採察？若本監止是採察仕宦家子弟爲舉人者，即今來立文未盡。又稱舉人及仕宦家子弟，據文即舉人家子弟亦在其中。若本監不採察舉人家子弟，即立文亦是未盡。兼看詳假有舉人本貫是廣南，因游學在西川，若有犯牒與本貫施行，有無迂枉？

本所勘會監敕稱舉人及仕宦家子弟，蓋是兩般，猶言舉人若仕宦家子弟也。凡文若是一事而言及者，必須以重及輕，未有以輕及重者。豈有先言舉人，以及仕宦之理？如或以爲不明，即可改及爲若。古者四民各世其業，後世法度不立，失守易業，仕族之貴而爲工商雜類者有矣。此朝廷當禁而未能者，固未嘗立文許其然也。既流落入於非類，豈復能責其士人行檢？況自來條制，凡爲品官家立法，皆是仕族之體，未嘗更開說若爲工商之類時則如何也。略舉一二事以爲證。如舊衣服令五品以上子孫婚聽假以爵弁，卽不言若充軍及遭黥杖者之類，許假與否。又雜令品官家雖不請券，並聽入驛，卽不言子弟爲卒僕乞丐者之類，許入驛與否。此蓋大體立法，不可亦謂之立文不盡。欲厚風教，當由仕族始，所以立法之意，欲并包仕族子弟。若指定爲舉人者，則年少學業未成，或治家不暇應舉者，皆不及也。所云牒開封府或本貫施行，或者疑辭，量可而行爾。安得便見迂枉？必云牒本貫者，蓋人之惡最恥聞於鄉里，立文所以爲警，且暴一罪而使一鄉知戒，所益甚大。

一、新制稱四方士人願觀光者，掌儀引入游覽堂舍，觀禮儀，聽絃誦，唯不得入齋。願觀光者既不得入齋，卽未見得，於何處觀禮儀聽絃誦？又其觀聽繫在何時？若願觀光者，無時得入，卽掌儀疲於接引，亦非學校之體。若限以時，則新制無法。又言士人願觀講說者，聽堂上相見。今看詳願觀講說者，未見令何人引入，如何相見？若願觀之人衆，至位次不足，如何序齒，如何令坐，皆未有法。

本所勘會太學首善之地，將以流化天下。從來賓客不得過客位，天下之士徒聞朝廷有學，而不得見其規制，視其法度，所以今來立觀光之法。觀學者出入往來，少長有序，威儀濟濟，卽是觀禮儀。行廊廡之閒，聞諸齋絃誦之聲，卽是聽絃誦。自可使觀光之士，以爲盛談，流傳天下。何必須入齋中，及更立處所？學制通客之時，自有明文，卽無無時得入之説。所謂掌儀疲於引接，亦無是理。以太學之大，掌儀八人之多，又早晚不許通客，不當升堂掌禮之時，常輪一人延接四方之士，極非過當。設使美化大行，願觀者衆，數時之閒，不過數番而已。樂使人嚮善者，固不憚其煩也。況又更休，願觀講説者卽是賓客，明有學制，門吏白直學，後報所見之人，相見自有常儀，坐位自有爵齒，不須煩文。往年胡博士瑗講易，常有外來請聽者，多或至千數人；孫殿丞復説春秋，初講旬日閒，來者莫知其數，堂上不容，然後謝之，立聽户外者甚衆，當時春秋之學爲之一盛，至今數十年傳爲美事。

一、合支用條制所不載者，長貳裁度支破。今要見如何裁度支破？因何删去舊條比類二字？

本所勘會本監支費，隨宜應用，條制豈能具載？舊條，長貳審量比類支給。若須比類，必多拘礙；或無類例，亦須裁度。所以立法，但云裁度，删去比類二字。用比類字，則關防之意多；去二字，則委付之意重。朝廷之任長貳，自當有體。

論禮部看詳狀

準都省送下禮部狀，看詳三學制、國子監敕，勒送國子監長貳，與元修官同共再行看詳。已於某月日，與長貳同狀供去訖。竊慮朝廷只見禮部一面辭説，未盡見元初立法之意，今卻將禮部看詳事節，逐一開析如後。

一、學制，尊賢堂、待賓齋、吏師齋等，先準禮部帖子，取問修條制所，「今來尊賢立堂，待賓吏師立齋，即未見得：祭酒以下如何延請尊禮？學録以下如何供億？條目各合有幾？其人在學若干歲月？朝廷如何進用？」本所爲見禮部所問，與立法意全不相似，遂逐一開析供答。今來送到禮部看詳所駁之事，卻已改换了前來所難之意，卻稱學士大夫有賢可尊，朝廷自當褒顯，以勸多士，不應有遺，卻於學校立法，俟其自至京師，然後祭酒以下延請尊禮。再詳所駁，依前誤認立法之意。雖是朝廷褒顯之士，苟未大用，何妨學校延請？何必須待朝廷所遺，方得尊禮？不應有遺之説，大非朝廷用心。雖古盛治之世，賢才並用，尚旁求博采，未嘗敢言已無遺也。又云「若一至，或時來，或淹留旬時，殆非尊禮之實，亦恐道德之士，出處去來，不應如此。」此蓋因禮部取問其人在學若干歲月，故本所如此供答。大意謂道德之士，一見其人，足以矜式，一聞其言，足以興起，得其一至，猶足爲益，況淹久乎？或速或久，繫其人所處之勢，固難必也。如此，尊賢之道可謂至矣。而禮部以爲非尊賢之實，不知如何乃謂之實也？夫與人爲善，君子所樂；亂國之聘，夫子亦往。從太學之禮請，而云「道德之士，出處去來，不應如此」，似不知君子出處之道。本所供答禮部狀稱，全文具回禮部取問狀内。今來禮部看詳，引所供狀，只至矜式而已字便住，將一段文義，中間截斷，要切義理，都將删去。又云「尊賢堂稱無人則虚，待賓、吏師二齋不言無人則虚，有司無所執守。」竊緣學制是學校之事，將付之儒臣以治學者，與尋常吏文不同。今來禮部蓋欲全用吏文。若使吏人以吏文格之，則新修之學制，皆不可用。

一、禮部看詳，四方士人願觀光一事，但云「難議施行」，不言所以，伏乞朝廷詳酌。

一、禮部看詳：舊法，每齋五間，容三十人，不聞有訴窄狹者。今新立條制，每齋展爲七間，止容得一千六百餘人，有八百餘人須至遣出。勘會自來暑月齋舍中難處，須至更互請假出外，今年尤甚，應是在學已及一年，可以應舉者，往往遷出。朝廷立定齋舍間數，豈有學者自訴窄狹之理？今來立定逐齋所容人數之法，亦須乘學者稀少之時，漸次修展，某年只幾人。豈有一旦遣出之事？以至增添牀榻，皆有法度，並是據間架丈尺算計，不惟寬涼，兼是齊整。又云即是齋舍數目，未有定論。夫今日所設學官職事人及其餘事，皆是且據今日學舍爲之，安用須立數目定論？太平日久，則文風益盛，學者益衆。故唐至貞觀六年以後，學生增至三千二百。異日朝廷美化大行，事力充盛，學生之員，增至唐生員之數，未爲過也。何必須要立定數目？

一、三舍升補推擇法，禮部所駁最詳。竊以舊法，惟三舍升補一事，最爲未便。天下人所以論議，言者所以爲言，朝廷所以重修，及爭競之端，獄訟之興，皆由於此。而禮部乃云，三舍升補法，最爲完密，不可以廢，則禮部用意可見。其看詳云：「行法以來，至今七年，得推恩授官纔一人，其中選艱難又如此。」夫朝廷養士，唯欲成材之多，豈以艱難爲貴？以二千人之衆，七年之久，通其去來，不知幾千人矣。應授官者纔一人，何其少也？正由書〔一〕行藝考察之法不可用爾。夫人之美行，天之尊爵，莫過於仁義忠信，樂善不倦。不知前日有書〔二〕此而蒙考察者乎？又云：「今來一切略去此法，

〔一〕「書」字疑爲「舊」字之誤。
〔二〕此「書」字疑爲「由」字之誤。

惟令長貳推擇行藝衆所稱者升爲上舍，緣行藝若無法考驗，卽無事實可據，恐人情不服，別致爭訟。」夫案文責跡，有司之事，非庠序育材論秀之道。且立之以格，考之以文，則人案跡以求差殊，爭心所以起也。授之賢才，重其委任，則人無辭以犯分，義訟所以息也。今以專任長貳爲不可，是不知治體之甚。古之時，天子擇宰相而任之政，宰相擇諸司長官而委之治，諸司長官各擇其屬而授以事，治功所以成也。後世朝廷授法，必達乎下，長官守法而不得有爲，前日考察之法是也。始於諸齋，而由正、錄、博士以及長貳。諸齋所取，學官就其中而論之，不得有易也。學官所考，長貳就其中而論之，不得有易也。易之則按文責跡，人於罪矣。是事成於下，而下得以制其上，此後世所以不治也。今欲朝廷專任長貳。長貳自委之屬官，以達于下。取舍在長貳，則上下之體順，而各得致其功，先王爲治之道也。難者必曰：「長貳得人則善矣，或非其人，不若使防閑詳密，上下相制，爲可循守也。」此世俗鄙論，烏足以言治道？先王制法，待人而行，未聞立不得人之法也。苟長貳非人，不知教育之道，徒守虛文密法，果足以成人才乎？自古以來，未有如是而能成治者也。

一、禮部看詳：「博士十人，六人分講六經，四人分講論語、孟子，難以施行。」今詳禮部所駁之意，卻是不知太學有四堂，自來分講諸經，四處各講論語、孟子。又云「諸經輪互講說，若治經家法不同，愈見紛亂。」夫人講一經則終一經，是一家之學，比之人講一授，安得卻爲紛亂？又云「一人日專一經，不惟已勞，如有疾故在假，月日稍久，不免別那博士代講，學者所從，亦安能一？」博士之職，比之佗官，極爲清簡，日講書一授，不足爲勞，人專一經，所從自一。若疾病稍久，或佗事故，則出無可奈何，不當以此爲限。

一、禮部看詳：「武學入學之法，難以施行。」乃是禮部未喻立法之意。乞自朝廷詳察。其中，更不引試，使入外舍，尤爲疎簡。其閒豈無驟業苟求之人？亦是禮部未詳外舍之法。其外舍立法，已甚詳密，不過一月須試，又不許請假。驟業之人，無由久容。

一、禮部看詳：「律學本以教習法律，今來卻令講經讀史，不唯事情迂闊，兼妨廢生員專意法律。」夫法律之意，蓋本諸經。先能知經，乃可議律。專意法律者，胥吏之事，可以行文案治，期會貫通。經義者，士人之事也，可以爲政治民。所以律學，必使兼治經史。又云「太學博士，通取幕職州縣官，律學博士，卻止取承務郎以上，難以施行。」緣太學生祗是布衣之士，或未出官人。設有已歷官人願入，亦是能自折節之人。律學皆是已從仕者，所以教官須宜稍重。

一、禮部看詳：「武學制減去三略、六韜、尉繚子，卻合添習孝經、論語、孟子，於事情迂闊，難以施行。」勘會元立法減去三略等，蓋爲鄙淺無取。今禮部以爲有取，恐是不曾研究。其添入孝經、論語等，蓋欲武勇之士能知義理，比之漢明帝令羽林通孝經，唐太宗使飛騎受經，尚未足爲迂闊。

一、禮部看詳：「未有官人，不許入律學，卽舉人盡當遣出。」但立入學之法，先在學之人，久須自去，豈有遣出之理？又云：「已有官人，使之習學法律，以應吏部試格，正其宜分，難令與未有官人一例，不許入學，難以施行。」夫學古入官，古之制也。未出官人，且令入太學，專治經術，最爲善意，不可改也。

一、禮部看詳：「國子監敕，主簿書庫官職事，不至繁重，難以不依常制舉官。」勘會主簿專管莊土文收文案諸事，最爲繁重。書庫官本職外，準備本監逐時差委幹當，皆須公勤幹敏之人。立法不依常制舉官，所貴得人。禮部又引本所修立上條，不曾申明得旨，敕條不許。既曰修條，即須損益舊法，豈可卻引舊條，破難朝廷？差官修條，即當盡其所見，聽朝廷取舍。若令逐事先申明取旨，不唯於體非是，兼亦於法無文。

一、禮部看詳：「助教雖緣進納，亦繫有官人，難以卻令繳納誥敕，繫牴牾。」勘會上條繫舊法竊詳元初立法之意，蓋爲助教皆是富民，只納數百千，便得爲士人，即恐流類混雜，又不可絕人進善，所以願納誥身，乃許入學。今來禮部駁難，必爲專指助教。其餘進納官，卻無此法。蓋進納自齋郎以上，朝廷許其臨政治民，難爲不許入學。監學立法，又不可侵議進納條貫，所以專指助教。

一、禮部看詳，大率以檢察士人爲不可。竊以朝廷欲厚風教，必自士人始。近世士風薄惡，士人不修行檢，或無異於市井小人，朝廷未嘗有法以教勵檢束之也。近年方有檢察舉人條貫。今來立法，更加增益，使之詳備。蓋欲士人有所忌憚，而天下知朝廷欲厚風教之意，習俗漸化。今禮部難云：牒開封府或本貫施行，即不說如何施行事節。又帖子文具回禮部取問狀。勘會學生在學，有犯則依學規。待學者之道也。舉人及仕族子弟有犯於外，自有條法。更令本監察訪者，蓋欲朝廷有法檢束，士人知所戒懼爾。況所察皆是顯惡，失士人之行者，難爲因本監察訪，不用常憲。又云：「假有舉人本貫是廣南，游學在西川，若有所犯，卻牒廣南施行，顯是迂枉。」今令本監採訪，及牒開封府，則是在京。所以更云或本貫者，或者疑辭，蓋量宜可牒本貫，則牒本貫，欲其一鄉知戒爾。禮部有西川牒廣南之說，乃是誤認立法之意。

一、禮部看詳稱「三舍升補法，不可以廢，須用命官正錄。」其三舍升補舊法，事理甚明白，賢愚所共知，繫在朝廷取舍。又云：「新條添置學生，充正錄人，給錢米屋若干，未見支錢米去處。」竊緣自來職事人，皆有俸錢，禮部合知支錢去處。又云：「屋見繫出賃，收掠房錢，難以施行。」錢既可支，屋亦何異？新條明載，於閑慢處支撥，無難行之理。

一、禮部看詳：「舊條，錢物格令所不載者，長貳審量，比類支給。今來所修新條，刪去比類二字，只令長貳裁度支破。緣存比類二字，卽臨時輕重多寡，有所依倣，不至過有支破。合依舊存比類二字。」禮部先有帖子取問一，本所因何刪去舊條比類二字，本所供答稱，勘會本監支費，文具回禮部取問狀內。其事理甚明，乞自朝廷詳酌。

一、禮部勘會，「官員在職，遭祖父母喪，不許解官行服。今若獨令舉人不得應舉，考之人情法意，皆所未安。」竊以官員在職，蓋守其常。舉人應舉，乃是求進。律禁冒哀求仕，不聞禁冒哀守常也。官員與舉人事體不同。又云：「今乞修改貢舉條貫，及立到上條，遭祖父母喪給長假奔喪等事，難議施行。」學生遭祖父母喪，非有君事官守，安然不奔，自非不孝、甚惡之人，不應至此。學校所以厚人倫。立法固當教以尊祖，若祖父母喪不許奔，深害人理。

一、禮部看詳：「新制，博士減去二員，又令一人專講一經，無輪講法。又添分治學事，比舊已是煩勞。兼月課先須考較，緣又考課卷不少，又令五人爲番請召，對面點抹，慮日力不給，卻成苟簡。亦生員請益，恐不暇應答，難以施行。」自來學中生員整會假限，辯理事節，自有牒訴，如聽訟之所，今來修改法制，無致訟之端。學事清簡，博士日逐説書治學，事不爲煩勞。改試爲課，乃學校大體。當面點抹教告，爲益最多。舊來公私試排比名次，衆人争計高下，必銖銖而校之，用功甚多。當面讀過，指其瑕病，用力甚少。一日只請三番，計人數十日可畢。今限半月，已甚優游。又有長貳察其當否之法，無日力不足卻成苟簡之事。自來學官學生，皆不相識，今則人人相接，易爲誘益。

一、禮部看詳：「改齋諭爲學諭，名稱不正。」自慶厤學制，逐齋置學諭。蓋學正者太學之正也，學諭者教諭爲學者也，義各不同，非是名稱不正。齋諭之名，不成意義。今來改作學諭，本爲正名。又云：「長貳選差，與舊法不同，難議施行。」帖子稱舊令繫令博士參預，不唯知接生員，親於長貳，亦或互相防檢，無所容私。新條立意，大率唯是欲朝廷重倚任，故使長貳自委其屬。禮部所難，大率唯是欲密爲防檢，恐其有私。若使屬與其長互相防檢，非先王之道。

一、禮部看詳：「保官狀式，舊條稱私罪徒，今條稱私罪情重。舊條稱傜人并相容隱之人，不許爲保，今條內刪去。又舊條稱曾經屏斥之人，不許人保，今條內稱自來士行無闕。舊條稱未及七十，今條內稱年若干。並無刪改因依，兼慮士行無闕，立文太泛，有司難以執用。」勘會私罪雖不至徒，有情重不可爲保者。傜人與歸明無異，相隱之人及七十以上，自有海行格式。既云士行無闕，則曾經屏斥在其中矣。

一、禮部看詳：「學規舊制，不齒之罰，一曰盜博鬭毆，今删去盜字。卽未委犯盜，合如何施行？若謂行止乖惡，注云：乖惡多端，犯名教者皆是，包盜在内。又緣謗訕、悖慢、兇恣、受賕、鬭毆之類，亦是有犯名教，亦合包括在内。今卻分立。兼行止乖惡，舊無此一項。」竊念學校所以檢束學者，不可設盜賊之法。況有行止乖惡一條，凡言之醜者皆麗其中。他犯可言者，自合分立條項。

修立孔氏條制 元祐元年十月。奏狀闕。

一、添賜田并舊賜爲五百頃，設溝封，爲奉聖鄉，世襲奉聖公爵，以奉祭祀，不使更爲他官，位在中大夫之下。如有高才重德，朝廷必賴其用，卽令嗣子奉祀事。

一、所賜田，蠲免稅賦，依鄉川厚薄，召人種佃。其佃户，並免差傜夫役。

一、奉聖公表章慶賀、進奉聖節，並依兖州例。朝廷頒麻賜衣等恩數，並依兖州知州。每遇大禮，許入覲陪位。

一、奉聖公差當直兵士三十人。一作二十人。

一、奉聖公宅教授一人，主導翊襲封之人，及教導其嗣子。吏部於舉到學官内選差。

一、置官一員，主其家事，或只令僊源縣簿尉兼管。

河南程氏文集卷第八

伊川先生文四

雜著

顏子所好何學論先生始冠，遊太學，胡安定以是試諸生，得此論，大驚異之，卽請相見，遂以先生爲學職。

聖人之門，其徒三千，獨稱顏子爲好學。夫詩、書六藝，三千子非不習而通也。然則顏子所獨好者，何學也？學以至聖人之道也。

聖人可學而至歟？曰：然。學之道如何？曰：天地儲精，得五行之秀者爲人。其本也眞而靜，其未發也五性具焉，曰仁義禮智信。形既生矣，外物觸其形而動於中矣。其中動而七情出焉，曰喜怒哀樂愛惡欲。情既熾而益蕩，其性鑿矣。是故覺者約其情使合於中，正其心，養其性，故曰性其情。愚者則不知制之，縱其情而至於邪僻，梏其性而亡之，故曰情其性。凡學之道，正其心，養其性而已。中正而誠，則聖矣。君子之學，必先明諸心，知所養，一作往。然後力行以求至，所謂自明而誠也。故學必盡其心。盡其心，則知其性，知其性，反而誠之，聖人也。故洪範曰：「思曰睿，睿作聖。」誠之之道，在乎信道篤。信道篤則行之果，行之果則守之固；仁義忠信不離乎心，造次必於是，顛沛必於是，出處語默必於是。久而弗失，則居之安，動容周旋中禮，而邪僻之心無自生矣。故顏子所事，則曰「非禮勿視，非禮勿聽，非禮勿言，非禮勿動。」仲尼稱之，則曰「得一善，則拳拳服膺而弗失之矣」；又曰「不遷怒，不貳過，有不善未嘗不知，知之未嘗復行也。」此其好之篤，學之之道也。視聽言動皆禮矣，所異於聖人者，蓋聖人則不思而得，不勉而中，從容中道，顏子則必思而後得，必勉而後中。故曰：顏子之與聖人，相去一息。孟子曰：「充實而有光輝之謂大，大而化之之謂聖，聖而不可知之謂神。」顏子之德，可謂充實而有光輝矣，所未至者，守之也，非化之也。以其好學之心，假之以年，則不日而化矣。故仲尼曰：「不幸短命死矣。」蓋傷其不得至於聖人也。所謂化之者，入於神而自然，不思而得，不勉而中之謂也。孔子曰「七十而從心所欲不踰矩」是也。

或曰：「聖人，生而知之者也。今謂可學而至，其有稽乎？」曰：「然。孟子曰：『堯、舜性之也，湯、武反之也。』性之者，生而知之者也。反之者，學而知之者也。」又曰：「孔子則生而知也，孟子則學而知也。後人不達，以謂聖本生知，非學可至，而爲學之道遂失。不求諸己而求諸外，以博聞强記巧文麗辭爲工，榮華其言，鮮有至於道者。則今之學，與顏子所好異矣。」

養魚記 時年二十二。

書齋之前有石盆池。家人買魚子食貓，見其煦沫也，不忍，因擇可生者，得百餘，養其中，大者如指，細者如箸。支頤而觀之者竟日。始舍之，洋洋然，魚之得其所也；終觀之，戚戚焉，吾之感於中也。

吾讀古聖人書，觀古聖人之政，禁數罟不得入洿池，魚尾不盈尺不中殺〔一〕，市不得鬻，人不得食。聖人之仁，養物而不傷也如是。物獲如是，則吾人之樂其生，遂其性，宜何如哉？思是一無此二十字。魚之一無之字。於是時，寧有是困耶？推是魚，孰不可見耶？

魚乎！魚乎！細鉤密網，吾不得禁之於彼，炮燔咀嚼，吾得免爾於此。吾知江海之大，足使爾遂其性，思置汝於彼，而未得其路，徒能以斗斛之水，生汝之命。生汝誠吾心。汝得生已多，萬類天地中，吾心將奈何？魚乎！魚乎！感吾心之戚戚者，豈止魚而已乎？因作養魚記。一無此上十一字，有爾乎二字。至和甲午季夏記。

吾昔作養魚記，于兹幾三十年矣，故藁中偶見之。竊自歎，少而有志，不忍毁去。觀昔日之所知，循今日之所至，愧負初心，不幾於自棄者乎？示諸小子，當以吾爲戒。元豐己未正月戊戌，西齋南窗下書。

爲家君作試漢州學策問三首〔二〕

問：士之所以貴乎人倫者，以明道也。若止於治聲律，爲禄利而已，則與夫工技之事，將何異乎？夫所謂道，固若大路然，人皆可勉而至也。如不可學而至，則古聖人何爲教之〔三〕勤勤如是？豈其欺後

〔一〕徐本、吕本「殺」作「取」。

〔二〕吕本題目作「爲太中作試漢州學策問三首」。

〔三〕徐本、吕本「之」作「人」。

世邪？然學之之道當如何？

後之儒者，莫不以爲文章、治經術爲務。文章則華靡其詞，新奇其意，取悦人耳目而已。經術則解釋辭訓，較先儒短長，立異説以爲己工而已。如是之學，果可至於道乎？仲尼之門，獨稱顔子爲好學，則曰「不遷怒，不貳過」也。與今之學，不其異乎？

或曰：如是則在修身謹行而已。夫檢於行者，設曰勉强之可也。通諸心者，姑謹修而可能乎？況無諸中不能强於外也？此爲儒之本，諒諸君之所素存也。幸明辨而詳著于篇。

問：聖人之道，傳諸經學者，必以經爲本。然而諸經之奥，多所難明。今取其大要，各舉其一以言之。

夫易卦之德，曰元亨利貞。或爲四：曰元也，亨也，利也，貞也。或爲二：曰大亨也，利於貞也。其詞既同，義可異乎？所以異者何謂？

春秋垂褒貶之法，所貶則明矣，所褒者何事？

詩之美刺，聖人取其止乎禮義者，以爲法於後世。晉武公身爲幷奪，無衣美之，其教安在？

書爲王者軌範，不獨著聖王之事以爲法也，亦存其失以示戒爾，五子之歌是也。如盤庚之遷國，穆王之訓刑，爲是而可法邪？爲非而可戒邪？

禮記雜出於漢諸儒所傳，謬亂多矣。考之，完合於聖人者，其篇有幾？

夫古人之學貴專，不以泛濫爲賢。諸君之於經，必各有所治，人言其所學可也，惟毋泛毋略。

問：儒者積學於己，以待用也。當世之務，固當講明。若夫朝廷之治，君相謨之，斯無間矣。以一郡而言，守之職豈不以養人爲本？然而民産不制，何術以濟乎困窮？吏繇有數，何道以寬乎力役？比閭無法，教化何由而可行？衣食不足，風俗何緣而可厚？

自唐而上，世有循吏，著之史册。何今世獨無其人？豈古之治不可行於今邪？抑爲之者不得其道邪？思欲仰希前哲之爲，上副聖朝之寄，何所施設而能及斯？

諸君從事於學，既勤且久，爲政之方，固當明其體要，至於民一作風。俗一作之。利病，皆耳目之所接也。願陳高論，得以矜式。

爲家君書家藏太宗皇帝寶字後〔一〕

先臣少師，以府僚事太宗皇帝於開封，被眷特異，前後所賜親筆多矣。天聖中，遭家難，諸父繼亡。臣時未冠，復在遠方，京師賜第，外姻守之。寶藏之物，既於盜手，於今在者，乃其遺也。故太宗親〔二〕

〔一〕吕本題目作「爲太中書家藏寶字後」。

〔二〕徐本、吕本「親」作「遺」。

書惟存十三[一]字，其六乃開封文移，皆緣祭祀及貢舉事。臣恭思太宗皇帝以介弟之貴，晉王之重，尹正天府，而常事之小者，皆親書之，自來大臣領州小事，多不親書。聖心可見矣。蓋於祀事之嚴，取士之重，雖細故必親，誠孝恭虔之心也，急賢好士之心也。嗚呼！成萬世無窮之基，豈不由是心乎？愚臣竊謂，是心也宜爲後聖法。元祐四年己巳十一月癸未，太中大夫致仕上柱國永年縣開國伯，食邑九百户，臣程珦謹題。

易傳序

易，變易也，隨時變易以從道也。其爲書也，廣大悉備，將以順性命之理，通幽明之故，盡事物之情，而示開物成務之道也。聖人之憂患後世，可謂至矣。去古雖遠，遺經尚存。然而前儒失意以傳言，後學誦言而忘味。自秦而下，蓋無傳矣。予生千一有餘字。載之後，悼斯文之湮晦，將俾後人沿一作泝。流而求源，此傳所以作也。

易有聖人之道四焉：「以言者尚其辭，以動者尚其變，以制器者尚其象，以卜筮者尚其占。」吉凶消長之理，進退存亡之道，備於辭。推辭考卦，可以知變，象與占在其中矣。君子居則觀其象而玩其辭，動則觀其變而玩其占。得於辭，不達其意者有矣；未有不得於辭而能通其意者也。至微者理也，至著者象也。體用一源，顯微無間。觀會通以行其典禮，則辭無所不備。故善學者，求言必自近。易於近者，

[一]徐本「三」作「二」。

非知言者也。予所傳者辭也，由辭以得意，則在一作存。乎人焉。有宋元符二年己卯正月庚申，河南程頤正叔謹序。

春秋傳序

天之生民，必有出類之才，起而君長之，治之而爭奪息，導之而生養遂，教之而倫理明，然後人道立，天道成，地道平。二帝而上，聖賢世出，隨時有作，順乎風氣之宜，不先天一作時。以開人，各因時而立政。暨乎三王迭興，三重既備，子丑寅之建正，忠質文之更尚，人道備矣，天運周矣。聖王既不復作，有天下者，雖欲倣古之跡，亦私意妄爲而已。事之謬，秦至以建亥爲正；道之悖，漢專以智力持世；豈復知先王之道也？夫子當周之末，以聖人不復作也，順天應時之治不復有也，於是作春秋爲百王不易之大法，所謂考諸三王而不謬，建諸天地而不悖，質諸鬼神而無疑，百世以俟聖人而不惑者也。

先儒之傳〔一〕曰：游、夏不能贊一辭。辭不待贊也，言不能與於斯耳。斯道也，惟顔子嘗聞之矣。「行夏之時，乘殷之輅，服周之冕，樂則韶舞」，此其準的也。後世以史視春秋，謂褒善貶惡而已，至於經世之大法則不知也。春秋大義數十，其義雖大，炳如日星，乃易見也；惟其微辭隱義，時措從宜者爲難知也。或抑或縱，或與或奪，或進或退，或微或顯，而得乎義理之安，文質之中，寬猛之宜，是非之公，乃制事之權衡，揆道之模範也。

〔一〕徐本「傳」作「論」。

夫觀百物，然後識化工之神；聚衆材，然後知作室之用。於一事一義而欲窺聖人之用心，一無心字。非上智不能也。故學春秋者，必優游涵泳，默識心通，然後能造其微也。後王知春秋之義，則雖德非禹、湯，尚可以法三代之治。自秦而下，其學不傳。予悼夫聖人之志不明於後世也，故作傳以明之，俾後之人通其文而求其義，得其意而法其用，則三代可復也。是傳也，雖未能極聖人之藴奥，庶幾學者得其門而入矣。有宋崇寧二年癸未四月乙亥，伊川程頤序。一無此上十七字。

禊飲詩序

上巳禊飲，風流遠矣，而蘭亭之會，最爲後人所稱慕者，何哉？蓋其遊多豪逸之才，而右軍之書，復爲好事者所重爾。事之顯晦，未嘗不在人也。潁川陳公廙始治洛居，則引流迴環爲泛觴之所。元豐乙未，首修禊事。公廙好古重道，所會皆儒學之士。既樂嘉賓，形于詠歌，有不愧山陰之句。諸君屬而和者，皆有高致。野人程頤不能賦詩，因論今昔之異，而爲之評曰：以好賢方逐樂之心，禮義爲疎曠之比，道藝當筆札之功，誠不愧矣。安知後日之視今日，不若今人之慕昔人也哉？

論漢文殺薄昭事〔一〕

〔一〕呂本題作「漢父殺薄昭論」。

古人謂忠孝不兩全，恩義有相奪，非至論也。忠孝，恩義，一理也。不忠則非孝，無恩則無義，並行而不相悖。故或捐親以盡節，或舍君而全孝，惟所當而已。

唐李衛公以爲：漢文誅薄昭，斷則明矣，義則未安。司馬温公以爲：法者天下之公器，惟善持法者，親疎如一，無所不行。皆執一之論，未盡於義也。義既未安，則非明也。有所不行，不害其爲公器也。不得於義，則非恩之正。害恩之正，則不得爲義。

使薄昭盜長陵土，則太后雖不食而死，昭不可不誅也。其殺漢使，爲類亦有異焉。若昭有罪，命使往治，昭執而殺之，太后之心可傷也，昭不可赦也。后若必喪其生，則存昭以全后可也。或與忿争而殺之，則貸昭以慰母心可也。此之謂能權。蓋先王之制也，八議設而後重輕得其宜，義豈有屈乎？法主於義，義當而謂之屈法，不知法者也。

與人論立賑濟法事〔一〕

不制民之産，無儲蓄之備，飢而後發廩以食之，廩有竭而飢者不可勝濟也。今不暇論其本。救目前之死亡，唯有節則所及者〔二〕廣。

嘗見今時州縣濟飢之法，或給之米豆，或食以粥飯，來者與之，不復有辨，中雖欲辨之亦不能也。穀

〔一〕吕本題作「賑濟論」。
〔二〕徐本、吕本無「者」字。

貴之時，何人不願得食？倉廩既竭，則殍死者在前，無以救之矣。

數年前，一親戚爲郡守，愛恤之心，可謂至矣。雞鳴而起，親視俵散，官吏後至者，必責怒之，於是流民歌詠，至者日衆。未幾穀盡，殍者滿道。愚常矜其用心，而嗤其不善處事。

救飢者，使之免死而已，非欲其豐肥也。當擇寬廣之處，宿戒使晨入，至巳則闔門不納，午而後與之食，申而出之。（給米者午即出。）日得一食則不死矣，其力自能營一食者皆不來矣。比之不擇而與，當活數倍之多也。

凡濟飢，當分兩處。擇羸弱者，作稀粥，早晚兩給，勿使至飽，俟氣稍完，然後一給。第一先營寬廣居處，切不得令相枕籍。如作粥飯，須官員親嘗，恐生及入石灰。不給浮浪游手，無是理也。平日當禁游惰，至其飢餓，則哀矜之一也。

記蜀守〔一〕

成都人稱近時鎮蜀之善者，莫如田元鈞。文潞公語不善者，必曰蔣堂、程戡。故謡言曰：「彥博虧（虧猶言不如也。）田況，程戡勝蔣堂。」言最善之中田更優，不善之中程猶差勝也。

予嘗訪之士大夫，以至閭里間，察其善不善之迹。所謂善者，得民心之悦，固有可善焉。所謂最不

〔一〕呂本題目作「蜀守記」。

善者，乃可謂最〔一〕善者也。至今人言及蔣公時事，必有不樂之言。問其所不樂者，衆口所同，惟三事而已：減損遨樂，毁后土廟及諸淫祠，伐江瀆廟木修府舍也。其尤失人心者，節遨樂也。前蔣者數十年爲政。後闕。

雍行録〔二〕

元豐庚申歲，予行雍、華間，關西學者相從者六七人。予以千錢掛馬鞍，比就舍則亡矣。僕夫曰：「非晨裝而亡之，則涉水而墜之矣。」予不覺歎曰：「千錢可惜。」坐中二人應聲曰：「千錢亡去，甚可惜也。」次一人曰：「千錢微物，何足爲意？」後一人曰：「水中囊中，可以一視。人亡人得，又何歎乎？」予曰：「使人得之，則非亡也。吾歎夫有用之物，若沈水中，則不復爲用矣。」

至雍，以語吕與叔曰：「人之器識固不同。自上聖至於下愚，不知有幾等。同行者數人耳，其不同如此也！」與叔曰：「夫數子之言何如？」予曰：「最後者善。」與叔曰：「誠善矣。然觀先生之言，則見其有體而無用也。」予因書而誌之。

後十五年〔三〕，因閲故編，偶見之，思與叔之不幸早死，爲之泣下。

〔一〕吕本「最」作「至」。
〔二〕吕本題目作「遺金閑志」。
〔三〕吕本「後十五年」下，有「紹聖乙亥秋九月」七字。

雜說 三[一]

父母之於子，愛之至也。子不孝，則愛心弛焉。聖人之於民，雖窮凶極惡而陷於刑戮，哀矜之心無有異也。情有替也，誠無息也。

言命所以安義，從義不復語命。以命安義，非循理者也。

仲尼之徒，豈皆聖人？其見豈能盡同於仲尼？惟其不敢信己而信其師，故常舍己以求合聖人之教，是以卒歸於不異也。及夫子沒，則漸異矣。

四箴有序

顏淵問克己復禮之目，夫子曰：「非禮勿視，非禮勿聽，非禮勿言，非禮勿動。」四者身之用也，由乎中而應乎外，制於外所以養其中也。顏淵事斯語，所以進於聖人。後之學聖人者，宜服膺而勿失也。因箴以自警。

視箴

[一]呂本「三」作「三首」。

心兮本虛，應物無迹；操之有要，視爲之一作之爲。則。蔽交於前，其中則遷；制之於外，以安其內。克己復禮，久而誠矣。

聽箴

人有秉彝，本乎天性；知誘物化，遂亡其正。卓彼先覺，知止有定；閑邪存誠，非禮勿聽。

言箴

人心之動，因言以宣；發禁躁妄，內斯靜專。矧是樞機，興戎出好；吉凶榮辱，惟其所召。傷易則誕，傷煩則支；己肆物忤，出悖來違。非法不道，欽哉訓辭！

動箴

哲人知幾，誠之於思；志士勵行，守之於爲。順理則裕，從欲惟一作爲。危；造次克念，戰兢自持；習與性成，聖賢同歸。

印銘

我祖喬伯，始封於程；及其後世，以國爲姓。惟我皇考，卜居近程，復爵爲伯，子孫是稱。程伯之後，崇寧癸未歲二月丁卯，頤銘。

聞舅氏侯無可應辟南征詩〔一〕時年十八。

詞華奔競至道離，茫茫學者爭驅馳。先生獨奮孟軻舌，扶持聖教增光輝。志期周禮制區夏，人稱孔子生關西。當途聞聲交薦牘，蒼生無福徒爾爲。道大不爲當世用，著書將期來者知。今朝有客關內至，聞從大幕征南垂。南垂凶寇陷州郡，久張螳臂抗天威。聖皇赫怒捷書涣〔二〕，虎侯秉鉞驅熊羆。宏才未得天下宰，良謀且作軍中師。蕞爾小蠻何足殄，庶幾聊吐胸中奇！

謝王佺期寄丹詩

至誠通聖一作化。藥通神，遠寄衰翁濟病身。我亦有丹君信否？用時還解壽斯民。

遊嵩山詩

鞭羸百里遠來遊，巖谷陰雲暝不收。遮斷好山教不見，如何天意異人謀？

〔一〕呂本題目作「聞侯舅應辟南征詩」。

〔二〕徐本、呂本「涣」作「綏」。

河南程氏文集卷第九

伊川先生文五

書啓

爲家君上宰相書

頤聞：古之君子相其君而能致天下於大治者，無他術，善惡明而勸懲之道至焉爾。勸得其道而天下樂爲善，懲得其道而天下懼爲惡，二者爲政之大權也。然行之必始於朝廷，而至要莫先於謚法。何則？刑罰雖嚴，可警於一時；爵賞雖重，不及於後世。惟美惡之謚一定，則榮辱之名不朽矣。故歷代聖君賢相，莫不持此以勵世風。一作也。伏惟閣下以上賢之資，爲聖主之輔，深功厚德，卓出前古，所以致今日之治者，蓋由盡心勸懲之道，而天下之善惡明也。今若有善人于此而不得彰顯，以至于泯没，則於閣下，豈不甚惜，而欲聞之乎？頤是以敢忘其僭易之罪，而布其誠懇於左右。

伏念頤之曾祖，當五代之亂，棄官避世，以俟真主之興，我朝受命，首赴闕庭，一言遭遇，受聖祖非常之知；及太宗皇帝之在晉藩，親自選擢，俾之輔佑，于時真宗皇帝親受經訓；太宗纂緒，顧遇益隆，凡所獻替，無不開納，稱其忠厚，待以腹心，前後兩欲相之。而姦臣盧多遜惡其方正，皆因四方之事，薦之使行。暨于還朝，復將大用，而先祖自以衰老，瀝懇辭避，乃特爲改置文明殿學士之職，俾處庶僚之右。

制辭丁寧，復示終用爲相之旨，至于没身，不許告老。歷事兩朝，受恩三聖，終始一節，存没異遇。考於謚法，宜得美名。而當時有司失於舉行，門生故吏不能論請，以至于今，未有易其名者。

珦大懼年祀浸遠，遂至湮晦，近三請於朝廷，而有司引條例，以既葬爲限。夫聖人作謚之意，本以彰善癉惡，若以請之後時，遂廢其禮，則是爲善者未必見褒，而爲惡者得以自隱也。況國家推恩，率循舊例。竊見近日王嗣宗輩，亦是已葬，朝廷恩旨，特許追賜。獨珦之曾祖以條例爲限，某竊惑焉。

若以官言之，則三品以上，皆應令文。以德言之，則先祖清儉之節，淳厚之德，寬大之量，周通之才，比於嗣宗，誠亦無愧。何嗣宗得請於無例之前，而先祖見抑於有例之後？若以先祖非兩府而異之耶？則太宗皇帝眷遇如此，累將柄用，至于老疾，聖意未已。制詞具在，遺旨如存，繼聖之朝，得不念之哉？

古之聖賢，生非其時，身無其位，不得主懲勸於天下，尚猶論古之人，觀其言，考其世，以分别其賢愚善惡。何哉？有至仁之心，而自任之重也。故人有一善，晦而不顯，其心愧恥，若己拚之。今閤下當明盛之時，居宰執之任，褒賢勸善，是所職也。若使本朝賢士名跡湮晦，以爲朝廷之闕，閤下得不惜之乎？矧主上以至孝御天下，祖宗之朝，一政一令，靡所更易，一器一玩，弗忍遺棄，而恩舊之臣，豈不存念？伏望閤下體聖祖選擢之意，感太宗恩遇之厚，念真皇受經之舊，副主上繼志之心，力賜主張許循近例。如此則恩漏泉底，光生後昆，則珦闔門粉骨，不足以報厚德矣。

謝呂晦叔待制書

竊以古之時，公卿大夫求於士，故士雖自守窮閻，名必聞，才必用；今之時，士求於公卿大夫，故干進者顯榮，守道者沈晦。頤處乎今之世，才微學寡，不敢枉道妄動，雖親戚鄉閭間，鮮克知其所存者，矧敢期知於公卿大夫乎？伏承閣下屈近侍之尊，下顧愚陋，仰荷厚禮，愧不足以當之。

噫！公卿不下士久矣。頤晦於賤貧，世莫之顧，而公獨降禮以就之。非好賢樂善之深，孰能如是乎？幸甚幸甚。願閣下持是好賢之心，廣求之之方，盡待之之道，異日登廟堂，翊明天子治，以之自輔，以福天下，豈不厚與！鄙朴之人，不善文詞，姑竭其區區，少致謝懇。

爲家君請宇文中允典漢州學書

中允明公執事。竊以生民之道，以教爲本。故古者自家黨遂至于國，皆有教之之地。民生八年則入于小學，是天下無不教之民也。既天下之人莫不從教，小人脩身，君子明道，故賢能羣聚於朝，良善成風於下，禮義大行，習俗粹美，刑罰雖設而不犯。此三代盛治由教而致也。後世不知爲治之本，不善其心而驅之以力，法令嚴於上，而教不明於下，民放僻而入於罪，然後從而刑之。噫！是可以美風俗而成善治乎？

往者朝廷深念其然，究思治本，詔京師至于郡縣皆立學。雖未能如古之時，比屋人人而教之，可以教爲士者矣。誠能教之由士始，使爲士者明倫理而安德義，知治亂之道，政化之本，處足以爲鄉里法，出可以備朝廷用，如是，則雖未能詳備如古之教，亦得其大端，近古而有漸矣。是朝廷爲教之意，非不正也。顧州縣之吏奉承之何如爾。

珦庸瑣之質，叨恩領郡，雖才不足以有爲，然少承父師之訓，久從士大夫之後，涉聞學古爲政之道，不敢斷斷如俗吏之爲，專以簿書期會爲事，勉思所以副朝廷明教化育賢才之意，以學校爲先務。然念教道之職，非得豪傑之士，學術足以待問，行義足以率人，則何以爲衆人之矜式？

竊聞執事懿文高行，爲時所推，仕不合則奉身而退，不爲榮利屈其志，歸安田閭，道義爲鄉里重。豈特今人之難能？古人所難能也。愚謂執事非甘於退處而樂於自善也，蓋道既不偶，去就之義，不得不然。在執事之心，諒無一日忘天下，不以行道濟物爲意也。蓋聞賢人君子，未得其位，無所發施其素藴，則推其道以淑諸人，講明聖人之學，開導後進，使其教益明，其傳益廣；故身雖隱而道光，跡雖處而教行，出處雖異，推己及人之心則一也。此鄉人所望於執事，而執事所宜自任也。珦是以敢布其區區之意。

願執事從鄉人之望，枉屈軒馭，來憩郡庠，俾後進子弟得所依歸。不獨一郡學者漸被善教，四方之士聞風慕義，亦將奔走門下。是執事之道雖未用於時，而所及人者固已博矣。孟子所謂「天下之樂也」，執事豈無意乎？或賜允從，不勝幸甚。

再書

近者書具鄙懇，陳于左右，輒欲邀致軒從。内省不度，方負愧惕，辱教之答，詞意甚厚，且承燕居休適，感慰深矣。然而過持謙巽，未許臨屈。區區之意，有所未盡，輒敢再浼聽覽。

珦至郡之初，延見僚吏士民，首道朝廷所以憂念遠方，愛養元元之意；既則詢州郡之賢人，足以取則爲治者，於是聞執事之名於衆人之口。珦退而三思三省之。始曰：彼鄉先生也，吾將奉之以教郡人。既而曰：賢者以類至，惟賢能致賢，彼賢豈我屑耶？既而〔一〕曰：賢者雖有爲而退，豈將自善其身耶？必將化導鄉里，教育後進。自古賢者，未有不然者也。豈特守之爲乎？於是決之不疑，以請於左右。豈意執事未賜深亮，拒而弗從。

珦竊觀在易觀之上九曰：「觀其生，君子無咎。」象曰：「觀其生，志未平也。」上九以陽剛之德，居無位之地，是賢人君子抱道德而不居其位，爲衆人仰觀法式者也。雖不當位，然爲衆人所觀，固不得安然放意，謂己無與於天下也；必觀其所生，君子矣乃得無咎。聖人又從而贊之，謂志當在此，固未得安然平定無所慮也。觀聖人教示後賢如是之深，賢者存心如是之仁，與夫索隱行怪，獨善其身者異矣。今執事居是鄉，爲一鄉所宗仰，適當觀上九之義。豈得圖一身之安逸，而不以化導爲意乎？見諭「日一作曰。近多微疾，憚於應接。」此大不然。古者庠序爲養老之地，所養皆眉壽之人；其禮有

〔一〕徐本、呂本「而」作「又」。

扶，有杖，有鯁噎之祝，則其羸廢可知。蓋資其道德模範，豈尚其筋力也哉？幸執事觀觀爻之義，詳聖人贊之之意，思賢人君子所當用心，勉從鄉人之願，不勝幸甚！

答横渠先生書

累書所論，病倦不能詳說，試以鄙見道其略，幸不責其妄易。觀吾叔之見，至正而謹嚴。如「虛無即氣則虛無〔一〕」之語，深探遠賾，豈後世學者所嘗慮及也？然此語未能無過。餘所論，以大概氣象言之，則有苦心極力之象，而無寬裕溫厚一作和。之氣。非明睿所照，而考索至此，故意屢偏而言多窒，小出入時有之。明所照者，如目所覩，纖微盡識之矣。考索至者，如揣料於物，約見髣髴爾，能無差乎？更願完養思慮，涵泳義理，他日自當條暢。何日得拜見，當以來書爲據，句句而論，字字而議，庶及精微。牽勉病軀，不能周悉。謝生佛祖禮樂之說，相知之淺者，亦可料也。何吾叔更見問？大哥書中云「語聖人之悟，前後矛盾」，不知謂何，莫不至此否？

再答

昨□書中所示之意，於愚意未安，敢再請於左右。今承盈幅之諭，詳味三反，鄙意益未安。此非侍坐之閒，從容辨析，不能究也，豈尺書所可道哉？況十八叔大哥皆在京師，相見且請熟議，異日當請

〔一〕「則虛無」當作「則無無」。

聞之。

內一事，云已與大哥議而未合者，試以所見言之。所云「孟子曰：『必有事焉而勿正心，勿忘勿助長也。』此信乎入神之奧。若欲以思慮求之，是既已自累其心於不神矣，惡得而求之哉？」頤以爲有所事，乃有思也，無思則無所事矣。孟子之是言，方言養氣之道如是，何遽及神乎？氣完則理正，理正則不私。不私之至，則神。自養氣至此猶遠，不可驟同語也。以孟子觀之，自見其次第也。當以「必有事焉而勿正」爲句，心字屬下句。此說與大哥之言固無殊，但恐言之未詳爾。遠地未由拜見，豈勝傾戀之切？餘意未能具道。

所論「勿忘者，但不舍其虛明善應之心爾。」此言恐未便。既有存於心而不捨，則何謂虛明？安能善應邪？虛明善應，乃可存而不忘乎？

上富鄭公書

伊川程頤齋心裁書，再拜獻于致政司空相公閤下。頤鄙野之人，未嘗請謁有位，故不獲從鄉里士子趨進門下。今者來自山中，聞太皇太后厭代，心誠有所迫切，無路上達，敢以聞於左右。蓋非公無可告者，非公無肯爲者。

頤頃歲見治昭陵，制度規畫，一出匠者之拙謀，中人之私意。宰執而下，受成而已，莫復置思，以巨木架石爲之屋。計不百年，必當損墜。既又觀陵中之物，見所謂鐵罩者，鐵幾萬斤，以木爲骨，大不及三寸，其相穿叩之處，厚纔寸餘。遠不過二三十年，決須摧朽，壓于梓宫。于時私心惶駭，不能自已。使人聞於魏公，魏公不以爲意。以魏公之忠孝，於仁皇非不盡心，其蔽於衆論，昧於遠慮，以天下之力，葬一人於至危之地，可不痛哉！陵土既覆，固知無可奈何。然每一念之，心悸魄喪，或終夕不寐。今鄉鄰之閒，有如是事，可爲謀而不以告人，必謂之不信，況仁皇天下父母乎？

今也不幸，太皇太后奄棄宫闈。因此事會，可爲之謀。夫合葬之禮，周公以來，未之有改；近取諸唐，帝后亦或同穴。至于乾陵，乃是再啟。太祖皇帝神謀遠慮，超越萬古，昭憲太后，亦合安陵。稽典禮則得尊親之道，徇俗法則皆享福之永。此爲可行，無足疑者。

伏願公忠誠奮發，爲朝廷極論其事，請奉太皇太后，合祔昭陵，因得撤去鐵罩，用厚陵石槨之制，仍更別加裁處，使異日雖木壞石墜，不能爲害。救仁皇必至之禍，成主上莫大之孝，任此事者，非公孰能？誠能爲之，天祐忠孝，必俾公熾昌壽臧，子孫保無疆之休。

竊惟公事仁宗皇帝三十餘年，位極人臣，恩遇無比。料公之心，苟能使仁皇聖體保其安全，雖陷一作蹈。禍患，所不避也。況一言之易，肯顧慮而不發乎？事理至明，顧主上素未知爾。以公言之重，竭誠致懇，再三陳之，不憂朝廷之不悟，獨繫公爲不爲爾。哀誠憤激，語辭鄙直，內省狂易，戰灼無地。不宣。

答富公小簡

昨日妄有布聞，方懷煩瀆之懼。乃辱教誨，加賜酒食，仰荷台意之厚，不勝愧悚！尊者之賜，禮不敢辭。然頤方有言于左右。公若見取，雖執鞭門下，蓋所欣慕，況受賜乎？苟不見從，是忘忠義。公之賜也，實爲頤羞，未敢拜貺。謹復上納，瀆冒台嚴，第深戰慄。

上河東帥書

頤荷德既深，思報宜異，輒以狂言，浼聞台聽。公到鎮之初，必多詢訪。衆人對公之語，頤能料之。當曰：「虜既再寇河外，必不復來，公可高枕矣。」是常言也，未知奇勝之道。兵法曰：「攻必取者，攻其所不守也。」謂其不來，乃其所以來也。又曰：「彼興大衆，豈徒然哉？河外空矣，復來何利？」是大不然。誠使彼得出不意，破蕩數壘，足以勞弊一道，爲利大矣，何必負載而歸，然後爲利也？竊恐謀士悦於寬憂，計司幸於緩責，衆論既一，公雖未信，而上下之心已懈矣，是可慮也。

寧捐力於不用，毋惜功而致悔。莫若使彼聞嚴備而絶意，則疆埸安矣。豈獨使敵人知有備而不來？當使内地之人信可恃而願往，則一二年閒，便可致完實，長久之策也。自古乘塞禦敵，必用驍猛；招徠撫養，多在儒將。今日之事則異矣，顧公念之。

答人示奏草書

辱示奏藁，足以見仁人君子愛民之心，深切如此。欽服！欽服！子弟當勉公以速且堅，何可已也？然於愚意有未安者，敢布左右。

觀公之意，專以畏亂爲主。頤欲公以愛民爲先，力言百姓飢且死，丐朝廷哀憐，因懼將爲寇亂可也。不惟告君之體當如是，事勢亦宜爾。公方求財以活人，祈之以仁愛，則當輕財而重民；懼之以利害，則將恃財以自保。古之時得丘民則得天下，財散則人聚。後世苟私利於目前，以兵制民，以財聚衆。聚財者能守，保民者爲迂。秦、漢而下，莫不然也。竊慮廟堂諸賢，未能免此。惟當以誠意感動，覬其有不忍之心而已。淺見無取，惟公裁之！

答朱長文書 或云：明道先生之文。

相去之遠，未知何日復爲會合，人事固難前期也。中前奉書，以足下心虛氣損，奉勸勿多作詩文。而見答之辭，乃曰：「爲學上能探古先之陳迹，綜羣言之是非，欲其心通而默識之，固未能也。」又曰：「使後人見之，猶庶幾曰不忘乎善也。苟不如是，誠懼没而無聞焉。」此爲學之末，宜兄之見責也。使吾日聞夫子之道而忘乎此，豈不善哉？」恐不記書中之言，故却録去。此疑未得爲至當之言也。某於朋友閒，其問不切者，未嘗敢語也。以足下處疾，罕與人接，渴聞議論之益，故因此可論，而爲吾弟盡其説，庶幾有小補也。

向之云無多爲文與詩者，非止爲傷心氣也，直以不當輕作爾。聖賢之言，不得已也。蓋有是言，則是理明；無是言，則天下之理有闕焉。如彼耒耜陶冶之器，一不制，則生人之道有不足矣。聖人之言，雖欲已，得乎？然其包涵盡天下之理，亦甚約也。後之人，始執卷，則以文章爲先，平生所爲，動多於聖人。然有之無所補，無之靡所闕，乃無用之贅言也。不止贅而已，既不得其要，則離真失正，反害於道必矣。詩之盛莫如唐，唐人善論文莫如韓愈。愈之所稱，獨高李、杜。二子之詩，存者千篇，皆吾弟所見也，可考而知矣。苟足下所作皆合於道，足以輔翼聖人，爲教於後，乃聖賢事業，何得爲學之末乎？某何敢以此奉責？

又言欲使後人見其不忘乎善。人能爲合道之文者，知道者也。在知道者，所以爲文之心，乃非區區懼其無聞於後，欲使後人見其不忘乎善而已。此乃世人之私心也。夫子「疾没世而名不稱」焉者，疾没身無善可稱云爾，非謂疾無名也。名者可以厲中人。君子所存，非所汲汲。

又云「上能探古先之陳迹，綜羣言之是非，欲其心通默識，固未能也。」夫心通乎道，然後能辨是非，如持權衡以較輕重，孟子所謂知言是也。揆之以道，則是非了然，不待精思而後見也。學者當以道爲本。心不通乎道，而較古人之是非，猶不持權衡而酌輕重，竭其目力，勞其心智，雖使時中，亦古人所謂「億則屢中」，君子不貴也。

臨紙遽書，不復思繹，故言無次序，多注改。勿訝辭過煩矣，理或未安。卻請示下，足以代面話。

上文潞公求龍門庵地小簡

頤竊見勝善上方舊址，從來荒廢爲無用之地。野人率易，敢有干聞，欲得葺幽居於其上，爲避暑著書之所。唐王龜刱[一]書堂於西谷，松齋之名，傳之至今。頤雖不才，亦能爲龍門山添勝跡於後代，爲門下之美事。可否，俟命。

上韓持國資政書[二]

頤輒恃顧遇之厚，敢以哀誠，上煩台聽。

家兄學術才行，爲世所重，自朝廷至於草野，相知何啻千數。今將歸葬伊川，當求誌述，以傳不朽。然念：相知者雖多也，能知其道者則鮮矣；有文者亦衆也，而其文足以發明其志意，形容其德美者，則鮮矣；能言者非少也，而名尊德重，足以取信於人者則鮮矣。如是，誌之作豈易哉？

頤竊謂：智足以知其道學，文足以彰其才德，言足以取信後世，莫如閤下。家兄素出門下，受知最深，不幸早世，當蒙哀惻。顧其道不得施於時，學不及傳之書，遂將泯没無聞，此尤深可哀也。恭惟閤下至誠待物，與人有終，知其生必當念其死，愛其人必欲成其名。願丐雄文，以光窀穸，俾伯夷不泯於西山，展季得顯於東國。則死生受賜，子孫敢忘？捐軀殞命，未足爲報。率妄之罪，非所敢逃。

〔一〕徐本、吕本「刱」作「構」。

〔二〕吕本題目作「上韓持國資政求撰兄墓誌書」。

上孫叔曼侍郎書〔一〕

頤輒恃垂顧，敢以哀誠，上煩台聽。

家兄學術才行，爲時所重，出入門下，受知最深，不幸短命，天下孰不哀之？又其功業不得施於時，道學不及傳之書，遂將泯没無聞，此尤深可哀也。

竊惟自昔有道之士，名或未彰，賢人君子爲之發揚而後顯於後世者多矣。今將歸葬伊川，太一資政韓公爲誌其墓，思得大賢之筆，共久其傳。恭惟閣下，名足以取重將來，道足以流光後世，致誠待物，與人有終，知其生必當念其死，愛其人必欲成其名。願求真蹟，以賁窀穸。倘蒙哀矜，曲賜開允，則死生受賜，子孫敢忘！内循率妄，戰越無地。

答楊時慰書

頤泣啟。頤罪惡不弟，感招禍變，不自死滅，兄長喪亡，哀苦怨痛，肝心摧裂。日月迅速，忽將三月，追思痛切，不可堪處。遠承慰問，及寄示祭文哀辭，足見歲寒之意。

家兄道學行義，足以澤世垂後，不幸至此，天乎奈何！頤悲苦之餘，僅存氣息，筋骸支離，尤倦執筆。況哀誠非書所能盡？所幸老父經此煩惱，飲食起居如常，不煩深慮。伏紙摧咽，言不倫次。頤泣

〔一〕呂本題目作「上孫叔曼侍郎求寫兄墓誌書」。

啟楊君法曹。九月十二日。

十月二十四日葬，韓持國爲誌，行狀頤自作，徐當寄去。

謝韓康公啓

竊以朝廷取士，所以爲致治之先；公卿薦賢，固必有知人之哲；允諧公議，始厭衆聞。頤也不才，少而從學，致知格物，粗窺聖道之端倪；明善誠身，未得古人之髣髴。徒忘懷於白首，竊有志於斯文。時和歲豐，已足素望；言揚德進，敢有覬心？屬嗣皇訪落之初，乃元老告猷之會。豈虞過聽，猥被明揚？文陛進登，被德音之温厚；西清入侍，密宸扆之光輝。考於近世以來，可謂非常之遇。荷恩爲愧，揣分則逾。若何行爲，可以報稱？惟殫素學，勉副厚知，過此以還，不知所措。未緣望履，徒切向風。悃愊所懷，敷宣罔既。

又謝簡

頤惶恐再拜啟。仲夏毒熱，伏惟台候動止萬福。頤執耕畎畝，於門下未嘗有一日之素，猥蒙過聽，薦之于朝，沾被恩命，何以稱報？末由展覲，伏冀上爲宗社，善護寢興。下情區區之至。

答呂進伯簡三

相別累年，區區企渴之深，言不盡意。按部往來，想亦勞止。秦人瘡瘵未復，而偶此旱暵，賴賢使者措置，受賜何涯！儒者逢時，生靈之幸。勉成休功，乃所願望。頤備員於此，夙夜自竭，未見其補，時望賜書，開諭不逮。與叔每過從，至慰至幸。引傃門牆，坐馳神爽。所欲道者，非面不盡。惟千萬自愛。

別紙見諭，持法爲要，其來已久矣。既爲今日官，當於今日事中，圖所設施。舊法之拘，不得有爲者，舉世皆是也。以頤觀之，苟遷就於法中，所可爲者尚多。先兄明道之爲邑，及民之事多。衆人所謂法所拘者，然爲之未嘗大戾於法，衆亦不甚駭。謂之得伸其志則不可，求小補，則過今之爲政者遠矣。人雖異之，不至指爲狂也。至謂之狂，則大駭矣。盡誠爲之，不容而後去，又何嫌乎？鄙見如此，進伯以爲如何？

荷公知遇之厚，輒有少見，上補聰明；亦久懷憤鬱，無所控告，遇公而伸爾。王者父天母地，昭事之道，當極嚴恭。漢武遠祀地祇於汾脽，既爲非禮；後世復建祠宇，其失已甚。因唐妖人作韋安道傳，遂爲塑像以配食，誣瀆天地。天下之妄，天下之惡，有大於此者乎？公爲使者，此而不正，將正何事？願以其像投之河流。慎勿先露，先露則傳駭觀聽矣。勿請勿議，必見沮矣。毋虞後患，典憲不能相及，亦可料也。願公勿疑。

與呂大臨論中書此書其全不可復見，今只據呂氏所錄到者編之。

大臨云：中者道之所由出。

先生曰：中者道之所由出，此語有病。

大臨云：謂中者道之所由出，此語有病，已悉所論。但論其所同，不容更有二名；別而言之，亦不可混爲一事。如所謂「天命之謂性，率性之謂道」，又曰「中者天下之大本，和者天下之達道」，則性與道，大本與達道，豈有二乎？

先生曰：中卽道也。若謂道出於中，則道在中外，別爲一物矣。所謂「論其所同，不容更有二名，別而言之，亦不可混爲一事。」此語固無病。若謂性與道，大本與達道，可混而爲一，卽未安。在天曰命，在人曰性，循性曰道。性也，命也，道也，各有所當。大本言其體，達道言其用，體用自殊，安得不爲二乎？

大臨云：既云「率性之謂道」，則循性而行莫非道。此非性中別有道也，中卽性也。在天爲命，在人爲性，由中而出者莫非道，所以言道之所由出也，與「率性之謂道」之義同，亦非道中別有中也。

先生曰：「中卽性也」，此語極未安。中也者，所以狀性之體段。（若謂性有體段亦不可，姑假此以明彼。）如稱天圓地方，遂謂方圓卽天地可乎？方圓既不可謂之天地，則萬物決非方圓之所出。如中既不可謂之性，則道何從稱出於中？蓋中之爲義，無過不及而立名。若只以中爲性，則中與性不合，與「率性之謂道」其義自異。性道不可（一作可以。）合一而言。中止可言體，而不可與性同德。

又曰：觀此義，（一作語。）謂不可與性同德，字亦未安。子居對以中者性之德，卻爲近之。（子居，和叔之子，一云義山之字。）

又曰：不偏之謂中。道無不中，故以中形道。若謂道出於中，則天圓地方，謂方圓者天地所自出，可乎？

大臨云：不倚之謂中，不雜之謂和。

先生曰：不倚之謂中，甚善。語猶未瑩。不雜之謂和，未當。

大臨云：喜怒哀樂之未發，則赤子之心。當其未發，此心至虛，無所偏倚，故謂之中。以此心應萬物之變，無往而非中矣。孟子曰：「權然後知輕重，度然後知長短，物皆然，心爲甚。」此心度物，所以甚於權衡之審者，正以至虛無所偏倚故也。有一物存乎其間，則輕重長短皆失其中矣，又安得如權如度乎？故大人不失其赤子之心，乃所謂允執其中也。大臨始者有見於此，便指此心名爲中，故前言中者道之所由出也。今細思之，乃命名未當爾。此心之狀，可以言中，未可便指此心名之曰中。所謂以中形道，正此意也。「率性之謂道」者，循性而行，無往而非理義也。以此心應萬事之變，亦無往而非理義也。皆非指道體而言也。若論道體，又安可言由中而出乎？先生以爲此言未是。

先生曰：「喜怒哀樂未發謂之中。」赤子之心，發而未遠于中，若便謂之中，是不識大本也。

大臨云：聖人智周萬物，赤子全未有知，其心固有不同矣。然推孟子所云，豈非止取純一無僞，可與聖人同乎？非謂無毫髮之異也。大臨前日所云，亦取諸此而已。此義，大臨昔者既聞先生君子之教，反求諸己，若有所自得，參之前言往行，將無所不合。由是而之焉，似得其所安，以是自信不疑，拳拳服膺，不敢失墜。今承教，乃云已失大本，茫然不知所向。竊恐辭命不明，言不逮意，致高明或未深喻，輒露所見，求益左右。卒爲賜教，指其迷謬，幸甚。

聖人之學，以中爲大本。雖堯、舜相授以天下，亦云「允執其中」。中者，無過不及之謂也。何所準則而知過不及乎？求之此心而已。此心之動，出入無時，何從而守之乎？求之於喜怒哀樂未發之際而已。當是時也，此心卽赤子之心，純一無僞。卽天地之心，神明不測。卽孔子之絶四，四者有一物存乎其間，則不得其中。卽孟子所謂「物皆然，心爲甚」，心無偏倚，則至明至平，其察物甚於權度之審。卽易所謂「寂然不動，感而遂通天下之故」。此心所發，純是義理，與天下之所同然，安得不和？大臨前日敢指赤子之心爲中者，其說如此。

來教云：「赤子之心可謂之和，不可謂之中。」大臨思之，所謂和者，指已發而言之。今言赤子之心，乃論其未發之際，一有竊謂字。純一無僞，無所偏倚，可以言中。若謂已發，恐不可言心。

來教云：「所謂循性而行，無往而非理義，言雖無病，而聖人氣味殊少。」大臨反而思之，方覺辭氣迫窘，無沈浸醲厚之風，此則淺陋之罪，敢不承教？大臨更不敢拜書先生左右，恐煩枉答，只令義山持此請教。蒙塞未達，不免再三浼瀆，惟望乘閒口諭義山，傳誨一二，幸甚！幸甚！

先生曰：所云非謂無毫髮之異，是有異也。有異者得爲大本乎？推此一言，餘皆可見。

大臨云：大臨以赤子之心爲未發，先生以赤子之心爲已發。所謂大本之實，則先生與大臨之言，未有異也。但解赤子之心一句不同爾。大臨初謂赤子之心，止取純一無僞，與聖人同。一有處字。恐孟子之義亦然，更不曲折。一一較其同異，故指以爲言，固未嘗以已發不同處爲大本也。先生謂凡言心者，皆指已發而言。然則未發之前，謂之無心可乎？竊謂未發之前，心體昭昭具在，已發乃心之用也。此所深疑未喻，又恐傳言者失指，切望指教。

先生曰：所論意，雖以已發者爲未發，反一作及。求諸言，卻是認已發者爲說。詞之未瑩，乃是擇之未精爾。凡言心者，指已發而言，此固未當。心一也，有指體而言者，寂然不動是也。有指用而言者，感而遂通天下之故是也。惟觀其所見如何耳。大抵論愈精微，言愈易差。所謂傳言者失指，及反覆觀之，雖曰有差，亦不失大意。又如前論「中即性也」，已是分而爲二，不若謂之性中。性中語未甚瑩。以謂聖人氣味殊少，亦不須言聖人。第二書所答去者，極分明矣。

答楊時論西銘書

前所寄史論十篇，其意甚正，纔一觀，便爲人借去，俟更子細看。西銘之論，則未然。横渠立言，誠有過者，乃在正蒙。西銘之爲書，推理以存義，擴前聖所未發，與孟子性善養氣之論同功，二者亦前聖所未發。豈墨氏之比哉？西銘明理一而分殊，墨氏則二本而無分。老幼及人，理一也。愛無差等，本二也。分殊之蔽，私勝而失仁；無分之罪，兼愛而無義。分立而推理一，以止私勝之流，仁之方也。無別而迷兼愛，至於無父之極，義之賊也。子比而同之，過矣。且謂言體而不及用。彼欲使人推而行之，本爲用也，反謂不及，不亦異乎？

代人上宰相論鄭白渠書

某聞：天下之事，有甚難而易者，有甚易而難者，獨繫在上之人，爲與不爲而已。昔韓欲罷秦兵，使鄭國説以鑿涇水溉田，注填閼之水，溉潟鹵之地四萬頃，畝收常一鍾，關中遂爲沃壤，無凶年，秦以富强。至漢，白公復引涇水以溉田，民得其饒。歌之曰：「田於何所？池陽谷口。鄭國在前，白渠起後。衣食關中，億萬之口。」此兩渠之功也。秦、漢而下，皆獲其利。熙寧中，神宗皇帝講求治功，興葺遺利。時先祖殿丞，建明鄭、白之利，神宗皇帝賜對便殿，大稱聖心，付以其事，興役踰年，功已有敍，而害能者巧爲沮止，不終厥功。陝右之人，至今爲恨。某每思神宗皇帝知其利而欲興之意，與先祖盡其力而被沮之恨，某未嘗不憤歎至於流涕也。閣下嘗尹長安矣，必聞其事。

今則又非昔年之比也。涇水低下，渠口高仰，灌溉之功，幾盡廢矣。民用困乏，物斛踴貴，職此之由。今方外有不順之羌，師旅之興，儲備〔一〕爲急。誠使秦中歲增穀數百千萬斛，所濟豈不甚大？某，關西陋儒也，自幼小稔知其事，人微處遠，無由自伸其憤鬱。幸遇僕射相公，以經緯之才，逢時得君，以天下事爲己任。某是以不敢避狂妄之誅，塵瀆鈞聽。倘蒙采録，或致成功，不使先祖抱恨泉下，則某平生志願足矣。

〔一〕徐本、吕本「備」作「偫」。

上謝帥師直書

頤皇恐上訴[一]于知府安撫寶文閣下。頤至愚，學道幾五十年，惟是自信，行其所知，不敢爲世俗所移。知之罪之，則繫乎人焉。

伏覩律節文：諸醫爲人合藥，誤不如本方殺人者，徒二年半；故不如本方殺傷人者，以故殺傷論，雖不傷人，杖六十。古人造律之意，非特矜死者之無辜，亦以警懼庸醫，使不敢輕妄，致害人命，則其爲益，豈不甚大？近世以來，律雖存而實不用。俗吏拘文，乃云律稱合藥，誤不如本方，若用藥不如方論，雖日殺千人，法所不禁，官不當治也。遂使庸醫輩恣其盲妄，無所忌憚，殺人如麻。耳目所聞見，士大夫爲庸醫反陰陽，背方論而殺之者，不可勝數。況天下之大，民庶之衆，可勝言哉？獨嘉祐中，族兄太中嗣宗，知扶溝縣，嘗以醫者用藥，過劑殺人，送府鞭其背。過劑乃用藥之失，非合藥誤也。當時衆論稱之。蓋他人未嘗用此律故也。

今死者之家，莫肯與醫者辨者，其故有三。以當官者無愛人之心，苟欲省事，不肯爲之窮辨，一也。與醫者習熟，不忍訟之，二也。慮今而後，難復用醫，三也。是皆以利害爲心，而無[二]顧骨肉之義，知其寃死而不爲之辨，骨肉之義絕矣。既不能辨，則爲之詞曰，彼無惡意，又曰訟之無益矣，又曰己之命

[一]呂本「訴」作「書」。
[二]徐本「無」作「不」。

也。此皆至愚，不知義理之言。

彼有惡意，自當從故殺傷之法，此律正爲無故意者設也。辨之所以申骨肉之義，豈繫有益無益也？謂己之命，則爲人毆而殺之，亦可以不校矣。世之人，雖其父母本非死疾，爲醫所殺，隱忍而不辨者多矣。衆人觀之，亦不以爲非也。習俗之迷人也如是。今之士大夫，使馬醫治馬，誤殺馬而杖馬醫者，目所常見，耳所常聞，衆人不以爲非也。至以父母骨肉爲醫所殺而責醫者，則未嘗見。豈愛親不若愛馬乎？愚惑不思之甚也。

凡人之疾病，誤醫者多矣。若風疾與氣藥，肝病而攻脾之類，雖不中病，未能害人。其死乃病死，未得爲醫殺之也。若醫經明言下之則死，是不下則不死也。今下而殺之，與操刃而斷其喉何異？古人立法，原其意本不惡，故罪止於徒，恕之至也。若聽其妄殺人而不加治，豈爲政之道乎？

姪子某爲令醴泉，病陰證傷寒，而邑之醫者乃大下之，又與洗心散，遂至冤死。今有狀披訴。伏惟明公居大帥之任，操勸懲之柄，經術政事聞於天下，高識遠見卓然絶俗。法之所無者，尚可權其宜而行之，況有法可依者乎？民之於令，其義最重。致令之死，而不加一毫之罪，於義得爲安乎？竊聞邑中憤歎不平之聲，聞於道路。豈當任者獨不念之乎？重思閣下，天下吏師，誠能行之，郡縣必多效之者。若使遠近傳之，庸醫之輩皆知戒懼，不敢輕視人命，則公及人之功，豈細也哉？匪惟先兄父子懷結草之報，當獲上天之祐，後昆享繁衍盛大之福。不勝哀懇，頤皇恐上訴。

與金堂謝君書

頤啟。前月末，吴齋郎送到書信，即遞中奉報，計半月方達。冬寒，遠想雅履安和。僑居旋爲客次，日以延望，乃知止行，甚悒悒也。來春江水穩善，候有所授，能一訪甚佳。只云忠涪閒看親，人必不疑也。

頤偕小子甚安。來春本欲作春秋文字，以此無書，故未能，卻先了論、孟或禮記也。春秋大義數十，皎如日星，不容遺忘，只恐微細義例，老年精神，有所漏落。且請推官用意尋究，後日見助，如往年所説，許止、蔡般書葬類是也。若欲治易，先尋繹令熟，只看王弼、胡先生、王介甫三家文字，令通貫，餘人易説無取，枉費功。年亦長矣，宜汲汲也。未相見閒，千百慎愛。十一月初九日，頤啟〔一〕。

答周孚先問并跋

問：先生舊語門人云：「天下至忙者，無如禪客。市井之人，雖曰營利，猶有休息時。禪客行住坐卧，無不在道。存無不在道之心，便是至忙。」孚先竊謂此語，如孟子所謂「必有事焉而勿正，心勿忘勿助長」也。若正若助長，即是忙也。或者謂此語非爲學者設，謂以聖人方之，禪客未嘗閑，若學者須是行住坐卧在道。

〔一〕徐本、吕本「頤啟」下，有「知縣推官」四字。

存無不在道之心，便是助長。方其學也，固當有事，亦當知助長之非。

問：書曰：「惟聖罔念作狂，惟狂克念作聖。」孚先竊謂，聖者謂有聖人資質，一不念則流入於狂。狂者進取，曾晳之徒是也。借如顔子，不能拳拳服膺，亦必至於此。若是聖人，則從心所欲不踰矩，雖不念亦無害也。

六德：知仁聖義中和。聖，通明之稱。狂，狂愚之稱。

問：孔子曰：「知者樂水，仁者樂山；知者動，仁者静；知者樂，仁者壽。」孚先竊謂樂山樂水，狀仁知之體；動静述仁知之用；樂與壽明仁知之效。知則能知之，能知之則務窮物理，務窮物理則運用不息，故樂水。水謂其周流也，故動。動謂其理之無窮也，故樂。樂謂其無疑也。仁則能體之，能體之則有得於所性，有得於所性則循理而行之，故樂山。山謂其安止也，故静。静謂其無待於外也，故壽。壽謂其達生理也。

言意未能體仁知，且宜潛思。

問：孔子曰：「知及之，仁不能守之，雖得之，必失之。知及之，仁能守之，不莊以涖之，則民不敬。知及之，仁能守之，莊以涖之，動之不以禮，未善也。」孚先竊謂，此語是告學者，亦是入道之序。故知及之者，見得到也；仁能守之者，孳孳於此也；莊以涖之者，外設藩垣以遠暴慢也；動之以禮，觀時應用皆欲中節也。或者謂此是人君事。

臨政處己，莫不皆然。所謂仁能守之者，孳孳於此也，此言未能盡仁，且宜致思。仁則安矣，所以云守也。

孚先舊講習太學，建中靖國庚辰冬，過洛陽，游伊川先生之門，預羣弟子之列，親炙模範，時聞誨語。越明年暮春，歸省庭闈，期歲復入學，以所疑爲書，請質於先生，皆得親筆開諭，逮今幾四十年矣。以今日視前日，固知學之不博，問之不切。日月逝矣，功不加倍，祗益自歎。紹興丁巳冬，周孚先謹書。

答張閎中書

易傳未傳，自量精力未衰，尚覬有少進爾。然亦不必直待身後，覺耄則傳矣。書雖未出，學未嘗不傳也，第患無受之者爾。

來書云：易之義本起於數。謂義起於數則非也。有理而後有象，有象而後有數。易因象以明理，由象而知數。得其義，則象數在其中矣。必欲窮象之隱微，盡數之毫忽，乃尋流逐末，術家之所尚，非儒者之所務也。管輅、郭璞之徒是也。

理無形也，故因象以明理。理既見乎辭矣，則可由辭以觀象。故曰：得其義，則象數在其中矣。

答楊時書

頤啟。相別多年，常深渴想。前日自伊川歸，得十一月十五日南康發來書，知赴新任，體況安佳，甚慰遠懷。頤如常，自去冬來，多在伊川。見謀居伊，力薄未能遽成耳。朝廷設教官，蓋欲教人修身齊家治國平天下之道。苟能修職，則「不素餐兮」，孰大於是？赴省試令子，不知其名，中第可喻及也。名迪者好學質美，當成遠器，應未有北來期。兩小子大者項城尉，小者鄢陵尉。承問，故及之。此獨與諸孫處，歲計稔則自餘，無足道。春暄，惟進學自愛，不宣。頤啟楊君教授。三月六日。

答楊迪書

相別累月，思渴。前承惠書，恐已出京，故不復奉答。近又收書，乃知未行。喜聞夏暑安佳。前書所問心迹之説，固知未能無疑也。若以心迹有判，則象憂亦憂，乃僞矣。是宜精索，未易曉也。又云：「有道，又有易，何如？」此語全未是。更將傳序詳思，當自通矣。變易而後合道，易字與道字不相似〔一〕也。大率所論，辭與意太多。孔、孟之門人，豈能盡與孔、孟同？唯其不敢信己而信其師之説，是以能思而卒同也。若紛然致疑，終亦必亡而已。勉之！勉之！盛暑在途，千百自愛。

答門人書

前者奉答，適病倦不能詳。後來親知講論，幾盈箱矣。設端雖多，大率意不相遠。於大概尚弗識，

〔一〕呂本「似」作「合」。

況屈伸久速之際乎？平日不謂至如是。豈皆知不足以及之？蓋爲衆説漂眴，不能自立爾。此由見信不篤故也。孔、孟之門豈皆賢哲？固多衆人。以衆人觀聖賢，弗識者多矣。惟其不敢信己而信其師，是故求而後得。今諸君於頤言，纔不合則置不復思，所以終異也。不可便放下，更且思之，致知之方也。姑求自曉，無庸他恤。深尤不知者，甚無謂也。

答鮑若雨書並答問

頤咨。諸君處，常問知動止。忽領惠書，審已安康，其慰可知。頤如常，不煩見念。示及所疑，百忙中謝君告行，不暇周悉，略奉答，思之可也。祥暑，千百善愛。五月十日，頤咨鮑君秀才。

疑難六，謹寫拜呈，伏乞詳賜指諭。若雨拜覆。

佛氏輪迴之説，凡爲善者死，則復生爲善人，爲惡者死，則變而爲禽獸之類。雖無此實應，竊恐有此理。何則？凡稟沖氣以生者，未始不同。聖人先得人之所同者而踐履之，故能保全太和。至死，其氣冥會於中和之所，造化之中，自然有復生爲人之理。愚者平居作惡，而沖氣已喪。至死，其氣則會於繆戾之所，造化之中，自然有爲禽獸之理。故曰恐有此理也。

夫子曰：「未知生，焉知死？」知生則知死矣，能原始則能要終矣。

易曰：「陰陽不測之謂神。」又曰：「神妙萬物而爲言。」觀此，則佛氏所謂鬼神者妄矣。然祖考來格，敬鬼神而遠之之説，則似乎有佛氏所謂。意者，氣類感應處，便是來格，但當致誠，不當褻近，近得卻有也。不知此說如何?

潛心久當自明。

孟子曰:「其爲氣也，至大至剛，以直養而無害，則塞於天地之閒。」嘗謂凡人氣量窄狹，只爲私心隔斷。苟以直養而無害，則無私心。苟無私心，則志氣自然廣大，充塞於天地之閒。氣象有可以意會而莫能狀者，此所謂難言也。或謂塞於天地之閒，只是到處去得，此言似無氣味。

如是涵養。

樂正子見孟子，孟子曰:「子亦來見我乎?」云云。觀此一篇，都無聖人氣象。或謂樂正子從子敖，有激而云，不得不然。

此無疑，真孟子之言。

「今之成人者何必然?見利思義，見危授命，久要不忘平生之言，亦可以爲成人矣。」此言是子路說耶?孔子說耶?

仲尼言。

孟子曰:「不孝有三，無後爲大。」所謂二不孝何如?說者謂陷父於不義，與家貧親老，不求祿仕，竊恐不然。

何以知不然?所謂祿仕，凡所以養皆同。

定親書

頤啟。伏以古重大婚，蓋將傳萬世之嗣；禮稱至敬，所以合二姓之歡。顧族望之非華，愧聲猷之弗競。不量非偶，妄意高門。以頤第幾男，雖已勝冠，未諧受室。恭承賢閤第幾小娘子，性質一作資。甚茂，德容有光。輒緣事契之家，敢有婚姻之願。豈期謙厚，遽賜允從？穆卜良辰，恭伸言定。有少儀物，具如別箋。

又書

不量衰族，久慕高閎。輒憑咫尺之書，已諾婚姻之好。有少儀物，具如別箋。

答求婚書

頤啟。族望非高，聲猷弗競，猥蒙謙眷，屢致勤誠，爰稽合姓之文，將卜宜家之慶。伏承某人，性質挺立，器蘊夙成，以頤第幾女子，年已及笄，義當有適，特枉緘題之及，俾交秦、晉之歡。仰認深誠，敢言非偶！在姆師之訓，雖愧未閑；而箕帚之勤，願俾恭事。

河南程氏文集卷第十　　伊川先生文六

禮

婚禮

納采

納采，謂壻氏爲女氏所采，故致禮以成其意。使辭曰：「吾子有惠，貺某室也；某壻父。有先人之禮，使某也敢納采。」

問名

問名，謂問所娶女子之名，若今之小名也。使者請辭曰：「某既受命，將加諸卜，敢請女爲誰氏。」

納吉

納吉，謂壻氏既得女名，以告神而卜之，得吉兆，又往告女氏，猶今之言定。使辭曰：「吾子有貺命，某加諸卜，占曰吉，使某也敢告。」

納徵

徵，證也，成也，用皮帛以證成娶婦之禮。使辭曰：「吾子有命，貺室某也，某有先人之禮某物，使某也請納徵。」

請期

請期，賓告婚期也，必先禮請以示謙。使辭曰：「吾子有貺命，某既申受命矣，惟是三族之不虞，使某也請吉日。」女氏對曰：「某既前受命矣，惟命之從。」一作是聽。使又曰：「某使某聽命于吾子。」女氏固辭，使曰：「某使某受命，吾子不許，某敢不告期，曰某日。」日猶言甲乙之類。

成婚

期日，壻氏告迎于廟。初婚禮雖云初婚，然當量居之遠近。壻受命于所尊，謂醮而受告戒之命。出乘，前引婦車，受命而出，乘馬前引婦車，迎婦之車也。今或用擔子。執燭前馬。使徒役持火炬居前照道，今用燭四或二。賓將至，賓，壻也。女氏之擯，俟于大門之外，主人俟于門內。賓降，下車也。擯進揖請事。賓對今以介對。曰：「某稱壻父。命某壻名。以茲初婚，將請承命。」擯對曰：「主人固以恭俟。」擯揖入門，主人揖賓及階。主人揖升，介以賓升。介南面，贊賓就位。東面。再拜，贊卽席內告具。主人肅賓而先，賓從之見于廟。見女氏之先祖。至于中堂，見女之尊者，徧見女之黨於東序。贊者延賓出就位，贊者以女氏之子姪爲之。卒食，興辭。介以賓辭。主人請入戒女氏，奉女辭于廟，至于中堂。母南面于房外，女出于母左，父西面醴女而戒之，母施衿結帨，今謂之整冠飾。戒諸西階之上。擯者出，壻降立于庭中，北面。婦降自西階，壻揖，前導，立於車前。既升，而先俟于門外。先之者，導之也。門外，壻家大門外也。婦至，主人壻也。揖婦以入。及寢門，揖入，壻退就次。及期，期謂早暮之節。贊者引壻入，贊者壻氏之女相。立東席，西面。姆侍奉婦立西席，東面。贊揖壻再拜，男下女也。姆侍扶婦答拜，遂卽席。女之從者沃壻盥於南，壻之從者沃婦盥於北。沃盥，以水澡手也，於坐席之南北。壻揞笏舉婦蒙首，蓋頭也。復位。贊者進酌，用常爵。三爵，用巹，姆助婦舉。卒食，相者以壻婦興，説服。女之從者受壻服，壻之從者受婦服。燭出，康成云：禮畢。女侍待呼于外。夙興，婦纚笄衣服以俟見。質明，贊見婦于舅姑，進拜，奠贄還又拜，見屬之尊者長者於東偏，南面東上，屬自爲別。是爲見已，不復特見。若異宮，則見諸父各就其寢。幼者賤者，皆見於堂下，西面北上。舅姑入于室。婦盥，饋。舅姑饗婦于堂之西偏。卒食，婦降自阼階。饗禮謂嫡婦。翌日，壻拜于婦氏之門。

奠菜

三月預祭祀，事舅姑，復三月然後奠菜。祝稱婦之姓曰某氏來婦，敢奠菜於　舅某子　姑某氏。此段義有未詳。

葬説並圖

卜其宅兆，卜其地之美惡也，非陰陽家所謂禍福者也。地之美者，則其神靈安，其子孫盛，若培壅其根而枝葉茂，理固然矣。地之惡者則反是。然則曷謂地之美者？土色之光潤，一作澤。草木一作生物。之茂盛，乃其驗也。父祖子孫同氣，彼安則此安，彼危則此危，亦其理也。而拘忌者惑以擇地之方位，決日之吉凶，不亦泥乎？甚者不以奉先爲計，而專以利後爲慮，尤非孝子安厝之用心也。惟五患者不得不慎，須使異日不爲道路，不爲城郭，不爲溝池，不爲貴勢所奪，不爲耕犁所及。一本所謂五患者，溝渠，道路，避村落，遠井窰。五患既慎，則又鑿地必至四五丈，遇石必更穿之，防水潤也。既葬，則以松脂塗棺槨，石灰封墓門，此其大略也。若夫精畫，則又在審思慮矣。其火葬一作焚。者，出不得已，後不可遷就，同葬一作焚。矣。至於年祀寖遠，曾高不辨，亦在盡誠，各具棺槨葬之，不須假夢寐蓍龜而決也。葬之穴，尊者居中，左昭右穆而次，後則或東或西，亦左右相對而啓穴也。出母不合葬，亦不合祭。棄女還家，以殤穴葬之。

下穴昭穆圖[一]

巽	○	巳	丙	午	丁	未	○	坤
○		穴六				穴七		○
辰								申
乙								庚
卯		穴四		券臺		穴五		酉
甲								辛
寅								戌
第四穴或此下		穴二		穴一		穴三		○
艮	○	丑	癸	子	壬	亥	○	乾

[一]徐本、吕本坤至乾行，庚酉間夾有「兑」字；巽至艮行，卯甲間夾有「震」字；中間午子一行，「午子」二字作「離坎」二字。

葬法決疑

古者聖人制卜葬之禮，蓋以市朝遷變，莫得預測，水泉交浸，一作侵。不可先知，所以定吉凶，決善惡也。後代陰陽家流，競爲詭誕之説，葬書一術，遂至百二十家。爲害之大，妄謬之甚，在分五姓。五姓之説，驗諸經典，本無證據，古陰陽書亦無此説，直是野俗相傳，竟無所出之處。惟堪輿經黄帝對天老，乃有五姓之言。且黄帝之時，只有姬、姜二三姓。其諸姓氏盡出後代。何得當時已有此語？固謬妄無稽之言。其所謂五姓者，宫商角徵羽是也。天下萬物，悉配屬之，行事吉凶，依此爲法。至如以張、王等爲商，武、庚等爲羽，是則同韻相求。及其以柳姓爲宫，以趙姓爲角，又非四聲相管。其間亦有同是一姓，分屬宫商，複姓數字，徵角不辨，都無憑據，只信其臆説爾。

夫姓之於人也，其始也亦如萬物之同形者，呼其白黑小大以爲别爾。後世聖人乃爲之制，因生賜姓，胙土命氏，其後子孫因邑因官，分枝布葉，而庶姓益廣。如管、蔡、郕、霍、魯、衞、毛、聃、郜、雍、曹、滕、畢、原、豐、郇，本皆姬姓；華、向、蕭、亳、皇甫，本皆子姓。其餘皆爾，不可勝舉。今若用其祖姓，則往往數經更易，難盡尋究。況復葬書不載古姓，若用今姓，則皆後代所受，乃是吉凶隨時變改也。人之分宗，譬如木之異枝。木之性，有所宜之地也。取其枝而散植之，其性所宜，寧有異乎？若一祖之裔，姓音不同，同葬一地，遂言彼凶而此吉，決無是理。設有人父本宫姓，子以功勳更賜商姓，則將如何用之？今二人同言，則必擇其賢者信之。葬禮聖人所制，五姓俗人所説。何乃舍聖制而從俗説，不亦愚乎？

昔三代之時，天下諸侯之國，卿大夫之家，久者千餘歲，其下至數百歲不絕。此時葬者〔一〕未有五姓也。古之時，庶人之年不可得而見矣。君卿大夫，史籍所可見者，往往八九十歲百歲者不少矣。自唐而來，五姓葬法行於世矣，數世百歲之家鮮矣，人壽七八十歲者希矣。苟吉凶長短，不由於葬邪？則安用違聖人之制而從愚俗所尚？吉凶長短，果由於葬邪？是乃今之法，徒使人家不久長，壽命短促，大凶之道也。進退無取，何足言哉？

夫葬者藏也，一藏之後，不可復改，必求其永安。故孝子慈孫，尤所慎重。欲地之安者，在乎水之利。水既利，則終無虞矣。不止水一事，此大概也。而今之葬者，謂風水隨姓而異，此尤大害也。愚者執信，將求其吉，反獲其凶矣。

至於卜選時日，亦多乖謬。按葬者逢日食則舍於道左，待明而行。是必須晴明，不可用昏黑也。而葬書用乾艮二時爲吉，此二時皆是夜半，如何用之？又曰己亥日葬凶〔二〕。今按春秋之中，此日葬者二十餘人，皆無其應。宜忌者不忌，而不宜忌者反忌之，顛倒虛妄之甚也。下穴之位，不分昭穆，易亂尊卑。死者如有知，居之其安乎？如此背謬者多矣，不欲盡斥，但當棄而勿用，自從正法耳。

〔一〕徐本「葬者」二字作「亦」。

〔二〕呂本「凶」作「大凶」。

記葬用柏棺事

古人之葬，欲比化不使土親膚。今奇玩之物，尚保藏固密，以防損污，況親之遺骨，當如何哉？世俗淺識，惟欲不見而已，又有求速化之説。是豈知必誠必信之義？且非欲其不化也，未化之間，保藏當如是爾。

吾自少時，謀葬曾祖虞部已下，積年累歲，精意思索，欲知何物能後骨而朽。後聞咸陽原上有人發東漢時墓，柏棺尚在。又韓修王城圮，得古柏木，皆堅潤如新。諺有松千柏萬之説，於是知柏最可以久。然意猶未已，因觀雜書，有松脂入地，千年爲茯苓，萬年爲琥珀之説。疑物莫久於此，遂以柏爲棺，而塗以松脂，特出臆計，非有稽也。不數月，嵩山法王寺下鄉民，穿地得古棺，裹以松脂，乃知古人已用之矣。

自是三十四年，七經葬事。求安之道，思之至矣。地中之事，察之詳矣。地中之患有二，惟蟲與水而已。所謂毋使土親膚，不惟以土爲污，有土則有蟲，蟲之侵骨，甚可畏也。世人墓中多置鐵以辟土獸。希〔一〕有之物尚知備之，蟲爲必有，而不知備，何也？惟木堅縫完，則不能入。求堅莫如柏，求〔二〕完莫如漆。然二物亦不可保，柏有入土數百年而不朽者，有數十年而朽者。人多以爲柏心不朽，而心之

〔一〕徐本、吕本「希」字上重「土獸」二字。
〔二〕徐本「求」作「欲」。

朽者，見亦多矣。後闕。

作主式用古尺。

作主用栗，取法於時月日辰。趺方四寸，象歲之四時。高尺有二寸，象十二月。身博三十分，象月之日。厚十二分，象日之辰。身趺皆厚一寸二分。剡上五分爲圓首，寸之下勒前爲頷〔一〕而判之，一居前，二居後。前四分，後八分。陷中以書爵姓名行，曰故某官某公諱某字某第幾神主。陷中長六寸，闊一寸。一本云長一尺。合之

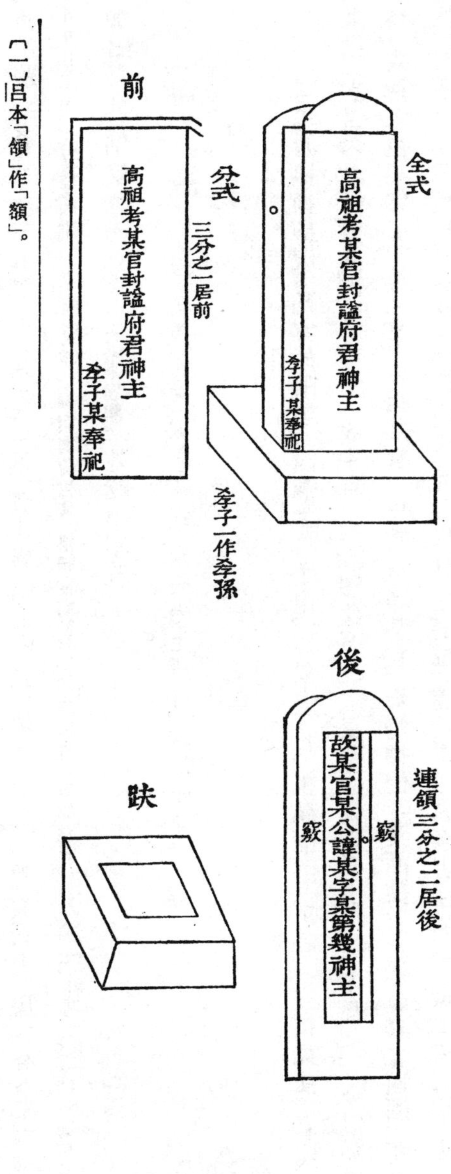

〔一〕呂本「頷」作「額」。

植於趺。身出趺上一尺八分，并趺高一尺二寸。竅其旁以通中，如身厚三之一，謂圓徑四分。居二分之上。謂在七寸二分之上。粉塗其前，以書屬稱，屬謂高曾祖考，稱謂官或號行，如處士秀才幾郎幾翁。旁題主祀之名，曰孝子某奉祀。加贈易世，則筆滌而更之，水以灑廟牆。外改中不改。

祭禮

羅氏本有此，諸本皆無之，恐未必先生所著，姑附于此。

四時祭

凡祭，灑掃廳事，設几案於階下，設盥盆帨手巾。祭前一日，視滌濯，五更起，安排如法。具時果，並菜三飣或五飣，盞盤匙筯訖。次設香卓，次設盥盆茅縮。更祭服，焚香請曰：「孝孫某，今以仲春之祭，共請太祖某官、高祖某官、曾祖某官、祖某官、考某官，降赴神位。」奠酒焚香，跪，執事者過酒，左手把盤，右手以酒澆酹於灌盆茅縮處。俛伏，興，再拜，左避位，遂行獻。執事者注酒，下食二味，或一味，隨人家貧富。頃之再拜，亞獻如前，三獻如前。事畢，焚香曰：「祭事已畢。」揖執事者徹饌。祭祖妣亦如前式。

始祖冬至祭。

祭始祖，灑掃廳事，如時祭，只設一位，以妣配。祝執辭，出主人之左，東向讀之，曰：「維年月日，孝遠孫某，敢昭告於某氏之祖妣，今以陽至之始，追惟報本，禮不敢忘，謹備清酌庶羞之奠，尚享！」三獻如前式。

先　祖立春祭。

祭先祖者，自始祖而下，高祖而上，非一人也，故設二位。曰：「維年月日，孝遠孫某，今以生物之始，恭請先祖祖妣以下降居神位。」餘如前式。

禰季秋祭。

祭禰曰：「孝子某，今以成物之始，恭請考君某官，妣某官某封某氏，降居神位。」餘如前式。

河南程氏文集卷第十一

伊川先生文七

行狀　墓誌　祭文

明道先生行狀

曾祖希振，任尚書虞部員外郎；妣，高密縣君崔氏。祖遹，贈開府儀同三司吏部尚書；妣，孝感縣太君張氏，長安縣太君張氏。父珦，見任太中大夫，致仕；母，壽安縣君侯氏。先生名顥，字伯淳，姓程氏。其先曰喬伯，爲周大司馬，封於程，後遂以爲氏。先生五世而上，居中山之博野。高祖贈太子少師，諱羽，太宗朝以輔翊功顯，賜第於京師，居再世。曾祖而下，葬河南，今爲河南人。

先生生而神氣秀爽，異於常兒。未能言，叔祖母任氏太君抱之行，不覺釵墜，後數日方求之。先生以手指示，隨其所指而往，果得釵，人皆驚異。數歲，誦詩書，强記過人。十歲能爲詩賦。十二三時，羣居庠序中，如老成人，見者無不愛重。故户部侍郎彭公思永謝客到學舍，一見異之，許妻以女。

踰冠，中進士第，調京兆府鄠縣主簿。令以其年少，未知之。民有借其兄宅以居者，發地中藏錢。兄之子訴曰："父所藏也。"令曰："此無證佐，何以決之？"先生曰："此易辨爾。"問兄之子曰："爾父藏錢幾何時矣？"曰："四十年矣。""彼借宅居幾何時矣？"曰："二十年矣。"卽遣吏取錢十千視之，謂借宅者曰：

「今官所鑄錢，不五六年即徧天下。此錢皆爾未居前數十年所鑄，何也？」其人遂服。令大奇之。

南山僧舍有石佛，歲傳其首放光，遠近男女聚觀，晝夜雜處，爲政者畏其神，莫敢禁止。先生始至，詰其僧曰：「吾聞石佛歲現光，有諸？」曰：「然。」戒曰：「俟復見，必先白吾，職事不能往，當取其首就觀之。」自是不復有光矣。府境水害，倉卒興役，諸邑率皆狼狽；惟先生所部，飲食茇舍無不安便。時盛暑泄利大行，死亡甚衆，獨鄠人無死者。所至治役，人不勞而事集。嘗謂人曰：「吾之董役，乃治軍法也。」

當路者欲薦之，多問所欲。先生曰：「薦士當以才之所堪，不當問所欲。」再期，以避親罷，再調江寧府上元縣主簿。田税不均，比他邑尤甚。蓋近府美田，爲貴家富室以厚價薄其税而買之，小民苟一時之利，久則不勝其弊。先生爲令畫法，民不知擾，而一邑大均。其始，富者不便，多爲浮論，欲摇止其事，既而無一人敢不服者。後諸路行均税法，邑官不足，益以他官，經歲歷時，文案山積，而尚有訴不均者，計其力比上元不啻千百矣。

會令罷去，先生攝邑事。上元劇邑，訴訟日不下二百。爲政者疲於省覽，奚暇及治道？先生處之有方，不閲月，民訟遂簡。江南稻田，賴陂塘以溉。盛夏塘堤大決，計非千夫不可塞。法當言之府，府稟於漕司，然後計功調役，非月餘不能興作。先生曰：「比如是，苗槁久矣，民將何食？救民獲罪，所不辭也。」遂發民塞之，歲則大熟。

江寧當水運之衝，舟卒病者，則留之爲營以處，曰小營子，歲不下數百人，至者輒死。先生察其由，蓋既留然後請於府，給券乃得食，比有司文具，則困於飢已數日矣。先生白漕司，給米貯營中，至者與之食，自是生全者大半。措置於纖微之閒，而人已受賜，如此之比，所至多矣。先生常云：「一命之士，苟存心於愛物，於人必有所濟。」

仁宗登遐，遺制官吏成服，三日而除。三日之朝，府尹率羣官將釋服。先生進曰：「三日除服，遺詔所命，莫敢違也。請盡今日。若朝而除之，所服止二日爾。」尹怒不從。先生曰：「公自除之，某非至夜不敢釋也。」一府相視，無敢除者。

茅山有龍池，其龍如蜴蜥而五色。祥符中，中使取二龍。至中途，中使奏一龍飛空而去。自昔嚴奉以爲神物，先生嘗捕而脯之，使人不惑。其始至邑，見人持竿道旁，以黏飛鳥，取其竿折之，教之使勿爲。及罷官，艤舟郊外。有數人共語：自主簿折黏竿，鄉民子弟不敢畜禽鳥。不嚴而令行，大率如此。

再期，就移澤州晉城令。澤人淳厚，尤服先生教命。民以事至邑者，必告之以孝弟忠信，入所以事父兄，出所以事長上。度鄉村遠近爲伍保，使之力役相助，患難相恤，而姦僞無所容。凡孤煢殘廢者，責之親戚鄉黨，使無失所。行旅出於其塗者，疾病皆有所養。諸鄉皆有校。暇時親至，召父老而與之語；兒童所讀書，親爲正句讀；教者不善，則爲易置。俗始甚野，不知爲學。先生擇子弟之秀者，聚而教之。去邑纔十餘年，而服儒服者蓋數百人矣。

鄉民爲社會，爲立科條，旌別善惡，使有勸有恥。邑幾萬室，三年之閒，無强盜及鬬死者。秩滿，代者且至，吏夜叩門，稱有殺人者。先生曰：「吾邑安有此？誠有之，必某村某人也。」問之果然。家人驚異，問何以知之？曰：「吾常疑此人惡少之弗革者也。」

河東財賦窘迫，官所科買，歲爲民患。雖至賤之物，至官取之，則其價翔踴，多者至數十倍。先生常度所需，使富家預儲，定其價而出之。富室不失倍息，而鄉民所費，比常歲十不過二三。民税常移近邊，載往則道遠，就糴則價高。先生擇富民之可任者，預使購粟邊郡，所費大省，民力用紓。縣庫有雜納錢數百千，常借以補助民力。部使者至，則告之曰：「此錢令自用而不敢私，請一切不問。」使者屢更，無不從者。先時民憚差役，役及則互相糾訴，鄉鄰遂爲仇讎。先生盡知民產厚薄，第其先後，按籍而命之，無有辭者。

河東義勇，農隙則教以武事，然應文備數而已。先生至，晉城之民遂爲精兵。晉俗尚焚屍，雖孝子慈孫，習以爲安。先生教諭禁止，民始信之。而先生去後，郡官有母死者，憚於遠致，以投烈火，愚俗視效，先生之教遂廢，識者恨之。先生爲令，視民如子。欲辨事者，或不持牒，徑至庭下，陳其所以。先生從容告語，諄諄不倦。在邑三年，百姓愛之如父母，去之日，哭聲振野。

用薦者，改著作佐郎。尋以御史中丞吕公公著薦，授太子中允，權監察御史裏行。神宗素知先生名，召對之日，從容咨訪，比二三見，遂期以大用，每將退，必曰：「頻求對來，欲常相見爾。」一日，論議甚久，日官報午正，先生遽求退。庭中中人相謂曰：「御史不知上未食邪？」前後進説甚多，大要以正心窒欲，求賢育材爲先。先生不飾辭辨，獨以誠意感動人主。神宗嘗使推擇人才，先生所薦者數十人，而以父表弟張載暨弟頤爲首。所上章疏，子姪不得窺其藁。嘗言：人主當防未萌之欲。神宗俯身拱手曰：「當爲卿戒之。」及因論人才，曰：「陛下奈何輕天下士？」神宗曰：「朕何敢如是？」言之至于再三。

時王荆公安石日益信用，先生每進見，必爲神宗陳君道以至誠仁愛爲本，未嘗及功利。神宗始疑其迂，而禮貌不衰。嘗極陳治道。神宗曰：「此堯、舜之事，朕何敢當？」先生愀然曰：「陛下此言，非天下之福也。」荆公浸行其説，先生意多不合，事出必論列，數月之閒，章數十上。尤極論者：輔臣不同心，小臣與大計，公論不行，青苗取息，賣祠部牒，差提舉官多非其人及不經封駁，京東轉運司剥民希寵不加黜責，興利之臣日進，尚德之風浸衰等十餘事。荆公與先生雖道不同，而嘗謂先生忠信。先生每與論事，心平氣和，荆公多爲之動。而言路好直者，必欲力攻取勝，由是與言者爲敵矣。

先生言既不行，懇求外補，神宗猶重其去，上章及面請至十數，不許，遂闔門待罪。神宗將黜諸言者，命執政除先生監司，差權發遣京西路提點刑獄。復上章曰：「臣言是願行之。如其妄言，當賜顯責。請罪而獲遷，刑賞混矣。」累請得罷。既而神宗手批，暴白同列之罪，獨於先生無責，改差簽書鎮寧軍節度判官事。

爲守者嚴刻多忌，通判而下，莫敢與辯事。始意先生嘗任臺憲，必不盡力職事，而又慮其慢己。既而先生事之甚恭，雖筦庫細務，無不盡心，事小未安，必與之辨，遂無不從者，相與甚歡。屢平反重獄，得不死者前後蓋十數。

河清卒於法不他役。時中人程昉爲外都水丞，怙勢，蔑視州郡，欲盡取諸埽兵治二股河，先生以法拒之。昉請於朝，命以八百人與之。天方大寒，昉肆其虐，衆逃而歸。州官晨集城門，吏報河清兵潰歸，將入城。衆官相視，畏昉欲弗納。先生曰：「此逃死自歸，弗納必爲亂。昉有言，某自當之。」卽親往，開門撫諭，約歸休三日復役，衆歡呼而入。具以事上聞，得不復遣。後昉奏事過州，見先生，言甘而氣懾，既而揚言於衆曰：「澶卒之潰，乃程中允誘之，吾必訴於上。」同列以告，先生笑曰：「彼方憚我，何能爾也？」果不敢言。

會曹村埽決，時先生方救護小吴，相去百里。州帥劉公涣以事急告，先生一夜馳至。帥俟於河橋。先生謂帥曰：「曹村決，京城可虞。臣子之分，身可塞亦爲之。請盡以廂兵見付。事或不集，公當親率禁兵以繼之。」帥義烈士，遂以本鎮印授先生，曰：「君自用之。」先生得印，不暇入城省親，徑走決堤，諭士卒曰：「朝廷養爾輩，正爲緩急爾。爾知曹村決則注京城乎？吾與爾曹以身捍之。」衆皆感激自効。論者皆以爲勢不可塞，徒勞人爾。先生命善泅者銜細繩以渡，決口水方奔注，達者百一，卒能引大索以濟衆，兩岸並進，晝夜不息，數日而合。其將合也，有大木自中流而下，先生顧謂衆曰：「得彼巨木横流入口，則吾事濟矣。」語纔已，木遂横，衆以爲至誠所致。其後曹村之下復決，遂久不塞，數路困擾，大爲朝廷憂。人以爲，使先生在職，安有是也？

郊祀霈恩，先生曰：「吾罪滌矣，可以去矣。」遂求監局，以便親養，得罷歸。自是醜正者競揚避新法之説。歲餘，得監西京洛河竹木務。薦者言其未嘗敍年勞，丐遷秩，特改太常丞。神宗猶念先生，會修三經義，嘗語執政曰：「程某可用。」執政不對。又嘗有登對者自洛至，問曰：「程某在彼否？」連言佳士。其後彗見翼軫閒，詔求直言，先生應詔論朝政極切。還朝，執政屢進擬，神宗皆不許，既而手批與府界知縣，差知扶溝縣事。先生詣執政，復求監當。執政諭以上意不可改也。數月，右府同薦，除判武學。

新進者言其新法之初，首爲異論，罷復舊任。

先生爲治，專尚寬厚，以教化爲先，雖若甚迂，而民實風動。扶溝素多盜，雖樂歲，强盜不減十餘發。先生在官，無强盜者幾一年。廣濟蔡河出縣境，瀕河不逞之民，不復治生業，專以脅取舟人物爲事，歲必焚舟十數以立威。先生始至，捕得一人，使引其類，得數十人，不復根治舊惡，分地而處之，使以挽舟爲業，且察爲惡者。自是邑境無焚舟之患。

畿邑田税重，朝廷歲常蠲除以爲惠澤。然而良善之民憚督責而先輸，逋負獲除者皆頑民也。先生爲約，前料獲免者，今必如期而足，於是惠澤始均。司農建言，天下輸役錢，達户四等，而畿内獨止第三，請亦及第四。先生力陳不可，司農奏其議，謂必獲罪，而神宗是之，畿邑皆得免。

先生爲政，常權穀價，不使至甚貴甚賤。會大旱，麥苗且枯。先生教人掘井以溉，一井不過數工，而所灌數畝，闔境賴焉。水災民飢，先生請發粟貸之。鄰邑亦請。司農怒，遣使閲實。使至鄰邑，而令遽自陳穀且登，無貸可也。使至，謂先生盍亦自陳？先生不肯，使者遂言不當貸。先生力言民飢，請貸不已，遂得穀六千石，飢者用濟。而司農益怒，視貸籍户同等而所貸不等，檄縣杖主吏。先生言，濟飢當以口之衆寡，不當以户之高下；且令實爲之，非吏罪；乃得已。

内侍都知王中正巡閲保甲，權寵至盛，所至淩慢縣官，諸邑供帳，競務華鮮，以悦奉之。主吏以請，先生曰：「吾邑貧，安能效他邑？且取於民，法所禁也。今有故青帳，可用之。」先生在邑歲餘，中正往來境上，卒不入。鄰邑有寃訴府，願得先生決之者，前後五六。有犯小盜者，先生謂曰：「汝能改行，吾薄汝罪。」盜叩首願自新。後數月，復穿窬。捕吏及門，盜告其妻曰：「我與大丞約，不復爲盜，今何面目見之邪？」遂自經。

官制改，除奉議郎。朝廷遣官括牧地，民田當没者千頃，往往持累世契券以自明，皆弗用。諸邑已定，而扶溝民獨不服。遂有朝旨，改税作租，不復加益，及聽賣易如私田。民既倦於追呼，又得不加賦，乃皆服。先生以爲不可。括地官至，謂先生曰：「民願服而君不許，何也？」先生曰：「民徒知今日不加賦，而不知後日增租奪田，則失業無以生矣。」因爲言仁厚之道。其人感動，謝曰：「寧受責，不敢違公。」遂去之他邑。

不踰月，先生罷去。其人復至，謂攝令者曰：「程奉議去矣，爾復何恃而敢稽違朝旨？」督責甚急，數日而事集。鄰邑民犯盜，繫縣獄而逸，既又遇赦。先生坐是以特旨罷。邑人知先生且罷，詣府及司農丐留者千數。去之日，不使人知，老穉數百，追及境上，攀挽號泣，遣之不去。

以親老求近鄉監局，得監汝州酒税。今上嗣位，覃恩，改承議郎。先生雖小官，賢士大夫視其進退，以卜興衰。聖政方新，賢德登進，先生特爲時望所屬，召爲宗正寺丞。未行，以疾終，元豐八年六月十五日也，享年五十有四。士大夫識與不識，莫不哀傷，爲朝廷生民恨惜。

先生資稟既異，而充養有道：純粹如精金，温潤如良玉；寬而有制，和而不流；忠誠貫於金石，孝弟通於神明。視其色，其接物也，如春陽之温；聽其言，其入人也，如時雨之潤。胸懷洞然，徹視無閒；測其藴，則浩乎若滄溟之無際；極其德，美言蓋不足以形容。

先生行己：內主於敬，而行之以恕；見善若出於己，不欲勿施於人；居廣居而行大道，言有物而動有常。

先生爲學：自十五六時，聞汝南周茂叔論道，遂厭科舉之業，慨然有求道之志。未知其要，泛濫於諸家，出入於老、釋者幾十年，返求諸六經而後得之。明於庶物，察於人倫。知盡性至命，必本於孝悌；窮神知化，由通於禮樂。辨異端似是之非，開百代未明之惑，秦、漢而下，未有臻斯理也。

謂孟子没而聖學不傳，以興起斯文爲己任。其言曰：「道之不明，異端害之也。昔之害近而易知，今之害深而難辨。昔之惑人也，乘其迷暗；今之入人也，因其高明。自謂之窮神知化，而不足以開物成務。言爲無不周徧，實則外於倫理；窮深極微，而不可以入堯、舜之道。天下之學，非淺陋固滯，則必入於此。自道之不明也，邪誕妖異之説競起，塗生民之耳目，溺天下於汙濁；雖高才明智，膠於見聞，醉生夢死，不自覺也。是皆正路之蓁蕪，聖門之蔽塞，闢之而後可以入道。」

先生進將覺斯人，退將明之書；不幸早世，皆未及也。其辨析精微，稍見於世者，學者之所傳爾。先生之門，學者多矣。先生之言，平易易知，賢愚皆獲其益，如羣飲於河，各充其量。

先生教人：自致知至於知止，誠意至於平天下，灑掃應對至於窮理盡性，循循有序；病世之學者捨近而趨遠，處下而窺高，所以輕自大而卒無得也。

先生接物：辨而不閒，感而能通。教人而人易從，怒人而人不怨，賢愚善惡咸得其心，狡僞者獻其誠，暴慢者致其恭，聞風者誠服，覿德者心醉。雖小人以趨向之異，顧於利害，時見排斥，退而省其私，未有不以先生爲君子也。

先生爲政，治惡以寬，處煩而裕。當法令繁密之際，未嘗從衆，爲應文逃責之事。人皆病於拘礙，而先生處之綽然；衆憂以爲甚難，而先生爲之沛然。雖當倉卒，不動聲色。方監司競爲嚴急之時，其待先生，率皆寬厚，設施之際，有所賴焉。先生所爲綱條法度，人可效而爲也；至其道之而從，動之而和，不求物而物應，未施信而民信，則人不可及也。

彭夫人封仁和縣君，嚴正有禮，事舅以孝稱，善睦其族，先一年卒。一有五字。子一有三早卒字。曰端懿，蔡州汝陽縣主簿；曰端本，治進士業。一有四字。女一有三夭二字。適假承務郎朱純之。卜以今年十月乙酉，葬于伊川先塋。謹書家世行業及歷官行事之大概，以求誌於作者，謹狀。元豐八年八月日弟頤狀。

明道先生門人朋友敍述序 敍述四篇，見遺書附錄。

先兄明道之葬，頤狀其行，以求誌銘，且備異日史氏採録。既而門人朋友爲文以敍其事迹、述其道學者甚衆。其所以推尊稱美之意，人各用其所知，蓋不同也；而以爲孟子之後，傳聖人之道者，一人而已，是則同。文多不能盡取，取其有補於行狀之不及者數篇，附于行狀之後。

明道先生墓表

大宋明道先生程君伯淳之墓

宋太師致仕潞國公文彦博題

先生名顥，字伯淳，葬於伊川。潞國太師題其墓，曰「明道先生」。弟頤序其所以而刻之石曰：周公没，聖人之道不行；孟軻死，聖人之學不傳。道不行，百世無善治；學不傳，千載無真儒。無善治，士猶得以明夫善治之道，以淑諸人，以傳諸後；無真儒，天下貿貿焉莫知所之，人欲肆而天理滅矣。先生生千四百年之後，得不傳之學於遺經，志將以斯道覺斯民。天不憖遺，哲人早世。鄉人士大夫相與議曰：道之不明也久矣。先生出，倡〔一〕聖學以示人，辨異端，闢邪説，開歷古之沉迷，聖人之道得先生而後〔二〕明，爲功大矣。於是帝師采衆議而爲之稱以表其墓。學者之於道，知所嚮，然後見斯人之爲功；知所至，然後見斯名之稱情。山可夷，谷可湮，明道之名亘萬世而長存；勒石墓傍，以詔後人。元豐乙丑十月戊子書。

孝女程氏墓誌

孝女程氏，其第二十九，有宋名臣諱羽之後，故宗正寺丞顥之女。幼而莊静，不妄言笑；風格瀟灑，趣向高潔；發言慮事，遠出人意；終日安坐，儼然如齊；未嘗教之讀書，而自通文義。舉族愛重之，擇配欲得稱者。其父名重於時，知聞徧天下，有識者皆願出其門。訪求七八年，未有可者。既長矣，親族皆

〔一〕徐本、吕本「倡」作「揭」。

〔二〕徐本、吕本「後」作「復」。

以爲憂，交舊咸以爲非，謂自古未聞以賢而不嫁者。不得已而下求，嘗有所議，不忍使之聞知，蓋度其不屑也。母亡，持喪盡哀，雖古篤孝之士，無以過也，遂以毀死。

病既革，頤念無以適其意，謂之曰：「爾喜聞道義，吾爲爾言之。」曰：「何不素教我？今且惛矣。我死無憾，獨以不勝喪爲恨爾。」盡召兄弟舅甥姪，人人教誡，幼者撫視，頃之而絕。嗚呼！是雖女子，亦天地中一異人也。如其高識卓行，使之享年，足以名世勵俗，並前古賢婦，垂光簡册。不幸短命，何痛如之！

衆人皆以未得所歸爲恨，頤獨不然。頤與其父以聖賢爲師，所爲尚一作常。恐不當其意，苟未遇賢者而以配世俗常人，是使之抱羞辱以没世。頤恨其死，不恨其未嫁也。其生以嘉祐辛丑九月庚戌，其卒以元豐乙丑二月丙寅，葬於伊川先塋之東，是年十月乙酉也。叔父頤誌。

爲家君祭司馬温公文

嗚呼！公乎！誠貫天地，行通神明。徇己者私，衆口或容於異論；合聽則聖，百姓曾無於閒言。老始逢時，心期行道；致君澤物，雖有志而未終；救弊除煩，則爲功而已大。何天乎之不弔，斯人也而遽亡！溥天興殄瘁之悲，明主失倚毗之望。如其可贖，人百其身。死生既極於哀榮，名德永高於今古。藐兹羸老，夙被深知；撫柩興哀，聊陳薄奠。

爲家君祭韓康公文

嗚呼！惟公：天賦忠義，世推孝友；忠以事君，完始終之大節；孝施有政，作儀刑於四方；樂善本乎至誠，好學至於没齒。故有識之士，無思不服。垂老之年，其猷益壯；位雖極於將相，志則歉於施爲；恢弘之度，若海瀆之難量；高邈之風，非世俗之可企；推賢獎善，惟日不足；周急樂施，室幾屢空。方逢時之尚年，遽奉身而勇退。如何不弔，奄及云亡！忠義之表，天下憖遺；孝友之規，世將安倣？寒族有姻家之契，二男蒙國士之知。感恩德而未酬，痛音容之遽隔。兹焉歸葬，復阻臨穴；恭陳薄奠，以寫哀誠。

爲家君祭吕申公文

嗚呼！公稟則異，得天之粹；遭兹昌辰，出爲嘉瑞。生而富貴，處之無累；幼而聰明，充之能至。學既知真，仕則爲道；出入屢更，夷險一操。二聖臨御，人望是從；起藩入輔，命相册公。平日視公，静默恂恂；國論所斷，一言萬鈞。謂公無位，位爲相臣；謂公得志，志存未伸。然公心如權衡，所以無閒言於率土；德如山嶽，所以致敬心於人主。從容語默之閒，人孰量其所補？胡上天之不弔，不一老之憖遺？淵水無涯，將孰求於攸濟？百身莫贖，爲有識之同悲。嗚呼哀哉！羸老餘生，辱知有素；二男論忘勢之交，不偶無疇知之路；阻臨穴以伸哀，姑託文而披露。想英靈兮如在，監丹誠而來顧！

爲家君祭李屯田九縣君文

嗚呼！夫婦不幸，皆終盛年，美才不克究其施，淑德不克久其芳，此親戚交舊知聞所共悲也。及兹歸葬，去故鄉之沮洳，得水土之深厚，幽安顯慰，其善之報而幸之厚與！羸老不任遠之，莫由臨穴，盡於一哀，聊爲薄奠，尚其來饗！

祭劉質夫文

嗚呼！聖學不傳久矣。吾生百世之後，志將明斯道，興斯文於既絶，力小任重，而不懼其難者，蓋亦有冀矣。以謂：苟能使知之者廣，則用力者衆，何難之不易也？遊吾門者衆矣，而信之篤、得之多、行之果、守之固，若子者幾希。方賴子致力以相輔，而不幸遽亡，使吾悲傳學之難，則所以惜子者，豈止游從之情哉？兹焉歸葬，不克臨穴，姑因薄奠，以敍其哀。

祭李端伯文

嗚呼！自予兄弟倡明道學，世方驚疑，能使學者視效而信從，子與劉質夫爲有力矣。質夫於子爲外兄弟，同邑而居，同門而學，才器相類，志尚如一。予謂二子可以大受，期之遠到，而半年之閒，相繼以亡，使予憂事道者鮮，悲傳學之難。嗚呼！天於斯文，何其艱哉！官制有拘，不克臨穴，寄文爲奠，以敍其哀。

祭楊應之文

嗚呼！昔予與君，邂逅相遇於大江之南，言契氣合，遂從予遊；歲將三紀，情均骨肉。忽聞來訃，何痛如之！嗚呼應之！誰謂君而止於此乎？高才偉度，絶出羣類；善志奇藴，曾未得施；天胡爲厚其稟而嗇其年？人誰不死？君之死爲可恨也，奚止交舊之情，悲哀而已？管城之原，歸袝先兆；屬予衰年，憚於長道；不能臨穴一慟，以伸余情，姑致菲薄之奠。魂兮其來，歆此誠意！

祭朱公掞文

嗚呼！道既不明，世罕信者。不信則不求，不求則何得？斯道之所以久不明也。自予兄弟倡學之初，衆方驚異，君時甚少，獨信不疑。非夫豪傑特立之士，能如是乎？篤學力行，至於没齒；志不渝於金石，行可質於神明；在邦在家，臨民臨事，造次動静，一由至誠。上論古人，豈易其比？蹇蹇王臣之節，凜凜循吏之風，著見事爲，皆可紀述。謂當大施於時，必得其壽，天胡難忱，遽止于此。嗚呼！哀哉！不幸七八年之間，同志共學之人，相繼而逝；劉質夫、李端伯、吕與叔、范巽之、楊應之相繼而逝也。今君復往，使予踽踽於世，憂道學之寡助；則予之哭君，豈特交朋之情而已？邙山之陽，歸袝先宅；思平生之深契，痛音容之永隔。陳薄奠以將誠，庶英靈兮來格！

河南程氏文集卷第十二

伊川先生文八

墓誌　家傳　祭文

書先公自撰墓誌後

程姓，珦名，伯温字。姓源世系，詳于家牒，故不復書。曾王父，尚書兵部侍郎，贈太子少師，諱羽。曾王母，清河太君張氏，襄陵太君賈氏。王父，尚書虞部員外郎，諱希振。王母，高密縣君崔氏。考，贈司空，諱遹。妣，追封趙國太夫人張氏，冀國太夫人張氏。

予性質顓蒙，學術黯淺，不能自奮，以嗣先世。天聖中，仁宗皇帝念及祖宗舊臣，例録子孫一人，補郊社齋郎。歷黄州黄陂、吉州廬陵二縣尉，潤州觀察支使。由按察官論薦，改大理寺丞，知虔州興國縣，龔州，徐州沛縣。監在京西染院，知鳳、磁、漢三州事。熙寧中，厭於職事，丐就閑局，管勾西京嵩山崇福宫。歲滿再任，遂請致仕。官，自大理寺丞十三遷至太中大夫。勳，自騎都尉至上柱國。爵，永年縣伯。食邑，户九百。

娶侯氏，贈尚書比部員外郎道濟之長女，封壽安縣君，先三十八年卒，追封上谷郡君。男六人：長應昌，次天錫，皆幼亡；次顥，承議郎宗正寺丞，先卒；次頤，今爲通直郎；次韓奴、蠻奴，皆夭。女四人：長婆嬌，幼亡；次適奉禮郎席延年；次馮兒，幼亡；次適都官郎中李正臣。孫男五人：端懿，蔡州汝陽縣主簿，監西京酒；次端中，治進士業；次端輔，早亡；次端本，治進士業；次端彦，郊社齋郎。孫女八人：長適宣義郎李偲，次適假承務郎朱純之，次適安定席彦正，次未嫁而卒，次爲李偲繼室，次適清河張敷，次幼亡。曾孫六人：昂，昪，昺，昜，旻，暈。曾孫女一人。

元祐五年庚午春正月十三日己卯，以疾終于正寢，先居暖室既得疾，命遷正寢。享年八十五。越三月孟夏庚戌望，葬于伊川先塋之次，上谷郡君祔焉。

予歷官十二任，享禄六十年。但知廉慎寬和，孜孜夙夜，無勳勞可以報國，無異政可以及民，始終得免瑕謫，爲幸多矣。葬日，切不用干求時賢，製撰銘誌。既無事實可紀，不免虚詞溢美，徒累不德爾。只用此文，刻于石，向壁安置。若或少違遺命，是不以爲有知也。

先公太中，年七十，則自爲墓誌及書戒命於後，後十五年終壽。子孫奉命不敢違，惟就其闕處，事未至者，皆缺字，使後人加之。加所遷官爵，晚生諸孫及享年之數，終葬時日而已。醇德懿行，宜傳後世者，皆莫敢誌，著之家牒。孤頤泣血書。

先公太中家傳

先公太中諱珦，字伯温。舊名温，一有其字。字君玉，既登朝，改後名。景德三年丙午正月二十三日，生於京師泰寧坊賜第。

性仁孝温厚，恪勤畏慎。開府事父兄謹敬過人，責子弟甚嚴，公纔十餘歲，則使治家事。事有小不稱意旨，公恐懼若無所容。自少爲族兄文簡公所器。

開府終於黄陂，公年始冠，諸父繼亡，聚屬甚衆，無田園可依，遂寓居黄陂。勞身苦志，奉養諸母，教撫弟妹。時長弟珫七歲，從弟瑜六歲，餘皆孩幼。後數歲，朝廷録舊臣之後，授公郊社齋郎，以口衆不能偕行，遂不赴調。文簡公義之，爲請於朝，就注黄陂縣尉。任滿，又不能調，閑居安貧，以待諸弟之長。至長弟與從弟皆得官娶婦，二妹既嫁，乃復赴調。

授吉州廬陵縣尉。時劉丞相沆已貴顯，其子弟有恃勢暴横於鄉里者，郡守以下皆爲之屈，公獨不與接。劉丞相聞而愧之，待公甚厚。

再調潤州觀察支使。有侍禁曹元哲者，挾權要勢，與人争田。守畏逼，屬公右之，公弗爲撓。潤當途，事煩劇，多賴公以濟。聲聞甚著。部使者至，無有不論薦者。

改大理寺丞，知虔州興國縣事。虔人素號難治，而邑之衣錦鄉尤爲稱首，自昔治之與他鄉異。前令欲以慘酷威之，盛冬使争者對立於庭，以雪埋及膝，而人益不服。公善告諭之，與他鄉一視，人遂信服。在邑幾二年，而獄空者歲餘。江西狡民善爲古券契，田訟最爲難辨，而虔尤甚。旁邑有争，積十餘歲不能決，部使者以委公。根連證佐，嚚然盈庭，公獨呼争者前訊之，不十數語，盡得其情，遂皆服。事決於頃刻之閒，人以爲神。

就移知龔州事。時宜州反獠歐希範既誅，鄉人忽傳其降，言當爲我南海立祠，於是迎其神以往。

自宜至龔，歷數州矣，莫之禁也。公使詰之，對曰：「過潯州，守以爲妖，投奉神之具于江中，逆流而上，守懼，乃更致禮。」公曰：「試再投之。」越人畏鬼，甚於畏官，皆莫敢前。公杖不奉命者，及投之，乃流去，人方信其爲妄。在州二歲，部使者未嘗入境。時潘師旦爲提點刑獄，最稱嚴察，一道慢畏，嘗過境上，以書謝公曰：「既聞清治，不須至也。」遷太子中舍。明堂覃恩，改殿中丞。代還在塗，而儂智高作亂，破州城，後守貸死羈置，人皆以公獲免爲積善之報。

授知徐州沛縣事。會久雨，平原出水，穀既不登，晚種不入，民無卒歲具。公謂：俟可耕而種，則時已過矣。乃募富家，得豆數千石以貸民，使布之水中，水未盡涸而甲已露矣。是年，遂不艱食。有丐於市者，自稱僧伽之弟，愚者相倡，爭遺金錢，公杖之而出諸境。

遷國子博士，賜緋魚袋。歸監在京西染院，遷尚書虞部員外郎，知鳳州事。鳳當川、蜀之衝，軺傳旁午，毁譽易得。爲守者相承，務豐厨傳，主吏多至破産。公裁減幾半，曰：「是足以爲禮，未爲薄也。」會漢中不稔，饑民自褒斜山谷而出。公教於路口爲糜粥以待之，所濟甚衆。

遷司門員外郎。丁崇國太夫人憂，服除，權判鴻臚寺。英宗嗣位，覃恩，遷庫部員外郎，知磁州事。磁城，趙簡子所築，東南隅水泉惡，灌濯亦不可用。居民安於久習，婦女晨出遠汲，不惟勞，且乏用，風俗以之弊。歷千餘歲，無爲慮者。公度城曲之地，曰：「此去滏水數步之近，漸漬既久，地脉當變矣。」穿二井，果美泉也，人甚賴之。時久雨，自河以北，城壘皆圯。公言於帥府，請發衆治之。帥不敢主，使聽命於朝。公請於朝者三，不報。蓋自北虜通好，未嘗發衆治城。時韓魏公秉政，使人諭公曰：「城壞，州當自治，何以請爲？」公曰：「役大，法不許擅興。且完舊，非創築，何害？」乃得請。後數月，始概命諸州治城。每歲春首，興役治河，民閒自秋成則爲之備，貧室尚患不及。是年，二役並興，人甚苦之。獨磁先已畢工，民得復營河役之用，又築於未凍之前，城得堅固。遷水部郎中。神宗卽位，覃恩，遷司門郎中。是歲，城中瓦屋及濠水上，冰澌盤屈，成花卉之狀，奇怪駭目，郡官皆以爲嘉瑞，請以上聞。公曰：「石晉之末嘗有此，朝廷豈不惡之？」衆皆服。

代還，知漢州事，遷庫部郎中。蜀俗輕浮，而公臨之以安靜。視事之翌日，上謝表，命園中取竹爲箭。衆吏持箭走白，殺青而文見於中，曰「君王萬歲」。公知其僞，不應，吏懼而退。中元節宴開元寺，蓋盛游也。酒方行，衆呼曰：「佛光見。」觀者相騰踐[一]，不可禁。公安坐不動，頃之乃定。大興州學，親視敦勉，士人從化者甚衆。漢守有園圃公田之入，素稱優厚，至者無不厚藏而歸。公始被命，親舊以其素貧，皆爲之喜。公擇而取之，終任所獲，布數百匹而已。

熙寧中，議行新法，州縣囂然，皆以爲不可，公未嘗深論也。及法出，爲守令者奉行惟恐後。成都一道，抗議指其有未便者，獨公一人。時李元瑜爲使者，挾朝廷勢，凌蔑州郡，沮公以爲妄議。公奏請不俟滿罷去，不報。乃移疾，乞授代，不復視事。

歸朝，願就閑局，得管勾西京嵩山崇福宮。歲滿再任，遷司農少卿。南郊恩，賜金紫。以年及七十，乞致仕。家貧口衆，仰禄以生，據禮引年，略不以生事爲慮，人皆服公勇決。兩經南郊恩，以子敍，遷中

[一]徐本、呂本「踐」作「踏」。

散大夫中大夫。今上卽位，覃恩，遷太中大夫，累封永年縣開國伯，食邑九百户，勳上柱國。元祐五年正月十三日，以疾終于西京國子監公舍。先居暖室，病革，命遷正寢，享年八十有五。太師文彦博，西京留守韓公縝，今左丞蘇公頌等九人，相繼以公清節言於朝。詔賜帛二百匹，仍命有司供其葬事。以四月十五日，葬於伊川先塋之次。

始少師厭五代、河北之多亂，徙葬少監於京兆之興平，將謀居醴泉；及貴，賜第於泰寧坊，遂再世居京師。嘉祐初，公卜葬祖考於伊川，始居河南。

公娶侯氏，贈尚書比部員外郎道濟之女，封壽安縣君；先公三十八年終，追封上谷郡君。男六人：長曰應昌，次曰天錫，皆幼亡；次曰顥，任承議郎宗正寺丞，先公五年卒；次頤也；次韓奴，次蠻奴，皆幼亡。女四人：長幼亡，次適奉禮郎席延年，次幼亡，次適都官郎中李正臣。

公孝於奉親，順於事長，慈於撫幼，寬於治民。一〔一〕歲喪母，祖母崔夫人撫愛異於他孫，嘗以漆鉢貯錢與之，公終身保藏其鉢，命子孫寶之。開府再娶崇國太夫人。時方八歲，已能親順顔色，崇國愛之如己出。奉養五十年，崇國未嘗形愠色。開府喜飲酒，公平生遇美酒，未嘗不思親。頤自垂髫至白首，不記其曾偶忘也。遇人與開府同年而生者，士人也無賢愚高下必拜之，賤者亦待之加禮。開府嘗從趙炎者貸錢五千，未償。公記其姓名，而不知其子孫鄉里，終身訪求，以不獲爲恨。

始公撫育諸孤弟，其長二人仕登朝省，二十餘年閒皆亡。長弟之子九歲，從弟之子十一歲，公復撫

〔一〕徐本、吕本「一」作「二」。

養，至於成長，畢其婚宦。育二孤皆再世，亦異事也。前後五得任子，以均諸父子孫。嫁遣孤女，必盡其力；所得俸錢，分贍親戚之貧者。伯母劉氏寡居，公奉養甚至。其女之夫死，公迎從女兄以歸，教養其子，均於子姪。既而女兄之女又寡，公懼女兄之悲思，又取甥女以歸，嫁之。時小官祿薄，克己爲義，人以爲難。後遇劉氏之族子於襄邑，偶詢其宗系，知姻家也。未幾劉生卒，其子立之纔七歲，公取歸教養，今登進士第，爲宣德郎矣。

公慈恕而剛斷。平居與幼賤語，惟恐有傷其意，至於犯義理，則不假也。左右使令之人，無日不察其飢飽寒煖。與人接，淡而有常。不妄交遊，於所信愛，久而益篤。在虔時，常假倅南安軍，一獄掾周惇實，年甚少，不爲守所知。公視其氣貌非常人，與語，果爲學知道者，因與爲友；及爲郎官，故事當舉代，每遷授，輒一薦之。

聞人有慶樂事，喜之如在己。不爲皎皎之行，平生不親附權勢，而請謁常禮，亦不廢也。至於親舊之貴顯者，既不與之加親，亦不示之疎遠，故賢者莫不敬愛，不賢者亦無敢慢。寓居黃陂時，主簿貪凶人也，常曰：「諺云明鏡爲醜婦之寃，君居此照我，何其不幸也！」遂頗自斂。有歐陽乾曜者，以才華自負，多肆輕傲，易公年少，常以語侵公，公如不聞。後公官嶺下，乾曜適倦道路，公以人船濟之。乾曜曰：「可謂汪汪如千頃之陂也。」南昌黃灝有高才，名動江表，然頗不羈，稠人廣坐，無所不狎侮。公時最少，獨見禮重，常目公曰：「長者無笑我。」自少時德度服人已如此。

居官臨事，孜孜不倦。歷守四郡，温恭待下，身率以清慎，所至，寮屬無有敢貪縱者。自朝廷行考課法，無歲不居上。平生居官，不以私事笞扑人。公之親愛者，常有所怒，堅請杖之，曰：「吏卒小人，不加以威，是使之慢也。」公曰：「當官用刑，蓋假手耳，豈可用於私也？」終不從。謙退不伐善，常欿然自不以爲足〔一〕；所能者，雖曲藝小事，人莫知也。平生所爲詩甚多，自謂非工，卽棄去；退休後所作，方稍編録，亦未嘗以示人也。

自少師以來，家傳清白，而公處己尤約。官至四品，奉養如寒士，縑素之衣，有二三十年不易者。終身非宴會不重肉。既謝事，遂屏朝衣。賓客來者，無貴賤見之，雖公相亦不往謝。方仕宦時，每歎曰：「我貧，未能舍禄仕。苟得早退，休閑十年，志願足矣。」自領崇福，外無職事，內不問家有無者，蓋二十餘年。居常默坐，人問：「静坐既久，寧無悶乎？」公笑曰：「吾無悶也。」家人欲其怡悦，每勸之出遊，時往親戚之家，或園亭佛舍，然公之樂不在此也。嘗從二子遊壽安山，爲詩曰：「藏拙歸來已十年，身心世事不相關。洛陽山水尋須遍，更有何人似我閑？」顧謂二子曰：「遊山之樂，猶不如静坐。」蓋亦非好也。晚與文潞公、席君從、司馬伯康爲同甲會，洛中圖畫，傳爲盛事。

年八十，喪長子，親舊以其慈愛素厚，憂不能堪；公以理自處，無過哀也。頤時未仕，闔門皇皇，不知所以爲生，公不以爲憂也。及頤被召，叨備勸講，人皆慶之，公無甚喜也。嘗有疾，召醫眂脈，曰：「無害。」公笑曰：「吾年至此矣，有害無害皆可也。」雖疾病，服藥必加巾。年七十，則自爲墓誌，紀履歷始終而已。書其後以戒子孫曰：「吾歷官十二任，享禄六十年，但知廉慎寬和，孜孜夙夜，無勳勞可以報國，

〔一〕徐本、呂本「不以爲足」作「以爲不足」。

無異政可以及民，始終得免瑕謫，爲幸多矣。葬日，切不用干求時賢，製撰銘誌，既無事實可紀，不免虛辭溢美，徒累不德；只用此文刻于石，向壁安置。若或少違遺命，是不以爲有知也。」不肖孤奉命不敢違，於葬既無銘，述家傳所記，不敢一辭溢美，取誣親之罪，承公志也。

上谷郡君家傳

先妣夫人姓侯氏，太原盂縣人，行第二。一作一。世爲河東大姓。曾祖元，祖暠，當五代之亂，以武勇聞。劉氏偏據日，錫土於烏河川，以控寇盜，亡其爵位。父道濟，始以儒學中科第，爲潤州丹徒縣令，贈尚書比部員外郎。母福昌縣太君刁氏。

夫人幼而聰悟過人，女功之事，無所不能，好讀書史，博知古今。丹徒君愛之過於子，每以政事問之，所言雅合其意，常歎曰：「恨汝非男子。」七八歲時，常教以古詩曰：「女人不夜出，夜出秉明燭。」自是日暮則不復出房閣。刁夫人素有風厥之疾，多夜作，不知人者久之，夫人涕泣扶侍，常連夕不寐。

年十九，歸于我公。事舅姑以孝謹稱，與先公相待如賓客。德容之盛，内外親戚無不敬愛。衆人遊觀之所，往往捨所觀而觀夫人。先公賴其内助，禮敬尤至；而夫人謙順自牧，雖小事未嘗專，必稟而後行。

仁恕寬厚，撫愛諸庶，不異己出。從叔幼孤，夫人存視，常均己子。治家有法，不嚴而整。不喜笞扑奴婢，視小臧獲如兒女。諸子或加呵責，必戒之曰：「貴賤雖殊，人則一也。汝如此大時，能爲此事否？」道路遺棄小兒，屢收養之。有小商，出未還而其妻死，兒女散，逐人去，惟幼者始三歲，人所不取，夫人懼其必死，使抱以歸。時聚族甚衆，人皆有不欲之色，乃別羅以食之。其父歸，謝曰：「幸蒙收養，得全其生，願以爲獻。」夫人曰：「我本以待汝歸，非欲之也。」好爲藥餌，以濟病者。大寒，有負炭而擊一作擊，一作繫。者過門，家人欲呼之。夫人勸止之曰：「慎勿爲此，勝則貧者困矣。」

先公凡有所怒，必爲之寬解，唯諸兒有過則不掩也。常曰：「子之所以不肖者，由母蔽其過而父不知也。」夫人男子六人，所存惟二，其愛慈可謂至矣，然於教之之道，不少假也。纔數歲，行而或踣，家人走前扶抱，恐其驚啼，夫人未嘗不呵責曰：「汝若安徐，寧至踣乎？」飲食常置之坐側，嘗食絮羹，皆叱止之，曰：「幼求稱欲，長當如何？」雖使令輩，不得以惡言罵之。故頤兄弟平生於飲食衣服無所擇，不能惡言罵人，非性然也，教之使然也。與人爭忿，雖直不右，曰：「患其不能屈，不患其不能伸。」及稍長，常使從善師友游；雖居貧，或欲延客，則喜而爲之具。其教女，常以曹大家女戒。

居常教告家人曰：「見人善，則當如己善，必共成之；視他物，當如己物，必加愛之。」先公罷尉廬陵，赴調，寓居歷陽。會叔父亦解掾毗陵，聚口甚衆，儲備不足，夫人經營轉易，得不困乏。先公歸，問其所爲，歎曰：「良轉運使才也。」所居之處，鄰婦里姥皆願爲之用，雖勞不怨。始寓丹陽，僦葛氏舍以居。守舍王氏翁姥庸狡，前後居者無不苦之。夫人待之有道，遂反柔良。及遷去，王姥涕戀不已。

夫人安於貧約，服用儉素，觀親族間紛華相尚，如無所見。少女方數歲，忽失所在，乳姥輩悲泣叫號。夫人罵止之，曰：「在當求得。苟亡失矣，汝如是，將何爲？」在廬陵時，公宇多怪，家人告曰：「物弄扇。」夫人曰：「熱爾。」又曰：「物擊鼓。」夫人曰：「有椎乎？可與之。」後家人不敢復言怪，怪亦不復有，遂獲安居。

夫人有知人之鑒。姜應明者，中神童第，人競觀之。夫人曰：「非遠器也。」後果以罪廢。頤兄弟幼時，夫人勉之讀書，因書綫貼上曰「我惜勤讀書兒」，又並書二行，曰「殿前及第程延壽」，先兄幼時名也；次曰「處士」。及先兄登第，頤以不才罷應科舉，方知夫人知之於童稚中矣。寶藏手澤，使後世子孫知夫人之精鑒。

夫人好文，而不爲辭章，見世之婦女以文章筆札傳於人者，深以爲非。平生所爲詩，不過三十篇，皆不存。獨記在歷陽時，先公覲親河朔，夜聞鳴鴈，嘗爲詩曰：「何處驚飛起？雝雝過草堂。早是愁無寐，忽聞意轉傷。良人沙塞外，羇妾守空房。欲寄迴文信，誰能付汝將？」讀史，見姦邪逆亂之事，常掩卷憤歎；見忠孝節義之士，則欽慕不已。嘗稱唐太宗得禦戎之道，其識慮高遠，有英雄之氣。夫人之弟可，世稱名儒，才智甚高，嘗自謂不如夫人。

夫人自少多病，好方餌修養之術，甚得其效。從先公官嶺外，偶迎涼露寢，遂中瘴癘。及北歸，道中病革，召醫視脉，曰可治。謂二子曰：「紿爾也。」未終前一日，命頤曰：「今日百五，爲我祀父母，明年不復祀矣。」夫人以景德元年甲辰十月十三一作二十二。日，生於太原；皇祐四年壬辰二月二十八日，終於江寧，享年四十九。始封壽安縣君，追封上谷郡君。

叔父朝奉墓誌銘

叔父名琥，字季聰，贈太子少師諱羽、清河郡太君張氏、襄陵郡太君賈氏之曾孫，尚書虞部員外郎諱希振、高密縣君崔氏之孫，贈開府儀同三司諱遹、榮國太夫人張氏、崇國太夫人張氏之子，先公太中之季弟。其上世居深州之博野，累代聚居，以孝義稱。至少師顯於朝，賜第京師，始居開封。先君葬祖考於伊川，遂遷河南。

公天性孝友淳質，不事文飾。幼孤，事崇國能竭其力。於宗族篤恩義，愛幼穉如己生。事伯兄丘嫂如父母。與人接，傾盡心腑，信人如己，屢致欺而不變。人多笑之，而好德者重之。

年四十五，始以伯兄太中恩，補郊社齋郎，調懷州修武縣主簿。秩滿，授權澤州端氏縣令，閱歲即真。用薦者，改大理寺丞，復四遷，至朝奉郎。積勳至上輕車都尉，賜服銀緋。歷河中府龍門、汝州襄城縣事，權管勾西京國子監，遂致官事。公當官竭力，不擇難易，盡心於愛人，故所至民愛之。嘗捕蝗，徒步執篲，爲衆人先，其不愛力皆此類。喜求民利病，力可行者行之，不能者言之上官，雖沮卻不恨。

年五十始有子，傷從兄無嗣，遂以繼之。先君六得任子恩，公與二子實居其三，則公之見愛於兄，與先君之厚於弟，可見矣。

娶賈氏，追封宜興縣君。繼室張氏，封壽光縣君。子二人：長曰頔，郊社齋郎，出繼從伯父後；次曰顒，太廟齋郎。女二人：長適承議郎劉立之，次適進士王霖。公生於天聖元年四月壬寅，終於紹聖四年六月乙酉，歷年七十有五。是年十月某日，葬於伊川，祔先塋。孤姪頤號泣而銘其穴曰：

孝於事親，順於事兄；質直而好義，勤瘁以奉公。家無間言，仕有善效；古之所謂躬行君子，公其是乎！歸全於斯，嗚呼！哀哉！

家世舊事

少師影帳畫侍婢二人：一曰鳳子，一曰宜子。頤幼時猶記伯祖母指其爲誰，今則無能識者。抱笏蒼頭曰福郎，家人傳曰，畫工呼使啜茶，視而寫之。福郎尋卒，人以爲畫殺。叔父七郎中影帳亦畫侍者二人：大者曰楚雲，小者曰僿一作賽。奴，未幾二人皆卒。由是家中益神其事。人壽短長有定數，豈畫能殺？蓋偶然爾。

成都寺院皆無高門限，傳云少師脚短，當時皆去之，至今猶不復用。

少師卜居醴泉，第舍卑狹。頤少時嘗到，宛然如舊，諸房門皆題誰居，先公太中所記也。後十年再到，則已爲四翁名逢堯。房子孫所賣，更易房室，不忍復觀矣。自少師貴顯，居京師，醴泉第宅，大評事諸孫居之，後遂分而賣之，先公未嘗問也。券契皆存，以其上有少師書字，故不忍毁去；然收藏甚密，家中子弟有未嘗見者。先公守鳳時，四翁問欲得宅否？先公答以叔有之與珦有之正同，當善守而已。又出一少師小印合示頤曰：「祖物也，可收之。」頤曰：「翁能保之足矣。」不敢受者，所以安其疑心也。又如太宗皇帝御書及少監真像皆在，亦未敢求見。不意纔數年，四翁卒，比再至醴泉，則散失盡矣。思之痛傷。後又二十年，頤到醴泉，改葬少師，始求得少監、段太君誥於三翁家，少師犀帶於長安太監簿家，少師緑玉枕於四翁女种家，鞍瓦於三翁家。

少師厭河北、五代兵戈，及宰醴泉，遂謀居焉，徙葬少監於縣城之西。既顯，雖賜第居京師，囊槖至於御書誥勑皆多在醴泉。從高祖、大評事、四評事，治生事皆淳儉嚴整，大評事家人未嘗見笑，惟長孫始生，長安虞部也。一老嫗白曰：「承旨將軍也。新婦生男。」微開顔曰：「善視之。」曾祖母崔夫人亦留醴泉，與從曾祖母雷氏將軍之室。奉事二叔舅〔一〕晨夕兢〔二〕畏，平居必曳長裙。烹飪少有失節則不食，拱手而起。二婦恐懼，不敢問所由，伺其食美，取所餘嘗之，然後知所嗜。太高祖母楊氏前卒，四高祖母李氏主内事，性尤嚴峻。二婦晝則供侍，夜復課以女工之事。雷氏不堪其勞，有問則泣於後庭，崔夫人每勸勉之，竟得羸疾而終，崔夫人怡怡如也，叔舅姑遂加愛之。後外祖崔駕部過雍，見其艱苦之甚，屬少師取至京師，不撤帷帳，盡置囊篋，云暫往省覲，叔舅姑方聽其來。少師之待兄弟，崔夫人之事叔舅姑，後世所當法也。

少師治醴泉，惠愛及人至深。其後諸房子弟既多，不無侵損於邑人，而邑人敬愛之不衰。有争忿者，及門則止，俟過而復争。小兒持盤賣果，爲族中羣兒奪取，啼而不敢較。嘉祐初，頤過邑，去少師時八十年矣。驢足病，呼醫治之，問知姓程，辭錢不受。昔時村婦多持香茶祈蠶於家，因掐取其土以乞

〔一〕徐本、吕本「舅」作「姑」。

〔二〕徐本、吕本「兢」作「敬」。

靈，後禁止之。

族父文簡公應舉來京師，館於廳旁書室，唯乘一驢，更無餘資，至則賣驢，得錢數千。伯祖殿直輕財好義，待族人甚厚，日責文簡公具酒肴，欲觀其器度。文簡公訴曰：「驢兒已喫至尾矣。」文簡公一夕夢紫衣持箱幞，其中若敕書，授之曰：「壽州陳氏。」不測所謂，以問伯祖殿直，亦莫能曉。後登科，有媒氏來告，有陳氏求壻，必欲得高第〔一〕者。問其鄉里，乃壽州人。文簡公年少才高，欲婚名家，弗許。伯祖曰：「爾夢如是，蓋默定矣，豈可違也？」强之使就，後累年猶怏怏。陳夫人賢德宜家，夫婦偕老，享封大國，子孫相繼，豈偶然哉？

叔祖寺丞有知人之鑒，常謂文簡公公輔之器。文簡公爲著作佐郎時，賈文元尚少，一日侍叔祖坐，曰：「某昨夜夢坐此，有一人乘驢而來，索紙寫門狀，復乘驢而去，坐中有一人指之曰，此將來宰相也。」頃之，文簡公乘驢而來，索紙寫門狀，復登驢而出〔二〕，正如所説之夢。賈文元曰：「程六當爲宰相。」歎羡不已。叔祖謂曰：「爾無羡彼，爾作相當在先。」及文簡公爲兩制，賈方小官；及參大政，風望傾朝，衆謂旦夕爰立，俄以事罷去，比三易藩郡，而賈已登庸，方拜使相。雖古之精於術者，無以過也。

叔祖寺丞年四十，謂家人曰：「吾明年死矣。」居數月，又指堂前屋曰：「吾去死，如隔此屋矣。」又數月指室中窗曰：「吾之死，止如隔此紙爾。」未幾而卒。叔祖多才藝。與人會射，發矢能如其意。常從主

〔一〕徐本「高第」作「科名」。
〔二〕呂本「出」作「去」。

人之後，主人中則亦中，主人遠則亦遠，不差尺寸。

伯祖殿直喜施，而與人周。一日苦寒，有儒生造門，卽持綿袴與之。其人大驚曰：「何以知我無袴也？」蓋於游從間，常察其不足也。至晚年，家資懸罄，而爲義不衰。有儒生以講說釀錢。時家無所有，偶伯祖母有珠子裝抹胸，賣得十三千，盡以與之。

明道先生宰晉城時，有富民張氏子，其父死未幾，晨起，有老父立於門外，問之，曰「我汝父也，今來就汝居」，具陳其由。張氏子驚疑莫測，相與詣縣，請辨之。老父曰：「業醫，遠出治疾，而妻生子，貧不能養，以與張氏。某年某月某日某人抱去，某人某人見之。」先生謂曰：「歲久矣，爾何記之詳也？」老父曰：「某歸而知之，則書於藥法策後」，因懷中取策進之。其所記曰：「某年月日，某人抱兒與張三翁家。」先生問張氏子曰：「爾年幾何？」曰：「三十六矣。」「爾父而在，年幾何？」曰：「七十六矣。」謂老父曰：「是子之生，其父年纔四十，已〔一〕謂之三翁乎？」老父驚駭服罪。

明道主簿上元時，謝師直爲江東轉運判官。師宰來省其兄，嘗從明道假公僕掘桑白皮。明道問之曰：「漕司役卒甚多，何爲不使？」曰：「本草說桑白皮出土見日者殺人。以伯淳所使人不欺，故假之爾。」師宰之相信如此。謝師直尹洛時，嘗談經與鄙意不合，因曰：「伯淳亦然。往在上元，某說春秋，猶時見取，至言易，則皆曰非是。」頤謂曰：「二君皆通易者也。監司談經，而主簿乃曰非是，監司不怒，主簿敢言，非通易能如是乎？」

〔一〕徐本、呂本「已」字上有「人」字。

改葬告少監文

維元祐六年辛未二月癸卯，玄孫右承議郎權司管勾西京國子監輕車都尉賜緋魚袋琉，謹遣姪頤就墳所，以酒肴之具，祭告于高祖少監、高祖母京兆太君段氏之靈。秦人之俗，以開發冢墓爲事。近年以來，大評事、四評事墓繼遭盜劫。少師墓亦嘗有穴，固不知完否。苟不完矣，理當改厝。幸而尚完，異日之禍，不得不慮。今將改葬少師，而遷公丘封，使後人不知墓之所在，以圖永安。謹具昭告，伏惟鑒饗！

祭席仁叟文

年月日，河南程頤謹以香醪致奠于亡姊夫奉禮郎席仁叟之靈。自我未冠，與君爲姻；游從嬉戲，不殊同隊之魚；情好恩義，無異一門之親。知吾心而丹誠相照，信吾道而白首逾新。仁叟晚年見信益篤。於聚散之間，尚不勝於悽慘；況死生之隔，何以喻其悲辛？昔我姊之云亡，望君舍而來奔，悼彼中途之夭逝，各懷哀憤以難伸。表情誠之不替，遂婚姻之重論。於是君之女以女於吾姪，我之息復歸於君門。敦契義之如是，豈淺薄之所存？何其降年不永，訃音遽聞！相去千里，徒增勞於魂夢；逮茲三稔，始獲展於丘墳。宿草雖久，予哀未泯。挈甥女以將歸，敍中懷而告違。清香一炷，芳醪一巵，君其饗之，當鑒我心之悲！

祭張子直文

妹夫故尚書虞部員外郎張君子直之靈。嗚呼！與君游從，歲踰一終〔一〕；情在睦姻，我於君而既厚；心存樂善，君於我而彌隆。會則盡合簪之歡，別則有索居之歎；信吾道而白首益堅，知余心而中懷靡間。君在洛南，我居畿甸；常爲命駕之約，方切離羣之戀。忽承置郵之書，重有婚姻之願；雖稚女之愛憐，感君心之勤眷。遽報諾音，曾未幾月；走介欻來，言君被疾。覩遺辭之甚遽，已驚皇而自失。走十舍之修途，冒如焚之赫日，始及近郊，已聞捐室。撫孤孀而長慟，痛死生之遂隔。

嗚呼子直！惟君之生，爲善是力；臨官政有慈惠幹濟之稱，居鄉里推謹厚淳和之德。謂所享之宜長，胡降衷之莫測？祐薄命短，人之所悲；母老子幼，禍兮何極？雖道路以猶〔二〕嗟，宜親朋之共惜。何君命之若斯，俾我心之重衋。羈旅之次，肴羞粗飾；惟君之靈，監斯誠而來格！

祭四十一郎文

叔父頤令昂具酒肴致祭于姪四十一郎之靈。嗚呼！乃祖乃父，世積慶善，而汝兄弟姊妹皆不克壽。天造差忒，至如是乎！惟汝資稟善和修謹，無子弟之過，期汝有成，而遽死耶？吾方以罪戾，竄縶

〔一〕呂本「終」作「紀」。

〔二〕呂本「猶」作「興」。

遠方，生不獲視汝疾，死不獲撫汝柩，寃痛之深，衷腸如割。吾知汝有未伸之志，抱無窮之恨，吾當致力，慰爾心於泉下。又汝婦盛年，自今當待之加厚，冀其安室。嗣子循良，今已可見，當教誨之，期於成立，則汝爲有後矣。此外吾無以致其力矣。嗚呼！吾將七十，望汝收我，而我反哭汝，天乎！寃哉！

祭李邦直文

嗚呼！惟公：世推文章，位登丞輔；簡編見其才華，廊廟存其步武，固不待誄而後知也。自與公別，于兹九年；既升沉之異迹，望履舄以無緣。惟期與公掛冠之後，居洛之濱，葛巾藜杖，日以相親。何志願之未諧，遂音容之永隔！追念平昔，悲辛填臆。嗚呼！哀哉！頤也少服公名，晚識公面；重以姻媾，始終異眷。感懷知遇，丹誠莫見；一慟靈筵，聊伸薄奠。

祭李通直文先生之壻。

嗚呼！余周流天下，閱人多矣，求其忠孝仁厚如子者幾希。宜得其壽，而遽死邪？余老矣，有賴於子，而反哭子，何其酷邪！薄奠致誠，尚其來饗！

遺文

放蝎頌見游氏本拾遺。

殺之則傷仁，放之則害義。

酌貪泉詩見劉立之敘述。

中心如自固，外物豈能遷？

書縣廳壁見龜山語錄。

視民如傷。

右明道先生文

易上下篇義見易傳後。

乾、坤，天地之道，陰陽之本，故爲上篇之首；坎、離，陰陽之成質，故爲上篇之終。咸、恆，夫婦之道，生育之本，故爲下篇之首；未濟，坎、離之合，既濟，坎、離之交，合而交則生物，陰陽之成功也，故爲下篇之終。二篇之卦既分，而後推其義以爲之次，序卦是也。

卦之分則以陰陽。陽盛者居上，陰盛者居下。所謂盛者，或以卦，或以爻。卦與爻取義有不同。如剥：以卦言，則陰長陽剥也；以爻言，則陽極於上，又一陽爲衆陰主也。如大壯：以卦言，則陽長而壯；以爻言，則陰盛於上，用各於其所，不相害也。

乾，父也，莫亢焉；坤，母也，非乾無與爲一無爲字。敵也。故卦有乾者居上篇，有坤者居下篇。而復陽生，臨陽長，觀陽盛，剥陽極，則雖有坤而居上；姤陰生，遯陰長，大壯陰盛，夬陰極，則雖有乾而居下。

其餘有乾者皆在上篇，泰、否、需、訟、小畜、履、同人、大有、无妄、大畜也。有坤而在上篇，皆一陽之卦也。卦五陰而一陽，則一陽爲之主，故一陽之卦皆在上篇，師、謙、豫、比、復、剥也。其餘有坤者皆在下篇，晉、明夷、萃、升也。卦一陰五陽者，皆有乾也，又陽衆而盛也，雖衆陽説於一陰，説之而已，非如一陽爲衆陰主也。王弼云「一陰爲之主」，非也。故一陰之卦皆在上篇，小畜、履、同人、大有也。

卦二陽者，有坤則居下篇；小過雖無坤，陰過之卦也，亦在下篇。其餘二陽之卦，皆一陽生於下而達於上，又二體皆陽，陽之盛也，皆在上篇，屯、蒙、頤、習坎也。陽生於下，謂震、坎在下。震，生於下也。坎，始於中也。達於上，謂一陽至一作在。上，或得正位也。生於下而上一作陽。達，陽之暢盛也。

陽生於下而不達於上，又陰衆而陽寡，復失正位，陽之弱也，震也，解也。上有陽而下無陽，無本也，艮也，蹇也。震、坎、艮，以卦言則陽也，以爻言則皆始變，微也。而震之上艮之下無陽，坎則陽陷，皆非盛也。唯習坎則陽上達矣，故爲盛卦。

二陰者，有乾則陽盛可知，需、訟、大畜、无妄也；無乾而爲盛者，大過也，離也。大過陽一有過字。盛於中，上下之陰弱矣。陽居上下，則綱紀於陰，頤是也。陰居上下，不能主制於陽而反弱也；必上下各二陰，中唯兩陽，然後爲勝，小過是也。大過、小過之名可見也。離則二體上下皆陽，陰實麗焉，陽之盛也。其餘二陰之卦，二體俱陰，陰盛也，皆在下篇，家人、睽、革、鼎、巽、兑、中孚也。

卦三陰三陽者敵也，則以義爲勝。陰陽尊卑之義，男女長少之序，天地之大經也。陽少於陰而居上，則爲勝。蠱，少陽居長陰上；賁，少男在中女上，皆陽盛也。坎雖陽卦，而陽爲陰所陷，弱也，又與陰卦重，陰盛也。故陰陽敵而有坎者，皆在下篇，困、井、涣、節、既濟、未濟也。

或曰：一體有坎，尚爲陽陷，二體皆坎，反爲陽盛，何也？曰：一體有坎，陽爲陰所陷，又重於陰也，二體皆坎，陽生於下而達於上，又二體皆陽，可謂盛矣。

男在女上，乃理之常，未爲盛也。若失正位而陰反居尊，則弱也。故恆、損、歸妹、豐皆在下篇。女在男上，陰之勝也。凡女居上者，皆在下篇，咸、益、漸、旅、困、涣、未濟也。唯隨與噬嗑，則男下女，非女勝男也。故隨之彖曰：「剛來而下柔。」噬嗑彖曰：「柔得中而上行。」長陽非少陰可敵，以長男下中少女，故爲下之。若長少敵，勢力侔，則陰在上爲陵，陽在下爲弱，咸、益之類是也。咸亦有下女之象，非以長下少也，乃二少相感一作感説。以相與，所以致陵也，故有利貞之誡。困雖女少於男，乃陽陷而爲陰揜，無相下之義也。

小過，二陽居四陰之中，則爲陰盛；中孚，二陰居四陽之中，而不爲陽盛，何也？曰：陽體實，中孚中虚也。然則頤中四陰不爲虚乎？曰：頤二體皆陽卦，而本末皆陽，盛之至也。中孚二體皆陰卦，上下各二陽，不成本末之象，以其中虚，故爲中孚，陰盛可知矣。

易序見性理羣書。

易之爲書，卦爻彖象之義備，而天地萬物之情見。聖人之憂天下來世，其至矣：先天下而開其物，後天下而成其務。是故極其數以定天下之象，著其象以定天下之吉凶。六十四卦，三百八十四爻，皆所以順性命之理，盡變化之道也。

散之在理，則有萬殊；統之在道，則無二致。所以「易有太極，是生兩儀。」太極者道也，兩儀者陰陽也。陰陽，一道也。太極，無極也。萬物之生，負陰而抱陽，莫不有太極，莫不有兩儀，絪緼交感，變化不窮。形一受其生，神一發其智，情僞出焉，萬緒起焉。

易，所以定吉凶而生大業。故易者陰陽之道也，卦者陰陽之物也，爻者陰陽之動也。卦雖不同，所同者奇耦；爻雖不同，所同者九六。是以六十四卦爲其體，三百八十四爻互爲其用。遠在六合之外，近在一身之中，暫於瞬息，微於動静，莫不有卦之象焉，莫不有爻之義焉。

至哉易乎！其道至大而無不包，其用至神而無不存。時固未始有一，而卦亦未始有定象；事固未始有窮，而爻亦未始有定位。以一時而索卦，則拘於無變，非易也。以一事而明爻，則窒而不通，非易也。知所謂卦爻彖象之義，而不知有卦爻彖象之用，亦非易也。故得之於精神之運，心術之動，與天地合其德，與日月合其明，與四時合其序，與鬼神合其吉凶，然後可以謂之知易也。雖然，易之有卦，易之已形者也；卦之有爻，卦之已見者也。已形已見者可以言知，未形未見者不可以名求。則所謂易者，果何如哉？此學者所當知也。

禮序同上。

禮經三百，威儀三千，皆出於性，非僞貌飾情也。鄙夫野人卒然加敬，逡巡遜卻而不敢受；三尺童子拱而趨市，暴夫悍卒莫敢狎焉。彼非素有於教與邀譽於人而然也，蓋其所有於性，物感而出者如此。故天尊地卑，禮固立矣；類聚羣分，禮固行矣。

人者，位乎天地之間，立乎萬物之上；天地與吾同體，萬物與吾同氣，尊卑分類，不設而彰。聖人循此，制爲冠、昏、喪、祭、朝、聘、射〔一〕、饗之禮，以行君臣、父子、兄弟、夫婦、朋友之義。其形而下者，具於飲食器服之用；其形而上者，極於無聲無臭之微；衆人勉之，賢人行之，聖人由之。故所以行其身與其家與其國與其天下，禮治則治，禮亂則亂，禮存則存，禮亡則亡。上自古始，下逮五季，質文不同，

〔一〕呂本「射」作「燕」。

罔不由是。然而世有損益，惟周爲備。是以夫子嘗曰：「郁郁乎文哉！吾從周。」逮其弊也，忠義之薄，情文之繁，林放有禮本之問，而孔子欲先進之從，蓋所以矯正反弊也。然豈禮之過哉？爲禮者之過也。

秦氏焚滅典籍，三代禮文大壞。漢興購書，禮記四十九篇「雜出諸儒傳記，不能悉得聖人之旨。考其文義，時有牴牾。然而其文繁，其義博。學者觀之，如適大通之肆，珠珍器帛隨其所取；如游阿房之宫，千門萬户隨其所入；博而約之，亦可以弗畔。蓋其説也，粗在應對進退之間，而精在道德性命之要；始於童幼之習，而終於聖人之歸。惟達於道者，然後能知其言；能知其言，然後能得於禮。然則禮之所以爲禮，其則不遠矣。昔者顏子之所從事，不出乎視聽言動之閒，而鄉黨之記孔子，多在於動容周旋之際，此學者所當致疑以思，致思以達也。

禘説見朱子文集。

禘其祖之所自出，始受姓者也；其祖配之，以始祖配也。文、武必以稷配，後世必以文王配。所出之祖無廟，於太祖之廟禘之而已。萬物本乎天，人本乎祖，故以所出之祖配天也。周之后稷生於姜嫄，姜嫄以上更推不去也。文、武之功起於后稷，故配天者須以后稷。嚴父莫大於配天，宗祀文王於明堂，以配上帝，帝卽天也。聚天之神而言之，則謂之上帝。此武王祀文王，推父以配上帝，須以父也。曰「昔者周公郊祀后稷以配天，宗祀文王於明堂以配上帝。」不曰武王者，以周之禮樂出於周公制作，故以其作禮樂者言之。猶言「魯之郊禘非禮，周公其衰」，是周公之法壞也。若是成王祭上帝，則須配以武王。配天之祖則不易，雖百世惟以后稷，配上帝則必以父。若宣王祭上帝，則亦以厲王。雖聖如堯、舜，不可以爲父；雖惡如幽、厲，不害其爲所生也。故祭法言「有虞氏宗堯」，非也。如此則須舜是堯之子。苟非其子，雖授舜以天下之重，不可謂之父也。如此，則是堯養舜以爲養男也，禪讓之事蔑然矣。

以始祖配天，須在冬至，一陽始生，萬物之始，祭用圜丘，器用陶匏藁秸，服用大裘。而祭宗祀九月，萬物之成，父者我之所自生，帝者生物之祖，故推以爲配，而祭於明堂也。本朝以太祖配於圜丘，以禰配於明堂，自介甫此議方正。先此祭五帝，又祭昊天上帝，并配者六位。自介甫議，惟祭昊天上帝，以禰配之。太祖而上，有僖、順、翼、宣。先嘗以僖祧之矣，介甫議以爲不當祧，順以下祧可也。何者？本朝推僖祖爲始，已上不可得而推也。或難以僖祖無功業，亦當祧。以是言之，則英雄以得天下自己力爲之，並不得與祖德。或謂：靈芝無根，醴泉無源，物豈有無本而生者？今日天下基本，蓋出於此人，安得爲無功業？故朝廷復立僖祖廟爲得禮。介甫所見，終是高於世俗之儒。

書銘見微言。

含其英，茹其實；精於思，貫於一。

與方元寀手帖見近思錄。

聖人之道，坦如大路，學者病不得其門耳，得其門，無遠之不可到也。求入其門，不由於經乎？今之治經者亦衆矣，然而買櫝還珠之蔽，人人皆是。經所以載道也，誦其言辭，解其訓詁，而不及道，乃無用之糟粕耳。覬足下由經以求道，勉之又勉，異日見卓爾有立於前，然後不知手之舞，足之蹈，不加勉而不能自止矣。按：朱子跋此帖有二，其一有應舉耕田之語，又嘗得先生年廿五時與方氏帖，惜皆不可見，姑記朱語〔一〕云。

謝執政書見張繹師說。

公知射乎？有人執弓于此，發而多中，人皆以爲善射矣。一日，使羿立於其傍，道之以彀率之法。不從，羿且怒而去矣；從之，則戾其故習而失多中之功。一作巧。故不若處羿於無事之地，則羿得盡其言，而用舍羿不恤也。頤才非羿也，然聞羿之道矣，慮其害公之多中也。

謝傅者伯壽手謁見朱子文集。

頤謹詣行館拜謝長官秘書。十月日，河南程頤狀。

〔一〕徐本、吕本「語」作「説」。

答晁以道書見呂氏雜志。

頤與堯夫同里巷居三十年餘，世間事無所不論，惟未嘗一字及數耳。

與橫渠簡見朱子語類。

堯夫説易好，今夜試來聽他説看。一作「説先天圖甚有理，可試往聽他説看。」

答謝良佐書見微言。

族子至愚，無足責；故人素厚，不敢疑。孟子既知天，安用尤臧氏？○又楊遵道錄，但是問答，不云有書。

寄范淳夫書同上

丞相久留，左右所助。一意正道者，實在原明耳。

右伊川先生文

傳聞續記此記係取朱子名臣言行錄及邵氏易學辨惑所載，以補遺書、外書之未備。若夫他書，豈無附見，然未敢必信，故不復取云。

一日，二程先生侍太中公，訪康節於天津之廬。康節攜酒，飲月陂上，歡甚，語其平生學術出處之大致。明日，明道悵然謂門生周純明一作甫。曰：「昨從堯夫先生游，聽其論議，振古之豪傑也。惜其無所用於世。」純明曰：「所言何如？」明道曰：「内聖外王之道也。」是日，康節有詩，明道和之，今各見集中。聞見録。

右二先生語

李文定公爲舉子時，從种放明逸先生學。將試京師，攜明逸書見柳開仲塗，以文卷爲贄，與謁俱入。久之，仲塗出，曰：「讀君之文，須沐浴乃敢見。」因留之門下。一日，仲塗自出題，令文定與其諸子及門下客同賦。賦成，驚曰：「君必魁天下，爲宰相。」令門下客與諸子拜之，曰：「異日無忘也。」及文定爲宰相，仲塗門下客有柳某者，文定命長子東之娶其女，不忘仲塗之言也。文定所擬賦題不傳。如王沂公曾，初作有物混成賦，識者知其決爲宰相。蓋所養所學，發爲言辭者，可以觀矣。程明道先生爲伯温云。聞見録。

神宗欲用温公，召知許州令過闕上殿。方下詔，謂監察御史裏行程顥曰：「朕召司馬光，卿度光來否？」顥對曰：「陛下能用其言，光必來；不能用其言，光必不來。」帝曰：「未論用其言，如光者常在左右，人主自可無過。」公果辭召命。同上。

熙寧十年春，吕申公起知河陽，河南尹賈公昌衡率温公、程伯淳餞於福先寺上東院，康節以疾不赴。明日，伯淳語康節曰：「君實與晦叔席上各辯論出處不已，顥以詩解之。」云云。同上。

陳左司瓘曰：「范公淳夫嘗論顏子不遷怒不貳過，惟伯淳能之。」予問公曰：「伯淳誰也？」公默然久之，曰：「不知有程伯淳邪？」予謝曰：「生長東南，實未知也。」予常以寡陋自愧。了翁之子正由云：「了翁自是每得明道先生之文，必冠帶然後讀之。」范太史遺事。

右明道先生語

曹彬攻金陵，垂克，忽稱疾不視事。諸將皆來問疾，彬曰：「余之病非藥石所愈。惟須諸公共發誠心，自誓以克城之日，不妄殺一人，則自愈矣。」諸將許諾，共焚香爲誓。明日稍愈。及克金陵，城中皆按堵如故。曹翰克江州，忿其久不下，屠戮無遺。彬之子孫貴盛，至今不絶。翰卒不三十年，子孫有乞丐於海上者矣。程頤云。涑水記聞。

程伊川曰：「凡從安定先生學者，其醇厚和易之氣，望之可知也。」聞見録

或問伊川，量可學否？曰：「可。學進則識進，識進則量進。」曰：「如魏公可學否？」曰：「魏公是閒氣。」胡氏傳家録。

異時，伊川同朱公掞訪先君，先君留之飲酒，因以論道。伊川指面前食卓曰：「此卓安在地上，不知天地安在甚處？」先君爲之極論天地萬物之理，以及六合之外。伊川歎曰：「平生唯見周茂叔論至此，然不及先生之有條理也。」易學辯惑。

伊川又同張子堅來，方春時，先君率同遊天門街看花。伊川辭曰：「平生未嘗看花。」先君曰：「庸何傷乎？物物皆有至理。吾儕看花，異於常人，自可以觀造化之妙。」伊川曰：「如是則願從先生遊。」

同上。

先君病且革，伊川曰：「先生至此，他人無以致力，願先生自主張。」先君曰：「平生學道，固知此矣，然亦無可主張。」伊川猶相問難不已。先君戲之曰：「正叔可謂生薑樹頭生，必是生薑樹頭死也。」伊川曰：「從此與先生永訣矣，更有可以見告者乎？」先君聲氣已微，舉張兩手以示之。伊川曰：「何謂也？」先君曰：「面前路徑，須常令寬。路徑窄，則自無著身處，況能使人行也？」同上。

右伊川先生語

附　録

晦菴辯論胡本錯誤書南軒語附

近略到城中，歸方數日。見平父，示近聞承寄聲存問，感感。但所論二先生集，則愚意不能無疑。伯逢主張家學，固應如此，熹不敢議。所不可解者，以老兄之聰明博識，欽夫之造詣精深，而不曉此，此可怪耳。

若此書是文定所著，卽須依文定本爲正。今此乃是二先生集，但彼中本偶出文定家。文定當時，亦只是據所傳録之本。雖文定，蓋不能保其無一字之訛也。今別得善本，復加補綴，乃是文定所欲聞。文定復生，亦無嫌閒。不知二兄何苦尚爾依違也？此閒所用二本，固不能盡善，亦有灼然却是此閒本誤者，當時更不曾寫去，但只是平氣虚心，看得義理通處，便當從之。豈可肚裏先横却一箇胡文定，後不復信道理邪？

如定性書及明道敍述、上富公與謝帥書中，删却數十字，及辭官表倒却次序，易傳序改沿爲泝，祭文改姪爲猶子之類，皆非本文，必是文定删改。熹看得此數處，有無甚害者，但亦可惜改却本文，蓋本文自不害義理故也，敍述及富謝書是也。有曲爲回互，而反失事實，害義理者，辭表是也。曲爲回互，便是私意害義理矣。惟定性書首尾雖非切要之辭，然明道謂橫渠實父表弟。聞道雖有先後，然不應以聞道之故，傲其父兄如此。語録説二先生與學者語有不合處，明道則曰「更有商量」，伊川則直云「不是」。明道氣象如此，與今所删之書，氣象類乎？不類乎？且文定答學者書，雖有不合，亦甚宛轉，不至如此無含畜，況明道乎？今如此删去，不過是減得數十箇閑字，而壞却一箇從容和樂底大體氣象。恐文定亦是偶然一時意思，欲直截發明向上事，更不暇照管此等處。或是當時未見全本，亦不可知。今豈可曲意徇〔一〕從邪？

向見李先生本，出龜山家，猶雜以游察院之文。比訪得游集，乃知其誤，以白先生。先生歎息曰：「此書所自來，可謂端的，猶有此誤，況其他又可盡信邪？」只此便是虚己從善，公平正大之心。本亦不是難事，但今人先著一箇私意，横在肚裏，便見此等事爲難及耳。

又「猶子」二字，前論未盡。禮記云：「喪服兄弟之子猶子也。」言人爲兄弟之子喪服猶己之子，非所施於平時也。況猶字本亦不是稱呼，只是記禮者之辭。如下文「嫂叔之無服，姑姊妹之薄也」，今豈可沿此遂謂嫂爲「無服」，而名姑姊妹以「薄」乎？古人固不謂兄弟之子爲姪，然亦無云猶子者。但云兄之子，弟之子，孫亦曰兄孫耳。二先生非不知此，然猶從俗稱姪者，蓋亦無害於義理也。此等處，文定既得以一時己見，改易二程本文，今人乃不得據相傳别本，改正文定所改之未安處，此何理邪？

又明道論王霸劄子等數篇，胡本亦無。乃此間録去，有所脱誤，非文定之失。伊川上仁廟書，此間

〔一〕吕本「徇」作「苟」。

本無，後來乃是用欽夫元寄胡家本校，亦脱兩句。此非以他人本改文定本，乃是印本自不曾依得文定本耳。似此之類，恐是全不曾參照，只見人來說自家刻得文字多錯，校得不精，便一切逆拒之，幾何而不爲訑訑之聲音顔色，拒人於千里之外乎？

夫樂聞過，勇遷善，有大於此者，猶將有望於兩兄。不意只此一小事，便直如此，殊失所望。然則區區所以劇論不置者，正恐此私意根株，消磨不去，隨事滋長，爲害不細，亦不專爲二先生之文也。

如必以胡氏之書一字不可改易，則又請以一事明之。集中與呂與叔論中書注云：「子居，和叔之子。」胡氏編語録時，意其爲邢恕之子，遂削此注，直於正文「子居」之上，加一邢字。頃疑呂氏亦有和叔，因以書問欽夫。答云：「嘗問之邢氏，果無子居者。」以此例之，則胡氏之書，亦豈能一無繆誤？乃欲不問是非，一切從之乎？況此乃文字閒舛誤，與其本原節目處，初無所妨，何必一一遵之而不敢改乎？近以文定當立祠於鄉郡説，應求、邦彦二公皆指其小節疑之，魏元履至爲扼腕。今二兄欲尊師之，而又守其尤小節處，以爲不可改，是文定有所謂大者，終不見知於當世也。此等處，非特二先生之文之不幸，亦文定之不幸耳。今既用官錢刊一部書，却全不睹是，只守却胡家錯本文字，以爲至當，可謂直截不成議論，恐文定之心却須該遍流通，決不如是之陋也。若説文定決然主張此書，以爲天下後世必當依此，卽與王介甫主張三經字説何異？作是説者，却是謗文定矣。設使微似有此，亦是克未盡底己私，所謂賢者之過。橫渠所謂其不善者共改之，正所望於後學，不當守己殘而妒道真，使其遺風餘弊波蕩於末流也。程子嘗言：人之爲學，其失在於自主張太過。橫渠猶戒以自處太重，無復以來天下之善。今觀二兄主張此事，得無近此？聖賢稽衆舍己，兼聽並觀之意，似不然也。胡子知言亦云：「學欲約，不欲陋。」此得無近於陋邪？如云當於他處別刊，此尤是不情悠悠之說，與月攘一雞何異？非小生所敢聞也。每恨此道衰微，邪說昌熾，舉世無可告語者。望二兄於千里之外，蓋不翅飢渴之於飲食，乃不知主意如此偏枯。若得從容賓客之後，終日正言，又不知所以不合者復幾何耳。欽夫尊兄，不及別狀，所欲言者，不過如此，幸爲呈似。所言或不中理，却望指教，熹却不敢憚改也。向所録去數紙，合改處當時極費心力，又且勞煩，衆人意以爲必依此改正，故此間更無別本，今既不用，切勿毁棄，千萬盡爲收拾，便中寄來，當什襲藏之，以俟後世耳。向求數十本，欲遍遺朋友，今亦不須寄來，熹不敢以此等錯本文字誤朋友也。天寒手凍，作字不成，不能傾竭懷抱，惟加察而恕其狂妄可也。朱子與劉共父。

昨見共父家問，以爲二先生集中誤字，老兄以爲嘗經文定之手，更不可改，愚意未曉所謂。夫文定固有不可改者，如尊君父，攘夷狄，討亂臣，誅賊子之大倫大法，雖聖賢復出，不能改也。若文字之訛，安知非當時所傳亦有未盡善者，而未得善本以正之歟？至所特改數處，竊以義理求之，恐亦不若先生舊文之善。若如老兄所論，則是伊川所謂「昔所未逮，今不得復作，前所未安，後不得復正」者，又將起於今日矣。已作共父書詳言之，復此具稟。更望虛心平氣，去彼我之嫌，而專以義理求之，則於取舍從違之閒，知所處矣。

道術衰微，俗學淺陋極矣。振起之任，平日深於吾兄望之。忽聞此論，大以爲憂。若每事自主張如此，則必無好閒察言之理，將來任事，必有不滿人意處，而其流風餘弊，又將傳於後學，非適一時之害也。只如近世諸先達，聞道固有淺深，涵養固有厚薄，擴充運用固有廣狹，然亦不能不各有偏倚處，但公吾心以玩其氣象，自見有當矯革處，不可以火濟火，以水濟水，而益其疾也。

熹聞道雖晚，賴老兄提掖之賜，今幸略窺彷彿。然於此不能無疑，不敢自鄙外於明哲，故敢控瀝，一盡所言。不審尊意以爲如何？其詳則又具於共父書中，幸取而並觀之，無怪其詞之太直也。與張欽夫。

「不先天而開人，各因時而立政。」胡本天作時。欽夫云：「作天字大害事。」愚謂此言先天，與文言之先天不同。文言之云先天後天，乃是左右參贊之意，如左傳云實先後之意，思却在中間，正合天運，不差毫髮，所謂啐啄同時也。此序所云先天，却是天時未至，而妄以私意先之，若耕穫菑畬之類耳。兩先天，文同而意不同。先天先時却初不異，但上言天，下言人，上言時，下言政，於文爲協耳。

「窺聖人之用心。」胡本無心字。欽夫云：「著心字亦大害事，請深思之。」愚謂孟子云：「堯、舜之治天下，豈無所用其心哉？」言用心，莫亦無害於理否？並同上。

稱姪固未安，稱猶子亦不典。按禮有從祖從父之名，則亦當有從子從孫之目矣。以此爲稱，似稍穩當。慮偶及此，因以求教，非敢復議改先生之文也。

與富公及謝帥書，全篇反復，無非義理，卒章之言，止是直言義理之效，感應之常。如易六十四卦，無非言吉凶禍福；書四十八篇，無非言災祥成敗；詩之雅、頌，極陳福禄壽考之盛，以歆動其君而告戒之者，尤不爲少。卷阿尤著。孟子最不言利，然對梁王亦曰：「未有仁義而遺後其君親者。」答宋牼亦曰：「然而不王者，未之有也。」此豈以利害動之哉？但人自以私心計之，便以爲利。故不肖者則起貪欲之心，賢者則有嫌避之意，所趣雖殊，然其處心之私則一也。若夫聖賢以大公至正之心，出大公至正之言，原始要終，莫非至理，又何嫌疑之可避哉？若使先生全篇主意專用此説，則誠害理矣。向所見教同行異情之説，於此亦可見矣。

春秋序兩處，觀其語脈文勢，似熹所據之本爲是。先天二字，卷中論之已詳，莫無害於理否？理既無害，文意又協，何爲而不可從也？「聖人之用」下，著心字語意方足，尤見親切主宰處，下文所謂「得其意」者是也。不能窺其用心，則其用豈易言哉？故得其意，然後能法其用，語序然也。其精微曲折，蓋有不苟然者矣。若謂用心非所以言聖人，則孟子、易傳中言聖人之用心者多矣。蓋人之用處，無不是心，自聖人至於下愚一也。但所以用之者有精粗邪正之不同，故有聖賢下愚之别。不可謂聖人全不用心，又不可謂聖人無心可用，但其用也，妙異乎常人之用耳。然又須知卽心卽用，非有是心而又有用之者也。别紙。

伏蒙垂諭，向論程集之誤，定性書、辭官表兩處，已蒙收録，其他亦多見納用。此見高明擇善而從，初無適莫，而小人向者妄發之過也。然所謂不必改，不當改者，反復求之，又似未能不惑於心，輒復條陳，以丐指喻。

夫所謂不必改者，豈以爲文句之閒小小同異，無所繫於義理之得失，而不必改邪？熹所論出於己意，則用此説可也。今此乃是集諸本而證之，按其舊文，然後刊正。雖或不能一一盡同，亦是類會數説，而求其文勢語脈所趨之便。除所謂疑當作某一例之外，未嘗敢妄以意更定一點畫也。此其合於先生當日本文無疑。今若有尊敬重正而不敢忽易之心，則當一循其舊，不容復有毫髮苟且遷就於其閒，乃爲盡善。惟其不爾，故字義迂晦者，必承誤彊説而後通；如遵誤作尊，今便彊説爲尊其所聞之類是也。語句刓闕者，須以意屬讀然後備。如嘗食絮羹叱止之，無皆字則不成文之類是也。此等，不惟於文字有害，反求諸心，則隱微之閒，得無未免於自欺邪？

且如吾輩秉筆書事，唯務明白，其肯故舍所宜用之字，而更用他字，使人彊説而後通邪？其肯故爲刓闕之句，使人屬讀而後備邪？人情不大相遠，有以知其必不然矣。改之，不過印本字數稀密不勻，不爲觀美，而他無所害。然則胡爲而不改也？卷子内如此處，已悉用朱圈其上，復以上呈。然所未圈者，似亦不無可取，方執筆時，不能不小有嫌避之私，故不能盡此心。今人又來督書，不容再閲矣，更乞詳之可也。

所謂不當改者，豈謂富謝書、春秋序之屬，而書中所喻沿泝猶子二説，又不當改之尤者邪？以熹觀之，所謂尤不當改者，乃所以爲尤當改也。大抵熹之愚意，止是不欲專輒改易前賢文字，稍存謙退敬讓之心耳。若聖賢成書，稍有不愜己意處，便率情奮筆，恣行塗改，恐此氣象，亦自不佳。蓋雖所改盡善，猶啟末流輕肆自大之弊，況未必盡善乎？伊川先生嘗語學者，病其於己之言有所不合，則置不復思，所以終不能同也。楊迪及門二書見集。今熹觀此等改字處，竊恐先生之意，尚有不可不思者，而改者未之思也。蓋非特己不之思，又使後人不復得見先生手筆之本文，雖欲思之以達於先生之意，亦不可得，此其爲害，豈不甚哉？

夫以言乎己，則失其恭敬退讓之心，以言乎人，則啟其輕肆妄作之弊；以言乎先生之意，則恐猶有未盡者，而絕人之思。姑無問其所改之得失，而以是三者論之，其不可已曉然矣。

老兄試思：前聖入太廟，每事問，存餼羊，謹闕文，述而不作，信而好古，深戒不知而作，教人多聞闕疑之心爲如何；而視今日紛更專輒之意象，又爲如何。審此，則於此宜亦無待乎熹之言而決。且知熹之所以再三冒瀆，責其所不樂聞者，豈好己之說勝，得已而不已者哉？

熹請復論沿泝猶子之說，以實前議。夫改沿爲泝之說，熹亦竊聞之矣。如此曉破，不爲無力。然所以不可改者：蓋先生之言垂世已久，此字又無大害義理，若不以文辭害其指意，則只爲沿字，而以因字尋字循字之屬訓之，於文似無所害，而意亦頗寬舒。必欲改爲泝字，雖不無一至之得，然其氣象卻殊迫急，似有彊探力取之弊。疑先生所以不用此字之意，或出於此。不然，夫豈不知沿泝之別而有此謬哉？蓋古書沿字，亦不皆爲順流而下之字也。荀子云：「反鉛察之。」注云：「鉛與沿同，循也。」惜乎當時莫或疑而扣之，以祛後人之惑；後之疑者，又不能闕而遽改之。是以先生之意終已不明，而舉世之人亦莫之思也。

大抵古書有未安處，隨事論著，使人知之可矣；若遽改之以沒其實，則安知其果無未盡之意邪？漢儒釋經，有欲改易處，但云某當作某，後世猶或非之，況遽改乎？且非特漢儒而已。孔子刪書，「血流漂杵」之文，因而不改，孟子繼之，亦曰：「吾於武成取二三策而已。」終不刊去此文，以從己意之便也。然熹又竊料改此字者當時之意，亦但欲使人知有此意，未必不若孟子之於武成，但後人崇信太過，便憑此語，塗改舊文，自爲失耳。

愚竊以爲此字決當從舊，尤所當改。若老兄必欲存之，以見泝字之有力，則請正文只作沿字，而注其下云，某人云：「沿當作泝。」不則云，胡本沿作泝。不則但云或人可也。如此兩存，使讀者知用力之方，改者無專輒之咎，而先生之微音餘韻，後世尚有默而識之者，豈不兩全其道而無所傷乎？

猶子之稱，謂不當改，亦所未喻。蓋來教但云姪止是相沿稱之，而未見其害義，不可稱之，意云稱猶子尚庶幾焉，亦未見其所以庶幾之説，是以愚瞢未能卒曉。然以書傳考之，則亦有所自來。蓋爾雅云：女子謂兄弟之子爲姪，注引左氏姪其從姑以釋之，而反復考尋，終不言男子謂兄弟之子爲何也。以漢書考之，二疏乃今世所謂叔姪，而傳以父子稱之，則是古人直謂之子，雖漢人猶然也。蓋古人淳質，不以爲嫌，故如是稱之，自以爲安。降及後世，則心有以爲不可不辨者，於是假其所以自名於姑者而稱焉。雖非古制，然亦得别嫌明微之意；而伯父叔父與夫所謂姑者，又皆吾父之同氣也，亦何害於親親之義哉？今若欲從古，則直稱子而已。若且從俗，則伊川、横渠二先生者皆嘗稱之。伊川嘗言「禮從宜，使從俗有大害義理處，則須改之。」夫以其言如此，而猶稱姪云者，是必以爲無大害於義理故也。故其遺文出於其家，而其子序之以行於世，舉無所謂猶子云者，而胡本特然稱之，是必出於家庭之所筆削無疑也。若日何故他處不改，蓋有不可改者，如祭文則有對偶之類是也。若以稱姪爲非，而改之爲是，亦當存其舊文，而附以新意，况本無害理而可遽改之乎？今所改者出於檀弓之文，而彼文止爲喪服兄弟之子與己子同，故曰「兄弟之子猶子也」，與下文「嫂叔之無服也，姑姊妹之薄也」之文同耳，豈以爲親屬之定名哉？猶卽如也，其義繫於上文，不可殊絶明矣。若單稱之，卽與世俗歇後之語無異。若平居假借稱之，猶之可也，豈可指爲親屬之定名乎？若必以爲是，則自我作古，别爲一家之俗，夫亦孰能止之？似不必强挽前達，使之同己，以起後世之惑也。故愚於此，亦以爲尤所當改，以從其舊者。若必欲改之，則請亦用前例，正文作姪，注云胡本作猶子。則亦可矣。

春秋序、富謝書，其説略具卷中。不知是否，更欲細論以求可否。此人行速，屢來督書，不暇及矣。若猶以爲疑，則亦且注其下云，元本有某某若干字。庶幾讀者既見當時言意之實，又不揜後賢删削之功，其他亦多類此。幸賜詳觀，卽見區區。非有偏主必勝之私，但欲此集早成完書，不悮後學耳。計老兄之意，豈異於此？但恐見理太明，故於文意瑣細之閒，不無闊略之處，用心太剛，故於一時意見所安，必欲主張到底，所以紛紛未能卒定。如熹則淺暗遲鈍，一生在文義上做窠窟，苟所見未明，實不敢妄爲主宰，農馬智專，所以於此等處不敢便承誨諭，而不自知其僭易也。伏惟少賜寬假，使得盡愚。將來改定新本，便中幸白共父寄兩本來，容更參定箋注求教。所以欲兩本者，蓋欲留得一本作底，以備後復有所稽考也。儻蒙矜恕，不録其過而留聽焉，不勝幸甚幸甚。同上。

右明道先生遺文九篇。長沙學官既刻二先生文集，後三年，新安朱熹復以此寄栻，云得之玉山汪應辰，敬以授教授何蘊，俾嗣刻之。乾道己丑四月朔，廣漢張栻謹書。南軒書明道先生遺文後。

河南二程先生文集，憲使楊公已鋟板三山學官。遺書、外書則庾司舊有之，乙未之火，與他書俱燬不存。諸書雖未能復，是書胡可緩？師耕承乏此來，亟將故本易以大字，與文集爲一體，刻之後圃明教堂。賴吾同志相與校訂，視舊加密，二先生之書於是乎全。旹淳祐丙午古汴趙師耕書。麻沙本後序。

程氏遺書，長沙本最善，而字頗小，閲歲之久，板已漫漶。教授王君湜出示五羊本，參校既精，大字亦便觀覽，然無外書。襲之乃模鋟于春陵郡庫，又取長沙所刊外書附刻焉。願與同志者共學。淳祐六年立秋日，東川李襲之謹題。春陵本後序。

右河南程氏遺書、外書俱出程門弟子手記，考亭朱夫子家藏，類訪旁搜，先後次第爲此，世所刊本，無不同者。獨二先生文集出胡文定公家，頗有改削，如定性書及明道行述、上富公與謝帥書中删却數十字，辭官表之顛倒次第，易傳序之改沿爲泝，祭文之改姪爲猶子。劉、張二公以是本刻之長沙，考亭定其所當改者數紙，與共父劉帥書，及與南軒張子屢書，凜然承舛習訛、末流波蕩之爲懼，而卒亦莫之從也。今所傳文集，大率潭本，是固不能無餘論矣。臨川譚善心元之早讀二書，慮其傳本浸少，悉爲刻棗，而於文集復加詳審，與蜀郡虞槃叔常往復討論，以復乎考亭所改之舊，且注劉、張本異同於其下，其餘遺文，凡集所未録者，各以類附焉。至若伊川經説，其目見近思録，其書見時氏本，特易傳止繫辭上篇，春秋傳止魯桓九年，書解止「舜格于文祖」，詩解止「四方以無拂」，論語解止「吾從下」，恨多誤字，不敢臆決。惟易繫取呂氏精義所編，春秋傳取尹氏纂集所補，以舊板本審校先刊，而他書則俟求善本，讎校續刻。此其爲意，固將以集程氏書文之全，明程、朱授受之正，稽之往哲而不悖，傳之來裔而亡窮。觀此書者，如挹座春而立門雪，俱非苟然爲之也。嗚乎！元之之用心，亦可謂勤也已。裝褫成帙，家學人誦，謹緝大意，書于左方。至治二年壬戌之秋，七月既望，臨川後學鄒次陳謹識。

周、二程、張、邵書，余以晁昭德讀書志校之：周子通書一卷，明道中庸解一卷，程氏易十卷，書説一卷，詩説兩卷，論語説十卷，孟子解十四卷，伊川集二十卷，程氏雜説十卷，張子正蒙書十卷，漁樵對問一卷，信聞紀一卷，孟子解十四卷，易説十卷，春秋説一卷，橫渠崇文集十卷，邵子皇極經世十二卷，觀物篇六卷，擊壤集二十卷，凡十九部，一百五十四卷。所謂程氏雜説十卷者，疑卽朱子所謂諸公各自爲書，散出並行之一者也。而遺書所録，不見其目，朱子因其先人舊藏，益以類訪，爲遺書二十五卷，又爲外書十二卷，益多雜説數倍，而雜説固不傳。合晁氏所記，與今所傳讀，蓋可考矣。然今所傳本，皆家藏故書，數十年前所刻，就令刻板具在，意且漫漶廢棄不少矣。清廟雅樂，姑以備數，而鄭、衞之聲，人爭愛之，則此日少而彼日多者，亦其勢然也。近年始有新刊邵子書聞風而起者，或誚爲迂闊，且笑之。宜黄譚善心，同邑傅君友諒之門人也，奮然不顧，取二程遺書、文集刻之，且將考訂程氏經説，以次鋟木。槃託中表之好，乃得預聞其説，喜其事之有成，而學者得以傳讀先儒之遺文而不倦，其卓然之見，良有可取，故題其後，以勉同志之士云。蜀郡後學虞槃。

理學叢書

二程集

下册

〔宋〕程顥 程頤 著
王孝魚 點校

易傳序

易，變易也，隨時變易以從道也。其爲書也，廣大悉備，將以順性命之理，通幽明之故，盡事物之情，而示開物成務之道也。聖人之憂患後世，可謂至矣。去古雖遠，遺經尚存。然而前儒失意以傳言，後學誦言而忘味。自秦而下，蓋無傳矣。予生千一有餘字。載之後，悼斯文之湮晦，將俾後人沿一作泝。流而求源，此傳所以作也。

易有聖人之道四焉：「以言者尚其辭，以動者尚其變，以制器者尚其象，以卜筮者尚其占。」吉凶消長之理，進退存亡之道，備於辭。推辭考卦，可以知變，象與占在其中矣。君子居則觀其象而玩其辭，動則觀其變而玩其占。得於辭，不達其意者有矣；未有不得於辭而能通其意者也。至微者理也，至著者象也。體用一源，顯微無閒。觀會通以行其典禮，則辭無所不備。故善學者，求言必自近。易於近者，非知言者也。予所傳者辭也，由辭以得其一無其字。意，則在一作存。乎人焉。有宋元符二年己卯正月庚申，河南程頤正叔序〔一〕。

〔一〕徐本「序」上有「謹」字。

易序

易之爲書，卦爻彖象之義備，而天地萬物之情見。聖人之憂天下來世，其至矣：先天下而開其物，後天下而成其務。是故極其數以定天下之象，著其象以定天下之吉凶。六十四卦，三百八十四爻，皆所以順性命之理，盡變化之道也。

散之在理，則有萬殊；統之在道，則無二致。所以「易有太極，是生兩儀。」太極者道也，兩儀者陰陽也。陰陽，一道也。太極，無極也。萬物之生，負陰而抱陽，莫不有太極，莫不有兩儀，絪緼交感，變化不窮。形一受其生，神一發其智，情僞出焉，萬緒起焉。

易所以定吉凶而生大業。故易者陰陽之道也，卦者陰陽之物也，爻者陰陽之動也。卦雖不同，所同者奇耦；爻雖不同，所同者九六。是以六十四卦爲其體，三百八十四爻互爲其用。遠在六合之外，近在一身之中，暫於瞬息，微於動靜，莫不有卦之象焉，莫不有爻之義焉。

至哉易乎！其道至大而無不包，其用至神而無不存。時固未始有一，而卦亦未始有定象；事固未始有窮，而爻亦未始有定位。以一時而索卦，則拘於無變，非易也。以一事而明爻，則窒而不通，非易也。知所謂卦爻彖象之義，而不知有卦爻彖象之用，亦非易也。故得之於精神之運，心術之動，與天地合其德，與日月合其明，與四時合其序，與鬼神合其吉凶，然後可以謂之知易也。

雖然，易之有卦，易之已形者也；卦之有爻，卦之已見者也。已形已見者可以言知，未形未見者不可以名求。則所謂易者，果何如哉？此學者所當知也。

上下篇義〔一〕

乾、坤，天地之道，陰陽之本，故爲上篇之首；坎、離，陰陽之成質，故爲上篇之終。咸、恆，夫婦之道，生育之本，故爲下篇之首；未濟，坎、離之合，既濟，坎、離之交，合而交則生物，陰陽之成功也，故爲下篇之終。二篇之卦既分，而後推其義以爲之次〔二〕，序卦是也。

卦之分則以陰陽。陽盛者居上，陰盛者居下。所謂盛者，或以卦，或以爻。卦與爻取義有不同。如剥：以卦言，則陰長陽剥也；以爻言，則陽極於上，又一陽爲衆陰主也。如大壯：以卦言，則陽長而壯；以爻言，則陰盛於上，用各於其所，不相害也。

乾，父也，莫亢焉；坤，母也，非乾無與爲一無爲字。敵也。故卦有乾者居上篇，有坤者居下篇。而復陽生，臨陽長，觀陽盛，剥陽極，則雖有坤而居上；姤陰生，遯陰長，大壯陰盛，夬陰極，則雖有乾而居下。

其餘有乾者皆在上篇，泰、否、需、訟、小畜、履、同人、大有、无妄、大畜也。有坤而在上篇，皆一陽之卦也。卦五陰而一陽，則一陽爲之主，故一陽之卦皆在上篇，師、謙、豫、比、復、剥也。

〔一〕徐本題目作「易上下篇義」。
〔二〕宋本「以爲之次」作「而爲之次」。

其餘有坤者皆在下篇，晉、明夷、萃、升也。卦一陰五陽者，皆有乾也，又陽衆而盛也，雖衆陽說於一陰，說之而已，非如一陽爲衆陰主也。王弼云「一陰爲之主」，非也。故一陰之卦皆在上篇，小畜、履、同人、大有也。

卦二陽者，有坤則居下篇；小過雖無坤，陰過之卦也，亦在下篇。其餘二陽之卦，皆一陽生於下而達於上，又二體皆陽，陽之盛也，皆在上篇，屯、蒙、頤、習坎也。陽生於下，謂震、坎在下。震，生於下也。坎，始於中也。達於上，謂一陽至一作在。上，或得正位也。生於下而上一作陽〔一〕。達，陽暢之盛也〔二〕。陽生於下而不達於上，又陰衆而陽寡，復失正位，陽之弱也，震也，解也。上有陽而下無陽，無本也，艮也，蹇也。震、坎、艮，以卦言則陽也，以爻言則皆始變，微也。而震之上艮之下無陽，坎則陽陷，皆非盛也。惟習坎則陽上達矣，故爲盛卦。

二陰者，有乾則陽盛可知，需、訟、大畜、无妄也；無乾而爲盛者，大過也，離也。大過陽一有過字。盛於中，上下之陰弱矣。陽居上下，則綱紀於陰，頤是也。陰居上下，不能主制於陽而反弱也；必上下各二陰，中惟兩陽，然後爲勝，小過是也。大過、小過之名可見也〔三〕。離則二體上下皆陽，陰實麗焉，陽之盛也。其餘二陰之卦，二體俱陰，陰盛也，皆在下篇，家人、睽、革、鼎、巽、兌、中孚也。

〔一〕徐本「陽」作「暢」。
〔二〕徐本此句作「陽之暢盛也」。
〔三〕徐本「也」作「矣」。

卦三陰三陽者敵也，則以義爲勝。陰陽尊卑之義，男女長少之序，天地之大經也。陽少於陰而居上，則爲勝。蠱，少陽居長陰上；賁，少男在中女上，皆陽盛也。坎雖陽卦，而陽爲陰所陷，弱〔一〕也，又與陰卦重，陰盛也。故陰陽敵而有坎者，皆在下篇，困、井、渙、節、既濟、未濟也。

或曰：一體有坎，尚爲陽陷，二體皆坎，反爲陽盛，何也？曰：一體有坎，陽爲陰所陷，又重於陰也；二體皆坎，陽生於下而達於上，又二體皆陽，可謂盛矣。

男在女上，乃理之常，未爲盛也。若失正位而陰反居尊，則弱也。故恆、損、歸妹、豐皆在下篇。女在男上，陰之勝也。凡女居上者，皆在下篇，咸、益、漸、旅、困、渙、未濟也。唯隨與噬嗑，則男下女，非女勝男也。故隨之彖曰：「剛來而下柔。」噬嗑彖曰：「柔得中而上行。」長陽非少陰可敵，以長男下中少女，故爲下之。若長少敵，勢力侔，則陰在上爲陵，陽在下爲弱，咸、益之類是也。咸亦有下女之象，非以長下少也，乃二少相感一作感說。以相與，所以致陵也，故有利貞之誡。困雖女少於男，乃陽陷而爲陰揜，無相下之義也。

小過，二陽居四陰之中，則爲陰盛；中孚，二陰居四陽之中，而不爲陽盛，何也？曰：陽體實，中孚中虛也。然則頤中四陰不爲虛乎？曰：頤二體皆陽卦，而本末皆陽，盛之至也。中孚二體皆陰卦，上下各二陽，不成本末之象，以其中虛，故爲中孚，陰盛可知矣〔二〕。

〔一〕宋本、呂本「弱」作「溺」，屬上爲句。

〔二〕徐本「矣」作「也」。

周易程氏傳卷第一

周易上經上

☰☰乾下乾上

乾：元，亨，利，貞。

上古聖人始畫八卦，三才之道備矣。因而重之，以盡天下之變，故六畫而成卦。重乾爲乾。乾，天也。天者天之形體，乾者天之性情。乾，健也，健而无息之謂乾。夫天，專言之則道也，天且弗違是也；分而言之，則以形體謂之天，以主宰謂之帝，以功用謂之鬼神，以妙用謂之神，以性情謂之乾。乾者萬物之始，故爲天，爲陽，爲父，爲君。元亨利貞謂之四德。元者萬物之始，亨者萬物之長，利者萬物之遂，貞者萬物之成。惟乾坤有此四德，在他卦則隨事而變焉。故元專爲善大，利主於正固，亨貞之體，各稱其事。四德之義，廣矣大矣。

初九，潛龍勿用。

下爻爲初。九，陽數之盛，故以名陽爻。理无形也，故假象以顯義。乾以龍爲象。龍之爲物，靈變不測，故以象乾道變化，陽氣消息，聖人進退。初九在一卦之下，爲始物之端，陽氣方萌。聖人側微，若龍之潛隱，未可自用，當晦養以俟時。

九二，見龍在田，利見大人。

田，地上也。出見於地上，其德已著。以聖人言之，舜之田漁時也。利見大德之君，以行其道。君亦利見大德之臣，以共成其功。天下利見大德之人，以被其澤。大德之君，九五也。乾坤純體，不分剛柔，而以同德相應。

九三，君子終日乾乾，夕惕若，厲，无咎。

三雖人位，已在下體之上，未離於下而尊顯者也。舜之玄德升聞時也。日夕不懈而兢惕，則雖處危地而无咎。在下之人而君德已著，天下將歸之，其危懼可知。雖言聖人事，苟不設戒，則何以爲教？作易之義也。

九四，或躍在淵，无咎。

淵，龍之所安也。或，疑辭，謂非必也。躍不躍，惟及時以就安耳。聖人之動，無不時也。舜之歷試，時也。

九五，飛龍在天，利見大人。

進位乎天位也。聖人既得天位，則利見在下大德之人，與共成天下之事。天下固利見夫大德之君也。

上九，亢龍，有悔。

九五者，位之極中正者。得時之極，過此則亢矣。上九至於亢極，故有悔也。有過則有悔。唯聖人知進退存亡而无過，則不至於悔也。

用九，見羣龍，无首，吉。

用九者，處乾剛之道，以陽居乾體，純乎剛者也。剛柔相濟爲中，而乃以純剛，是過乎剛也。見羣龍，謂觀諸陽之義，无爲首則吉也。以剛爲天下先，凶之道也。

彖曰：大哉乾元！萬物資始乃統天。

雲行雨施，品物流形。

大明終始，六位時成，時乘六龍以御天。

乾道變化，各正性命，保合太和，乃利貞。

首出庶物，萬國咸寧。

卦下之辭爲彖。夫子從而釋之，通謂之彖。彖者，言一卦之義。故知者觀其彖辭，則思過半矣。大哉乾元，贊乾元始萬物之道大也。四德之元，猶五常之仁，偏言則一事，專言則包四者。萬物資始乃統天，言元也。乾元統言天之道也。天道始萬物〔一〕，物資始於天也。雲行雨施，品物流形，言亨也。天道運行，生育萬物也。大明天道之終始，則見卦之六位，各以時成。卦之初終，乃天道終始。乘此六爻之時，乃天運也。以御天，謂以當天運。乾道變化，生育萬物，洪纖高下，各以其類，各正性

〔一〕覆元本「物」下小注：「一更有萬字。」

命也。天所賦爲命，物所受爲性。保合太和乃利貞，保謂常存，合謂常和，保合太和，是以利且貞也。天地之道，常久而不已者，保合太和也。天爲萬物之祖，王爲萬邦之宗。乾道首出庶物而萬彙亨，君道尊臨天位而四海從。王者體天之道，則萬國咸寧也。

象曰：天行健，君子以自彊不息。

卦下象解一卦之象，爻下象解一爻之象。諸卦皆取象以爲法。乾道覆育之象至大，非聖人莫能體，欲人皆可取法也，故取其行健而已，至健固足以見天道也。君子以自彊不息，法天行之健也。

潛龍勿用，陽在下也。

陽氣在下，君子處微，未可用也。

見龍在田，德施普也。

見於地上，德化及物，其施已普也。

終日乾乾，反復道也。

進退動息，必以道也。

或躍在淵，進无咎也。

量可而進，適其時則无咎也。

飛龍在天，大人造也。

大人之爲，聖人之事也。

亢龍有悔，盈不可久也。

盈則變，有悔也。

用九，天德不可爲首也。

用九，天德也。天德陽剛，復用剛而好先，則過矣。

文言曰：元者善之長也，亨者嘉之會也，利者義之和也，貞者事之幹也。

他卦，彖、象而已，獨乾、坤更設文言以發明其義，推乾之道，施於人事。元亨利貞，乾之四德，在人則元者衆善之首也，亨者嘉美之會也，利者和合於義也，貞者幹事之用也。

君子體仁足以長人，

體法於乾之仁，乃爲君長之道，足以長人也。體仁，體元也。比而效之謂之體。

嘉會足以合禮，

得會通之嘉，乃合於禮也。不合禮則非理，豈得爲嘉？非理安有亨乎？

利物足以和義，

和於義乃能利物。豈有不得其宜，而能利物者乎？

貞固足以幹事。

貞一作正。固所以能幹事也。

君子行此四德者，故曰乾元亨利貞。

行此四德，乃合於乾也。

初九曰潛龍勿用，何謂也？子曰：龍德而隱者也。不易乎世，不成乎名，遯世无悶，不見是而无悶，樂則行之，憂則違之，確乎其不可拔，潛龍也。

自此以下，言乾之用，用九之道也。初九陽之微，龍德之潛隱，乃聖賢之在側陋也。守其道，不隨世而變；晦其行，不求知於時。自信自樂，見可而動，知難而避，其守堅不可奪，潛龍之德也。

九二曰見龍在田，利見大人，何謂也？子曰：龍德而正中者也，庸言之信，庸行之謹，閑邪存其誠，善世而不伐，德博而化。易曰見龍在田，利見大人，君德也。

以龍德而處正中者也。在卦之正中，爲得正中之義。庸信庸謹，造次必於是也。既處无過之地，則唯在閑邪。邪既閑，則誠存矣。善世而不伐，不有其善也。德博而化，正己而物正也。皆大人之事，雖非君位，君之德也。

九三曰君子終日乾乾，夕惕若，厲，无咎，何謂也？子曰：君子進德修業。忠信，所以進德也；脩辭立其誠，所以居業也。知至至之，可與幾也；知終終之，可與存義也。是故居上位而不驕，在下位而不憂，故乾乾因其時而惕，雖危无咎矣。

三居下之上，而君德已著，將何爲哉？唯進德脩業而已。內積忠信，所以進德也。擇言篤志，所以居業也。知至至之，致知也。求知所至而後一無後字。至之，知之在先，故可與幾，所謂「始條理者知之事也」。知終終之，力行也。既知所終，則力進而終之，守之在後，故可與存義，所謂「終條理者聖之事也」。此學之始終也。君子之學如是，故知處上下之道而无驕憂，不懈而知懼，雖在危地而无咎也。

九四曰或躍在淵，无咎，何謂也？子曰：上下无常，非爲邪也。進退无恆，非離羣也。君子進德脩業，欲及時也，故无咎。

或躍或處，上下无常；或進或退，去就從宜。非爲邪枉，非離羣類，進德脩業，欲及時耳。時行時止，不可恆也，故云或。深淵者，龍之所安也。在淵謂躍就所安。淵在深而言躍，但取進就所安之義。或，疑辭，隨時而未可必也。君子之順時，猶影之隨形，可離非道也。

九五曰飛龍在天，利見大人，何謂也？子曰：同聲相應，同氣相求，水流溼，火就燥，雲從龍，風從虎，聖人作而萬物覩。本乎天者親上，本乎地者親下，則各從其類也。

人之與聖人，類也。五以龍德升尊位，人之類莫不歸仰，況同德乎？上應於下，下從於上，同聲相應，同氣相求也。流溼就燥，從龍從虎，皆以氣類，故聖人作而萬物皆覩。上既見下，下亦見上。物，人也，古語云人物物論，謂人也。易中「利見大人」，其言則同，義則有異。如訟之利見大人，謂宜見大德中正之人，則其辯明，言在見前。乾之二五，則聖人既出，上下相見，共成其事，所利者見大人也，言在見後。本乎天者，如日月星辰。本乎地者，如蟲獸草木。陰陽各從其類，人物莫不然也。

上九曰亢龍有悔，何謂也？子曰：貴而无位，高而无民，賢人在下位而无輔，是以動而有悔也。

九居上而不當尊位，是以无民无輔，動則有悔也。

潛龍勿用，下也。

此以下言乾之時。勿用，以在下未可用也。

見龍在田，時舍也。

隨時而止也。

終日乾乾，行事也。

進德脩業也。

或躍在淵，自試也。

隨時自用也。

飛龍在天，上治也。

得位而行上之治也。

亢龍有悔，窮之災也。

窮極而災至也。

乾元用九，天下治也。

用九之道，天與聖人同，得其用則天下治也。

潛龍勿用，陽氣潛藏。

此以下言乾之義。方陽微潛藏之時，君子亦當晦隱，未可用也。

見龍在田，天下文明。

龍德見於地上，則天下見其文明之化也。一作見其文明而化之。

終日乾乾，與時偕行。

隨時而進也。

或躍在淵，乾道乃革。

離下位而升上位，上下革矣。

飛龍在天，乃位乎天德。

正位乎上，位當天德。

亢龍有悔，與時偕極。

時既極，則處時者亦極矣。

乾元用九，乃見天則。

用九之道，天之則也。天之法則謂天道也。或問：乾之六爻皆聖人之事乎？曰：盡其道者聖人也。得失則吉凶存焉，豈特乾哉？諸卦皆然也。

乾元者，始而亨者也；

又反覆詳説以盡其義。既始則必亨，不亨則息矣。

利貞者，性情也。

乾之性情也。既始而亨，非利貞其能不息乎？

乾始能以美利利天下，不言所利，大矣哉！

乾始之道，能使庶類生成，天下蒙其美利，而不言所利者，蓋无所不利，非可指名也。故贊其利之大曰，大矣哉。

大哉乾乎！剛、健，中、正，純、粹，精也。

六爻發揮，旁通情也。

時乘六龍，以御天也。雲行雨施，天下平也。

大哉，贊乾道之大也。以剛、健、中、正、純、粹六者，形容乾道。精謂六者之精極。以六爻發揮旁通，盡其情義。乘六爻之時以當天運，則天之功用著矣。故見〔一〕雲行雨施，陰陽溥暢，天下和平之道也。

君子以成德爲行，日可見之行也。潛之爲言也，隱而未見，行而未成，是以君子弗用也。

德之成，其事可見者行也。德成而後可施於用。初方潛隱未見，其行未成。未成，未著也，是以君子弗一作勿。用也。

君子學以聚之，問以辯之，寬以居之，仁以行之。易曰：「見龍在田，利見大人。」君

〔一〕覆元本「見」下小注：「一作曰。」

德也。

聖人在下，雖已顯而未得位，則進德脩業而已。學、聚、問、辨，進德也。寬居、仁行，脩業也。君德已著，利見大人，而進以行之耳。進居其位者，舜、禹也。進行其道者，伊、傅也。

九三重剛而不中，上不在天，下不在田，故乾乾因其時而惕，雖危无咎矣。

三重剛，剛之盛也。過中而居下之上，上未至於天，而下已離於田，危懼之地也。因時順處，乾乾兢惕以防危，故雖危而不至於咎。君子順時兢惕，所以能泰也。

九四重剛而不中，上不在天，下不在田，中不在人，故或之。或之者，疑之也，故无咎。

四不在天，不在田而出人之上矣，危地也。疑者未決之辭。處非可必也，或進或退，唯所安耳，所以无咎也。

夫大人者，與天地合其德，與日月合其明，與四時合其序，與鬼神合其吉凶，先天而天弗違，後天而奉天時。天且弗違，而況於人乎？況於鬼神乎？

大人與天地日月四時鬼神合者，合乎道也。天地者道也，鬼神者造化之迹也。聖人先於天而天同之，後於天而能順天者，合於道而已。合於道，則人與鬼神豈能違也？

亢之爲言也，知進而不知退，知存而不知亡，知得而不知喪。其唯聖人乎！知進退存亡而不失其正者，其唯聖人乎！

極之甚爲亢。至於亢者，不知進退存亡得喪之理也。聖人則知而處之，皆不失其正，故不至於亢也。

䷁坤下坤上

坤：元，亨，利，牝馬之貞。

坤，乾之對也。四德同，而貞體則異。乾以剛固爲貞，坤則[一]柔順而[二]貞。牝馬柔順而健行，故取其象曰牝馬之貞。

君子有攸往，

君子所行柔順而利且貞，合坤德也。

先迷，後得，主利。

陰，從陽者也，待倡而和。陰而先陽，則爲迷錯，居後乃得其常也。主利，利萬物則主於坤，生成皆地之功也。臣道亦然，君令臣行，勞於事者臣之職也。

西南得朋，東北喪朋，安貞，吉。

西南陰方，東北陽方。陰必從陽，離喪其朋類，乃能成化育之功，而有安貞之吉。得其常則安，安於常則貞，是以吉也。

彖曰：至哉坤元！萬物資生，乃順承天。

[一]覆元本「則」下小注：「一作以。」

[二]覆元本「而」下小注：「一作爲。」

坤厚載物，德合无疆；

資生之道，可謂大矣。乾既稱大，故坤稱至。至義差緩，不若大之盛也。聖人於尊卑之辨，謹嚴如此。萬物資乾以始，資坤以生，父母之道也。順承天施，以成其功，坤之厚德，持載萬物，合於乾之无疆也。

含弘光大，品物咸亨。

牝馬地類，行地无疆；柔順利貞，君子攸行。

以含、弘、光、大四者形容坤道，猶乾之剛、健、中、正、純、粹也。含，包容也。弘，寬裕也。光，昭明也。大，博厚也。有此四者，故能成承天之功，品物咸得亨遂。取牝馬爲象者，以其柔順而健行，地之類也。行地无疆，謂健也。乾健坤順，坤亦健乎？曰：非健何以配乾？未有乾行而坤止也。其動也剛，不害其爲柔也。柔順而利貞，乃坤德也，君子之所行也。君子之道合坤德也。

先迷失道，後順得常。西南得朋，乃與類行；東北喪朋，乃終有慶。

安貞之吉，應地无疆。

乾之用，陽之爲也。坤之用，陰之爲也。形而上曰天地之道，形而下曰陰陽之功。先迷後得以下，言陰道也。先倡則迷失陰道，後和則順而得其常理。西南陰方，從其類，得朋也。東北陽方，離其類，喪朋也。離其類而從陽，則能成生物之功，終有吉慶也。與類行者本也，從於陽者用也。陰體柔躁，故從於陽則能安貞而吉，應地道之无疆也。陰而不安貞，豈能應地之道？彖有三无疆，蓋不同也。

「德合无疆」，天之不已也。「應地无疆」，地之无窮也。「行地无疆」，馬之健行也。

象曰：地勢坤，君子以厚德載物。

坤道之大猶乾也，非聖人孰能體之？地厚而其勢順傾，故取其順厚之象，而云地勢坤也。君子觀坤厚之象，以深厚之德，容載庶物。

初六，履霜，堅冰至。

陰爻稱六，陰之盛也。八則陽生矣，非純盛也。陰始生於下，至微也。聖人於陰之始生，以其將長，則爲之戒。陰之始凝而爲霜，履霜則當知陰漸盛而至堅冰矣。猶小人始雖甚微，不可使長，長則至於盛也。

象曰：履霜堅冰，陰始凝也；馴致其道，至堅冰也。

陰始凝而爲霜，漸盛則至於堅冰。一有也字。小人雖微，長則漸至於盛，故戒於初。馴謂習，習而至於盛，習因循也。

六二，直、方、大，不習无不利。

二，陰位在下，故爲坤之主，統言坤道中正在下，地之道也。以直方大三者形容其德用，盡地之道矣。由直、方、大，故不習而无所不利。不習謂其自然，在坤道則莫之爲而爲也，在聖人則從容中道也。直、方、大，孟子所謂至大至剛以直也。在坤體，故以方易剛，猶貞加牝馬也。言氣，則先大。大，氣之體也。於坤，則先直方，由直方而大也。直方大足以盡地道，在人識之耳。乾坤純體，以位相應。

二，坤之主，故不取五應，不以君道處五也。乾則二五相應。

象曰：六二之動，直以方也。不習无不利，地道光也。

承天而動，直以方耳，直方則大矣。直方之義，其大无窮，地道光顯，其功順成。豈習而後利哉？

六三，含章可貞，或從王事，无成有終。

三居下之上，得位者也。爲臣之道，當含晦其章美，有善則歸之於君，乃可常而得正。上无忌惡之心，下得柔順之道也。可貞謂可貞固守之，又可以常久而无悔咎〔一〕也。或從上之事，不敢當其成功，惟奉事以守其終耳。守職以終其事，臣之道也。

象曰：含章可貞，以時發也。

夫子懼人之守文而不達義也，又從而明之：言爲臣處下之道，不當有其功善，必含晦其美，乃正而可常；然義所當爲者，則以時而發，不有其功耳。不失其宜，乃以時也，非含藏終不爲也。含而不爲，不盡忠者也。

或從王事，知光大也。

象只舉上句解義，則并及下文，他卦皆然。或從王事，而能无成有終者，是其知之光大也。唯其知之光大，故能含晦。淺暗之人有善唯恐人之不知，豈能含章也？

〔一〕覆元本「咎」下小注：「一作吝。」

六四，括囊无咎，无譽。

四居近五之位，而无相得之義，乃上下閉〔一〕隔之時。其自處以正，危疑之地也。若晦藏其知，如括結囊口而不露，則可得无咎，不然則有害也。既晦藏，則无譽矣。

象曰：括囊无咎，慎不害也。

能慎如此，則无害也。

六五，黄裳元吉。

坤雖臣道，五實君位，故爲之戒云，黄裳元吉。黄，中色。裳，下服。守中而居下，則元吉，謂守其分也。元，大而善也。爻象唯言守中居下則元吉，不盡發其義也。黄裳既元吉，則居尊爲天下大凶可知。後之人未達，則此義晦矣，不得不辨也。五，尊位也。在他卦，六居五，或爲柔順，或爲文明，或爲暗弱；在坤，則爲居尊位。陰者臣道也，婦道也。臣居尊位，羿、莽是也，猶可言也。婦居尊位，女媧氏、武氏是也，非常之變，不可言也，故有黄裳之戒而不盡言也。或疑在革，湯、武之事猶盡言之，獨於此不言，何也？曰：廢興，理之常也；以陰居尊位，非常之變也。

象曰：黄裳元吉，文在中也。

黄中之文，在中不過也。內積至美而居下，故爲元吉。

上六，龍戰于野，其血玄黄。

〔一〕覆元本「閉」作「間」。

陰從陽者也，然盛極則抗而爭。六既極矣，復進不已，則必戰，故云戰于野。野謂進至於外也。既敵矣，必皆傷，故其血玄黃。

象曰：龍戰于野，其道窮也。

陰盛至於窮極，則必爭而傷也。

用六，利永貞。

坤之用六，猶乾之用九，用陰之道也。陰道柔而難常，故用六之道，利在常永貞固。

象曰：用六永貞，以大終也。

陰既貞固不足，則不能永終。故用六之道，利在盛大於終，能大於終，乃永貞也。

文言曰：坤至柔而動也剛，至靜而德方。

後得主而有常，

含萬物而化光。

坤道其順乎！承天而時行。

坤道至柔，而其動則剛；坤體至靜，而其德則方。動剛故應乾不違，德方故生物有常。陰之道不倡而和，故居後爲得，而主利成萬物，坤之常也。含容萬類，其功化光大也。主字下脱利字。坤道其順乎，承天而時行，承天之施，行不違時，贊坤道之順也。

積善之家，必有餘慶；積不善之家，必有餘殃。臣弑其君，子弑其父，非一朝一夕之故，其所由來者漸矣，由辯之不早辯也。易曰：履霜，堅冰至，蓋言順也。

天下之事，未有不由積而成。家之所積者善，則福慶及於子孫；所積不善，則災殃流於後世。其大至於弒逆之禍，皆因積累而至，非朝夕所能成也。明者則知漸不可長，小積成大，辯之於早，不使順長，故天下之惡无由而成，乃知霜冰之戒也。霜而至於冰，小惡而至於大，皆事勢之順長也。

直其正也，方其義也。君子敬以直內，義以方外，敬義立而德不孤。直、方、大，不習无不利，則不疑其所行也。

直言其正也，方言其義也。君子主敬以直其內，守義以方其外。敬立而〔一〕內直，義形而外方。義形於外，非在外也。敬義既立，其德盛矣，不期大而大矣，德不孤也。无所用而不周，无所施而不利，孰爲疑乎？

陰雖有美，含之以從王事，弗敢成也。地道也，妻道也，臣道也。地道无成而代有終也。

爲下之道，不居其功，含晦其章美，以從王事，代上以終其事而不敢有其成功也。猶地道代天終物而成功，則主於天也。妻道亦然。

天地變化草木蕃。天地閉，賢人隱。易曰：「括囊无咎无譽。」蓋言謹也。

四居上，近君而无相得之義，故爲隔絕之象。天地交感，則變化萬物，草木蕃盛。君臣相際而道亨。

〔一〕覆元本此句兩「而」字下小注：「一作則。」

天地閉隔，則萬物不遂。君臣道絶，賢者隱遯。四於閉隔之時，括囊晦藏，則雖无令譽，可得无咎，言當謹自守也。

君子黄中通理，

正位居體，

美在其中，而暢於四支，發於事業，美之至也。

黄中，文居中也。君子文中而達於理，居正位而不失爲下之體。五，尊位，在坤則惟取中正之義。美積於中，而通暢於四體，發見於事業，德美之至盛也。

陰疑於陽必戰，爲其嫌於无陽也，故稱龍焉；猶未離其類也，故稱血焉。夫玄黄者，天地之雜也。天玄而地黄。

陽大陰小，陰必從陽。陰既盛極，與陽偕矣，是疑於陽也。不相從則必戰。卦雖純陰，恐疑无陽，故稱龍，見其與陽戰也。于野，進不已而至於外也。盛極而進不已，則戰矣。雖盛極，不離陰類也，而與陽爭，其傷可知，故稱血。陰既盛極，至與陽爭，雖陽不能无傷，故其血玄黄。玄黄，天地之色，謂皆傷也。

䷂震下坎上

屯，序卦曰：「有天地，然後萬物生焉。盈天地之閒者惟萬物，故受之以屯。屯者盈也，屯者物之始生也。」萬物始生，鬱結未通，故爲盈塞於天地之閒。至通暢茂盛，則塞意亡矣。天地生萬物，屯，物之始生，故繼乾坤之後。以二象言之，雲雷之興，陰陽始交也。以二體言之，震始交於下，坎始交於中，陰陽相交，乃成雲雷。陰陽始交，雲雷相應而未成澤，故爲屯；若已成澤，則爲解也。又動於險中，亦屯之義。陰陽不交則爲否，始交而未暢則爲屯。在時，則天下屯難，未亨泰之時也。

屯：元，亨，利，貞。勿用有攸往，利建侯。

屯有大亨之道，而處之利在貞固。非貞固何以濟屯？方屯之時，未可有所往也。天下之屯，豈獨力所能濟？必廣資輔助，故利建侯也。

彖曰：屯，剛柔始交而難生，

動乎險中。

以雲雷二象言之，則剛柔始交也。以坎震二體言之，動乎險中也。剛柔始交，未能通暢，則艱屯，故云難生。又動於險中，爲艱屯之義。

大亨貞，

雷雨之動滿盈。

所謂大亨而貞者，雷雨之動滿盈也。陰陽始交，則艱屯未能通暢；及其和洽，則成雷雨，滿盈於天地之閒，生物乃遂，屯有大亨之道也。所以能大亨，由夫貞也。非貞固安能出屯？人之處屯，有致大亨之道，亦在夫貞固也。

天造草昧，宜建侯而不寧。

上文言天地生物之義，此言時事。天造謂時運也。草，草亂无倫序。昧，冥昧不明。當此時運，所宜建立輔助，則可以濟屯。雖建侯自輔，又當憂勤兢畏，不遑寧處，聖人之深戒也。

象曰：雲雷屯，君子以經綸。

坎不云雨而云雲者，雲爲雨而未成者也。未能成雨，所以爲屯。君子觀屯之象，經綸天下之事，以濟於屯難。經緯，綸緝，謂營爲也。

初九，磐桓，利居貞，利建侯。

初以陽爻在下，乃剛明之才，當屯難之世，居下位者也。未能便往濟屯，故磐桓也。方屯之初，不磐桓而遽進，則犯難矣，故宜居正而固其志。凡人處屯難，則鮮能守正。苟无貞固之守，則將失義，安能濟時之屯乎？居屯之世，方屯於下，所宜有助，乃居屯濟屯之道也。故取建侯之義，謂求輔助也。

象曰：雖磐桓，志行正也。

賢人在下，時苟未利，雖磐桓未能遂往濟時之屯，然有濟屯之志與濟屯之用，志在〔一〕行其正也。

以貴下賤，大得民也。

九當屯難之時，以陽而來居陰下，爲以貴下賤之象。方屯之時，陰柔不能自存，有一剛陽之才，衆所

〔一〕覆元本無「在」字。

歸從也。更能自處卑下，所以大得民也。或疑方屯於下，何有貴乎？夫以剛明之才而下於陰柔，以能濟屯之才而下於不能，乃以貴下賤也。況陽之於陰，自爲貴乎？

六二，屯如邅如，乘馬班如，匪寇婚媾。女子貞不字，十年乃字。

二以陰柔居屯之世，雖正[一]應在上，而逼於初剛，故屯難。邅，回，如，辭也。乘馬，欲行也。欲從正應，而復班如，不能進也。班，分布之義。下馬爲班，與馬異處也。二當屯世，雖不能自濟，而居中得正，有應在上，不失義者也，然逼近於初。陰乃陽所求，柔者剛所陵，柔當屯時，固難自濟，又爲剛陽所逼，故爲難也。設匪逼於寇難，則往求於婚媾矣。婚媾，正應也。寇，非理而至者。二守中正，不苟合於初，所以不字。苟貞固不易，至於十年，屯極必通，乃獲正應而字育矣。以女子陰柔，苟能守其志節，久必獲通，況君子守道不回乎？初爲賢明剛正之人，而爲寇以侵逼於人，何也？曰：此自據二以柔近剛而爲義，更不計初之德如何也。易之取義如此。

象曰：六二之難，乘剛也。十年乃字，反常也。

六二居屯之時，而又乘剛，爲剛陽所逼，是其患難也。至於十年，則難久必通矣，乃得反其常，與正應合也。十，數之終也。

六三，卽鹿无虞，惟入于林中。君子幾不如舍，往吝。

六三以陰柔居剛，柔既不能安屯，居剛而不中正，則妄動。雖貪於所求，既不足以自濟，又无應援，將

[一]覆元本「正」下小注：「一作五。」

安之乎？如即鹿而无虞人也。入山林者，必有虞人以導之。无導之者，則惟陷入于林莽中。君子見事之幾微，不若舍而勿逐，往則徒取窮吝而已。

象曰：即鹿无虞，以從禽也。君子舍之，往吝窮也。

事不可而妄動，以從欲也。无虞而即鹿，以貪禽也。當屯之時，不可動而動，猶无虞而即鹿，以有從禽之心也。君子則見幾而舍之不從，若往則可吝而困窮也。

六四，乘馬班如，求婚媾。往吉，无不利。

六四以柔順居近君之位，得於上者也，而其才不足以濟屯，故欲進而復止，乘馬班如也。己既不足以濟時之屯，若能求賢以自輔，則可濟矣。初陽剛之賢，乃是正應，己之婚媾也。若求此陽剛之婚媾，往與共輔陽剛中正之君，濟時之屯，則吉而无所不利也。居公卿之位，己之才雖不足以濟時之屯，若能求在下之賢親而用之，何所不濟哉？

象曰：求而往，明也。

知己不足，求賢自輔而後往，可謂明矣。居得致之地，己不能而遂已，至暗者也。

九五，屯其膏，小貞吉，大貞凶。

五居尊得正，而當屯時，若有剛明之賢爲之輔，則能濟屯矣。以其无臣也，故屯其膏。人君之尊，雖屯難之世，於其名位，非有損也。唯其施爲有所不行，德澤有所不下，是屯其膏，人君之屯也。既膏澤有所不下，是威權不在己也。威權去己，而欲驟正之，求凶之道，魯昭公、高貴鄉公之事是也。故小貞則吉也。小貞謂〔一〕漸正之也。若盤庚、周宣脩德用賢，復先王之政，諸侯復朝，蓋以道馴致，爲之不暴也。又非恬然不爲，若唐之僖、昭也，不爲則常屯，以至於亡矣。

象曰：屯其膏，施未光也。

膏澤不下及，是以德施未能光大也。人君之屯也。

上六，乘馬班如，泣血漣如。

六以陰柔居屯之終，在險之極，而无應援，居則不安，動无所之，乘馬欲往，復班如不進，窮厄之甚，至於泣血漣如，屯之極也。若陽剛而有助，則屯既極可濟矣。

象曰：泣血漣如，何可長也！

屯難窮極，莫知所爲，故至泣血。顛沛如此，其能長久乎？夫卦者事也，爻者事之時也。分三而又兩之，足以包括衆理，引而伸之，觸類而長之，天下之能事畢矣。

☶☵ 坎下艮上

蒙，序卦：「屯者盈也，屯者物之始生也。物生必蒙，故受之以蒙。蒙者蒙也，物之穉也。」屯者物之始生，物始生穉小，蒙昧未發，蒙所以次屯也。爲卦，艮上坎下。艮爲山，爲止；坎爲水，爲險。山下有險，遇險而止，莫知所之，蒙之象也。水必行之物，始出未有所之，故爲蒙。及其進，則爲亨義。

〔一〕呂本「謂」作「則」。

蒙：亨，匪我求童蒙，童蒙求我。初筮告，再三瀆，瀆則不告。利貞。

蒙有開發之理，亨之義也。卦才時中，乃致亨之道。六五爲蒙之主，而九二發蒙者也。我謂二也。二非蒙主，五既順巽於二，二乃發蒙者也，故主二而言。匪我求童蒙，童蒙求我。五居尊位，有柔順之德，而方在童蒙，與二爲正應，而中德又同，能用二之道以發其蒙也。二以剛中之德在下，爲君所信嚮，當以道自守，待君至誠求己，而後應之，則能用其道，匪我求於童蒙，乃童蒙來求於我也。筮，占決也。初筮告，謂至誠一意以求己則告之。再三則瀆慢矣，故不告也。發蒙之道，利以貞正；又二雖剛中，然居陰，故宜有戒。

彖曰：蒙，山下有險，險而止，蒙。

蒙亨，以亨行時中也。匪我求童蒙，童蒙求我，志應也。

山下有險，内險不可處，外止莫能進，未知所爲，故爲昏蒙之義。蒙亨，以亨行時中也。蒙之能亨，以亨道行也，所謂亨道時中也。時謂得君之應，中謂處得其中，得中則〔一〕時也。匪我求童蒙，童蒙求我，志應也。二以剛明之賢處於下，五以童蒙居上。非是二求於五，蓋五之志應於二也。賢者在下，豈可自進以求於君？苟自求之，必无能信用之理。古之人所以必待人君致敬盡禮而後往者，非欲自爲尊大，蓋其尊德樂道，不如是不足與有爲也。

初筮告，以剛中也。再三瀆，瀆則不告，瀆蒙也。

〔一〕覆元本「則」下小注：「一有得字。」

初筮謂誠一而來求決其蒙，則當以剛中之道，告而開發之。再三，煩數也。來筮之意煩數，不能誠一，則瀆慢矣，不當告也。告之必不能信受，徒爲煩瀆，故曰瀆蒙也。求者告者皆煩瀆矣。

蒙以養正，聖功也。

卦辭曰「利貞」，象復伸其義，以明不止爲戒於二，實養蒙之道也。未發之謂蒙，以純一未發之蒙而養其正，乃作聖之功也。發而後禁，則扞格而難勝。養正於蒙，學之至善也。蒙之六爻，二陽爲治蒙者，四陰皆處蒙者也。

象曰：山下出泉，蒙，君子以果行育德。

山下出泉，出而遇險，未有所之，蒙之象也。若人蒙穉，未知所適也。君子觀蒙之象，以果行育德：觀其出而未能通行，則以果決其所行；觀其始出而未有所向，則以養育其明德也。

初六，發蒙，利用刑人，用說桎梏，以往吝。

初以陰暗居下，下民之蒙也。爻言發之之道。發下民之蒙，當明刑禁以示之，使之知畏，然後從而教導之。自古聖王爲治，設刑罰以齊其衆，明教化以善其俗，刑罰立而後教化行，雖聖人尚德而不尚刑，未嘗偏廢也。故爲政之始，立法居先。治蒙之初，威之以刑者，所以說去其昏蒙之桎梏。桎梏謂拘束也。不去其昏蒙之桎梏，則善教无由而入。既以刑禁率之，雖使心未能喻，亦當畏威以從，不敢肆其昏蒙之欲，然後漸能知善道而革其非心，則可以移風易俗矣。苟專用刑以爲治，則蒙雖畏而終不能發，苟免而无耻，治化不可得而成矣，故以往則可吝。

象曰：利用刑人，以正法也。

治蒙之始，立其防限，明其罪罰，正其法也，使之由之，漸至於化也。或疑發蒙之初，遽用刑人，无乃不教而誅乎？不知立法制刑，乃所以教也。蓋後之論刑者，不復知教化在其中矣。

九二，包蒙吉，納婦吉，子克家。

包，含容也。二居蒙之世，有剛明之才，而與六五之君相應，中德又同，當時之任者也。必廣其含容，哀矜昏愚，則能發天下之蒙，成治蒙之功。其道廣，其施博，如是則吉也。卦唯二陽爻，上九剛而過，唯九二有剛中之德，而應於五，用於時而獨明者也。苟恃其明，專於自任，則其德不弘。故雖婦人之柔闇，尚當納其所善，則其明廣矣。又以諸爻皆陰，故云婦。堯、舜之聖，天下所莫及也，尚曰清問下民，取人爲善也。二能包納，則克濟其君之事，猶子能治其家也。五既陰柔，故發蒙之功，皆在於二。以家言之：五、父也，二、子也。二能主蒙之功，乃人子克治其家也。

象曰：子克家，剛柔接也。

子而克治其家者，父之信任專也。二能主蒙之功者，五之信任專也。二與五，剛柔之情相接，故得行其剛中之道，成發蒙之功。苟非上下之情相接，則二雖剛中，安能尸其事乎？

六三，勿用取女，見金夫不有躬，无攸利。

三以陰柔處蒙闇，不中不正，女之妄動者也。正應在上，不能遠從，近見九二爲羣蒙所歸，得時之盛，故捨其正應而從之，是女之見金夫也。女之從人，當由正禮，乃見人之多金，說而從之，不能保有其身者也。无所往而利矣。

象曰：勿用取女，行不順也。

女之如此，其行邪僻不順，不可取也。

六四，困蒙吝。

四以陰柔而蒙闇，无剛明之親援，无由自發其蒙，困於昏蒙者也，其可吝甚矣。吝，不足也，謂可少也。

象曰：困蒙之吝，獨遠實也。

蒙之時，陽剛爲發蒙者。四，陰柔而最遠於剛，乃愚蒙之人，而不比近賢者，无由得明矣，故困於蒙。可羞吝者，以其獨遠於賢明之人也。不能親賢以致困，可吝之甚也。實謂陽剛也。

六五，童蒙吉。

五以柔順居君位，下應於二，以柔中之德，任剛明之才，足以治天下之蒙，故吉也。童，取未發而資於人也。爲人君者，苟能至誠任賢以成其功，何異乎出於己也？

象曰：童蒙之吉，順以巽也。

舍己從人，順從也。降志下求，卑巽也。能如是，優於天下矣。

上九，擊蒙，不利爲寇，利禦寇。

九居蒙之終，是當蒙極之時。人之愚蒙既極，如苗民之不率，爲寇爲亂者，當擊伐之。然九居上，剛極而不中，故戒不利爲寇。治人之蒙，乃禦寇也。肆爲剛暴，乃爲寇也。若舜之征有苗，周公之誅三監，禦寇也；秦皇、漢武窮兵誅伐，爲寇也。

象曰：利用禦寇，上下順也。

利用禦寇，上下皆得其順也。上不爲過暴，下得擊去其蒙，禦寇之義也。

䷄ 乾下坎上

需，序卦：「蒙者蒙也，物之穉也。物穉不可不養也，故受之以需，需者飲食之道也。」夫物之幼穉，必待養而成。養物之所需者飲食也，故曰「需者飲食之道也」。雲上於天，有蒸潤之象。飲食所以潤益於物，故需爲飲食之道，所以次蒙也。卦之大意，須待之義，序卦取所須之大者耳。乾健之性，必進者也，乃處坎險之下，險爲之阻，故須待而後進也。

需：有孚，光亨，貞吉，利涉大川。

需者須待也。以二體言之，乾之剛健上進，而遇險未能進也，故爲需待之義。以卦才言之，五居君位，爲需之主，有剛健中正之德，而誠信充實於中，中實有孚也。有孚則光明而能亨通，得貞正而吉也。以此而需，何所不濟？雖險无難矣，故利涉大川也。凡貞吉，有既正且吉者，有得正則吉者，當辨也。

彖曰：需，須也，險在前也。剛健而不陷，其義不困窮矣。

需之義，須也。以險在於前，未可遽進，故需待而行也。以乾之剛健，而能需待，不輕動，故不陷於險，其義不至於困窮也。剛健之人，其動必躁，乃能需待而動，處之至善者也。故夫子贊之云，其義不困窮矣。

需有孚，光亨，貞吉，位乎天位以正中也。

五以剛實居中，爲孚之象，而得其所需，亦爲有孚之義。以乾剛而至誠，故其德光明而能亨通，得貞正而吉也。所以能然者，以居天位而得正中也。居天位，指五。以正中，兼二言，故云正中〔一〕。

利涉大川，往有功也。

既有孚而貞正，雖涉險阻，往則有功也，需道之至善也。以乾剛而能需，何所不利？

象曰：雲上於天，需，君子以飲食宴樂。

雲氣蒸而上升於天，必待陰陽和洽，然後成雨。雲方上於天，未成雨也，故爲須待之義。陰陽之氣交感而未成雨澤，猶君子畜其才德而未施於用也。君子觀雲上於天，需而爲雨之象，懷其道德，安以待時，飲食以養其氣體，宴樂以和其心志，所謂居易以俟命也。

初九，需于郊，利用恒，无咎。

需者，以遇險，故需而後進。初最遠於險，故爲需于郊。郊，曠遠之地也。處於曠遠，利在安守其常，

〔一〕徐本此下復引「楊氏曰：『需之義有二，有需於人者，有爲人所需者。需於人者，初二三四上是也。爲人所需者，五是也。性爲人所需者，既中正而居天位，則雖險在前而終必克濟，非若蹇之見險而止也；雖坎居上而剛健不陷，非若困之剛揜也。』」

則无咎也。不能安常，則躁動犯難，豈能需於遠而无過也？

象曰：需于郊，不犯難行也。利用恒，无咎，未失常也。

處曠遠者，不犯冒險難而行也。陽之爲物，剛健上進者也。初能需待於曠遠之地，不犯險難而進，復宜安處不失其常，則可以无咎矣。雖不進，而志動者不能安其常也。君子之需時也，安靜自守，志雖有須，而恬然若將終身焉，乃能用常也。

九二，需于沙，小有言，終吉。

坎爲水，水近則有沙。二去險漸近，故爲需于沙。漸近於險難，雖未至於患害，已小有言矣。凡患難之辭，大小有殊。小者至於有言，言語之傷，至小者也。二以剛陽之才，而居柔守中，寬裕自處，需之善也。雖去險漸近，而未至於險，故小有言語之傷，而无大害，終得其吉也。

象曰：需于沙，衍在中也。雖小有言，以吉終也。

衍，寬綽也。二雖近險，而以寬裕居中，故雖小有言語及之，終得其吉，善處者也。

九三，需于泥，致寇至。

泥，逼於水也。既進逼於險，當致寇難之至也。三，剛而不中，又居健體之上，有進動之象，故致寇也。苟非敬慎，則致喪敗矣。

象曰：需于泥，災在外也。自我致寇，敬慎不敗也。

三切逼上體之險難，故云災在外也。災，患難之通稱，對眚而言則分也。三之致寇，由己進而迫之，故云自我。寇自己致，若能敬慎，量宜而進，則无喪敗也。需之時，須而後進也。其義在相時而動，非戒其不得進也，直使敬慎毋失其宜耳。

六四，需于血，出自穴。

四以陰柔之質，處於險，而下當三陽之進，傷於險難者也，故云需于血。既傷於險難，則不能安處，必失其居，故云出自穴。穴，物之所安也。順以從時，不競於險難，所以不至於凶也。以柔居陰，非能競者也。若陽居之，則必凶矣。蓋无中正之德，徒以剛競於險，適足以致凶耳。

象曰：需于血，順以聽也。

四以陰柔居於險難之中，不能固處，故退出自穴。蓋陰柔不能與時競，不能處則退，是順從以聽於時，所以不至於凶也。

九五，需于酒食，貞吉。

五以陽剛居中，得正位乎天位，克盡其道矣。以此而需，何需不獲？故宴安酒食以俟之，所須必得也。既得貞正，而所需必遂，可謂吉矣。

象曰：酒食貞吉，以中正也。

需于酒食而貞且吉者，以五得中正而盡其道也。

上六，入于穴，有不速之客三人來，敬之終吉。

需以險在前，需時而後進。上六居險之終，終則變矣；在需之極，久而得矣。陰止於六，乃安其處，故爲入于穴。穴，所安也。安而既止，後者必至。不速之客三人，謂下之三陽。乾之三陽，非在下之物，需時而進者也。需既極矣，故皆上進。不速，不促之而自來也。上六既需得其安處，羣剛之來，苟不起忌疾忿競之心，至誠盡敬以待之，雖甚剛暴，豈有侵陵之理，故終吉也。或疑以陰居三陽之上，得爲安乎？曰：三陽乾體，志在上進，六、陰位，非所止之正，故无争奪之意，敬之則吉也。

象曰：不速之客來，敬之終吉，雖不當位，未大失也。

不當位，謂以陰而在上也。爻以六居陰爲所安。象復盡其義，明陰宜在下，而居上，爲不當位也。然能敬慎以自處，則陽不能陵，終得其吉，雖不當位，而未至於大失也。

䷅ 坎下乾上

訟，序卦：「飲食必有訟，故受之以訟。」人之所需者飲食，既有所須，争訟所由起也，訟所以次需也。爲卦，乾上坎下。以二象言之，天陽上行，水性就下，其行相違，所以成訟也。以二體言之，上剛下險，剛險相接，能无訟乎？又人，内險阻而外剛强，所以訟也。

訟：有孚，窒惕，中吉，終凶。

訟之道，必有其孚實。中无其實，乃是誣妄，凶之道也。卦之中實，爲有孚之象。訟者與人争辯，而待決於人，雖有孚，亦須窒塞未通。不窒，則已明无訟矣。事既未辯，吉凶未可必也，故有畏惕。中吉，得中則吉也。終凶，終極其事則凶也。

利見大人，不利涉大川。

訟者，求辯其曲直也，故利見於大人。大人則能以其剛明中正，決所訟也。訟非和平之事，當擇安地而處，不可陷於危險，故不利涉大川也。

彖曰：訟，上剛下險，險而健訟。

訟之爲卦，上剛下險，險而又健也；又爲險健相接，内險外健，皆所以爲訟也。若健而不險，不生訟也；險而不健，不能訟也。險而又健，是以訟也。

訟有孚，窒惕，中吉，剛來而得中也。

訟之道固如是。又據卦才而言，九二以剛自外來而成訟，則二乃訟之主也。以剛處中，中實之象，故爲有孚。處訟之時，雖有孚信，亦必艱阻窒塞而有惕懼。不窒則不成訟矣。又居險陷之中，亦爲窒塞惕懼之義。二以陽剛，自外來而得中，爲以剛來訟而不過之義，是以吉也。卦有更取成卦之由爲義者，此是也。卦義不取成卦之由，則更不言所變之爻也。據卦辭，二乃善也，而爻中不見其善。蓋卦辭取其有孚得中而言，乃善也；爻則以自下訟上爲義，所取不同也。

終凶，訟不可成也。

訟非善事，不得已也，安可終極其事？極意於其事則凶矣，故曰不可成也。成謂窮盡其事也。

利見大人，尚中正也。

訟者求辯其是非也。辯之當，乃中正也，故利見大人，以所尚者中正也。聽者非其人，則或不得其中正也。中正大人，九五是也。

不利涉大川，入于淵也。

與人訟者，必處其身於安平之地，若蹈危險，則陷其身矣，乃入于深淵也。卦中有中正險陷之象。

象曰：天與水違行，訟，君子以作事謀始。

天上水下，相違而行，二體違戾，訟之由也。若上下相順，訟何由興？君子觀象，知人情有争訟之道，故凡所作事，必謀其始，絶訟端於事之始，則訟无由生矣。謀始之義廣矣，若愼交結，明契券之類是也。

初六，不永所事，小有言，終吉。

六以柔弱居下，不能終極其訟者也。故於訟之初，因六之才，爲之戒曰：若不長永其事，則雖小有言，終得吉也。蓋訟非可長之事，以陰柔之才而訟於下，難以吉矣。以上有應援，而能不永其事，故雖小有言，終得吉也。有言，災之小者也。不永其事而不至於凶，乃訟之吉也。

象曰：不永所事，訟不可長也。

六以柔弱而訟於下，其義固不可長永也。永其訟，則不勝而禍難及矣。又於訟之初，即戒訟非可長之事也。

雖小有言，其辯明也。

柔弱居下，才不能訟，雖不永所事，既訟矣，必有小災，故小有言也。既不永其事，又上有剛陽之正應，辯理之明，故終得其吉也。不然，其能免乎？在訟之義：同位而相應，相與者也，故初於四爲獲其辯明；同位而不相得，相訟者也，故二與五爲對敵也。

九二，不克訟，歸而逋其邑人三百户，无眚。

二五相應之地，而兩剛不相與，相訟者也。九二自外來，以剛處險，爲訟之主，乃與五爲敵。五以中正處君位，其可敵乎？是爲訟而義不克也。若能知其義之不可，退[一]歸而逋避，以寡約自處，則得无過眚也。必逋者，避爲敵之地也。三百户，邑之至小者。若處强大，是猶競也，能无眚乎？眚，過也，處不當也，與知惡而爲有分也。

象曰：不克訟，歸逋，竄也。

義既不敵，故不能訟，歸而逋竄，避去其所也。

自下訟上，患至掇也。

自下而訟其上，義乖勢屈，禍患之至，猶拾掇而取之，言易得也。

六三，食舊德，貞，厲終吉。

三雖居剛而應上，然質本陰柔，處險而介二剛之閒，危懼，非爲訟者也。禄者稱德而受。食舊德，謂處其素分。貞，謂堅固自守。厲終吉，謂雖處危地，能知危懼，則終必獲吉也。守素分而无求，則不訟矣。處危，謂在險而承乘皆剛，與居訟之時也。

[一]覆元本「退」作「敵」，屬上爲句。

或從王事无成。

柔從剛者也，下從上者也。三不爲訟，而從上九所爲，故曰或從王事无成，謂從上而成不在己也。訟者剛健之事，故初則不永，三則從上，皆非能訟者也。二爻皆以陰柔不終而得吉，四亦以不克而渝得吉，訟以能止爲善也。

象曰：食舊德，從上吉也。

守其素分，雖從上之所爲，非由己也，故无成而終得其吉也。

九四，不克訟，復卽命，渝安貞，吉。

四以陽剛而居健體，不得中正，本爲訟者也。承五，履三，而應初。五，君也，義不克訟。三居下而柔，不與之訟。初，正應而順從，非與訟者也。四雖剛健欲訟，无與對敵，其訟无由而興，故不克訟也。又居柔以應柔，亦爲能止之義。既義不克訟，若能克其剛忿欲訟之心，復卽就於命，革其心，平其氣，變而爲安貞，則吉矣。命謂正理，失正理爲方命，故以卽命爲復也。方，不順也。書云：「方命圮族。」孟子云：「方命虐民。」夫剛健而不中正，則躁動，故不安；處非中正，故不貞。不安貞，所以好訟也。若義不克訟而不訟，反就正理，變其不安貞爲安貞，則吉矣。

象曰：復卽命，渝安貞，不失也。

能如是，則爲无失矣，所以吉也。

九五，訟元吉。

以中正居尊位，治訟者也。治訟得其中正，所以元吉也。元吉，大吉而盡善也。吉大而不盡善者有矣。

象曰：訟元吉，以中正也。

中正之道，何施而不元吉？

上九，或錫之鞶帶，終朝三褫之。

九以陽居上，剛健之極，又處訟之終，極其訟者也。人之肆其剛强，窮極於訟，取禍喪身，固其理也。設或使之善訟能勝，窮極不已，至於受服命之賞，是亦與人仇争所獲，其能安保之乎？故終一朝而三見褫奪也。

象曰：以訟受服，亦不足敬也。

窮極訟事，設使受服命之寵，亦且不足敬，而可賤惡，况又禍患隨至乎？

䷆ 坎下坤上

師，序卦：「訟必有衆起，故受之以師。」師之興，由有争也，所以次訟也。爲卦，坤上坎下。以二體言之，地中有水，爲衆聚之象。以二卦之義言之，内險外順，險道而以順行，師之義也。以爻言之，一陽而爲衆陰之主，統衆之象也。比以一陽爲衆陰之主而在上，君之象也。師以一陽爲衆陰之主而在下，將帥之象也。

師：貞，丈人吉，无咎。

師之道，以正爲本。興師動衆以毒天下，而不以正，民弗從也，强驅之耳。故師以貞爲主。其動雖正也，帥之者必丈人，則吉而无咎也。蓋有吉而有咎者，有无咎而不吉者。吉且无咎，乃盡善也。丈人者，尊嚴之稱。帥師總衆，非衆所尊信畏服，則安能得人心之從？故司馬穰苴擢自微賤，授之以衆，乃以衆心未服，請莊賈爲將也。所謂丈人，不必素居崇貴，但其才謀德業，衆所畏服，則是也。如穰苴既誅莊賈，則衆心畏服，乃丈人矣。又如淮陰侯起於微賤，遂爲大將，蓋其謀爲有以使人尊畏也。

彖曰：師，衆也。貞，正也。能以衆正，可以王矣。

能使衆人皆正，可以王天下矣。得衆心服從而歸正，王道止於是也。

剛中而應，行險而順，

言二也。以剛處中，剛而得中道也。六五之君爲正應，信任之專也。雖行險道，而以順動，所謂義兵，王者之師也。上順下險，行險而順也。

以此毒天下而民從之，吉，又何咎矣？

師旅之興，不无傷財害人，毒害天下，然而民心從之者，以其義動也。古者東征西怨，民心從也。如是故吉而无咎。吉謂必克，无咎謂合義。又何咎矣，其義固无咎也。

象曰：地中有水，師，君子以容民畜衆。

地中有水，水聚於地中，爲衆聚之象，故爲師也。君子觀地中有水之象，以容保其民，畜聚其衆也。

初六，師出以律，否臧凶。

初，師之始也，故言出師之義，及行師之道。在邦國興師而言，合義理，則是以律法也，謂以禁亂誅暴而動。苟動不以義，則雖善亦凶道也。善謂克勝，凶謂殃民害義也。在行師而言，律謂號令節制。行師之道，以號令節制爲本，所以統制於衆。不以律，則雖善亦凶，雖使勝捷，猶凶道也。制師无法，幸而不敗且勝者時有之矣，聖人之所戒也。

象曰：師出以律，失律凶也。

師出當以律，失律則凶矣。雖幸而勝，亦凶道也。

九二，在師中吉，无咎，王三錫命。

師卦惟九二一陽，爲衆陰所歸，五居君位，是其正應，二乃師之主，專制其事者也。居下而專制其事，唯在師則可。自古命將，閫外之事得專制之。在師專制而得中道，故吉而无咎。蓋恃專則失爲下之道，不專則无成功之理，故得中爲吉。凡師之道，威和並至則吉也。既處之盡其善，則能成功而安天下，故王錫寵命至于三也。凡事至于三者，極也。六五在上，既專倚任，復厚其寵數。蓋禮不稱，則威不重而下不信也。他卦九二爲六五所任者有矣，唯師專主其事，而爲衆陰所歸，故其義最大。人臣之道，於事无所敢專，唯閫外之事則專制之，雖制之在己，然因師之力而能致者，皆君所與而職當爲也。世儒有論魯祀周公以天子禮樂，以爲周公能爲人臣不能爲之功，則可用人臣不得用之禮樂，是不知人臣之道也。夫居周公之位，則一有能字。爲周公之事，由其位而能爲者，皆所當爲也，周公乃盡其職耳。子道亦然。唯孟子爲知此義，故曰「事親若曾子者可也」，未嘗以曾子之孝爲有餘也，蓋子之身所能爲者，皆所當爲也。

象曰：在師中吉，承天寵也；王三錫命，懷萬邦也。

在師中吉者，以其承天之寵任也。天謂王也。人臣非君寵任之，則安得專征之權，而有成功之吉？象以二專主其事，故發此義，與前所云世儒之見異矣。王三錫以恩命，褒其成功，所以一有威字。懷萬邦也。

六三，師或輿尸，凶。

三居下卦之上，居位當任者也。不唯其才陰柔，不中正；師旅之事，任當專一。二既以剛中之才爲上信倚，必專其事，乃有成功，若或更使衆人主之，凶之道也。輿尸，衆主也。蓋指三也。以三居下之上，故發此義。軍旅之事，任不專一，覆敗必矣。

象曰：師或輿尸，大无功也。

倚付二三，安能成功？豈唯无功？所〔一〕以致凶也。

六四，師左次，无咎。

師之進，以强勇也。四以柔居陰，非能進而克捷者也。知不能進而退，故左次。左次，退舍也，量宜

〔一〕徐本、吕本「所」作「必」。

進退，乃所當也，故无咎。見可而進，知難而退，師之常也。唯取其退之得宜，不論其才之能否也。度不能勝〔一〕而完師以退，愈於覆敗遠矣。可進而退，乃爲咎也。易之發此義以示後世，其仁深矣。

象曰：左次无咎，未失常也。

行師之道，因時施宜，乃其常也，故左次未必〔二〕爲失也。如四退次，乃得其宜，是以无咎。

六五，田有禽，利執言，无咎。長子帥師，弟子輿尸，貞凶。

五，君位，興師之主也，故言興師任將之道。師之興，必以蠻夷猾夏、寇賊姦宄爲生民之害，不可懷來，然後奉辭以誅之。若禽獸入于田中，侵害稼穡，於義宜獵取，則獵取之，如此而動，乃得无咎。若輕動以毒天下，其咎大矣。執言，奉辭也，明其罪而討之也。若秦皇、漢武皆窮山林以索禽獸者也，非田有禽也。任將授師之道，當以長子帥師。二在下而爲師之主，長子也。若以弟子衆主之，則所爲雖正，亦凶也。弟子，凡非長〔三〕者也。自古任將不專而致覆敗者，如晉荀林父邲之戰，唐郭子儀相州之敗是也。

象曰：長子帥師，以中行也；弟子輿尸，使不當也。

〔一〕覆元本「勝」下小注：「一作進。」呂本亦作「進」。
〔二〕覆元本「必」下小注：「一無必字。」
〔三〕覆元本「長」下小注：「一有子字。」義較長。

長子，謂二以中正之德合於上，而受任以行。若復使其餘者衆尸其事，是任使之不當也，其凶宜矣。

上六，大君有命，開國承家，小人勿用。

上，師之終也，功之成也。大君，以爵命賞有功也。開國，封之爲諸侯也。承家，以爲卿大夫也。承，受也。小人者，雖有功不可用也，故戒使勿用。師旅之興，成功非一道，不必皆君子也，故戒以小人有功不可用也，賞之以金帛祿位可也，不可使有國家而爲政也。小人平時易致驕盈，況挾其功乎？漢之英、彭，所以亡也。聖人之深慮遠戒也。此專言師終之義，不取爻義，蓋以其大者。若以爻言，則六以柔居順之極，師既終而在无位之地，善處而无咎者也。

象曰：大君有命，以正功也；小人勿用，必亂邦也。

大君持恩賞之柄，以正軍旅之功。師之終也，雖賞其功，小人則不可以有功而任用之，用之必亂邦。小人恃功而亂邦者，古有之矣。

䷇坤下坎上

比，序卦：「衆必有所比，故受之以比。」比，親輔也。人之類，必相親輔，然後能安。故既有衆，則必有所比，比所以次師也。爲卦，上坎下坤。以二體言之，水在地上，物之相切比無閒，莫如水之在地上，故爲比也。又衆爻皆陰，獨五以陽剛居君位，衆所親附，而上亦親下，故爲比也。

比：吉，原筮，元永貞，无咎。

比，吉道也。人相親比，自爲吉道。故雜卦云：「比樂師憂。」人相親比，必有其道，苟非其道，則有悔咎，故必推原占決，其可比者而比之。筮謂占決卜度，非謂以蓍龜也。所比得元永貞則无咎。元謂有君長之道，永謂可以常久，貞謂得正道。上之比下，必有此三者；下之從上，必求此三者，則无咎也。

不寧方來，後，夫凶。

人之不能自保其安寧，方且來求親比，得所比則能保其安。當其不寧之時，固宜汲汲以求比。若獨立自恃，求比之志不速而後，則雖夫亦凶矣。夫猶凶，況柔弱者乎？夫，剛立之稱。傳曰：「子南，夫也。」又曰：「是謂我非夫。」凡生天地之間者，未有不相親比而能自存者也。雖剛强之至，未有能獨立者也。比之道，由兩志相求。兩志不相求，則睽矣。君懷撫其下，下親輔一作附。於上，親戚朋友鄉黨皆然，故當上下合志以相從。苟无相求之意，則離而凶矣。大抵人情相求則合，相持則睽。相持，相待莫先也。人之相親固有道，然而欲比之志，不可緩也。

彖曰：比吉也。

比輔也，下順從也。

比吉也，比者吉之道也。物相親比，乃吉道也。比輔也，釋比之義，比者相親輔也。下順從也，解卦所以爲比也。五以陽居尊位，羣下順從以親輔之，所以爲比也。

原筮，元永貞，无咎，以剛中也。

推原筮決相比之道，得元永貞而後可以无咎。所謂元永貞，如五是也，以陽剛居中正，盡比道之善者也。以陽剛當尊位爲君德，元也。居中得正，能永而貞也。卦辭本泛言比道，彖言元永貞者，九五以剛處中正是也。

不寧方來，上下應也。

人之生，不能保其安寧，方且來求附比。民不能自保，故戴君以求寧；君不能獨立，故保民以爲安。不寧而來比者，上下相應也。以聖人之公言之，固至誠求天下之比，以安民也。以後王之私言之，不求下民之附，則危亡至矣。故上下之志，必相應也。在卦言之，上下羣陰比於五，五比其衆，乃上下應也。

後夫凶，其道窮也。

衆必相比，而後能遂其生。天地之閒，未有不相親比而能遂者也。若相從之志不疾而後，則不能成比，雖夫亦凶矣。无所親比，困屈以致凶，窮之道也。

象曰：地上有水，比，先王以建萬國，親諸侯。

夫物相親比而无閒者，莫如水在地上，所以爲比也。先王觀比之象，以建萬國，親諸侯。建立萬國，所以比民也。親撫諸侯，所以比天下也。

初六，有孚，比之无咎。

初六，比之始也。相比之道，以誠信爲本。中心不信而親人，人誰與之？故比之始，必有孚誠，乃无咎也。孚，信之在中也。

有孚盈缶，終來有他吉。

誠信充實於内，若物之盈滿於缶中也。缶，質素之器。言若缶之盈實其中，外不加文飾，則終能來有他吉也。他，非此也，外也。若誠實充於内，物无不信，豈用飾外以求比乎？誠信中實，雖他外皆當感而來從。孚信，比之本也。

象曰：比之初六，有他吉也。

言比之初六者，比之道在乎始也。始能有孚，則終致有他之吉。其始不誠，終焉得吉？上六之凶，由无首也。

六二，比之自内，貞吉。

二與五爲正應，皆得中正，以中正之道相比者也。二處於内，自内謂由己也。擇才而用，雖在乎上，而以身許國，必由於己。己以得君，道合而進，乃得正而吉也。以中正之道應上之求，乃自内也，不自失也。汲汲以求比者，非君子自重之道，乃自失也。

象曰：比之自内，不自失也。

守己中正之道，以待上之求，乃不自失也。易之爲戒嚴密。二雖中正，質柔體順，故有貞吉自失之戒。戒之自守，以待上之求，无乃涉後凶乎？曰：士之脩己，乃求上之道；降志辱身，非自重之道也。故伊尹、武侯救天下之心非不切，必待禮至，然後出也。

六三，比之匪人。

三不中正，而所比皆不中正。四，陰柔而不中；二，存〔一〕應而比初，皆不中正，匪人也。比於匪人，其失可知，悔吝〔二〕不假言也，故可傷。二之中正，而謂之匪人，隨時取義，各不同也。

象曰：比之匪人，不亦傷乎！

人之相比，求安吉也，乃比於匪人，必將（一無必將二字。）反得悔吝〔三〕，其亦可傷矣。深戒失所比也。

六四，外比之，貞吉。

四與初不相應，而五比之，外比於五，乃得貞正而吉也。君臣相比，正也。相比相與，宜也。五，剛陽中正，賢也，居尊位在上也。親賢從上，比之正也，故爲貞吉。以六居四，亦爲得正之義。又陰柔不中之人，能比於剛明中正之賢，乃得正而吉也。又比賢從上，必以正道則吉也。數説相須，其義始備。

象曰：外比於賢，以從上也。

外比謂從五也。五，剛明中正之賢，又居君位，四比之，是比賢且從上，所以吉也。

〔一〕覆元本「存」作「有」。

〔二〕覆元本「吝」下小注：「一作咎。」

〔三〕覆元本「吝」下小注：「一作咎。」

九五，顯比，王用三驅，失前禽，邑人不誡，吉。

五居君位，處中得正，盡比道之善者也。人君比天下之道，當顯明其比道而已。如誠意以待物，恕己以及人，發政施仁，使天下蒙其惠澤，是人君親比天下之道也。如是，天下孰不親比於上？若乃暴其小仁，違道干譽，欲以求下之比，其道亦狹矣，其能得天下之比乎？故聖人以九五盡比道之正，取三驅爲喻，曰：「王用三驅，失前禽，邑人不誡，吉。」先王以四時之畋，不可廢也，故推其仁心，爲三驅之禮，乃禮所謂天子不合圍也。成湯祝網，是其義也。天子之畋，圍合其三面，前開一路，使之可去，不忍盡物，好生之仁也。只取其不用命者，不出而反入者也。禽獸前去者皆免矣，故曰失前禽也。王者顯明其比道，天下自然來比。來者撫之，固不煦煦然求比於物，若田之三驅，禽之去者從而不追，來者則取之也。此王道之大，所以其民皞皞，而莫知爲之者也。邑人不誡吉，言其至公不私，无遠邇親疏之别也。邑者居邑，易中所言邑皆同。王者所都，諸侯國中也。誡，期約也。待物之一，不期誡於居邑，如是則吉也。聖人以大公无私治天下，於顯比見之矣。非惟人君比天下之道如此，大率人之相比莫不然。以臣於君言之：竭其忠誠，致其才力，乃顯其比〔一〕君之道也，用之與否，在君而已，不可阿諛逢迎，求其比己也。在朋友亦然，脩身誠意以待之，親己與否，在人而已，不可巧言令色，曲從苟合，以求人之比己也。於鄉黨親戚，於衆人，莫不皆然，三驅失前禽之義也。

象曰：顯比之吉，位正中也。

〔一〕覆元本「其比」下小注：「一作比其。」義較長。

顯比所以吉者，以其所居之位得正中也。處正中之地，乃由正中之道也。比以不偏爲善，故云正中。凡言正中者，其處正得中也，比與隨是也。言中正者，得中與正也，訟與需是也。

舍逆取順，失前禽也。

禮取不用命者，乃是舍順取逆也，順命而去者皆免矣。比以向背而言，謂去者爲逆，來者爲順也。故所失者前去之禽也，言來者撫之，去者不追也。

邑人不誡，上使中也。

不期誡於親近，上之使下，中平不偏，遠近如一也。

上六，比之无首，凶。

六居上，比之終也。首謂始也。凡比之道，其始善則其終善矣。有其始而无其終者，或有矣；未有无其始而有終者也。故比之无首，至終則凶也。此據比終而言。然上六陰柔不中，處險之極，固非克終者也。始比不以道，隙於終者，天下多矣。

象曰：比之无首，无所終也。

比既无首，何所終乎？相比有首，猶或終違。始不以道，終復何保？故曰无所終也。

䷈ 乾下巽上

小畜，序卦：「比必有所畜，故受之以小畜。」物相比附則爲聚，聚，畜也。又相親比，則志相畜，小畜所以次比也。畜，止也，止則聚矣。爲卦，巽上乾下。乾，在上之物，乃居巽下。夫畜止剛健，莫如巽順，爲巽所畜，故爲畜也。然巽，陰也，其體柔順，唯能以巽順柔其剛健，非能力止之也，畜道之小者也。又四以一陰得位，爲五陽所説，得位得柔，巽之道也；能畜羣陽之志，是以爲畜也。小畜謂以小畜大，所畜聚者小。所畜之事小，以陰故也。彖專以六四畜諸陽爲成卦之義，不言二體，蓋舉其重者。

小畜：亨。密雲不雨，自我西郊。

雲，陰陽之氣。二氣交而和，則相畜固而成雨，陽倡而陰和，順也，故和。若陰先陽倡，不順也，故不和，不和則不能成雨。雲之畜聚雖密，而不〔一〕成雨者，自西郊故也。東北，陽方。西南，陰方。自陰倡，故不和而不能成雨。以人觀之，雲氣之興，皆自四遠，故云郊。據四而言，故云自我。畜陽者四，畜之主也。

彖曰：小畜，柔得位而上下應之，曰小畜。

言成卦之義也。以陰居四，又處上位，柔得位也；上下五陽皆應之，爲所畜也。以一陰而畜五陽，能係而不能固，是以爲小畜也。彖解成卦之義，而加曰字者，皆重卦名，文勢當然。單名卦，惟革有曰字，亦文勢然也。

健而巽，剛中而志行，乃亨。

〔一〕覆元本「不」下小注：「一有能字。」

以卦才言也。内健而外巽，健而能巽也。二五居中，剛中也。陽性上進，下復乾體，志在於行也。剛居中爲剛而得中，又爲中剛。言畜陽則以柔巽，言能亨則由剛中。以成卦之義言，則爲陰畜陽；以卦才言，則陽爲剛中。才如是，故畜雖小而能亨也。

密雲不雨，尚往也。自我西郊，施未行也。

畜道不能成大，如密雲而不成雨。陰陽交而和，則相固而成雨。二氣不和，陽尚往而上，故不成雨。蓋自我陰方之氣先倡，故不和而不能成雨，其功施未行也。小畜之不能成大，猶西郊之雲不能成雨也。

象曰：風行天上，小畜，君子以懿文德。

乾之剛健，而爲巽所畜。夫剛健之性，惟柔順爲能畜止之；雖可以畜止之，然非能固制其剛健也，但柔順以擾係之耳，故爲小畜也。君子觀小畜之義，以懿美其文德。畜聚爲蘊畜之義。君子所蘊畜者，大則道德經綸之業，小則文章才藝。君子觀小畜之象，以懿美其文德，文德方之道義爲小也。

初九，復自道，何其咎？吉。

初九陽爻而乾體。陽，在上之物，又剛健之才，足以上進，而復與在上同志，其進復於上，乃其道也，故云復自道。復既自道，何過咎之有？无咎而又有吉也。諸爻言无咎者，如是則无咎矣，故云无咎者善補過也。雖使爻義本善，亦不害於不如是則有咎之義。初九乃由其道而行，无有過咎，故云何其咎？无咎之甚明也。

象曰：復自道，其義吉也。

陽剛之才，由其道而復，其義吉也。初與四爲正應，在畜時乃相畜者也。

九二，牽復吉。

二以陽居下體之中，五以陽居上體之中，皆以陽剛居中，爲陰所畜，俱欲上復。五雖在四上，而爲其所畜則同，是同志者也。夫同患相憂，二五同志，故相牽連而復。二陽並進，則陰不能勝，得遂其復矣，故吉也。曰：遂其復，則離畜矣乎？曰：凡爻之辭，皆謂如是則可以如是，若已然，則時已變矣，尚何教誡乎？五爲巽體，巽畜於乾，而反與二相牽，何也？曰：舉二體而言，則巽畜乎乾；全卦而言，則一陰畜五陽也。在易，隨時取義，皆如此也。

象曰：牽復在中，亦不自失也。

二，居中得正者也，剛柔進退，不失乎中道也。陽之復，其勢必强。二以處中，故雖强於進，亦不至於過剛，過剛乃自失也。爻止言牽復而吉之義，象復發明其在中之美。

九三，輿説輻，夫妻反目。

三以陽爻，居不得中，而密比於四，陰陽之情，相求也。又暱比而不中，爲陰畜制者也，故不能前進，猶車輿説去輪輻，言不能行也。夫妻反目，陰制於陽者也，今反制陽，如夫妻之反目也。反目謂怒目相視，不順其夫，而反制之也。婦人爲夫寵惑，既而遂反制其夫，未有夫不失道而妻能制之者也。故説輻反目，三自爲也。

象曰：夫妻反目，不能正室也。

夫妻反目，蓋由不能正其室家也。三自處不以道，故四得制之不使進，猶夫不能正其室家，故致反目也。

六四，有孚，血去惕出，无咎。

四於畜時處近君之位，畜君者也。若内有孚誠，則五志信之，從其畜也。卦獨一陰，畜衆陽者也，諸陽之志係乎四。四苟欲以力畜之，則一柔敵衆剛，必見傷害；唯盡其孚誠以應之，則可以感之矣。故其傷害遠，其危懼免也。如此，則可以无咎。不然，則不免乎害矣。此以柔畜剛之道也。以人君之威嚴，而微細之臣有能畜止其欲者，蓋有孚信以感之也。

象曰：有孚惕出，上合志也。

四既有孚，則五信任之，與之合志，所以得惕出而无咎也。惕出則血去可知，舉其輕者也。五既合志，衆陽皆從之矣。

九五，有孚攣如，富以其鄰。

小畜，衆陽爲陰所畜之時也。五以中正居尊位，而有孚信，則其類皆應之矣，故曰攣如，謂牽連〔一〕相從也。五必援挽，與之相濟，是富以其鄰也。五以居尊位之勢，如富者推其財力與鄰比共之也。君子爲小人所困，正人爲羣邪所厄，則在下者必攀挽於上，期於同進，在上者必援引於下，與之戮力，非

〔一〕覆元本「連」作「攣」。

獨推己力以及人也，固資在下之助以成其力耳。

象曰：有孚攣如，不獨富也。

有孚攣如，蓋其鄰類皆牽攣而從之，與衆同欲，不獨有其富也。君子之處艱厄，唯其至誠，故得衆力之助，而能濟其衆也。

上九，既雨既處，尚德載，婦貞厲。

九以巽順之極，居卦之上，處畜之終，從畜而止者也，爲四所止也。既雨，和也。既處，止也。陰之畜陽，不和則不能止，既和而止，畜之道成矣〔一〕。大畜畜之大，故極而散。小畜畜之小，故極而成。尚德載，四用柔巽之德，積滿而至於成也。陰柔之畜剛，非一朝一夕能成，由積累而至，可不戒乎？載，積滿也。詩云：「厥聲載路。」婦貞厲，婦謂陰。以陰而畜陽，以柔而制剛，婦若貞固守此，危厲之道也。安有婦制其夫，臣制其君，而能安者乎？

月幾望，君子征凶。

月望，則與日敵矣。幾望，言其盛將敵也。陰已能畜陽，而云幾望，何也？此以柔巽畜其志也，非力能制也。然不已，則將盛於陽而凶矣。於幾望而爲之戒曰：婦將敵矣，君子動則凶也。君子謂陽。征，動也。幾望將盈之時，若已望，則陽已消矣，尚何戒乎？

象曰：既雨既處，德積載也。君子征凶，有所疑也。

〔一〕覆元本此句下小注：「一作畜道之成也。」

既雨既處，言畜道積滿而成也。陰將盛極，君子動則有凶也。陰敵陽則必消陽，小人抗君子則必害君子，安得不疑慮乎？若前知疑慮而警懼，求所以制之，則不至於凶矣。

䷉兌下乾上

履，序卦：「物畜然後有禮，故受之以履。」夫物之聚，則有大小之別，高下之等，美惡之分，是物畜然後有禮，履所以繼畜也。履，禮也。禮，人之所履也。爲卦，天上澤下。天而在上，澤而處下，上下之分，尊卑之義，理之當也，禮之本也，常履之道也，故爲履。履，踐也，藉也。履物爲踐，履於物爲藉。以柔藉剛，故爲履也。不曰剛履柔，而曰柔履剛者，剛乘柔，常理不足道。故易中唯言柔乘剛，不言剛乘柔也。言履藉於剛，乃見卑順說應之義。

履虎尾，不咥人，亨。

履，人所履之道也。天在上而澤處下，以柔履藉於剛，上下各得其義，事之至順，理之至當也。人之履行如此，雖履至危之地，亦无所害。故履虎尾而不見咥嚙，所以能亨也。

彖曰：履，柔履剛也。

説而應乎乾，是以履虎尾，不咥人，亨。

兑以陰柔，履藉乾之陽剛，柔履剛也。兑以説順應乎乾剛而履藉之，下順乎上，陰承乎陽，天下之正理也。所履如此，至順至當，雖履虎尾，亦不見傷害。以此履行，其亨可知。

剛中正，履帝位而不疚，光明也。

九五以陽剛中正，尊履帝位，苟无疚病，得履道之至善，光明者也。疚謂疵病，「夬履」是也。光明，德盛而輝光也。

象曰：上天下澤，履，君子以辨上下，定民志。

天在上，澤居下，上一作天。下之正理也。人之所履當如是，故取其象而爲履。君子觀履之象，以辨别上下之分，以定其民志。夫上下之分明，然後民志有定。民志定，然後可以言治。民志不定，天下不可得而治也。古之時，公卿大夫而下，位各稱其德，終身居之，得其分也。位未稱德，則君舉而進之。士脩其學，學至而君求之，皆非有預於己也。農工商賈勤其事，而所享有限，故皆有定志而天下之心可一。後世自庶士至于公卿，日志于尊榮，農工商賈日志于富侈，億兆之心，交騖於利，天下紛然，如之何其可一也？欲其不亂，難矣。此由上下无定志也。君子觀履之象，而分辨上下，使各當其分，以定民之心志也。

初九，素履，往无咎。

履不處者，行之義。初處至下，素在下者也，而陽剛之才，可以上進，若安其卑下之素而往，則无咎矣。夫人不能自安於貧賤之素，則其進也，乃貪躁而動，求去乎貧賤耳，非欲有爲也。既得其進，驕溢必矣，故往則有咎。賢者則安履其素，其處也樂，其進也將有爲也，故得其進則有爲而无不善，乃守其素履者也。

象曰：素履之往，獨行願也。

安履其素而往者，非苟利也，獨行其志願耳。獨，專也。若欲貴之心與行道之心交戰于中，豈能安履其素也？

九二，履道坦坦，幽人貞吉。

九二居柔，寬裕得中，其所履坦坦然，平易之道也。雖所履得坦易之道，亦必幽靜安恬之人處之，則能貞固而吉也。九二陽志上進，故有幽人之戒。

象曰：幽人貞吉，中不自亂也。

履道在於安靜。其中恬正，則所履安裕。中若躁動，豈能安其所履？故必幽人，則能堅固而吉。蓋其中心安靜，不以利欲自亂也。

六三，眇能視，跛能履，履虎尾，咥人凶，武人爲于大君。

三以陰居陽，志欲剛而體本陰柔，安能堅其所履？故如盲眇之視，其見不明；跛躄之履，其行不遠。才既不足，而又處不得中，履非其正，以柔而務剛，其履如此，是履於危地，故曰履虎尾。以不善履履危地，必及禍患，故曰咥人凶。武人爲于大君，如武暴之人而居人上，肆其躁率而已，非能順履而遠到也。不中正而志剛，乃爲羣陽所〔一〕與，是以剛躁蹈危而得凶也。

象曰：眇能視，不足以有明也。跛能履，不足以與行也。

陰柔之人，其才不足，視不能明，行不能遠，而乃務剛，所履如此，其能免於害乎？

〔一〕履元本「所」下小注：「一有不字。」義似較長。

咥人之凶，位不當也。武人爲于大君，志剛也。

以柔居三，履非其正，所以致禍害，被咥而凶也。以武人爲喻者，以其處陽，才弱而志剛也。志剛則妄動，所履不由其道，如武人而爲大君也。

九四，履虎尾，愬愬，終吉。

九四陽剛而乾體，雖居四，剛勝者也，在近君多懼之地，无相得之義。五復剛決之過，故爲履虎尾。愬愬，畏懼之貌。若能畏懼，則當終吉。蓋九雖剛而志柔，四雖近而不處，故能兢慎畏懼，則終免於危而獲吉也。

象曰：愬愬終吉，志行也。

能愬愬畏懼，則終得其吉者，志在於行而不處也。去危則獲吉矣。陽剛，能行者也；居柔，以順自處者也。

九五，夬履，貞厲。

夬，剛決也。五以陽剛乾體，居至尊之位，任其剛決而行者也。如此，則雖得正，猶危厲也。古之聖人，居天下之尊，明足以照，剛足以決，勢足以專，然而未嘗不盡天下之議，雖芻蕘之微必取，乃其所以爲聖也，履帝位而光明者也。若自任剛明，決行不顧，雖使得正，亦危道也，可固守乎？有剛明之才，苟專自任，猶爲危道，況剛明不足者乎？易中云貞厲，義各不同，隨卦可見。

象曰：夬履貞厲，位正當也。

戒夬履者，以其正當尊位也。居至尊之位，據能專之勢，而自任剛決，不復畏懼〔一〕，雖使得正，亦危道也。

上九，視履考祥，其旋元吉。

上處履之終，於其終視其所履行，以考其善惡禍福，若其旋，則善且吉也。旋謂周旋完備，无不至也。人之所履，考視其終，若終始周完无疚，善之至也，是以元吉。人之吉凶，係其所履善惡之多寡，吉凶之小大也。

象曰：元吉在上，大有慶也。

上，履之終也。人之所履，善而吉至，其終周旋无虧，乃大有福慶之人也。人之行，貴乎有終。

䷊乾下坤上

泰，序卦：「履而泰，然後安，故受之以泰。」履得其所則舒泰，泰則安矣，泰所以次履也。爲卦，坤陰在上，乾陽居下。天地陰陽之氣相交而和，則萬物生成，故爲通泰。

泰：小往大來，吉亨。

小謂陰，大謂陽。往，往之於外也。來，來居於內也。陽氣下降，陰氣上交也。陰陽和暢，則萬物生遂，天地之泰也。以人事言之：大則君上，小則臣下，君推誠以任下，臣盡誠以事君，上下之志通，朝廷之泰也；陽爲君子，陰爲小人，君子來處於內，小人往處於外，是君子得位，小人在下，天下之泰也。

〔一〕懼　元本「懼」作「愼」。

泰之道，吉而且亨也。不云元吉元亨者，時有污隆，治有小大，雖泰，豈一概哉？言吉亨則可包矣。

彖曰：泰，小往大來，吉亨，則是天地交而萬物通也，上下交而其志同也。

小往大來，陰往而陽來也，則是天地陰陽之氣相交，而萬物得遂其通泰也。在人，則上下之情交通，而其志意同也。

內陽而外陰，內健而外順，內君子而外小人，君子道長，小人道消也。

陽來居內，陰往居外，陽進而陰退也。乾健在內，坤順在外，爲內健而外順，君子之道也。君子在內，小人在外，是君子道長，小人道消，所以爲泰也。既取陰陽交和，又取君子道長。陰陽交和，乃君子之道長也。

象曰：天地交泰，后以財成天地之道，輔相天地之宜，以左右民。

天地交而陰陽和，則萬物茂遂，所以泰也。人君當體天地通泰之象，而以財成天地之道，輔相天地之宜，以左右生民也。財成，謂體天地交泰之道，而財制成其施爲之方也。輔相天地之宜，天地通泰，則萬物茂遂，人君體之而爲法制，使民用天時，因地利，輔助化育之功，成其豐美之利也。如春氣發生萬物，則爲播植之法；秋氣成實萬物，則爲收斂之法；乃輔相天地之宜，以左右輔助於民也。民之生，必賴君上爲之法制以教率輔翼之，乃得遂其生養，是左右之也。

初九，拔茅茹，以其彙征，吉。

初以陽爻居下，是有剛明之才而在下者也。時之否，則君子退而窮處；時既泰，則志在上進也。君子之進，必與其朋類相牽援，如茅之根然，拔其一則牽連而起矣。茹，根之相牽連者，故以爲象。彙，類也。賢者以其類進同志以行其道，是以吉也。君子之進，必以其類，不唯志在相先，樂於與善，實乃相賴以濟。故君子小人，未有能獨立不賴朋類之助者也。自古君子得位，則天下之賢萃於朝廷，同志協力，以成天下之泰；小人在位，則不肖者並進，然後其黨勝而天下否矣，蓋各從其類也。

象曰：拔茅征吉，志在外也。

時將泰，則羣賢皆欲上進。三陽之志欲進，同也，故取茅茹彙征之象。志在外，上進也。

九二，包荒，用馮河，不遐遺，朋亡，得尚于中行。

二以陽剛得中，上應於五；五以柔順得中，下應於二。君臣同德，是以剛中之才，爲上所專任，故二雖居臣位，主治泰者也，所謂上下交而其志同也。故治泰之道，主二而言。包荒，用馮河，不遐遺，朋亡，四者處泰之道也。人情安肆，則政舒緩而法度廢弛，庶事无節。治之之道，必有包含荒穢之量，則其施爲寬裕詳密，弊革事理而人安之。若无含弘之度，有忿疾之心，則无深遠之慮，有暴擾之患，深弊未去，而近患已生矣，故在包荒也。用馮河：泰寧之世，人情習於久安，安於守常，惰於因循，憚於更變，非有馮河之勇，不能有爲於斯時也。馮河，謂其剛果足以濟深越險也。自古泰治之世，必漸至於衰替，蓋由狃習安逸，因循而然。自非剛斷之君，英烈之輔，不能挺特奮發以革其弊也，故曰用馮河。或疑：上云包荒，則是包含寬容；此云用馮河，則是奮發改革，似相反也。不知以含容〔一〕之

〔一〕覆元本「容」下小注：「一作弘。」

量，施剛果之用，乃聖賢之爲也。不遐遺：泰寧之時，人心狃於泰，則苟安逸而已，惡能復深思遠慮，及於遐遠之事哉？治夫泰者，當周及庶事，雖遐遠不可遺。若事之微隱，賢才之在僻一作側。陋，皆遐遠者也，時泰則固遺之矣。朋亡：夫時之既泰，則人習於安，其情肆而失節。將約而正之，非絶去其朋與之私，則不能也，故云朋亡。自古立法制事，牽於人情，卒不能行者多矣。若夫禁奢侈則害於近戚，限田産則妨於貴家，如此之類，既不能斷以大公而必行，則是牽於朋比也。治泰不能朋亡，則爲之難矣。治泰之道，有此四者，則能合於九二之德，故曰得尚于中行，言能配合中行之義也。尚，配也。

象曰：包荒，得尚于中行，以光大也。

象舉包荒一句，而通解四者之義。言如此，則能配合中行之德，而其道光明顯大也。

九三，无平不陂，无往不復，艱貞无咎。勿恤其孚，于食有福。

三居泰之中，在諸陽之上，泰之盛也。物理如循環，在下者必升，居上者必降。泰久而必否，故於泰之盛與陽之將進，而爲之戒曰：无常安平而不險陂者，謂无常泰也；无常往而不返者，謂陰當復也。平者陂，往者復，則爲否矣。當知天理之必然，方泰之時，不敢安逸，常艱危其思慮，正固其施爲，如是則可以无咎。處泰之道，既能艱貞，則可常保其泰，不勞憂恤；得其所求也，不失所期。爲孚如是，則於其禄食有福益也。禄食謂福祉。善處泰者，其福可長也。蓋德善日積，則福禄日臻，德踰於禄，則雖盛而非滿。自古隆盛，未有不失道而喪敗者也。

象曰：无往不復，天地際也。

无往不復，言天地之交際也。陽降于下，必復于上；陰升于上，必復于下；屈伸往來之常理也。因天地交際之道，明否泰不常之理，以爲戒也。

六四，翩翩，不富以其鄰，不戒以孚。

六四處泰之過中，以陰在上，志在下復，上二陰亦志在趨下。翩翩，疾飛之貌。四翩翩就下，與其鄰同也。鄰，其類也，謂五與上。夫人富，而其類從者，爲利也。不富而從者，其志同也。三陰皆在下之物，居上乃失其實，其志皆欲下行，故不富而相從，不待戒告而誠意相合也。夫陰陽之升降，乃時運之否泰，或交或散，理之常也。泰既過中，則將變矣。聖人於三，尚云艱貞則有福，蓋三爲將中，知戒則可保。四已過中矣，理必變也，故專言始終反復之道。五，泰之主，則復言處泰之義。

象曰：翩翩不富，皆失實也。不戒以孚，中心願也。

翩翩，下往之疾。不待富而鄰從者，以三陰在上，皆失其實故也。陰本在下之物，今乃居上，是失實也。不待告戒而誠意相與者，蓋其中心所願故也。理當然者天也，衆所同者時也。

六五，帝乙歸妹，以祉，元吉。

史謂湯爲天乙，厥後有帝祖乙，亦賢王也；後又有帝乙。多士曰：「自成湯至于帝乙，罔不明德恤祀。」稱帝乙者，未知誰是。以爻義觀之，帝乙，制王姬下嫁之禮法者也。自古帝女，雖皆下嫁，至帝乙然後制爲禮法，使降其尊貴，以順從其夫也。六五以陰柔居君位，下應於九二剛明之賢。五能倚任其賢臣而順從之，如帝乙之歸妹然，降其尊而順從於陽，則以之受祉，且元吉也。元吉，大吉而盡善者也，謂成治泰之功也。

象曰：以祉元吉，中以行願也。

所以能獲祉福且元吉者，由其以中道合而行其志願也。有中德，所以能任剛中之賢，所聽從者皆其志願也。非其所欲，能從之乎？

上六，城復于隍，勿用師。自邑告命，貞吝。

掘隍土積累以成城，如治道積累以成泰。及泰之終，將反於否，如城土頹圮，復反于隍也。上，泰之終，六以小人處之，行將否矣。勿用師：君之所以能用其衆者，上下之情通而心從也；今泰之將終，失泰之道，上下之情不通矣，民心離散，不從其上，豈可用也？用之則亂。衆既不可用，方自其親近而告命之，雖使所告命者得其正，亦可羞吝。邑，所居，謂親近，大率告命必自近始。凡貞凶貞吝，有二義：有貞固守此則凶吝者，有雖得正亦凶吝者。此不云貞凶，而云貞吝者，將否而方告命，爲可羞吝，否不由於告命也。

象曰：城復于隍，其命亂也。

城復于隍矣，雖其命之，亂不可止也。

䷋坤下乾上

否，序卦：「泰者通也，物不可以終通，故受之以否。」夫物理往來，通泰之極則必否，否所以次泰也。爲卦，天上地下。天地相交，陰陽和暢，則爲泰。天處上，地處下，是天地隔絕，不相交通，所以爲否也。

否之匪人，

天地交，而萬物生於中，然後三才備，人爲最靈，故爲萬物之首。凡生天地之中者，皆人道也。天地不交，則不生萬物，是无人道，故曰匪人，謂非人道也。消長闔闢，相因而不息。泰極則復，否極則傾。无常而不變之理，人道豈能无也？既否則泰矣。

不利君子貞，大往小來。

夫上下交通，剛柔和會，君子之道也。否則反是，故不利君子貞。君子正道否塞不行也。大往小來，陽往而陰來也。小人道長，君子道消之象，故爲否也。

彖曰：否之匪人，不利君子貞，大往小來，則是天地不交而萬物不通也，上下不交而天下无邦也。內陰而外陽，內柔而外剛，內小人而外君子，小人道長，君子道消也。

夫天地之氣不交，則萬物无生成之理。上下之義不交，則天下无邦國之道。建邦國所以爲治也。上施政以治民，民戴君而從命，上下相交，所以治安也。今上下不交，是天下无邦國之道也。陰柔在內，陽剛在外，君子往居於外，小人來處於內，小人道長，君子道消之時也。

象曰：天地不交，否，君子以儉德辟難，不可榮以禄。

天地不相交通，故爲否。否塞之時，君子道消，當觀否塞之象，而以儉損其〔一〕德，避免禍難，不可榮

〔一〕覆元本「其」作「之」。

居禄位也。否者，小人得志之時，君子居顯榮之地，禍患必及其身，故宜晦處窮約也。

初六，拔茅茹，以其彙貞，吉亨。

泰與否皆取茅爲象者，以羣陽羣陰同在下，有牽連之象也。泰之時，則以同征爲吉。否之時，則以同貞爲亨。始以内小人外君子爲否之義，復以初六否而在下，爲君子之道，易隨時取義，變動无常。否之時，在下者君子也。否之三陰，上皆有應，在否隔之時，隔絶不相通，故无應義。初六能與其類貞固其節，則處否之吉，而其道之亨也。當否而能進者小人也，君子則伸道免禍而已。君子進退，未嘗不與其類同也。

象曰：拔茅貞吉，志在君也。

爻以六自守於下，明君子處下〔一〕之道，象復推明以象〔二〕君子之心。君子固守其節以處下者，非樂於不進，獨善也，以其道方否，不可進，故安之耳，心固未嘗不在天下也。其志常在得君而進，以康濟天下，故曰志在君也。

六二，包承，小人吉，大人否亨。

六二，其質則陰柔，其居則中正。以陰柔小人而言，則方否於下，志所包畜者，在承順乎上以求濟，其否爲身之利，小人之吉也。大人當否，則以道自處，豈肯枉己屈道，承順於上，唯自守其否而已，身之

〔一〕覆元本「下」下小注：「一作否。」義較長。
〔二〕覆元本「象」作「盡」。義較長。

否，乃其道之亨也。或曰：上下不交，何所承乎？曰：正則否矣，小人順上之心，未嘗无也。

象曰：大人否亨，不亂羣也。

大人於否之時，守其正節，不雜亂於小人之羣類，身雖否而道之亨也，故曰否亨。不以道而身亨，乃道之否也。不云君子而云大人，能如是則其道大矣。

六三，包羞。

三以陰柔，不中不正而居否，又切近於上，非能守道安命，窮斯濫矣，極小人之情狀者也。其所包畜謀慮，邪濫无所不至，可羞耻也。

象曰：包羞，位不當也。

陰柔居否，而不中不正，所爲可羞者，處不當故也。處不當位，所爲不以道也。

九四，有命无咎，疇離祉。

四以陽剛健體，居近君之位，是有濟否之才，而得高位者也，足以輔上濟否，然當君道方否之時，處逼近之地，所惡在居功取忌而已。若能使動必出於君命，威柄一歸於上，則无咎，而其志行矣。能使事皆出於君命，則可以濟時之否，其疇類皆附離其福祉。離，麗也。君子道行，則與其類同進，以濟天下之否，疇離祉也。小人之進，亦以其類同也。

象曰：有命无咎，志行也。

有君命則得无咎，乃可以濟否，其志得行也。

九五，休否，大人吉。其亡其亡，繫于苞桑。

五以陽剛中正之德，居尊位，故能休息天下之否，大人之吉也。大人當位，能以其道休息天下之否，以馴致於泰。猶未離於否也，故有其亡之戒。否既休息，漸將反泰，不可便爲安肆，當深慮遠戒，常虞否之復來，曰其亡矣，其亡矣。其繫于苞桑，謂爲安固之道，如維繫于苞桑也。桑之爲物，其根深固，苞謂叢生者，其固尤甚，聖人之戒深矣。漢王允、唐李德裕，不知此戒，所以致禍敗也。繫辭曰：「危者安其位者也，亡者保其存者也，亂者有其治者也。是故君子安而不忘危，存而不忘亡，治而不忘亂，是以身安而國家可保也。」

象曰：大人之吉，位正當也。

有大人之德，而得至尊之正位，故能休〔一〕天下之否，是以吉也。无其位，則雖有其道，將何爲乎？故聖人之位，謂之大寶。

上九，傾否，先否後喜。

上九，否之終也。物理極而必反，故泰極則否，否極則泰。上九否既極矣，故否道傾覆而變也。先極，否也；後傾，喜也。否傾則泰矣，後喜也。

象曰：否終則傾，何可長也！

否終則必傾，豈有長否之理？極而必反，理之常也。然反危爲安，易亂爲治，必有剛陽之才而後能

〔一〕覆元本「休」下小注：「一有息字。」

也。故否之上九則能傾否，屯之上六則不能變屯也。

☲☰離下乾上

同人，序卦：「物不可以終否，故受之以同人。」夫天地不交則爲否，上下相同則爲同人，與否義相反，故相次。又世之方否，必與人同力〔一〕乃能濟，同人所以次否也。爲卦，乾上離下。以二象言之，天在上者也，火之性炎上，與天同也，故爲同人。以二體言之，五居正位，爲乾之主，二爲離之主，二爻以中正相應，上下相同，同人之義也。又卦唯一陰，衆陽所欲同，亦同人之義也。他卦固有一陰者，在同人之時而二五相應，天火相同，故其義大。

同人于野，亨，利涉大川，利君子貞。

野謂曠野，取遠與外之義。夫同人者，以天下大同之道，則聖賢大公之心也。常人之同者，以其私意所合，乃暱比之情耳。故必于野，謂不以暱近情之所私，而于郊野曠遠之地，既不繫所私，乃至公大同之道，无遠不同也，其亨可知。能〔二〕與天下大同，是天下皆同之也。天下皆同，何險阻之不可濟？何艱危之不可亨？故利涉大川，利君子貞。上言于野，止謂不在暱比，此復言宜以君子正道。君子之貞，謂天下至公大同之道。故雖居千里之遠，生千歲之後，若合符節，推而行之，四海之廣，兆民之衆，莫不同。小人則唯用其私意，所比者雖非亦同，所惡者雖是亦異，故其所同者則爲阿黨，蓋

〔一〕覆元本「力」下小注：「一作欲。」
〔二〕覆元本「能」下小注：「一作既。」

其心不正也。故同人之道，利在君子之貞正。

彖曰：同人，柔得位，得中而應乎乾，曰同人。

言成卦之義。柔得位，謂二以陰居陰，得其正位也。五，中正，而二以中正應之，得中而應乎乾也。五，剛健中正，而二以柔順中正應之，各得其正，其德同也，故爲同人。五，乾之主，故云應乎乾。彖取天火之象，而象專以二言。

同人曰：

此三字羨文。

同人于野，亨，利涉大川，乾行也。

至誠无私，可以蹈險難者，乾之行也。无私，天德也。

文明以健，中正而應，君子正也。

又以二體言其義。有文明之德，而剛健以中正之道相應，乃君子之正道也。

唯君子爲能通天下之志。

天下之志萬殊，理則一也。君子明理，故能通天下之志。聖人視億兆之心猶一心者，通於理而已。文明則能燭理，故能明大同之義；剛健則能克己，故能盡大同之道，然後能中正合乎乾行也。

象曰：天與火，同人，君子以類族辨物。

不云火在天下，天下有火，而云天與火者，天在上，火性炎上，火與天同，故爲同人之義。君子觀同人之象，而以類族辨物，各以其類族辨物之同異也。若君子小人之黨，善惡是非之理，物情之離合，事理之異同，凡異同者君子能辨明之，故處物不失其方也。

初九，同人于門，无咎。

九居同人之初，而无一有所字。繫應，是无〔一〕偏私，同人之公者也，故爲出門。同人出門謂在外，在外則无私昵之偏，其同博而公，如此則无過咎也。

象曰：出門同人，又誰咎也？

出門同人于外，是其所同者廣，无所偏私。人之同也，有厚薄親疏之異，過咎所由生也。既无所偏黨，誰其咎之？

六二，同人于宗，吝。

二與五爲正應，故曰同人于宗，宗謂宗黨也。同於所繫應，是有所偏與，在同人之道爲私狹矣，故可吝。二若陽爻，則爲剛中之德，乃以中道相同，不爲私也。

象曰：同人于宗，吝道也。

諸卦以中正相應爲善，而在同人則爲可吝，故五不取君義。蓋私比非人君之道，相同以私爲可吝也。

九三，伏戎于莽，升其高陵，三歲不興。

三以陽居剛而不得中，是剛暴之人也。在同人之時，志在於同。卦惟一陰，諸陽之志皆欲同之，三又

〔一〕覆元本「无」下有「所」字。

與之比；然二以中正之道與五相應，三以剛强居二五之閒，欲奪而同之。然理不直，義不勝，故不敢顯發，伏藏兵戎于林莽之中，懷惡而内負不直，故又畏懼，時升高陵以顧望，如此至於三歲之久，終不敢興。此爻深見小人之情狀，然不曰凶者，既不敢發，故未至凶也。

象曰：伏戎于莽，敵剛也。三歲不興，安行也？

所敵者五，既剛且正，其可奪乎？故畏憚伏藏也。至于三歲不興矣，終安能行乎？

九四，乘其墉，弗克攻，吉。

四剛而不中正，其志欲同二，亦與五爲仇者也。墉垣所以限隔也。四切近於五，如隔墉耳。乘其墉，欲攻之，知義不直而不克也。苟能自知義之不直而不攻，則爲吉也。若肆其邪欲，不能反思義理，妄行攻奪，則其凶大矣。三以剛居剛，故終其强而不能反。四以剛居柔，故有困而能反之義，能反則吉矣。畏義而能改，其吉宜矣。

象曰：乘其墉，義弗克也。其吉，則困而反則也。

所以乘其墉而弗克攻之者，以其義之弗克也。以邪攻正，義不勝也。其所以得吉者，由其義不勝，困窮而反於法則也。二者，衆陽所同欲也。獨三四有争奪之義者，二爻居二五之閒也，初終遠，故取義别。

九五，同人，先號咷而後笑，大師克相遇。

九五同于二，而爲三四二陽所隔。五自以義直理勝，故不勝憤抑，至于號咷。然邪不勝正，雖爲所隔，終必得合，故後笑也。大師克相遇：五與二正應，而二陽非理隔奪，必用大師克勝之，乃得相遇也。云大師、云克者，見二陽之强也。九五君位，而爻不取人君同人之義者，蓋五專以私暱應於二，而失其中正之德。人君當與天下大同，而獨私一人，非君道也。又先隔則號咷，後遇則笑，是私暱之情，非大同之體也。二之在下，尚以同於宗爲吝，況人君乎？五既於君道无取，故更不言君道，而明二人同心，不可閒隔之義。繫辭云：「君子之道，或出或處，或默或語，二人同心，其利斷金。」中誠所同，出處語默无不同，天下莫能閒也。同者一也，一不可分，分乃二也。一可以通金石，冒水火，无所不能入，故云其利斷金。其理至微，故聖人贊之曰：「同心之言，其臭如蘭。」謂其言意味深長也。

象曰：同人之先，以中直也；大師相遇，言相克也。

先所以號咷者，以中誠理直，故不勝其忿切而然也。雖其敵剛强，至用大師，然義直理勝，終能克之，故言能相克也。相克謂能勝，見二陽之强也。

上九，同人于郊，无悔。

郊，在外而遠之地。求同者必相親相與，上九居外而无應，終无與同者也。始有同則至，終或有睽悔。處遠而无與，故雖无同，亦无悔。雖欲同之志不遂，而其終无所悔也。

象曰：同人于郊，志未得也。

居遠莫同，故終无所悔。然而在同人之道，求同之志不得遂，雖无悔，非善處也。

䷍乾下離上

大有，序卦：「與人同者，物必歸焉，故受之以大有。」夫與人同者，物之所歸也，大有所以次同人也。爲卦，火在天上。火之處高，其明及遠，萬物之衆，无不照見，爲大有之象。又一柔居尊，衆陽並應，居尊執柔，物之所歸也。上下應之，爲大有之義。大有，盛大豐有也。

大有：元亨。

卦之才可以元亨也。凡卦德，有卦名自有其義者，如比吉、謙亨是也；有因其卦義便爲訓戒者，如師貞丈人吉、同人于野亨是也；有以其卦才而言者，大有元亨是也。由剛健文明，應天時行，故能元亨也。

彖曰：大有，柔得尊位，大中而上下應之，曰大有。

言卦之所以爲大有也。五以陰居君位，柔得尊位也，處中得大中之道也，爲諸陽所宗，上下應之也。夫居尊執柔，固衆之所歸也，而又有虛中文明大中之德，故上下同志應之，所以爲大有也。

其德剛健而文明，應乎天而時行，是以元亨。

卦之德，內剛健而外文明。六五之君，應於乾之九二。五之性柔順而明，能順應乎二。二，乾之主也，是應乎乾也。順應乾行，順乎天時也，故曰應乎天而時行。其德如此，是以元亨也。王弼云：「不大通，何由得大有乎？大有則必元亨矣。」此不識卦義離乾成大有之義。非大有之義便有元亨，由其才故得元亨。大有而不善者，與不能亨者，有矣。諸卦具元亨利貞，則彖皆釋爲大亨，恐疑與乾坤同也；不兼利貞，則釋爲元亨，盡元義也，元有大善之義。有元亨者四卦：大有、蠱、升、鼎也。唯升之象，誤隨他卦，作大亨。曰：諸卦之元與乾不同，何也？曰：元之在乾，爲元始之義，爲首出庶物之義，他卦則不能有此義，爲善爲大而已。曰：元之爲大可矣，爲善何也？曰：元者物之先也，物之先豈有不善者乎？事成而後有敗，敗非先成者也。興而後有衰，衰固後於興也。得而後有失，非得則何以有失也？至於善惡治亂是非，天下之事莫不皆然，必善爲先。故文言曰：「元者善之長也。」

象曰：火在天上，大有，君子以遏惡揚善，順天休命。

火高在天上，照見萬物之衆多，故爲大有。大有，繁庶之義。君子觀大有之象，以遏絶衆惡，揚明善類，以奉順天休美之命。萬物衆多，則有善惡之殊。君子享大有之盛，當代天工，治養庶類。治衆之道，在遏惡揚善而已。惡懲善勸，所以順天命而安羣生也。

初九，无交害，匪咎，艱則无咎。

九居大有之初，未至於盛，處卑无應與，未有驕盈之失，故无交害，未涉於害也。大凡富有，鮮不有害。以子貢之賢，未能盡免，況其下者乎？匪咎，艱則无咎，言富有本匪有咎也，人因富有自爲咎耳；若能享富有而知難處，則自无咎也。處富有而不能思艱兢畏，則驕侈之心生矣，所以有咎也。

象曰：大有初九，无交害也。

在大有之初，克念艱難，則驕溢之心无由生矣，所以不交涉於害也。

九二，大車以載，有攸往，无咎。

九以陽剛居二，爲六五之君所倚任，剛健則才勝，居柔則謙順，得中則无過，其才如此，所以能勝大有之任，如大車之材强壯，能勝載重物也。可以任重行遠，故有攸往而无咎也。大有豐盛之時，有而未極，故以二之才可往而无咎，至於盛極，則不可以往矣。

象曰：大車以載，積中不敗也。

壯大之車，重積載於其中而不損敗，猶九二材力之强，能勝大有之任也。

九三，公用亨于天子，小人弗克。

三居下體之上，在下而居人上，諸侯人君之象也。公侯上承天子，天子居天下之尊，率土之濱，莫非王臣，在下者何敢專其有？凡土地之富，人民之衆，皆王者之有也，此理之正也。故三當大有之時，居諸侯之位，有其富盛，必用亨通乎一作于。天子，謂以其有爲天子之有也，乃人臣之常義也。若小人處之，則專其富有以爲私，不知公以奉上之道，故曰小人弗克也。

象曰：公用亨于天子，小人害也。

公當用〔一〕亨于天子，若小人處之，則爲害也。自古諸侯能守臣節，忠順奉上者，則蓄養其衆，以爲王之屏翰，豐殖其財，以待上之徵賦。若小人處之，則不知爲臣奉上之道，以其〔二〕爲己之私，民衆財豐，則反擅其富强，益爲不順，是小人大有則爲害，又大有爲小人之害也。

九四，匪其彭，无咎。

〔一〕覆元本「用」下小注：「一無用字。」

〔二〕覆元本「其」下有「有」字，義較長。

九四居大有之時，已過中矣，是大有之盛者也。過盛則凶咎所由生也。故處之之道，匪其彭則得无咎，謂能謙損，不處其太盛，故〔一〕得无咎也。四近君之高位，苟處太盛，則致凶咎。彭，盛多之貌。詩載驅云：「汶水湯湯，行人彭彭。」行人盛多之狀。雅大明云：「駟騵彭彭。」言武王戎馬之盛也。

象曰：匪其彭无咎，明辯晳也。

能不處其盛而得无咎者，蓋有明辯之智也。晳，明智也。賢智之人，明辯物理，當其方盛，則知咎之將至，故能損抑，不敢至於滿極也。

六五，厥孚交如，威如，吉。

六五當大有之時，居君位，虛中，爲孚信之象。人君執柔守中，而以孚信接於下，則下亦盡其信誠以事於上，上下孚信相交也。以柔居尊位，當大有之時，人心安易，若專尚柔順，則陵慢生矣，故必威如則吉。威如，有威嚴之謂也。既以柔和孚信接於下，衆志説從，又有威嚴使之有畏，善處有者也，吉可知矣。

象曰：厥孚交如，信以發志也。威如之吉，易而无備也。

下之志，從乎上者也。上以孚信接於下，則下亦以誠信事其上，故厥孚交如。由上有孚信以發其下孚信之志，下之從上，猶響之應聲也。威如之所以吉者，謂若无威嚴，則下易慢而无戒備也，謂无恭

〔一〕徐本「故」作「則」。義較長。

畏備上之道。備謂備上之求責也。

上九，自天祐之，吉无不利。

上九在卦之終，居无位之地，是大有之極，而不居其有者也。處離之上，明之極也。唯至明所以不居其有，不至於過極也。有極而不處，則无盈滿之災，能順乎理者也。五之孚信，而履其上，爲蹈履誠信之義。五有文明之德，上能降志以應之，爲尚賢崇善之義。其處如此，合道之至也，自當享其福慶，自天祐之。行順乎天而獲天祐，故所往皆吉，无所不利也。

象曰：大有上吉，自天祐也。

大有之上，有極當變。由其所爲順天合道，故天祐助之，所以吉也。君子滿而不溢，乃天祐也。繫辭復申之云：「天之所助者順也，人之所助者信也。履信思乎順，又以尚賢也，是以自天祐之，吉无不利也。」履信謂履五，五虛中，信也。思順謂謙退不居。尚賢謂志從於五。大有之世，不可以盈豐，而復處盈焉，非所宜也。六爻之中，皆樂據權位，唯初上不處其位，故初九无咎，上九无不利。上九在上，履信思順，故在上而得吉，蓋自天祐也。

周易程氏傳卷第二

周易上經下

☷☶艮下坤上

謙，序卦：「有大者不可以盈，故受之以謙。」其有既大，不可至於盈滿，必在謙損，故大有之後，受之以謙也。爲卦，坤上艮下，地中有山也。地體卑下，山高大之物，而居地之下，謙之象也。以崇高之德，而處卑之下，謙之義也。

謙：亨，君子有終。

謙有亨之道也。有其德而不居，謂之謙。人以謙巽自處，何往而不亨乎？君子有終：君子志存乎謙巽，達理，故樂天而不競，內充，故退讓而不矜，安履乎謙，終身不易，自卑而人益尊之，自晦而德益光顯，此所謂君子有終也。在小人則有欲必競，有德必伐，雖使勉慕於謙，亦不能安行而固守，不能有終也。

彖曰：謙亨，天道下濟而光明，地道卑而上行。

濟當爲際。此明謙而能亨之義。天之道，以其氣下際，故能化育萬物，其道光明。下際謂下交也。

地之道，以其處卑，所以其氣上行，交於天，皆以卑降而亨也。

天道虧盈而益謙，

以天行而言，盈者則虧，謙者則益，日月陰陽是也。

地道變盈而流謙，

以地勢而言，盈滿者傾變而反陷，卑下者流注而益增也。

鬼神害盈而福謙，

鬼神謂造化之跡。盈滿者禍害之，謙損者福祐之，凡過而損，不足而益者，皆是也。

人道惡盈而好謙。

人情疾惡於盈滿，而好與於謙巽也。謙者人之至德，故聖人詳言，所以戒盈而勸謙也。

謙尊而光，卑而不可踰，君子之終也。

謙爲卑巽也，而其道尊大而光顯；自處雖卑屈，而其德實高不可加尚，是不可踰也。君子至誠於謙，恆而不變，有終也，故尊光。

象曰：地中有山，謙，君子以裒多益寡，稱物平施。

地體卑下，山之高大而在地中，外卑下而內藴高大之象，故爲謙也。不云山在地中，而曰地中有山，言卑下之中藴其崇高也。若言崇高藴於卑下之中，則文理不順。諸象皆然，觀文可見。君子以裒多益寡，稱物平施：君子觀謙之象，山而在地下，是高者下之，卑者上之，見抑高舉下、損過益不及之義；

以施於事，則裒取多者，增益寡者，稱物之多寡以均其施與，使得其平也。

初六，謙謙君子，用涉大川，吉。

初六以柔順處謙，又居一卦之下，爲自處卑下之至，謙而又謙也，故曰謙謙。能如是者，君子也。自處至謙，衆所共與也，雖用涉險難，亦无患害，況居平易乎？何所不吉也？初處謙而以柔居下，得无過於謙乎？曰：柔居下，乃其常也，但見其謙之至，故爲謙謙，未見其失也。

象曰：謙謙君子，卑以自牧也。

謙謙，謙之至也。謂君子以謙卑之道自牧也。自牧，自處也。詩云：「自牧歸荑。」

六二，鳴謙，貞吉。

二以柔順居中，是爲謙德積於中。謙德充積於中，故發於外，見於聲音顏色，故曰鳴謙。居中得正，有中正之德也，故云貞吉。凡貞吉，有爲貞且吉者，有爲得貞則吉者，六二之貞吉，所自有也。

象曰：鳴謙貞吉，中心得也。

二之謙德，由至誠積於中，所以發於聲音，中心所自得也，非勉一有强字。爲之也。

九三，勞謙，君子有終，吉。

三以陽剛之德而居下體，爲衆陰所宗，履得其位，爲下之上，是上爲君所任，下爲衆所從，有功勞而持謙德者也，故曰勞謙。古之人有當之者，周公是也。身當天下之大任，上奉幼弱之主，謙恭自牧，夔夔如畏然，可謂有勞而能謙矣。既能勞謙，又須君子行之有終，則吉。夫樂高喜勝，人之常情。平時能謙，固已鮮矣，況有功勞可尊乎？雖使知謙之善，勉而爲之，若矜負之心不忘，則不能常久，欲其有終，不可得也。唯君子安履謙順，乃其常行，故久而不變，乃所謂有終，有終則吉也。九三以剛居正，能終者也。此爻之德最盛，故象辭特重。

象曰：勞謙君子，萬民服也。

能勞謙之君子，萬民所尊服也。繫辭云：「勞而不伐，有功而不德，厚之至也。語以其功下人者也。德言盛，禮言恭。謙也者，致恭以存其位者也。」有勞而不自矜伐，有功而不自以爲德，是其德弘厚之至也。言以其功勞而自謙，以下於人也。德言盛，禮言恭。以其德言之，則至盛，以其自處之禮言之，則至恭，此所謂謙也。夫謙也者，謂致恭以存其位者也。存，守也。致其恭巽以守其位，故高而不危，滿而不溢，是以能終吉也。夫君子履謙，乃其常行，非爲保其位而爲之也。而言存其位者，蓋能致恭所以能存其位，言謙之道如此。如言爲善有令名，君子豈爲令名而爲善也哉？亦言其令名者，爲善之故一作效。也。

六四，无不利撝謙。

四居上體，切近君位，六五之君又以謙柔自處，九三又有大功德，爲上所任、衆所宗，而己居其上，當恭畏以奉謙德之君，卑巽以讓勞謙之臣，動作施爲，无所不利於撝謙也。撝，施布之象，如人手之撝也。動息進退，必施其謙，蓋居多懼之地，又在賢臣之上故也。

象曰：无不利撝謙，不違則也。

凡人之謙，有所宜施，不可過其宜也。如六五或用侵伐是也。唯四以處近君之地，據勞臣之上，故凡所動作，靡不利於施謙，如是然後中於法則，故曰不違則也，謂得其宜也。

六五，不富以其鄰，利用侵伐，无不利。

富者衆之所歸，唯財爲能聚人。五以君位之尊，而執謙順以接於下，衆所歸也，故不富而能有其鄰也。鄰，近也。不富而得人之親也，爲人君而持謙順，天下所歸心也。然君道不可專尚謙柔，必須威武相濟，然後能懷服天下，故利用行侵伐也。威德並著，然後盡君道之宜，而无所不利也。蓋五之謙柔，當防於過，故發此義。

象曰：利用侵伐，征不服也。

征其文德謙巽所不能服者也。文德所不能服，而不用威武，何以平治天下？非人君之中道，謙之過也。

上六，鳴謙，利用行師，征邑國。

六以柔處柔，順之極，又處謙之極，極乎謙者也。以極謙而反居高，未得遂其謙之志，故至發於聲音；又柔處謙之極，亦必見於聲色，故曰鳴謙。雖居无位之地，非任天下之事，然人之行己，必須剛柔相濟。上，謙之極也，至於太甚，則反爲過矣。故利在以剛武自治。邑國，己之私有。行師，謂用剛武。征邑國，謂自治其私。

象曰：鳴謙，志未得也，可用行師征邑國也。

謙極而居上，欲謙之志未得，故不勝其切，至於鳴也。雖不當位，謙既過極，宜以剛武自治其私，故云利用行師征邑國也。

䷏ 坤下震上

豫，序卦：「有大而能謙必豫，故受之以豫。」承二卦之義而爲次也，有既大而能謙，則有豫樂也。豫者，安和悅樂之義。爲卦，震上坤下，順動之象。動而和順，是以豫也。九四爲動之主，上下羣陰所共應也，坤又承之以順，是以動而上下順應，故爲和豫之義。以二象言之，雷出於地上。陽始潛閉於地中，及其動而出地，奮發其聲，通暢和豫，故爲豫也。

豫：利建侯行師。

豫，順而動也。豫之義，所利在於建侯行師。夫建侯樹屏，所以共安天下，諸侯和順則萬民悅服，兵師之興，衆心和悅，則順從而有功，故悅豫之道，利於建侯行師也。又上動而下順，諸侯從王，師衆順令之象。君萬邦，聚大衆，非和悅不能使之服從也。

彖曰：豫，剛應而志行，順以動，豫。

剛應，謂四爲羣陰所應，剛得衆應也。志行，謂陽志上行，動而上下順從，其志得行也。順以動，豫：震動而坤順，爲動而順理，順理而動，又爲動而衆順，所以豫也。

豫順以動，故天地如之，而況建侯行師乎？

以豫順而動，則天地如之而弗違，況建侯行師，豈有不順乎？天地之道，萬物之理，唯至順而已。大人所以先天後天而不違者，亦順乎理而已。

天地以順動，故日月不過而四時不忒；聖人以順動，則刑罰清而民服。

復詳言順動之道。天地之運，以其順動，所以日月之度不過差，四時之行不愆忒；聖人以順動，故經正而民興於善，刑罰清簡而萬民服也。

豫之時義大矣哉！

既言豫順之道矣，然其旨味淵永，言盡而意有餘也，故復贊之云：「豫之時義大矣哉！」欲人研味其理，優柔涵泳而識之也。時義，謂豫之時義。諸卦之時與義用大者，皆贊其大矣哉，豫以下十一卦是也。豫、遯、姤、旅言時義，坎、睽、蹇言時用，頤、大過、解、革言時，各以其大者也。

象曰：雷出地奮，豫，先王以作樂崇德，殷薦之上帝，以配祖考。

雷者，陽氣奮發，陰陽相薄而成聲也。陽始潛閉地中，及其動，則出地奮震也。始閉鬱，及奮發則通暢和豫，故爲豫也。坤順震發，和順積中而發於聲，樂之象也。先王觀雷出地而奮，和暢發於聲之象，作聲樂以襃崇功德，其殷盛至於薦之上帝，推配之以祖考。殷，盛也。禮有殷奠，謂盛也。薦上帝，配祖考，盛之至也。

初六，鳴豫，凶。

初六以陰柔居下，四，豫之主也，而應之，是不中正之小人處豫，而爲上所寵，其志意滿極，不勝其豫，至發於聲音，輕淺如是，必至於凶也。鳴，發於聲也。

象曰：初六鳴豫，志窮凶也。

云初六，謂其以陰柔處下，而志意窮極，不勝其豫，至於鳴也，必驕肆而致凶矣。

六二，介于石，不終日，貞吉。

逸豫之道，放則失正，故豫之諸爻，多不得正，才〔一〕與時合也。唯六二一爻處中正，又无應，爲自守之象。當豫之時，獨能以中正自守，可謂特立之操，是其節介如石之堅也。介于石，其介如石也。人之於豫樂，心悅之，故遲遲遂至於耽戀不能已也。二以中正自守，其介如石，其去之速，不俟終日，故貞正而吉也。處豫不可安且久也，久則溺矣。如二，可謂見幾而作者也。夫子因二之見幾，而極言知幾之道，曰：「知幾其神乎！君子上交不諂，下交不瀆，其知幾乎！幾者動之微、吉之先見者也。君子見幾而作，不俟終日。易曰：『介于石，不終日，貞吉。』介如石焉，寧用終日，斷可識矣。君子知微知彰，知柔知剛，萬夫之望。」夫見事之幾微者，其神妙矣乎！君子上交不至於諂，下交不至於瀆者，蓋知幾也。不知幾，則至於過而不已。交於上以恭巽，故過則爲諂；交於下以和易，故過則爲瀆。君子見於幾微，故不至於過也。所謂幾者，始動之微也，吉凶之端可先見而未著者也。獨言吉者，見之於先，豈復至有凶也？君子明哲，見事之幾微，故能其介如石，其守既堅，則不惑而明，見幾而動，豈俟終日也？斷，別也。其判別可見矣。微與彰，柔與剛，相對者也。君子見微則知彰矣，見柔則知剛矣，知幾如是，衆所仰也，故贊之曰「萬夫之望」。

〔一〕覆元本「才」作「不」，義較長。

象曰：不終日貞吉，以中正也。

能不終日而貞且吉者，以有中正之德也。中正故其守堅，而能辨之早，去之速。爻言六二處豫之道，爲教之意深矣。

六三，盱豫，悔，遲有悔。

六三陰而居陽，不中不正之人也。以不中正而處豫，動皆有悔。盱，上視也。上瞻望於四，則以不中正不爲四所取，故有悔也。四，豫之主，與之切近，苟遲遲而不前，則見棄絶，亦有悔也。蓋處身不正，進退皆有悔吝。當如之何？在正身而已。君子處己有道，以禮制心，雖處豫時，不失中正，故无悔也。

象曰：盱豫有悔，位不當也。

自處不當，失中正也，是以進退有悔。

九四，由豫，大有得，勿疑，朋盍簪。

豫之所以爲豫者，由九四也，爲動之主，動而衆陰悦順，爲豫之義。四，大臣之位，六五之君順從之，以陽剛而任上之事，豫之所由也，故云由豫。大有得，言得大行其志，以致天下之豫也。勿疑，朋盍簪：四居大臣之位，承柔弱之君，而當天下之任，危疑之地也，獨當上之倚任，而下无同德之助，所以疑也。唯當盡其至誠，勿有疑慮，則朋類自當盍〔一〕聚。夫欲上下之信，唯至誠而已。苟盡其至誠，則

〔一〕覆元本「盍」作「合」。

何患乎其〔一〕无助也？簪，聚也。簪之名簪，取聚髮也。或曰：卦唯一陽，安得同德之助？曰：居上位而至誠求助，理必得之。姤之九五曰有隕自天是也。四以陽剛，迫近君位，而專主乎豫，聖人宜爲之戒，而不然者，豫和順之道也，由和順之道，不失爲臣之正也。如此而專主於豫，乃是任天下之事而致時於豫者也，故唯戒以至誠勿疑。

象曰：由豫，大有得，志大行也。

由己而致天下於樂豫，故爲大有得，謂其志得大行也。

六五，貞疾，恆不死。

六五以陰柔居君位，當豫之時，沈溺於豫，不能自立者也。權之所主，衆之所歸，皆在於四。四之陽剛得衆，非耽惑柔弱之君所能制也，乃柔弱不能自立之君，受制於專權之臣也，居得君位貞也，受制於下有疾苦也。六居尊位，權雖失而位未亡也，故云「貞疾，恆不死」，言貞而有疾，常疾而不死，如漢、魏末世之君也。人君致危亡之道非一，而以豫爲多。在四不言失正，而於五乃見其强逼者，四本无失，故於四言大臣任天下之事之義，於五則言柔弱居尊，不能自立，威權去己之義，各據爻以取義，故不同也。若五不失君道，而四主於豫，乃是任得其人，安享其功，如太甲、成王也。蒙亦以陰居尊位，二以陽爲蒙之主，然彼吉而此疾者，時不同也。童蒙而資之於人，宜也；耽豫而失之於人，危亡之道也。故蒙相應，則倚任者也；豫相逼，則失權者也。又上下之心專歸於四也。

〔一〕覆元本「乎其」下小注：「一無乎字，一無其字。」

象曰：六五貞疾，乘剛也；恆不死，中未亡也。

貞而疾，由乘剛爲剛所逼也。恆不死，中之尊位未亡也。

上六，冥豫成，有渝无咎。

上六陰柔，非有中正之德，以陰居上，不正也。而當豫極之時，以君子居斯時，亦當戒懼，況陰柔乎？乃耽肆於豫，昏迷不知反者也。在豫之終，故爲昏冥已成也。若能有渝變，則可以无咎矣。在豫之終，有變之義。人之失，苟能自變，皆可以无咎，故冥豫雖已成，能變則善也。聖人發此義，所以勸遷善也，故更不言冥之凶，專言渝之无咎。

象曰：冥豫在上，何可長也？

昏冥於豫，至於終極，災咎行及矣。其可長然乎？當速渝也。

䷐震下兌上

隨，序卦：「豫必有隨，故受之以隨。」夫悦豫之道，物所隨也，隨所以次豫也。爲卦，兌上震下，兌爲説，震爲動，説而動，動而説，皆隨之義。女，隨人者也，以少女從長男，隨之義也。又震爲雷，兌爲澤，雷震於澤中，澤隨而動，隨之象也。又以卦變言之，乾之上來居坤之下，坤之初往居乾之上，陽來下於陰也；以陽下陰，陰必説隨，爲隨之義。凡成卦，既取二體之義，又有取爻義者，復有更取卦變之義者，如隨之取義，尤爲詳備。

隨：元，亨，利，貞，无咎。

隨之道，可以致大亨也。君子之道，爲衆所隨，與己隨於人，及臨事擇所隨，皆隨也。隨得其道，則可以致大亨也。凡人君之從善，臣下之奉命，學者之徙義，臨事而從長，皆隨也。隨之道，利在於貞正，隨得其正，然後能大亨而无咎。失其正則有咎矣，豈能亨乎？

彖曰：隨，剛來而下柔，動而説，隨。

大亨貞，无咎，而天下隨時。

卦所以爲隨，以剛來而下柔，動而説也，謂乾之上九來居坤之下，坤之初六往居乾之上，以陽剛來下於陰柔，是以上下下，以貴下賤，能如是，物之所説隨也。又下動而上説，動而可説也，所以隨也。如是則可大亨而得正，能大亨而得正，則爲无咎。不能亨，不得正，則非可隨之道，豈能使天下隨之乎？天下所隨者時也，故云「天下隨時」。

隨時之義大矣哉！

君子之道，隨時而動，從宜適變，不可爲典要，非造道之深，知幾能權者，不能與於此也。故贊之曰：「隨時之義大矣哉！」凡贊之者，欲人知其義之大，玩而識之也。此贊隨時之義大，與豫等諸卦不同，諸卦時與義是兩事。

象曰：澤中有雷，隨，君子以嚮晦入宴息。

雷震於澤中，澤隨震而動，爲隨之象。君子觀象，以隨時而動。隨時之宜，萬事皆然，取其最明且近者言之。君子以嚮晦入宴息：君子晝則自强不息，及嚮昏晦，則入居於内，宴息以安其身，起居隨時，適其宜也。禮：君子晝不居內，夜不居外，隨時之道也。

初九，官有渝，貞吉，出門交有功。

九居隨時而震體且動之主，有所隨者也。官，主守也。既有所隨，是其所主守有變易也，故曰「官有渝，貞吉」，所隨得正則吉也。有渝而不得正，乃過動也。出門交有功：人心所從，多所親愛者也。常人之情，愛之則見其是，惡之則見其非，故妻孥之言雖失而多從，所憎之言雖善爲惡也。苟以親愛而隨之，則是私情所與，豈合正理，故出門而交則有功也。出門謂非私暱，交不以私，故其隨當而有功。

象曰：官有渝，從正吉也。

既有隨而變，必所從得正則吉也。所從不正，則有悔吝。

出門交有功，不失也。

出門而交，非牽於私，其交必正矣，正則无失而有功。

六二，係小子，失丈夫。

二應五而比初，隨先於近柔，不能固守，故爲之戒云：若係小子，則失丈夫也。初陽在下，小子也；五正應在上，丈夫也。二若志係於初，則失九五之正應，是失丈夫也。係小子而失丈夫，舍正應而從不正，其咎大矣。二有中正之德，非必至如是也，在隨之時，當爲之戒也。

象曰：係小子，弗兼與也。

人之所隨，得正則遠邪，從非則失是，无兩從之理。二苟係初，則失五矣，弗能兼與也。所以戒人從正當專一也。

六三，係丈夫，失小子，隨有求得，利居貞。

丈夫九四也，小子初也。陽之在上者丈夫也，居下者小子也。三雖與初同體，而切近於四，故係於四也。大抵陰柔不能自立，常親係於所近者。上係於四，故下失於初，舍初從上，得隨之宜也，上隨則善也。如昏之隨明，事之從善，上隨也。背是從非，舍明逐暗，下隨也。四亦无應，无隨之者也，近得三之隨，必與之親善。故三之隨四，有求必得也。人之隨於上，而上與之，是得所求也。又凡所求者可得也。雖然，固不可非理枉道以隨於上，苟取愛説以遂所求。如此，乃小人邪諂趨利之爲也，故云利居貞。自處於正，則所謂有求而必〔一〕得者，乃正事君子之隨也。

象曰：係丈夫，志舍下也。

既隨於上，則是其志舍下而不從也。舍下而從上，舍卑而從高也，於隨爲善矣。

九四，隨有獲，貞凶。有孚，在道，以明，何咎？

九四以陽剛之才，處臣位之極，若於隨有獲，則雖正亦凶。有獲，謂得天下之心隨於己。爲臣之道，當使恩威一出於上，衆心皆隨於君。若人心從己，危疑之道也，故凶。居此地者奈何？唯孚誠積於中，動爲合於道，以明哲處之，則又何咎？古之人有行之者，伊尹、周公、孔明是也，皆德及於民，而民隨之。其得民之隨，所以成其君之功，致其國之安，其至誠存乎中，是有孚也；其所施爲无不中道，在

〔一〕覆元本「必」下小注：「一無必字。」

道也；唯其明哲，故能如是以明也，復何過咎之有？是以下信而上不疑，位極而无逼上之嫌，勢重而无專强〔一〕之過。非聖人大賢，則不能也。其次如唐之郭子儀，威震主而主不疑，亦由中有誠孚而處无甚失也，非明哲能如是乎？

象曰：隨有獲，其義凶也。有孚在道，明功也。

居近君之位而有獲，其義固凶。能有孚而在道，則无咎，蓋明哲之功也。

九五，孚于嘉，吉。

九五居尊得正而中實，是其中誠在於隨善，其吉可知。嘉，善也。自人君至於庶人，隨道之吉，唯在隨善而已。下應二之正中，爲隨善之義。

象曰：孚于嘉吉，位正中也。

處正中之位，由正中之道，孚誠所隨者正中也，所謂嘉也，其吉可知。所孚之嘉，謂六二也。隨以得中爲善，隨之所防者過也，蓋心所説隨，則不知其過矣。

上六，拘係之，乃從維之，王用亨于西山。

上六以柔順而居隨之極，極乎隨者也。拘係之，謂隨之極，如拘持縻係之。乃從維之，又從而維繫之也，謂隨之固結如此。王用亨于西山，隨之極如是。昔者太王用此道，亨王業于西山。太王避狄之難，去豳來岐，豳人老稚扶攜以隨之如歸市，蓋其人心之隨，固結如此，用此故能亨盛其王業於西山。

〔一〕覆元本「强」下小注：「一作權。」

西山，岐山也。周之王業，蓋興於此。上居隨極，固爲太過，然在得民〔一〕之隨，與隨善之固，如此乃爲善也，施於他則過矣。

象曰：拘係之，上窮也。

隨之固如拘係維持，隨道之窮極也。

䷑巽下艮上

蠱，序卦：「以喜隨人者必有事，故受之以蠱。」承二卦之義以爲次也。夫喜悦以隨於人者，必有事也。无事，則何喜，何隨？蠱所以次隨也。蠱，事也。蠱非訓事，蠱乃有事也。爲卦，山下有風，風在山下，遇山而回則物亂，是爲蠱象。蠱之義，壞亂也。在文爲蟲皿，皿之有蟲，蠱壞之義。左氏傳云：「風落山，女惑男。」以長女下於少男，亂其情也。風遇山而回，物皆撓亂，是爲有事之象，故云蠱者事也。既蠱而治之，亦事也。以卦之象言之，所以成蠱也；以卦之才言之，所以治蠱也。

蠱：元，亨，利涉大川。

既蠱則有復治之理。自古治必因亂，亂則開治，理自然也。如卦之才以治蠱，則能致元亨也。蠱之大者，濟時之艱難險阻也，故曰利涉大川。

先甲三日，後甲三日。

甲，數之首，事之始也，如辰之甲乙。甲第，甲令，皆謂首也，事之端也。治蠱之道，當思慮其先後三

〔一〕覆元本「民」下小注：「一有心字。」

日，蓋推原先後，爲救弊可久之道。先甲謂先於此，究其所以然也。後甲謂後於此，慮其將然也。一日二日至於三日，言慮之深，推之遠也。究其所以然，則知救之之道；慮其將然，則知備之之方。善救則前弊可革，善備則後利可久，此古之聖王所以新天下而垂後世也。後之治蠱者，不明聖人先甲後甲之誡，慮淺而事近，故勞於救世而亂不革，功未及成而弊已生矣。甲者事之首，庚者變更之首。制作政教之類，則云甲，舉其首也。發號施令之事，則云庚，庚猶更也，有所更變也。

彖曰：蠱，剛上而柔下，巽而止，蠱。

以卦變及二體之義而言。剛上而柔下，謂乾之初九上而爲上九，坤之上六下而爲初六也。陽剛，尊而在上者也，今往居於上；陰柔，卑而在下者也，今來居於下。男雖少而居上，女雖長而在下，尊卑得正，上下順理，治蠱之道也。由剛之上、柔之下，變而爲艮巽。艮，止也。巽，順也。下巽而上止，止於巽順也。以巽順之道治蠱，是以元亨也。

蠱元亨而天下治也。

治蠱之道，如卦之才，則元亨而天下治矣。夫治亂者，苟能使尊卑上下之義正，在下者巽順，在上者能止齊安定之，事皆止於順，則何蠱之不治也？其道大善而亨也，如此則天下治矣。

利涉大川，往有事也。

方天下壞亂之際，宜涉艱險以往而濟之，是往有所事也。

先甲三日，後甲三日，終則有始，天行也。

夫有始則必有終，既終則必有始，天之道也。聖人知終始之道，故能原始而究其所以然，要終而備其將然，先甲後甲而爲之慮，所以能治蠱而致元亨也。

象曰：山下有風，蠱，君子以振民育德。

山下有風，風遇山而回，則物皆散亂，故爲有事之象。君子觀有事之象，以振濟於民，養育其德也。在己則養德，於天下則濟民，君子之所事，无大於此二者。

初六，幹父之蠱，有子，考无咎，厲終吉。

初六雖居最下，成卦由之，有主之義。居内在下而爲主，子幹父蠱也。子幹父蠱之道，能堪其事則爲有子，而其考得无咎。不然，則爲父之累，故必惕厲，則得終吉也。處卑而尸尊事，自當兢畏。以六之才，雖能巽順，體乃陰柔，在下无應而主幹，非有能濟之義。若以不克幹而言，則其義甚小，故專言爲子幹蠱之道，必克濟則不累其父，能厲則可以終吉，乃備見爲子幹蠱之大法也。

象曰：幹父之蠱，意承考也。

子幹父蠱之道，意在承當於父之事也，故祇敬其事，以置父於无咎之地，常懷惕厲，則終得其吉也。盡誠於父事，吉之道也。

九二，幹母之蠱，不可貞。

九二陽〔一〕剛，爲六五所應，是以陽剛之才在下，而幹夫在上，陰柔之事也，故取子幹母蠱爲義。以剛

〔一〕覆元本「陽」上有「以」字。

陽之臣，輔柔弱之君，義亦相近。二巽體而處柔，順義爲多，幹母之蠱之道也。夫子之於母，當以柔巽輔導之，使得於義。不〔一〕順而致敗蠱，則子之罪也。從容將順，豈无道乎？以婦人言之，則陰柔可知。若伸己剛陽之道，遽然矯拂則傷恩，所害大矣，亦安能入乎？在乎屈己下意，巽順將承，使之身正事治而已，故曰不可貞。謂不可貞固，盡其剛直之道，如是乃中道也，又安能使之爲甚高之事乎？若於柔弱之君，盡誠竭忠，致之於中道則可矣，又安能使之大有爲乎？且以周公之聖輔成王，成王非甚柔弱也，然能使之爲成王而已，守成不失道則可矣，固不能使之爲羲、黄、堯、舜之事也。二巽體而得中，是能巽順而得中道，合不可貞之義，得幹母蠱之道也。

象曰：幹母之蠱，得中道也。

二得中道而不過剛，幹母蠱之善者也。

九三，幹父之蠱，小有悔，无大咎。

三以剛陽之才，居下之上，主幹者也，子幹父之蠱也。以陽處剛而不中，剛之過也。然而在巽體，雖剛過而不爲无順。順，事親之本也。又居得正，故无大過。以剛陽之才，克幹其事，雖以剛過，而有小小之悔，終无大過咎也。然有小悔，已非善事親也。

象曰：幹父之蠱，終无咎也。

以三之才，幹父之蠱，雖小有悔，終无大咎也。蓋剛斷能幹，不失正而有順，所以終无咎也。

〔一〕覆元本「不」上小注：「一有母字。」義較長。

六四，裕父之蠱，往見吝。

四以陰居陰，柔順之才也，所處得正，故爲寬裕以處其父事者也。夫柔順之才而處正，僅能循常自守而已。若往幹過常之事，則不勝而見吝也。以陰柔而无應助，往安能濟？

象曰：裕父之蠱，往未得也。

以四之才，守常居寬裕之時則可矣，欲有所往，則未得也。加其所任〔一〕，一作往。則不勝矣。

六五，幹父之蠱，用譽。

五居尊位，以陰柔之質，當人君之幹，而下應於九二，是能任剛陽之臣也。雖能下應剛陽之賢而倚任之，然已實陰柔，故不能爲創始開基之事，承其舊業則可矣，故爲幹父之蠱。夫創業垂統之事，非剛明之才則不能。繼世之君，雖柔弱之資，苟能〔二〕任剛賢，則可以爲善繼而成令譽也。太甲、成王，皆以臣而用譽者也。

象曰：幹父用譽，承以德也。

幹父之蠱，而用有令譽者，以其在下之賢承輔之以剛中之德也。

上九，不事王侯，高尚其事。

上九居蠱之終，无繫應於下，處事之外，无所事之地也。以剛明之才，无應援而處无事之地，是賢人君

〔一〕徐本此句作「如有所往」，義較長。
〔二〕覆元本「能」下小注：「一有信字。」

子不偶於時，而高潔自守，不累於世務者也，故云不事王侯，高尚其事。古之人有行之者，伊尹、太公望之始，曾子、子思之徒是也。不屈道以徇時，既不得施設於天下，則自善其身，尊高敦尚其事，守其志節而已。士之自高尚，亦非一道：有懷抱道德，不偶於時，而高潔自守者；有知止足之道，退而自保者；有量能度分，安於不求知者；有清介自守，不屑天下之事，獨潔其身者。所處雖有得失小大之殊，皆自高尚其事者也。象所謂志可則者，進退合道者也。

象曰：不事王侯，志可則也。

如上九之處事外，不累於世務，不臣事於王侯，蓋進退以道，用舍隨時，非賢者能之乎？其所存之志，可爲法則也。

䷒兌下坤上

臨，序卦：「有事而後可大，故受之以臨。」「臨者大也」，「蠱者事也」，有事則可大矣，故受之以臨也。韓康伯云：「可大之業，由事而生。」二陽方長而盛大，故爲臨也。爲卦，澤上有地。澤上之地，岸也，與水相際，臨近乎水，故爲臨。天下之物，密近相臨者，莫若地與水，故地上有水則爲比，澤上有地則爲臨也。臨者，臨民、臨事，凡所臨皆是。在卦，取自上臨下、臨民之義。

臨：元，亨，利，貞。

以卦才言也。臨之道，如卦之才，則大亨而正也。

至于八月，有凶。

二陽方長於下，陽道嚮盛之時，聖人豫爲之戒曰：陽雖方長，至於八月，則其道消矣，是有凶也。大率聖人爲戒，必於方盛之時。方盛而慮衰，則可以防其滿極，而圖其永久。若既衰而後戒，亦无及矣。自古天下安治，未有久而不亂者，蓋不能戒於盛也。方其盛而不知戒，故狃安富則驕侈生，樂舒肆則綱紀壞，忘禍亂則釁孼萌，是以浸淫不知亂之至也。

彖曰：臨，剛浸而長，

説而順，剛中而應，

大亨以正，天之道也。

浸，漸也。二陽長於下而漸進也。下兑上坤，和説而順也。剛得中道而有應助，是以能大亨而得正，合天之道。剛正而和順，天之道也。化育之功所以不息者，剛正和順而已。以此臨人，臨事，臨天下，莫不大亨而得正也。兑爲説，説乃和也。夬彖云：決而和。

至于八月有凶，消不久也。

臨，二陽生，陽方漸盛之時，故聖人爲之戒云：陽雖方長，然至于八月，則消而凶矣。八月，謂陽生之八月。陽始生於復，自復至遯凡八月，自建子至建未也，二陰長而陽消矣，故云消不久也。在陰陽之氣言之，則消長如循環，不可易也。以人事言之，則陽爲君子，陰爲小人，方君子道長之時，聖人爲之誡，使知極則有凶之理而虞備之，常不至於滿極，則无凶也。

象曰：澤上有地，臨，君子以教思无窮，容保民无疆。

澤之上有地。澤，岸也，水之際也。物之相臨與含容，无若水之在地，故澤上有地爲臨也。君子觀親臨之象，則教思无窮，親臨於民，則有教導之意思也。无窮，至誠无斁也。觀含容之象，則有容保民之心。无疆，廣大无疆限也。含容有廣大之意，故爲无窮无疆之義。

初九，咸臨，貞吉。

咸，感也。陽長之時，感動於陰。四應於初，感之者也，比他卦相應尤重。四，近君之位。初得正位，與四感應，是以正道爲當位所信任，得行其志，獲乎上而得行其正道，是以吉也。他卦初、上爻不言得位失位，蓋初終之義爲重也。臨則以初得位居正爲重。凡言貞吉，有既正且吉者，有得正則吉者，有貞固守之則吉者，各隨其事一作時。也。

象曰：咸臨貞吉，志行正也。

所謂貞吉，九之志在於行正也。以九居陽，又應四之正，其志正也。

九二，咸臨吉，无不利。

二方陽長而漸盛，感動於六五中順之君，其交之親，故見信任，得行其志，所臨吉而无不利也。吉者已然，如是故吉也。无不利者將然，於所施爲，无所不利也。

象曰：咸臨吉无不利，未順命也。

未者，非遽之辭。孟子：或問勸齊伐燕有諸？曰：「未也。」又云：「仲子所食之粟，伯夷之所樹與？抑亦盜跖之所樹與？是未可知也。」史記侯嬴曰：「人固未易知。」古人用字之意皆如此，今人大率用對

「已」字，故意似異，然實不殊也。九二與五感應以臨下，蓋以剛德之長，而又得中，至誠相感，非由順上之命也，是以吉而无不利。五順體而二説體，又陰陽相應，故象特明其非由説順也。

六三，甘臨，无攸利，既憂之，无咎。

三居下之上，臨人者也。陰柔而説體，又處不中正，以甘説臨人者也。在上而以甘説臨下，失德之甚，无所利也。兑性既説，又乘二陽之上，陽方長而上進，故不安而益甘，既知危懼而憂之，若能持謙守正，至誠以自處，則无咎也。邪説由己，能憂而改之，復何咎乎？

象曰：甘臨，位不當也。既憂之，咎不長也。

陰柔之人，處不中正，而居下之上，復乘二陽，是處不當位也。既能知懼而憂之，則必强勉自改，故其過咎不長也。

六四，至臨，无咎。

四居上之下，與下體相比，是切臨於下，臨之至也。臨道尚近，故以比爲至。四居正位，而下應於剛陽之初，處近君之位，守正而任賢，以親臨於下，是以无咎，所處當也。

象曰：至臨无咎，位當也。

居近君之位，爲得其任；以陰處四，爲得其正；與初相應，爲下賢，所以无咎，蓋由位之當也。

六五，知臨，大君之宜，吉。

五以柔中順體，居尊位，而下應於二剛中之臣，是能倚任於二，不勞而治，以知臨下者也。夫以一人之身，臨乎天下之廣，若區區自任，豈能周於萬事？故自任其知者，適足爲不知。惟能取天下之善，任天下之聰明，則无所不周。是不自任其知，則其知大矣。五順應於九二剛中之賢，任之以臨下，乃己以明知臨天下，大君之所宜也，其吉可知。

象曰：大君之宜，行中之謂也。

君臣道合，蓋以氣類相求。五有中德，故能倚任剛中之賢，得大君之宜，成知臨之功，蓋由行其中德也。人君之於賢才，非道同德合，豈能用也？

上六，敦臨，吉，无咎。

上六，坤之極，順之至也，而居臨之終，敦厚於臨也。與初二雖非正應，然大率陰求於陽，又其至順，故志在從乎二陽，尊而應卑，高而從下，尊賢取善，敦厚之至也，故曰敦臨，所以吉而无咎。陰柔在上，非能臨者，宜有咎也。以其敦厚於順剛，是以吉而无咎。六居臨之終，而不取極義，臨无過極，故止爲厚義。上，无位之地，止以在上言。

象曰：敦臨之吉，志在內也。

志在內，應乎初與二也。志順剛陽而敦篤，其吉可知也。

䷓坤下巽上

觀，序卦：「臨者大也，物大然後可觀，故受之以觀。」觀所以次臨也。凡觀視於物則爲觀〔一〕，爲觀於

〔一〕覆元本「觀」下小注：「平聲。」

下則爲觀〔一〕。如樓觀謂之觀者，爲觀於下也。人君上觀天道，下觀民俗，則爲觀；修德行政，爲民瞻仰，則爲觀。風行地上，徧觸萬類，周觀之象也。二陽在上，四陰在下，陽剛居尊，爲羣下所觀，仰觀之義也。在諸爻，則惟取觀見，隨時爲義也。

觀：盥而不薦，有孚顒若。

予聞之胡翼之先生曰：「君子居上，爲天下之表儀，必極其莊敬，則下觀仰而化也。故爲天下之觀，當如宗廟之祭，始盥之時，不可如既薦之後，則下民盡其至誠，顒然瞻仰之矣。」盥，謂祭祀之始，盥手酌鬱鬯於地，求神之時也。薦，謂獻腥獻熟之時也。盥者事之始，人心方盡其精誠，嚴肅之至也。至既薦之後，禮數繁縟，則人心散，而精一不若始盥之時矣。居上者，正其表儀，以爲下民之觀，當一作常。莊嚴如始盥之初，勿使誠意少散，如既薦之後，則天下之人莫不盡其孚誠，顒然瞻仰之矣。顒，仰望也。

象曰：大觀在上，順而巽，中正以觀天下。

五居尊位，以剛陽中正之德，爲下所觀，其德甚大，故曰大觀在上。下坤而上巽，是能順而巽也。五居中正，以巽順中正之德爲觀於天下也。

觀盥而不薦，有孚顒若，下觀而化也。

爲觀之道，嚴敬如始盥之時，則下民至誠瞻仰而從化也。不薦，謂不使誠意少散也。

〔一〕覆元本「觀」下小注：「去聲。」

觀天之神道而四時不忒，聖人以神道設教而天下服矣。

天道至神，故曰神道。觀天之運行，四時无有差忒，則見其神妙。聖人見天道之神，體神道以設教，故天下莫不服也。夫天道至神，故運行四時，化育萬物，无有差忒。至神之道，莫可名言，惟聖人默契，體其妙用，設爲政教，故天下之人涵泳其德而不知其功，鼓舞其化而莫測其用，自然仰觀而戴服，故曰：「以神道設教而天下服矣。」

象曰：風行地上，觀，先王以省方觀民設教。

風行地上，周及庶物，爲由歷周覽之象，故先王體之爲省方之禮，以觀民俗而設政教也。天子巡省四方，觀視民俗，設爲政教，如奢則約之以儉，儉則示之以禮是也。省方，觀民也。設教，爲民觀也。

初六，童觀，小人无咎，君子吝。

六以陰柔之質，居遠於陽，是以觀見者淺近，如童稚然，故曰童觀。陽剛中正在上，聖賢之君也，近之則見其道德之盛，所觀深遠。初乃遠之，所見不明，如童蒙之觀也。小人，下民也，所見昏淺，不能識君子之道，乃常分也，不足謂之過咎，若君子而如是，則可鄙吝也。

象曰：初六童觀，小人道也。

所觀不明，如童稚，乃小人之分，故曰小人道也。

六二，闚觀，利女貞。

二應於五，觀於五也。五，剛陽中正之道，非二陰暗柔弱所能觀見也，故但如闚覘之觀耳。闚覘之觀，雖少見而不能甚一作盡。明也。二既不能明見剛陽中正之道，則利如女子之貞。雖見之不能甚明，而能順從者，女子之道也，在女子爲貞也。二既不能明見九五之道，能如女子之順從，則不失中正，乃爲利也。

象曰：闚觀女貞，亦可醜也。

君子不能觀見剛陽中正之大道，而僅一有能字。闚覘其彷彿，雖能順從，乃同女子之貞，亦可羞醜也。

六三，觀我生，進退。

三居非其位，處順之極，能順時以進退者也。若居當其位，則无進退之義也。觀我生：我之所生，謂動作施爲出於己者，觀其所生而隨宜進退，所以處雖非正，而未至失道也。隨時進退，求不失道，故无悔咎，一作吝。以能順也。

象曰：觀我生，進退，未失道也。

觀己之生，而進退以順乎宜，故未至於失道也。

六四，觀國之光，利用賓于王。

觀莫明於近。五以剛陽中正，居尊位，聖賢之君也；四切近之，觀見其道，故云觀國之光，觀見國之盛德光輝也。不指君之身而云國者，在人君而言，豈止觀其行一身乎？當觀天下之政化，則人君之道德可見矣。四雖陰柔，而巽體居正，切近於五，觀見而能順從者也。利用賓于王：夫聖明在上，則懷抱才德之人，皆願進于朝廷，輔戴之以康濟天下。四既觀見人君之德，國家之治，光華盛美，所宜賓于王朝，效其智力，上輔於君，以施澤天下，故云利用賓于王也。古者有賢德之人，則人君賓禮之，故士之仕進於王朝，則謂之賓。

象曰：觀國之光，尚賓也。

君子懷負才業，志在乎兼善天下，然有卷懷自守者，蓋時无明君，莫能用其道，不得已也，豈君子之志哉？故孟子曰：「中天下而立，定四海之民，君子樂之。」既觀見國之盛德光華，古人所謂非常之遇也，一無也字。所以志願登進王朝，以行其道，故云觀國之光尚賓也。尚謂志尚，其志意願慕賓于王朝也。

九五，觀我生，君子无咎。

九五居人君之位，時之治亂，俗之美惡，繫乎己而已。觀己之生，若天下之俗皆君子矣，則是己之所爲政化善也，乃无咎矣。若天下之俗未合君子之道，則是己之所爲政治未善，不一作未能免於咎也。

象曰：觀我生，觀民也。

我生，出於己者。人君欲觀己之施爲善否，當觀於民，民俗善則政化善也。王弼云觀民以察己之道，是也。

上九，觀其生，君子无咎。

上九以陽剛之德處於上，爲下之所觀，而不當位，是賢人君子不在於位，而道德爲天下所觀仰者也。觀其生，觀其所生也，謂出於己者，德業行義也，既爲天下所觀仰，故自觀其所生，若皆君子矣，則无過咎也；苟未君子，則何以使人觀仰矜式，是其咎也。

象曰：觀其生，志未平也。

雖不在位，然以人觀其德，用爲儀法，故當自愼省，觀其所生，常不失於君子，則人不失所望而化之矣；不可以不在於位故，安然放意无所事也。是其志意未得安也，故云志未平也。平謂安寧也。

☲☳震下離上

噬嗑，序卦：「可觀而後有所合，故受之以噬嗑。嗑者，合也。」既有可觀，然後有來合之者也，噬嗑所以次觀也。噬，齧也。嗑，合也。口中有物閒之，齧而後合之也。卦：上下二剛爻而中柔，外剛中虛，人頤口之象也；中虛之中，又一剛爻，爲頤中有物之象。口中有物，則隔其上下，不得嗑，必齧之，則得嗑，故爲噬嗑。聖人以卦之象，推之於天下之事，在口則爲有物隔而不得合，在天下則爲有强梗或讒邪閒隔於其閒，故天下之事不得合也，當用刑罰，小則懲戒，大則誅戮以除去之，然後天下之治得成矣。凡天下至於一國一家，至於萬事，所以不和合者，皆由有閒也，无閒則合矣。以至天地之生，萬物之成，皆合而後能遂，凡未合者皆有閒也。若君臣父子親戚朋友之閒，有離貳怨隙者，蓋讒邪閒於其閒也，除去之則和合矣。故閒隔者，天下之大害也。聖人觀噬嗑之象，推之於天下萬事，皆使去其閒隔而合之，則无不和且治一作洽。矣。噬嗑者，治天下之大用也。去天下之閒，在任刑罰，故卦取用刑爲義。在二體，明照而威震，乃用刑之象也。

噬嗑：亨，利用獄。

噬嗑亨：卦自有亨義也。天下之事所以不得亨者，以有閒也，噬而嗑之，則亨通矣。利用獄：噬而嗑之之道，宜用刑獄也。天下之閒，非刑獄何以〔一〕去之？不云利用刑，而云利用獄者，卦有明照之象，利於察獄也。獄者所以究察情僞，得其情則知爲閒之道，然後可以設防與致刑也。

象曰：頤中有物曰噬嗑，

噬嗑而亨。

頤中有物，故爲噬嗑。有物閒於頤中則爲害，噬而嗑之，則其害亡，乃亨通也，故云「噬嗑而亨」。

剛柔分動而明，雷電合而章。

以卦才言也。剛爻與柔爻相閒，剛柔分而不相雜，爲明辨之象。明辨，察獄之本也。動而明，下震上離，其動而明也。雷電合而章，雷震而電耀，相須並見，合而章也。照與威並行，用獄之道也。能照則无所隱情，有威則莫敢不畏。上既以二象言其動而明，故復言威照並用之意。

柔得中而上行，雖不當位，利用獄也。

六五以柔居中，爲用柔得中之義。上行，謂居尊位。雖不當位，謂以柔居五爲不當。而利於用獄者，治獄之道，全剛則傷於嚴暴，過柔則失於寬縱，五爲用獄之主，以柔處剛而得中，得用獄之宜也。以柔居剛爲利用獄，以剛居柔爲利否？曰：剛柔質也，居用也，用柔非治獄之宜也。

象曰：雷電，噬嗑，先王以明罰勑法。

象无倒置者，疑此文互也。雷電，相須並見之物，亦有嗑象，電明而雷威。先王觀雷電之象，法其明

〔一〕翻元本「何以」下小注：「一作不可以。」

與威，以明其刑罰，飭其法令。法者，明事理而爲之防者也。

初九，屨校滅趾，无咎。

九居初，最下无位者也，下民之象，爲受刑之人，當用刑之始，罪小而刑輕。校，木械也，其過小，故屨之於足，以滅傷其趾。人有小過，校而滅其趾，則當懲懼，不敢進於惡矣，故得无咎。繫辭云：「小懲而大誡，此小人之福也。」言懲之於小與初，故得无咎也。初與上无位，爲受刑之人，餘四爻皆爲用刑之人。初居最下，无位者也。上處尊位之上，過於尊位，亦无位者也。王弼以爲无陰陽之位，陰陽係於奇偶，豈容无也？然諸卦初上不言當位不當位者，蓋初終之義爲大。臨之初九，則以位爲正。若需上六云不當位，乾上九云无位，爵位之位，非陰陽之位也。

象曰：屨校滅趾，不行也。

屨校而滅傷其趾，則知懲誡而不敢長其惡，故云不行也。古人制刑，有小罪，則校其趾，蓋取禁止其行，使不進於惡也。

六二，噬膚滅鼻，无咎。

二，應五之位，用刑者也。四爻皆取噬爲義，二居中得正，是用刑得其中正也。用刑得其中正，則罪惡者易服，故取噬膚爲象。噬齧人之肌膚，爲易入也。滅，没也，深入至没其鼻也。二以中正之道，其刑易服，然乘初剛，是用刑於剛强之人。刑剛强之人，必須深痛，故至滅鼻而无咎也。中正之道，易以服人，與嚴刑以待剛强，義不相妨。

象曰：噬膚滅鼻，乘剛也。

深至滅鼻者，乘剛故也。乘剛乃用刑於剛强之人，不得不深嚴也。深嚴則得宜，乃所謂中也。

六三，噬腊肉，遇毒，小吝，无咎。

三居下之上，用刑者也。六居三，處不當位，自處不得其當，而刑於人，則人不服而怨懟悖犯之，如噬齧乾腊堅韌之物，而遇毒惡之味，反傷於口也。用刑而人不服，反致怨傷，是可鄙吝也。然當噬嗑之時，大要噬閒而嗑之，雖其身處位不當，而强梗難服，至於遇毒，然用刑非爲不當也，故雖可吝，而亦小噬而嗑之，非有咎也。

象曰：遇毒，位不當也。

六三一無三字。以陰居陽，處位不當，自處不當，故所刑者難服而反毒之也。

九四，噬乾胏，得金矢，利艱貞，吉。

九四居近君之位，當噬嗑之任者也。四已過中，是其閒愈大而用刑愈深也，故云噬乾胏。胏，肉之有聯一無聯字。骨者。乾肉而兼骨，至堅難噬者也。噬至堅而得金矢，金取剛，矢取直。九四陽德剛直，爲得剛直之道，雖用剛直之道，利在克艱其事而貞固其守，則吉也。九四剛而明體，陽而居柔。剛明則傷於果，故戒以知難；居柔則守不固，故戒以堅貞。剛而不貞者有矣，凡失剛者皆不貞也。在噬嗑，四最爲善。

象曰：利艱貞吉，未光也。

凡言未光，其道未光大也。戒於〔一〕利艱貞，蓋其所不足也，不得中正故也。

六五，噬乾肉，得黃金，貞厲无咎。

五在卦愈上，而爲噬乾肉，反易於四之乾胏者，五居尊位，乘在上之勢，以刑於下，其勢易也。在卦將極矣，其爲閒甚大，非易嗑也，故爲噬乾肉也。得黃金：黃中色，金剛物。五居中爲得中道，處剛而四輔以剛，得黃金也。五无應，而四居大臣之位，得其助也。貞厲无咎：六五雖處中剛，然實柔體，故戒以必正固而懷危厲，則得无咎也。以柔居尊而當噬嗑〔二〕之時，豈可不貞固而懷危懼哉？

象曰：貞厲无咎，得當也。

所以能无咎者，以所爲得其當也。所謂當，居中用剛，而能守正慮危也。

上九，何校滅耳，凶。

上過乎尊位，无位者也，故爲受刑者。居卦之終，是其閒大，噬之極也。繫辭所謂「惡積而不可揜，罪大而不可解」者也，故何校而滅其耳，凶可知矣。何，負也，謂在頸也。

象曰：何校滅耳，聰不明也。

人之聾暗不悟，積其罪惡，以至於極。古人制法，罪之大者，何之以校，爲其无所聞知，積成其惡，故以校而滅傷一無傷字。其耳，誡聰之不明也。

〔一〕覆元本「於」下小注：「一作以字。」義似較長。
〔二〕覆元本「嗑」下小注：「一作堅。」義似較長。

䷕ 離下艮上

賁，序卦：「嗑者合也，物不可以苟合而已，故受之以賁，賁者飾也。」物之合則必有文，文乃飾也。如人之合聚，則有威儀上下，物之合聚，則有次序行列，合則必有文也，賁所以次噬嗑也。爲卦，山下有火。山者，草木百物之所聚也，下有火，則照見其上，草木品彙皆被其光采，有賁飾之象，故爲賁也。

賁：亨，小利有攸往。

物有飾而後能亨，故曰无本不立，无文不行，有實而加飾，則可以亨矣。文飾之道，可增其光采，故能小利於進也。

彖曰：賁亨，

柔來而文剛，故亨。分剛上而文柔，故小利有攸往。天文也，

文明以止，人文也。

卦爲賁飾之象，以上下二體，剛柔交相爲文飾也。下體本乾，柔來文其中而爲離；上體本坤，剛往文其上而爲艮，乃爲山下有火，止於文明而成賁也。天下之事，无飾不行，故賁則能亨也。柔來而文剛故亨：柔來文於剛，而成文明之象，文明所以爲賁也。賁之道能致亨，實由飾而能亨也。分剛上而文柔，故小利有攸往：分乾之中爻，往文於艮之上也。事由飾而加盛，由飾而能行，故小利有攸往。夫往而能利者，以有本也。賁飾之道，非能增其實也，但加之文采耳。事由文而顯盛，故爲小利有攸往。亨者，亨通也。往者，加進也。二卦之變，共成賁義，而彖分言上下，各主一事者，蓋離明足以致亨，文柔又能小進也。天文也，文明以止，人文也：此承上文言陰陽剛柔相文者，天之文也；止於文明者，人之文也。止謂處於文明也。質必有文，自然之理。理必有對待，生生之本也。有上則有下，有此則有彼，有質則有文，一不獨立，二則爲文。非知道者，孰能識之？天文，天之理也；人文，人之道也。

觀乎天文，以察時變；

天文謂日月星辰之錯列，寒暑陰陽之代變。觀其運行，以察四時之遷改也。

觀乎人文，以化成天下。

人文，人理之倫序。觀人文以教化天下，天下成其禮俗，乃聖人用賁之道也。賁之象，取山下有火，又取卦變，柔來文剛，剛上文柔。凡卦，有以二體之義及二象而成者，如屯取動乎險中與雲雷，訟取上剛下險與天水違行是也。有取一爻者成卦之由也，柔得位而上下應之，曰小畜；柔得尊位，大中而上下應之，曰大有，是也。有取二體，又取消長之義者，雷在地中復，山附於地剝，是也。有取二象兼取二爻交變爲義者，風雷益兼取損上益下，山下有澤損兼取損下益上，是也。有既以二象成卦，復取爻之義者，夬之剛決柔，姤之柔遇剛，是也。有以用成卦者，巽乎水而上水井，木上有火鼎，是也。鼎又以卦形爲象。有以形爲象者，山下有雷頤，頤中有物曰噬嗑是也。此成卦之義也。如剛上柔下、損上益下，謂剛居上，柔在下，損於上，益於下，據成卦而言，非謂就卦中升降也。如訟、无妄云剛來，豈自上體而來也？凡以柔居五者，皆云柔進而上行，柔居下者也，乃居尊位，是進而上也，非謂自下體而上也。卦之變，皆自乾、坤，先儒不達，故謂賁本是泰卦，豈有乾坤重而爲泰，又由泰而變之理？下離，本乾中爻變而成離；上艮，本坤上爻變而成艮。離在內，故云柔來，艮在上，故云剛上，非自下體而上也。乾坤變而爲六子，八卦重而爲六十四，皆由乾坤之變也。

象曰：山下有火，賁，君子以明庶政，无敢折獄。

山者草木百物之一無之字。所聚生也，火在其下而上照，庶類皆被其光明，爲賁飾之象也。君子觀山下有火明照之象，以修明其庶政，成文明之治，而无果敢於折獄也。折獄者，人君之所致慎也，豈可恃其明而輕自用乎？乃聖人之用心也，爲戒深矣。象之所取，唯以山下有火，明照庶物，以用明爲戒，而賁亦自有无敢折獄之義。折獄者，專用情實，有文飾則沒其情矣，故无敢用文以折獄也。

初九，賁其趾，舍車而徒。

初九以剛陽居明體而處下，君子有剛明之德而在下者也。君子在无位之地，无所施於天下，惟自賁飾其所行而已。趾取在下而所以行也。君子修飾之道，正其所行，守節處義，其行不苟，義或不當，則舍車輿而寧徒行，衆人之所羞，而君子以爲賁也。舍車而徒之義，兼於比應取之。初比二而應四，應四正也，與二非正也。九之剛明守義，不近與於二而遠應於四，舍易而從難，如舍車而徒行也。守節義，君子之賁也。是故君子所賁，世俗所羞；世俗所貴〔一〕，君子所賤。以車徒爲言者，因趾與行爲義也。

〔一〕貴　元本「貴」下小注：「一作賁。」義似較長。

象曰：舍車而徒，義弗乘也。

舍車而徒行者，於義不可以乘也。初應四正也，從二非正也。近舍二之易，而從四之難，舍車而徒行也。君子之賁，守其義而已。

六二，賁其須。

卦之爲賁，雖由兩爻之變，而文明之義爲重。二實賁之主也，故主言賁之道。飾於物者，不能大變其質也，因其質而加飾耳，故取須義。須，隨頤而動者也，動止唯繫於所附，猶善惡不由於賁也。二之文明，惟爲賁飾，善惡則繫其質也。

象曰：賁其須，與上興也。

以須爲象者，謂其與上同興也。隨上而動，動止惟繫所附也。猶加飾於物，因其質而賁之，善惡在其質也。

九三，賁如，濡如，永貞吉。

三處文明之極，與二四二陰，閒處相賁，賁之盛者也，故云賁如。如，辭助也。賁飾之盛，光采潤澤，故云濡如。光采之盛，則有潤澤。詩云：「麀鹿濯濯。」永貞吉：三與二四非正應，相比而成相賁，故戒以常永貞正。賁者飾也，賁飾一作修飾。之事，難乎常也，故永貞則吉。三與四相賁，又下比於二，二柔文一剛，上下交賁，爲賁之盛也。

象曰：永貞之吉，終莫之陵也。

飾而不常，且非正，一有則字。人所陵侮也，故戒能永正則吉也。其賁既常而正，誰能陵之乎？

六四，賁如，皤如，白馬翰如，匪寇婚媾。

四與初爲正應，相賁者也。本當賁如，而爲三所隔，故不獲相賁而皤如。皤，白也，未獲賁也。馬，在下而動者也，未獲相賁，故云白馬。其從正應之志如飛，故云翰如。匪爲九三之寇讐所隔，則婚媾遂其相親矣。己之所乘與動於下者，馬之象也。初四正應，終必獲親，第始爲其閒隔耳。

象曰：六四當位，疑也。匪寇婚媾，終无尤也。

四與初其遠，而三介於其閒，是所當之位爲可疑也。雖爲三寇讐所隔，未得親於[一]婚媾，然其正應，理直義勝，終必得合，故云終无尤也。尤，怨也，終得相賁，故无怨尤也。

六五，賁于丘園，束帛戔戔，吝，終吉。

六五以陰柔之質，密比于上九剛陽之賢，陰比于陽，復无所繫應，從之者也，受賁於上九也。自古設險守國，故城壘多依丘坂，丘謂在外而近且高者。園圃之地，最近城邑，亦在外而近者。丘園謂在外而近者，指上九也。六五雖居君位，而陰柔之才，不足自守，與上之剛陽相比而志從焉，獲賁於外比之賢，賁于丘園也。若能受賁於上九，受一作隨。其裁制，如束帛而戔戔，則雖其柔弱，不能自爲，爲可吝少，然能從於人，成賁之功，終獲其吉也。戔戔，翦裁分[二]裂之狀。帛未用則束之，故謂之束帛；

[一]覆元本「於」作「其」。

[二]覆元本「分」作「紛」。

及其制爲衣服，必翦裁分裂戔戔然。束帛喻六五本質，戔戔謂受人翦製而成用也。其資於人，與蒙同，而蒙不言吝者，蓋童蒙而賴於人，乃其宜也，非童幼而資賁於人爲可吝耳，然亨其功，終爲吉也。

象曰：六五之吉，有喜也。

能從人以成賁之功，享其吉美，是有喜也。

上九，白賁，无咎。

上九，賁之極也。賁飾之極，則失於華僞。惟能質白其賁，則无過失〔一〕之咎。白，素也。尚質素，則不失其本真。所謂尚質素者，非无飾也，不使華沒實耳。

象曰：白賁无咎，上得志也。

白賁无咎，以其在上而得志也。上九爲得志者，在上而文柔成賁之功，六五之君，又受其賁，故雖居无位之地，而實尸賁之功爲得志也。與他卦居極者異矣。既在上而得志，處賁之極，將有華僞失實之咎，故戒以質素則无咎，飾不可過也。

䷖ 坤下艮上

剥，序卦：「賁者飾也，致飾然後亨則盡矣，故受之以剥。」夫物至于文飾，亨之極也，極則必反，故賁終則剥也。卦，五陰而一陽，陰始自下生，漸長至于盛極，羣陰消剥於陽，故爲剥也。以二體言之，山附於地，山高起地上，而反附著於地，頹剥之象也。

〔一〕覆元本「失」作「飾」，義較長。

剥：不利有攸往。

剥者，羣陰長盛，消剥於陽之時。衆小人剥喪於君子，故君子不利有所往，惟當巽言晦迹，隨時消息，以免小人之害也。

彖曰：剥，剥也，柔變剛也。

不利有攸往，小人長也。

剥，剥也，謂剥落也。柔變剛也，柔長而剛變〔一〕一作剥。也。夏至一陰生而漸長，一陰長則一陽消，至於建戌，則極而成剥，是陰柔變剛陽也。陰，小人之道方長盛，而剥消於〔二〕陽，故君子不利有所往也。

順而止之，觀象也。君子尚消息盈虛，天行也。

君子當剥之時，知不可有所往，順時而止，乃能觀剥之象也。卦有順止之象，乃處剥之道，君子當觀而體之。君子尚消息盈虛，天行也：君子存心消息盈虛之理而能順之，乃合乎天行也。理有消衰，有息長，有盈滿，有虛損，順之則吉，逆之則凶，君子隨時敦尚，所以事天也。

象曰：山附於地，剥，上以厚下安宅。

艮重於坤，山附於地也。山高起於地，而反附著於地，圮剥之象也。上，謂人君與居人上者，觀剥之

〔一〕覆元本「變」作「剥」。
〔二〕覆元本「於」下小注：「一作剛。」

象而厚固其下，以安其居也。下者，上之本，未有基本固而能剥者也。故上〔一〕之剥必自下，下剥則上危矣。爲人上者，知理之如是，則安養人民，以厚其本，乃所以安其居也。書曰：「民惟邦本，本固邦寧。」

初六，剥牀以足，蔑貞凶。

陰之剥陽，自下而上。以牀爲象者，取身之所處也。自下而剥，漸至於身也。剥牀以足，剥牀之足也。剥始自下，故爲剥足。陰自下進漸，消蔑於貞正，凶之道也。蔑，无也，謂消亡於正道也。陰剥陽，柔變剛，是邪侵正，小人消君子，其凶可知。

象曰：剥牀以足，以滅下也。

取牀足爲象者，以陰侵没陽於下也。滅，没也。侵滅正道，自下而上也。

六二，剥牀以辨，蔑貞凶。

辨，分隔上下者，牀之幹也。陰漸進而上剥至于辨，愈蔑於正也，凶益甚矣。

象曰：剥牀以辨，未有與也。

陰之侵剥於陽，得以益盛，至於剥辨者，以陽未有應與故也。小人侵剥君子，若君子有與，則可以勝小人，不能爲害矣；唯其无與，所以被蔑而凶。當消剥之時而无徒與，豈能自存也？言未有與，剥之未盛，有與猶可勝也，示人之意深矣。

〔一〕覆元本「故上」下小注：「一作山。」義似較長。

六三，剥之无咎。

衆陰剥陽之時，而三獨居剛應剛，與上下之陰異矣。志從於正，在剥之時，爲无咎者也。三之爲，可謂善矣，不言吉，何也？曰：方羣陰剥陽，衆小人害君子，三雖從正，其勢孤弱，所應在无位之地，於斯時也，難乎免矣，安得吉也？其義爲无咎耳。言其无咎，所以勸也。

象曰：剥之无咎，失上下也。

三居剥而无咎者，其所處與上下諸陰不同，是與其同類相失，於處剥之道爲无咎，如東漢之吕强是也。

六四，剥牀以膚，凶。

始剥於牀足，漸至於膚。膚，身之外也，將滅其身矣，其凶可知。陰長已盛，陽剥已甚，貞道已消，故更不言蔑貞，直言凶也。

象曰：剥牀以膚，切近災也。

五爲君位，剥已及四，在人則剥其膚矣。剥及其膚，身垂於亡矣，切近於災禍也。

六五，貫魚以宫人寵，无不利。

剥及君位，剥之極也，其凶可知，故更不言剥，而别設義以開小人遷善之門。五，羣陰之主也。魚，陰物，故以爲象。五能使羣陰順序，如貫魚然，反獲寵愛於在上之陽，如宫人，則无所不利也。宫人，宫中之人，妻妾侍使也。以陰言，且取獲寵愛之義；以一陽在上，衆陰有順從之道，故發此義。

象曰：以宮人寵，終无尤也。

羣陰消剥於陽，以至於極，六五若能長率羣陰，駢首順序，反獲寵愛於陽，則終无過尤也。於剥之將終，復發此義，聖人勸遷善之意，深切之至也。

上九，碩果不食，君子得輿，小人剥廬。

諸陽消剥已盡，獨有上九一爻尚存，如碩大之果，不見食，將見[一]復生之理。上九亦一作一[二]。變，則純陰矣。然陽无可盡之理，變於上則生於下，无閒可容息也。聖人發明此理，以見陽與君子之道，不可亡也。或曰：剥盡則爲純坤，豈復有陽乎？曰：以卦配月，則坤當十月。以氣消息言，則陽剥[三]爲坤，陽[四]來爲復，陽[五]未嘗盡也，剥盡於上，則復生於下矣。故十月謂之陽月，恐疑其无陽也。陰亦然，聖人不言耳。陰道盛極之時，其亂可知。亂極則自當思治，故衆心願載於君子，君子得輿也。詩匪風、下泉所以居變風之終也。理既如是，在卦亦衆陰宗陽，爲共載之象。小人剥廬：若小人，則當剥之極，剥其廬矣，无所容其身也。更不論爻之陰陽，但言小人處剥極，則及其廬矣。廬，取在上

[一]覆元本「見」作「有」，義較長。
[二]覆元本「一作一」下尚有「一作已」三字。
[三]覆元本「剥」下小注：「一有盡字。」
[四]覆元本「陽」下小注：「一有復字。」
[五]覆元本「陽」上小注：「一有然字。」

之象。或曰：陰陽之消，必待盡而後復生於下，此在上便有復生之義，何也？夬之上六，何以言終有凶？曰：上九居剝之極，上[一]有一陽，陽无可盡之理，故明其有復生之義，見君子之道，不可亡也。夬者，陽消陰，陰，小人之道也，故但言其消亡耳，何用更言却有復生之理乎？

象曰：君子得輿，民所載也；小人剝廬，終不可用也。

正道消剝既極，則人復思治，故陽剛君子爲民所承載也。若小人處剝之極，則小人之窮耳，終不可用也。非謂九爲小人，但言剝極之時，小人如是也。

䷗震下坤上

復，序卦：「物不可以終盡，剝窮上反下，故受之以復。」物无剝盡之理，故剝極則復來[二]，陰極則陽生，陽剝極於上而復生於下，窮上而反下也，復所以次剝也。爲卦，一陽生於五陰之下，陰極而陽復也。歲十月，陰盛既極，冬至則一陽復生於地中，故爲復也。陽，君子之道。陽消極而復反，君子之道消極而復長也，故爲反善之義。

復：亨，出入无疾，朋來无咎。

復亨，既復則亨也。陽氣復生於下，漸亨盛而生育萬物，君子之道既復，則漸以亨通，澤於天下，故復則有亨盛之理也。出入无疾：出入謂生長，復生於內入也，長進於外出也。先云出，語順耳。陽生

[一]覆元本「上」作「止」，義較長。

[二]覆元本「來」下小注：「一無來字。」

非自外也，來於內，故謂之入。物之始生，其氣至微，故多屯艱。陽之始生，其氣至微，故多摧折。春陽之發，爲陰寒所折，觀草木於朝暮，則可見矣。出入无疾，謂微陽生長，无害之者也。既无害之，而其類漸進而來，則將亨盛，故无咎也。所謂咎，在氣則爲差忒，在君子〔一〕則爲抑塞不得盡其理。陽之當復，雖使有疾之，固不能止其復也，但爲阻礙耳。而卦之才有无疾之義，乃復道之善也。一陽始生，至微，固未能勝羣陰而發生萬物，必待諸陽之來，然後能成生物之功而无差忒，以朋來而无咎也。三陽子丑寅之氣生成萬物，衆陽之功也。若君子之道，既消而復，豈能便勝於小人？必待其朋類漸盛，則能協力以勝之也。

反復其道，七日來復，利有攸往。

謂消長之道，反復迭至。陽之消，至七日而來復。姤陽之始消也，七變而成復，故云七日，謂七更也。臨云八月有凶，謂陽長至于陰長，歷八月也。陽進則陰退，君子道長則小人道消，故利有攸往也。

彖曰：復亨，剛反。

動而以順行，是以出入无疾，朋來无咎。

復亨，謂剛反而亨也。陽剛消極而來反，既來反，則漸長盛而亨通矣。動而以順行，是以出入无疾，朋來无咎，以卦才言其所以然也。下動而上順，是動而以順行也。陽剛反而順動，是以得出入无疾，

〔一〕覆元本「君子」下小注：「一有之道字。」

朋來而无咎也。朋之來，亦順動也。

反復其道，七日來復，天行也。

利有攸往，剛長也。

復其見天地之心乎！

其道反復往來，迭消迭息。七日而來復者，天地〔一〕之運行如是也。消長相因，天之理也。陽剛君子之道長，故利有攸往。一陽復於下，乃天地生物之心也。先儒皆以靜爲見天地之心，蓋不知動之端乃天地之心也。非知道者，孰能識之？

象曰：雷在地中，復。先王以至日閉關，商旅不行，后不省方。

雷者，陰陽相薄而成聲，當陽之微，未能發也。雷在地中，陽始復之時也。陽始生於下而甚微，安靜而後能長。先王順天道，當至日陽之始生，安靜以養之，故閉關，使商旅不得行，人君不省視四方，觀復之象而順天道也。在一人之身亦然，當安靜以養其陽也。

初九，不遠復，无祇悔，元吉。

復者，陽反來復也。陽，君子之道，故復爲反善之義。初剛陽來復，處卦之初，復之最先者也，是不遠而復也。失而後有復，不失則何復之有？惟失之不遠而復，則不至於悔，大善而吉也。祇宜音柢，抵也。玉篇云：適也。義亦同。无祇悔，不至於悔也。坎卦曰祇既平无咎，謂至既平也。顏子无形顯之

〔一〕覆元本無「地」字。

過，夫子謂其庶幾，乃无祗悔也。過既未形而改，何悔之有？既未能不勉而中，所欲不踰矩，是有過也，然其明而剛，故一有不善未嘗不知，既知未嘗不遽改，故不至於悔，乃不遠復也。祗，陸德明音支，玉篇、五經文字、羣經音辨並見衣部。

象曰：不遠之復，以修身也。

不遠而復者，君子所以修其身之道也。學問之道无他也，唯其知不善則速改以從善而已。

六二，休復吉。

二雖陰爻，處中正而切比於初，志從於陽，能下仁也，復之休美者也。復者，復於禮也，復禮則爲仁。初陽復，復於仁也。二比而下之，所以美而吉也。

象曰：休復之吉，以下仁也。

爲復之休美而吉者，以其能下仁也。仁者，天下之公，善之本也。初復於仁，二能親而下之，是以吉也。

六三，頻復，厲无咎。

三以陰躁，處動之極，復之頻數而不能固者也。復貴安固，頻復頻失，不安於復也。復善而屢失，危之道也。聖人開遷善之道，與其復而危其屢失，故云厲无咎。不可以頻失而戒其復也，頻失則爲危，屢復何咎？過在失而不在復也。

象曰：頻復之厲，義无咎也。

頻復頻失，雖爲危厲，然復善之義則无咎也。

六四，中行獨復。

此爻之義，最宜詳玩。四行羣陰之中，而獨能復，自處於正，下應於陽剛，其志可謂善矣。不言吉凶者，蓋四以柔居羣陰之閒，初方甚微，不足以相援，无可濟之理，故聖人但稱其能獨復，而不欲言其獨從道而必凶也。曰：然則不言无咎，何也？曰：以陰居陰，柔弱之甚，雖有從陽之志，終不克濟，非无咎也。

象曰：中行獨復，以從道也。

稱其獨復者，以其從陽剛君子之善道也。

六五，敦復，无悔。

六五以中順之德，處君位，能敦篤於復善者也，故无悔。雖本善，戒亦在其中矣。陽復方微之時，以柔居尊，下復无助，未能致亨吉也，能无悔而已。

象曰：敦復无悔，中以自考也。

以中道自成也。五以陰居尊，處中而體順，能敦篤其志，以中道自成，則可以无悔也。自成謂成其中順之德。

上六，迷復凶，有災眚，用行師，終有大敗，以其國君凶，至于十年不克征。

以陰柔居復之終，終迷不復者也。迷而不復，其凶可知。有災眚：災，天災，自外來；眚，己過，由自作。既迷不復善，在己則動皆過失，災禍亦自外而至，蓋所招也。迷道不復，无施而可，用以行師，則終有大敗，以之爲國，則君之凶也。十年者，數之終。至於十年不克征，謂終不能行。既迷於道，何時而可行也？

象曰：迷復之凶，反君道也。

復則合道，既迷於復，與道相反也，其凶可知。以其國君凶，謂其反君道也。人君居上而治衆，當從天下之善，乃迷於復，反君之道也。非止人君，凡人迷於復者，皆反道而凶也。

䷘ 震下乾上

无妄，序卦：「復則不妄矣，故受之以无妄。」復者反於道也，既復於道，則合[一]正理而无妄，故復之後受之以无妄也。爲卦，乾上震下。震，動也，動以天爲无妄，動以人欲則妄矣。无妄之義大矣哉！

无妄：元亨，利貞。其匪正有眚，不利有攸往。

无妄者[二]至誠也，至誠者一無者字。天之道也。天之化育萬物，生生不窮，各正其性命，乃无妄也。人能合无妄之道，則所謂與天地合其德也。无妄有大亨之理，君子行无妄之道，則可以致大亨矣。无妄，天之道也，卦言人由无妄之道也。一無也字。利貞，法无妄之道，利在貞正，失貞正則妄也。雖无邪心，苟不合正理，則妄也，乃邪心也，故有一作其。匪正則爲過眚。既已无妄，不宜有往，往則

[一]覆元本「合」下小注：「一無合字。」
[二]覆元本「者」作「言」。

妄也。

《象》曰：无妄，剛自外來，而爲主於內。

謂初九也。坤初爻變而爲震，剛自外而來也。震以初爻爲主，成卦由之，故初爲无妄之主。動以天爲无妄，動而以天，動爲主也。以剛變柔，爲以正去妄之象。又剛正爲主於內，无妄之義也。九居初，正也。

動而健，剛中而應，大亨以正，天之命也。

下動而上健，是其動剛健也。剛健，无妄之體也。剛中而應：五以剛居中正，二復以中正相應，是順理而不妄也。故其道大亨通而貞正，乃天之命也。天命謂天道也，所謂无妄也。

其匪正有眚，不利有攸往。无妄之往何之矣？天命不祐行矣哉！

所謂无妄，正而已。小失於正，則爲有過，乃妄也，所謂匪正，蓋由有往。若无妄而不往，何由有匪正乎？无妄者，理之正也。更有往，將何之矣？乃入於妄也。往則悖於天理，天道所不祐，可行乎哉？

《象》曰：天下雷行，物與无妄，先王以茂對時，育萬物。

雷行於天下，陰陽交和，相薄而成聲，於是驚蟄藏，振萌芽，發生一作育。萬物，其所賦與，洪纖高下，各正其性命，无有差妄，一作忒。物與无妄也。先王觀天下雷行發生賦與之象，而以茂對天時，養育萬物，使各得其宜，如天與之无妄也。茂，盛也。茂對之爲言，猶盛行永言之比。對時，謂順合天時。

天道生萬物，各正其性命而不妄；王者體天之道，養育人民，以至昆蟲草木，使各得其宜，乃對時育物之道也。

初九，无妄，往吉。

九以陽剛爲主於内，无妄之象，以剛實一無實字。變柔而居内，中誠不妄者也。以无妄而往，何所不吉？卦辭言不利有攸往，謂既无妄，不可復有往也，過則妄矣。爻言往吉，謂以无妄之道而行，則吉也。

象曰：无妄之往，得志也。

以无妄而往，无不得其志也。蓋誠之於物，无不能動，以之修身則身正，以之治事則事得其理，以之臨人則人感而化，无所往而不得其志也。

六二，不耕穫，不菑畬，則利有攸往。

凡理之所然者非妄也，人所欲一無欲字〔一〕。爲者乃妄也，故以耕穫菑畬譬之。六二居中得正，又應五之中正，居動體而柔順，爲動能順乎中正，乃无妄者也，故極言无妄之義。耕，農之始，穫，其成終也。田一歲曰菑，三歲曰畬。不耕而穫，不菑而畬，謂不首造其事，因其事理所當然也。首造其事，則是人心所作爲，乃妄也。因事之當然，則是順理應物，非妄也，穫與畬是也。蓋耕則必有穫，菑則必有畬，一作爲畬。是事理之固然，非心意之所造作也。或曰：聖人制作以利天下者，皆造端也，豈非妄乎？

〔一〕覆元本「一無欲字」作「一作欲所」。

曰：聖人隨時制作，合一作因。乎風氣之宜，未嘗先時而開之也。若不待時，則一聖人足以盡爲矣，豈待累聖繼作也？時乃事之端，聖人隨時而爲也。一「非心意之所造作也」句下，有「如是則爲无妄，不妄則所往利而无害也」。

象曰：不耕穫，未富也。

未者，非必之辭，臨卦曰未順命是也。不耕而穫，不菑而畬，因其事之當然，既耕則必有穫，既菑則必成畬，非必一無必字。以一無以字。穫畬之富而爲也。其始耕菑，乃設心在於求一無求字。穫畬，是以其富也，心有欲而爲者則妄也。

六三，无妄之災，或繫之牛，行人之得，邑人之災。

三以陰柔而不中正，是爲妄者也；又志應於上，欲也，亦妄也；在无妄之道，爲災害也。人之妄動，由有欲也。妄動而得，亦必有失，雖使得其所利，其動而妄，失已大矣，況復凶悔隨之乎？知者見妄之得，則知其失必與稱也。故聖人因六三有妄之象，而發明其理云：无妄之災，或繫之牛，行人之得，邑人之災。言如三之爲妄，乃无妄之災害也，設如有得，其失隨至。如或繫之牛，或謂設或也，或繫得牛，行人得之以爲有得，邑人失牛乃是災也。借使邑人繫得馬，則行人失馬，乃是災也。言有得則有失，不足以爲得也。行人邑人，但言有得則有失，非以爲彼己也。妄得之福，災亦隨之，妄得之得，失亦稱之，固不足以爲得也。人能知此，則不爲妄動矣。

象曰：行人得牛，邑人災也。

行人得牛，乃邑人之災也。有得則有失，何足以爲得乎？

九四，可貞，无咎。

四剛陽而居乾體，復无應與，无妄者也。剛而无私，豈有妄乎？可貞固守此，自无咎也。九居陰，得爲正一作貞。乎？曰：以陽居乾體，若復處剛，則爲一無爲字。過矣，過則妄也。居四，无尚剛之志也。可貞與利貞不同，可貞謂其所處可貞固守之，利貞謂利於貞也。

象曰：可貞无咎，固有之也。

貞固守之，則无咎也。

九五，无妄之疾，勿藥有喜。

九以中正當尊位，下復以中正順應之，可謂无妄之至者也，其道无以加矣。疾，爲之病者也。以九五之无妄，如其有疾，勿以藥治，則有喜也。人之有疾，則以藥石攻去其邪，以養其正。若氣體平和，本无疾病而攻治之，則反害其正矣，故勿藥則有喜也。有喜謂疾自亡也。无妄之所謂疾者，謂若治之而不治，率之而不從，化之而不革，以妄而爲无妄之疾，舜之有苗，周公之管、蔡，孔子之叔孫武叔是也。既已无妄，而有疾之者，則當自如无妄之疾，不足患也。若遂自攻治，乃是渝其无妄而遷於妄也。五既處无妄之極，故惟戒在動，動則妄矣。

象曰：无妄之藥，不可試也。

人之有妄，理必修改。既无妄矣，復藥以治之，是反爲妄也，其可用乎？故云不可試也。試，暫用也，猶曰少嘗之也。

上九，无妄，行有眚，无攸利。

上九居卦之終，无妄之極者也。極而復行，過於理也，過於理則妄也。故上九而行，則有過眚，而无所利矣。

象曰：无妄之行，窮之災也。

无妄既極，而復加進，乃爲妄矣，是窮極而爲災害也。

䷙ 乾下艮上

大畜，序卦：「有无妄然後可畜，故受之以大畜。」无妄則爲有實，故可畜聚，大畜所以次无妄也。爲卦，艮上乾下，天而在於山中，所畜至大之象。畜爲畜止，又爲畜聚，止則聚矣。取天在山中之象，則爲蘊畜；取艮之止乾，則爲畜止。止而後有積，故止爲畜義。

大畜：利貞，不家食吉，利涉大川。

莫大於天，而在山中，艮在上而止乾於下，皆蘊畜至大之象也。在人，爲學術道德充積於內，乃所畜之大也。凡所畜聚，皆是專言其大者。人之蘊畜，宜得正道，故云利貞。若夫異端偏學，所畜至多，而不正者固有矣。既道德充積於內，宜在上位以享天祿，施爲於天下，則不獨於〔一〕一身之吉，天下之吉也。若窮處而自食於家，道之否也，故不家食則吉。所畜既大，宜施之於時，濟天下之艱險，乃

〔一〕覆元本「於」下小注：「一無於字。」

大畜之用也，故利涉大川。此只據大畜之義而言，彖更以卦之才德而言，諸爻則惟有止畜之義。蓋易體道隨宜，取明且近者。

彖曰：大畜剛健、篤實、輝光，日新其德。

以卦之才德而言也。乾體剛健，艮體篤實。人之才剛健篤實，則所畜能大，充實而有輝光；畜之不已，則其德日新也。

剛上而尚賢，能止健，大正也。

剛上，陽居上也。陽剛居尊位之上爲尚賢之義。止居健上，爲能止健之義。止乎健者，非大正則安能以剛陽在上與尊尚賢德？能止至健，皆大正之道也。

不家食吉，養賢也。

利涉大川，應乎天也。

大畜之人，所宜施其所畜以濟天下，故不食於家則吉，謂居天位享天禄也。國家養賢，賢者得行其道也。利涉大川，謂大有蘊畜之人，宜濟天下之艱險也。彖更發明卦才云：所以能涉大川者，以應乎天也。六五，君也，下應乾之中爻，乃大畜之君，應乾而行也。所行能應乎天，无艱險之不可濟，況其他乎？

象曰：天在山中，大畜，君子以多識前言往行，以畜其德。

天爲至大而在山之中，所畜至大之象。君子觀象以大其蘊畜。人之蘊畜，由學而大，在多聞前古聖賢之言與行，考跡以觀其用，察言以求其心，識而得之，以畜成其德，乃大畜之義也。

初九，有厲利已。

大畜，艮止畜乾也，故乾三爻皆取被止爲義。艮三爻皆取止之爲義。初以陽剛，又健體而居下，必上進者也，六四在上，畜止於己，安能敵在上得位之勢？若犯之而進，則有危厲，故利在已而不進也。在他卦，則四與初爲正應相援者也；在大畜，則相應乃爲相止畜。上與三皆陽，則爲合志，蓋陽皆上進之物，故有同志之象，而无相止之義。

象曰：有厲利已，不犯災也。

有危則宜已，不可犯災危而行也，不度其勢而進，有災必矣。

九二，輿說輹。

二爲六五所畜止，勢不可進也。五據在上之勢，豈可犯也？二雖剛健之體，然其處得中道，故進止无失，雖志於進，度其勢之不可，則止而不行，如車輿脱去一有其字。輪輹，謂不行也。

象曰：輿說輹，中无尤也。

輿說輹而不行者，蓋其處得中道，動不失宜，故无過尤也。善莫善於剛中。柔中者不至於過柔耳。剛中，中而才也。初九處不得中，故戒以有危宜已。二得中，進止自无過差，故但言輿説輹，謂其能不行也，不行則无尤矣。初與二乾體，剛健而不足以進，四與五陰柔而能止。時之盛衰，勢之强弱，學易者所宜深識也。

九三，良馬逐，利艱貞，曰閑輿衛，利有攸往。

三剛健之極，而上九之陽亦上進之物，又處畜之極而思變也，與三乃不相畜，而志同相應以進者也。三以剛健之才，而在上者與合志而進，其進如良馬之馳逐，言其速也。雖其進之勢速，不可恃其才之健與上之應而忘備與慎也，故宜艱難其事，而由貞正之道。輿者用行之物，衛者所以自防。當自一無自字。日常閑習其車輿與其防衛，則利有攸往矣。三，乾體而居正能貞者也，當有〔一〕鋭進，故戒以知難與不失其貞也。志既鋭於進，雖剛明，有時而失，不得不誠也。

象曰：利有攸往，上合志也。

所以利有攸往者，以與在上者合志也。上九陽性上進，且畜已極，故不下畜三，而與一有三字。合志上進也。

六四，童牛之牿，元吉。

以位而言，則四下應於初，畜初者也。初居最下，陽之微者，微而畜之則易制，猶童牛而加牿，大善而吉也。概論畜道，則四艮體居上位而得正，是以正德居大臣之位，當畜之任者也。大臣之任，上畜止人君之邪心，下畜止天下之惡人〔二〕。人之惡，止於初則易，既盛而後禁，則扞格而難勝。故上之惡既甚，則雖聖人救之，不能免違拂；下之惡既甚，則雖聖人治之，不能免刑戮。莫若止之於初，如童牛

〔一〕覆元本「有」作「其」，義較長。

〔二〕覆元本「惡人」下小注：「一無人字。」

而加牿，則元吉也。牛之性觝觸以角，故牿以制之。若童犢始角，而加之以牿，使觝觸之性不發，則易而无傷，以況六四能畜止上下之惡於未發之前，則大善之吉也。

象曰：六四元吉，有喜也。

天下之惡，已盛而止之，則上勞於禁制，而下傷於刑誅，故畜止於微小之前，則大善而吉，不勞而无傷，故可喜也。四之畜初是也，上畜亦然。

六五，豶豕之牙，吉。

六五居君位，止畜天下之邪惡。夫以億兆之衆，發其邪欲之心，人君欲力以制之，雖密法嚴刑，不能勝也。夫物有總攝，事有機會，聖人操得其要，則視〔一〕億兆之心猶一心，道之斯行，止之則戢，故不勞而治，其用若豶豕之牙也。豕，剛躁之物，而牙爲猛利，若强制其牙，則用力勞而不能止其躁猛，雖縶之維之，不能使之變也。若豶去其勢，則牙雖存，而剛躁自止，其用如此，所以吉也。君子發豶豕之義，知天下之惡，不可以力制也，則察其機，持其要，塞絶其本原，故不假刑罰嚴峻而惡自止也。且如止盜，民有欲心，見利則動，苟不知教而迫於飢寒，雖刑殺日施，其能勝億兆利欲之心乎？聖人則知所以止之之道，不尚威刑，而修政教，使之有農一作耕。桑之業，知廉恥之道，雖賞之不竊矣。故止惡之道，在知其本，得其要而已。不嚴刑於彼，而修政於此，是猶患豕牙之利，不制其牙而豶其勢也。

〔一〕覆元本「視」下小注：「一無視字。」

象曰：六五之吉，有慶也。

在上者不知止惡之方，嚴刑以敵民欲，則其傷甚而无功。若知其本，制之有道，則不勞无傷而俗革，天下之福慶也。

上九，何天之衢，亨。

予聞之胡先生曰：天之衢亨，誤加「何」字。事極則反，理之常也，故畜極而亨。小畜畜之小，故極而成；大畜畜之大，故極而散。極既[一]當變，又陽性上行，故遂散也。天衢，天路也，謂虛空之中，雲氣飛鳥往來，故謂之天衢。天衢之亨，謂其亨通曠闊，无有蔽阻也。在畜道則變矣，變而亨，非畜道之亨也。

象曰：何天之衢？道大行也。

何以謂之天衢？以其无止礙，道路大通行也。以天衢非常語，故象特設問曰：何謂天之衢？以道路大通行，取空豁之狀也。以象有何字，故爻下亦誤加之。

䷚ 震下艮上

頤，序卦：「物畜然後可養，故受之以頤。」夫物既畜聚，則必有以養之，无養則不能存息，頤所以次大畜也。卦，上艮下震，上下二陽爻，中含四陰，上止而下動，外實而中虛，人頤頷之象也。頤，養也。人口所以飲食養人之身，故名爲頤。聖人設卦，推養之義，大至於天地養育萬物，聖人養賢以及萬

[一] 覆元本「極既」作「既極」。

民，與人之養生、養形、養德、養人，皆頤養之道也。動息節宣，以養生也；飲食衣服，以養形也；威儀行義，以養德也；推己及物，以養人也。

頤：貞吉，觀頤，自求口實。

頤之道，以正則吉也。人之養身、養德，養人、養於人，皆以正道則吉也。天地造化，養育萬物，各得其宜者，亦正而已矣。觀頤，自求口實：觀人之所頤，與其自求口實之道，則善惡吉凶可見矣。

彖曰：頤貞吉，養正則吉也。觀頤，觀其所養也。自求口實，觀其自養也。

貞吉，所養者正則吉也。所養，謂所養之人與養之之道。自求口實，謂其自求養身之道，皆以正則吉也。

天地養萬物，聖人養賢以及萬民，頤之時大矣哉！

聖人極言頤之道，而贊其大。天地之道，則養育萬物；養育萬物之道，正而已矣。聖人則養賢才，與之共天位，使之食天祿，俾施澤於天下，養賢以及萬民也，養賢所以養萬民也。夫天地之中，品物之衆，非養則不生。聖人裁成天地之道，輔相天地之宜，以養天下，至於鳥獸草木，皆有養之之政，其道配天地，故夫子推頤之道，贊天地與聖人之功曰：「頤之時大矣哉！」或云「義」，或云「用」，或止云「時」，以其大者也。萬物之生與養，時爲大，故云時。

象曰：山下有雷，頤，君子以慎言語，節飲食。

以二體言之，山下有雷，雷震於山下，山之生物，皆動其根荄，發其萌芽，爲養之象。以上下之義言之，艮止而震動，上止下動，頤頷之象。以卦形言之，上下二陽，中含四陰，外實中虛，頤口之象，口所以養身也。故君子觀其象以養其身，慎言語以養其德，節飲食以養其體。不唯就口取養〔一〕義，事之至近而所繫至大者，莫過於言語飲食也。在身爲言語，於天下則凡命令政教出於身者皆是，慎之則必當而无失；在身爲飲食，於天下則凡貨資財用養於人者皆是，節之則適宜而无傷。推養之道〔二〕，養德養天下，莫不然也。

初九，舍爾靈龜，觀我朵頤，凶。

蒙之初六，蒙者也，爻乃主發蒙而言。頤之初九，亦假外而言，爾謂初也。舍爾之靈龜，乃觀我而朵頤，我對爾而設。初之所以朵頤者四也，然非四謂之也，假設之辭爾。九，陽體剛明，其才智足以養正者也。龜能咽息不食，靈龜喻其明智，而可以不求養於外也。才雖如是，然以陽居動體，而在頤之時，求頤，人所欲也，上應於四，不能自守，志在上行，説所欲而朵頤者也。心既動，則其自失必矣。迷欲而失己，以陽而從陰，則何所不至？是以凶也。朵頤爲朵動其頤頷，人見食而欲之，則動頤垂涎，故以爲象。

象曰：觀我朵頤，亦不足貴也。

九，動體。朵頤，謂其説陰而志動，既爲欲所動，則雖有剛健明智之才，終必自失，故其才亦不足貴

〔一〕覆元本「養」下小注：「一無養字。」

〔二〕覆元本「道」下小注：「一有則字。」

也。人之貴乎剛者，爲其能立而不屈於欲也；貴乎明者，爲其能照而不失於正也。既惑所欲而失其正，何剛明之有？爲可賤也。

六二，顛頤，拂經，于丘頤，征凶。

女不能自處，必從男；陰不能獨立，必從陽。二，陰柔，不能自養，待養於人者也。天子養天下，諸侯養一國，臣食君上之禄，民賴司牧之養，皆以上養下，理之正也。二既不能自養，必求養於剛陽；若反下求於初，則爲顛倒，故云顛頤。顛則拂違經常，不可行也。若求養於丘，則往必有凶。丘，在外而高之物，謂上九也。卦止二陽，既不可顛頤于初，若求頤于上九，往則有凶。在頤之時，相應則相養者也。上非其應而往求養，非道妄動，是以凶也。顛頤則拂經，不獲其養爾；妄求於上，往則得凶也。今有人，才不足以自養，見在上者勢力足以養人，非其族類，妄往求之，取辱得凶必矣。六二中正，在他卦多吉，而凶，何也？曰：時然也。陰柔既不足以自養，初上二爻皆非其與，故往求則悖理而得凶也。

象曰：六二征凶，行失類也。

征而從上則凶者，非其類故也。往求而失其類，得凶宜矣。行，往也。

六三，拂頤，貞凶，十年勿用，无攸利。

頤之道，唯正則吉。三以陰柔之質，而處不中正，又在動之極，是柔邪不正而動者也。其養如此，拂違於頤之正道，是以凶也。得頤之正，則所養皆吉，求養養人則合於義，自養則成其德。三乃拂違正道，故戒以十年勿用。十，數之終，謂終不可用，无所往而利也。

象曰：十年勿用，道大悖也。

所以戒終不可用，以其所由之道，大悖義理也。

六四，顛頤，吉。虎視眈眈，其欲逐逐，无咎。

四在人上，大臣之位，六以陰居之，陰柔不足以自養，況養天下乎？初九以剛陽居下，在下之賢也，與四爲應，四又柔順而正，是能順於初，賴初之養也。以上養下則爲順，今反求下之養，顛倒也，故曰顛頤。然己〔一〕不勝其任，求在下之賢而順從之，以濟其事，則天下得其養，而己无曠敗之咎，故爲吉也。夫居上位者，必有〔二〕才德威望，爲下民所尊畏，則事行而衆心服從。若或下易其上，則政出而人違，刑施而怨起，輕於陵犯，亂之由也。六四雖能順從剛陽，不廢厥職，然質本陰柔，賴人以濟，人之所輕，故必養其威嚴，眈眈然如虎視，則能重其體貌，下不敢易。又從〔三〕於人者必有常，若間或无繼，則其政敗矣。其欲，謂所須用者，必逐逐相繼而不乏，則其事可濟；若取於人而无繼，則困窮矣。既有威嚴，又所施不窮，故能无咎也。二顛頤則拂經，四則吉，何也？曰：二在上而反求養於下，下非其應類，故爲拂經。四則居上位，以貴下賤，使在下之賢由己以行其道，上下之志相應而〔四〕施於民，

〔一〕覆元本「己」下有「以」字。
〔二〕覆元本「有」下小注：「一作其。」
〔三〕覆元本「從」作「取」。觀下文「若取於人而無繼，則困窮矣」句，作「取」較長。
〔四〕覆元本「而」下小注：「一有澤字。」

何吉如之？自三以下，養口體者也；四以上，養德義者也。以君而資養於臣，以上位而賴養於下，皆養德也。

象曰：顛頤之吉，上施光也。

顛倒求養，而所以吉者，蓋得剛陽之應以濟其事，致己居上之德施，光明被于天下，吉孰大焉？

六五，拂經，居貞吉，不可涉大川。

六五頤之時，居君位，養天下者也，然其陰柔之質，才不足以養天下，上有剛陽之賢，故順從之，賴其養己以濟天下。君者，養人者也，反賴人之養，是違拂於經常。既以己之不足而順從於賢師傅，上，師傅之位也，必居守貞固，篤於委信，則能輔翼其身，澤及天下，故吉也。陰柔之質，无貞剛之性，故戒以能居貞則吉。以陰柔之才，雖倚賴剛賢，能持循於平時，不可處艱難變故之際，故云不可涉大川也。以成王之才，不至甚柔弱也，當管、蔡之亂，幾不保於周公，況其下者乎？故書曰：「王亦未敢誚公，」賴二公得終信。」故艱險之際，非剛明之主，不可恃也。不得已而濟艱險者則有矣。發此義者，所以深戒於爲君也。於上九，則據爲臣致身盡忠之道言，故不同也。

象曰：居貞之吉，順以從上也。

居貞之吉者，謂能堅固順從於上九之賢，以養天下也。

上九，由頤，厲吉，利涉大川。

上九以剛陽之德，居師傅之任，六五之君，柔順而從於己，賴己之養，是當天下之任，天下由之以養也。以人臣而當是任，必常懷危厲則吉也。如伊尹、周公，何嘗不憂勤兢畏？故得終吉。夫以君之才不足，而倚賴於己，身當天下〔一〕大任，宜竭其才力，濟天下之艱危，成天下之治安，故曰利涉大川。得君如此之專，受任如此之重，苟不濟天下〔二〕艱危，何足稱委遇而謂之賢乎？當盡誠竭力，而不顧慮，然惕厲則不可忘也。

象曰：由頤厲吉，大有慶也。

若上九之當大任如是，能兢畏如是，天下被其德澤，是大有福慶也。

䷛ 巽下兌上

大過，序卦曰：「頤者養也，不養則不可動，故受之以大過。」凡物養而後能成，成則能動，動則有過，大過所以次頤也。爲卦，上兌下巽，澤在木上，滅木也。澤者潤養於木，乃至滅沒於木，爲大過之義。大過者，陽過也，故爲大者過，過之大，與大事過也。聖賢道德功業，大過於人，凡事之大過於常者皆是也。夫聖人盡人道，非過於理也，其制事以天下之正理，矯時之用，小過於中者則有之，如行過乎恭，喪過乎哀，用過乎儉是也。蓋矯之小過，而後能及於中，乃求中之用也。所謂大過者，常事之大者耳，非有過於理也。惟其大，故不常見；以其比常所見者大，故謂之大過。如堯、舜之禪讓，湯、武之放伐，皆由一有此字。道也。道无不中，无不常，以世人所不常見，故謂之大過於常也。

〔一〕覆元本「天下」下小注：「一有之字。」
〔二〕覆元本「天下」二字下有「之」字。

大過：棟橈，利有攸往，亨。

小過，陰過於上下；大過，陽過於中。陽過於中，而上下弱矣，故爲棟橈之象。棟取其勝重，四陽聚於中，可謂重矣。九三九四，皆取棟象，謂任重也。橈取其本末弱，中强而本末弱，是以橈也。陰弱而陽强，君子盛而小人衰，故利有攸往而亨也。棟，今人謂之檁。

彖曰：大過，大者過也。

大者過，謂陽過也。在事爲事之大者過，與其過之大。

棟橈，本末弱也。

謂上下二陰衰弱。陽盛則陰衰，故爲大者過。在小過，則曰小者過，陰過也。

剛過而中，巽而説行，利有攸往，乃亨。

言卦才之善也。剛雖過，而二五皆得中，是處不失[一]中道也。下巽上兑，是以巽順和説之道而行也。在大過之時，以中道巽説而行，故利有攸往，乃所以能亨也。

大過之時，大矣哉！

大過之時，其事甚大，故贊之曰「大矣哉」。如立非常之大事，興百[二]世之大功，成絶俗之大德，皆大過之事也。

[一] 覆元本「不失」下小注：「不失一作得。」
[二] 覆元本「百」作「不」。

象曰：澤滅木，大過，君子以獨立不懼，遯世无悶。

澤，潤養於木者也，乃至滅没於木，則過甚矣，故爲大過。君子觀大過之象，以立其大過人之行。君子所以大過人者，以其能獨立不懼，遯世无悶也。天下非之而不顧，獨立不懼也。舉世不見知而不悔，遯世无悶也。如此，然後能自守，所以爲大過人一無人字。也。

初六，藉用白茅，无咎。

初以陰柔巽體而處下，過於畏慎者也。以柔在下，用茅藉物之象。不錯諸地，而藉以茅，過於慎也，是以无咎。茅之爲物雖薄而用可重者，以用之能成敬慎之道也。慎守斯術而行，豈有失乎？大過之用也。繫辭云：「苟錯諸地而可矣，藉之用茅，何咎之有？慎之至也。」夫茅之爲物薄而用可重也，慎斯術也以往，其无所失矣，言敬慎之至也。茅雖至薄之物，然用之可甚重。以之藉薦，則爲重慎之道，是用之重也。人之過於敬慎，爲之非難，而可以保其安而无過，苟能慎一有思字。斯道，推而行之於事，其无所失矣。

象曰：藉用白茅，柔在下也。

以陰柔處卑下之道，惟當過於敬慎而已。以柔在下，爲以茅藉物之象，敬慎之道也。

九二，枯楊生稊，老夫得其女妻，无不利。

陽之大過，比陰則合，故二與五皆有生象。九二當大過之初，得中而居柔，與初密比而相與。初既切比於二，二復无應於上，其相與可知。是剛過之人，而能以中自處，用柔相濟者也。過剛則不能有所爲，九三是也。得中用柔，則能成大過之功，九二是也。楊者，陽氣易感之物，陽過則枯矣。楊枯槁而復生稊，陽過而未至於極也。九二陽過而與初，老夫得女妻之象。老夫而得女妻，則能成生育之功。二得中居柔而與初，故能復生稊，而无過極之失，无所不利也。在大過，陽爻居陰則善，二與四是也。二不言吉，方言无所不利，未遽至吉也。稊，根也。劉琨勸進表云：「生繁華於枯荑。」謂枯根也。鄭玄易亦作荑字，與稊同。

象曰：老夫女妻，過以相與也。

老夫之説少女，少女之順老夫，其相與過於常分，謂九二初六陰陽相與之和，過於常也。

九三，棟橈凶。

夫居大過之時，興大過之功，立大過之事，非剛柔得中，取於人以自輔，則不能也。既過於剛强，則不能與人同常，常之功尚不能獨立，況大過之事乎？以聖人之才，雖小事必取於人，當天下之大任，則可知矣。九三以大過之陽，復以剛自居而不得中，剛過之甚者也。以過甚之剛，動則違於中和而拂於衆心，安能當大過之任乎？故不勝其任，如棟之橈，傾敗其室，是以凶也。取棟爲象者，以其无輔，而不能勝重任也。或曰：三，巽體而應於上，豈无用柔之象乎？曰：言易者，貴乎識勢之重輕，時之變易。三居過而用剛，巽既終而且變，豈復有用柔之義？應者，謂志相從也。三方過剛，上能繫其志乎？

象曰：棟橈之凶，不可以有輔也。

剛强之過，則不能取於人，人亦不能〔一〕親輔之，如棟橈折，不可支輔也。棟當室之中，不可加助，是不可以有輔也。

九四，棟隆吉，有它吝。

四居近君之位，當大過之任者也。居柔爲能用柔相濟，既不過剛，則能勝其任，如棟之隆起，是以吉也。隆起，取〔二〕不下橈之義。大過之時，非陽剛不能濟，以剛處柔，爲得宜矣，若又與初六之陰相應，則過也。既剛柔得宜，而志復應陰，是有它也。有它則有累於剛，雖未至於大害，亦可吝也。蓋大過之時，動則過也。有它謂更有它志，吝爲不足之義，謂可少也。或曰：二比初則无不利，四若應初則爲吝，何也？曰：二得中而比於初，爲以柔相濟之義；四與初爲正應，志相繫者也。九既居四，剛柔得宜矣，復牽繫於陰，以害其剛，則可吝也。

象曰：棟隆之吉，不橈乎下也。

棟隆起則吉，不橈曲以就下也，謂不下繫於初也。

九五，枯楊生華，老婦得其士夫，无咎，无譽。

九五當大過之時，本以中正居尊位，然下无應助，固不能成大過之功，而上比過極之陰，其所相濟者，如枯楊之生華。枯楊下生根稊，則能復生，如大過之陽興成事功也；上生華秀，雖有所發，无益於枯

〔一〕覆元本「能」下小注：「一作肯。」

〔二〕覆元本「取」上小注：「一有兼字。」

也。上六過極之陰，老婦也。五雖非少，比老婦則爲壯矣，於五无所賴也，故反稱婦得。過極之陰，得陽之相濟，不爲无益也。以士夫而得老婦，雖无罪咎，殊非美也，故云无咎无譽，象復言其可醜也。

象曰：枯楊生華，何可久也！老婦士夫，亦可醜也。

枯楊不生根而生華，旋復枯矣，安能久乎？老婦而得士夫，豈能成生育之功？亦爲可醜也。

上六，過涉滅頂凶，无咎。

上六以陰柔處過極，是小人過常之極者也。小人之所謂大過，非能爲大過人之事也，直過常越理，不恤危亡，履險蹈禍而已。如過涉於水，至滅没其頂，其凶可知。小人狂躁以自禍，蓋其宜也，復將何尤，故曰无咎，言自爲之，无所怨咎也。因澤之象而取涉義。

象曰：過涉之凶，不可咎也。

過涉至溺，乃自爲之，不可以有咎也，言无所怨咎。

䷜ 坎下坎上

習坎，序卦：「物不可以終過，故受之以坎，坎者陷也。」理无過而不已，過極則必陷，坎所以次大過也。習謂重習。他卦雖重，不加其名，獨坎加習者，見其重險，險中復有險，其義大也。卦中一陽上下二陰，陽實陰虚，上下无據，一陽陷於二陰之中，故爲坎陷之義。陽居陰中則爲陷，陰居陽中則爲麗。凡陽：在上者止之象，在中陷之象，在下動之象。陰：在上説之象，在中麗之象，在下巽之象。陷則爲險。習，重也，如學習溫習，皆重復之義也。坎，陷也。卦之所言，處險難之道。坎，水也。一始於中，有生之最先者也，故爲水。陷，水之體也。

習坎有孚，維心亨，行有尚。

陽實在中，爲中有孚信。維心亨，維其心誠一，故能亨通。至誠可以通金石，蹈水火，何險難之不可亨也？行有尚，謂以誠一而行，則能出險，有可嘉尚，謂有功也。不行則常在險中矣。

彖曰：習坎，重險也。

水流而不盈，行險而不失其信。

習坎者，謂重險也，上下皆坎，兩險相重也。初六云坎窞，是坎中之坎，重險也。水流而不盈，陽動於險中，而未出於險，乃水性之流行而未盈於坎，既盈則出乎坎矣。行險而不失其信，陽剛中實，居險之中，行險而不失其信者也。坎中實，水就下，皆爲信義有孚也。

維心亨，乃以剛中也。

維其心可以亨通者，乃以其剛中也。中實爲有孚之象。至誠之道，何所不通？以剛中之道而行，則可以濟險難而亨通也。

行有尚，往有功也。

以其剛中之才而往，則有功，故可嘉尚；若止而不行，則常在險中矣。坎以能行爲功。

天險不可升也，地險山川丘陵也。王公設險以守其國。險之時用大矣哉！

高不可升者，天之險也。山川丘陵，地之險也。王公，君人者。觀坎之象，知險之不可陵也，故設爲城郭溝池之險，以守其國，保其民人，是有用險之時，其用甚大，故贊其大矣哉！山河城池，設險之大端也。若夫尊卑之辨，貴賤之分，明等威，異物采，凡所以杜絶陵僭，限隔上下者，皆體險之用也。

象曰：水洊至，習坎，君子以常德行習教事。

坎爲水，水流仍洊而至。兩坎相習，水流仍洊之象也。水自涓滴至于尋丈，至于江海，洊習而不驟者也。其因勢就下，信而有常。故君子觀坎水之象，取其有常，則常久其德行。人之德行，不常則僞也，故當如水之有常，取其洊習相受，則以習熟其教令之事。夫發政行教，必使民熟於聞聽，然後能從，故三令五申之；若驟告未喻，遽責其從，雖嚴刑以驅之不能也，故當如水之洊習。

初六，習坎，入于坎窞，凶。

初以陰柔居坎險之下，柔弱无援，而處不得當，非能出乎險也，唯益陷於深險耳。窞，坎中之陷處。已在習坎中，更入坎窞，其凶可知。

象曰：習坎入坎，失道凶也。

由習坎而更入坎窞，失道也，是以凶。能出於險，乃不失道也。

九二，坎有險，求小得。

二當坎險之時，陷上下二陰之中，乃至險之地，是有險也。然其剛中之才，雖未能出乎險中，亦可小自濟，不至如初益陷入于深險，是所求小得也。君子處險難而能自保者，剛中而已。剛則才足自衛，中則動不失宜。

象曰：求小得，未出中也。

方爲二陰所陷，在險〔一〕之地，以剛中之才，不至陷于深險，是所求小得，然未能出坎中之險也。

六三，來之坎坎，險且枕，入于坎窞，勿用。

六三在坎陷之時，以陰柔而居不中正，其處不善，進退與居，皆不可者也。來下則入于險之中，之上則重險也，退來與進之皆險，故云來之坎坎。既進退皆險，而居亦險。枕謂支倚。居險而支倚以處，不安之甚也。所處如此，唯益入於深險耳，故云入于坎窞。如三所處之道，不可用也，故戒勿用。

象曰：來之坎坎，終无功也。

進退皆險，處又不安，若用此道，當益入于險，終豈能有功乎？以陰柔處不中正，雖平易之地，尚致悔咎，況處險乎？險者人之所欲出也，必得其道，乃能去之。求去而失其道，益困窮耳。故聖人戒如三所處，不可用也。

六四，樽酒簋貳，用缶，納約自牖，終无咎。

六四陰柔而下无助，非能濟天下之險者。以其在高位，故言爲臣處險之道。大臣當險難之時，唯至

〔一〕覆元本「險」上有「至」字。觀上文「陷上下二陰之中，乃至險之地」，作「至險」義較長。

誠見信於君，其交固而不可閒，又能開明君心，則可保无咎矣。夫欲上之篤信，唯當盡其質實而已。多儀而尚飾，莫如燕享之禮，故以燕享喻之，言當不尚浮飾，唯以質實。所用一樽之酒，二簋之食，復以瓦缶爲器，質之至也。其質實如此，又須納約自牖。納約謂進結於君之道。牖〔一〕，開通之義。室之暗也，故設牖所以通明。自牖，言自通明之處，以況君心所明處。詩云：「天之牖民，如壎如篪。」毛公訓牖爲道，亦開通之謂〔二〕。人臣以忠信之道結於君心，必自其所明處乃能入也。人心有所蔽，有所通。所蔽者暗處也，所通者明處也。當就其明處而告之，求信則易也，故云納約自牖。能如是，則雖艱險之時，終得无咎也。且如君心蔽於荒樂，唯其蔽也，故爾雖力詆其荒樂之非，如其不省何？必於所不蔽之事，推而及之，則能悟其心矣。自古能諫其君者，未有不因其所明者也。故訐直强勁者率多取忤，而温厚明辯者其説多行。且如漢祖愛戚姬，將易太子，是其所蔽也。羣臣争之者衆矣。嫡庶之義，長幼之序，非不明也，如其蔽而不察何？四老者，高祖素知其賢而重之，此其不蔽之明心也，故因其所明而及其事，則悟之如反手。且四老人之力，孰與張良羣公卿及天下之士？其言之切，孰與周昌、叔孫通？然而不從彼而從此者，由攻其蔽與就其明之異耳。又如趙王太后愛其少子長安君，不肯使質於齊，此其蔽於私愛也。大臣諫之雖强，既曰蔽矣，其能聽乎？愛其子而欲使

〔一〕覆元本「牖」下小注：「一有有字。」
〔二〕覆元本「謂」下小注：「一作義。」

之長久富貴者，其心之所明也。故左師觸龍因其〔一〕明而導之以長久之計，故其聽也如響。非惟告於君者如此，爲教者亦然。夫教必就人之所長，所長者心之所明也，從其心之所明而入，然後推及其餘，孟子所謂成德達才是也。

象曰：樽酒簋貳，剛柔際也。

象只舉首句，如此比多矣。樽酒簋貳，質實之至，剛柔相際，接之道能如此，則可終保无咎。君臣之交，能固而常者，在誠實而已。剛柔指四與五，謂君臣之交際也。

九五，坎不盈，祇既平，无咎。

九五在坎之中，是不盈也，盈則平而出矣。祇宜音柢，抵也，復卦云：「无祇悔。」必抵於已平，則无咎。既曰不盈，則是未平而尚在險中，未得无咎也。以九五剛中之才，居尊位，宜可以濟於險，然下无助也。二陷於險中未能出，餘皆陰柔，无〔二〕濟險之才，人君雖才，安能獨濟天下之險？居君位而不能致天下出於險，則爲有咎，必祇既平，乃得无咎。

象曰：坎不盈，中未大也。

九五剛中之才，而得尊位，當濟天下之險難，而坎尚不盈，乃未能平乎險難，是其剛中之道未光大也。險難之時，非君臣協力，其能濟乎？五之道未大，以无臣也。人君之道，不能濟天下之險難，則爲未

〔一〕覆元本「其」下小注：「一有所字。」義似較長。
〔二〕覆元本「无」下小注：「一作非。」

大，不稱其位也。

上六，係用徽纆，寘于叢棘，三歲不得，凶。

上六以陰柔而居險之極，其陷之深者也。以其陷之深，取牢獄爲喻。如繫縛之以徽纆，囚寘于叢棘之中，陰柔而陷之深，其不能出矣。故云至于三歲之久，不得免也，其凶可知。

象曰：上六失道凶，三歲也。

以陰柔而自處極險之地，是其失道也，故其凶至於三歲也。三歲之久，而不得免焉，終凶之辭也。言久，有曰十，有曰三，隨其事也。陷于獄，至于三歲，久之極也。他卦以年數言者，亦各以其事也，如三歲不興，十年乃字是也。

䷝離下離上

離，序卦：「坎者陷也，陷必有所麗，故受之以離，離者麗也。」陷於險難之中，則必有所附麗，理自然也，離所以次坎也。離，麗也，明也。取其陰麗於上下之陽，則爲附麗之義；取其中虛，則爲明義。離爲火，火體虛，麗於物而明者也。又爲日，亦以虛明之象。

離：利貞，亨。畜牝牛，吉。

離，麗也。萬物莫不皆有所麗，有形則有麗矣。在人則爲[一]所親附之人，所由之道，所主之事，皆其所麗也。人之所麗，利於貞正，得其正則可以亨通，故曰「離，利貞，亨」。畜牝牛，吉：牛之性順，而又牝焉，

[一]覆元本「爲」下小注：「一無爲字。」

順之至也，既附麗於正，必能順於正道如牝牛，則吉也。畜牝牛，謂養其順德。人之順德，由養以成，既麗於正，當養習以成其順德也。

象曰：離麗也，日月麗乎天，百穀草木麗乎土。

離，麗也，謂附麗也。如日月則麗於天，百穀草木則麗於土。萬物莫不各有所麗，天地之中，无无麗之物，在人當審其所麗，麗得其正則能亨也。

重明以麗乎正，乃化成天下。

以卦才言也。上下皆離，重明也。五二皆處中正，麗乎正也。君臣上下皆有明德，而處中正，可以化天下，成文明之俗也。

柔麗乎中正，故亨，是以畜牝牛吉也。

二五以柔順麗於中正，所以能亨。人能養其至順，以麗中正，則吉，故曰「畜牝牛吉也」。或曰：二則中正矣，五以陰居陽，得爲正乎？曰：離主於〔一〕所麗。五，中正之位，六，麗於正位，乃爲正也。學者知時義而不失輕重，則可以言易矣。

象曰：明兩，作離，大人以繼明照于四方。

若云兩明，則是二明，不見繼明之義，故云明兩，明而重兩，謂相繼也。作離，明兩而爲離，繼明之義也。震巽之類，亦取洊隨之義，然離之義尤重也。大人，以德言則聖人，以位言則王者。大人觀

〔一〕覆元本此句無「於」字。

離明相繼之象，以世繼其明德，照臨于四方。大凡以明相繼，皆繼明也。舉其大者，故以世襲繼照言之。

初九，履錯然，敬之无咎。

陽固好動，又居下而離體。陽居下，則欲進。離性炎上，志在上麗，幾於躁動。其履錯然，謂交錯也。雖未進，而跡已動矣，動則失居下之分而有咎也。然其剛明之才，若知其義而敬慎之，則不至於咎矣。初在下，无位者也。明其身之進退，乃所麗之道也。其志既動，不能敬慎則妄動，是不明所麗，乃有咎也。

象曰：履錯之敬，以辟咎也。

履錯然欲動，而知敬慎，不敢進，所以求辟免過咎也。居明而剛，故知而能辟，不剛明則妄動矣。

六二，黄離，元吉。

二居中得正，麗於中正也。黄，中之色，文之美也。文明中正，美之盛也，故云黄離。以文明中正之德，上同於文明中順之君，其明如是，所麗如是，大善之吉也。

象曰：黄離元吉，得中道也。

所以元吉者，以其得中道也。不云正者，離以中爲重。所以成文明，由中也，正在其中矣。

九三，日昃之離，不鼓缶而歌，則大耋之嗟，凶。

八純卦皆有二體之義。乾，内外皆健；坤，上下皆順；震，威震相繼；巽，上下順隨；坎，重險相習；離，二明繼照；艮，內外皆止；兑，彼已相說。而離之義，在人事最大。九三居下體之終，是前明將盡，後明當繼之時，人之始終，時之革易也，故爲日昃之離，日下昃之明也，昃則將沒矣。以理言之，盛必有衰，始必有終，常道也。達者順理爲樂。缶，常用之器也。鼓缶而歌，樂其常也。不能如是，則以大耋爲嗟憂，乃爲凶也。大耋，傾沒也。人之終盡，達者則知其常理，樂天而已，遇常皆樂，如鼓缶而歌。不達者則恐恒有將盡之悲，乃大耋之嗟，爲其凶也。此處死生之道也。耋與昳同。

象曰：日昃之離，何可久也！

日既傾昃，明能久乎？明者知其然也，故求人以繼其事，退處以休其身，安常處順，何足以爲凶也！

九四，突如其來如，焚如，死如，棄如。

九四，離下體而升上體，繼明之初，故言繼承之義。在上而近君，繼承之地也。以陽居離體而處四，剛躁而不中正，且重剛。以不正而剛盛之勢，突如而來，非善繼者也。夫善繼者，必有巽讓之誠，順承之道，若舜、啟然。今四突如其來，失善繼之道也。又承六五陰柔之君，其剛盛陵爍之勢，氣焰如焚然，故云焚如。四之所行，不善如此，必被禍害，故曰死如。失繼紹之義，承上之道皆逆德也，衆所棄絶，故云棄如。至於死棄，禍之極矣，故不假言凶也。

象曰：突如其來如，无所容也。

上陵其君，不順所承，人惡衆棄，天下所不容也。

六五，出涕沱若，戚嗟若，吉。

六五居尊位而守中，有文明之德，可謂善矣。然以柔居上，在下无助，獨附麗於剛强之閒，危懼之勢也。唯其明也，故能畏懼之深，至於出涕；憂慮之深，至于戚嗟，所以能保其吉也。出涕戚嗟，極言其憂懼之深耳，時當然也。居尊位而文明，知憂畏如此，故得吉。若自恃其文明之德，與所麗中正，泰然不懼，一作慮。則安能保其吉也？

象曰：六五之吉，離王公也。

六五之吉者，所麗得王公之正位也。據在上之勢，而明察事理，畏懼憂虞以持之，所以能吉也。不然，豈能安乎？

上九，王用出征，有嘉。

九以陽居上，在離之終，剛明之極者也。明則能照，剛則能斷。能照足以察邪惡，能斷足以行威刑，故王者宜用。如是剛明以辨天下之邪惡，而行其征伐，則有嘉美之功也。征伐，用刑之大者。

折首，獲匪其醜，无咎。

夫明極則无微不照，斷極則无所寬宥，不約之以中，則傷於嚴察矣。去天下之惡，若盡究其漸染詿誤，則何可勝誅？所傷殘亦甚矣，故但當折取其魁首，所執獲者非其醜類，則无殘暴之咎也。書曰：「殲厥渠魁，脅從罔治。」

象曰：王用出征，以正邦也。

王者用此上九之德，明照而剛斷，以察除天下之惡，所以正治其邦國，剛明居上之道也。

周易程氏傳卷第三

周易下經上

䷞艮下兑上

咸，序卦：「有天地然後有萬物，有萬物然後有男女，有男女然後有夫婦，有夫婦然後有父子，有父子然後有君臣，有君臣然後有上下，有上下然後禮義有所錯。」天地萬物之本，夫婦人倫之始，所以上經首乾、坤，下經首咸繼以恒也。天地二物，故二卦分爲天地之道。男女交合而成夫婦，故咸與恒皆二體合爲夫婦之義。咸，感也，以説爲主；恒，常也，以正爲本。而説之道自有正也，正之道固有説焉：巽而動，剛柔皆應，説也。咸之爲卦，兑上艮下，少女少男也。男女相感之深，莫如少者，故二少爲咸也。艮體篤實，止爲誠慤之義。男志篤實以下交，女心説而上應，男感之先也。男先以誠感，則女説而應也。

咸：亨，利貞，取女吉。

咸，感也。不曰感者，咸有皆義，男女交相感也。物之相感，莫如男女，而少復甚焉。凡君臣上下，以至萬物，皆有相感之道。物之相感，則有亨通之理。君臣能相感，則君臣之道通；上下能相感，則上下之志通；以至父子、夫婦、親戚、朋友，皆情意相感，則和順而亨通。事物皆然，故咸有亨之理也。利貞：相感之道利在於正也。不以正，則入於惡矣，如夫婦之以淫姣，君臣之以媚説，上下之以邪僻，皆相感之不以正也。取女吉：以卦才言也。卦有柔上剛下，二氣感應，相與止而説，男下女之義。以此義取女，則得正而吉也。

彖曰：咸，感也。

柔上而剛下，二氣感應，以相與止而説，男下女，是以亨利貞，取女吉也。

咸之義感也。在卦，則柔爻上而剛爻下，柔上變剛而成兑，剛下變柔而成艮，陰陽相交，爲男女交感之義。又兑女在上，艮男居下，亦柔上剛下也。陰陽二氣，相感相應而和合，是相與也。止而説，止於説，爲堅慤之意。艮止於下，篤誠相下也；兑説於上，和説相應也。以男下女，和之至也。相感之道如此，是以能亨通而得正，取女如是則吉也。卦才如此，大率感道利於正也。

天地感而萬物化生，聖人感人心而天下和平。觀其所感，而天地萬物之情可見矣。

既言男女相感之義，復推極感道，以盡天地之理、聖人之用。天地二氣交感而化生萬物，聖人至誠以感億兆之心而天下和平。天下之心所以和平，由聖人感之也。觀天地交感化生萬物之理，與聖人感人心致和平之道，則天地萬物之情可見矣。感通之理，知道者默而觀之可也。

象曰：山上有澤，咸，君子以虚受人。

澤性潤下，土性受潤，澤在山上而其漸潤通徹，是二物之氣相感通也。君子觀山澤通氣之象，而虚其中以受於人。夫人中虛則能受，實則不能入矣。虛中者，无我也。中无私主，則无感不通。以量而容之，擇合一作交。而受之，非聖人有感必通之道也。

初六，咸其拇。

初六在下卦之下，與四相感。以微處初，其感未深，豈能動於人？故如人拇之動，未足以進也。拇，足大指。人之相感，有淺深輕重之異，識其時勢，則所處不失其宜矣。

象曰：咸其拇，志在外也。

初志之動，感於四也，故曰在外。志雖動而感未深，如拇之動，未足以進也。

六二，咸其腓，凶，居吉。

二以陰居下，與五爲應，故設咸腓之戒。腓，足肚，行則先動，足乃舉之，非如腓之自動也。二若不守道，待上之求，而如腓自動，則躁妄自失，所以凶也。安其居而不動，以待上之求，則得進退之道而吉也。二，中正之人，以其在咸而應五，故爲此戒。復云居吉，若安其分，不自動，則吉也。

象曰：雖凶，居吉，順不害也。

二居中得正，所應又中正，其才本善，以其在咸之時，質柔而上應，故戒以先動求君則凶，居以自守則吉。象復明之云：非戒之不得相感，唯順理則不害，謂守道不先動也。

九三，咸其股，執其隨，往吝。

九三以陽居剛，有剛陽之才，而爲主於內，居下之上，是宜自得於正道，以感於物，而乃應於上六。陽好上而說，陰上居感說之極，故三感而從之。股者，在身之下，足之上，不能自由，隨身而動者也，故以爲象，言九三不能自主，隨物而動，如股然，其所執守者隨於物也。剛陽之才，感於所說而隨之，如此而往，可羞吝也。

象曰：咸其股，亦不處也；志在隨人，所執下也。

云亦者，蓋象辭〔一〕本不與易相比，自作一處，故諸爻之象辭，意有相續者。此言亦者，承上爻〔二〕辭也。上云：「咸其拇，志在外也，雖凶居吉，順不害也。」咸其股，亦不處也。前二陰爻皆有感而動，三雖陽爻亦然，故云「亦不處也」。不處謂動也。有剛陽之質，而不能自主〔三〕，志反在於隨人，是所操執者卑下之甚也。

九四，貞吉，悔亡。憧憧往來，朋從爾思。

感者，人之動也，故皆就人身取象。拇取在下而動之微，腓取先動，股取其隨。九四无所取，直言感之道，不言咸其心，感乃心也。四在中而居上，當心之位，故爲感之主，而言感之道：貞正則吉而悔亡，感不以正，則有悔也。又四說體，居陰而應初，故戒於貞感之道，无所不通，有所私係，則害於感通，乃有悔也。聖人感天下之心，如寒暑雨暘，无不通，无不應者，亦貞而已矣。貞者，虛中无我之

〔一〕覆元本「辭」下小注：「一作體。」
〔二〕覆元本「爻」下小注：「一有象字。」義較長。
〔三〕覆元本「主」下小注：「一作立，一作處。」

謂也。憧憧往來，朋從爾思：夫貞一則所感无不通，若往來憧憧然，用其私心以感物，則思之所及者有能〔一〕感而動，所不及者不能感也，是其朋類則從其思也，以有係之私心，既主於一隅一事，豈能廓然无所不通乎？繫辭曰：「天下何思何慮？天下同歸而殊塗，一致而百慮，天下何思何慮？」夫子因咸極論感通之道。夫以思慮之私心感物，所感狹矣。天下之理一也，塗雖殊而其歸則同，慮雖百而其致則一。雖物有萬殊，事有萬變，統之以一，則无能違也。故貞其意，則窮天下无不感通焉，故曰：「天下何思何慮？」用其思慮之私心，豈能无所不感也？「日往則月來，月往則日來，日月相推而明生焉。寒往則暑來，暑往則寒來，寒暑相推而歲成焉。往者屈也，來者信也，屈信相感而利生焉。」此以往來屈信明感應之理。屈則有信，信則有屈，所謂感應也。故日月相推而明生，寒暑相推而歲成，功用由是而成，故曰屈信相感而利生焉。感，動也，有感必有應。凡有動皆爲感，感則必有應，所應復爲感，感〔二〕復有應，所以不已也。「尺蠖之屈，以求信也。龍蛇之蟄，以存身也。精義入神，以致用也。利用安身，以崇德也。過此以往，未之或知也。」前云屈信之理矣，復取物以明之。尺蠖之行，先屈而後信，蓋不屈則无信，信而後有屈，觀尺蠖則知感應之理矣。龍蛇之〔三〕藏，所以存息其身，而後能奮迅也，不蟄則不能奮矣。動息相感，乃屈信也。君子潛心精微之義，入於神妙，所以致其用也。潛心精

〔一〕覆元本「能」作「所」，義較長。

〔二〕覆元本「感」上小注：「一有所字。」義較長。

〔三〕覆元本「之」作「蟄」，義較長，與下文「不蟄則不能奮」句相應。

微，積也；致用，施也。積與施乃屈信也。「利用安身，以崇德也」，承上文致用而言：利其施用，安處其身，所以崇大其德業也。所爲合理，則事正而身安，聖人〔一〕能事盡於此矣，故云：「過此以往，未之或知也。」「窮神知化，德之盛也。」既云「過此以往，未之或知」，更以此語終之，云窮極至神之妙，知化育之道，德之至盛也，无加於此矣。

象曰：貞吉悔亡，未感害也；憧憧往來，未光大也。

貞則吉而悔亡，未爲私感所害也；係私應則害於感矣。憧憧往來，以私心相感，感之道狹矣，故云未光大也。

九五，咸其脢，无悔。

九居尊位，當以至誠感天下，而應二比上。若係二而說上，則偏私淺狹，非人君之道，豈能感天下乎？脢，背肉也，與心相背而所不見也。言能背其私心，感非其所見而說者，則得人君感天下之正，而无悔也。

象曰：咸其脢，志末也。

戒使背其心而咸脢者，爲其存心淺末，係二而說上，感於私欲也。

上六，咸其輔頰舌。

上陰柔而說體，爲說之主，又居感之極，是其欲感物之極也，故不能以至誠感物，而發見於口舌之間，

〔一〕覆元本「人」下小注：「一作賢。」

小人女子之常態也，豈能動於人乎？不直云口，而云輔頰舌，亦猶今人謂口過曰脣吻，曰頰舌也，輔頰舌皆所用以言也。

象曰：咸其輔頰舌，滕口說也。

唯至誠爲能感人，乃以柔說騰揚於口舌，言說豈能感於人乎？

䷟巽下震上

恒，序卦：「夫婦之道，不可以不久也，故受之以恒。恒，久也。」咸，夫婦之道。夫婦〔一〕終身不〔二〕變者也，故咸之後受之以恒也。咸，少男在少女之下，以男下女，是男女交感之義。恒，長男在長女之上，男尊女卑，夫婦居室之常道也。論交感之情，則少爲親〔三〕切；論尊卑之序，則長當謹正；故兌艮爲咸，而震巽爲恒也。男在女上，男動于外，女順于內，人理之常，故爲恒也。又剛上柔下，雷風相與，巽而動，剛柔相應，皆恒之義也。

恒：亨，无咎，利貞，利有攸往。

恒者，常久也。恒之道可以亨通，恒而能亨，乃无咎也。恒而不可以亨，非可恒之道也，爲有咎矣。如君子之恒於善，可恒之道也；小人恒於惡，失可恒之道也。恒所以能亨，由貞正也，故云利貞。夫所

〔一〕覆元本「婦」下小注：「一有之道字。」
〔二〕覆元本「不」下小注：「一有可字。」
〔三〕覆元本「親」作「深」。

謂恒，謂可恒久之道，非守一隅而不知變也，故利於有往。唯其有往，故能恒也，一定則不能常矣。又常久之道，何往不利？

彖曰：恒，久也。

恒者長久之義。

剛上而柔下，雷風相與，巽而動，剛柔皆應，恒。

卦才有此四者，成恒之義也。剛上而柔下，謂乾之初上居於四，坤之初〔一〕下居於初，剛爻上而柔爻下也。二爻易處則成震巽，震上巽下，亦剛上而柔下也。剛處上而柔居下，乃恒道也。雷風相與：雷震則風發，二者相須，交助其勢，故云相與，乃其常也。巽而動：下巽順，上震動，爲以巽而動。天地造化，恒久不已者，順動而已。巽而動，常久之道也。動而不順，豈能常也？剛柔皆應〔二〕：一卦剛柔之爻皆相應。剛柔相應，理之常也。此四者，恒之道也，卦所以爲恒也。

恒亨，无咎，利貞，久於其道也。

恒之道，可致亨而无過咎，但所恒宜得其正，失正則非可恒之道也，故曰久於其道。其道，可恒之正道也。不恒其德，與恒於不正，皆不能亨而有咎也。

天地之道，恒久而不已也。

〔一〕覆元本「初」下小注：「一作四。」義較長。

〔二〕覆元本「應」下小注：「一有恒字。」

天地之所以不已，蓋有恒久之道。人能恒於可恒之道，則合天地之理也。

利有攸往，終則有始也。

天下之理，未有不動而能恒者也。動則終而復始，所以恒而不窮。凡天地所生之物，雖山嶽之堅厚，未有能不變者也，故恒非一定之謂也，一定則不能恒矣。唯隨時變易，乃常道也，故云利有攸往。明理之如是，懼人之泥於常也。

日月得天而能久照，四時變化而能久成，聖人久於其道而天下化成。觀其所恒，而天地萬物之情可見矣。

此極言常理。日月，陰陽之精氣耳，唯其順天之道，往來盈縮，故能久照而不已。得天，順天理也。四時，陰陽之氣耳，往來變化，生成萬物，亦以得天，故常久不已。聖人以常久之道，行之有常，而天下化之以成美俗也。觀其所恒：謂觀日月之久照、四時之久成、聖人之道所以能常久之理。觀此，則天地萬物之情理可見矣。天地常久之道，天下常久之理，非知道者孰能識之？

象曰：雷風，恒，君子以立不易方。

君子觀雷風相與成恒之象，以常久其德，自立於大中常久之道，不變易其方所也。

初六，浚恒，貞凶，无攸利。

初居下而四爲正應，柔暗之人，能守常而不能度勢：四震體而陽性，以剛居高，志上而不下，又爲二三所隔，應初之志異乎常矣，而初乃求望之深，是知常而不知變也。浚，深之也。浚恒：謂求恒之深也。

守常而不度勢，求望於上之深，堅固守此，凶之道也。泥常如此，无所往而利矣。世之責望故素而致悔吝〔一〕者，皆浚恒者也。志既上求之深，是不能恒安其處者也。柔微而不恒安其處，亦致凶之道。凡卦之初終，淺與深、微與盛之地也。在下而求深，亦不知時矣。

象曰：浚恒之凶，始求深也。

居恒之始，而求望於上之深，是知常而不知〔二〕度勢之甚也，所以凶，陰暗不得恒之宜也。

九二，悔亡。

在恒之義，居得其正，則常道也。九，陽爻，居陰位，非常理也。處非其常，本當有悔，而九二以中德而應於五，五復居中，以中而應中，其處與動，皆得中也，是能恒久於中也。能恒久於中，則不失正矣。中重於正，中則正矣，正不必中也。九二以剛中之德而應於中，德之勝也，足以亡其悔矣。人能識重輕之勢，則可以言易矣。

象曰：九二悔亡，能久中也。

所以得悔亡者，由其能恒久於中也。人能恒久於中，豈止亡其悔，德之善也。

九三，不恒其德，或承之羞，貞吝。

三，陽爻，居陽位，處得其位，是其常處也；乃志從於上六，不唯陰陽相應，風復從雷，於恒處而不處，

〔一〕覆元本「悔吝」作「悔咎」，下有小注：「一作吝。」
〔二〕覆元本「不知」下小注：「一無知字。」

不恒之人也。其德不恒，則羞辱或承之矣。或承之，謂有時而至也。貞吝：固守不恒以爲恒，豈不可羞吝乎？

象曰：不恒其德，无所容也。

人既无恒，何所容處？當處之地，既不能恒，處非其據，豈能恒哉？是不恒之人，无所容處其身也。

九四，田无禽。

以陽居陰，處非其位，處非其所，雖常何益？人之所爲，得其道則久而成功，不得其道則雖久何益？故以田爲喻，言九之居四，雖使恒久，如田獵而无禽獸之獲，謂徒用力而无功也。

象曰：久非其位，安得禽也？

處非其位，雖久何所得乎？以田爲喻，故云安得禽也。

六五，恒其德，貞。婦人吉，夫子凶。

五應於二，以陰柔而應陽剛，居中而所應又中，陰柔之正也，故恒久其德則爲貞也。夫以順從爲恒者，婦人之道，在婦人則爲貞，故吉；若丈夫而以順從於人爲恒，則失其剛陽之正，乃凶也。五，君位，而不以君道言者，如六五之義：在丈夫猶凶，況人君之道乎？在它卦，六居君位而應剛，未爲失也；在恒，故不可耳。君道豈可以柔順爲恒也？

象曰：婦人貞吉，從一而終也；夫子制義，從婦凶也。

如五之從二，在婦人則爲正而吉，婦人以從爲正，以順爲德，當終守於從一。夫子則以義制者也，從婦人之道，則爲凶也。

上六，振恒，凶。

六居恒之極，在震之終，恒極則不常，震終則動極。以陰居上，非其安處，又陰柔不能堅固其守，皆不常之義也，故爲振恒，以振爲恒也。振者，動之速也，如振衣，如振書，抖擻運動之意。在上而其動无節，以此爲恒，其凶宜矣。

象曰：振恒在上，大无功也。

居上之道，必有恒德，乃能有功；若躁動不常，豈能有所成乎？居上而不恒，其凶甚矣。象又言其不能有所成立，故曰大无功也。

☰☶ 艮下乾上

遯，序卦：「恒者久也，物不可以久居其所，故受之以遯。遯者，退也。」夫久則有去，相須之理也，遯所以繼恒也。遯，退也，避也，去之之謂也。爲卦，天下有山。天，在上之物，陽性上進。山，高起之物，形雖高起，體乃止。物有上陵之象而止不進，天乃上進而去之，下陵而上去，是相違遯，故爲遯去之義。二陰生於下，陰長將盛，陽消而退，小人漸盛，君子退而避之，故爲遯也。

遯：亨，小利貞。

遯者，陰長陽消，君子遯藏之時也。君子退藏以伸其道，道不屈則爲亨，故遯所以有亨也。在事，亦有由遯避而亨者。雖小人道長之時，君子知幾退避，固善也。然事有不齊，與時消息，无必同也。陰柔方長，而未至於甚盛，君子尚有遲遲致力之道，不可大貞，而尚利小貞也。

彖曰：遯亨，遯而亨也。

小人道長之時，君子遯退，乃其道之亨也。君子遯藏，所以伸道也。此言處遯之道，自「剛當位而應」以下，則論時與卦才，尚有可爲之理也。

剛當位而應，與時行也。

雖遯之時，君子處之，未有必遯之義。五以剛陽之德，處中正之位，又下與六二以中正相應，雖陰長之時，如卦之才，尚當隨時消息，苟可以致其力，无不至誠自盡以扶持其道，未必於遯藏而不爲，故曰與時行也。

小利貞，浸而長也。

遯之時義大矣哉！

當陰長之時，不可大貞，而尚小利貞者，蓋陰長必以浸漸，未能遽盛，君子尚可小貞其道，所謂小利貞，扶持使未遂亡也。遯者陰之始長，君子知微，故當深戒，而聖人之意未便遽已也，故有「與時行，小利貞」之教。聖賢之於天下，雖知道之將廢，豈肯坐視其亂而不救？必區區致力於未極之間，强此之衰，艱彼之進，圖其暫安，苟得爲之，孔、孟之所屑爲也，王允、謝安之於漢、晉是也。若有可變之道，可亨之理，更不假言也，此處遯時之道也。故聖人贊其時義大矣哉！或久或速，其義皆大也。

象曰：天下有山，遯，君子以遠小人，不惡而嚴。

天下有山，山下起而乃止，天上進而相違，是遯避之象也。君子觀其象，以避遠乎小人，遠小人之道，若以惡聲厲色，適足以致其怨忿，唯在乎矜莊威嚴，使知敬畏，則自然遠矣。

初六，遯尾厲，勿用有攸往。

他卦以下爲初。遯者往遯也，在前者先進，故初乃爲尾。尾，在後之物也，遯而在後，不及者也，是以危也。初以柔處微，既已後矣，不可往也，往則危矣。微者易於晦藏，往既有危，不若不往之无災也。

象曰：遯尾之厲，不往何災也？

見幾先遯，固爲善也；遯而爲尾，危之道也。往既有危，不若不往而晦藏，可免於災，處微故也。古人處微下，隱亂世，而不去者多矣。

六二，執之用黄牛之革，莫之勝説。

二與五爲正應，雖在相違遯之時，二以中正順應於五，五以中正親合於二，其交自固。黄，中色。牛，順物。革，堅固之物。二五以中正順道相與，其固如執係之以牛革也。莫之勝説，謂其交之固，不可勝言也。在遯之時，故極言之。

象曰：執用黄牛，固志也。

上下以中順之道相固結，其心志甚堅，如執之以牛革也。

九三，係遯，有疾厲，畜臣妾吉。

陽志説陰，三與二切比，係乎二者也。遯貴速而遠，有所係累，則安能速且遠也？害於遯矣，故爲有疾也。遯而不速，是以危也。臣妾，小人女子，懷恩而不知義，親愛之則忠其上。係戀之私恩，懷小人女子之道也，故以畜養臣妾，則得其心爲吉也。然君子之待小人，亦不如是也。三與二非正應，以暱比相親，非待君子之道。若以正，則雖係，不得爲有疾，蜀先主之不忍棄士民是也。雖危，爲无咎矣。

象曰：係遯之厲，有疾憊也；畜臣妾吉，不可大事也。

遯而有係累，必以困憊致危；其有疾，乃憊也，蓋力亦不足矣。以此暱愛之心畜養臣妾則吉，豈可以當大事乎？

九四，好遯，君子吉，小人否。

四與初爲正應，是所好愛者也。君子雖有所好愛，義苟當遯，則去而不疑，所謂克己復禮，以道制欲，是以吉也。小人則不能以義處，暱於所好，牽於所私，至於陷辱其身而不能已，故在小人則否也。否，不善也。四，乾體能剛斷者。聖人以其處陰而有係，故設小人之戒，恐其失於正也。

象曰：君子好遯，小人否也。

君子雖有好而能遯，不失於義；小人則不能勝其私意，而至於不善也。

九五，嘉遯，貞吉。

九五中正，遯之嘉美者也。處得中正之道，時止時行，乃所謂嘉美也，故爲貞正而吉。九五非无係應，然與二皆以中正自處，是其心志及乎動止，莫非中正，而无私係之失，所以爲嘉也。在彖則概言遯時，故云「與時行，小利貞」，尚有濟遯之意，於爻至五，遯將極矣，故唯以中正處遯言之。遯非人君之事，故不主君位言，然人君之所避遠乃遯也，亦在中正而已。

象曰：嘉遯貞吉，以正志也。

志正則動必由正，所以爲遯之嘉也。居中得正，而應中正，是其志正也，所以爲吉。人之遯也，止也，唯在正其志而已矣。

上九，肥遯，无不利。

肥者，充大寬裕之意。遯者，唯飄然遠逝，无所係滯之爲善。上九乾體剛斷，在卦之外矣，又下无所係，是遯之遠而无累，可謂寬綽有餘裕也。遯者，窮困之時也，善處則爲肥矣。其遯如此，何所不利？

象曰：肥遯无不利，无所疑也。

其遯之遠，无所疑滯也。蓋在外則已遠，无應則无累，故爲剛決无疑也。

䷡ 乾下震上

大壯，序卦：「遯者退也，物不可以終遯，故受之以大壯。」遯爲違去之義，壯爲進盛之義。遯者，陰長而陽遯也。大壯，陽之壯盛也。衰則必盛，消息一作長。相須，故既遯則必壯，大壯所以次遯也。爲卦，震上乾下。乾剛而震動，以剛而動，大壯之義也。剛陽大也，陽長已過中矣，大者壯盛也。又雷之威震而在天上，亦大壯之義也。

大壯：利貞。

大壯之道，利於貞正也。大壯而不得其正，强猛之爲耳，非君子之道壯盛也。

彖曰：大壯，大者壯也，剛以動故壯。

所以名大壯者，謂大者壯也。陰爲小，陽爲大。陽長以盛，是大者壯也。下剛而上動，以乾之至剛而動，故爲大壯。爲大者壯，與壯之大也。

大壯利貞，大者正也。正大而天地之情可見矣。

大者既壯，則利於貞正。正而大者道也，極正大之理，則天地之情可見矣。天地之道，常久而不已者，至大至正也。正大之理，學者默識心通可也。不云大正，而云正大，恐疑爲一事也。

象曰：雷在天上，大壯，君子以非禮弗履。

雷震於天上，大而壯也。君子觀大壯之象，以行其壯。君子之大壯者，莫若克己復禮。古人云：「自勝之謂强。」中庸於「和而不流」，「中立而不倚」，皆曰「强哉矯」。「赴湯火」，「蹈白刃」，武夫之勇可能也。至於克己復禮，則非君子之大壯不可能也，故云：「君子以非禮弗履」。

初九，壯于趾，征凶有孚。

初，陽剛乾體而處下，壯于進者也。在下而用壯，壯于趾也。趾，在下而進動之物。九在下，用壯而不得其中。夫以剛處壯，雖居上猶不可行，況在下乎？故征則其凶有孚。孚，信也，謂以壯往，則得凶可必也。

象曰：壯于趾，其孚窮也。

在最下而用壯以行，可必信其窮困而凶也。

九二，貞吉。

二雖以陽剛當大壯之時，然居柔而處中，是剛柔得中，不過於壯，得貞正而吉也。或曰：貞非以九居二爲戒乎？曰：易取所勝爲義。以陽剛健體當大壯之時，處得中道，无不正也。在四，則有不正之戒。人能識時義之輕重，則可以學易矣。

象曰：九二貞吉，以中也。

所以貞正而吉者，以其得中道也。中則不失正，況陽剛而乾體乎？

九三，小人用壯，君子用罔，貞厲，羝羊觸藩，羸其角。

九三以剛居陽而處壯，又當乾體之終，壯之極者也。極壯如此，在小人則爲用壯，在君子則爲用罔。小人尚力，故用其壯勇；君子志剛，故用罔。罔，无也，猶云蔑也。以其至剛，蔑視於事，而无所忌憚也。君子小人以地言，如「君子有勇而无義爲亂」。剛柔得中，則不折不屈，施於天下而无不宜。苟剛之太過，則无和順之德，多傷莫與，貞固守此，則危道也。凡物莫不用其壯：齒者齧，角者觸，蹏者踶。羊壯於首，羝爲喜觸，故取爲象。羊喜觸藩籬，以藩籬當其前也。蓋所當必觸，喜用壯如此，必羸困其角矣。猶人尚剛壯，所當必用，必至摧困也。三壯甚如此，而不至凶，何也？曰：如三之爲，其往足以致凶，而方言其危，故未及於凶也。凡可以致凶而未至者，則曰厲也。

象曰：小人用壯，君子罔也。

在小人，則爲用其强壯之力。在君子，則爲用罔：志氣剛强，蔑視於事，靡所顧憚也。

九四，貞吉悔亡，藩決不羸，壯于大輿之輹。

四，陽剛長盛，壯已過中，壯之甚也。然居四爲不正，方君子道長之時，豈可有不正也？故戒以貞則吉而悔亡。蓋方道長之時，小失則害亨進之勢，是有悔也。若在他卦，重剛而居柔，未必不爲善也，大過是也。藩所以限隔也，藩籬決開，不復羸困其壯也。高大之車，輪輹强壯，其行之利可知，故云壯于大輿之輹。輹，輪之要處也。車之敗，常在折輹，輹壯則車强矣。云壯于輹，謂壯于進也。輹與輻同。

象曰：藩決不羸，尚往也。

剛陽之長，必至於極。四雖已盛，然其往未止也。以至盛之陽，用壯而進，故莫有當之。藩決開而不羸困，其力也。尚往，其進不已也。

六五，喪羊于易，无悔。

羊羣行而喜觸，以象諸陽並進。四陽方長而並進，五以柔居上，若以力制，則難勝而有悔，唯和易以待之，則羣陽无所用其剛，是喪其壯于和易也。如此，則可以无悔。五：以位言則正，以德言則中，故能用和易之道，使羣陽雖壯无所用也。

象曰：喪羊于易，位不當也。

所以必用柔和者，以陰柔居尊位故也。若以陽剛中正得〔一〕尊位，則下无壯矣。以六五位不當也，故設喪羊于易之義。然大率治壯不可用剛。夫君臣上下之勢，不相侔也。苟君之權足以制乎下，則雖有强壯跋扈之人，不足謂之壯也。必人君之勢有所不足，然後謂之治壯。故治壯之道，不可以剛也。

上六，羝羊觸藩，不能退，不能遂，无攸利，艱則吉。

羝羊但取其用〔二〕壯，故陰爻亦稱之。六以陰處震終而當壯極，其過可知。如羝羊之觸藩籬，進則礙身，退則妨角，進退皆不可也。才本陰柔，故不能勝己以就義，是不能退也。陰柔之人，雖極用壯之心，然必不能終其壯，有摧必縮，是不能遂也。其所爲如此，无所往而利也。陰柔處壯，不能固其守，若遇艱困，必失其壯。失其壯，則反得柔弱之分矣，是艱則得吉也。用壯則不利，知艱而處柔則吉也。居壯之終，有變之義也。

象曰：不能退，不能遂，不詳也；艱則吉，咎不長也。

非其處而處，故進退不能，是其自處之不詳慎也。艱則吉：柔遇艱難，又居壯終，自當變矣，變則得其分，過咎不長乃吉也。

䷢ 坤下離上

晉，序卦：「物不可以終壯，故受之以晉。晉者，進也。」物无壯而終止之理，既盛壯則必進，晉所以繼大

〔一〕覆元本「得」下小注：「一作居。」

〔二〕覆元本「用」下小注：「一無用字。」

壯也。爲卦，離在坤上，明出地上也。日出於地，升而益明，故爲晉。晉，進而光明盛大之意[一]也。凡物漸盛爲進，故象云晉進也。卦有有德者，有无德者，隨其宜也。乾、坤之外，云元亨者，固有也；云利貞者，所不足而可以有功也。有不同者，革、漸是也，隨卦可見。晉之盛而无德者，无用有[二]也。晉之明盛，故更不言亨，順乎大明，无用戒正也。

晉：康侯，用錫馬蕃庶，晝日三接。

晉爲進盛之時，大明在上，而下體順附，諸侯承王之象也，故爲康侯。康侯者，治安之侯也。上之大明，而能同德，以順附治安之侯也，故受其寵數，錫之馬衆多也。車馬，重賜也；蕃庶，衆多也。不唯錫與之厚，又見親禮，晝日之中，至於三接，言寵遇之至也。晉進盛之時，上明下順，君臣相得。在上而言，則進於明盛；在臣而言，則進升高顯，受其光寵也。

彖曰：晉，進也。

明出地上，順而麗乎大明，柔進而上行，是以康侯用錫馬蕃庶，晝日三接也。

晉，進也，明進而盛也。明出於地，益進而盛，故爲晉。所以不謂之進者，進爲前進，不能包明盛之義。明出地上，離在坤上也。坤麗於離，以順麗於大明，順德之臣上附於大明之君也。柔進而上行：凡卦，離在上者，柔居君位，多云柔進而上行，噬嗑、睽、鼎是也。六五以柔居君位，明而順麗，爲能待

[一]覆元本「意」下小注：「一作義。」
[二]覆元本「有」作「者」。

下寵遇親密之義，是以爲康侯用錫馬蕃庶，晝日三接也。大明之君，安天下者也。諸侯能順附天子之明德，是康民安國之侯也，故謂之康侯，是以享寵錫而見親禮，晝日之閒，三接見於天子也。不曰公卿而曰侯，天子治於上者也，諸侯治於下者也，在下而順附於大明之君，諸侯之象也。

象曰：明出地上，晉，君子以自昭明德。

昭，明之也。傳曰：「昭德塞違，昭其度也。」君子觀明出地上而益明盛之象，而以自昭其明德。去蔽致知，昭明德於己也；明明德於天下，昭明德於外也。明明德在己，故云自昭。

初六，晉如，摧如，貞吉，罔孚，裕无咎。

初居晉之下，進之始也。晉如，升進也。摧如，抑退也。於始進而言，遂其進，不遂其進，唯得正則吉也。罔孚者，在下而始進，豈遽能深見信於上？苟上未見信，則當安中自守，雍容寬裕，无急於求上之信也。苟欲信之心切，非汲汲以失其守，則悻悻以傷於義矣，皆有咎也。故裕則无咎，君子處進退之道也。

象曰：晉如摧如，獨行正也；裕无咎，未受命也。

无進无抑，唯獨行正道也。寬裕則无咎者，始欲進而未當位故也。君子之於進退，或遲或速，唯義所當，未嘗不裕也。聖人恐後之人不達寬裕之義，居位者廢職失守以爲裕，故特云初六裕則无咎者，始進未受命當職任故也，若有官守，不信於上而失其職，一日不可居也。然事非一概，久速唯時，亦容有爲之兆者。

六二，晉如，愁如，貞吉；受茲介福，于其王母。

六二在下，上无應援，以中正柔和〔一〕之德，非强於進者也，故於進爲可憂愁，謂其進之難也。然守其貞正，則當得吉，故云晉如愁如貞吉。王母，祖母也，謂陰之至尊者，指六五也。二以中正之道自守，雖上无應援，不能自進，然其中正之德，久而必彰，上之人自當求之。蓋六五大明之君，與之同德，必當求之，加之寵禄，受介福於王母也。介，大也。

象曰：受茲介福，以中正也。

受茲介福，以中正之道也。人能守中正之道，久而必亨，況大明在上而同德，必受大福也。

六三，衆允，悔亡。

以六居三，不得中正，宜有悔咎〔二〕，而三在順體之上，順之極者也。三陰皆順上者也，是三之順上，與衆同志，衆所允從，其悔所以亡也。有順上向明之志，而衆允從之，何所不利？或曰：不由中正，而與衆同，得爲善乎？曰：衆所允者，必至當也，況順上之大明，豈有不善也？是以悔亡，蓋亡其不中正之失矣。古人曰：「謀從衆，則合天心。」

象曰：衆允之志，上行也。

上行，上順麗於大明也。上從大明之君，衆志之所同也。

〔一〕覆元本「和」下小注：「一作順。」

〔二〕覆元本「咎」下小注：「一作吝。」

九四，晉如鼫鼠，貞厲。

以九居四，非其位也。非其位而居之，貪據其位者也。貪處高位，既非所安，而又與上同德，順麗於上。三陰皆在己下，勢必上進，故其心畏忌之。貪而畏人者，鼫鼠也，故云晉如鼫鼠。貪於非據，而存畏忌之心，貞固守此，其危可知。言貞厲者，開有改之道也。

象曰：鼫鼠貞厲，位不當也。

賢者以正德，宜在高位，不正而處高位，則爲非據。貪而懼失則畏人，固處其地，危可知也。

六五，悔亡，失得勿恤，往吉，无不利。

六以柔居尊位，本當有悔，以大明而下皆順附，故其悔得亡也。下既同德順附，當推誠委任，盡衆人之才，通天下之志，勿復自任其明，恤其失得，如此而往，則吉而无不利也。六五，大明之主，不患其不能明照，患其用明之過，至於察察，失委任之道，故戒以失得勿恤也。夫私意偏任不察則有蔽，盡天下之公，豈當復用私察也？

象曰：失得勿恤，往有慶也。

以大明之德，得下之附，推誠委任，則可以成天下之大功，是往而有福慶也。

上九，晉其角，維用伐邑，厲吉，无咎，貞吝。

角，剛而居上之物。上九以剛居卦之極，故取角爲象，以陽居上剛之極也。在晉之上，進之極也。剛極則有强猛之過，進極則有躁急之失。以剛而極於進，失中之甚也。无所用而可，維獨用於伐邑，則雖厲而吉，且无咎也。伐四方者，治外也；伐其居邑者，治内也。言伐邑，謂内自治也。人之自治，剛極則守道愈固，進極則遷善愈速。如上九者，以之自治，則雖傷於厲，而吉且无咎也。嚴厲非安和之道，而於自治則有功也。復云「貞吝」以盡其義，極於剛進，雖自治有功，然非中和之德，故於貞正之道爲可吝也。不失中正爲貞。

象曰：維用伐邑，道未光也。

維用伐邑，既得吉而无咎，復云「貞吝」者，貞〔一〕道未光大也，以正理言之，猶可吝也。夫道既光大，則无不中正，安有過也？今以過剛，自治雖有功矣，然其道未光大，故亦可吝。聖人言盡善之道。

䷣ 離下坤上

明夷，序卦：「晉者進也，進必有所傷，故受之以明夷。夷者，傷也。」夫進之不已，必有所傷，理自然也，明夷所以次晉也。爲卦，坤上離下，明入地中也。反晉成明夷，故義與晉正相反。晉者明盛之卦，明君在上，羣賢並進之時也。明夷昏暗之卦，暗君在上，明者見傷之時也。日入於地中，明傷而昏暗也，故爲明夷。

明夷：利艱貞。

君子當明夷之時，利在知艱難而不失其貞正也。在昏暗艱難之時，而能不失其正，所以爲明君子也。

象曰：明入地中，明夷。

〔一〕覆元本「貞」作「其」。

内文明而外柔順，以蒙大難，文王以之。

明入於地，其明滅也，故爲明夷。內卦離，離者文明之象；外卦坤，坤者柔順之象。爲人，內有文明之德，而外能柔順也。昔者文王如是，故曰「文王以之」。當紂之昏暗，乃明夷之時，而文王內有文明之德，外柔順以事紂，蒙犯大難，而內不失其明聖，而外足以遠禍患〔一〕，此文王所用之道也，故曰「文王以之」。

利艱貞，晦其明也。內難而能正其志，箕子以之。

明夷之時，利於處艱戹而不失其貞正，謂能晦藏其明也。不晦其明，則被禍患；不守其正，則非賢明。箕子當紂之時，身處其國內，切近其難，故云內難。然箕子能藏晦其明，而自守其正志，箕子所用之道也，故曰「箕子以之」。

象曰：明入地中，明夷，君子以莅衆，用晦而明。

明所以照，君子无所不照，然用明之過，則傷於察，太察則盡事而无含弘之度。故君子觀明入地中之象，於莅衆也，不極其明察而用晦，然後能容物和衆，衆親而安，是用晦乃所以爲明也。若自任其明，无所不察，則己不勝其忿疾，而无寬厚含容〔二〕之德，人情睽疑而不安，失莅衆之道，適所以爲不明也。古之聖人，設前旒屏樹者，不欲明之，盡乎隱也。

〔一〕覆元本「患」下小注：「一作害。」
〔二〕覆元本「容」下小注：「一作弘。」

初九，明夷于飛，垂其翼；君子于行，三日不食，有攸往，主人有言。

初九，明體而居明夷之初，見傷之始也。九，陽明上升者也，故取飛象。昏暗在上，傷陽之明，使不得上進，是于飛而傷其翼也。翼見傷，故垂朶。凡小人之害君子，害其所以行者。君子于行，三日不食：君子明照，見事之微，雖始有見傷之端，未顯也，君子則能見之矣，故行去避之。君子于行，謂去其禄位而退藏也；三日不食，言困窮之極也。事未顯而處甚艱，非見幾之明不能也。夫知幾者，君子之獨見，非衆人所能識也。故明夷之始，其見傷未顯而去之，則世俗孰不疑怪？故有所往適，則主人有言也。然君子不以世俗之見怪，而遲疑其行也。若俟衆人盡識，則傷已及而不能去矣。此薛方所以爲明，而揚雄所以不獲其去也。或曰：傷至於垂翼，傷已明矣，何得衆人猶未識也？曰：初傷之始也，云垂其翼，謂傷其所以飛爾，其事則未顯也。君子見幾，故亟去之。世俗之人未能見也，故異而非之。如穆生之去楚，申公、白公且非之，況世俗之人乎？但譏其責小禮，而不知穆生之去，避胥靡之禍也。當其言曰："不去，楚人將鉗我於市。"雖二儒者亦以爲過甚之言也。又如袁閎於黨事未起之前，名德之士方鋒起，而獨潛身土室，故人以爲狂生，卒免黨錮之禍。所往而人有言，胡足怪也？

象曰：君子于行，義不食也。

君子遯藏而困窮，義當然也。唯義之當然，故安處而无悶，雖不食可也。

六二，明夷，夷于左股，用拯馬壯吉。

六二以至明之才，得中正而體順，順時自處，處之至善也。雖君子自處之善，然當陰闇小人傷明之時，亦不免爲其所傷，但君子自處有道，故不能深相傷害，終能違避之爾。足者，所以行也，股在脛足之上，於行之用爲不甚切，左又非便用者。手足之用，以右爲便，唯蹶張用左，蓋右立爲本也。夷于左股，謂傷害其行而不甚切也。雖然，亦必自免有道。拯用〔一〕壯健之馬，則獲免之速而吉也。君子爲陰闇所傷，其自處有道，故其傷不甚；自拯有道，故獲免之疾。用拯之道不壯，則被傷深矣，故云馬壯則吉也。二以明居陰闇之下，所謂吉者，得免傷害而已，非謂可以有爲於斯時也。

象曰：六二之吉，順以則也。

六二之得吉者，以其順處而有法則也。則，謂中正之道。能順而得中正，所以處明傷之時而能保其吉也。

九三，明夷于南狩，得其大首，不可疾貞。

九三，離之上，明之極也，又處剛而進。上六，坤之上，暗之極也。至明居下而爲下之上，至暗在上而處窮極之地，正相敵應，將以明去暗者也。斯義也，其湯、武之事乎！南，在前而明方也；狩，畋而去害之事也。南狩謂前進而除害也。當克獲其大首，大首謂暗之魁首上六也。三與上正相應，爲至明克至暗之象。不可疾貞，謂誅其元惡。舊染污俗未能遽革，必有其漸，革之遽，則駭懼而不安。故酒誥云：「惟殷之迪諸臣(惟)〔百〕〔二〕工，乃湎于酒，勿庸殺之，姑惟教之。」至於既久，尚曰餘風未殄，是

〔一〕覆元本「用」下小注：「一作其。」

〔二〕「惟」當作「百」。

漸漬之俗，不可以遽革也，故曰「不可疾貞」，正之不可急也。上六雖非君位，以其居上而暗之極，故爲暗之主，謂之大首。

象曰：南狩之志，乃大得也。

夫以下之明除上之暗，其志在去害而已。如商、周之湯、武，豈有意於利天下乎？得其大首，是能去害，而大得其志矣。志苟不然，乃悖亂之事也。

六四，入于左腹，獲明夷之心，于出門庭。

六四以陰居陰，而在陰柔之體，處近君之位，是陰邪小人居高位，以柔邪順於君者也。六五，明夷之君位，傷明之主也，四以柔邪順從之，以固其交。夫小人之事君，未有由顯明以道合者也，必以隱僻之道，自結於上。右當用，故爲明顯之所；左不當用，故爲隱僻之所。人之手足，皆以右爲用。世謂僻所爲僻左，是左者隱僻之所也。四由隱僻之道，深入其君，故云入于左腹。入腹謂其交深也。其交之深，故得其心。凡姦邪之見信於其君，皆由奪其心也。不奪其心，能无悟乎？于出門庭：既信之於心〔一〕，而後行之於外也。邪臣之事暗君，必先蠱其心，而後能行於外。

象曰：入于左腹，獲心意也。

入于左腹，謂以邪僻之道入于君而得其心意也。得其心，所以終不悟也。

六五，箕子之明夷，利貞。

〔一〕覆元本「既信之於心」下小注：「一作既奪其心。」

五爲君位，乃常也。然易之取義，變動隨時。上六處坤之上而明夷之極，陰暗傷明之極者也。五切近之，聖人因以五爲切近至暗之人，以見處之之義，故不專以君位言。上六陰暗傷明之極，故以爲明夷之主。五切近傷明之主，若顯其明，則見傷害必矣，故當如箕子之自晦藏，則可以免於難。箕子，商之舊臣，而同姓之親，可謂切近於紂矣，若不自晦其明，被禍可必也，故佯狂爲奴，以免於害。雖晦藏其明，而内守其正，所謂内難而能正其志，所以謂之仁與明也，若箕子，可謂貞矣。以五陰柔，故爲之戒云利貞，謂宜如箕子之貞固也。若以君道言，義亦如是。人君有當含晦之時，亦外晦其明，而内正其志也。

象曰：箕子之貞，明不可息也。

箕子晦藏，不失其貞固，雖遭患難，其明自存，不可滅息也。若逼禍患，遂失其所守，則是亡其明，乃滅息也，古之人如揚雄者是也。

上六，不明晦，初登于天，後入于地。

上居卦之終，爲明夷之主，又爲明夷之極。上，至高之地。明在至高，本當遠照，明既夷傷，故不明而反昏晦也。本居于高明，當及遠，初登于天也；乃夷傷其明而昏暗，後入于地也。上，明夷之終，又坤陰之終，明傷之極者也。

象曰：初登于天，照四國也；後入于地，失則也。

初登于天，居高而明，則當照及四方也；乃被傷而昏暗，是後入于地，失明之道也，失則失其道也。

䷤離下巽上

家人，序卦：「夷者傷也，傷於外者必反其〔一〕家，故受之以家人。」夫傷困于外，則必反於內，家人所以次明夷也。家人者，家內之道，父子之親，夫婦之義，尊卑長幼之序，正倫理，篤恩義，家人之道也。卦，外巽內離，爲風自火出。火熾則風生，風生自火，自內而出也。自內而出，由家而及於外之象。二與五正男女之位於內外，爲家人之道。明於內而巽於外，處家之道也。夫人有諸身者則能施於家，行於家者則能施於國，至於天下治。治天下之道，蓋治家之道也，推而行之於外耳，故取自內而出之象，爲家人之義也。文中子書以明內齊外爲義，古今善之，非取象之意也。所謂齊乎巽，言萬物潔齊於巽方，非巽有齊義也。如戰乎乾，乾非有戰義也。

家人：利女貞。

家人之道，利在女正，女正則家道正矣。夫夫婦婦而家道正，獨云利女貞者，夫正者身正也，女正者家正也，女正則男正可知矣。

彖曰：家人，女正位乎內，男正位乎外，男女正，天地之大義也。

彖以卦才而言。陽居五，在外也；陰居二，處內也，男女各得其正位也。尊卑內外之道，正合天地陰陽之大義也。

家人有嚴君焉，父母之謂也。

〔一〕覆元本「其」作「於」。

家人之道，必有所尊嚴而君長者，謂父母也。雖一家之小，无尊嚴則孝敬衰，无君長則法度廢。有嚴君而後家道正，家者國之則也。

父父、子子、兄兄、弟弟、夫夫、婦婦而家道正，正家而天下定矣。

父子兄弟夫婦各得其道，則家道正矣。推一家之道，可以及天下，故家正則天下定矣。

象曰：風自火出，家人，君子以言有物而行有恒。

正家之本，在正其身。正身之道，一言一動，不可易也。君子觀風自火出之象，知事之由内而出，故所言必有物，所行必有恒也。物謂事實，恒謂常度法則也。德業之著於外，由言行之謹於内也。言慎行修，則身正而家治矣。

初九，閑有家，悔亡。

初，家道之始也。閑謂防閑，法度也。治其有家之始，能以法度爲之防閑，則不至於悔矣。治家者，治乎衆人也，苟不閑之以法度，則人情流放，必至於有悔，失長幼之序，亂男女之别，傷恩義，害倫理，无所不至，能以法度閑之於始，則无是矣，故悔亡也。九，剛明之才，能閑其家者也。不云无悔者，羣居必有悔，以能閑故亡耳。

象曰：閑有家，志未變也。

閑之於始，家人志意未變動之前也。正志未流散變動而閑之，則不傷恩，不失義，處家之善也，是以悔亡。志變而後治，則所傷多矣，乃有悔也。

六二，无攸遂，在中饋，貞吉。

人之處家，在骨肉父子之間，大率以情勝禮，以恩奪義，唯剛立之人，則能不以私愛失其正理。故家人卦，大要以剛爲善，初三上是也。六二以陰柔之才而居柔，不能治於家者也，故无攸遂，无所爲而可也。夫以英雄之才，尚有溺情愛而不能自守者，況柔弱之人，其能勝妻子之情乎？如二之才，若爲婦人之道，則其正也。以柔順處中正，婦人之道也，故在中饋則得其正而吉也。婦人，居中而主饋者也，故云中饋。

象曰：六二之吉，順以巽也。

二以陰柔居中正，能順從而卑巽者也，故爲婦人之貞吉也。

九三，家人嗃嗃，悔厲吉；婦子嘻嘻，終吝。

嗃嗃，未詳字義，然以文意及音義觀之，與嗷嗷相類，又若急束之意。九三在內卦之上，主治乎內者也。以陽居剛而不中，雖得正而過乎剛者也。治內過剛，則傷於嚴急，故家人嗃嗃然。治家過嚴，不能无傷，故必悔於嚴厲，骨肉恩勝，嚴過故悔也。雖悔於嚴厲，未得寬猛之中，然而家道齊肅，人心祗畏，猶爲家之吉也。若婦子嘻嘻，則終至羞吝矣。在卦，非有嘻嘻之象，蓋對嗃嗃而言，謂與其失於放肆，寧過於嚴也。嘻嘻，笑樂无節也。自恣无節，則終致敗家，可羞吝也。蓋嚴謹之過，雖於人情不能无傷，然苟法度立，倫理正，乃恩義之所存也。若嘻嘻无度，乃法度之所由廢，倫理之所由亂，安能保其家乎？嘻嘻之甚，則致敗家之凶，但云吝者，可吝之甚，則至於凶，故未遽言凶也。

象曰：家人嗃嗃，未失也；婦子嘻嘻，失家節也。

雖嗃嗃，於治家之道未爲甚失，若婦子嘻嘻，是无禮法，失家之節，家必亂矣。

六四，富家大吉。

六以巽順之體而居四，得其正位，居得其正，爲安處之義。巽順於事而由正道，能保有〔一〕其富者也。居家之道，能保有其富，則爲大吉也。四高位，而獨云富者，於家而言高位，家之尊也，能有其富，是能保其家也，吉孰大焉？

象曰：富家大吉，順在位也。

以巽順而居正位，正而巽順，能保有其富者也。富，家之大吉也。

九五，王假有家，勿恤吉。

九五男而在外，剛而處陽，居尊而中正，又其應順正於內，治家之至正至善者也。王假有家：五君位，故以王言；假，至也，極乎有家之道也。夫王者之道，修身以齊家，家正則天下治矣。自古聖王，未有不以恭己正家爲本。故有家之道既至，則不憂勞而天下治矣，勿恤而吉也。五恭己於外，二正家於內，內外同德，可謂至矣。

象曰：王假有家，交相愛也。

王假有家之道者，非止能使之順從而已，必致其心化誠合，夫愛其內助，婦愛其刑家，交相愛也。能

〔一〕覆元本「有」下小注：「一無有字。」下「保有」句同。

如是者，文王之妃乎？若身修法立而家未化，未得爲假有家之道也。

上九，有孚，威如，終吉。

上，卦之終，家道之成也，故極言治家之本。治家之道，非至誠不能也，故必中有孚信，則能常久，而衆人自化爲善。不由至誠，己且不能常守也，況欲使一有衆字。人乎？故治家以有孚爲本。治家者，在妻孥情愛之間，慈過則无嚴，恩勝則掩義，故家之患，常在禮法不足而瀆慢生也。長失尊嚴，少忘恭順，而家不亂者，未之有也，故必有威嚴則能終吉。保家之終，在有孚威如二者而已，故於卦終言之。

象曰：威如之吉，反身之謂也。

治家之道，以正身爲本，故云反身之謂。爻辭謂治家當有威嚴，而夫子又復戒云，當先嚴其身也。威嚴不先行於己，則人怨而不服，故云威如而吉者，能自反於身也。孟子所謂「身不行道，不行於妻子」也。

䷥ 兌下離上

睽，序卦：「家道窮必乖，故受之以睽，睽者乖也。」家道窮則睽乖離散，理必然也，故家人之後，受之以睽也。爲卦，上離下兌，離火炎上，兌澤潤下，二體相違，睽之義也。又中少二女，雖同居而所歸各異，是其志不同行也，亦爲睽義。

睽：小事吉。

睽者，睽乖離散之時，非吉道也。以卦才之善，雖處睽時，而小事吉也。

彖曰：睽，火動而上，澤動而下。二女同居，其志不同行。

彖先釋睽義，次言卦才，終言合睽之道，而贊其時用之大。火之性動而上，澤之性動而下，二物之性違異，故爲睽義。中少二女雖同居，其志不同行，亦爲睽義。女之少也同處，長則各適其歸，其志異也。言睽者，本同也，本不同則非睽也。

說而麗乎明，柔進而上行，得中而應乎剛，是以小事吉。

卦才如此，所以小事吉也。兑，說也，離，麗也，又爲明，故爲說順而附麗於明。凡離在上，而彖欲見柔居尊者，則曰柔進而上行，晉、鼎是也。方睽乖之時，六五以柔居尊位，有說順麗明之善，又得中道而應剛，雖不能合天下之睽，成天下之大事，亦可以小濟，是於小事吉也。五以明而應剛，不能致大吉，何也？曰：五，陰柔，雖應二，而睽之時，相與之道未能深固，故二必遇主于巷，五噬膚則无咎也。天下睽散之時，必君臣剛陽中正，至誠協力，而後能合也。

天地睽而其事同也，男女睽而其志通也，萬物睽而其事類也。睽之時用大矣哉！

推物理之同，以明睽之時用，乃聖人合睽之道也。見同之爲同者，世俗之知也。聖人則明物理之本同，所以能同天下而和合萬類也。以天地男女萬物明之：天高地下，其體睽也，然陽降陰升，相合而成化育之事則同也；男女異質，睽也，而相求之志則通也；生物萬殊，睽也，然而得天地之和，稟陰陽之氣，則相類也。物雖異而理本同，故天下之大，羣生之衆，睽散萬殊，而聖人爲能同之。處睽之時，合睽之用，其事至大，故云大矣哉！

象曰：上火下澤，睽，君子以同而異。

上火下澤，二物之性違異，所以爲睽離之象。君子觀睽異之象，於大同之中而知所當異也。夫聖賢之處世，在人理之常，莫不大同，於世俗所同者則有時而獨異，蓋於秉彝則同矣，於世俗之失則異也。不能大同者，亂常拂理之人也；不能獨異者，隨俗習非之人也；要在同而能異耳。中庸曰「和而不流」是也。

初九，悔亡，喪馬，勿逐自復，見惡人无咎。

九居卦初，睽之始也。在睽乖之時，以剛動於下，有悔可知，所以得亡者，九四在上，亦以剛陽，睽離无與，自然同類相合；同是陽爻，同居下，又當相應之位；二陽本非相應者，以在睽故合也，上下相與，故能亡其悔也。在睽，諸爻皆有應。夫合則有睽，本異則何睽？唯初與四，雖非應而同德相與，故相遇。馬者所以行也，陽，上行者也，睽獨无與，則不能行，是喪其馬也。四既與之合，則能行矣，是勿逐而馬復得也。惡人，與己乖異者也。見者，與相通也。當睽之時，雖同德者相與，然小人乖異者至衆，若棄絶之，不幾盡天下以仇君子乎？如此則失含弘之義，致凶咎之道也，又安能化不善而使之合乎？故必見惡人則无咎也。古之聖王所以能化姦凶爲善良，革仇敵爲臣民者，由弗絶也。

象曰：見惡人，以辟咎也。

睽離之時，人情乖違，求和合之，且病其不〔一〕能得也，若以惡人而拒絶之，則將衆仇於君子，而禍咎至矣。故必見之，所以免避怨咎也。无怨咎，則有可合之道。

九二，遇主于巷，无咎。

二與五正應，爲〔二〕相與者也。然在睽乖之時，陰陽相應之道衰，而剛柔相戾之意勝，學易者識此，則知變通矣。故二五雖正應，當委曲以相求也。二以剛中之德居下，上應六五之君，道合則志行，成濟睽之功矣。而居睽離之時，其交非固，二當委曲求於相遇，覬其得合也，故曰遇主于巷。必能合而後无咎，君臣睽離，其咎大矣。巷者，委曲之途也。遇者，會逢之謂也。當委曲相求，期於會遇，與之合也。所謂委曲者，以善道宛轉將就使合而已，非枉己屈道也。

象曰：遇主於巷，未失道也。

當睽之時，君心未合，賢臣在下，竭力盡誠，期使之信合而已；至誠以感動之，盡力以扶持之，明義理以致其知，杜蔽惑以誠其意，如是宛轉以求其合也。遇非枉道迎逢也，巷非邪僻曲徑也，故夫子特云：遇主于巷，未失道也。未非必也，非必謂失道也。

六三，見輿曳，其牛掣，其人天且劓，无初有終。

陰柔於平時，且不足以自立，況當睽離之際乎？三居二剛之間，處不得其所安，其見侵陵可知矣。三以正應在上，欲進與上合志，而四阻於前，二牽於後。車牛，所以行之具也。輿曳牽於後也，牛掣阻

〔一〕覆元本「不」下小注：「一作未。」
〔二〕覆元本「爲」字在「正應」上。

於前也。在後者牽曳之而已，當前者進者之所力犯也，故重傷於上，爲四所傷也。其人天且劓：天，髡首也；劓，截鼻也。三從正應而四隔止之，三雖陰柔處剛而志行，故力進以犯之，是以傷也。天而又劓，言重傷也。三不合於二與四，睽之時自无合義，適合居剛守正之道也。其於正應，則睽極有終合之理：始爲二陽所戹，是无初也；後必得合，是有終也。掣，從制從手，執止之義也。

象曰：見輿曳，位不當也；无初有終，遇剛也。

以六居三，非正也，非正則不安；又在二陽之閒，所以有如是艱戹，由位不當也。无初有終者，終必與上九相遇而合，乃遇剛也。不正而合，未有久而不離者也。合以正道，自无終睽之理。故賢者順理而安行，智者知幾而固守。

九四，睽孤，遇元夫，交孚，厲无咎。

九四當睽時，居非所安，无應而在二陰之閒，是睽離孤處者也。以剛陽之德，當睽離之時，孤立无與，必以氣類相求而合，是以遇元夫也。夫，陽稱；元，善也。初九當睽之初，遂能與同德，而亡睽之悔，處睽之至善者也，故目之爲元夫，猶云善士也。四則過中，爲睽已甚，不若初之善也。四與初皆以陽處一卦之下，居相應之位，當睽乖之時，各无應援，自然同德相親，故會遇也。同德相遇，必須至誠相與交孚，各有孚誠也。上下二陽以至誠相合，則何時之不能行，何危之不能濟？故雖處危厲而无咎也。

象曰：交孚无咎，志行也。

當睽離之時，孤居二陰之閒，處不當位，危且有咎也。以遇元夫而交孚，故得无咎也。

初四皆陽剛。君子當睽乖之時，上下以至誠相交，協志同力，則其志可以行，不止无咎而已。卦辭但言无咎，夫子又從而明之，云可以行其志，救時之睽也。蓋以君子陽剛之才，而至誠相輔，何所不能濟也？唯有君子，則能行其志矣。

六五，悔亡。厥宗噬膚，往何咎？

六以陰柔當睽離之時，而居尊位，有悔可知，然而下有九二剛陽之賢，與之爲應以輔翼之，故得悔亡。厥宗：其黨也，謂九二正應也。噬膚：噬齧其肌膚而深入之也。當睽之時，非入之者深，豈能合也？五雖陰柔之才，二輔以陽剛之道而深入之，則可往而有慶，復何過咎之有？以周成之幼稚，而興盛王之治；以劉禪之昏弱，而有中興之勢，蓋由任賢聖之輔，而姬公、孔明所以入之者深也。

象曰：厥宗噬膚，往有慶也。

爻辭但言厥宗噬膚則可以往而无咎，象復推明其義，言人君雖己才不足，若能信任賢輔，使以其道深入於己，則可以有爲，是往而有福慶也。

上九，睽孤，見豕負塗，載鬼一車，先張之弧，後説之弧，匪寇婚媾，往遇雨則吉。

上居卦之終，睽之極也。陽剛居上，剛之極也。在離之上，用明之極也。睽極則咈戾而難合，剛極則躁暴而不詳，明極則過察而多疑。上九有六三之正應，實不孤，而其才性如此，自睽孤也。如人雖有親黨，而多自疑猜，妄生乖離，雖處骨肉親黨之閒，而常孤獨也。上之與三，雖爲正應，然居睽極，无所不疑，其見三如豕之污穢，而又背負泥塗，見其可惡之甚也。既惡之甚，則猜成其罪惡，如見載鬼滿一車也。鬼本无形，而見載之一車，言其以无爲有，妄之極也。物理極而必反，以近明之：如人適東，東極矣，動則西也；如升高，高極矣，動則下也；既極則動而必反也。上之睽乖既極，三之所處者正理。大凡失道既極，則必反正理，故上於三，始疑而終必合也。先張之弧，始疑惡而欲射之也。疑之者妄也，妄安能常？故終必復於正。三實无惡，故後説弧而弗射，睽極而反，故與三非復爲寇讎，乃婚媾也。此匪寇婚媾之語，與他〔一〕卦同，而義則殊也。陰陽交而和暢則爲雨。上於三，始疑而睽，睽極則不疑而合。陰陽合而益和則爲雨，故云往遇雨則吉。往者，自此以往也，謂既合而益和則吉也。

象曰：遇雨之吉，羣疑亡也。

雨者，陰陽和也。始睽而能終和，故吉也。所以能和者，以羣疑盡亡也。其始睽也，无所不疑，故云羣疑；睽極而合，則皆亡矣〔二〕。

䷦艮下坎上

蹇，序卦：「睽者乖也，乖必有難，故受之以蹇，蹇者難也。」睽乖之時，必有蹇難，蹇所以次睽也。蹇，險阻之義，故爲蹇難。爲卦，坎上艮下。坎，險也；艮，止也，險在前而止不能進也。前有險陷，後有峻阻，故爲蹇也。

〔一〕覆元本「他」下小注：「一作屯。」
〔二〕覆元本句末有小注：「一作則疑皆亡也。」

蹇：利西南，不利東北，利見大人，貞吉。

西南，坤方。坤，地也，體順而易。東北，艮方。艮，山也，體止而險。在蹇難之時，利於順處平易之地，不利止於危險也。處順易，則難可紓；止於險，則難益甚矣。蹇難之時，必有聖賢之人，則能濟天下之難，故利見大人也。濟難者必以大正之道，而堅固其守，故貞則吉也。凡處難者，必在乎守貞正。設使難不解，不失正德，是以吉也。若遇難而不能固其守，入於邪濫，雖使苟免，亦惡德也，知義命者不爲也。

彖曰：蹇，難也，險在前也。

蹇，難也。蹇之爲難，如乾之爲健，若易之爲難，則義有未足〔一〕。蹇有險阻之義。屯亦難也，困亦難也，同爲難而義則異：屯者始難而未得通，困者力之窮，蹇乃險阻艱難之義，各不同也。險在前也：坎險在前，下止而不得進，故爲蹇。

見險而能止，知矣哉！

以卦才言處蹇之道也。上險而下止，見險而能止也。犯險而進，則有悔咎〔二〕，故美其能止爲知也。方蹇難之時，唯能止爲善，故諸爻除五與二外，皆以往爲失，來爲得也。

蹇利西南，往得中也；不利東北，其道窮也。

〔一〕覆元本「足」下小注：「一作盡。」

〔二〕覆元本「咎」下小注：「一作吝。」

蹇之時，利於處平易。西南坤方爲順易，東北艮方爲險阻。九上居五而得中正之位，是往而得平易之地。故爲利也。五居坎險之中而謂之平易者，蓋卦本坤，由五往而成坎，故但取往而得中，不取成坎之義也。方蹇而又止危險之地，則蹇益甚矣，故不利東北。其道窮也，謂蹇之極也。

利見大人，往有功也；當位貞吉，以正邦也。

蹇難之時，非聖賢〔一〕不能濟天下之蹇，故利於見大人也。大人當位，則成濟蹇之功矣，往而有功也。能濟天下之蹇者，唯大正之道。夫子又取卦才而言，蹇之諸爻，除初外，餘皆當正位，故爲貞正而吉也。初六雖以陰居陽而處下，亦陰之正也。以如〔二〕此正道正其邦，可以濟於蹇矣。

蹇之時用大矣哉！

處蹇之時，濟蹇之道，其用至大，故云大矣哉！天下之難，豈易平也？非聖賢不能，其用可謂大矣。順時而處，量險而行，從平易之道，由至正之理，乃蹇之時用也。

象曰：山上有水，蹇，君子以反身修德。

山之峻阻，上復有水，坎水爲險陷之象，上下險阻，故爲蹇也。君子觀蹇難之象，而以反身修德。君子之遇艱阻，必反求諸己而益自修。孟子曰：「行有不得者，皆反求諸己。」故遇艱蹇，必自省於身：有失而致之乎？是反身也。有所未善則改之，无歉於心則加勉，乃自修其德也。君子修德以俟時

〔一〕覆元本「聖賢」下小注：「一有大人字。」

〔二〕覆元本「以如」下小注：「一作如以。」

而已。

初六，往蹇，來譽。

六居蹇之初，往進則益入於蹇，往蹇也。當蹇之時，以陰柔无援而進，其蹇可知。來者，對往之辭。上進則爲往，不進則爲來。止而不進，是有見幾知時之美，來則有譽也。

象曰：往蹇來譽，宜待也。

方蹇之初，進則益蹇，時之未可進也，故宜見幾而止以待時，可行而後行也。諸爻皆蹇往而善來，然則无出蹇之義乎？曰：在蹇而往，則蹇也；蹇終則變矣，故上已[一]有碩義。

六二，王臣蹇蹇，匪躬之故。

二以中正之德，居艮體，止於中正者也；與五相應，是中正之人爲中正之君所信任，故謂之王臣。雖上下同德，而五方在大蹇之中，致力於蹇難之時，其艱蹇至甚，故爲蹇於蹇也。二雖中正，以陰柔之才，豈易勝其任？所以蹇於蹇也。志在濟君於蹇難之中，其蹇蹇者非爲身之故也。雖使不勝，志義可嘉，故稱其忠藎不爲己也。然其才不足以濟蹇也，小可濟，則聖人當盛稱以爲勸矣。

象曰：王臣蹇蹇，終无尤也。

雖艱戹於蹇時，然其志在濟君難，雖未成功，然[二]終无過尤也。聖人取其志義，而謂其无尤，所以勸

[一]覆元本「已」下小注：「一作六。」

[二]覆元本「然」下小注：「一無然字。」

忠藎也。

九三，往蹇來反。

九三以剛居正，處下體之上，當蹇之時，在下者皆柔，必依於三，是爲下所附者也。三與上爲正應，上陰柔而无位，不足以爲援，故上往則蹇也。來，下來也。反，還歸也。三爲下二陰所喜，故來爲反其所也，稍安之地也。

象曰：往蹇來反，内喜之也。

内，在下之陰也。方蹇之時，陰柔不能自立，故皆附於九三之陽而喜愛之。九之處三，在蹇爲得其所也。處蹇而得下之心，可以求安，故以來爲反，猶春秋之言歸也。

六四，往蹇，來連。

往則益入於坎險之深，往蹇也。居蹇難之時，同處艱戹者，其志不謀而同也。又四居上位，而與在下者同有得位之正，又與三相比相親者也，二與初同類相與者也，是與下同志，衆所從附也，故曰來連。來則與在下之衆相連合也，能與衆合，得處蹇之道也。

象曰：往蹇來連，當位實也。

四當蹇之時，居上位，不往而來，與下同志，固足以得衆矣；又以陰居陰，爲得其實，以誠實與下，故能連合而下之。二三亦各得其實，初以陰居下，亦其實也。當同患之時，相交以實，其合可知，故來而連者，當位以實也。處蹇難，非誠實何以濟？當位不曰正而曰實，上下之交，主於誠實，用各有其所也。

九五，大蹇，朋來。

五居君位，而在蹇難之中，是天下之大蹇也。當蹇而又在險中，亦爲大蹇。大蹇之時，而二在下，以中正相應，是其朋助之來也。方天下之蹇，而得中正之臣相輔，其助豈小也？得朋來而无吉，何也？曰：未足以濟蹇也。以剛陽中正之君，而方在大蹇之中，非得剛陽中正之臣相輔之，不能濟天下之蹇也。二之中正，固有助矣，欲以陰柔之助，濟天下之難，非所能也。自古聖王濟天下之蹇，未有不由賢聖之臣爲之助者，湯、武得伊、呂是也。中常之君，得剛明之臣而能濟大難者則有矣，劉禪之孔明，唐肅宗之郭子儀，德宗之李晟是也。雖賢明之君，苟无其臣，則不能濟於難也。故凡六居五、九居二者，則多由助而有功，蒙、泰之類是也；九居五、六居二，則其功〔一〕多不足，屯、否之類是也。蓋臣賢於君，則輔君以君所不能；臣不及君，則贊助之而已，故不能成大功也。

象曰：大蹇朋來，以中節也。

朋者，其朋類也。五有中正之德，而二亦中正，雖大蹇之時，不失其守，蹇於蹇以相應助，是以其中正之節也。上下中正而弗濟者，臣之才不足也。自古守節秉義，而才不足以濟者，豈少乎？漢李固、王允，晉周顗、王導之徒是也。

上六，往蹇，來碩，吉，利見大人。

〔一〕覆元本「功」下小注：「一作助。」

六以陰柔居蹇之極，冒極險而往，所以蹇也。不往而來，從五求三，得剛陽之助，是以碩也。蹇之道，阨塞窮蹙。碩，大也，寬裕之稱。來則寬大，其蹇紓矣。蹇之極，有出蹇之道。上六以陰柔，故不得出，得剛陽之助，可以紓蹇而已，在蹇極之時，得紓則爲吉矣。非剛陽中正，豈能出乎蹇也？利見大人：蹇極之時，見大德之人則能有濟於蹇也。大人謂五，以相比發此義。五，剛陽中正，而居君位，大人也。在五不言其濟蹇之功，而上六利見之，何也？曰：在五不言，以其居坎險之中，无剛陽之助，故无能濟蹇之義；在上六，蹇極而見大德之人，則能濟於蹇，故爲利也。各爻取義不同，如屯初九之志正，而於六二則目之爲寇也。諸爻皆不言吉，上獨言吉者，諸爻皆得正，各有所善，然皆未能出於蹇，故未足爲吉，唯上處蹇極而得寬裕，乃爲吉也。

象曰：往蹇來碩，志在內也；利見大人，以從貴也。

上六應三而從五，志在內也。蹇既極而有助，是以碩而吉也。六以陰柔當蹇之極，密近剛陽中正之君，自然其志從附，以求自濟，故利見大人，謂從九五之貴也。所以云從貴，恐人不知大人爲指五也。

䷧坎下震上

解，序卦：「蹇者難也，物不可以終難，故受之以解。」物无終難之理，難極則必散，解者散也，所以次蹇也。爲卦，震上坎下。震，動也，坎，險也，動於險外，出乎險也，故爲患難解散之象。又震爲雷，坎爲雨，雷雨之作，蓋陰陽交感，和暢而緩散，故爲解。解者，天下患難解散之時也。

解：利西南，无所往，其來復吉，有攸往，夙吉。

西南，坤方。坤之體，廣大平易。當天下之難方解，人始離艱苦，不可復以煩苛嚴急治之，當濟以寬大簡易，乃其宜也。如是，則人心懷而安之，故利於西南也。湯除桀之虐，而以寬治；武王誅紂之暴，而反商政，皆從寬易也。无所往，其來復吉，有攸往，夙吉：无所往，謂天下之難已解散，无所爲也；有攸往，謂尚有所當解之事也。夫天下國家，必紀綱法度廢亂，而後禍患生。聖人既解其難而安平无事矣，是无所往也；則當修復治道，正紀綱，明法度，進復先代明王之治，是來復也，謂反正理也，天下之吉也。其，發語辭。自古聖王救難定亂，其始未暇遽爲也；既安定，則爲可久可繼之治。自漢以下，亂既除，則不復有爲，姑隨時維持而已，故不能成善治，蓋不知來復之義也。有攸往夙吉，謂尚有當解之事，則早爲之乃吉也。當解而未盡者，不早去，則將復盛；事之復生者，不早爲，則將漸大，故夙則吉也。

彖曰：解，險以動。動而免乎險，解。

坎險，震動，險以動也。不險則非難，不動則不能出難。動而出於險外，是免乎險難也，故爲解。

解利西南，往得衆也。

解難之道，利在廣大平易，以寬易而往濟解，則得衆心之歸也。

其來復吉，乃得中也。

不云无所往，省文爾。救亂除難，一時之事，未能成治道也，必待難解，无所往，然後來復先王之治，乃得中道，謂合宜也。

有攸往，夙吉，往有功也。

有所爲則夙吉也。早則往而有功，緩則惡滋而害深矣。

天地解而雷雨作，雷雨作而百果草木皆甲坼。解之時大矣哉！

既明處解之道，復言天地之解，以見解時之大。天地之氣開散，交感而和暢，則成雷雨；雷雨作而〔一〕萬物皆生發甲坼。天地之功，由解而成，故贊解之時大矣哉！王者法天道，行寬宥，施恩惠，養育兆民，至於昆蟲草木，乃順解之時，與天地合德也。

象曰：雷雨作，解，君子以赦過宥罪。

天地解散而成雷雨，故雷雨作而爲解也。與明兩而作離，語不同。赦，釋之。宥，寬之。過失則赦之可也，罪惡而赦之，則非義也，故寬之而已。君子觀「雷雨作，解」之象，體其發育，則施恩仁；體其解散，則行寬釋也。

初六，无咎。

六居解初，患難既解之時，以柔居剛，以陰應陽，柔而能剛之義。既无患難，而自處得剛柔之宜。患難既解，安寧无事，唯自處得宜，則爲无咎矣。方解之初，宜安静以休息之。爻之辭寡，所以

〔一〕覆元本「而」作「則」。

示意。

象曰：剛柔之際，義无咎也。

初四相應，是剛柔相際接也。剛柔相際，爲得其宜。難既解而處之剛柔得宜，其義无咎也。

九二，田獲三狐，得黄矢，貞吉。

九二以陽剛得中之才，上應六五之君，用於時者也。天下小人常衆，剛明之君在上，則明足以照之，威足以懼之，剛足以斷之，故小人不敢用其情，然猶常存警戒，慮其有閒而害正也。六五以陰柔居尊位，其明易蔽，其威易犯，其斷不果而易惑，小人一近之，則移其心矣。况難方解而治之初，其變尚易。二既當用，必須能去小人，則可以正君心而行其剛中之道。田者，去害之事。狐者，邪媚之獸。三狐指卦之三陰，時之小人也。獲謂能變化除去之，如田之獲狐也，獲之則得中直之道，乃貞正而吉也。黄，中色。矢，直物。黄矢謂中直也。羣邪不去，君心一入，則中直之道无由行矣。桓敬之不去武三思是也。

象曰：九二貞吉，得中道也。

所謂貞吉者，得其中道也。除去邪惡，使其〔一〕中直之道得行，乃正而吉也。

六三，負且乘，致寇至，貞吝。

六三陰柔，居下之上，處非其位，猶小人宜在下以負荷，而且乘車，非其據也，必致寇奪之至，雖使所

〔一〕覆元本「其」下小注：「一無其字。」

爲得正，亦可鄙吝也。小人而竊盛位，雖勉爲正事，而氣質卑下，本非在上之物，終可吝也。若能大

正則如何？曰：大正非陰柔所能也，若能之，則是化爲君子矣。三，陰柔小人，宜在下而反處下之上，猶小人宜負而反乘，當致寇奪也。難解之時，而小人竊位，復致寇矣。

象曰：負且乘，亦可醜也。自我致戎，又誰咎也？

負荷之人，而且乘載，爲可醜惡也。處非其據，德不稱其器，則寇戎之致，乃己招取，將誰咎乎？聖人又於繫辭明其致寇之道，謂：「作易者，其知盜乎！」盜者乘釁而至，苟无釁隙，則盜安能犯？負者小人之事，乘者君子之器。以小人而乘君子之器，非其所能安也，故盜乘釁而奪之。小人而居君子之位，非其所能堪也，故滿假而陵慢其上，侵暴其下，盜則乘其過惡而伐之矣。伐者，聲其罪也。盜，横暴而至者也。貨財而輕慢其藏，是教誨乎盜，使取之也。女子而夭冶其容，是教誨淫者，使暴之也。小人而乘君子之器，是招盜使奪之也，皆自取之之謂也。

九四，解而拇，朋至斯孚。

九四以陽剛之才，居上位，承六五之君，大臣也，而下與初六之陰爲應。拇，在下而微者，謂初也。居上位而親小人，則賢人正士遠退矣。斥去小人，則君子之黨進，而誠相得也。四能解去初六之陰柔，則陽剛君子之朋來至而誠合矣。不解去小人，則己之誠未至，安能得人之孚也？初六其應，故謂遠之爲解。

象曰：解而拇，未當位也。

四雖陽剛，然居陰，於正疑不足，若復親比小人，則其失正必矣，故戒必解其拇，然後能來君子，以其處未當位也。解者，本合而離之也，必解拇而後朋孚。蓋君子之交，而小人容於其間，是與君子之誠未至也。

六五，君子維有解吉，有孚于小人。

六五居尊位，爲解之主，人君之解也，以君子通言之。君子所親比者，必君子也；所解去者，必小人也，故君子維有解則吉也。小人去，則君子進矣，吉孰大焉？有孚者，世云見驗也。可驗之於小人。小人之黨去，則是君子能有解也。小人去，則君子自進，正道自行，天下不足治也。

象曰：君子有解，小人退也。

君子之所解者，謂退去小人也。小人去，則君子之道行，是以吉也。

上六，公用射隼于高墉之上，獲之无不利。

上六尊高之地，而非君位，故曰公，但據解終而言也。隼，鷙害之物，象爲害之小人。墉，牆内外之限也。害若在内，則是未解之時也；若出墉外，則是无害矣，復何所解？故在墉上，離乎内而未去也。云高，見防限之嚴；而未去者，上解之極也。解極之時，而獨有未解者，乃害之堅强者也。上居解極，解道已至，器已成也，故能射而獲之。既獲之，則天下之患，解已盡矣，何所不利？夫子於繫辭復伸其義曰：「隼者禽也，弓矢者器也，射之者人也。君子藏器於身，待時而動，何不利之有？動而不括，是以出而有獲，語成器而動者也。」鷙害之物在墉上，苟无其器，與不待時而發，則安能獲之？所以解之之道，器也；事之當解與已解之之道至者，時也。如是而動，故无括結，發而无不利矣。括結謂阻礙。聖人於此發明藏器待時之義。夫行一身至於天下之事，苟无其器，與不以時而動，小則括塞，大則喪敗。自古喜有爲而无成功，或顛覆者，皆由是也。

象曰：公用射隼，以解悖也。

至解終而未解者，悖亂之大者也。射之，所以解之也，解則天下平矣。

䷨ 兑下艮上

損，序卦：「解者緩也，緩必有所失，故受之以損。」縱緩則必有所失，失則損也，損所以繼解也。爲卦，艮上兑下。山體高，澤體深，下深則上益高，爲損下益上之義；又澤在山下，其氣上通，潤及草木百物，是損下而益上也；又下爲兑説，三爻皆上應，是説以奉上，亦損下益上之義；又下兑之成兑，由六三之變也，上艮之成艮，自上九之變也，三本剛而成柔，上本柔而成剛，亦損下益上之義。損上而益於下則爲益，取下而益於上則爲損。在人，上者施其澤以及下則益也，取其下以自厚則損也。譬諸壘土，損於上以培厚其基本，則上下安固矣，豈非益乎？取於下以增上之高，則危墜至矣，豈非損乎？故損者損下益上之義，益則反是。

損：有孚，元吉，无咎，可貞，利有攸往。

損，減損也。凡損抑其過，以就義理，皆損之道也。損之道，必有孚誠，謂至誠順於理也。損而順理，則大善而吉；所損无過差，可貞固常行，而利有所往也。人之所損，或過，或不及，或〔一〕不常〔二〕，皆不合正理，非有孚也。非有孚，則无吉而有咎，非可貞之道，不可行也。

曷之用？二簋可用享。

損者，損過而就中，損浮末而就本實也。聖人以寧儉爲禮之本，故爲〔三〕損發明其義，以享祀言之。享祀之禮，其文最繁，然以誠敬爲本，多儀備物，所以將飾其誠敬之心，飾過其誠，則爲僞矣。損飾所以存誠也，故云「曷之用，二簋可用享」。二簋之約，可用享祭，言在乎誠而已，誠爲本也。天下之害，无不由末之勝也。峻宇雕牆，本於宮室；酒池肉林，本於飲食；淫酷殘忍，本於刑罰；窮兵黷武，本於征討。凡人欲之過者，皆本於奉養，其流之遠，則爲害矣。先王制其本者，天理也；後人流於末者，人欲也。損之義，損人欲以復天理而已。

彖曰：損，損下益上，其道上行。

損之所以爲損者，以損於下而益於上也。取下以益上，故云其道上行。夫損上而益下則爲益，損下而益上則爲損，損基本以爲高者，豈可謂之益乎？

損而有孚，元吉，无咎，可貞，利有攸往。

謂損而以至誠，則有此元吉以下四者，損道之盡善也。

〔一〕覆元本「或」上小注：「一有或常字。」

〔二〕覆元本「常」下小注：「一作當。」

〔三〕覆元本「爲」作「於」，義較長。

曷之用？二簋可用享。二簋應有時，損剛益柔有時。

夫子特釋「曷之用？二簋可用享」，卦辭簡直，謂當損去浮飾。曰何所用哉？二簋可以享也。厚本損末之謂也。夫子恐後人不達，遂以爲文飾當盡去，故詳言之。有本必有末，有實必有文，天下萬事，无不然者。无本不立，无文不行。父子主恩，必有嚴順之體；君臣主敬，必有承接之儀；禮讓存乎內，待威儀而後行；尊卑有其序，非物采則无別；文之與實，相須而不可缺也。及夫文之勝，末之流，遠本喪實，乃當損之時也。故云曷所用哉？二簋足以薦其誠矣。謂當務實而損飾也。夫子恐人之泥言也，故復明之曰，二簋之質，用之當有時，非其所用而用之，不可也。謂文飾未過而損之，與損之至於過甚，則非也。損剛益柔，有時剛爲過，柔爲不足，損益皆損剛益柔也，必順時而行，不當時而損益之，則非也。

損益盈虛，與時偕行。

或損或益，或盈或虛，唯隨時而已。過者損之，不足一作及。者益之，虧者盈之，實者虛之，與時偕行也。

象曰：山下有澤，損，君子以懲忿窒欲。

山下有澤，氣通上潤，與深下以增高，皆損下之象。君子觀損之象，以損於己：在修己之道所當損者，唯忿與欲，故以懲戒其忿怒，窒塞其意欲也。

初九，已事遄往，无咎，酌損之。

損之義，損剛益柔，損下益上也。初以陽剛應於四，四以陰柔居上位，賴初之益者也。下之益上，當損己而不自以爲功，所益於上者，事既已，則速去之，不居其功，乃无咎也。若享其成功之美，非損己益上也，於爲下之道爲有咎矣。四之陰柔，賴初者也，故聽於初；初當酌度其宜，而損己以益之，過與不及，皆不可也。

象曰：已事遄往，尚合志也。

尚，上也，時之所崇用爲尚。初之所尚者，與上合志也。四賴於初，初益於四，與上合志也。

九二，利貞，征凶，弗損益之。

二以剛中，當損剛之時，居柔而説體，上應六五陰柔之君，以柔説應上則失其剛中之德，故戒所利在貞正也。征，行也。離乎中，則失其貞正而凶矣，守其中乃貞也。弗損益之：不自損其剛貞，則能益其上，乃益之也；若失其剛貞，而用柔説，適足以損之而已，非損己而益上也。世之愚者，有雖无邪心，而唯知竭力順上爲忠者，蓋不知弗損益之之義也。

象曰：九二，利貞，中以爲志也。

九居二非正也，處説非剛也，而得中爲善。若守其中德，何有不善？豈有中而不正者？豈有中而有過者？二所謂利貞，謂以中爲志也。志存乎中，則自正矣。大率中重於正，中則正矣，正不必中也。能守中，則有益於上矣。

六三，三人行則損一人，一人行則得其友。

損者，損有餘也；益者，益不足也。三人，謂下三陽，上三陰。三陽同行，則損九三以益上；三陰同行，則損上六以爲三，三人行則損一人也。上以柔易剛而謂之損，但言其減一耳。上與三雖本相應，由二爻升降而一卦皆成，兩相與也。初二二陽，四五二陰，同德相比，三與上應，皆兩相與，則其志專，皆爲得其友也。三雖與四相比，然異體而應上，非同行者也。三人則損一人，一人則得其友，蓋天下無不二者，一與二相對待，生生之本也，三則餘而當損矣，此損益之大義也。夫子又於繫辭盡其義曰：「天地絪緼，萬物化醇，男女構精，萬物化生。易曰：『三人行則損一人，一人行則得其友。』言致一也。」絪緼，交密之狀。天地之氣，相交而密，則生萬物之化醇。醇謂醲厚，醲厚猶精一也。男女精氣交構，則化生萬物，唯精醇專一，所以能生也。一陰一陽，豈可三也？故三則當損，言專致乎一也。天地之閒，當損益之，明且大者莫過此也。

象曰：一人行，三則疑也。

一人行而得一人，乃得友也。若三人行，則疑所與矣，理當損去其一人，損其餘也。

六四，損其疾，使遄有喜，无咎。

四以陰柔居上，與初之剛陽相應。在損時而應剛，能自損以從剛陽也，損不善以從善也。初之益四，損其柔而益之以剛，損其不善也，故曰損其疾，疾謂疾病不善也。損於不善，唯使之遄速，則有喜而无咎。人之損過，唯患不速，速則不至於深過，爲可喜也。

象曰：損其疾，亦可喜也。

損其所疾，固可喜也。云亦，發語辭。

六五，或益之十朋之龜，弗克違，元吉。

六五於損時，以中順居尊位，虛其中以應乎二之剛陽，是人君能虛中自損，以順從在下之賢也。能如是，天下孰不損己自盡以益之？故或有益之之事，則十朋助之矣。十，衆辭。龜者，決是非吉凶之物。衆人之公論，必合正理，雖龜筴不能違也。如此，可謂大善之吉矣。古人曰：「謀從衆，則合天心。」

象曰：六五元吉，自上祐也。

所以得元吉者，以其能盡衆人之見，合天地之理，故自上天降之福祐也。

上九，弗損益之，无咎，貞吉，利有攸往，得臣无家。

凡損之義有三：損己從人也，自損以益於人也，行損道以損於人也。損己從人，徙於義也；自損益人，及於物也；行損道以損於人，行其義也；各因其時，取大者言之。四五二爻，取損己從人；下體三爻，取自損以益人；損時之用，行損道以損天下之當損者也。上九則取不行其損爲義。九居損之終，損極而當變者也。以剛陽居上，若用〔一〕剛以損削於下，非爲上之道，其咎大矣。若不行其損，變而以剛陽之道益於下，則无咎而得其正，且吉也。如是，則宜有所往，往則有益矣。在上能不損其下而益之，天下孰不服從？從服之衆，无有内外也，故曰得臣无家。得臣，謂得人心歸服；无家，謂无有遠

〔一〕覆元本「用」下小注：「一有其字。」

近內外之限也。

象曰：弗損益之，大得志也。

居上，不損下而反益之，是君子大得行其志也。君子之志，唯在益於人而已。

☴☳震下巽上

益，序卦：「損而不已必益，故受之以益。」盛衰損益如循環，損極必益，理之自然，益所以繼損也。爲卦，巽上震下。雷風二物，相益者也；風烈則雷迅，雷激則風怒，兩相助益，所以爲益，此以象言也。巽震二卦，皆由下變而成。陽變而爲陰者，損也；陰變而爲陽者，益也。上卦損而下卦益，損上益下，所以爲益，此以義言也。下厚則上安，故益下爲益。

益：利有攸往，利涉大川。

益者，益於天下之道也，故利有攸往。益之道，可以濟險難，利涉大川也。

彖曰：益，損上益下，民説无疆，自上下下，其道大光。

以卦義與卦才言也。卦之爲益，以其損上益下也。損於上而益下，則民説之无疆，謂无窮極也。自上而降己以下下，其道之大光顯也。陽下居初，陰上居四，爲自上下下之義。

利有攸往，中正有慶。

五以剛陽中正居尊位，二復以中正應之，是以中正之道益天下，天下受其福慶也。

利涉大川，木道乃行。

益之爲〔一〕道，於平常无事之際，其益猶小，當艱危險難，則所益至大，故利涉大川也。於濟艱險，乃益道大行之時也。益誤作木。或以爲上巽下震，故云木道，非也。

益，動而巽，日進无疆。

又以二體言卦才。下動而上巽，動而巽也。爲益之道，其動巽順於理，則其益日進，廣大无有疆限也。動而不順於理，豈能成大益也？

天施地生，其益无方。

以天地之功，言益道之大，聖人體之以益天下也。天道資始，地道生物，天施地生，化育萬物，各正性命，其益可謂无方矣。方，所也。有方所，則有限量。无方，謂廣大无窮極也。天地之益萬物，豈有窮際乎？

凡益之道，與時偕行。

天地之益无窮者，理而已矣。聖人利益天下之道，應時順理，與天地合，與時偕行也。

象曰：風雷，益，君子以見善則遷，有過則改。

風烈則雷迅，雷激則風怒，二物相益者也。君子觀風雷相益之象，而求益於己：爲益之道，无若見善則遷，有過則改也。見善能遷，則可以盡天下之善；有過能改，則无過矣。益於人者，无大於是。

〔一〕覆元本「爲」下小注：「一無爲字，一作於。」

初九，利用爲大作，元吉，无咎。

初九，震動之主，剛陽之盛也。居益之時，其才足以益物，雖居至下，而上有六四之大臣應於己。四，巽順之主，上能巽於君，下能順於賢才也。在下者不能有爲也，得在上者應從之，則宜以其道輔於上，作大益天下之事，利用爲大作也。居下而得上之用，以行其志，必須所爲大善而吉，則无過咎。不能元吉，則不唯在己有咎，乃累乎上，爲上之咎也。在至下而當大任，小善不足以稱也，故必元吉，然後得无咎。

象曰：元吉无咎，下不厚事也。

在下者本不當處厚事，厚事，重大之事也，以爲在上所任，所以當大事，必能濟大事而致元吉，乃爲无咎。能致元吉，則在上者任之爲知人，己當之爲勝任，不然，則上下皆有咎也。

六二，或益之十朋之龜，弗克違，永貞吉，王用享于帝，吉。

六二處中正而體柔順，有虛中之象。人處中正之道，虛其中以求益，而能順從天下，孰不願告而益之？孟子曰：「夫苟好善，則四海之內，皆將輕千里而來，告之以善。」夫滿則不受，虛則來物，理自然也。故或有可益之事，則衆朋助而益之。十者，衆辭。衆人所是，理之至當也。龜者，占吉凶、辨是非之物，言其至是，龜不能違也。永貞吉，就六二之才而言。二，中正虛中，能得衆人之益者也；然而質本陰柔，故戒在常永貞固，則吉也。求益之道，非永貞則安能守也？損之六五，十朋之龜元吉者，蓋居尊自損，應下之剛，以柔而居剛，柔爲虛受，剛爲固守，求益之至善，故元吉也。六二虛中求益，亦有剛陽之應，而以柔居柔，疑益〔一〕之未固也，故戒能常永貞固則吉也。王用享于帝吉，如二之虚中而能永貞，用以享上帝，猶當獲吉，況與人接物，其意有不通乎？求益於人，有不應乎？祭天，天子之事，故云王用也。

象曰：或益之，自外來也。

既中正虚中，能受天下之善而固守，則有有益之事，衆人自外來益之矣。或曰：自外來，豈非謂五乎？曰：如二之中正虚中，天下孰不願益之？五爲正應，固在其中矣。

六三，益之，用凶事无咎，有孚，中行，告公用圭。

三居下體之上，在民上者也，乃守令也。居陽應剛，處動之極，居民上而剛決，果於爲益者也。果於爲益，用之凶事則无咎。凶事謂患難非常之事。三居下之上，在下當承禀於上，安得自任，擅爲益乎？唯於患難非常之事，則可量宜應卒，奮不顧身，力庇其民，故无咎也。下專自任，上必忌疾，雖當凶難，以〔二〕義在可爲，然必有其孚誠，而所爲合於中道，則誠意通於上，而上信與之矣。專爲而无爲上愛民之至誠，固不可也；雖有誠意，而所爲不合中行，亦不可也。圭者，通信之物。禮云：大夫執圭而使，所以申信也。凡祭祀朝聘用圭玉，所以通達誠信也。有誠孚而得中道，則能使上信之，是猶告公上用圭玉也，其孚能通達於上矣。在下而有爲之道，固當有孚中行。又三陰爻而不中，故發此義。

〔一〕覆元本「疑益」作「疑從益」。

〔二〕覆元本「以」下小注：「一無以字。」

或曰：三乃陰柔，何得反以剛果任事爲義？曰：三，質雖本陰，然其居陽，乃自處以剛也。應剛乃志在乎剛也。居動之極，剛果於行也。以此行益，非剛果而何？易以所勝爲義，故不論其本質也。

象曰：益用凶事，固有之也。

六三益之獨可用於凶事者，以其固有之也，謂專固自任其事也。居下當稟承於上，乃專任其事，唯救民之凶災，拯時之艱急，則可也。乃處急難變故之權宜，故得无咎，若平時，則不可也。

六四，中行告公從，利用爲依，遷國。

四當益時，處近君之位，居得其正，以柔巽輔上，而下順應於初之剛陽，如是可以益於上也。唯處不得其中，而所應又不中，是不足於中也。故云：若行得中道，則可以益於君上，告於上而獲信從矣。以柔巽之體，非有剛特之操，故利用爲依。遷國爲依，依附於上也。遷國，順下而動也。上依剛中之君而致其益，下順剛陽之才以行其事，利用如是也。自古國邑，民不安其居則遷，遷國者，順下而動也。

象曰：告公從，以益志也。

爻辭但云，得中行則告公而獲從，象復明之曰：告公而獲從者，告之以益天下之志也。志苟在於益天下，上必信而從之。事君者，不患上之不從，患其志之不誠也。

九五，有孚，惠心，勿問元吉，有孚惠我德。

五，剛陽中正，居尊位，又得六二之〔一〕中正相應，以行其益，何所不利？以陽實在中，有孚之象也。

以九五之德、之才、之位，而中心至誠，在惠益於物，其至善大吉，不問可知，故云勿問元吉。人君居得致之位，操可致之權，苟至誠益於〔二〕天下，天下受其大福，其元吉不假言也。有孚惠我德：人君至誠，益於天下，天下之人，无不至誠愛戴，以君之德澤爲恩惠也。

象曰：有孚惠心，勿問之矣；惠我德，大得志也。

人君有至誠惠益天下之心，其元吉不假言也，故云勿問之矣。天下至誠懷吾德以爲惠，是其道大行，人君之志得矣。

上九，莫益之，或擊之，立心勿恆，凶。

上居无位之地，非行益於人者也；以剛處益之極，求益之甚者也；所應者陰，非取善自益者也。利者，衆人所同欲也。專欲益己，其害大矣。欲之甚，則昏蔽而忘義理；求之極，則侵奪而致仇怨。故夫子曰：「放於利而行，多怨。」孟子謂先利則不奪不饜，聖賢之深戒也。九以剛而求益之極，衆人所共惡，故无益之者，而或攻擊之矣。立心勿恆，凶：聖人戒人存心不可專利，云勿恆如是，凶之道也，所當速改也。

象曰：莫益之，偏辭也；或擊之，自外來也。

理者天下之至公，利者衆人所同欲。苟公其心，不失其正理，則與衆同利，无侵於人，人亦欲與之。

〔一〕覆元本「之」下小注：「一無之字。」

〔二〕覆元本「益於」下小注：「一作於益。」下「益於天下」句同。

若切於好利，蔽於自私，求自益以損於人，則人亦與之力争，故莫肯益之，而有擊奪之者矣。云莫益之者，非其偏己之辭也。苟不偏己，合於公道，則人亦益之，何爲擊之乎？既求益於人，至於甚極，則人皆惡而欲攻之，故擊之者自外來也。人爲善，則千里之外應之。六二中正虚己，益之者自外而至，是也。苟爲不善，則千里之外違之。上九求益之極，擊之者自外而至，是也。繫辭曰：「君子安其身而後動，易其心而後語，定其交而後求，君子修此三者故全也。危以動，則民不與也；懼以語，則民不應也；无交而求，則民不與也；莫之與，則傷之者至矣。易曰：『莫益之，或擊之，立心勿恆，凶。』」君子言動與求，皆以其道，乃完善也；不然，則取傷而凶矣。

☱☰ 乾下兑上

夬，序卦：「益而不已必決，故受之以夬。夬者，決也。」益之極，必決而後止，理无常益，益而不已，已乃決也，夬所以次益也。爲卦，兑上乾下。以二體言之：澤，水之聚也，乃上於至高之處，有潰決之象。以爻言之：五陽在下，長而將極；一陰在上，消而將盡；衆陽上進，決去一陰，所以爲夬也。夬者，剛決之義。衆陽進而決去一陰，君子道長，小人消衰將盡之時也。

夬：揚于王庭，孚號有厲。

小人方盛之時，君子之道未勝，安能顯然以正道決去之？故含晦俟時，漸圖消之之道。今既小人衰微，君子道盛，當顯行之於公朝，使人明知善惡，故云揚于王庭。孚，信之在中，誠意也。號者，命衆之辭。君子之道雖長盛，而不敢忘戒備，故至誠以命衆，使知尚有危道，雖以此之甚盛，決彼之甚衰，若易而无備，則有不虞之悔，是尚有危理，必有戒懼之心，則无患也。聖人設戒之意深矣。

告自邑，不利卽戎，利有攸往。

君子之治小人，以其不善也，必以己之善道勝革之，故聖人誅亂，必先修己，舜之敷文德是也。邑，私邑。告自邑：先自治也。以衆陽之盛，決於一陰，力固有餘，然不可極其剛至於太過，太過乃如蒙上九之爲寇也。戎兵者，强武之事。不利卽戎：謂不宜尚壯武也。卽，從也。從戎，尚武也。利有攸往：陽雖盛，未極乎上；陰雖微，猶有未去，是小人尚有存者，君子之道有未至也，故宜進而往也。不尚剛武，而其道益進，乃夬之善也。

彖曰：夬，決也，剛決柔也。健而說，決而和。

夬爲決義，五陽決上之一陰也。健而說，決而和，以二體言卦才也。下健而上說，是健而能說，決而能和，決之至善也。兑說爲和。

揚于王庭，柔乘五剛也。

柔雖消矣，然居五剛之上，猶爲乘陵之象。陰而乘陽，非理之甚。君子勢既足以去之，當顯揚其罪於王朝大庭，使衆知善惡也。

孚號有厲，其危乃光也。

盡誠信以命其衆，而知有危懼，則君子之道，乃无虞而光大也。

告自邑，不利卽戎，所尚乃窮也。

當先自治，不宜專尚剛武。即戎，則所尚乃至窮極矣。夬之時所尚，謂剛武也。

利有攸往，剛長乃終也。

陽剛雖盛，長猶未終，尚有一陰，更當決去，則君子之道純一而无害之者矣，乃剛長之終也。

象曰：澤上於天，夬，君子以施禄及下，居德則忌。

澤，水之聚也，而上於天至高之處，故爲夬象。君子觀澤決於上而注溉於下之象，則以施禄及下，謂施其禄澤以及於下也。觀其決潰之象，則以居德則忌。居德，謂安處其德則約也；忌，防也，謂約立防禁，有防禁，則无潰散也。王弼作明忌，亦通。不云澤在天上，而云澤上於天，上於天，則意不安而有決潰之勢；云在天上，乃安辭也。

初九，壯于前趾，往不勝，爲咎。

九，陽爻而乾體，剛健在上之物，乃在下而居決時，壯于前進者也。前趾，謂進行。人之決於行也，行而宜，則其決爲是；往而不宜，則決之過也，故往而不勝則爲咎也。夬之時而往，往決也，故以勝負言。九，居初而壯於進，躁於動者也，故有不勝之戒。陰雖將盡，而己之躁動，自宜有不勝之咎，不計彼也。

象曰：不勝而往，咎也。

人之行，必度其事可爲，然後決之，則无過矣。理不能勝，而且往，其咎可知。凡行而有咎者，皆決之過也。

九二，惕號，莫夜有戎，勿恤。

夬者，陽決陰，君子決小人之時，不可忘戒備也。陽長將極之時，而二處中居柔，不爲過剛，能知戒備，處夬之至善也。内懷兢惕，而外嚴誡號，雖莫夜有兵戎，亦可勿恤矣。

象曰：有戎勿恤，得中道也。

莫夜有兵戎，可懼之甚也，然可勿恤者，以自處之善也。既得中道，又知惕懼，且有戒備，何事之足恤也？九居二，雖得中，然非正，其爲至善，何也？曰：陽決陰，君子決小人，而得中，豈有不正也？知時識勢，學易之大方也。

九三，壯于頄，有凶。君子夬夬，獨行遇雨，若濡，有愠，无咎。

爻辭差錯，安定胡公移其文曰：「壯于頄，有凶，獨行遇雨，若濡有愠，君子夬夬，无咎。」亦未安也。當云：「壯于頄，有凶，獨行遇雨，君子夬夬，若濡有愠，无咎。」夬決，尚剛健之時。三居下體之上，又處健體之極，剛果於決者也。頄，顴骨也，在上而未極於上者也。三居下體之上，雖在上而未爲最上，上有君而自任其剛決，壯于頄者也，有凶之道也。獨行遇雨：三與上六爲正應，方羣陽共決一陰之時，己若以私應之，故不與衆同而獨行，則與上六陰陽和合，故云遇雨。易中言雨者，皆謂陰陽和也。君子道長，決去小人之時，而己獨與之和，其非可知。唯君子處斯時，則能夬夬，謂夬其夬，果決其斷也。雖其私與，當遠絶之，若見濡污，有愠惡之色，如此則无過咎也。三，健體而處正，非必有是失也，因此義以爲教耳。爻文所以交錯者，由有遇雨字，又有濡字，故誤以爲連也〔一〕。

〔一〕覆元本末句下小注：「一作誤而相連也。」

象曰：君子夬夬，終无咎也。

牽梏於私好，由无決也。君子義之與比，決於當決，故終不至於有咎也。

九四，臀无膚，其行次且，牽羊悔亡，聞言不信。

臀无膚，居不安也。行次且，進不前也。次且，進難之狀。九四以陽居陰，剛決不足，欲止則衆陽並進於下，勢不得安，猶臀傷而居不能安也；欲行則居柔失其剛壯，不能强進，故其行次且也。牽羊悔亡：羊者羣行之物，牽者挽拽之義，言若能自强，而牽挽以從羣行，則可以亡其悔。然既處柔，必不能也，雖使聞是言，亦必不能信用也。夫過而能改，聞善而能用，克己以從義，唯剛明者能之。在它卦，九居四，其失未至如此之甚，在夬而居柔，其害大矣。

象曰：其行次且，位不當也；聞言不信，聰不明也。

九處陰位，不當也；以陽居柔，失其剛決，故不能强進，其行次且。剛然後能明，處柔則遷失其正性，豈復有明也？故聞言而不能信者，蓋其聰聽之不明也。

九五，莧陸夬夬，中行无咎。

五雖剛陽中正，居尊位，然切近於上六，上六説體，而卦獨一陰，陽之所比也。五爲決陰之主，而反比之，其咎大矣。故必決其決，如莧陸然，則於其中行之德，爲无咎也。中行，中道也。莧陸，今所謂馬齒莧是也，曝之難乾，感陰氣之多者也，而脆易折。五若如莧陸，雖感於陰而決斷之易，則於中行无過咎矣，不然，則失其中正也。感陰多之物，莧陸爲易斷，故取爲象。

象曰：中行无咎，中未光也。

卦辭言夬夬，則於中行爲无咎矣。象復盡其義云：中未光也。夫人心正意誠，乃能極中正之道，而充實光輝。五心有所比，以義之不可而決之，雖行於外，不失中正之義，可以无咎，然於中道，未得爲光大也。蓋人心一有所欲，則離道矣，夫子於此，示人之意深矣。

上六，无號，終有凶。

陽長將極，陰消將盡，獨一陰處窮極之地，是衆君子得時，決去危極之小人也，其勢必須消盡，故云无用號咷畏懼，終必有凶也。

象曰：无號之凶，終不可長也。

陽剛君子之道，進而益盛，小人之道，既已窮極，自然消亡，豈復能長久乎？雖號咷，无以爲也，故云終不可長也。先儒以卦中有孚號惕號，欲以无號爲无號，作去聲，謂无用更加號令，非也。一卦中適有兩去聲字，一平聲字，何害？而讀易者率皆疑之。或曰：聖人之於天下，雖大惡，未嘗必絶之也，今直使之无號，謂必有凶，可乎？曰：夬者，小人之道消亡之時也。決去小人之道，豈必盡誅之乎？使之變革，乃小人之道亡也，道亡乃其凶也。

䷫ 巽下乾上

姤，序卦：「夬決也，決必有所遇，故受之以姤。姤，遇也。」決，判也，物之決判，則有遇合，本合則何遇？姤所以次夬也。爲卦，乾上巽下。以二體言之：風行天下，天之下者萬物也；風之行，无不經觸，乃遇之象。又一陰始生於下，陰與陽遇也，故爲姤。

姤：女壯，勿用取女。

一陰始生，自是而長，漸以盛矣〔一〕，是女之將長壯也。陰長則陽消，女壯則男弱，故戒勿用取如是之女。取女者，欲其柔和順從，以成家道。姤乃方進之陰，漸壯而敵陽者，是以不可取也。女漸壯，則失男女之正，家道敗矣。姤雖一陰甚微，然有漸壯之道，所以戒也。

彖曰：姤，遇也，柔遇剛也。

姤之義，遇也。卦之爲姤，以柔遇剛也。一陰方生，始與陽相遇也。

勿用取女，不可與長也。

一陰既生，漸長而盛，陰盛則陽衰矣。取女者，欲長久而成家也，此漸盛之陰，將消勝於陽，不可與之長久也。凡女子、小人、夷狄，勢苟漸盛，何可與久也？故戒勿用取如是之女。

天地相遇，品物咸章也。

陰始生於下，與陽相遇，天地相遇也。陰陽不相交遇，則萬物不生。天地相遇，則化育庶類，品物咸章，萬物章明也。

剛遇中正，天下大行也。

以卦才言也。五與二皆以陽剛居中與正，以中正相遇也。君得剛中之臣，臣遇中正之君，君臣以剛

〔一〕徐本「矣」作「大」。

陽遇中正，其道可以大行於天下矣。

姤之時義大矣哉！

贊姤之時，與姤之義至大也。天地不相遇，則萬物不生；君臣不相遇，則政治不興；聖賢不相遇，則道德不亨；事物不相遇，則功用不成。姤之時與義，皆甚大也。

象曰：天下有風，姤，后以施命誥四方。

風行天下，无所不周，爲君后者，觀其周徧之象，以施其命令，周誥四方也。風行地上，與天下有風，皆爲周徧庶物之象，而行於地上，徧觸萬物，則爲觀，經歷觀省之象也；行於天下，周徧四方，則爲姤，施發命令之象也。諸象或稱先王，或稱后，或稱君子大人。稱先王者，先王所以立法制建國，作樂省方，敕法閉關，育物享帝皆是也。稱后者，后王之所爲也，財成天地之道，施命誥四方是也。君子則上下之通稱，大人者王公之通稱。

初六，繫于金柅，貞吉；有攸往，見凶，羸豕孚蹢躅。

姤，陰始生而將長之卦。一陰生，則長而漸盛，陰長則陽消，小人道長也，制之當於其微而未盛之時。柅，止車之物，金爲之，堅强之至也。止之以金柅，而又繫之，止之固也。固止使不得進，則陽剛貞正之道吉也。使之進往，則漸盛而害於陽，是見凶也。羸豕孚蹢躅：聖人重爲之戒，言陰雖甚微，不可忽也。豕，陰躁之物，故以爲況。羸弱之豕，雖未能强猛，然其中心在乎蹢躅。蹢躅，跳躑也。陰微而在下，可謂羸矣，然其中心常在乎消陽也。君子小人異道，小人雖微弱之時，未嘗无害君子之心，防於微則无能爲矣。

象曰：繫于金柅，柔道牽也。

牽者，引而進也。陰始生而漸進，柔道方牽也。繫之于金柅，所以止其進也。不使進，則不能消正道，乃貞吉也。

九二，包有魚，无咎，不利賓。

姤，遇也。二與初密比，相遇者也。在他卦則初正應於四，在姤則以遇爲重。相遇之道，主於專一。二之剛中，遇固以誠，然初之陰柔，羣陽在上，而又有所〔一〕應者，其志所求也，陰柔之質，鮮克貞固，二之於初，難得其誠心矣。所遇不得其誠心，遇道之乖也。包者，苴裹也。魚，陰物之美者。陽之於陰，其所悦美，故取魚象。二於初，若能固畜之，如包苴之有魚，則於遇爲无咎矣。賓，外來者也。不利賓：包苴之魚，豈能及賓？謂不可更及外人也。遇道當專一，二則雜矣。

象曰：包有魚，義不及賓也。

二之遇初，不可使有二於外，當如包苴之有魚，包苴之魚，義不及於賓客也。

九三，臀无膚，其行次且，厲无大咎。

二與初既相遇，三説初而密比於二，非所安也，又爲二所忌惡，其居不安，若臀之无膚也。處既不安，則當去之，而居姤之時，志求乎遇，一陰在下，是所欲也，故處雖不安，而其行則又次且也。次且，進

〔一〕覆元本「所」作「相」。

難之狀，謂不能遽舍也。然三剛正而處巽，有不終迷之義。若知其不正，而懷危懼，不敢妄動，則可以无大咎也。非義求遇，固已有咎矣；知危而止，則不至於大一有咎字。也。

象曰：其行次且，行未牽也。

其始志在求遇於初，故其行遲遲未牽，不促其行也；既知危而改之，故未至於大咎也。

九四，包无魚，起凶。

包者，所裹畜也。魚，所美也。四與初爲正應，當相遇者也，而初已遇於二矣，失其所遇，猶包之无魚，亡其所有也。四當姤遇之時，居上位而失其下，下之離，由己之失德也。四之失者，不中正也。以不中正而失其民，所以凶也。曰：初之從二，以比近也，豈四之罪乎？曰：在四而言，義當有咎，不能保其下，由失道也。豈有上不失道而下離者乎？遇之道，君臣、民主、夫婦、朋友皆在焉。四以下睽，故主民而言。爲上而下離，必有凶變。起者，將生之謂。民心既離，難將作矣。

象曰：无魚之凶，遠民也。

下之離，由己致之。遠民者，己遠之也，爲上者有以使之離也。

九五，以杞包瓜，含章，有隕自天。

九五，下亦无應，非有遇也，然得遇之〔一〕道，故終必有遇。夫上下之遇，由相求也。杞，高木而葉大。處高體大，而可以包物者，杞也。美實之在下者，瓜也。美而居下者，側微之賢之象也。九五尊居君

〔一〕覆元本「之」下小注：「一有之字。」

位，而下求賢才，以至高而求至下，猶以杞葉而包瓜，能自降屈如此；又其內蘊中正之德，充實章美，人君如是，則无有不遇所求者也。雖屈己求賢，若其德不正，賢者不屑也，故必含蓄章美，內積至誠，則有隕自天矣，猶云自天而降，言必得之也。自古人君至誠降屈，以中正之道，求天下之賢，未有不遇者也。高宗感於夢寐，文王遇於漁釣，皆由是道也。

象曰：九五含章，中正也。

所謂含章，謂其含蘊一無蘊字。中正之德也。德充實，則成章而有輝光。

有隕自天，志不舍命也。

命，天理也。舍，違也。至誠中正，屈己求賢，存志合於天理，所以有隕自天，必得之矣。

上九，姤其角，吝，无咎。

至剛而在最上者，角也。九以剛居上，故以角爲象。人之相遇，由降屈以相從，和順以相接，故能合也。上九高亢而剛極，人誰與之？以此求遇，固可吝也。己則如是，人之遠之，非他人之罪也。由己致之，故无所歸咎。

象曰：姤其角，上窮吝也。

既處窮上，剛亦極矣，是上窮而致吝也。以剛極居高而求遇，不亦難乎？

䷬ 坤下兌上

萃，序卦：「姤者遇也，物相遇而後聚，故受之以萃，萃者聚也。」物相會遇則成羣〔一〕，萃所以次姤也。

爲卦，兑上坤下，澤上於地，水之聚也，故爲萃。不言澤在地上，而云澤上於地，言上於地，則爲方聚之義也。

萃：亨，王假有廟。

王者萃聚天下之道，至於有廟，極也。羣生至衆也，而可一其歸仰；人心莫知其鄉也，而能致其誠敬；鬼神之不可度也，而能致其來格。天下萃合人心，總攝衆志之道非一，其至大莫過於宗廟，故王者萃天下之道，至於有廟，則萃道之至也。祭祀之報，本於人心，聖人制禮以成其德耳。故豺獺能祭，其性然也。萃下有亨字，羡文也。亨字自在下，與渙不同。渙則先言卦才，萃乃先言卦義，彖辭甚明。

利見大人，亨，利貞。

天下之聚，必得大人以治之。人聚則亂，物聚則争，事聚則紊，非大人治之，則萃所以致争亂也。萃以不正，則人聚爲苟合，財聚爲悖入，安得亨乎？故利貞。

用大牲吉，利有攸往。

萃者，豐厚之時也，其用宜稱，故用大牲吉。事莫重於祭，故以祭享而言。上交鬼神，下接民物，百用莫不皆然。當萃之時，而交物以厚，則是享豐富之吉也，天下莫不同其富樂矣。若時之〔二〕厚，而交物以薄，乃不享其豐美，天下莫之與，而悔吝生矣。蓋隨時之宜，順理而行，故彖云順天命也。夫不能

〔一〕覆元本「羣」下有「聚」字。

〔二〕覆元本「之」下小注：「一無之字。」

有爲者，力之不足也。當萃之時，故利有攸往。大凡興工〔一〕立事，貴得可爲之時，萃而後用，是以動而有裕，天理然也。

彖曰：萃，聚也；順以説，剛中而應，故聚也。

萃之義，聚也。順以説，以卦才言也。上説而下順，爲上以説道使民，而順於人心；下説上之政令，而順從於上。既上下順説，又陽剛處中正之位，而下有應助，如此故能聚也。欲天下之萃，才非如是不能也。

王假有廟，致孝享也。

王者萃人心之道，至於建立宗廟，所以致其孝享之誠也。祭祀，人心之所自盡也，故萃天下之心者，无如孝享。王者萃天下之道，至於有廟，則其極也。

利見大人亨，聚以正也。

萃之時，見大人則能亨，蓋聚以正道也。見大人，則其聚以正道，得其正則亨矣。萃不以正，其能亨乎？

用大牲吉，利有攸往，順天命也。

用大牲，承上有廟之文，以享祀而言。凡事莫不如是。豐聚之時，交於物者當厚，稱其宜也。物聚而

〔一〕覆元本「工」作「功」。

力贍，乃可以有爲，故利有攸往。皆天理然也，故云順天命也。

觀其所聚，而天地萬物之情可見矣。

觀萃之理，可以見天地萬物之情也。天地之化育，萬物之生成，凡有者皆聚也。有无動静終始之理，聚散而已。故觀其所以聚，則天地萬物之情可見矣。

象曰：澤上於地，萃，君子以除戎器，戒不虞。

澤上於地，爲萃聚之象。君子觀萃象，以除治戎器，用戒備於不虞。凡物之萃，則有不虞度之事，故衆聚則有争，物聚則有奪。大率既聚則多故矣，故觀萃象而戒也。除謂簡治也，去弊惡也。除而聚之，所以戒不虞也。

初六，有孚不終，乃亂，乃萃，若號，一握爲笑，勿恤往，无咎。

初與四爲正應，本有孚以相從者也。然當萃時，三陰聚處，柔无守正之節，若舍正應而從其類，乃有孚而不終也。乃亂，惑亂其心也。乃萃，與其同類聚也。初若守正，不從號呼，以求正應，則一握笑之矣。一握，俗語一團也，謂衆（一有聚字。）以爲笑也。若能勿恤，而往從剛陽之正應，則无過咎，不然，則入小人之羣矣。

象曰：乃亂乃萃，其志亂也。

其心志爲同類所惑亂，故乃萃於羣陰也。不能固其守，則爲小人所惑亂，而失其正矣。

六二，引吉，无咎，孚乃利用禴。

初陰柔，又非中正，恐不能終其孚，故因其才而爲之戒。二雖陰柔，而得中正，故雖戒而微辭〔一〕。凡爻之辭，關得失二端者，爲法爲戒，亦各隨其才而設也。引吉无咎：引者相牽也。人之交，相求則合，相待〔二〕則離。二與五爲正應，當萃者也，而相遠，又在羣陰之閒，必相牽引，則得其萃矣。五居尊位，有中正之德，二亦以中正之道往與之萃，乃君臣和合也。其所共致，豈可量也？是以吉而无咎也。无咎者，善補過也。二與五不相引，則過矣。孚乃利用禴：孚，信之在中，誠之謂也。禴，祭之簡薄者也。非薄而祭，不尚備物，直以誠意交於神明也。孚乃者，謂有其孚則可不用文飾，專以至誠交於上〔三〕也。以禴言者，謂薦其誠而已，上下相聚而尚飾焉，是未誠也。蓋其中實者，不假飾於外，用禴之義也。孚信者，萃之本也。不獨君臣之聚，凡天下之聚，在誠而已。

象曰：引吉无咎，中未變也。

萃之時，以得聚爲吉，故九四爲得上下之萃。二與五雖正應，然異處有閒，乃當萃而未合者也，故能相引而萃，則吉而无咎。以其有中正之德，未遽至改變也，變則不相引矣。或曰：二既有中正之德，而象云未變，辭若不足，何也？曰：羣陰比處，乃其類聚。方萃之時，居其閒，能自守不變，遠須正應，剛立者能之。二，陰柔之才，以其有中正之德，可覿其未至於變耳，故象含其意以存戒也。

〔一〕覆元本「微辭」下小注：「一作其辭微。」
〔二〕覆元本「待」下小注：「一作恃。」
〔三〕覆元本「上」下小注：「一有下字。」

六三，萃如嗟如，无攸利，往无咎，小吝。

三，陰柔不中正之人也，求萃於人，而人莫與求。四則非其正應，又非其類，是以不正爲四所棄也。與二，則二自以中正應五，是以不正爲二所不與也。故欲〔一〕萃如，則爲人棄絶而嗟如，不獲萃而嗟恨也。上下皆不與，无所利也。惟往而從上六，則得其萃，爲无咎也。三與上雖非陰陽正應，然萃之時，以類相從，皆以柔居一體之上，又皆无與，居相應之地，上復處説順之極，故得其萃而无咎也。易道變動无常，在人識之。然而小吝，何也？三始求萃於四與二，不獲而後往從上六，人之動爲如此，雖得所求，亦可小羞吝也。

象曰：往无咎，上巽也。

上居柔説之極，三往而无咎者，上六巽順而受之也。

九四，大吉，无咎。

四當萃之時，上比九五之君，得君臣之聚也；下比下體羣陰，得下民之聚也。得上下之聚，可謂善矣。然四以陽居陰，非正也，雖得上下之聚，必得大吉然後爲无咎也。大爲周徧之義，无所不周，然後爲大，无所不正，則爲大吉，大吉則无咎也。夫上下之聚，固有不由正道而得者。非理枉道而得君者，自古多矣；非理枉道而得民者，蓋亦有焉，如齊之陳恆，魯之季氏是也。然得爲大吉乎？得爲无咎

〔一〕覆元本「欲」下小注：「一無欲字。」

乎？故九四必能大吉然後爲〔一〕无咎也。非盡善，安得爲大吉乎？

象曰：大吉无咎，位不當也。

以其位之不當，疑其所爲未能盡善，故云必得大吉然後爲无咎也。

九五，萃有位，无咎。匪孚，元永貞，悔亡。

九五居天下之尊，萃天下之衆而君臨之，當正其位，修其德。以陽剛居尊位，稱其位矣，爲有其位矣，得中正之道，无過咎也。如是而有不信而未歸者，則當自反以修其元永貞之德，則无思不服，而悔亡矣。元永貞者，君之德，民所歸也，故比天下之道與萃天下之道，皆在此三者。王者既有其位，又有其德，中正无過咎，而天下尚有未信服歸附者，蓋其道未光大也，元永貞之道未至也，在脩德以來之。如苗民逆命，帝乃誕敷文德。舜德非不至也，蓋有遠近昏明之異，故其歸有先後，既有未歸，則當脩德也。所謂德，元永貞之道也。元，首也，長也，爲君德首出庶物，君長羣生，有尊大之義焉，有主統之義焉，而又恆永貞固，則通於神明，光於四海，无思不服矣，乃无匪孚而其悔亡也。所謂悔，志之未光，心之未慊也。

象曰：萃有位，志未光也。

象舉爻上句。王者之志，必欲誠信著於天下，有感必通，含生之類，莫不懷歸，若尚有匪孚，是其志之未光大也。

〔一〕覆元本「爲」下小注：「一作能。」下文「然後爲无咎」句同。

上六，齎咨涕洟，无咎。

六，說之主，陰柔小人，說高位而處之，天下孰肯與也？求萃而人莫之與，其窮至於齎咨而涕洟也。齎咨，咨嗟也。人之絕之，由己自取，又將誰咎？爲人惡絕，不知所爲，則隕穫而至嗟涕，真小人之情狀也。

象曰：齎咨涕洟，未安上也。

小人所處，常失其宜：既貪而從欲，不能自擇安地，至於困窮，則顛沛不知所爲。六之涕洟，蓋不安於處上也。君子慎其所處，非義不居，不幸而有危困，則泰然自安，不以累其心。小人居不擇安，常履非據，及其窮迫，則隕穫躁撓，甚至涕洟，爲可羞也。未者，非遽之辭，猶俗云未便也。未便能安於上也。陰而居上，孤處无與，既非其據，豈能安乎？

䷭ 巽下坤上

升，序卦：「萃者聚也，聚而上者謂之升，故受之以升。」物之積聚而益高大，聚而上也，故爲升，所以次於萃也。爲卦，坤上巽下，木在地下，爲地中生木。木生地中，長而益高，爲升之象也。

升：元亨，用見大人，勿恤，南征吉。

升者，進而上也。升進則有亨義，而以卦才之善，故元亨也。用此道以見大人，不假憂恤，前進則吉也。南征，前進也。

彖曰：柔以時升。

巽而順，剛中而應，是以大亨。

以二體言，柔升謂坤上行也。巽既體卑而就下，坤乃順時而上升以時也，謂時當升也。柔既上而成升，則下巽而上順，以巽順之道升，可謂時矣。二以剛中之道應於五，五以中順之德應於二，能巽而順，其升以時，是以元亨也。彖文誤作大亨，解在大有卦。

用見大人勿恤，有慶也。

凡升之道，必由大人。升於位則由王公，升於道則由聖賢。用巽順剛中之道以見大人，必遂其升。勿恤，不憂其不遂也。遂其升，則己之〔一〕福慶，而福慶及物也。

南征吉，志行也。

南，人之所向。南征，謂前進也。前進則遂其升，而得行其志，是以吉也。

象曰：地中生木，升，君子以順德，積小以高大。

木生地中，長而上升，爲升之象。君子觀升之象，以順脩其德，積累微小，以至高大也。順則可進，逆乃退也。萬物之進，皆以順道也。善不積不足以成名。學業之充實，道德之崇高，皆由積累而至。積小所以成高大，升之義也。

初六，允升大吉。

初以柔居巽體之下，又巽之主，上承於九二之剛，巽之至者也。二以剛中之德，上應於君，當升之任

〔一〕覆元本「之」下小注：「一作有。」

者也。允者，信從也。初之柔巽，唯信從於二，信二而從之同升，乃大吉也。二以德言，則剛中；以力言，則當任。初之陰柔，又无應援，不能自升，從於剛中之賢以進，是由剛中之道也，吉孰大焉？

象曰：允升大吉，上合志也。

與在上者合志同升也。上謂九二。從二而升，乃與二同志也。能信從剛中之賢[一]，所以大吉。

九二，孚乃利用禴，无咎。

二，陽剛而在下；五，陰柔而居上。夫以剛而事柔，以陽而從陰，雖有時而然，非順道也。以暗而臨明，以剛而事弱，若黽勉於事勢，非誠服也。上下之交不以誠，其可以久乎？其可以有爲乎？五雖陰柔，然居尊位。二雖剛陽，事上者也，當內存至誠，不假文飾於外，誠積於中，則自不事外飾，故曰利用禴，謂尚誠敬也。自古剛强之臣，事柔弱之君，未有不爲矯飾者也。禴，祭之簡質者也。云「孚乃」，謂既孚乃宜不用文飾，專以其誠感通於上也。如是則得无咎。以剛强之臣而事柔弱之君，又當升之時，非誠意相交，其能免於咎乎？

象曰：九二之孚，有喜也。

二能以孚誠事上，則不唯爲臣之道无咎而已，可以行剛中之道，澤及天下，是有喜也。凡象言有慶者，如是則有福慶及於物也；言有喜者，事既善而又有可喜也，如大畜童牛之牿元吉，象云有喜，蓋牿於童則易，又免强制之難，是有可喜也。

〔一〕覆元本「賢」下小注：「一作道。」

九三，升虛邑。

三以陽剛之才，正而且巽，上皆順之，復有援應，以是而升，如入无人之邑，孰禦哉？

象曰：升虛邑，无所疑也。

入无人之邑，其進无疑阻也。

六四，王用亨于岐山，吉，无咎。

四，柔順之才，上順君之升，下順下之進，己則止其所焉，以陰居柔，陰而在下，止其所也。昔者文王之居岐山之下，上順天子，而欲致之有道，下順天下之賢，而使之升進，己則柔順謙恭，不出其位，至德如此，周之王業，用是而亨也。四能如是，則亨而吉，且无咎矣。四之才固自善矣，復有无咎之辭，何也？曰：四之才雖善，而其位當戒也。居近君之位，在升之時，不可復升，升則凶咎可知，故云如文王則吉而无咎也。然處大臣之位，不得无事於升，當上升其君之道，下升天下之賢，己則止其分焉。分雖當止，而德則當升也，道則當亨也。盡斯道者，其唯文王乎！

象曰：王用亨于岐山，順事也。

四居近君之位，而當升時，得吉而无咎者，以其有順德也。以柔居坤，順之至也。文王之亨于岐山，亦以順時而已。上順於上，下順乎下，己順處其義，故云順事也。

六五，貞吉，升階。

五以下有剛中之應，故能居尊位而吉，然質本陰柔，必守貞固，乃得其吉也。若不能貞固，則信賢不篤，任賢不終，安能吉也？階，所由而升也。任剛中之賢，輔之而升，猶登進自階，言有由而易也。指言九二正應，然在下之賢，皆用升之階也，能用賢則彙升矣。

象曰：貞吉升階，大得志也。

倚任賢才，而能貞固，如是而升，可以致天下之大治，其志可大得也。君道之升[一]，患無賢才之助爾，有助則猶自階而升也。

上六，冥升，利于不息之貞。

六以陰居升之極，昏冥於升，知進而不知止者也，其爲不明甚矣。然求升不已之心，有時而用於貞正，而當不息之事，則爲宜矣。君子於貞正之德，終日乾乾，自强不息，如[二]上六不已之心，用之於此則利也。以小人貪求無已之心，移於進德，則何善如之？

象曰：冥升在上，消不富也。

昏冥於升，極上而不知已，唯有消亡，豈復有加益也？不富，無復增益也。升既極，則有退而無進也。

［一］覆元本「升」下小注：「一作興。」

［二］覆元本「如」下小注：「一作以。」

周易程氏傳卷第四

周易下經下

䷮坎下兌上

困，序卦：「升而不已必困，故受之以困。」升者自下而上，自下升上，以力進也，不已必困矣，故升之後受之以困也。困者憊乏之義。爲卦，兌上而坎下。水居澤上，則澤中有水也；乃在澤下，枯涸无水之象，爲困乏之義。又兌以陰在上，坎以陽居下，與上六在二陽之上，而九二陷於二陰之中，皆陰柔揜於陽剛，所以爲困也。君子爲小人所揜蔽，窮困之時也。

困：亨，貞大人吉，无咎，有言不信。

如卦之才，則困而能亨，且得貞正，乃大人處困之道也，故能吉而无咎。大人處困，不唯其道自吉，樂天安命〔一〕，乃不失其吉也。況隨時善處，復有裕〔二〕乎？有言不信：當困而言，人誰信之？

彖曰：困，剛揜也。

〔一〕覆元本「安命」下小注：「一作知命。」

〔二〕覆元本「裕」作「咎」，義似較長。但「有」字疑當作「何」，語法方順。

卦所以爲困，以剛爲柔所掩蔽也。陷於下而掩於上，所以困也。陷亦揜也。剛陽君子而爲陰柔小人所掩蔽，君子之道困窒之時也。

險以說，困而不失其所亨，其唯君子乎！

以卦才言處困之道也。下險而上說，爲處險而能說，雖在困窮艱險之中，樂天安義，自得其說樂也。時雖困也，處不失義，則其道自亨，困而不失其所亨也。能如是者，其唯君子乎！若時當困而反亨，身雖亨，乃其道之困也。君子，大人通稱。

貞大人吉，以剛中也。

困而能貞，大人所以吉也，蓋其以剛中之道也。五與二是也。非剛中，則遇困而失其正矣。

有言不信，尚口乃窮也。

當困而言，人所不信，欲以口免困，乃所以致窮也。以說處困，故有尚口之戒。

象曰：澤无水，困，君子以致命遂志。

澤无水，困乏之象也。君子當困窮之時，既盡其防慮之道，而不得免，則命也，當推致其命，以遂其志。知命之當然也，則窮塞禍患不以動其心，行吾義而已。苟不知命，則恐懼於險難，隕穫於窮戹，所守亡矣，安能遂其爲善之志乎？

初六，臀困于株木，入于幽谷，三歲不覿。

六以陰柔處於至卑，又居坎險之下，在困不能自濟者也。必得在上剛明之人爲援助，則可以濟其困矣。初與四爲正應，九四以陽而居陰爲不正，失〔一〕剛而不中，又方困於陰揜，是惡能濟人之困？猶株木之下〔二〕，一無下字。不能蔭覆於物。株木，无枝葉之木也。四近君之位，在他卦不爲无助，以居困而不能庇物，故爲株木。臀，所以居也。臀困于株木，謂无所庇而不得安其居，居安則非困也。入于幽谷：陰柔之人，非能安其所遇，既不能免於困，則益迷暗妄動，入於深困。幽谷，深暗之所也。方益入於困，无自出之勢，故至於三歲不覿，終困者也。不覿，不遇其所亨也。

象曰：入于幽谷，幽不明也。

幽，不明也，謂益入昏暗，自陷於深困也。明則不至於陷矣。

九二，困于酒食，朱紱方來，利用享祀，征凶，无咎。

酒食，人所欲而所以施惠也。二以剛中之才，而處困之時，君子安其所遇，雖窮厄險難，无所動其心，不恤其爲困也。所困者，唯困於所欲耳。君子之所欲者，澤天下之民，濟天下之困也。二未得遂其欲、施其惠，故爲困於酒食也。大人君子懷其道而困於下，必得有道之君求而用之，然後能施其所蘊。二以剛中之德困於下，上有九五剛中之君，道同德合，必來相求，故云朱紱方來。方來，方且來也。朱紱，王者之服，蔽膝也。以行來爲義，故以蔽膝言之。利用享祀：享祀，以至誠通神明也。在困之時，利用至誠，如享祀然，其德既誠，自能感通於上。自昔賢哲困於幽遠，而德卒升聞，道卒爲用者，

〔一〕覆元本「失」下小注：「一作夫。」義似較長。
〔二〕覆元本此句無「下」字。

惟自守至誠而已。征凶，无咎：方困之時，若不至誠安處以俟命，征〔一〕而求之，則犯難得凶，乃自取也，將誰咎乎？不度時而征，乃不安其所，爲困所動也。失剛中之德，自取凶悔，何所怨咎？諸卦二五以陰陽相應而吉，惟小畜與困，乃戹於陰，故同道相求：小畜，陽爲陰所畜；困，陽爲陰所揜也。

象曰：困于酒食，中有慶也。

雖困于所欲，未能施惠於人，然守其剛中之德，必能致亨而有福慶也。雖使時未亨通，守其中德，亦君子之道，亨乃有慶也。

六三，困于石，據于蒺蔾，入于其宮，不見其妻，凶。

六三以陰柔不中正之質，處險極而用剛。居陽，用剛也，不善處困之甚者也。石，堅重難勝之物。蒺蔾，刺不可據之物。三以剛險而上進，則二陽在上，力不能勝，堅不可犯，益自困耳，困于石也。以不善之德，居九二剛中之上，其不安猶藉刺，據于蒺蔾也。進退既皆益困，欲安其所，益不能矣。宮，其居所安也。妻，所安之主也。知進退之不可，而欲安其居，則失其所安矣。進退與處皆不可，唯死而已，其凶可知。繫辭曰：「非所困而困焉，名必辱；非所據而據焉，身必危。既辱且危，死期將至，妻其可得見耶？」二陽不可犯也，而犯之以取困，是非所困而困也。名辱，其事惡也。三在二上，固爲據之，然苟能謙柔以下之，則无害矣；乃用剛險以乘之，則不安而取困，如據蒺蔾也。如是，死期將至，所安之主可得而一無而字。見乎？

〔一〕覆元本、呂本「征」作「往」。

象曰：據于蒺蔾，乘剛也；入于其宮，不見其妻，不祥也。

據于蒺蔾，謂乘九二之剛，不安猶藉刺也。不祥者，不善之徵；失其所安者，不善之效，故云不見其妻不祥也。

九四，來徐徐，困于金車，吝，有終。

唯力不足故困，亨困之道，必由援助。當困之時，上下相求，理當然也。四與初爲正應，然四以不中正處困，其才不足以濟人之困。初〔一〕比二，二有剛中之才，足以拯困，則宜爲初所從矣。金，剛也。車，載物者也。二以剛在下載己，故謂之金車。四欲從初而阻於二，故其來遲疑而徐徐，是困于金車也。己之所應，疑其少己而之他，將從之，則猶豫不敢遽前，豈不可羞吝乎？有終者，事之所歸者正也。初四正應，終必相從也。寒士之妻，弱國之臣，各安其正而已，苟擇勢而從，則惡之大者，不容於世矣。二與四皆以陽居陰，而二以剛中之才，所以能濟困也。居陰者，尚柔也；得中者，不失剛柔之宜也。

象曰：來徐徐，志在下也，雖不當位，有與也。

四應於初而隔於二，志在下求，故徐徐而來；雖居不當位爲未善，然其正應相與，故有終也。

九五，劓刖，困于赤紱，乃徐有説，利用祭祀。

截鼻曰劓，傷於上也。去足爲刖，傷於下也。上下皆揜於陰，爲其傷害，劓刖之象也。五，君位也。

〔一〕覆元本「初」作「初六」。

人君之困，由上下无與也。赤紱，臣下之服，取行來之義，故以紱言。人君之困，以天下不來也，天下皆來，則非困也。五雖在困，而有剛中之德，下有九二剛中之賢，道同德合，徐必相應而來，共濟天下之困，是始困而徐有喜說也。利用祭祀：祭祀之事，必致其誠敬，而後受福。人君在困時，宜念天下之困，求天下之賢，若祭祀然，致其誠敬，則能致天下之賢，濟天下之困矣。五與二同德，而云上下无與，何也？曰：陰陽相應者，自然相應也，如夫婦骨肉，分定也。五與二皆陽爻，以剛中之德，同而相應，相求而後合者也。如君臣朋友，義合也。方其始困，安有上下之與？有與，則非困，故徐合而後有說也。二云享祀，五云祭祀，大意則宜用至誠，乃受福也。祭與祀享，泛言之則可通，分而言之，祭天神，祀地祇，享人鬼。五君位言祭，二在下言享，各以其所當用也。

象曰：劓刖，志未得也；乃徐有說，以中直也；利用祭祀，受福也。

始爲陰揜，无上下之與，方困未得志之時也。徐而有說，以中直之道，得在下之賢，共濟於困也。不曰中正，與二合者云直乃宜也。直比正意差緩。盡其誠意，如祭祀然，以求天下之賢，則能亨天下之困，而享受其福慶也。

上六，困于葛藟，于臲卼，曰動悔有悔，征吉。

物極則反，事極則變。困既極矣，理當變矣。葛藟，纏束之物，臲卼，危動之狀。六處困之極，爲困所纏束，而居最高危之地，困于葛藟與臲卼也。動悔，動輒有悔，无所不困也。有悔，咎前之失也。曰，自謂也。若能曰，如是動皆得悔，當變前之所爲，有悔也；能悔，則往而得吉也。困極而征，則出於困矣，故吉。三以陰在下卦之上而凶，上居一卦之上而无凶，何也？曰：三居剛而處險，困而用剛，險故凶。上以柔居説，唯爲困極耳，困極則有變困之道也。困與屯之上，皆以无應居卦終，屯則泣血漣如，困則有悔征吉，屯險極而困説體故也，以説順進，可以離乎困也。

象曰：困于葛藟，未當也；動悔有悔，吉行也。

爲困所纏，而不能變，未得其道也，是處之未當也。知動則得悔，遂有悔而去之，可出於困，是其行而吉也。

䷯巽下坎上

井，序卦：「困乎上者必反下，故受之以井。」承上「升而不已必困」爲言，謂上升不已而困，則必反於下也。物之在下者莫如井，井所以次困也。爲卦，坎上巽下。坎水也，巽之象則木也，巽之義則入也。木，器之象。木入於水下而上乎水，汲井之象也。

井：改邑不改井，无喪无得，往來井井。

井之爲物，常而不可改也。邑可改而之他，井不可遷也，故曰改邑不改井。汲之而不竭，存之而不盈，无喪无得也。至者皆得其用，往來井井也。无喪无得，其德也常；往來井井，其用也周。常也，周也，井之道也。

汔至，亦未繘井，羸其瓶，凶。

汔，幾也。繘，綆也。井以濟用爲功，幾至而未及用，亦與未下繘於井同也。君子之道，貴乎有成，所以五穀不熟，不如荑稗；掘井九仞而不及泉，猶爲棄井。有濟物之用，而未及物，猶无有也。羸敗其瓶而失之，其用喪矣，是以凶也。羸，毁敗也。

彖曰：巽乎水而上水，井。井，養而不窮也。

改邑不改井，乃以剛中也。

巽入於水下而上其水者井也。井之養於物，不有窮已〔一〕，取之而不竭，德有常也。邑可改，井不可遷，亦其德之常也。二五之爻，剛中之德，其常乃如是，卦之才與義合也。

汔至亦未繘井，未有功也；羸其瓶，是以凶也。

雖使幾至，既未爲用，亦與未繘井同。井以濟用爲功，水出乃爲用，未出則何功也？瓶所以上水而致用也，羸敗其瓶，則不爲用矣，是以凶也。

象曰：木上有水，井，君子以勞民勸相。

木承水而上之，乃器汲水而出井之象。君子觀井之象，法井之德，以勞徠其民，而勸勉以相助之道也。勞徠其民，法井之用也；勸民使相助，法井之施也。

初六，井泥不食，舊井无禽。

井與鼎皆物也，就物以爲義。六以陰柔居下，上无應援，无上水之象。不能濟物，乃井之不可食也。井之不可食，以泥汙也。在井之下，有泥之象。井之用，以其水之養人也，无水，則舍置不用矣。井

〔一〕履元本「不有窮已」下小注：「一作无有窮也。」

水之上，人獲其用，禽鳥亦就而求焉。舊廢之井，人既不食，水不復上，則禽鳥亦不復往矣，蓋无以濟物也。井本濟人之物，六以陰居下，无上水之象，故爲不食。井之不食，以泥也，猶人當濟物之時，而才弱无援，不能及物，爲時所舍也。

象曰：井泥不食，下也；舊井无禽，時舍也。

以陰而居井之下，泥之象也。无水而泥，人所不食也。人不食，則水不上，无以及禽鳥，禽鳥亦不至矣。見其不能濟物，爲時所舍置不用也。若能及禽鳥，是亦有所濟也。舍，上聲，與乾之時舍音不同。

九二，井谷射鮒，甕敝漏。

二雖剛陽之才而居下，上无應而比於初，不上而下之象也。井之道，上行者也；澗谷之水，則旁出而就下。二居井而就下，失井之道，乃井而如谷也。井上出，則養人而濟物，今乃下就汚泥，注於鮒而已。鮒，或以爲蝦，或以爲蟇，井泥中微物耳。射，注也，如谷之下流，注於鮒也。甕敝漏，如甕之破漏也。陽剛之才，本可以養人濟物，而上无應援，故不能上而就下，是以无濟用之功。如水之在甕，本可爲用，乃破敝而漏之，不爲用也。井之初二无功，而不言悔咎，何也？曰：失則有悔，過則爲咎。无應援而不能成用，非悔咎也。居二比初，豈非過乎？曰：處中非過也。不能上，由无援，非以比初也。

象曰：井谷射鮒，无與也。

井以上出爲功。二，陽剛之才，本可濟用，以在下而上无應援，是以下比而射鮒。若上有與之者，則當汲引而上，成井之功矣。

九三，井渫不食，爲我心惻，可用汲，王明並受其福。

三以陽剛居得其正，是有濟用之才者也；在井下之上，水之清潔可食者也。井以上爲用，居下，未得其用也。陽之性上，又志應上六，處剛而過中，汲汲於上進，乃有才用而切於施爲；未得其用，則如井之渫治清潔，而不見食，爲一有其字。心之惻怛也[一]。三居井之時，剛而不中，故切於施爲，異乎用之則行、舍之則藏者也。然明王用人，豈求備也？故王明則受福矣。三之才足以濟用，如井之清潔，可用汲而食也。若上有明王，則當用之而得其效。賢才見用，則己得行其道，君得享其功，下得被其澤，上下並受其福也。

象曰：井渫不食，行惻也；求王明，受福也。

井渫治而不見食，乃人有才知而不見用，以不得行爲憂惻也。既以不得行爲惻，則豈免有求也？故求王明而受福，志切於行也。

六四，井甃无咎。

四雖陰柔而處正，上承九五之君，才不足以廣施利物，亦可自守者也，故能修治，則得无咎。甃，砌累也，謂修治也。四雖才弱，不能廣濟物之功，修治其事，不至於廢可也。若不能修治，廢其養人之功，

[一]覆元本此句卽作「爲其心之惻怛也」。

則失井之道，其咎大矣。居高位而得剛陽中正之君，但能處正承上，不廢其事，亦可以免咎也。

象曰：井甃无咎，修井也。

甃者，修治於井也。雖不能大其濟物之功，亦能修治不廢也，故无咎，僅能免咎而已。若在剛陽，自不至如是，如是則可咎矣。

九五，井洌寒泉食。

五以陽剛中正，居尊位，其才其德，盡善盡美，井洌寒泉食也。洌，謂甘潔也。井泉以寒爲美。甘潔之寒泉，可爲人食也。於井道爲至善也，然而不言吉者，井以上出爲成功，未至於上，未及用也，故至上而後言元吉。

象曰：寒泉之食，中正也。

寒泉而可食，井道之至善者也。九五中正之德，爲至善之義。

上六，井收勿幕，有孚元吉。

井以上出爲用。居井之上，井道之成也。收，汲取也。幕，蔽覆也。取而不蔽，其利無窮，井之施廣矣，大矣。有孚，有常而不變也。博施而有常，大善之吉也。夫體井之用，博施而有常，非大人孰能？他卦之終，爲極爲變，唯井與鼎終乃爲成功，是以吉也。

象曰：元吉在上，大成也。

以大善之吉，在卦之上，井道之大成也。井以上爲成功。

䷰離下兌上

革，序卦：「井道不可不革，故受之以革。」井之爲物，存之則穢敗，易之則清潔，不可不革者也，故井之後，受之以革也。爲卦，兌上離下，澤中有火也。革，變革也。水火，相息之物，水滅火，火涸水，相變革者也。火之性上，水之性下，若相違行，則睽而已。乃火在下，水在上，相就而相剋，相滅息者也，所以爲革也。又二女同居，而其歸各異，其志不同，爲不相得也，故爲革也。

革：巳日乃孚，元亨，利貞，悔亡。

革者，變其故也。變其故，則人未能遽信，故必巳日，然後人心信從。元亨利貞悔亡：弊壞而後革之，革之所以致其通也，故革之而可以大亨；革之而利於正，道則可久而得去故之義；无變動之悔，乃悔亡也。革而无甚益，猶一有有字。可悔也，況反害乎？古人所以重改作也。

彖曰：革，水火相息，二女同居，其志不相得，曰革。

澤火相滅息，又二女志不相得，故爲革。息爲止息，又爲生息。物止而後有生，故爲生義。革之相息，謂止息也。

巳日乃孚，革而信之。

事之變革，人心豈能便信？必終日而後孚。在上者於改爲之際，當詳告申令，至於巳日，使人信之。人心不信，雖強之行，不能成也。先王政令，人心始以爲疑者有矣，然其久也必信。終不孚而成善治者，未之有也。

文明以說，大亨以正，革而當，其悔乃亡。

以卦才言革之道也。離爲文明，兌爲說。文明則理无不盡，事无不察；說則人心和順。革而能照察事理，和順人心，可致大亨，而得貞正。如是，變革得其至當，故悔亡也。天下之事，革之不得其道，則反致弊害，故革有悔之道。惟革之至當，則新舊之悔皆亡也。

天地革而四時成，湯、武革命，順乎天而應乎人。革之時大矣哉！

推革之道，極乎天地變易，時運終始也。天地陰陽推遷改易而成四時，萬物於是生長成終，各得其宜，革而後四時成也。時運既終，必有革而新之者。王者之興，受命於天，故易世謂之革命。湯、武之王，上順天命，下應人心，順乎天而應乎人也。天道變改，世故遷易，革之至大也，故贊之曰「革之時大矣哉」！

象曰：澤中有火，革，君子以治厤明時。

水火相息爲革，革，變也。君子觀變革之象，推日月星辰之遷易，以治厤數，明四時之序也。夫變易之道，事之至大，理之至明，跡之至著，莫如四時；觀四時而順變革，則與天地合其序矣。

初九，鞏用黃牛之革。

變革，事之大也，必有其時，有其位，有其才，審慮而慎動，而後可以无悔。九，以時則初也，動於事初，則无審慎之意，而有躁易之象；以位則下也，无時无援而動於下，則有僭妄之咎，而无體勢之重；以才則離體而陽也，離性上而剛體健，皆速於動也。其才如此，有爲則凶咎至矣，蓋剛不中而體躁，所不足者中與順也，當以中順自固而无妄動則可也。鞏，局束也。革，所以包束。黄，中色。牛，順物。鞏用黄牛之革，謂以中順之道自固，不妄動也。不云吉凶，何也？曰：妄動則有凶咎，以中順自固，則不革而已，安得便有吉凶乎？

象曰：鞏用黄牛，不可以有爲也。

以初九時，位才皆不可以有爲，故當以中順自固也。

六二，巳日乃革之，征吉，无咎。

以六居二，柔順而得中正，又文明之主，上有剛陽之君，同德相應。中正則无偏蔽，文明則盡事理，應上則得權勢，體順則无違悖。時可矣，位得矣，才足矣，處革之至善者也。然臣道不當爲革之先，又必待上下之信，故巳日乃革之也。如二之才德，所居之地，所逢之時，足以革天下之弊，新天下之治，當進而上輔於君，以行其道，則吉而无咎也。不進則失可爲之時，爲有咎也。以二體柔而處當位，體柔則其進緩，當位則其處固。變革者，事之大，故有此戒。二得中而應剛，未至失於柔也。聖人因其有可戒之疑，而明其義耳，使賢才不失可爲之時也。

象曰：巳日革之，行有嘉也。

巳日而革之，征則吉而无咎者，行則有嘉慶也。謂可以革天下之弊，新天下之事，處而不行，是无救弊濟世之心，失時而有咎也。

九三，征凶，貞厲，革言三就，有孚。

九三以剛陽爲下之上，又居離之上而不得中，躁動於革者也。在下而躁於變革，以是而行，則有凶也。然居下之上，事苟當革，豈可不爲也？在乎守貞正而懷危懼，順從公論，則可行之不疑。革言，謂當革之論。就，成也，合也。審察當革之言，至於三而皆合，則可信也。言重慎之至能如是，則必得至當，乃有孚也。己可信而衆所信也如此，則可以革矣。在革之時，居下之上，事之〔一〕當革，若畏懼而不爲，則失時爲害；唯當慎重之至，不自任其剛明，審稽公論，至於三就而後革之，則无過矣。

象曰：革言三就，又何之矣？

稽之衆論，至於三就，事至當也。又何之矣：乃俗語更何往也。如是而行，乃順理時行，非己之私意所欲爲也，必得其宜矣。

九四，悔亡，有孚，改命吉。

九四，革之盛也。陽剛，革之才也。離下體而進上體，革之時也。居水火之際，革之勢也。得近君之位，革之任也。下无係應，革之志也。以九居四，剛柔相際，革之用也。四既具此，可謂當革之時也。事之可悔而後革之，革之而當，其悔乃亡也。革之既當，唯在處之以至誠，故有孚則改命吉。改命，改爲也，謂革之也。既事當而弊革，行之以誠，上信而下順，其吉可知。四非中正，而至善，何也？曰：唯其處柔也，故剛而不過，近而不逼，順承中正之君，乃中正之人也。易之取義无常也，隨時而已。

〔一〕據元本「之」下小注：「一作有。」

象曰：改命之吉，信志也。

改命而吉，以上下信其志也。誠既至，則上下信矣。革之道，以上下之信爲本。不當不孚則不信。當而不信，猶不可行也，况不當乎？

九五，大人虎變，未占有孚。

九五以陽剛之才，中正之德，居尊位，大人也。以大人之道，革天下之事，无不當也，无不時也；所過變化，事理炳著，如虎之文采，故云虎變。龍虎，大人之象也。變者，事物之變。曰虎，何也？曰：大人變之，乃大人之變也。以大人中正之道一作德。變革之，炳然昭著，不待占決，知其至當而天下必信也。天下蒙大人之革，不待占決，知其至當而信之也。

象曰：大人虎變，其文炳也。

事理明著，若虎文之炳焕明盛也，天下有不孚乎？

上六，君子豹變，小人革面，征凶，居貞吉。

革之終，革道之成也。君子謂善人，良善則已從革而變，其著見若豹之彬蔚也。小人，昏愚難遷者，雖未能心化，亦革其面以從上之教令也。龍虎，大人之象，故大人云虎，君子云豹也。人性本善，皆可以變化，然有下愚，雖聖人不能移者。以堯、舜爲君，以聖繼聖百有餘年，天下被化，可謂深且久矣，而有苗、有象，其來格烝乂，蓋亦革面而已。小人既革其外，革道可以爲成也。苟更從而深治之，則爲已甚，已甚非道也。故至革之終而又征，則凶也，當貞固以自守。革至於極，而不守以貞，則所革隨復變矣。天下之事，始則患乎難革，已革則患乎不能守也，故革之終戒以居貞則吉也。居貞非爲六戒乎？曰：爲革終言也，莫不在其中矣。人性本善，有不可革者，何也？曰：語其性則皆善也，語其才則有下愚之不移。所謂下愚有二焉：自暴也，一無也字。自棄也。人苟以善自治，則无不可移者，雖昏愚之至，皆可漸磨而進也。唯自暴者，拒之以不信；自棄者，絕之以不爲，雖聖人與居，不能化而入也，仲尼之所謂下愚也。然天下自棄自暴者，非必皆昏愚也，往往强戾而才力有過人者，商辛是也。聖人以其自絕於善，謂之下愚，然考其歸，則誠愚也。既曰下愚，其能革面，何也？曰：心雖絕於善道，其畏威而寡罪，則與人同也。唯其有與人同，所以知其非性之罪也。

象曰：君子豹變，其文蔚也；小人革面，順以從君也。

君子從化遷善，成文彬蔚，章見於外也。中人以上，莫不變革，雖不移之小人，則亦不敢肆其惡，革易其外，以順從君上之教令，是革面也。至此，革道成矣。小人勉而假善，君子所容也，更往而治之，則凶矣。

䷱巽下離上

鼎，序卦：「革物者莫若鼎，故受之以鼎。」鼎之爲用，所以革物也，變腥而爲熟，易堅而爲柔，水火不可同處也，能使相合爲用而不相害，是能革物也，鼎所以次革也。爲卦，上離下巽。所以爲鼎，則取其象焉，取其義焉。取其象者有二：以全體言之，則下植爲足，中實爲腹，受物在中之象，對峙於上者耳也，橫亘乎上者鉉也，鼎之象也；以上下二體言之，則中虛在上，下有足以承之，亦鼎之象也。取其義，則木從火也，巽入也，順從之義，以木從火，爲然之象。火之用惟燔與烹，燔不假器，故取烹象而爲鼎，以木巽火，烹飪之象也。制器取其一作諸。象也，乃象器以爲卦乎？曰：制器取於象也，象存乎卦，而卦不必先器。聖人制器，不待見卦而後知象，以衆人之不能知象也，故設卦以示之。卦器之先後，不害於義也。或疑鼎非自然之象，乃人爲也。曰：固人爲也，然烹飪可以成物，形制如是則可用，此非人爲，自然也。在井亦然。器雖在卦先，而所取者乃卦之象，卦復用器以爲義也。

鼎：元吉亨。

以卦才言也。如卦之才，可以致元亨也。止當云元亨，文羨吉字。卦才可以致元亨，未便有元吉也。彖復止云元亨，其羨明矣。

彖曰：鼎，象也。

卦之爲鼎，取鼎之象也。鼎之爲器，法卦之象也〔一〕。有象而後有器，卦復用器而爲義也。鼎，大器也，重寶也，故其制作形模，法象尤嚴。鼎之名正也，古人訓方，方實正也。以形言，則耳對植於上，足分峙於下，周圓內外，高卑厚薄，莫不有法而至正，至正然後成安重之象。故鼎者法象之器，卦之爲鼎，以其象也。

以木巽火，亨飪也；聖人亨以享上帝，而大亨以養聖賢。

以二體言鼎之用也。以木巽火，以木從火，所以亨飪也。鼎之爲器，生人所賴至切者也。極其用之

〔一〕覆元本「法卦之象也」下小注：「一作法象之器也。」

大，則聖人亨以享上帝，大亨以養聖賢。聖人，古之聖王。大，言其廣。

巽而耳目聰明，柔進而上行，得中而應乎剛，是以元亨。

上既言鼎之用矣，復以卦才言。人能如卦之才，可以致元亨也。下體巽，爲巽順於理；離明而中虛於上，爲耳目聰明之象。凡離在上者，皆云柔進而上行。柔，在下之物，乃居尊位，進而上行也。以明居尊，而得中道，應乎剛，能用剛陽之道也。五居中，而又以柔而應剛，爲得中道。其才如是，所以能元亨也。

象曰：木上有火，鼎，君子以正位凝命。

木上有火，以木巽火也，烹飪之象，故爲鼎。君子觀鼎之象，以正位凝命。鼎者法象之器，其形端正，其體安重。取其端正之象，則以正其位，謂正其所居之位。君子所處必正，其小至於席不正不坐，毋跛毋倚。取其安重之象，則凝其命令，安重其命令也。凝，聚止之義，謂安重也。今世俗有凝然之語，以命令而言耳，凡動爲皆當安重也。

初六，鼎顛趾，利出否，得妾以其子，无咎。

六在鼎下，趾之象也，上應於四，趾而向上，顛之象也。鼎覆則趾顛，趾顛則覆其實矣，非順道也。然有當顛之時，謂傾出敗惡以致潔取新，則可也。故顛趾利在於出否。否，惡也。四近君，大臣之位，初在下之人，而相應；乃上求於下，下從其上也。上能用下之善，下能輔上之爲，可以成事功，乃善道，如鼎之顛趾，有當顛之時，未爲悖理也。得妾以其子无咎：六陰而卑，故爲妾，得妾謂得其人也；

若得良妾，則能輔助其主使无過咎也；子，主也，以其子，致其主於无咎也。六陰居下，而卑巽從陽，妾之象也。以六上應四爲顛趾，而發此義。初六本无才德可取，故云得妾，言得其人則如是也。

象曰：鼎顛趾，未悖也。

鼎覆而趾顛，悖道也。然非必爲悖者，蓋有傾出否惡之時也。

利出否，以從貴也。

去故而納新，瀉惡而受美，從貴之義也。應於四，上從於貴者也。

九二，鼎有實，我仇有疾，不我能卽，吉。

二以剛實居中，鼎中有實之象。鼎之有實，上出則爲用。二，陽剛有濟用之才，與五相應，上從六五之君，則得正而其道可亨。然與初密比，陰從陽者也。九二居中而應中，不至失正，己雖自守，彼必相求，故戒能遠之，使不來卽我，則吉也。仇，對也。陰陽相對之物，謂初也。相從則非正而害義，是有疾也。二當以正自守，使之不能來就己。人能自守以正，則不正不能就之矣，所以吉也。

象曰：鼎有實，慎所之也。

鼎之有實，乃人之有才業也，當慎所趨向，不慎所往，則亦陷於非義。二能不暱於初，而上從六五之正應，乃是慎所之也。

我仇有疾，終无尤也。

我仇有疾，舉上文也。我仇，對己者，謂初也。初比己而非正，是有疾也。既自守以正，則彼不能卽我，所以終无過尤也。

九三，鼎耳革，其行塞，雉膏不食，方雨，虧悔終吉。

鼎耳，六五也，爲鼎之主。三以陽居巽之上，剛而能巽，其才足以濟務，然與五非應而不同。五，中而非正。三，正而非中，不同也，未得於君者也。不得於君，則其道何由而行？革，變革爲異也，三與五異而不合也。其行塞：不能亨也。不合於君，則不得其任，无以施其用。膏，甘美之物，象祿位。雉指五也，有文明之德，故謂之雉。三有才用而不得六五之祿位，是不得雉膏食之也。君子蘊其德，久而必彰，守其道，其終必亨。五有聰明之象，而三終上進之物，陰陽交暢則雨。方雨：且將雨也，言五與三方將和合。虧悔終吉：謂不足之悔，終當獲吉也。三懷才而不偶，故有不足之悔，然其有陽剛之德，上聰明而下巽正，終必相得，故吉也。三雖不中，以巽體，故无過剛之失。若過剛，則豈能終吉？

象曰：鼎耳革，失其義也。

始與鼎耳革異者，失其相求之義也。與五非應，失求合之道也；不中，非同志之象也，是以其行塞而不通。然上明而下才，終必和合，故方雨而吉也。

九四，鼎折足，覆公餗，其形渥，凶。

四，大臣之位，任天下之事者也。天下之事，豈一人所能獨任？必當求天下之賢智，與之協力。得其人，則天下之治，可不勞而致也；用非其人，則敗國家之事，貽天下之患。四下應於初，初，陰柔小人，不可用者也，而四用之，其不勝任而敗事，猶鼎之折足也。鼎折足，則傾覆公上之餗。餗，鼎實也。居大臣之位，當天下之任，而所用非人，至於覆敗，乃不勝其任，可羞愧之甚也。其形渥，謂赧汗也，其凶可知。繫辭曰：「德薄而位尊，知小而謀大，力小而任重，鮮不及矣。」言不勝其任也。蔽於所私，德薄知小也。

象曰：覆公餗，信如何也？

大臣當天下之任，必能成天下之治安，則不誤君上之所倚，下民之所望，與己致身任道之志，不失所期，乃所謂信也。不然，則失其職，誤上之委任，得爲信乎？故曰信如何也？

六五，鼎黄耳，金鉉，利貞。

五在鼎上，耳之象也。鼎之舉措在耳，爲鼎之主也。五有中德，故云黄耳。鉉，加耳者也。二應於五，來從於耳一作五。者，鉉也。二有剛中之德，陽體剛中色黄，故爲金鉉。五文明得中而應剛，二剛中巽體而上應，才无不足也，相應至善矣，所利在貞固而已。六五居中應中，不至於失正，而質本陰柔，故戒以貞固於中也。

象曰：鼎黄耳，中以爲實也。

六五以得中爲善，是以中爲實德也。五之所以聰明應剛，爲鼎之主，得鼎之道，皆由得中也。

上九，鼎玉鉉，大吉，无不利。

井與鼎以上出爲用。處終，鼎功之成也。在上，鉉之象。剛而温者玉也。九雖剛陽，而居陰履柔，不極剛而能温者也。居成功之道，唯善處而已。剛柔適宜，動静不過，則爲大吉，无所不利矣。在上爲鉉，雖居无位之地，實當用也，與他卦異矣。井亦然。

象曰：玉鉉在上，剛柔節也。

剛而温，乃有節也。上居成功致一作无。用之地，而剛柔中節，所以大吉无不利也。井、鼎皆以終爲成功，而鼎不云元吉，何也？曰：井之功用，皆在上出，又有博施有常之德，是以元吉。鼎以烹飪爲功，居上爲成德，與井異，以剛柔節，故得大吉也。

䷲震下震上

震，序卦：「主器者莫若長子，故受之以震。」鼎者器也，震爲長男，故取主器之義，而繼鼎之後。長子，傳國家，繼位號者也，故爲主器之主。序卦取其一義之大者，爲相繼之義。震之爲卦，一陽生於二陰之下，動而上者也，故爲震。震，動也。不曰動者，震有動而奮發震驚之義。乾坤之交，一索而成震，生物之長也，故爲長男。其象則爲雷，其義則爲動。雷有震奮之象，動爲驚懼之義。

震：亨。

陽生於下而上進，有亨之義。又震爲動，爲恐懼，爲有主。震而奮發，動而進，懼而修，有主而保大，皆可以致亨，故震則有亨。

震來虩虩，笑言啞啞；

當震動之來，則恐懼不敢自寧，周旋顧慮，虩虩然也。虩虩，顧慮不安之貌。蠅虎謂之虩者，以其周環顧慮，不自寧也。處震如是，則能保其安裕，故笑言啞啞。啞啞，笑言和適之貌。

震驚百里，不喪匕鬯。

言震動之大，而處之之道。動之大者，莫若雷。震爲雷，故以雷言。雷之震動，驚及百里之遠，人無不懼而自失，雷聲所及百里也。唯宗廟祭祀，執匕鬯者，則不至於喪失。人之致其誠敬，莫如祭祀。匕以載鼎實，升之於俎；鬯以灌地而降神。方其酌祼以求神，薦牲而祈享，盡其誠敬之心，則雖雷震之威，不能使之懼而失守。故臨大震懼，能安而不自失者，唯誠敬而已，此處震之道也。卦才无取，故但言處震之道。

彖曰：震，亨。

震來虩虩，恐致福也；笑言啞啞，後有則也。

震自有亨之[一]義，非由卦才。震來而能恐懼，自修自慎，則可反致福吉也。笑言啞啞，言自若也，由能恐懼而後自處有法則也。有則則安而不懼矣，處震之道也。

震驚百里，驚遠而懼邇也。

雷之震及於百里，遠者驚，邇者懼，言其威遠大也。

出可以守宗廟社稷，以爲祭主也。

彖文脱「不喪匕鬯」一句。卦辭云「不喪匕鬯」，本爲[二]誠敬之至，威懼不能使之自失。彖以長子宜

[一]覆元本「之」下小注：「一无之字。」
[二]覆元本「爲」作「謂」，義較長。

如是，因承上文用長子之義通解之。謂其誠敬能不喪匕鬯，則君出而可以守宗廟社稷爲祭主也。長子如是，而後可以守世祀，承國家也。

象曰：洊雷震，君子以恐懼修省。

洊，重襲也。上下皆震，故爲洊雷。雷重仍則威益盛。君子觀洊雷威震之象，以恐懼自修飭循省也。君子畏天之威，則修正其身，思省其過，咎而改之。不唯雷震，凡遇驚懼之事，皆當如是。

初九，震來虩虩，後笑言啞啞，吉。

初九，成震之主，致震者也。在卦之下，處震之初也。知震之來，當震之始，若能以爲恐懼而周旋顧慮，虩虩然不敢寧止，則終必保其安吉，故〔一〕後笑言啞啞也。

象曰：震來虩虩，恐致福也；笑言啞啞，後有則也。

震來而能恐懼周顧，則无患矣，是能因恐懼而反致福也。因恐懼而自修省，不敢違於法度，是由震而後有法則，故能保其安吉，而笑言啞啞也。

六二，震來厲，億喪貝，躋于九陵，勿逐，七日得。

六二居中得正，善處震者也，而乘初九之剛，九震之主。震剛動而上奮，孰能禦之？厲，猛也，危也。彼來既猛，則己處危矣。億，度也。貝，所有之資也。躋，升也。九陵，陵之高也。逐，往追也。以震來之厲，度不能當，而必喪其所有，則升至高以避之也。九言其重。岡陵之重，高之至也。九，重之

〔一〕覆元本「故」下小注：「一作然。」

多也，如九天九地也。勿逐，七日得：二之所貴者中正也，遇震懼之來，雖量勢巽避，當守其中正，无自失也。億之必喪也，故遠避以自守，過則復其常矣，是勿逐而自得也。逐，即物也。以己即物，失其守矣，故戒勿逐。避遠自守，處震之大方也。如二者，當危懼而善處者也。卦位有六，七乃更始，事既終，時既易也。不失其守，雖一時不能禦其來，然時過事已，則復其常，故云七日得。

象曰：震來厲，乘剛也。

當震而乘剛，是以彼厲而己危。震剛之來，其可禦乎？

六三，震蘇蘇，震行無眚。

蘇蘇，神氣緩散自失之狀。三以陰居陽，不正。處不正於平時，且不能安，況處震乎？故其震懼而蘇蘇然。若因震懼而能行，去不正而就正，則可以无過。眚，過也。三行則至四，正也。動以就正爲善，故二勿逐則自得，三能行則无眚。以不[一]正而處震懼，有眚可知。

象曰：震蘇蘇，位不當也。

其恐懼自失蘇蘇然，由其所處不當故也。不中不正，其能安乎？

九四，震遂泥。

九四，居震動之時，不中不正，處柔失剛健之道，居四无中正之德，陷溺於重陰之閒，不能自震奮者也，故云遂泥。泥，滯溺也。以不正之陽，而上下重陰，安能免於泥乎？遂，無反之意。處震懼，則莫

[一]覆元本「不」下小注：「一有中字。」

能守也，欲震動，則莫能奮也。震道亡矣，豈復能光亨也？

象曰：震遂泥，未光也。

陽者剛物，震者動義。以剛處動，本有光亨之道，乃失其剛正，而陷於重陰，以致遂泥，豈能光也？云未光，見陽剛本能震也，以失德故泥耳。

六五，震往來厲，億无喪有事。

六五雖以陰居陽，不當位爲不正，然以柔居剛，又得中，乃有中德者也。不失中，則不違於正矣，所以中爲貴也。諸卦二五雖不當位，多以中爲美；三四雖當位，或以不中爲過，中常重於正也。蓋中則不違於正，正不必中也。天下之理，莫善於中，於六二、六五可見。五之動，上往則柔不可居動之極，下來則犯剛，是往來皆危也。當君位，爲動之主，隨宜應變，在中而已，故當億度，无喪失其所有之事而已。所有之事，謂中德。苟不失中，雖有危，不〔一〕至於凶也。億度，謂圖慮求不失中也。五所以危，由非剛陽而无助。若以剛陽有助爲動之主，則能亨矣。往來皆危，時則甚難〔二〕，但期於不失中，則可自守。以柔主動，固不能致亨濟也。

象曰：震往來厲，危行也。其事在中，大无喪也。

往來皆厲，行則有危也。動皆有危，唯在无喪其事而已。其事謂中也。能不失其中，則可自守也。

〔一〕覆元本「不」上小注：「一有終字。」

〔二〕覆元本「難」下小注：「一作艱。」

大无喪，以无喪爲大也。

上六，震索索，視矍矍，征凶。震不于其躬，于其鄰，无咎，婚媾有言。

索索，消索不存之狀，謂其志氣如是。六以陰柔居震動之極，其驚懼之甚，志氣殫索也。矍矍，不安定貌。志氣索索，則視瞻徊徨。以陰柔不中正之質，而處震動之極，故征則凶也。震之及身，乃于其躬也。不于其躬，謂未及身也。鄰者，近於身者也。能震懼於未及身之前，則不至於極矣，故得无咎。苟未至於極，尚有可改之道。震終當變，柔不固守，故有畏鄰戒而能變之義。聖人於震，終示人知懼能改之義，爲勸深矣。婚媾，所親也，謂同動者。有言，有怨咎之言也。六居震之上，始爲衆動之首，今乃畏鄰戒而不敢進，與諸處震者異矣，故婚媾有言也。

象曰：震索索，中未得也。雖凶无咎，畏鄰戒也。

所以恐懼自失如此，以未得於中道也，謂過中也。使之得中，則不至於索索矣。極而復征，則凶也。若能見鄰戒而知懼變於未極之前，則无咎也。上六動之極，震極則有變義也。

䷳艮下艮上

艮，序卦：「震者動也，物不可以終動，止之，故受之以艮。艮者，止也。」動靜相因，動則有靜，靜則有動。物无常動之理，艮所以次震也。艮者止也。不曰止者，艮，山之象，有安重堅實之意，非止義可盡也。乾坤之交，三索而成艮，一陽居二陰之上。陽動而上進之物，既至於上則止矣。陰者靜也，上止而下靜，故爲艮也。然則與畜止之義何異？曰：畜止者，制畜之義，力止之也；艮止者，安止之義，止其所也。

艮其背，不獲其身；行其庭，不見其人，无咎。

人之所以不能安其止者，動於欲也。欲牽於前而求其止，不可得也。故艮之道，當艮其背。所見者在前，而背乃背之，是所不見也。止於所不見，則无欲以亂其心，而止乃安。不獲其身，不見其身也，謂忘我也。无我則止矣。不能无我，无可止之道。行其庭不見其人：庭除之間，至近也。在背，則雖至近不見，謂不交於物也。外物不接，内欲不萌，如是而止，乃得止之道，於止爲无咎也。

彖曰：艮，止也。時止則止，時行則行，動静不失其時，其道光明。

艮爲止。止之道，唯其時；行止動静不以時則妄也。不失其時，則順理而合義。在物爲理，處物爲義。動静合理義，不失其時也，乃其道之光明也。君子所貴乎時，仲尼行止久速是也。艮體篤實，有光明之義。

艮其止，止其所也。

艮其止，謂止之而止也。止之而能止者，由止得其所也。止而不得其所，則无可止之理。夫子曰：「於止知其所止。」謂當止之所也。夫有物必有則，父止於慈，子止於孝，君止於仁，臣止於敬，萬物庶事莫不各有其所，得其所則安，失其所則悖。聖人所以能使天下順治，非能爲物作則也，唯止之各於其所而已。

上下敵應，不相與也。

以卦才言也。上下二體，以敵相應，无相與之義。陰陽相應則情通而相與，乃以其敵，故不相與也。不相與，則相背，爲[一]艮其背，止之義[二]也。

是以不獲其身，行其庭不見其人，无咎也。

相背故不獲其身，不見其人，是以能止，能止則无咎也。

象曰：兼山艮，君子以思不出其位。

上下皆山，故爲兼山。此而并彼爲兼，謂重復也，重艮之象也。君子觀艮止之象，而思安所止，不出其位也。位者，所處之分也。萬事各有其所，得其所則止而安。若當行而止，當速而久，或過或不及，皆出其位也，況踰分非據乎？

初六，艮其趾，无咎，利永貞。

六在最下，趾之象。趾，動之先也。艮其趾，止於動之初也。事止於初，未至失正，故无咎也。以柔處下，當止之時也。行則失其正矣，故止乃无咎，陰柔患其不能常也，不能固也，故方止之初，戒以利在常永貞固，則不失止之道也。

象曰：艮其趾，未失正也。

當止而行，非正也。止之於初，故未至失正。事止於始則易，而未至於失也。

[一]覆元本「爲」下小注：「一作與。」
[二]覆元本「義」下小注：「一有同字。」

六二，艮其腓，不拯其隨，其心不快。

六二居中得正，得止之道者也。上无應援，不獲其君矣。三居下之上，成止之主，主乎止者也，乃剛而失中，不得止之宜，剛止於上，非能降而下求，二雖有中正之德，不能從也。二之行止，係乎所主，非得自由，故爲腓之象。股動則腓隨，動止在股而不在腓也。二既不得以中正之道拯救三之不中，則必勉而隨之。不能拯而唯隨也，雖咎不在己，然豈其所欲哉？言不聽，道不行也，故其心不快，不能〔一〕行其志也。士之處高位，則有拯而无隨；在下位，則有當拯，有當隨，有拯之不得而後隨。

象曰：不拯其隨，未退聽也。

所以不拯之而唯隨者，在上者未能下從也。退聽，下從也。

九三，艮其限，列其夤，厲薰心。

限，分隔也，謂上下之際。三以剛居剛而不中，爲成艮之主，決止之極也。己在下體之上，而隔上下之限，皆爲止義，故爲艮其限，是確乎止而不復能進退者也。在人身，如列其夤。夤，膂也，上下之際也。列絶其夤，則上下不相從屬，言止於下之堅也。止道貴乎得宜，行止不能以時，而定於一，其堅强如此，則處世乖戾，與物暌絶，其危甚矣。人之固止一隅，而舉世莫與宜者，則艱蹇忿畏，焚撓其中，豈有安裕之理？厲薰心，謂不安之勢薰爍其中〔二〕也。

〔一〕覆元本「能」作「得」。

〔二〕覆元本「中」下小注：「一有心字。」

象曰：艮其限，危薰心也。

謂其固止不能進退，危懼之慮常薰爍其中心也。

六四，艮其身，无咎。

四，大臣之位，止天下之當止者也。以陰柔而不遇剛陽之君，故不能止物，唯自止其身，則可无咎。所以能无咎者，以止於正也。言止其身无咎，則見其不能止物，施於政則有咎矣。在上位而僅能善其身，无取之甚也。

象曰：艮其身，止諸躬也。

不能爲天下之止，能止於其身而已，豈足稱大臣之位也？

六五，艮其輔，言有序，悔亡。

五，君位，艮之主也，主天下之止者也，而陰柔之才，不足以當此義，故止以在上取輔義〔一〕言之。人之所當慎而止者，惟言行也。五在上，故以輔言。輔，言之所由出也。艮於〔二〕輔，則不妄出而有序也。言輕發而无序，則有悔。止之於輔，則悔亡也。有序，中節有次序也。輔與頰舌，皆言所由出，而輔在中。艮其輔，謂止於中也。

象曰：艮其輔，以中正也。

〔一〕覆元本「輔」下小注：「一有之字。」

〔二〕覆元本「於」下小注：「一作其。」義較長。

五之所善者中也。艮其輔，謂止於中也。言以得中爲正，止之於輔，使不失中，乃得正也。

上九，敦艮吉。

九以剛實居上，而又成艮之主，在艮之終，止之至堅篤者也。敦，篤實也。居止之極，故不過而爲敦。人之止，難於久終，故節或移於晚，守或失於終，事或廢於久，人之所同患也。上九能敦厚於終，止道之至善，所以吉也。六爻之德，唯此爲吉。

象曰：敦艮之吉，以厚終也。

天下之事，唯終守之爲難。能敦於止，有終者也。上之吉，以其能厚於終也。

䷴艮下巽上

漸，序卦：「艮者止也，物不可以終止，故受之以漸。漸者，進也。」止必有進，屈伸消息之理也。止之所生亦進也，所反亦進也，漸所以次艮也。進以序爲漸。今人以緩進爲漸進，以序不越次，所以緩也。爲卦，上巽下艮。山上有木，木之高而因山，其高有因也。其高有因，乃其進有序也，所以爲漸也。

漸：女歸吉，利貞。

以卦才兼漸義而言也。乾坤之變爲巽艮，巽艮重而爲漸。在漸體而言，中二爻交也。由二爻之交，然後男女各得正位。初終二爻，雖不當位，亦陽上陰下，得尊卑之正。男女各得其正，亦得位也。與歸妹正相對。女之歸，能如是之正，則吉也。天下之事，進必以漸者，莫如女歸。臣之進於朝，人之進於事，固當有序，不以其序，則陵節犯義，凶咎隨之。然以義之輕重，廉恥之道，女之從人，最爲大也，故以女歸爲義。且男女，萬事之先也〔一〕。諸卦多有利貞，而所施或不同，有涉不正之疑而爲之戒者，有其事必貞乃得其宜者，有言所以利者以其有貞也。所謂涉不正之疑而爲之戒者，損之九二是也，處陰居説，故戒以宜貞也。有其事必貞乃得宜者，大畜是也，言所畜利於貞也。有言所以利者以其有貞者，漸是也，言女歸之所以吉，利於如此貞正也，蓋其固有，非設戒也。漸之義宜能亨，而不云亨者，蓋亨者通達之義，非漸進之義也。

彖曰：漸之進也，女歸吉也。

如漸之義而進，乃女歸之吉也，謂正而有漸也。女歸爲大耳，他進亦然。

進得位，往有功也。

漸進之時，而陰陽各得正位，進而有功也。四復由上進而得正位，三離下而爲上，遂得正位，亦爲進得位之義。

進以正，可以正邦也。

以正道而進，可以正邦國，至於天下也。凡進於事、進於德、進於位，莫不皆當以正也。

其位，剛得中也。

上云「進得位，往有功也」，統言陰陽得位，是以進而有功。復云「其位剛得中也」，所謂位者，五以剛陽

〔一〕覆元本「也」下小注：「一有利貞字。」

中正得尊位也。諸爻之得正，亦可謂之得位矣，然未若五之得尊位，故特言之。

止而巽，動不窮也。

內艮止，外巽順。止爲安静之象，巽爲和順之義。人之進也，若以欲心之動，則躁而不得其漸，故有困窮。在漸之義，內止静而外巽順，故其進動不有一作至。困窮也。

象曰：山上有木，漸，君子以居賢德善俗。

山上有木，其高有因，漸之義也。君子觀漸之象，以居賢善之德，化美於風俗。人之進於賢德，必有其漸，習而後能安，非可陵節而遽至也。在己且然，教化之於人，不以漸，其能入乎？移風易俗，非一朝一夕所能成，故善俗必以漸也。

初六，鴻漸于干，小子厲，有言无咎。

漸諸爻皆取鴻象。鴻之爲物，至有時而羣有序，不失其時序，乃爲漸也。干，水湄。水鳥止於水之湄，水至近也，其進可謂漸矣。行而以時，乃所謂漸。漸進不失，漸得其宜矣。六居初，至下也；陰之才，至弱也；而上无應援，以此而進，常情之所憂也。君子則深識遠照，知義理之所安，時事之所宜，處之不疑。小人幼子唯能見已然之事，從衆人之一有所字。知，非能燭理也，故危懼而有言。蓋不知在下所以有進也，用柔所以不躁也，无應所以能漸也，於義自无咎也。若漸之初而用剛急進，則失漸之義，不能進，而有咎必矣。

象曰：小子之厲，義无咎也。

雖小子以爲危厲，在義理實无咎也。

六二，鴻漸于磐，飲食衎衎，吉。

二居中得正，上應於五，進之安裕者也；但居漸，故進不速。磐，石之安平者，江河之濱所有，象進之安。自干之磐，又漸進也。二與九五之君，以中正之道相應，其進之安固平易莫加焉，故其飲食和樂衎衎然，吉可知也。

象曰：飲食衎衎，不素飽也。

爻辭以其進之安平，故取飲食和樂爲言。夫子恐後人之未喻，又釋之云：中正君子，遇中正之主，漸進于上，將行其道以及天下。所謂飲食衎衎，謂其得志和樂，不謂空飽飲一無飲字。食而已。素空也。

九三，鴻漸于陸，夫征不復，婦孕不育，凶，利禦寇。

平高曰陸，平原也。三在下卦之上，進至於陸也。陽，上進者也。居漸之時，志將漸進，而上无應援，當守正以俟時，安處平地，則得漸之道。若或不能自守，欲有所牽，志有所就，則失漸之道。四，陰在上而密比，陽所説也。三，陽在下而相親，陰所從也。二爻相比而无應。相比則相親而易合，无應則无適而相求，故爲之戒。夫，陽也。夫謂三。三若不守正，而與四合，是知征而不知復。征，行也。復，反也。不復謂不反顧義理。婦謂四。若以不正而合，則雖孕而不育，蓋非其道也，如是則凶也。三之所利，在於禦寇。非理一作禮。而至者，寇也。守正以閑邪，所謂禦寇也。不能禦寇，則自失而凶矣。

象曰：夫征不復，離羣醜也。婦孕不育，失其道也。利用禦寇，順相保也。

夫征不復，則失漸之正。從欲而失正，離叛其羣類，爲可醜也。卦之諸爻，皆无不善。若獨失正，是離其羣類。婦孕不由其道，所以不育也。所利在禦寇，謂以順道相保。君子之與小人比也，自守以正。豈唯君子自完其己而已乎？亦使小人得不陷於非義。是以順道相保，禦止其惡，故曰禦寇。

六四，鴻漸于木，或得其桷，无咎。

當漸之時，四以陰柔進據剛陽之上，陽剛而上進，豈能安處陰柔之下？故四之處非安地，如鴻之進一作漸。于木也。木漸高矣，而有不安之象。鴻趾連，不能握枝，故不木棲。桷，横平之柯。唯平柯之上，乃能安處。謂四之處本危，或能自得安寧之道，則无咎也。如鴻之於木，本不安，或得平柯而處之，則安也。四居正而巽順，宜无咎者也。必以得失言者，因得失以明其義也。

象曰：或得其桷，順以巽也。

桷者，平安之處。求安之道，唯順與巽。若其義順正，其處卑巽，何處而不安？如四之順正而巽，乃得桷也。

九五，鴻漸于陵，婦三歲不孕，終莫之勝，吉。

陵，高阜也。鴻之所止，最高處也，象君之位。雖得尊位，然漸之時，其道之行，固亦非遽。與二爲正應，而中正之德同，乃隔於三四。三比二，四比五，皆隔其交者也。未能卽合，故三歲不孕。然中正之道，有必亨之理，不正豈能隔害之？故終莫之能勝，但其合有漸耳，終得其吉也。以不正而敵中正，一時之爲耳，久其能勝乎？

象曰：終莫之勝吉，得所願也。

君臣以中正相交，其道當行，雖有間其間者，終豈能勝哉？徐必得其所願，乃漸之吉也。

上九，鴻漸于陸，其羽可用爲儀，吉。

安定胡公以陸爲逵，逵，雲路也，謂虚空之中。爾雅：九達謂之逵。逵，通達无阻蔽之義也。上九在至高之位，又益上進，是出乎位之外。在他時則爲過矣，於漸之時，居巽之極，必有其序，如鴻之離所止而飛于雲空，在人則超逸乎常事之外者也。進至於是，而不失其漸，賢達之高致也，故可用爲儀法而吉也。羽，鴻之所用進也。以其進之用，況上九進之道也。

象曰：其羽可用爲儀，吉，不可亂也。

君子之進，自下而上，由微而著，跬步造次，莫不有序。不失其序，則无所不得其吉，故九雖窮高而不失其吉。可用爲儀法者，以其有序而不可亂也。

䷵ 兑下震上

歸妹，序卦：「漸者進也，進必有所歸，故受之以歸妹。」進則必有所至，故漸有歸義，歸妹所以繼漸也。歸妹者，女之歸也。妹，少女之稱。爲卦，震上兑下，以少女從長男也。男動而女説，又以説而動，皆男説女，女從男之義。卦有男女配合之義者四：咸，恒，漸，歸妹也。咸，男女之相感也，男下女，二氣感應，止而説，男女之情相感之象。恒，常也，男上女下，巽順而動，陰陽皆相〔一〕應，是男女居室夫婦倡隨之常道。漸，女歸之得其正也，男下女而各得正位，止静而巽順，其進有漸，男女配合得其道也。歸妹，女之嫁，歸也，男上女下，女從男也，而有説少之義。以説而動，動以説則不得其正矣，故位皆不當。初與上雖當陰陽之位，而陽在下，陰在上，亦不當位也，與漸正相對。咸、恒夫婦之道，漸、歸妹女歸之義。咸與歸妹，男女之情也，咸止而説，歸妹動於説，皆以説也。恒與漸，夫婦之義也，恒巽而動，漸止而巽，皆以巽順也。男女之道，夫婦之義，備於是矣。歸妹爲卦，澤上有雷，雷震而澤動，從之象也。物之隨動，莫如水。男動於上而女從之，嫁歸從男之象。震長男，兑少女。少女從長男，以説而動，動而相説也。人之所説者少女，故云妹爲女歸之象。又有長男説少女之義，故爲歸妹也。

歸妹：征凶，无攸利。

以説而動，動而不當，故凶。不當，位不當也。征凶，動則凶也。如卦之義，不獨女歸，无所往而利也。

彖曰：歸妹，天地之大義也。

一陰一陽之謂道。陰陽交感，男女配合，天地之常理也。歸妹，女歸於男也，故云天地之大義也。男在女上，陰從陽動，故爲女歸之象。

〔一〕覆元本「相」作「得」。

天地不交而萬物不興，歸妹，人之終始也。

天地不交，則萬物何從而生？女之歸男，乃生生相續之道。男女交而後有生息，有生息而後其終不窮。前者有終，而後者有始，相續不窮，是人之終始也。

說以動，所歸妹也。

征凶，位不當也。

以二體釋歸妹之義。男女相感，說而動者，少女之事，故以說而動，所歸者妹也。所以征則凶者，以諸爻皆不當位也。所處皆不正，何動而不凶？大率以說而動，安有不失正者？

无攸利，柔乘剛也。

不唯位不當也，又有乘剛之過。三五皆乘剛。男女有尊卑之序，夫婦有倡隨之禮，此常理也，如恒是也。苟不由常正之道，徇情肆欲，惟說是動，則夫婦瀆亂，男牽欲而失其剛，婦狃說而忘其順，如歸妹之乘剛是也。所以凶，无所往而利也。夫陰陽之配合，男女之交媾，理之常也。然從欲而流放，不由義理，則淫邪无所不至，傷身敗德，豈人理哉？歸妹之所以一有征字。凶也。

象曰：澤上有雷，歸妹，君子以永終知敝。

雷震於上，澤隨而動，陽動於上，陰說而從，女從男之象也，故爲歸妹。君子觀男女配合，生息相續之象，而以永其終，知有敝也。永終謂生息嗣續，永久其傳也。知敝謂知物有敝壞，而爲相繼之道也。女歸則有生息，故有永終之義。又夫婦之道，當常永有終，必知其有敝壞之理而戒慎之。敝壞謂離隙。歸妹，説以動者也，異乎恒之巽而動，漸之止而巽也。少女之説，情之感動，動則失正，非夫婦正而可常之道，久必敝壞。知其必敝，則當思永其終也。天下之反目者，皆不能永終者也。不獨夫婦之道，天下之事，莫不有終有敝，莫不有可繼可久之道。觀歸妹，則當思永終之戒也。

初九，歸妹以娣，跛能履，征吉。

女之歸，居下而无正應，娣之象也。剛陽在婦人爲賢一作堅。貞之德，而處卑順，娣之賢正者也。處説居下爲順義。娣之卑下，雖賢，何所能爲？不過自善其身，以承助其君而已。如跛之能履，言不能及遠也。然在其分爲善，故以是而行則吉也。

象曰：歸妹以娣，以恒也；跛能履吉，相承也。

歸妹之義，以説而動，非夫婦能常之道。九乃剛陽，有賢一作堅。貞之德，雖娣之微，乃能以常者也。雖在下，不能有所爲，如跛者之能履，然征而吉者，以其能相承助也。能助其君，娣之吉也。

九二，眇能視，利幽人之貞。

九二陽剛而得中，女之賢正一作貞。者也。上有正應，而反陰柔之質，動於説者也。乃女賢而配不良，故二雖賢，不能自遂以成其内助之功，適可以善其身而小施之，如眇者之能視而已，言不能及遠也。男女之際，當以正禮。五雖不正，二自守其幽静貞正，乃所利也。二有剛正之德，幽静之人也。二之才如是，而言利貞者，利，言宜於如是之貞，非不足而爲之戒也。

象曰：利幽人之貞，未變常也。

守其幽貞，未失夫婦常正之道也。世人以媟狎爲常，故以貞静爲變常，不知乃常久之道也。

六三，歸妹以須，反歸以娣。

三居下之上，本非賤者，以失德而无正應，故爲欲有歸而未得其歸。須，待也。待者，未有所適也。六居三，不當位，德不正也。柔而尚剛，行不順也。爲説之主，以説求歸，動非禮也。上无應，无受之者也。无所適故須也。女子之處如是，人誰取之？不可以爲人配矣。當反歸而求爲娣媵則可也，以不正而失其所也。

象曰：歸妹以須，未當也。

未當者，其處、其德、其求歸之道皆不當，故无取之者，所以須也。

九四，歸妹愆期，遲歸有時。

九以陽居四，四上體，地之高也。陽剛在女子爲正德，賢明者也。无正應，未得其歸也。過時未歸，故云愆期。女子居貴高之地，有賢明之資，人情所願娶，故其愆期乃爲有時，蓋自有待，非不售也，待得佳配而後行也。九居四，雖不當位，而處柔乃婦人之道。一有也字。以无應故爲愆期之義，而聖人推理，以女賢而愆期，蓋有待也。

象曰：愆期之志，有待而行也。

所以愆期者，由己而不由彼。賢女，人所願娶，所以愆期，乃其志欲有所待，待得佳配而後行也。

六五，帝乙歸妹，其君之袂，不如其娣之袂良。月幾望吉。

六五居尊位，妹之貴高者也。下應於二，爲下嫁之象。王姬下嫁，自古而然。至帝乙而後正婚姻之禮，明男女之分，雖至貴之女，不得失柔巽之道，有貴驕之志。故易中陰尊而謙降者，則曰「帝乙歸妹」，泰六五是也。貴女之歸，唯謙降以從禮，乃尊高之德也，不事容飾以說於人也。娣媵者，以容飾爲事者也。衣袂所以爲容飾也。六五尊貴之女，尚禮而不尚飾，故其袂不及其娣之袂良也。良，美好也。月望，陰之盈也，盈則敵陽矣。幾望，未至於盈也。五之貴高，常不至於盈極，則不亢其夫，乃爲吉也。女之處尊貴之道也。

象曰：帝乙歸妹，不知其娣之袂良也；其位在中，以貴行也。

以帝乙歸妹之道言。其袂不如其娣之袂良，尚禮而不尚飾也。五以柔中，在尊高之位，以尊貴而行中道也。柔順降屈，尚禮而不尚飾，乃中道也。

上六，女承筐无實，士刲羊无血，无攸利。

上六，女歸之終而无應，女歸之无終者也。婦者，所以承先祖，奉祭祀。不能奉祭祀，則不可以爲婦矣。筐篚之實，婦職所供也。古者房中之俎葅歜〔一〕之類，后夫人職之。諸侯之祭，親割牲，卿大夫皆然，割取血以祭。禮云血祭，盛氣也。女當承事筐篚而无實，无實則无以祭，謂不能奉祭祀也。夫婦共承宗廟，婦不能奉祭祀，乃夫不能承祭祀也，故刲羊而无血，亦无以祭也，謂不可以承祭祀也。婦不能奉祭祀，則當離絶矣，一無矣字。是夫婦之无終者也，何所往而利哉？

〔一〕覆元本「歜」下小注：「一作醢。」

象曰：上六无實，承虚筐也。

筐无實，是空筐也。空筐可以祭乎？言不可以奉祭祀也。女不可以承祭祀，則離絶而已，是女歸之无終者也。

䷶ 離下震上

豐，序卦：「得其所歸者必大，故受之以豐。」物所歸聚，必成其大，故歸妹之後，受之以豐也。豐，盛大之義。爲卦，震上離下。震，動也。離，明也。以明而動，動而能明，皆致豐之道；明足以照，動足以亨，然後能致豐大也。

豐：亨，王假之，勿憂，宜日中。

豐爲盛大，其義自亨。極天下之光大者，唯王者能至之。假，至也。天位之尊，四海之富，羣生之衆，王道之大，極豐之道，其唯王者乎！豐之時，人民之繁庶，事物之殷盛，治之豈易周？爲可憂慮。宜如日中之盛明廣照，无所不及，然後无憂也。

彖曰：豐，大也，明以動故豐。

豐者盛大之義。離明而震動，明動相資，而成豐大也。

王假之，尚大也。

王者有四海之廣，兆民之衆，極天下之大也，故豐大之道，唯王者能致之。所有既大，其保之治之之道亦當大也，故王者之所尚至大也。

勿憂，宜日中，宜照天下也。所有既廣，所治既衆，當憂慮其不能周及，宜如日中之盛明，普照天下，无所不至，則可勿憂矣。如是，然後能保其豐大。保有豐大，豈小才小知之所能也？

日中則昃，月盈則食，天地盈虛，與時消息，而況于人乎？況于鬼神乎？既言豐盛之至，復言其難常，以爲誡也。日中盛極，則當昃昳；月既盈滿，則有虧缺。天地之盈虛，尚與時消息，況人與鬼神乎？盈虛謂盛衰，消息謂進退。天地之運，亦隨時進退也。鬼神謂造化之迹，於萬物盛衰，可見其消息也。於豐盛之時而爲此誡，欲其守中，不至過盛。處豐之道，豈易也哉？

象曰：雷電皆至，豐，君子以折獄致刑。雷電皆至，明震並行也。二體相合，故云皆至。明動相資，成豐之象。離，明也，照察之象。震，動也，威斷之象。折獄者必照其情實，唯明克允；致刑者以威於姦惡，唯斷乃成。故君子觀雷電明動之象，以折獄致刑也。噬嗑言先王飭法，豐言君子折獄。以明在上而麗於威震，王者之事，故爲制刑立法。以明在下而麗於威震，君子之用，故爲折獄致刑。旅，明在上，而云君子者，旅取慎用刑與不留獄，君子皆當然也。

初九，遇其配主，雖旬无咎，往有尚。雷電皆至，成豐之象；明動相資，致豐之道。非明无以照，非動无以行，相須猶形影，相資猶表裏。初九明之初，九四動之初，宜相須以成其用，故雖旬而相應。位則相應，用則相資，故初謂四爲配主，己所配也。配雖匹稱，然就之者也。如配天以配君子，故初於四云配，四於初云夷也。雖旬无咎：旬，均也。天下之相應者，常非均敵。如陰之應陽，柔之從剛，下之附上，敵則安肯相從？唯豐之初四，其用則相資，其應則相成，故雖均是陽剛，相從而无過咎也。蓋非明則動无所之，非動則明无所用，相資而成用。同舟則胡、越一心，共難則仇怨協力，事勢使然也。往而相從，則能成其豐，故云有尚，有可嘉尚也。在他卦，則不相下而離隙矣。

象曰：雖旬无咎，過旬災也。

聖人因時而處宜，隨事而順理。夫勢均則不相下者，常理也。然有雖敵而相資者，則相求也，初四是也，所以雖旬而无咎也。與人同而力均者，在乎降己以相求，協力〔一〕以從事。若懷先己之私，有加上之意，則患當至矣，故曰過旬災也。均而先己，是過旬也。一求勝，則不能同矣。

六二，豐其蔀，日中見斗，往得疑疾，有孚發若，吉。

明動相資，乃能成豐。二爲明之主，又得中正，可謂明者也，而五在正應之地，陰柔不正，非能動者。二五雖皆陰，而在明動相資之時，居相應之地，五才不足，既其應之才不足資，則獨明不能成豐，既不能成豐，則喪其明功，故爲豐其蔀。日中見斗：二，至明之才，以所應不足與而不能成其豐，喪其明功，无明功則爲昏暗，故云見斗。斗，昏見者也。蔀，周匝之義，用障蔽之物掩晦於明者也。斗屬陰

〔一〕覆元本「力」下小注：「一作心。」義似較長。

而主運，平〔一〕象。五以陰柔而當君位，日中盛明之時，乃見斗，猶豐大之時，乃一作而。遇柔弱之主。斗以昏見，言見斗，則是明喪而暗矣。二雖至明中正之才，所遇乃柔暗不正之君，既不能下求於己，若往求之，則反得疑猜忌疾，暗主如是也。然則如之何而可？夫君子之事上也，不得其心，則盡其至誠，以感發其志意而已。苟誠意能動，則雖昏蒙可開也，雖柔弱可輔也，雖不正可正也。古人之事庸君常主，而克行其道者，己之誠意一無意字。上達，而君見信之篤耳。管仲之相桓公，孔明之輔後主是也。若能以誠信發其志意，則得行其道，乃爲吉也。

象曰：有孚發若，信以發志也。

有孚發若，謂以己之孚信，感發上之心志也。苟能發，則其吉可知，雖柔暗，有可發之道也。

九三，豐其沛，日中見沬，折其右肱，无咎。

沛字，古本有作旆字者。王弼以爲旛幔，則是旆也。旛幔，圍蔽於內者。豐其沛，其暗更甚於蔀也。三，明體，而反暗於四者，所應陰暗故也。三居明體之上，陽剛得正，本能明者也。豐之道，必明動相資而成。三應於上，上陰柔，又无位而處震之終，既終則止矣，不能動者也。他卦至終則極，震至終則止矣。三无上之應，則不能成豐。沬，星之微小无名數者。見沬，暗之甚也。豐之時而遇上六，日中而見沬者也。右肱，人之所用，乃折矣，其无能爲可知。賢智之才，遇明君則能有爲於天下。上无可賴之主，則不能有爲，如人之折其右肱也。人之爲有所失，則有所歸咎，曰由是故致是。若欲

〔一〕覆元本、吕本、徐本「平」作「乎」，屬上爲句，義似較長。

動而无右肱，欲爲而上无所賴，則不能而已，更復何言？无所歸咎也。

象曰：豐其沛，不可大事也；折其右肱，終不可用也。

三應於上，上陰而无位，陰柔无勢力，而處既終，其可共濟大事乎？既无所賴，如右肱之折，終不可用矣。

九四，豐其蔀，日中見斗，遇其夷主，吉。

四雖陽剛，爲動之主，又得大臣之位，然以不中正，遇陰暗柔弱之主，豈能致豐大也？故爲豐其蔀。蔀，周圍掩蔽之物。周圍則不大，掩蔽則不明。日中見斗，當盛明之時，反昏暗也。夷主，其等夷也，相應故謂之主。初四皆陽而居初，是其德同，又居相應之地，故爲夷主。居大臣之位，而得在下之賢，同德相輔，其助豈小也哉？故吉也。如四之才，得在下之賢爲之助，則能致豐大乎？曰：在下者上有當位爲之與，在上者下有賢才爲之助，豈无益乎？故吉也。然而致天下之豐，有君而後能也。五陰柔居尊，而震體，无虛中巽順下賢之象，下雖多賢，亦將何爲？蓋非陽剛中正，不能致天下之豐也。

象曰：豐其蔀，位不當也。

位不當，謂以不中正居高位，所一作非。以闇而不能致豐。一有乎字。

日中見斗，幽不明也。

謂幽暗不能光明，君陰柔而臣不中正故也。

遇其夷主，吉行也。

陽剛相遇，吉之行也。下就於初，故云行；下求則爲吉也。

六五，來章有慶譽，吉。

五以陰柔之才，爲豐之主，固不能成其豐大。若能來致在下章美之才而用之，則有福慶，復得美譽，所謂吉也。六二，文明中正，章美之才也。爲五者，誠能致之在位而委任之，可以致豐大之慶、名譽之美，故吉也。章美之才，主二而言。然初與三四，皆陽剛之才，五能用賢，則彙征矣。二雖陰，有文明中正之德，大賢之在下者也。五與二雖非陰陽正應，在明動相資之時，有相爲用之義。五若能來章，則有慶譽而吉也。然六五无虚己下賢之義，聖人設此義以爲教耳。

象曰：六五之吉，有慶也。

其所謂吉者，可以有慶福及于天下也。人君雖柔暗，若能用賢才，則可以爲天下之福，唯患不能耳。

上六，豐其屋，蔀其家，闚其户，闃其无人，三歲不覿，凶。

六以陰柔之質，而居豐之極，處動之終，其滿假躁動甚矣。處豐大之時，宜乎謙屈，而處極高；致豐大之功，在乎剛健，而體陰柔；當豐大之任，在乎得時，而不當位。如上六者，處无一當，其凶可知。豐其屋，處太高也。蔀其家，居不明也。以陰柔居豐大，而在无位之地，乃高亢昏暗，自绝於人，人誰與之？故闚其户，闃其无人也。至於三歲之久而不知變，其凶宜矣。不覿，謂尚不見人，蓋不變也。六居卦終，有變之義，而不能遷，是其才不能也。

象曰：豐其屋，天際翔也。闚其户，闃其无人，自藏也。

六處豐大之極，在上而自高，若飛翔於天際，謂其高大之甚。闚其户而无人者，雖居豐大之極，而實无位之地，人以其昏暗自高大，故皆棄绝之，自藏避而弗與親也。

䷷ 艮下離上

旅，序卦：「豐大也，窮大者必失其居，故受之以旅。」豐盛至於窮極，則必失其所安，旅所以次豐也。爲卦，離上艮下。山止而不遷，火行而不居，違去而不處之象，故爲旅也。又麗乎外，亦旅之象。

旅：小亨，旅貞吉。

以卦才言也。如卦之才，可以小亨，得旅之貞正而吉也。

彖曰：旅小亨，柔得中乎外，而順乎剛，止而麗乎明，是以「小亨旅貞吉」也。

六上居五，柔得中乎外也。麗乎上下之剛，順乎剛也。下艮止，上離麗，止而麗於明也。柔順而得在外之中，所止能麗於明，是以小亨，得旅之貞正而吉也。旅困之時，非陽剛中正，有助於下，不能致大亨也。所謂得在外之中，中非一揆，旅有旅之中也。止麗於明，則不失時宜，然後得處旅之道。

旅之時義大矣哉！

天下之事，當隨時各適其宜，而旅爲難處，故稱其時義之大。

象曰：山上有火，旅，君子以明慎用刑，而不留獄。

火之在高，明无不照。君子觀明照之象，則以明慎用刑，明不可恃，故戒於慎明，而止亦慎象。觀火行不處之象，則不留獄。獄者不得已而設，民有罪而入，豈可留滯淹久也？

初六，旅瑣瑣，斯其所取災。

六以陰柔在旅之時，處於卑下，是柔弱之人，處旅困而在卑賤，所存污下者也。志卑之人，既處旅困，鄙猥瑣細，无所不至，乃其所以致悔辱，取災咎也。瑣瑣，猥細之狀。當旅困之時，才質如是，上雖有援，无能爲也。四，陽性而離體，亦非就下者也，又在旅，與他卦爲大臣之位者異矣。

象曰：旅瑣瑣，志窮災也。

志意窮迫，益自取災也。災眚，對言則有分，獨言則謂災患耳。

六二，旅即次，懷其資，得童僕貞。

二有柔順中正之德，柔順則衆與之，中正則處不失當，故能保其所有，童僕亦盡其忠信。雖不若五有文明之德，上下之助，亦處旅之善者也。次舍，旅所安也。財貨，旅所資也。童僕，旅所賴也。得就次舍，懷畜其資財，又得童僕之貞良，旅之善也。柔弱在下者童也，强壯處外者僕也。二，柔順中正，故得內外之心。在旅所親比者，童僕也。不云吉者，旅寓之際，得免於災厲，則已善矣。

象曰：得童僕貞，終无尤也。

羇旅之人所賴者童僕也，既得童僕之忠貞，終无尤悔矣。

九三，旅焚其次，喪其童僕貞，厲。

處旅之道，以柔順謙下爲先。三，剛而不中，又居下體之上，與艮之上，有自高之象。在旅而過剛自高，致困災之道也。自高則不順於上，故上不與而焚其次，失所安也。上離爲焚象，過剛則暴下，故下離而喪其童僕之貞信，謂失其心也。如此，則〔一〕危厲之道也。

象曰：旅焚其次，亦以傷矣；以旅與下，其義喪也。旅焚失其次舍，亦以困傷矣。以旅之時，而與下之道如此，義當喪也。在旅而以過剛自高待下，必喪其忠貞，謂失其心也。在旅而失其童僕之心，爲可危也。

九四，旅于處，得其資斧，我心不快。四，陽剛，雖不居中，而處柔在上體之下，有用柔能下之象，得旅之宜也。以剛明之才，爲五所與，爲初所應，在旅之善者也。然四非正位，故雖得其處止，不若二之就次舍也。有剛明之才，爲上下所與，乃旅而得貨財之資，器用之利也。雖在旅爲善，然上无剛陽之與，下唯陰柔之應，故不能伸其才，行其志，其心不快也。云我者，據四而言。

象曰：旅于處，未得位也；得其資斧，心未快也。四以近君爲當位，在旅，五不取君義，故四爲未得位也。曰：然則以九居四不正爲有咎矣。曰：以剛居柔，旅之宜也。九以剛明之才，欲得時而行其志，故雖得資斧，於旅爲善，其心志未快也。

六五，射雉，一矢亡，終以譽命。

〔一〕覆元本「則」下小注：「一作者。」

六五有文明柔順之德，處得中道，而上下與之，處旅之至善者也。人之處旅，能合文明之道，可謂善矣。羇旅之人，動而或失，則困辱隨之；動而无失，然後爲善。離爲雉，文明之物。射雉，謂取則於文明之道而必合。如射雉，一矢而亡之，發无不中，則終能致譽命也。譽，令聞也。命，福禄也。五居文明之位，有文明之德，故動必中文明之道也。五，君位，人君无旅，旅則失位，故不取君義。

象曰：終以譽命，上逮也。

有文明柔順之德，則上下與之。逮，與也。能順承於上而上與之，爲上所逮也。言〔一〕一作在。上而得乎下，爲下所上〔二〕逮也。在旅而上下與之，所以致譽命也。旅者，困而未得所安之時也。終以譽命，終當致譽命也。已譽命，則非旅也。困而親寡則爲旅，不必在外也。

上九，鳥焚其巢，旅人先笑，後號咷，喪牛于易，凶。

鳥，飛騰處高者也。上九，剛不中而處最高，又離體，其亢可知，故取鳥象。在旅之時，謙降柔和，乃可自保，而過剛自高，失其所宜安矣。巢，鳥所安止。焚其巢，失其所安，无所止也。在離上爲焚象。陽剛自處於至高，始快其意，故先笑；既而失安莫與，故號咷。輕易以喪其順德，所以凶也。牛，順物。喪牛于易，謂忽易以失其順也。離火性上，爲躁易之象。上承鳥焚其巢，故更加旅人字。不云旅人，則是鳥笑哭也。

〔一〕覆元本「言」即作「在」。
〔二〕覆元本「上」下小注：「一无上字。」

象曰：以旅在上，其義焚也；喪牛于易，終莫之聞也。

以旅在上，而以尊高自處，豈能保其居？其義當有焚巢之事。方以極剛自高，爲得志而笑，不知喪其順德於躁易，是終莫之聞，謂終不自聞知也。使自覺知，則不至於極而號咷矣。陽剛不中而處極，固有高亢躁動之象，而火復炎上，則又甚焉。

☴☴ 巽下巽上

巽，序卦：「旅而无所容，故受之以巽。巽者，入也。」羇旅親寡，非巽順何所取容？苟能巽順，雖旅困之中，何往而不能入？巽所以次旅也。爲卦，一陰在二陽之下，巽順於陽，所以爲巽也。

巽：小亨，利有攸往，利見大人。

卦之才可以小亨，利有攸往，利見大人也。巽與兑皆剛，中正巽説，一作兑。義亦相類，而兑則亨，巽乃小亨者，兑陽之爲也，巽陰之爲也，兑柔在外用柔也，巽柔在内性柔也，巽之亨所以小也。

象曰：重巽以申命。

重巽者，上下皆巽也。上順道以出命，下奉命而順從，上下皆順，重巽之象也。又重爲重復之義。君子體重巽之義，以申復其命令。申，重復也，丁寧之謂也。

剛巽乎中正而志行，柔皆順乎剛，是以小亨。

以卦才言也。陽剛居巽，而得中正，巽順於中正之道也。陽性上，其志在以中正之道上行也。又上下之柔，皆巽順於剛，其才如是，雖内柔，可以小亨也。

利有攸往，利見大人。

巽順之道，无往不能入，故利有攸往。巽順雖善道，必知所從，能巽順於陽剛中正之大人，則爲利，故利見大人也。如五二之陽剛中正，大人也。巽順不於大人，未必不爲過也。

象曰：隨風巽，君子以申命行事。

兩風相重，一作從。隨風也。隨，相繼之義。君子觀重巽相繼以順之象，而以申命令，行政事。隨與重，上下皆順也。上順下而出之，下順上而從之，上下皆順，重巽之義也。命令政事，順理則合民心，而民順從矣。

初六，進退，利武人之貞。

六以陰柔居卑，巽而不中，處最下而承剛，過於卑巽者也。陰柔之人，卑巽太過，則志意恐畏而不安，或進或退，不知所從，其所利在武人之貞。若能用武人剛貞之志，則爲宜也。勉爲剛貞，則无過卑恐畏之失矣。

象曰：進退，志疑也。利武人之貞，志治也。

進退不知所安者，其志疑懼也。利用武人之剛貞以立其志，則其志治也。治謂修立也。

九二，巽在牀下，用史巫紛若，吉无咎。

二居巽時，以陽處陰而在下，過於巽者也。牀，人之所安。巽在牀下，是過於巽，過所安矣。人之過於卑巽，非恐怯，則諂說，皆非正也。二實剛中，雖巽體而居柔，爲過於巽，非有邪心也。恭巽之過，雖非正禮，可以遠耻辱、絶怨咎，亦吉道也。史巫者，通誠意於神明者也。紛若，多也。苟至誠安於謙巽，能使通其誠意者多，則吉而无咎，謂其誠足以動人也。人不察其誠意，則以過巽爲諂矣。

象曰：紛若之吉，得中也。

二以居柔在下，爲過巽之象，而能使通其誠意者衆多紛然，由得中也。陽居中，爲中實之象。中既誠實，則一無則字。人自當信之。以誠意，則非諂畏也，所以吉而无咎。

九三，頻巽，吝。

三以陽處剛，不得其中，又在下體之上，以剛亢之質而居巽順之時，非能巽者，勉而爲之，故屢失也。居巽之時，處下而上臨之以巽，又四以柔巽相親，所乘者剛，而上復有重剛，雖欲不巽，得乎？故頻失而頻巽，是可吝也。

象曰：頻巽之吝，志窮也。

三之才質，本非能巽，而上臨之以巽，承重剛而履剛勢，不得行其志，故頻失而頻巽，是其志窮困，可吝之甚也。

六四，悔亡，田獲三品。

陰柔无援，而承乘皆剛，宜有悔也。而四以陰居陰，得巽之正，在上體之下，居上而能下也。居上之下，巽於上也。以巽臨下，巽於下也。善處如此，故得悔亡。所以得悔亡，以如田之獲三品也。田獲三品，及於上下也。田獵之獲分三品，一爲乾豆，一供賓客與充庖，一頒徒御。四能巽於上下之陽，如田之獲三品，謂遍及上下也。四之地本有悔，以處之至善，故悔亡而復有功。天下之事，苟善處，則悔或可以爲功也。

象曰：田獲三品，有功也。

巽於上下，如田之獲三品而遍及上下，成巽之功也。

九五，貞吉悔亡，无不利，无初有終，先庚三日，後庚三日，吉。

五居尊位，爲巽之主，命令之所出也。處得中正，盡巽之善，然巽者柔順之道，所利在貞，非五之不足，在巽當戒也。既貞則吉而悔亡，无所不利。貞，中正也。處巽出令，皆以中正爲吉。柔巽而不貞，則有悔，安能无所不利也？命令之出，有所變更也。无初，始未善也。有終，更之使善也。若已善，則何用命也？何用更也？先庚三日，後庚三日，吉：出命更改之道當如是也。甲者，事之端也。庚者，變更之始也。十干戊己爲中，過中則變，故謂之庚。事之改更，當原始要終，如先甲後甲之義，如是則吉也。解在蠱卦。

象曰：九五之吉，位正中也。

九五之吉，以處正中也。得正中之道則吉，而其悔亡也。正中，謂不過无不及〔一〕，正得其中也。處柔巽與出命令，唯得中爲善，失中則悔也。

上九，巽在牀下，喪其資斧，貞凶。

〔一〕覆元本「不過无不及」下小注：「一作无過不及。」義較長。

牀，人所安也。在牀下，過所安之義也。九居巽之極，過於巽者一無者字。也。資，所有也。斧，以斷也。陽剛本有斷，以過巽而失其剛斷，失其所有，喪資斧也。居上而過巽，至於自失，在正道爲凶也。

象曰：巽在牀下，上窮也；喪其資斧，正乎？凶也。

巽在牀下，過於巽也。處卦之上，巽至於窮極也。居上而過極於巽，至於自失，得爲正乎？乃凶道也。巽本善行，故疑之曰得爲正乎？復斷之曰乃凶也。

䷹ 兑下兑上

兑，序卦：「巽者入也，入而後説之，故受之以兑。兑者，説也。」物相入則相説，相説則相入，兑所以次巽也。

兑：亨，利貞。

兑，説也。説，致亨之道也。能説於物，物莫不説而與之，足以致亨。然爲説之道，利於貞正。非道求説，則爲邪諂而有悔咎〔一〕，故戒利貞也。

彖曰：兑，説也。

剛中而柔外，説以利貞，是以順乎天而應乎人。説以先民，民忘其勞；説以犯難，民忘其死。説之大，民勸矣哉！

〔一〕覆元本「咎」下小注：「一作吝。」

兑之義，説也。一陰居二陽之上，陰説於陽，而爲陽所説也。陽剛居中，中心誠實之象；柔爻在外，接物和柔之象；故爲説而能貞也。利貞，説之道宜正也。卦有剛中之德，能貞者也。説而能貞，是以上順天理，下應人心，説道之至正至善者也。若夫違道以干百姓之譽者，苟説之道，違道不順天，干譽非應人，苟取一時之説耳，非君子之正道。君子之道，其説於民，如天地之施，感於其心而説服无斁。故以之先民，則民心説隨而忘其勞；率之以犯難，則民心説服於義而不恤其死。説道之大，民莫不知勸。勸謂信之，而勉力順從。人君一作君人。之道，以人心説服爲本，故聖人贊其大。

象曰：麗澤兑，君子以朋友講習。

麗澤，二澤相附麗也。兩澤相麗，交相浸潤，互有滋益之象。故君子觀其象，而以朋友講習。朋友講習，互相益也。先儒謂天下之可説，莫若朋友講習。朋友講習，固可説之大者，然當明相益之象。

初九，和兑吉。

初雖陽爻，居説體而在最下，无所繫應，是能卑下和順以爲説，而无所偏私者也。以和爲説而无所偏私，説之正也。陽剛則不卑，居下則能巽，處説則能和，无應則不偏，處説如是，所以吉也。

象曰：和兑之吉，行未疑也。

有求而和，則涉於邪諂。初隨時順處，一作處順。心无所繫，无所爲也，以和而已，是以吉也。象又以其處説在下而非中正，故云行未疑也。其行未有可疑，謂未見其有失也，若得中正，則无是言也。説以中正爲本，爻直陳其義，象則推而盡之。

九二，孚兑吉，悔亡。

二承比陰柔，陰柔，小人也，說之則當有悔。二，剛中之德孚信内充，雖比小人，自守不失。君子和而不同，說而不失剛中，故吉而悔亡。非二之剛中，則有悔矣，以自守而亡也。

象曰：孚兑之吉，信志也。

心之所存爲志。二，剛實居中，孚信存於中也。志存誠信，豈至說小人而自失乎？是以吉也。

六三，來兑，凶。

六三陰柔不中正之人，說不以道者也。來兑，就之以求說也。比於在下之陽，枉己非道，就以求說，所以凶也。之内爲來。上下俱陽，而獨之内者，以同體而陰性下也，失道下行也。

象曰：來兑之凶，位不當也。

自處不中正，无與而妄求說，所以凶也。

九四，商兑未寧，介疾有喜。

四上承中正之五，而下比柔邪之三，雖剛陽而處非正。三，陰柔，陽所說也，故不能決而商度。未寧，謂擬議所從而未決，未能有定也。兩閒謂之介，分限也。地之界則加田，義乃同也。故人有節守謂之介。若介然守正，而疾遠邪惡，則有喜也。從五正也，說三邪也。四，近君之位，若剛介守正，疾遠邪惡，將得君以行道，福慶及物爲有喜也。若四者，得失未有定，繫所從耳。

象曰：九四之喜，有慶也。

所謂喜者，若守正而君説之，則得行其剛陽之道，而福慶及物也。

九五，孚于剥，有厲。

九五得尊位而處中正，盡説道之善矣，而聖人復設有厲之戒，蓋堯、舜之盛，未嘗无戒也，戒所當戒而已。雖聖賢在上，天下未嘗无小人，然不敢肆其惡也，聖人亦説其能勉而革面也。彼小人者，未嘗不知聖賢之可説也。如四凶處堯朝，隱惡而順命是也。聖人非不知其終惡也，取其畏罪而强仁耳。五若誠心信小人之假善爲實善，而不知其包藏，則危道也。小人者，備之不至則害於善，聖人爲戒之意深矣。剥者，消陽之名。陰，消陽者也，蓋指上六，故孚于剥則危也。以五在説之時，而密比於上六，故爲之戒。雖舜之聖，且畏巧言令色，安得不戒也？説之惑人，易入而可懼也如此。

象曰：孚于剥，位正當也。

戒孚于剥者，以五所處之位正當戒也。密比陰柔，有相説之道，故戒在信之也。

上六，引兑。

他卦至極則變，兑爲説極則愈説。上六成説之主，居説之極，説不知已者也。故説既極矣，又引而長之。然而不至悔咎，何也？曰：方言其説不知已，未見其所説善惡也；又下乘九五之中正，无所施其邪説。六三則承乘皆非正，是以有凶。

象曰：上六引兑，未光也。

説既極矣，又引而長之，雖説之之心不已，而事理已過，實无所説。事之盛，則有光輝。既極而强引之長，其无意味甚矣，豈有光也？未，非必之辭，象中多用。非必能有光輝，謂不能光也。

☵☴ 坎下巽上

渙，序卦：「兑者説也，説而後散之，故受之以渙。」説則舒散也，人之氣憂則結聚，説則舒散，故説有散義，渙所以繼兑也。爲卦，巽上坎下。風行於水上，水遇風則渙散，所以爲渙也。

渙：亨，王假有廟，利涉大川，利貞。

渙，離散也。人之離散，由乎中；人心離，則散矣。治乎散，亦本於中；能收合人心，則散可聚也。故卦之義，皆主於中。利貞，合渙散之道在乎正固也。

彖曰：渙，亨，剛來而不窮，柔得位乎外，而上同。

渙之能亨者，以卦才如是也。渙之成渙，由九來居二，六上居四也。剛陽之來，則不窮極於下而處得其中；柔之往，則得正位於外而上同於五之中。巽順於五，乃上同也。四、五，君臣之位，當渙而比，其義相通，同五乃從中也。當渙之時而守其中，則不至於離散，故能亨也。

王假有廟，王乃在中也。

王假有廟之義，在萃卦詳矣。天下離散之時，王者收合人心，至於有廟，乃是在其中也。在中謂求得其中，攝其心之謂也。中者心之象。剛來而不窮，柔得位而上同，卦才之義，皆主於中也。王者拯渙之道，在得其中而已。孟子曰：「得其民有道，得其心斯得民矣。」享帝立廟，民心所歸從也。歸人心之道，无大於此，故云至于有廟，拯渙之道極於此也。

利涉大川，乘木有功也。

治渙之道，當濟於險難，而卦有乘木濟川之象。上巽，木也，下坎，水，大川也。利涉險以濟渙也。木在水上，乘木之象，乘木所以涉川也。涉則有濟渙之功，卦有是義，有是象也。

象曰：風行水上，渙，先王以享于帝，立廟。

風行水上，有渙散之象。先王觀是象，救天下之渙散，至于享帝立廟也。收合人心，无如宗廟。祭祀之報，出于其心。故享帝立廟，人心之所歸也。繫人心，合離散之道，无大於此。

初六，用拯馬壯，吉。

六居卦之初，渙之始也。始渙而拯之，又得馬壯，所以吉也。六爻獨初不云渙者，離散之勢，辨之宜早，方始而拯之，則不至於渙也，爲教深矣。馬，人之所託也。託於壯馬，故能拯渙。馬謂二也。二有剛中之才，初陰柔順，兩皆无應，无應則親比相求。初之柔順，而託於剛中之才，以拯其渙，如得壯馬以致遠，必有濟矣，故吉也。渙拯於始，爲力則易，時之順也。

象曰：初六之吉，順也。

初之所以吉者，以其能順從剛中之才也。始渙而用拯，能順乎時也。

九二，渙奔其机，悔亡。

諸爻皆云渙，謂渙之時也。在渙離之時，而處險中，其有悔可知。若能奔就所安，則得悔亡也。机者，俯憑以爲安者也。俯，就下也。奔，急往也。二與初雖非正應，而當渙離之時，兩皆无與，以陰陽親比相求，則相賴者也。故二目初爲机，初謂二爲馬。二急就於初以爲安，則能亡其悔矣。初雖坎體，而不在險中也。或疑初之柔微，何足賴？蓋渙之時，合力爲一作而。勝。先儒皆以五爲机，非也。方渙離之時，二陽豈能同也？若能同，則成濟渙之功當大，一有吉字。豈止悔亡而已？机謂俯就也。

象曰：渙奔其机，得願也。

渙散之時，以合爲安。二居險中，急就於初，求安也。賴之如机而亡其悔，乃得所願也。

六三，渙其躬，无悔。

三在渙時，獨有應與，无渙散之悔也。然以陰柔之質，不中正之才，上居无位之地，豈能拯時之渙而及人也？止於其身，可以无悔而已。上加渙字，在渙之時，躬无渙之悔也。

象曰：渙其躬，志在外也。

志應於上，在外也。與上相應，故其身得免於渙而无悔。悔亡者，本有而得亡；无悔者，本无也。

六四，渙其羣，元吉。渙有丘，匪夷所思。

渙，四五二爻義相須，故通言之，彖故曰「上同也」。四，巽順而正，居大臣之位；五，剛中而正，居君位。君臣合力，剛柔相濟，以拯天下之渙者也。方渙散之時，用剛則不能使之懷附，用柔則不足爲之依歸。四以巽順之正道，輔剛中正之君，君臣同功，所以能濟渙也。天下渙散，而能使之羣聚，可謂大善之吉也。渙有丘，匪夷所思：贊美之辭也。丘，聚之大也。方渙散而能致其大聚，其功甚大，其事甚難，其用至妙。夷，平常也。非平常之見所能思及也。非大賢智，孰能如是？

象曰：渙其羣，元吉，光大也。

稱元吉者，謂其功德光大也。元吉光大不在五而在四者，二爻之義通言也。於四言其施用，於五言其成功，君臣之分也。

九五，渙汗其大號，渙王居，无咎。

五與四君臣合德，以剛中正巽順之道，治渙得其道矣。唯在浹洽於人心，則順從也。當使號令洽於民心，如人身之汗浹於四體，則信服而從矣。如是，則可以濟天下之渙，居王位爲稱而无咎。大號，大政令也，謂新民之大命，救渙之大政。再云渙者，上謂渙之時，下謂處渙如是則无咎也。在四已言元吉，五唯言稱其位也。渙之四五通言者，渙以離散爲害，拯之使合也。非君臣同功合力，其能濟乎？爻義相須，時之宜也。

象曰：王居无咎，正位也。

王居，謂正位，人君之尊位也。能如五之爲，則居尊位爲稱而无咎也。

上九，渙其血去逖出，无咎。

渙之諸爻皆无繫應，亦渙離之象。惟上應於三，三居險陷之極，上若下從於彼，則不能出於渙也。險有傷害畏懼之象，故云血惕。然九以陽剛處渙之外，有出渙之象，又居巽之極，爲能巽順於事理，故云若能使其血去，其惕出，則无咎也。其者，所有也。渙之時，以能合爲功，獨九居渙之極，有繫而臨險，故以能出渙遠害爲善也。

象曰：渙其血，遠害也。

若如象文爲渙其血，乃與「屯其膏」同也，義則不然。蓋血字下脱去字，血去惕出，謂能遠害則无咎也。

䷻ 兑下坎上

節，序卦：「渙者離也，物不可以終離，故受之以節。」物既離散，則當節止之，節所以次渙也。爲卦，澤上有水。澤之容有限，澤上置水，滿則不容，爲有節之象，故爲節。

節：亨，苦節不可貞。

事既有節，則能致亨通，故節有亨義。節貴適中，過則苦矣。節至於苦，豈能常也？不可固守以爲常，不可貞也。

象曰：節亨，剛柔分而剛得中。

節之道，自有亨義，事有節則能亨也。又卦之才，剛柔分處，剛得中而不過，亦所以爲節，所以能亨也。

苦節不可貞，其道窮也。

節至於極而苦，則不可堅固常守，其道已窮極也。

説以行險，當位以節，中正以通。

以卦才言也。内兑外坎，説以行險也。人於所説則不知已，遇艱險則思止。方説而止，爲節之義。當位以節，五居尊當位也，在澤上，有節也。當位而以節，主節者也。處得中正，節而能通也。中正則通，過則苦矣。

天地節而四時成，節以制度，不傷財，不害民。

推言節之道。天地有節故能成四時，无節則失序也。聖人立制度以爲節，故能不傷財害民。人欲之无窮也，苟非節以制度，則侈肆，至於傷財害民矣。

象曰：澤上有水，節，君子以制數度，議德行。

澤之容水有限，過則盈溢，是有節，故爲節也。君子觀節之象，以制立數度。凡物之大小、輕重、高下、文質，皆有數度，所以爲節也。數，多寡。度，法制。議德行者，存諸中爲德，發於外爲行。人之德行當義則中節。議，謂商度求中節也。

初九，不出户庭，无咎。

户庭，户外之庭；門庭，門内之庭。初以陽在下，上復有應，非能節者也；又當節之初，故戒之謹守，至於不出户庭，則无咎也。初能固守，終或渝之。不謹於初，安能有卒？故於節之初，爲戒甚嚴也。

象曰：不出户庭，知通塞也。

爻辭於節之初，戒之謹守，故云不出户庭則无咎也。象恐人之泥於言也，故復明之云：雖當謹守，不出户庭，又必知時之通塞也。通則行，塞則止，義當出則出矣。尾生之信，水至不去，不知通塞也。

故君子貞而不諒。繫辭所解，獨以言者，在人所節，唯言與行，節於言則行可知，言當在先也。

九二，不出門庭，凶。

二雖剛中之質，然處陰居説而承柔。處陰，不正也；居説，失剛也；承柔，近邪也。節之道，當以剛中正。二失其剛中之德，與九五剛中正異矣。不出門庭，不之於外也，謂不從於五也。二五非陰陽正應，故不相從。若以剛中之道相合，則可以成節之功。唯其失德失時，是以凶也。不合於五，乃不正之節也。以剛中正爲節，如懲忿窒慾，損過抑有餘〔一〕是也。不正之節，如嗇節於用，懦節於行是也。

象曰：不出門庭凶，失時極也。

不能上從九五剛中正之道，成節之功，乃繫於私暱之陰柔，是失時之至極，所以凶也。失時，失其所宜也。

六三，不節若則嗟若，无咎。

六三不中正，乘剛而臨險，固宜有咎。然柔順而和説，若能自節而順於義，則可以无過。不然，則凶咎必至，可傷嗟也。故不節若則嗟若，己所自致，无所歸咎也。

象曰：不節之嗟，又誰咎也？

節則可以免過，而不能自節，以致可嗟，將誰咎乎？

〔一〕覆元本「抑有餘」下小注：「一作益不及。」

六四，安節，亨。

四順承九五剛中正之道，是以中正爲節也。以陰居陰，安於正也。當位爲有節之象，下應於初。四，坎體，水也。水上溢爲无節，就下有節也。如四之義，非强節之，安於節者也，故能致亨。節以安爲善。强守而不安，則不能常，豈能亨也？

象曰：安節之亨，承上道也。

四能安節之義非一，象獨舉其重者。上承九五剛中正之道以爲節，足以亨矣，餘善亦不出於中正也。

九五，甘節吉，往有尚。

九五剛中正，居尊位，爲節之主，所謂當位以節，中正以通者也。在己則安，行天下則説，從節之甘美者也，其吉可知。以此而行，其功大矣，故往則有可嘉尚也。

象曰：甘節之吉，居位中也。

既居尊位，又得中道，所以吉而有功。節以中爲貴，得中則正矣，正不能盡中也。

上六，苦節，貞凶，悔亡。

上六居節之極，節之苦者也。居險之極，亦爲苦義。固守則凶，悔則凶亡。悔，損過從中之謂也。節之悔亡，與他卦之悔亡，辭同而義異也。

象曰：苦節貞凶，其道窮也。

節既苦而貞固守之則凶，蓋節之道至於窮極矣。

䷼ 兌下巽上

中孚，序卦：「節而信之，故受之以中孚。」節者爲之制節，使不得過越也。信而後能行，上能信守之，下則信從之，節而信之也，中孚所以次節也。爲卦，澤上有風。風行澤上，而感于水中，爲中孚之象。感謂感而動也。內外皆實而中虛，爲中孚之象。又二五皆陽，一有而字。中實，亦爲孚義。在二體則中實，在全體則中虛；中虛信之本，中實信之質。

中孚：豚魚，吉，利涉大川，利貞。

豚躁魚冥，物之難感者也。孚信能感於豚魚，則无不至矣，所以吉也。忠信可以蹈水火，況涉川乎？守信之道，在乎堅正，故利於貞也。

彖曰：中孚，柔在內而剛得中，

二柔在內，中虛，爲誠之象；二剛得上下體之中，中實，爲孚之象，卦所以爲中孚也。

說而巽，孚乃化邦也。

以二體言，卦之用也。上巽下說〔一〕，爲上至誠以順巽於下，下有孚以說從其上，如是，其孚乃能化於邦國也。若人不說從，或違拂事理，豈能化天下乎？

豚魚吉，信及豚魚也。

〔一〕覆元本「說」作「兌」，義較長。

信能及於豚魚，信道至矣，所以吉也。

利涉大川，乘木舟虚也。

以中孚涉險難，其利如乘木濟川，而以虚舟也。舟虚則无沈覆之患。卦，虚中爲虚舟之象。

中孚以利貞，乃應乎天也。

中孚而貞，則應乎天矣。天之道，孚貞而已。

象曰：澤上有風，中孚，君子以議獄緩死。

澤上有風，感于澤中。水體虚，故風能入之。人心虚，故物能感之。風之動乎澤，猶物之感于中，故爲中孚之象。君子觀其象，以議獄與緩死。君子之於議獄，盡其忠而已；於決死，極其惻而已，故誠意常求於緩。緩，寬也。於天下之事，无所不盡其忠，而議獄緩死，最其大者也。

初九，虞吉，有他不燕。

九當中孚之初，故戒在審其所信。虞，度也，度其可信而後從也。雖有至信，若不得其所，則有悔咎，故虞度而後信則吉也。既得所信，則當誠一，若有他，則不得其燕安矣。燕，安裕也。有他，志不定也。人志不定，則惑而不安。初與四爲正應，四巽體而居正，无不善也。爻以謀始之義大，故不取相應之義。若用應，則非虞也。

象曰：初九虞吉，志未變也。

當信之始，志一無志字。未有所從，而虞度所信，則得其正，是以吉也。蓋其志未有變動。志有所從，則是變動，虞之不得其正矣。在初言求所信之道也。

九二，鳴鶴在陰，其子和之，我有好爵，吾與爾靡之。

二剛實於中，孚之至者也，孚至則能感通。鶴鳴於幽隱之處，不聞也，而其子相應和，中心之願相通也。好爵我有，而彼亦繫慕，説好爵之意同也。有孚於中，物无不應，誠同故也。至誠无遠近幽深之閒，故繫辭云：「善則千里之外應之，不善則千里違之。」言誠通也。至誠感通之理，知道者爲能識之。

象曰：其子和之，中心願也。

中心願，謂誠意所願也，故通而相應。

六三，得敵，或鼓，或罷，或泣，或歌。

敵，對敵也，謂所交孚者，正應上九是也。三四皆以虛中爲成孚之主，然所處則異。四得位居正，故亡匹以從上；三不中失正，故得敵以累志。以柔説之質，既有所繫，唯所信是從，或鼓張，或罷廢，或悲泣，或歌樂，動息憂樂，皆繫乎所信也。唯繫所信，故未知吉凶，然非明達君子之所爲也。

象曰：或鼓或罷，位不當也。

居不當位，故无所主，唯所信是從。所處得正，則所信有方矣。

六四，月幾望，馬匹亡，无咎。

四爲成孚之主，居近君之位，處得其正而上信之至，當孚之任者也。如月之幾望，盛之至也。已望則敵矣，臣而敵君，禍敗必至。故以幾望爲至盛。馬匹亡：四與初爲正應，匹也。古者駕車用四馬，不能備純色，則兩服兩驂各一色，又小大必相稱，故兩馬爲匹，謂對也。馬者，行物也。初上應四，而四亦進從五，皆上行，故以馬爲象。孚道在一，四既從五，若復下繫於初，則不一而害於孚，爲有咎矣。故馬匹亡，則无咎也。上從五而不繫於初，是亡其匹也。繫初則不進，不能成孚之功也。

象曰：馬匹亡，絶類上也。

絶其類而上從五也。類，謂應也。

九五，有孚攣如，无咎。

五居君位。人君之道，當以至誠感通天下，使天下之心信之，固結如拘攣然，則爲无咎也。人君之孚，不能使天下固結如是，則億兆之心，安能保其不離乎？

象曰：有孚攣如，位正當也。

五居君位之尊，由中正之道，能使天下信之，如拘攣之固，乃稱其位，人君之道當如是也。

上九，翰音登于天，貞凶。

翰音者，音飛而實不從。處信之終，信終則衰，忠篤内喪，華美外颺，故云翰音登天，正亦滅矣。陽性上進，風體飛颺。九居中孚之時，處於最上，孚於上進而不知止者也。其極至於羽翰之音，登聞於天，貞固於此而不知變，凶可知矣。夫子曰：「好信不好學，其蔽也賊」，固守而不通之謂也。

象曰：翰音登于天，何可長也！

守孚至於窮極而不知變，豈可長久也？固守而不通，如是則凶也。

䷽艮下震上

小過，序卦：「有其信者必行之，故受之以小過。」人之所信則必行，行則過也，小過所以繼中孚也。爲卦，山上有雷。雷震於高，其聲過常，故爲小過。又陰居尊位，陽失位而不中，小者過其常也。蓋爲小者過，又爲小事過，又爲過之小。

小過：亨，利貞。

過者，過其常也。若矯枉而過正，過所以就正也。事有時而當，然有待過而後能亨者，故小過自有亨義。利貞者，過之道利於貞也。不失時宜之謂正。

可小事，不可大事。飛鳥遺之音，不宜上，宜下，大吉。

過，所以求就中也。所過者小事也，事之大者，豈可過也？於大過論之詳矣。飛鳥遺之音：謂過之不遠也。不宜上宜下，謂宜順也。順則大吉，過以就之，蓋順理也。過而順理，其吉必大。

彖曰：小過，小者過而亨也。

陽大陰小。陰得位，剛失位而不中，是小者過也，故爲小事過，過之小。小者與小事，有時而當過，過之亦小，故爲小過。事固有待過而後能亨者，過之所以能亨也。

過以利貞，與時行也。

過而利於貞，謂與時行也。時當過而過，乃非過也，時之宜也，乃所謂正也。

柔得中，是以小事吉也。

剛失位而不中，是以不可大事也。

有飛鳥之象焉。

小過之道，於小事有過則吉者，而彖以卦才言吉義。柔得中，二五居中也。陰柔得位，能致小事吉耳，不能濟大事也。剛失位而不中，是以不可大事，大事非剛陽之才不能濟，三不中，四失位，是以不可大事。小過之時，自不可大事，而卦才又不堪大事，與時合也。「有飛鳥之象焉」此一句，不類彖體，蓋解者之辭，誤入彖中。中剛外柔，飛鳥之象，卦有此象，故就飛鳥爲義。

飛鳥遺之音，不宜上，宜下，大吉，上逆而下順也。

事有時而當過，所以從宜，然豈可甚過也？如過恭、過哀、過儉，大過則不可。所以在小過也，所過當如飛鳥之遺音。鳥飛迅疾，聲出而身已過，然豈能相遠也？事之當過者，亦如是。身不能甚遠於聲，事不可〔一〕遠過其常，在得宜耳。不宜上，宜下，更就鳥音取宜順之義。過之道，當如飛鳥之遺音。夫聲逆而上則難，順而下則易，故在高則大，山上有雷，所以爲過也。過之道，順行則吉，如飛鳥之遺音宜順也。所以過者，爲順乎宜也。能順乎宜，所以大吉。

象曰：山上有雷，小過，君子以行過乎恭，喪過乎哀，用過乎儉。

雷震於山上，其聲過常，故爲小過。天下之事，有時當過，而不可過甚，故爲小過。君子觀小過之象，事之宜過者則勉之，行過乎恭，喪過乎哀，用過乎儉是也。當過而過，乃其宜也，不當過而過，則

〔一〕覆元本「可」下小注：「一作能。」

過矣。

初六，飛鳥以凶。

初六，陰柔在下，小人之象；又上應於四，四復動體。小人躁易而上有應助，於所當過，必至過甚，況不當過而過乎？其過如飛鳥之迅疾，所以凶也。躁疾如是，所以過之速且遠，救止莫及也。

象曰：飛鳥以凶，不可如何也。

其過之疾，如飛鳥之迅，豈容救止也？凶其宜矣。不可如何，无所用其力也。

六二，過其祖，遇其妣，不及其君，遇其臣，无咎。

陽之在上者，父之象；尊於父者，祖之象。四在三上，故爲祖。二與五居相應之地，同有柔中之德，志不從於三四，故過四而遇五，是過其祖也。五陰而尊，祖妣之象；與二同德相應，在他卦則陰陽相求，過之時必過其常，故異也。无所不過，故二從五，亦戒其過。不及其君，遇其臣：謂上進而不陵及於君，適當臣道，則无咎也。遇，當也。過臣之分，則其咎可知。

象曰：不及其君，臣不可過也。

過之時，事无不過其常，故於上進則戒及其君，臣不可過臣之分也。

九三，弗過防之，從或戕之，凶。

小過，陰過陽失位之時，三獨居正，然在下无所能爲，而爲陰所忌惡，故有〔一〕當過者，在過防於小

〔一〕覆元本「有」下小注：「一作所。」義似較長。

人。若弗過防之，則或從而戕害之矣，如是則凶也。三於陰過之時，以陽居剛，過於剛也。既戒之過防，則過剛亦在所戒矣。防小人之道，正己爲先。三不失正，故无必凶之義，能過防則免矣。三居下之上，居上爲下，皆如是也。

象曰：從或戕之，凶如何也！

陰過之時，必害於陽，小人道盛，必害君子，當過爲之防，防之不至，則爲其所戕矣，故曰凶如何也，言其甚也。

九四，无咎，弗過，遇之，往厲必戒，勿用永貞。

四當小過之時，以剛處柔，剛不過也，是以无咎。既弗過，則合其宜矣，故云遇之，謂得其道也。若往則有危，必當戒懼也。往，去柔而以剛進也。勿用永貞：陽性堅剛，故戒以隨宜，不可固守也。方陰過之時，陽剛失位，則君子當隨時順處，不可固守其常也。四居高位，而无上下之交，雖比五應初，方陰過之時，彼豈肯從陽也？故往則有厲。

象曰：弗過遇之，位不當也。往厲必戒，終不可長也。

位不當，謂處柔。九四當過之時，不過剛而反居柔，乃得其宜，故曰遇之，遇其宜也。以九居四，位不當也，居柔乃遇其宜也。當陰過之時，陽退縮自保足矣，終豈能長而盛也？故往則有危，必當戒也。長，上聲，作平聲則大失易意，以夬與剝觀之可見。與夬之象，文同而音異也。

六五，密雲不雨，自我西郊，公弋取彼在穴。

五以陰柔居尊位，雖欲過爲，豈能成功？如密雲而不能成雨。所以不能成雨，自西郊故也。陰不能成雨，小畜卦中已解。公弋取彼在穴：弋，射取之也，射止是射，弋有取義；穴，山中之空，中虛乃空也，在穴指六二也。五與二本非相應，乃弋而取之。五當位，故云公，謂公上也。同類相取，雖得之，兩陰豈能濟大事乎？猶密雲之不能成雨也。

象曰：密雲不雨，已上也。

陽降陰升，合則和而成雨。陰已在上，雲雖密，豈能成雨乎？陰過不能成大之義也。

上六，弗遇，過之，飛鳥離之，凶，是謂災眚。

六，陰而動體，處過之極，不與理遇，動皆過之，其違理過常，如飛鳥之迅速，所以凶也。離，過之遠也。是謂災眚，是當有災眚也。災者天殃，眚者人爲。既過之極，豈唯人眚？天災亦至，其凶可知，天理人事皆然也。

象曰：弗遇過之，已亢也。

居過之終，弗遇於理而過之，過已亢，極其凶，宜也。

䷾離下坎上

既濟，序卦：「有過物者必濟，故受之以既濟。」能過於物，必可以濟，故小過之後，受之以既濟也。爲卦，水在火上。水火相交，則爲用矣。各當其用，故爲既濟，天下萬事已濟之時也。

既濟：亨小，利貞，初吉終亂。

既濟之時，大者既已亨矣，小者尚〔一〕有亨也。雖既濟之時，不能无小未亨也。小字在下，語當然也。若言小亨，則爲亨之小也。利貞，處既濟之時，利在貞固以守之也。初吉，方濟之時也；終亂，濟極則反也。

彖曰：既濟亨，小者亨也。利貞，剛柔正而位當也。

既濟之時，大者固已亨矣，唯有小者〔二〕亨也。時既濟矣，固宜貞固以守之。卦才剛柔正當其位，當位者其常也，乃正固之義，利於如是之貞也。陰陽各得正位，所以爲既濟也。

初吉，柔得中也。

二以柔順文明而得中，故能成既濟之功。二居下體，方濟之初也，而又善處，是以吉也。

終止則亂，其道窮也。

天下之事，不進則退，无一定之理。濟之終，不進而止矣，无常止也，衰亂至矣，蓋其道已窮極也。九五之才，非不善也，時極道窮，理當必變也。聖人至此奈何？曰〔三〕：唯聖人爲能通其變於未窮，不使至於極也，堯、舜是也，故有終而无亂。

〔一〕覆元本「尚」下小注：「一有未字。」
〔二〕覆元本「者」下小注：「一有未字。」
〔三〕覆元本「曰」下小注：「一无曰字。」

象曰：水在火上，既濟，君子以思患而豫防之。

水火既交，各得其用，爲既濟。時當既濟，唯慮患害之生，故思而〔一〕豫防，使不至於患也。自古天下既濟而致禍亂者，蓋不能思患而豫防也。

初九，曳其輪，濡其尾，无咎。

初以陽居下，上應於四，又火體，其進之志鋭也。然時既濟矣，進不已則及於悔咎〔二〕，故曳其輪，濡其尾，乃得无咎。輪所以行，倒曳之使不進也。獸之涉水，必揭其尾，濡其尾則不能濟。方既濟之初，能止其進，乃得无咎，不知已則至於咎也。

象曰：曳其輪，義无咎也。

既濟之初，而能止其進，則不至於極，其義自无咎也。

六二，婦喪其茀，勿逐，七日得。

二以文明中正之德，上應九五剛陽中正之君，宜得行其志也。然五既得尊位，時已既濟，无復進而有爲矣，則於在下賢才，豈有求用之意？故二不得遂其行也。自古既濟而能用人者鮮矣。以唐太宗之用言，尚怠於終，況其下者乎？於斯時也，則剛中反爲中滿，坎離乃爲相戾矣。人能識時知變，則可以言易矣。二，陰也，故以婦言。茀，婦人出門以自蔽者也。喪其茀，則不可行矣。二不爲五之求

〔一〕覆元本「而」作「患」。

〔二〕覆元本「咎」下小注：「一作吝。」

用，則不得行，如婦之喪茀也。然中正之道，豈可廢也？時過則行矣。逐者從物也，從物則失其素守，故戒勿逐。自守不失，則七日當復得也。卦有六位，七則變矣。七日得，謂時變也。雖不爲上所用，中正之道，无終廢之理，不得行於今，必行於異時也。聖人之勸戒深矣。

象曰：七日得，以中道也。

中正之道，雖不爲時所用，然无終不行之理，故喪茀七日當復得，謂自守其中，異時必行也。不失其中，則正矣。

九三，高宗伐鬼方，三年克之，小人勿用。

九三當既濟之時，以剛居剛，用剛之至也。既濟而用剛如是，乃高宗伐鬼方之事。高宗，必商之高宗。天下之事既濟而遠伐暴亂也。威武可及，而以救民爲心，乃王者之事也，唯聖賢之君則可。若騁威武，忿不服，貪土地，則殘民肆欲也，故戒不可用小人。小人爲之，則以貪忿，私意也；非貪忿，則莫肯爲也。三年克之，見其勞憊之甚。聖人因九三當既濟而用剛，發此義以示人，爲法爲戒，豈淺見所能及也？

象曰：三年克之，憊也。

言憊，以見其事之至難。在高宗爲之則可，无高宗之心，則貪忿以殃民也。

六四，繻有衣袽，終日戒。

四在濟卦而水體，故取舟爲義。四，近君之位，當其任者也。當既濟之時，以防患慮變爲急。繻當作濡，謂滲漏也。舟有罅漏，則塞以衣袽。有衣袽以備濡漏，又終日戒懼不怠，慮患當如是也。不言吉，方免於患也。既濟之時，免患則足矣，豈復有加也？

象曰：終日戒，有所疑也。

終日戒懼，常疑患之將至也。處既濟之時，當畏慎如是也。

九五，東鄰殺牛，不如西鄰之禴祭，實受其福。

五中實，孚也；二虛中，誠也，故皆取祭祀爲義。東鄰，陽也，謂五；西鄰，陰也，謂二。殺牛，盛祭也；禴，薄祭也。盛不如薄者，時不同也。二五皆有孚誠中正之德，二在濟下，尚有進也，故受福。五處濟極，无所進矣，以至誠中正守之，苟未至於反耳。理无極而終不反者也。已至於極，雖善處，无如之何矣，故爻象唯言其時也。

象曰：東鄰殺牛，不如西鄰之時也；實受其福，吉大來也。

五之才德非不善，不如二之時也。二在下，有進之時，故中正而孚，則其吉大來，所謂受福也。吉大來者，在既濟之時爲大來也，亨小、初吉是也。

上六，濡其首，厲。

既濟之極，固不安而危也，又陰柔處之，而在險體之上。坎爲水，濟亦取水義，故言其窮至於濡首，危可知也。既濟之終，而小人處之，其敗壞可立而待也。

象曰：濡其首厲，何可久也！

既濟之窮，危至於濡首，其能長久乎？

䷿坎下離上

未濟，序卦：「物不可窮也，故受之以未濟終焉。」既濟矣，物之窮也。物窮而不變，則无不已之理，易者變易而不窮也，故既濟之後，受之以未濟而終焉。未濟則未窮也，未窮則有生生之義。爲卦，離上坎下。火在水上，不相爲用，故爲未濟。

未濟：亨，小狐汔濟，濡其尾，无攸利。

未濟之時，有亨之理，而卦才復有致亨之道，唯在慎處。狐能度水，濡尾則不能濟，其老者多疑畏，故履冰而聽，懼其陷也；小者則未能畏慎，故勇於濟。汔當爲仡，壯勇之狀。書曰：「仡仡勇夫。」小狐果於濟，則濡其尾而不能濟也。未濟之時，求濟之道，當至慎則能亨。若如小狐之果，則不能濟也。既不能濟，无所利矣。

彖曰：未濟亨，柔得中也。

以卦才言也。所以能亨者，以柔得中也。五以柔居尊位，居剛而應剛，得柔之中也。剛柔得中，處未濟之時，可以亨也。

小狐汔濟，未出中也。

據二而言也。二以剛陽居險中，將濟者也，又上應於五。險非可安之地，五有當從之理，故果於濟如小狐也。既果於濟，故有濡尾之患，未能出於險中也。

濡其尾，无攸利，不續終也。

其進鋭者其退速，始雖勇於濟，不能繼續而終之，无所往而利也。

雖不當位，剛柔應也。

雖陰陽不當位，然剛柔皆相應。當未濟而有與，若能重慎，則有可濟之理。二以汔濟，故濡尾也。卦之諸爻，皆不得位，故爲未濟。雜卦云：「未濟男之窮也。」謂三陽皆失位也。斯義也，聞之成都隱者。

象曰：火在水上，未濟，君子以慎辨物居方。

水火不交，不相濟爲用，故爲未濟。火在水上，非其處也。君子觀其處不當之象，以慎處於事物，辨其所當，各居其方，謂止於其所也。

初六，濡其尾，吝。

六以陰柔在下，處險而應四。處險則不安其居，有應則志行於上。然己既陰柔，而四非中正之才，不能援之以濟也。獸之濟水，必揭其尾，尾濡則不能濟。濡其尾，言不能濟也。不度其才力而進，終不能濟，可羞吝也。

象曰：濡其尾，亦不知極也。

不度其才力而進，至於濡尾，是不知之極也。

九二，曳其輪，貞吉。

在他卦，九居二爲居柔得中，无過剛之義也。於未濟，聖人深取卦象以爲戒，明事上恭順之道。未濟者，君道艱難之時也。五以柔處君位，而二乃剛陽之才，而居相應之地，當用者也。剛有陵柔之義，水有勝火之象。方艱難之時，所賴者才臣耳，尤當盡恭順之道，故戒曳其輪則得正而吉也。倒曳其輪，殺其勢，緩其進，戒用剛之過也。剛過，則好犯上而順不足。唐之郭子儀、李晟，當艱危未濟之時，能極其恭順，所以爲得正而能保其終吉也。於六五則言其貞吉光輝，盡君道之善；於九二則戒其恭順，盡臣道之正，盡上下之道也。

象曰：九二貞吉，中以行正也。

九二得正而吉者，以曳輪而得中道乃正也。

六三，未濟，征凶，利涉大川。

未濟征凶，謂居險无出險之用，而行則凶也。必出險而後可征。三以陰柔不中正之才，而居險不足以濟，未有可濟之道、出險之用，而征，所以凶也。然未濟有可濟之道，險終有出險之理。上有剛陽之應，若能涉險而往從之，則濟矣，故利涉大川也。然三之陰柔，豈能出險而往？非時不可，才不能也。

象曰：未濟征凶，位不當也。

三征則凶者，以位不當也，謂陰柔不中正，无濟險之才也。若能涉險以從應，則利矣。

九四，貞吉，悔亡。震用伐鬼方，三年有賞于大國。

九四，陽剛居大臣之位，上有虚中明順之主，又已出於險，未濟已過中矣，有可濟之道也。濟天下之艱難，非剛健之才不能也。九雖陽而居四，故戒以貞固則吉而悔亡，不貞則不能濟，有悔者也。震，動之極也。古之人用力之甚者，伐鬼方也，故以爲義。力勤而遠伐，至于三年，然後成功而行大國之賞，必如是乃能濟也。濟天下之道，當貞固如是。四居柔，故設此戒。

象曰：貞吉悔亡，志行也。

如四之才與時合，而加以貞固，則能行其志，吉而悔亡。鬼方之伐，貞之至也。

六五，貞吉无悔，君子之光，有孚，吉。

五，文明之主，居剛而應剛，其處得中，虚其心而陽爲之輔，雖以柔居尊，處之至正至善，无不足也。既得貞正，故吉而无悔。貞其固有，非戒也。以此而濟，无不濟也。五，文明之主，故稱其光君子。德輝之盛，而功實稱之，有孚也。上云吉，以貞也，柔而能貞，德之吉也。下云吉，以功也，既光而有孚，時可濟也。

象曰：君子之光，其暉吉也。

光盛則有暉。暉，光之散也。君子積充而光盛，至于有暉，善之至也，故重云吉。

上九，有孚于飲酒，无咎，濡其首，有孚失是。

九以剛在上，剛之極也；居明之上，明之極也。剛極而能明，則不爲躁而爲決。明能燭理，剛能斷義。居未濟之極，非得濟之位，无可濟之理，則當樂天順命而已。若否終則有傾，時之變也；未濟則无極而自濟之理，故止爲未濟之極，至誠安於義命而自樂，則可无咎。飲酒，自樂也。不樂其處，則忿躁隕穫，入於凶咎矣。若從樂而耽肆過禮，至濡其首，亦非能安其處也。有孚，自信于中也。失是，失其宜也。如是則於有孚爲失也。人之處患難，知其无可奈何，而放意不反者，豈安於義命者哉？

象曰：飲酒濡首，亦不知節也。

飲酒至於濡首，不知節之甚也。所以至如是，不能安義命也。能安，則不失其常矣。

河南程氏經説卷第一

伊川先生

易説

繫辭

「天尊，地卑。」尊卑之位定，而乾坤之義明矣。高卑既别，貴賤之位分矣。陽動陰静，各有其常，則剛柔判矣。事有理，一本作萬事理也。物有形也。事則有類，形則有羣，善惡分而吉凶生矣。象見於天，形成於地，變化之跡見矣。陰陽之交相摩軋，八方之氣相推盪，雷霆以動之，風雨以潤之，日月運行，寒暑相推，而成造化之功。得乾者成男，得坤者成女。乾當始物，坤當成物。乾坤之道，易簡而已。乾始物之道易，坤成物之能簡。平易，故人易知；簡直，故人易從。易知則可親就而奉順，易從則可取法而成功。親合則可以常久，成事則可以廣大。聖賢德業久大，得易簡之道也。天下之理，易簡而已。有理而後有象，「成位乎其中」也。

聖人既設卦，觀卦之象而繫之以辭，明其吉凶之理；以剛柔相推而知變化之道。吉凶之生，由失得也。悔吝者，可憂虞也。進退消長，所以成變化也。剛柔相易而成晝夜，觀晝夜，則知剛柔之道矣。三極，上中下也。極，中也，皆其時中也。三才，以物言也。三極，以位言也。六爻之動，以位爲義，乃其序也；得其序則安矣。辭所以明義，玩其辭義，則知其可樂也。觀象玩辭而能通其意，觀變玩占而能順其時，動不違於天矣。

象言卦之象，爻隨時之變，因失得而有吉凶。能如是，則得无咎。位有貴賤之分，卦兼小大之義。吉凶之道，於辭可見。以悔吝爲防，則存意於微小。震懼而得无咎者，以能悔也。卦有小大，於時之中有小大也。有小大則辭之險易殊矣，辭各隨其事也。

聖人作易，以準則天地之道。易之義，天地之道也，「故能彌綸天地之道」。彌，徧也。綸，理也。在事爲倫，治絲爲綸。彌綸，徧理也。徧理天地之道，而復仰觀天文，俯察地理，驗之著見之跡，故能「知幽明之故」。在理爲幽，成象爲明。「知幽明之故」，知理與物之所以然也。原，究其始；要，考其終，則可以見死生之理。聚爲精氣，散爲游魂。聚則爲物，散則爲變。觀聚散，則見「鬼神之情狀」。萬物始終，聚散而已。鬼神，造化之功也。以幽明之故，死生之理，鬼神之情狀觀之，則可以見「天地之道」。

易之義，與天地之道相似，故無差違，相似，謂同也。「知周乎萬物而道濟天下，故不過。」義之所包，知也。其義周盡萬物之理，其道足以濟天下，故無過差。「旁行而不流」，旁通遠及而不流失正理。順乎理，「樂天」也。安其分，「知命」也。順理安分故無所憂。「安土」，安所止也；「敦乎仁」，存乎同也，是以「能愛」。

「範圍」，俗語謂之模量。模量天地之運化而不過差，委曲成就萬物之理而無遺失，通晝夜闔闢屈伸之道而知其所以然。如此，則得天地之妙用，知道德之本源，所以見至神之妙，無有方所，而易之準道，無有形體。

道者，一陰一陽也。動静無端，陰陽無始。非知道者，孰能識之？動静相因而成變化，順繼此道，則爲善也；成之在人，則謂之性也。在衆人，則不能識。隨其所知，故仁者謂之仁，知者謂之知，百姓則由之而不知。故君子之道，人鮮克知也。

運行之跡，生育之功，「顯諸仁」也。神妙無方，變化無跡，「藏諸用」也。天地不與聖人同憂，天地不宰，聖人有心也。天地無心而成化，聖人有心而無爲。天地聖人之盛德大業，可謂至矣。「富有」，溥博也。「日新」，無窮也。生生相續，變易而不窮也。乾始物而有象，坤成物而體備，法象著矣。推數可以知來物。通變不窮，事之理也。天下之有，不離乎陰陽。惟神也，莫知其鄉，不測其爲剛柔動静也。

易道廣大，推遠則無窮，近言則安静而正。天地之閒，萬物之理，無有不同。乾，「静也專」，「動也直」。專，專一。直，直易。惟其專直，故其生物之功大。坤，静翕動闢。坤體動則開，應乾開闔而廣生萬物。「廣大」，天地之功也。「變通」，四時之運也。一陰一陽，日月之行也。乾坤易簡之功，乃至善之德也。

易之道，其至矣乎！聖人以易之道崇大其德業也。知則崇高，禮則卑下。高卑順理，合天地之道也。高卑之位設，則易在其中矣。斯理也，成之在人則爲性。成之者性也。人心存乎此理之所存，乃「道義之門」也。

「賾」，深遠也。聖人見天下深遠之事，而比擬其形容，體象其事類，故謂之象。天下之動無窮也，必「觀其會通」。會通，綱要也。乃以「行其典禮」。典禮，法度也；物之則也。繫之辭以斷其吉凶者爻也。言天下之深遠難知也，而理之所有，不可厭也；言天下之動無窮也，而物有其方，不可紊也。擬度而設其辭，商議以察其動，「擬議以成其變化」也。變化，爻之時義；擬議，議而言之也。舉「鳴鶴在陰」以下七爻，擬議而言者也。餘爻皆然。

有理則有氣，有氣則有數。行鬼神者，數也。數，氣之用也。「大衍之數五十。」數始於一，備於五。小衍之而成十，大衍之則爲五十。五十，數之成也。成則不動，故損一以爲用。「天地之數五十有五」，「成變化而行鬼神」者也。變化言功，鬼神言用。

顯明於道，而見其功用之神，故可與應對萬變，可贊祐於神道矣，謂合德也。人惟順理以成功，乃贊天地之化育也。

知變化之道，則知神之所爲也。合與上文相連，不合在下章〔一〕。言所以述理。「以言者尚其辭」，謂於言求理者則存意於辭也。「以動者尚其變」，動則變也，順變而動，乃合道也。制器作事當體乎象，卜筮吉凶當考乎占。「受命如響」，「遂知來物」，非神乎？曰感而通，求而得，精之至也。

自「天一」至「地十」，合在「天數五地數五」上，簡編失其次也。天一生數，地六成數。才有上五者，

〔一〕按：此謂繫辭原文「子曰：知變化之道者，其知神之所爲乎」數句，應與「顯道神德行，是故可與酬酢，可與祐神矣」數句相連，合爲一章。據此，則此數句，似應另成一段，不與下文相連。

便有下五者。二五合而成陰陽之功，萬物變化，鬼神之用也。

或曰：乾坤易之門，其義難知，餘卦則易知也。曰：乾坤，天地也，萬物烏有出天地之外者乎？知道者統之有宗則然也，而在卦觀之，乾坤之道簡易，故其辭平直，餘卦隨時應變，取舍無常，至爲難知也。知乾坤之道者，以爲易則可也。

河南程氏經説卷第二

伊川先生

書解

孔序：「伏羲、神農、黄帝之書謂之三墳，言大道也；少昊、顓頊、高辛、唐、虞之書謂之五典，言常道也。」又曰：「孔子討論墳典，斷自唐、虞以下。」以二典之言簡邃如此，其上可知。所謂大道，雖性與天道之説，固聖人所不可得而去也。如言陰陽四時七政五行之道，亦必至要之語，非後代之繁衍末術也，固亦常道，聖人所不去也。使誠有所謂羲、農之書，乃後世稱述當時之事，失其義理，如許行所爲神農之言，及陰陽醫方稱黄帝之説耳。此聖人所以去之也。或疑陰符之類是，甚非也。此出戰國權變之術，竊窺機要，以爲變詐之用，豈上古至淳之道邪？又五典既皆常道，去其三，何也？蓋古雖已有文字，而制立法度，爲治有迹，得以紀載，有史官之職以志其事，自堯始。其八卦之説，謂之八索，前世説易之書也。易本八卦，故以八名。夫子贊易道以黜去是書，所謂「加我數年，五十以學易，可以無大過矣。」舊書之過可見也，芟夷繁亂，翦截浮辭，舉其宏綱，撮其機要。人或疑前代之書，聖人必無所删改，此亦不然。若上古聖人之世，史官固當其人，其辭必盡善。若後世之史，未必盡當，其辭未必盡善。設如其書足以垂範，不可去之，而其或有害義，聖人不得不有芟除更易也。其不可更易者，其事耳，未必須曾删改。但辭苟有害，有可删改之理耳。或疑「血流漂杵」之辭何不改？此乃非害義理之辭也。堯典爲虞書，蓋虞史所修；舜典已下，皆當爲夏書。故左氏傳引大禹、皋陶謨、益稷等，皆謂之夏書也。若以其虞時事當爲虞書，則堯典當爲唐書也。大抵皆是後世史所修。典，典則也。上古時淳朴，因時爲治，未立法度典制。至堯而始著治迹，立政有綱，制事有法，故其治可紀，所以有書而稱典也。楊子曰：「法始乎伏羲，成乎堯。」蓋伏羲始畫卦，造書契，開其端矣；至堯而與世立則，著其典常，成其治道，故云成也。書序，夫子所爲，逐篇序其作之之意也。

堯典

昔在帝堯，聰明文思，光宅天下，將遜于位，讓于虞舜，作堯典。「昔在」文連下文。「光宅天下」以下，若與上文相連，則文勢當云在昔也。聽廣曰聰，視遠曰明，堯之神智所知所照，洞徹無不流通，故謂之聰明。文，文章也，謂倫理明順成文也。思，謀慮意思也，謂其含蓄。言堯之神智聰明，而其動作施爲，有條理文章，其發謀措事，意思深遠。以此聰明文思，臨治天下，故其道光顯，故云「光宅」，光顯居天下也。既老而將遜避帝位，因禪讓於虞舜，故史官作此堯典之書，以載其事。此夫子之序，舉一篇所紀之大要也。

堯典此題書之目也曰若稽古帝堯。史氏追紀前世之事，若考古之帝堯，其事「云放勳」以下是也。堯典字爲題，下加曰者，謂堯典之辭曰也。若，發語辭，如書中「王若曰」之類也。古史之體如此。下若稽古帝舜、大禹、皋陶，皆謂考古之某人，其事如此也。

「曰放勳」，功迹之著也。放，依也。上古淳朴，隨事爲治，未立法度，至堯始明治道，因事立法，著爲典常。其施政制事，皆依循法則，著見功迹，可爲典常也。不惟聖人隨事之宜，亦憂患後世而有作也。「放勳」上更加「曰」字者，稽古之帝堯，其事曰如此也。古史之體，發論之辭也。前儒見「云放勳」，遂以爲堯之名，因而又以「重華」、「文命」爲舜、禹之名。若以其文同，則亦當以「允迪」爲皐陶之名，而獨不謂之名者。故或稱堯，或稱放勳，互稱之。如孟子言堯事，而傳録誤作放勳。亦如傳記中言仲尼，或作夫子，或作孔子之類，但舉其人耳，誤不足怪也。

「欽明文思安安」，以此四德行放勳之事。欽，敬慎；明，聰明；文，文章；思，謀慮。有此四者，故其所爲，能得義理之至當。上「安」，其所處也；下「安」，得其理也；謂其所爲放勳之事，皆安於義理之安。王介甫云：「理之所可安者，聖人安而行之。」

序言堯德，故云「聰明文思」；此言其立事，故云「欽明文思」，施各有所宜也。立事則欽慎爲大，舉德則聰明爲先，各因其宜。單言明則包聰。

「允恭克讓，光被四表，格于上下。」既言其有「欽明文思」之德，故所以能立事成勳，安於義理之安；又言其「允恭克讓」，所以「光被四表，格于上下」。允，當也。前儒訓信，信然乃當也，其實一義。恭謂欽慎。克，能也，禹曰「朕德罔克」是也。讓謂謙讓，不有其功之謂也。言堯其所爲至當，而能欽慎；其才至能，而不自有其能。夫常人之情，自處既當，則無所顧慮，有能則自居其功。惟聖人至公無我，故雖功高天下而不自有，無所累於心。蓋一介存於心，乃私心也，則有矜滿之氣矣。故舜稱禹功能，天下莫與争而不矜伐，乃聖人之心也。故堯、舜允而恭，克而讓。夫雖允雖克，足以立事成功而已，未足以光被四表而格上下也；必事當於彼，而欽慎於此，能高於己而讓弗自有，此天下所以感悦信服也。孟子曰：「以善服人者，未有能服人者也。」聖人與常人異。人知允當不可矜也，則爲恭巽；知能之不可眩也，則爲謙讓；必悦而誠服也。然作爲於中而假之於外，欲常其德且難矣，況足以感人乎？孟子曰：「不誠未有能動者也。」聖人之公心，如天地之造化，生養萬物，而孰尸其功？故應物而允於彼。復何存於此也？故不害欽慎之神能。亦由乎理而已，故無居有之私。天下見其至當而恭，能高而讓，所以中心悦而誠服也。蓋一出於公誠而已。惟其志至誠，故能光顯及於四遠。先儒訓光作充。光輝照耀乃充塞也，其實一義。天下咸服其德，則是其德充塞，至於天地也。

「克明俊德，以親九族，九族既睦，平章百姓，百姓昭明，協和萬邦，黎民於變時雍。」前言堯之德，此言堯之治。其事有次序，始於明俊德。俊德，俊賢之德也，堯能辨明而擇任之也。帝王之道也，以擇任賢俊爲本，得人而後與之同治天下。天下之治，由身及家而治，故始於以睦九族也。注云：「或疑親睦九族，豈待任俊德乎？」蓋言得賢俊而爲治，治之始，自睦九族爲先，故以次序言之也。以王者親睦九族之道，豈不賴賢俊之謀乎？

九族既已親睦，以至於平治章明。百姓，庶民也。前云「明俊德」，既明而用之，則任之之道包在其中矣，故便及庶民。王國百姓既已昭明倫理而順治矣，則至於四方萬國，皆協同和從。天下黎庶於是變惡從善，化成善俗而時雍。

「乃命羲、和，欽若昊天，曆象日月星辰，敬授人時。」前言堯之治始於「明俊德」，而後由「睦九族」以至「和萬邦，變時雍」。此復言其立政綱紀，分正百官之職，以成庶績；而事之最大最先，在推測天道，明曆象，欽若時令以授人也。天下萬事無不本於此，故最先詳載其事。聖人治天下之道，惟此二端而已。治身齊家以至平天下者，治之道也；建立治綱，分正百職，順天時以制事，至於創制立度，盡天下之事者，治之法也。作典者述堯之治，盡於此矣。自「堯曰疇咨」以下，皆紀其事，以明堯之聖耳。

自上古之時，固已迎日推策矣，堯復考星以正四時，其法明而易準，乃命羲、和，使敬順天時。曆，以象日月星辰之行次。疏云：「遞中之星，日月所會之辰，定四時節候，以班隨時之政，授人時也。」又分命羲、和二氏，仲叔各主一時。分命羲仲居東方之官，主春時之政。嵎夷，東方之名。東方，陽之所生出，歲所起也，故云暘谷。主敬導出日之政，猶春氣之生，舉歲首之事，平均次序，東作耕播之事。又察晝夜之中，鳥宿之見，以正仲春之候，使無差天時。當是時，民析散處田野耕作，鳥獸則交接孕育。上方察正其時，舉其時政，又言民物皆隨天時而然也。

羲氏主二時，又重命羲叔居南方之官，主夏時之政教。孔云：訛，化也。釋文言，平序南方化育之事，凡順夏時所施政教也。「厥民因」，謂春時播種在田，民因就居於野，收斂而後耕播也。

「寅餞納日。」西，日入之方。秋，收成之時。敬隨時變，終歲之事。夷，平也。秋稼將熟，歲功將畢，民獲卒歲之食，心力平夷安舒也。毨，澤好也。

北方曰朔方者，朔，初也，陽生於子，謂陽初始生之方也。幽都，幽陰之處也。上云「朔方」，止言北方也，故須復云「曰幽都」。居北方之官，主順隆陰之候，布冬時之政也。平，均也。在，察也。平察終卒而反始所當更易之事也。冬，一歲之事既終，則平察改歲當更之事也。既成今歲之終，又慮來歲之始。如彼北方，終其陰而復始其陽，故云朔易。或以爲朔，初也，平在其來歲初始變易之事耳，如此則不能包，是其冬爲歲之初也。或又以爲來歲更易之事，自是春官所職，此亦不然。古者功作之事，皆於冬月閑隙之際，如修完室廬牆垣之類，非今歲之用，皆爲來歲計耳。皆是一歲之事既終，則復慮其始也。若蓄種實，修耒耜，備器用，不可俟來春農事既興，而春官遽爲之也。

咨，釋詁云：嗟也，告與語之辭。

「以閏月定四時成歲」，其法至堯而精密詳具，故舉其法以勑羲、和使職之。古之時分職，主察天運以正四時，遂居其方之官，主其時之政。在堯謂之四岳，於周乃卿之任，統天下之治者也。後世學其法者，不知其道，故以星曆爲工技之事，而與政分矣。

「允釐百工，庶績咸熙。」自「乃命羲、和」以下，言堯設官分職，立正綱紀，以成天下之務。首舉其大者，是察天道，正四時，順時行政，使人遂其生養之道，此大本也。萬事無不本於此。天下之事無不順天時法陰陽者，律度量衡皆出於此，故首舉而詳載之。其他庶事，無不備言，故統云「允釐百工」，言百工之職各分命之也。各授其任，使行其治，是信使治也。允釐，信治也。百工各信治其職，故庶工皆和。史載堯治天下之事，盡於此矣。「庶績咸熙」，治之成也。自「放勳」至「格于上下」，堯之德也。自「克明俊德」至「於變時雍」，堯治天下之道也。自「乃命羲、和」至「庶績咸熙」，堯立治之法也。自「帝曰疇咨」以下至篇終，言堯之聖明能知人也。

「帝曰疇咨若時登庸。」咨嗟，告與語之發辭。問：誰乎能順於是者？將登庸之。順是，謂順我之治也。辭不與前相連。此堯老將遜帝位，博求賢聖之意。故放齊對以「胤子朱啟明。」朱本不害，故云明發而明通矣。又訪問：誰能若順我事？此又別一時求人之事也。「方鳩僝功」，言方集其功。「靜言庸違」：王介甫云靜則能言，用則違其言。「象恭滔天」，言其外貌恭而中心懷藏姦僞，滔天莫測。○蕩蕩乎，平漫之狀：「懷山襄陵」，故蕩蕩然也。

吁，疑歎之辭。方，不順也。命，正理也。謂其不循順正理，而毀圮族類，傾陷忌克之人也。「汝能庸命遜朕位」，汝能用命，由正理也，其順行帝位之事。

「明明揚側陋」，使顯揚側陋之賢。

四岳，堯之輔臣，固賢者也。堯將禪帝位，固宜先四岳，不能當，復使之明揚在下之可當者，宜其得聖人也。後世多疑以爲岳可授，則盍授之？不可授，則何命之也？夫將以天下之公器授人，堯其宜獨爲之乎？故先命之大臣百官，以至天下，有聖過於己者，必見推矣。遞相推讓，卒當得最賢者矣。事之次序，理自當然。

「瞽子父頑。」岳曰：所謂瞽叟之子也，其父頑，母嚚，象傲。烝，進也。釋詁云：烝烝，勉益漸進之義。其愚惡難化，故漸益進之使治，不至於姦凶之罪。自「帝曰疇咨若時登庸」以下，載帝堯求人之事，所以明其聖能知人也。親愛之至莫如朱，知其惡而弗授；共工之能言，象恭，鯀之才智，天下之大姦佞也，能隱其惡而任其職；當朝之賢如四岳，且弗能辨而稱其才，況百官諸侯下民乎？是舉世莫不賢之也。堯獨聞舉而吁，既而共工卒以惡誅，鯀績弗成。舜居微陋，其德始升聞，師舉則俞其言，遂授之位，非大聖獨見，其能然乎？其曰「我其試哉」，將試觀其聖德，暴之天下也。故女之以二女，命之尊位，使之慎徽五典，時敘百揆，固非未能信而試之也。

或曰：共工、鯀之徒，堯既知其惡矣，何不去也？曰：彼所謂大姦者，知惡之不可行也，則能隱其惡，立堯之朝，以助堯之治，何因而去之也？及將舉而進之，則堯知其不可，蓋用過其分則其惡必見。如王莽、司馬懿，若使終身居卿大夫之位，必不起簒逆之謀，而終身爲才能之臣矣。鯀居堯朝，雖藏方命圮族之心，飾善以取容，故舉朝莫知其惡，是其惡未嘗行也；及居治水之任，則其惡自顯矣。蓋治水，天下之大任也，非具至公之心，能舍己從人，盡天下之議，則不能成其功。豈方命圮族者所能乎？故其惡顯，而舜得以誅之矣。共工、驩兜之徒，皆凶惡之人也。及舜登庸之始，側陋之人顧居其上，又將使之臣之，此凶亂之人所以不能堪也，故其惡顯，而舜得以誅之。如管、蔡在武王之世，何由作亂？當成王少，周公攝政，乘其事會，有以發其凶慝之心也。

或曰：堯知鯀不可大任，何爲使之？曰：舜、禹未顯。舜登庸時，始三十矣，禹幼可知。當時之人，才智無出其右者，是以四岳舉之也。雖九年而功不成，然其所治，固非他人所及也。惟其功有敘，故其自任益强，咈戾圮類益甚，公議隔而人心離矣，是以惡益顯而功卒不可成也，故誅之。當其大臣舉之，天下賢之，又其才力實過於人，堯安得不任也？若其時朝廷大臣才智有過鯀者，則堯亦不任之矣。

舜典

舜典，夏時所作。篇末載舜死，夏時所作可知。故史爲追紀之辭，與堯典同。

虞舜側微，側陋微賤。「重華協于帝」，盛德光華，與堯相襲，協宜于帝位，言以聖繼聖，宜於天下也，故云「重華協于帝」。此句總言舜事，曰若考古之帝舜，重華協于帝。自「濬哲文明」以下，重敘其德也。如堯典統言「欽明文思安安」已，復云「允恭克讓」以下事，重敘其德也。

「濬、哲、文、明，温、恭、允、塞」，八事。濬，淵弘。哲，睿智。文，文章。明，聰明。温，粹和。恭，恭敬。允，信當。去聲。塞，充實。八者以形容其聖德。凡稱聖人，取其德美之焕發者而稱之，繫其人所取，不必同也。如稱堯則曰「欽明文思安安」，稱仲尼則曰「温良恭儉讓」，要之皆聖人之德美，稱之足以見其聖人耳。譬夫言玉之美者，或美其色之温潤，或稱其聲之清越，或取其堅貞，或美其精粹，要之舉一則足以知其實矣。隨人之所稱，足以見其美則可也。

「玄德升聞。」玄，幽遠之稱。穹玄是也。舜潛德幽遠之中，又其德深遠，故云玄德也。

「慎徽五典，五典克從。」堯既命之以位，而舜敬美其五常之教。五典謂父子有親，君臣有義，夫婦有別，長幼有序，朋友有信也。五者人倫也，言長幼則兄弟尊卑備矣，言朋友則鄉黨賓客備矣。孔氏謂父義、母慈、兄友、弟恭、子孝，烏能盡人倫哉？夫婦人倫之本，夫婦正而後父子親，而遺之可乎？孟子云：「堯使契爲司徒，教以人倫。」五者人倫大典，豈舜有以易之乎？五典克從，則左氏所謂無違教也。

「納于百揆」，謂進置之于揆度百事之任，而其所揆裁處也。皆時敘。順成也。

「賓于四門，四門穆穆。」賓，禮接也。門，内外之限也。京師爲内，則四方皆外也；中國爲内，則夷狄爲外也。穆穆，和正之貌。舜禮待四方，而諸侯協和，四夷懷來，皆從其綏化也。

「納于大麓，烈風雷雨弗迷。」進置之大麓之任，謂總領庶政也。麓，山阜，草木百物所聚也，訓猶聚也，故孔子云録也。録亦總聚之義。前云「納于百揆」，又云「納于大麓」，何也？曰：百揆，揆度百事謀議之任也。大麓，總録庶政、統領百職事之任也。非是歷遷數職也，各舉其事言耳。云使之敬美五典則克從，使之揆事則時敘，使之賓懷四方則穆穆，使之總庶政則陰陽和。或曰：序云歷試諸難，安知非居數職也？曰：謂歷試如上諸難事耳，非歷居數官也。堯得舜則置之上位，自五典而下，皆非一司之事也。大麓者，總録庶政之稱，故極其全功而言，不可止舉一事也。

庶績咸熙，黎民雍和，陰陽順序，風雨時若，無烈風雷雨之愆錯逆亂也。或曰：不止言風雨弗迷，而云烈風，何也？既曰烈風矣，又曰弗迷，辭似不順。曰：謂無烈風雷雨之迷錯也。風，無時之物，故必言烈，乃見迷。若雷雨必順時，若當暘而降，冬發夏不震，則不必迅暴然後爲迷，所以獨風言烈也。

「詢事考言，乃言厎可績。」詢謀汝所行之事，以考汝之前言，皆可致功實也。聞其言，則堯知其聖矣；見於事，至於三年，而後天下知其聖也。

「在璿璣玉衡以齊七政。」在，察也。既受終，則察七政之度不愆忒否，以觀天意，蓋聖人欽若昊天之道也。天意既順，於是遂類上帝，禋六宗，望山川，徧羣神，告其受命攝治也。六宗，三昭三穆也。先已受終文祖矣，故止禋六廟也，堯之六廟。或曰：舜既受終，始占天意，何也？如七政有愆，則如之何？曰：未受終，則天意何緣而有順逆？理必受而後有察也。如其有變，則天時不順，遜避而已，何疑焉？人苟誠焉，則感於天地，通於神明，豈有二聖授受之際，而有天意不順者乎？注云：或以爲既受終，則欽若昊天，乃所當先，故考齊七政，非謂察己之意合天否也。此則不然。自堯之欽若命官，乃舜納于大麓，其見之政久矣，既受命而君，固宜察天意也。

「肆類于上帝。」肆，遂也，猶後之屬文者言於是也。

自「上日受終」，而類上帝，禋六宗，至徧羣神，輯斂五瑞，徵五等諸侯也；至月終則四方諸侯至矣，遠近不同，來有先後，故日日見之，不如他朝會之同期於一日也。蓋欲以少接之，則得盡其詢，察禮意也；既見，則頒還其瑞玉。自「歲二月」以下，言巡狩之事，非是當年二月便往，亦非一歲之中，徧歷五岳也。所至協正時日，同其度量，正五等諸侯之秩序，制度之等差，是修五禮也。五等之制，古有之矣，防其亂，故巡狩所至，必修明也。正其五等制度，并其君臣所執珪幣，皆使合禮也。

「如五器卒乃復」者，諸侯尊而贄重，故已覲則復還其玉，餘則否，所以禮答列辟也。五器即五瑞，以其物言則玉，以其寶言則瑞，以成形言則器。

「歸格于藝祖，用特。」歸格，告至於祖廟也，此記禮也。止言祖廟舉尊耳，實皆告也。如告朔太廟，亦不止告祖也。四時之祭，則各有牲。如告朔告至之類，非祭也，共用一牲而已，故云用特。若受終而禋，則是祭也。雖古禮不可詳知，恐薦新之類，亦止就廟耳。惟時祭設主，則各就其室，非祭不必設主也。

每五載一巡狩，則一方之諸侯朝于岳下，故云「四朝敷奏以言，明試以功，車服以庸」。巡狩，非能徧至諸國也，至方岳，則覲見一方之君，使各進陳其爲治之説，其言之善者則從之，而明考其功，有其功則賜車服以旌其功也。注曰：民功曰庸，其言善則考而褒之，其言不善則固有以告飭之矣。

「肇十有二州。」上古九州，治水之後，禹别正其九州之封界，舜始分爲十二州，在洪水既平之後。此歷敘舜事，故肇十二州在四罪之前，言殛鯀在説用刑之中，非是先分十二州而後殛鯀也。禹貢云别九州者，洪水治平而定九州之域，在後始分十二州。

「封十有二山。」孔傳云：封，大也。必非以人力增大其山使大也，蓋表其山爲一州之鎮耳。

「象以典刑」，象罪之輕重，立爲常刑。「鞭作官刑」，治官之刑也，小過不用正刑。「朴作教刑」，凡教皆用，不必指在學校。「流宥五刑」，情之有宜矜貸，則流於遠以寬宥其刑。五刑分其遠近。「眚災肆赦，怙終賊刑。」眚，過也，謂過失入於罪者。災，害也，謂非人所致而至者。肆，緩也，今語有縱肆寬緩之義。赦，除釋之也。眚者肆之，災者赦之也。雖罪非固犯，失由於人，故必致法，矜其情而緩之耳。災非由人，宜加恤也，故直赦之。怙恃其惡，與終固其非者，凶惡之民也，故殘害之以刑，使不得爲人害也，是賊刑也。上云皆舜之制刑立法如此。「欽哉欽哉，惟刑之恤哉！」史官既載舜制刑之法，而重明舜意云：舜之於刑，欽哉！欽哉！惟刑之爲憂恤哉！言其敬慎哀矜之至也。注云：説者皆以爲舜語，非也。

「流共工於幽州，放驩兜於崇山，竄三苗於三危，殛鯀於羽山，四罪而天下咸服。」史官載述舜之制刑，因敍其所用刑也。四罪蓋肇十有二州之前。大抵流放統謂之流，故曰「流宥五刑」，而於流之中有輕重之稱。流者，去遠之也，如水流去；放者，屏斥之；竄者，投置之；以罪之輕重、地之善惡遠邇爲差。殛則誅死之也。四者，自輕及重而言。殛鯀必於羽山者，非時適在彼，則惡之彰著，或敗功害事於彼耳。

「百姓如喪考妣。」百姓，庶民也。言庶民，則君子可知矣。正月元日，舜格于文祖，三年喪畢，而朝廷公卿天下諸侯皆請舜正位，故復至文祖之廟，以告見焉。孟子云其避丹朱之事，蓋喪畢而不自有之，畏避也。朝廷諸侯請之，是天下從之也。推其事而言耳，故史官不載其事。或曰：舜往避於南河之南，迹之顯者，書不云，何也？曰：書之紀事，不如後史之繁悉也。若五載一巡狩，則舜之在位，其所往多矣，皆不記也。

改正武成

武王伐殷，往歸獸，識其政事，作武成。武成：惟一月壬辰，旁死魄，越翼日癸巳，王朝步自周，于征伐商，底商之罪，告于皇天后土，所過名山大川曰：惟有道曾孫周王發，將有大正于商。今商王受無道，暴殄天物，害虐烝民，爲天下逋逃主，萃淵藪。予小子既獲仁人，敢祗承上帝，以遏亂略。華夏蠻貊，罔不率俾，恭天成命。惟爾有神，尚克相予，以濟兆民，無作神羞！既戊午，師逾孟津；癸亥，陳于商郊，俟天休命。甲子昧爽，受率其旅若林，會于牧野，罔有敵于我師，前徒倒戈，攻于後以北，血流漂杵。一戎衣，天下大定，釋箕子囚，封比干墓，式商容閭，散鹿臺之財，發鉅橋之粟，大賚于四海，而萬姓悦服。厥四月哉生明，王來自商至于豐，乃偃武修文，歸馬于華山之陽，放牛于桃林之野，示天下弗服。丁未，祀于周廟，邦甸侯衛駿奔走，執豆籩。越三日庚戌，柴望，大告武成。既生魄，庶邦冢君暨百工，受命于周。王若曰：嗚呼羣后！惟先王建邦啟土，公劉克篤前烈，至于大王，肇基王迹，王季其勤王家，我文考文王，克成厥勳，誕膺天命，以撫方夏，大邦畏其力，小邦懷其德，惟九年大統未集，予小子其承厥志，肆予東征，綏厥士女。惟其士女，篚厥玄黄，昭我周王，天休震動，用附我大邑周，乃反商政。政由舊：列爵惟五，分土惟三，建官惟賢，位事惟能，重民五教，惟食喪祭，惇信明義，崇德報功，垂拱而天下治。

河南程氏經説卷第三

伊川先生

詩解世傳胡氏本，辭多不同，疑後人删潤，今悉從舊本也。

國風

關雎周南

詩者，言之述也。言之不足而長言之，咏歌之，所由興也。其發於誠感之深，至於不知手之舞，足之蹈，故其入於人也亦深，至可以動天地，感鬼神。虞之君臣，迭相賡和，始見於書。夏、商之世，雖有作者，其傳鮮矣。至周而世益文，人之怨樂，必形於言；政之善惡，必見刺美。至夫子之時，所傳者多矣。夫子删之，得三百篇，皆止於禮義，可以垂世立教，故曰「興於詩」，又曰「誦詩三百，授之以政，不達，使於四方，不能專對，雖多亦奚以爲？」古之人，幼而聞歌誦之聲，長而識刺美之意，古人之學，由詩而興。後世老師宿儒，尚不知詩義，後學豈能興起也？世之能誦三百篇者多矣，果能達政專對乎？是後之人未嘗知詩也。夫子慮後世之不知詩也，故序關雎以示之。學詩而不求序，猶欲入室而不由户也。天下之治，正家爲先。天下之家正，則天下治矣。二南，正家之道也，陳后妃夫人大夫妻之德，推之士庶人之家，一也。故使邦國至於鄉黨皆用之；自朝廷至於委巷，莫不謳吟諷誦，所以風化天下。如小雅鹿鳴而下，各於其事而用之也。爲此詩者，其周公乎？古之人由是道者，文王也，故以當時之詩繫其後。其化之之成，至如至如，一作至於。麟趾、騶虞，乃其應也。天下之治，由茲而始；天下之俗，由此而成；風之正也。自衞而下，王道衰，禮義廢，今正風者無幾矣。其刺上，至指訐其惡，豈復有譎諫之義也？蓋發於人情怨憤，聖人取其歸止於禮義而已。惟雅亦然，所美者正也，所刺者變也，規誨者漸失而未至於刺也。爲詩之義有六：曰風，曰賦，曰比，曰興，曰雅，曰頌。風以動之，上之化下，下之風上，凡所刺美皆是也。賦者，詠述其事，「蔽芾甘棠，勿翦勿伐，召伯所茇」，是也。比者，以物相比，「狼跋其胡，載疐其尾，公孫碩膚，赤舄几几」，是也。興者，興起其義，「采采卷耳，不盈傾筐，嗟我懷人，寘彼周行」，是也。雅者，陳其正理，「天生蒸民，有物有則，民之秉彞，好是懿德」，是也。頌者，稱美其事，「假樂君子，顯顯令德，宜民宜人，受禄于天」，是也。學詩而不分六義，豈知詩之體也？詩之別有四：曰風，曰小雅，曰大雅，曰頌。言一國之事，謂之風；言天下之事，謂之雅，事有大小，雅亦分焉；稱美盛德與告其成功，謂之頌。有是四端，所謂四始也。詩不出此四者，故曰詩之至也。得失之迹，刺美之義，則國史明之矣。史氏得詩，必載其事，然後其義可知，今小序之首是也，其下則説詩者之辭也。關雎、麟趾之化，王者之風，故繫之周南，化自周而南也。鵲巢、騶虞之德，諸侯之風，國君而下，正家之道，先王之所以教天下也，故繫之召南，化自召而南也。今本南字皆誤作公。召伯爲諸侯長，故諸侯之風主之於召南。二南者，正家之道，王化之所由興也。故關雎之義：樂得淑女，以爲后妃，配君子也；其所憂思，在於進賢淑，非説於色也；哀窈窕，思之切也；切於思賢才，而不在於淫色，無傷善之心也，是則關雎之義也。

漢廣

漢廣言漢之廣大，猶云江永也。本言文王之道，南被江、漢之域，因取漢水爲興。水之爲限，不可踰也，以興禮義之爲閑，不可犯也。南國被文王之化，家齊俗厚，婦人知守禮義。既以禮義爲防，則非僻之思自絶，雖有以非禮求之者，亦不可得而犯也，不可得而犯，則不思犯矣。夫人之休於木下，必攀枝跛倚，喬木不可攀及也，故人絶欲休之思，與女有高潔之行，非禮者自無求之之思也。重稱漢水之廣，不可思游泳以濟；江之長永，不可思方而渡也。江大於漢，雖方尚不可，濟難於泳矣，與以禮自閑不可侵凌也。女之游者，謂曠僻獨行可動之地，異乎閨門之內，姆傅之側也。錯薪翹翹然，必擇其端直者刈之，如是之女，豈所不願得哉？之子者，若得之以歸，則言秣其馬矣，情切之意。惟其禮法之限，不可得也。不止無非禮之私思，又知其端直之美而願慕之也。

汝墳

關雎之化行，則天下之家齊俗厚，婦人皆由禮義，王道成矣。古之人有是道，使天下蒙是化者，文王是也，故以文王之詩附於周南之末。又周家風天下，正身齊家之道，貽謀自於文王，故其功皆推本而歸焉。漢廣，婦人之能安於禮義也；汝墳，則又能勉其君子以正也。君子從役於外，婦人爲樵薪之事，思念君子之勤勞，如久饑也。調作輖，重也。二章，自勉之意。伐肄，見踰年矣，言將見君子不遠棄我也。三章，勉君子以正，言其勤勞，猶魴魚之赬尾，蓋王室暴政如焚焰，雖則如是，文王之德如父母，望之甚邇，被文王之德化，忘其勞苦也。

麟之趾

關雎而下，齊家之道備矣，故以麟趾言其應。關雎之化行，則其應如此，天下無犯非禮也。自「衰世公子」以下，序之誤也。以詩有公子字，故誤耳。「麟趾之時」，不成辭。麟趾言之時，謬矣。關雎始於衽席，及於子孫，至於宗族，以被天下，故自近而言之。麟取其仁厚，趾、角、定，皆於麟取之，皆有仁厚之象也。趾不踐生草，定之狀必有異常物，角端有肉，公子之仁厚如是也。既言之，又歎美之，曰「吁嗟麟兮！」

江有汜 召南

此亦文王時詩，因附於此。其嫡不使備嬪妾之數，以侍君也。汜，水之分；渚，水之歧；沱，水之別。歸，謂從君子也，美人君當使妾媵均承其澤，故以歸言，非謂是嫁來之歸也。汜，分之小，洲，渚之歧，則大矣。沱之爲言，別也，幾相類矣。言水之分流，與夫人之不專君子。前二章止言嫡不由是道，其後自悔；卒章則言不過我而無怨，笑歌順命，蓋言其所以致嫡之自悔也。處，得其所處也。過，及也。笑，喜樂而已。歌之，發於中也。

谷風 邶

習習，和風。陰陽交和，則感陰而成雨。其感也陰，其成也雨。夫婦之道同，黽勉和同，不宜有怨怒也。蓋和則夫婦之道成而家室正，如陰陽和而成雨。采葑菲者，以其有下體也。無以，以也。夫婦之道，貴其有終。德音，好音也。當期好音無違，至於偕老，承上章意。我行道而遲遲者，中心念其有違乎此也。不遠伊邇，謂此道不遠而邇，何莫置我當其分乎？送，置也。畿，分也。所以疆畿者，所畫之界分耳。荼，至苦也，乃以爲甘。新婚，非禮之至也，反好之如弟。涇濁而渭清，今涇反以渭爲濁。湜湜，清貌。視於淺處則見清，彼以爲濁，而其沚自湜湜，以言其惑而不得其正也。愛其新婚，而反不以我爲屑也。梁笱喻己所治家事，惜爲其毁敗。梁，所以壅蔽，使毋撤而逝之。笱，所以取魚，使毋發而去之。我身之所爲，且不能省閲，暇惜我既去之後乎？「就其深矣」以下，陳其躬所爲治家勤勞之事，隨事盡其心力而爲之，深則方舟，淺則泳游，不可計其有與亡也，强勉求爲之耳。不特如是治其家而已，又周睦其鄰里鄉黨，莫不盡其道。我所爲者如是，不能心知念我，而反以我爲讐惡。慉，心所畜也。惟其心既阻絶我之善，故雖勤勞如是，而不見取，如賈之不售。凡人所以憎而不知其善，由心阻絶其善也。昔惟恐養生之道窮困，及爾至於顛覆，今既遂其生既饒息矣，乃比我於毒。所以蓄藏美物者，以禦冬爲卒歲之備也，今乃止以我禦窮困之時，終乃見棄。肄，習也。貽我以武暴憤怨，習而爲常矣。暨〔一〕，息也。不

〔一〕徐本「暨」作「塈」，與原文合，作「塈」爲是。

念昔之安息於我室家，心所歸息也。

簡兮

賢才之人，可以爲王臣，而簡擇取之，方將使之爲萬舞。日之方中，明朗之時，又在前列而處上，見之宜可辨，而不能知之也。碩德之人，俁俁然心廣體胖，在公庭爲萬舞也。次章又言其才藝之美。有力如虎，才武也；執轡如組，藝也。言其藝如此，非在公庭見之也。左執籥而右秉翟，言其能之備，羽籥二事皆能之也。其顏色如渥丹然，必言其顏色之充美者，以其在前，易見其才藝容色如是，而公錫之以爵而已，勞賤者之道也。榛之在山，苓之在隰，乃其宜也。賢者宜在王朝也。云誰之思？思彼王國之賢者，言彼美德之人，爲王朝之臣，乃得其所也。言之，所以歎此之不得其所也。或云：美人蓋謂衛之賢者，文意不然。

北風

序云並爲威虐，謂君臣上下皆然。四時之風，春而自東，則生物也；夏而自南，則養物也；秋而自西，則成物也；冬而自北，則殺物也。以北風之殺害於物，故以興虐政。詩序謂百姓不親，相攜持而去，乃述當時之事。然考詩之辭，乃君子見幾而作，相招無及於禍患者也。風既涼冷，必將至於雨雪，既尚威虐，必將殘暴於人也。以恩惠相好，則攜持而去耳。虛，寬貌。徐，緩也，雍容之狀。亟，急也。只且，辭也。言尚可寬容虛徐乎？既急也哉！涼氣喈聲雱霏皆雨散之狀。行，去也。歸，擇所安而往也。同車亦偕行耳。但卒章辭意益迫切。同車，已有駕之意。莫赤者匪狐乎？莫黑者匪烏乎？以其色，則知其物矣，豈難辨哉？觀其爲政之道，則知暴虐禍難將及於人矣。君子全身遠害，惟恐去之不速，故其辭迫切，「其虛其邪，既亟只且」是也。

君子偕老　鄘

其德之深厚，如山如河，乃稱象德之服。服章之設，象其德位之宜，德尊位隆，乃稱盛服。今子之不淑，奈何？一章言人君之德，服飾之盛宜如是，而奈何反不稱。次章又言服章容貌之美，與德相稱，則可尊仰，故云胡然而仰之如天乎？胡然而尊之爲君乎？帝，君也。帝以言其有德也。三章重陳衣服德容之美，誠如此之人，乃是邦人之媛也。媛，美德之女。

定之方中

美建國之得其時制。一章言建國之事，次章言相土地之初，屬文之勢然也。今文首言其事，然後原其初者多矣。既度其可，然後卜以決之。卜洛亦然，古人之爲皆是也。人謀臧，則龜筮從矣。卒章序其勤勞，以致殷富。塞，當也。淵，深也。當其深，所以成其富盛。

蝃蝀

言奔則女就男。衛國化文王之道，淫奔人知恥而惡絶之，詩人道是意，以風止其事。蝃蝀，陰陽氣之交，映日而見，故朝西而暮東。在東者，陰方之氣就交於陽也，猶易之「自我西郊」。夫陽唱陰和，男行女隨，乃理之正。今陰來交陽，人所醜惡，故莫敢指之。今世俗不以手指者，因詩之言。女子之義，從於人也，必待父母之命，兄弟之議，媒妁之言，男先下之，然後從焉。不由是而奔就於男者，猶蝃蝀之東，故以興焉。人所醜而不敢指視也，柰何女子之行，而違背父母兄弟乎？違謂違背不由其命而奔也。朝隮升於西者，乃陽方之氣，來交於陰，則理之順，故和而爲雨。崇朝，不日之義。柰何女子反遠其父母兄弟乎？如是之人無他也，懷男女之欲耳。婚姻，男女之交也。人雖有欲，當有信而知義，故言其大無信，不知命，爲可惡也。苟惟欲之從，則人道廢而入於禽獸矣。女子以不自失爲信，所謂貞信之教。違背其父母，可謂無信矣。命，正理也。以道制欲則順命，言此所以風也。

相鼠

相鼠之爲物，貪而畏人，擧止驚攫，無體態，故以興人之無禮儀。視鼠之有皮革以成其身，有牙以完其形，具形體以成物，而動作如此，猶有人之形質，而無禮儀容止，不若死也。

干旄

卿大夫公子多好善者，賢者受其禮意之厚，當以善道告之，詩推其意，知樂告也。干旌，注旄干首九旗皆然，九旗之物，所建各不同。若王建太常，諸侯建旗，而來就浚之郊，禮下賢者。素絲，束帛也，謂以束帛乘馬，行禮於賢者。彼姝美之人，謂有美德者受其禮意如是，當何以畀之？知其必告以善道也。紕，疎布之狀。組，錯密之狀。祝，疑爲竺，厚積之意。馬四至於五六，馬帛之益多，見其禮之益加也。始畀之，畀與也，謂答之；中與之，謂交親之；終告之，謂忠告之。待之益至，報之益厚，是爲樂告也。郊，野外。都，邑。城，國中。好賢益篤，則賢者益至，不好賢則士亦遠遯也。

淇澳衞

淇澳之地，潤澤膏沃，而生緑竹。竹，生物之美者，與武公之美内充，而文章威儀著於外也。「有斐」，斐然文章貌。君子有文章，由其在學以自修。「如切如磋」，言學也；「如琢如磨」，自修也；以象治玉，譬人之治學修身。「瑟兮僩兮」，恂謹莊栗貌。「赫兮咺兮」，成德顯著於外也，故云威儀也。「有斐君子，終不可諼兮」，言文章君子盛德之至善，人不能忘也。此首章言德美文章，由善學自治而然。二章言其威儀之美，服飾之盛。三章言其成質之美，如金錫圭璧然。「寬兮綽兮」，寬弘裕也，綽開豁也。「重較」，大車，言其多容而任重如大車也。「善戲謔」，言其樂易而以禮自飾，防節不至於過，是不爲虐也。「猗猗」言竹之態，「青青」言其色，「如簀」言其盛，密比爲簀。緑竹，竹也，淇澳所有。

考槃

賢者之退，窮處澗谷閒，雖德體寬裕，而心在朝廷，寤寐不能忘懷，深念其不得以善道告君，故陳其由也。

碩人

「碩人」，大人尊賢之稱。賢一作貴。頎頎，容質之偉盛，言其位尊服飾之美，又陳其家之貴盛，德容之如是。其來也，禮數之備，至近郊而說止，復整車服而後人如〔一〕朝，君爲之早退，以與夫人燕處，見禮之之重。「河水洋洋，北流活活」，既盡言夫人之位尊重，因以河水與人情故縱難制，所以致嬖妾上僭，而薄於夫人。洋洋，浩蕩；活活，流激貌。河水如是，故施罛不安，强大之魚不能制也。君情放縱，故禮法不能制。「葭菼」與衆多。庶姜衆多，孽孽不順，如葭菼然，賢士大夫莫能正，有去而已。

君子陽陽〔王〕〔二〕

簧爲樂之器，房，安息之所。苟自爲樂，又招其類，由安息之所也。翿，舞所持。自爲歌舞，又招其

〔一〕徐本「如」作「於」。
〔二〕依例，題下應補「王」字。

倡，由傲樂之道。陽陽，自得；陶陶，自樂之狀；皆不任憂責，全身自樂而已。君子居亂世，如是而已。

揚之水

周人勞於戍申，而怨思。諸侯有患，天子命保衞之，亦宜也。平王獨思其母家耳，非有王者保天下之心也，人怨宜也。況天子當使方伯鄰國保助之，豈當獨勞畿内之民？故周人怨諸侯之人不共戍申也。「彼其之子」，謂諸侯之人。申、甫、許，皆申之地名。揚之水瀾也淺，故激力不足以流薪，興力不足也。楚蒲益輕，言力不足愈深。

中谷有蓷

蓷，谷中所生之物，待陰潤而後能生，故暵則乾矣，興夫婦樂歲則能相保，凶年則至相棄也。始章歎其遇艱難，次章歎其人之不善。歗，長吟也，悲恨深於歎矣。卒章笑其恩義之素薄，非由於今也，故云「何嗟及矣」，其怨益深也。「暵其濕矣」，當作隰矣，亦乾也。

丘中有麻

丘中，宛宛平窊之處，地之美者也。麻可衣，麥可食，宜植丘中，興賢者宜在朝，則能養於人。彼，謂不賢者，乃留於朝。子之賢反窮處而咨嗟，故思望其施施而來。次章云彼乃留而子反歸鄉國，思望其來食於朝。李者，徒能甘人之口，而不能養人之物。丘中反有李，乃比不賢之人也。佩者外飾，玖非真玉。彼留之人所貽我者，徒文飾，而無實貽我及人者。

緇衣 鄭

武公父子相繼爲王司徒，善於其職，國人美其爲國君而能好善道，享服章宮室祿廩之報也。緇衣，卿衣也。宜，言其稱。敝又改爲，言久其職。適其館，授之宮室；授之粲，賜之祿廩。予謂王朝。還，更也，今人言還知、還解、若還，皆更義。還予，猶予還既授之居，復賜之祿也。蓆，安舒之義。服稱其德，則安舒享此，皆善善之功也。

子衿

衿青，學者之服。青青，舉家之辭。世亂，學校不修，學者棄業，賢者念之而悲傷，故曰「悠悠我心」。縱我不可以反求於汝，謂往教强聒也。子寧不思其所學，而繼其音問，遂爾棄絶於善道乎？世治，則庠序之教行，有法以率之，不率教者有至於移屏不齒，又禮義廉讓之風所漸陶，父兄朋友之義所勸督，故人莫不强於進學。及夫亂世，上不復主其教，則無以率之，風俗雜亂浮偷，父兄所教者趨利，朋友所習者從時，故人莫不肆情廢惰，爲自棄之人，雖有賢者，欲强之於學，亦豈能也？故悲傷之而已。佩爲青組綬。挑，輕躍；達，放恣。不事於學，則遨遊城闕而已。賢者念之，一日不見，如三月之久也。蓋士之於學，不可一日忘廢，一日忘之，則其志荒矣，放僻邪侈之心勝之矣。

東方之日　齊

齊國政衰，君臣皆失道，故風俗敗壞，男女淫奔。日興君，月興臣。日月明照，則物無隱蔽，姦慝莫容，如朝廷明於上也。今君不明，故有淫奔之俗。詩人以東方之日，刺其當明而昏也。日出當明，而姝美之人在我室，所以在我室，履我卽而來也。卽，就也，謂行跡履我跡而來奔也。月出亦當明照，而姝美之人在我門內，所以在我門內，履我發而來奔也。發，行步，履其行步而來奔也。由在上之人不明，容此姦慝也。

東方未明

政亂無節，動非其時，或早或暮，無常度也。挈壺氏司漏刻，而朝廷興居不時，是其職廢也。言其不能正時矣，非特刺是官也。折柳以樊圃，狂夫見之且驚瞿，知其爲限也。柳，柔脆易折之物，折之以爲藩籬，非堅固也，狂夫以知其有限，見之則瞿然而驚。晝夜之限，非不明也，乃不能知，而不早則晏，乃無節之甚。樊，籬也，「營營青蠅止於樊」是也。

盧令

君荒於田獵，故百姓苦之，詩人陳古之賢君畋狩以時，百姓見則善而美之。

園有桃 魏

觀此詩，可見其憂深思遠矣。所刺者，不能用其民耳，不能用其民，則不能治，豈復有德教？其致侵削可知也。國無政事則亡，故詩人憂思之深也。桃，果之賤者。園有桃，亦知其實以爲殽，興國有民雖寡，能用則治。今不能用其民，故心憂之，至歌且謡，誦詠之爲謡。不知我者，謂我驕慢，彼人如是，子曰何哉？蓋未之知也。故言我心之憂，人莫知之。重言人不知者，不思耳，其情至深切也。棘尤賤物，可用以食也。「行國」猶「駕言出游」，所以寫憂，罔極不中也。

無衣 唐

武公始有晉國，而能請命天子，故詩人美之，美其所可美也。六七，衣之數。或曰：繼世之君，比受封有降，然不知六七者何物也？燠煖亦謂安耳。

葛生

此詩思存者，非悼亡者，序爲誤矣。好攻戰則多離闊之恨，葛之生託於物，蘞之生依於地，興婦人依君子。「誰與？獨處！」是兩句。誰與乎？獨處而已。獨旦，獨處至旦也。晝夜之永時，思念之情尤切，故期於死而同穴，乃不相離也。

采苓

首陽山生堅實之物，故以興讒誣不實之人。山者物之所生，故采必於山。苓生於山顛，苦生於下，葑藪山陽之平地，又各其所也，興采言必於誠實之人。下因誡於信讒之人，造爲巧言，且無用信之。又重誡曰：置之，置之，且無以爲然。人之造爲言者，皆讒誣不實，何所得乎？謂不得實事也。

蒹葭　秦

蒹葭，蘆葦衆多而强，草類之强者，民之象也。葭待霜而後成，猶民待禮而後治，故以興焉。蒼蒼而成，白露爲霜矣。伊人猶斯人，謂人情所在。人情譬諸在水之中，順而求之則易且近，逆而求之則艱且遠。「凄凄」，青蒼之閒也。「未晞」，未凝也，猶禮教之未至。「采采」，茂盛未已，方濃之狀，未有禮教也。禮教未立，則人心不服而俗亂，國何以安乎？

終南

終南崇高厚大，以興君位之尊。山之高大，必生美材，人君尊崇，必有令德。條梅，美材也。有令德，故宜稱顯服，又美其容貌，稱人君之位。「至止」，在此耳，不必自外至也。紀，稜角；堂，平寬。紀與禮法，堂與德度。山必有紀堂，君必有禮德，故宜其服，稱其位，當修其身，修其德，保其位，故曰「壽考不忘」也。

晨風

序言始棄其賢臣，詩中又見其不求賢之意。鴥，飛疾貌。以晨風與君子者，取其來去之疾。人君好賢，待士有道，則賢者歸之，禮貌不至，則浩然去矣，如晨風之疾也。林木茂盛，則飛鳥所集，與朝廷有道，則賢者所就也。故人君未見君子之時，當憂心欽欽然，念恐己之有未至也。人君當如此，而如何今乃忘我之多乎？此詩主賢者見棄之意而言，故云忘我。「欽欽」，不懈之意。「如何如何」，歎其如是也。上章言朝廷有道，則賢者歸之，下章言當念下之有賢才也。櫟，山之所有也，而有茂盛而苞者，衆人之中固有秀異者矣。「隰有六駁」亦然。六，見其盛多也，義亦苞聚之類。如下之有賢，則當求而用之，故於未見，則憂而靡樂，如何反忘我乎？棣檖亦然。言樹，蓋其茂大者乃成樹耳。「欽欽」、「靡樂」、「如醉」，淺深之次，漸言其至也。

無衣

不與民同欲，故民疾上之爲，詩人言爲君當與民同欲也。能同袍，則雖寒不怨矣。若推同袍之恩，則民亦同上之欲。「王于興師」，謂若以王道興兵，則百姓皆修其戈矛，與之同仇矣。澤，猶今謂汗衫之類。

墓門陳

人情不修治，則邪惡生，猶道路不修治，則荆棘生，故以興焉。墓門，墓道之門也。有荆棘，則當以斧斤開析之。他才不善，宜得賢師良傅以道義輔正之。今「夫也不良」，衆皆知之，而不去之，自昔誰如是乎？此追咎自他幼小，不擇師傅，致成其惡。「誰昔然矣」，猶云從來誰如是乎？前章言有棘，言他之不善；後章言有梅，深咎輔道之使然。梅，美木，雖美木生墓門荆棘荒蕪之處，則惡鳥萃矣。雖有良心善性，與不善人處，則惡歸矣。「夫也不良」，詩人作詩以告責之，告責之而不我顧，必待顛沛，當思我言。

防有鵲巢

起土爲防蘁，以爲疆埸之限，上植以木，於是鵲往巢焉。有叢林之蔽翳，則鵲巢之，興人心有蔽昏，則讒誣者至。邛，丘也，謂丘原廣平之處，則有苕生之美草，興人心高明平夷，則來善言。侜謂譸張迂迴，誣罔人者必迂曲以致其惡。「予美」，心所賢者，憂讒誣賢善也。中唐，窊下之地，瓦礫所聚也，興處汙則不善者從焉。鷊，文草也。旨，言美也。惕惕，懼也。

匪風 檜

亂極思治，人情所然。風者天之動，以興上政；車者人所爲，以興民俗。天氣順則風時，上德修則政舉，法制備則車成，政教衰則民僻，故以興上下焉。匪風，不和之風。匪車，無法之車。發，迅烈。偈，軒輊不定。顧瞻，盼戀思而傷怛也。飄，回旋。嘌，輕搖。弔，傷憫。魚，美好之物，人所欲，興善政人所思。誰能烹魚以食人？人將喜而助之。誰能歸從周之道？人將樂而與之。懷，相要結也。好音，和聲，喜樂相從也。

蜉蝣 曹

蜉蝣朝生而暮死，以興國將亡，不能久也。蜉蝣之羽，羽，翅梢，猶曹君之奢靡，衣裳楚楚然鮮美，胡能久乎？故憂其安所歸處也。翼，翅也。采采，華飾。息，止息。掘閱，升騰游翔之狀。如雪，潔白。經文説說，稅也。駕皆用説字，憩也，亦有悦義，故通用。

候人

共公遠君子而好近小人，則所用多小人。其進者非一也，獨取候人而言者，蓋時用者，其微有自候人而升者，故取其甚者而言耳。彼候人者，使荷戈祋以守疆埸，乃其宜也；如彼之人，乃使服大夫之服，又至於三百之多，所以刺也。三百，言其多爾，如三百廛、三百囷。曹國之小，豈容有三百之多？左傳「乘軒者三百人」，蓋因此詩也。鵜乃在梁，不濡而食，與〔一〕無功受禄，不稱其服章之美，待遇之禮。遂，稱也。卒章與小人之無所取。薈蔚，草木之盛，鬱茂之狀。朝隮乎南山者，以草木之盛有所取也。饑渴乎季女者，謂其有婉孌之容也。今小人無德義可取，何爲而近乎？

下泉

泉之潤物，猶政令膏澤之及人。泉寒冽，則不能潤物，在下則不能及物，浸漬則害物。苞，叢生之茂者，乃反害之，是皆不得其所也。稂、蕭、蓍，皆下澤所生。愾然既寤而歎念周道之衰也，所謂思明王之詩也。其卒也，又傷無賢伯以糾率之，故致如是。芃芃然盛之黍苗，蓋陰雨膏澤使然。四方諸侯能勤王事，由郇伯勞免之故也。郇伯，古方伯之有功者。

七月　豳

周公爲此詩，欲成王知先公先王致王業之由，民之勞力趨時，稼穡之艱難如此。大火流下，歲過中而行暮矣，當有卒歲之具，禦冬之備，故以「七月流火」爲首章也。一，一陽之月也。「一之日」，猶云「冬之日」、「夏之日」也。「同我婦子」，我婦子同來致餉也，盡室從事耕作，農官至而喜之也。「春日遲

〔一〕「與」疑當作「與」，形似而誤。

遲，采蘩祁祁，女心傷悲，殆及公子同歸。」再云春日遲遲，上已云春日載陽。此道人情之感時也。女心之感，不由缺日字。而由遲遲，故重言之。蘩之用，云生蠶。正義云今亦用之，應是也。祁祁，衆多。祁祁如雲。女勤力蠶事，勞且傷悲也。蓋所以爲衣裝之備，庶幾得如富貴之子，及時而行也。○「八月萑葦」，亦蠶備也。「蠶月條桑」，當蠶長之月也。計歲氣之早晚，不可指定幾月也。言蠶長之月，當枝落桑，則用斧斨，亦預備其器具也。伐遠揚以猗女桑，皆用斨斧。「我朱孔陽」，言染爲玄黃之色，我特致功於朱使鮮明，蓋所以供公上爲公子之衣裳故也。「爲公子裘」，「獻豜於公」，皆此義也。民之知義如此，則美俗成矣。○「其同」，謂會聚共事也。纘，繼續之義，謂修肄也。後「我稼既同」，謂收聚也。斯螽、莎雞、蟋蟀，説者雖爲三物，然考詩意，恐是一物，隨時異名耳。動股，始躍。振羽，翅成。穹窒東山中已解。○「嗟我婦子」，歎其勤勞，歲事既終，又復爲改歲之事，歲暮入居室也。自「六月食鬱及薁」以下，果蔬棗酒，皆爲養老之具。「七月食瓜」以下，皆爲壯者之食，故云「食我農夫」。○諸種皆入，農事畢矣，故歎我農夫之勤勞，又復執宮功也。「上入」，遷入都邑之居也，乘屋蓋治也。綯，所用蓋屋。鑿冰必在歲末，而藏之須待春至，故云「三之日納於凌陰」。藏冰所以備暑，而開冰必以仲春，所以順時氣也。其蚤用之於獻羔祭韭，時夏須冰，是其後用時也。「朋酒斯饗」，歲功既畢，朋聚以饗其樂。「殺羔羊」，謂盛禮。「公堂」，公爲衆人會集之所，鄉校是也。稱兕觥，祝觴之辭，民相與爲樂，祝以壽考也。此詩多陳節物，大要言歲序之遷，人事當及時耳。所言或與月令異者，月令多舉其始，此但言其有時，不必始有也。

鴟鴞

管、蔡流言及叛，是亂也。成王幼而未知周公之志，公爲此詩，告以王業艱難，不忍其毁壞之意，以悟王心，此周公出征救亂之心，作詩之志也。此詩章句不完，莫可究其全體，據所存而言之可也。鴟鴞，惡鳥，呼而謂之：爾既取我子矣，無更毁壞我室。鴟鴞喻爲惡者，子喻管、蔡，室喻王室。管、蔡骨肉，而與之爲亂，是「既取我子」矣，毋更毁壞我王室也。「恩斯」，謂情愛。「勤斯」，謂篤厚。以骨肉情愛之心，篤厚之意，養鬻育字通用。子之道，可憫惻也。今乃取之，其毒甚矣。此皆謂鴟鴞之言，不知謂之者主何物也。「迨天之未陰雨」而下，言自爲安固防閑之道，深至如此，而尚或侮之，興禽出，而謂曰：汝下民，義不安。拮据，持捋貌。捋荼，披折貌，疑其義然。蓄租，積取也；卒瘏，致病也。所以如是勞苦，以未有室家也，興成王業之艱。予羽尾殘敝，然後成室。翹翹然高壯貌。既其成就之勞如此，故爲風雨漂摇，則其聲憂懼。此周公之詩，所以辭哀而意切也。

東山

完，言其完師而歸，無死亡之患也。思，謂念其勤勞，思其廬室荒廢也。東山，所征之地，淮夷也。滔滔，紛紛不窮之狀，言其久也。陰雨則行役尤苦，濛濛之時，羈旅愁慘，我在東而念歸則西悲，謂懷西而悲也。「制彼裳衣」，治歸裝也。士，事也。孔悝鼎銘曰：作率慶士。枚，歷也。枚卜之枚。「勿事行枚」，言當歸也。蠋卷在葉中居，如士卒之獨處，自保其身，敦然獨宿於車下也。烝，上比也，猶云升也。蠋在葉中，故云「烝在桑野」。其在外之久，往來之勞，每章重言，見其感念之深。丁夫于役，田事廢，室廬遂荒，果蠃以下是也。在彼思念其如此。町畽，廬傍畦壠，爲麋鹿之場也。不可以荒毀爲畏，當以爲懷也。此言與「勿士行枚」，皆人情之正當，然有自勉之意。垤，丘垤也。有陰雨之候，則婦思念其勞而悲歎，又計其行之久，念其將至。「我征聿至」，謂我之行者其遂至也。「穹窒」，鼠穴穹空也。窒，所壅土也。念其將至而灑掃，甫問切。復恨其留繫之久，見其思望之情切也。「有敦」，圓成之狀。「瓜苦」，瓜之苦者，延蔓栗薪之上。栗薪，堅木。以其苦，人所不取，常在其所。施於堅木，言繫之固，以比君子于役，久留滯不還，言如苦瓜而繫堅木也。「自我不見」，今三年矣。四章言歸，而及時成婚姻之禮，人情之所樂也。倉庚之羽鮮明，婚姻之時也。嫁女之歸，其馬皇駁，有文彩也。「親結其縭」，女之親結之。「九十其儀」，儀之多也。其歸而成新昏且甚嘉，其舊昏相見之歡，當如何也？

破斧

是詩也，周大夫刺朝廷之不知周公也，而云惡四國，四國爲亂，何足云惡也？斧也，斨也，以及錡銶，皆人之所用。建國封親，制典禮，立政刑，皆爲天下之用，猶人之有器用也，故以斧爲興。言既破毀我斧，又將缺我斨矣。斨，方孔而大者。商、奄始率管、蔡爲流言，遂以叛，將益動天下，以傷壞王業，惡日以滋，當速誅也。周公所以東征，「四國是皇」也。皇，釋言：匡正也。周公之心，勤勞王家，如是可哀也，其德亦甚大矣。將，大也。我人，猶云我公也。云斯人可哀，迫切之辭。錡，斧屬，言益將有害。訛與吪同，動也。或寢或吪，振動於四國，爲是四國之亂振動，恐其益亂天下。嘉，善也。銶，不知何物，要之器之大於錡者。遒，逕急也，加切於訛。休，美也。哀周公之忠勤，謂之甚美，所以刺朝廷之不知也。豳詩：七月陳王業，鴟鴞遺王，東山言東征，破斧、伐柯、九罭皆刺朝廷之不知周公。於刺也，復有淺深之異，觀詩可見。狼跋，美不失其聖。

伐柯

破斧言周公之忠勤，憂四國之亂，天下征之之急如此。伐柯乃既得罪人之後，周公遲留未歸，士大夫刺朝廷之不知所以還周公之道。斧也，柯也，二物合而後成用，故以興君臣夫婦之合。伐柯，匪斧則不能；娶妻，匪媒則不成；言各有其道。今欲周公之歸，亦必有其道也。二章言其道。伐柯，其取則不遠，所執而伐者乃柯也，以之爲則則是矣；今欲反周公，取則於周公可也。周公者，動必以禮者也，亦當以禮致之，則周公可得而覯見也，故云：我欲覯見之子，惟以禮乃可。籩豆，禮器，所以行禮，語云：「俎豆之事。」「籩豆有踐」，謂禮儀是用也。

九罭

周公爲詩遺王，王未知周公之志，故公居東未反，士大夫始刺朝廷不知反周公之道；伐柯是也。既又思之切，刺之深，責在朝廷之人不速還公也。九罭，網之固密者也。鱒魴，魚之美者。〈詩云：必河之魴。〉九罭之網，則得鱒魴之魚；用隆厚之禮，則得聖賢。我欲覯之子，當用上公之禮服往逆之。二章言公之不得其所也。鴻飛，戾天者也，今乃遵渚，言不得其所。公既征而歸，則未得其所，蓋朝廷未以師保重禮往迎也。使公不得所於外，於汝信安處也矣，深責在朝廷之人也。「宿」，安息也。「不復」，謂未還舊職。四章祈反周公誠切之意。「是以」，猶所以。朝廷所以有袞衣之章，用尊禮聖賢。「無以」，用也，無以是服逆我公歸來，無使士民之心悲思望公也。

狼跋

周公攝政，居危疑之地，雖成王不知，四國流言，終不能損其聖德者，以其忠誠在於王家，無貪欲之私心也。狼，獸之貪者，猛於求欲，故檻於機穽，羅縶前跋後疐，進退困險，詩人取之以言夫狼之所以致禍難危困如是者，以其有貪欲故也，若周公者，至公不私，進退以道，無利欲之蔽，以謙退自處，不有其尊，不矜其德，故雖在危疑之地，安步舒泰，赤舄几几然也。碩，大也，謂崇大之位。膚，美也，謂盛美之德。孫者，避而不居也，其謙遜不以崇高聖智自處，所以天下稱聖，處危而安也。几，安義，几之立名取其義也。此大舜所謂「汝惟不矜，天下莫與汝爭能，汝惟不伐，天下莫與汝爭功」也。使周公有貪欲崇高得名之心，其能得天下之與如是乎？唯其處己也夔夔然有恭畏之心，存誠也蕩蕩焉無顧慮之意，所以不失其聖，德音所以不瑕也。先儒以狼跋疐不失其猛，與周公不失其聖。不失其猛，奚若虎豹，胡獨取狼也？古之詩人，比興以類也，是以香草譬君子，惡鳥譬小人，豈有以豺狼興聖人乎？且上二句言跋言蹇，實有几几不瑕之義，但此詩體與他詩不類，故不通耳。此詩在六義比。

小雅

鹿鳴

自鹿鳴以下二十二篇，各賦其事，於其事而用之，其周公之謂乎？與二南同也。燕羣臣嘉賓，則用鹿鳴。鹿，食則相呼，故以興燕樂。呦呦，和聲，和聲相呼，共食野之草物，情相樂也。君臣賓主相樂如此。云「我有嘉賓，鼓瑟吹笙」，言其相樂。又以幣帛將其誠意，故云「承筐是將」，承以藉之，筐以貯之。既有誠樂之厚意，則人心感悦而相好，以此示我之列位，故人勸而得盡其懽心。次章又言所燕禮嘉賓，聞望昭明，示民以厚之之意，使儀法之。三章言其樂之長久無斁。

四牡

四牡之義，憫使臣之勸勞，故云有功而見知則説矣。上不知下之勞，則下不自盡其力，故四牡之義廢，則君臣缺矣。周道，猶通途也。倭遲，回遠。豈不懷歸乎？以王事不可廢敗，心傷悲念此也。騑騑，不止；嘽嘽，迅疾。駱馬，强而耐遠。鵻，翩翩能飛之物，蓋或飛，或下集於所安之處，以興使臣之勤勞，乃不暇遂其私至。「不遑將父」，將，事也。卒章勸以義也。駕而馳驟不息，豈不懷歸？以王事不可廢敗也。是用以此義作歌，以告其母。父則知義，母主恩，故以義告之。「豈不懷歸」，言使臣之心。「是用作歌，將母來諗」，作是歌，使以此義告其母也。

皇皇者華

天子遣使四方，以觀省風俗，采察善惡，訪問疾苦，宣道化於天下，下國蒙被聲教，是有光華。「皇皇」，猶煌煌，光采之狀。皇華之光明於野，猶王澤之流布，光華天下也，故以爲興。「於彼原隰」，言高下皆同其光華。「征夫」，使人。「駪駪」，俊健之狀。惟恐不能宣達，是「每懷靡及」也。駒、騏、駱、駰，皆以俊言。濡，鮮澤。絲，條理。「沃若」、「既均」，皆整順之狀。諏、謀、詢、度，前載雖各有義，要之詢訪耳。採察求訪，使臣之大務。

常棣

此燕樂兄弟，親睦宗族之詩，不因管、蔡而作也。常棣，今所謂玉李花，花萼相承甚力，故以興兄弟。「鄂不韡韡」，韡韡，鮮華壯盛之貌，不當作柎，亦可如字。亦可以花萼相依，生相親，力相承，興人之莫如兄弟也。次章叙兄弟相賴之事。人當死生患難之事可畏，則思兄弟之助，方困窮離散，羣聚於郊野之時，則求所親以相依恃。三章言兄弟相須之急，猶鶺鴒首尾相應。急難之際，其相應如是也。「每有良朋」，猶「豈無他人」，「每有」猶「亦有」也。「況也永歎」，校之則可永歎也。骨肉不能相爲，而求他人，是可歎也。四章重明兄弟之親，義不能忘，譬之兄弟，很〔一〕鬩於牆，雖有不睦之心，猶將外禦其侮。若他人，則衆人之分也，無兵戎之爲之義。五章言平時則皆可遂其私意，急難則莫如兄弟也。六章勸其相宴樂，養恩義。陳爾籩豆，飲食飫足，兄弟既偕來，當和樂且孺也。小兒親慕父母謂之孺子，孺，親慕之義，和樂而相親慕也。七章言兄弟相樂，則妻子好合，其和如鼓瑟琴。兄弟既志意翕合，故其和樂，久而不厭。卒章言能如是親睦其宗族，則能宜其室家，樂其妻孥。窮究是理，圖念是事，信其然乎？言信然。此詩句少而章多，章多所以極其鄭重，句少則各陳一義故也。

伐木

山中伐木，非一人能獨爲，必與同志者共之。既同其事，則相親好，成朋友之義。伐木之人，尚有此義，況士君子乎？故賦伐木之人，叙其情，推其義，以勸朋友之義，燕朋友故舊則歌之，所以風天下也。朋友故舊篤，則民德歸厚矣。二人伐木，更運斧斤，聲丁丁相應，相須以成其事，賦此可以見朋友之義。繼言「鳥鳴嚶嚶」，又以物情興朋友之好。「嚶嚶」，相應和之和聲。鳥鳴相應和，自幽谷升喬木，相追隨，嚶嚶然其鳴，蓋求其應。「友聲」謂應聲，猶人之朋友相從也。次章因鳥以興朋友之義。相鳥如是，豈人而不求友乎？朋友之信，常久不渝，可質於神明。「和」謂相好，「平」謂不變。三章陳伐木共力，因相聚飲食，見歡樂厚篤之意。「許許」，衆人共力之狀，因聚衆共力，而具酒食相樂也。先儒以藇

〔一〕吕本「很」作「狠」。

爲美，未喻是否？伐木之際，尚釃酒相樂，況既有肥羜，當以召諸父也。寧其不來，無使我恩意不至也。「諸父」、「諸舅」，謂朋友故舊也。四章陳厚意以具飲食，酒埽精潔，盛陳簋器，況既有肥牡，當以召諸舅也。寧其不來，不可使我有不厚之罪。五章重陳此義之不可不然。伐木于峻阪，尤須衆力，故釃酒之多，況乎有盛具，籩豆成列，當以燕樂兄弟，無相疎遠。兄弟，朋友也。民之失德，故不能修親睦之道，厚朋友故舊之禮，乾餱不相及，蓋人之失德也，豈當然乎？卒章陳所當然者。有酒則我酤之，以至鼓舞我爲之，我及暇時，則相與宴飲，以篤恩義。

天保

恩惠周物，君之下下也；歸美於君，下之報上也。天保之詩，盛陳人君受天之祐，福禄之厚，蒙被臣民，由君德之所致也。「天保定爾」，君位甚安固也。「俾爾單厚，何福不除。」除，更新也，日益之義。俾之多增益，莫不繁庶。次章重陳其盛。既保定爾，俾爾享福，至無所不宜，受天之百禄，衆福又降爾以遐遠之福，惟欲其長。三章言既受天之福禄，莫不繁庶，如山阜崗陵，如川之流聚，莫不增盛。四章言既享豐盛之福，用報祀其祖先，得無窮〔一〕之壽。「君曰卜爾」，君使卜之設辭也。五章言其所獲。神之至，謂降鑒則錫爾多福。民所實有，則日用飲食，謂享其豐樂質實也，羣衆百族，皆化上德。六章言其德，光顯無虧，庇覆生民。恆亦猶升，言光照遠廣，如南山之無虧崩，如松柏之茂盛，無不承其庇覆。

〔一〕徐本「窮」作「彊」。

采薇

文王之時，有昆夷、玁狁之事，遣戍役以守衛，歌此詩以遣之，叙其勤勞悲傷之情，且風以義，當時之事也，後世因用之以遣戍役。「采薇采薇」，以薇爲遣戍役之候也。「曰歸曰歸」，深念歸時在歲暮也。「作止」，生出地。舍其室家，不遑暇起居，以玁狁之故也。毒民不由上，則人懷敵愾之心矣。薇，始長而柔矣，行期將至也，念歸期之遠而憂也。「憂心烈烈」，如饑如渴，戍事未休已，念誰使歸問安否？薇，壯而剛矣，且當行也，歸期須歲之陽，王事不可盬也，故啟處不遑，憂心雖甚病，我行不可歸也。首章述事之由，次章三章極道勞苦憂傷之情。上能察其情，則雖勞而不怨，雖憂而能勵。四章五章則勸以義。「彼爾」猶云於彼，亦與「彼路」同。常棣之華，華萼相親，興下盡力以爲上，言當如常棣然也。彼路何也？乃君子所乘之車也。君子則知義矣。總强盛之車甲，豈敢安居？當期成功之速。一月而三捷，言速。五章再言。「騤騤」，强盛貌，付與之重。「依」，依上所處也。「腓」，從動之義，人之腓，身行則從動也，腓是足肚也，言君子小人從其所處而動也。「翼翼」，行列整治之狀，既臨其衆，則整練其車甲，修治其器械，弭服是也。曰爲戒備，玁狁之事甚急故也。先言勞苦憂傷以盡其情，次陳之以義以堅其志，戍事盡於此矣。卒章言歸以憫其勞，春而往，冬而旋，行遠而時久，言行道遲遲，則見其思歸之切，心如饑渴，其傷悲甚哀，人莫知也。此據小序爲説，於義無害。然魚麗序云：文、武以天保以上治內，采薇以下治外，於義不然，則采薇等二篇或非文王時作，乃武王、成王時作。南仲不知何時人。古者戍役，再期而還，今年春暮行，明年夏代者至，復留備秋，至過十一月而歸，又明年中春至，春暮遣次戍者。每秋與冬初兩番，戍者皆在疆圉，乃今之防秋也。

出車

勞將率之旋也。此詩所賦，自受命至還歸，其事有叙，大要在歸功將率。首章陳出車于牧，王命之征，赴事之急，不敢寧也。「謂我」，命我也。次章既受命而行，有旗章之盛，見付與之重，憂勞其事也。于郊，行矣。旟旐旆旆華盛。「旆旆」，垂委之狀。「胡不」猶莫不。其憂念之深，僕夫左右之人亦爲之盡瘁。三章指元帥之名，以顯其功赫赫，德名顯盛。「襄」，上也，謂勝。「彭彭」，衆多；「央央」，華盛，主言城而勝玁狁。禦戎之道，守備爲本，不以攻擊爲先，其事卒矣。四章言其歸，叙其久戍也。以多難故，不遑起居。豈無思歸之心？畏法令不敢自遂。五章復言出兵，而衆和爲一方所徯望，南仲之功，於此尤盛。草蟲、阜螽，其類相應，民心之望王師猶是也。此南仲之伐西戎也。觀此詩意，疑似當時西戎兵不加而服，玁狁兵加而服，或止於小大，亦不可知。卒章喜其歸，因叙歸時景物和妍，其歡樂可見也。訊其魁首，當訊問者。「醜」，徒衆。

魚麗

「美萬物盛多，能備禮也。」太平之時，庶物繁盛，故能備禮。六月序云：「魚麗廢則法令缺矣。」物不足則不能備法度也。「文、武以天保以上治内」以下，傳詩者之言也，不可取。罶，魚笱之易作者。麗於罶者，亦美大之魚也，見其盛多。魚與君子之酒，皆美且多。「多且旨」同「旨且有」。多，止云酒多。有，有富有之意。物多可嘉也，有而能備禮也，盛有及時也。明王在上，養育萬物，莫不盛多，故美之也。

南山有臺

此詩樂君臣俱賢，邦家榮盛，爲福之長也。「南山」興君，「北山」興臣。「臺」、「萊」皆草，草之衣被於山，成蓊蔚之美盛，猶君子爲邦家之基本。「萬壽無期」，重言爲福長久。「桑」、「楊」，充用之物，言山生材以濟用，興君子爲邦家之光榮。「無疆」猶「無期」。「杞」、「李」可食之物，興君子養人如父母。「德音不已」，言令聞無窮。「栲」、「杻」，木之高者，益山之高，興君子德音茂盛。「遐不眉壽」，猶云不遐遠眉壽乎？「枸」、「楰」，木之尤高大者，興君子德澤長遠，至施及後世，故云「保艾爾後」。

湛露

「湛湛」，厚濃之狀。露之濃厚，匪日出則不晞，興燕樂恩惠之厚，不醉則不歸也。「厭厭」，足意之義。「豐草」，柔從而盛者，以興同姓之親。「在宗載考」，在同宗成歡樂禮數也。「杞」、「棘」，卑下之物，興小國諸侯，言諸國之君，皆明信君子，承王惠澤，莫不修德以奉上，忠順之心，温克之容，皆令德也。「其桐其梓，其實離離。」「桐」、「梓」，高大之木，興大國諸侯。湛露在桐梓之上，二物之茂盛，其實離離然，言大國之君，承王惠澤，莫不皆修其令善之儀。先親，次小，後大，德澤所懷，其序然也。「離離」猶累累。

采芑

芑，美菜。地力壯盛，則可植美菜，興文武之將，甲兵之强，則能成茂功。「薄言」，發語辭。采芑於新田菑畝，皆地力方盛處。方叔所總臨三千乘之衆。「師干」，猶今云兵甲。「試」，肄習也，衆且練也。「率止」，往征也。言四騏翼翼壯健，路車儀飾之盛。次章重言之。「中鄉」亦美田。「旂旐央央」言整肅。首章言肄習，次章言整肅，蓋其叙也。其行也受服章之尊美，言付之重。三章言雖將之才，士之衆且勇，進退得宜，趣舍有節。言隼之急疾，亦集於所止，以興兵雖强，用之有節而不過也。「鉦人」，擊鉦者。「伐鼓」，擊鼓者。方叔行師，有鉦鼓爲陳師鞠旅之節。「鞠」，止也。遂美之，言明信之方叔，其伐鼓也淵淵，平和不暴急；其振旅也鼓聲闐闐，整緩之狀。振旅之行，亦以鼓止，行則以鉦。卒章言成功，因言其致伐之由。「蠢」，動而無知之義。蠢爾之蠻，乃與大邦爲仇，方叔克壯其猶，故征而執獲，戎車之盛如雷霆，方叔之明信，自伐玁狁時聞于四方，故荆蠻畏威來服。

車攻

文王撫有四方，四方，一作西。文，一作武。至是蹙矣，故云「復文、武境土」也。此詩美其修政事，治車甲，因田狩而簡車徒，諸侯順從，軍法肅治如此，故能成中興之功。先王之政，後嗣所當守，失則罪也，故詩、春秋於復古之事不加美辭，此詩但稱其復古也。吉日則言美矣。「既攻」謂堅治，「既同」謂調一。「孔阜」爲肥壯。「之子」猶云二三子，指所任者。「囂囂」，盛衆貌。「有繹」，聯屬。「決拾」，不知是一物，是二物。「助」，射者傾助也。「射夫」，衆射者。「同」謂同力。如此，故獲多助。我助斂禽者舉𢧁，士賣切。衆射夫助舉，見其多不倚不偏，不失馳中範也。「蕭蕭馬鳴，悠悠旆旌」，詠肅靜如此。徒御不其警戒乎？庖厨不其充盈乎？承上言。「有聞無聲」，聞師之行而不聞其聲，言至肅。信哉君子之治戎，其成如此之善。

吉日

宣王將田而卜吉日，見其慎微，詩人因美之，更稱其接下，得羣下之自盡，詩中所陳是也。戊，剛日之吉。「既伯既禱」，祭馬祖而禱之，伯爲馬祖，據爾雅之文。戊日祭禱，庚午于田。「漆沮之從，天子之所」，悉率左右以燕天子，皆羣下盡力奉上，以御賓客，且以酌醴，先王接下之誠意。發小豝，殪大兕，言所獲耳，不須爲多説也。「大兕」，牛類，今西方有之。旄牛。

庭燎

天下之事，貴乎得中而可常，是之謂宜。苟以意之所欲而已，靡不勤於始而怠於終，故其進鋭者其退速。宣王之於始也，不守法以治，盡其力以勤於事，固可知其不能於終也。夙興視朝，固有常節，始視於夜之未央，任其勤而不知節也。無節則早晚不能常也，故次云未艾向晨也。不惟見無常節，且知其必將怠矣。此所以方美其勤，而遂以箴之也。箴之於事，如鍼砭之刺病矣。「央」，中也。「艾」，向盡也。「晨」，曉也。「將將」，鸞鈴聲。「噦噦」，車軨會聚聲。「光」，明之盛。「晣晣」，明也。「煇」，光之散也。

白駒

刺不能用賢，賢者去而不留也。「皎皎」，潔白也。「駒」，馬之俊者，古文「千里駒」，又曰「白駒過隙」。「白」，色之貴者。以貴色之俊馬，興賢德之才士。場圃所食，非常苗，必美蔬也。白駒當食以美物，賢才當待以殊禮。白駒則維縶之不使去，留玩樂以永日。唐風云：「且以永日。」人暇樂則日永也。「所謂伊人」者，宜使於此逍遥，豈當使遠去也？「藿」，蔬之葉。「夕」猶朝也。賢人君子，當使於此爲嘉賓。「賁然」，光彩。「來思」，思其賁然而來也。上二章言賢者當在朝廷，此一章言思其來，思其來是不在位也。「爾公爾侯」，謂公卿在位者，但逸豫無期度，不思求賢致治之道乎？戒使欽慎優游，無所事之際，當勉强思天下之有潛遯之賢者而進用之也。三章思賢者之來，是不在位也。卒章言其遠遯而思之之意。遠遯空谷，處窮困而享淡薄，雖所享生芻一束而已，然其人之美則如玉也。「毋金玉爾音，而有遐心」：賢者既遠遯矣，國之好賢者，猶望其相聞問而不見絶也，曰毋自貴重其音聲，而有遠棄我之心。

白華

幽王寵褒姒而黜申后，周人爲之作詩以刺王。王字誤作后字。序自「下國化之」以下，言當時事如此，詩中所不及也。詩大意刺王專寵，失上下之分。白華則漚以爲菅，白茅則用之裹束。物之美惡，其用各有其所，與尊卑上下各有其分。今王亂貴賤之序，而遠棄我，俾我窮獨失所也。「之子」，謂王也。「英英白雲」，雲之貌。天之道雲蒸露降，則菅茅皆被其澤。王如以道，則嫡妾當均被其寵。今天運艱難，而之子不猶是道也。「天步」，時運也。「猶」，如也。「滮池北流」，小水微流也，尚能浸溉稻田。王之崇高尊大，而反不能通流其寵澤，念此所以嘯歌而傷懷也。「滮」，池名，無源易竭之水。「樵彼桑薪」：桑，薪之善者，樵彼桑薪不用，而我烘於煁竈，與王之捨嫡后之尊，而專寵於嬖人也。維彼王之崇大，而所爲如此，所以勞傷我心。言「之子」者，直謂是人也。言「碩人」者，言其居尊大之位而所爲如是也。「鼓鐘于宮」，此章自傷其誠意之不能動王也。鼓鐘于宮中，而聲聞于外，今我中心念子，慘慘然憂蹙，而曾不感動，視我邁邁而去。「邁邁」，去遠不顧之意。鶖之在梁，鶴之在林，皆其所也。今王使我不得其所，是以傷心。鴛鴦，雄者右翼掩左，是雄之常也。今王爲夫之道乃不常，「二三其德」，謂初終改易也。「扁」，乘石之形。設乘石，以爲高也，而反履卑，與王捨后之尊，而寵微賤之人也。之子見遠，使我因病。「底」，病也。此詩八章，有次序，更不煩解。第四章中，「卬」字訓我也，謂幽王。我却烘於煁，今俗語如此。

大雅

旱麓

言周家承受先祖之業也。后稷、公劉積德於始，世修其業，至大王、王季，重修百福，以干天祿，申重也。人爲善而獲福。修善乃福也，爲善而獲福，所謂自求多福，乃干祿也。「瞻彼旱麓」，「旱」，山名。「麓」，山足。高峻非生物之所，麓乃百物所聚生也。瞻彼旱麓之榛楛，草木得麓之氣，濟濟茂盛，興此周家之愷悌君子，承其先祖愷悌之道，所以興盛受福也。榛楛，旱山所有之木。「瑟彼玉瓚」，此章言先祖積德，必有善承之子孫也。「瑟」，密義，謂縝密溫潤之玉瓚，其中所盛必黃流也。愷悌君子，則福祿所降，必有賢子孫也。「瓚」，圭瓚，玉器。「黃流」，鬱鬯也。「鳶飛戾天」，此章言先祖之德，可以作後人也。「鳶飛戾天」，興上得其道，謂先祖；「魚躍于淵」，興下得其宜，謂後嗣。後嗣之賢，自先世之貽謀，故「愷悌君子，遐不作人」。「作」，興起之於善也，言不遠作人於善乎？「清酒既載」，此章言子孫承受其業，致其誠孝之報，先祖饗其成功也。「載」，事，謂造也。後人載酒備牲，以享祀其先君，祖先享報而子孫受福也，故云「以介景福」。「介」，至也，謂以來大福也。「瑟彼柞棫」，瑟然密茂之狀。前章言先祖享成功之報，此章重明成功由先祖之力。柞棫之所以密茂，由人焚燎而然。今之君子成其王業，亦由神勞力於昔也。神指先祖。今人種榆，亦焚之使茂。「莫莫葛藟」，前章言由先祖之爲，此章重言率循先祖之道。「莫莫葛藟」，柔曼茂盛之狀。「施」者，謂依緣木之條幹，興君子率循先祖之道，以干天祿。「不回」，謂無邪回他道也。此詩所稱愷悌君子，或目先祖，或謂子孫，觀文意可辨。

皇矣

此詩美周家所以興王業，故言天監代殷，莫若周然。此詩主意，在美王季，終言王業之成，而盛述文王之事，序因云：「世世修德，莫若文王」也。「皇矣上帝，臨下有赫」，皇，大也，臨視天下，有赫赫威明也。下章云「王赫斯怒」。「監觀四方，求民之莫」，求民所定也。此泛言天祐下民，作之君長，使得安定也。「維此二國，其政不獲；維彼四國，爰究爰度」；惟求民所定，故君不善則絕之，如彼夏、商二國，不得其政，謂失君道也；則於四方之國，求謀有德之君，使王天下。「究」，尋究也；「度」，謀度也。「上帝耆之，增其式廓」，「耆」，致也，頌云「耆定爾功」。「上帝耆之」，謂天命所歸。「式廓」謂規限也，猶云規模範圍也。天命所致，則增大其規限，自諸侯而升天子，由百里而撫四海，是增而大之也。「憎」字與增同，憎，心有所超也，義與增通矣。「乃眷西顧，此惟與宅」，上泛言天道如此，上所云求德可安民者，大而王之，故其眷西顧而歸於周，「此維與宅」，謂使其居西土以王天下也。「作之屏之」，上章之末言天命歸周，此言其居西土所興之業。其去惡養善，生息其人民，皆以養治材木爲興。「作之」謂拔之，「屏之」謂去之。作屏之者，「其菑其翳」也。「菑」，立死。「翳」，自斃。意者，立死則全枯，翳謂枝榦之死耳。故菑上配作之，翳上配屏之。作，并根出之。屏，伐去而已。夫人之爲惡以自亡，故以自死之木興之。「修之平之」，修治之也。叢生曰灌，行生曰栵。故字從列。謂修治其叢列，使疏密正直得其宜，此興平治民物，各得其宜也。「啟之辟之」，謂芟除也。檉椐檉，河柳也，椐，樻也。必芟除而後茂盛，此興養民也。上四句止言所當去者及行列，至此言檉椐，乃興民也。二木，常木，衆多者，故以興民。「攘之剔之」，謂穿剔去其繁冗，使成長也。檿柘，待用之木，以興養育賢才也。「帝遷明德，串夷載路」，上述其治矣，此云天監就其明德，其治如此「串夷載路」也。「串」，循順之義，穿物一貫爲串，字形亦然。「夷」，平也。「載路」猶滿路，謂充塞也。周家之治，順平之道，充塞也。「天立厥配，受命既固」，言天以其德之配天，而立之使王，則其受命堅固而不易也，言天命終歸之，必成王業也。「帝省其山」，此章將言王季受命配天之事，故再言「帝省其山」，以見其所爲之可以配天也。「帝省其山」，言天視周家之治，以山爲興也。「柞棫」常木，興民；「松柏」良材，興賢才。「拔」，長盛，興生民繁庶；「兑」，潤澤，興賢才得其所。「帝作」謂天道，「邦作」謂人君之爲。人君之德，能與天對合者，自太伯與王季也。〇太伯雖不爲人君，然其爲與王季相須，皆周家之事。王季之治，能對天，而由太伯與之國，故云「自太伯、王季」也。「維此王季，因心則友」，又述其事也。「因心」者，出其天性也，言王季天性友愛其兄，故其兄賢之而讓之國，卒受天命，與王業之篤厚，周家之福慶，又成其兄讓德之光顯也。「載」，辭也。「錫」，與也。謂與其兄之光顯，受天福祿，保而不失，以至奄有四方。奄字之義，在忽遂之閒。此詩本意，在美王季，故其言太伯之讓，皆由王季。下言文王之事，亦歸本王季也。「維此王季，帝度其心」，此章述王季之德。「帝度其心」，謂天鑒其衷誠也。「貊其德音」，貊字之義，疑是大也；「德音」，德聲也。其德聲既大，而其實德克明，非徒能明，又能類，類，肖也。今人能知而弗克踐之者，明及之而行弗類也，是非誠有也。言王季既明，又能類，所以爲至德。「長」謂能居長上之道，「君」謂能君撫人民，興王此大國，克順又克俾，順謂順道，俾，化民貽後皆是也。夫身不行道，不行於妻子，己能順道，然後能使人，王季所以能化民成俗，貽厥子孫也。故不特俾民遷善而已，又俾其子文王守其德而不失，故無悔也。既受天福禄，而能施及於子孫，此二句結之，而下述文王之事也。「帝謂文王」，上章之末言王季之業施於子孫，此章言文王承王季之緒，復受天命，終成王業也。至文王而有救民征伐之事。「畔援」，黨比也。畔，近岸；援，攀援。歆，欲之動也。羨，愛羨。誕與但同義，登岸既濟之義。天謂文王，無黨援以爲强，無以貪欲而動，惟是所先者，濟天下於險難，此謂順天征伐之道。於是密人不恭，拒我大邦之命，既侵阮，而又往將侵共，文王赫然而怒，整其師旅，以遏止密人徂共之師，救亂安人，以厚周家之福，以答天下望周之心也。此文王征伐之始也。「依其在京」，依，憑也，京，周國。文王本據周地以興，侵廣土疆，自阮而始，謂密侵阮，文王救安之，遂歸服也。開地益廣，至於岐、隴高山皆有之。「陟我」，猶云廣我疆宇，至登高岡也。「矢」，陳也，謂墾闢。言人無耕闢我陵阜乎？陵阜皆我之阿也。無飲我水泉乎？水泉皆我之池也。言皆屬其有也。其地既廣，於是擇高明之處而安居之。度相其「鮮原」，鮮原謂高明之地，得其地於岐山之南，渭水之傍。「將」猶傍也，謂其傍建其都邑，其德爲萬國所歸向，是天下萬民之王也。「帝謂文王，予懷明德」，上章言文王開拓土宇，天下歸服，此章乃言其聖德所以化人如此。「帝謂文王」，予懷爾之明德，不大其聲色而人化。夫聖人之誠，感無不通，故所過者化，所存者神，豈暴著於形迹也哉？是不發見其大聲色也。故聖人曰：「聲色之於化民，末也。」其化之感人，雖不大其聲色，而其應之疾，人之惡不及長大而革也。夏，大也，言不待遲久而化也。民由之而不知，日遷善而不知爲之者，是不識不知，而順夫天理也。此聖人之神化，非文王孰能及之？「帝謂文王，詢爾仇方」，此章首言文王之化如此，章末言聖人之化如此，而天下有昏惡之甚，不能化者，伐而誅之，則天下皆善而王業成。帝謂文王，當謀與爾爲仇之方詢謀也。同爾兄弟之國，以爾攻伐之具，以伐爲仇之崇。「鉤援」，登城之梯。「臨衝」，二車，皆兵車。「臨衝閑閑」，此章述伐崇而天下畏服也。「閑閑」，徐緩之狀。「言言」，猶斷斷也，校訟不服之狀。凡聖人之伐，未有不俟其革心順服者。既不服，然後攻之。崇侯迷惡，當文王徐緩之時，則斷斷不服，故文王遂加之兵，「執訊連連」之多。「連連」，屬續之狀；「訊」，生獲者也。「安安」，不輕暴也。「馘」，斬獲也。聖人之伐，殺其犯順者，非輕肆殺戮也，故於馘也安安然審重，又爲類禡之祭。古者出征，類於上帝，禡於所征之地，所以暴明其罪，告之神明，言其當誅伐。伐而告之神明，其伐合神明之道也。又明其罪惡，以著逆順之理，是可致所不服而來附其人也。於是四方畏服，莫敢侮慢。伐而猶不服，於是力攻之。「茀茀」，盛强之狀。既力攻之，崇乃仡仡然。「仡仡」，壯勇之狀。堅拒守，是其惡之終不革者也，於是攻伐之。「肆」謂縱攻也。「絶」，滅之；「忽」，滅也。天誅既行，四方畏服，無敢違拂者矣。文王之征始於密，王功之始也；終於崇，天下遂無不服，王功之成也。文王有聲言作豐在伐崇之後，而此言度居乃在前章者，蓋此章自「侵自阮疆」，言其廣疆宇，以至於及遠建都邑，一併盡言之耳，非謂事在伐崇前也。

河南程氏經説卷第四

伊川先生

春秋傳

春秋，魯史記之名也。夫子之道既不行於天下，於是因魯春秋立百王不易之大法。平王東遷，在位五十一年，卒不能復興先王之業，王道絶矣。孟子曰：「王者之跡熄而詩亡，詩亡然後春秋作。」適當隱公之初，故始於隱公。

○隱公，名息姑，惠公子。惠公元妃孟子，繼室以聲子生隱公。謚法：不尸其位曰隱。

元年，春，王正月。

元年，隱公之始年。春，天時。正月，王正。書「春王正月」，示人君當上奉天時，下承王正。明此義，則知王與天同大，人道立矣。周正月，非春也，假天時以立義爾。平王之時，王道絶矣，春秋假周以正王法。隱不書卽位，明大法於始也。諸侯之立，必由王命，隱公自立，故不書卽位，不與其爲君也。法既立矣，諸公或書或不書，義各不同。既不受命於天子，以先君之命而繼世者，則正其始，文、成、襄、昭、哀是也。繼世者既非王命，又非先君之命，不書即位，不正其始也，莊、閔、僖是也。桓、宣、定之書即位，桓弒君而立，宣受弒賊之立，定爲逐君者所立，皆無王無君，何命之受？故書其自即位也。定之比宣，則又有間矣。

三月，公及邾儀父盟于蔑。

盟誓以結信，出於人情，先王所不禁也。後世屢盟而不信，則辠也。諸侯交相盟誓，亂世之事也。凡盟，内爲主，稱「及」；外爲主，稱「會」。在魯地，雖外爲主，亦稱「及」，彼來而及之也。兩國以上則稱「會」，彼盟而往會之也。邾，附庸國。邾子克，字儀父。附庸之君稱字，同王臣也；夷狄則稱名，降中國也。

夏五月，鄭伯克段于鄢。

鄭武公娶于申，曰武姜，生莊公及共叔段；愛段，欲立之，亟請於武公，弗許。及莊公即位，請京，使居之，謂之京城大叔。段失道，而公弗制，祭公諫而公弗聽，故詩人譏其小不忍以致大亂也。段完聚，繕甲兵，具卒乘，將襲鄭，夫人將啓之，公聞其期，命子封伐京，京叛段，段入于鄢。公伐諸鄢，大叔出奔共。書曰「鄭伯克段于鄢。」鄭伯失爲君之道，無兄弟之義，故稱伯而不言弟。克，勝也，言勝段之彊，使之彊，所以致其惡也。不書奔，義不繫于奔也。

秋七月，天王使宰咺來歸惠公仲子之賵。

王者奉若天道，故稱天王，其命曰天命，其討曰天討。盡此道者，王道也。後世以智力把持天下者，霸道也。春秋因王命以正王法，稱天王以奉天命，夫婦，人倫之本，故當先正。春秋之時，嫡妾僭亂，聖人尤謹其名分。男女之配，終身不變者也，故無再配之禮。大夫而下，內無主則家道不立，故不得已而有再娶之禮。天子諸侯，內職具備，后夫人已可以攝治，無再娶之禮。春秋之始，尚有疑焉，故仲子羽數特降，僖公而後，無復辨矣。春秋因其竊號而書之，以志僭亂。仲子繫惠公而言，故正其名，不曰夫人，曰「惠公仲子」，謂惠公仲子妾稱也。以夫人禮賵人之妾，不天亂倫之甚也。然春秋之始，天王之義未見，故不可去天而名咺，以見其不王。王臣雖微不名，況於宰乎？

九月，及宋人盟于宿。

惠公之季年，敗宋師于黃，公立而求成焉，盟于宿，魯志也。稱「及」稱「人」，皆非卿也。

冬十有二月，祭伯來。

祭伯，畿內諸侯，爲王卿士，來朝魯。不言朝，不與朝也。當時諸侯，不修朝覲之禮，失人臣之義，王所當治也。祭伯爲王臣，不能輔王正典刑，而反與之交，又來朝之，故不與其朝，以明其罪。先儒有王臣無外交之説，甚非也。若天下有道，諸侯順軌，豈有內外之限？其相交好，乃常禮也。然委官守而遠相朝，無是道也。周禮所謂世相朝，謂鄰國爾。

公子益師卒。

諸侯之卿，必受命於天子，當時不復請命，故諸侯之卿，皆不書官，不與其爲卿也。稱公子，以公子故使爲卿也。惟宋王者後，得命官，故獨宋卿書官。卿者，佐君以治國，其卒，國之大事，故書於此，見君臣之義矣。或日，或不日，因舊史也。古之史，記事簡略，日月或不備。春秋因舊史，有可損而不能益也。

二年春，公會戎于潛。

周室既衰，蠻夷猾夏，有散居中國者，方伯大國，明大義而攘斥之，義也；其餘列國，慎固封守可也，若與之和好，以免侵暴，非所謂「戎狄是膺」，所以容其亂華也，故春秋華夷之辨尤謹。居其地，而親中國，與盟會者，則與之。公之會戎，非義也。

夏五月，莒人入向。

莒子娶于向，向姜不安莒而歸，莒人入向，以姜氏還。天下有道，禮樂征伐自天子出。春秋之時，諸侯擅相侵伐，舉兵以侵伐人，其罪著矣。春秋直書其事，而責常在被侵伐者。蓋彼加兵於己，則當引咎，或自辯，喻之以禮義，不得免焉，則固其封疆，告于天子方伯，若忿而與戰，則以與戰者爲主，處己絶亂之道也。書莒人，微者也。凡將尊師衆曰某帥師，將尊師少曰某伐某，將卑師衆曰某師，將卑師少曰某人，不知衆寡將帥名氏亦曰某人。書入，入其國也。侵人之境固爲暴，況入人之國乎？

無駭帥師入極。

古者卿皆受命於天子，春秋之時，諸侯自命也。賜族者則書族，不書族者未賜也。賜族者，皆命之世爲卿也。

秋八月庚辰，公及戎盟于唐。

戎猾夏而與之盟，非義也。

九月，紀裂繻來逆女。

非命卿皆書名，以君命來逆夫人也。在魯，故稱女。内女嫁爲諸侯夫人，則書逆，書歸，明重事也。來逆非卿，則書歸而已，見其禮之薄也。先儒皆謂諸侯當親迎。親迎者，迎於所館，故有親御授綏之禮，豈有委宗廟社稷，遠適他國以逆婦者乎？非惟諸侯，卿大夫而下皆然。詩稱文王親迎于渭，未嘗出疆也。

冬十月，伯姬歸于紀。

送之者雖公子公孫，非卿則不書。

紀子伯、莒子盟于密。

闕文也。當云紀侯某伯、莒子盟于密。左氏附會作帛，杜預以爲裂繻之字。春秋無大夫在諸侯上者，公羊、穀梁皆作伯。

十有二月乙卯，夫人子氏薨。

隱公夫人也。薨，上墜之聲。諸侯國内稱之，小君同。婦人從夫者也，公在，故不書葬，於此見夫婦之義矣。

鄭人伐衞。

聲其罪曰伐。衞服，故不戰。衞服，可免矣。鄭之擅興戎，王法所不容也。

三年春，王二月，己巳，日有食之。

月，王月也。事在二月，則書王二月；在三月，則書王三月；無事，則書時，書首月。蓋有事則道在事，無事則存天時，天時備則歲功成，王道存則人理立，春秋之大義也。日有食之，有食之者也，更不推求者，何也？太陽君也，而被侵食，君道所忌，然有常度，災而非異也。星辰陵歷亦然。

三月庚戌，天王崩。

崩，上墜之形。四海之內，皆當奔赴，魯君不往，惡極罪大，不可勝誅，不書而自見也。

夏四月辛卯，尹氏卒。

尹氏，王之世卿。古者使以德，爵以功，世祿而不世官，是以俊傑在位，庶績咸熙。及周之衰，士皆世官，政由是敗。尹氏世爲王官，故於其卒書曰「尹氏」，見其世繼也。

秋，武氏子來求賻。

武氏，王之卿士，稱「武氏」，見其世官。天王崩，諸侯不供其喪，故武氏遣其子徵求於四國。書之以見天子失道，諸侯不臣之甚也。

八月庚辰，宋公和卒。

吉凶慶弔，講好修睦，鄰國之常禮，人情所當然。諸侯之卒，與國之大，故來告則書。

冬十有二月，齊侯、鄭伯盟于石門。

天下無王，諸侯不守信義，數相盟誓，所以長亂也，故外諸侯盟，來告者則書之。

癸未，葬宋穆公。

諸侯告喪，魯往會葬，則書。春秋之時，皆不請謚，稱私謚，所以罪其臣子。

四年春，王二月，莒人伐杞，取牟婁。

諸侯土地有所受，伐之其辠，而奪取其土，惡又甚焉，王法所當誅也。

戊申，衞州吁弑其君完。

衞莊公娶于齊，曰莊姜，無子，陳女戴嬀生桓公，莊姜以爲己子。公子州吁，嬖人之子也，有寵而好兵，公弗禁。石碏諫，弗聽，其子厚與州吁游，禁之不可，桓公立，乃老。州吁弑桓公而立。自古篡弑多公族，蓋謂先君子孫，可以爲君，國人亦以爲然，而奉之。春秋於此，明大義以示萬世，故春秋之初，弑君者皆不稱公子公孫，蓋身爲大惡，自絶於先君矣，豈復得爲先君子孫也？古者公族刑死則無服，況殺君乎？大義既明於初矣，其後弑立者，則皆以屬稱，或見其以親而寵之太過，任之太重，以至於亂；或見其天屬之親而爲寇讐，立義各不同也。春秋大率所書事同則辭同，後人因謂之例，然有事同而辭異者，蓋各有義，非可例拘也。

夏，公及宋公遇于清。

諸侯相見而不行朝會之禮，如道路之相遇，故書曰「遇」，非周禮「冬見曰遇」之遇也。

宋公、陳侯、蔡人、衞人伐鄭。

宋以公子馮在鄭，故與諸侯伐之也。曰摟諸侯以伐鄭，固爲辠矣；而衞弑其君，天下所當誅也，乃與修好而同伐人，其惡甚矣。

秋，翬帥師，會宋公、陳侯、蔡人、衛人伐鄭。

宋虐用其民，衛當誅之賊，而與之同伐人，其罪大矣。二國構怨，而他國與之同伐，其辠均也。再序四國，重言其辠。左氏以爲再伐，妄也。翬不稱公子，弑逆之人，積其强惡，非一朝一夕，辨之宜早，故去其公子。隱公不能辨，是以及禍。

九月，衛人殺州吁于濮。

州吁未能和其民，厚問定君於石子。石子曰：「王覲爲可。」曰：「何以得覲？」曰：「陳侯方有寵於王，若朝陳使請，必可得也。」厚從州吁如陳。石碏使告于陳曰：「此二人者，實弑寡君，敢卽圖之！」陳人執之，而請涖於衛，衛人使右宰醜涖殺州吁于濮，石碏使其宰獳羊肩涖殺石厚于陳。稱「衛人」，衆辭也，舉國殺之也。

冬十有二月，衛人立晉。

衛人逆公子晉于邢而立之。書曰「衛人立晉」，衛人立之也。諸侯之立，必受命於天子，當時雖不受命於天子，猶受命於先君。衛人以晉公子也，可以立，故立之，春秋所不與也。雖先君子孫，不由天子先君之命，不可立也，故去其公子。

五年春，公觀魚于棠。

諸侯非王事民事不遠出，遠出觀魚，非道也。

夏四月，葬衞桓公。

衞亂，是以緩。稱桓公，見國人私謚也。魯往會，故書。送終大事也，必就正寢，不没于婦人之手。曾子易簀而没，豈苟然乎？死而加之不正之謚，知忠孝者肯爲乎？

秋，衞師入郕。

晉乘亂得立，不思安國保民之道，以尊王爲先，居喪爲重，乃興戎修怨，入人之國，書其失道也。

九月，考仲子之宮，初獻六羽。

諸侯無再娶，仲子不得爲夫人。春秋之初，尚以爲疑，故别宮以祀之。考，始成而祀也，書以見非禮。成王賜魯用天子禮樂祀周公，後世遂羣廟皆用。仲子别宮，故不敢同羣廟而用六羽也。書「初獻」，見前此用八之僭也。仲尼以魯之郊禘爲周公之道衰，用天子之禮祀周公，成王之過也。

邾人、鄭人伐宋。

宋人取邾田，邾人告于鄭曰：「請君釋憾於宋，敝邑爲道。」邾人、鄭人伐宋，先邾人，爲主也。

螟。

書螟，書螽，皆爲災也。國之大事，故書。

冬十有二月，宋人伐鄭，圍長葛。

伐國而圍邑，肆其暴也。

六年春，鄭人來輸平。

魯與鄭舊修好，既而迫於宋、衞，遂與之同伐鄭，故鄭來絶交。輸平，變其平也。匹夫且不肯失信於人，爲國君而負約，可羞之甚也。

夏五月辛酉，公會齊侯，盟于艾。

始平于齊也。

秋七月。

無事書首月天時，王月備而後成歲也。

冬，宋人取長葛。

宋之圍長葛，歲且周矣，其虐民無道之甚，而天子弗治，方伯弗征，鄭視其民之危困，而不能保有赴訴，卒喪其邑，皆辠也。宋之彊取，不可勝誅矣。

七年春，王三月，叔姬歸于紀。

伯姬爲紀夫人，叔姬其娣也，待年於家，今始歸。娣歸不書，閔其無終也。

滕侯卒。

不名，史闕也。

夏，城中丘。

爲民立君，所以養之也。養民之道，在愛其力。民力足則生養遂，生養遂則教化行而風俗美，故爲政以民力爲重也。春秋，凡用民力必書。其所興作，不時害義，固爲罪也；雖時且義，必書，見勞民爲重事也。後之人君知此義，則知慎重於用民力矣。然有用民力之大而不書者，爲教之意深矣。僖公修泮宫，復閟宫，非不用民力也，然而不書，二者復古興廢之大事，爲國之先務，如是而用民力，乃所當用也。人君知此義，則知爲政之先後輕重矣。凡書城者，完舊也；書築者，創始也。城中丘，使民不以時，非人君之用心也。

齊侯使其弟年來聘。

凡不稱公子而稱弟者，或責失兄弟之義，或罪其以弟之愛而寵任之過。左氏公羊傳皆曰年，齊僖公之母弟。先儒母弟之説，蓋緣禮文有立嫡子同母弟之説。其曰同母弟，蓋謂嫡爾，非以同母爲加親也。若以同母爲加親，是不知人理，近於禽道也。天下不明斯義也久矣。僖公愛年，其子尚禮秩如嫡，卒致篡弒之禍。書弟，見其以弟之愛而寵任之過也。桓三年同。

秋，公伐邾。

左氏傳：「爲宋討也。」擅興甲兵，爲人而伐人，非義之甚也。

冬，天王使凡伯來聘。

周禮：時聘以結諸侯之好。諸侯不修臣職而聘之，非王體也。

戎伐凡伯于楚丘以歸。

初，戎朝于王，發幣於公卿，凡伯弗賓。王使凡伯來聘，戎伐之于楚丘以歸。楚丘，衞地。伐，見其以衆。天子之使，道由於衞，而戎得以衆伐之，衞不能衞，其辠可知。言「以歸」，則非執，凡伯有失節之皐。

八年春，宋公、衞侯遇于垂。

齊侯將平宋、衞於鄭，有會期，宋公以幣請於衞，請先相見，故遇于垂。宋忌鄭之深，故與鄭卒不成好。無諸侯相見之禮，故書曰遇。

三月，鄭伯使宛來歸祊。

魯有朝宿之邑，在王畿之内，曰許。鄭有朝宿之邑，近於魯，曰祊。時王政不修，天子不巡守，魯亦不朝，故欲以祊易許，各取其近者，故使宛來歸祊，歸魯。來，言易也。朝宿之邑，先祖受之於先王，豈可相易也？鄭來歸而魯受之，其罪均也。

庚寅，我入祊。

入者，内弗受也，義不可而彊入之也。

秋七月庚午，宋公、齊侯、衞侯盟于瓦屋。

宋爲主也。盟，與鄭絶也。

八月，葬蔡宣公。

速也。諸侯五月而葬，不及期，簡也。

九月辛卯，公及莒人盟于浮來。

鄰國之交，講信修睦可也，安用盟爲？公屈己與臣盟，義非安也。

螟。

為災也。民以食爲命，故有災必書。

冬十有二月，無駭卒。

未賜族，書名而已。

九年春，天王使南季來聘。

周禮：大行人時聘以結諸侯之好。王法之行，時加聘問，以懷撫諸侯，乃常禮也。春秋之時，諸侯不修臣職，朝覲之禮廢絶，王法所當治也。不能正典刑，而反聘之，又不見答，失道甚矣。

三月癸酉，大雨震電；庚辰，大雨雪。

陰陽運動，有常而無忒，凡失其度，皆人爲感之也。故春秋，災異必書。漢儒傅其說而不達其理，故所言多妄。三月大雨震電，不時，災也。大雨雪，非常爲大，亦災也。

夏，城郎。

書不時也。

冬，公會齊侯于防。

謀伐宋也。

十年春，王二月，公會齊侯、鄭伯于中丘。

爲師期也。

夏，翬帥師會齊人、鄭人伐宋。

三國先遣將致伐。齊、鄭稱人，非卿也。翬不稱公子，與四年同。

六月壬戌，公敗宋師于菅。

不言戰而言敗，敗者爲主，彼與戰而此敗之也。

辛未，取郜；辛巳，取防。

取二邑而有之，盜也。

秋，宋人、衛人入鄭。

鄭勞民以務外，而不知守其國，故二國入之。

宋人、蔡人、衛人伐戴，鄭伯伐取之。

宋人、衛人入鄭，蔡人從之伐戴。鄭伯圍戴克之，取三師焉。戴，鄭所與也，故三國伐之。鄭、戴合攻，盡取三國之衆，其殘民也甚矣。

冬十月壬午，齊人、鄭人入郕。

討不會伐宋也。宋以公子馮在鄭，故二國交惡。左氏傳云：「宋公以王命討之。」於春秋不見其爲王討也。王臣不行，王師不出，矯假以逞私忿耳。

十有一年春，滕侯、薛侯來朝。

諸侯雖有相朝之禮，而當時諸侯，於天子未嘗朝覲，獨相率以朝魯，得爲禮乎？

夏，公會鄭伯于時來。

謀伐許也。

秋七月壬午，公及齊侯、鄭伯入許。

書「及」，内爲主。非内爲主，則先書會伐，後書入也。

冬十有一月壬辰，公薨。

翬譖於桓公，而請弑之。公祭鍾巫，館于寪氏。翬使賊弑公于寪氏，立桓公而討寪氏，有死者。人君終于路寢，見卿大夫而終，乃正終也。薨于燕寢，不正其終也。薨不書地，弑也。賊不討，不書葬，無臣子也。

○桓公名軌，惠公子，隱公弟，桓王九年卽位。謚法：闢土服遠曰桓。

元年春，王正月，公卽位。

桓公弑君而立，不天無王之極也，而書「春王正月，公卽位」，以天道王法正其罪也。

三月，公會鄭伯于垂，鄭伯以璧假許田。

隱公八年，鄭伯使宛來歸祊，蓋欲易許田，魯受祊而未與許。及桓弑立，故爲會而求之，復加以璧。朝宿之邑，先祖受之於先王，豈可相易也？故諱之曰假。諱國惡，禮也。

夏四月丁未，公及鄭伯盟于越。

桓公欲結鄭好以自安，故既與許田，又爲盟也。弑君之人，凡民罔弗憝，而鄭與之盟以定之，其辠大矣。

秋，大水。

君修德則和氣應而雨暘，若桓行逆德而致陰沴，乃其宜也。

二年春，王正月，戊申，宋督弑其君與夷及其大夫孔父。

桓公無王，而書王正月，正宋督之辠也。弑逆之罪，不以王法正之，天理滅矣。督雖無王，而天理未嘗亡也。人臣死君難，書「及」以著其節。父，名也。稱大夫，不失其官也。

滕子來朝。

滕本侯爵，後服屬于楚，故降稱子，夷狄之也。首朝桓公，其辠自見矣。

三月，公會齊侯、陳侯、鄭伯于稷，以成宋亂。

宋弑其君，而四國共成定之，天下之大惡也。

夏四月，取郜大鼎于宋，戊申，納于太廟。

四國既成宋亂，而宋以鼎賂魯。齊、陳、鄭皆有賂，魯以爲功而受之，故書「取」。以成亂之賂器，置于周公之廟，周公其饗之乎？故書「納」，納者，弗受而强致也。

秋七月，杞侯來朝。

凡杞稱侯者，皆當爲紀。杞爵非侯，文誤也。及「紀侯大去其國」之後，紀不復稱侯矣。

蔡侯、鄭伯會于鄧。

始懼楚也。

九月，入杞。

將卑師少，外則稱人，内則止云入某伐某。

公及戎盟于唐。冬，公至自唐。

君出而書至者有三：告廟也，過時也，危之也。桓公弑立，嘗與鄭、齊、陳會矣，皆同爲不義；及遠與戎盟，故危之而書「至」。戎若不如三國之黨惡，則討之矣，居夷浮海之意也。中國既不知義，夷狄或能知也。

三年春正月，公會齊侯于嬴。

桓公弑君而立，元年書王，以王法正其辠也；二年宋督弑君，以王法正其辠也；三年不書王，見桓之無王也。會齊侯于嬴，成昏于齊也。

夏，齊侯、衛侯胥命于蒲。

二國爲會，約言相命而不爲盟詛，近於理也，故善之。

六月，公會杞侯于郕。

自桓公篡立，無歲不與諸侯盟會，結外援以自固也。

秋，七月，壬辰，朔，日有食之，既。

既，盡也。食盡，爲異大也。

公子翬如齊逆女。

翬於隱世，不稱公子，隱之賊也；於桓世，稱公子，桓之黨也。卿逆夫人，於禮爲稱。翬雖尊屬，當官而行，亦無嫌也。

九月，齊侯送姜氏于讙，公會齊侯于讙。

齊侯出疆送女，公遠會之，皆非義也。

夫人姜氏至自齊。

見于廟也。齊侯使其弟年來聘，致夫人也。稱弟義，見隱七年。

有年。

書「有年」，紀異也。人事順於下，則天氣和於上。桓弒君而立，逆天理，亂人倫，天地之氣爲之繆戾，水旱凶災，乃其宜也。今乃有年，故書其異。宣公爲弒君者所立，其惡有閒，故大有年則書之。

四年春，正月，公狩于郎。

公出動衆皆當書。于郎，遠也。

夏，天王使宰渠伯糾來聘。

桓公弒君而立，天子不能治，天下莫能討，而王使其宰聘之，示加尊寵，天理滅矣，人道無矣。書天王，言當奉天也，而其爲如此。名糾，尊卑貴賤之義亡也。人理既滅，天運乖矣；陰陽失序，歲功不能成矣，故不具四時。

五年，春正月，甲戌，

下文闕。

夏，齊侯、鄭伯如紀。

齊侯、鄭伯朝于紀，欲以襲之，紀人知之。齊爲諸侯，而欲爲賊於鄰國，不道之甚，鄭伯助之，其辠均矣。

天王使仍叔之子來聘。

古之授任，稱其才德，故士無世官。周衰，官人以世，故卿大夫之子代其父任事。仍叔受命來聘，而使其子代行也。

秋，蔡人、衛人、陳人從王伐鄭。

王奪鄭伯政，鄭伯不朝，王以諸侯伐鄭，鄭伯禦之，戰于繻葛，王卒大敗。王師於諸侯不書敗，諸侯不可敵王也；於夷狄不書戰，夷狄不能抗王也，此理也。其敵其抗，王道之失也。

大雩。

成王尊周公，故賜魯重祭，得郊禘大雩。大雩，雩于上帝，用盛樂也。諸侯，雩于境內之山川耳。成王之賜，魯公之受，皆失道也，故夫子曰：「魯之郊禘非禮也，周公其衰矣。」大雩，歲之常祀，不能皆書也，故因其非時則書之。遇旱災，則非時而雩，書之所以見其非禮，且志旱也。郊禘亦因事而書。

螽。

蝗也。既旱又蝗，飢不在書也。

冬，州公如曹。

州公嘗爲王三公，故稱公。不能保其國，去如曹，遂不復。

六年春正月，寔來。

五年冬如曹，尚爲君也，故以諸侯書之。今不能反國，則匹夫也，故名之。來，來魯也。忽稱鄭忽，明其正也。寔不稱州，亡其國也。

夏四月，公會紀侯于成。

謀齊難也。

秋八月壬午，大閱。

爲國之道，武備不可廢，必於農隙講肄，保民守國之道也。盛夏大閱，妨農害人，失政之甚。無事而爲之，妄動也。有警而爲之，教之不素，何以保其國乎？

蔡人殺陳佗。

佗弑世子而竊位，不能有其國，故書曰「陳佗」。陳厲公，蔡出也，故蔡桓侯殺佗而立之。佗，天下之惡，人皆得誅之。蔡侯殺之，實以私也，故書蔡人，見殺賊者衆人之公也。

九月丁卯，子同生。

冢嫡之生，國之大事，故書。

冬，紀侯來朝。

紀侯懼齊，來朝以求助。不能上訴於天子，近赴於諸侯，和輯其人民，効死以守，而欲求援於魯桓，不能保其國宜矣。

七年春，二月，己亥，焚咸丘。

古者昆蟲而後火田，去莽翳以逐禽獸，非竭山林而焚之也。咸丘地名。云「焚咸丘」，如盡焚其地，見其廣之甚也。

夏，穀伯綏來朝，鄧侯吾離來朝。

臣而弑君，天理滅矣，宜天下所不容也，而反天子聘之，諸侯相繼而朝之，逆亂天道，歲功不能成矣，故不書秋冬，與四年同。曰：然則十五年邾人、牟人、葛人來朝，何以書秋冬？曰：四年與此，明其義矣。三國之來，別立義也。

八年，春正月，己卯，烝。

冬烝，非過也。書之以見五月又烝，爲非禮之甚也。

天王使家父來聘。

魯桓公弑立，未嘗朝覲，而王屢聘之，失道之甚也。

夏五月丁丑，烝。

正月既烝矣，而非時復烝者，必以前烝爲不備也，其瀆亂甚矣。

冬十月，雨雪。

建酉之月，未霜而雪，書異也。

祭公來，遂逆王后于紀。

祭公受命逆后，而至魯先行私禮，故書來，而以逆后爲遂事，責其不虔王命，而輕天下之母也。

九年春，紀季姜歸于京師。

書王國之事，不可用無王之月，故書時而已。或曰：借如正月日食，則如何書之？曰：書春日食，則其義尤明也。王后之歸，天下當有其禮，諸侯莫至，是不能母天下也。故書紀女歸而已。

冬，曹伯使其世子射姑來朝。

曹伯有疾，不能親行，故使其世子來朝。春秋之時，君疾而使世子出，取危亂之道也。先生作春秋傳至此而終。舊有解説者，纂集附之於後。

十年冬十有二月丙午，齊侯、衞侯、鄭伯來戰于郎。

來戰于郎，三國爲主。

十有一年，突歸于鄭。

突不稱公子，不可以有國也。「鄭忽出奔衞」，忽國氏，正也；不能有其位，故不爵。

十有四年夏五，鄭伯使其弟語來盟。

使來盟，盟前定矣，與高子不同。

十有五年五月，鄭伯突出奔蔡。

避祭仲而出，非國人出之也。

鄭世子忽復歸于鄭。

稱世子，本當立者；不能保其位，故不稱爵。鄭人謂之狡童，又曰狂童恣行，其不肖可知。

秋九月，鄭伯突入于櫟。

突，非正也，忽既恣行，故國人君之，諸侯助之。書爵，所以戒居正者，己不能保則人取之矣。書人，以見義不容也。

十有六年夏四月，公會宋公、衞侯、陳侯、蔡侯伐鄭。

突善結諸侯，故皆爲之致力，屢伐鄭也。

秋七月，公至自伐鄭。

不惟告廟，又以見勤勞於鄭突也。

〇莊公名同，桓公子，莊王四年即位。謚法：勝敵克亂曰莊。

五年冬，公會齊人、宋人、陳人、蔡人伐衞。

諸國稱人，違抗王命也。貶諸侯，則魯在其中矣。

六年春，王正月，王人子突救衞。

雖微稱字，王人當尊也。

夏六月，衞侯朔入于衞。

朔搆其兄，而使至於死，其辠大矣。然父立之，諸侯莫得而治也。王治其舊惡而廢之宜也，故書名，書入。

九年八月庚申，及齊師戰于乾時，我師敗績。

及其師，非卿也。公戰諱敗，凡言敗績，大敗也。小小勝負不書。

十年冬十月，齊師滅譚。

春秋之法：將尊師衆曰某帥師，將卑師衆曰某師，將卑師少曰人，將尊師少曰某伐某。齊自管仲爲政，莊十一年而後，未嘗興大衆也，其賦於諸侯亦寡矣。終管仲之身，四十年，息養天下厚矣。惟救邢稱師，譏其次也。至於秦、晉，使之不競而已，不强致也，是以其功卑而易成。

十有六年冬十有二月，(公)〔一〕會齊侯、宋公、陳侯、衞侯、鄭伯、許男、曹伯、滑伯、滕子同盟于幽。

齊桓始霸，仗義以盟，而魯叛盟，故諱不稱公。上無明王，下無方伯，諸侯交争，齊桓始霸，天下與之，故書同。

〔一〕經文無「公」字。據下文經説云「故諱不稱公」，亦應無「公」字。

十有九年秋，公子結媵陳人之婦于鄄，遂及齊侯、宋公盟。

鄄之巨室嫁女于陳人，結以其庶女媵之，因與齊、宋盟。挈之以往，結好大國，所以安國息民，乃以私事之小而取怒大國，故深辠之，書其爲媵而往，盟爲遂事。

冬，齊人、宋人、陳人伐我西鄙。

齊桓始霸，責魯不恭其事，故來伐也。

二十有二年秋七月丙申，及齊高傒盟于防。

高傒上卿，魯無使微者與盟之理，蓋諱公盟；始與仇爲昏，惡之大也。

冬，公如齊納幣。

齊疑昏議，故公自行納幣。後二年方逆，齊難之也。

二十有三年夏，公如齊觀社。

昏議尚疑，故公以觀社爲名，再往請議，後二年方逆，蓋齊難之。

十有二月甲寅，公會齊侯，盟于扈。

遇穀，盟扈，皆爲要結姻好。

二十有七年夏六月，公會齊侯、宋公、陳侯、鄭伯，同盟于幽。

同志而盟，非率之也。

三十有一年冬，不雨。

一歲三築臺，明年春城小穀，故冬書不雨，閔之深也。

○閔公名啓方，莊公子，惠王十六年卽位。諡法：在國逢難曰閔。

二年冬，齊高子來盟。

高子來省難，然後盟，盟未前定也。稱高子，善其能恤魯。

○僖公名申，莊公子，閔公庶兄，惠王十八年卽位。諡法：小心畏忌曰僖。

元年春，王正月，齊師、宋師、曹師次于聶北，救邢。

齊未嘗興大衆，此稱師，責其衆可救，而徒次以爲聲援，致邢之不保其國也。

二年，虞師、晉師滅下陽。

虞假道而助晉伐虢，虢之亡，虞實致之，故以虞爲主。下陽，邑也，虢之立由此，故卽書滅。

四年秋，及江人、黄人伐陳。

齊命也。

五年，公及齊侯、宋公、陳侯、衞侯、鄭伯、許男、曹伯會王世子于首止。

世子，王之貳，不可與諸侯列。世子出，諸侯會之，故其辭異。

冬，晉人執虞公。

書執而不書滅，自取也。

九年夏，公會宰周公、齊侯、宋子、衞侯、鄭伯、許男、曹伯于葵丘。

天子之宰，與世子禮異。

九月戊辰，諸侯盟于葵丘。

云諸侯盟，見宰不預。

十有七年夏，滅項。

滅人之國，罪惡大矣，在君則當諱。故魯滅國，書「夏滅項」，君在會，季孫所爲也，故不諱。

十有八年五月戊寅，宋師及齊師戰于甗，齊師敗績。

書「宋及」，曲在宋也。奉少以奪長，其辠大矣。齊師敗績，書敗，責齊臣也。

二十有一年秋，宋公、楚子、陳侯、蔡侯、鄭伯、許男、曹伯會于盂，執宋公以伐宋。

二十有二年秋八月丁未，及邾人戰于升陘。

宋率諸侯爲會，而蠻夷執會主，而諸侯莫違，故以同執書之。

公戰也。

二十有三年冬十有一月，杞子卒。

杞，二王後而伯爵，疑前世黜之也。中間從夷，故子之，後復稱伯。

二十有七年冬，楚人、陳侯、蔡侯、鄭伯、許男圍宋。

楚稱人，貶之，爲其合諸侯以圍宋也。

二十有九年夏六月，會王人、晉人、宋人、齊人、陳人、蔡人、秦人，盟于翟泉。

晉文連年會盟，皆在王畿之側，而此盟復迫王城，又與王人盟，强迫甚矣，故諱公，諸侯貶稱人，惡之大也。

三十有三年夏四月辛巳，晉人及姜戎敗秦師于殽。

晉不稱君，居喪祔葬，不可從戎也。忘親背惠，其惡甚矣。秦爲無道，越晉踰周以襲人，衆所共憤，故稱「晉人」。其稱「及姜戎」，亦然。

○文公名興，僖公子，襄王二十六年即位。謚法：慈惠愛民曰文。

二年春，王正月甲子，晉侯及秦師戰于彭衙，秦師敗績。

越國襲人，秦罪也。忘親背惠，晉惡也。秦經人之國以襲人，雖憤，無以爲辭矣，故其來不稱伐。晉不論秦而與戰，故書「晉及」。忿以取敗，故書「敗績」。

冬，晉人、宋人、陳人、鄭人伐秦。

秦以憤取敗，晉可以已矣，而復伐秦，報復無已，殘民結怨，故貶稱人。

三年，秦人伐晉。

構怨連禍，殘民以逞，晉人畏之而不敢出，秦人極其忿而後悔過，聖人取其能終改耳。

四年夏，逆婦姜于齊。

納幣在喪中，與喪昏同也。稱婦姜，已成婦也。不稱夫人，不可爲小君奉宗廟也。不書逆者，雖卿亦失其職矣。

晉侯伐秦。

秦逞忿以伐晉，晉畏而避之，其見報，乃常情也。秦至此，能悔過矣，故不復報晉。聖人取其遷善悔過，乃其善也。

冬十有一月壬寅，夫人風氏薨。

自成風以後，妾母稱夫人，嫡妾亂矣。仲子始僭，尚未敢同嫡也。

五年春王正月，王使榮叔歸含且賵。

天子成妾母爲夫人，亂倫之甚，失天理矣。不稱天，義已明。稱叔，存禮也。「王使召伯來會葬」，天子以妾母同嫡，亂天理，故不稱天。聖人於此，尤謹其戒。

七年夏四月戊子，晉人及秦人戰于令狐。

晉始逆立公子雍，既而悔之，故秦興兵以納之。晉不謝秦，秦納不正，皆罪也，故稱人。晉懼秦之不肯，已而擊之，故書「晉及」。

秋八月，公會諸侯晉大夫盟于扈。

文公怠政，事多廢緩，既納晉盟，而復後至，故書往會，而隱其不及，不序諸侯，以見其不在。故明年，公子遂再往與晉盟也。

九年春，毛伯來求金。

家父致命，以徵車也，故書使「來求」。毛伯風魯以欲金，故不云王使。

冬，秦人來歸僖公、成風之襚。

過時始至，故云「來歸」。雖子母，先君後夫人，體當然也。書秦人，不云君使，以失禮夷之也，言其尚夷也。蓋嫡妾之亂，自茲而始。

十年夏，秦伐晉。

晉舍嫡嗣而外求君，罪也；既而悔之，正也。秦不顧義理之是非，惟以報復爲事，夷狄之道也，故夷之。

十有二年冬十有二月戊午，晉人、秦人戰于河曲。

凡戰，皆以主人及客。秦曲，故不云晉及。

十有四年夏六月，公會宋公、陳侯、衛侯、鄭伯、許男、曹伯、晉趙盾，癸酉，同盟于新城。

諸侯始會，議合而後盟，盟者志同，故書同，同懼楚也。

十有五年冬十有一月，諸侯盟于扈。

魯以備齊，不在會，故不序。又稱諸侯者，衆辭，見衆國無能爲也。此盟，爲齊亂也。

十有七年春，晉人、衛人、陳人、鄭人伐宋。

行天討而成其亂，失天職也，故不卿之。

○宣公名倭，文公子，子(亦)〔赤〕〔一〕庶兄，匡王五年即位。謚法：善問周達曰宣。

元年春三月，遂以夫人婦姜至自齊。

脱氏字。

夏六月，齊人取濟西田。

宣公不義得國，賂齊以求助，齊受之以助不義，故書取。不義不能保其土，故不云我。非謂彼彊取，故不諱。不能有而失者，皆諱。

十年春，齊人歸我濟西田。

魯修好，故歸魯田。田，魯有也，齊非義取之，故云歸我，不足爲善也。

十有一年冬十月，楚人殺陳夏徵舒。

人，衆辭。大惡，衆所欲誅也。

丁亥，楚子入陳。

誅其罪，義也；取其國，惡也。人者，不受而彊之也。

納公孫寧、儀行父于陳。

〔一〕「子亦」當爲「子赤」，形似而誤。

致亂之臣，國所不容也，故書納。

十有二年冬，晉人、宋人、衞人、曹人同盟于清丘。

晉爲楚敗，諸侯懼而同盟，既而皆渝，故書人以貶之。宋伐陳，衞救之；楚伐宋，晉不救。

十有七年夏六月己未，公會晉侯、衞侯、曹伯、邾子，同盟于斷道。

諸國同心欲伐齊，故書同盟。

○成公名黑肱，宣公子，定王十七年卽位。謚法：安民立政曰成。

二年冬十有一月丙申，公及楚人、秦人、宋人、陳人、衞人、鄭人、齊人、曹人、邾人、薛人、鄫人盟于蜀。

楚爲强盛，凌轢中國，諸侯苟能保固疆圉，要結鄰好，豈有不能自存之理，乃懼而服從，與之約盟，故皆稱人，以見其衰弱。責諸侯，則魯可知矣。

三年冬，鄭伐許。

鄭附於楚，一年而再伐許，故夷之。

四年冬，鄭伯伐許。

稱鄭伯，見其不復爲喪，以吉禮從戎。

五年冬十有二月己丑，公會晉侯、齊侯、宋公、衞侯、鄭伯、曹伯、邾子、杞伯，同盟于蟲牢。

天王崩而會盟不廢，書同，見其皆不臣。

七年秋八月戊辰，同盟于馬陵。

諸侯同心病楚。

八年冬，衛人來媵。

媵，小事，不書。伯姬之嫁，諸侯皆來媵之，故書，以見其賢。女子之賢，尚聞於諸侯，況君子乎？或曰：魯女之賢，豈能聞於遠乎？曰：古者庶女與非敵者，則求爲媵，因爲之擇賢小君，則諸侯國之賢女，當自聞也。

九年，公會晉侯、齊侯、宋公、衛侯、鄭伯、曹伯、莒子、杞伯，同盟于蒲。

諸國患楚之强，同盟以相保。鄭既盟復叛，深罪其反覆。

夏，季孫行父如宋致女。

女既嫁，父母使人安之，謂之致女。古者三月而廟見，始成婦也。伯姬賢，魯國重之，使卿致也。

十有三年春，晉侯使郤錡來乞師。

不以王命與諸侯師，故書乞。

三月，公如京師。

不書朝王，因會伐而行也，故不成其朝。

夏五月，公至自京師，遂會晉侯、齊侯、宋公、衛侯、鄭伯、曹伯、邾人、滕人伐秦。

以伐秦爲遂事，明朝爲重。

十有五年三月癸丑，公會晉侯、衛侯、鄭伯、曹伯、宋世子成、齊國佐、邾人，同盟于戚。

十三年，曹伯卒于師，負芻殺世子自立。既三年，諸侯與之盟矣，方執之，稽天討也，故書同盟，見其既同矣。

宋殺其大夫山。

去族，害公族也。

冬十有一月，叔孫僑如會晉士燮、齊高無咎、宋華元、衛孫林父、鄭公子鰌、邾人，會吴于鍾離。

吴益强大，求會于諸侯，諸侯之衆往而從之，故書諸國往與之會，以見夷狄盛而中國衰也。時中國病楚，故與吴親。一本此下云：「襄十年柤之會，與此同，十四年向之會亦同。」

十有六年六月，晉侯使欒黶來乞師。

時以穆姜、叔孫僑如將作難，故師出後期。

秋，公會晉侯、齊侯、衛侯、宋華元、邾人于沙隨，不見公。

晉侯怒公後期，故不見公。君子正己而無卹乎人，魯之後期，國難故也，晉不見爲非矣。彼曲我直，故不足爲恥也。

曹伯歸自京師。

曹伯不名，不稱復歸，王未嘗絶其位也。自京師，王命也。

九月，晉人執季孫行父，舍之于苕丘。

寘之于苕丘也。

十有七年六月乙酉，同盟于柯陵。

諸侯同病楚也。

○襄公名午，成公子，簡王十四年卽位。諡法：因事有功曰襄。

二年冬，遂城虎牢。

設險，所以守國也。有虎牢之險而不能守，故不繫于鄭，責其不能守也。

三年六月己未，同盟于雞澤。

楚强，諸侯皆畏之而修盟，故書同。

五年秋，公會晉侯、宋公、陳侯、衛侯、鄭伯、曹伯、莒子、邾子、滕子、薛伯、齊世子光、吴人、鄫人于戚。

吴來會，非爲主。

十年冬，盜殺鄭公子騑、公子發、公孫輒。

盜殺三卿，不稱大夫，失卿職也。

十有一年秋七月己未，同盟于亳城北。

鄭服而同盟也。隨復從楚伐宋，云同，見其反覆。

會于蕭魚。

諸侯數月之間再伐鄭，鄭之反復可知。鄭又服而請會，不書鄭會，謂其不可信也，而晉悼公推至誠以待人，信之不疑。至哉，誠之能感人也！自此，鄭不背晉者二十四年。

公至自會。

兵不加鄭，故書「自會」。

十有八年冬十月，公會晉侯、宋公、衛侯、鄭伯、曹伯、莒子、邾子、滕子、薛伯、杞伯、小邾子，同圍齊。

書「同圍」，見諸侯之惡齊。

二十有五年秋八月己巳，諸侯同盟于重丘。

諸侯同病楚也。

三十年冬十月，晉人、齊人、宋人、衛人、鄭人、曹人、莒人、邾人、滕人、薛人、杞人、小邾人會于澶淵，宋災故。

左傳：叔孫豹會趙武而下諸國之卿，既貶魯卿，諱而不書。

三十有一年冬十有一月，莒人弑其君密州。

莒子虐，國人弒之而立展輿。展輿非親弒也，故書國人。

〇昭公名稠，襄公子，景王四年即位。謚法：容儀恭明曰昭。

元年三月，取鄆。

乘莒之亂而取之，故隱避其辭。

秋，莒去疾自齊入于莒。

去疾假齊之力以入莒，討展輿之罪，正也，故稱莒。遂自立，無所稟命，故不稱公子，自以爲公子可立也。

莒展輿出奔吴。

爲弒君者所立，而以國氏者，罪諸侯也。虢之會，雖國亂未預，然諸侯與其立矣，故欲執叔孫也。稱莒展輿，見諸侯之與其立也。

四年夏，楚子、蔡侯、陳侯、鄭伯、許男、徐子、滕子、頓子、胡子、沈子、小邾子、宋世子佐、淮夷會于申。

晉平公不在諸侯，楚於是强，爲霸者之事。

十有二年冬，晉伐鮮虞。

晉假道於鮮虞而遂伐之，見利忘義，夷狄之道也。

十有三年秋八月甲戌，同盟于平丘。

楚弃疾立，諸侯懼之，故同盟。公不與盟，晉不使與盟，雖欲辱公，然得不與同盟之罪，實爲幸也。

十有九年冬，葬許悼公。

蔡殷、許止疑同，故書葬。

○定公名宋，襄公子，昭公弟，敬王十一年即位。諡法：安民大慮曰定。

三年春王正月，公如晉，至河乃復。

季孫意如上不請於天子，下不告於方伯，而立定公，故晉怒而公往朝焉。晉辭公而復，故明年因會而請盟于皐鼬。

四年三月，公會劉子、晉侯、宋公、蔡侯、衞侯、陳子、鄭伯、許男、曹伯、莒子、邾子、頓子、胡子、滕子、薛伯、杞伯、小邾子、齊國夏于召陵，侵楚。

楚恃其强，侵陵諸侯，晉上請于天子，大合諸侯以伐之，而不能明暴其辠，以行天討，無功而還，故書侵以罪之。

五月，公及諸侯盟于皐鼬。

公以不獲見於晉，故因會而求盟焉，則此盟公意也，故書「公及」。

十年，齊人來歸鄆、讙、龜陰田。

齊服義而求歸之，故書來歸。始失不書，解在哀公八年。

○哀公名蔣，定公子，敬王二十六年卽位。謚法：恭仁短折曰哀。

六年秋，齊陽生入于齊。

稱齊陽生，見景公廢長立少，以啟亂也。

八年夏，齊人取讙及闡。

內失邑不書，君辱當諱也。不能保其土地人民，是不君也。己與之，彼以非義而受，則書取，此濟西田是也。魯入邾，而以其君來致，齊怒，吳伐，故賂齊以説之。

齊人歸讙及闡。

不云我田，既歸邾子，亦歸其田，非以爲惠也。

春秋傳序

天之生民，必有出類之才，起而君長之，治之而爭奪息，導之而生養遂，教之而倫理明，然後人道立，天道成，地道平。二帝而上，聖賢世出，隨時有作，順乎風氣之宜，不先天一作時。以開人，各因時而立政。暨乎三王迭興，三重既備，子丑寅之建正，忠質文之更尚，人道備矣，天運周矣。聖王既不復作，有天下者，雖欲倣古之迹，亦私意妄爲而已。事之謬，秦至以建亥爲正；道之悖，漢專以智力持世。豈復知先王之道也？夫子當周之末，以聖人不復作也，順天應時之治不復有也，於是作春秋爲百王不易之大法，所謂「考諸三王而不謬，建諸天地而不悖，質諸鬼神而無疑，百世以俟聖人而不惑」者也。先儒之論曰：「游、夏不能贊一辭。」辭不待贊也，言不能與於斯耳。斯道也，惟顔子嘗聞之矣：「行夏之時，乘殷之輅，服周之冕，樂則韶舞」，此其準的也。後世以史視春秋，謂褒善貶惡而已，至於經世之大法，則不知也。春秋大義數十，其義雖大，炳如日星，乃易見也。惟其微辭隱義，時措從宜者，爲難知也：或抑或縱，或與或奪，或進或退，或微或顯，而得乎義理之安，文質之中，寬猛之宜，是非之公，乃制事之權衡，揆道之模範也。夫觀百物然後識化工之神，聚衆材然後知作室之用，於一事一義而欲窺聖人之用心，一本無心字。非上智不能也。故學春秋者，必優游涵泳，默識心通，然後能造其微也。後王知春秋之義，則雖德非禹、湯，尚可以法三代之治。自秦而下，其學不傳。予悼夫聖人之志不明於後世也，故作傳以明之，俾後之人通其文而求其義，得其意而法其用，則三代可復也。是傳也，雖未能極聖人之藴奥，庶幾學者得其門而入矣。有宋崇寧二年癸未四月乙亥，伊川程頤序。

河南程氏經說卷第五　二先生

禮記

明道先生改正大學

大學之道，在明明德，在親民，在止於至善。知止而后有定，定而后能靜，靜而后能安，安而后能慮，慮而后能得。物有本末，事有終始，知所先後，則近道矣。康誥曰：「克明德。」太甲曰：「顧諟天之明命。」帝典曰：「克明峻德。」皆自明也。湯之盤銘曰：「苟日新，日日新，又日新。」康誥曰：「作新民。」詩曰：「周雖舊邦，其命維新。」是故君子無所不用其極。詩云：「邦畿千里，惟民所止。」詩云：「緡蠻黄鳥，止于丘隅。」子曰：「於止知其所止，可以人而不如鳥乎？」詩云：「穆穆文王，於緝熙敬止。」爲人君止於仁，爲人臣止於敬，爲人子止於孝，爲人父止於慈，與國人交止於信。古之欲明明德於天下者，先治其國；欲治其國者，先齊其家；欲齊其家者，先脩其身；欲脩其身者，先正其心；欲正其心者，先誠其意；欲誠其意者，先致其知；致知在格物。物格而后知至，知至而后意誠，意誠而后心正，心正而后身脩，身脩而后家齊，家齊而后國治，國治而后天下平。自天子以至於庶人，壹是皆以脩身爲本。其本亂而末治者，否矣；其所厚者薄而其所薄者厚，未之有也。此謂知本，此謂知之至也。

所謂誠其意者，毋自欺也。如惡惡臭，如好好色，此之謂自謙，故君子必慎其獨也。小人閒居爲不善，無所不至，見君子而后厭然，揜其不善而著其善。人之視己，如見其肺肝然，則何益矣？此謂誠於中，形於外，故君子必慎其獨也。曾子曰：「十目所視，十手所指，其嚴乎！」富潤屋，德潤身，心廣體胖，故君子必誠其意。

所謂脩身在正其心者：身有所忿懥則不得其正，有所恐懼則不得其正，有所好樂則不得其正，有所憂患則不得其正；心不在焉，視而不見，聽而不聞，食而不知其味；此謂脩身在正其心。

所謂齊其家在脩其身者：人之其所親愛而辟焉，之其所賤惡而辟焉，之其所畏敬而辟焉，之其所哀矜而辟焉，之其所敖惰而辟焉；故好而知其惡，惡而知其美者，天下鮮矣；故諺有之曰：「人莫知其子之惡，莫知其苗之碩。」此謂身不脩不可以齊其家。

所謂治國必先齊其家者：其家不可教，而能教人者無之，故君子不出家而成教於國，孝者所以事君也，弟者所以事長也，慈者所以使衆也。康誥曰：「如保赤子。」心誠求之，雖不中不遠矣，未有學養子而后嫁者也。一家仁，一國興仁；一家讓，一國興讓；一人貪戾，一國作亂。其機如此，此謂一言僨事，一人定國。堯、舜帥天下以仁而民從之，桀、紂帥天下以暴而民從之。其所令反其所好，而民不從。是故君子有諸己而后求諸人，無諸己而后非諸人。所藏乎身不恕，而能喻諸人者，未之有也。故治國在齊其家。詩云：「桃之夭夭，其葉蓁蓁；之子于歸，宜其家人。」宜其家人，而后可以教國人。詩云：「宜兄宜弟。」宜兄宜弟，而后可以教國人。詩云：「其儀不忒，正是四國。」其爲父子兄弟足法，而后民法之也。

此謂治國在齊其家。

所謂平天下在治其國者：上老老而民興孝，上長長而民興弟，上恤孤而民不倍，是以君子有絜矩之道也。所惡於上，毋以使下；所惡於下，毋以事上；所惡於前，毋以先後；所惡於後，毋以從前；所惡於右，毋以交於左；所惡於左，毋以交於右；此之謂絜矩之道。詩云：「樂只君子，民之父母。」民之所好好之，民之所惡惡之，此之謂民之父母。詩云：「節彼南山，維石巖巖；赫赫師尹，民具爾瞻。」有國者不可以不慎，辟則爲天下僇矣。詩云：「瞻彼淇澳，菉竹猗猗，有斐君子，如切如磋，如琢如磨，瑟兮僩兮，赫兮喧兮，有斐君子，終不可諠兮。」如切如磋者，道學也；如琢如磨者，自脩也；瑟兮僩兮者，恂慄也；赫兮喧兮者，威儀也；有斐君子終不可諠兮者，道盛德至善，民之不能忘也。詩云：「於戲！前王不忘！」君子賢其賢而親其親，小人樂其樂而利其利，此以没世不忘也。子曰：「聽訟吾猶人也，必也使無訟乎！」無情者不得盡其辭，大畏民志，此謂知本。詩云：「殷之未喪師，克配上帝，儀監于殷，峻命不易。」道得衆則得國，失衆則失國。

是故君子先慎乎德，有德此有人，有人此有土，有土此有財，有財此有用。德者本也，財者末也。外本内末，争民施奪。是故財聚則民散，財散則民聚。是故言悖而出者，亦悖而入；貨悖而入者，亦悖而出。康誥曰：「惟命不于常。」道善則得之，不善則失之矣。楚書曰：「楚國無以爲寶，惟善以爲寶。」舅犯曰：「亡人無以爲寶，仁親以爲寶。」秦誓曰：「若有一个臣，斷斷兮無他技，其心休休焉，其如有容焉。人之有技，若己有之，人之彥聖，其心好之，不啻若自其口出，寔能容之，以能保我子孫黎民，尚亦有利哉！人之有技，媢疾以惡之，人之彦聖，而違之俾不通。寔不能容，以不能保我子孫黎民，亦曰殆哉！」唯仁人放流之，迸諸四夷，不與同中國，此謂唯仁人爲能愛人，能惡人。見賢而不能舉，舉而不能先，命也；見不善而不能退，退而不能遠，過也。好人之所惡，惡人之所好，是謂拂人之性，菑必逮夫身。是故君子有大道，必忠信以得之，驕泰以失之。生財有大道：生之者衆，食之者寡，爲之者疾，用之者舒，則財恒足矣。仁者以財發身，不仁者以身發財。未有上好仁而下不好義者也，未有好義其事不終者也，未有府庫財非其財者也。孟獻子曰：「畜馬乘，不察於雞豚，伐冰之家，不畜牛羊，百乘之家，不畜聚斂之臣，與其有聚斂之臣，寧有盜臣。」此謂國不以利爲利，以義爲利也。長國家而務財用者，必自小人矣。彼爲善之。小人之使爲國家，菑害並至，雖有善者，亦無如之何矣。此謂國不以利爲利，以義爲利也。

伊川先生改正大學

大學之道，在明明德，在親當作新。民，在止於至善。知止而后有定，定而后能静，静而后能安，安而后能慮，慮而后能得。物有本末，事有終始，知所先後，則近道矣。古之欲明明德於天下者，先治其國；欲治其國者，先齊其家；欲齊其家者，先脩其身；欲脩其身者，先正其心；欲正其心者，先誠其意；欲誠其意者，先致其知；致知在格物。物格而后知至，知至而后意誠，意誠而后心正，心正而后身脩，身脩而后家齊，家齊而后國治，國治而后天下平。自天子以至於庶人，壹是皆以脩身爲本。其本亂而末治者，否矣；其所厚者薄而其所薄者厚，未之有也。

子曰：「聽訟吾猶人也，必也使無訟乎！」無情者不得盡其辭，大畏民志，此謂知本。四字衍。此謂知本，此謂知之至也。康誥曰：「克明德。」太甲曰：「顧諟天之明命。」帝典曰：「克明峻德。」皆自明也。湯之盤銘曰：「苟日新，日日新，又日新。」康誥曰：「作新民。」詩曰：「周雖舊邦，其命惟新。」是故君子無所不用其極。詩云：「邦畿千里，惟民所止。」詩云：「緡蠻黃鳥，止于丘隅。」子曰：「於止知其所止，可以人而不如鳥乎？」詩云：「穆穆文王，於緝熙敬止。」爲人君止於仁，爲人臣止於敬，爲人子止於孝，爲人父止於慈，與國人交止於信。

所謂誠其意者，毋自欺也。如惡惡臭，如好好色，此之謂自謙，故君子必慎其獨也。小人閒居爲不善，無所不至，見君子而后厭然，揜其不善而著其善。人之視己，如見其肺肝然，則何益矣？此謂誠於中，形於外，故君子必慎其獨也。曾子曰：「十目所視，十手所指，其嚴乎！」富潤屋，德潤身，心廣體胖，故君子必誠其意。

所謂脩身在正其心者：身當作心。有所忿懥則不得其正，有所恐懼則不得其正，有所好樂則不得其正，有所憂患則不得其正。心不在焉，視而不見，聽而不聞，食而不知其味，此謂脩身在正其心。

所謂齊其其字衍。家在脩其身者：人之其所親愛而辟焉，之其所賤惡而辟焉，之其所畏敬而辟焉，之其所哀矜而辟焉，之其所敖惰而辟焉，故好而知其惡，惡而知其美者，天下鮮矣。故諺有之曰：「人莫知其子之惡，莫知其苗之碩。」此謂身不脩不可以齊其家。

所謂治國必先齊其家者：其家不可教，而能教人者無之，故君子不出家而成教於國，孝者所以事君也，弟者所以事長也，慈者所以使衆也。康誥曰：「如保赤子。」心誠求之，雖不中不遠矣，未有學養子而后嫁者也。一家仁，一國興仁；一家讓，一國興讓；一人貪戾，一國作亂。其機如此，此謂一言僨事，一人定國。堯、舜帥天下以仁而民從之，桀、紂帥天下以暴而民從之。其所令反其所好，而民不從。是故君子有諸己而后求諸人，無諸己而后非諸人。所藏乎身不恕，而能喻諸人者，未之有也。故治國在齊其家。詩云：「桃之夭夭，其葉蓁蓁；之子于歸，宜其家人。」宜其家人而后可以教國人。詩云：「宜兄宜弟。」宜兄宜弟，而后可以教國人。詩云：「其儀不忒，正是四國。」其爲父子兄弟足法，而后民法之也。此謂治國在齊其家。

所謂平天下在治其國者：上老老而民興孝，上長長而民興弟，上恤孤而民不倍，是以君子有絜矩之道也。所惡於上，毋以使下；所惡於下，毋以事上；所惡於前，毋以先後；所惡於後，毋以從前；所惡於右，毋以交於左；所惡於左，毋以交於右；此之謂絜矩之道。詩云：「樂只君子，民之父母。」民之所好好之，民之所惡惡之，此之謂民之父母。詩云：「節彼南山，維石巖巖；赫赫師尹，民具爾瞻。」有國者不可以不慎，辟則爲天下僇矣。詩云：「瞻彼淇澳，菉竹猗猗，有斐君子，如切如磋，如琢如磨，瑟兮僩兮，赫兮喧兮，有斐君子，終不可諠兮。」如切如磋者，道學也；如琢如磨者，自脩也；瑟兮僩兮者，恂慄也；赫兮喧兮者，威儀也；有斐君子終不可諠兮者，道盛德至善，民之不能忘也。詩云：「於戲！前王不忘！」君子賢其賢而親其親，小人樂其樂而利其利，此以没世不忘也。康誥曰：「惟命不于常。」道善則得之，不善則失之矣。楚書曰：「楚國無以爲寶，惟善以爲寶。」舅犯曰：「亡人無以爲寶，仁親以爲寶。」秦誓曰：「若有一个臣，斷斷兮無他技，其心休休焉，其如有容焉，人之有技，若己有之，人之彥聖，其心好之，不啻若自其口出，寔能容之，以能保我子孫黎民，尚亦有利哉！人之有技，媢疾以惡之，人之彥聖，而違之俾不通，寔不能容，以不能保我子孫黎民，亦曰殆哉！」唯仁人放流之，迸諸四夷，不與同中國。此謂唯仁人爲能愛人，能惡人。見賢而不能舉，舉而不能先，命也。作怠之誤也。見不善而不能退，退而不能遠，過也。好人之所惡，惡人之所好，是謂拂人之性，菑必逮夫身。

是故君子有大道，必忠信以得之，驕泰以失之。詩云：「殷之未喪師，克配上帝，儀監于殷，峻命不易。」道得衆則得國，失衆則失國。是故君子先愼乎德，有德此，有人，有人此有土，有土此有財，有財此有用。德者本也，財者末也。外本內末，争民施奪。是故財聚則民散，財散則民聚。是故言悖而出者，亦悖而入；貨悖而入者，亦悖而出。

生財有大道：生之者衆，食之者寡，爲之者疾，用之者舒，則財恒足矣。仁者以財發身，不仁者以身發財。未有上好仁而下不好義者也，未有好義其事不終者也，未有府庫財非其財者也。孟獻子曰：「畜馬乘，不察於雞豚；伐冰之家，不畜牛羊；百乘之家，不畜聚斂之臣，與其有聚斂之臣，寧有盜臣。」此謂國不以利爲利，以義爲利也。長國家而務財用者，必自小人矣。彼爲善之。小人之使爲國家，菑害並至，雖有善者，亦無如之何矣。此謂國不以利爲利，以義爲利也。一本云：「彼爲不善之小人，使之爲國家。」

河南程氏經説卷第六

伊川先生

論語解

學而

「學而時習之，不亦説乎？」習，重習也。時復思繹，浹洽於中，則説也。「有朋自遠方來，不亦樂乎？」以善及人，而信從者衆，可樂也。「人不知而不愠，不亦君子乎？」雖樂於及人，不見是而無悶，乃所謂君子。

有子曰：「其爲人也孝弟。」孝弟順德也，故不犯上，豈復有逆理亂常之事？德有本，本立則其道充大。孝弟於其家，而後仁愛及於物，所謂親親而仁民也，故爲仁以孝弟爲本。論性，則仁爲孝弟之本。

「巧言令色鮮矣仁」，謂非仁也。知巧言令色之非仁，則知仁矣。

曾子之三省，忠信而已。

「道千乘之國」，今之諸侯能如是，足以保其國矣。

子曰：「弟子入則孝，出則弟。」爲弟子之職，力有餘則學文；一作先文。不脩其職而學，非爲己之學也。

子夏曰：「賢賢易色。」見賢改色，有敬賢之誠也。事親事君與朋友交，皆盡其誠，學求如是而已。

子曰：「君子不重則不威。」不厚重則無威儀，所學不能安固。所主在於忠信，所親者必忠信。遷善不可不速，君子之自脩當如是也。

曾子曰：「慎終追遠，民德歸厚矣。」居喪盡禮，祭祀致誠，慎終追遠之大者也。凡事能慎其終，不忘於遠，足以化民，歸於厚德矣。

子貢曰：「夫子温、良、恭、儉、讓以得之。」温、良、恭、儉、讓，盛德之輝光接於人者也。温，和厚也。良，易直也。恭，莊敬也。儉，節制也。讓，謙遜也。德容如是，是以諸侯敬而信之。

「三年無改於父之道，可謂孝矣。」孝子居喪，志存守父在之道，不必主事而言也。

有子曰：「禮之用，和爲貴。」恭而安，別而和，爲可貴也。

有子曰：「信近於義，言可復也。」信能守約，恭能遠恥，近於禮義也。因其不失於相近，亦可尚也。

「敏於事」，勇於行也。

貧無諂，富無驕，能處其分也。樂與好禮，能自脩也。切磋琢磨，自脩各以其道也。告之以樂與好禮，而知爲自脩之道，知來者也。

爲　政

子曰：「吾十有五而志於學。」聖人言己亦由學而至，所以勉進後人也。立，能自立於斯道也。不惑，則無所疑矣。知天命，窮理盡性也。耳順，所聞皆通也。從心，則不勉而中矣。

「温故而知新。」温故則不廢，知新則日益，斯言可師也。所謂「日知所亡，月無忘所能」也。

「先行其言而後從之」，踐言則可信。

「周而不比。」周爲遍及之義，君子道弘，周及於物而不偏比。小人偏比，故不能周。

「學而不思則罔。」學不思則無得，力索而不問學則勞殆。

攻求異端，則害於正。

人苟恥其不知，而不求問，是終不知也。以爲不知而求之，則當知矣，故云「是知也」。

多見而闕其不安者，寡悔之道也。君子行己能慎，得禄之道也。

「舉直錯諸枉」，舉錯得義則民心服。

「書云孝乎！」書之言孝，則曰「惟孝友于兄弟，則能施於有政」。

「非其鬼而祭之，諂也。」不當祭而祭之，諂於鬼神也。時多非禮之祀，人情狃於習俗，知義之不可而不能止，蓋無勇耳。

八佾

孔子謂季氏八佾舞於庭，「是可忍也，孰不可忍也？」忍爲是，則何所不能爲也？

「人而不仁，如禮何？人而不仁，如樂何？」仁者天下之正理，失正理則無序而不和。

「林放問禮之本。」飾過則失實，故寧儉；喪主於哀，故寧戚。

「夷狄之有君。」夷狄且有君，不如諸夏之僭亂、無上下之分也。

「君子無所争，必也如一本無如字。射乎！」射者正己而已，非有争也。「其争也君子」，言君子其争乎？

「巧笑倩兮」，美質待禮以成德，一作法。猶素待繪以成絢。子夏能諭，故曰「起予」。

「夏禮吾能言之」。夏、商之禮未盡亡也，而杞、宋之文籍法度不足考證矣，故夫子不能成之。

「禘自既灌而往者。」灌者，祭之始也。自灌而往，皆不欲觀，蓋非一事之失也。先儒皆謂以魯逆祀，而云逆祀固失禮之大者，其節文皆失也。天下之事，苟能使之中禮，則治之如視諸掌也。不知也者，不欲顯言之也。非止禘也，因禘失禮之甚而言耳。

奥喻貴臣，竈喻用事者。夫子知其意，抑之云，若獲罪於天，求媚何益也？

「射不主皮，爲力不同科。」射有五善，不必專以主皮爲工也。工力非一端，苟有可取，不必同科也。古者取善之周也。

「事君盡禮，人以爲諂也。」當時事上之禮簡也。

「關雎樂而不淫，哀而不傷。」樂得淑女，非淫其色也；哀思之切，無傷善之心也。切於善，一作色。乃傷善也。

「管仲之器小哉」，謂管仲器小，非止謂不知禮也。或問其知禮乎？故答以不知，器大則自知禮矣。

樂始翕如、純如、皦如，至於繹如，非通於樂者，孰能知之？

「子謂武，盡美矣，未盡善也。」一有傳之失者，故未盡善。

「居上不寬，爲禮不敬，臨喪不哀，吾何以觀之哉？」居上以愛人爲本，主於寬厚，禮主於敬，喪主乎哀。不然，是無本也，何以觀乎？

里仁

子曰：「里仁爲美。」居以親仁爲美，處不擇仁，焉得爲知？

「惟仁者能好人，能惡人」，得其公正也。

「苟志仁，無惡也。」苟志於仁，則無不善也。

「君子去仁，惡乎成名？」去仁，則不得名君子矣。

「君子無終食之閒違仁」，得善弗失也。「道不可須臾離，可離非道」，言道也。「造次顛沛必於是」，言守道也。

「有能一日用其力於仁矣乎？我未見力不足者。」欲仁則仁斯至矣，不繫乎力也。用力於仁者，固嘗一作當。有之，己未嘗見耳，豈敢謂天下無仁者也？

人之過也，各於其類：君子常失於厚，小人常失於薄；君子過於愛，小人傷於忍。

「朝聞道，夕死可矣。」人不可以不知道，苟得聞道，雖死可也。

「士志於道，而恥惡衣惡食者，未足與議也。」志於道而心役乎外，何足與議也？

「君子之於天下也，無適也，無莫也，義之與比。」君子之於天下，無必往也，無莫往也，惟義是親。

「君子懷德，小人懷土；君子懷刑，小人懷惠。」在上者志存於德，則民安其土；在上者志在嚴刑，則民思仁厚者而歸之。

「放於利而行多怨。」心存乎利，取怨之道也，蓋欲利於己，必損於人。

禮者爲國之本，能以禮讓，復何加焉？不能以禮，將如禮何？無禮讓，則不可以爲國也。

「不患無位，患所以立；不患莫己知，求爲可知也。」君子求其在己者，故患身無所立，不患無位以行也；求爲可知之行，不患人之不知己也。

曾子曰：「夫子之道，忠恕而已。」盡己之謂忠，推己之謂恕。忠，體也；恕，用也。孟子曰：「盡其心者，知其性也。」

「君子喻於義，小人喻於利」，惟其深喻，是以篤好。

「德不孤，必有鄰。」事物莫不各以類聚，故德必有鄰。

公冶長

「斯焉取斯。」斯，助語，詩云：「恩斯勤斯。」

子貢問曰：「賜也何如？」子曰：「女器也。」器者尚飾之物，子貢文勝，故云器也。復問何器？曰：「瑚璉也。」瑚璉貴器。飾之盛者皆從玉，見其飾之美。

「或曰雍也仁而不佞。」佞，辨才也，人有之，則多入於不善，故夫子云：「焉用佞？」

子使漆雕開仕，使求祿也。對以己學且未能信，信謂自得，故夫子説其篤志。

子曰：「道不行，乘桴浮于海，從我者其由也與！」浮海居夷，譏天下無賢君也。子路勇於義，故謂其能從己。子路以爲實欲浮海也，故喜夫子與己。夫子許其勇而謂其不能量度事理也。「取材」，裁度也，材裁通用。

子謂子貢曰：「女與回也孰愈？」子貢喜方人，故問其與回孰愈？子貢既能自謂何敢望回，故云吾與女弗及，所以勉之進也。

宰予晝寢。人既眈惑難以語學矣，因責其不踐平日之言也。

人有慾則無剛，剛則不屈於欲也。

「我不欲人之加諸我，吾亦欲無加諸人仁也。」施諸己而不願，亦勿施於人，恕也。恕或能勉之，仁則非子貢所及。

「夫子之文章，可得而聞也；夫子之言性與天道，不可得而聞也。」子貢聞夫子之至論而歎美之言也。

「子路有聞，未之能行，唯恐有聞。」子路果於行者，故有聞而未能行，惟恐復有聞也。

「晏平仲善與人交，久而敬之。」人之交久則敬衰，久而能敬，所以爲善與人交也。

世謂臧文仲知，僭上失禮，安得爲知？

令尹子文三仕爲令尹，無喜色；三已之，無愠色，其然，豈其然乎？人不能見其色則可矣，謂其無喜愠則非也。苟無喜愠，何以知其未仁也？夫子獨稱其以政告新爲忠，斯可見矣。

季文子三思而後行，使晉時也，其再慮當矣，至於求遭喪之禮，則過矣。

子在陳，曰「歸與，」夫子之删詩書，使羣弟子編緝之也。

伯夷、叔齊之節，至高峻也，然其居之以寬，故怨希，不然則不可以處世矣。

「孰謂微生高直？」君子敬以直內，所枉雖小而害則大。

「足恭」，過恭也。左丘明，古之聞人。

顔淵、季路與夫子之言志，夫子安仁也，顔淵不違仁也，季路求仁也。

夫人能自知其過者鮮也，然知過非難也，能自訟之爲善，自訟不置，能無改乎？

「十室之邑，必有忠信如丘者焉，不如丘之好學也。」忠信，質也。語生質則不異於人，人不若己之好學耳，所以勉人學也。

雍　也

「雍也可使南面」，仲弓才德可使爲政也。

子桑伯子内主於敬而簡，則爲要直；内存乎簡而簡，則爲疏略。仲弓可謂知旨者。子桑伯子之簡雖可取，而未盡善，故夫子云可也。

顔子之怒在物而不在己，故「不遷」；有不善未嘗不知，知之未嘗復行，「不貳過」也。

子華使於齊，冉子爲其母請粟。子曰：「與之釜。」請益，曰：「與之庾。」冉子與之粟五秉。夫子之使子華，子華之爲夫子使，義也，而冉求乃欲資之而爲之請粟。夫子曰「與之釜」者，所以示冉求以不當與也。求不達而請益，則「與之庾。」求猶未達夫子之意，故自與之粟五秉，故夫子非其繼富。蓋赤苟至乏，則夫子必周之矣。原思爲之宰，則與之粟九百，思辭其多，故謂之曰：苟有餘，則分諸鄰里鄉黨。夫子之使子華，義也；原思爲宰，有常禄也。

子謂仲弓曰：「犂牛之子騂且角。」疑多曰字。角，始角也，可用時也。

回三月不違仁，得善則服膺弗失也；其餘則日月至焉，至謂心存於仁，非能至於仁也。

季康子問仲由、子貢、冉有其才可以從政乎？夫子答以各有所長。非唯三子者，人各有所長，能取其長，皆可用也。

季氏使閔子騫爲費宰。閔子騫曰：「善爲我辭焉。如有復我者，則吾必在汶上矣。」仲尼之門，能不仕大夫之家者，閔子、曾子數人而已。

顔子之樂，非樂簞瓢陋巷也，不以貧窶累其心而改其所樂也，故夫子稱其賢。

冉有曰：「非不説子之道，力不足也。」夫子告以爲學由己，未有力不足者。所謂力不足者，乃中道而自廢耳。今女自止，非力不足也。

君子儒爲己，小人儒爲人。

行不由徑，動必從正道。

「不有祝鮀之佞，而有宋朝之美。」無鮀之巧言與朝之令色，難免乎今之世，必見憎疾也。

道，不可離也。事必由其道，猶出入之必由户也。

「文質彬彬，然後君子。」君子之道，文質得其宜也。

人類之生，以直道也；欺罔而免者，幸耳。

「好之者，不如樂之者。」非有所得，安能樂之？

「中人以上，可以語上；中人以下，不可以語上。」才卑而語之高，安能入也？

樊遲問知。能從百姓之所義者，知也。鬼神當敬也，親而求之，則非知也。以所難爲先，而不計所獲，仁也。

「知者樂水，仁者樂山。」樂者，一本有喜字。好也。知者樂於運動，若水之通流。仁者樂於安静，如山之定止。知者得其樂，仁者安其常也。

「齊一變至於魯，魯一變至於道。」夫子之時，齊强魯弱，孰不以爲齊勝魯也？然魯猶存周公之法制，齊由桓公之霸，爲從簡尚功之治，太公之遺法變易盡矣，故一變乃能至魯。魯則修廢舉墜而已，一變則至於先王之道也。

「觚不觚，觚哉！觚哉！」觚而失其觚之形制，則非觚也。故君而失其君之道，則爲不君；臣而失其臣之職，則爲虛位。

宰我問曰：「仁者，雖告之曰井有仁焉，其從之也？」宰我問仁者好仁，不避患難，雖告之以赴井爲仁，亦從之乎？夫子謂不然，君子可使之有往，不可陷之於不知；可欺以其方，不可罔以非其道。

子曰：「君子博學於文，約之以禮，亦可以弗畔矣夫！」博學而守禮，雖未知道，亦可以道弗違畔於道矣。

南子非正，而衞君以爲夫人，使見夫子。夫子雖不願見，安能拒之乎？子路以夫子之被强也，故不說。夫子爲陳不得已之故而謂之曰：吾道之否塞如是，蓋天厭之，猶天喪予也。

中庸，天下之正理。德合中庸，可謂至矣。自世教衰，民不興於行，鮮有中庸之德也。

「博施於民，而能濟衆。」博施，厚施也。博而及衆，堯、舜病其難也。聖人濟物之心無窮已也，患其力不能及耳。聖人者，人倫之至，惟聖人爲能盡仁道。然仁可通上下而言，故曰：「何事於仁？必也聖乎！」恕者爲仁之方也。

述而

傳，述而不作；信古而好之，自比於老、彭也。

「默而識之，學而不厭，誨人不倦，何有於我哉？」默識而無倦者，有諸己者也。何有於我，勉人學當如是也。子貢曰：「學不厭，知也；教不倦，仁也。仁且知，夫子既聖矣。」以仁知而言也。

子曰：「德之不修，學之不講，聞義不能徙，不善不能改，是吾憂也。」憂如是，則德日新。

申申，和適之貌。夭夭，温裕之貌。

「吾不復夢見周公。」夢見周公，夫子盛時，寤寐常存行周公之道；及其老也，志慮衰矣。存道者，心無老少之異；行道者，身老則衰矣。

「志於道，據於德，依於仁，游於藝。」學者當如是，游泳於其中。子曰：「自行束脩以上，吾未嘗無誨焉。」苟以禮來者，無不受也。

「不憤不啟，不悱不發」，待其誠至而後告也。「舉一隅，不以三隅反，則不復也」，既告之，必待其自得也。憤悱，誠意見於辭色也。

「子食於有喪者之側，未嘗飽也。」食甘矣，則飫飽。有喪者在側，豈能甘也？

子謂顔淵曰：「用之則行，舍之則藏，唯我與爾有是夫！」用舍無所預於己，安於所遇者也。或曰：然則知命矣。夫曰安所遇者，命不足道也。君子知有命，故言必曰命。然而安之不以命，知求無益於得而不求者，非能不求者也。

子路曰：「子行三軍，則誰與？」子路自負其勇，謂夫子必與己，故夫子抑而教之。

子曰：「富而可求也，雖執鞭之士，吾亦爲之。」富，人之所欲也，苟於義可求，雖屈己可也；如義不可求，寧貧賤以守其志也。非樂於貧賤，義不可去也。

子之所慎，齊、戰、疾三者，夫子所重慎。人之事爲多矣，能察知所慎，善觀聖人矣。

「子在齊聞韶，三月不知肉味。」當食而聞，忘味之美也。三月，乃音字誤分爲二也。「不圖爲樂之至於斯」，歎其美也。作三月，則於義不可。

「夫子爲衛君乎？」問與輒否乎？二人者，讓國而逃，諫伐而餓，終無怨悔，夫子以爲賢，故知其不與輒也。

「飯疏食，飲水，曲肱而枕之，樂亦在其中矣。不義而富且貴，於我如浮雲。」雖疏食飲水，不能改其樂，故云「樂亦在其中矣」，非樂疏食飲水也。不義而富貴，視之輕如浮雲也。

子曰：「加我數年，五十以學易，可以無大過矣。」此未贊易時言也。更加我數年，至五十，以學易道，無大過矣。古之傳易，如八索之類，皆過也，所以易道未明。聖人有作，則易道明矣。云學，云大過，皆謙辭。

「子所雅言：詩、書、執禮，皆雅言也。」世俗之言，失正者多矣，如吳、楚失於輕，趙、魏失於重。既通於衆，君子正其甚者，不能盡違也。惟於詩、書、執禮，必正其言也。

葉公不知仲尼，故問於子路。子路以其不能知聖人也，故不對。子曰：「女奚不曰：其爲人也，發憤忘食，樂以忘憂，不知老之將至云爾？」發憤至於忘食，自樂能忘其憂，老將至而不知，好學之篤耳。聖人未嘗自居於聖也，惟自謂好學耳。

「我非生而知之者，好古敏以求之者也」，亦自謂好學也，所以勸人學也。敏，速也，謂汲汲也。

「子不語：怪、力、亂、神。」怪異、勇力、悖亂、鬼神之事，皆不以語人也。

子曰：「天生德於予，桓魋其如予何？」人莫不知有命也，臨事而不懼者鮮矣。惟聖人爲能安命。

子曰：「二三子以我爲隱乎？」孔、孟之道一也，其教人則異。孔子常俯而就之，孟子則推而高之。孔子不俯就，則人不親；孟子不推高，則人不尊：聖賢之分也。二三子不能窺見聖人，故夫子告之以無隱也。

「子以四教：文、行、忠、信」，教人以學文修行而存忠信也。忠、信，本也。一心之謂誠。盡心之謂忠。存於中，謂之孚。見於事，謂之信。

「聖人吾不得而見之矣，得見君子者斯可矣。善人吾不得而見之矣，得見有恒者斯可矣。」才德出衆，謂之君子。善人，良善之人也。有常，雖無善，守其常分者也。若實無而爲有，以虛而爲盈，處約而爲泰，則妄人也，難謂之有常矣。

「子釣而不綱，弋不射宿。」聖人之仁，不盡物，不驚衆也。

子曰：「蓋有不知而作之者，我無是也。」不知而作，妄作也。聖人固無不知也。在衆人，雖未能知之，若能多聞擇善而從，多見而記識之，亦可次於知之者也。

互鄉之人，習於不善，難與言善也。今四方之俗，有頑惡難治者，皆習使之然也。互鄉之童子，見夫子，而門人怪之。子曰：與其進之志善，不與其退而不善也；拒絶之，則太甚矣。人潔己而來，當與其潔也，豈保其往而不善乎？聖人待物之弘也。

子曰：「仁遠乎哉？我欲仁，斯仁至矣。」爲仁由己，欲之則至，未有力不足者也。

陳司敗問：「昭公知禮乎？」夫子以知禮答司敗之問，而以爲黨，在所不答也。而復自云有過者，蓋巫馬期約以復告也。

「子與人歌而善，必使反之而後和之」，歌必全章也，與「割不正不食，席不正不坐」同也。

子曰：「文莫吾猶人也。」常人於文飾則皆欲勝人，實行則未之見也。

子曰：「若聖與仁，則吾豈敢？」夫子謙自謂不敢當仁聖，然行之而不厭，以誨人而不倦，不厭不倦，非己有不能也。公西華見聖人之道遠，而誨人不倦，故歎曰：「正唯弟子不能學耳。」

子疾病，子路請禱。子曰：「有諸。」謂有是理乎？子路以古人之誄告。夫禱者，悔過遷善，祈神之祐也。聖人未始有過，無善可遷，故云「丘之禱久矣。」

「奢則不孫，儉則固。」奢儉皆失禮也，而奢之害大。

「君子坦蕩蕩，小人長戚戚。」君子循理，故舒泰蕩蕩然。小人役於物，故多憂戚。

「子温而厲，威而不猛，恭而安」，德容之盛也。善哉！門人之能觀聖人也。

泰伯

「泰伯其可謂至德也已矣。三以天下讓，民無得而稱焉。」泰伯之讓，非謂其弟也，爲天下也。其事深遠，故民不能識而稱之，而聖人謂之至德。不立，一讓也；逃之，二讓也；文身，三讓也。

恭而無禮，則不安，故勞。慎而無禮，則多懼，故葸。勇而無禮，則不順，故亂。直而無禮，則好訐，故絞。

君子篤於親，則民興而樂仁；故舊不遺，則民化而篤厚。

曾子有疾，召門弟子曰：「啟予足，啟予手。」君子曰終，小人曰死。君子保其身以殁，爲終其事也，故以全歸爲免矣。

曾子有疾，孟敬子問之。曾子言曰：「鳥之將死，其鳴也哀。」不問而自言，故曰「言曰」。鳥畏死，故鳴哀；人將死而言出於誠也，故善。君子所貴者，慎之於身，言動之閒，皆有法則。容貌莊敬，則可以遠暴慢。顏色正，則自知其信。辭氣之出，不使至於鄙倍。鄙謂偏僻，倍謂違咈義理。倍與背字通用，孟子曰：「師死而遂倍之。」籩豆之事，則有司存焉。政在修己，身正則官治，若乃事物器用之細，則有司存焉。

曾子曰：「以能問於不能。」顏子能無我矣。

曾子曰：「可以託六尺之孤。」節操如是，可謂君子矣。

曾子曰：「士不可以不弘毅，任重而道遠。」弘大剛毅，而後能勝重任而遠到。

子曰：「興於詩，立於禮，成於樂。」詩發於人情，止於禮義，言近而易知，故人之學，興起於詩。禮者，人之模範，守禮所以立其身也。安之而和樂，德之成也。

民可使之由是道，不能使之皆知也。

子曰：「好勇疾貧，亂也。人而不仁，疾之已甚，亂也。」好勇而不安其分，與不仁而無所容，皆必爲亂也。

子曰：「如有周公之才之美，使驕且吝，其餘不足觀也已。」居貴富而驕吝，無德之甚也。雖才美奚爲？才美謂威儀技藝。

子曰：「篤信好學，守死善道，危邦不入，亂邦不居。天下有道則見，無道則隱。邦有道，貧且賤焉，恥也。邦無道，富且貴焉，恥也。」君子處身如是。知無道而富貴爲可恥而不處，特立者能之。

「不在其位，不謀其政。」不在其位，則不任其事也。若君大夫問而告者，則有矣。

「師摯之始，關雎之亂，洋洋乎盈耳哉！」師摯之始，必定公始，仲尼自衞反魯時也。哀公之世，則摯適齊矣。

子曰：「狂而不直，侗而不愿，悾悾而不信，吾不知之矣。」狂則必直，侗則必愿，悾悾則必信，自當然也。而有不然者，僞妄之甚，不可得而知也，謂非常理也。

「巍巍乎，舜、禹之有天下也。」舜、禹得天下，而已不與求。巍巍，其德之高也。

「大哉，堯之爲君也。」巍巍崇高，其大與天同也。蕩蕩，其德之廣大不可得而名言也。其成功可見者，則巍巍崇高；其文章，則焕然至盛。

舜有臣五人，而武王有亂臣十人。以唐、虞之際方之，周爲盛也。然又有婦人焉，惟九人耳。才之難得如此。婦人，邑姜也。

子曰：「禹，吾無閒然矣。」禹德之至，不可復有加矣。再言「無閒」，稱美之深也。

三分天下有其二，而尚服事於殷，可謂至德也。

子罕

「子罕言利，與命，與仁。」計利則害義，命之理微，仁之道大，皆所罕言也。

達巷黨人曰：「大哉孔子，博學而無所成名。」常人之學，多以一長而得稱成名也。達巷黨人大夫子之博學，而怪不以一善得名於時，蓋其不知聖人也。故夫子聞之，而謂門人曰：欲使我何所執？「執御乎？執射乎？吾執御矣。」御，藝之最下者。

子曰：「麻冕，禮也，今也純儉，吾從衆。拜下，禮也，今拜乎上，泰也，雖違衆，吾從下。」麻冕用純儉而無害，從衆可也。拜乎上，泰也，泰謂簡慢。事君不可泰也，寧違衆也。君子處世，事之無害於義者，從俗可也，害於義則不可從。

按時氏本，伊川先生作論語解，止此。然以大全集校之閣本，詳略不同。後人又自「子絶四」以下，至「堯曰」，纂集遺書、外書之有解者以附益之。今因重出，故從閣本云。

河南程氏經説卷第七

伊川先生

孟子解

按：晁昭德讀書志，程氏孟子解十四卷，大全集止載一卷。又按：近思録及時氏本無之，校之閣本，又止載「盡信書不如無書」一章。及反覆通考，則皆後人纂集遺書、外書之有解者也。故今亦不復載，因存其目云。

河南程氏經説卷第八

中庸解

天命之謂性，率性之謂道，修道之謂教。

此章先明性道教三者所以名。性與天道，一也。天道降而在人，故謂之性。性者，生生之所固有也。循是而之焉，莫非道也。道之在人，有時與位之不同，必欲爲法於後，不可不修。

道也者不可須臾離也，止故君子必慎其獨也。

此章明道之要，不可不誠。道之在我，猶飲食居處之不可去，可去皆外物也。誠以爲己，故不欺其心。人心至靈，一萌于思，善與不善，莫不知之。他人雖明，有所不與也。故慎其獨者，知爲己而已。

喜怒哀樂之未發謂之中，止萬物育焉。

此章明中和及言其效。情之未發，乃其本心。本心元無過與不及，所謂「物皆然，心爲甚」，所取凖則以爲中者，本心而已。由是而出，無有不合，故謂之和。非中不立，非和不行。所出所由，未嘗離此大本根也。達道，衆所出入之道。極吾中以盡天地之中，極吾和以盡天地之和，天地以此立，化育亦以此行。

仲尼曰：君子中庸，止小人而無忌憚也。

此章言中庸之用。時中者，當其可而已，猶冬飲湯、夏飲水而已之謂。無忌憚，以無所取則也，不中不常，妄行而已。

子曰：中庸其至矣乎！民鮮能久矣。

人莫不中庸，善〔一〕能久而已。久則爲賢人，不息則爲聖人。

子曰：道之不行也，我知之矣。止道其不行矣夫！

此章言失中之害。必知所以然，然後道行；必可常行，然後道明。知之過，無徵而不適用；不及，則卑陋不足爲，是不行之因也。行之過，不與衆共；不及，則無以異於衆，是不明之因也。行之不著，習矣不察，是皆飲食而不知味者。如此而望道之行，難矣夫！

子曰：舜其大知也與！止其斯以爲舜乎！

此章言舜所以用中。舜之知所以爲大者，樂取諸人以爲善而已。好問而好察邇言，隱惡而揚善，皆樂取諸人者也。兩端，過與不及也。執其兩端，乃所以用其時中，猶持權衡而稱物輕重，皆得其平。故舜之所以爲舜，樂取諸人，用諸民，皆以能執兩端而不失中也。

子曰：人皆曰予知，止則拳拳服膺而弗失之矣。

〔一〕徐本「善」作「鮮」，義較長。

此章辨惑。陷阱之可避，中庸之可守，人莫不知之，鮮能蹈之，烏在其爲知也歟？惟顏子擇中庸而守之，此所以爲顏子也。衆人之不能期月守，聞見之知，非心知也。顏子服膺而弗失，心知而已，此所以與衆人異。

子曰：天下國家可均也，止中庸不可能也。

此章言中庸之難能。均，平治也。一事之能，一節之廉，一朝之勇，有志者皆能之；久於中庸，惟聖者能之。

子路問强，止至死不變，强哉矯。

此章言强之中，南方之强，不及强者也，北方之强，過强者也。南方，中國也，雖不及强，然犯而不校，未害爲君子。北方任力，故止爲强者，能矯以就中，乃得君子之强。自「和而不流」以下，皆君子自矯其强者也。塞，未通也。不變未達之所守，所謂富貴不能淫也。

子曰：素隱行怪，止惟聖者能之。

此章言行之中。素隱行怪，未當行而行，行之過者也。半塗而廢，當行而不行，行之不及者也。惟君子依乎中庸，自信不悔，聖人之事也。

君子之道費而隱，止及其至也察乎天地。

此已上論中，此已下論庸。此章言常道之終始。費，用之廣也。隱，微密也。聖人有所不知不能，所謂隱也。費則常道，隱則至道。惟能盡常道，乃所以爲至道。天地之大，亦有所不能，故人猶有憾，況聖人乎？天地之大猶有憾，語大者也。有憾於天地，則大於天地矣，此所以天下莫能載。愚不肖之夫婦所常行，語小者也。愚不肖所常行，雖聖人亦有不可廢，此所謂天下莫能破。上至乎天地所不能，下至於愚不肖之所能，則至道備矣。自夫婦之能，至察乎天地，則常道盡矣。

子曰：道不遠人，止君子胡不慥慥爾！

言治人治己之常道。苟非其人，道不虛行。人能弘道，非道弘人。故道而遠人，是爲外物。一人之身，而具有天地之道，遠而古今，大而天下，同之是理，無毫釐之差。故君子之治人，治其不及人者使及人而已。將欲治人，必先治己，故以忠恕自治。責子之孝，而自知乎未能事父；責臣，責弟，責朋友，皆然。故惟安常守中務實，是乃治己之務。

君子素其位而行，止子曰：父母其順矣乎！

此章言安土順命，乃所以守常。素其位，不援上，不陵下，不怨天，不尤人，居易俟命，自邇自卑，皆安土順命之道。

子曰：鬼神之爲德，其盛矣乎！止誠之不可揜如此夫！

此章論誠之本。惟誠所以能中庸。神以知來，知以藏往。往者屈也，來者伸也。所屈者不亡，所伸者無息。雖無形聲可求，而物物皆體。弗聞弗見，可謂微矣。然體物弗遺，此之謂顯。不亡不息，可謂誠矣。因感必見，此之謂不可揜。

子曰：舜其大孝也與！止故大德者必受命。

中庸之行，孝弟而已。如舜之德位皆極，流澤之遠，始可盡其孝。故禄位名壽之皆得，非大德其孰能致之？故夫婦之不肖，可以能焉，及其至也，雖聖人亦有所不能焉。

子曰：無憂者，其惟文王乎！止治國其如示諸掌乎！

此章亦言庸行本於孝。文、武、周公皆盡孝者也，所以父作子述而無憂者。文王之所致，猶舜之德爲聖人，尊爲天子；武王之孝，能不失顯名，而尊爲天子；周公則達孝於天下，是皆盡孝者也。武王、周公蓋善繼文王之志，善述文王之事。故修其祖廟，所以繼文王事親之志，序爵序事所以述文王事親之事也。追王之禮，下達於士庶人；繼志述事，上達乎祖，此之謂達孝。

哀公問政，止思知人不可以不知天。

此章言爲政，蓋本於庸行也。盡修身之行，至於以道以仁，行之至也。思修身，至於事親，知人知天，知之至也。

天下之達道五，止則知所以治天下國家矣。

天下古今之所共由，謂之達道。所謂達道者，天下古今之所共行。所謂達德者，天下古今之所共有。雖有共行之道，必知之，體之，勉之，然後可行。雖知之，體之，勉之，不一於誠，則有時而息。求之有三，知之則一。行之有三，成功則一。所入之塗，則不能不異；所至之域，則不可不同。故君子論其所至，則生知與困知，安行與勉行，未始有異也。既不有異，是乃所以爲中庸。若乃企生知安行之資爲不可幾及，輕困知勉行爲不能有成，此道之所以不明不行，中庸之所以難久也。愚者自是而不求，自私者以天下非吾事，懦者甘爲人下而不辭。有是三者，欲修之身，未之有也。故好學非知，然足以破愚；力行非仁，然足以忘私；知恥非勇，然足以起懦。知是三者，未有不能修身者也。天下之理，一而已。小以成小，大以成大，無異事也。舉斯心以加諸彼，遠而推之四海而準，久而推之萬世而準。故一修身而知所以治人，知所以治人而知所以治天下國家。皆出乎此者何？中庸而已。

凡爲天下國家有九經，止凡爲天下國家有九經，所以行之者一也。

此章言庸行，至于九經，盡矣。自知天至於九經，無精粗之別必備，乃所以爲常道。經者，百世所不變也。九經之用，皆本於德懷，無一物不在所撫，而刑有不與焉。修身，九經之本。必親友，然後修身之道進，故次之以尊賢。道之所進，莫先其家，故次之以親親。由親親以及朝廷，故敬大臣，體羣臣。由朝廷以及其國，故子庶民，來百工。由其國以及天下，故柔遠人，懷諸侯。此九經之序。視羣臣猶吾四體，視庶民猶吾子，此視臣視民之別。禮義由賢者出，尊賢則不爲異端所惑。大臣，人所瞻仰，所以取法，非其人，黜之可也。在其位，不可不敬，不敬則民眩，不知所從。讒、色、貨，皆害德。舍是三者，惟德之貴，則人勸而爲賢。尊之欲其貴，愛之欲其富。所欲與之聚之，所惡勿施爾，而不責以善，此所以諸父兄弟相勸而親。官盛任使，如注說。注云：大臣皆有屬官，所任使，不親小事也。待之以忠信，養之以厚祿，士無有不勸者也。遠人惟可以柔道馭之。送往迎來，嘉善而矜不能者，柔道也。厚往薄來，不爲歸己者，厚也。一說，謂燕賜厚而納貢薄。一以貫九者誠也，故其下論誠。

凡事豫則立，止道前定則不窮。

豫，謂成己素定也。成而素定，非誠而何？有諸己之謂信。無信不立，有信不廢。如誠有之，何往而不可？苟無其實，幾何不窮？言前定，如宰我、子貢以説辭成。事前定，如冉有、季路以政事成。行前定，如顔淵、仲弓以德成。道前定，如孔子之集大成。此章論在事之誠。

在下位不獲乎上，止不誠乎身矣。

自治民而造約，必至於明善而後已。明善者，能明其善而已。如明仁義，則知凡在我者，以何爲仁，以何爲義。能明其情狀，而知所從來，則在我者，非徒説之而已。在吾身誠有是善，故所以能誠其身。此章論在身之誠。

誠者天之道也，止雖柔必强。

誠者，理之實然，致一而不可易也。天下萬古，人心物理，皆所同然，有一無二，雖前聖後聖，若合符節，是乃所謂誠，誠卽天道也。天道無勉無思，然其中其得，自然而已。聖人誠一於天，天卽聖人，聖人卽天。由仁義行，何思勉之有？故從容中道而不迫。誠之者，以人求天者也，思誠而復之，故明有未窮，於善必擇，誠有未至，所執必固。善不擇，道不精；執不固，德將去。學問思辨，所以求之也；行，所以至之也。至之，非人一己百，人十己千，不足以化氣質。

自誠明謂之性，止明則誠矣。

謂之性者，生之所固有以得之。謂之教者，由學以復之。理之實然者，至簡至易。既已至之，則天下之理，如開目睹萬象，不假思慮而後知，此之謂誠則明。致知以窮天下之理，則天下之理皆得，卒亦至于簡易實然之地，而行其所無事，此之謂明則誠。

唯天下至誠，爲能盡其性，止則可以與天地參矣。

至于實理之極，則吾生之所固有者，不越乎是。吾生所有，既一於理，則理之所有，皆吾性也。人受天地之中，其生也，具有天地之德，柔强昏明之質雖異，其心之所同者皆然。特蔽有淺深，故别而爲昏明；稟有多寡，故分而爲强柔；至於理之所同然，雖聖愚有所不異。盡己之性，則天下之性皆然，故能盡人之性。蔽有淺深，故爲昏明；蔽有開塞，故爲人物。稟有多寡，故爲强柔；稟有偏正，故爲人物。故物之性與人異者幾希，惟塞而不開，故知不若人之明；偏而不正，故才不若人之美。然人有近物之性者，物有近人之性者，亦係於此。於人之性，開塞偏正，無所不盡，則物之性，未有不能盡也。己也，人也，物也，莫不盡其性，則天地之化幾矣。故行其無事，順以養之而已，是所謂贊天地之化育。天地之化育，猶有所不及，必人贊之而後備，則天地非人不立，故人與天地並立爲三才，此之謂天地參。

其次致曲，止惟天下至誠爲能化。

人具有天地之德，自當徧覆包含，無所不盡。然而稟於天，不能無少偏曲，則其所存所發，在偏曲處必多，此謂致曲。雖曰致曲，如專壹於是，未有不成；德之成矣，未有不見乎文章。致曲至於成章，無以加矣。無以加，則必能知類通達，見其所不盡。幾者，動之微也。知至而不能至之，不可與幾。故知至，未有不動者也。君子豹變，其文蔚也；大人虎變，其文炳也。有心乎動，動而不息，雖文有大小，未有不變者也。變者，復之初。復于故，則一於理，不知其所以變，故惟至誠爲能化。

至誠之道，可以前知，止故至誠如神。

誠一於理，無所閒雜，則天地人物，古今後世，融徹洞達，一體而已。興亡之兆，今之有思慮，如有萌焉，無不前知。蓋有方所，則有彼此先後之別。既無方所，彼卽我也，先卽後也，未嘗分別隔礙，自將達乎神明，非特前知而已。

誠者自成也，止故時措之宜也。

誠不爲己，則誠爲外物；道不自道，而其道虛行。既曰誠矣，苟不自成就，如何致力？既曰道矣，非己所自行，將誰與行乎？實有是理，乃有是物。有所從來，有以致之，物之始也；有所從亡，有以喪之，物之終也。皆無是理，雖有物象接於耳目，耳目猶不可信，謂之非物可也。天大無外，造化發育，皆在其閒，故有內外生焉。性生內外之別，故與天地不相似。若性命之德，自合乎內外，故具仁與知。無己無物，誠一以貫之，合大德而施化育，故能時措之宜也。理義者，人心之所同然者也。吾信乎此，則吾德實矣，故曰「誠者自成也。」吾用乎此，則吾道行矣，故曰「道自道也。」夫誠者，實而已矣。實有是理，故實有是物；實有是物，故實有是用；實有是用，故實有是心；實有是心，故實有是事。是皆原始要終而言也。箕不可以簸揚，則箕非箕矣。斗不可以挹酒漿，則斗非斗矣。種禾於此，則禾之實可收也。種麥於此，則麥之實可收也。如未嘗種而望其收，雖荑稗且不可得，況禾麥乎？是所謂「誠者物之終始，不誠無物」也。故君子必明乎善，知至意誠矣。既有惻怛之誠意，乃能竭不倦之强力，然後有可見之成功。苟不如是，雖博聞多見，舉歸於虛而已。是則誠之爲貴也。誠雖自成也，道雖自道也，非有我之得私也，與天下同之而已。故思成己，必思所以成物，乃謂仁知之具也。性之所固有，合內外而無間者也。夫天大無外，造化發育，皆在其間，自無內外之別。人有是形，而爲形所梏，故有內外生焉。內外一生，則物自物，己自己，與天地不相似矣。反乎性之德，則安有物我之異，內外之別哉？故時措之宜者，凡以反乎性之德，而得乎喜怒哀樂未發之中，發而皆中節者也。

故至誠無息，止故曰：苟不至德，至道不凝焉。

此章言至約之理，惟至誠而已。盡天地之道，亦不越此。窮盡實理，得之有之，其勢自能至於悠久、博厚、高明，但積之而已。蓋實理不二，則其體無雜。其體無雜，則其行無間。故至誠無息，非使之也，機自動爾，乃乾坤之所以開闔。如使之非實，則有時而息矣。久，堪任也。徵，驗也。悠，久長也。凡物用之不窮者，其才堪任是用也。如有所窮，則其用必息。故誠之所以久者，不息而已。不能堪任，廢敝必矣，又安所效驗於外哉？不息至於有徵，則傳之百世，亦猶是也。能傳百世而不已，則其積必多。博者能積衆狹，厚者能積衆卑。有如是廣博，其勢不得不高；有如是深厚，其積不得不明；是皆積之之效也。所以覆物、載物、成物者，其能也；所以章、所以變、所以成者，其功也。能非力之所任，非用而後有，其勢自然，不得不爾，是乃天地之道也。天地所以生物不測者，止於至誠而已，天地之所以神者，積之無疆而已。如使天地爲物有貳，則必有已；積之有已，則其積不多。昭昭撮土之微，不同乎衆物，又烏有博厚高明悠久之功能哉？天之爲天，不已其命而已。聖人之爲聖人，不已其德而已。其爲天人德命則異，其所以不已則一。故聖人之道，可以配天者，如此而已。禮儀威儀，道也，所以行之者德也。小德可以任大道，至德可以守至道。故道不虛行，必待人而後行。故必有人而行，然後可名之道也。

故君子尊德性而道問學，止敦厚以崇禮。

德性，廣大高明皆至德；問學，精微中庸皆至道；惟至德所以凝至道也。雖有問學，不尊吾自德之性，則問學失其道矣。雖有精微之理，不致廣大以自求，則精微不足以自信矣。雖有中庸之道，不極高明以行之，則同污合俗矣。雖知所未知，不溫故以存之，則德不可積；雖有崇禮之志，不敦厚以持之，則其行不久。此皆合德與道而言，然後可以有成矣。

是故居上不驕，止其此之謂與！

居上不驕，知上而不知下；爲下不倍，知下而不知上。國有道，不知言之足興，知藏而不知行。

子曰：愚而好自用，止其寡過矣乎！

無德爲愚，無位爲賤。有位無德，而作禮樂，所謂「愚而好自用。」有德無位，而作禮樂，所謂「賤而好自專。」生周之世，而從夏、殷之禮，所謂「居今世，反古之道。」三者有一焉，取裁之道也。故王天下者，有三重焉：議禮所以制行，故行必同倫；制度所以爲法，故車必同軌；考文所以合俗，故書必同文。惟王天下者行之，諸侯有所不與，故國無異政，家不殊俗，蓋有以一之也。如此則寡過矣。

仲尼祖述堯、舜，止此天地之所以爲大也。

祖述堯、舜，善有所尊；憲章文、武，善有所徵。上律天時，如祖述堯、舜。下襲水土，如憲章文、武。蓋稱堯、舜者，以道言之，天時者道之所由出也。稱文、武者，以政事言之，水土者人之所有事也。律之言法，襲之言服也。此言仲尼之中庸，如是之大，如是之備，故譬言天地之大也。其博厚，足以任天下；其高明，足以冒天下；其化循環而無窮，達消息之理也；其用照鑒而不已，達晝夜之道也。尊賢容衆，嘉善而矜不能，並育不相害之理也；貴貴尊賢，賞功罰罪，各當其理，並行不相悖之義也；禮儀三百，威儀三千，此小德所以川流；洋洋乎發育，峻極于天，此大德所以敦化也。

惟天下至聖，爲能聰明睿知，止**故曰配天。**

此章言聖人成德之用，其效如此。聖人成德，非萬物皆備，足以應物而已；其停蓄充盛，至深至大，出之以時，人莫不敬信悅服，至於血氣之類，莫不尊親，惟天德爲能配。

惟天下至誠，爲能經綸天下之大經，止**其孰能知之！**

大經，庸也。大本，中也。化育，化也。莫非經也。親親，長長，貴貴，尊賢，其大經歟！莫非本也。致公平，極廣大，不偏倚，不係累，其大本歟！莫非化也。陰陽，合散，屈伸，其化育歟！誠者，實有是理也。反而求之，理之所固有而不可易者，是謂庸。體其所固有之義，則經綸至矣。理之所自出而不可易者，是謂之中。尊其所自出，則立之至矣。理之所不得已者，是謂化育。明其所不得已之機，則知之至矣。至誠而至於此，則至誠之事盡矣，天德全矣。夫天德無所不覆者，不越不倚於物而已。有倚於物，則覆物也有數矣。由不倚，然後積而至厚，厚則深，深則大。厚也，深也，大也，不至於天則不已。卒所以浩浩者，天而已。故非達天德，不足以知之。

詩曰：「衣錦尚絅。」惡其文之著也，止無聲無臭至矣。

自此至終篇，言德成反本，自內省至於不動而敬，不言而信，自不動不言至於不大聲色，自不大聲色至於無聲無臭。聲臭微矣，有物而不可見，猶曰無之，則誠一於天可知。闇然而日章，中有本也；的然而日亡，暴於外而無實以繼之也。故君子貴乎反本。君子之道，深厚悠遠而有本，故淡而不厭，簡而文，温而理，本我心之所固有也。習矣而不察，日用而不知，非失之也，不自知其在我爾。故君子之學，將以求其本心。本心之微，非聲色臭味之可得，此不可得而致力焉。惟循本以趣之，是乃入德之要。推末流之大小，則至於本源之淺深，其知遠之近歟！以見聞之廣，動作之利，推所從來，莫非心之所出，其知風之自歟！心之精微，至隱至妙，無聲無臭，然其理明達暴著，若懸日月，其知微之顯歟！凡德之本，不越是矣。如此，則入德其幾矣。反本之要，吾心誠然而已。心誠然之，豈係乎人之見與不見？惟內省不疚可矣。其中有本，不待言動，而人敬信。天何言哉？四時行焉，百物生焉。不必賞罰，而人知勸沮。其盛德之盛，足以使人愛敬。愛之則樂從，故不待勸；敬之則不敢慢，故不待懲。其斯之謂歟！君子之於天下，正己斯可矣。正己，則物孰與不正？篤恭而天下平，正己而已。自明之德，若日月有明，容光必照，何聲色之用乎？德之端，夫婦之愚可以與知，其不肖也，可以能行。其輕而易舉，豈特毛之比乎？故毛輶有倫。如誠一於天，則無聲無臭之閒，得其實理，斯盡之矣。

按晁昭德讀書志，有明道中庸解一卷，伊川大全集亦載此卷。竊嘗考之，中庸，明道不及爲書，伊川雖言已成中庸之書，自以不滿其意，已火之矣。反復此解，其卽朱子所辨藍田呂氏講堂之初本、改本無疑矣。用仍其舊，以備參考。

河南程氏粹言序

河南夫子書，變語録而文之者也。余得諸子高子，其家傳，以爲是書成於龜山先生。龜山，河南之門高弟也，必得夫心傳之妙。苟非其人，差毫釐而千里謬矣。余始見之，卷次不分，編類不別，因離爲十篇，篇標以目，欲其統而要，非求效夫語、孟之書也。昔文中子所得粹矣，中説類多格言，迺門弟子所録。後之病中説者，謂其擬論語爲僭，是豈文中子意哉？余於是書，亦慮後世有以議夫子也，故輒記其始末。若夫子之道，日月其明，泰山其高，江海其大也，豈後學所能形容？夫子姓程，諱某，字正叔。夫子之兄，諱某，謚明道先生，亦時有言行録於其閒。乾道丙戌，正月十有八日，南軒張栻序。

河南程氏粹言卷第一

宋龜山楊　時訂定
宋南軒張　栻編次

論道篇

子曰："道外無物，物外無道。在父子則親，在君臣則敬。有適有莫，於道已爲有閒，又況夫毀髮而棄人倫者乎？"

子曰："立言，所以明道也。言之，而知德者厭之，不知德者惑之，何也？由涉道不深，素無涵蓄爾。"

子曰："傳道爲難，續之亦不易。有一字之差，則失其本旨矣。"

或謂"惟太虛爲虛"。子曰："無非理也，惟理爲實。"或曰："莫大於太虛。"曰："有形則有小大，太虛何小大之可言？"

子曰："有者不可謂之無。猶人知識聞見，歷數十年之後，一旦念之，昭昭然於心，謂之無者非也，謂之有者，果安在哉？"

或問："誠者，專意之謂乎？"子曰："誠者實理也，專意何足以盡之？"呂大臨曰："信哉！實有是理，故實有是物；實有是物，故實有是用；實有是用，故實有是心；實有是心，故實有是事。故曰：誠者實理也。」

或問：「介甫有言，盡人道謂之仁，盡天道謂之聖。」子曰：「言乎一事，必分爲二，介甫之學也。道一也，未有盡人而不盡天者也。以天人爲二，非道也。子雲謂通天地而不通人曰伎，亦猶是也。或曰：乾天道也，坤地道也，論其體則天尊地卑，其道則無二也。豈有通天地而不通人？如止云通天文地理，雖不能之，何害爲儒？」

子曰：上天之載，無聲無臭之可聞。其體則謂之易，其理則謂之道，其命在人則謂之性，其用無窮則謂之神，一而已矣。

子曰：陰之道，非必小人也，其害陽則小人也，其助陽成物則君子也。利非不善也，其害義則不善也，其和義則非不善也。

子曰：誠則無不敬，未至於誠，則敬然後誠。

子曰：誠無不動者：修身則身正，治事則事理，臨人則人化，無往而不得，志之正也。

或問：「子所定昏禮，有壻往謝之儀，何謂也？」子曰：「是時也。以今視古，氣之淳漓不同矣。今人之壽夭貌象，與古亦異，而冕服俎豆，未必可稱也。聖人之主化，猶禹之治水耳，宜順之而不逆，宜遵之而不違。隨時之義，亦因於此焉。」

子曰：天下之害，皆以遠本而末勝也。峻宇雕牆，本於宮室；酒池肉林，本於飲食；淫酷殘忍，本於刑罰；窮兵黷武，本於征伐。先王制其本者，天理也；後王流於末者，人欲也。損人欲以復天理，聖人之教也。或曰：「然則未可盡去乎？」曰：「本末，一道也。父子主恩，必有嚴順之禮；君臣主敬，必有承接之儀；禮遜有節，非威儀則不行；尊卑有序，非物采則無別。文之與質，相須而不可缺也。及夫末勝而本喪，則寧遠浮華，而質朴之爲貴爾。」

子曰：純於敬，則己與理一，無可克者，無可復者。

子曰：質必有文，自然之理也。理必有對，生生之本也。有上則有下，有此則有彼，有質則有文。一不獨立，二必爲文。非知道者，孰能識之？

子曰：佛者之學，若有止則有用。

子曰：觀生理可以知道。

子曰：至誠感通之道，惟知道者識之。

子曰：仁道難名，惟公近之，非指公爲仁也。

子曰：聖人以生死爲常事，無可懼者。佛者之學，本於畏死，故言之不已。下愚之人，故易以其説自恐。至於學禪，雖異於是，然終歸於此，蓋皆利心也。或曰：「本以利心得之耶？抑亦利心求之而有失也？」子曰：「本以利心得之，故學者亦以利心失之也。莊生所謂無常化者，亦若是爾。」

韓侍郎曰：「道無真假。」子曰：「既無真，則是假爾；既無假，則是真矣。真假皆無，尚何有哉？必曰是者爲真，非者爲假，不亦顯然而易明乎？」

子謂門人曰：「於佛氏之説，不必窮也。苟欲窮之，而未能窮，則已與之俱化矣。」曰：「然則何以能不疑？」曰：「曷不以其迹考之？其迹如是，其心何如哉？豈可取其迹而不求其心，探其心而不考其迹也？心迹猶形影，無可判之理。王仲淹之言非也。助佛氏之説者，必曰不當以其迹觀之，吾不信也。」

子曰：義利云者，公與私之異也。較計之心一萌，斯爲利矣。

子曰：便儇佼厲之人，去道遠而。

子曰：公者仁之理，恕者仁之施，愛者仁之用。子厚曰：「誠一物也。」

子曰：苟非至誠，雖建功立業，亦出於事爲浮氣，其能久乎？

或問：「學者多流於釋氏之説，何也？」子曰：「不致知也。知之既至，孰得而移之？知玉之爲寶，則人不能以石亂之矣；知醴之爲甘，則人不能以櫱亂之矣；知聖人之爲大中至正，則釋氏不能以説惑之矣？」

或謂：「佛氏所謂定，豈聖人所謂止乎？」子曰：「定則忘物而無所爲也。止則物自付物，各得其所，而我無與也。」

子曰：天地不相遇，則萬物不生；君臣不相遇，則政治不興；聖賢不相遇，則道德不亨；事物不相遇，則功用不成。遇之道，大矣哉！

子曰：至公無私，大同無我，雖眇然一身，在天地之間，而與天地無以異也，夫何疑焉？佛者厭苦根塵，是則自利而已。

子曰：「能明善，斯可謂明也已。能守善，斯可謂誠也已。」

或問：「孝弟爲仁之本與？」子曰：「行仁自孝弟始，孝弟，仁之事也。仁，性也；孝弟，用也。謂孝弟爲行仁之本則可，直曰仁之本，則不可。」

或問：「仁與聖何以異？」子曰：「仁，可以通上下而言。聖，名其極也。有人於此，一言一行仁矣，亦可謂之仁，而不可謂之聖。至於盡人道者，必謂之聖，而亦可謂之仁。」

子曰：「仁者，天下之正理。失正理，則無序而不和。」

或問敬。子曰：「主一之謂敬。」「何謂一？」子曰：「無適之謂一。」「何以能見一而主之？」子曰：「齊莊整敕，其心存焉；涵養純熟，其理著矣。」

子曰：「忠恕猶曰中庸，不可偏舉。」

子曰：「至誠事親則成人子，至誠事君則成人臣，無不誠者，故曰誠者自成也。」

或問：「中庸可擇乎？」子曰：「既博學之，又審問之，又謹思之，又明辨之，所以識中庸之理而不差忒，奚爲而不擇？」

子曰：「存道者，心無老少之異；行道者，身老則衰。故孔子曰：『吾衰也久矣。』」

子曰：「仁者必愛，指愛爲仁則不可。不仁者無所知覺，指知覺爲仁則不可。」

子曰：「可欲莫如善，以有諸己爲貴。若存若亡焉，而不爲物所誘、俗所移者，吾未之見也。」

子曰：「敬以直內，義以方外，仁也。不可曰以敬直內，以義方外。謂之敬義者，猶曰行仁義云耳，何直之有？所謂直也者，必有事而勿正心是也。敬以直内，義以方外，與物同矣，故曰敬義立而德不孤，推而放諸四海而準。

子曰：守道當確然而不變。得正則遠邪，就非則違是，無兩從之理。

子謂學者曰：夫道恢然而廣大，淵然而深奧，於何所用其力乎？惟立誠然後有可居之地。無忠信，則無物。

子曰：理素定，則能見幾而作。不明於理，何幾之能見？

或問：「四端不言信，何也？」子曰：「有不信，故言有信。譬之四方，其位已定，何不信之有？若以東爲西，以南爲北，斯不信矣。是故四端不言信。」

劉安節問：「仁與心何異？」子曰：「於所主曰心，名其德曰仁。」曰：「謂仁者心之用乎？」子曰：「不可。」曰：「然則猶五穀之種，待陽氣而生乎？」子曰：「陽氣所發，猶之情也。心猶種焉。其生之德，是爲仁也。」

子曰：敬則無閒斷，文王之純如此。

子曰：禮者人之規範，守禮所以立身也。安禮而和樂，斯爲盛德矣。

子曰：無道而得富貴，其爲可耻，人皆知之；而不處焉，惟特立者能之。

子曰：子厚以清虚一大名天道，是以器言，非形而上者。

子曰：今之語道者，語高則遺卑，語本則遺末。孟子之書，雖所記不主一端，然無精麤之分，通貫言之，蔑不盡者。

子曰：凡志於求道者，可謂誠心矣，欲速助長而不中理，反不誠矣。故求道而有迫切之心，雖得之，必失之。觀天地之化，一息不留，疑於速也；然寒暑之變極微，曷嘗遽哉？

子曰：語默猶晝夜爾，死生猶古今爾。

子曰：仁則一，不仁則二。

子曰：一德立而百善從之。

子曰：無一亦無三，故曰「三人行則損一人，一人行則得其友」，是二而已。

子曰：天以生爲道。

或問：「理義何以異？」子曰：「在物爲理，處物爲義。」

子曰：形而上者，存於洒埽應對之閒，理無小大故也。

子曰：理有盛衰，有消長，有盈益，有虛損。順之則吉，逆之則凶。君子隨時所尚，所以事天也。

子曰：理善莫過於中。中則無不正者，而正未必得中也。

或問仁。子曰：聖賢言仁多矣，會觀而體認之，其必有見矣。韓文公曰：「博愛之謂仁。」愛，情也；仁，性也。仁者固博愛，以博愛爲盡仁，則不可。

或問：「何謂忠？何謂恕？」子曰：「『維天之命，於穆不已。』忠也。『天地變化草木蕃』，恕也。」

子曰：不偏之謂中。一物之不該，一事之不爲，一息之不存，非中也，以中無偏故也。此道也，常而不可易，故既曰中，又曰庸也。

或問：「商開丘之事，信乎？」子曰：「大道不明於天下，莊、列之徒窺測而言之者也。」

或曰：「蹈水火白刃而無傷，巫師亦或能之，豈在誠乎？」子曰：「彼以邪心詭道爲之，常懷欺人之意，何誠之有？」曰：「然則其能者何也？」子曰：「西方有幻術焉，凡其所謂變化神通以駭衆人之耳目者，皆幻也。巫師所能，迺其餘緒耳。」

子曰：異端之説，雖小道，必有可觀也，然其流必害，故不可以一言之中、一事之善，而兼取其大體也。夫楊、墨亦是堯、舜而非桀、紂，其是非豈不當乎？其所以是非之意，蓋竊吾之似，欲成其説耳。

子曰：介甫之言道，以文爲耳矣。言道如此，己則不能然，是己與道二也。夫有道者不矜於文學之門，啟口容聲，皆至德也。

子曰：世之學者，未嘗知權之義，於理所不可，則曰姑從權，是以權爲變詐之術而已也。夫臨事之際，稱輕重而處之以合於義，是之謂權，豈拂經之道哉？

或問：「信在四端，猶土王四季乎？」子曰：「信無在，無不在。在易則至理也，在孟子則配道義之氣也。」

或問：「夫子曰有已發之中，有未發之中，中有二耶？」子曰：「非也。發而中節，是亦中也。對中而言之，則謂之和可也，以其發故也。」

子謂子厚曰：「道者天下之公也，而學者欲立私說，何也？」子厚曰：「心不廣也。」子曰：「彼亦是美事，好而爲之，不知迺所當爲，强私之也。」

子曰：因人情而節文之者，禮也；行之而人情宜之者，義也。

或問：「喜怒哀樂未發之時，耳無所聞，目無所見乎？」曰：「雖無聞見，而聞見之理自存。汝於靜也何如？」對曰：「謂之有物則不可，然昭昭乎有所知覺也。」子曰：「有是覺，則是動矣。」曰：「夫子於喜怒哀樂之未發也，謂靜而已乎？」子曰：「汝必從事於敬以直內，則知而得之矣。」曰：「何以未發言中？」子曰：「敬而無失，所以中也。凡事事物物皆有自然之中，若俟人爲布置，則不中矣。」

子曰：或言方有內外，是有間矣。道無間，方無內外。

或問：「何謂時中？」子曰：「猶之過門不入；在禹、稷之世爲中也，時而居陋巷，則過門不入非中矣。居於陋巷，在顏子之時爲中也，時而當過門不入，則居於陋巷非中矣。蓋以事言之，有時而中；以道言之，何時而不中也？」

或問：「外物宜惡諸？」子曰：「於道而無所見，則累與惡皆不得免焉，蓋亦原其當有當無爾。當有也，何惡之有？當無也，何絶之有？」

子曰：禮者，理也，文也。理者，實也，本也。文者，華也，末也。理文若二，而一道也。文過則奢，實過則儉。奢自文至，儉自實生，形影之類也。

子曰：昔聖人謂「立人之道曰仁與義。」「仁者人也，親親爲大。」唯能親親，故自吾老幼以及人之老幼。「義者宜也，尊賢爲大。」唯能尊賢，故賢者在位，能者在職。仁義，盡人之道矣。

子曰：視聽言動一於禮，謂之仁。

子曰：信不足以盡誠，猶愛不足以盡仁也。

子曰：晝夜者，死生之道也。知生之道，則知死矣。盡人之道，則能事鬼矣。死生、人鬼，一而二、二而一者也。

子曰：仕止久速，惟其可，不執於一，故曰：「君子而時中也。」喜怒哀樂之未發，寂然不動，故曰：「天下之大本也。」

子曰：能盡飲食言語之道，則能盡出處去就之道矣。能盡出處去就之道，則能盡死生之道矣。其致一也。

子曰：有形皆器也，無形惟道。

子曰：凡執守不定者，皆不仁也。

子曰：釋氏言定，異乎聖人之言止。夫於有美惡因而美惡之，美惡在物，我無心焉。苟曰吾之定，不預於物，然物未嘗忘也。聖人曰止，隨其所止而止之，止其所也。

子曰：中無定方，故不可執一。今以四方之中爲中，則一方無中乎？以中外之中爲中，則當外無中乎？故自室而觀之，有室之中，而自堂觀之，則室非中矣。自堂而觀之，有堂之中，而自庭觀之，則堂非中矣。

子曰：集義生氣。方其未養也，氣自氣爾；惟集義以生，則氣與義合，無非道也。合非所以言氣，自其未養言之也。

或問：「集義必於行事，非行事則無所集矣。」子曰：「內外一事，豈獨事欲合義也？」又問：「敬以直內，其能不用意乎？」子曰：「其始，安得不用意也？久而成焉，意亡矣。」又問：「必有事焉者，其惟敬而已乎？」子曰：「敬以涵養也，集義然後爲有事也。知敬而不知集義，不幾於兀然無所爲者乎？」

子曰：佛氏之道，一務上達而無下學，本末閒斷，非道也。

子曰：楊、墨之害，甚於申、韓，佛氏之害，甚於楊、墨。

子曰：論語所載，其猶權衡尺度歟！能以是揆事物者，長短輕重較然自見矣。

子曰：敬則虛靜，而虛靜非敬也。

子曰：一不敬，則私欲萬端生焉。害仁，此爲大。

子曰：仁者以天地萬物爲一體，莫非我也。知其皆我，何所不盡！不能有諸己，則其與天地萬物，豈特相去千萬而已哉？

子曰：仁孝之理，備於西銘之言。學者斯須不在，是卽與仁孝遠矣。

子曰：無不敬者，對越上帝之道也。

子曰：順理則無憂。

子曰：老子語道德而雜權詐，本末舛矣。申、韓、張、蘇皆其流之弊也。申、韓原道德之意而爲刑名，後世猶或師之。蘇、張得權詐之説而爲縱横，其失益遠矣，今以無傳焉。

或問：「釋氏有事事無礙，譬如鏡燈，包含萬象，無有窮盡也。此理有諸？」子曰：「佛氏善侈大其説也。今一言以蔽之曰，萬物一理耳。夫百氏諸子，未有不善道德仁義者，考其歸宿，則異乎聖人也。佛氏，其辭皆善遁。今即其言而究之，則必曰吾不爲是也。夫已出諸其口，載之於書矣，遁將何之？」

子曰：佛之所謂世網者，聖人所謂秉彝也。盡去其秉彝，然後爲道，佛之所謂至教也，而秉彝終不可得而去也。耳聞目見，飲食男女之欲，喜怒哀樂之變，皆其性之自然。今其言曰：「必盡絶是，然後得天真。」吾多見其喪天真矣。學者戒之謹之，至於自信，然後彼不能亂矣。

或問：「愛何以非仁？」子曰：「愛出於情，仁則性也。仁者無偏照，是必愛之。」

子曰：謙者，治益之道。

子曰：離陰陽則無道。陰陽，氣也，形而下也。道，太虚也，形而上也。

子曰：道無體，而義有方。

或問：「釋氏有言下覺，何如？」子曰：「何必浮屠氏，孟子言之矣。『以先知覺後知，以先覺覺後覺』，知者知此事也，覺者覺此理也。」

或問：「變與化何別？王氏謂因形移易謂之變，離形頓革謂之化，疑其説之善也。」子曰：「非也。變，未離其體也。化，則舊迹盡亡，自然而已矣。故曰『動則變，變則化，惟天下至誠爲能化。』」

子曰：盡己無歉爲忠，體物無違爲信，表裏之義也。

子曰：動静無端，陰陽無始。非知道者，孰能識之？

子曰：莫大於道，莫妙於神。至大至妙，宜若難言也。聖人語之，猶常事爾。使學者玩而索之，故其味長，釋氏之言，夸張閎侈，將以駭人耳目而動其心，意已盡而言未已，故其味短。

子曰：聖人公心盡天地萬物之理，各當其分，故其道平直而易行。佛氏厭苦棄捨，造作費力，皆非自然，故失之遠。

子曰：佛氏求道，猶以管窺天，惟務上見，而不燭四旁，是以事至則不能變。

子曰：中庸天理也。不極天理之高明，不足以道乎中庸。中庸乃高明之極耳，非二致也。

子曰：予奪翕張，理所有也，而老子之言非也。與之之意，乃在乎取之；張之之意，乃在乎翕之，權詐之術也。

子曰：禮樂大矣，然於進退之間，則已得情性之正。

子曰：一二而合爲三，三見則一二亡矣。離三而爲一二，一二見而三亡矣。方爲一二而求三，既已成三，又求一二，是不知理。

子曰：善惡皆天理。謂之惡者，或過或不及，無非惡也，楊、墨之類是也。

子曰：以氣明道，氣亦形而下者耳。

子曰：靜中有動，動中有靜，故曰動靜一源。

子曰：氣充則理正，正則不私，不私之至則神。

或問：「何謂誠，何謂道乎？」子曰：「自性言之爲誠，自理言之爲道，其實一也。」

子曰：中無定體，惟達權然後能執之。

子曰：至顯莫如理。昔有人鼓琴而見螳蜋捕蟬者，或人聞之，而曰：「琴胡爲有殺聲也？」夫殺在物，見在心，而聽者以聲知之，非至顯歟？

子曰：道不遠人，不可須臾離也，此特爲始學者言之耳。論道之極，無遠也，無近也，無可離不可離也。

子曰：使萬物無一失所者，斯天理，中而已。

子曰：「人爲不善於幽隱之中者，謂人莫己知也，而天理不可欺，何顯如之？」或曰：「是猶楊震所謂四知者乎？」子曰：「幾矣。雖然，人我之知，猶有分也，天地則無二知也。」

吕大臨曰：「中者道之所由出也。」子曰：「非也。」大臨曰：「所謂道也，性也，中也，和也，名雖不同，混之則一歟？」子曰：「中卽道也。汝以道出於中，是道之於中也，又爲一物矣。在天曰命，在人曰性，循性曰道，各有當也。大本言其體，達道言其用，烏得混而一之乎？」大臨曰：「中卽性也。循性而行，無非道者。則由中而出，莫非道也。豈爲性中又有中哉？」子曰：「性道可以合一而言，中不可并性而一。中也者，狀性與道之言也。猶稱天圓地方，而不可謂方圓卽天地。方圓不可謂之天地，則萬物非出於方圓矣。中不可謂之性，則道非出於中矣。中之爲義，自過與不及而立名，而指中爲性可乎？性不可容聲而論也。率性之謂道，則無不中也，故稱中所以形容之也。」大臨曰：「喜怒哀樂之未發，赤子之心，至虚無倚，豈非中乎？此心所發，無往而不中。大人不失赤子之心，所謂允執厥中也。」子曰：「赤子之心，已發而未遠於中者也，而爾指爲中，是不明大本也。」大臨曰：「聖人智周萬物，赤子未有所知，其心固不同也。孟子所言，特取其純一無僞，可與聖人同爾，非謂無毫髮之異也。無過不及之謂中，何從而知之乎？求之此心而已。此心之動，出入無時，何從而守之乎？求之喜怒哀樂未發之際而已。當是時也，至虚不倚，純一無僞，以應萬物之變，何往而非禮義哉？故大臨以赤子之心爲中，而曰中者道之所由出也。」子曰：「非謂無毫髮之異，斯異矣，大本則無異爾。於喜怒哀樂未發之際，而求中之中，去中不亦遠乎？」大臨曰：「然則夫子以赤子之心爲已發者，而未發之時謂之無心可乎？」子曰：「心一也，有指體而言者，寂然不動是也；有指用而言者，感而遂通天下之故是也。在人所見何如耳。論愈析微，則愈易差失。言之未瑩，則亦擇之未精耳。」大臨曰：「此則淺陋之辠也，敢不承教！」

論學篇

子曰：「識道以智爲先，入道以敬爲本。夫人測其心者，茫茫然也，將治心而不知其方者，寇賊然也。

天下無一物非吾度内者，故敬爲學之大要。

子曰：學必先知仁，知之矣，敬以存之而已。存而不失者，心本無懈，何事於防閑也？理義益明，何事於思索也？斯道也，與物無對，大不足以明之。天地之用，卽我之用也；萬物之體，卽我之體也。

子曰：行失卽惡，亦改之而已。事失卽亂，亦治之而已。苟非自棄，皆君子也。

子曰：「犯而校者，私己也；不校者，樂天也。」或曰：「然則無當報者乎？」子曰：「其有報也，亦循理而已。」

子曰：所處於貧賤，雖貧賤未嘗不樂，不然，雖富貴亦常歉然不自得。故曰：「莫大於理，莫重於義。」

子曰：彈琴而心不在焉，則不成聲。故曰：「琴者，禁邪心也。」

蘇昞問：「脩辭何以立誠？」子曰：「苟以脩飾言語爲心，是僞而已。」

子曰：視聽言動，無非天也。知其正與妄，斯善學矣。

子曰：世俗之言多失正，如吳、楚失之輕，趙、魏失之重，旣通乎衆，盡正之而不得，則君子去其甚者而已。

子曰：有過必改，罪己是也，改而已矣。常有歉悔之意，則反爲心害。

子曰：學者欲得正，必以顏子爲準的。

蘇洵曰：「平居講習，殆空言也，何益？不若治經傳道，爲居業之實耳。」子曰：「講習而無益，蓋未嘗有得耳。治經固學之事，苟非自有所得，則雖五經，亦空言耳。」

子曰：射法具而彀不滿，發不中，未正内志耳。

子曰：今之學者有三弊：溺於文章，牽於詁訓，惑於異端。苟無是三者，則將安歸？必趨於聖人之道矣。

或問：「有反身而未誠者何？」子曰：「是視身之與誠，猶二物也。必以己合彼，非能誠矣。夫身既不誠，則無樂矣。」

子謂劉安節曰：「善學者進德，不有異於綴文者耶？有德矣，動無不利，爲無不成，何有不文？若綴文之士，不專則不工，專則志局於此，又安能與天地同其大乎？呂大臨有言：學如元凱，未免成癖，文似相如，未免類俳。今之爲文者，一意於詞章藻繪之美，務悦人之耳目，非俳優而何？」

子曰：能守節，善矣，亦貴乎適中而已。節而過中，是謂苦節，安能常且久耶？

子曰：妄動由有欲。妄動而得者，其必妄動而失，一失也；其得之，必失之，二失也；況有凶咎隨之乎？是故妄得之福，災亦隨焉；妄得之得，失亦繼焉。苟或知此，亦庶幾乎不由欲而動矣。

子曰：於上深有所望，於下深有所責，其處己則莫不恕也，而可乎？

子曰：言行不足以動人，臨事而倦且怠，皆誠不至也。

子曰：人之智思，因神以發。智短思敝，神不會也。會神必有道。

子曰：古人謂心廣，洪大無偏而不起之處。得見其人，亦可與語矣。

韓公與子坐，惜日之暮，喟然而歎。子曰：「常理也，古猶今也，而何歎？」曰：「老而將去也。」子曰：「勿去可也。」曰：「奈何而勿去？」子曰：「不能則去矣。」

子曰：斟酌古今而去取之，非心有權度，卓然不疑者，未能無差忒。

子曰：可觀莫如萬物之生意。

子曰：處患難，知其無可奈何，遂放意而不反，是豈安於義命者？

子曰：知過而能改，聞善而能用，克己以從義，其剛明者乎！

子曰：飢而食，渴而飲，冬而裘，夏而葛，苟有一毫私意於其閒，卽廢天職。

子曰：學禮義，考制度，必求聖人之意，得其意，則可以沿革矣。

或問入道之功。子曰：「立志。志立則有本。譬之藝木，由毫末拱把，至於合抱而干雲者，有本故也。」

子曰：學者有所聞，而不著乎心，不見乎行，則其所聞固自他人之言耳，於己何與焉？

子曰：思索經義，不能於簡策之外脫然有獨見，資之何由深？居之何由安？非特誤己，亦且誤人也。

或問：「有人少而勇，老而怯，少而廉，老而貪。何爲其然也？」子曰：「志不立，爲氣所使故也。志勝氣，則一定而不可變也。曾子易簀之際，其氣微可知也；惟其志旣堅定，則雖死生之際，亦不爲之動也。

況老少之異乎？」

或問：「人有日記萬言，或妙絶技藝者，是可學乎？」子曰：「不可。才可勉而少進，鈍者不可使利也。惟積學明理，既久而氣質變焉，則暗者必明，弱者必立矣。」

或問：「爲養而求仕，不免憂得失，將何以免此？」子曰：「志勝氣，義處命，則無憂矣。」曰：「在己可免也，而親不悦，奈何？」子曰：「爲己爲親，非二事也。其如命何？人苟不知命，見利必趨，遇難必避，得喪必動，其異於小人者幾希。聖人曰命云者，爲中人而設也。上智之士，惟義之安。雖曰求而得之，然安於義而無求，此樂天者之事也。至於聞有命而不能安之，則每下矣。」

或問：「爲文有害於大學之道乎？」子曰：「是其爲業也，不專則不工也，專則志局於此，斯害也已。學以養心，奚以文爲？五經之言，非聖人有意於文也；至蘊所發，自然而成也。」

或曰：「游、夏以文學稱，何也？」曰：「汝謂其執簡秉筆，從事於詞章之技乎？」

子曰：讀書將以窮理，將以致用也。今或滯心於章句之末，則無所用也。此學者之大患。

子曰：利者，衆之所同欲也，專欲利己，其害大矣：貪之甚，則昏蔽而忘理義；求之極，則争奪而致怨。

子曰：學者自治，極於剛則守道愈固，勇於進則遷善愈速。

子曰：達理故樂天而不競，内充故退遜而不矜。

子曰：物聚而無以養之，則不能存息矣。故君子：動静節宣，所以養生也；飲食衣服，所以養形也；威儀行動，所以養德也；推己及物，所以養人也。養道之所貴，惟正而已矣。

子曰：言不可不謹：傷於易則誕，傷於煩則支，己肆則物忤，出悖則來違，君子所以非法不道也。

子曰：射中鵠，舞中節，御中度，皆誠也。

子曰：赴湯火，蹈白刃，武夫之勇可能也；克己自勝，非君子之大勇不可能也。

子曰：凡夫之過多矣，能改之者，猶無過也。惟識趣汙下之人，其改之爲最難，故其過最甚。

子曰：始於致知，智之事也；行所知而極其至，聖之事也。

子曰：學者好爲高論，猶貧人談金：辨其體色，權其輕重，商其貴賤，其言未必非也，然終不如富人之有金，未嘗自言金之美也。

子曰：進學莫先乎致知，養心莫大乎理義。

王彥霖曰：「人之於善也，必其誠心欲爲，然後有所得；其不欲，不可以强人也。」子曰：「是不然。任其自爲，聽其不爲，則中人以下，自棄自暴者衆矣。聖人所以貴於立教也。」

彥霖再問：「立德進德當何先？」子曰：「有既立而益進者，上也；有勇而至於立者，次也。」

或問：「必有事焉者，其敬而已乎？」子曰：「敬，所以涵養也。集義，所謂必有事也。不知集義，是爲無事也。」曰：「義者，中理之謂乎？」子曰：「中理見乎事，敬在心。義以方外，然後中理矣。」曰：「義與敬，何以異？」子曰：「敬，所以持守也。有是有非，順理而行者，義也。」曰：「敬猶靜歟？」子曰：「言靜則老氏之學也。」

子曰：處屯難之時，而有致亨之道，其惟正固乎！凡處難，能守正而不變者，鮮矣。

子曰：百工治器，必貴於有用。器而不可用，工不爲也。學而無所用，學將何爲也？

子曰：學而未有所知者，譬猶人之方醉也，亦何所不至？及其既醒，必惕然而耻矣。醒而不以爲耻，末如之何也。

子曰：根本既立，然後可立趨向；趨向既立矣，而所造有深淺不同者，勉與不勉故也。

子謂周行己曰：今之進學者，如登山：方於平易，皆能闊步而進，一遇峻險，則止矣。

子曰：不誠則有累，誠則無累。

子曰：學之而不養，養之而不存，是空言也。

子曰：重任，必强脊膂之人迺能勝。

子曰：義有至精，理有至奥，能自得之，可謂善學矣。

子曰：自得而至於無我者，凡善言美行，無非所過之化也。

子曰：學至涵養其所得而至於樂，則清明高遠矣。

子曰：學而不自得，則至老而益衰。

子曰：力學而得之，必充廣而行之。不然者，局局其守耳。

子曰：語學者以其所未至，不惟所聞不深，亦易忽於理。

子曰：見之既明，養之既熟，泰然而行之，其進曷禦焉？

子曰：識必見於行，如行道塗，涉暗阻，非日月之光，炬火之照，則不可進矣。故君子貴有識。力學窮理，則識益明，照知不惑，迺益敏矣。

子曰：言而不行，自欺孰甚焉？

子曰：動以人則有妄，動以天則无妄。

子曰：教人者，養其善心，則惡自消；治民者，導以敬遜，則爭自止。

子曰：學必激昂自進，不至於成德，不敢安也。

或問：「今有志於學，而知識蒙蔽，力不能勝其任，則如之何？」曰：「致知則明，明則無不勝其任者，在强勉而已。」

子曰：人之於學，避其所難而姑爲其易者，斯自棄也已。夫學者必志於大道，以聖人自期，而猶有不至者焉。

子曰：以富貴驕人者，固不美矣；以學問驕人者，其害豈小哉？

子曰：「學者當務實，一有近名之心，則大本已失，尚何所學哉？」或曰：「不猶賢於爲利者乎？」子曰：「清汚雖不齊，而其利心則一也。」「然則沒世而名不稱，孔子何爲而疾之也？」子曰：「非爲求名也，爲無善之可稱耳。」

或問：「日新者，益進乎？抑謂無弊而已乎？」子曰：「有進意而求益者，必日新。」

或問：「有因苦學失心者，何也？」子曰：「未之聞也。善學者之於其心，治其亂，收其放，明其蔽，安其危，曾謂爲心害乎？」

子曰：「不知天，則於人之賢否愚智，有所不知，雖知之，有所不盡。故學以知天爲本。不知人，則所親者或非其人，所由者或非其道，故學者以親賢爲急。

子曰：學不博者不能守約，志不篤者不能力行。

或問：「學，何如而謂之有得？」子曰：「其必默識心通乎！篤誠明理而涵養之者，次也。聞之知之，意億度之，皋非得也。」

或問：「學必窮理。物散萬殊，何由而盡窮其理？」子曰：「誦詩、書，考古今，察物情，揆人事，反覆研究而思索之，求止於至善，蓋非一端而已也。」又問：「泛然，其何以會而通之？」子曰：「求一物而通萬殊，雖顔子不敢謂能也。夫亦積習既久，則脱然自有該貫。所以然者，萬物一理故也。」

子曰：未有知之而不能行者。謂知之而未能行，是知之未至也。

子曰：於所當爲者，用意而爲之，未免私心也。

子曰：致知則智明，智明然後能擇。

或問：「夫子之教，必使學者涵養而後有所得。如何其涵養也？」子曰：「莫如敬。」

子曰：學者以屏知見、息思慮爲道，不失於絶聖棄智，必流於坐禪入定。夫鑑之至明，則萬物畢照，鑑之常也，而奚爲使之不照乎？不能不與萬物接，則有感必應，知見不可屏，而思慮不可息也。欲無外誘之患，惟內有主而後可。主心者，主敬也；主敬者，主一也。不一，則二三矣。苟繫心於一事，則他事無自入，況於主敬乎？

或問：「致知力行，其功並進乎？」子曰：「人謂非禮勿爲，則必强勉而從之；至於言穿窬不可爲，不必强勉而後能也。故知有淺深，則行有遠近，此進學之效也。循理而至於樂，則己與理一，殆非强勉之可能也。」

子曰：閑邪則誠已存，非取誠於外，納諸中而存之也。故役役然於不善之中求善而爲之，必無入善之理。

子曰：古之言「知之非艱」者，吾謂知之亦未易也。今有人欲之京師，必知所出之門，所由之道，然後可往。未嘗知也，雖有欲往之心，其能進乎？後世非無美材能力行者，然鮮能明道，蓋知之者難也。

或問：「使從俗，可以從歟？」子曰：「於義有害者，胡爲而可從？」

子曰：學者苟有「朝聞道夕死可矣」之志，則不肯安於所不安也。不能然者，不見實理故也。

或問：「何謂實理？」子曰：「灼然見其是非可否也。古人有視死如歸者，苟不見死重於義，如見火之熱，水之深，無復疑，則其能者未矣。」

子曰：獨處而靜思者非難，居廣而應天下者爲難。

朱光庭問爲善之要。子曰：「孜孜而爲之者，當其接物之際也。未與物接，則敬而已。自敬而動，所謂爲善也。」

子曰：「有志於道，而學不加進者，是無勇也。

伯淳與吴師禮論王氏所學之失：「其爲我盡達之介甫。理者天下之公，不可私有也，非敢必以爲是。介甫有以告我，則願反覆辨之，辨之而明，不有益於彼，斯有益於我矣。」

子曰：「學者所見所期，不可不遠且大也。及夫施於用，則必有其漸。

子曰：「責善之道，必也貴誠而不貴言，則於人有相長之益，在己無自辱之患。

子曰：「古之教人，無一物不使之誠心，射與舞之類是也。

子曰：「怒在理而無所遷，動乎血氣則遷矣。

或謂：「舉子必精脩其所業，可以應有司之選。今夫子每止之使勿習，何也？」子曰：「設科以文詞取之，苟可以應科，則亦足矣；盡心力而爲之，以期乎必得，是惑也。」

子曰：「古者家有塾，黨有庠，三老坐于里門，察其長幼出入揖遜之序，詠歌諷誦，無非禮義之言。今也，上無所學，而民風日以偷薄，父子兄弟惟知以利相與耳。今里巷之語，不可以屬耳也。以古所習如彼，欲不善得乎？以今所習如此，欲其善得乎？

或問：「道不明於後世，其所學者爲何？」子曰：「教之者能知之。學者之衆，不患其不明也。魯國一時賢者之衆，非特天授，由學致也。聖人既没，曠千有餘歲，求一人如顔、閔不可得。故教不立，學不傳，人材不期壞而自壞。」

或問：「燕處倨肆，心不怠慢，有諸？」子曰：「無之。入德必自敬始，故容貌必恭也，言語必謹也。雖然，優游涵泳而養之可也，拘迫則不能入矣。」

子曰：古所以成材之具，今舉無矣，惟出入於人心者猶在耳。學者其可不勉乎？

子曰：人多以子弟輕俊爲可喜，而不知其爲可憂也。有輕俊之質者，必教以通經，學使近本，而不以文辭之末習，則所以矯其偏質，而復其德性也。

子曰：凡人於事，有少自快，則其喜懌之意猶浹洽於心而發見於外，況學而見理者乎？雖然，至於窮理而切切焉不得其所可悦者，則亦何以養心也？

子曰：古之人，十五而學，四十而仕。其未仕也，優游養德，無求進之心，故其所學，必至於有成。後世之人，自其爲兒童，從父兄之所教，與其壯長追逐時習之所尚，莫不汲汲於勢利也，善心何以不喪哉？

子曰：學佛者，於内外之道不備。

子曰：博弈小技也，不專心致志，猶不可得，況學聖人之道，悠悠焉，何能自得也？孔子曰：「吾嘗終日不食，終夜不寢，以思，無益，不如學也。」又曰：「朝聞道，夕死可矣。」夫聖人何爲而迫切至於如是其極哉？善學者，當求其所以然之故，不當誦其文，過目而已也。「學如不及，猶恐失之。」苟曰姑俟來日，斯自棄也。

子曰：昏於天理者，嗜慾亂之耳。

子曰："子厚以禮立教，使學者有所據守也。

子曰："學者於聖人無卓然之獨見，則是聞人之言云耳，因曰亦云耳而已。

子曰："學不純，則不得其所止；中無止，則不能不外求。譬夫家有藏寶者，豈復假人以爲玩乎？

潘康仲問："學者於聖人之門，非願其有異也，惟不能知之，是以流於不同。敢問持正之道？"子曰："知之而後可守，無所知，則何所守也？故學莫先乎致知。窮理格物，則知無不盡，知之既盡，則守無不固。"

子曰："古之君子，脩德而已。德成而言，則不期於文而自文矣。退之固因學爲文章，力求其所未至，以至於有得也。其曰'軻死不得其傳'，非卓然見其所傳者，語不及此。

子曰："蘇、呂二子皆以知見聞見爲學之患。吾喜其近道，必欲堅叩，明其辨可與終其説矣。夫人之學，非自願其有差也，知之不至，則流别於殊塗，陷溺於異端，亦不得免焉耳。

子曰："呂進伯老矣，慮學問之不進，憂年數之不足，恐無所聞而遂死焉，亦可謂之好學也。

子曰："養勇之法，求之太急，故性氣輕軼而難御。凡長育人材也，教之在寬，待之以久，然後化成而俗美。

或問："夫子有言：'昔之惑人，因其迷闇；今之惑人，因其高明。'竊有疑焉。夫既曰高明，而可惑乎？"子曰："語其質云爾。彼深於佛氏之學者，其質開透，亦必加於人數等，所謂'智者過之'也，非中庸所謂『極高明』者也。聖人『極高明而道中庸』，其照無偏，何過之有？」

子厚曰：「十詩之作，將以驗天心於語默也。」子曰：「舍是有言，亦烏得已乎？」

子謂子厚曰：「關中之士，語學而及政，論政而及禮樂兵刑之學，庶幾善學者。」子厚曰：「如其誠然，則志大不爲名，亦知學貴於有用也。學古道以待今，則後世之謬，不必屑屑而難之，舉而措之可也。」

或問：「學者何習莊、老之衆也？」子曰：「謹禮而不達者，爲其所膠固焉；放情而不莊者，畏法度之拘己也，必資其放曠之説以自適，其勢則然。」

或問：「學者多溺於佛説，何也？」子曰：「學而無所得，其年齒老矣，智力屈矣，其心欲遽止焉，則又不自安，一聞超騰侈大之説，是以説而入之。」「然則可反乎？」子曰：「深固者亦難反。嘗譬之行人：履乎坦途，其進無難也；山高乎其前，水深乎其下，而進之爲難也；於是焉而有捷徑，則欣然而從之，其勢然也。夫托乎逆旅者，蓋不得家居之要爾。未有人既安於家，而又樂舍於逆旅者也。」

子曰：林大節少戇，然得一言即躬履。學者可畏，莫如聞斯行之。聞而不行，十蓋九矣。

子謂門人曰：昨日之會，談空寂者紛紛，吾有所不能。噫！此風既成，其何能救也！古者釋氏盛時，尚只是崇像設教，其害小爾。今之言者，乃及乎性命道德，謂佛爲不可不學，使明智之士先受其惑。嗚呼！清談甚，晉室衰，況有甚者乎？夫明智之士，中人以上之資也。其才足以自立，則反之難矣。學者必至於自信而不惑，則彼不能亂。不然，猶之淫言美色，戒而遠之，尚恐不免也。

侯仲良曰：「夫子在講筵，必廣引博喻，以曉人主。一日，講既退，范堯夫揖曰：『美哉！何記憶之富也！』子對曰：『以不記憶也。若有心於記憶，亦不能記矣。』」或人有自名導氣養生者，問：「子亦知之乎？」子曰：「吾夏葛而冬裘，渴飲而饑食，節嗜慾，定心氣，如此而已。」

子曰：學莫大於知本末終始。致知格物，所謂本也，始也；治天下國家，所謂末也，終也。治天下國家，必本諸身。其身不正，而能治天下國家者，無之。格猶窮也，物猶理也，若曰窮其理云爾。窮理然後足以致知，不窮則不能致也。

子曰：格物，適道之始，思所以格物而已近道矣。是何也？以收其心而不放也。

子曰：大學於誠意正心皆言「其道」，至於格物則不言，獨曰「物格而後知至」，此蓋可以意得，不可以言傳也。自格物而充之，然後可以至於聖人；不知格物而欲意誠心正而後身脩者，未有能中於理者也。

子曰：學莫貴乎自得，非在人也。

子曰：見攝生者而問長生，可謂大愚；見卜者而問吉凶，可謂大惑。

子曰：學貴乎成，既成矣，將以行之也。學而不能成其業，用而不能行其學，則非學矣。

子曰：君子莫進於學，莫止於畫；莫病於自足，莫罪於自棄。進而不止，湯、武所以反之而聖。

子曰：古之學者爲己而成物，今之學者爲人而喪己。

子曰：無好學之志，則雖聖人復出，亦無益矣。然聖人在上而民多善者，習見之熟也，習聞之久也，涵泳其教化深且遠也。

子曰：記問文章不足以爲人師，以其所學者外也。師者何也？謂理義也。學者必求師，從師不可不謹也。

子曰：君子之學貴一，一則明，明則有功。

子曰：不思故有惑，不求故無得，不問故莫知。

子曰：進學不誠則學雜，處事不誠則事敗，自謀不誠則欺心而棄己，與人不誠則喪德而增怨。今末習曲藝，亦必誠而後精，況欲趨衆善，爲君子者乎？

子曰：「不深思則不能造其學。」或曰：「學者亦有無思而得者乎？」子曰：「漠然未嘗思，自以爲得之者，未之有也。」

子曰：德盛者，物不能擾而形不能病。臨震懼死生而色不變，當疾痛慘戚而心不動，由養之有素，非一朝一夕之力也。

子曰：學不貴博，貴於正而已，正則博。言不貴文，貴於當而已，當則文。政不貴詳，貴於順而已，順則詳。

子曰：學也者，使人求於内也。不求於内而求外，非聖人之學也。何謂求於外？以文爲主者是也。學也者，使人求於本也。不求於本而求於末，非聖人之學也。何謂求其末？考詳略，採同異是也。二者無益於德，君子弗之學也。

子曰：自得者所守不變，自信者所守不疑。

子曰：隨時觀理，而天下之理得矣。

子曰：人皆可以爲聖人，而君子之學必至聖人而後已。不至聖人而自已者，皆自棄也。孝者所當孝，弟者所當弟，自是而推之，是亦聖人而已矣。

子曰：學以不欺闇室爲始。

子曰：多聞識者，猶廣儲藥物也，知所用爲貴。

子曰：講說，非古也。學者必潛心積慮，涵養而自得之。今一日盡講，是以博爲教，非有益也。

子曰：學而爲名，內不足也。

子曰：踐行其言，而人不信者有矣；未有不踐言而人信之者。

子曰：恥不知而不問，終於不知而已。以爲不知而必求之，終能知之矣。

子曰：有辯佞之才者，多入於不善，故學不貴。

子曰：有慾則不剛，剛者不屈於慾。

子曰：克己之私既盡，一歸於禮，此之謂得其本心。

子曰：學貴於通。執一而不通，將不勝其疑矣。通莫如理。

子曰：難勝莫如己私，學者能克之，非大勇乎？

論書篇

或問：「坤者臣道也，在君亦有用乎？」子曰：「厚德載物，豈非人君之用？」

子曰：堯夫麻差之法，妙絶乎古人矣。蓋於日月交感之際，以陰陽盈虚求之，是以不差。陰常虧，陽常盈，差之所由也。昔洛下閎之作麻也，謂數百年之後，當有一日之差乎！何承天慮其差也，則以所差之之分，均於所麻之年，以考每歲所差之多少，謂之歲差法，而差終不可定也。

子曰：五經之言涵蓄渾然，無精麤之别。

子曰：春秋是是非非，因人之行事，不過當年數人而已，窮理之要也。學者不必他求，學春秋可以盡道矣。然以通語、孟爲先。

或問春秋發微。子曰：「述法而不通意。」

子曰：易，變易也，隨時變易以從道也。至微者理，至著者象，體用一源，顯微無閒。故善學者求之必自近。易於近，非知易者也。

子曰：有謂六經爲六藝之文，何其求之於淺也！

劉絢問：「孔子何謂〔一〕作春秋？」子曰：「由堯、舜至於周，文質損益，其變極矣，其法詳矣。仲尼參酌其宜，以爲萬世王制之所折中焉，此作春秋之本意也。觀其告顔子爲邦之道，可見矣。」

〔一〕徐本「謂」作「爲」，義較長。

子曰：春秋事在二月則書王二月，事在三月則書王三月，無事則書天時，書首月。蓋有事則道在事，無事則存天時，正王朔。天時備則歲功成，王道存則人理立，春秋之大義也。

子曰：春秋之法，中國而用夷道即夷之。韓子謂「春秋謹嚴」，深得其旨矣。

子曰：諸侯當上奉天時，下承王正，故春秋曰春王正月。明此義，則知王與天同大，而人道立矣。

或問：「易有大過，何也？」子曰：「聖人盡道而無過，故曰大過，亦當事之大耳。猶堯、舜禪遜，湯、武放伐之類也。道無不中也，無不常也。以世人所不常見，則謂之大過於常耳。是故立非常之大事，興不世之大功，成絕俗之大德，皆大過之事，而實無所過也。」

子曰：「素問出於戰國之際，或以爲三墳者，非也，然其言亦有可取者。」或問：「何說也？」子曰：「『善言天者，必有驗於人；善言古者，必有驗於今』，豈不當哉？若運氣則不可用。」

子曰：陰陽運動，有常而無忒；凡失其度，皆人爲感之也，故春秋災異必書。漢儒傅〔一〕其說而不得其理，是以所言多失。

子曰：禮記之文多謬誤者。儒行、經解，非聖人之言也。夏后氏郊鯀之篇，皆未可據也。

子曰：周禮之書多訛闕，然周公致太平之法亦存焉，在學者審其是非而去取之爾。

子曰：原道之作，其言雖未盡善，然孟子之後，識道之所傳者，非誠有所見，不能斷然言之如是其明

〔一〕徐本、呂本「傅」作「傳」，義較長。

也，其識大矣。

子曰：漢儒之談經也，以三萬餘言明堯典二字，可謂知要乎？惟毛公、董相有儒者氣象。東京士人尚名節，加之以明禮義，則皆賢人之德業矣。本朝經典，比之前代爲盛，然三十年以來，議論尚同，學者於訓傳言語之中，不復致思，而道不明矣。

子曰：魯威公弑君而自立，其無歲不及諸侯之盟會者，所以結外援而自固也。及遠與戎盟，春秋危之而書至者，以謂：戎也苟不知鄭、齊、陳之黨惡而同爲不義，則必執之矣，此居夷浮海之意也。

子曰：自古篡弑，多出於公族，蓋其自謂曰：「先君子孫也，可以君國。」而國人亦以爲然，從而奉之也。聖人明大義以示萬世，故入春秋之初，其弑君者皆絶屬籍。蓋爲大惡，既自絶於先君之世矣，豈得復爲子孫也？古者公侯刑死則無服，況於弑君乎？此義既明矣，而或有以屬稱者，可見其寵之太過，任之太重，以階亂也。春秋所書，大概事同則辭同，後之學者因以謂之例，然有事同而辭異者，其義各不同，蓋不可以例斷也。

子厚爲二銘，以啓學者，其一曰訂頑，訂頑曰云云。楊子問：「西銘深發聖人之微意，然言體而不及用，恐其流至於兼愛。後世有聖賢，以推本而亂[一]，未免歸過於横渠。夫子盍爲一言，推明其用乎？」子曰：「横渠立言誠有過，乃在正蒙，至若訂頑，明理以存義，擴前聖所未發，與孟子性善養氣之論同功，豈墨氏之比哉？西銘理一而分殊，墨氏則愛合而無分。分殊之蔽，私勝而失仁；無分之罪，兼愛而無

[一]徐本、呂本「以推本而亂」作「而推本而論」，義似較明。「亂」字疑爲「論」字之誤。

義。分立而推理一，以止私勝之流，仁之方也。無別而迷兼愛，至於無父之極，義斯亡也。子比而同之，過矣。夫彼欲使人推而行之，本爲用也。反謂不及用，不亦異乎？」楊子曰：「時也昔從明道，卽授以此書，於是始知爲學之大方，固將終身服之，豈敢疑其失於墨氏比也？然其書，以民爲同胞，鰥寡孤獨爲兄弟，非明者默識，焉知理一無分之殊哉？故恐其流至於兼愛，非謂其言之發與墨氏同也。夫惟理一而分殊，故聖人稱物，遠近親疏各當其分，所以施之，其心一焉，所謂平施也。昔意西銘有平施之心，無稱物之義，疑其辭有未達也。今夫子開諭，學者當無惑矣。」

或問：「子厚立言，得無有幾於迫切者乎？」子曰：「子厚之爲人，謹且嚴，是以其言似之，方之孟子，則寬宏舒泰有不及也。然孟子猶有英氣存焉，是以未若顏子之懿，渾然無圭角之可見也。」

或曰：「聖賢氣象，何自而見之？」子曰：「姑以其言觀之亦可也。」

子曰：「訂頑言純而意備，仁之體也；充而盡之，聖人之事也。子厚之識，孟子之後，一人而已耳。

子謂門弟子曰：昔吾受易於周子，使吾求仲尼、顏子之所樂。要哉此言！二三子志之！

子曰：「乾坤毀無以見易」，「聖人以此洗心退藏於密」。夫所謂易也，此也，密也，果何物乎？聖人所以示人者，深且明矣。學者深思，當自得之。得之，則於退藏之密，奚遠乎？

子曰：讀書而不留心於文義，則荒忽其本意；專精於文義，則必固滯而無所通達矣。

或問：「王介甫有言：『乾之九三，知九五之位可至而至之。』如何？」子曰：「使人臣每懷此心，大亂之道也。且不識湯、武之事矣。」「然則謂何？」子曰：「知大人之道爲可至，則學而至之，所謂『始條理者智之事』也。」

或問：「胡先生以九四爲太子爻，可乎？」子曰：「胡爲而不可？當大臣則爲大臣，當儲貳則爲儲貳，顧用之如何耳。苟知其一而不知其變，則三百八十四爻止於三百八十四事而已矣。」

子曰：夫人之說，無可極者，惟朋友講習以相資益，爲說之至也。

子曰：大學，孔子之遺言也。學者由是而學，則不迷於入德之門也。

子曰：大學之道，明德新民不分物我，成德之事也。

或問：「人以能立爲能賢，而易取於隨，何也？」子曰：「隨者，順理之謂也。人君以之聽善，臣下以之奉命，學者以之徙義，處事以之從長，豈不立哉？言各有當也。若夫隨時而動，合宜適變，不可以爲典要，非造道之深，知幾可與權者，不能與也。」

子曰：由孟子可以觀物。

或問：「窮經旨，當何所先？」子曰：「於語、孟二書知其要約所在，則可以觀五經矣。讀語、孟而不知道，所謂『雖多亦奚以爲？』」

子曰：凡書載事，容有重輕而過其實，學者當識其義而已。苟信於辭，則或有害於義，曾不若無書之爲愈也。

子曰：孟子言三代學制，與王制所記不同，王制有漢儒之說矣。

子曰：孟子養氣之論，學者所當潛心也。勿忘，勿助長，養道當然，非氣也。雖然，既已名之曰氣，則非漠然無形體可識也。如其漠然無形體，尚何養之有？是故語其體則與道合，語其用則無非義也。

子曰：易之有象，猶人之守禮法也。

子曰：春秋之時，諸侯不稟命天王，擅相侵伐，聖人直書其事，而常責夫被侵伐者。蓋兵加於己，則引咎自責，或辨論之以禮，又不得免焉，則固其封疆，上告之天王，下告之方伯，近赴於鄰國，必有所直矣。苟不勝其忿，而與之戰，則以與之戰者爲主，責己絶亂之道也。

劉絢問：「讀春秋，以何道爲準？」子曰：「其中庸乎！欲知中庸，其惟權乎！權之爲言，稱輕重之義也。權義而上，不可容聲矣，在人所見如何耳。」

張閎中曰：「易之義起於數。」子曰：「有理而後有象，有象而後有數。易者因象以明理，由象而知數。得其理，而象數在其中矣。必欲窮象之隱微，盡數之毫忽，迺尋流逐末，術家之所尚，管輅、郭璞之流是也，非聖人之道也。」閎中曰：「象數在理中，何謂也？」子曰：「理無形也，故因象以明理。理既見乎辭，則可以由辭而觀象。故曰：得其理，則象數舉矣。」

子曰：乾九三，言聖人之學也；坤六二，言賢人之學也。此其大致也。若夫敬以直內，義以方外，則雖聖人不越乎此，無異道故也。

子爲易傳成，門人再三請傳，終不可，問其故。子曰：「尚不祈有少進也乎？」時年已七十餘矣。

子曰：卜筮有疑心，則不應。

子曰：孔子之言，莫非自然；孟子之言，莫非實事。

子曰：麻法之要，以日爲主，日正則餘皆可推矣。

或問：「蒙之上九，不利爲寇。夫寇亦可爲，而聖人教之以利乎？」子曰：「非是之謂也。昏蒙之極，有如三苗者，征而誅之，若秦皇、漢武窮兵暴虐，則自爲寇也。」

謝師直與明道言春秋，明道或可之；又言易，明道不可，師直無忤色。他日，又以問伊川。伊川曰：「二君知易矣。」師直曰：「伯淳不我與，而子何爲有是言也？」子曰：「忘刺史之勢而屈以下問，忘主簿之卑而直言無隱，是固易之道也。」

子讀春秋，至蕭魚之會，歎曰：「至哉，誠之能感人也！晉悼公推誠以待反覆之鄭，信而不疑，鄭自是而不復背晉者二十有四年。至哉，誠之能感人也！」

子曰：春秋王師於諸侯不書敗，諸侯不能敵王也；於夷狄不書戰，夷狄不能抗王也。此理也。其敵其抗，王道之失也。

子既老，門人屢請易傳，教而習之，得以親質諸疑。子曰：「書雖未出，而易未嘗不傳也，但知之者鮮耳。」其後黨論大興，門人弟子散而四歸，獨張繹受其書於垂絕之日。

子曰：孟子之時，去先王爲未遠，其所學於古者，比後世爲未缺也，然而周室班爵禄之制，已不聞其詳矣。今之禮書，皆掇拾秦火之餘，漢儒所傳會者多矣，而欲句爲之解，字爲之訓，固已不可，又況一一追故迹而行之乎？

子曰：禮儀三千，非拂民之欲而強其不能也，所以防其欲而使之入道也。多識於鳥獸草木之名，非教人以博雜爲功也，所以由情性而明理物也。

子曰：讀書者，當觀聖人所以作經之意，與聖人所以爲聖人，而吾之所以未至者，求聖人之心，而吾之所以未得焉者，晝誦而味之，中夜而思之，平其心，易其氣，闕其疑，其必有見矣。

子曰：詩、書之言帝，皆有主宰之意者也；言天，皆有涵覆之意者也；言王，皆公共無私之意也。上下數千年，若合符節。

或問：「嚴父配天，何以不言武王，而曰『周公其人也。』」子曰：「周家制作，皆自乎周公，故言禮必歸焉。」

或問：「周公既禱三王，而藏其文於金縢之匱中，豈逆知成王之信流言，將以語之乎？」子曰：「以近世觀焉，祝册既用，則或焚之，或埋之，豈周公之時未有焚埋之禮也，而欲敬其事，故若此乎？」

子曰：禁人之惡者，獨治其惡，而不絶其爲惡之原，則終不得止。易曰：「豶豕之牙吉。」見聖人處機會之際也。

子曰：先儒有言，乾位西北，坤位東南。今以天觀之，無乎不在，何獨有於西北？又曰乾位在六子，而自處於無爲之地。夫風雷山澤水火之六物者，迺天之用，猶人之身耳，目口鼻各致其用，而曰身未嘗有爲也，則可乎？

子曰：盡天理，斯謂之易。

子曰：作易者，自天地幽明，至於昆蟲草木之微，無一而不合。

子曰：「退之作羑里操曰：『臣罪當誅兮，天王聖明。』可謂知文王之心矣。」

子曰：「作詩者未必皆聖賢，孔子之取也，取其止於禮義而已，然比君以碩鼠，目君爲狡童，疑於禮義有害也，不以辭害意可也。」

子曰：「先儒以考槃不復見君而告之，永誓不諼，吾心實若是也，此非君子之心也。齊、梁之君陋矣，乃若孟子，則每有顧戀遲留而不忍去之意。今曰君一不我用，我則永誓而不見也，豈君子之心哉？」或曰：「然則爲此詩者何謂也？」子曰：「賢者退而窮處，雖去而不忘君，然猶慕之深也。君臣之義，猶父子之恩，安得不怨？故於寤寐而不忘。未陳其不得見君而告之，又自陳此情之不詐也，忠厚之至也。」

子曰：「上古世淳而人朴，順事而爲治耳。至堯，始爲治道，因事制法，著見功迹，而可爲典常也，不惟隨時，亦其憂患後世而有作也。故作史者，以典名其書。」

或曰：「大學在止於至善，敢問何謂至善？」子曰：「理義精微，不可得而名言也，姑以至善目之，默識可也。」

或問：「中庸九經，先尊賢而後親親，何也？」子曰：「道孰先於親親？然不能尊賢，則不知親親之道。故堯之治，必先克明峻德之人，然後以親九族。」

或曰：「文中子答或人學易之問曰：『終日乾乾可也。』此盡道之言也。文王之聖，純亦不已耳。」子曰：「凡講經義，等次推而上之，焉有不盡者？然理不若是也。終日乾乾，未足以盡易，在九三可也。苟曰乾乾者不已也，不已者道也，道者易也，等次推而上之，疑無不可者，然理不若是也。」

子讀易至履，歎曰：上下之分明而後民志定，民志定而後可以言治也。古之時，公卿大夫而下，位各稱其德，終身居之，得其分也；有德而位不稱焉，則在上者舉而進之。士知脩其身，學成而君求之，皆非有預於己也。四民各勤其事，而所享有限，故皆有定志，而天下之心可一。後世自庶士至於公卿，日志乎尊榮，農工商賈日志乎富侈，億兆之心交騖於利，而天下紛然，欲其不亂，難矣。

子曰：農夫勤瘁播種五穀絲麻，吾得而衣食之；百工技藝作爲器械，吾得而用之；甲冑之士扞守疆圉，吾得而安之。惟有脩葺聖人之遺言，以待後之學者，玆爲小補耳。

或問：「制器取諸象也，而象器以爲卦乎？」子曰：「象在乎卦，而卦不必先器也。聖人制器，不待見卦而後知象；以衆人由之而不能知之，故設卦以示之耳。」

或問：「麟鳳和氣所生，太平之應也。鳳鳥不至，孔子曰：『吾已矣夫。』而麟見獲於春秋之季，何也？」子曰：「聖人之生，乃天地交感，五行之秀會也。以仲尼元聖，尚生於春秋之時，而況麟乎？」

子曰：論語一書，未易讀也。有既讀之而漠然如未嘗讀者，有得一二而啓悅其心者，有通體誠好之者，有不知其手之舞之，足之蹈之者。

子曰：讀論語而不知道，所謂「雖多奚爲」也。於是有要約精至之言，能深窮之而有所見，則不難於觀五經矣。

子曰：艮，止其所也。萬物各止其所，分無不定矣。

論政篇

子曰：孔子爲政，先正名，名實相須故也。一事苟，則無不苟者矣。

子曰：善言治者，必以成就人才爲急務。人才不足，雖有良法，無與行之矣。欲成就人才者，不患其稟質之不美，患夫師學之不明也。師學不明，雖有美質，無由成之矣。

子曰：八十四聲各盡其清濁之極，然後可以考中聲。聲必本乎律，不得乎律，則中聲不可得矣。律者，自然之數也。今世有三命之術，以五行支幹納音推之，蓋律之遺也，而用之者末矣。欲度量權衡之得其正，必自律起，而律必取於黃鍾，以律管定尺，蓋準氣乎天地，非積秬黍比也。秬黍積數，在先王時，惟此物適與度量合，故可用也，今則不可矣。

子曰：養親之心，無有極也。貴貴尊賢之義，亦何有極乎？

子曰：古之聖王所以能化姦惡爲善良，綏仇敵爲臣子者，由弗之絶也。苟無含洪之道，而與己異者一皆棄絶之，不幾於棄天下以讐君子乎？故聖人無棄物，王者重絶人。

子與韓公、范公泛舟於潁湖，有屬吏求見韓公，公既已見之，退而不悦，曰：「謂其以職事來也，乃求薦舉耳。」子曰：「公爲州太守，不能求之，顧使人求君乎？」范公曰：「子之固，每若是也。夫今世之仕者，求舉於其人，蓋常事耳。」子曰：「是何言也？不有求者，則遺而不及知也，是以使之求之歟？」韓公無以語，愧且悔者久之。子顧范公曰：「韓公可謂服義矣。」

李籲問：「臨政無所用心，求於恕，何如？」子曰：「推此心行恕可也，用心求恕非也。恕，己所固有，不待求而後得，舉此加彼而已。」

子曰：「事事物物各有其所，得其所則安，失其所則悖。聖人所以能使天下順治，非能爲物作則也，惟止之各於其所而已。止之不得其所，則無可止之理。

子曰：「養民者，以愛其力爲本，民力足則生養遂，然後教化可行，風俗可美。是故善爲政者，必重民力。

子曰：「爲治而不法三代，苟道也。虞、舜不可及已，三代之治，其可復必也。

子曰：「封禪本於祭天，後世行之，祇以自誇美而已。王仲淹曰：『非古也，其秦、漢之侈心乎？』斯言當矣。」或曰：「周頌告於神明，非乎？」子曰：「陳先王之功德，而非自誇美也。」

子曰：「聖人爲戒，必於方盛之時。方盛慮衰，則可以防其滿極，而圖其永久；至於既衰而後戒，則無及矣。自古天下之治，未有久而不亂者，蓋不能戒於其盛也。狃安富而驕侈生，樂舒肆則紀綱壞，忘禍亂則釁孽萌，是以浸淫滋蔓，而不知亂亡之相尋也。

明道在鄠邑，政聲流聞，當路欲薦之朝，而問其所欲，對曰：「夫薦士者，量才之所堪，不問志之所欲。」

明道守官京兆，南山有石佛，放光於頂上，遠近聚觀，男女族集，爲政者畏其神而莫敢止。子使戒其徒曰：「我有官守，不能往也，當取其首來觀之耳。」自是光遂滅，人亦不復疑也。

子曰：聖人感天下之心，如寒暑雨暘，無所不通，無所不應者，正而已矣。正者，虛中無我之謂也。以有繫之私心，膠於一隅，主於一事，其能廓然通應而無不徧乎？

子曰：治蠱必求其所以然，則知救之之道，又慮其將然，則知備之之方。夫善救則前弊可革矣，善備則後利可久矣，此古聖人所以新天下垂後世之道。

子曰：古之人重改作。變政易法，人心始以爲疑者有之矣，久而必信，乃其改作之善也。始既疑之，終復不信，而能善治者，未之有也。

子謂子厚曰：「議法既備，必有可行之道。」子厚曰：「非敢言也。顧欲載之空言，庶有取之者耳。」子曰：「不行於今，而後世有行之者，亡也。」

子曰：聖王爲治，脩刑罰以齊衆，明教化以善俗。刑罰立則教化行矣，教化行而刑措矣。雖曰尚德而不尚刑，顧豈偏廢哉？

子曰：自古聖人之救難而定亂也，設施有未暇及焉者，既安之矣，然後爲可久可繼之治。自漢而下，禍亂既除，則不復有爲，姑隨時維持而已，所以不能髣髴於三代與！

劉安世問百世可知之道。子曰：「以三代而後觀之，秦以反道暴政亡，漢興，尚德行，崇經術，鑒前失也。學士大夫雖未必知道，然背理甚者亦鮮矣，故賊莽之時，多仗節死義之士。世祖興而襃尚之，勢當然也。節久而苦，視死如歸，而不明乎禮義之中也，故魏、晉一變而爲曠蕩浮虛之習，人紀不立，相胥爲夷，五胡亂華，行之弊也。陰極則陽生，亂極則治形，隋驅除之，唐混一之，理不可易也。唐室三綱不立，自太宗啓之，故後世雖子弟不用父兄之命：玄宗使其子篡，肅宗使其弟反，選武才人，以剌王妃入也，納壽王妃，以武才人進也。終唐之世，夷狄數爲中國患，而藩鎮陵犯，卒以亡唐，及乎五季之甚，人爲而致也。

子曰：守國者必設險，山河之固，城郭溝洫之阻，特其大端耳。若夫尊卑貴賤之分，明之以等威，異之以物采，凡所以杜絕陵僭，限隔上下，皆險之大用也。

子曰：三代而後，漢爲治，唐次之。漢大綱正，唐萬目舉。

子曰：戰國之際，小國介乎强大之閒，而足以自持者，先王之分界約束未亡故也。今混一之形，如萬頃之澤，祖宗涵濡既久矣，故人心弭然柔伏，雖有姦猾，欲起而無端也。

子曰：善爲治者，莫善乎静以守之，而或擾之；猶風過乎澤，波濤洶湧，平之實難。故一正則難傾，一傾則難正者，天下之勢也。

子曰：古者使以德，爵以功，世禄而不世官，故賢才衆而庶績成。及周之衰，公卿大夫皆世官，政由是敗矣。

子曰：「今責罪官吏，無養廉恥之道。」或曰：「何類？」子曰：「如徒流杖，使以銅贖之類也。古者責不廉，曰簠簋不飭而已，忠厚之至也。」

子曰：「賜進士第，使衛士掖之以見天子，不若使趨進而雍容也。大臣孰不由此塗出？立侍天子之側，曾無愧乎？」子厚曰：「先示以第名，使以次見，則亦可矣。」

有少監逮繫乎越獄。子曰：「卿監以上無逮繫，爲其近於君也。君有一時之命，有司必執常法，而不敢從焉。君無是命，而有司請加之桎梏，下則叛法，上則無君，非之大也。」子厚曰：「獄情不得，則如之何？」子曰：「寧獄情之不得，而朝廷之大義不可虧也。」

子曰：舉措合義，則民心服。

子曰：後世有治獄而無治市，周公則有其政矣。曹參之治齊，以獄市爲寄，其時爲近古也。

子曰：治則有爲治之因，亂必有致亂之因，在人而已矣。

或問：「敬者，威儀儼恪之謂乎？」子曰：「非也。是所以成敬之具爾。」

子曰：爲政必立善法，俾可以垂久而傳遠。若後世變之，則末如之何矣。

子曰：古之仕者爲人，今之仕者爲己。

或人謀仕於子，邑尉責重，邑簿責輕。子曰：「尉能治盜而已，不能使民不爲盜。簿佐令治邑，宜使民不爲盜也，而謂責輕可乎？」

或曰：「治獄之官不可爲。」子曰：「苟能充其職，則一郡無冤民矣。」

子曰：立治有體，施治有序，酌而應之，臨時之宜也。

子曰：游文定公之門者，多知稽古而愛民，誠如是，亦可從政矣。

或問：「蠻夷猾夏，處之若何而後宜？」子曰：「諸侯方伯明大義以攘却之，義也；其餘列國，謹固封疆可也。若與之和好，以苟免侵暴，則亂華之道也。是故春秋謹華夷之辨。」

子曰：今之度量權衡，非古法之正也，姑以爲準焉可耳。凡物不出於自然，必人爲之而後成。惟古人能得其自然也。

子曰：明道臨政之邦，上下響應，蓋有以協和衆情，則風動矣。天地造化，風動而已。

子曰：今代之税，視什一爲輕矣，但斂之無法而不均，是以疑於重也。

子曰：世未嘗無美材也，道不明於天下，則無與成其材。古人之爲詩，猶今人之樂曲，閭閻童稚皆熟聞而樂道之，故通曉其義。後世老師宿儒尚未能明也，何以興於詩乎？古禮既廢，人倫不明，治家無法，祭則不及其祖，喪必僧之是用，何以立於禮乎？古人歌詠以養其性情，舞蹈以養其血氣，行步有佩玉，登車有鸞和，無故而不去琴瑟，今也俱亡之矣，何以成於樂乎？噫！古之成材也易，今之成材也難。

晉城縣有令宰書名石，明道記之曰：古者諸侯之國各有史，故其善惡皆見乎後世。自秦罷侯置守令，則史亦從而廢。其後惟有功德者或記之，循吏與夫凶殘之極者以酷見傳，其餘則泯然無聞矣。如漢、唐之有天下，皆數百年，其閒郡縣之政，可書宜亦多矣；然其所書大率纔十數人，使賢者之政不幸而無傳，其不肖者復幸而得傳，蓋其意斯與古史之意異矣。夫圖治於長久者，雖聖賢爲之，且不能倉卒苟簡而就，蓋必本之人情，而爲之法度，然後可使去惡而從善，則紀綱條教必審定而後行，其民之服循漸漬，亦必待久而乃淳固而不變。今之爲吏，三歲而代者固已遲之矣，使皆知禮義，自其始至卽皇皇然圖所施設，則教令未熟，民情未孚，而吏書已至矣。儻後之人所志不同，復有甚者，欲新己之政而盡去其舊，則其迹固已無餘，而況因循不職者乎？夫以易息之政，而又無以託其傳，則宜其去皆未幾，而善惡無聞焉。故聞古史之善而不可得，則因今有書前政之名氏以爲記者尚近古；第其先後而記之，俾民觀其名而不忘其政，後之人得從而質其是非，以爲師戒云爾。

子曰：兵以正爲本。動衆以毒天下而不以正，則民不從而怨敵生，亂亡之道也，是以聖王重焉。東征西怨，義正故也。子曰：行師之道，以號令節制。行師無法，幸而不敗耳，勝者時有之矣，聖人之所戒也。

青苗之法初行，明道時居言職，言於上曰：明者見於未形，智者防於未亂。安危之本在人情，治亂之機係事始。衆心睽乖，則有言不信矣。萬邦協和，則所爲必成矣。今條例司劾不行之官，駮老成之奏，乃舉一偏而盡阻公議，因小事而先動衆心，難乎其能濟矣。

子曰：唐朝政事付之尚書省，近乎六官之制，第法不具爾。宇文周官名度數，小有可觀者也。隋文之法無不善者，而多以臆決，故不足以持久。

或問：「孔子何譏大閱？」曰：「爲國者武備不可廢，則農隙而講肄焉，有時有制，保國守民之道也。魯之秋八月，則夏六月也，盛夏閱兵，妨農害人，其失政甚矣。有警而爲之，無及也；無事而爲之，妄動也；是以聖人不與。

子曰：居今之世，則當安今之法令；治今之世，則當酌古以處時。制度必一切更張而〔一〕可爲也，亦

〔一〕徐本「而」字下有「後」字。

何義乎？

子曰：後漢名節之風既成，未必皆自得也，然一變可至於道矣。

子謂子厚曰：「洛之俗難化於秦之俗。」子厚曰：「秦之士俗尤厚，亦和叔啓之有力焉。今而用禮漸成風化矣。」子曰：「由其氣質之勁，勇於行也。」子厚曰：「亦自吾規矩不迫也。」

子曰：先王以仁義得天下而教化之，後世以智力取天下而糾持之，古今之所以相絕者遠矣。

子曰：「三代而後，有聖王者作，必四三王而立制矣。」或曰：「夫子云三重既備，人事盡矣，而可四乎？」子曰：「三王之治以宜乎今之世，則四王之道也。若夫建亥爲正，則事之悖繆者也。」

子曰：五帝公天下，故與賢；三王家天下，故與子。論善之盡，則公而與賢，不易之道也。然賢人難得，而爭奪興焉，故與子以定萬世，是亦至公之法也。

子曰：王氏之教靡然而同，是莫大之患也。以彼之才之言，而行其學，故其教易以入人：始也以利從，久則心化之，今而既安矣。天下弊事一日而可革，若衆心既定，風俗已成，其何可遽改也？

子曰：赤子未有知，未能言，其志意嗜慾未可求，而其母知之，何也？愛之至謹，出於誠也。視民如父母之於赤子，何失之有？

子曰：必井田、必肉刑、必封建，而後天下可爲，非聖人之達道也。善治者：放井田而行之而民不病，放封建而臨之而民不勞，放肉刑而用之而民不怨，得聖人之意而不膠其迹，迹者聖人因一時之利而利焉者耳。

子曰：治道有自本而言，有就事而言。自本而言，莫大乎引君當道，君正而國定矣。就事而言，未有不變而能有爲者也，大變則大益，小變則小補。

子曰：苻堅養民而用之，一敗不復振，無本故也。

子曰：用兵以能聚散爲上。

子曰：古無之而今有之者一，釋、老是也。

子曰：有田則有民，有民則有兵。

侯仲良侍坐，語及牛李朋黨事。子曰：作成人材難，變化人才易。元豐諸人，其才皆有用，繫君相變化之耳。凡人之情，豈甘心以小人自爲也？在小人者用之於君子，則其爲用未必不賢於今之人也。

子曰：治道之要有三：曰立志，責任，求賢。

子曰：賢不肖之在人，治亂之在國，不可歸之命。

子曰：宗子無法，則朝廷無世臣。立宗子，則人知重本，朝廷之勢自尊矣。古者子弟從父兄，今也父兄從子弟，由不知本也。人之所以順從而不辭者，以其有尊卑上下之分而已。苟無法以聯屬之，可乎？

子曰：漢文誅薄昭，李衞公謂誅之是，温公曰誅之非。考之於史，不見所以誅之之故，則未知昭有罪，漢遣使治之而殺漢使乎？抑將與漢使飲酒，因怒而致殺也？誅之不以罪，太后憂悒不食而至於大故，則如之何？如治其罪，而殺王朝之使者，雖寐不安席，食不甘味，昭之死不可免。必知權其輕重，然後可議其誅之當否也。

子曰：論治者貴識體。

子曰：治身齊家以至平天下者，治之道也。建立綱紀，分正百職，順天揆事，創制立度，以盡天下之務，治之法也。法者，道之用也。

子曰：古之時分羲、和以職天運，以正四時，遂司其方，主其時政，在堯謂之四岳，周乃六卿之任，統天下之治者也。後世學其法者，不復知其道，故星厤爲一技之事，而與政分矣。

呂進明爲使者河東，子問之曰：「爲政何先？」對曰：「莫要於守法。」子曰：「拘於法而不得有爲者，舉世皆是也。若某之意，謂猶有可遷就，不害於法，而可以有爲者也。昔明道爲邑，凡及民之事，多衆人所謂於法有礙焉者，然明道爲之，未嘗大戾於法，人亦不以爲駭也。謂之得伸其志則不可，求小補焉則過之，與今爲政遠矣。人雖異之，不至指爲狂也。至謂之狂，則必大駭。盡誠爲之，不容而後去之，又何嫌乎？」

子移書河東使者呂進明曰：王者父母天地，昭事之道，當於嚴敬。漢武遠祀地示於汾陽，既非禮矣。後世之人又建祠宇，其失亦甚。因唐人有妖人作韋安道傳，遂設以配食焉，誣瀆之惡，有大於此者乎？公爲使者，此而不正，尚何爲哉？宜以其象投之河流，不必請於朝，不必詢於衆，不必虞後患，幸勿疑也。

子移書河東帥曰：公涖鎮之初，僉言交至，必曰虜既再犯河外，不復來也，可高枕矣。此特常言，未知奇勝之道也。夫攻必取者，攻其所不守也，謂其不來，乃其所以來也。今曰彼不徒興大衆，必不利於河外既空之地，是大不然。彼誠得出吾不意，破蕩數壘，已足以勞敝一道，爲利大矣，何必負戴而歸然後爲利也？夫謀士悦其寬憂，計司幸於緩責，衆論既一，公雖未信，而上下之心已懈矣。故爲今之計，寧捐力於不用，毋惜功而致悔。豈獨使敵人知我有備而不來，當使内地人信吾可恃而願往，則數年之内，遂致全實，疆埸安矣。此長久之策也。自古乘塞禦敵，必用驍猛；招徠撫養，多在儒將。今日之事，則異於是。某以荷德之深，思所報也，是以有言，惟公念之。

論事篇

子曰：行事在審己，不必恤浮議，恤浮議而忘審己，其心馳矣。

子曰：息，止也，生也。一事息則一事生，生息之際，無一毫之閒，碩果不食，卽爲復矣。

子曰：久閲事機，則機心生。方其閲時，而喜入其趣，則猶物之遺種，未有不生者也。

子曰：天下之事，無一定之理，不進則退，不退則進。時極道窮，理當必變，惟聖人爲能通其變於未窮，使其不至於極。堯、舜，時也。

子曰：或謂賢者好貧賤而惡富貴，是反人之情也。所以異於人者，以守義安命焉耳。

或人惡多事。子曰：莫非人事也。人而不爲，俾誰爲之？

子曰：天下之事，苟善處之，雖悔，可以成功；不善處之，雖利，反以爲害。

子曰：人以料事爲明，則駸駸乎逆詐而億不信。

或問无妄之道。子曰：「因事之當然，順理而應之。」或曰：「聖人制作以利天下，皆造端而非因也，豈妄乎？」子曰：「因風氣之宜，未嘗先時而開人也。如不待時，則一聖人足以盡舉，又何必累聖繼聖而後備？時乃事之端，聖人隨時而已。」

子曰：疾而委身於庸醫，比之不慈不孝，況事親乎？舍藥物可也，是非君子之言也。

子曰：關中學者正禮文，乃一時之事爾。必也脩身立教，然後風化及乎後世。

子曰：天地之生，萬物之成，合而後遂。天下國家至於事爲之末，所以不遂者，由不合也；所以不合者，由有間也。故間隔者，天下之大害，聖王之所必去也。

子曰：惟篤實可以當大事。

子曰：養不全固者，處事則不精，歷事則不記。

子曰：豫，備也；豫，逸也。事豫備則逸樂。

子曰：萬變皆在人爾，其實無一事。

子曰：一世之才，足以周一世之事。不能大治者，由用之不盡耳。

子曰：君子之遇事，一於敬而已。簡細故以自崇，非敬也；飾私智以爲奇，非敬也。

子曰：謝良佐因論求舉於方州，與就試於太學，得失無以異，遂不復計較，明且勇矣。

子曰：禮院關天下之事，得其人，則凡舉事可以考古而立制；非其人，未免隨俗而已。

子曰：較事大小，其弊必至於枉尺直尋。

子曰：西邊用師，非小故也，未聞一人勸止其事者。自古舉事，不以大小，必度其是非可否於衆庶而不敢專也。今雖公卿，惟其言而莫違，況其下者乎？逢合之智〔一〕如此，幾何不至於一言喪邦！

子曰：凡避嫌處事者，皆內不足。所爲誠公矣，初何嫌之足避乎？

新法將行，明道言於上曰：「天下之理，本諸簡易，而行以順道，則事無不成者。故曰：『智者如禹之行水，行其所無事也。』捨而行之於險阻，則不足以言智矣。自古興治，雖有專任獨決，能就一時之功者，未聞輔弼之論，乖，臣庶之心戾，而能有爲者也。況於施置失宜，沮廢公論，國政異出，名分不正，用賤陵貴，以不肖治賢者乎？凡此，皆理不克成，而智者之所不行也。設令由此僥倖就緒，而興利之臣日進，尚德之風浸衰，非朝廷之福也。今天時未順，地震連年，人心日益搖動，此陛下所宜仰觀俯察而深念者也。

子曰：至顯莫如事，至微莫如理，而事理一致也，微顯一源也。古之所謂善學，以其能通於此而已。

子曰：外事之不知，非患也，人患不能自見耳。

子曰：古之强有力者，將以行禮；今之强有力者，將以爲亂。

子曰：公天下之事，苟以私意爲之，斯不公矣。

子曰：閱天下之事，至於無可疑，亦足樂矣。

〔一〕徐本「智」作「習」，義較長。

子曰：世以隨俗爲和，非也，流徇而已矣。君子之和，和於義。

子曰：官守當事，不可以苟免。

子曰：籩豆簠簋不可用於今之世，風氣然也。不席地而椅桌，不手飯而匕筯，使其宜於世而未有，聖人亦必作之矣。

呂申公嘗薦處士常秩，秩既起，他日稍變其節，申公謂知人實難，以語明道，且告之悔。明道曰：「然不可以是而懈於好賢之心也。」申公矍然謝之。

子曰：事以急而敗者，十常七八。

子曰：好疑者，於事未至而疑端先萌；好周者，於事未形而周端先著；皆心之病也。

河南程氏粹言卷第二

宋龜山楊　時訂定
宋南軒張　栻編次

天地篇

子曰：霜，金氣也；露，星月之氣也；露結爲霜，非也。雷由陰陽相薄而成，蓋沴氣也。

子曰：雨木冰，上温而下寒也。隕霜不殺草，上寒而下温也。

子曰：日月之爲物，陰陽發見之尤盛者也。

劉安節問：「人有死於雷霆者，無乃素積不善，常歉然於其心，忽然聞震，則懼而死乎？」子曰：「非也，雷震之也。」「然則雷孰使之乎？」子曰：「夫爲不善者，惡氣也；赫然而震者，天地之怒氣也，相感而相遇故也。」曰：「雷電相因，何也？」子曰：「動極則陽形也，是故鑽木戛竹皆可以得火。夫二物者，未嘗有火也，以動而取之故也。擊石火出亦然。惟金不可以得火，至陰之精也；然軋磨既極，則亦能熱矣，陽未嘗無也。」

或問：「五德之運，有諸？」子曰：「有之。大河之患少於唐，多於今，土火異王也。」

闞子明推占吉凶，必言致之之由與處之之道，曰：「大哉人謀，其與天地相終始乎！故雖天命可以人勝也。善養生者，引將盡之年；善保國者，延既衰之祚，有是理也。」

子曰：冬至之前，天地閉塞，可謂靜矣。日月運行，未嘗息也，則謂之不動可乎？故曰動靜不相離。

子曰：致敬乎鬼神，理也；暱鬼神而求焉，斯不知矣。

子曰：陰過之時必害陽，小人道盛必害君子。欲無害者，惟過爲防耳。弗過防之，從或戕之。

或問天帝之異。子曰：以形體謂之天，以主宰謂之帝，以至妙謂之神，以功用謂之神鬼，以情性謂之乾，其實一而已，所自而名之者異也。夫天，專言之則道也。

子曰：天地所以不已，有常久之道也。人能常於可久之道，則與天地合。

或問：「日月有定形乎？抑氣散而復聚也？」子曰：「難言也。然究其極致，則二端一而已。」

范蜀公言鬼神之際，曰：「佛氏謂生爲此，死爲彼，無是理也。」子曰：「公無惑，則有是言也。」蜀公曰：「鬼神影響，則世有之。」子曰：「公有所見，則無是言也。」

子曰：卜筮在我，而應之者蓍龜也；祭祀在我，而享之者鬼神也。夫豈有二理哉？亦一人之心而已。卜筮者以是心求之，其應如響；徇以私意及顛錯卦象而問焉，未有能應者，蓋無其理也。古之言事鬼神者，曰如有聞焉，如有見焉，則是鬼神答之矣，非真有見聞也。然則如有見聞者，誰歟？

子曰：天聰明自我民聰明，言理無二也。若夫天之所爲，人之所能，則各有分矣。

子曰：天地之心以復而見，聖人未嘗復，故未嘗見其心。

子曰：天地之道，至順而已矣。大人先天不違，亦順理而已矣。

或問鬼神之有無。子曰：吾爲爾言無，則聖人有是言矣；爲爾言有，爾得不於吾言求之乎？

子曰：天地之閒，感應而已，尚復何事？

子曰：日月之在天，猶人之有目；目無背見，日月無背照也。

子曰：氣化之在人與在天，一也，聖人於其閒，有功用而已。

子曰：天地日月，其理一致。月受日光而不爲之虧，月之光乃日之光也。地氣不上騰，天氣不下降；天氣下降至於地中，生育萬物者，乃天之氣也。

或問：「日食有常數者也，然治世少而亂世多，豈人事乎？」子曰：「天人之理甚微，非燭理明，其孰能識之？」曰：「無迺天數人事交相勝負，有多寡之應耶？」子曰：「似之，未易言也。」

子曰：君子宜獲福於天，而有貧瘁夭折者，氣之所鍾有不周耳。

子曰：天地陰陽之運，升降盈虛，未嘗暫息。陽常盈，陰常虧，一盈一虧，參差不齊，而萬變生焉。故曰：「物之不齊，物之情也。」莊周强齊之，豈能齊也？

或謂張繹曰：「吾至於閑靜之地，則洒然心悦，吾疑其未善也。」繹以告子。子曰：「然。社稷宗廟之中，不期敬而自敬，是平居未嘗敬也。使平居無不敬，則社稷宗廟之中，何敬之改修乎？然則以靜爲悦者，必以動爲厭。方其靜時，所以能悦靜之心，又安在哉？」

或問：「人多惑於鬼神怪異之説，何也？」子曰：「不明理故也。求之於事，事則奚盡？求之於理則無蔽，故君子窮理而已。」

子曰：古今異宜，人有所不便者，風氣之異也。日月星辰皆氣也，亦自異於古耳。月何食？不受日光也。何爲不受？與日相當，陰盛亢陽，不下於日也。古者鼓以救日月之食，然則月之食亦可鼓者，以其助陽歟？

子曰：五祀非先王之典。以爲報邪？則遺其重而舉其輕者。夫門之用，顧大於井之功乎？祭門而不祭井，何説也？

子曰：當大震懼，能自安而不失者，惟誠敬而已。

子曰：静動者，陰陽之本也；五氣之運，則參差不齊矣。

子曰：史遷曰：「天與善人，伯夷善人非耶？」此以私意度天道也。必曰顔何爲而夭，跖何爲而壽，指一人而較之，非知天者也。

子曰：有理則有氣，有氣則有數，鬼神者數也，數者氣之用也。

或謂：「殺孝婦而旱，豈非衆冤所感邪？」子曰：「衆心固冤之耳，而一人之精誠，自足以動天地也。」「然則殺暴姑而雨，豈婦冤既釋邪？」子曰：「冤氣固散矣，而衆心之憤亦平也。」

子曰：天地之間，善惡均於覆載，未嘗有意於簡别也，顧處之有道耳，聖人即天地也。

子曰：天地之化，雖蕩無窮，然陰陽之度，寒暑晝夜之變，莫不有常久之道，所以爲中庸也。

子曰：萬物皆本乎天，人本乎祖，故以冬至祭天而祖配之。以冬至者，氣至之始也。萬物成形於帝，人成形於父，故以季秋享帝而父配之。以季秋者，物成之時也。

子曰：事鬼神易，爲尸難。孝子有思親之心，以至誠持之，則可盡其道矣。惟尸象神，祖考所以來格者也。後世巫覡，蓋尸之遺意，但流爲僞妄，不足以通幽明矣。致神必用尸，後世直以尊卑，勢遂不行。三代之末，亦不得已焉而廢耳。

子曰：物之名義，與氣理通貫。天之所以爲天，本何爲哉？蒼蒼焉耳矣。其所以名之曰天，蓋自然之理也。名出於理，音出於氣。字書由是不可勝窮矣。

子曰：天理生生，相續不息，無爲故也。使竭智巧而爲之，未有能不息也。

子曰：陰陽之氣，有常存而不散者，日月是也；有消長而無窮者，寒暑是也。

子曰：在此而夢彼，心感通也；已死而夢見，理感通也。明乎感通，則何遠近死生今古之别哉？楊定鬼神之説，其能外是乎？

子曰：老氏言虚能生氣，非也。陰陽之開闔相因，無有先也，無有後也，可謂今日有陽而後明日有陰，則亦可謂今日有形而後明日有影也。

或問：「天地何以不與聖人同憂也？」子曰：「天地不宰而成化，聖人有心而無爲。」

子曰：天地生物之氣象，可見而不可言，善觀於此者，必知道也。

聖賢篇

或問：「聖人有過乎？」子曰：「聖人而有過，則不足以爲聖人矣。」曰：「夫子學易而後無大過者，何謂也？」子曰：「非是之謂也。猶删詩定書正樂之意也。自期年至于五十，然後乃贊易，則易道之過誤者鮮矣。」曰：「易亦有過乎？」曰：「如八索之類，亂易者多矣。」

子曰：「聖人之道猶天然，門弟子親炙而冀及之，然後知其高且遠也。使誠若不可及，則趨向之心不幾於怠乎？故聖人之教，常俯而就之，曰『吾無隱乎爾』，『吾非生知，好古敏而求之者也』，非獨使資質庸下者勉思企及，而才氣高邁者亦不敢躐等而進也。」

子曰：「損益文質，隨時之宜，三王之法也；孔子告顏淵爲邦者，萬世不易之法也。」

子曰：「孟子論子濯孺子之事，特曰不背師可稱也，非言事君之道也。事君而若此，不忠之大也。」

子曰：「齊威之正，正舉其事爾，非大正也；管子之仁，仁之功爾，非至仁也。」

或問泰伯之三讓。子曰：「不立一也，逃焉二也，文身三也。」

或問：「趙盾越境，果可免乎？」子曰：「越境而反，且不討賊，猶不免也。必也越境而不反，然後可免耳。」

子曰：「泰山雖高矣，絕頂之外，無預乎山也。唐、虞事業，自堯、舜觀之，亦猶一點浮雲過於太虛耳。」

子曰：「桓魋不能害己，孔子知矣，乃微服過宋。象將殺己，舜知之矣，乃同其憂喜。饑溺而死，有命焉，而禹、稷必救之。國祚修短，有數焉，而周公必祈之。知性命並行而不相悖，然後明聖人之用。」

子曰：「顏回在陋巷，淡然進德，其聲氣若不可聞者，有孔子在焉。若孟子，安得不以行道爲己任哉？」

或問：「聖人亦有爲貧之仕乎？」子曰：「爲委吏乘田是也。」或曰：「抑爲之兆乎？」曰：「非也。爲魯司寇，則爲之兆也。」或人因以是勉子從仕。子曰：「至於饑餓不能出門户之時，又徐爲之謀耳。」

子曰：子厚之氣似明道。

子曰：天子之職守宗廟，而堯、舜以天下與人；諸侯之職守社稷，而大王委去之。惟聖賢乃與於此，學者守法可也。

子曰：聖賢在上，天下未嘗無小人也，能使小人不敢肆其惡而已。夫小人之本心，亦未嘗不知聖賢之可説也，故四凶立堯朝，必順而聽命。聖人豈不察其終出於惡哉？亦喜其面革畏罪而已。苟誠信其假善，而不知其包藏，則危道也。是以惟堯、舜之盛，於此未嘗無戒，戒所當戒也。

或問：「伐國不問仁人，然則古之人不伐國，其伐者皆非仁人乎？」子曰：「展禽之時，諸侯以土地之故，暴民逞欲，不義之伐多矣，仁人所不忍見也，況忍言之乎？昔武王伐紂，則無非仁人也。」

子曰：强者易抑，子路是也；弱者難强，宰我是也。

子曰：信一也，而有淺深。七十子聞一言於仲尼，則終身守之，而未必知道，此信於人者也。若夫自信，孰得而移之？

劉安節問曰：「志篤於善而夢其事者，正乎？不正？」子曰：「是亦心動也。」曰：「孔子夢見周公，何也？」子曰：「聖人無非誠，夢亦誠，不夢亦誠。夢則有矣，夢見周公則有矣，亦豈寢而必夢，夢而必見周公歟？」

子語楊迪曰：近所講問，設端多矣，而不失大概。夫二三子豈皆智不足以知之？由不能自立于衆說漂煦之閒耳，信不篤故也。仲尼之門人，其所見非盡能與聖人同也，惟不敢執己而惟師之信，故求而後得。夫信而加思，乃致知之方也。若紛然用疑，終亦必亡而已矣。

子曰：「其亡其亡，繫于苞桑。」漢王允、唐李德裕功未及成而禍敗從之者，不知苞桑之戒也。李觀有言，使管仲而未死，內嬖復六人，何傷威公之伯乎？子曰：「管仲爲國政之時，齊侯之心未蠱也；既蠱矣，雖兩管仲，將如之何？未有蠱心於女色，而盡心於用賢也。」

或問：「郭璞以鳩占，何理也？」子曰：「舉此意，向此事，則有此兆象矣，非鳩可占也。使鳩可占，非獨鳩也。」

或問：「孔子不幸而遇害於匡，則顏子死之可乎？不死乎？」子曰：「今有二人，相與遠行，則患難有相死之道，況回於夫子乎？」曰：「親在則可乎？」子曰：「今有二人，相與搏虎，其致心悉力，義所當然也。至於危急之際，顧曰吾有親，則舍而去之，是不義之大者也。其可否，當預於未行之前，不當臨難而後言也。」曰：「父母存，不許友以死，則如此義何？」子曰：「有可者，遠行搏虎之譬也。有不可者，如游俠之徒以親既亡，乃爲人報仇而殺身，則亂民也。」

子曰：知幾者，君子之獨見，非衆人所能及也。穆生爲酒醴而去，免於胥靡之辱；袁閎爲土室之隱，免於黨錮之禍；薛方守箕山之節，免於新室之汙：其知幾矣。

子曰：漢世之賢良，舉而後至，若公孫弘猶强起之者，今則求舉而自進也。抑曰欲廷對天子之問，言天下之事，猶之可也。苟志於科目之美，爲進取之資而已，得則肆，失則沮，肆則悦，沮則悲，不賢不良，孰加於此！

子曰：守節秉義，而才不足以濟天下之難者，李固、王允、周顗、王導之徒是已。

劉安節問：「高宗得傅說於夢，何理也？」子曰：「其心求賢輔，雖寤寐不忘也，故精神既至，則兆見乎夢。文王卜獵而獲太公，亦猶是也。」曰：「豈夢之者往乎？抑見夢之者來乎？」曰：「猶之明鑒，有物必見，豈可謂與鑒物有來往哉？」

或問：「周公欲代武王之死，其有是理邪？抑曰爲之命邪？」子曰：「其欲代其兄之死也，發於至誠，而奚命之論？然則在聖人，則有可移之理也。」

子曰：聖賢於亂世，雖知道之將廢，不忍坐視而不救也，必區區致力於未極之間，强此之衰，艱彼之進，圖其暫安，而冀其引久，苟得爲之，孔、孟之屑爲也。王允之於漢，謝安之於晉，亦其庶矣。

子曰：仲尼無迹，顏子之迹微顯，孟子之迹著見。

子曰：顏子示不違如愚之學於後世，和氣自然，不言而化者也。孟子則顯其才用，蓋亦時焉而已矣。學者以顏子爲師，則於聖人之氣象類矣。

子曰：古人以兄弟之子猶子也，而人自以私意小智覰之，不見其猶也。或謂孔子嫁其女，異於兄弟之女，是又以私意小智覰之，不知聖人之心也。夫孔子蓋以因其年德相配而歸之，何避嫌之有？避嫌之事，賢者且不爲，而況聖人乎？

子曰：陳平言宰相之職，近乎有學。

子曰："顏子非樂簞瓢陋巷也，不以貧累其心，而改其所樂也。

子曰："伯夷不食周粟，其道雖隘，而又能不念舊惡，其量亦宏。

朱光庭問："周公仰而思之者，其果有所合乎？"子曰："周公固無不合者矣。如其有之，則必若是其勤勞而不敢已也。"

子曰："游酢、楊時，始也爲佛氏之學，既而知不足安也，則來有所請，庶乎其能變。

謝良佐既見明道，退，而門人問曰："良佐何如？"子曰："其才能廣而充之，吾道有望矣。"

子曰："顏子虛中受道，子貢億度而知之。

子曰："子厚、堯夫之學，善自開大者也。堯夫細行或不謹，而其卷舒運用亦熟矣。

子曰："邦無道而自晦以免患，可以爲智矣，而比干則非不知也。

子曰："顏、孟知之所至則同，至於淵懿温淳，則未若顏子者。

子曰："觀武帝問賢良，禹、湯水旱，厥咎何由，公孫弘曰："堯遭洪水，不聞禹世之有洪水也。"而不對所由，姦人也。

子曰："堯、舜，生而知之者也；湯、武，學而至之者也。文之德似堯、舜，禹之德似湯、武，雖然，皆聖人也。

子曰："身之，言履也；反之，言歸乎正也。

子曰："仲尼元氣也，顏子猶春生也，孟子則兼秋殺見之矣。

子曰：學聖人者，必觀其氣象。鄉黨所載，善乎其形容也，讀而味之，想而存之，如見乎其人。

子曰：魯、衛、齊、梁之君，不足與有爲，孔、孟非不知也，然自任以道，則無不可爲者也。

子曰：顔子具體，顧微耳，在充之而已。孟子生而大全，顧未粹耳，在養之而已。

子曰：傳聖人之道，以篤實得之者，曾子是也。易簣之際，非幾於聖者不及也。推此志也，禹、稷之功，其所優爲也。

子曰：聖人無夢，氣清也；愚人多夢，氣昏也。孔子夢周公，誠也，蓋誠爲夜夢之影也。學者於此，亦可驗其心志之定否，操術之邪正也。

子曰：周勃入北軍，問士卒，如有右袒，將何處哉？已知其心爲劉氏者，不必問也。當是之時，非陳平爲之謀，亦不能濟矣。迎文帝於霸橋而請閒，則非其時；見河東守尉於其國，而嚴兵，則非其事；幾於無所能者，由不知學也。

子曰：仲尼渾然，乃天地也；顔子粹然，猶和風慶雲也；孟子巖巖然，猶泰山北斗也。

周茂叔曰：「荀卿不知誠。」子曰：「既誠矣，尚何事於養心哉？」

子曰：王仲淹，隱德君子也；其書有格言，非其自著也，續之者勦入其説耳，所謂售僞必假真也。通之所得，粹矣，非荀、楊所及。續經，其僞益甚矣。自漢以來，制詔之足紀者寡矣；晉、宋以後，詩之足采者微矣。

孫覺問：「孔明何如人也？」子曰：「王佐。」曰：「然則何以區區守一隅，不能大有爲於天下也？」子曰：

「孔明欲定中原，與先主有成説矣，不及而死，天也。」曰：「聖賢，殺一不辜而得天下則不爲，孔明保一國，殺人多矣。」子曰：「以天下之力，誅天下之賊，義有大於殺也。孔子請討陳恆，使魯用之，能不戮一人乎？」曰：「三國之興，孰爲正？」子曰：「蜀之君臣，志在興復漢室，正矣。」

子曰：楊、墨，學仁義而失之者，則後之學者有不爲仁義者，則其失豈特楊、墨哉？

子曰：與巽之語，聞而多礙者，先入也；與與叔語，宜礙而信者，致誠也。

子曰：君子正己而無恤乎人。沙隨之會，晉侯怒成公後期而不見魯，當是時，國家有難，彼曲我直，君子不以爲恥也。

子曰：世云漢高能用子房，非也，子房用漢高耳。

子曰：楊子雲去就無足觀：其曰「明哲煌煌，旁燭無疆」，則悔其蹈亂無先知之明也；其曰「遜于不虞，以保天命」，則欲以苟容爲全身之道也。使彼知聖賢見幾而作，其及是乎？苟至於無可柰何，則區區之命，亦安足保也！

子曰：堯夫襟懷放曠，如空中樓閣，四通八達也。

子曰：楊子雲之過，非必見於美新投閣也。夫其黽勉莽、賢之閒而不能去，是安得爲大丈夫哉？

子曰：韓信「多多益辦」，分數明而已。

子曰：君實謂其應世之具，猶藥之參苓也，可以補養和平，不可以攻治沉痼，自處如是，必有救之之術矣。

或問：「舜能化瞽、象於不格姦，而曷爲不能化商均也？」子曰：「舜以天下與人，必得如己者，故難。於商均之惡，豈聞如瞽、象之甚焉？」

子曰：張良進退出處之際皆有理，蓋儒者也。

子曰：孔門善問，無若顏子，而乃終日如愚，無所問也。

子曰：司馬君實能受盡言，故與之言必盡。

子曰：顏子默識，曾子篤實，得聖人之道者，二子也。

或謂：「顏子爲人，殆怯乎？」子曰：「孰勇於顏子？顏子曰：『舜何人也？予何人也？有爲者亦若是。』有而若無，實而若虛，孰勇於顏子！」

或問：「漢文多災異，漢宣多祥瑞，何也？」子曰：「如小人日行不善，人不以爲言，君子一有不善，則羣起而議之，一道也。白者易汙，全者易毀，一道也。以風、雅考之，幽王大惡爲小惡，宣王小惡爲大惡，一道也。」

子曰：孟子言己志，有德之言也；論聖人之事，造道之言也。

子曰：子貢之知，亞於顏子，知之而未能至之者也。

或問：「伊尹出處，有似乎孔子，而非聖之時，何也？」子曰：「其任也氣象勝。」

子曰：人有顏子之德，則有孟子之事功，孟子之事功，與禹、稷並。

或問：「孟子何以能知言？」子曰：「譬之坐乎堂上，則其辨堂下之聲如絲竹也；苟雜處乎衆言之閒，囂音囂囂然，已且不能自明，尚何暇他人之知乎？」

子曰：孔子爲宰，爲陪臣，皆可以行大道，若孟子，必得賓師之位而後行也。

子曰：明叔明辨有才氣，其於世務練習，蓋美材也；其學晚溺於佛，所謂日月至焉而已者，豈不可惜哉！

游酢得西銘誦之，則渙然於心，曰：「此中庸之理也。」能求於語言之外也。

子曰：和叔任道，風力甚勁，而深潛縝密，則於與叔不逮。

鮮于侁問曰：「顏子何以不能改其樂？」子曰：「知其所樂，則知其不改。謂其所樂者何樂也？」曰：「樂道而已。」子曰：「使顏子以道爲可樂而樂乎，則非顏子矣。」他日，侁以語鄒浩，浩曰：「吾雖未識夫子，而知其心矣。」

或謂：「佛氏引人入道，比之孔子爲徑直乎？」子曰：「果其徑也，則仲尼豈固使學者迂曲其所行而難於有至哉？故求徑途而之大道，是猶冒險阻，披荊棘，以祈至于四達之衢爾。」

孟子曰：「可以仕則仕，可以止則止，可以久則久，可以速則速，孔子也，孔子聖之時者也。」知易者莫如孟子矣。孟子曰：「王者之迹熄而詩亡，詩亡然後春秋作，春秋天子之事也。」知春秋者莫如孟子矣。

子曰：孔子之道，著見於行，如鄉黨之所載者，自誠而明也；由鄉黨之所載而學之，以至於孔子者，自明而誠也；及其至焉，一也。

子曰：聞善言則拜者，禹之所以爲聖也；以能問於不能者，顔子之所以爲賢也。後之學者，有一善則充然而自足，哀哉！

或問：「舜不告而娶，爲無後也，而與拂父母之心孰重？」子曰：「非直不告也，告而不可，然後堯使之娶耳。堯以君命命瞽瞍，舜雖不告，堯固告之矣。在瞽瞍不敢違，而在舜爲可娶也，君臣父子夫婦之道，於是乎皆得。」曰：「然則象將殺舜，而堯不治焉，何也？」子曰：「象之欲殺舜，無可見之迹，發人隱慝而治之，非堯也。」

子曰：伊尹之耕于莘，傅説之築于巖，天下之事，非一一而學之，天下之賢才，非人人而知之也，明其在我者而已。

子曰：董子有言：「仁人正其誼不謀其利，明其道不計其功。」度越諸子遠矣。

或問：「陋巷貧賤之人，亦有以自樂，何獨顔子？」子曰：「貧賤而在陋巷，俄然處富貴，則失其本心者衆矣。顔子簞瓢由是，萬鍾由是。」

子曰：「有學不至而言至者，循其言可以入道。」門人曰：「何謂也？」子曰：「『真積力久則入』，荀卿之言也；『優而柔之，使自求之，饜而飫之，使自趨之，若江河之浸，膏澤之潤，涣然冰釋，怡然理順』，杜預之言也；『思之思之，又重思之，思而不通，鬼神將通之，非鬼神之力也，精誠之極也』，管子之言也。此三者，循其言皆可以入道，而三子初不能及此也。」

子曰：孔子教人，各因其才，有以文學入者，有以政事入者，有以言語入者，有以德行入者。

子曰：老氏之言雜權詐，秦愚黔首，其術蓋有所自。

或問：「高宗之於傅説，文王之於太公，知之素矣，恐民之未信也，故假夢卜以重其事。」子曰：「然則是僞也，聖人無僞。」

子曰：盟可用，要之則不可用。要而盟，與不盟同。使要盟而可用，則賣國背君，亦可要也。是故孔子舍蒲人之約，而卒適衞。

子曰：顔子之怒在物而不在己，故不遷。

子曰：仲尼之門，不仕於大夫之家，惟顔、閔、曾子數人而已。

或問：「小白、子糾孰長？」子曰：「小白長。」「何以知之？」子曰：「漢史不云乎？齊威殺其弟，蓋古之傳者云爾。有如子糾兄也，管仲輔之爲得正，小白既奪其國而又殺之，則管仲之於威公，乃不與同世之仇也。若計其後功而與其事威，聖人之言，無乃甚害於義，而啟後世反復不忠之患乎？」

子曰：生而知之者，謂理也，義也；若古今之故，非學不能知也。故孔子問禮樂，訪官名，而不害乎生知也。禮樂官名，其文制有舊，非可鑿知而苟爲者。

子曰：人所不可能者，聖人不爲也。或曰周公能爲人臣所不能爲，陋哉斯言也！

子曰：荀子謂博聞廣見可以取道，欲力行堯、舜之所行，其所學皆外也。

子曰：工尹商陽追吴師，既及之，而曰「我朝不坐，宴不與，殺三人足以反命」。夫商陽惟當致力君命，而乃行私情於其閒，慢莫甚焉，孔子蓋不與也。其曰殺人之中又有禮焉，蓋記禮者之謬也。

子曰：曾子易簀之際，志於正而已矣，無所慮也；與行一不義、殺一不辜而得天下不爲者，同心。

子曰：孔子之道，得其傳者，曾子而已矣。時門弟子才辨明智之士非不衆也，而傳聖人之道者，乃質魯之人也。觀易簀之事，非幾於聖者不足以臻此。繼其傳者，有子思，則可見矣。

劉安節問：「孔子未嘗以仁許人，而稱管仲曰『如其仁』，何也？」子曰：「闡幽之道也。子路以管仲不死於子糾爲未仁，其言仲者小矣，是以聖人推其有仁之功。或抑或揚，各有攸當，聖人之言類如此，學者自得可也。」

子曰：在邦家而無怨，聖人發明仲弓，使之知仁也。然在家而有怨者焉，舜是也；在邦而有怨者焉，周公是也。

子曰：堯、舜、孔子，語其聖則不異，語其事功則有異。

子曰：象憂喜，舜亦憂喜，天理人情之至也。舜之於象，周公之於管叔，其用心一也。管叔初未嘗有惡，使周公逆度其兄將畔而不使，是誠何心哉？惟管叔之畔，非周公所能知也，則其過有所不免矣。

子曰：齊王欲養弟子以萬鍾，使夫國人有所矜式，其心善矣，於孟子有可處之義也，然時子以利誘孟子門人，故孟子曰：「我非欲富也，如其欲富，則辭十萬而受萬乎？」故當知孟子非不肯爲國人矜式者，特不可以利誘耳。

子曰：不已則無間，天之道也；純則不二，文王之德也。文王其猶天歟！

或問：「莊周何如？」子曰：「其學無禮無本，然形容道理之言，則亦有善者。」

子曰：世之博聞强識者衆矣，其終未有不入於禪學者。特立不惑，子厚、堯夫而已，然其說之流，亦未免於有弊也。

子曰：瞻之在前，未能及也；忽焉在後，則又過也。其差甚微，其失則有過不及之異。是微也，惟顔子知之，故興卓爾之歎也。

或問：「後世有作，虞帝弗可及，何也？」子曰：「譬之於地，肇開而種之，其資毓於物者，如何其茂也！久則漸磨矣。虞舜當未開之時，及其聰明，如此其盛，宜乎後世莫能及也。胡不觀之：有天地之盛衰，有一時之盛衰，有一月之盛衰，有一辰之盛衰，一國有幾家，一家有幾人，其榮枯休戚未有同者，陰陽消長，氣之不齊，理之常也。」

子曰：知之既至，其意自誠，其心自正。顔子有不善未嘗不知，知之至也；知之至，是以未嘗復行，有復行焉者，知之不至耳。

子曰：善惡皆天理，謂之惡者，或過或不及。無非惡也，楊、墨之類是也。

明道十五六時，周茂叔論聖道之要，遂厭科舉，慨然欲爲道學，而未知其方也。及泛濫於諸家，出入於釋、老者幾十年，反求諸六經，而後得之。

明道志康節之墓曰：「先生少時，自雄其才，慷慨有大志。既學，力慕高遠，謂先王之事爲可必致。及其學益老，德益邵，玩心高明，觀天地運化，陰陽消長，以達乎萬物之變，然後頹然乎順，浩然乎歸。德氣粹然，望之可知其賢，然不事表暴，不設防畛，正而不諒，通而不汙，清明坦夷，洞徹中外。其與人言，必依於孝弟忠信，樂道人之善，而未嘗及其惡。故賢者樂其德，不肖者服其化，所以厚風俗，成人材之功亦多矣。昔七十子學於仲尼，其傳可見者，惟曾子所以告子思，而子思所以授孟子者耳。其餘門人，各以其才之所宜爲學，雖同尊聖人，所因而入者，門户則衆矣。況後此千有餘歲，師道不立，學者莫知所從來。獨先生之學，得之於李挺之，挺之得之於穆伯長，推其源流，遠有端緒。今李、穆之言及其行事，概可見也，而先生純一不雜，汪洋高大，乃其所自得者多矣。然而名其學者，豈所謂門户之衆，各有所因而入者與？語成德者，昔難其居。若先生之道，以其所至而論之，可謂安且成矣。」

伯淳既没，公卿大夫議以「明道先生」號之。子爲之言曰：「周公死，聖人之道不行；孟軻死，聖人之學不傳。道不行，百世無善治；學不傳，千載無真儒。無善治，士猶得以明夫善治之道，以淑諸人，以傳諸後；無真儒，則天下貿貿焉莫知所之，人欲肆而天理滅矣。先生生千四百年之後，得不傳之學於遺經，天不慭遺，哲人早世。學者於道，知所嚮，然後見斯人之爲功；知所至，然後見斯名之稱情。山可夷，谷可堙，『明道』之名，亘萬古而長存也。」

君臣篇

子曰：人君欲附天下，當顯明其道，誠意以待物，恕己以及人，發政施仁，使四海蒙其惠澤可也。若乃暴其小惠，違道干譽，欲致天下之親己，則其道狹矣。非特人君爲然也，臣之於君，竭其忠誠，致其才力，用否在君而已，不可阿諛逢迎，以求君之厚己也。雖朋友亦然，修身誠意以待之，疏戚在人而已，不可巧言令色，曲從苟合，以求人之與己也。雖鄉黨親戚亦然。

子曰：君道以人心悦服爲本。

子曰：君臣朋友之際，其合不正，未有久而不離者。故賢者順理而安行，智者知幾而固守。

子曰：君子有爲於天下，惟義而已，不可則止，無苟爲，亦無必爲。

子曰：止惡當於其微，至盛而後禁，則勞而有傷矣。君惡既甚，雖以聖人救之，亦不免咈違也。民惡既甚，雖以聖人治之，亦不免於刑戮也。

子曰：人臣以忠信善道事其君者，必達其所蔽，而因其所明，乃能入矣。雖有所蔽，亦有所明，未有冥然而皆蔽者也。古之善諫者，必因君心所明，而後見納。是故訐直强果者，其説多忤；温厚明辯者，其説多行。愛戚姬，將易嫡庶，是其所蔽也；素重四老人之賢而不能致，是其所明也。四老人之力，孰與夫公卿及天下之心？其言之切，孰與周昌、叔孫通也？高祖不從彼而從此者，留侯不攻其蔽而就其明也。趙王太后愛其少子長安君，不使爲質於齊，是其蔽也；愛之欲其富貴久長於齊，是其所明也。左師觸龍所以導之者，亦因其明爾，故其受命如響。夫教人者，亦如此而已。

子曰：小人之於君，能深奪其志，未有由顯明以道合者。

子曰：王者奉若天道，動無非天者，故稱天王，命則天命也，討則天討也。盡天道者，王道也。後世以智力持天下者，霸道也。

子曰：人臣身居大位，功蓋天下，而民懷之，則危疑之地也。必也誠積於中，動不違理，威福不自己出，人惟知有君而已，然後位極而無逼上之嫌，勢重而無專權之過。斯可謂明哲君子矣，周公、孔明其人也。郭子儀有再造社稷之功，威震人主，而上不疑之也，亦其次歟！張子厚再召如京師，過子曰：「往終無補也，不如退而閒居，講明道義，以資後學，猶之可也。」子曰：「何必然？義當往則往，義當來則來耳。」

子曰：剛健之臣事柔弱之君，而不爲矯飾之行者鮮矣。夫上下之交不誠而以僞也，其能久相有乎？

或問：「升卦有大臣之事乎？」子曰：「道何所不在？」曰：「大臣而猶升也，則何之矣？」子曰：「上則升君於道，下則升賢於朝，已則止其分耳，分則當止而德則當升也。盡是道者，文王也。」

子曰：士有志在朝廷而才不足者，有才可以濟而誠不至者。誠苟至焉，正色率下，則用之天下治矣。

劉安節問：「賜魯天子禮樂以祀周公，可乎？」子曰：「不可。人臣而用天子之所用，周公之法亂矣。成王之賜，伯禽之受，皆過也。王氏謂人臣有不能爲之功，而周公能之，故賜以人臣不能用之禮樂，非也。人臣無不能爲之功，周公亦盡其分耳。人臣所當爲者而不爲，則誰爲之也？事親若曾子可也，其孝非過乎子之分也，亦免責而已。臣之於君，猶子之於父。苟不盡其責之所當爲，則事業何自而立？而謂人臣有不能爲之功，是猶曰人子有不能爲之孝也，而可乎？後世有恃功責報而怏怏於君者，必此之言夫！」

子曰："當爲國之時，既盡其防慮之道矣，而猶不免，則命也。苟唯致其命，安其然，則危塞險難無足以動其心者，行吾義而已，斯可謂之君子。

子曰："君子之處高位也，有拯而無隨焉；在下位也，則有當拯，有當隨焉。

或問："爲官僚而言事於長，理直則不見從也，則如之何？"子曰："亦權其輕重而已。事重於去則當去，事輕於去則當留，事大於争則當争，事小於争則當已。雖然，今之仕於官者，其有能去者，必有之矣，而吾未之見也。"

范公爲諫官，嘗諫上曰："今欲富國强兵，將何以爲？"子聞之，曰："野哉！烏足以格其君？周禮所記，亦有强富之術，惟孟子爲梁惠王言利之不可爲，至於不奪不饜，言兵之不可用，至於及其所愛也，庶乎其可矣。"

子曰："凡諫説於君，論辯於人，理勝則事明，氣忿則招拂。

子曰："臣賢於君，則輔君以所不能；伊尹之於太甲，周公之於成王，孔明之於劉禪是也。臣不及君，則贊助之而已。

子曰："君子之事君也，不得其心，則盡其誠以感發其志而已，誠積而動，則雖昏蒙可開也，雖柔弱可輔也，雖不正可正也。古之人，事庸君常主而克行其道者，以己誠上達，而其君信之之篤耳。管仲之相威公，孔明之輔後主是也。

或問："陳平當王諸吕時，何不諫？"曰："王陵廷争不從，則去其位。平自意復諫者，未必不激吕氏之怒也。夫漢初君臣，徒以智力相勝，勝者爲君，其臣之者非心説而臣事之也。當王諸呂時，而責平等以死節，庸肯苟死乎？」

子曰：士方在下，自進而干君，未有信而用之者也。古之君子，必待上致敬盡禮而後往者，非欲崇己以爲大也，蓋尊德樂道之誠心，不如是不足與有爲耳。

或謂：「屯之九五曰『屯其膏』，然則人君亦有屯乎？」子曰：「非謂其名位有損也，號令有所不行，德澤有所不下，威權去己而不識所收，如魯昭公、高貴鄉公是也。或不勝其忿，起而驟正之，則致凶之道。其惟盤庚、周宣乎！修德用賢，追先王之政，而諸侯復朝焉，蓋以道馴致，不以暴爲之也。若唐之僖宗、昭宗是也；恬然不爲，至於屯極，則有亡而已。」

昔有典選，其子當遷官，而固不之遷者，其心本自以爲公，而不知乃所以爲私也。或曰：古者直道而行，於嫌有所不必避，後世人僞競生，是以不免耳。

子曰：非無時也，時者人之所爲，蓋無其人耳。

子曰：擇才而用，雖在君；以身許國，則在己。道合而後進，得正則吉矣。汲汲以求遇者，終必自失，非君子自重之道也。故伊尹、武侯救世之心非不切，必待禮而後出者以此。

子曰：事君者：知人主不當自聖，則不爲諂諛之言；知人臣義無私交，則不爲阿黨之計。

或問：「臣子加謚於君父，當極其美，有諸？」曰：「正終大事也，加君父以不正之謚，知忠孝者不爲也。」

子曰：「人臣之義，位愈高而思所以報國者當愈勤。饑則爲用，飽則飛去，是以鷹犬自期也，曾是之謂愛身乎？

或謂：「禮局設官，地清而職閑，可居也。」子曰：「朝廷舉動有一違禮，則禮官當任其責，安得謂之閑？」

或曰：「未有大臣如介甫得君者。」子曰：「介甫自知之。其求去自表於上曰：『忠不足取信，事事待於自明。』使君臣之契果深，而有是言乎？」

子曰：「君貴明，不貴察；臣貴正，不貴權。

子曰：「君子不輕天下而重其身，不輕其身而重天下。凡爲其所當爲，不爲其所不可爲者而已。

或問：「孔子事君盡禮，而人以爲諂。禮與諂異矣，諂何疑於盡禮？」子曰：「當時事君者，於禮不能盡也，故以譏聖人。非孔子而言，必曰『小人以爲諂也』，孔子曰『人以爲諂』而已。聖人道大德宏，故其言如此。」

子進講至「南容三復白圭」，中侍請講至南字，請隱之，子不聽。講畢進曰：「人君居兆人之上，處天下之尊，只懼怕人過爲崇奉，以生驕慢之心，此皆近習諂媚以養之耳。昔仁宗之世，宮嬪謂正月爲初月，易蒸餅曰炊餅，皆此類，天下至今以爲非。嫌名舊名，請勿復諱也。」翼日，孫覺講曰「子畏於正」，子曰：「以諱之故，獨無地名可稱也，謂畏於正，此何義也？」

司馬温公、吕申公、韓康公上子行義於朝，遂命以官，典西都之教，子辭不聽，又辭曰：「上嗣位之初，方圖大治，首拔一人於畎畝之中，宜得英材，使天下聳動，知朝廷之急賢也。今乃官使庸常之人，則天下何望？後世何觀？朝廷之舉何爲？臣之受也何義？臣雖至愚，敢貪寵禄以速戾於厥躬？是以罔虞刑威，而必盡其說。願陛下廣知人之明以照四方，充取臣之心以求真賢，求之以其方，待之以其道，雖聖賢亦將爲陛下出矣，況如臣者，何足道哉？」又不聽而召之至京師，且使校讐館閣。子以布衣造朝也，則曰：「草萊之臣蒙召而至，未見君，先受命，非禮也。」既見于庭，又命之陛對，遂有講筵之除。子退而上疏曰：「知人則哲，堯、舜所難。臣進對於頃刻之閒，陛下見臣何者而遽加擢任也？今之用臣，蓋非常之舉，必將責其報效，此天下之所觀聽也。苟或不然，則失望於今，而貽笑於後，可不謹哉？臣請有所言焉。古之人君，守成業而致盛治者，莫如周成王，其所以成德，則由乎周公。周公之輔成王也，幼而習之，所見必正事，所聞必正言，左右前後皆正人，故習與性長，化與心成。今陛下春秋方富，輔養之道不可不至也。所謂輔養之道，非謂告詔以言，過而後諫也，尤在涵養薰陶之而已矣。今夫一日之閒，接賢士大夫之時多，親寺人宫官之時少，則氣質自化，德器自成。臣欲謹選賢德之士，以侍勸講，講讀既罷，常留以備訪問，從容燕語，不獨漸磨德義，至於人情物態，稼穡艱難，日積既久，自然通達，比之深處宫闈，爲益多矣。夫傅德義者，在乎防聞見之非，節嗜慾之過；保身體者，在乎適起居之宜，存畏謹之心。故左右近侍，宜選老成重厚小心之人；服飾器用，皆須朴實之物；俾華巧靡麗不至於前，淺俗之言不入於耳。凡動作言語，必使勸講者知之，庶幾隨事箴規，應時諫正。調護聖躬，莫過乎此矣。人君居崇高之位，持威福之柄，百官畏懼而莫敢仰視，萬方崇奉而所欲必得，苟非知道畏義，所養如此，其惑可知。則中常之君，無不驕肆；英明之主，自然滿假。此古今同患，治亂所由也。所以周公告成王，稱前王之德，以寅畏祗懼爲首云。夫儒者得以經術進説於人君，言聽則志行，自昔抱道之士，孰不願之？顧恨弗獲。然自古君臣道合，靡不由至誠感通，信以發志。臣也道未行於室家，善未孚於鄉黨，而何足以動人主之心乎？苟不度其誠之未至，而姑善辭説於進退之閒，爲一時之觀則可矣，必欲通于神明，光于四海，久而無斁，臣知其不可也。是以欲進而思義，喜時而愧己。夫海宇至廣，賢俊非一人，願博謀羣臣，旁加收擇，期得出類之賢，寘諸左右，輔成聖德，則爲宗社生靈之福矣。」久之，意有不合，上書太后曰：「臣鄙人也，少不喜進取，以讀書求道爲事，于兹幾三十年。昔在兩朝，累爲當塗者薦揚。臣於是時，自顧道學之不足，不願仕也。及上嗣位，陛下臨朝，大臣仰體求賢願治之心，搜揚巖穴，首及微臣。以爲：召而不往，子思、孟軻則可，蓋二人者處賓師之位，不往所以規其君也；如臣微賤，食土之毛而爲王民，召而不至，則邦有常憲矣。是以奔走承命，甫至闕廷之外，又有館職之除，方且表辭，遂蒙賜對。臣於是時，尚未有意於仕也。進至簾陛，咫尺天光，未嘗一言及於朝政。陛下視臣，豈求進者哉？既而親奉玉音，擢寘經筵，事出望外，惘然驚惕。臣於斯時，雖以不才而辭，然許國之心已萌矣。辭不獲命，於是服勤厥職。夫性朴而言拙，臣之所短也。若夫愛上之心，事上之禮，告上之道，則不敢不盡也。陛下心存至公，躬行大道，開納忠言，委用耆德，直欲舉太平，不止於因循苟安而已。苟能日謹一日，天下之事，誠不足慮。而方今所謂至急，爲長久之計，則莫若輔養上德。歷觀前古，成就幼主，莫備於周公，爲萬世之法。願陛下擴高世之見，以聖人之言爲必可信，以先王之道爲必可行，勿狃滯於近規，勿遷惑於衆口，然後知周公誠不我欺也。考之立政之書，其言常伯常任之尊，與綴衣虎賁之賤，同以爲戒，要在得人，以爲知恤者鮮也。終篇反覆，惟此一事而已。夫僕臣正厥后，克聖左右，侍御僕從，罔匪正人，旦夕承弼，然後起居出入無違禮也，發號施令無不善也。後世不復知此，以謂人主就學，所以涉書史覽古今也。夫此一端而已，苟曰如是而足，則能文宮人可以備勸講，知書內侍可以充輔導，又何必置官設職，求賢德之士哉？自古帝王才質，鮮不過人，然完德有道之君至少，其故何哉？皆輔養不得其道，而勢位使之然也。臣服職以來，六侍宸御，但見諸臣拱手默坐，當講說者竦立案傍，解釋數行，則已肅退。如此，雖彌年積歲，所益幾何也？亦已異於周公輔成王之道矣。或以謂上方幼沖宜爾者，不知本之論也。古之人，自能食能言而教之。是故大學之法，以豫爲先。蓋人之幼也，智愚未有所主，則當以格言至論，日陳於前，盈耳充腹，久自安習，若固有之者，日復一日，雖有讒說搖惑，不能入也。若爲之不豫，及乎稍長，私慮偏好生於內，衆口辯言鑠於外，欲其純全，不可得已。故所急在先，而不憂其太早也。或又曰：聖上天資至美，自無違道，則尤非也。莫聖於禹，而益以丹朱傲游慢虐爲之戒，禹豈不知是也？以唐太宗之聰睿，躬歷艱難，力平禍亂，年亦長矣，其始也，惡隋煬帝之侈麗，毁其層觀，未六七年，乃欲治乾陽殿矣。人心奚常之有？所以聖賢處崇高之位，當盛明之際，不忘規戒，爲慮至深遠也。況幼沖之君，而可懈於閑邪拂違之道乎？夫開發之道有方，而朋〔一〕習之益至切。夫學悅而後入，宜使上心泰而體舒，然後有所悅懌。今也前對大臣，動虞違謬，一言之出，史必書之，非所以遂人主之志而樂

〔一〕徐本「朋」作「明」。

於學也。凡侍講讀，皆使兼視他職，比於輔導，則弗專矣。夫告於人者，非積其誠意則不能感發。古人以蒲盧喻教，謂以誠化也。今夫鐘，怒而擊之則聲武，悲而擊之則聲哀。誠意之入也，其於人亦猶是矣。若使營營於職事，紛紛於心思，及至上前，然後責功於簡册，望化於頰舌，不亦淺乎？道衰學廢，世不得聞此言也久矣。雖聞之，必笑之，以爲迂且誕也。陛下高識遠見，當蒙鑒采。聖學不傳，臣幸得之於遺經，不自量度，方且區區駕其説於學以示天下後世，不虞幸會，得備講説於人主之側。誠使臣得以所學上沃帝聽，則聖人之道有可行之望，豈特臣之幸哉？」

神宗首召伯淳，首訪致治之要。子對曰：「君道稽古正學，明善惡之歸，辨忠邪之分，曉然趨道之至正，君志定而天下之治成矣。」上曰：「定志之道何如？」子對曰：「正心誠意，擇善而固執之也。夫義理不先定，則多聽而易惑；志意不先定，則守善而或移。必也以聖人之訓爲必當從，以先王之治爲必可法，不爲後世駁雜之政所牽滯，不爲流俗因循之論所遷改，信道極於篤，自知極於明，去邪勿疑，任賢勿貳，必期致治如三代之隆而後已也。然患常生於忽微，而志亦戒乎漸習。故古之人君，雖從容燕閒，必有誦訓箴諫；左右前後，罔匪正人，輔成德業。臣願尊禮老成，訪求儒學之士，不必勞以官職，俾日親便座，講論道義，又博延俊彦，陪侍法從，朝夕延見，講磨治體，則睿智益明，王猷允塞矣。今四海靡靡，日益偷薄，末俗嘵嘵，無復廉恥，蓋亦尊德樂義之風未孚，而篤誠忠厚之化尚鬱也。惟陛下稽聖人之訓，法先王之治，體乾剛健而力行之，則天下之幸。」上嘉納焉。

明道告神宗曰：「人主當防未萌之欲。」上拱手前坐曰：「當爲卿戒之。」因論人才。上曰：「朕未之見也。」曰：「陛下柰何輕天下士？」上聳然曰：「朕不敢。」明道之未爲臺諫也，察荆公已信用矣，明道每進見，必陳君道以至誠仁愛爲本，未嘗一言及功利。上始疑其迂闊，而禮貌不少替也。一日，極論治道，上斂容謝曰：「此堯、舜之事也，朕何敢當？」明道愀然曰：「陛下此言，非天下之福。」上益敬之。荆公晝策寢行，子意多不合，令出有不便者，卽論奏之；其尤有益，則論大臣不同心，謂小臣預大計；謂青苗收二分之息，謂鬻祠部度牒良民爲僧，謂民情怨咨而公論壅遏，謂興利之臣日進而尚德之風寖衰，上不敢用，子遂以罪去。

明道補外官入辭，上猶眷眷問政。他日，明道曰：「當是時，吾不能感動君心，顧吾學未至，德未成也。雖然，河濱之人捧土塞孟津，亦復可笑。人力不勝，以至于今，豈非命哉！」

心性篇

劉安節問：「心有限量乎？」曰：「天下無性外之物，以有限量之形氣用之，不以其道，安能廣大其心也？心則性也，在天爲命，在人爲性，所主爲心，實一道也。通乎道，則何限量之有？必曰有限量，是性外有物乎？」

子曰：耳目能視聽而不能遠者，氣有限也。心無遠近。

子曰：占出於自然之理，聲發於自然之氣。聽聲者知其資之善惡，善卜者知其人之姓氏，是一道也。

子曰：論性而不及氣，則不備；論氣而不及性，則不明。

子曰：沖漠無眹，而萬象森然，未應不爲先，已應不爲後。如百尋之木，本根枝葉則一氣也。若曰高明之極，無形可見，必也形諸軌轍之閒，非也。高明之極，軌轍之閒，皆一貫耳。

子曰：見聞之知，乃物交而知，非德性所知。德性所知，不待於聞見。

子曰：告子言生之謂性，通人物而言之也。孟子道性善，極本原而語之也。生之謂性，其言是也。然人有人之性，物有物之性，牛有牛之性，馬有馬之性，而告子一之，則不可也。使孟子不申問，告子不嗣說，烏知告子之未知義，孟子爲知言？

子曰：凡物既散則盡，未有能復歸本原之地也。造化不窮，蓋生氣也。近取諸身，於出入息氣見闔闢往來之理。呼氣既往，往則不返，非吸既往之氣而後爲呼也。

子曰：上天之載，無聲無臭之可聞，其體則謂之易，其理則謂之道，其命在人則謂之性，其用無窮則謂之神，一而已矣。

或問：「性與天道，是誠不可得而聞乎？」子曰：「可自得之，而不可以言傳也。」他日，謝良佐曰：「子貢卽夫子之文章而知性與天道矣，使其不聞，又安能言之？夫子可謂善言，子貢可謂善聽。」

子曰：「人心必有所止，無止則聽於物，惟物之聽，何所往而不妄也？」或曰：「心在我，既已入於妄矣，將誰使之？」子曰：「心實使之。」

子曰：視聽言動，身之用也。由中而應乎外，制乎外所以養其中也。

子曰：心本至虛，必應物無迹也。蔽交於前，其中則遷。故視聽言動，必復於禮，制於外所以安其中也，久則誠矣。

張子曰：「性通極於無，氣其一物爾。命同稟於性，遇其適然爾。力行不至，難以語性，可以言氣；行同報異，難以語命，可以言遇也。」或問：「命與遇異乎？」子曰：「遇不遇卽命也。」曰：「長平死者四十萬，其命齊乎？」子曰：「遇白起則命也。有如四海九州之人，同日而死也，則亦常事爾。世之人以爲是駭然耳，所見少也。」

或問：「韓文公、揚雄言性如何？」子曰：「其所言者才耳。」

或問：「盡心之道，豈謂有惻隱之心而盡乎惻隱，有羞惡之心而盡乎羞惡也哉？」子曰：「盡則無不盡，苟一一而盡之，烏乎而能盡？」

韓侍郎曰：「凡人視聽言動，不免幻妄者，蓋性之不善也。」子哂之曰：「謂性不善者，則求一善性而易之，可乎？」

子曰：君子慮及天下後世，而不止乎一身者，窮理而不盡性也。小人以一朝之忿，曾身之不遑恤，非其性之盡也。

子曰：天人無二，不必以合言；性無内外，不可以分語。

子曰：理與心一，而人不能會爲一者，有己則喜自私，私則萬殊，宜其難一也。

子曰：氣質沈静，於受學爲易。

子曰："志御氣則治，氣役志則亂。人忿慾勝志者有矣，以義理勝氣者鮮矣。"

王介甫曰："因物之性而生之，直內之敬也；成物之形而不可易，方外之義也。"子曰："信斯言也，是物先有性，然後坤因而生之，則可乎？"

子曰："動以人則妄，動以天則无妄。"

子曰："言愈多，於道未必明，故言以簡爲貴。"

子曰："不知性善，不可以言學；知性之善而以忠信爲本，是曰'先立乎其大者'也。"

或曰："窮理，智之事也；盡性，仁之事也；至於命，聖人之事也。"子曰："不然也。誠窮理，則性命皆在是。蓋立言之勢，不得不云爾也。"

子曰："有爲不善於我之側而我不見，有言善事於我之側而我聞之者，敬也，心主於一也。"

或曰："惟閉目靜坐，爲可以養心。"子曰："豈其然乎？有心於息慮，則思慮不可息矣。"

子曰："人之知識未嘗不全，其蒙者猶寐也，呼而覺之，斯不蒙矣。"

子曰："有得無得，於其心氣驗之：裕然而無不充悅者，實有得也；切切然心勞而氣耗，謂己有得，皆揣度而知之者也。"

子曰："所守不約，則泛然而無功。約莫如敬。"

子曰："守之必嚴，執之必定，少怠而縱之，則存者亡矣。"

子曰："義理客氣，相爲消長者也。以其消長多寡，而君子小人之分，日以相遠矣。"

子曰：公則同，私則異，同者天心也。

或問：「人有恥不能之心，可乎？」子曰：「恥不能而爲之，可也；恥不能而隱之，不可也。至於疾人之能，又大不可也。若夫小道曲藝，雖不能焉，君子不恥也。」

或問：「君子存之，何所存也？」子曰：「存天理也。天理未嘗亡，而庶民則亡之者衆矣。」

或問：「志乎道，而玩之不樂，居之不安，何也？」子曰：「無乃助之長歟？」

子曰：人莫不知命之不可遷也，臨患難而能不懼，處貧賤而能不變，視富貴而能不慕者，吾未見其人也。

或問敬忠孚信之别。子曰：「一心之謂敬，盡心之謂忠，存之於中之謂孚，見之於事之謂信。」

子曰：自得而動者，猶以手舉物，無不從也。慮而後動者，猶以物取物，有中有不中矣。

或問：「人情本明，其有蔽，何也？」子曰：「性無不善，其偏蔽者，由氣稟清濁之不齊也。」

子曰：德性云者，言性可貴也。性之德，言性所有也。

張子曰：「太虛至清，清則無礙，無礙故神。反清則濁，濁則有礙，礙則形窒矣。」子曰：「神氣相極，周而無餘。謂氣外有神，神外有氣，是兩之也。清者爲神，濁者何獨非神乎？」

或問：「獨處夜行而多懼心，何也？」子曰：「燭理不明也。明理則知所懼者皆妄，又何懼矣？知其妄而猶不免者，氣不充也，敬不足也。」

子曰：以私己爲心者，枉道拂理，諂曲邪佞，無所不至，不仁孰甚焉！

子曰：「盡性至命，必本於孝弟。窮神知化，由通於禮樂。」劉安節問曰：「孝弟之行，何以能盡性至命也？」子曰：「世之言道者，以性命爲高遠，孝弟爲切近，而不知其一統。道無本末精粗之別，灑掃應對，形而上者在焉。世豈無孝弟之人？而不能盡心至命者，亦由之而弗知也。人見禮樂壞崩，則曰禮樂亡矣，然未嘗亡也。夫盜賊，人之至不足道者也，必有總屬，必有聽順，然後能羣起，而謂禮樂一日亡，可乎？禮樂無所不在，而未嘗亡也，則於窮神知化乎何有？」

子曰：未有不能體道而能無思者，故坐忘則坐馳，有忘之心，是則思而已矣。

或問：「性之成形，猶金之爲器歟？」子曰：「氣比之金可也，不可以比性。」

子曰：言不足以得意，得意則言可忘矣。非心自得之，終非己物。

子曰：泛乎其思之，不如守約。思則來，捨則去，思之弗熟也。

子曰：天德云者，謂所受於天者未嘗不全也。苟無汚壞，則直行之耳。或有汚壞，則敬以復之耳。其不必治而修，則不治而修，義也。其必治而修，則治而修，亦義也。其全天德一也。

或問：「性善而情不善乎？」子曰：「情者性之動也，要歸之正而已，亦何得以不善名之？」

子曰：受於天之謂性，稟於氣之謂才。才有善否，由氣稟有偏正也。性則無不善。能養其氣以復其正，則才亦無不善矣。

或問：「赤子之心與聖人之心何以異？」子曰：「赤子之心，已發發而去道未遠也。聖人之心，如明鏡，如止水。」

或問志意之別。子曰：「志自所存主言之，發則意也。發而當，理也；發而不當，私也。」

子曰：弘而不毅，則難立；毅而不弘，則無以居之。

楊迪言於子曰：「心迹，固夫子以爲無可判之理，迪也疑焉。」子曰：「然則舜同象之憂喜，孟子不以爲僞，即是宜精思以得之，而何易言也？」

子曰：與叔昔者之學雜，故常以思慮紛擾爲患，而今也求所以虛而靜之，遂以養氣爲有助也。夫養氣之道，非槁形灰心之謂也。人者生物也，不能不動，而欲槁其形；不能不思，而欲灰其心；心灰而形槁，則是死而已也。其從事於敬以直內，所患則亡矣。

游酢曰：「能戒謹於不覩不聞之中，則上天之載，可循序而進矣。」子曰：「是則然矣。雖然，其序如之何？循之又如何也？荀卿曰『始乎爲士，終也爲聖』，其言是也，而曰『性者惡也，禮者僞也』，然則由士而聖人者，彼亦不知其所循之序矣。可不深思而謹擇乎？」

子曰：有能全體此心，學雖未盡，但隨分以應事物，雖不中不遠矣。

子曰：西北與東南，人材不同，氣之厚薄異也。

或問：「心有存亡乎？」子曰：「以心無形體也，自操舍言之耳。夫心之所存，一主乎事，則在此矣。」

子因以目視地曰：「過則無聲臭矣。其曰放心者，謂心本善而流於不善是放也，心則無存亡矣。」

子曰：佛者平居高談，自謂見性得盡，至其應物處事，則有惘然不知者，是實未盡所得也。

或問：「有言求中於喜怒哀樂未發之前可也。」子曰：「求則是有思也，思則是已發也。」「然則何所據依，何以用功哉？」子曰：「存養而已矣。及其久也，喜怒哀樂之發，不期中而自中矣。」

子曰：不欲則不惑，惑者由有所欲也。欲，非必盤樂也，心有所向，無非欲也。

或曰：「心未有所感之時，何所寓也？」子曰：「莫知其鄉，何爲而求所寓？有寓，非所以言心也，惟敬以操之而已。」

子曰：邪說雖熾，終不能勝正道，以人之秉彝不可亡也。然亦惡其善惑人心，是以孟子欲正人心，息邪說。

子曰：人必有仁義之心，然後仁義之氣睟然達於外。

子曰：善惡云云者，猶杞柳之論也。善惡混云者，猶湍水之說也。

子曰：人性果惡耶，則聖人何爲能反其性，以至於斯也？

子曰：命受於天。或者服餌致壽，是天命而可增益也。

子曰：卜筮將以決疑也。今之人獨計其一身之窮通而已，非惑夫？

子曰：君子以識爲本，行次焉。今有人，力能行之，而識不足以知之，則有異端之惑，將流蕩而不知反，好惡失其宜，是非亂其真，雖有尾生之信，曾子之孝，吾弗貴也。

子厚曰：「必有事焉而勿正心，勿忘勿助長者，其入神之奧乎！學者欲以思慮求之，既以自累其心於不神矣，烏得而求之哉？」子曰：「有所事，乃有思也，無思則無事矣。孟子於是論養氣之道，而未遽及夫神也。」子厚曰：「勿忘者，亦不捨其靈明，善應之耳。」子曰：「存不捨之心，安得謂之靈明？」「然則其能善乎？」子曰：「意必固我既亡之後，必有事焉，此學者所宜盡心也。」

子曰：夜氣之所存者，良知也，良能也。苟擴而充之，化旦晝之所梏，爲夜氣之所存，然後有以至於聖人也。

子曰：甚矣，慾之害人也！人爲不善，慾誘之也。誘之而不知，則至於滅天理而不知反。故目則欲色，耳則欲聲，鼻則欲香，口則欲味，體則欲安，此皆有以使之也。然則何以窒其慾？曰思而已矣。覺莫要於思，惟思爲能窒慾。

子曰：自性得者皆善也，而有仁義禮智之名者，以其所施之不同。合而言之，一道也。舍而行之，是悖理而違道也。而世言道與性者，必曰超然眇乎四端之外，是亦不學之過也。

子曰：聞見之知非德性之知，德性所知，不假聞見。

子曰：世之人樂其所不當樂，不樂其所當樂；慕其所不當慕，不慕其所當慕；皆由不思輕重之分，不知求放心而求放雞犬者也。

子曰：有一物而相離者，如形無影不害其成形，水無波不害其爲水。有兩物而必相須者，心無目不能視，目無心不能識也。

子曰：莫大於性。小人云者，非其性然也，自溺於小而已，是故聖人閔之。

子曰：人之性猶器，受光於日。佛氏言性，猶置器日下，傾此於彼爾，日固未嘗動也。

子曰：心具天德，心有不盡，則於天德不盡，其於知天難矣。

子曰：「真元之氣，氣所由生，外物之氣，不得以雜之；然必資物之氣而後可以養元氣，本一氣也。人居天地一氣之中，猶魚之在水，飲食之真味，寒暑之節宜，皆外氣涵養之道也。

子曰：神與氣未嘗相離，不以生存，不以死亡；而佛言有一物不亡而常存，能盜胎奪蔭，則無是理也。

子曰：不誠不莊，而曰盡性者，無之。性之德無僞慢，不免乎僞慢者，未嘗知其性也。

子曰：體會必以心。謂體會非心，於是有心小性大之說。聖人之心，與天爲一。或者滯心於智識之閒，故自見其小耳。

或問：「克伐怨欲不行而非仁，同也？」子曰：「無是四者，非仁而何？原憲之問，在於止而不行，未免於有是心也，故曰可以爲難而已。蓋將以起原憲之問而進之，而憲不能也。」

或問：「君子存之，如何其存也？」子曰：「必有事焉而勿正心，勿忘勿助長，乃存之之道也。」

子曰：无妄，天性也，萬物各得其性，一毫不加損矣。

子曰：感而遂通，感非自外也。

子曰：退藏於密者，用之源也。

子曰：人心，私欲也，危而不安；道心，天理也，微而難得。惟其如是，所以貴於精一也。精之一之，然後能執其中，中者極至之謂也。

子曰：「鳶飛戾天，魚躍于淵，言其上下察也」，此子思開示學者切要之語也。孟子曰「必有事焉而勿正心，勿忘」，其意亦猶是也。有得於此者，樂則生，生則烏可已也？無得於此者，役役於見聞，知思爲機變之巧而已。

子曰：知命者達理也，受命者得其應也。天之應若影響然，得其應者常理也。致微而觀之，未有不應者；自淺狹之所見，則謂其有差矣。天命可易乎？然有可易者，惟其有德者能之。

韓康公曰：「今有人頓然明盡者，子信諸？」子曰：「必也生而知之，然未之見也。凡所貴乎學者，不謂生而知之者也。孟子曰：『盡其心者，知其性也；存其心，養其性，所以事天也。』言其至也。佛氏於陰陽生死古今，未之識也，而謂得夫形而上者與吾聖人無二致，可乎？人才智愈明，其所陷溺愈深，可不戒乎！」

子曰：學必知自慊之道，有一毫不自慊，則子厚所謂「有外之心，不足以合天心」也。

子曰：率氣在志，養氣在直內；有私意則餒，無不義則浩然。

子曰：心活則周流無窮，而不滯於一隅。

子曰：質之美者，一明即盡，濁滓渾化，斯與天地同體矣。莊敬持養，抑其次也；及其至，則一也。

或問：「多怒多驚，何也？」子曰：「主心不定也。」

子曰：心盡乎，智周萬物；而不盡乎，如死灰。形盡乎，動容周旋；而不盡乎，如槁木。以寂滅湛靜爲道者，其分遠矣。

張子厚問伯淳曰：「定性未能不動，猶累於外物，何也？」子曰：「所謂定者，靜亦定，動亦定，無將迎，無内外。苟以物爲外，牽己而從之，是以性爲有内外也。性爲隨於外，則當其在外時，何者在内也？是有意於絶外誘，而不知性之無内外也。既以内外爲二本，則又烏可語定哉？夫天地之常，以其心普萬物而無心；聖人之常，以其情順萬事而無情。故君子之學，莫若廓然而大公，物來而順應。苟規規於外誘之除，將見滅於東，生於西也。非其日之不足，顧其端無窮，不可得而除也。人之情各有所蔽，故不能適道，其害在於是内而自私也，用智也。自私則不能以有爲爲應迹，用智則不能以明覺爲自然。今以惡外物之心，而求照無物之地，是反鑑而索照也。與其非外而是内，不若内外之兩忘也。兩忘，則澄然無事矣。無事則定，定則明，明則何物之爲累哉？聖人之喜，以物之當喜；聖人之怒，以物之當怒；喜怒不繫於心而繫於物，聖人未嘗絶物而不應也。人之情易發而難制者，惟怒爲甚。能以方怒之時，遽忘怒心，而觀理之是非，亦可見外誘之不足惡，而於道亦思過半矣。」

人物篇

子曰：萬物之始，氣化而已。既形氣相禪，則形化長而氣化消。

子曰：人以累物爲患，必以忘物爲賢，其失一也。

子曰：物固有是理，因而充長之，不俟乎造爲，故曰「益長裕而不設」，設則僞矣。

子曰：觀物理，於察己之理明，則無往而不識矣。

子曰：君子循理，故常泰；小人役於物，故多憂戚。

子曰：時者，聖人之所不能爲也，而人之智愚，世之治亂，聖人必示以可易之道者，豈徒爲教哉？蓋有其理也。

子曰：物形有小大精粗之不同，神則一而已。

子曰：物相入則相説，説則相入。説以正爲貴。君子之道，致説於民，如天地之施焉。

子曰：君子之自尚，蓋非一致：有抱道不偶，而高潔自守者焉；有知止足之戒，退而保身者焉；有量能度分，安於不求者焉；有清介遠引，不屑世故者焉。孔子所謂志可則者，進退合道者也。

子曰：二氣五行，剛柔萬殊，聖人由一理復其初也。

子曰：非仁無以見天地。

子曰：感慨殺身，常人之所易；處死生之際，雍容就義，君子之所難。

子曰：觀物於静中，皆有春意。

子曰：聖賢之處世，莫不於大同之中有不同焉。不能大同者，是亂常拂理而已；不能不同者，是隨俗習污而已。

子曰：一行非所以名聖人。

子曰：有志之士，不以天下萬物撓己；己立矣，則運天下，濟萬物，必有餘裕。

或問：「凡人辨論，自直其説，求勝人而無含容之氣，何也？」子曰：「識量狹也。聖人之有量，天資也；君子之有量，學識也。聖人與日月並明，故天地同量。下此者，猶之江海也，鐘鼎也，釜斛也，斗筲也，其涯雖異，其受也不齊，而未有不滿者也。惟道無限量。知道者量必宏，學而充之，則亦隨其知之所至而已。人有受一薦而滿者，有得一官而滿者，推而上之，至於爲公輔而滿者，方其未滿，猶可蔽也，既不能承，則必盈溢，不可掩也。鄧艾位登三公，年七十矣，其自處亦善，及破蜀有功，則心動矣。謝安聞苻堅之敗，不形喜色，及折屐齒，則心動矣。有飲酒既醉而執禮愈恭者，雖賢於顛沛，而爲酒所動，一也。富貴公子折身過於謙抑，視驕傲者亦賢矣，亦爲富貴所動也。」

或問：「視朋友之過，不告則不忠，善告之不聽，則當何如？」子曰：「誠意交孚於未言之前，雖不言而人信之矣。不信者，誠不至也。」

子曰：匹夫悍卒，見難而能死者，多矣。惟妻孥之牽，情慾之愛，能斷而不惑者，鮮矣哉！

子曰：勇一也，而用不同。勇於氣者，小人也；勇於義者，君子也。

劉安節問：「人有少而勇，老而怯，少而廉，老而貪。何爲其然也？」子曰：「志不立，爲氣所使故也。志勝氣，則一定而不可變也。曾子易簀之際，其氣微可知也。惟其志既堅，則雖死生之際，亦不爲之動，況老少之異乎？」

子曰：以己及物，仁也；推己及物，恕也。

子曰：天下之聚，貴以正。聚不以正，於人則爲苟合，於財則爲悖入。

子曰：學者必識聖賢之體：聖人猶化工也，賢人猶巧工也，翦綵以爲花，設色以畫之，非不宛然肖之，而欲觀生意之自然，則無之也。

子曰："不以己待物，而以物待物，是謂無我。"

子曰："聖人之明猶日月，不可過也，過則不明矣。"

子曰："一介之士，苟存心於愛物，亦必有所濟。"

子曰："氣之所鍾，有偏正，故有人物之殊；有清濁，故有智愚之等。"

劉安節問："太古之時，人物同生。"子曰："然。""純氣爲人，繁氣爲物乎？"子曰："然。""其所生也，無所從受，則氣之所化乎？"子曰："然。"

子曰："物窮而不變，則無不易之理。易者，變而不窮也。"

子曰："萬物始生也，鬱結未通，則實塞於天地之閒，至於暢茂，則塞意亡矣。"

子曰："哲人知幾，誠之於思乎！志士勵行，守之於爲乎！順理則裕，而從欲則危乎！"

子曰："君子之教人，或引之，或拒之，或各因所虧者成之而已。"

張子曰："洪鐘未嘗有聲，由扣乃有聲。聖人未嘗有知，由問乃有知。"子曰："謂聖人無知，則當不問之時，其猶木石乎？"張子曰："有不知則有知，無不知則無知，故曰聖人未嘗有知，由問乃有知也。"

或問："天民與大人之道何以異？"子曰："順天而行道者，天民也；順天而爲政者，天吏也；大人則進乎此矣。"

子曰："君子處難，貴守正而不知其他也；守正而難不解，則命也。遇難而不固其守，以自放於邪濫，雖使苟免，斯亦惡德也。知義命，不爲也。"

子曰：先儒母弟之説，非也。禮云立嫡子，母弟者謂嫡也，非以同母爲加親也。以同母爲加親，是知母而不知父，非人道也。

子曰：聖人之德，無所不盛。古之稱聖人者，自其尤盛而言之。尤盛者，見於所遇也。而或以爲聖人有能有不能，非知聖人者也。

子曰：厚責於吾所感，薄責於吾所應，惟君子能之。

子曰：聖人責人緩而不迫，事正則已矣。

或問：「君子之與小人處也，必有侵陵困辱之患，則如之何？」曰：「於是而能反己，兢謹以遠其禍，則德益進矣。詩不曰『他山之石，可以攻玉』？」

子曰：人各親其親，然後能不獨親其親。

子曰：君子常過於厚，小人常過於薄。君子常過於愛，小人常過於忍。

子曰：欲利己者必損人，欲利財者心斂怨。

子曰：今之世，稱曰善人者，豈如無惡可欲也哉？殆亦昏棄無立之異名。

子曰：聖人之心未嘗有，志亦無不在，蓋其道合内外，體萬物。

子曰：聖人之心，雖當憂勞，未嘗不安静；其在安静，亦有至憂，而未嘗勞也。

子曰：萬物之理皆至足，而人於君臣父子之閒，不能盡其分者多矣。

子曰：無物無理，惟格物可以盡理。

或問：「聖人之道，其難知也？」子曰：「聖人未嘗言易以驕人之志，亦未嘗言難以阻人之進，蓋曰『未之思也，夫何遠之有？』是言也，涵蓄無窮之旨，學者宜深思也。」

子曰：羈靮以御馬，而不以制牛。人皆知羈靮之制在人，而不知羈靮之用本於馬也。聖人之化亦如之。

子曰：君子之道，貴乎有成。有濟物之用，而未及乎物，猶無有也。

子曰：天地萬物之理，無獨必有對。

子曰：聖人，天地之用也。

子曰：聖人盡道，以其身之所行者教人，是欲天下之人皆至於聖人之域也。佛氏逃父棄家，毁絶倫類，獨處山林之下，乃以所輕所賤者施諸人，豈聖人君子之心哉？

子曰：凡物有形，則聲色臭味具焉。四者之虚實均而實勝也，意言數象亦然。

子曰：夢之所接無形聲，而心所感通則有形聲之理。物生者氣聚也，物死者氣散也。

子曰：君子在蹇則有以處蹇，在困則有以處困，道無時而不可行也，不以蹇而蹇，困而困也。

子曰：元者物之先也。物之先，未有不善者。成而後有敗，興而後有衰，得而後有失，事無不然者。故孔子贊之曰：「元者善之長也。」

子曰：凡人有己，必用才。聖人忘己，何才之足言？

或問：「符瑞之事有諸？」子曰：「有之。」「聖人不道焉，何也？」曰：「因災異而修德則無損，因禎祥而自恃則有害，是以不道也。」

子曰：堯夫云：「能物物，則我爲物之人也；不能物物，則我爲物之物也。」夫人自人，物自物，其理昭矣。

子曰：合而生，非來也；盡而死，非往也。然而精氣歸於天，形魄歸於地，謂之往亦可矣。

子曰：與昧者語，如持掖醉人，左扶之則右仆，右扶之則左仆，欲其卓立中塗，不可得也。

子曰：莊周言神人者，非也。聖而不可知，則不可得而名，故以神稱之，非謂神人加於聖人一等也。

子嘗言：昔游平雍、華之閒，關西學者六七人從予行。一日亡千錢，僕者曰：「非晨裝遺失，必涉水沈之矣。」子曰：「惜哉！」有謂子曰：「是誠可惜也。」又有曰：「微哉千錢，亦何足惜也？」又有曰：「水中囊中，人亡人得，可以一視，何歎可惜也？」子曰：「人苟得之，則非亡矣。今洒墜諸水，則無用，吾是以歎之。」及語呂與叔曰：「人之器識，乃如是之不同也！」與叔曰：「夫三子之言如何？」子曰：「最後者善。」與叔曰：「善則善矣，觀夫子之言，則見其有體而無用也。」予因善誌之。既十有五年，閱故編見之，思與叔不幸而蚤死，爲之隕涕。

子曰：君子之學，必日進則日新，不日進者必日退，未有不進而不退者。惟聖人之道無進退，以其所造者極也。

子曰：聖人之言，其遠如天，若不可階而升也；其近若地，則亦可以履而行也。

子曰：有求爲聖人之志，然後可以共學；學而善思，然後可以適道。

子曰：多權者害誠，好功者害義，取名者賊心。

子曰：君子好成物，故吉；小人好敗物，故凶。

子曰：萬物皆備於我。心與事遇，則內之所重者更互而見，此一事重，則此一事出。惟能物各付物，則無不可矣。

子曰：爲有爲而以無爲爲之，是乃有爲耳。聖人無爲異於是。

子曰：元氣會則生聖賢。

子曰：凡物參和交感則生，離散不和則死。

子曰：君子之於義，猶小人之於利也，唯其深喻，是以篤好。

子曰：聖人濟物之心無窮，而力或有所不及。

子曰：聚爲精氣，散爲游魂；聚則爲物，散則爲變。觀聚散，則鬼神之情狀著矣。萬物之始終，不越聚散而已。鬼神者，造化之功也。

子曰：才高者多過，過則一出焉，一入焉。才卑者多不及，不及者殆且弛矣。

或曰：「凡物之出，各自其氣之所勝而化焉。」子曰：「何以見之？」曰：「如木之生，新根既大，則舊根化矣。」子曰：「是克也。」或曰：「克則木化爲土而何？」子曰：「非化也，克也。物無一定，盛衰相因，古之人以迭王言五行，盡之矣。」或曰：「五行一氣也，其本一物耳。」子曰：「五物也。五物備，然後生。猶五常一道也，無五則亦無道。然而既曰五矣，則不可渾而爲一也。」

子曰：物有本末，而本末非二道也。

子曰：「致中和，天地位焉，萬物育焉」，曰致曰位，非聖人不能言，子思蓋得之云爾。

子曰：聖人無私無我，故功高天下，而無一介累其心。蓋有一介存焉，未免乎私己也。

子曰：聖人之心，如天地之造，生養萬物而不尸其功，應物而見於彼，復何存於此乎？

子曰：輕浮巧利之人，去仁遠矣。

子曰：天理無私。一入於私，雖欲善其言行，皆非禮。

子曰：不履聖賢之行，則亦不能入其閫奧。

子曰：不可爲而爲之，聖人無忘天下之心也。

子曰：「隘與不恭，君子不由」，拔本塞源之教也。

子曰：因是人有可喜則喜之，聖人之心本無喜也。因是人有可怒則怒之，聖人之心本無怒也。譬諸明鏡試懸，美物至則美，醜物至則醜，鏡何有美醜哉？君子役物，小人役於物。今人見可喜可怒之事，必容心其閒，若不啻在己者，亦勞矣。

子曰：上下一於敬，則天地自位，萬物自育，氣無不和，四靈何所不至？此聖人修己以安百姓之道也。

子曰：爲惡之人，原於不知思，有思則心悟。

子曰：物未嘗不齊也，强欲齊之者，非物不齊也，汝自不齊耳。

子曰：上竿而戲者，自數尺至於百尺，習化其高也，況聖人至誠妙物之功乎？

子曰：聖人一言，卽全體用，不期然而然也。

子曰：人之所以爲人者，以有天理也。天理之不存，則與禽獸何異矣？

或問：「於傳有言，太古之時人有牛頭蛇身者，信乎？」子曰：「謂之人，則無是矣。或言其賦形之有肖焉，則可謂云爾已矣。」

子曰：物我一理，明此則盡彼，盡則通，此合内外之道也。語其大，至天地之所以高厚；語其小，至於一草木所以如此者，皆窮理之功也。

子曰：窮物理者，窮其所以然也。天之高，地之厚，鬼神之幽顯，必有所以然者。苟曰天惟高耳，地惟厚耳，鬼神惟幽顯耳，是則辭而已，尚何有哉？

子曰：惟聖人凝然不動。

子曰：惟聖人善通變。

子曰：五行在天地之閒，有則具有，無生出先後之次也。或水火金木土之五者爲有序不可也，然則精神魂魄意之五者爲序亦不可也。